Monumenta Germaniae Historica

Schriften

Band 68

2014
Harrassowitz Verlag · Wiesbaden

Maike Huneke

Iurisprudentia romano-saxonica

Die Glosse zum Sachsenspiegel-Lehnrecht und die Anfänge deutscher Rechtswissenschaft

2014
Harrassowitz Verlag · Wiesbaden

Bibliographische Information der Deutschen Nationalbibliothek
Die Deutsche Nationalbibliothek verzeichnet diese Publikation
in der Deutschen Nationalbibliografie; detaillierte bibliografische Daten
sind im Internet über http://dnb.dnb.de abrufbar.

Bibliographic information published by the Deutsche Nationalbibliothek
The Deutsche Nationalbibliothek lists this publication
in the Deutsche Nationalbibliografie; detailed bibliographic data
are available in the Internet at http://dnb.dnb.de.

Gedruckt auf alterungsbeständigem Papier
Satz: Dr. Anton Thanner, Weihungszell
Druck und Verarbeitung: Hubert & Co, Göttingen
Printed in Germany
ISBN 978-3-447-10217-9
ISSN 0080-6951

Meinen Eltern
und
Simon

Vorwort

Die vorliegende Arbeit entstand in der Zeit von Februar 2009 bis März 2012 am Freiburger Institut für Rechtsgeschichte. Nach dem Wechsel meines Doktorvaters Herrn Professor Bernd Kannowski an die Universität Bayreuth wurde die Arbeit im Sommersemester 2013 an der dortigen Rechts- und Wirtschaftswissenschaftlichen Fakultät als Dissertation angenommen. Die Druckfassung berücksichtigt, soweit es mir möglich war, die Literatur zum Stand Februar 2014.

Im Vorwort ist es gute Sitte und mir ein tiefes Bedürfnis, all jenen Menschen zu danken, die auf verschiedenste Weise zum Abschluss dieser Schrift beigetragen haben.

Herr Professor Bernd Kannowski hat den Anstoß zur Bearbeitung der Lehnrechtsglosse gegeben und meine Arbeit als Doktorvater begleitet. Seine Forschungen zur Buch'schen Landrechtsglosse waren mir wichtigstes Referenzwerk. Zum wissenschaftlichen Gespräch stand seine Tür stets offen. Gleichzeitig schenkte er mir das Vertrauen und die Freiheit, meinen eigenen Weg zu finden. Für seine uneingeschränkte Unterstützung bin ich sehr dankbar.

Weiterhin danke ich Herrn Professor Martin Schmidt-Kessel, der im Promotionsverfahren den Prüfungsvorsitz übernahm, und Herrn Professor Diethelm Klippel, der bereitwillig das Zweitgutachten erstellte.

Für die Aufnahme in die Schriftenreihe der Monumenta Germaniae Historica bin ich der Präsidentin der MGH, Frau Professor Claudia Märtl, zu großem Dank verpflichtet. Ganz besonders danke ich den Herren Professor Peter Landau und Professor Heiner Lück, die meine Arbeit nach kritischer Lektüre der Zentraldirektion der MGH empfohlen haben. Wertvolle Hinweise und Verbesserungsvorschläge flossen in diese Druckfassung.

Mein Dank gilt Herrn Dr. Frank-Michael Kaufmann. Mit großer Hilfsbereitschaft ließ er mich an seinem einmaligen Wissen zu den Glossenhandschriften teilhaben. Im Herbst 2011 durfte ich bei ihm in der Sächsischen Akademie der Wissenschaften in Leipzig zu Gast sein. Er las mein Manuskript, gab zahlreiche Quellenhinweise und beriet mich in Fragen der Zitation.

In Dankbarkeit verbunden bin ich meiner Lehrerin Frau Professor Karin Nehlsen-von Stryk, die mein Interesse für die Rechtsgeschichte weckte und förderte. Danken möchte ich außerdem meinen Kollegen und Freunden am Freiburger Institut für Rechtsgeschichte Frau Dr. Gianna Burret und Herrn Dr. Nils Wurch sowie Frau Kornelia Blum. Mit ihnen durfte ich eine wunderbare Doktoranden- und Assistenzzeit erleben. Ebenfalls danke ich Frau

Stefanie Hahn und Herrn Dr. Eike Frenzel für ihr anhaltendes Interesse an meiner Arbeit und für ihren liebevollen Zuspruch.

Schließlich danke ich meinen lieben Eltern, die immer an mich glauben und mir über Zweifel hinweghelfen. Mein Vater nahm die mühevolle Lektoratsarbeit auf sich. Meinem Mann Simon danke ich für seine bedingungslose Liebe. Wie kein anderer hat er die Höhen und Tiefen der Promotionszeit mit mir durchlebt. Ihn an meiner Seite zu wissen, ist ein großes Geschenk.

Karlsruhe, im Februar 2014 Maike Huneke

Inhaltsverzeichnis

Abkürzungsverzeichnis

a	linke Spalte
a. A.	am Anfang
a. E.	am Ende
ADB	Allgemeine deutsche Biographie: hrsg. von der Historischen Commission bei der Königlichen Akademie der Wissenschaften, Leipzig 1875 ff.
Auth.	Authenticum
AV	Auctor vetus de benificii
b	rechte Spalte
BBKL	Biographisch-bibliographisches Kirchenlexikon: hrsg. von Friedrich-Wilhelm Bautz, fortgeführt von Traugott Bautz, Hamm – Herzberg – Nordhausen 1990 ff.
BJ	Biblioteka Jagiellonska
c.	canon / capitulum
C.	Causa
Clem.	Clementinae
Cod.	Codex
Const.	Constitutio
DA	Deutsches Archiv für Erforschung (bis 1944: Geschichte) des Mittelalters
De cons.	De consecratione
Dig.	Digesten
Dist.	distinctio(nes)
DNP	Der Neue Pauly. Enzyklopädie der Antike: hrsg. von Hubert Cancik, Helmuth Schneider und Manfred Landfester, Stuttgart – Weimar 1996 ff.
DRW	Deutsches Rechtswörterbuch, Wörterbuch der älteren deutschen Rechtssprache: Band 1–5 hrsg. von der Preußischen Akademie der Wissenschaften, ab Band 6 hrsg. von der Heidelberger Akademie der Wissenschaften, Weimar 1914 ff.
DWB	Deutsches Wörterbuch: hrsg. von Grimm, Jacob / Grimm, Wilhelm, bearbeitet von Karl von Bahder und Hermann Sickel, Nachdruck der Ausgabe Leipzig 1854 ff., München 1984
fol.	folio
GeschGB	Geschichtliche Grundbegriffe. Historisches Lexikon zur politisch-sozialen Sprache in Deutschland: hrsg. von Otto Brunner, Werner Conze und Reinhart Koselleck, Stuttgart 1972 ff.
Gl LdR	Landrechtsglosse; zitiert nach: Glossen zum Sachsenspiegel-Landrecht. Buch'sche Glosse, hrsg. von Frank-Michael Kaufmann, 3 Bände (MGH Fontes iuris Germanici antiqui N. S. 7), Hannover 2002

Gl WbR	Weichbildglosse; zitiert nach: Das Sächsische Weichbildrecht. Ius municipale saxonicum, hrsg. von Alexander von Daniels / Friedrich von Gruben, Band 1: Weltchronik und Weichbildrecht in 136 Artikeln mit der Glosse (Rechtsdenkmäler des deutschen Mittelalters 1), Berlin o. J. [1858]
GW	Gesamtkatalog der Wiegendrucke, Leipzig – Stuttgart 1925 ff.; sowie Online-Ausgabe, URL: http://www.gesamtkatalogder-wiegendrucke.de (01.02.2014)
HRG	Handwörterbuch zur Deutschen Rechtsgeschichte: 1. Aufl. hrsg. von Adalbert Erler und Ekkehard Kaufmann, Berlin 1971 ff.; 2. völlig überarbeitete und erweiterte Aufl. hrsg. von Albrecht Cordes, Heiner Lück, Dieter Werkmüller und Christa Bertelsmeier-Kierst, Berlin 2004 ff.
Hs.	Handschrift
HZ	Historische Zeitschrift
Inst.	Institutionen
Jul. Epit.	Juliani Epitome
KGl LnR	Kürzere Lehnrechtsglosse; zitiert nach: Glossen zum Sachsenspiegel-Lehnrecht. Die kürzere Glosse, hrsg. von Frank-Michael Kaufmann, 2 Bände (MGH Fontes iuris Germanici antiqui N. S. 8), Hannover 2006
l.	lex
L.F.	Libri Feudorum
LdR	Landrecht
LexMA	Lexikon des Mittelalters. Studienausgabe: hrsg. von Robert-Henri Bautier, Robert Auty und Norbert Angermann, Stuttgart – Weimar 1999
LGl LnR	Längere Lehnrechtsglosse; zitiert nach: Glossen zum Sachsenspiegel-Lehnrecht. Die längere Glosse, hrsg. von Frank-Michael Kaufmann, 3 Bände (MGH Fontes iuris Germanici antiqui N. S. 9), Hannover 2013
LnR	Lehnrecht
m. w. N.	mit weiteren Nachweisen
MGH	Monumenta Germaniae Historica
Const.	Constitutiones
Dipl.	Diplomata
Dt. Chron.	Deutsche Chroniken
Ldl	Libelli de lite imperatorum et pontificum
SS	Scriptores
MUP	Monumenta historica Universitatis Carolo-Ferdinandeae Pragensis, Band 2: Album seu matricula facultatis juridicae universitatis Pragensis ab anno Christo 1372 usque ad annum 1418, Prag 1834, S. 1–215
N. F.	Neue Folge
N. S.	Nova Series

NDB	Neue deutsche Biographie (NDB): hrsg. von der Historischen Kommission bei der Bayerischen Akademie der Wissenschaften, Berlin 1953 ff.
Nov.	Novellen
pr.	principium
q.	quaestio
r	recto
RLF	Reichslandfriede
RDK	Reallexikon zur deutschen Kunstgeschichte: hrsg. vom Zentralinstitut für Kunstgeschichte München, begonnen von Otto Schmitt, Stuttgart – München 1937 ff.
Rn.	Randnummer(n)
S.	Seite(n) / Satz
SBB-PK	Staatsbibliothek zu Berlin – Preußischer Kulturbesitz
Schwsp.	Schwabenspiegel
Sp.	Spalte(n)
Ssp	Sachsenspiegel
StadtRB	Stadtrechtsbuch
SWB	Sachwörterbuch zur deutschen Geschichte: hrsg. von Hellmuth Rössler und Günther Franz, München 1958
v	verso
v.	verbum
Var.	Variante
VD 16	Verzeichnis der im deutschen Sprachbereich erschienenen Drucke des XVI. Jahrhunderts: hrsg. von der Bayerischen Staatsbibliothek in München, Stuttgart 1983 ff.; sowie Online-Ausgabe, URL: http://www.gateway-bayern.de/index_vd16.html (01.02.2014)
VL	Die deutsche Literatur des Mittelalters. Verfasserlexikon: begründet von Wolfgang Stammler, fortgeführt von Karl Langosch, 2. völlig neu bearbeitete Auflage hrsg. von Kurt Ruh, Gundolf Keil, Werner Schröder, Burghart Wachinger und Franz Josef Wortbrock, Berlin 1978 ff.
VI.	Liber Sextus
WbR	Weichbildrecht
X.	Liber Extra
Z.	Zeile
ZfdA	Zeitschrift für deutsches Altertum und deutsche Literatur
ZfdPh	Zeitschrift für deutsche Philologie
ZNR	Zeitschrift für Neuere Rechtsgeschichte
ZRG	Zeitschrift der Savigny-Stifung für Rechtsgeschichte,
GA	Germanistische Abteilung
KA	Kanonistische Abteilung
RA	Romanistische Abteilung

Quellen- und Literaturverzeichnis

I. Quellen

Abgekürzt zitiert:

Gl LdR	Landrechtsglosse; zitiert nach: Glossen zum Sachsenspiegel-Landrecht. Buch'sche Glosse, hrsg. von Frank-Michael Kaufmann, 3 Bände (MGH Fontes iuris Germanici antiqui N. S. 7), Hannover 2002
Gl WbR	Weichbildglosse; zitiert nach: Das Sächsische Weichbildrecht. Ius municipale saxonicum, hrsg. von Alexander von Daniels / Friedrich von Gruben, Band 1 : Weltchronik und Weichbildrecht in 136 Artikeln mit der Glosse (Rechtsdenkmäler des deutschen Mittelalters 1), Berlin o. J. [1858]
KGl LnR	Kürzere Lehnrechtsglosse; zitiert nach: Glossen zum Sachsenspiegel-Lehnrecht. Die kürzere Glosse, hrsg. von Frank-Michael Kaufmann, 2 Bände (MGH Fontes iuris Germanici antiqui N. S. 8), Hannover 2006
LGl LnR	Längere Lehnrechtsglosse; zitiert nach: Glossen zum Sachsenspiegel-Lehnrecht. Die längere Glosse, hrsg. von Frank-Michael Kaufmann, 3 Bände (MGH Fontes iuris Germanici antiqui N. S. 9), Hannover 2013

1. Ungedruckte Quellen

Berlin, Staatsbibliothek zu Berlin – Preußischer Kulturbesitz (SBB-PK): Hs. 392

Breslau / Wrocław, Biblioteka Uniwersytecka: Mil. II 4 membr.

Krakau, Biblioteka Jagiellonska: Przyb. 42/60

Krakau, Biblioteka Jagiellonska: Przyb. 125/75

Prag, Knihovna Národního muzea: I E a. 17

STEFFENHAGEN, Emil: Die Lehnrechtsglosse des Sachsenspiegels, angefangenes Manuskript, MGH-Archiv K 21/2 Teil III

2. Frühneuzeitliche Drucke (bis 1800)

BALDUS DE UBALDIS: [Super feudis] Opus aureum vtriusq[ue] iuris luminis domini baldi de perusia super feudis cum additionibus doctissimi domini Andree barbacia necnon alioru[m] clarissimorum doctorum, bei Jacob Huguetan, Leiden 1502, fol. 1–109

BÖHME, Johann Ehrenfried: Diplomatische Beyträge zur Untersuchung der Schlesischen Rechte und Geschichte, Band 1, Teil 3, Berlin 1771

CARPZOV, Benedict: Jurisprudentia forensis romano-saxonica, secundum ordinem constitutionum D. Augusti Electoris Saxon. in Part. IV. divisa. [...], Leipzig 1668

Corpus juris canonici emendatum et notis illustratum, hrsg. von Gregor XIII., Band 1 (in 2 Teilen): Decretum Gratiani, Band 2: Decretales d. Gregorii papae IX, Band 3: Liber sextus Decretalium d. Bonifacii papae VIII, Clementis papae V. Constitutiones, Extravagantium viginti d. Joannis papae XXII tum communes, Rom 1582, URL: http://digital.library.ucla.edu/canonlaw (01.02.2014)

Corpvs ivris civilis Ivstinianei. Cvm commentariis Accvrsii, Scholiis Contii, et D. Gothofredi Lvcvbrationibvs ad Accvrsivm, in quibus Glossae obscuriores explicantur, similes & contrariae afferuntur, vitiosae notantur, hrsg. von Johannes FEH, Lyon 1627, URL: http://digi.ub.uni-heidelberg.de/diglit/justinian1627ga (01.02.2014)

FACHS, Ludwig / REINHARD, Benedict: Differentiarvm Iuris ciuilis & Saxonici Libri duo [...]. Non modo iis qvi in foro versantur, sed etiam in Scholis vtilissimi. Quibus quid hac editione accesseris praefatio ostendet, bei Tobias Steinman, Jena 1595

GÄRTNER, Carl Wilhelm: Eykens von Repgow Sachsen-Spiegel, Oder Das Sächsische Land-Recht, In dreyen Büchern, Wie solches mit denen ältesten Codd. MSS. zusammen gehalten, daraus nach dessen wahren Verstande hergestellet, und von denen bisherigen vielfältigen Corruptionen gesaubert worden, Nebst zweyen noch nie gedruckten Texten der alten Ober-Sächsischen ursprünglichen Sprache dieses Rechts, auch dessen Lateinischer Version und einer neuen Übersetzung, Ingleichen denen in verschiedenen Manuscripten und Editionen bemerckten Lectionibus variantibus, und Auslegung der unverständlichen Worte, Ferner die vollständige Teutsche Glosse des Land-Rechts, ebenfalls aus Manuscripten restituiret, und von denen neuern Zusätzen befreyet; Mit nöthigen Register und einem Vorbericht vom Autore, Alter, Codicibus, und Editionen dieses Rechts, versehen, und ausgefertigt, Leipzig 1732

GÖTZE, Johann Christian: Die Merckwürdigkeiten der Königlichen Bibliotheck zu Dreßden ausführlich beschrieben, und mit Anmerckungen erläutert, Band 1, Dresden 1743

HEYDEN, Conrad: Der Richterlich Clagspiegel. Ein nutzbarlicher begriff / Wie man setzen vnd formiern sol nach ordnung der Rechten eyn yede Clag / Antwurt / vnnd außsprechene Urteylen. Gezogen auß Geystlichen vnd Weltlichen Rechten. Dadurch sich eyn yeder / er sey Clager / Antworter oder Richter / in recht geschickt mache / das selb üben brauchen / vnd dargegen vor vnrechter that / anfechtung / vnnd fürnemen verhüten mag. Durch Doctorem Sebastianum Brandt wider durchsichtiget / vn[d] mit mererm fleiß von newem zum teyl gebessert, Straßburg 1536

KLING, Melchior: Das Gantze Sechsisch Landrecht mit Text vnd Gloss / in eine richtige Ordnung gebracht / Durch Doctor Melchior Klingen von Steinaw / an der Strassen / jtzo zu Halle. [...], Leipzig 1577

[Landrecht, Cautela, Premis und Richtsteig Landrechts], bei Anton Sorg, Augsburg 1481 (GW 9257)

LAUHN, Friedrich Rudolf: Entdeckte Wahrheit, von dem so genannten Saechsischen Lehnrechte, als einer Sammlung gemeiner Teutschen Lehnsgewohnheiten, in: KLOTZ, Christian Adolf (Hrsg.): Acta Litteraria I, Altenburg 1764

LEUBER, Benjamin: Gründlicher und Historienmässiger Discurs Über etzlichen Der Stadt Magdeburg in Sachsen gerühmten Alten Privilegiis, So wol Was von den dreyen befandten Büchern / dem SachsenSpiegel oder LandRechten / dem Weichbild und dessen Chronica sampt dessen LehenRechten / zu halten / und wie weit in solchen die Alten und waaren Sächsischen Gesetze / Ordnungen und Rechte / zu befinden, Dresden 1648

LUDOVICI, Jacob Friedrich: Sachsen-Spiegel oder Das Sächsische Land-Recht / in Der Alt-Teutschen, Lateinischen und ietzo gebräuchlichen Hoch-Teutschen Sprache / nebst Nöthigen Auszügen aus der Glosse, so weit selbige zum Verstande des Teutschen Rechts etwas beyträget und gegeneinanderhaltung der Zobelischen und Loßischen hochteutschen edition; Wie auch Einer Vorrede, Darinnen die Historie wie und wann das Teutsche Recht zu erst in Schrifften verfasset worden, wie auch derer verschiedenen Ausleger und glossatorum desselben, enthalten ist, Halle 1720

– Das Sächsische Lehn-Recht / in der Alt-Teutschen / Lateinischen und ietzo gebräuchlichen Hoch-Teutschen Sprache / Nebst nöthigen Auszügen aus der Glosse / so weit selbige zum Verstande des Teutschen Rechts etwas beyträget / und gegen-einanderhaltung der alten Zobelischen und neuern Zobel-Romanischen hochteutschen edition, Wie auch einer Vorrede / darinnen die Historie / wie / von wem / und wann das Lehn-Recht zu erst in Schrifften verfasset worden / ingleichen dessen verschiedenen glossen, nicht weniger Nachricht von einigen manuscriptis enthalten ist, Halle 1721

PANZER, Georg Wolfgang: Annalen der ältern deutschen Litteratur oder Anzeige und Beschreibung derjenigen Bücher welche von Erfindung der Buchdruckerkunst bis MDXX. in deutscher Sprache gedruckt worden sind, Band 1: Annalen […], worinn diejenigen Bücher, welche von Erfindung der Buchdruckerkunst bis 1520 in deutscher Sprache gedruckt worden sind, angezeigt und beschrieben werden, Nürnberg 1788

Remissoriu[m] mit sambt de[m] weichbilde und lehenrecht, bei Hans Schönsperger, Augsburg 1499 (GW 9268)

Remissorium mit sambt dem weichpilde und lehenrecht, bei Hans Othmer, Augsburg 1508 (VD 16 D 741)

Remissorium mitt sampt de[m] weychpild und lehenrecht, bei Hans Schönsperger, Augsburg 1495 (GW 9267)

ROSENTHAL, Heinrich: Tractatus et synopsis totius juris feudalis. Conclusionibus, & sententiis in capita duodecim familiari methodo digestus […], Frankfurt a. M. 1662

[Sächsisches Weichbild, Lehnrecht und Remissorium], bei Anton Sorg, Augsburg 1482 (GW 9266)

[Sächsisches Weichbild, Lehnrecht und Remissorium?], bei B. R. [Bernhard Richel?], ohne Ort und Jahr, vor 1482 (GW 9265)

SCHILTER, Johann: Codex juris Alemannici feudalis […], hrsg. von Johann Scherzius, Straßburg 1728

SCHRADER, Ludolph: Tractatus feudalis, 2 Bände, Frankfurt a. M. 1594

Sechsisch Weichbild Lehenrecht / und Remissorium / Auffs new an vielen orten / in Texten / Glossen / und derselben allegaten / aus den wahrhafftigen glossen Keiserlicher und Bepstlicher Recht / und also den hauptquellen / mit fleis anderwert corrigiert und restituiret / Darzu etliche Urteil / In teglichen fürfallenden sachen sehr richtig und dienstlich / zum teil vor nicht gedruckt, bei Nicolaus Wolrab, Bautzen 1557 (VD 16 D 738)

Sechsisch Weichbild und Lehenrecht / auffs new an vielen orten in Texten / Glossen / und derselben Allegaten / aus den warhafftigen Glossen / Keiserlicher und Bepstlicher Rechte / und also / den Heuptquellen / mit vleis corrigiert und restituiert / Sampt einem corrigierten und vermehrten Repertorio / Darzu etlichen urteiln / zu teglichen vorfallenden sachen / sehr richtig und dienstlich, bei Nicolaus Wolrab, Leipzig 1547 (VD 16 ZV 4406)

Sechsisch Weichbild und Lehenrecht / auffs new an vielen orten in Texten / Glossen / und derselben Allegaten / aus den warhafftigen Glossen / Keiserlicher und Bepstlicher Rechte / und also den Heuptquellen / mit vleis corrigiert und restituirt / Sampt einem corrigierten und vermehrten Repertorio / Darzu etlichen urteiln / zu teglichen vorfallenden sachen / sehr richtig und dienstlich, bei Nicolaus Wolrab, Bautzen 1555 (VD 16 D 737)

STRUVE, Georg Adam: Jurisprudentia romano-germanica forensis, 17. Aufl. Bamberg 1759

Teutsches Corpus Juris, publici & privati, Oder Codex Diplomaticus. Der Teutschen Staats- Lehen- Burger- und Peinlichen Rechten und Gewohnheiten / wie auch Process-Ordnungen an denen Kayserl. Reichs-Hof-Cammer- und Land-Gerichten etc. In 2. Theil abgetheilt, hrsg. von Jo. BURGERMEISTER, bei Johann Conrad Wohlers, Ulm 1717

ZOBEL, Christoph (Hrsg.): Sachssenspigell uffs new durchaus corrgirt vnd restituirt / Allenthalb wu dye text vorandert vnd vnuorstentlich gewest / mitt vil nawen adicionen aus gemeynem Keyserrecht gezogen / sampt eynem volkommen nützlichen / Nawen gemerten Repertorio / auch mit tzweyundzwentzigk artickeln /vnd vrsachen / wurümb die selbigen ynn dem Sachßenspyegell vorworffen / auch mitt vol Newer dewtung des Sachsenspiegels. Item vyl vrtell der werden Schöppen tzu Magdeburgk / ynn drey bücher geteylt / [...], Leipzig 1535 (VD 16 D 744)

– Sechsisch Weychbild und Lehenrecht / Itzt auffs naw / nach den wahrhafften alden exemplarn und texten mit vleis corrigirt / vbersehen vn[d] restituirt / sampt eim nawen Register oder Remissorio gantz verstendtlich vber diese zwey bücher / vn[d] den Sachsenspiegel gemacht / Darzu bey dem Weychbild vnd Lehenrecht vill nützlicher addiciones vnd concordancien / Auch etliche Urtell / darinnen mancherley felle / so in teglichem gebrauch gehalden werden / begriffen / zunutz allen denen / so sich Sechsischs rechtens gebrauchen müssen, Leipzig 1537 (VD 16 D 735)

– / ROMANUS, Franz (Hrsg.): Sächsisch Lehenrecht unndt Weichbilt, Auffs new ubersehen / mit Summarijs, schönen newen Additionibus und Concordantien / so aus den gemeinen Keyser Rechten / anderer Landes gebreuchen / und vieler fürnemer dieser Lande Doctorn bericht und Rahtschlägen / auch der Hoffgericht und Schöppenstuel üblichen Rechtsprüchen zusammen bracht / und nach den wahrhafften alten Exemplarn / an den Texten / Glossen und Allegaten vielfeltig gebessert: Auch etliche Urteil / darinnen mancherley fälle / so in täglichem gebrauch gehalten werden / begrieffen / wie solches stückweise und ordentlich hernacher wird angezeigt werden. Zu nutz allen denen / so sich Sächsischs Rechten gebrauchen müssen, Leipzig 1589 (VD 16 D 740)

3. Gedruckte Quellen (Editionen, Quellensammlungen, Faksimiles)

Adami Theoph. Kindii Opuscula Academica, Leipzig 1836, hrsg. von Emil Ferdinand VOGEL, S. 268–306: De speculi saxonici usu et auctoritate

Auctor vetus de beneficiis, hrsg. von Karl August ECKHARDT, Band 1: Lateinische Texte (MGH Fontes iuris Germanici antiqui N. S. 2, 1), Hannover 1964; Band 2: Archetypus und Görlitzer Rechtsbuch (MGH Fontes iuris Germanici antiqui N. S. 2, 2), Hannover 1966

Les Auctoritates Aristotelis. Un florilège médiéval. Étude historique et edition critique (Philosophes médiévaux 17), hrsg. von Jacqueline HAMESSE, Louvain – Paris 1974

BECKER, Peter Jörg / OVERGAAUW, Eef (Hrsg.): Aderlass und Seelentrost. Die Überlieferung deutscher Texte im Spiegel Berliner Handschriften und Inkunabeln, Mainz 2003

BERGMANN, Friedrich Christian: Pillius, Tancredus, Gratia Libri de iudiciorum ordine, Nachdruck der Ausgabe Göttingen 1842, Aalen 1965

Die Blume von Magdeburg, hrsg. von Hugo BÖHLAU, Weimar 1868

BÖHLAU, Hugo: Aus einem Kopialbuche [Volumen ingens consiliorum?] Dieterichs von Bocksdorf, ZRG 13 (1878) S. 514–536

– Theoderich von Bocksdorff's Gerichts-Formeln, ZRG 1 (1861) S. 415–458

BONAVENTURA: Commentaria in quatuor libros sententiarum magistri Petri Lombardi, Band 1: In primum librum sententiarum (Doctoris Seraphici S. Bonaventurae S. R. E. Eiscopi Cardinalis Opera Omnia 1), ad Claras Aquas 1882

Das Buch der Könige, hrsg. von Hans Ferdinand MASSMANN, in: Alexander VON DANIELS (Hrsg.): Land- und Lehenrechtbuch. Sächsisches Land- und Lehenrecht. Schwabenspiegel und Sachsenspiegel (Rechtsdenkmäler des deutschen Mittelalters 3), Band 1, Berlin 1860, Sp. XXI–CCXXIV

BURMEISTER, Heike / WOLF, Jürgen: Marburger Fund- und Reiseberichte. Miszellen aus dem ‚Repertorium deutschsprachiger Handschriften des 13. Jahrhunderts', ZfdA 127 (1998) nach S. 68 Abb. 1

[Codices Selecti CI] Der Oldenburger Sachsenspiegel. Vollständige Faksimile-Ausgabe im Originalformat des Codex picturatus Oldenburgensis CIM I 410 der Landesbibliothek Oldenburg, Faksimileband, Graz 1995

[Codices Selecti CVII] Die Dresdner Bilderhandschrift Mscr. Dresd. M. 32. Vollständige Faksimile-Ausgabe im Originalformat der Handschrift aus der Sächsischen Landesbibliothek – Staats- und Universitätsbibliothek Dresden, Graz 2002

[Codices Selecti CXI] Der Wolfenbütteler Sachsenspiegel. Vollständige Faksimile-Ausgabe im Originalformat des Wolfenbütteler Sachsenspiegels, Cod. Guelf 3.1. Aug. 2° der Herzog-August-Bibliothek Wolfenbüttel, Graz 2006

[Codices Selecti CXV] Der Heidelberger Sachsenspiegel. Vollständige Faksimile-Ausgabe im Originalformat des Heidelberger Sachsenspiegels, Cod. Pal. germ. 164, Graz 2009

CONRING, Hermann: Der Ursprung des deutschen Rechts, übersetzt von Ilse Hoffmann-Meckenstock, hrsg. von Michael STOLLEIS (Bibliothek des deutschen Staatsdenkens 3), Frankfurt a. M. – Leipzig 1994

Constitutiones et acta publica imperatorum et regum, Band 1: Inde ab a. DCCCCXI usque ad a. MCXCVII, hrsg. von Ludwig WEILAND (MGH Const. 1), Hannover 1893; Band 2: Inde ab a. MCXCVIII usque ad a. MCCLXXII, hrsg. von Ludwig WEILAND (MGH Const. 2), Hannover 1896; Band 4: Inde ab a. MCCXCVIII usque ad a. MCCCXIII, Teil 1, hrsg. von Jakob SCHWALM (MGH Const. 4, 1), Hannover 1906; Band 5: Inde ab a. MCCCXIII. usque ad a. MCCCXXIV, hrsg. von Jakob SCHWALM (MGH Const. 5), Hannover – Leipzig 1909–1913; Band 8: Inde ab a. MCCCXLVI usque ad a. MCCCXLVIII, hrsg. von Karl ZEUMER / Richard SALOMON (MGH Const. 8), Hannover 1910–1926

Consuetudines feudorum, hrsg. von Karl LEHMANN, Neuausgabe von Karl August ECKHARDT (Hrsg.), Aalen 1971 (Bibliotheca Rerum Historicarum, Neudrucke 1)

[CONRING, Hermann] Hermann Conring: Der Ursprung des deutschen Rechts, hrsg. von Michael STOLLEIS, aus dem Lateinischen übersetzt von Ilse Hoffmann-Meckenstock (Bibliothek des deutschen Staatsdenkens 3), Frankfurt a. M. – Leipzig 1994

Corpus iuris canonici, begründet von Emil Ludwig RICHTER, hrsg. von Emil FRIEDBERG, Band 1: Decretum magistri Gratiani, 2. Aufl. Leipzig 1879; Band 2: Decretalium collectiones, 2. Aufl. Leipzig 1881

Corpus iuris civilis [editio stereotypa], Band 1: Institutiones, Digesta; Institutionen hrsg. von Paul KRÜGER, Digesten hrsg. von Paul KRÜGER und Theodor MOMMSEN, Nachdruck der 17. Aufl. Berlin 1963, Hildesheim 1988; Band 2: Codex Iustinianus, hrsg. von Paul KRÜGER, Nachdruck der 10. Aufl. Berlin 1929, Berlin 1970; Band 3: Novellae, hrsg. von Rudolf SCHOELL und Wilhelm KROLL, Nachdruck der 6. Aufl. Berlin 1954, Hildesheim 2005

Diplomata regum et imperatorum Germaniae, Band 4: Conradi II. Diplomata, hrsg. von Harry BRESSLAU (MGH Dipl. 4), Hannover – Leipzig 1909; Band 8: Lothari III. Diplomata nec non et richenzae imperatricis placita, hrsg. von Emil VON OTTENTAHL / Hans HIRSCH, (MGH Dipl. VIII), 2. unveränderte Aufl. Berlin 1957; Band 10, 1: Friderici I. Diplomata inde ab MCLII usque ad a. MCLVIII, hrsg. von Heinrich APPELT (MGH Dipl. 10, 1), Hannover 1975; Band 10, 2: Friderici I. Diplomata inde ab a. MCLVIII usque ad a. MCLXVII, hrsg. von Heinrich APPELT (MGH Dipl. 10, 2), Hannover 1979; Band 10, 3: Friderici I. Diplomata inde ab a. MCLXVIII usque ad a. MCLXXX, hrsg. von Heinrich APPELT (MGH Dipl. 10, 3), Hannover 1985

Deutsche Chroniken und andere Geschichtsbücher des Mittelalters, Band 2: Sächsische Weltchronik – Eberhards Reimchronik von Gandersheim – Braunschweigische Reimchronik – Chronik des Stiftes S. Simon und Judas in Goslar – Holsteinische Reimchronik, hrsg. von Ludwig WEILAND, (MGH Dt. Chron. 2), Nachdruck der Ausgabe Hannover 1877, Zürich 1971

EBEL, Friedrich: Der älteste arbeitsrechtliche Traktat deutscher Sprache, Recht der Arbeit 34 (1981) S. 294–296

Glossen zum Sachsenspiegel-Landrecht. Buch'sche Glosse, hrsg. von Frank-Michael KAUFMANN, 3 Bände (MGH Fontes iuris Germanici antiqui N. S. 7), Hannover 2002

Glossen zum Sachsenspiegel-Lehnrecht. Die kürzere Glosse, hrsg. von Frank-Michael KAUFMANN, 2 Bände (MGH Fontes iuris Germanici antiqui N. S. 8), Hannover 2006

Glossen zum Sachsenspiegel-Lehnrecht. Die längere Glosse, hrsg. von Frank-Michael KAUFMANN, 3 Bände (MGH Fontes iuris Germanici antiqui N. S. 9), Hannover 2013

[GOETHE, Johann Wolfang] Johann Peter Eckermann. Gespräche mit Goethe in den letzten Jahren seines Lebens, hrsg. von Christoph MICHEL (Johann Wolfgang Goethe / Sämtliche Werke / Briefe, Tagebücher und Gespräche 12, 39), Frankfurt a. M. 1999

HIRSCH, Hans Christoph: Eike von Repgow. Sachsenspiegel Lehnrecht (Schriften der Hallischen Wissenschaftlichen Gesellschaft 3), Halle (Saale) 1939

HOLMBERG, John: Das Moralium dogma philosophorum des Guillaume de Conches. Lateinisch, altfranzösisch und mittelniederfränkisch, Paris – Cambridge – Uppsala – Leipzig – Haag 1929

[Hostiensis, In decretalium commentaria I] Henrici Segusio Cardinalis Hostiensis ivr. vtr. monarchae celeberrimi In Primum Decretalium librum Commentaria, Nachdruck der Ausgabe Venedig 1581, Turin 1965

KANNOWSKI, Bernd / KAUFMANN, Frank-Michael: Ein Brief aus uralten Zeiten. Über Johann von Buch, die Stadt Jerichow und eine bedeutende wieder aufgefundene Urkunde von 1336 Mai 13, DA 59 (2003) S. 549–557

KAUFMANN, Frank-Michael: Brief... → KANNOWSKI, Bernd

Die Langenbeck'sche Glosse zum Hamburger Stadtrecht von 1497. Die vollständige Glossenhandschrift von Bartholdus Eggheman von 1532 sowie Lappenbergs Auszüge aus späteren Handschriften, hrsg. von Frank EICHLER, Hamburg 2008

LEPSIUS, Susanne: [Bartolus, Tractatus testimoniorum] Der Richter und die Zeugen. Eine Untersuchung anhand des Tractatus testimoniorum des Bartolus von Sassoferrato. Mit Edition (Studien zur europäischen Rechtsgeschichte / Veröffentlichungen des Max-Planck-Instituts für Europäische Rechtsgeschichte 158), Frankfurt a. M. 2003, S. 233–328

Das Liegnitzer Stadtrechtsbuch des Nikolaus Wurm. Hintergrund, Überlieferung und Edition eines schlesischen Rechtsdenkmals, hrsg. von Hans-Jörg LEUCHTE (Quellen und Darstellungen zur schlesischen Geschichte 25), Sigmaringen 1990

MAFFEI, Domenico: Un trattato di Bonaccorso degli Elisei e i più antichi statuti dello Studio di Bologna nel manoscritto 22 della Robbins Collection, Bulletin of medieval canon law N. S. 5 (1975) S. 93–101

Die Magdeburger Fragen, hrsg. von Johann F. BEHREND, Berlin 1865

[Magdeburger Schöppenchronik] Die Chroniken der niedersächsischen Städte, hrsg. von Karl JANICKE, Band 1: Magdeburg (Die Chroniken der deutschen Städte vom 14. bis ins 16. Jahrhundert 7), Nachdruck der Ausgabe Leipzig 1869, Göttingen 1962

Martini Oppaviensis Chronicon pontificum et imperatorum, hrsg. von Ludwig WEILAND, in: Scriptores 22 hrsg. von Georg Heinrich PERTZ (MGH SS 22), Hannover 1872, S. 377–475

Meklenburgisches Urkundenbuch, hrsg. von dem Verein für meklenburgische Geschichte und Alterthumskunde, Band 19: 1376–1380, Schwerin 1899

MONTORZI, Mario: Diritto feudale nel basso medioevo. Materiali di lavoro e strumenti critici per l'esegesi della glossa ordinaria ai Libri feudorum. Con la ristampa anastatica dei Libri feudorum e della loro glossa ordinaria, Turin 1991

Nove constitutiones domini Alberti. D. i. der Landfriede v. I. 1235 mit der Glosse des Nicolaus Wurm, hrsg. von Hugo BÖHLAU, Weimar 1858

OPPITZ, Ulrich-Dieter: Die deutschen Rechtsbücher des Mittelalters, Band 3, Halbband 1 und 2: Abbildungen der Fragmente, Köln – Wien 1992

Das Programm der NSDAP und seine weltanschaulichen Grundgedanken, hrsg. von Gottfried FEDER, 126.–135. Aufl. München 1933

Publii Flavii Vegetii Renati. Epitoma rei militaris / Publius Flavius Vegetius Renatus. Abriß des Militärwesens; hrsg. von Friedhelm MÜLLER, lateinisch und deutsch mit Einleitung, Erläuterungen und Indices, Stuttgart 1997

Der Rechte Weg. Ein Breslauer Rechtsbuch des 15. Jahrhunderts, hrsg. von Friedrich EBEL, 2 Bände, Köln 2000

Der Richtsteig Landrechts nebst Cautela und Premis, hrsg. von Carl Gustav HOMEYER, Berlin 1857

RIEDNER, Otto: Die geistlichen Gerichtshöfe zu Speier im Mittelalter, Band 2: Texte (Görres-Gesellschaft zur Pflege der Wissenschaft im katholischen Deutschland / Veröffentlichungen der Sektion für Rechts- und Sozialwissenschaft 26), Paderborn 1915

Römisches Rechtsleben im Mittelalter. Miniaturen aus den Handschriften des Corpus iuris civilis, hrsg. von Friedrich EBEL / Andreas FIJAL / Gernot KOCHER, Heidelberg 1988

ROOTH, Erik: Saxonica. Beiträge zur niedersächsischen Sprachgeschichte, Lund 1949

Sachsenspiegel. Landrecht und Lehnrecht, hrsg. von Friedrich EBEL, Landrecht bearbeitet von Claudius Frhr. von Schwerin, Lehnrecht bearbeitet von Friedrich Ebel, Stuttgart 2005

Sachsenspiegel Landrecht, hrsg. von Karl August ECKHARDT, 3. Ausgabe (MGH Fontes iuris Germanici antiqui N. S. 1, 1), Göttingen – Berlin – Frankfurt a. M. 1973

Sachsenspiegel Lehnrecht, hrsg. von Karl August ECKHARDT (MGH Fontes iuris Germanici antiqui N. S. 1, 2), unveränderter Nachdruck der Ausgabe Göttingen 1973, Hannover 1989

Des Sachsenspiegels erster Theil: Das sächsische Landrecht, hrsg. von Carl Gustav HOMEYER, 3. Aufl. Berlin 1861

Des Sachsenspiegels zweiter Theil, nebst den verwandten Rechtsbüchern, hrsg. von Carl Gustav HOMEYER, Band 1: Das sächsische Lehnrecht und der Richtsteig Lehnrechts, Berlin 1842; Band 2: Der Auctor v. de beneficiis, das Görlitzer Rechtsbuch und das System des Lehnrechts, Berlin 1844

Das Sächsische Weichbildrecht. Ius municipale saxonicum, hrsg. von Alexaner VON DANIELS / Friedrich VON GRUBEN, Band 1: Weltchronik und Weichbildrecht in 136 Artikeln mit der Glosse (Rechtsdenkmäler des deutschen Mittelalters 1), Berlin o. J. [1858]

Sassenspegel mit velen nyen Addicien san dem Leenrechte unde Richtstige, hrsg. von Hans RYNMANN VON ÖHRINGEN, neu hrsg. von Karl August ECKHARDT (Bibliotheca Rerum Historicarum, Neudrucke 10, Sachsenspiegel Landrecht und Lehnrecht mit doppelter Glosse), Aalen 1978

Der Schwabenspiegel nach einer Handschrift vom Jahr 1287, hrsg. von Friedrich Leonhard Anton LASSBERG, neu hrsg. von Karl August ECKHARDT (Bibliotheca Rerum Historicarum, Neudrucke 2), Nachdruck der Ausgabe Tübingen 1840, 3. Aufl. Aalen 1972

‚Secundum iura Saxonica'. Sechs prozessrechtliche Traktate der frühen Neuzeit, hrsg. von Hiram KÜMPER, Nordhausen 2005

[Seneca] L. Anneus Seneca. De clementia. De beneficiis / Über die Milde. Über die Wohltaten, hrsg. von Manfred ROSENBACH, Nachdruck der Sonderausgabe 1999 (Philosophische Schriften 5), 2. Aufl. Darmstadt 2011

[Stadtrecht von Lüneburg] Das alte Stadtrecht von Lüneburg, hrsg. von Wilhelm Theodor KRAUT, Göttingen 1846

Die Statuten der Juristen-Universität Bologna vom J. 1317–1347 und deren Verhältnis zu jenen Paduas, Perugias, Florenz, hrsg. von Heinrich DENIFLE, Archiv für Litteratur- und Kirchengeschichte des Mittelalters 3 (1887) S. 254–397

La Summa arboris actionum di Ponzio da Ylerda, hrsg. von Guido ROSSI (Seminario giuridico della Università di Bologna), Mailand 1951

[Summa decretalium] Bernardi Papiensis Faventini Episcopi Summa decretalium, hrsg. von Ernst Adolph LASPEYRES, Regensburg 1860

Tractatus eboracenses IV: De consecratione pontificum et regum, in: Libelli de lite. Imperatorvm et pontificvm saecvlis XI. et XII. conscripti, hrsg. Von Heinrich BÖHMER, Band 3 (MGH Ldl 3), Hannover 1907, S. 662–679

Der Traktat ‚Von gewedde', hrsg. von Friedrich EBEL, in: Andreas FIJAL, Hans-Jörg LEUCHTE und Hans-Jochen SCHIEWER (Hrsg.): Friedrich Ebel. Unseren fruntlichen grus zuvor. Deutsches Recht des Mittelalters im mittel- und osteuropäischen Raum, Köln – Weimar – Wien 2004, S. 119–130

Urkundenbuch der Stadt Hildesheim im Auftrage des Magistrats zu Hildesheim, hrsg. von Richard DOEBNER, Band 2: 1347–1400, Neudruck der Ausgabe Hildesheim 1886, Aalen 1980

ZASIUS, Johann Ulrich / VON FRUNDECK, Joachim Münsinger (Hrsg.): Opera Omnia, Nachdruck der Ausgabe Lyon 1550, Aalen 1964 ff.

II. Literatur

AERTS, W. J. / GOSMAN, M. (Hrsg.): Exemplum et Similitudo. Alexander the Great and other heroes as points of reference in medieval literature (Mediaevalia Groningana 8), Groningen 1988

AERTSEN, Jan A. / PICKAVÉ, Martin (Hrsg.): ‚Herbst des Mittelalters'?, Fragen zur Bewertung des 14. und 15. Jahrhunderts (Miscellanea Mediaevalia 31), Berlin 2004

– / SPEER, Andreas (Hrsg.): Raum und Raumvorstellung im Mittelalter (Miscellanea Medievalia 25), Berlin – New York 1998

ALEXANDER, Jonathan J. G. / GIBSON, Margaret T. (Hrsg.): Medieval Learning and Literature. Essays presented to Richard William Hunt, Oxford 1976

VON AMIRA, Karl: Die Handgebärden in den Bilderhandschriften des Sachsenspiegels (Abhandlungen der philosophisch-philologischen Klasse der königlich bayerischen Akademie der Wissenschaften 23, 2) München 1905, S. 161–265

– / ECKHARDT, Karl August: Germanisches Recht, Band 1: Rechtsdenkmäler (Grundriss der germanischen Philologie 5/I), 4. Aufl. Berlin 1960

APPELT, Heinrich: Friedrich Barbarossa und das römische Recht, in: WOLF (Hrsg.), Friedrich Barbarossa, S. 58–82

ARLINGHAUS, Franz-Josef: Gesten, Kleidung und die Etablierung von Diskursräumen im städtischen Gerichtswesen (1350–1650), in: BURKHARDT /WERKSTETTER (Hrsg.): Kommunikation, S. 461–498

– Sprachformeln und Fachsprache. Zur kommunikativen Funktion verschiedener Sprachmodi im vormodernen Gerichtswesen, in: SCHULZE (Hrsg.), Symbolische Kommunikation, S. 57–72

– / BAUMGÄRTNER, Ingrid / COLLI, Vincenzo / LEPSIUS, Susanne / WETZSTEIN, Thomas (Hrsg.): Praxis der Gerichtsbarkeit in europäischen Städten des Spätmittelalters (Rechtsprechung, Materialien und Studien / Veröffentlichungen des Max-Planck-Instituts für europäische Rechtsgeschichte 23), Frankfurt a. M. 2006

ASCHERI, Mario / BAUMGÄRTNER, Ingrid / KIRSHNER, Julius (Hrsg.): Legal Consulting in the Civil Law Tradition (Studies in Comparative Legal History), Berkeley 1999

ÅSDAHL HOLMBERG, Märta (Hrsg.): Der Harffer Sachsenspiegel vom Jahre 1295. Landrecht (Lunder germanistische Forschungen 32), Lund 1957

ASSMANN, Aleida: Was sind kulturelle Texte?, in: POLTERMANN (Hrsg.), Literaturkanon, S. 232–244

AUFGEBAUER, Peter / VAN DEN HEUVEL, Christine (Hrsg.): Herrschaftspraxis und soziale Ordnung im Mittelalter und in der frühen Neuzeit. Ernst Schubert zum Gedenken (Veröffentlichungen der Historischen Kommission für Niedersachsen und Bremen 232), Hannover 2006

AUGE, Oliver: Ausbildung und Verbreitung des Lehnswesens im Reich und in Italien im 12. und 13. Jahrhundert – eine Zusammenfassung, in: SPIESS (Hrsg.), Ausbildung und Verbreitung, S. 337–355

– Hominium, tributum, feudum. Zu den Anfängen des Lehnswesens im Nordosten des Reiches bis 1250, in: DENDORFER / DEUTINGER (Hrsg.), Lehnswesen im Hochmittelalter, S. 195–215

BALLWEG, Ottmar / SEIBERT, Thomas-Michael (Hrsg.): Rhetorische Rechtstheorie. Zum 75. Geburtstag von Theodor Viehweg, München 1982

BAUMGÄRTNER, Ingrid (Hrsg.): Consilia im späten Mittelalter. Zum historischen Aussagewert einer Quellengattung (Studi / Centro Tedesco di Studi Veneziani 13), Sigmaringen 1995

– Et faciendi plures libros nullus est finis. Der Sinn von Büchern oder der Bildungshorizont eines spätmittelalterlichen Juristen, in: MÜLLER / SMOLKA / ZEDELMAIER (Hrsg.), Universität und Bildung, S. 55–70

– Kontinuität und Wandel in der Literatur und Praxis des gelehrten römischen Rechts, in: SEGL (Hrsg.), Mittelalter und Moderne, S. 173–186

BARTSCH, Karl: Untersuchungen zur Jenaer Liederhandschrift (Palaestra 140), Leipzig 1923

BAZÀN, Bernardo C. / W. WIPPEL, John / FRANSEN, Gérard / JACQUART, Danielle (Hrsg.): Les questions disputées et les questions quodlibétiques dans les facultés de théologie, de droit et de médecine (Typologie des sources du moyen âge occidental 44/45), Brepols 1985

BECKER, Hans-Jürgen / DILCHER, Gerhard / GUDIAN, Gunter / KAUFMANN, Ekkehard / SELLERT, Wolfgang (Hrsg.): Rechtsgeschichte als Kulturgeschichte, Festschrift für Adalbert Erler zum 70. Geburtstag, Aalen 1976

BECKER, Peter Jörg / OVERGAAUW, Eef (Hrsg.): Aderlass und Seelentrost. Die Überlieferung deutscher Texte im Spiegel Berliner Handschriften und Inkunabeln, Mainz 2003

BEGERT, Alexander: Die Entstehung und Entwicklung des Kurkollegs. Von den Anfängen bis zum frühen 15. Jahrhundert (Schriften zur Verfassungsgeschichte 81), Berlin 2010

BEHRENDS, Okko / DIESSELHORST, Malte / LANGE, Hermann / LIEBS, Detlef / WOLF, Joseph Georg / WOLLSCHLÄGER, Christian (Hrsg.): Festschrift für Franz Wieacker zum 70. Geburtstag, Göttingen 1978

BELLOMO, Manlio: Europäische Rechtseinheit. Grundlagen und System des Ius Commune, aus dem Italienischen übersetzt von Ellen Dilcher, München 2005

– Factum proponitur certum, sed dubium est de iure, in: BELLOMO (Hrsg.), Kunst der Disputation, S. 1–28

– (Hrsg.): Die Kunst der Disputation. Probleme der Rechtsauslegung und Rechtsanwendung im 13. und 14. Jahrhundert (Schriften des Historischen Kollegs 38), München 1997

– Parlando di ‚ius commune‘, Rivista internazionale di diritto comune 5 (1994) S. 187–195

– Probleme der juristischen Geschichtsschreibung. ‚Ius commune‘ und ‚Ius proprium‘ im Europa des Mittelalters, in: THEISEN / VOSS (Hrsg.), Summe – Glosse – Kommentar, S. 9–21

– Saggio sull'università nell'età del diritto comune, Catania 1979

– Der Text erklärt den Text. Über die Anfänge der mittelalterlichen Jurisprudenz, Rivista internazionale di diritto comune 4 (1993) S. 51–63

BENDER, Julius: Deutsches Privatrecht. Repetitorium und Examinatorium, 9. Aufl. Leipzig 1902

BENDER, Peter: Die Rezeption des römischen Rechts im Urteil der deutschen Rechtswissenschaft (Rechtshistorische Reihe 8), Frankfurt a. M. – Bern – Las Vegas 1979

DE BENEDICTIS, Angela / LINGENS, Karl-Heinz (Hrsg.): Wissen, Gewissen und Wissenschaft im Widerstandsrecht (16.–18. Jh.) / Sapere, coscienza e scienza nel diritto di resistenza (XVI–XVIII sec.) (Studien zur europäischen Rechtsgeschichte / Veröffentlichungen des Max-Planck-Instituts für Europäische Rechtsgeschichte 165), Frankfurt a. M. 2003

BENZING, Josef: Die Buchdrucker des 16. und 17. Jahrhunderts im deutschen Sprachgebiet (Beiträge zum Buch- und Bibliothekswesen 12), 2. Aufl. Wiesbaden 1982

BERTELSMEIER-KIERST, Christa: Kommunikation und Herrschaft. Zum volkssprachlichen Verschriftlichungsprozeß des Rechts im 13. Jahrhundert (ZdfA Beiheft 9), Stuttgart 2008

– Zur ältesten Überlieferung des Sachsenspiegels, in: BUCHHOLZ / LÜCK (Hrsg.), Wörter des Rechts, S. 56–77

BESELER, Georg: System des gemeinen deutschen Privatrechts, Band 1: Allgemeiner Teil. Das allgemeine bürgerliche Recht, 4. Aufl. Berlin 1885

– Volksrecht und Juristenrecht, Leipzig 1843
BEUMANN, Helmut (Hrsg.): Historische Forschungen für Walter Schlesinger, Köln – Wien 1974
BIENER, Friedrich August: Geschichte der Novellen Justinians, Neudruck der Ausgabe Berlin 1824, Aalen 1970
BINDEWALD, Helene: Studien zur Entstehung der Sachsenspiegelglosse. Die Reihe I (6) 7 bis 14 des Sachsenspiegel-Landrechts, DA 15 (1959), S. 464–515
BLOCH, Marc: Die Feudalgesellschaft, aus dem Französischen übersetzt von Eberhard Bohm, Stuttgart 1999
BOOCKMANN, Hartmut / GRENZMANN, Ludger / MOELLER, Bernd / STAEHELIN, Martin (Hrsg.): Recht und Verfassung im Übergang vom Mittelalter zur Neuzeit, Band 2 (Abhandlungen der Akademie der Wissenschaften in Göttingen / Philologisch-Historische Klasse 3, 239), Göttingen 2001
BRAUN-NIEHR, Beate / OTT, Joachim: Bilder lesen. Zur bildlichen Ausstattung deutschsprachiger Handschriften des Mittelalters, in: BECKER / OVERGAAUW (Hrsg.): Aderlass und Seelentrost, S. 13–26
BRESSLER, Steffen: Schuldknechtschaft und Schuldturm. Zur Personalexekution im sächsischen Recht des 13.–16. Jahrhunderts (Freiburger Rechtsgeschichtliche Abhandlungen N. F. 42), Berlin 2004
BRIE, Siegfried: Die Lehre vom Gewohnheitsrecht. Eine historisch-dogmatische Untersuchung, Teil 1: Geschichtliche Grundlegung (Bis zum Ausgang des Mittelalters), Breslau 1899
– Die Stellung der deutschen Rechtsgelehrten der Rezeptionszeit zum Gewohnheitsrecht, in: Festgabe für Felix Dahn zu seinem fünfzigjährigen Doktorjubiläum, Neudruck der Ausgabe Breslau 1905, Aalen 1979, S. 129–164
BRÜCKNER, Thomas: Lehnsauftragung (Studien zur europäischen Rechtsgeschichte / Veröffentlichungen des Max-Planck-Instituts für Europäische Rechtsgeschichte 258), Frankfurt a. M. 2011
BRUNNER, Heinrich: Grundzüge der deutschen Rechtsgeschichte, 8. Aufl. nach dem Tod des Verfassers besorgt von Claudius Frhr. VON SCHWERIN, München – Leipzig 1930
BRUNNER, Horst / WOLF, Norbert Richard (Hrsg.): Wissensliteratur im Mittelalter und in der Frühen Neuzeit. Bedingungen, Typen, Publikum, Sprache (Wissensliteratur im Mittelalter 13), Wiesbaden 1993
BRUNNER, Otto: Land und Herrschaft. Grundfragen der territorialen Verfassungsgeschichte Österreichs im Mittelalter, 6. Aufl. Darmstadt 1970
BUCHDA, Gerhard: Enthält die Glosse zum sächsischen Weichbild echte Schöffensprüche?, in: FROTZ / OGRIS (Hrsg.), Festschrift Demelius, S. 25–50
– Die Rechtsmittel im sächsischen Prozeß, ZRG GA 75 (1958) S. 274–348
BUCHHOLZ, Stephan / MIKAT, Paul / WERKMÜLLER, Dieter (Hrsg.): Überlieferung, Bewahrung und Gestaltung in der rechtsgeschichtlichen Forschung, Festschrift für Ekkehard Kaufmann zum 70. Geburtstag (Rechts- und Staatswissenschaftliche Veröffentlichungen der Görres-Gesellschaft N. F. 69), Paderborn – München – Wien – Zürich 1993

– / LÜCK, Heiner (Hrsg.): Wörter des Rechts – Wörter zur Rechtsgeschichte, Festschrift für Dieter Werkmüller zum 70. Geburtstag, Berlin 2007

BÜNZ, Enno / HUSCHER, Wolfgang / LÜBKE, Christian (Hrsg.): Italien – Mitteldeutschland – Polen, Leipzig … (Schriften zur sächsischen Geschichte und Volkskunde …), im Druck

BURKHARDT, Johannes / WERKSTETTER, Christine (Hrsg.): Kommunikation und Medien in der Frühen Neuzeit (Historische Zeitschrift, Beihefte N. F. 41), München 2005

BURMEISTER, Heike / WOLF, Jürgen: Marburger Fund- und Reiseberichte. Miszellen aus dem ‚Repertorium deutschsprachiger Handschriften des 13. Jahrhunderts', ZdfA 127 (1998) S. 45–68

BURMEISTER, Karl Heinz: Das Studium der Rechte im Zeitalter des Humanismus im deutschen Rechtsbereich, Stuttgart 1974

BUSCHMANN, Arno: Landfriede und Landfriedensordnung im Hoch- und Spätmittelalter. Zur Struktur des mittelalterlichen Landfriedensrechts, in: BUSCHMANN / WADLE (Hrsg.), Landfrieden, S. 95–121

– / WADLE, Elmar (Hrsg.): Landfrieden. Anspruch und Wirklichkeit (Rechts- und Staatswissenschaftliche Veröffentlichungen der Görres-Gesellschaft N. F. 98), Paderborn – München – Wien – Zürich 2002

BUSSMANN, Kurt / GRASS, Nikolaus (Hrsg.): Festschrift für Karl Haff zum siebzigsten Geburtstag, Innsbruck 1950

CHIUSI, Tiziana J. / GERGEN, Thomas / JUNG, Heike (Hrsg.): Das Recht und seine historischen Grundlagen. Festschrift für Elmar Wadle zum 70. Geburtstag (Schriften zur Rechtsgeschichte 139), Berlin 2008

CLASSEN, Peter (Hrsg.): Recht und Schrift im Mittelalter (Vorträge und Forschungen / Konstanzer Arbeitskreis für mittelalterliche Geschichte 23), Sigmaringen 1977

CLAVADETSCHER, Otto Paul: Der Verzicht (renuntiatio) auf Exceptionen in den bündnerischen Urkunden des Mittelalters, Zeitschrift für Schweizerisches Recht 1958/1, S. 101–138 und S. 363–388

COHN, Georg: Der Kampf um den Sachsenspiegel, in: Festgabe der Rechts-, staats- und handelswissenschaftlichen Fakultät, Universität Zürich: Einweihungsfeier 1914, Zürich 1914, S. 23–53

COING, Helmut: Europäisches Privatrecht, Band 1: Älteres Gemeines Recht (1500 bis 1800), München 1985

– Geschichte und Bedeutung des Systemgedankens in der Rechtswissenschaft, in: SIMON (Hrsg.), Helmut Coing I, S. 191–207

– (Hrsg.): Handbuch der Quellen und Literatur der neueren europäischen Privatrechtsgeschichte, Band 1: Mittelalter (1100–1500), München 1973; Band 2: Neuere Zeit (1500–1800). Das Zeitalter des gemeinen Rechts, Teilband 1: Wissenschaft, München 1977

– Die juristische Fakultät und ihr Lehrprogramm, in: COING (Hrsg.), Handbuch der Quellen und Literatu I, S. 39–128

– / IMMEL, Gerhard (Hrsg.): Rechtshistorische Schriften von Dr. Hermann Kantorowicz (Freiburger rechts- und staatswissenschaftliche Abhandlungen 30), Karlsruhe 1970

– Römisches Recht in Deutschland (Ius Romanum Medii Aevi V 6), Mailand 1964

COLLI, Vincenzo (Hrsg.): Juristische Buchproduktion im Mittelalter (Studien zur europäischen Rechtsgeschichte / Veröffentlichungen des Max-Planck-Instituts für Europäische Rechtsgeschichte 155), Frankfurt a. M. 2002

CONRAD, Hermann: Deutsche Rechtsgeschichte, Band 1: Frühzeit und Mittelalter, 2. Aufl. Karlsruhe 1962

CORDES, Albrecht / KANNOWSKI, Bernd (Hrsg.): Rechtsbegriffe im Mittelalter (Rechtshistorische Reihe 262), Frankfurt a. M. 2002, S. 1–27

VON DANIELS, Alexander (Hrsg.): Land- und Lehenrechtbuch. Sächsisches Land- und Lehenrecht. Schwabenspiegel und Sachsenspiegel, Band 1: Landrechtbuch (Rechtsdenkmäler des deutschen Mittelalters 3, 1), Berlin 1860

DANUSSO, Cristina: Ricerche sulla ‚Lectura Feudorum' di Baldo degli Ubaldi (Università degli studi di Milano / Facoltà di giurisprudenza / Pubblicazioni dell'istituto di storia del diritto italiano 16), Mailand 1991

DEMANDT, Alexander (Hrsg.): Stätten des Geistes. Große Universitäten Europas von der Antike bis zur Gegenwart, Köln – Weimar – Wien 1999

DENDORFER, Jürgen: Das Lehnrecht und die Ordnung des Reiches. ‚Politische Prozesse' am Ende des 12. Jahrhunderts, in: SPIESS (Hrsg.), Ausbildung und Verbreitung, S. 187–220

– Was war das Lehnswesen?, in: SCHLOTHEUBER (Hrsg.), Denkweisen und Lebenswelten, S. 43–64

– Zur Einleitung, in: DENDORFER / DEUTINGER (Hrsg.), Lehnswesen im Hochmittelalter, S. 11–39

– / DEUTINGER, Roman (Hrsg.): Das Lehnswesen im Hochmittelalter. Forschungskonstrukte – Quellenbefunde – Deutungsrelevanz (Mittelalter-Forschungen 34), Ostfildern 2010

DENIFLE, Heinrich: Die Entstehung der Universitäten des Mittelalters bis 1400, Nachdruck der Ausgabe Berlin 1885, Graz 1956

– Die Statuten der Juristen-Universität Bologna vom J. 1317–1347, und deren Verhältnis zu jenen Paduas, Perugias, Florenz, Archiv für Litteratur- und Kirchengeschichte des Mittelalters 3 (1887), S. 196–253

DEUTINGER, Roman: Das hochmittelalterliche Lehnswesen: Ergebnisse und Perspektiven, in: DENDORFER / DEUTINGER (Hrsg.), Lehnswesen im Hochmittelalter, S. 463–473

– Seit wann gibt es die Mehrfachvasallität?, ZRG GA 119 (2002) S. 78–105

– Vom Amt zum Lehen. Das Beispiel der deutschen Herzogtümer im Hochmittelalter, in: SPIESS (Hrsg.), Ausbildung und Verbreitung, S. 133–157

DEUTSCH, Andreas: Der Klagspiegel und sein Autor Conrad Heyden. Ein Rechtsbuch des 15. Jahrhunderts als Wegbereiter der Rezeption (Forschungen zur Deutschen Rechtsgeschichte 23), Köln – Weimar – Wien 2004

DIECK, Carl Friedrich: Ueber die Verbindung des Lehnrechts mit dem deutschen Privatrechte zu einem systematischen Ganzen, Zeitschrift für deutsches Recht und deutsche Rechtswissenschaft 3 (1849) S. 160–192

DIESTELKAMP, Bernhard: Einige Beobachtungen zur Geschichte des Gesetzes in vorkonstitutioneller Zeit, Zeitschrift für historische Forschung 10 (1983) S. 385–420

– Das Lehnrecht der Grafschaft Katzenelnbogen (13. Jahrhundert bis 1479). Ein Beitrag zur Geschichte des spätmittelalterlichen deutschen Lehnrechts, insbesondere zu seiner Auseinandersetzung mit oberitalienischen Rechtsvorstellungen (Untersuchungen zur deutschen Staats- und Rechtsgeschichte N. F. 11), Aalen 1969

DILCHER, Gerhard: Die Entwicklung des Lehnswesens in Deutschland zwischen Saliern und Staufern, in: Il feudalesimo nell'alto medioevo 1 (Settimane di studio del centro italiano di studi sull'alto medioevo 47), Spoleto 2000, S. 263–303

– Kaiserrecht. Universalität und Partikularität in den Rechtsordnungen des Mittelalters, Rivista internazionale di diritto comune 5 (1994) S. 211–245

– Das lombardische Lehnrecht der Libri Feudorum im europäischen Kontext. Entstehung – zentrale Probleme – Wirkungen, in: SPIESS (Hrsg.), Ausbildung und Verbreitung, S. 41–91

– Der mittelalterliche Kaisergedanke als Rechtslegitimation, in: WILLOWEIT (Hrsg.), Begründung des Rechts, S. 153–170

– Mittelalterliche Rechtsgewohnheit als methodisch-theoretisches Problem, in: DILCHER / LÜCK / SCHULZE / WADLE / WEITZEL / WOLTER (Hrsg.), Gewohnheitsrecht und Rechtsgewohnheiten, S. 21–65

– Mythischer Ursprung und historische Herkunft als Legitimation mittelalterlicher Rechtsaufzeichnungen zwischen Leges und Sachsenspiegel, in: WUNDERLI, Peter (Hrsg.), Herkunft und Ursprung, S. 141–155

– Die Zwangsgewalt und der Rechtsbegriff vorstaatlicher Ordnungen im Mittelalter, in: KANNOWSKI / LEPSIUS / SCHULZE (Hrsg.), Gerhard Dilcher, S. 123–170

– / DISTLER, Eva-Marie (Hrsg.): Leges – Gentes – Regna. Zur Rolle von germanischen Rechtsgewohnheiten und lateinischer Schrifttradition bei der Ausbildung der frühmittelalterlichen Rechtskultur, Berlin 2006, S. 503–521

– / LÜCK, Heiner / SCHULZE, Reiner / WADLE, Elmar / WEITZEL, Jürgen / WOLTER, Udo (Hrsg.): Gewohnheitsrecht und Rechtsgewohnheiten im Mittelalter (Schriften zur Europäischen Rechts- und Verfassungsgeschichte 6), Berlin 1992

– / QUAGLIONI, Diego (Hrsg.): Die Anfänge des öffentlichen Rechts. Gesetzgebung im Zeitalter Friedrich Barbarossas und das Gelehrte Recht, Bologna – Berlin 2006

– / QUAGLIONI, Diego (Hrsg.): Gli inizi del diritto pubblico. L'età di Federico Barbarossa: legislazione e scienza del diritto / Die Anfänge des öffentlichen Rechts. Gesetzgebung im Zeitalter Friedrich Barbarossas und des Gelehrte Recht (Annali dell'Istituto storico italo-germanico in Trento / Jahrbuch des italienisch-deutschen historischen Instituts in Trient, Contributi / Beiträge 19), Bologna – Berlin 2007

DOELLE, Ferdinand: Das Partikularstudium der Sächsischen Provinz im Mittelalter, Franziskanische Studien 14 (1927) S. 244–251

DOLEZALEK, Gero: Les gloses des manuscrits de droit: Reflet des méthodes d'enseignement, in: HAMESSE (Hrsg.), Manuels, S. 235–255

– Wie studierte man bei den Glossatoren?, in: THEISEN / VOSS (Hrsg.), Summe – Glosse – Kommentar, S. 55–74

DÖLGE, Franz / KARAYANNOPULOS, Johannes: Die Kaiserurkunden (Handbuch der Altertumswissenschaft 12, 3, 1, 1 / Byzantinische Urkundenlehre 1), München 1968

DOTZAUER, Winfried: Deutsches Studium und deutsche Studenten an europäischen Hochschulen (Frankreich, Italien) und die nachfolgende Tätigkeit in Stadt, Kirche und Territorium in Deutschland, in: MASCHKE / SYDOW (Hrsg.): Stadt und Universität, S. 112–141

DRESCHER, Ulrich: Geistliche Denkformen in den Bilderhandschriften des Sachsenspiegels (Germanistische Arbeiten zu Sprache und Kulturgeschichte 12), Frankfurt a. M. 1989

DROEGE, Georg: Landrecht und Lehnrecht im hohen Mittelalter (Veröffentlichung des Instituts für geschichtliche Landeskunde der Rheinlande an der Universität Bonn), Bonn 1969

DUSIL, Stephan / KANNOWSKI, Bernd: Der Hallensische Schöffenbrief... → KANNOWSKI, Bernd

EBEL, Friedrich: *Des spreke wy vor eyn recht...* Versuch über das Recht der Magdeburger Schöppen, in: FIJAL / LEUCHTE / SCHIEWER (Hrsg.), Friedrich Ebel, S. 423–503

– Über Legaldefinitionen. Rechtshistorische Studie zur Entwicklung der Gesetzgebungstechnik in Deutschland, insbesondere über das Verhältnis von Rechtsetzung und Rechtsdarstellung (Schriften zur Rechtsgeschichte 6), Berlin 1974

– Überlegungen zur Situation der schlesischen Rechtsgeschichte, Jahrbuch der Schlesischen Friedrich-Wilhelms-Universität zu Breslau 26 (1985), S. 317–321

– / WILLOWEIT, Dietmar (Hrsg.): Ferdinand Elsener. Studien zur Rezeption des gelehrten Rechts. Ausgewählte Aufsätze, Sigmaringen 1989

EBEL, Wilhelm: Geschichte der Gesetzgebung in Deutschland (Göttinger rechtswissenschaftliche Studien 24), 2. Aufl. Göttingen 1958

– Über den Leihegedanken in der deutschen Rechtsgeschichte, in: Studien zum mittelalterlichen Lehenswesen. Vorträge gehalten in Lindau am 10.–13. Oktober 1956, Franz Beyerle zum 75. Geburtstag (Vorträge und Forschungen 5), 2. unveränderte Aufl. Sigmaringen 1972, S. 11–36

ECKHARDT, Karl August: Rechtsbücherstudien, Heft 3: Die Textentwicklung des Sachsenspiegels von 1220 bis 1270 (Abhandlungen der Gesellschaft der Wissenschaften zu Göttingen / Philologisch-Historische Klasse 3, 6), Berlin 1933

– / VON AMIRA, Karl: Germanisches Recht... → VON AMIRA, Karl

ECKHARDT, Wilhelm: Die Heerschildordnung im Sachsenspiegel und die Lehnspyramide in hessischen Urkunden, Hessisches Jahrbuch für Landesgeschichte 54 (2005) S. 47–67

EICHHORN, Karl Friedrich: Einleitung in das deutsche Privatrecht, 5. Aufl. Göttingen 1845

ELM, Kaspar: Studium und Studienwesen der Bettelorden. Die ‚andere' Universität?, in: DEMANDT (Hrsg.), Stätten des Geistes, S. 111–126

ELSENER, Ferdinand: Deutsche Rechtssprache und Rezeption. Nebenpfade der Rezeption des gelehrten römisch-kanonischen Rechts im Spätmittelalter, in: EBEL / WILLOWEIT (Hrsg.), Ferdinand Elsener, S. 240–258

– Regula iuris, Brocardum, Rechtssprichwort nach der Lehre von P. Franz Schmier OSB. und im Blick auf den Stand der heutigen Forschung, in: EBEL / WILLOWEIT (Hrsg.): Ferdinand Elsener, S. 165–197

ENGELMANN, Woldemar: Die Wiedergeburt der Rechtskultur in Italien durch die wissenschaftliche Lehre, Leipzig 1938

ERDMANN, Carl: Der Entschluß zur deutschen Abfassung des Sachsenspiegels, DA 9 (1952) S. 189–192

ERNST, Walter: Ueber das Verhältnis des Vetus auctor de beneficiis zum lehnrechtlichen Theile des Sachsenspiegels, Neues Archiv der Gesellschaft für Ältere Deutsche Geschichtskunde zur Beförderung einer Gesamtausgabe der Quellenschriften deutscher Geschichten des Mittelalters 26 (1901) S. 207–216

ERTL, Thomas: Netzwerke des Wissens. Die Bettelorden, ihre Mobilität und ihre Schulen, in: PUHLE (Hrsg.), Aufbruch in die Gotik, S. 313–323

FALK, Ulrich: Consilia. Studien zur Praxis der Rechtsgutachten in der frühen Neuzeit (Rechtsprechung, Materialien und Studien / Veröffentlichungen des Max-Planck-Instituts für europäische Rechtsgeschichte 22), Frankfurt a. M. 2006

– LUMINATI, Michele / SCHMOECKEL, Matthias (Hrsg.): Fälle aus der Rechtsgeschichte, München 2008

FEENSTRA, Robert: Dominium utile est chimaera: Nouvelles réflexions sur le concept de propriété dans le droit savant, Tijdschrift voor Rechtsgeschiedenis 66 (1998) S. 381–397

– Les origines du dominium utile chez les glossateurs (avec un appendice concernant l'opinion des ultramontani), in: FEENSTRA / LOKIN / VAN DER WAL (Hrsg.), Flores legum, S. 49–93

– LOKIN, Jan H. A. / VAN DER WAL, Nicolaas (Hrsg.): Flores legum. H. J. Scheltema antecessori Groningano oblati, Groningen 1971

FEHR, Hans: Recht und Wirklichkeit. Einblick in Werden und Vergehen der Rechtsformen, Potsdam 1928

FICHTENAU, Heinrich: Arenga. Spätantike und Mittelalter im Spiegel von Urkundenformeln (Mitteilungen des Instituts für Österreichische Geschichtsforschung, Ergänzungsband 18), Graz – Köln 1957

FIJAL, Andreas / LEUCHTE, Hans-Jörg / SCHIEWER, Hans-Jochen (Hrsg.): Friedrich Ebel. Unseren fruntlichen grus zuvor. Deutsches Recht des Mittelalters im mittel- und osteuropäischen Raum, Köln – Weimar – Wien 2004

FLECKENSTEIN, Josef: Zum Problem der Abschließung des Ritterstandes, in: BEUMANN (Hrsg.), Historische Forschungen, S. 252–271

FÖGEN, Thorsten: Wissen, Kommunikation und Selbstdarstellung. Zur Struktur und Charakteristik römischer Fachtexte der frühen Kaiserzeit (Zetemata 134), München 2009

FOTH, Albrecht: Gelehrtes römisch-kanonisches Recht in deutschen Rechtssprichwörtern (Juristische Studien 24), Tübingen 1971

FOWLER-MAGERL, Linda: Ordo iudiciorum vel ordo iudiciarius. Begriff und Literaturgattung (Ius Commune / Sonderhefte. Texte und Monographien 19 / Repertorien zur Frühzeit der gelehrten Rechte), Frankfurt a. M. 1984

FRANSEN, Gérard: Les questions disputées dans les facultés de droit, in: BAZÀN / WIPPEL / FRANSEN / JACQUART (Hrsg.), Les questions disputées, S. 223–277

FRIED, Johannes (Hrsg.): Dialektik und Rhetorik im früheren und hohen Mittelalter. Rezeption, Überlieferung und gesellschaftliche Wirkung antiker Gelehrsamkeit vornehmlich im 9. und 12. Jahrhundert (Schriften des Historischen Kollegs, Kolloquien 27), München 1997

– Schulen und Studium im sozialen Wandel des hohen und späten Mittelalters (Vorträge und Forschungen / Konstanzer Arbeitskreis für mittelalterliche Geschichte 30), Sigmaringen 1986
– Vom Nutzen der Rhetorik und Dialektik für das Leben. Eine Einführung, in: FRIED (Hrsg.), Dialektik und Rhetorik, S. VII–XX
FROTZ, Gerhard / OGRIS, Werner (Hrsg.): Festschrift für Heinrich Demelius zum 80. Geburtstag. Erlebtes Recht in Geschichte und Gegenwart, Wien 1973
FUCHS, Franz / HEINIG, Paul-Joachim / SCHWARZ, Jörg (Hrsg.): König, Fürsten und Reich im 15. Jahrhundert (Forschungen zur Kaiser- und Papstgeschichte des Mittelalters 29), Köln – Weimar – Wien 2009
FUHRMANN, Horst: Die Sorge um den rechten Text, DA 25 (1969) S. 1–16
FÜRST, Carl Gerold: Zur Rechtslehre Gratians, ZRG KA 57 (1971) S. 276–284
GAGNÉR, Sten: Studien zur Ideengeschichte der Gesetzgebung, Stockholm – Uppsala – Göteborg, 1960
GANSHOF, François Louis: Was ist das Lehnswesen?, aus dem Französischen übersetzt von Ruth und Dieter Groh (französische Erstausgabe: Qu'est-ce que la féodalité?, Brüssel 1944; die deutsche Übersetzung beruht auf der 3. Aufl. Brüssel 1957), 7. Aufl., unveränderter Nachdruck der 6. Aufl. Darmstadt 1983, Darmstadt 1989
GARCÍA Y GARCÍA, Antonio: Die Rechtsfakultäten, in: RÜEGG (Hrsg.), Geschichte der Universität I, S. 343–358
GARRÉ, Roy: Consuetudo. Das Gewohnheitsrecht in der Rechtsquellen- und Methodenlehre des späten ius commune in Italien (16.–18. Jahrhundert) (Studien zur europäischen Rechtsgeschichte / Veröffentlichungen des Max-Planck-Instituts für europäische Rechtsgeschichte Frankfurt am Main 183), Frankfurt a. M. 2005
GAUDEMET, Jean: La coutume en droit canonique, in: La coutume / Custom, Band 2: Europe occidentale médiévale et moderne / Medieval and Modern Western Europe (Recueils de la Société Jean Bodin pour l'histoire comparative des institutions / Transactions of the John Bodin Society for Comparative Institutional History 52), Brüssel 1990, S. 41–61
GELDNER, Ferdinand: Die deutschen Inkunabeldrucker. Ein Handbuch der deutschen Buchdrucker des XV. Jahrhunderts nach Druckorten, Band 1: Das deutsche Sprachgebiet, Stuttgart 1968
GENZMER, Erich: Einleitung (Ius Romanum Medii Aevi I, 1 d), Varese 1961
– Die iustinianische Kodifikation und die Glossatoren, in: Istituto di studi romani (Hrsg.): Atti del congresso internazionale di diritto romano, Band 1: Bologna, Pavia 1934, S. 347–430
– Vorbilder für die Distinctionen der Glossatoren, in: Acta congressus iuridici internationalis, Band 2, Rom 1935, S. 343–358
GEORGES, Karl Ernst: Ausführliches lateinisch-deutsches Handwörterbuch, 8. neu bearbeitete Aufl. von Heinrich GEORGES, 2 Bände, Hannover – Leipzig 1913
VON GERBER, Carl Friedrich Wilhelm: System des Deutschen Privatrechts, neu bearbeitet von Konrad COSACK, 17. Aufl. Jena 1895
VON GIERKE, Otto: Deutsches Privatrecht, Band 1: Allgemeiner Teil und Personenrecht (Systematisches Handbuch der Deutschen Rechtswissenschaft 2, 3, 1), Leipzig 1895

GILISSEN, John: La coutume (Typologie des sources du moyen âge occidental 41), Turnhout 1982

GIORDANENGO, Gérard: Consilia feudalia, in: ASCHERI / BAUMGÄRTNER / KIRSHNER (Hrsg.), Legal Consulting, S. 143–172

– La littérature juridique féodale, in: NIEUS (Hrsg.), Le vassal, S. 11–34

GLIER, Ingeborg (Hrsg.): Geschichte der deutschen Literatur von den Anfängen bis zur Gegenwart, begründet von Helmut DE BOOR und Richard NEWALD, Band 3: Die deutsche Literatur im späten Mittelalter 1250–1370, Teil 2: Reimpaargedichte, Drama, Prosa, München 1987

GOERLITZ, Theodor: Das Magdeburger Recht in Liegnitz, in: SCHÖNBORN (Hrsg.), Liegnitz

GOETZ, Hans-Werner: Geschichtsschreibung und Geschichtsbewußtsein im hohen Mittelalter (Orbis mediaevalis / Vorstellungswelten des Mittelalters 1), 2. Aufl. Berlin 2008

– (Hrsg.): Hochmittelalterliches Geschichtsbewußtsein im Spiegel nichthistoriographischer Quellen, Berlin 1998

GOOSSENS, Jan (Hrsg.): Niederdeutsch. Sprache und Literatur. Eine Einführung, Band 1: Sprache, Neumünster 1973

GRABMANN, Martin: Die Geschichte der scholastischen Methode, Band 2: Die scholastische Methode im 12. und beginnenden 13. Jahrhundert, Darmstadt 1961

GRABSCHEID, Dietrich Hermann: Die Bürgerlehen im altdeutschen Reichsgebiet, Diss. Univ. Frankfurt a. M. 1957 (masch.)

GROTEFEND, Hermann: Zeitrechnung des deutschen Mittelalters und der Neuzeit, Band 1: Glossar und Tafeln, Nachdruck der Ausgabe Hannover 1891, Aalen 1984

GUNDELACH, Bodo / MOLKENTHIN, Ralf (Hrsg.): Blicke auf das Mittelalter. Aspekte von Lebenswelt, Herrschaft, Religion und Rezeption. Festschrift für Hanna Vollrath zum 65ten Geburtstag (Studien zur Geschichte des Mittelalters 2), Herne 2004

GUNDLACH, Wilhelm: Karl der Große im Sachsenspiegel. Eine Interpretation, Neudruck der Ausgabe Breslau 1899 (Untersuchungen zur deutschen Staats- und Rechtsgeschichte A. F. 60), Aalen 1970

GÜNTHER, Jörn: Mittelalterliche Handschriften und Miniaturen. Katalog und Retrospektive, Hamburg ca. 1992

HAFERKAMP, Hans-Peter / REPGEN, Tilman (Hrsg.): Usus modernus pandectarum. Römisches Recht, Deutsches Recht und Naturrecht in der Frühen Neuzeit, Klaus Luig zum 70. Geburtstag (Rechtsgeschichtliche Schriften 24), Köln – Weimar – Wien 2007

HALLEBEEK, Jan / SCHERMAIER, Martin / FIORI, Roberto / CORIAT, Jean-Pierre (Hrsg.): Inter cives necnon peregrinos, Essays in honour of Boudewijn Sirks, Göttingen 2014

HAMESSE, Jacqueline: Johannes de Fonte, compilateur des ‚Parvi flores'. Le témoignage de plusieurs manuscrits de la Biblitohèque Vaticane, Archivum Franciscanum Historicum 88 (1995) S. 515–531

– (Hrsg.): Manuels, programmes de cours et techniques d'enseigenement dans les universités médiévales (Université Catholique de Louvain, Publications de l'Institut d'Études Médiévales / Textes, Études, Congrès 16), Louvain-la-neuve 1994

HATTENHAUER, Hans: Die Bedeutung der Gottes- und Landfrieden für die Gesetzgebung in Deutschland, Marburg 1958/60

– Zur Geschichte der deutschen Rechts- und Gesetzessprache (Joachim Jungius-Gesellschaft der Wissenschaften 5, 2), Hamburg 1987

HAUCK, Karl / KROESCHELL, Karl / SONDEREGGER, Stefan / HÜPPER, Dagmar / VON OLBERG, Gabriele (Hrsg.): Sprache und Recht. Beiträge zur Kulturgeschichte des Mittelalters. Festschrift für Ruth Schmidt-Wiegand zum 60. Geburtstag, Band 1, Berlin – New York 1986

HAUG, Walter: [Rezension] Kritik der topischen Vernunft. Zugleich keine Leseanleitung zu ‚Geschichte als Topik' von Peter von Moos, Beiträge zur Geschichte der deutschen Sprache und Literatur 114 (1992) S. 47–56

HAUSDORF, Georg P. A.: Die Piasten Schlesiens, Breslau 1933

HAUSER, Sigrid: Staufische Lehnspolitik am Ende des 12. Jahrhunderts 1180–1197 (Europäische Hochschulschriften, Reihe 3 Geschichte und ihre Hilfswissenschaften 770), Frankfurt a. M. – Berlin – Bern – New York – Paris – Wien 1998

HAUSMANN, Jost / KRAUSE, Thomas (Hrsg.): ‚Zur Erhaltung guter Ordnung'. Beiträge zur Geschichte von Recht und Justiz, Festschrift für Wolfgang Sellert zum 65. Geburtstag, Köln – Weimar – Wien 2000

HECHBERGER, Werner: Das Lehnswesen als Deutungselement der Verfassungsgeschichte von der Aufklärung bis zur Gegenwart, in: DENDORFER / DEUTINGER (Hrsg.), Lehnswesen im Hochmittelalter, S. 41–56

HEINEMANN, Franz: Der Richter und die Rechtsgelehrten. Justiz in früheren Zeiten, Nachdruck der Ausgabe Leipzig 1900, Düsseldorf – Köln 1969

HEINEMEYER, Karl: Der Prozeß Heinrichs des Löwen, in: PATZE (Hrsg.), Reichstag von Gelnhausen, S. 1–60

HEINZELE, Joachim / JOHNSON, L. Peter / VOLLMANN-PROFE, Gisela (Hrsg.): Probleme der Parzival-Philologie. Marburger Kolloquium 1990 (Veröffentlichungen der Wolfram-von-Eschenbach-Gesellschaft 12), Berlin 1992

HEIRBAUT, Dirk: Feudal Law: the Real *Ius Commune* of Property in Europe, or: Should We Reintroduce *Duplex Dominium*?, European Review of Private Law 3 (2003) S. 301–320

HERKOMMER, Hubert: Eike von Repgows ‚Sachsenspiegel' und die ‚Sächsische Weltchronik'. Prolegomena zur Bestimmung des Sächsischen Weltchronisten, Jahrbuch des Vereins für niederdeutsche Sprachforschung 100 (1977) S. 7–42

– Überlieferungsgeschichte der ‚Sächsischen Weltchronik'. Ein Beitrag zur deutschen Geschichte des Mittelalters (Münchener Texte und Untersuchungen zur deutschen Literatur des Mittelalters 38), München 1972

HERMANN, Hermann Julius: Die italienischen Handschriften des Dugento und Trecento, Band 1: Bis zur Mitte des XIV. Jahrhunderts, Leipzig 1928

HEROLD, Norbert / MISCHER, Sibille (Hrsg.): Philosophie. Studium, Text und Argument (Münsteraner Einführungen, Philosophie 2), 2. Aufl. Münster 2003

HIRSCH, Hans Christoph: Einleitung, in: Eike von Repgow. Sachsenspiegel Lehnrecht (Schriften der Hallischen Wissenschaftlichen Gesellschaft 3), Halle (Saale) 1939, S. 1–98

HÖFINGHOFF, Hans / PETERS, Werner / SCHILD, Wolfgang / SODMANN, Timothy (Hrsg.): Alles was Recht war. Rechtsliteratur und literarisches Recht, Festschrift für Ruth Schmidt-Wiegand zum 70. Geburtstag, Essen 1996

HOLZHAUER, Heinz: Der gerichtliche Zweikampf, in: HAUCK, / KROESCHELL / SONDEREGGER / HÜPPER / VON OLBERG (Hrsg.), Sprache und Recht, S. 263–283

HOMEYER, Carl Gustav: Die deutschen Rechtsbücher des Mittelalters und ihre Handschriften, Berlin 1856; neu bearbeitet von Conrad BORCHLING, Karl August ECKHARDT und Julius VON GIERKE, Weimar 1931/1934

– Die Genealogie der Handschriften des Sachsenspiegels (Abhandlungen der Königlichen Akademie der Wissenschaften zu Berlin, Philologisch-Historische Abt.), Berlin 1859, S. 83–204

– Der Prolog zur Glosse des sächsischen Landrechts, Berlin 1854

– Der Sachsenspiegel oder das Sächsische Landrecht, nach der Berliner Handschrift v. Jahr 1369, mit Varianten aus siebzehn andern Texten, Jahrbuch für wissenschaftliche Kritik 1827, Sp. 1313–1328

– System des Lehnrechts der Saechs. Rechtsbuecher, in: ders. (Hrsg.): Des Sachsenspiegels zweiter Theil, nebst den verwandten Rechtsbüchern, Band 2: Der Auctor v. de beneficiis, das Görlitzer Rechtsbuch und das System des Lehnrechts, Berlin 1844, S. 261–640

– Über die Informatio ex speculo Saxonum, Berlin 1857 (Abhandlungen der Königlichen Akademie der Wissenschaften zu Berlin 11)

HONSELL, Heinrich / MAYER-MALY, Theo / SELB, Walter: Römisches Recht, aufgrund des Werkes von Paul JÖRS, Wolfgang KUNKEL und Leopold WENGER, 4. Aufl. Berlin – Heidelberg – New York – London – Paris – Toyko 1987

HORN, Norbert: Argumentum ab Auctoritate in der legistischen Argumentationstheorie, in: BEHRENDS / DIESSELHORST / LANGE / LIEBS / WOLF / WOLLSCHLÄGER (Hrsg.), Festschrift Franz Wieacker, S. 261–272

– Die juristische Literatur der Kommentatorenzeit, Ius Commune 2 (1969) S. 84–129

– Die legistische Literatur der Kommentatoren und der Ausbreitung des gelehrten Rechts, in: COING (Hrsg.), Handbuch der Quellen und Literatur I, S. 261–364

– Philosophie in der Jurisprudenz der Kommentatoren: Baldus philosophus, Ius Commune 1 (1967) S. 104–149

– [Rezension] Gerhard Otte, Dialektik und Jurisprudenz. Untersuchungen zur Methode der Glossatoren. Ius commune. Sonderhefte. Texte und Monographien 1, Frankfurt/M. 1971, Vittorio Klostermann, 255 S., ZRG RA 90 (1973) S. 494–499

HOYE, William J.: Die mittelalterliche Methode der Quaestio, in: HEROLD / MISCHER (Hrsg.), Philosophie, S. 155–178

HUGELMANN, Karl Gottfried: Die deutsche Königswahl im corpus iuris canonici (Untersuchunge zur Deutschen Staats- und Rechtsgeschichte 98), Breslau 1909

VON HÜLSEN-ESCH, Andrea: Gelehrte in Miniaturen spätmittelalterlicher Handschriften. Stereotype, Differenzierungen, Deutungsschemata, in: REXROTH (Hrsg.), Beiträge zur Kulturgeschichte, S. 297–328

HÜPPER, Dagmar: Auftraggeber, Schreiber und Besitzer von Sachsenspiegel-Handschriften, in: SCHMIDT-WIEGAND / HÜPPER (Hrsg.), Sachsenspiegel als Buch, S. 57–104

– Wort und Begriff *Text* in der mittelalterlichen deutschen Rechtsüberlieferung. Der Sachsenspiegel als Text, in: KUCHENBUCH / KLEINE (Hrsg.), ‚Textus' im Mittelalter, S. 229–252

IBLHER RITTER VON GREIFFEN, Norberto: Die Rezeption des lombardischen Lehensrechts und sein Einfluß auf das mittelalterliche Lehenswesen (Europäische Hochschulschriften, Reihe 3: Geschichte und ihre Hilfswissenschaften 820), Frankfurt a. M. 1999

IGNOR, Alexander: Indiz und Integrität. Anmerkungen zum Gerichtsverfahren des Sachsenspiegels, in: SCHMIDT-WIEGAND (Hrsg.), Text – Bild – Interpretation, S. 77–91

– Über das allgemeine Rechtsdenken Eikes von Repgow (Rechts- und Staatswissenschaftliche Veröffentlichungen der Görres-Gesellschaft N. F. 42), Paderborn – München – Wien – Zürich 1984

ISENMANN, Eberhard: Aufgaben und Leistungen gelehrter Juristen im spätmittelalterlichen Deutschland, Orbis Iuris Romani 10 (2005), S. 41–65

– Gelehrte Juristen und das Prozeßgeschehen in Deutschland im 15. Jahrhundert, in: ARLINGHAUS / BAUMGÄRTNER / COLLI / LEPSIUS / WETZSTEIN (Hrsg.), Praxis der Gerichtsbarkeit, S. 305–417

– ‚Pares curiae' und ‚väterliche, alte und freie Lehen'. Lehnrechtliche Konsilien deutscher Juristen des 15. Jahrhunderts, in: FUCHS / HEINIG / SCHWARZ (Hrsg.), König, Fürsten und Reich, S. 231–286

– Recht, Verfassung und Politik in Rechtsgutachten spätmittelalterlicher deutscher und italienischer Juristen, vornehmlich des 15. Jahrhunderts, in: BOOCKMANN / GRENZMANN / MOELLER / STAEHELIN (Hrsg.), Recht und Verfassung, S. 47–245

– Zur Rezeption des römisch-kanonischen Rechts im spätmittelalterlichen Deutschland, in: AERTSEN / PICKAVÉ (Hrsg.), ‚Herbst des Mittelalters'?

ISHIKAWA, Takeshi: Die innere Struktur des mittelalterlichen Rechts. Das Beispiel des Sachsenspiegels, in: KROESCHELL / CORDES (Hrsg.), Funktion und Form, S. 135–152

– Lehnrecht und Verfassung im Sachsenspiegel, The Hokkaido Law Review 50 (2000) S. 1305–1328 bzw. S. III–XXVI

JÄGER, Helmut / PETRI, Franz / QUIRIN, Heinz (Hrsg.): Civitatum Communitas. Studien zum europäischen Städtewesen, Festschrift Heinz Stoob zum 65. Geburtstag, Teil 2 (Städteforschungen / Reihe A / Darstellungen 21), Köln – Wien 1984

JAKOBS, Horst Heinrich: Magna Glossa. Textstufen der legistischen glossa ordinaria (Rechts- und Staatswissenschaftliche Veröffentlichungen der Görres-Gesellschaft N. F. 114), Paderborn – München – Wien – Zürich 2006

JANSEN, Nils: The Making of Legal Authority. Non-legislative Codifications in Historical and Comparative Perspective, New York 2010

JÄSCHKE, Kurt-Ulrich: [Rezension] Susan Reynolds, Fiefs and Vassals. The medieval evidence reinterpreted. Oxford University Press, Oxford 1994. XI und 544 S., ZRG GA 116 (1999) S. 523–525

JECHT, Richard: Ueber die in Görlitz vorhandenen Handschriften des Sachsenspiegels und verwandter Rechtsquellen, Neues Lausitzisches Magazin 82 (1906) S. 223–264

JESERICH, Kurt G. A. / POHL, Hans / UNRUH, Georg-Christoph (Hrsg.): Deutsche Verwaltungsgeschichte, Band 1: Vom Spätmittelalter bis zum Ende des Reiches, Stuttgart 1983

JESSEN, Peter: Nikolaus Wurm und seine Rechtsbücher, in: HAUSMANN / KRAUSE (Hrsg.), ‚Zur Erhaltung guter Ordnung', S. 115–121

JOHANEK, Peter: Eike von Repgow, Hoyer von Falkenstein und die Entstehung des Sachsenspiegels, in: JÄGER / PETRI / QUIRIN (Hrsg.), Civitatum Communitas, S. 716–755

– Rechtsschrifttum, in: GLIER (Hrsg.), Geschichte der deutschen Literatur III 2, S. 396–431 und S. 506–515

KAISER, Wolfgang: Zur Herkunft des Codex Florentinus, in: SCHMIDT-RECLA / SCHUMANN / THEISEN (Hrsg.), Sachsen im Spiegel des Rechts, S. 39–57

KANN, Christoph: Der Ort der Argumente. Eigentliche und uneigentliche Verwendung des mittelalterlichen *locus*-Begriffs, in: AERTSEN / SPEER (Hrsg.), Raum und Raumvorstellung, S. 402–418

KANNOWSKI, Bernd: Anwaltstaktik und Anwaltsethik im Mittelalter, NJW 2008, S. 713–719

– Europäisches Rechtsdenken bei Johann von Buch, in: LÜCK (Hrsg.), Tangermünde, S. 77–91

– Landrecht und Lehnrecht nach dem Sachsenspiegel. Für und Wider einen (vermeintlichen?) „uralten Irrtum", in: HALLEBEEK / SCHERMAIER / FIORI / METZGER / CORIAT (Hrsg.), Festschrift Sirks, S. 351–365

– Der Prozess gegen Heinrich den Löwen, in: FALK / LUMINATI / SCHMOECKEL (Hrsg.), Fälle aus der Rechtsgeschichte, S. 96–109

– Rechtsbegriffe im Mittelalter. Stand der Diskussion, in: CORDES / KANNOWSKI (Hrsg.), Rechtsbegriffe im Mittelalter, S. 1–27

– Die Ritter der Gerichte an der Schwelle von mündlicher zu schriftlicher Rechtskultur, in: Anwälte und ihre Geschichte. Zum 140. Gründungsjahr des Deutschen Anwaltsvereins, hrsg. vom Deutschen Anwaltsverein, Tübingen 2011, S. 5–22

– Der roncalische Regalienbegriff und seine Vorgeschichte, in: DILCHER / QUAGLIONI (Hrsg.), Gli inizi del diritto pubblico, S. 157–177

– The Sachsenspiegel and Its Gloss in Context of European Legal History as Exemplified by Criminal Procedure, in: VOGT / MÜNSTER-SWENDSEN (Hrsg.), Law and Learning, S. 193–206

– Der Sachsenspiegel im Kontext europäischer Rechtsgeschichte. ‚Teutsche' und überregionale Aspekte anhand von Bilderhandschriften und Glossen, in: WOLFF (Hrsg.), Wurzeln Europas, S. 138–156

– Der Sachsenspiegel und die Buch'sche Glosse – Begegnung deutschrechtlichen und romanistischen Denkens?, in: DILCHER / DISTLER (Hrsg.), Leges – Gentes – Regna, S. 503–521

– Die Umgestaltung des Sachsenspiegelrechts durch die Buch'sche Glosse (MGH Schriften 56), Hannover 2007

– Urteilsvollstrecker im Mittelalter. Der Fronbote aus der Sicht der Landrechtsglosse zum Sachsenspiegel, DGVZ 2001, S. 109–112

– Das Verhältnis von Partikularrecht und Reichsrecht in der Buch'schen Glosse zum Sachsenspiegel, Rivista internazionale di diritto comune 20 (2009) S. 125–146
– Von hülff und execution – Der Fronbote in der Zwangsvollstreckung des 16. Jahrhunderts, DGVZ 2003, S. 53–56
– Wieviel Gelehrtes Recht steckt im Sachsenspiegel und war Eike von Repgow ein Kanonist?, ZRG KA 99 (2013) S. 382–397
– Zwischen Appellation und Urteilsschelte. Über das Rechtsdenken des Johann von Buch, ZRG GA 123 (2006) S. 110–134
– / DUSIL, Stephan: Der Hallensische Schöffenbrief für Neumarkt von 1235 und der Sachsenspiegel, ZRG GA 120 (2003) S. 61–90
– / KAUFMANN, Frank-Michael: De glosen les mit vlite. Über neu aufgefundene Rechtsbücherfragmente aus Kopenhagen, ZRG GA 124 (2007) S. 82–119
– / KAUFMANN, Frank-Michael: De glose vornim vnde dude mit vlite. Zu neu aufgefundenen Kopenhagener Fragmenten einer glossierten Sachsenspiegelhandschrift, ZRG GA 125 (2008) S. 50–81
– / LEPSIUS, Susanne / SCHULZE, Reiner (Hrsg.): Gerhard Dilcher. Normen zwischen Oralität und Schriftkultur, Köln – Weimar – Wien 2008
KANTOROWICZ, Ernst H.: Die zwei Körper des Königs. Eine Studie zur politischen Theologie des Mittelalters, aus dem Englischen übersetzt von Walther Theimer (amerikanische Erstausgabe: The King's Two Bodies. A Study in Mediaevel Political Theology, Princeton 1957; die deutsche Übersetzung beruht auf der 2. Aufl. Princeton 1966), München 1990
KANTOROWICZ, Hermann: Die Allegationen im späteren Mittelalter, in: COING / IMMEL (Hrsg.), Hermann Kantorowicz, S. 81–92
– The quaestiones disputatae of the glossators, Tijdschrift voor Rechtsgeschiedenis 16 (1935), S. 1–67
KAPFHAMMER, Gerald / LÖHR, Wolf-Dietrich / NITSCHE, Barbara (Hrsg.): Autorbilder. Zur Medialität literarischer Kommunikation in Mittelalter und Früher Neuzeit (Tholos Kunsthistorische Studien 2), Münster 2007
KARAYANNOPULOS, Johannes / DÖLGE, Franz: Kaiserurkunden… → DÖLGE, Franz
KARG, Andreas: Die kaiserliche ‚Lehnsgesetzgebung' für Italien bis Roncaglia (1158), in: DILCHER / QUAGLIONI (Hrsg.), Anfänge des öffentlichen Rechts, S. 199–228
KASER, Max: Der römische Anteil am deutschen bürgerlichen Recht, JuS 1967, S. 337–344
– Das römische Privatrecht, Band 1: Das altrömische, das vorklassische und klassische Recht (Handbuch des Altertums 10 / Rechtsgeschichte des Altertums 3, 3, 1), 2. Aufl. München 1971; Band 2: Die nachklassischen Entwicklungen (Handbuch des Altertums 10 / Rechtsgeschichte des Altertums 3, 3, 2), 2. Aufl. München 1975
– Das römische Zivilprozessrecht, (Handbuch des Altertums 10 / Rechtsgeschichte des Altertums 3, 4), 2. Aufl. neu bearbeitet von Karl HACKL, München 1996
KASTEN, Brigitte: Das Lehnswesen – Fakt oder Fiktion?, in: POHL / WIESER (Hrsg.), Der frühmittelalterliche Staat, S. 331–353
KAUFHOLD, Martin (Hrsg.): Politische Reflexion in der Welt des späten Mittelalters / Political thought in the Age of scholasticism. Essays in honour of Jürgen Miethke, Leiden – Boston 2004

KAUFMANN, Frank-Michael: Einige Bemerkungen zur geplanten Edition der Glosse des Johann von Buch zum Sachsenspiegel-Landrecht, in: LÜCK / SCHILDT (Hrsg.): Recht – Idee – Geschichte, S. 159–184

– Glossen zum Sachsenspiegel, in: LÜCK (Hrsg.), Eike von Repgow, S. 99–111

– Die Glossen zum Sachsenspiegel – Brücken zum Reichsrecht, in: LÜCK (Hrsg.), Tangermünde, S. 63–76

– Die Glossen zum Sachsenspiegel-Lehnrecht – Handschriftliche Überlieferung, Textstufen, Verfasserfragen, ZRG GA 123 (2006) S. 284–290

– Neu aufgefundene Rechtsbücherfragmente aus Zeitz, DA 64 (2008) S. 579–595

– [Rezension] Heiner Lück / Matthias Puhle / Andreas Randt (Hg.), Grundlagen für ein neues Europa. Das Magdeburger und Lübecker Recht in Spätmittelalter und Früher Neuzeit (Quellen und Forschungen zur Geschichte Sachsen-Anhalts 6) Köln u. a. 2009, Böhlau, 322 S., DA 66 (2010) S. 356 f.

– / KANNOWSKI, Bernd: De glosen les mit vlite... → KANNOWSKI, Bernd

– / KANNOWSKI, Bernd: De glose vornim vnde dude mit vlite... → KANNOWSKI, Bernd

KERN, Fritz: Gottesgnadentum und Widerstandsrecht im früheren Mittelalter. Zur Entwicklungsgeschichte der Monarchie, 6. Aufl., unveränderter Nachdruck der 2. Aufl. 1954, hrsg. von Rudolf BUCHNER, Darmstadt 1973

VAN DE KIEFT, Co / NIERMEYER, Jan Frederik: Mittellateinisches Wörterbuch... → NIERMEYER, Jan Frederik

KINDER, Hermann / HILGEMANN, Werner / HERGT, Manfred: dtv-Atlas Weltgeschichte. Von den Anfängen bis zur Gegenwart, 3. Aufl. München 2010

KINTZINGER, Martin: Das Studium in Paris und Bologna. Ein Aufbruch zur Wissensgesellschaft?, in: PUHLE (Hrsg.),Aufbruch in die Gotik, S. 291–299

VON KIRCHMANN, Julius Hermann: Die Werthlosigkeit der Jurisprudenz als Wissenschaft. Eine Rede des Staats-Anwalts Julius Hermann v. Kirchmann aus dem Jahre 1847, hrsg. und eingeleitet von Gottfried NEESSE, Stuttgart – Berlin 1938

KISCH, Guido: Einleitung, in: Leipziger Schöffenspruchsammlung (Quellen zur Geschichte der Rezeption 1), Leipzig 1919, S. 3*–126*

– [Rezension] Dr. Karl Schilling, Das objektive Recht in der Sachsenspiegelglosse (Freiburger rechtsgeschichtliche Abhandlungen, herausgegeben vom Rechtsgeschichtlichen Institut an der Universität Freiburg i. B., Heft 2). Berlin 1931, ZRG GA 52 (1932) S. 383–388

– Sachsenspiegel and Bible. Researches in the Source History of the Sachsenspiegel and the Influence of the Bible on Medieval German Law (University of Notre Dame, Publications in medieval studies 5), Neudruck der Ausgabe 1941, Indiana 1960

– Sachsenspiegel-Bibliographie, ZRG GA 90 (1973) S. 73–100

– Zur sächsischen Rechtsliteratur der Rezeptionszeit, Band 1: Dietrich von Bocksdorfs ‚Informaciones' (Beiträge zur Geschichte der Rezeption I, 1), Leipzig 1923

KLEIN, Thomas: Die Parzival-Handschrift Cgm 19 und ihr Umkreis, in: HEINZELE / JOHNSON / VOLLMANN-PROFE (Hrsg.), Probleme der Parzival-Philologie, S. 32–66

KLEINHEYER, Gerd / SCHRÖDER, Jan (Hrsg.): Deutsche und Europäische Juristen aus neun Jahrhunderten. Eine biographische Einführung in die Geschichte der Rechtswissenschaft, 5. Aufl. Heidelberg 2008

KLOSS, Ernst: Die schlesische Buchmalerei des Mittelalters, Berlin 1942

KNESCHKE, Ernst Heinrich (Hrsg.): Neues allgemeines Deutsches Adels-Lexikon, Leipzig 1859 ff.

KNOD, Gustav C.: Deutsche Studenten in Bologna (1289–1562). Biographischer Index zu den Acta nationis Germanicae universitatis Bononiensis, Berlin 1899

KÖBLER, Gerhard: [Rezension] Glossen zum Sachsenspiegel-Landrecht. Buch'sche Glosse, hrsg. von Frank-Michael Kaufmann (= Monumenta Germaniae Historica, Fontes iuris Germanici antiqui, Nova Series 7). Hahnsche Buchhandlung, Hannover 2002. LXXXII, VII, VIII, 1–510, 511–1104, 110–1697, 8 S. Abb. in 3 Teilbänden, ZRG GA 121 (2004) S. 641–643

– Vorstufen der Rechtswissenschaft im mittelalterlichen Deutschland, ZRG GA 100 (1983) S. 75–118

– / NEHLSEN, Hermann (Hrsg.): Wirkungen europäischer Rechtskultur. Festschrift für Karl Kroeschell zum 70. Geburtstag, München 1997

KÖHLER, Gustav: [Miszellen], Neues Lausitzisches Magazin 15 (1837) S. 169–172

KOLB, Herbert: Über den Ursprung der Unfreiheit. Eine Quaestio im Sachsenspiegel, ZfdA 103 (1974) S. 289–311

KOLMER, Lothar: Promissorische Eide im Mittelalter (Regensburger historische Forschungen 12), Kallmünz 1989

KÖNIG, Werner / PAUL, Hans-Joachim: dtv-Atlas Deutsche Sprache, München 17. Aufl. 2011

KOSCHAKER, Paul: Europa und das römische Recht, Erstauflage München – Berlin 1947

KOSCHORRECK, Walter: Die Heidelberger Bilderhandschrift des Sachsenspiegels, Kommentarband, Frankfurt a. M. 1970

KRAUSE, Hans-Georg: Der Sachsenspiegel und das Problem des sogenannten Leihezwangs, ZRG GA 93 (1976) S. 21–99

KRAUSE, Hermann: Kaiserrecht und Rezeption (Abhandlungen der Heidelberger Akademie der Wissenschaften Jg. 1952/1), Heidelberg 1952

KRIECHBAUM, Maximiliane: Actio, ius und dominium in den Rechtslehren des 13. und 14. Jahrhunderts (Abhandlungen zur rechtswissenschaftlichen Grundlagenforschung 77), Ebelsbach 1996

– (Hrsg.): Festschrift für Sten Gagnér zum 3. März 1996, Ebelsbach 1996

– Philosophie und Jurisprudenz bei Baldus de Ubaldis: ‚Philosophi legum imitati sunt philosophos naturae', Ius Commune 27 (2000) S. 299–343

– Zur juristischen Interpretationslehre im Mittelalter, in: KRIECHBAUM (Hrsg.): Festschrift Sten Gagnér, S. 73–109

– / LANGE, Herrmann: Römisches Recht… → LANGE, Herrmann

KRIEGER, Karl-Friedrich: Die königliche Lehngerichtsbarkeit im Zeitalter der Staufer, DA 26 (1970) S. 400–433

– Die Lehnshoheit der deutschen Könige im Spätmittelalter (ca. 1200–1437) (Untersuchungen zur deutschen Staats- und Rechtsgeschichte N. F. 23), Aalen 1979

KROESCHELL, Karl: Deutsche Rechtsgeschichte, Band 1: Bis 1250, 13. Aufl. Köln – Weimar – Wien 2008; Band 3: Seit 1650, 5. Aufl. Köln – Weimar – Wien 2008

– Lehnrecht und Verfassung im deutschen Hochmittelalter, Artikel vom 27. April 1998, in: forum historiae iuris, URL: http://www.forhistiur.de/zitat/9804kroeschell.htm (01.02.2014)
– recht unde unrecht der sassen. Rechtsgeschichte Niedersachsens, Göttingen 2005
– Rechtsaufzeichnung und Rechtswirklichkeit. Das Beispiel des Sachsenspiegels, in: CLASSEN (Hrsg.), Recht und Schrift, S. 349–380
– Rechtswirklichkeit und Rechtsbücherüberlieferung. Überlegungen zur Wirkungsgeschichte des Sachsenspiegels, in: SCHMIDT-WIEGAND (Hrsg.), Text – Bild – Interpretation, S. 1–10
– Die Rezeption der gelehrten Rechte und ihre Bedeutung für die Bildung des Territorialstaates, in: JESERICH, / POHL / UNRUH (Hrsg.), Deutsche Verwaltungsgeschichte I, S. 279–288
– Der Sachsenspiegel als Land- und Lehnrechtsbuch, in: SCHMIDT-WIEGAND (Hrsg.), Oldenburger Sachsenspiegel, S. 13–21
– Der Sachsenspiegel in neuem Licht, in: MOHNHAUPT (Hrsg.), Rechtsgeschichte, S. 232–244
– Von der Gewohnheit zum Recht. Der Sachsenspiegel im späten Mittelalter, in: BOOCKMANN / GRENZMANN / MOELLER / STAEHELIN (Hrsg.), Recht und Verfassung I, S. 68–92
– / CORDES, Albrecht (Hrsg.): Funktion und Form. Quellen- und Methodenprobleme der mittelalterlichen Rechtsgeschichte (Schriften zur Europäischen Rechts- und Verfassungsgeschichte 18), Berlin 1996
– / CORDES, Albrecht / NEHLSEN-VON STRYK, Karin: Deutsche Rechtsgeschichte, Band 2: 1250–1650, 9. Aufl. Köln – Weimar – Wien 2008

KÜCH, Friedrich: Die Landfriedensbestrebungen Kaiser Friedrichs I., Marburg 1887

KUCHENBUCH, Ludolf / KLEINE, Uta (Hrsg.): ‚Textus' im Mittelalter. Komponenten und Situationen des Wortgebrauchs im schriftsemantischen Feld (Veröffentlichungen des Max-Planck-Instituts für Geschichte 216), Göttingen 2006

KÜMPER, Hiram: Miniaturen und Bilder in Sachsenspiegelhandschriften abseits der Codices picturati, Concilium Medii Aevi 9 (2006) S. 103–140
– [Rezension] Frank-Michael Kaufmann (Hrsg.), Glossen zum Sachsenspiegel-Lehnrecht, in: Francia Recensio 2009/1, Mittelalter – Moyen Âge (500–1500), URL: http://www.perspectivia.net/content/publikationen/francia/francia-recensio/2009–1/MA/Kaufmann_Kuemper (01.02.2014)
– Sachsenrecht. Studien zur Geschichte des sächsischen Landrechts in Mittelalter und früher Neuzeit (Schriften zur Rechtsgeschichte 142), Berlin 2009
– Sachsenspiegel. Eine Bibliographie – mit einer Einleitung zu Überlieferung, Wirkung und Forschung, Nordhausen 2004

KUNKEL, Wolfgang: Das römische Recht am Vorabend der Rezeption, in: L'Europa e il diritto romano. Studi in memoria di Paolo Koschaker, Band 1, Mailand 1954, S. 1–20

KWIATKOWSKI, Iris: Das Lehnswesen im späten Mittelalter – Stand und Perspektiven der Forschung, in: GUNDELACH / MOLKENTHIN (Hrsg.), Blicke auf das Mittelalter, S. 145–176

LADISLAUS, Buzás: Deutsche Bibliotheksgeschichte des Mittelalters (Elemente des Buch- und Bibliothekswesens 1), Wiesbaden 1975

LANDAU, Peter: Eike von Repgow und die Königswahl im Sachsenspiegel, ZRG GA 125 (2008) S. 18–49
– Der Entstehungsort des Sachsenspiegels. Eike von Repgow, Altzelle und die anglonormannische Kanonistik, DA 61 (2005) S. 73–101
– Feudistik und Kanonistik. Ein neuer Quellenfund zum lombardischen Lehnrecht, in: CHIUSI / GERGEN / JUNG (Hrsg.), Festschrift Elmar Wadle, S. 525–535
– Kanonistische Quaestionenforschung, in: BELLOMO (Hrsg.), Kunst der Disputation, S. 73–84
– Römisches Recht und deutsches Gemeinrecht. Zur rechtspolitischen Zielsetzung im nationalsozialistischen Parteiprogramm, in: STOLLEIS / SIMON (Hrsg.), Rechtsgeschichte im Nationalsozialismus, S. 11–24
LANDWEHR, Götz: ‚Urteilfragen' und ‚Urteilfinden' nach spätmittelalterlichen, insbesondere sächsischen Rechtsquellen, ZRG GA 96 (1979) S. 1–37
LANGE, Hermann: Römisches Recht im Mittelalter, Band 1: Die Glossatoren, München 1997
– Die Universitäten des Mittelalters und das Römische Recht (Akademie der Wissenschaften und der Literatur / Abhandlungen der Geistes- und sozialwissenschaftlichen Klasse 2006, 2), Mainz 2006
– / KRIECHBAUM, Maximiliane: Römisches Recht im Mittelalter, Band 2: Die Kommentatoren, München 2007
LARENZ, Karl: Über die Unentbehrlichkeit der Jurisprudenz als Wissenschaft. Vortrag gehalten vor der Berliner Juristischen Gesellschaft am 20. April 1966 (Schriftenreihe der Juristischen Gesellschaft e. V. Berlin 26), Berlin 1966
LASPEYRES, Ernst Adolph: Über die Entstehung und älteste Bearbeitung der Libri Feudorum, Neudruck der Ausgabe Berlin 1830, Aalen 1969
LAUFS, Adolf: Rechtsentwicklungen in Deutschland, 6. Aufl. Berlin 2006
LAUNHARDT, Agnes: Topik und Rhetorische Rechtstheorie. Eine Untersuchung zu Rezeption und Relevanz der Rechtstheorie Theodor Viehwegs (Recht und Rhetorik 3), Franfurt a. M. – Berlin – Bern – Wien 2010
LEISCHING, Peter: Prolegomena zum Begriff der ratio in der Kanonistik, ZRG KA 72 (1986) S. 329–337
LEPSIUS, Susanne: Juristische Theoriebildung und philosophische Kategorien. Bemerkungen zur Arbeitsweise des Bartolus von Sassoferrato, in: KAUFHOLD (Hrsg.): Politische Reflexion, S. 287–304
– Von Zweifeln zur Überzeugung. Der Zeugenbeweis im gelehrten Recht ausgehend von der Abhandlung des Bartolus de Sassoferrato (Studien zur europäischen Rechtsgeschichte / Veröffentlichungen des Max-Planck-Instituts für Europäische Rechtsgeschichte 160), Frankfurt a. M. 2003
LEXER, Matthias: Mittelhochdeutsches Handwörterbuch, Leipzig 1872–1878
LIEBERWIRTH, Rolf: Eike von Repchow und der Sachsenspiegel (Sitzungsberichte der sächsischen Akademie der Wissenschaften zu Leipzig / Philologisch-Historische Klasse 122, 4), Berlin 1982
– Entstehung des Sachsenspiegels und Landesgeschichte, in: SCHMIDT-WIEGAND (Hrsg.), Wolfenbütteler Bilderhandschrift, S. 43–61

– Die Monumenta Germaniae Historica und die Glossen zum Sachsenspiegel, ZRG GA 119 (2002) S. 316–325
– Die Wirkungsgeschichte des Sachsenspiegels, in: SCHMIDT-WIEGAND (Hrsg.), Wolfenbütteler Bilderhandschrift, S. 63–86
– Vorwort, in: Frank-Michael KAUFMANN (Hrsg.): Glossen zum Sachsenspiegel-Lehnrecht. Die kürzere Glosse, Band 1 (MGH Fontes iuris Germanici antiqui N. S. 8), Hannover 2006, S. V f.
– / KAUFMANN, Frank-Michael: Einleitung, in: Frank-Michael KAUFMANN (Hrsg.): Glossen zum Sachsenspiegel-Landrecht. Buch'sche Glosse, Band 1 (MGH Fontes iuris Germanici antiqui N. S. 7), Hannover 2002, S. XVII–LXXII (Kapitel 1–5 der Einleitung von Rolf Lieberwirth; Kapitel 6 und 7 von Frank-Michael Kaufmann)

LIPPERT, Woldemar: Die deutschen Lehnbücher. Beitrag zum Registerwesen und Lehnrecht des Mittelalters, Nachdruck der Ausgabe Leipzig 1903, Aalen 1970

LOERSCH, Hugo: Ueber die älteste datirte Handschrift des Sachsenspiegels, ZRG 11 (1873) S. 267–295

LÜCK, Heiner: Der Beitrag Eikes von Repgow zur Verwissenschaftlichung und Professionalisierung des Rechts im 13. Jahrhundert, in: PUHLE (Hrsg.), Aufbruch in die Gotik, S. 301–311
– (Hrsg.): Eike von Repgow: Sachsenspiegel. Die Dresdner Bilderhandschrift Mscr. Dresd. M 32. Vollständige Faksimile-Ausgabe im Originalformat der Handschrift aus der Sächsischen Landesbibliothek – Staats- und Universitätsbibliothek Dresden, Aufsätze und Untersuchungen, Graz 2011
– Johann von Buch (ca. 1290–ca. 1356) – Stationen einer juristisch-politischen Karriere, ZRG GA 124 (2007) S. 120–143
– Nach Herkommen und Gewohnheit. Beobachtungen zum Gewohnheitsrecht in der spätmittelalterlichen Gerichtsverfassung Kursachsens, in: DILCHER / LÜCK / SCHULZE / WADLE / WEITZEL / WOLTER (Hrsg.), Gewohnheitsrecht und Rechtsgewohnheiten, S. 149–160
– Die Rezeption des Sachsenspiegels und des Magdeburger Rechts in Ostmitteleuropa, in: LÜCK (Hrsg.), Eike von Repgow, S. 151–159
– Römisches und kanonisches Recht in der Dresdner Bilderhandschrift des Sachsenspiegels. Ausgewählte Beispiele, in: STEPPAN / GEBHARDT (Hrsg.), Festschrift Gernot Kocher, S. 235–249
– Der Sachsenspiegel als Kaiserrecht. Vom universalen Geltungsanspruch eines partikularen Rechtsbuches, in: PUHLE / HASSE (Hrsg.), Heiliges Römisches Reich II, S. 263–275
– Sächsisches Recht contra Römisch-kanonisches Recht. Ein Sonderweg der ‚Rezeption der fremden Rechte'?, in: BÜNZ / HUSCHER / LÜBKE (Hrsg.), Italien – Mitteldeutschland – Polen
– (Hrsg.): Tangermünde, die Altmark und das Reichsrecht. Impulse aus dem Norden des Reiches für eine europäische Rechtskultur (Abhandlungen der Sächsischen Akademie der Wissenschaften zu Leipzig / Philologisch-historische Klasse 81, 1), Stuttgart – Leipzig 2008

– Über den Sachsenspiegel. Entstehung, Inhalt und Wirkung des Rechtsbuches (Veröffentlichungen der Stiftung Schlösser, Burgen und Gärten des Landes Sachsen-Anhalt 1), 3. Aufl. Dößel 2013

– Woher kommt das Lehnrecht des Sachsenspiegels? Überlegungen zu Genesis, Charakter und Struktur, in: SPIESS (Hrsg.), Ausbildung und Verbreitung, S. 239–268

– / PUHLE, Matthias / RANFT, Andreas (Hrsg.): Grundlagen für ein neues Europa. Das Magdeburger und Lübecker Recht in Spätmittelalter und Früher Neuzeit (Quellen und Forschungen zur Geschichte Sachsen-Anhalts 6), Köln – Weimar – Wien 2009

– / SCHILDT, Bernd (Hrsg.): Recht – Idee – Geschichte. Beiträge zur Rechts- und Ideengeschichte für Rolf Lieberwirth anläßlich seines 80. Geburtstages, Köln – Weimar – Wien 2000

LÜDERSSEN, Klaus (Hrsg.): Die Durchsetzung des öffentlichen Strafanspruchs. Systematisierung der Fragestellung (Konflikt, Verbrechen und Sanktion in der Gesellschaft Alteuropas: Symposien und Synthesen 6), Köln – Weimar – Wien 2002

MACLEAN, Ian: Interpretation and meaning in the renaissance. The case of law, Cambridge 2005

MAFFEI, Domenico: Un trattato di Bonaccorso degli Elisei e i più antichi statuti dello Studio di Bologna nel manoscritto 22 della Robbins Collection, Bulletin of medieval canon law N. S. 5 (1975) S. 73–93

MALECZEK, Werner: Deutsche Studenten an Universitäten in Italien, in: DE RACHEWILTZ / RIEDMANN (Hrsg.), Kommunikation und Mobilität, S. 77–96

MÄNNL, Ingrid: Die gelehrten Juristen im Dienst der Territorialherren im Norden und Nordosten des Reiches von 1250 bis 1440, in: SCHWINGES (Hrsg.), Gelehrte im Reich, S. 269–290

MANTEY, Volker: Zwei Schwerter – Zwei Reiche. Martin Luthers Zwei-Reiche-Lehre vor ihrem spätmittelalterlichen Hintergrund (Spätmittelalter und Reformation, Neue Reihe 26), Tübingen 2005

MARTINO, Federico: Argumenta ex legibus, in: BELLOMO (Hrsg.), Kunst der Disputation, S. 147–156

MASCHKE, Erich / SYDOW, Jürgen (Hrsg.): Stadt und Universität im Mittelalter und in der früheren Neuzeit, 13. Arbeitstagung in Tübingen 8.–10.11.1974 (Stadt in der Geschichte / Südwestdeutscher Arbeitskreis für Stadtgeschichtsforschung 3), Sigmaringen 1977

VON MAYENBURG, David: [Rezension] Bertelsmeier-Kierst, Christa, Kommunikation und Herrschaft. Zum volkssprachlichen Verschriftlichungsprozess des Rechts im 13. Jahrhundert (= Zeitschrift für deutsches Altertum und deutsche Literatur Beiheft 9). Hirzel, Stuttgart 2008. 250 S., 16 Abb., ZRG GA 127 (2010) S. 558–562

MAZAL, Otto / IRBLICH, Eva / NÉMETH, István (Hrsg.): Wissenschaft im Mittelalter. Ausstellung von Handschriften und Inkunabeln der österreichischen Nationalbibliothek, 2. Aufl. Graz 1980

MEDER, Stephan: *Ius non scriptum* – Traditionen privater Rechtsetzung, Tübingen 2008

MEIER, Christel: Ecce auctor. Beiträge zur Ikonographie literarischer Urheberschaft im Mittelalter, Frühmittelalterliche Studien 34 (2000) S. 338–392

– (Hrsg.): Der Oldenburger Sachsenspiegel

– / HONEMANN, Volker / KELLER, Hagen / SUNTRUP, Rudolf (Hrsg.): Pragmatische Dimensionen mittelalterlicher Schriftkultur (Münstersche Mittelalter-Schriften 79), München 2002, S. 121–134

MEIJERS, Eduard Maurits: Les glossateurs et le droit féodal, Tijdschrift voor Rechtsgeschiedenis 13 (1932) S. 129–149

MENZEL, Michael: Die Sächsische Weltchronik. Quellen und Stoffauswahl (Vorträge und Forschungen / Konstanzer Arbeitskreis für mittelalterliche Geschichte, Sonderband 34), Sigmaringen 1985

MEYER, Christoph H. F.: Dietrich von Bocksdorf († 1466): Kleriker, Jurist, Professor. Zugleich zur ‚Unvernunft' heimischer Gewohnheit im Zeitalter der Rezeption, in: LÜCK (Hrsg.), Tangermünde, S. 92–141

– Die Distinktionstechnik in der Kanonistik des 12. Jahrhunderts. Ein Beitrag zur Wissenschaftsgeschichte des Hochmittelalters (Mediaevalia Lovaniensa, Series 1, Studia 29), Leuven 2000

– Europa lernt eine neue Sprache: Das Römische Recht im 12. Jahrhundert, in: SCHNEIDMÜLLER / WEINFURTER / WIECZOREK (Hrsg.), Verwandlungen des Stauferreichs, S. 321–335

– Langobardisches Recht nördlich der Alpen. Unbeachtete Wanderungen gelehrten Rechts im 12.–14. Jahrhundert, Tijdschrift voor Rechtsgeschiedenis 71 (2003) S. 387–408

MEYER, Tim: Gefahr vor Gericht. Die Formenstrenge im sächsisch-magdeburgischen Recht (Forschungen zur Deutschen Rechtsgeschichte 26), Köln – Weimar – Wien 2009

MICHAEL, Bernd: Deutsche Rechtshandschriften. Anmerkungen zur Verschriftlichung des Rechts, in: BECKER / OVERGAAUW (Hrsg.), Aderlass und Seelentrost, S. 292–337

– (Bearb.): [Handschriftenbeschreibungen], in: BECKER / OVERGAAUW (Hrsg.), passim

MITTEIS, Heinrich: Lehnrecht und Staatsgewalt. Untersuchungen zur mittelalterlichen Verfassungsgeschichte, Darmstadt 1933

– Politische Prozesse des früheren Mittelalters in Deutschland und Frankreich (Sitzungsberichte der Heidelberger Akademie der Wissenschaften / Philologisch-Historische Klasse 27, 3), Heidelberg 1927

VON MOELLER, Ernst: Die Trennung der deutschen und der römischen Rechtsgeschichte, Weimar 1905

MOELLER, Richard: Noch einmal der Vetus auctor de beneficiis und der Sachsenspiegel, ZRG GA 38 (1951) S. 309–320

MOHNHAUPT, Heinz (Hrsg.): Rechtsgeschichte in den beiden deutschen Staaten (1988–1990) (Ius Commune / Sonderhefte: Studien zur Europäischen Rechtsgeschichte 53), Frankfurt a. M. 1991

MOLITOR, Erich: Der Gedankengang des Sachsenspiegels. Beiträge zu seiner Entstehung, ZRG GA 65 (1947) S. 15–69

MONTANOS FERRÍN, Emma: Las ‚Quaestiones Disputatae' en los estatutos universitarios medievales, in: BELLOMO (Hrsg.), Kunst der Disputation, S. 157–204

VON MOOS, Peter: Das argumentative Exemplum und die ‚wächserne Nase' der Autorität im Mittelalter, in: AERTS / GOSMAN (Hrsg.), Exemplum et Similitudo, S. 55–84

– Geschichte als Topik. Das rhetorische Exemplum von der Antike zur Neuzeit und die historiae im ‚Policraticus' Johanns von Salisbury (Ordo 2), Hildesheim – Zürch – New York 1988
– Rhetorik, Dialektik und ‚civilis scientia' im Hochmittelalter, in: FRIED (Hrsg.), Dialektik und Rhetorik, S. 133–155
MORAW, Peter: Die Juristenuniversität in Prag (1372–1419), verfassungs- und sozialgeschichtlich betrachtet, in: FRIED (Hrsg.), Schulen und Studium, S. 439–486
– Das spätmittelalterliche Universitätssystem in Europa – sozialgeschichtlich betrachtet, in: BRUNNER / WOLF (Hrsg.), Wissensliteratur, S. 9–25
– Über gelehrte Juristen im deutschen Spätmittelalter, in: PETERSOHN (Hrsg.), Mediaevalia Augiensia, S. 125–147
MÜLLER, Winfried / SMOLKA, Wolfgang J / ZEDELMAIER, Helmut (Hrsg.): Universität und Bildung. Festschrift für Laetitia Boehm zum 60. Geburtstag, München 1991
MUSCHELER, Karlheinz (Hrsg.): Römische Jurisprudenz – Dogmatik, Überlieferung, Rezeption. Festschrift für Detlef Liebs zum 75. Geburtstag, Berlin 2011
MUTHER, Theodor: Allerlei zu Otto Stobbe's Quellengeschichte des deutschen Rechts, in: MUTHER, Zur Geschichte der Rechtswissenschaft, S. 68–157
– Römisches und canonisches Recht im deutschen Mittelalter, in: MUTHER, Zur Geschichte der Rechtswissenschaft, S. 1–37
– Zur Geschichte der Rechtswissenschaft und der Universitäten in Deutschland. Gesammelte Aufsätze, Amsterdam 1961
NEDDERMEYER, Uwe: Von der Handschrift zum gedruckten Buch. Schriftlichkeit und Leseinteresse im Mittelalter und in der frühen Neuzeit. Quantitative und qualitative Aspekte, Band 1: Text (Buchwissenschaftliche Beiträge aus dem Deutschen Bucharchiv München 61), Wiesbaden 1998
NEHLSEN-VON STRYK, Karin: ‚Der Ältere teilt, der Jüngere wählt'. Ein altes Rechtssprichwort in den Händen gelehrter Juristen, in: MUSCHELER (Hrsg.), Römische Jurisprudenz, S. 469–488
– Der römisch-kanonische Zivilprozeß in der gesellschaftlichen Realität des 13. Jahrhunderts, in: STOLLEIS (Hrsg.), Bedeutung der Wörter, S. 313–326
– Der Sachsenspiegel und der Reichsfrieden Barbarossas v. J. 1152, in: SAAR / ROTH / HATTENHAUER (Hrsg.), Recht als Erbe, S. 19–31
NIERMEYER, Jan Frederik / VAN DE KIEFT, Co: Mediae Latinitatis Lexicon Minus. Lexique latin médiéval – Medieval Latin Dictionary – Mittellateinisches Wörterbuch, 2. von J. w. J. Burgers überarbeitete Auflage Leiden 2002
NIEUS, Jean-François (Hrsg.): Le vassal, le fief et l'écrit. Pratiques d'écriture et enjeux documentaires dans le champ de la féodalité (XIe–XVe S.) (Université catholique de Louvain / Publications de l'institut d'études médiévales / Textes, Études, Congrès 23), Louvain-la-Neuve 2007
NÖRR, Knut Wolfgang: Die kanonistische Literatur, in: COING (Hrsg.), Handbuch der Quellen und Literatur I, S. 365–382
– Romanisch-kanonisches Prozessrecht. Erkenntnisverfahren erster Instanz *in civilibus* (Enzyklopädie der Rechts- und Staatswissenschaft, Abt. Rechtswissenschaft), Heidelberg 2012

– Verzögert oder beschleunigt: das Beispiel des römisch-kanonischen Prozessrechts, in: VAN RHEE (Hrsg.), Within a Reasonable Time, S. 93–102
– Zur Stellung des Richters im gelehrten Prozeß der Frühzeit: Iudex secundum allegata non secundum conscientiam iudicat (Münchener Universitätsschriften, Reihe der Juristischen Fakultät 2), München 1967
NOWAK, Elisabeth: Die Verbreitung und Anwendung des Sachsenspiegels nach den überlieferten Handschriften, Diss. Univ. Hamburg 1965 (masch.)
OESTMANN, Peter: Rechtsvielfalt vor Gericht. Rechtsanwendung und Partikularrecht im Alten Reich (Rechtsprechung, Materialien und Studien / Veröffentlichungen des Max-Planck-Instituts für Europäische Rechtsgeschichte Frankfurt am Main 18), Frankfurt a. M. 2002
OEXLE, Otto Gerhard: Die funktionale Dreiteilung als Deutungsschema der sozialen Wirklichkeit in der ständischen Gesellschaft des Mittelalters, in: SCHULZE (Hrsg.), Ständische Gesellschaft, S. 19–51
OGRIS, Werner: Der mittelalterliche Leibrentenvertrag. Ein Beitrag zur Geschichte des deutschen Privatrechts (Wiener rechtsgeschichtliche Arbeiten 6), Wien 1961
OPPITZ, Ulrich-Dieter: Die deutschen Rechtsbücher des Mittelalters, Band 1: Beschreibung der Rechtsbücher, Band 2: Beschreibung der Handschriften, Köln – Wien 1990
– Fragmente deutscher Rechtsbücher des Mittelalters im Harzgebiet, Harz-Zeitschrift 48/49 [1996/97] (1998), S. 201–209
– Fragmente deutscher Rechtsbücher des Mittelalters in der Universitätsbibliothek zu Utrecht, Tijdschrift voor Rechtsgeschiedenis 64 (1996) S. 191–199
OTT, Joachim / BRAUN-NIEHR, Beate: Bilder lesen… → BRAUN-NIEHR, Beate
OTTE, Gerhard: Dialektik und Jurisprudenz. Untersuchungen zur Methode der Glossatoren (Ius Commune / Sonderhefte: Text und Monographien 1), Frankfurt a. M. 1971
– Logische Einteilungstechniken bei den Glossatoren des römischen Rechts, in: FRIED (Hrsg.), Dialektik und Rhetorik, S. 157–169
– Die Rechtswissenschaft, in: WEIMAR (Hrsg.), Renaissance der Wissenschaften, S. 123–142
PARAVICINI, Werner (Hrsg.): Nord und Süd in der deutschen Geschichte des Mittelalter (Kieler Historische Studien 34), Sigmaringen 1990
– Die ritterlich-höfische Kultur des Mittelalters (Enzyklopädie deutscher Geschichte 32), 3. Aufl. München 2011
– Rittertum im Norden des Reichs, in: PARAVICINI (Hrsg.), Nord und Süd, S. 147–191
PARKES, Malcolm B.: The Influence of the Concepts of *Ordinatio* and *Compilatio* on the Development of the Book, in: ALEXANDER / GIBSON (Hrsg.), Medieval Learning, S. 115–141
PATZE, Hans (Hrsg.): Der Reichstag von Gelnhausen. Ein Markstein in der deutschen Geschichte 1180–1980, Göttingen 1981
PATZOLD, Stefan: Das Lehnswesen, München 2012
– Das Lehnswesen im Spiegel historiographischer Quellen des 12. und 13. Jahrhunderts, in: SPIESS (Hrsg.), Ausbildung und Verbreitung, S. 269–306
– Von der Domschule zu den Studia der Bettelorden. Bildung und Wissenschaft im mittelalterlichen Magdeburg, Concilium medii aevi 4 (2001) S. 81–97

PENNINGTON, Kenneth: Learned Law, Droit Savant, Gelehrtes Recht: The Tyranny of a Concept, Rivista internazionale di diritto comune 5 (1994) S. 197–209

– The Prince and the Law, 1200–1600. Sovereignty and Rights in the Western Legal Tradition, Berkeley – Los Angeles – Oxford 1993

PERREAU-SAUSSINE, Amanda / MURPHY, James Bernard (Hrsg.): The nature of customary law, Cambridge 2007

PETERS, Robert: Mittelniederdeutsche Sprache, in: GOOSSENS (Hrsg.), Niederdeutsch I, S. 66–115

PETERS, Ursula: Das Ich im Bild. Die Figur des Autors in volkssprachigen Bilderhandschriften des 13. bis 16. Jahrhunderts, Köln – Weimar – Wien 2008

– Werkauftrag und Buchübergabe. Textentstehungsgeschichten in Autorbildern volkssprachiger Handschriften des 12. bis 15. Jahrhunderts, in: KAPFHAMMER / LÖHR / NITSCHE (Hrsg.), Autorbilder, S. 25–62

PETERSOHN, Jürgen (Hrsg.): Mediaevalia Augiensia. Forschungen zur Geschichte des Mittelalters (Vorträge und Forschungen / Konstanzer Arbeitskreis für mittelalterliche Geschichte 54, 3), Stuttgart 2001

PLANCK, Julius Wilhelm: Das Deutsche Gerichtsverfahren im Mittelalter. Nach dem Sachsenspiegel und den verwandten Rechtsquellen, Braunschweig 1879

PLÖCHL, Willibald: Das Kirchenrecht in der ältesten Studien- und Prüfungsordnung der Wiener Rechtsfakultät. Ein Beitrag zur Geschichte der Kirchenrechtswissenschaft, Studia Gratiana 2 (1954) S. 565–581

POHL, Walter / WIESER, Veronika (Hrsg.): Der frühmittelalterliche Staat – europäische Perspektiven (Österreichische Akademie der Wissenschaften / Philosophisch-historische Klasse / Denkschriften 386 / Forschungen zur Geschichte des Mittelalters 16), Wien 2009

POLTERMANN, Andreas (Hrsg.): Literaturkanon – Medienereignis – Kultureller Text. Formen intellektueller Kommunikation und Übersetzung (Göttinger Beiträge zur Internationalen Übersetzungsforschung 10), Berlin 1995

PORTER, Jean: Custom, ordinance and natural right in Gratian's *Decretum*, in: PERREAU-SAUSSINE / MURPHY (Hrsg.): Nature of customary law, S. 79–100

PÖTSCHKE, Dieter: Die Glossen zum Sachsenspiegel, in: HÖFINGHOFF / PETERS / SCHILD / SODMANN (Hrsg.), Festschrift Ruth Schmidt-Wiegand, S. 161–178

PUHLE, Matthias (Hrsg.): Aufbruch in die Gotik. Der Magdeburger Dom und die späte Stauferzeit, Band 1: Essays, Magdeburg 2009

– / HASSE, Claus-Peter (Hrsg.): Heiliges Römisches Reich deutscher Nation 962 bis 1806. Von Otto dem Großen bis zum Ausgang des Mittelalters, Band 2, Magdeburg 2006

QUIRIN, Heinz: Einführung in das Studium der mittelalterlichen Geschichte, 5. Aufl. Stuttgart 1991

DE RACHEWILTZ, Siegfried / RIEDMANN, Josef (Hrsg.): Kommunikation und Mobilität im Mittelalter. Begegnungen zwischen dem Süden und der Mitte Europas (11.–14. Jahrhundert), Sigmaringen 1995

RASHDALL, Hastings: The Universities of Europe in the Middle Ages, neu hrsg. in 3 Bänden von F. M. POWICKE und A. B. EMDEN, Band 2: Italy – Spain – France – Germany – Scotland etc., Oxford 1936

REINCKE, Heinrich: Frühe Spuren römischen und kanonischen Rechts in Niedersachsen, in: BUSSMANN / GRASS (Hrsg.), Festschrift Karl Haff, S. 174–184

REINECKE, Helmut: Lüneburger Buchmalereien um 1400 und der Maler der Goldenen Tafel, Bonn 1937

REXROTH, Frank (Hrsg.): Beiträge zur Kulturgeschichte der Gelehrten im späten Mittelalter (Vorträge und Forschungen / Konstanzer Arbeitskreis für mittelalterliche Geschichte 73), Ostfildern 2010

REYNOLDS, Susan: Fiefs and vassals. The medieval evidence reinterpreted, Oxford 1994

VAN RHEE, C. H. (Hrsg.): Within a Reasonable Time: The History of Due and Undue Delay in Civil Litigation (Comparative Studies in Continental and Anglo-American Legal History), Berlin 2010

RÖCKELEIN, Hedwig: De feudo femineo – Über das Weiberlehen, in: AUFGEBAUER / VAN DEN HEUVEL (Hrsg.): Herrschaftspraxis und soziale Ordnung, S. 267–284

ROGATSCHWESKI, Alexander: Die sächsisch-magdeburgischen Rechtsdenkmäler und verwandte Quellen in den St. Petersburger Handschriftensammlungen, in: LÜCK / PUHLE / RANFT (Hrsg.): Grundlagen, S. 239–281

ROEST, Bert: A history of Franciscan education (c. 1210–1517) (Education and society in the middle ages and renaissance 2), Leiden – Boston – Köln 2000

ROMANO, Andrea (Hrsg.): ...colendo iustitiam et iura condendo... Federico II legislatore del regno di Sicilia nell'Europa del Duecento. Per una storia comparata delle codificazioni europee (Comitato Nazionale per le Celebrazioni dell'VIII Centenario della Nascita di Federico II / Atti di convegni 1), Rom 1997

ROSENSTOCK, Eugen: Bruchstücke eines verkürzten Sachsenspiegels, ZRG GA 34 (1918) S. 408–410

– Ostfalens Rechtsliteratur unter Friedrich II. Texte und Untersuchungen, Weimar 1912

RÜEGG, Walter (Hrsg.): Geschichte der Universität in Europa, Band 1: Mittelalter, München 1993

RÜTHER, Andreas: Region und Identität. Schlesien und das Reich im späten Mittelalter (Neue Forschungen zur schlesischen Geschichte 20), Köln – Weimar – Wien 2010

RÜTHERS, Bernd / FISCHER, Christian / BIRK, Axel: Rechtstheorie mit Juristischer Methodenlehre, 6. Aufl. München 2011

RYAN, Magnus: *Ius Commune Feudorum* in the Thirteenth Century, in: ROMANO (Hrsg.): ...colendo iustitiam et iura condendo..., S. 51–65

– Widerstandsrecht und Lehnswesen, in: DE BENEDICTIS / LINGENS (Hrsg.), Wissen, Gewissen und Wissenschaft, S. 49–80

– Zur Tradition des langobardischen Lehnrechts, in: DILCHER / QUAGLIONI (Hrsg.): Anfänge des öffentlichen Rechts II, S. 225–243

SAAR, Stefan Chr. / ROTH, Andreas / HATTENHAUER, Christian (Hrsg.): Recht als Erbe und Aufgabe. Heinz Holzhauer zum 21. April 2005, Berlin 2005

Sächsische Biografie: hrsg. vom Institut für Sächsische Geschichte und Volkskunde e. V., Online-Ausgabe, URL: http://www.isgv.de/saebi (01.02.2014)

VON SAVIGNY, Friedrich Carl: Geschichte des Römischen Rechts im Mittelalter, 2. Aufl., Band 3: Heidelberg 1834; Band 5: Heidelberg 1850; Band 6: Heidelberg 1850

SCHÄFER, Frank Ludwig: Juristische Germanistik. Eine Geschichte der Wissenschaft vom einheimischen Privatrecht (Juristische Abhandlungen 51), Frankfurt a. M. 2008

– Visionen und Wissenschaftsmanagement. Die Gründung eines Max-Planck-Instituts für europäische Rechtsgeschichte, ZEuP 2009, S. 517–535

SCHICH, Winfried / WILLOWEIT, Dietmar (Hrsg.): Studien zur Geschichte des sächsisch-magdeburgischen Rechts in Deutschland und Polen (Rechtshistorische Reihe 10), Frankfurt a. M. – Bern – Cirencester / U. K. 1980

SCHILLING, Karl: Das objektive Recht in der Sachsenspiegel-Glosse (Freiburger rechtsgeschichtliche Abhandlungen 2), Berlin 1931

SCHLIP, Harry: Das sächsische und magdeburgische Recht und seine Literatur in Deutschland vom 16. bis zum 18. Jahrhundert, in: SCHICH / WILLOWEIT (Hrsg.), Studien, S. 163–190

SCHLINKER, Steffen: Litis contestatio. Eine Untersuchung über die Grundlagen des gelehrten Zivilprozesses in der Zeit vom 12. bis zum 19. Jahrhundert (Studien zur europäischen Rechtsgeschichte 233), Frankfurt a. M. 2008

SCHLOSSER, Hans: Grundzüge der Neueren Privatrechtsgeschichte. Rechtsentwicklungen im europäischen Kontext, 10. Aufl. Heidelberg 2005

– Die Rechts- und Einredeverzichtsformeln (renuntiationes) der deutschen Urkunden des Mittelalters vom 13. bis zum ausgehenden 15. Jahrhundert (Untersuchungen zur deutschen Staats- und Rechtsgeschichte N. F. 2), Aalen 1963

– Vom Rechtskundigen zum Gelehrten Juristen: Die Professionalisierung des Juristenstands in Deutschland im Mittelalter, in: WOLFF (Hrsg.), Wurzeln Europas, S. 103–118

SCHLOTHEUBER, Eva (Hrsg.): Denkweisen und Lebenswelten des Mittelalters (Münchner Kontaktstudium Geschichte 7), München 2004

SCHMIDT, Carl Adolf: Die Reception des römischen Rechts in Deutschland, Rostock 1868

SCHMIDT, Rudolf: Deutsche Buchhändler. Deutsche Buchdrucker, Berlin – Eberswalde 1902 ff.

SCHMIDT-RECLA, Adrian: Kalte oder warme Hand? Verfügungen von Todes wegen in mittelalterlichen Referenzrechtsquellen (Forschungen zur Deutschen Rechtsgeschichte 29), Köln – Weimar – Wien 2011

– / SCHUMANN, Eva / THEISEN, Frank (Hrsg.): Sachsen im Spiegel des Rechts. Ius commune propriumque, Köln 2001

SCHMIDT-WIEGAND, Ruth: Autor und Illustrator in den Bilderhandschriften des Sachsenspiegels, in: KÖBLER / NEHLSEN (Hrsg.): Festschrift Karl Kroeschell, S. 1043–1064

– (Hrsg.): Deutsche Rechtsregeln und Rechtssprichwörter. Ein Lexikon, Neuausgabe der 1. Aufl. München 1996, München 2002

– Die Legitimation des Textes durch das Bild in illuminierten Handschriften mittelalterliche Rechtsbücher, in: MEIER / HONEMANN / KELLER / SUNTRUP (Hrsg.), Pragmatische Dimensionen, S. 121–134

– (Hrsg.): Der Oldenburger Sachsenspiegel. Vollständige Faksimile-Ausgabe im Originalformat des Codex picturatus Oldenburgensis CIM I 410 der Landesbibliothek Oldenburg, Kommentarband, Graz 1996

– Der Sachsenspiegel. Überlieferungs- und Editionsprobleme, in: SCHMIDT-WIEGAND / HÜPPER (Hrsg.), Sachsenspiegel als Buch, S. 19–56
– Sprichwörter und Redensarten aus dem Bereich des Rechts, in: BUCHHOLZ / MIKAT / WERKMÜLLER (Hrsg.), Festschrift Ekkehard Kaufmann, S. 277–296
– (Hrsg.): Text – Bild – Interpretation. Untersuchungen zu den Bilderhandschriften des Sachsenspiegels, Band 1 (Münstersche Mittelalter-Schriften 55, 1), München 1986
– (Hrsg.): Text- und Sachbezug in der Rechtssprachgeographie, München 1985
– Textsorte und Rechtsquellentyp in ihrer Bedeutung für die Rechtssprachgeographie, in: SCHMIDT-WIEGAND (Hrsg.), Text- und Sachbezug, S. 21–37
– (Hrsg.): Die Wolfenbütteler Bilderhandschrift. Kommentarband zur Faksimile-Ausgabe, Berlin 1993
– / HÜPPER, Dagmar (Hrsg.): Der Sachsenspiegel als Buch (Germanistische Arbeiten zu Sprache und Kulturgeschichte 1), Frankfurt a. M. – Bern – New York – Paris 1991

SCHMOECKEL, Mathias: ‚Ein sonderbares Wunderwerck Gottes'. Bemerkungen zum langsamen Rückgang der Ordale nach 1215, Ius Commune 26 (1999) S. 123–164

SCHMUTZ, Jürg: Juristen für das Reich. Die deutschen Rechtsstudenten an der Universität Bologna 1265–1425, Teil 1: Text, Teil 2: Personenkatalog und Ortsregister (Veröffentlichungen der Gesellschaft für Universitäts- und Wissenschaftsgeschichte 2), Basel 2000

SCHNEIDMÜLLER, Bernd / WEINFURTER, Stefan / WIECZOREK, Alfried (Hrsg.): Verwandlungen des Stauferreichs. Drei Innovationsregionen im mittelalterlichen Europa, Darmstadt 2010

SCHÖNBORN, Theodor (Hrsg.): Liegnitz. 700 Jahre eine Stadt deutschen Rechts, Breslau 1942

SCHOTT, Clausdieter: Sachsenspiegel und Adoption – die Macht der Glosse, ZNR 2011, S. 1–11
– Sachsenspiegel und Magdeburger Stadtrecht: Impuls und Fundament der Rechtsentwicklung in Europa, Artikel vom 2. Juli 2007, in: forum historiae iuris, URL: http://www.forhistiur.de/zitat/0707schott.htm (01.02.2014)

SCHRAGE, Eltjo J. H.: Utrumque Ius. Eine Einführung in das Studium der Quellen des mittelalterlichen gelehrten Rechts (Schriften zur Europäischen Rechts- und Verfassungsgeschichte 8), Berlin 1992

SCHRÖDER, Jan: Die ersten juristischen ‚Systematiker'. Ordnungsvorstellungen in der Philosophie und Rechtswissenschaft des 16. Jahrhunderts, in: KRIECHBAUM (Hrsg.), Festschrift Sten Gagnér, S. 111–150
– Recht als Wissenschaft. Geschichte der juristischen Methodenlehre in der Neuzeit (1500–1933), 2. Aufl. München 2012

SCHRÖDER, Richard / FRHR. VON KÜNSSBERG, Eberhard: Lehrbuch der deutschen Rechtsgeschichte, 7. Aufl. Berlin – Leipzig 1932

SCHULTE, Johann Friedrich von: Die Geschichte der Quellen und Literatur des canonischen Rechts, Band 1: Von Gratian bis auf Papst Gregor IX.; Band 2: Von Papst Gregor IX. bis zum Concil von Trient, Neudruck der Ausgabe Stuttgart 1877, Graz 1956

SCHULZE, Reiner: Geschichte der neueren vorkonstitutionellen Gesetzgebung, ZRG GA 98 (1981) S. 157–235

– ‚Gewohnheitsrecht‘ und ‚Rechtsgewohnheiten‘ im Mittelalter – Einführung, in: DILCHER / LÜCK / SCHULZE / WADLE / WEITZEL / WOLTER: Gewohnheitsrecht und Rechtsgewohnheiten, S. 9–20
– (Hrsg.): Symbolische Kommunikation vor Gericht in der Frühen Neuzeit (Schriften zur Europäischen Rechts- und Verfassungsgeschichte 51), Berlin 2006
SCHULZE, Winfried (Hrsg.): Ständische Gesellschaft und soziale Mobilität (Schriften des Historischen Kollegs / Kolloquien 12), München 1988
SCHUSTER, Heinrich M.: Beiträge zur Auslegung des Sachsenspiegels, Mitteilungen des Instituts für Österreichische Geschichtsforschung III (1882), S. 392–407
SCHWINGES, Rainer Christoph: Deutsche Universitätsbesucher im 14. und 15. Jahrhundert. Studien zur Sozialgeschichte des Alten Reiches (Veröffentlichungen des Instituts für Europäische Geschichte Mainz, Abteilung Universalgeschichte 123 / Beiträge zur Sozial- und Verfassungsgeschichte des Alten Reiches 6), Stuttgart 1986
– (Hrsg.): Gelehrte im Reich. Zur Sozial- und Wirkungsgeschichte akademischer Eliten des 14. bis 16. Jahrhunderts (Zeitschrift für Historische Forschung, Beiheft 18), Berlin 1996
SECKEL, Emil: Beiträge zur Geschichte beider Rechte im Mittelalter, Band 1: Zur Geschichte der populären Literatur des römisch-canonischen Rechts, Tübingen 1898
SEGL, Peter (Hrsg.): Mittelalter und Moderne. Entdeckung und Rekonstruktion der mittelalterlichen Welt (Kongreßakten des 6. Symposiums des Mediävistenverbands in Bayreuth 1995), Sigmaringen 1997
SELLERT, Wolfgang: *Borgerlike, pinlike und misschede klage* nach der Sachsenspiegelglosse des Johann v. Buch, in: BUCHHOLZ / MIKAT / WERKMÜLLER (Hrsg.), Festschrift Ekkehard Kaufmann, S. 321–346
– Zur Rezeption des römischen und kanonischen Rechts in Deutschland von den Anfängen bis zum Beginn der frühen Neuzeit: Überblick, Diskussionsstand und Ergebnisse, in: BOOCKMANN / GRENZMANN / MOELLER / STAEHELIN (Hrsg.), Recht und Verfassung, S. 115–166
SENN, Marcel: Rechtsgeschichte – ein kulturhistorischer Grundriss, 4. Aufl. Zürich – Basel – Genf 2007
SIEGEL, Heinrich: Die deutschen Rechtsbücher und die Kaiser Karls-Sage (Sitzungsberichte der kaiserlichen Akademie der Wissenschaften in Wien / Philologisch-Historische Classe 140, 9), Wien 1899
SIMON, Dieter (Hrsg.): Helmut Coing. Gesammelte Aufsätze zu Rechtsgeschichte, Rechtsphilosophie und Zivilrecht 1947–1975, Band 1, Frankfurt a. M. 1982
SINAUER, Erika: Der Schlüssel des sächsischen Landrechts (Untersuchungen zur Deutschen Staats- und Rechtsgeschichte 139), Breslau 1928
– Studien zur Entstehung der Sachsenspiegelglosse, Neues Archiv der Gesellschaft für ältere deutsche Geschichtskunde 50 (1935) S. 475–581
SODMANN, Timothy: Der Untergang des Mittelniederdeutschen als Schriftsprache, in: Jan GOOSSENS (Hrsg.): Niederdeutsch. Sprache und Literatur. Eine Einführung, Band 1: Sprache, Neumünster 1973, S. 116–129
SOETERMEER, Frank: Exemplar und Pecia. Zur Herstellung juristischer Bücher in Bologna im 13. und 14. Jahrhundert, in: COLLI (Hrsg.), Juristische Buchproduktion, S. 481–516

SÖLLNER, Alfred: Die Literatur zum gemeinen und partikularen Recht in Deutschland, Österreich, den Niederlanden und der Schweiz, in: COING (Hrsg.): Handbuch der Quellen und Literatur II 1, S. 501–614

SPANGENBERG, Ernst: Beyträge zu den Teutschen Rechten des Mittelalters, vorzüglich zur Kunde und Kritik der altgermanischen Rechtsbücher, und des Sachsen- und Schwaben-Spiegels. Größtentheils aus unbenutzten handschriftlichen Quellen geschöpft, Halle 1822

SPIESS, Karl-Heinz (Hrsg.): Ausbildung und Verbreitung des Lehnswesens im Reich und in Italien im 12. und 13. Jahrhundert (Vorträge und Forschungen / Konstanzer Arbeitskreis für mittelalterliche Geschichte 76), Ostfildern 2013

– Das Lehnswesen in Deutschland im hohen und späten Mittelalter, 2. Aufl. Stuttgart 2009

– Lehnsrecht, Lehnspolitik und Lehnsverwaltung der Pfalzgrafen bei Rhein im Spätmittelalter (Geschichtliche Landeskunde 18), Wiesbaden 1978

– Zur Einführung, in: SPIESS (Hrsg.): Ausbildung und Verbreitung, S. 9–15

SPRINGER, Matthias: Vegetius im Mittelalter, Philologus 123 (1979) S. 85–90

STEFFENHAGEN, Emil: Die Entwicklung der Landrechtsglosse des Sachsenspiegels. Einfluß der Buchschen Glosse auf die späteren Denkmäler, Neuausgabe von Karl August ECKHARDT (Hrsg.) (Bibliotheca Rerum Historicarum, Neudrucke 9), Aalen 1977

– Plan zu einer kritischen Bearbeitung der Sachsenspiegel-Glosse, Land- und Lehnrecht, ZRG GA 2 (1881) S. 232–236

STEIN, Peter: Regulae iuris. From juristic rules to legal maxims, Edinburgh 1966

STELLING-MICHAUD, Sven: Le transport international des manuscrits juridiques bolonais entre 1265 et 1320, in: Mélanges d'histoire économique et sociale en hommage au professeur Antony Babel à l'occasion de son soixante-quinzième anniversaire, Band 1, Genf 1963, S. 95–127

STELZER, Winfried: Die Rezeption des gelehrten Rechts nördlich der Alpen, in: DE RACHEWILTZ / RIEDMANN (Hrsg.), Kommunikation und Mobilität, S. 231–247

STENGEL, Edmund E.: Den Kaiser macht das Heer. Studien zur Geschichte eines politischen Gedankens, in: Historische Aufsätze. Karl Zeumer zum sechzigsten Geburtstag als Festgabe dargebracht von Freunden und Schülern, Weimar 1910, S. 247–310

STEPPAN, Markus / GEBHARDT, Helmut (Hrsg.): Zur Geschichte des Rechts. Festschrift für Gernot Kocher zum 65. Geburtstag (Grazer Rechtswissenschaftliche Studien 61), Graz 2007

VON STINTZING, Johann August Roderich: Geschichte der Deutschen Rechtswissenschaft, Band 1 (Geschichte der Wissenschaften in Deutschland 18, 1), München – Leipzig 1880; Band 2 (Geschichte der Wissenschaften in Deutschland 18, 2), München – Leipzig 1884

– Geschichte der populären Literatur des römisch-kanonischen Rechts in Deutschland am Ende des fünfzehnten und im Anfang des sechszehnten Jahrhunderts, Leipzig 1867

– Ulrich Zasius. Ein Beitrag zur Geschichte der Rechtswissenschaft im Zeitalter der Reformation, Basel 1857

– Zur Geschichte des Römischen Rechts in Deutschland, HZ 29 (1878) S. 408–433

STOBBE, Otto: Geschichte der deutschen Rechtsquellen, Band 1 (Geschichte des deutschen Rechts 1), Braunschweig 1860

STOLLEIS, Michael (Hrsg.): Die Bedeutung der Wörter. Studien zur europäischen Rechtsgeschichte, Festschrift für Sten Gagnér zum 70. Geburtstag, München 1991

– Europäische Rechtsgeschichte, immer noch ein Projekt, in: Clio@Themis, Revue européenne électronique d'histoire du droit 1 / 2009, URL: http://www.cliothemis.com/HISTOIRE-DU-DROIT-EUROPEENNE (01.02.2014)

– / SIMON, Dieter (Hrsg.): Rechtsgeschichte im Nationalsozialismus. Beiträge zur Geschichte einer Disziplin, Tübingen 1989

STÖLZEL, Adolf: Die Entwicklung des gelehrten Richterthums in deutschen Territorien, Band 1, Stuttgart 1872

VON SYDOW, Rudolf: Darstellung des Erbrechts nach den Grundsätzen des Sachsenspiegels, mit Rücksicht auf die verwandten Quellen, Berlin 1838

THEBESIUS, Georg / JAECKEL, Georg (Bearb.): Geschichte der Liegnitz-Brieger Piasten, von Georg Thebesius, hrsg. von Gottfried Balthasar SCHARFF 1733, bearbeitet und ergänzt von Georg JAECKEL, Band 1: Die geschichtliche Entwicklung bis zu Herzog Georg II. von Liegnitz-Brieg-Wohlau (1547–1586) (Beiträge zur Liegnitzer Geschichte 10), Lorch 1980

THEISEN, Frank: Studien zur Emphyteuse in ausgewählten italienischen Regionen des 12. Jahrhunderts: Verrechtlichung des Alltags? (Studien zur europäischen Rechtsgeschichte / Veröffentlichungen des Max-Planck-Instituts für Europäische Rechtsgeschichte 162), Frankfurt a. M. 2003

– / VOSS, Wulf Eckart (Hrsg.): Summe – Glosse – Kommentar. Juristisches und Rhetorisches in Kanonistik und Legistik (Osnabrücker Schriften zur Rechtsgeschichte 2, 1), Osnabrück 2000

THEUERKAUF, Gerhard: Geschichte in Rechtsaufzeichnungen: Sachsenspiegel und Magdeburger Rechtskreis, in: GOETZ (Hrsg.), Hochmittelalterliches Geschichtsbewußtsein, S. 201–216

– Land und Lehnswesen vom 14. bis zum 16. Jahrhundert. Ein Beitrag zur Verfassung des Hochstifts Münster und zum nordwestdeutschen Lehnrecht (Neue Münstersche Beiträge zur Geschichtsforschung 7), Köln – Graz 1961

– Lex, Speculum, Compendium iuris. Rechtsaufzeichnung und Rechtsbewußtsein in Norddeutschland vom 8. bis zum 16. Jahrhundert (Forschungen zur Deutschen Rechtsgeschichte 6), Köln – Graz 1968

TRUSEN, Winfried: Anfänge des gelehrten Rechts in Deutschland. Ein Beitrag zur Geschichte der Frührezeption (Recht und Geschichte 1), Wiesbaden 1962

– Die gelehrte Gerichtsbarkeit der Kirche, in: COING (Hrsg.), Handbuch der Quellen und Literatur I, S. 467–504

– Gelehrtes Recht im Mittelalter und in der Frühen Neuzeit (Biblitoheca Eruditorum 23), Goldbach 1997

– Gutes altes Recht und consuetudo – Aus den Anfängen der Rechtsquellenlehre im Mittelalter, in: TRUSEN, Gelehrtes Recht, S. 189–204

– Die Rechtsspiegel und das Kaiserrecht, ZRG GA 102 (1985) S. 12–59

– Römisches und partikuläres Recht in der Rezeptionszeit, in: TRUSEN, Gelehrtes Recht, S. 97–120

ULLMANN, Walter: Bartolus on customary law, The Juridicial Review 52 (1940) S. 265–283

VAN DER VEN, Gisela: Die Entwicklung der weiblichen Erbfolge im deutschen Lehnrecht mit einem Exkurs über die Erbfolge von Seitenverwandten dargestellt an den Reichslehen vom 10. bis zum ausgehenden 14. Jahrhundert, Diss. Univ. Marburg 1949 (masch.)

VETULANI, Adam: L'enseignement universitaire du droit à Cracovie d'après les desseins de Casimir le Grand, in: Études d'histoire du droit canonique dédiées à Gabriel le Bras, Band 1, Paris 1965, S. 373–383

VIEHWEG, Theodor: Topik und Jurisprudenz, München 1953

VOGENAUER, Stefan: Die Auslegung von Gesetzen in England und auf dem Kontinent. Eine vergleichende Untersuchung der Rechtsprechung und ihrer historischen Grundlagen (Beiträge zum ausländischen und internationalen Privatrecht 72), Tübingen 2001

VOGGENSPERGER, René: Der Begriff des ‚Ius naturale' im Römischen Recht (Basler Studien zur Rechtswissenschaft 32), Basel 1952

VOGT, Helle / MÜNSTER-SWENDSEN, Mia (Hrsg.): Law and Learning in the Middle Ages. Proceedings of the Second Carlsberg Academy Conference on Medieval Legal History 2005, Kopenhagen 2006

WACKE, Andreas: Wer zuerst kommt, mahlt zuerst – Prior tempore potior iure, Juristische Arbeitsblätter 1981, S. 94–98

WAITZ, Georg: Über die angeblichen Privilegien Otto's für Magdeburg, in: Jahrbücher des deutschen Reichs unter der Herrschaft König und Kaiser Ottos I. 1, 3 (1839), S. 188–191

WALTHER, Helmut G.: Die Bibliothek des gelehrten juristischen Praktikers. Beobachtungen zu Handschriften und Frühdrucken der Nürnberger Ratsbibliothek, in: COLLI (Hrsg.), Juristische Buchproduktion, S. 805–818

WASSERSCHLEBEN, Friedrich Wilhelm: Das Prinzip der Successionsordnung nach deutschem insbesondere sächsischem Rechte. Ein Beitrag zur deutschen Rechtsgeschichte, Gotha 1860

WATTENBACH, Wilhelm: Das Schriftwesen im Mittelalter, 4. Aufl., unveränderter Nachdruck der 3. Aufl. Leipzig 1896, Graz 1958

WEBER, Wolfgang: Das Sonne-Mond-Gleichnis in der mittelalterlichen Auseinandersetzung zwischen Sacerdotium und Regnum, in: BECKER / DILCHER / GUDIAN / KAUFMANN / SELLERT (Hrsg.), Festschrift Adalbert Erler, S. 147–175

WEIGAND, Rudolf: Die Naturrechtslehre der Legisten und Dekretisten von Irnerius bis Accursius und von Gratian bis Johannes Teutonicus (Münchener theologische Studien / 3. Kanonistische Abt. 26), München 1967

WEIMAR, Peter: Argumenta brocardica, in: WEIMAR, Zur Renaissance der Rechtswissenschaft, S. 45*–77*

– Die Handschriften des Liber feudorum und seiner Glossen, Rivista internazionale di diritto comune 1 (1990) S. 31–98

– Die legistische Literatur der Glossatorenzeit, in: COING (Hrsg.), Handbuch der Quellen und Literatur I, S. 129–260

– Die legistische Literatur und die Methode des Rechtsunterrichts der Glossatorenzeit, Ius Commune 2 (1969) S. 43–83
– Zur Renaissance der Rechtswissenschaft im Mittelalter (Bibliotheca Eruditorum 8), Goldbach 1997
– (Hrsg.): Die Renaissance der Wissenschaften im 12. Jahrhundert (Zürcher Hochschulforum 2), Zürich 1981

WEINERT, Jörn: Die Dresdner Bilderhandschrift des Sachsenspiegels. Studien zur Schreibsprache, Köln – Weimar – Wien 2007
– Eike von Repgow – Verfasser des „Sachsenspiegels"?, ZfdPh 133 (2014) S. 67–98

WEITZEL, Jürgen: Dinggenossenschaft und Recht. Untersuchungen zum Rechtsverständnis im fränkisch-deutschen Mittelalter (Quellen und Forschungen zur höchsten Gerichtsbarkeit im Alten Reich 15, 1 und 2), Köln – Wien 1985
– Gewohnheiten im lübischen und im sächsisch-magdeburgischen Rechtskreis, Recueils de la société Jean Bodin pour l'histoire comparative des institutions 52, 2 (1990) S. 325–358
– Zum Rechtsbegriff der Magdeburger Schöffen, in: SCHICH / WILLOWEIT (Hrsg.), Studien, S. 62–93

WEJWODA, Marek: Die Leipziger Juristenfakultät im 15. Jahrhundert. Vergleichende Studien zu Institution und Personal, fachlichem Profil und gesellschaftlicher Wirksamkeit (Quellen und Forschungen zur sächsischen Geschichte 34), Leipzig 2012
– [Rezension] Kümper, Hiram, Sachsenrecht. Studien zur Geschichte des sächsischen Landrechts in Mittelalter und früher Neuzeit (= Schriften zur Rechtsgeschichte 142). Duncker & Humblot, Berlin 2009. 778 S., Tab., Abb., Diss. Phil. Mannheim 2007., ZRG GA 128 (2011) S. 561–568
– Sächsische Rechtspraxis und gelehrte Jurisprudenz. Studien zu den rechtspraktischen Texten und zum Werk des Leipziger Juristen Dietrich von Bocksdorf (ca. 1410–1466) (MGH Studien und Texte 54), Hannover 2012
– Spätmittelalterliche Jurisprudenz zwischen Rechtspraxis, Universität und kirchlicher Karriere. Der Leipziger Jurist und Naumburger Bischof Dietrich von Bocksdorf (ca. 1410–1466) (Education and Society in the Middle Ages and Renaissance 42), Leiden – Boston 2012

WESENBERG, Gerhard / WESENER, Gunter: Neuere deutsche Privatrechtsgeschichte im Rahmen der europäischen Rechtsentwicklung, 4. Aufl. Wien – Köln – Graz 1985

WETZSTEIN, Thomas: Der Jurist. Bemerkungen zu den distinktiven Merkmalen eines mittelalterlichen Gelehrtenstandes, in: REXROTH (Hrsg.), Beiträge zur Kulturgeschichte, S. 243–296

WIEACKER, Franz: Privatrechtsgeschichte der Neuzeit, 2. Aufl. Göttingen 1967

WIEGAND, Wolfgang: Studien zur Rechtsanwendungslehre der Rezeptionszeit (Münchner Universitätsschriften / Juristische Fakultät / Abhandlungen zur rechtswissenschaftlichen Grundlagenforschung 27), Ebelsbach 1977

WILLOWEIT, Dietmar (Hrsg.): Die Begründung des Rechts als historisches Problem (Schriften des Historischen Kollegs, Kolloquien 45), München 2000
– Die Gleichzeitigkeit des Ungleichzeitigen. Rationales und traditionales Rechtsdenken im ausgehenden Mittelalter, in: BOOCKMANN / GRENZMANN / MOELLER / STAEHELIN (Hrsg.), Recht und Verfassung, S. 369–385

– Rezeptionen, in: LÜDERSSEN (Hrsg.), Durchsetzung, S. 153–162

WOLF, Arnim: Die Entstehung des Kurfürstenkollegs 1198 – 1298. Zur 700-jährigen Wiederkehr der ersten Vereinigung der sieben Kurfürsten (Historisches Seminar N. F. 11), 2. Aufl. Idstein 2000

WOLF, Gunther (Hrsg.): Friedrich Barbarossa, Darmstadt 1975

WOLF, Jürgen: Die Sächsische Weltchronik im Spiegel ihrer Handschriften. Überlieferung, Textentwicklung, Rezeption (Münstersche Mittelalter-Schriften 75), München 1997

– / BURMEISTER, Heike: Marburger Fund- und Reiseberichte… → BURMEISTER, Heike

WOLFF, Jörg (Hrsg.): Kultur- und rechtshistorische Wurzeln Europas. Arbeitsbuch (Studien zur Kultur- und Rechtsgeschichte 1), Mönchengladbach 2005

WOLTER, Udo: Die ‚consuetudo' im kanonischen Recht bis zum Ende des 13. Jahrhunderts, in: DILCHER / LÜCK / SCHULZE / WADLE / WEITZE / WOLTER: Gewohnheitsrecht und Rechtsgewohnheiten, S. 87–116

WUNDERLI, Peter (Hrsg.): Herkunft und Ursprung. Historische und mythische Formen der Legitimation, Sigmaringen 1994

ZACHARIAE, Karl Salomo: Handbuch des Königlich Sächsischen Lehnrechts, 2. Aufl. hrsg. von Christian Ernst Weiße und Friedrich Albert v. Langenn, Leipzig 1823

ZEDLER, Johann Heinrich: Grosses vollständiges Universal-Lexicon aller Wissenschafften und Künste, welche bißhero durch menschlichen Verstand und Witz erfunden und verbessert worden, Halle – Leipzig 1732 ff.

ZEUMER, Karl: Über den verlorenen lateinischen Urtext des Sachsenspiegels, in: Festschrift Otto Gierke zum siebzigsten Geburtstag, Weimar 1911, S. 455–474

ZIMMERMANN, Reinhard: Europa und das römische Recht, AcP 202 (2002) S. 243–316

– Die Geschichte der Gastwirtshaftung in Deutschland, in: HAFERKAMP / REPGEN (Hrsg.), Usus modernus pandectarum, S. 271–339ZWEIGERT, Konrad / HEINZ, Kötz: Einführung in die Rechtsvergleichung, 3. Aufl. Tübingen 1996

ZYCHA, Adolf: Deutsche Rechtsgeschichte der Neuzeit, 2. Aufl. Marburg-Lahn 1949

„Jdoch ir sollit wissen: Wo ein text mit korczir rede sich bewisen wil, do sal die glosze den syn volbrengin.“[1]

Glosse LnR 69 (68)

Einleitung

Über den Sachsenspiegel, das um 1230 von Eike von Repgow verfasste älteste große Rechtsbuch in deutscher Sprache, wird seit jeher viel geschrieben. Die Geschichte seiner wissenschaftlichen Bearbeitung reicht bis in das 14. Jahrhundert zu den ersten Glossierungen der sächsischen Rechtsbücher zurück. Heute verdienen diese frühen wissenschaftlichen Sekundärtexte selbst unser rechts- und wissenschaftsgeschichtliches Interesse als Quellen. So unübersehbare Ausmaße das Schrifttum zum Sachsenspiegel insgesamt angenommen hat[2], so überschaubar bleibt es jedoch in Bezug auf seine Glossierung. Wer sich mit seiner Wirkungsgeschichte befasst, stößt bald auf „die“[3] Glosse zum Sachsenspiegel. Gemeint ist dann die zwischen 1325 und um 1352 durch den gelehrten Juristen und märkischen Ritter Johann von Buch verfasste Kommentierung des Sachsenspiegel-Landrechts. Doch schon kurze Zeit später entstanden weitere Glossen: Noch vor 1386/87 schrieben unbekannte Autoren eine Glosse zum Sachsenspiegel-Lehnrecht und eine Glosse zum Magdeburger Weichbildrecht. Die Verbreitung und Vervielfältigung von Landrechts-, Lehnrechts- und Weichbildglosse in Handschriften und Drucken bis weit in die frühe Neuzeit bescheinigen diesen Arbeiten eine beachtliche Wirkungsgeschichte. Kommentare, die bis heute eine der wichtigsten Gattungen der Rechtsliteratur darstellen, legten so im Spätmittelalter den Grundstein für eine eigene gelehrte Wissenschaft vom deutschen Recht.

---

1) LGl LnR 69 (68 § 9) (S. 960 Z. 14 f.).

2) Ein vollständiger Überblick über die Fachliteratur zum Sachsenspiegel dürfte angesichts ihres beträchtlichen Umfangs nicht mehr zu erreichen sein. Die maßgebliche Bibliographie in systematischer Ordnung hat KISCH, Sachsenspiegel-Bibliographie, mit Fortsetzungen und Ergänzungen durch OPPITZ, Rechtsbücher I S. 87–94, erarbeitet. Darauf aufbauend und nach Autoren ordnend bietet KÜMPER, Sachsenspiegel – Eine Bibliographie, ein Verzeichnis neueren Datums.

3) Etwa KROESCHELL, Von der Gewohnheit S. 83, 85, 86, aber auch schon SINAUER, Studien zur Entstehung S. 475, und BINDEWALD, Studien zur Entstehung S. 464, mit ihren beiden Aufsatztiteln „Studien zur Entstehung der Sachsenspiegelglosse“. Klarstellend zur Berechtigung der Verwendung von Singular und Plural im Zusammenhang mit der Buch'schen Landrechtsglosse KANNOWSKI, Umgestaltung S. 2–8.

Die sächsischen Glossen unterzogen das einheimische Recht zum ersten Mal überhaupt einer explizit wissenschaftlichen Bearbeitung. Dabei standen die sächsischen Juristen durchaus schon in der Tradition einer europäischen Rechtswissenschaft. Die Jurisprudenz hatte sich bereits seit Mitte des 11. Jahrhunderts von Italien ausgehend entwickelt und befasste sich vornehmlich mit dem kanonischen und dem antiken römischen Recht. Die Entwicklung und universitäre Beschäftigung mit dem „gelehrten" römisch-kanonischen Recht hatten zur Ausbildung feststehender Bearbeitungsformen und zu einer differenzierten Dogmatik geführt. Die deutschen Juristen des Spätmittelalters wandten nun, als sie erstmals auch das einheimische Recht zum Gegenstand wissenschaftlicher Bearbeitung erhoben, die im Auslandsstudium erlernten Methoden auf das Sächsische Recht an und setzten das Sächsische zum gelehrten Recht in Bezug. Von Johann von Buch, dem namentlich bekannten Verfasser der Landrechtsglosse, wissen wir, dass er in Bologna die Rechte studierte und sein Wissen anschließend direkt in seine Heimat in die Mark Brandenburg importierte[4]. Die sächsischen Glossatoren wurden zu Wanderern zwischen den Welten. Der rigorose Methodentransfer und der Versuch, zwei völlig verschiedene Rechtssphären – hier das autochthone Sächsische, dort das akademische gelehrte Recht – zusammenzuführen, können den heutigen Leser befremden. Der Wunsch nach einem besseren Verständnis dieses Spannungsverhältnisses bildet den Rahmen für das Anliegen der vorliegenden Arbeit: Wo zwischen Dualismus und Synthese sind diese Zeugnisse einer frühen *iurisprudentia romano-saxonica* zu verorten?

I. Untersuchungsgegenstand

Gegenstand der vorliegenden Arbeit ist die im 14. Jahrhundert anonym verfasste, bisher nahezu unerforschte Glosse zum „vierten Buch" des Sachsenspiegels, dem Sächsischen Lehnrecht. Die Schrift ist heute noch in 30 Handschriften, einem Handschriftenfragment und 17 frühen Druckausgaben überliefert. Ein unbekannter sächsischer Jurist verfasste sie in deutscher Sprache. Die Lehnrechtsglosse gehört zu den frühesten Kommentaren zum deutschen Recht überhaupt und stellt die älteste bekannte rechtswissenschaftliche Auseinandersetzung mit dem Sächsischen Lehnrecht dar. Ihr Verfasser lässt uns eintauchen in die untergegangene Welt des Lehnswesens, die im Spätmittelalter in voller Blüte stand. Bis heute übt die Gestalt des Ritters als Sinnbild für Ehre und Tapferkeit, für Freiheit und Selbstbestimmung

4) KANNOWSKI, Umgestaltung S. 74 f.; LÜCK, Johann von Buch S. 128–130.

eine besondere Faszination aus. Die Lehnrechtsglosse beschreibt den Platz der Ritter in der mittelalterlichen Gesellschaft und erörtert die Rahmenbedingungen ihrer Existenz aus juristischer Perspektive. Gleichzeitig führt uns die Quelle noch eine ganz andere Facette der Erfahrungswelt ihres Verfassers vor Augen. Die Lehnrechtsglosse eröffnet uns den Blick auf das mittelalterliche Gelehrtentum. Sie zeigt uns die Figur des gelehrten Juristen und bringt uns die wissenschaftlichen Standards des 14. Jahrhunderts näher. Mit ihren akribischen Exegesen und Problembehandlungen, die im frühneuzeitlichen Druck über 220 eng beschriebene Seiten füllen, bildet die Lehnrechtsglosse einen wahrlich fulminanten Auftakt für die Entwicklung einer einheimischen feudistischen Rechtswissenschaft.

Die Glosse zum Sächsischen Lehnrecht reiht sich in die größere Gruppe der sächsischen Glossen ein und lässt sich nicht losgelöst von den anderen Arbeiten dieser Quellengruppe betrachten. Im Folgenden wird die Lehnrechtsglosse als Vertreterin der sächsischen Partikularrechtsliteratur begriffen, exemplarisch vertieft und im Wechselspiel mit den übrigen Vertretern ihrer Gattung nach ihrem Beitrag zur Entwicklung einer jungen deutschen Rechtswissenschaft befragt. Die Eingrenzung einer Untersuchung über die Anfänge der deutschen Rechtswissenschaft auf den Bearbeitungsgegenstand der Lehnrechtsglosse erklärt sich primär aus dem aktuellen Stand der Glossenforschung. Gegenüber der bereits besser erforschten Buch'schen Glosse und der in ihrer Textgestalt noch völlig unklaren Weichbildglosse bot sich die durch editorische Arbeiten aufbereitete Lehnrechtsglosse zur Bearbeitung an. Die Buch'sche Landrechtsglosse hat in der rechtshistorischen Forschung, nachdem sie in den ideologischen Grabenkämpfen zwischen Romanisten und Germanisten lange vernachlässigt worden war, in den vergangenen Jahren verdiente Beachtung in Form einer modernen wissenschaftlichen Edition von Frank-Michael Kaufmann[5] sowie einer breit angelegten Gesamtschau des Werks in der Untersuchung von Bernd Kannowski[6] gefunden. Das besondere Interesse an einer Erforschung der Landrechtsglosse ist mit Blick auf die exzeptionelle Überlieferungssituation gerechtfertigt[7] – fürs Erste aber auch befriedigt. Bei einer Beschäftigung

5) KAUFMANN, Gl LdR.

6) KANNOWSKI, Umgestaltung.

7) Entsprechend begründet KANNOWSKI, Umgestaltung S. 3, die Beschränkung seiner Arbeit auf die relativ bedeutsamere Landrechtsglosse. Die Buch'sche Landrechtsglosse ist nach Sachsenspiegel und Schwabenspiegel der am drittbreitesten überlieferte mittelalterliche deutsche Rechtstext, vgl. BUCHHOLZ-JOHANEK, Art. Johannes von Buch, in: ²VL IV Sp. 555. Insgesamt sind derzeit 208 Handschriften und Fragmente der Buch'schen Landrechtsglosse bekannt; Hinzu kommen 28 Drucke aus dem 15. bis 18. Jahrhundert (vgl. die Verzeichnisse bei KAUFMANN, Gl LdR S. 1523–1559, und für

mit der Landrechtsglosse darf die Forschung nicht stehen bleiben. Erst der Blick in die Breite macht den Gesamtzusammenhang der sächsischen Glossen als Zeugnisse einer neu entstehenden deutschen Rechtswissenschaft greifbar. Nach wie vor fristen Lehnrechtsglosse und Weichbildglosse in der Forschung aber ein Dasein in Randbemerkungen[8]. Obwohl die Lehnrechtsglosse eine wichtige und verbreitete Sekundärquelle zum Sächsischen Recht darstellt, ist bisher kaum jemand „in dem Wuste der meist so ungeniessbaren Glosse“[9] auf Erkenntnissuche gegangen. Die vorliegende Arbeit wendet sich der Glosse zum Sächsischen Lehnrecht nun zu.

---

die seit 2002 hinzugekommenen Fragmentfunde KANNOWSKI / KAUFMANN, De glosen les mit vlite; DIES., De glose vornim; KAUFMANN, Neu aufgefundene Rechtsbücherfragmente). – In welchem zahlenmäßigen Verhältnis Sachsenspiegelhandschriften mit und ohne Glosse überliefert sind, ist unsicher. Nach NOWAK, Verbreitung und Anwendung S. 67 f., enthält nur etwa ein Drittel der überlieferten Sachsenspiegeltexte des 14. Jahrhundert auch die Glosse (nämlich 34 von 87, die nicht sicher datierbaren Handschriften einberechnet), während der Anteil glossierter Texte im 15. Jahrhundert auf etwa die Hälfte der überlieferten Textzeugen ansteigt (71 von 156 Texten in 141 Handschriften enthalten die Glosse, vgl. zusammenfassend auch KROESCHELL, Rechtsaufzeichnung und Rechtswirklichkeit S. 374 f.). Insgesamt weisen nach NOWAK, Verbreitung und Anwendung S. 41, von 341 Sachsenspiegelhandschriften 113, also etwa ein Drittel, auch die Glosse auf. Die Zahlen sind insofern problematisch, als sie weitgehend auf dem älteren Verzeichnis von HOMEYER, Die deutschen Rechtsbücher, aufbauen, welches inzwischen durch OPPITZ, Rechtsbücher I und II, und KAUFMANN, Gl LdR und LGl LnR, in beträchtlichem Umfang ergänzt worden ist. Eine allgemeine Tendenz mag sich aber auch aus den veralteten Zahlen ablesen lassen: Die Buch’sche Glosse hat sich nur allmählich verbreitet. Die Aussage von BUCHDA, Art. Landrechtsglosse, in: HRG II Sp. 1543, wonach seit Abfassung der Landrechtsglosse die „Mehrzahl“ der Sachsenspiegelhandschriften die Buch’sche Glosse enthalten habe, lässt sich so nicht aufrechterhalten – hierauf weist bereits KANNOWSKI, Umgestaltung Anm. 102, hin. Erst die frühneuzeitlichen Drucke nehmen die Glosse mit zuverlässiger Regelmäßigkeit in die Sachsenspiegelausgaben mit auf, KANNOWSKI, Umgestaltung S. 19.

8) In der Erstauflage des Handwörterbuchs zur Deutschen Rechtsgeschichte gibt es noch keinen mit BUCHDA, Art. Landrechtsglosse, in: HRG II Sp. 1540–1545, korrespondierenden Artikel zur „Lehnrechtsglosse“. Die Neuauflage beinhaltet nun eine zusammenfassende Darstellung von LIEBERWIRTH, Art. Glossen zum Sachsenspiegel, in: ²HRG II Sp. 416–422. Auch ein eigener Artikel zur Lehnrechtsglosse ist geplant (Frank-Michael Kaufmann). Die spärliche Literatur zur Weichbildglosse findet sich bei MUNZEL, Art. Weichbildglosse, in: HRG V Sp. 1213, zusammengetragen. Am eingehendsten beschäftigt sich mit dieser Quelle noch der Aufsatz von BUCHDA, Glosse zum sächsischen Weichbild.

9) HOMEYER, Sachsenspiegel II 1, Anhang VII S. 355.

Während die Weichbildglosse derzeit nur in der völlig unzureichenden, älteren Edition des Alexander von Daniels zugänglich ist[10], verdanken wir Frank-Michael Kaufmann moderne wissenschaftliche Editionen der Lehnrechtsglosse. Nach Herausgabe der Buch'schen Glosse erschien 2006 zunächst eine Edition der kürzeren Klasse der Lehnrechtsglosse[11]. Mit dieser ersten Lehnrechtsglossenedition schien die Zeit gekommen, um sich nach der Landrechtsglosse in einem nächsten Schritt auf verlässlicher Textgrundlage nun auch der Lehnrechtsglosse zuwenden zu können. Mit Voranschreiten der Editionsarbeiten und im Laufe der Entstehung dieser Arbeit ist allerdings die Gewissheit gewachsen, dass die maßgebliche frühere Fassung der Lehnrechtsglosse entgegen bisheriger Auffassung nicht die zuerst edierte kürzere Klasse, sondern die längere Klasse ist. Heute bietet Kaufmanns im Jahr 2013 erschienene Edition der längeren Klasse die primäre Textgrundlage für eine Erforschung der Lehnrechtsglosse[12].

II. Zielsetzung

Die vorliegende Arbeit setzt sich zum Ziel, eine umfassende Würdigung der Lehnrechtsglosse als rechtswissenschaftlicher Text vorzunehmen. Dem liegt die Überzeugung zugrunde, dass sich ein möglichst vollständiges und treffendes Bild von einem Nachschlagewerk wie der Lehnrechtsglosse weniger durch die Besprechung konkreter Inhalte – der Glossator verliert sich in punktuellen Aneinanderreihungen von Einzelinformationen – als vielmehr

10) DANIELS / GRUBEN, Gl WbR. Zu den handschriftlichen Vorlagen dieser bunt zusammengewürfelten Ausgabe vgl. unten S. 543 Anm. 229. Einer dringend erforderlichen, modernen Ansprüchen genügenden Edition der Weichbildglosse hat sich bis heute noch niemand angenommen.

11) Im Anschluss an die Landrechtsglossenedition (KAUFMANN, Gl LdR) erschien eine Ausgabe der kürzeren Lehnrechtsglosse (KAUFMANN, KGl LnR). Die Glosseneditionen sind die ersten Ergebnisse der 1994 ins Leben gerufenen Arbeitsstelle „Sachsenspiegelglossen“ der Monumenta Germaniae Historica bei der Sächsischen Akademie der Wissenschaften zu Leipzig. Zur langwierigen und wechselvollen Editionsgeschichte KAUFMANN, Einige Bemerkungen S. 160–165; DERS., Einleitung, LGl LnR S. XVII–XXII; DERS., Glossen zum Sachsenspiegel S. 108–111; LIEBERWIRTH, Die MGH und die Glossen; DERS., Einleitung, KGl LnR S. XLIV–LVI; SINAUER, Studien zur Entstehung S. 475–481.

12) KAUFMANN, LGl LnR. Einen sehr ähnlichen Quellentext, der dieser Arbeit bis zum Erscheinen der Edition vorläufig zugrunde gelegt wurde, bietet der älteste Druck der Lehnrechtsglosse [Sächsisches Weichbild...], Augsburg 1482 (GW 9266).

durch eine themenübergreifende Reflexion der zugrunde liegenden juristischen Methode und der daraus resultierenden Behandlung des Lehnrechts als Rechtsgebiet im Ganzen zeichnen lässt.

Als eine der ersten aus gelehrter Perspektive verfassten Schriften zum einheimischen Recht wohnen der Lehnrechtsglosse gleichermaßen traditionelle und innovative Momente inne. Die vorliegende Arbeit ermittelt und beschreibt die Elemente tradierter gelehrter Jurisprudenz ebenso wie die spezifischen Besonderheiten der jungen, sächsischen Partikularrechtswissenschaft. Dazu ist es erforderlich, die Entstehungszusammenhänge der Glosse zu klären: In welchen historischen Kontext bettet sich die Lehnrechtsglosse und über welche Bildungshintergründe verfügte ihr Verfasser? Welche Ziele verfolgte der Glossator mit seiner Arbeit und welche Schriften nahm er sich zum Vorbild? Sodann interessiert die tatsächliche Umsetzung seines theoretischen Programms: Wie gestaltet sich die Anwendung des *mos italicus* auf das Sächsische Recht? Wo rückte der Glossator von tradierten Mustern ab? Wie erklären sich literarische und methodische Neuerungen und welche Parallelen finden sie in weiteren zeitgenössischen Arbeiten zum Partikularrecht? Welchen wissenschaftlichen Prinzipien fühlte sich der Glossator verpflichtet? Schließlich richtet sich der Blick auf den Bearbeitungsgegenstand als solchen: Welche Charakteristika schrieb der Glossator dem Sächsischen Lehnrecht zu? Wo im Gesamtsystem des Rechts verortete der Glossator das Lehnrecht und welcher Rechtsbegriff lag seiner Einordnung zugrunde?

Über die genannten Fragen erschließt die Untersuchung jene Parameter, die im Sinne einer Leseanleitung das Verständnis der Lehnrechtsglosse leiten können. Die angestrebte wissenschaftsgeschichtliche Charakterisierung der Lehnrechtsglosse im Speziellen und der Gattung der sächsischen Glossen im Allgemeinen kreist dabei um vier Komplexe: 1. Existenz und Fundament einer eigenen gelehrten Partikularrechtswissenschaft; 2. Platz der Lehnrechtsglosse(n) innerhalb dieser Quellengattung; 3. Juristisches wissenschaftliches Arbeiten unter dem Eindruck der Rezeption; 4. Teilhabe des Lehnrechts an der gelehrten Rechtskultur.

Antworten auf die Fragen, wie sich der Gegenstand des Sächsischen Lehnrechts in der gelehrten Bearbeitung durch den Glossator veränderte und welche Veränderungen die juristische Methode als solche in der Übertragung auf das Sächsische Recht erfuhr, sollen ein sachgerechtes Verständnis der Lehnrechtsglosse befördern. Künftiger Forschung soll zudem die Quellengruppe der sächsischen Glossen als solche erschlossen werden. Dass es zur Vorbereitung inhaltlicher Analysen einer solchen grundlegenden methodischen Besinnung bedarf, drängt sich bereits angesichts prima facie formulierter Abwertungen der sächsischen Glossen in der älteren germanistischen Forschung auf[13], beweist sich aber endgültig in den völlig anachronistischen Systemerwartungen, die ein Karl Schilling der Landrechtsglosse in einer Untersuchung aus den 1930er Jahren entgegenbrachte[14]. Es gilt die allgemeine Überlegung, die schon Gerhard Otte seiner Untersuchung der juristischen Methode der Glossatoren voranstellte: Ohne die Kenntnis methodologischer Terminologien muss mittelalterliche juristische Literatur zu einem bestimmten Grad unverständlich bleiben. Außerdem gibt erst die Kenntnis der benutzten Methode Aufschluss darüber, welche von der modernen juristischen Literatur abweichenden Inhalte in Werken mittelalterlicher Jurisprudenz erwartet werden dürfen[15].

Eine Würdigung der Lehnrechtsglosse als rechtswissenschaftlicher Text ist nicht bloß das Mittel zum Zweck sachgerechter inhaltlicher Analysen. Sie ist auch Selbstzweck. Als Zeugnis einer frühen deutschen Rechtswissenschaft verspricht die Lehnrechtsglosse Erkenntnisgewinn besonders aus wissenschaftsgeschichtlicher Perspektive. Häufig übergehen Darstellungen zur deutschen Rechtsgeschichte das Bestehen einer deutschen Rechtswissenschaft des Mittelalters[16]. Doch zweifellos hat sie existiert. Die sächsischen Glossen gehören zu ihren wichtigsten Meilensteinen. Die vorliegende Arbeit fragt am Beispiel der Lehnrechtsglosse nach den Charakteristika dieser im Entstehen begriffenen deutschen Rechtswissenschaft.

Klarstellend ist vorauszuschicken: Die Frage, welche Epoche als die Geburtsstunde deutscher Rechtswissenschaft anzusetzen ist, lässt sich ebenso kontrovers diskutieren wie der Begriff der Rechtswissenschaft selbst. Manch einer bestreitet, dass die Rechtswissenschaft überhaupt eine Wissenschaft

13) Das Urteil über die „Qualität" sächsischer Partikularrechtsliteratur fällt in älterer Zeit durchweg negativ aus, vgl. insbesondere AMIRA / ECKHARDT, Germanisches Recht I S. 162; BÖHLAU, Einleitung, Nove constitutiones S. XVIII und passim; HOMEYER, Sachsenspiegel II 1, Anhang VII S. 355.

14) SCHILLING, Das objektive Recht. Zur Kritik an dieser Arbeit KANNOWSKI, Umgestaltung S. 97–100; KISCH, Karl Schilling; sowie unten S. 656.

15) OTTE, Dialektik und Jurisprudenz S. 7 f.

16) Bezeichnend etwa CONRAD, Deutsche Rechtsgeschichte I S. 369, der die spätmittelalterlichen Zeugnisse einer gelehrten Bearbeitung des Sächsischen Rechts zwar im Folgenden selbst zusammenfasst (S. 370), einleitend aber konstatiert: „Eine Wissenschaft des deutschen Rechts hat es im Mittelalter nicht gegeben." Vgl. demgegenüber aber das eigene Kapitel über die deutsche Rechtswissenschaft des Mittelalters bei KROESCHELL / CORDES / NEHLSEN-VON STRYK, Deutsche Rechtsgeschichte II S. 52–55, die eine entsprechende Lücke in anderen Darstellungen als Missstand hervorheben. Um die Geschichte der älteren deutschen Rechtswissenschaft hat sich im 19. Jahrhundert besonders V. STINTZING, Geschichte I und II, verdient gemacht. Seine Arbeit berücksichtigt in einer einleitenden Übersicht auch den Sachsenspiegel und die Glossen (DERS., Geschichte I S. 1–36). Von Stintzings Darstellung ist jedoch in weiten Teilen überholt.

ist[17]. Wollte man den Wissenschaftsbegriff soziologisch verstehen und ihn an die Einrichtung einer juristischen Disziplin in universitärer Forschung und Lehre knüpfen, wäre Rechtswissenschaft erst seit den italienischen Rechtsfakultäten des Mittelalters und deutsche Rechtswissenschaft erst seit den spätmittelalterlichen Universitätsgründungen nördlich der Alpen denkbar. Genau genommen ist speziell das deutsche Recht dort sogar erst sehr viel später, seit dem frühen 18. Jahrhundert, Gegenstand akademischen Unterrichts geworden. Frank Schäfer bezieht seine Wissenschaftsgeschichte der „Juristischen Germanistik" auf das 18. und 19. Jahrhundert, in der man sich explizit dem *ius germanicum* zuwandte[18]. Vermittler und Motor der wissenschaftlichen Durchdringung des deutschen Rechts blieb bis zur institutionellen Ausbildung des Fachs der Germanistik die Wissenschaft vom gelehrten Recht. Wollte man Rechtswissenschaft also mit Verwissenschaftlichung und Verwissenschaftlichung mit Rezeption des gelehrten Rechts gleichsetzen, ließe sich als Beginn der deutschen Rechtswissenschaft die Epoche des *usus modernus pandectarum* markieren, in der sich gelehrte deutsche Juristen des 17. Jahrhunderts verstärkt dem Partikularrecht zuwandten und dabei eine rechtswissenschaftliche Literatur von schier unübersehbarem Ausmaß hervorbrachten[19]. In „Recht als Wissenschaft" lässt Jan Schröder seine Geschichte der juristischen Methodenlehre, die sich vorwiegend mit der deutschen Rechts- und Methodenliteratur befasst, im Zeitalter des Huma-

---

17) Vgl. nur KIRCHMANN, Die Werthlosigkeit der Jurisprudenz als Wissenschaft; und dazu die neuere Replik von LARENZ, Über die Unentbehrlichkeit der Jurisprudenz als Wissenschaft. Einen Überblick über die Diskussion um die Wissenschaftlichkeit der Jurisprudenz geben RÜTHERS / FISCHER / BIRK, Rechtstheorie S. 173–199 m. w. N. Schon Bartolus de Sassoferrato (1314–1357), ein ungefährer Zeitgenosse des Glossators des Sächsischen Lehnrechts, setzte sich in Rezeption der Lehren Aristoteles' und Thomas' von Aquin intensiv mit dem Begriff der Rechtswissenschaft auseinander, vgl. seinen *Liber testimoniorum* (1357), c. 69–73 (LEPSIUS, Richter und Zeugen S. 280–283), und dazu LEPSIUS, Von Zweifeln zur Überzeugung S. 219–244.

18) SCHÄFER, Juristische Germanistik. Die mittelalterlichen Arbeiten zum einheimischen Recht, insbesondere auch die sächsischen Glossen, blendet er S. 14, unter Hinweis auf die fehlende unmittelbare Verbindung dieser frühen Schriften mit dem „Prozeß der akademischen Institutionalisierung der Germanistik" aus.

19) Hierhin tendiert die Gesamtwürdigung des *usus modernus* bei WIEACKER, Privatrechtsgeschichte S. 214. Vgl. bereits V. STINTZING, Geschichte II S. 66 über die Arbeiten des Benedikt Carpzov zum Sächsischen Recht: „So ist Carpzov der Begründer einer deutschen Rechtswissenschaft geworden." und über den *Commentarius in ius Lubecense* des David Mevius DERS., ebenda S. 127: „Die historische Bedeutung dieses Werkes liegt darin, daß Mevius durch dasselbe einen neuen Zweig deutscher Rechtswissenschaft schuf, eine ‚jurisprudentia Lubecensis', wie er ihn selbst gern bezeichnet."

nismus beginnen[20]. Auch Hiram Kümper verortet die „Wiege“ der sächsischen Rechtswissenschaft in seinem Kompendium zum Sachsenrecht im 16. Jahrhundert[21]. In eine vollkommen andere Richtung weisen demgegenüber Erwägungen von Hans Thieme, der eine notwendige Verbindung zwischen Rechtswissenschaft und Rezeption negierte[22]. Verwissenschaftlichung des Rechts definierte er mit Franz Wieacker als „die intellektuelle Rationalisierung des gesamten öffentlichen Lebens“[23] und folgerte daraus einen Dauerprozess, der gerade nicht erst mit der Rezeption des römischen Rechts eingesetzt habe. Vielmehr fänden sich Ansätze für eine Wissenschaft vom deutschen Recht bereits im Sachsenspiegel selbst angelegt[24].

Eine jede dieser Bewertungen findet ihre Berechtigung in ihrer spezifischen Begründung. Sie alle korrelieren mit dem zugrunde gelegten Begriff

---

20) SCHRÖDER, Recht als Wissenschaft, behandelt den Zeitraum 1500–1933. Schröder stellt die Grundzüge der juristischen Methodenentwicklung im kontinentalen Europa der Neuzeit dar, allerdings mit Schwerpunkt auf einer Auswertung der deutschen Rechts- und Methodenliteratur (vgl. ebenda S. 2). Seine Arbeit gliedert sich zunächst in die drei Phasen des göttlich-menschlichen Naturrechts der frühen Neuzeit (1500–1650), des dualistischen Rechtsbegriffs der Aufklärung (1650–1800) sowie eines „organisch“-positiven Rechtsdenkens im 19. Jahrhundert (vgl. ebenda S. 3). In der Neuauflage ist ein vierter Teil über die juristische Methodenlehre in Kaiserreich und Weimarer Republik (1850–1933) hinzugekommen. Schröder ist nicht primär an der Fortsetzung mittelalterlicher Traditionen, sondern an den wissenschaftlichen Neuerungen der frühen Neuzeit interessiert.

21) KÜMPER, Sachsenrecht S. 274–285. Kümper entwickelt eine Wirkungs- und Literaturgeschichte des Sachsenspiegels in fünf Epochen entlang der Jahrhundertgrenzen (ebenda S. 212–214). Die sächsischen Glossen und Richtsteige bezeichnet er dabei als Bearbeitungen „unter Gesichtspunkten des praktischen Gebrauchs“ (ebenda S. 213). Mit der Landrechtsglosse als einer „(proto-)wissenschaftlichen Auseinandersetzung“ mit dem Sächsischen Recht habe sich Johann von Buch zunächst allein auf weiter Flur befunden (ebenda S. 213). Kümper unterschlägt an dieser Stelle die Lehnrechts- und die Weichbildglosse als zwei weitere, bedeutende Arbeiten zum Sächsischen Rechts des 14. Jahrhunderts. Erst im 15. Jahrhundert habe man in Konfrontation mit dem gelehrten Recht Arbeiten neuerer Qualität geschrieben (ebenda S. 213). Die Ausformung des gemeinen Sachsenrechts verortet Kümper dann schwerpunktmäßig im 16. Jahrhundert (ebenda S. 214 und S. 274–285).

22) THIEME, Art. Rechtswissenschaft, in: HRG IV Sp. 419–423, diskutierte die Frage: „Von wann ab gibt es in der Deutschen Rechtsgeschichte eine Rechtswissenschaft?“

23) WIEACKER, Privatrechtsgeschichte S. 131: „Wir verstehen darunter die intellektuelle Rationalisierung des gesamten öffentlichen Lebens: den Austrag politischer und privater Konflikte nicht mehr durch Gewalt, Emotion oder unreflektierte Lebenstradition, sondern durch logische Erörterung der autonomen juristischen Sachproblematik und durch Entscheidung nach einer daraus gewonnenen rationalen Regel.“

24) THIEME, Art. Rechtswissenschaft, in: HRG IV Sp. 419 f.

von Jurisprudenz. Abstrakte Definitionsversuche wie die „methodisch geleitete Suche nach Wahrheit" helfen hier kaum weiter[25]. Statt ihrer dürfte eine sinnvolle Annäherung an den Begriff der Rechtswissenschaft erst aus den jeweiligen Zeitumständen heraus erfolgen. Im Folgenden wird deshalb ein selbstreferentieller Aspekt als Ausgangspunkt der Überlegung gewählt: Ein Rechtstext lässt sich auch deshalb als rechtswissenschaftlicher Text ansehen, weil sein Verfasser ihn so versteht. Befragt man die Autoren zum Sächsischen Recht nach ihrem Selbstverständnis, wird man schon den Beginn einer gelehrten, auf dem *ius commune* aufbauenden Wissenschaft vom deutschen Recht deutlich früher als in der frühneuzeitlichen Phase sogenannter Vollrezeption ansetzen müssen. Daran, dass sich aus zeitgenössischer Perspektive bereits die sächsischen Glossen des 14. Jahrhunderts als dezidiert rechtswissenschaftliche Arbeiten präsentieren, besteht kein Zweifel. Die vorliegende Arbeit geht der Frage nach, welches konkrete, zeitgenössische Verständnis von Rechtswissenschaft in einem Werk wie der Lehnrechtsglosse zum Ausdruck kommt. Die Quelle mag mit anderen Worten den spezifischen Rechtswissenschaftsbegriff ihrer Zeit offenbaren. Eine wissenschaftsgeschichtliche Betrachtung der Lehnrechtsglosse ist dabei zugleich auch eine rezeptionsgeschichtliche. Denn indem der unbekannte Glossator das Sächsische Lehnrecht mit den Mitteln gelehrter Jurisprudenz bearbeitete, trug er zu jener Verwissenschaftlichung des einheimischen Rechts bei, in welcher sich die Rezeption des gelehrten Rechts primär manifestierte. Wie sich der Vorgang der Übertragung gelehrter Methode auf den Gegenstand des einheimischen Rechts im Einzelnen gestaltete, gibt somit auch Aufschluss über die Bedeutung des gelehrten Rechts im deutschen Spätmittelalter. Insgesamt soll eine rezeptions- und wissenschaftsgeschichtliche Würdigung der Lehnrechtsglosse die besonderen Nuancen spätmittelalterlicher deutscher Jurisprudenz enthüllen und auf diese Weise zu einem angemessenen Verständnis der Quellengruppe der sächsischen Glossen beitragen.

III. Gang der Untersuchung

Mit Jan Schröder lässt sich die „Wissenschaftlichkeit" von Jurisprudenz über die Methode der Rechtswissenschaft einerseits und über den Gegenstand der Rechtswissenschaft andererseits spezifizieren[26]. Weil die vorliegende Untersuchung die Lehnrechtsglosse behandelt und damit eine quellengeschichtliche Arbeit darstellt, ist sie darüber hinaus auch der histori-

---

25) OTTE, Die Rechtswissenschaft S. 139.

26) SCHRÖDER, Recht als Wissenschaft, Vorwort zur 1. Auflage und S. 1.

schen Methode einer Quellenexegese verpflichtet[27]. Aus diesen beiden Prämissen ergibt sich der Aufbau der Arbeit: Einer Deutung und Auswertung der Quelle, welche sich besonders um die Methoden- und Rechtsquellenlehre des Glossators bemüht, muss ein quellenkritischer Teil vorausgehen, in welchem zunächst Textgestalt und Erkenntniswert der Lehnrechtsglosse ermittelt werden. Drei aufeinander folgende Hauptteile behandeln somit die Quellenlage (B.), die Methode gelehrter Bearbeitung (C.) und die Verortung des Lehnrechts im Gesamtgefüge des Rechts (D.).

Diesen drei Teilschritten der Untersuchung geht ein Grundlagenkapitel voraus (A.). Es leitet mit einem Überblick über die Quelle ein. Sodann wird der Forschungsstand zur Lehnrechtsglosse aufgearbeitet. Mit Blick auf neuere Entwicklungen der Forschung lässt sich die Glosse in größere Zusammenhänge rechtshistorischen Erkenntnisinteresses einordnen. Schließlich wird unter dem Schlagwort einer *iurisprudentia romano-saxonica* jenes Quellenspektrum einer frühen gelehrten Partikularrechtsliteratur aufgefächert, in deren unmittelbaren Zusammenhang die Lehnrechtsglosse zu sehen ist und die im Laufe der Untersuchung immer wieder vergleichend herangezogen wird.

Konkret soll das Kapitel „Quellenlage: Zur Bestimmung der ursprünglichen Textfassung der Lehnrechtsglosse" (B.) sodann die erforderliche quellenkritische Grundlagenarbeit zur Erschließung der nahezu unbekannten Lehnrechtsglosse leisten. Hierzu wird zunächst die Überlieferung der Lehnrechtsglosse in Handschriften und frühen Drucken analysiert. Dabei treten verschiedene Textklassen der gewöhnlichen Lehnrechtsglosse auseinander. Eine Abgrenzung der Quelle zu späteren Redaktionen und Arbeiten aus neuerer Zeit wird möglich. Ein Exkurs behandelt verschiedene Rezeptionszeugnisse der Lehnrechtsglosse. Auf Grundlage der ersten Bestandsaufnahme gilt es sodann, in einem weiteren Schritt die Textentwicklung der Lehnrechtsglosse nachzuzeichnen, um so die beste Textgrundlage zu ermitteln. Ein Schwerpunkt liegt auf dem noch ungeklärten Verhältnis zwischen kürzerer und längerer Textklasse. Zur Identifizierung der wahrscheinlich früheren Fassung wird ein ausführlicher Textvergleich angestellt. Ein weiterer Schwerpunkt befasst sich mit der Sonderform der „Klasse W" und untersucht einen möglichen Zusammenhang der Lehnrechtsglosse mit dem Wirken des schlesischen Rechtsgelehrten Nikolaus Wurm.

Das Kapitel „Arbeitstechnik des Glossators: Die Übertragung gelehrter Methode auf das deutsche Recht" (C.) widmet sich der wissenschaftlichen Methode des Glossators. Zunächst wird der Entstehungshintergrund der

27) Für eine erste Einführung in die historische Methode vgl. QUIRIN, Einführung S. 126–219.

Lehnrechtsglosse aufgearbeitet. Autor, Zeit und Ort der Abfassung liegen im Dunkeln, doch lassen sich die Bildungshintergründe des Glossators auf indirektem Weg rekonstruieren. Sodann richtet sich der Blick auf die Grundanlagen des Werks. Gefragt wird nach Vorbildern und Quellen der Lehnrechtsglosse. In Kenntnis der methodisch-didaktischen sowie der direkten literarischen Einflüsse auf die Glosse erfolgt dann eine umfassende Stilanalyse der Schrift. Die intellektuellen Rahmenbedingungen spiegeln sich in tradierten und neuen Darstellungsmustern und Argumentationsformen der Glosse wider. Ihre jeweilige Funktion im Text gibt Aufschluss über die Intentionen des Glossators und über die Funktionsweise des spätmittelalterlichen juristischen Kommentars insgesamt.

Schließlich wird im Kapitel „Rechtsbegriff der Glosse: Der Platz des Lehnrechts im Gefüge des Rechts“ (D.) aus verschiedenen Blickwinkeln der Charakter des Sächsischen Lehnrechts im Spätmittelalter beleuchtet. Ein erster Zugriff auf das Sächsische Lehnrecht erfolgt aus der Perspektive heutiger Forschung. Macht man sich dessen ungeklärtes Verhältnis zum Sachsenspiegel bewusst, so rückt die Existenz des Sächsischen Lehnrechts als ein selbständiges Rechtsbuch neben dem Sachsenspiegel-Landrecht in den Fokus. Ein zweiter Zugang erkundet sodann das Wesen des Sächsischen Lehnrechts im Bild der Glosse. Es wird zu zeigen sein, dass der Glossator das Lehnrecht formell als Kaiserrecht und materiell als Sonderrecht der Ritterschaft definierte. Die Arbeit spürt den Bedeutungsebenen dieser Einordnung nach und zeigt ihre Verankerung in zeitgenössischen Lehren auf. Eine Auswertung der rechtstheoretischen Stellungnahmen der Lehnrechtsglosse führt sodann zur Rechtsquellenlehre des Glossators. Sie erklärt, wie sich das Sächsische Lehnrecht im Bild des Glossators widerspruchsfrei in das Gesamtgefüge des Rechts einordnen ließ.

Schlussbetrachtungen beschließen die Arbeit mit einer Zusammenfassung der wichtigsten Charakteristika der Lehnrechtsglosse. Sie reflektieren die Bedeutung der Quelle als Zeugnis früher deutscher Rechtswissenschaft und geben Ausblicke auf die Aufgaben künftiger Glossenforschung.

A. Grundlagen: Die Lehnrechtsglosse als Zeugnis früher deutscher Rechtswissenschaft

Vor allem ein wissenschaftsgeschichtliches und ein rezeptionsgeschichtliches Interesse ist es, das sich der Glosse zum Sächsischen Lehnrecht vom Standpunkt heutiger Forschung entgegenbringen lässt. Zu einem gewissen Grad sind die Begriffe deckungsgleich: Weil Rezeption des gelehrten Rechts besonders im Spätmittelalter vor allem Rezeption gelehrter Methode und Verwissenschaftlichung des einheimischen Rechts bedeutet, verbinden sich eine rezeptionsgeschichtliche und eine wissenschaftsgeschichtliche Perspektive auf die Lehnrechtsglosse zu ein und demselben Erkenntnisziel. Wie gestalten sich Verwissenschaftlichung des Rechts und Frührezeption in Deutschland? Die Lehnrechtsglosse gehört zu den frühesten Arbeiten überhaupt, in denen sich ein Jurist zum ersten Mal mit dezidiert wissenschaftlichem Anspruch dem deutschen Recht – genauer: dem einheimischen Sächsischen Recht – zuwendet. Er tut dies mit den Mitteln gelehrter Rechtswissenschaft. Die am *ius commune* von Glossatoren und Kommentatoren entwickelte juristische Methode wendet er nun auch auf das Sächsische Lehnrecht an. Doch die Lehnrechtsglosse ist nicht die einzige Quelle ihrer Art. Weitere Glossen, Rechtsgangbücher und Traktate wurden im 14. und 15. Jahrhundert von gelehrten Juristen zum Sächsischen Recht geschrieben. Die vorliegende Arbeit untersucht die Lehnrechtsglosse deshalb als Vertreterin einer jungen, gelehrten Partikularrechtswissenschaft, über deren Bedeutung und Charakteristika sie repräsentativ Aufschluss geben kann.

Den größeren historischen und überlieferungsgeschichtlichen Kontext aufzuzeigen, in den sich die Lehnrechtsglosse bettet, ist Aufgabe des folgenden, einleitenden Kapitels. Ihm liegt die Überzeugung zugrunde, dass die Erforschung einer rezeptions- und wissenschaftsgeschichtlich bedeutsamen Quelle wie der Lehnrechtsglosse mit dem Blick aufs Ganze verbunden werden muss. „Ein genaueres Bild“ des Phänomens der Rezeption, so Norbert Horn, ist „nur durch Detailuntersuchungen, insbesondere lokalgeschichtlicher Art“[1] zu gewinnen. Erst eine Vielzahl solcher Einzeluntersuchungen liefert das Material zum Erkennen größerer Zusammenhänge. Gesamtanalysen sind darauf angewiesen, dass Arbeiten zu spezielleren Themen ihrerseits die Anbindung an größere wissenschaftliche Kontexte suchen. Letztlich ge-

---

1) HORN, Legistische Literatur S. 265. Auch WILLOWEIT, Gleichzeitigkeit S. 372, fordert die Untersuchung von begrenzten „Rezeptionslandschaften“ mit auf Details gerichtetem Blick.

währleistet nur eine Kombination von Mikro- und Makroperspektive, dass Rechtsgeschichte nicht nur noch für den Rechtshistoriker und eine Arbeit zur Lehnrechtsglosse nicht nur noch für den Sachsenspiegelforscher geschrieben wird.

Zunächst erfolgt ein einleitender Überblick über die Quelle (I). Sodann wird der forschungsgeschichtliche Rahmen der Lehnrechtsglosse abgesteckt (II). Einer Aufarbeitung des konkreten Kenntnisstands zur Glosse folgt ihre Einbindung in Brennpunkte rechtshistorischer Forschung auf allgemeinerer Ebene. Schließlich folgt eine erste gattungsmäßige Einordnung der Lehnrechtsglosse in die literarischen Strömungen ihrer Zeit (III). Eine Reflexion der grundlegenden Bedingungen für die Entwicklung von Rechtswissenschaft mag das Bewusstsein für die Bedeutung der Lehnrechtsglosse als wissenschaftsgeschichtliches Zeugnis schärfen. Im Rahmen einer Bestandsanalyse der übrigen, etwa zeitgenössischen Arbeiten zum Sächsischen Recht zeichnet sich dann die Existenz einer größeren, zusammenhängenden Quellengruppe ab. Diese spätmittelalterlichen Zeugnisse sächsischer Rechtswissenschaft, denen auch die Lehnrechtsglosse angehört, lassen sich unter dem gemeinsamen Stichwort einer frühen *iurisprudentia romano-saxonica* zusammenfassen.

I. Einführender Überblick über die Quelle

Neben der Glosse zum Landrecht entstand zeitlich nachfolgend noch um die Mitte des 14. Jahrhunderts die Glosse zum Lehnrecht des Sachsenspiegels[2]. Wir wissen wenig über sie. Nach dem Vorbild der Buch'schen Glosse erläutert ein unbekannter Autor darin in mittelhochdeutscher Sprache die einzelnen Kapitel des Sächsischen Lehnrechts. Heute sind von den bekannten 38 Handschriften und zwei Handschriftenfragmenten noch 30 Handschriften und ein Fragment zugänglich. Hinzu kommen 17 frühneuzeitliche Drucke[3]. Wie die Landrechtsglosse wurde auch die Lehnrechtsglosse später in Form von „Glossen zur Glosse“, Umarbeitungen und Zusätzen fortent-

2) Ediert in zwei Klassen: KAUFMANN, KGl LnR; DERS., LGl LnR.

3) Vgl. die Auflistungen der Überlieferungszeugnisse unten S. 90 ff. und unten S. 117 ff. Ein Verzeichnis der Handschriften und Drucke der Lehnrechtsglosse bietet auch KAUFMANN, LGl LnR S. 1093–1103. Ich zähle nicht die Ausgabe von LUDOVICI, Das Sächsische Lehn-Recht, da sie bloß noch knappe Glossenauszüge enthält. Dem älteren Verzeichnis der Drucke des 15. und 16. Jahrhunderts bei KAUFMANN, KGl LnR S. 624 f., war die Ausgabe Bautzen 1555 (VD 16 D 737) hinzuzufügen.

wickelt[4]. Von der insgesamt nur schwer zu beurteilenden Wirkung und Bedeutung der Lehnrechtsglosse vermögen die nicht geringe Zahl der Textzeugen und die fast vier Jahrhunderte umfassende Zeitspanne ihrer Überlieferung wenigstens einen gewissen, ersten Eindruck zu geben.

Gleich einem modernen Kommentar folgt die Lehnrechtsglosse dem Text kapitelweise. Insgesamt beträgt ihr Umfang etwa zwei Drittel der Länge der Buch'schen Glosse[5]. Damit gerät sie, proportional gemessen an der Kürze des Lehnrechts, ausführlicher als die Landrechtsglosse. Der Glossentext schließt sich den 80 oder 81 Lehnrechtskapiteln im fortlaufenden Text jeweils optisch abgesetzt an. Durch Wiederholung von Textstichworten verknüpft der Glossator seine Kommentierung mit den konkret erläuterten Sätzen des Lehnrechts. Allerdings hält er dieses Verweissystem nicht konsequent durch, weshalb sich die Lehnrechtsglosse kaum sinnvoll nach Textstichworten zitieren lässt. Vielmehr wechseln sich in der Glosse punktuelle Texterklärungen mit zusammenhängenden Erörterungen ab, in denen der Glossator über den Inhalt des kommentierten Lehnrechtskapitels mitunter weit hinausgeht. Überhaupt hat sich der Glossator keine thematische Beschränkung auf das Lehnrecht auferlegt. Seine Arbeit bietet zahlreiche land- und reichsrechtliche Exkurse zu Fragen der Königs- und Papstwahl, des Gerichtswesens, des Strafrechts, des Ehegüterrechts, des Vormundschaftsrechts, des Personenrechts, des Nachbarrechts und vielem mehr.

Darstellungsformen und Argumentationsweise der Lehnrechtsglosse lehnen sich eng an die Glossen- und Kommentarliteratur der Legistik und der Kanonistik an. Die Lehnrechtsglosse ist durchsetzt von Allegationen des gelehrten Rechts. Frank-Michael Kaufmann zählt etwa 1720 Allegationen des römischen und 370 Allegationen des kanonischen Rechts[6]. Häufig werden Digesten, *Codex*, Institutionen und *Authenticum* sowie das *Decretum Gratiani*, der *Liber Extra* und der *Liber Sextus* in Bezug genommen. In geringerem Umfang verweist der Glossator auch auf die zugehörigen *Glossae ordinariae*, auf langobardisches Lehnrecht und auf einige weitere literarische Schriften. An vielen Stellen zeigt die Glosse ein Bemühen um Harmonisierung des einheimischen mit dem gelehrten Recht. Neben den Allegationen des *ius commune* finden sich auch Verweise auf einheimische Rechtsquellen. Zu den wichtigsten Quellen der Lehnrechtsglosse gehört die Buch'sche

---

4) Zur Überlieferung umfangreicher lehnrechtlicher Additionen in Handschriften der längeren Lehnrechtsglosse nun KAUFMANN, Einleitung, LGl LnR S. XL–XLVII.

5) In den zusammengehörigen frühen Druckausgaben [Landrecht...], Augsburg 1481 (GW 9257) und [Sächsisches Weichbild...], Augsburg 1482 (GW 9266) verhalten sich glossiertes Landrecht und glossiertes Lehnrecht etwa in einem Verhältnis von 180 zu 113 Folia zueinander.

6) KAUFMANN, Einleitung, LGl LnR S. XXIX.

Glosse, welche der Glossator allerdings nur stillschweigend verarbeitet. Vielerorts schreibt er sie passagenweise ab.

Wie im Spätmittelalter allgemein üblich führt der Lehnrechtsglossator die einzelnen Teilabschnitte des Lehnrechts unter der Bezeichnung *„capitulum"*, wohingegen man das Landrecht nach *„articula"* zu zitieren pflegte[7]. Schon in diesem ersten, terminologischen Unterschied kündigt sich ein wichtiger Aspekt an, der für ein rechtes Verständnis der sächsischen Glossen Hervorhebung verdient: Das Spätmittelalter behandelte Land- und Lehnrecht als zwei eigenständige Rechtsbücher zum Sächsischen Recht, denen jeweils eine ebenso eigenständige Glosse angedieh. Zu Land- und Lehnrecht gesellte sich schließlich ein Drittes im Bunde des Sächsischen Rechts: Das zum Rechtsbuch ausgeformte Magdeburger Weichbildrecht erhielt ebenfalls noch vor 1386/87 seine eigene gelehrte Glossierung.

II. Zum Forschungsstand

Die Lehnrechtsglosse steht an der Schnittstelle dreier zentraler und seit jeher intensiv bearbeiteter Forschungsgebiete der Rechtsgeschichte: dem Sachsenspiegel, dem Lehnswesen und der Rezeption des gelehrten Rechts. Die Lehnrechtsglosse ist bisher hingegen kaum selbst Gegenstand rechtshistorischer Erörterung geworden. Das wenige Bekannte soll hier deshalb einleitend vollständig dargelegt werden. Demgegenüber beschränken sich die Angaben zum Forschungsstand bei den breiteren, im Hintergrund berührten Themenkomplexen auf die Darstellung wichtiger neuester Ergebnisse der Sachsenspiegel-, Lehnrechts- und Rezeptionsforschung, sofern sie für die vorliegende Arbeit von Belang sind.

1. Die Forschung zur Lehnrechtsglosse

Lange Zeit ist die Glosse zum Sächsischen Lehnrecht von der Forschung, obwohl sie grundsätzlich immer bekannt war, kaum zur Kenntnis genom-

7) Vgl. unten S. 344. Entsprechend unterstreicht Johann von Buch in seinem Glossenprolog die Aufteilung des Landrechts in *„articula"* als eine terminologische Besonderheit gegenüber den *„capitula"* des kanonischen Rechts, vgl. Gl LdR, Glossenprolog (S. 104 V. 225 f.). Das Mittellateinische kennt sowohl die Bezeichnung *„articulus"* als auch *„articulum"*, vgl. NIERMEYER / VAN DE KIEFT, Mediae Latinitatis Lexicon I, Stichwort ‚articulus, -um' S. 82. Bei den sächsischen Glossatoren ist *„articulum"* gebräuchlich. Demgegenüber zitieren sie das Lehnrecht nach *„capitula"*.

men worden. Die Geschichte ihrer wissenschaftlichen Behandlung ist daher schnell erzählt[8].

Der heutige Kenntnisstand. Als erster befasste sich Carl Gustav Homeyer 1842 in seiner Einleitung zur Ausgabe des Sächsischen Lehnrechts auch mit der Lehnrechtsglosse[9]. Nur wenig ist seiner Darstellung seitdem hinzugefügt worden. Homeyer zählte unter den deutschsprachigen Glossen insgesamt 24 Handschriften, die er in drei Rezensionen einteilte[10]. Neben die mehrfach vertretenen kürzeren und längeren Textklassen ließ er als Dritte eine nur einmal überlieferte, von ihm auf Nikolaus Wurm zurückgeführte Bearbeitung treten. In einem gesonderten Kapitel beschrieb er „Lateinische Glossen" und hob hierbei eine anonyme Stendaler Bearbeitung hervor[11]. Nach Homeyers Vorstellung erfolgte die Textentwicklung im Sinne einer ständigen Erweiterung, an deren Anfang die kürzere Klasse stand. Die kürzere habe der längeren Klasse und die längere Klasse wiederum der noch ausführlicheren „Wurm'schen" Glosse zugrunde gelegen[12]. Homeyer schloss Johann von Buch als Autor der Lehnrechtsglosse aus[13] und grenzte den Entstehungszeitraum der Glosse auf „kaum vor die Mitte" des 14. Jahrhunderts und jedenfalls vor 1386 ein[14].

Noch am ausführlichsten wandte sich Homeyer auch dem Inhalt der Quelle zu, indem er auf knapp zwei Seiten ihre allgemeine Beschaffenheit skizzierte. Seine Gesamtcharakterisierung der Quelle ist, wenngleich man in der Formulierung der Wertungen heute sicher zurückhaltender wäre, bisher im Wesentlichen unwidersprochen geblieben. Einleitend heißt es dort:

> „Die Lehnrechtsglosse folgt im Wesentlichen dem Character der landrechtlichen. Auch hier begegnen wir meist einem unerquicklichen Bestreben, in wortreicher Weise das einheimische Recht aus dem fremden als einem ihm gleichartigen zu erklären und zu ergänzen; dann dem schon löblichern doch eben so weitschweifig durchgeführten Versuch, den Lehnrechtstext mit sich selbst und dem Landrecht in Harmonie zu setzen und den Gedankengang des Buches nachzuweisen; selten aber einer belehrenden Erläuterung aus der Deutschen Geschichte und Gerichtsübung."[15]

---

8) Zum Stand der Forschung zur Lehnrechtsglosse auch KAUFMANN, Einleitung, KGl LnR S. XV–XVIII; DERS., Einleitung, LGl LnR S. XVII–XXII.

9) HOMEYER, Einleitung LnR, Sachsenspiegel II 1 S. 71–80, sowie S. 343–363 (Anhang VI f.).

10) HOMEYER, Einleitung LnR, Sachsenspiegel II 1 S. 71, 73, 75.

11) HOMEYER, Einleitung LnR, Sachsenspiegel II 1 S. 79 f.

12) HOMEYER, Einleitung LnR, Sachsenspiegel II 1 S. 74 f.

13) HOMEYER, Einleitung LnR, Sachsenspiegel II 1 S. 77.

14) HOMEYER, Einleitung LnR, Sachsenspiegel II 1 S. 79.

15) HOMEYER, Einleitung LnR, Sachsenspiegel II 1 S. 71.

Es folgen einige Ausführungen zu den Quellen und stilistischen Eigenheiten des Werkes. Im Anhang druckte Homeyer Auszüge der drei Rezensionen der Glosse[16] sowie eine Zusammenstellung der jenseits des Lehnrechts in der Lehnrechtsglosse behandelten Rechtsmaterien[17].

Die in den nächsten etwa 150 Jahren veröffentlichten Anmerkungen zur Lehnrechtsglosse wiederholen mit wenigen Ausnahmen die von Homeyer vorgenommenen Einordnungen. Das Lehrbuch von Karl von Amira und Karl August Eckhardt etwa erwähnt die Lehnrechtsglosse, fasst dabei aber lediglich die Homeyer'schen Erkenntnisse zusammen[18]. Auch Helmut Coing ging in seiner Darstellung der spätmittelalterlichen Partikularrechtsliteratur kaum über sie hinaus[19].

Eine Nebelkerze zündete im Jahr 1978 Karl August Eckhardt in seinem Vorwort zur Faksimile-Ausgabe des Augsburger Sachsenspiegeldrucks von 1516[20]. Der frühe Druck enthält unter anderem das Lehnrecht mit kürzerer deutscher Glosse und der gemischt deutsch-lateinischen Glosse und bot damit einen Anlass zur Rekapitulation des Forschungsstands. In diesem Zusammenhang berichtete Eckhardt von einer gewissermaßen „wieder" aufgefundenen Glossenhandschrift in niedersächsischer Sprache. Sie sei bisher nicht hinreichend beachtet worden, belege aber eine häufigere niedersächsische Überlieferung der Glosse als bisher vermutet und lege damit Johann von Buch als Verfasser nahe[21]. Ging die Forschung mit Homeyer bis zu diesem Zeitpunkt einhellig davon aus, dass Johann von Buch als Verfasser der Lehnrechtsglosse ausscheidet, fand Eckhardts irritierend knappe Argumentation in der Forschung nun bemerkenswerten Widerhall. Während einige Autoren skeptisch blieben[22], übernahm Ulrich-Dieter Oppitz die These von der Autorschaft Johanns in sein Rechtsbücher- und Handschriftenverzeichnis[23].

---

16) HOMEYER, Sachsenspiegel II 1 S. 343–355. (Anhang VI).

17) HOMEYER, Sachsenspiegel II 1 S. 355–363 (Anhang VII).

18) AMIRA / ECKHARDT, Germanisches Recht I S. 178 f.

19) COING, Römisches Recht S. 182 f.

20) ECKHARDT, Vorwort, Sassenspegel S. XV–XXI.

21) ECKHARDT, Vorwort, Sassenspegel S. XV, XXI. Vgl. zur Kritik an Eckhardst Argumentation unten S. 269 ff.

22) KÖBLER, Art. Lehnrechtsbücher, in: HRG II Sp. 1692; LIEBERWIRTH, Wirkungsgeschichte S. 70; aus jüngerer Zeit KAUFMANN, Einleitung, KGl LnR S. XXXIII; LÜCK, Über den Sachsenspiegel S. 33.

23) OPPITZ, Rechtsbücher I S. 75; ebenso wohl auch EBEL, Art. Sachsenspiegel, in: HRG IV Sp. 1232.

Heute fassen die wenigen und knappen Einträge in den einschlägigen Lexika den erreichten Wissensstand über die Lehnrechtsglosse zusammen[24].

Editionsgeschichte. Ein erfreulicheres Bild liefert der Blick auf die Editionsgeschichte der Sachsenspiegelglossen[25]. Seit über zwei Jahrhunderten haben sich Wissenschaftler um eine Edition der sächsischen Glossen bemüht. 2002, 2006 und 2013 brachte dann Frank-Michael Kaufmann seine Editionen der sächsischen Glosse zum Sachsenspiegel-Landrecht[26], der kürzeren Lehnrechtsglosse[27] sowie der längeren Lehnrechtsglosse[28] heraus. Für die Landrechtsglosse hatten Emil Steffenhagen, Claudius Freiherr von Schwerin, Erika Sinauer, Helene Bindewald und Karl August Eckhardt bereits Vorarbeiten geleistet. Hingegen erforderten die Editionen der Lehnrechtsglosse eine stärkere Grundlagenforschung[29].

Ältere Notizen von Emil Steffenhagen zeigen, dass man neben der Buch'schen Glosse von Anfang an grundsätzlich auch die Lehnrechtsglosse einer Edition für wert befunden hatte. Steffenhagen selbst betonte die Notwendigkeit, der Forschung diese rezeptionsgeschichtlich bedeutsamen Quellen zugänglich zu machen[30]. Aufbauend auf den Homeyer'schen Forschungsergebnissen legte er 1877 einen Plan zur kritischen Edition der Sachsenspiegel-Land- und Lehnrechtsglossen vor, der aus der Retrospektive allerdings als unrealistisch bezeichnet werden muss[31]. Für die Edition der Lehnrechtsglosse sah Steffenhagen eine Kombination aus kürzerer und längerer Fassung im Haupttext einschließlich der Wurm'schen Bearbeitung im

24) EBEL, Art. Sachsenspiegel, in: HRG IV Sp. 1232, hält offenbar die Autorschaft Johanns von Buch für möglich. Bei KÖBLER, Art. Lehnrechtsbücher, in: HRG II Sp. 1692, und LÜCK, Art. Gemeines Sachsenrecht, in: ²HRG II Sp. 79, gilt der Verfasser hingegen als unbekannt. LIEBERWIRTH, Art. Glossen zum Sachsenspiegel, in: ²HRG II Sp. 416–422, erwähnt die Lehnrechtsglosse in nur einem Satz (Sp. 420). Der Artikel zur Stendaler Glosse (BUCHDA, Art. Altmärkische Glosse zum Sachsenspiegel, in: HRG I Sp. 144 f.) wurde in der zweiten Auflage des Handwörterbuchs zur Deutschen Rechtsgeschichte gestrichen. Das Verfasserlexikon geht in keinem Artikel auf die Lehnrechtsglosse ein.

25) Zur langjährigen Geschichte des MGH-Editionsprojekts der Sachsenspiegelglossen KAUFMANN, Einige Bemerkungen S. 160–165; DERS., Glossen zum Sachsenspiegel S. 108–111; LIEBERWIRTH, Die MGH und die Glossen; DERS., Einleitung, Gl LdR S. XLIV–LVI.

26) KAUFMANN, Gl LdR.

27) KAUFMANN, KGl LnR.

28) KAUFMANN, LGl LnR.

29) Zur Edition der Lehnrechtsglosse im Speziellen KAUFMANN, Glossen zum Sachsenspiegel-Lehnrecht, passim.

30) STEFFENHAGEN, Plan S. 233.

31) STEFFENHAGEN, Plan. Dazu KAUFMANN, Einleitung, LGl LnR S. XX.

Variantenapparat und der Stendaler Glosse im Anhang vor[32]. Allein die Kaufmann'sche Edition der kürzeren Glosse hat nun aber zwei Bände gefüllt[33]. Bedenkt man, dass die längere Klasse gegenüber der kürzeren die fast zweifache Textmasse aufweist und die Wurm'sche Bearbeitung diese noch einmal verdoppelt, treten die ungeheuren Ausmaße des einstigen Vorhabens deutlich zu Tage. Es verwundert nicht, dass das Projekt seinerzeit im Sande verlief. Steffenhagens Interesse galt in den folgenden Jahren primär den Landrechtsglossen, mit denen er sich Zeit seines Lebens intensiv beschäftigte[34]. Die Lehnrechtsglosse musste hinter dieser großen Aufgabe zurückstehen. So gibt es heute bloß noch ein weiteres, gerade einmal sieben unvollständige Seiten umfassendes, unveröffentlichtes Manuskript Steffenhagens, das aber nur die Überlieferungslage der Glosse festhält und eine knappe Materialsammlung mit kurzen Handschriftenbeschreibungen bietet[35].

Nachdem in den siebziger Jahren des 20. Jahrhunderts die Eckhardt'sche Faksimile-Ausgabe des Augsburger Sachsenspiegeldrucks mitsamt des Lehnrechts, der kürzeren Lehnrechtsglosse und einer weiteren, gemischt deutsch-lateinischen Glosse erschienen war[36], kamen die eigentlichen Editionsarbeiten erst wieder in den neunziger Jahren in Gang. 1994 wurde an der Sächsischen Akademie der Wissenschaften zu Leipzig unter der Leitung von Rolf Lieberwirth eine Arbeitsstelle „Sachsenspiegel-Glosse" der Monumenta Germaniae Historica eingerichtet[37]. Die inhaltliche Arbeit wurde Frank-Michael Kaufmann übertragen, der bereits 2002 die dreibändige Ausgabe der ältesten Entwicklungsstufe der Buch'schen Glosse zum Abschluss gebracht hatte[38].

---

32) STEFFENHAGEN, Plan S. 235.

33) KAUFMANN, KGl LnR.

34) Seine textkritischen Studien zur Landrechtsglosse, insbesondere die zwölf Sitzungsberichte der Wiener Akademie der Wissenschaften, sind gesammelt von Karl August Eckhardt in STEFFENHAGEN, Entwicklung, herausgegeben worden.

35) Das angefangene Manuskript von STEFFENHAGEN, Lehnrechtsglosse, verwahren heute die MGH (MGH-Archiv K 21/2). Es wurde 1939 von Helene Bindewald, im Vorfeld der Edition der kürzeren Lehnrechtsglosse von KAUFMANN, Einleitung, KGl LnR S. XVII, und nun noch einmal von mir geprüft. Über die Ergebnisse von Carl Gustav Homeyer gelangt Steffenhagen kaum hinaus. Immerhin widmet das Manuskript größere Aufmerksamkeit den in manchen Handschriften der längeren Lehnrechtsglosse beigegebenen *additiones*. Vgl. dazu auch KAUFMANN, Einleitung, LGl LnR S. XX f., XL–XLVII.

36) ECKHARDT, Sassenspegel.

37) Vgl. KÖBLER, Glossen zum Sachsenspiegel-Landrecht S. 641; LIEBERWIRTH, Einleitung, Gl LdR S. LVI.

38) KAUFMANN, Gl LdR Die Edition stützt sich auf drei Handschriften, die der verschollenen Buch'schen Stammhandschrift möglichst nahe kommen.

2006 folgte die zweibändige wissenschaftliche Edition der kürzeren Klasse der Lehnrechtsglosse[39]. Die Ausgabe baut, da sie signifikante Abweichungen der Textzeugen berücksichtigt, auf sämtlichen zehn erhaltenen Handschriften der kürzeren Klasse sowie auf der kürzeren Glosse des Augsburger Primärdrucks von 1516 auf. Als Leithandschrift wurde, weil sie in der Vulgatfassung den insgesamt besten Text bietet[40], die Handschrift Leipzig, Universitätsbibliothek, Hs. 950 (1431/32)[41] ausgewählt. Im Textus minor wird sie durch die älteste datierte Handschrift der kürzeren Klasse Jena, Thüringer Universitäts- und Landesbibliothek, Ms. El. f. 57 (1410)[42] ergänzt. Hinzu tritt als durchgängige Variantenhandschrift die einzige Vertreterin der dritten Ordnung der kürzeren Klasse Darmstadt, Universitäts- und Landesbibliothek, Hs 3762 (2. Viertel des 15. Jahrhunderts)[43].

Jüngst erschien nun 2013 die dreibändige wissenschaftliche Edition der vulgaten längeren Klasse der Lehnrechtsglosse[44]. Die Ausgabe berücksichtigt ebenfalls sämtliche erhaltenen handschriftlichen Überlieferungsträger. Aus den 18 Handschriften der längeren Lehnrechtsglosse wählte der Editor die Handschrift Wolfenbüttel, Herzog August Bibliothek, Cod. Guelf. 1.6.6 Aug. fol. (1464)[45] als Leithandschrift aus. Im Textus minor ist die Handschrift Leipzig, Universitätsbibliothek, Ms 1088 (1436)[46] vollständig wiedergegeben. Als Parallelhandschrift findet im Fußnotenapparat die Handschrift Leipzig, Universitätsbibliothek, Rep. II, 18 (1467)[47] durchgehende Berücksichtigung.

Die Ausgaben der kürzeren und längeren Lehnrechtsglosse sind die ersten Ergebnisse eines umfangreichen Vorhabens „Editionen der jüngeren Sachsenspiegel-Glossen“. Dieses Projekt setzt sich zum Ziel, bis 2022 historisch-kritische Editionen der jüngeren Glossen zum Sachsenspiegel-Landrecht in der Nachfolge Johanns von Buch sowie der Glossen zum Sachsenspiegel-Lehnrecht zu veröffentlichen[48]. Im Anschluss an die Lehnrechtsglossen sind Ausgaben der jüngeren Landrechtsglossen nach der Buch'schen „Urglosse“ geplant[49]. Seit 2005 arbeitet außerdem Peter Neumeister als

---

39) KAUFMANN, KGl LnR.
40) KAUFMANN, Einleitung, KGl LnR S. XXXIV.
41) OPPITZ, Rechtsbücher II Nr. 888.
42) OPPITZ, Rechtsbücher II Nr. 394.
43) OPPITZ, Rechtsbücher II Nr. 735.
44) KAUFMANN, LGl LnR.
45) OPPITZ, Rechtsbücher II Nr. 1565.
46) OPPITZ, Rechtsbücher II Nr. 896.
47) OPPITZ, Rechtsbücher II Nr. 908.
48) LIEBERWIRTH, Vorwort, KGl LnR S. V f.
49) LIEBERWIRTH, Vorwort, KGl LnR S. VI.

zweiter Mitarbeiter des MGH-Editionsprojekts an einem Glossar zur Buch'schen Glosse[50].

Kaufmanns Einleitung zur Edition der längeren Glosse und sein Aufsatz im Begleitband zur Faksimile-Ausgabe der Dresdener Sachsenspiegel-Bilderhandschrift bieten heute den neuesten Forschungsstand zur Lehnrechtsglosse[51]. Noch das Vorwort zur Edition der kürzeren Glosse hatte gezeigt, dass bis dato keineswegs alle textkritischen Probleme gelöst waren. Vielmehr hatten Kaufmanns Arbeiten die Möglichkeit aufgezeigt, dass entgegen der bisher vertretenen Homeyer'schen Ansicht tatsächlich nicht die kürzere, sondern die längere Glosse die frühere Textklasse darstellt[52]. Mit der Edition der kürzeren Lehnrechtsglosse lag deshalb noch nicht die ursprüngliche, sondern nur eine spätere, gekürzte Textfassung vor. Dieser ersten Ausgabe der Lehnrechtsglosse kam das Verdienst zu, den Quellentext der Wissenschaft erstmals überhaupt in einer historisch-kritischen Edition zugänglich gemacht zu haben. Für künftige Rechtsbücher- und Rezeptionsforschung wird aber die jüngst erschienene längere Lehnrechtsglosse von vorrangiger Bedeutung sein. Mit Herausgabe der Lehnrechtsglossen verbindet sich die berechtigte Hoffnung, dass die Editionen – wie schon bei der Buch'schen Glosse geschehen – zum Anstoß und Ausgangspunkt für eine stärkere wissenschaftliche Beschäftigung mit der Lehnrechtsglosse wird[53].

Gründe für die geringe Erforschung der Lehnrechtsglosse. Dass die Forschung der „kleinen Schwester" der Buch'schen Glosse lange Zeit nahezu keine Beachtung geschenkt hat, wird der Bedeutung der Lehnrechtsglosse nicht gerecht. Die Ursachen für ihre stiefmütterliche Behandlung sind mannigfaltig, vermögen den desolaten Forschungsstand aber nicht (mehr) zu rechtfertigen.

---

50) Vgl. zum Stand der Editions- und Glossararbeiten auch die Homepage der MGH-Arbeitsstelle bei der Sächsischen Akademie der Wissenschaften (http://www.saw-leipzig.de/forschung/projekte/monumenta-germaniae-historica-sachsenspiegelglossen, 01.02.2014).

51) KAUFMANN, Einleitung, LGl LnR; DERS., Glossen zum Sachsenspiegel. Eine Zusammenfassung bietet außerdem die Vorstellung des Editionsprojektes auf dem Bonner Rechtshistorikertag 2004, K.-M. KAUFMANN, Handschriftliche Überlieferung, Textstufen, Verfasserfragen. Den neueren Forschungsstand referiert schließlich KÜMPER, Sachsenrecht S. 202 f.

52) KAUFMANN, Einleitung, KGl LnR S. XXIV f. DERS., Glossen zum Sachsenspiegel S. 108, hält gar für möglich, dass der längeren Lehnrechtsglosse die noch längere Klasse W vorausgegangen ist.

53) KÜMPER, Rezension, Glossen zum Sachsenspiegel-Lehnrecht. Fünf Jahre nach der Landrechtsglossenedition erschien die Habilitationsschrift von KANNOWSKI, Umgestaltung.

Lag die vorrangige Aufgabe der Glossenforschung lange Zeit in der gründlichen Analyse der wesentlich breiter überlieferten und wirkungsmächtigeren Landrechtsglosse, hat Bernd Kannowski mit seiner Habilitationsschrift über die Umgestaltung des Sachsenspiegelrechts durch die Buch'sche Glosse ein umfassendes Referenzwerk vorgelegt[54], das zur Bearbeitung der übrigen sächsischen Glossen überleitet. Das Problem der mangelnden Texterschließung und der komplizierten Überlieferungslage der Lehnrechtsglosse wurde durch die Kaufmann'schen Editionen ganz wesentlich entschärft. Ein weiterer Grund für das geringere Interesse der Forschung ist die behandelte Materie selbst, das Lehnrecht. Nach traditioneller Auffassung stellt es das Recht eines bloß begrenzten Personenkreises, der lehnsfähigen Ritterschaft, dar, dessen Wirkungsmacht seinen Zenit nach überkommener Meinung von Marc Bloch[55], François Louis Ganshof[56] und Heinrich Mitteis[57] überdies im 13. Jahrhundert bereits überschritten hatte und von dessen rechtlichen Strukturen uns heute wenig geblieben ist. Diese Einordnung schien es zu rechtfertigen, die Erforschung des Sächsischen Lehnrechts gegenüber dem Landrecht als dem wichtigeren Rechtsgebiet zu vernachlässigen. Mittlerweile hat sich dieses Verständnis in einigen Punkten erheblich gewandelt. Längst ist es gelungen, die veränderte, gleichwohl aber immense Bedeutung des Lehnswesens in Spätmittelalter und früher Neuzeit aufzuzeigen[58]. Noch im 18. Jahrhundert wurde das Lehnrecht an den Universitäten gelehrt und im Reich praktiziert. Nicht zuletzt stellt auch die Rezeption der Lehnrechtsglosse einen Beleg für seinen andauernden Einfluss dar.

Der letzte und vielleicht wichtigste Grund für die unzureichende Erforschung der Glosse zum Lehnrecht liegt in der historisch gewachsenen, seit langem beklagten, aber nach wie vor wirkungsträchtigen Aufgliederung der Rechtsgeschichte in die Lager der Romanisten, Germanisten und Kanoni-

54) KANNOWSKI, Umgestaltung.

55) BLOCH, Feudalgesellschaft S. 583.

56) GANSHOF, Was ist das Lehnswesen? S. 65, 183–185.

57) MITTEIS, Lehnrecht und Staatsgewalt S. 1, 13, 461–463.

58) Anstöße zu einer Neubeurteilung des Reichslehnswesens auch in zeitlicher Hinsicht hat vor allem KRIEGER, Lehnshoheit im Spätmittelalter, insbesondere S. 577–588, gegeben. In seiner Habilitation beschrieb Krieger eine gezielte Feudalisierungspolitik der spätmittelalterlichen Könige und betonte die damit einhergehende verfassungspolitische Bedeutung des Lehnswesens für die Reichsverfassung des 13. bis 15. Jahrhundert insgesamt. Die Rolle des Lehnswesens in spätmittelalterlichen Territorien untersuchte ausführlich erstmals THEUERKAUF, Land und Lehnswesen, am Beispiel niederrheinischer und westfälischer Territorien.

sten[59]. „Promenadenmischungen“, wie sie die Glossierungen zum Sachsenspiegel in ihrer gelehrten Erläuterung des Sächsischen Rechts unter Bezugnahme auf römisches und kanonisches Recht darstellen, passen sich dem gewohnten Dreiklang nicht recht ein[60]. Entsprechend abfällig tat manch anerkannte Autorität der Sachsenspiegelforschung die Glossenarbeiten als uninteressante, wenig ergiebige Produkte von mangelnder Qualität ab[61]. Zugleich ist es aber gerade die auf den ersten Blick merkwürdig anmutende Konkordierung unterschiedlichster Rechtskreise, wie sie sich in den sächsischen Glossen im Allgemeinen und in der Glosse zum Sächsischen Lehnrecht als einer dem gelehrten Recht zunächst gänzlich unbekannten Rechtsmaterie im Besonderen verwirklicht, die interessante Aufschlüsse über die Bedeutung des gelehrten Rechts im Sachsen des 14. Jahrhunderts verspricht. Jedenfalls lässt ein an heutigen Maßstäben messendes, negatives Urteil über die wissenschaftliche Qualität der Glosse keinen logischen Schluss auf einen fehlenden Erkenntniswert dieser Quelle für die rechtshistorische Forschung zu. Mag die zunftmäßige Aufteilung von Germanisten, Romanisten und Kanonisten die Erforschung der Lehnrechtsglosse demnach verzögert haben – verhindern soll sie sie nicht.

59) Bereits 1905 trat v. MOELLER, Trennung, eindringlich für die Zusammenführung der deutschen und der römischen Rechtsgeschichte ein. In der zweiten Hälfte äußerte sich TRUSEN, Anfänge S. 4–6, in ähnlicher Weise. Und noch 2009 beklagte STOLLEIS, Europäische Rechtsgeschichte, die vielfache künstliche Aufrechterhaltung sachlicher, fachlicher und nationaler Grenzen in der Rechtsgeschichtswissenschaft. Bis heute gliedern sich rechtsgeschichtliche Institute deutscher Universitäten jedoch in „germanistische“, „romanistische“ und „kanonistische“ Abteilungen. Symptomatisch ist auch die Trennung der Zeitschrift der Savigny-Stiftung für Rechtsgeschichte in drei Abteilungen zur Germanistik, Romanistik und Kanonistik.

60) Vergleichbar erklärt schon KANNOWSKI, Umgestaltung S. 90–93, das geringe Forschungsinteresse an der Landrechtsglosse.

61) HOMEYER, Sachsenspiegel II 1 S. 355, sprach vom „Wuste der meist so ungeniessbaren Glosse“. Bei AMIRA / ECKHARDT, Germanisches Recht I S. 162, wurde Nikolaus Wurm als „geschmackloser Vielschreiber“ abgetan. Besonders hart ging Hugo Böhlau mit der sächsischen Partikularrechtsliteratur des Spätmittelalters ins Gericht. BÖHLAU, Einleitung, Nove constitutiones S. XVIII, beschrieb die „Wurm'sche“ Landfriedensglossierung als eine vergleichbar schlechte Arbeit wie die Sachsenspiegelglossen: „Ueber die klasse von autoren, in welcher man hierfuer suchen müsste, könnte kein zweifel sein: der text des ldfr. […] gemahnt zu deutlich an die unerquickliche breite der glosse zum Sachsenspiegel.“

2. Verortung in größere Kontexte rechtshistorischer Forschung

Eine Untersuchung zur Lehnrechtsglosse spricht thematisch eine Schnittmenge aus großen Fragen rechtshistorischer Forschung im Zusammenhang mit der Rezeption des gelehrten Rechts, des Sachsenspiegels und des Lehnrechts an. Bei allen drei Gebieten handelt es sich um breite und intensiv behandelte Forschungsfelder, für die eine umfassende Darstellung des Forschungsstands hier weder sinnvoll noch möglich ist. Punktuell sollen im Folgenden aber diejenigen aktuellen Entwicklungen herausgestellt werden, die eine Interpretation der Lehnrechtsglosse besonders berühren oder umgekehrt durch eine Analyse der Lehnrechtsglosse neue Impulse erhalten können.

a) Rechtsgeschichte als Rezeptionsgeschichte

Die Glosse unterzieht das Sächsische Lehnrecht gewissermaßen einer romanisierenden Bearbeitung. Eine Arbeit über die Lehnrechtsglosse ist daher eine Arbeit über Rezeptionsgeschichte. Die europäische Rechtsgeschichte ist durch und durch vom schillernden Begriff der „Rezeption des römischen Rechts“ geprägt. Im weitesten Sinn könnte man darunter bereits die römischrechtlich beeinflussten frühmittelalterlichen *leges* behandeln, in erster Linie aber spricht das Schlagwort der Rezeption die an der Rechtsschule von Bologna angestoßenen Entwicklungen an. Wohl ausgelöst durch das Wiederauffinden des *Codex Florentinus*[62], führten Juristen der italienischen Universitäten seit der zweiten Hälfte des 11. Jahrhunderts das römische Recht, wie es im *Corpus iuris* des Kaisers Justinian (533/534 n. Chr.) überliefert war, zu einer wissenschaftlichen Durchdringung. Die „Wiederentdekkung“ des römischen Rechts an den italienischen Rechtsschulen wurde zum entscheidenden Faktor für die weitere Entwicklung der europäischen Rechtskulturen. Das römische Recht wurde bald nicht nur an anderen Universitäten Europas gelehrt, in unterschiedlichstem Maß drang es in Gestalt des *ius commune*, also als rezipiertes römisch-kanonisches Recht, auch in die gerichtliche Praxis und Rechtssetzung ein. Dieser Vorgang bestimmte Jahrhunderte europäischer Rechtsentwicklung. Er wurde von gelehrten Juristen getragen und manifestierte sich, um einige wichtige Eckpunkte zu nennen, im römisch-kanonischen Zivilprozess ebenso wie im Wirken des Reichskammergerichts und den frühneuzeitlichen Stadt- und Landrechtsre-

---

62) Zur Überlieferung des römischen Rechts KAISER, Art. Digesten/Überlieferungsgeschichte, in: DNP XIII Sp. 845–852; und speziell zur spätantiken Florentiner Digestenhandschrift KAISER, Codex Florentinus.

formationen. Er brachte Wissenschaftsstile wie den *usus modernus pandectarum* des 17. und 18. oder die Romanistik des 19. Jahrhunderts hervor und spiegelt sich nicht zuletzt in zahlreichen römischrechtlich geprägten Elementen unseres Bürgerlichen Gesetzbuchs vom 1.1.1900[63] wieder. Führt man sich die ungeheure Bandbreite dieser Entwicklung vor Augen und ist man gewillt, „Rezeption" in einem weiten Sinn zu verstehen, nämlich als Prozess einer verarbeitenden Aufnahme fremder (und nicht unbedingt immer römischrechtlicher) Regeln, Begriffe, Methoden und Stoffe, dann kann man sagen: Rechtsgeschichte selbst ist – jedenfalls zu einem ganz erheblich großen Anteil – Rezeptionsgeschichte.

Auch die vorliegende Untersuchung zur sächsischen Lehnrechtsglosse behauptet eine rezeptionsgeschichtliche Fragestellung und verlangt damit nach einer Begriffsbestimmung.

> „Wenn ein Jurist über Wandel und Veränderung in der Rechtskultur des Spätmittelalters spricht, dann würde man ihn kaum verstehen, wenn er nicht im ersten Satz auf die Bedeutung der Rezeption des gelehrten Rechts hinwiese."[64]

Möchte man, ohne die kräftige Prise Selbstironie zu verkennen, mit der Dietmar Willoweit seinen eigenen Beitrag zur Rezeptionsgeschichte einleitet, an der rezeptionsgeschichtlichen Perspektive festhalten, dann tut man gut daran, seine Aufforderung zu einer genaueren Erklärung zu befolgen. Weil das Phänomen „Rezeption" nicht nur einer der zweifelsohne wirkungsmächtigsten Vorgänge der Rechtsgeschichte ist, sondern gleichzeitig auch zu den in der Forschung am intensivsten diskutierten, vielfältigsten konnotierten und schwierigsten zu beschreibenden Prozessen gehört, mögen also einige grundsätzliche Überlegungen zum Rezeptionsbegriff vorausgehen. Dabei kann es um keine allgemeingültige Definition oder abschließenden Erklärungen gehen. Im Gegenteil gilt es, sich neben einer gewissen Verortung und Absteckung des Begriffs auch seine Komplexität vor Augen zu führen, um der Gefahr von Missinterpretation und falscher Vereinfachung vorzubeugen[65].

Die Rezeption im Licht der Forschung. Das Phänomen der Rezeption ist vielschichtig und mehrdeutig, eine einheitliche Begriffsverwendung lässt

---

63) Zusammenfassend KASER, Der römische Anteil.

64) WILLOWEIT, Gleichzeitigkeit S. 369.

65) Der in anderem Zusammenhang von HÜMPER, Sachsenrecht S. 16, formulierte allgemeingültige Gedanke einer „kontrafaktischen Idealisierung wissenschaftlicher Ordnungsbegriffe" wird auch hier fruchtbar.

sich schon für den engen Kreis der Rechtshistoriker nicht ausmachen[66]. Der Terminus leitet sich vom lateinischen Verb *recipere*, also „aufnehmen", „übernehmen", ab und wird in der Rechtsgeschichte nach traditioneller Auffassung zwar primär, aber nicht nur für die Auf- und Übernahme des römisch-kanonischen Rechts in Europa gebraucht[67]. Daneben benutzt ihn die Rechtsgeschichte auch für die verarbeitende Übernahme anderer Rechtskulturen, etwa für die Ausbreitung des sächsisch-magdeburgischen Rechts im osteuropäischen Raum, die deutsche Geltung des französischen Code Civil oder die kolonialgeschichtlich begründete Bildung von Rechtskreisen auf globaler Ebene.

Konkretisiert man den zu untersuchenden Prozess in diesem Sinn also auf die Rezeption des römisch-kanonischen Rechts, stellt sich in einem weiteren Schritt die Frage, wie man sich diesen Vorgang konkret vorzustellen hat. Seit jeher wird das Problem in der rechtsgeschichtlichen Wissenschaft kontrovers diskutiert[68]. Die Unklarheiten sind dabei nicht zuletzt den langen Zeiträumen und großen regionalen Unterschieden geschuldet, um deren Zusammenfassung unter ein großes, ordnendes Prinzip man sich bemüht. Sie spiegeln sich denn auch in den verschiedensten Bildern wider, die die Forschung im Laufe der Zeit zur Charakterisierung des Rezeptionsvorgangs gefunden hat[69]: Johann Wolfgang von Goethe betonte immer wiederkehrende Schübe, in denen das römische Recht Europa durchdrungen haben soll, indem er es mit einer „untertauchenden Ente" verglich, die sich „zwar von Zeit zu Zeit verbirgt, aber nie ganz verloren geht und immer einmal wieder lebendig hervortritt"[70]. Im Streit zwischen den Germanisten und Romanisten des 19. Jahrhundert um eine geschichtliche Bewertung der Rezeption standen sich die Konzepte „Nationalunglück" durch „Verkrüppelung des eigenen Rechtslebens"[71] einerseits und die Huldigung einem der „wunderbarsten Acte, die je im Geistesleben eines Volkes sich vollzogen haben,"[72] andererseits gegenüber. Nachwirkungen dieser politisch aufgeladenen Auseinandersetzungen zeigten sich im Fortleben der älteren Ansichten der Germanistik bis weit in das 20. Jahrhundert. So berichtete Franz

---

66) Einen guten Überblick über den Forschungsstand zur Rezeptionsgeschichte bietet SELLERT, Zur Rezeption.

67) GIESEN, Art. Rezeption fremder Rechte, in: HRG IV Sp. 996.

68) SELLERT, Zur Rezeption, m. w. N.

69) Die unterschiedlichen Werturteile, die die Rezeption vom 16. bis zur Mitte des 20. Jahrhundert durch Rechts- und Rechtsgeschichtswissenschaft erfahren hat, stellt BENDER, Rezeption, zusammen.

70) Johann Wolfgang von Goethe (MICHEL, Johann Peter Eckermann S. 335).

71) BESELER, Volksrecht und Juristenrecht S. 42.

72) STÖLZEL, Entwicklung des gelehrten Richterthums I S. 1.

Heinemann 1900 von der Niederschrift des Sachsenspiegels als dem Bau der Arche Noah, in dem die Regeln des „altdeutschen Rechtes" dem „anschwellenden Einfluß des fremden Rechts trotzen und eine Katastrophe überdauern" sollten[73]. Auch Hans Fehr sprach 1928 von der „Kraft eines Wasserfalls"[74], mit der das römische Recht auf das zarte Pflänzlein des deutschen Rechts herabgestürzt sei. Kaum überraschend stilisierte man das römische Recht im Nationalsozialismus zur fremdrechtlichen Bedrohung für „deutsches Gemeinrecht"[75] und noch in der Nachkriegszeit war von einer „Überfremdung"[76] des einheimischen Rechts die Rede. Inzwischen ist man von einer solch wertenden Betrachtungsweise abgerückt und bemüht sich um größere Sachorientierung. Neue Impulse für die Rezeptionsforschung setzte dabei vor allem die Romanistik. Bereits 1947 unterstrich Paul Koschaker die Bedeutung des römischen Rechts als gemeinsames kulturelles Erbe der Europäischen Nationen[77]. Auf dieser Idee fußt das von Reinhard Zimmermann entwickelte Programm einer kritischen, die unterschiedlichen Rezeptionsprozesse vergleichenden Rechtsgeschichte, die auf dem römischen Recht basierende Gemeinsamkeiten als Grundlage für ein gemeinsames, europäisches Privatrecht ermitteln könne[78].

An Perplexität und Mehrdeutigkeit hat der Rezeptionsbegriff durch diese größere Versachlichung nicht verloren. Angesichts des weiten Spektrums an Erklärungsmustern möchte man kaum darüber hinausgehen, sich den Vorgang der Rezeption als ein irgendwie komplex oszillierendes System vorzustellen. Die fast zwangsläufig zu Missverständnissen führende Vieldeutigkeit des Begriffs hat Erich Genzmer gar dazu veranlasst, zugunsten einer spezifizierenden Benennung einzelner Entwicklungsstadien die Entfernung des

73) HEINEMANN, Der Richter S. 41.

74) FEHR, Recht und Wirklichkeit S. 90.

75) Punkt 19 des Parteiprogramms der NSDAP vom 25.02.1920 lautete: „Wir fordern Ersatz für das der materialistischen Weltordnung dienende römische Recht durch ein deutsches Gemeinrecht.", FEDER, Programm S. 19. Zur Bewertung des römischen Rechts im Nationalsozialismus LANDAU, Römisches Recht.

76) ZYCHA, Deutsche Rechtsgeschichte S. 179.

77) KOSCHAKER, Europa S. 350–353 (es gibt eine 4. Aufl. 1966.)

78) In expliziter Anknüpfung an Paul Koschaker etwa ZIMMERMANN, Europa, insbesondere S. 244–249. Die seit den Nachkriegsjahren entwickelte These vom *ius commune* als der Grundlage für das Einheitsprivatrecht der Zukunft hat die Begründung und thematische Ausrichtung des Max-Planck-Instituts für europäische Rechtsgeschichte entscheidend mitbestimmt, dazu SCHÄFER, Visionen. Auch in anderen europäischen Ländern, etwa aus Italien mit BELLOMO, Europäische Rechtseinheit, gibt es vergleichbare, neue Interpretationsansätze.

Terminus Rezeption „aus dem rechtshistorischen Begriffsapparat überhaupt“[79] zu fordern.

Die Rechtsgeschichtswissenschaft ist diesem Vorschlag nicht gefolgt[80], insgesamt lässt die jüngere Rezeptionsforschung aber ein hohes Maß an Sensibilisierung erkennen. Als noch immer maßgebliche Gesamtanalysen, die ihrerseits auf einer Neubewertung vieler bereits im 19. und frühen 20. Jahrhundert behandelten Stoffe aufbauen, sind die Arbeiten von Franz Wieakker[81], Winfried Trusen[82] und Helmut Coing[83] zu nennen. Eingrenzen und handhaben lässt sich auch ein so glitzerndes und wenig greifbares Phänomen wie das der Rezeption, wenn man mit zwei Fragen an es herantritt: Was wurde rezipiert? Und: Wie gestaltete sich dieser Vorgang?

Gegenstand der Rezeption: Verwissenschaftlichung und *ius commune*. In der ersten Frage ist über ein wichtiges Ergebnis weitgehende[84] Einigkeit erzielt worden. Mit Franz Wieacker ist die Rezeption „des römischen Rechts“ nicht etwa als Einführung materieller Rechtssätze zu verstehen. Gegenstand der Rezeption sind vielmehr das Lehrgebäude und die Methoden der Rechtswissenschaft, wie sie die Glossatoren und Kommentatoren ausgebildet haben[85]. Rezeption bedeutet also nicht die Aufnahme römischrechtlicher Normen, sondern primär einen Prozess der Verwissenschaftlichung des Rechtswesens[86]. Vor den Inhalten wurde zunächst die Methode, die Denkweise gelehrter Jurisprudenz rezipiert. Kennzeichen der neu entwickelten exegetischen Methoden der Jurisprudenz waren die uneingeschränkte Anerkennung der Autorität des Textes verbunden mit dem Bemühen um seine harmonisierende Auslegung und dem Ziel, das vorgefundene Recht als in sich geschlossenes, widerspruchsfreies System aufzuzeigen. Auf der Grundlage des im *Corpus iuris* überlieferten römischen Rechts, aber auch unter Verarbeitung des kanonischen Rechts sowie zeitgenössischer Statuten und Gewohnheiten schufen die Legisten und Kanonisten das *ius commune*, das

79) GENZMER, Einleitung S. 143 f.

80) Kritisch, ohne aber letztlich auf den Rezeptionsbegriff zu verzichten, EBEL, Des spreke wy S. 448, und WILLOWEIT, Gleichzeitigkeit S. 372.

81) WIEACKER, Privatrechtsgeschichte, insbesondere S. 97–203.

82) TRUSEN, Anfänge.

83) COING, Römisches Recht.

84) Kritisch aus der jüngeren Zeit EBEL, Des spreke wy S. 448; WILLOWEIT, Gleichzeitigkeit; DERS., Rezeptionen.

85) WIEACKER, Privatrechtsgeschichte, insbesondere S. 129–133. Auch bei KUNKEL, Das römische Recht S. 19, heißt es schon ähnlich: „Es war die Rechtswissenschaft schlechthin, die rezipiert worden ist.“

86) WIEACKER, Privatrechtsgeschichte S. 131.

gemeine Recht[87]. Weil es das von gelehrten Juristen an Universitäten erarbeitete Recht ist, wird es heute in Gegenüberstellung zum lokal geltenden Gewohnheitsrecht auch als „gelehrtes Recht“ bezeichnet, ohne dass damit die Vorstellung verbunden werden sollte, es habe sich um Juristenrecht von rein akademischer Bedeutung ohne Einfluss auf die Praxis gehandelt[88].

Mit der gelehrten Methode können auch die Inhalte des gelehrten Rechts rezipiert werden – sie müssen es nur nicht[89]. Zusammen mit der rechtswissenschaftlichen Methode ist auch das römische und kanonische Recht selbst in die Rechtskulturen Europas eingesickert, und zwar in Gestalt der in Glossen gegossenen Neuinterpretation seiner Quellen. Eine besondere Rolle spielen in diesem Zusammenhang die von den Ideen der *translatio imperii* und des Kaiserrechts getragene Anerkennung des *ius commune*[90] und die sogenannte Statutenlehre, die beim Fehlen vorrangiger Partikularrechte den Rückgriff auf das subsidiäre gemeine Recht erlaubte. Rezeption ist damit zwar in erster Linie Methodenrezeption, mit ihr geht in unterschiedlichem

87) TRUSEN, Anfänge S. 22–29.

88) Der Ausdruck „gelehrtes Recht“ ist auch im Französischen („droit savant“), Englischen („learned law“) und Spanischen („el derecho docto“) üblich, außerhalb Deutschlands aber nicht unumstritten. BELLOMO, Europäische Rechtseinheit S. 84, 86; DERS., Parlando S. 189, und PENNINGTON, Learned Law, kritisieren den Begriff als wenigstens teilweise irreführend. Er impliziere eine bloß theoretische Behandlung des *ius commune* und spreche ihm einen tatsächlichen Einfluss auf die Rechtswirklichkeit ab. Hiergegen wird man das Bestehen grundsätzlicher Unterschiede zwischen *ius commune* und *ius proprium* einwenden müssen. Mag die Konzentration auf „ihr Fach“ Germanisten, Romanisten und Kanonisten nach wie vor manche Scheuklappe anlegen, so bleibt das *ius commune* doch eine Rechtsmaterie, die überhaupt erst durch die Tätigkeit der gelehrten Juristen an den Universitäten entstanden ist und die sich in diesem Punkt grundsätzlich von Rechtsgewohnheiten oder irgendwie „gesetztem“ Partikularrecht unterscheidet. Es scheint daher gerechtfertigt, das rezipierte römisch-kanonische Recht weiterhin als „gelehrtes Recht“ zu bezeichnen – eine Verkennung seiner grundsätzlichen Bedeutung und seiner Auswirkungen auf die Rechtswirklichkeit ist damit nicht verbunden.

89) WILLOWEIT, Rezeptionen S. 161, unterscheidet in diesem Zusammenhang zwischen einer formalen und einer materialen Seite der Rezeption: „Wir können einerseits den von Wieacker treffend so genannten Prozeß der ‚intellektuellen Rationalisierung‘ beobachten, andererseits aber doch auch den Transfer von Rechtsinstituten, Verfahrenselementen, Normen und Geschäftstypen.“

90) Jedenfalls bis in das 15. Jahrhundert darf man das Kaiserrecht nicht mit dem römischen Recht gleichsetzen. Die grundlegende Arbeit von KRAUSE, Kaiserrecht und Rezeption, insbesondere S. 146 f., hat gezeigt, dass der Begriff zunächst in einem viel weiteren Sinn für alles Recht verwendet wurde, das sich in unterschiedlicher Art und Weise aus kaiserlicher Gewalt legitimierte.

Maß aber auch die Übernahme von Instituten und Lehren des *ius commune* einher[91].

Franz Wieackers These von der Verwissenschaftlichung konnte sich in den letzten vierzig Jahren zur herrschenden Meinung festigen: Unter der Rezeption versteht man heute weniger die Übernahme materieller Rechtsnormen als vielmehr einen Prozess der methodischen Durchdringung des Rechts und der Übernahme von universitären Lehrgebäuden[92]. Selbst hinter diese scheinbar gesicherte Erkenntnis ist in jüngerer Zeit aber wieder ein „deutliches Fragezeichen"[93] gesetzt worden: Dietmar Willoweit entgegnet dem Wieacker'schen Konzept, dass Rationalisierung und Professionalisierung des Rechtslebens eher als Folge eines allgemeinen Verschriftlichungsprozesses anzusehen seien[94]. Keineswegs hätten diese immer im Zusammenhang mit Inhalten oder Methoden des gelehrten Rechts gestanden, vielmehr sei auch davon losgelöst ein zunehmend reflektierter Gebrauch der eigenen Rechtsgewohnheiten, eine höhere Abstraktion der Begriffe sowie die Aufzeichnungen von Schöffensprüchen und weitere vergleichbare Belege einer verstärkten Schriftlichkeit zu beobachten[95]. Diese gleichsam „aus eigener Kraft" stattfindenden rechtskulturellen Veränderungsprozesse wird man sich wenigstens als zusätzliche Aspekte in höherem Maße bewusst machen müssen. Im Ergebnis gehen sie mit der Anwendung gelehrter Methode und der von Fall zu Fall verschiedenen Adaption gelehrtrechtlicher Inhalte Hand in Hand.

Früh- und Vollrezeption. Verlangt schon die Klärung des Rezeptionsgegenstandes eine differenzierte Betrachtungsweise, so gilt dies umso mehr für die Frage, wie sich die Übernahme von gelehrten Methoden und *ius commune* konkret gestaltete. Die Rezeption ist kein Einzelakt[96]. Zur Beschrei-

---

91) WIEACKER, Privatrechtsgeschichte S. 133 f.

92) WIEACKER, Privatrechtsgeschichte, insbesondere S. 124–133. Stellvertretend für die Akzeptanz dieser These in vielen Rechtsgeschichtslehrbüchern KROESCHELL, Deutsche Rechtsgeschichte I S. 258 f.

93) EBEL, Des spreke wy S. 448.

94) WILLOWEIT, Gleichzeitig, insbesondere S. 383; DERS., Rezeptionen, insbesondere S. 153 f.

95) WILLOWEIT, Gleichzeitigkeit S. 376, 381–383. Nach S. 161, lässt sich der zu beobachtende Rationalisierungsprozess in der spätmittelalterlichen Rechtskultur nördlich der Alpen in verschiedene Phasen weiter aufschlüsseln: Der grundlegenden Literalisierung des Rechts sei seine Diversifikation gefolgt, erst daraus habe sich wieder eine Reduktion und Abstraktion hin zu juristischen Begriffen, Kategorien und Techniken vollziehen können.

96) SELLERT, Zur Rezeption S. 127. Ebendies deutet auch WILLOWEIT, Rezeptionen, in seinem Aufsatztitel an, der von „Rezeptionen" im Plural spricht.

bung ihres äußeren Verlaufs ist daher eine zeitliche, örtliche und gegenständliche Konkretisierung unumgänglich. In Abkehr von der früheren Trennung zwischen „theoretischer" und „praktischer" Rezeption[97] unterscheidet die heute für den deutschen Raum übliche Periodisierung zwischen der Frührezeption ab dem 13. Jahrhundert und der in der zweiten Hälfte des 15. Jahrhundert einsetzenden Vollrezeption[98].

Für das frühe Eindringen des römischen Rechts in Mitteleuropa im 13. und 14. Jahrhundert hat Winfried Trusen vor allem die geistliche Gerichtsbarkeit als Vermittler herausgestellt[99]. Da die geistlichen Gerichte Zuständigkeiten weit in den weltlichen Bereich hinein beanspruchten, konnten sie großen Einfluss auf die allgemeine Entwicklung des Zivilrechts nehmen. Die Tatsache, dass bei der spätmittelalterlichen Rezeption der gelehrten Rechte im Reich nicht das römische, sondern das kanonische Recht im Vordergrund gestanden hat, verdient besondere Beachtung[100]. Neben dieser „kanonistischen" hat es von Anfang an aber auch eine „profane" Frührezeption gegeben. Zwar waren die an den italienischen Universitäten ausgebildeten deutschen Juristen zunächst überwiegend Kleriker, die in ihrer Heimat als Kanoniker, Kapitulare, Pröbste, Offiziale, Notare oder Dekane kirchliche Ämter besetzten[101]. Zunehmend wurden Klerikerjuristen und Laien dann aber auch im weltlichen Bereich als Diplomaten, Berater, Räte, Syndici, Notare

---

97) v. STINTZING, Geschichte I S. 408 f. Die These, die Rezeption des römischen Rechts habe sich im 12. und 13. Jahrhunderts allein über seine Propagierung durch die deutschen Kaiser vollzogen, lässt sich seit den Forschungen von KRAUSE, Kaiserrecht und Rezeption, nicht aufrecht erhalten. Das Hochmittelalter setzte das Kaiserrecht noch nicht mit dem römischen Recht gleich. Vielmehr berief sich die Politik von Anfang an auf die Autorität der Wissenschaft, gleich ob es sich um kanonische oder römischrechtliche Inhalte handelte, TRUSEN, Anfänge S. 162–164. Zugleich führte die Tätigkeit der geistlichen Gerichtsbarkeit bereits früh zu einer romanistischen Beeinflussung der Praxis. Die angebliche Einführung des römischen Rechts als Reichsgesetz durch Kaiser Lothar III. im Jahr 1137 entlarvte bereits 1643 Hermann Conring in STOLLEIS, Hermann Conring S. 147–152, als Legende. Die Forschung hat die Unterscheidung zwischen „theoretischer" und „praktischer" Rezeption heute aufgegeben.

98) KIEFNER, Art. Rezeption (privatrechtlich), in: HRG IV Sp. 974.

99) TRUSEN, Anfänge, insbesondere S. 34–62. Zur Praxis der kirchlichen Gerichte im 13. Jahrhundert NEHLSEN-VON STRYK, Der römisch-kanonische Zivilprozeß. Schon seit dem Frühmittelalter waren römisches und kanonisches Recht aufs engste miteinander verflochten, es galt der Satz *Ecclesia vivit lege romana*. Bei der Tätigkeit der geistlichen Gerichte handelt sich also weniger um eine Rezeption fremden als vielmehr um ein Fortleben eines kontinuierlich als eigenes angesehenen Rechts.

100) KROESCHELL, Rezeption der gelehrten Rechte S. 283.

101) COING, Römisches Recht S. 77–90; SCHMUTZ, Juristen I S. 86–88, 188–265; TRUSEN, Anfänge S. 102–115.

oder Schreiber an landesherrlichen Höfen und in Städten eingesetzt, bis schließlich auch die weltlichen Gerichte mit gelehrten Richtern besetzt wurden[102]. Deutlichstes Zeichen für die Vollziehung einer profanen Frührezeption ohne Vermittlung der Kanonistik und der geistlichen Gerichtsbarkeit ist das Entstehen einer eigenen gelehrten Rechtsliteratur in Deutschland[103]. Schon im 13. und 14. Jahrhundert findet man neben legistischen Werken, die sich dem kanonischen Recht und dem *ius utrumque* widmen, auch eine gelehrte Literatur zu den heimischen Rechtsbüchern[104]. Sie ist Beleg für die frühe Verbreitung der Kenntnis vom römischen und kanonischen Recht und seiner Einwirkung auf das Rechtsleben in Deutschland auch im weltlichen Bereich.

Dieser frühen Phase wird man, auch wenn es zur sogenannten Vollrezeption im Sinne einer Berücksichtigung des *ius commune* bei der Rechtssetzung und Anwendung an weltlichen Gerichten erst in der zweiten Hälfte des 15. Jahrhunderts gekommen ist[105], im Gesamtprozess der Rezeption eine Schlüsselrolle zusprechen müssen. Entgegen mancher zurückhaltenden Einschätzung, die mit der herkömmlichen Periodisierung die Bedeutung der eigentlichen Hauptrezeption betont und vor einer Überbewertung der Frührezeption warnt[106], ist die Frührezeption als geistiger Wegbereiter für die spätere praktische Durchsetzung des *ius commune* von nicht zu unterschätzender Bedeutung. Schon im 14. Jahrhundert und auch im weltlichen

---

102) LANGE, Universitäten des Mittelalters S. 14. Von Aufgaben und Tätigkeitsfeldern gelehrter Juristen handelt zusammenfassend auch SCHLOSSER, Vom Rechtskundigen m. w. N.

103) Umstritten ist hingegen, welche Bedeutung man den sog. *renuntiationes* beimessen darf. Renuntiationsklauseln sind Vertragsklauseln des 13.–15. Jahrhunderts, in denen die Parteien die Anwendung hauptsächlich römischen Rechts ausschlossen, was im Umkehrschluss die grundsätzliche Geltung desselben nahelegt. Die Forschung sieht sie dennoch nicht als Indikatoren einer profanen Frührezeption an. Die differenziert formulierten Klauseln wurden zwar nicht einfach unreflektiert abgeschrieben, SCHLOSSER, Rechts- und Einredeverzichtsformeln S. 105–109. Die weltlichen Gerichte des Spätmittelalters wandten aber kein römisches, sondern einheimisches Recht an. Die Klauseln sind nach CLAVADETSCHER, Verzicht, daher vielmehr vor dem Hintergrund einer möglichen Verhandlung des Geschäfts im geistlichen Gericht zu verstehen. Zu dieser Frage im Überblick KROESCHELL / CORDES / NEHLSEN-VON STRYK, Deutsche Rechtsgeschichte II S. 41 f.

104) Überblick bei COING, Römisches Recht S. 161–212.

105) Neue Impulse setzen hier die Forschungen von WEJWODA, Spätmittelalterliche Jurisprudenz, insbesondere S. 344–349, wonach bereits in der ersten Hälfte des 15. Jahrhunderts von den Parteien ausgehende Impulse zu einer neuen Verfahrensschriftlichkeit ausgingen.

106) KIEFNER, Art. Rezeption (privatrechtlich), in: HRG IV Sp. 974.

Bereich, so lassen die sächsischen Glossen schließen, hatte das gelehrte Recht in Sachsen einen Platz gefunden. Es entstand eine gelehrte deutsche Rechtsliteratur, die an der Festlegung und Ausformung des frühneuzeitlichen Stellenwerts des gemeinen Rechts mitwirkte. Die Rolle des gelehrten Rechts kann nur in seiner Entwicklung verstanden werden. Überhaupt stellt sich die Frage, ob die traditionelle Epochenbildung nicht zu einer Überbetonung der Unterschiede geführt hat, und es sich bei Früh- und Vollrezeption in Wirklichkeit nicht eher um „Aspekte eines langsamen, kontinuierlichen historischen Prozesses“[107] handelt.

Festzuhalten bleibt, dass die Forschung für die Phase der sogenannten Frührezeption zwar die vorrangige Bedeutung der Kirche und des kanonischen Rechts als Brücke für den Einfluss auch des römischen Rechts herausgearbeitet hat, dass sie dabei in der Frage nach der Bedeutung der gelehrten Rechte außerhalb der geistlichen Gerichte aber nach wie vor viele Antworten schuldig geblieben ist. Möglicherweise ist der Blick auf die geistliche Gerichtsbarkeit zu einseitig, zu eng. Jedenfalls lässt sich nicht behaupten, dass unser Bild von der „profanen“ Frührezeption bereits klare Konturen angenommen hätte. Die gelehrte Partikularrechtsliteratur des deutschen Spätmittelalters verspricht ein entscheidender Faktor zu seiner Entschlüsselung zu sein.

Die Glosse zum Sächsischen Lehnrecht ist wie die Buch'sche Glosse eine Vertreterin dieser wegbereitenden sächsischen Rechtsliteratur. Den Rechtshistoriker muss die Quelle deshalb besonders aus dem Blickwinkel der Rezeption interessieren. Die dargestellte Kontroverse um den Gegenstand der Rezeption und der noch sehr geringe Kenntnisstand über die sogenannte profane Frührezeption verlangen, das Augenmerk sowohl auf die Anwendung gelehrter Methode als auch auf die Verarbeitung materieller Institute und Lehren des gemeinen Rechts zu richten. Darüber hinaus ist zu fragen, welche Lebensbereiche von der Lehnrechtsglosse betroffen sind und welche Hinweise auf eine praktische Bedeutung der Arbeit sich finden.

---

107) BELLOMO, Europäische Rechtseinheit S. 226. Schon WIEACKER, Privatrechtsgeschichte S. 124, betont die vorbereitende Rolle der Gelehrtentätigkeit in Deutschland: „Die volle und unmittelbare Anwendung des gemeinen Privatrechts in den ordentlichen weltlichen Gerichten durch rechtsgelehrte Urteiler und in neuen Rechtsaufzeichnungen seit der zweiten Hälfte des 15. Jahrhunderts ist daher nur die späteste, abschließende Teilphase der Wirkungen der römischen Rechtswissenschaft in den Ländern nördlich der Alpen und besonders in Deutschland.“

b) Neuere Entwicklungen in der Sachsenspiegelforschung

> „Es war in der glänzendsten Periode des deutschen Mittelalters – in der Blütezeit der ritterlichen Poesie und des Minnegesangs – im Anfang des 13. Jahrhunderts, da entstand in der Nähe des Harzes ein kleines, aber gar wertvolles Buch, auch von Rittershand geschrieben, jedoch kein Minnelied, keine Dichtung, wohl aber eine Perle deutscher Prosa, ebenso gefeiert, wie befehdet – es war der Sachsenspiegel, die erste wissenschaftliche Arbeit über das deutsche Recht."[108]

Es war einmal... Wie Märchengeschichten muten ältere Schriften wie diese von Georg Cohn heute an, die vom edlen Ritter Eike von Repgow und seiner Aufzeichnung des alten „deutschen" Gewohnheitsrechts auf der ehrwürdigen Burg Falkenstein erzählen. In vielen Punkten hat sich das einstige Verständnis verändert, ohne dass damit die herausragende Bedeutung des Sachsenspiegels als dem ersten großen Rechtsbuch deutscher Sprache relativiert worden wäre.

Ein deutsches Rechtsbuch am Vorabend der Rezeption? Naturgemäß decken die Fragen und Perspektiven der Sachsenspiegelforschung ein sehr breites Themenspektrum ab[109]. Herausgreifen lässt sich aus einer wissenschaftsgeschichtlichen Perspektive jedoch ein sehr grundsätzlicher Aspekt, der seit langem und gerade auch in jüngster Zeit wieder intensiv diskutiert wird: Umstritten ist, welche Bildung Eike von Repgow genoss und – mit der Frage seines Bildungshintergrunds eng verknüpft – welche Quellen dem Sachsenspiegel zugrunde lagen. Beide Aspekte wirken sich ganz unmittelbar auf unser Grundverständnis vom Recht des Sachsenspiegels und dem Charakter des darin kolportierten Gedankenguts aus. Entlang einzelner Äußerungen der Sachsenspiegelforscher des 20. und 21. Jahrhunderts lässt sich ablesen, wie der Mythos vom schlichten Edelmann, der aus dem Nichts heraus, bloß auf der Grundlage der eigenen Lebenserfahrung, gleichsam „von wilder Wurzel"[110] das heimische Recht aufzeichnete, nach und nach zu

---

108) COHN, Kampf S. 25.

109) Über den heutigen Wissensstand zum Sachsenspiegel informieren KROESCHELL, recht unde unrecht S. 79–93, und LÜCK, Über den Sachsenspiegel. Konkrete Hinweise auf aktuelle Fragen der Sachsenspiegelforschung bei KÜMPER, Sachsenspiegel – Eine Bibliographie S. 28–33; LÜCK, Über den Sachsenspiegel S. 90–92. Einen neueren Überblick über die Sachsenspiegel- und Rechtsbücherforschung der Nachkriegszeit enthält KÜMPER, Sachsenrecht S. 328–334. Die maßgebliche Bibliographie zum Sachsenspiegel bietet in systematischer Ordnung KISCH, Sachsenspiegel-Bibliographie, fortgesetzt und ergänzt durch OPPITZ, Rechtsbücher I S. 87–94. Jüngeren Datums ist die Bibliographie von KÜMPER, Sachsenspiegel – Eine Bibliographie.

110) ROSENSTOCK, Ostfalens Rechtsliteratur S. 146.

bröckeln begann und dass uns am Ende dieser Entwicklung Eike von Repgow als ein „*literatus*“[111] mit einer vergleichsweise hohen Bildung entgegentritt, dessen Rechtsbuch sich in einen Verschriftlichungsprozess von europäischer Dimension einordnet. Damit einher geht die Erkenntnis, dass Eike im Sachsenspiegel entgegen seiner eigenen Behauptung nicht etwa einfach bloß das Recht aufzeichnete, wie es war, sondern zu einem guten Teil auch festhielt, wie es aus seiner Sicht sein sollte.

1941 legte Guido Kisch nach seiner Emigration in die USA eine eingehende Untersuchung über die biblischen Einflüsse auf den Sachsenspiegel vor, in der er für eine profunde Bibelkenntnis Eikes von Repgow eintrat[112] und als Quellen des Sachsenspiegels neben der Bibel weitere kanonische und theologische Texte benannte[113]. 1950 merkte auch Heinrich Reincke an, Eike habe „in einem früher nicht geahnten Umfang in dem Dunstkreise der biblischen und kanonistischen Literatur“[114] gelebt. 1977 schrieb Karl Kroeschell in einem grundlegenden Aufsatz dann: „Es ist die Luft von geistlichen Gerichten und Gelehrtenstuben, die einen hier anweht, von Ratskanzleien und von Bettelordensklöstern.“[115] Den in vielem bis heute maßgeblichen Stand erarbeitete daran anschließend Rolf Lieberwirth, der sich in den achtziger Jahren gründlich mit der Biographie des Spieglers befasste und zu dem Schluss kam: „Eike von Repchow war nach den Maßstäben seiner Zeit kein Gelehrter, besaß aber für einen Angehörigen seines Standes eine überdurchschnittliche Bildung.“[116]

---

111) LIEBERWIRTH, Art. Eike von Repgow (um 1180 – nach 1233), in: [2]HRG I Sp. 1291.

112) Bei KISCH, Sachsenspiegel and Bible S. 89, heißt es zusammenfassend: „the *Spiegler* not only knew the Bible but even had full mastery of its wording and contents to such an extent as, nowadays even among theologians, is of exceptional rarity.“ Kisch's Thesen von Eikes unmittelbarer Bibelkenntnis sind nicht unwidersprochen geblieben – vorsichtig etwa IGNOR, Rechtsdenken S. 198 f. – haben sich im Kern aber durchgesetzt. Überholt ist die Schrift aber insofern, als Kisch noch davon ausging, Eike habe neben dem Sachsenspiegel auch die Sächsische Weltchronik verfasst. Von dieser Ansicht hat die Forschung aufgrund der Arbeiten von HERKOMMER, Eike S. 20–26, und MENZEL, Sächsische Weltchronik S. 269 f., heute Abstand genommen (dazu KÜMPER, Sachsenrecht. S. 198 f. m. w. N.).

113) KISCH, Sachsenspiegel and Bible S. 114.

114) REINCKE, Frühe Spuren S. 175.

115) KROESCHELL, Rechtsaufzeichnung und Rechtswirklichkeit S. 371.

116) LIEBERWIRTH, Eike und der Sachsenspiegel S. 26. Konkret ist es hiernach nicht unwahrscheinlich, dass Eike seine Bildung an einer Domschule in Halberstadt oder Magdeburg oder vielleicht an einer der zahlreichen Klosterschulen seiner Heimat erworben hat. Lieberwirths grundlegende Arbeiten zur Persönlichkeit und zum Werdegang

Heute ist die Vorstellung von einer relativ hohen Bildung Eikes von Repgow, jedenfalls was die Kenntnis biblischer, theologischer und kanonistischer Sätze betrifft, weitgehend anerkannt[117]. Eine viel beachtete Studie Peter Landaus bestärkte diese Grundannahme, gab ihr aber außerdem eine neue Zielrichtung. Indem sich Landau unter Auswertung der Bibliotheksbestände der örtlichen Zisterzienserabtei als Entstehungsort des Sachsenspiegels für das Kloster Altzelle in der Mark Meißen aussprach[118], brachte er einen großen Einfluss der anglo-normannischen Kanonistik auf den Sachsenspiegel ins Spiel. Damit wird Eikes Werk in einen gesamteuropäischen Wissenschaftszusammenhang gestellt und fernab von Bologna eine gewisse Bildung Eikes im gelehrten Recht impliziert[119]. In eine ähnliche Richtung weisen die Forschungen Heiner Lücks, der in größerem Umfang inhaltliche Übereinstimmungen des Sachsenspiegels mit kanonischem und römischem Recht herausgearbeitet hat[120] und daraus folgert, sächsisches und römisch-kanonisches Recht dürften nicht mehr in der traditionellen Weise als Dipole begriffen werden[121]. Christoph Meyer schließlich wies auf auffällige Parallelen zwischen einzelnen Regelungen des Sachsenspiegels und der *Lombarda* hin, was direkte lombardistische Einflüsse nahelege[122].

Welche Schlüsse erlauben diese neuen Studien? Der Sachsenspiegel ein Produkt hochmittelalterlicher Rezeptionsvorgänge? Und Eike von Repgow ein im gelehrten Recht geschulter Jurist? Mitnichten besteht Anlass zu einer derart weitgehenden Uminterpretation des Sachsenspiegelrechts und einer radikalen Neudefinition von Eikes geistesgeschichtlichen Hintergründen. Allein die Feststellung von Ähnlichkeiten einzelner Regelungen des Sachsenspiegels mit solchen des gelehrten Rechts lässt noch keinen Schluss auf die tatsächliche Verwendung jener Texte als unmittelbarer Vorlage des Sachsenspiegels zu[123]. Auch die Tatsache, dass sich die Entstehungszeit des Sachsenspiegels zwischen 1224 und 1235 gut in den Kontext der Rezeption ein-

Eikes von Repgow sind auch nach den neueren Forschungen Peter Landaus keineswegs überholt.

117) Zu dieser Einschätzung gelangt auch KÜMPER, Sachsenrecht S. 125 f.

118) LANDAU, Entstehungsort, insbesondere S. 79–98.

119) LANDAU, Entstehungsort S. 97 f.

120) LÜCK, Dresdner Bilderhandschrift S. 238–243; DERS., Sachsenspiegel als Kaiserrecht S. 266–270; DERS., Sonderweg Manuskriptseiten 12–14.

121) Besonders deutlich LÜCK, Sonderweg Manuskriptseiten 2 f.

122) MEYER, Langobardisches Recht S. 404–407.

123) MEYER, Langobardisches Recht S. 405, weist darauf hin, dass eine alternative Deutung der inhaltlichen Parallelen zwischen Sachsenspiegel und *Lombarda* in völkerwanderungszeitlichen Kontakten zwischen Sachsen und Langobarden zu sehen ist.

ordnet[124], deren Anfänge auf das 12. Jahrhundert datiert werden, stellt für sich genommen noch kein Indiz für gelehrtrechtliche Einflüsse auf den Sachsenspiegel dar. Vielmehr ist mit Recht immer wieder darauf hingewiesen worden, dass es sich bei der Rezeption um einen vielschichtigen Vorgang handelt, der in den einzelnen Landstrichen Europas zu sehr verschiedenen Zeiten höchst unterschiedlich verlaufen ist[125].

Die in Forschungsarbeiten über Jahrhunderte gefundenen Ergebnisse sind zu modifizieren, aber nicht über Bord zu werfen[126]. Der Sachsenspiegel ist und bleibt die Aufzeichnung von weitgehend mündlich tradierten Rechtsgewohnheiten. Diese entstammen einer vorwiegend oral geprägten Rechtskultur und unterscheiden sich damit grundlegend von den schriftlich fixierten Rechtsquellen der zeitgleich tätigen italienischen Glossatoren. Schon deshalb und aus vielen weiteren Gründen ist der Text des Sachsenspiegels sicher kein Ausdruck einer von universitär gebildeten Juristen getragenen römisch-kanonischen Rechtskultur[127].

Auch wer auf der Grundlage der neueren Studien für eine Neubewertung des Sachsenspiegels unter stärkerer Beachtung gelehrtrechtlicher Hintergründe plädiert, möchte so weit nicht gehen[128]. Landaus, Lücks und Meyers Forschungen sind bemerkenswert und verlangen, die bisherige Charakterisierung des Sachsenspiegels zu überdenken. Vielleicht sollten sie aber weniger die Inhalte des Sachsenspiegels in die Nähe des gelehrten, insbesondere des römischen Rechts, rücken lassen als vielmehr seine Entstehungshintergründe in einen stärker wissenschaftlich geprägten Kontext einordnen. Bernd Kannowski tritt dafür ein, Eike und den Sachsenspiegel in einem

124) Auf diesen Zusammenhang weist LÜCK, Sonderweg Manuskriptseite 12, hin.

125) So schon WIEACKER, Privatrechtsgeschichte S. 126. Hinzu kommt, dass sich selbst am gleichen Ort und zur selben Zeit in verschiedenen Lebensbereichen unterschiedliche, voneinander weitgehend unbeeinflusste Prozesse abspielen können (zu diesem Gedanken WILLOWEIT, Gleichzeitigkeit S. 380).

126) Skepsis formulieren etwa KANNOWKSI, Begegnung S. 505 f., insbesondere Anm. 5; DERS., Umgestaltung S. 104, und nun pointiert DERS., Wieviel Gelehrtes Recht, insbesondere S. 397: „Die Oralitätsthese in das Reich der Mythen verbannen zu wollen, halte ich für falsch.“; sowie KÜMPER, Sachsenrecht S. 125 f.

127) KANNOWSKI, Sachsenspiegel und die Buch'sche Glosse S. 505; DERS., Wieviel Gelehrtes Recht.

128) LÜCK, Sachsenspiegel als Kaiserrecht S. 267, schreibt: „Die meisten Rechtsinstitute und -regeln des Sachsenspiegels sind weniger deutlich oder gar nicht dem gelehrten Recht zuzuweisen.“ Und obwohl schon dem Sachsenspiegel römisch-kanonisches Rechtsgut zugrunde liege, stellt DERS., Sonderweg Manuskriptseite 18, abschließend klar: „Die Feststellung, dass er selbst Produkt der Rezeption sei, wäre gewiss zu weitgehend“, es habe sich lediglich um einen „Teil dieses Vorganges“ gehandelt.

„Schwebezustand zwischen oraler und schriftlicher Rechtskultur“[129] zu begreifen und zieht aus den von Landau aufgezeigten kanonischen Einflüssen die Konsequenz, dass das Element der Schriftlichkeit noch stärker zu betonen ist[130]. So ließe sich aus den neueren Forschungsansätzen folgern, dass künftig noch stärker von der Vorstellung einer Dichotomie zwischen gelehrter und ungelehrter Rechtskultur abgerückt werden muss. Die Verschriftlichung und damit auch die Verwissenschaftlichung des Rechts sind Prozesse europäischer Dimension, die auch in Deutschland zu wirken begannen und sich in Rechtsbüchern wie dem Sachsenspiegel manifestieren. Davon bleibt die Frage nach den Inhalten des Sachsenspiegels aber weitgehend unberührt. Eike war verhältnismäßig gebildet, beschrieb das Sächsische Recht aber so, wie er es aus eigener Anschauung erfahren hatte bzw. wie er es aus seinem eigenen Erfahrungsschatz schöpfend für richtig hielt[131]. Der Sachsenspiegel enthält im Grundsatz mündlich tradierte, vom gelehrten Recht noch weitgehend unbeeinflusste Rechtsgewohnheiten. Einzelne materiellrechtliche Beeinflussungen durch römisches und kanonisches Recht sind schwer nachweisbar und bleiben gerade deshalb begründungsbedürftig. Am Gegensatz zwischen dem ursprünglichen Sächsischen Recht einerseits und dem römisch-kanonischen Recht andererseits, welche sich erst später zum gemeinen Sachsenrecht verbinden, ist deshalb grundsätzlich festhalten. Insofern bleibt, jedenfalls gemessen an späteren Entwicklungen, die Vorstellung vom Sachsenspiegel als einer Rechtsaufzeichnung „am Vorabend der Rezeption“[132] durchaus berechtigt.

Trifft diese Charakterisierung zu, bewirkt sie auch, dass die Unterschiede zwischen dem Sachsenspiegel und seiner eindeutig universitär-gelehrten Glossierung an Kontur gewinnen. Insofern ist das Verhältnis des Sachsenspiegels zum gelehrten Recht auch für die vorliegende Arbeit von Relevanz. Im Übrigen herrscht in der Erforschung der einzelnen inhaltlichen Regelungen des Sachsenspiegels, gerade auch in Bezug auf das Lehnrecht, an umstrittenen und viel diskutierten Fragen kein Mangel. Nur beispielhaft sei auf staatsrechtliche Gesichtspunkte wie die Artikel zum Kurfürstenkolleg (Ssp LdR III 57 § 2), zum Leihezwang (Ssp LdR III 53 § 3, III 60 § 1, LnR 71 § 3) oder zum Widerstandsrecht (Ssp LdR III 78 § 2) hingewiesen. Auf den konkreten Forschungsstand wird jedoch, soweit solche Aspekte im Kontext

---

129) KANNOWSKI, Art. Aufzeichnung des Rechts, in: ²HRG I Sp. 353.

130) KANNOWSKI, Sachsenspiegel und die Buch’sche Glosse S. 505 Anm. 5; ähnlich DERS., Wieviel Gelehrtes Recht S. 395 f.

131) Eike ist in sechs Urkunden aus den Jahren 1209-1233 an verschiedenen Orten als Zeuge oder Teilnehmer von Rechtshandlungen erwähnt, dazu IGNOR, Rechtsdenken S. 54–62 m. w. N.

132) WIEACKER, Privatrechtsgeschichte S. 97 (Überschrift).

der Lehnrechtsglosse zur Sprache kommen, an Ort und Stelle zurückzukommen sein.

Ungeklärte Probleme der Textentwicklung. Noch ein weiterer, wichtiger Aspekt der Sachsenspiegelforschung kommt bei der Beschäftigung mit der Lehnrechtsglosse zum Tragen. Seit jeher hat die Forschung die Textgeschichte speziell des Sachsenspiegel-Lehnrechts vernachlässigt. Die Frage, ob Land- und Lehnrecht tatsächlich in der bisher angenommenen Selbstverständlichkeit als ein Produkt Eikes von Repgow angesehen werden dürfen, der beide Teile in einem einheitlich konzipierten Sachsenspiegel genuin miteinander verband, wird an geeigneter Stelle noch zu vertiefen sein[133]. Schon jetzt sei darauf hingewiesen, dass gerade die älteste Textgeschichte des Sachsenspiegels nach einer Neubewertung verlangt. Das traditionelle Textentwicklungsmodell von Karl August Eckhardt[134] ist spätestens durch eine neuere Arbeit der Sprachwissenschaftlerin Christa Bertelsmeier-Kierst[135] ernsthaft in Frage gestellt worden. Weitere Bemühungen um eine Klärung der Textgeschichte sind daraus jedoch noch nicht erwachsen. So paradox es klingt: Trotz eines nachhaltigen Interesses an einer Erforschung des Sachsenspiegels bleibt eine moderne wissenschaftliche Edition des Sachsenspiegels ein dringendes Desiderat rechtshistorischer Forschung. Dass die von Karl August Eckhardt veranstalteten MGH-Editionen von Land- und Lehnrecht[136] den veränderten Ansprüchen an eine moderne wissenschaftliche Edition nicht mehr genügen, hat vor langer Zeit schon Ruth Schmidt-Wiegand mit Nachdruck dargelegt[137]. Eckhardts Editionen bauen auf der sogenannten „Quedlinburger Handschrift" auf, die lange als die vielleicht älteste Sachsenspiegelüberlieferung galt, nun jüngst aber auf die Zeit um 1310–1330 datiert wurde[138]. Weil Eckhardt seinen Land- und Lehnrechtstext nach textimmanent entwickelten Maßstäben an eine vermeintlich ostfälische Ursprache anpasste, bieten seine Ausgaben letztlich einen unhistorischen Text, der in dieser Form tatsächlich nie existiert hat. Die erheblichen Nachteile, die aus einer solchen heute nicht mehr üblichen „Normalisierung" des Textes resultieren, bewogen Bernd Kannowski dazu, seiner Ar-

---

133) Vgl. unten S. 496 ff.

134) ECKHARDT, Rechtsbücherstudien. Überblicke über die Überlieferung des Sachsenspiegels und das Eckhardt'sche Textentwicklungsmodell geben KÜMPER, Sachsenrecht S. 134–164, und LIEBERWIRTH, Wirkungsgeschichte S. 64–71.

135) BERTELSMEIER-KIERST, Kommunikation und Herrschaft.

136) ECKHARDT, Ssp LdR, und DERS., Ssp LnR.

137) SCHMIDT-WIEGAND, Sachsenspiegel, insbesondere S. 19 f. und S. 38–41.

138) Halle ULB Quedl. Cod. 81 (OPPITZ, Rechtsbücher II Nr. 657); zur Datierung jetzt BERTELSMEIER-KIERST, Zur ältesten Überlieferung S. 68, und DIES., Kommunikation und Herrschaft S. 108.

beit statt der Eckhardt'schen die alte Homeyer'sche Ausgabe des Sachsenspiegels zugrunde zu legen[139]. Die vorliegende Arbeit benutzt die MGH-Editionen des Sachsenspiegel-Land- und -Lehnrechts nur im Rahmen der Überlegungen zur Textgeschichte und kennzeichnet diese dann gesondert. Im Übrigen scheint es vertretbar, im spezifischen Zusammenhang einer Arbeit über die sächsischen Glossen auf die in den Kaufmann'schen Glosseneditionen ebenfalls enthaltenen Land- und Lehnrechtstexte zurückzugreifen[140]. Sie bieten den Vorteil, dass ihre Texte denjenigen Fassungen näher kommen dürften, die einst auch den sächsischen Glossatoren zur Bearbeitung vorgelegen haben.

c) Das changierende Bild des Lehnswesens

Trotz des langanhaltenden Interesses der Soziologie, Geschichts- und Rechtsgeschichtswissenschaft am Lehnswesen sind wir heute nur über bestimmte Epochen, Quellen und Lebensbereiche gut informiert, während wir über andere Zeiten und Personengruppen kaum gesicherte Kenntnisse haben[141]. Häufig stehen „Inseln des Wissens" recht zusammenhanglos nebeneinander. Grund für diese ungleichmäßige Forschungssituation sind erstaunliche Paradigmenwechsel, die die Geschichte der Erforschung des Lehnswesens durchlaufen hat. Immer wieder sind scheinbar gesicherte Erkenntnisse grundlegend in Frage gestellt worden und verlangten danach, gewissermaßen noch einmal von vorne anzufangen. Nicht zuletzt ist die Wandelbarkeit der Perspektiven wohl auf den Forschungsgegenstand selbst zurückzuführen: das Lehnswesen. Als historisches Phänomen nämlich – und nur um dieses, nicht auch um den „Feudalismus" im weiteren Sinne geht es hier[142] –

---

139) HOMEYER, ³Sachsenspiegel I; vgl. KANNOWSKI, Umgestaltung S. 1 Anm. 1. Das Lehnrecht edierte HOMEYER, Sachsenspiegel II 1.

140) KAUFMANN, Gl LdR, sowie DERS., LGl LnR. Land- und Lehnrechtstext finden sich artikel- und kapitelweise den einzelnen Glossen vorangestellt. Als Arbeitsexemplar eignet sich darüber hinaus die Reclam-Ausgabe von EBEL, Sachsenspiegel.

141) Über den Forschungsstand informieren DENDORFER, Einleitung S. 11–23; DERS., Was war das Lehnswesen? S. 43–53; KWIATKOWSKI, Lehnswesen im späten Mittelalter; PATZOLD, Lehnswesen; SPIESS, Zur Einführung, und DERS., Lehnswesen in Deutschland S. 17–22. Auf die selbst auferlegten sachlichen und zeitlichen Beschränkungen im Bereich der Lehnsforschung weist DIESTELKAMP, Lehnrecht S. 2–4, hin.

142) Anders als etwa im Englischen („feudalism") oder Französischen („féodalité") unterscheidet man im Deutschen zwischen „Lehnswesen" als einem historischem Phänomen im engeren Sinne und dem vieldeutigeren Schlagwort des „Feudalismus", mit dem allgemeiner eine idealtypische Konstruktion einer von privilegierten Grundherren bestimmten Gesellschaftsordnung gemeint ist, KROESCHELL, Deutsche Rechtsgeschichte I S. 300–302; SPIESS, Zur Einführung S. 10f. Erst durch eine solch weite Definition

war das Lehnswesen zwar ein prägender Faktor für die Entwicklung aller europäischen Gesellschaften. Als Rechts- und Ordnungssystem ist es heute aber schlicht nicht mehr existent. Es fällt daher wohl besonders schwer, seine Ideen, Mechanismen und rechtlichen Regelungen zu verstehen. Und so kommt es, dass an dieser Stelle vor allem auf das Aufbrechen einiger alter Denkmuster hingewiesen werden muss, ohne dass die alten Konzepte stets auch durch neue ersetzt worden sind[143].

Lehnrecht als privates und als öffentliches Recht. Eine erste solche Anmerkung gilt der unterschiedlichen Charakterisierung des Lehnrechts als Rechtsmaterie im Spannungsfeld zwischen privatem und öffentlichem Recht. Nachdem die Darstellungen des 19. Jahrhunderts das Lehnrecht noch als Teil des Deutschen Privatrechts behandelten[144], führte Heinrich Mitteis 1933 mit seiner Monographie „Lehnrecht und Staatsgewalt" eine wesentliche Neuerung herbei, indem er die Rolle des hochmittelalterlichen Lehnrechts für die staatliche Entwicklung Europas beschrieb und es damit als „funktionell öffentliches Recht"[145] begriff. Die Arbeiten des 20. Jahrhunderts wenden sich dem Lehnrecht seither – in modernen Begriffen gesprochen – primär als Verfassungs-, Völker- oder Verwaltungsrecht zu. Diese wiederum einseitige Fokussierung sollte aber nicht darüber hinwegtäuschen, dass die Frage nach der Funktion des Lehnswesens für Politik und Staat nur eine von mehreren Bedeutungsebenen berührt. Jüngst ist denn auf das Lehnrecht auch wieder in Form eines Boden-, Besitz- und Nutzungsrechts hingewiesen worden, das in den Quellen in dieser Weise als „lebensweltlicher

---

wird vergleichende Feudalismusforschung mit Blick auf alle Völker und Kulturen der Erde möglich. Die wechselvolle und politisch aufgeladene Begriffsgeschichte von ihren Anfängen bis hin zu seinen Interpretationen durch Karl Marx und Max Weber hat BRUNNER, Art. Feudalismus, feudal, in: GeschGB II S. 337–350, aufgearbeitet. Vgl. im Überblick auch PATZOLD, Lehnswesen S. 13.

143) „Ein neues, allgemein akzeptiertes Bild von der Bedeutung des Lehnswesens im Mittelalter gibt es aber heute nicht mehr.", DENDORFER, Was war das Lehnswesen? S. 45.

144) Einen guten Eindruck vermittelt schon der Blick in die Inhaltsverzeichnisse der einschlägigen Werke, vgl. etwa BESELER, System I S. XV; EICHHORN, Einleitung S. XXII–XXIV; GERBER, System S. XVI, und auch noch BENDER, Deutsches Privatrecht S. VI. Eine bereits im 18. Jahrhundert einsetzende „Verbindung des Lehnrechts mit dem deutschen Privatrechte zu einem systematischen Ganzen" beschrieb DIECK, Verbindung. Demgegenüber verdient die Untersuchung von HECHBERGER, Lehnswesen, insbesondere S. 41–48, Beachtung, welche auch schon die ältere Literatur des 19. Jahrhunderts nach ihrer Deutung des Lehnswesens als Element der Verfassungsgeschichte befragt.

145) MITTEIS, Lehnrecht und Staatsgewalt S. 8.

mittelalterlicher Rechtstatbestand“[146] und als Gegenstand gemeinrechtlich orientierter Rechtsprechung in Erscheinung tritt.

Auch wenn man die pauschale Zuordnung des Lehnrechts zum einen oder anderen an heutigen Begriffen orientierten Rechtsgebiet ablehnt[147], ist es doch wichtig, sich die Vielschichtigkeit vor Augen zu behalten, in der das Lehnswesen die Lebenswirklichkeit bestimmt hat. Bereits die Glosse zum Sächsischen Lehnrecht zeigt, wie groß der betroffene gesellschaftliche Personenkreis letztlich war und welche Vielfalt von klärungsbedürftigen Aspekten daraus resultierte.

Das Zeitalter des Lehnrechts. Eine weitere tiefgreifende Neubewertung in der Erforschung des Lehnrechts betrifft die zeitliche Dimension. Zunächst hatte sich in den großen, grundlegenden Schriften aus der ersten Hälfte des 20. Jahrhunderts als das klassische Zeitalter des Lehnswesens das Hochmittelalter herauskristallisiert: Heinrich Mitteis konzentrierte sich in seiner verfassungsrechtlich ausgerichteten, rechtsvergleichenden Untersuchung lehnrechtlicher Institute auf das 10. bis 13. Jahrhundert[148]. Diesen Epochengrenzen schloss sich Marc Bloch 1939 in seiner stärker soziologisch ausgerichteten Studie „La société féodale“ an[149]. 1944 lieferte dann François Louis Ganshof mit „Qu’est-ce que la féodalité?“ eine prägnante und bis heute maßgebliche Beschreibung der Entwicklung des Lehnswesens und seiner verschiedenen Elemente. Auch er setzte die Ursprünge des Lehnswesens in das fränkische Reich, behandelte sodann das Hochmittelalter und schloss mit einem kurzen Ausblick auf das Herabsinken der lehnrechtlichen Institutionen in die Bedeutungslosigkeit für die Zeit nach 1200[150].

Das damals verhältnismäßig geschlossene Bild des Lehnswesens wurde 1979 von Karl-Friedrich Krieger wieder aufgebrochen[151]. Seine Schilderung der gezielten Feudalisierungspolitik der deutschen Könige zwischen 1200

---

146) ISENMANN, Pares curiae S. 232.

147) Für einen mittelalterlichen Einheitsgedanken, der die Unterscheidung zwischen privatem und öffentlichem Recht nicht kennt, sprachen sich schon V. GIERKE, Deutsches Privatrecht I S. 26–33, und BRUNNER, Land und Herrschaft S. 120–131, aus. Heinrich Mitteis ging auf diesen „Glaubenssatz“ explizit ein und rechtfertigte die Kategorien des Privaten und des Öffentlichen als taugliche Arbeitshypothese auch für das Mittelalter, MITTEIS, Lehnrecht und Staatsgewalt S. 6–13. Für die Lektüre lehnrechtlicher Arbeiten ist es jedenfalls wichtig, sich des jeweiligen Standpunkts des Autors bewusst zu sein, wenn er eine Zuordnung des Lehnrechts zur einen oder anderen Rechtsmaterie vornimmt.

148) MITTEIS, Lehnrecht und Staatsgewalt S. 1, 13 f., 461–463.

149) BLOCH, Feudalgesellschaft S. 216–223, 583.

150) GANSHOF, Was ist das Lehnswesen?, insbesondere S. 1–11, 183–185.

151) KRIEGER, Lehnshoheit im Spätmittelalter, insbesondere S. 577–588.

und 1437 bewirkte in der Lehnrechtsforschung eine grundlegende und nachhaltige Aufwertung des Spätmittelalters[152]. In der Folge wurde die neue Anerkennung des Lehnswesens als staatslenkendes Politikum des Spätmittelalters zum Anstoß für zahlreiche Arbeiten, die sich dem territorialen Lehnrecht und seinem Verhältnis zur jeweiligen Landesherrschaft zuwandten. Unter den wichtigsten Untersuchungen dieser Art sind die Arbeiten von Gerhard Theuerkauf zu den niederrheinischen und westfälischen Territorien[153], von Bernhard Diestelkamp zum Lehnrecht der Grafschaft Katzenelnbogen[154] und von Karl-Heinz Spieß zum Lehnswesen in der Pfalzgrafschaft bei Rhein[155] zu nennen[156]. Das Sächsische Lehnrecht hat im Rahmen dieser Entwicklung hingegen keine Neubearbeitung erfahren. Da es hinter der Erforschung des Sächsischen Landrechts überhaupt weit zurück steht[157], bleibt man für substantielle Inhalte im Wesentlichen noch immer auf die Untersuchung von Carl Gustav Homeyer zum Lehnrecht der sächsischen Rechtsbücher angewiesen[158].

Die Forschungsergebnisse der zweiten Hälfte des 20. Jahrhunderts hatten zunächst nichts daran geändert, dass man die Ursprünge des Lehnswesens im Frankenreich sah und seine klassische Blütezeit nach wie vor im 10. bis 13. Jahrhundert verortete. Diesem Modell hatte man das Spätmittelalter lediglich als eine zusätzliche, nicht zu vernachlässigende Epoche des Lehnrechts hinzugefügt. Selbst dieser erweiterte Grundkonsens wurde 1994 aber durch die Fundamentalkritik der englischen Historikerin Susan Reynolds nochmal auf eine harte Probe gestellt. Sie vertrat die radikale These, dass

---

152) Einen ausführlichen Überblick über den Stand der Forschungen zum Lehnswesen in der zweiten Hälfte des 20. Jahrhunderts bietet KWIATKOWSKI, Lehnswesen im späten Mittelalter. Vgl. außerdem die neue Darstellung von PATZOLD, Lehnswesen.

153) THEUERKAUF, Land und Lehnswesen.

154) DIESTELKAMP, Lehnrecht.

155) SPIESS, Lehnsrecht, Lehnspolitik und Lehnsverwaltung.

156) Wegen ihres Schwerpunktes im hohen Mittelalter wieder aus der Reihe fallend, aber gleichwohl erwähnenswert ist schließlich noch die dem rheinländischen und westfälischen Lehnrecht gewidmete Habilitationsschrift von DROEGE, Landrecht und Lehnrecht.

157) Diesen Umstand konstatiert auch KÜMPER, Sachsenrecht S. 205, der sich in seiner Dissertation selbst auf das Sächsische Landrecht beschränkt und dem Lehnrecht gerade einmal sieben Seiten widmet.

158) Sein „System des Lehnrechts der saechs. Rechtsbuecher“, HOMEYER, System, Sachsenspiegel II 2 S. 261–634, bleibt bislang unübertroffen. Die Erörterungen von HIRSCH, Einleitung, Eike von Repgow S. 1–98, leiden hingegen stark am allgegenwärtigen nationalsozialistischen Gedankengut des Autors, weshalb ihnen nur mühsam hier und da Verwertbares zu entnehmen ist. Den Forschungsstand arbeitet LÜCK, Woher kommt das Lehnrecht, auf.

man ohne Rücksicht auf die Quellen neuzeitliche Lehnrechtsvorstellungen kritiklos auf die Zeit des Früh- und Hochmittelalters rückprojiziert habe und dass sich tatsächlich ein echtes Lehnswesen in Europa erst unter dem Einfluss der *Libri Feudorum* des 12. Jahrhunderts entwickelt habe[159]. Reynolds extreme Position hat viel Beachtung, jedenfalls in der Rechtsgeschichtswissenschaft aber nur wenig Zustimmung erfahren[160]. Gleichwohl

---

159) REYNOLDS, Fiefs and vassals. „Fiefs and vassalage,“, so heißt es, „as they are generally defined by medieval historians today, are post-medieval constructs, though rather earlier than the construct of feudalism. Historians often refer to both fiefs and vassals when neither word is in their sources.“, DIES., ebenda S. 2. Zu Unrecht habe man von den lehnrechtlichen Vorstellungen der Wissenschaft des 16. Jahrhunderts, die auf der Grundlage römischrechtlicher Theorien der italienischen Universitäten ein vom Lehnrecht bestimmtes Mittelalter konstruiert hätten, auf die Realität geschlossen: „This academic law about fiefs needs to be distinguished from the customary law of the middle ages that historians call feudal law. It was based on a composite treatise, the *Libri Feudorum*, which had been compiled in Lombardy in the twelfth and early thirteenth centuries and remains one of the most extraordinarily neglected texts of the middle ages.“, DIES., ebenda S. 3. Keineswegs habe die postulierte Verbindung zwischen dinglicher und persönlicher Seite im behaupteten Maß bestanden. Für Deutschland kommt Reynolds zum Ergebnis, hier habe sich das Lehnrecht in aller Intensität überhaupt erst im Spätmittelalter entwickelt: „The full development of feudovassalic institutions in Germany, however, came still later. The records of law and government after 1300 show that the creation of fiefs and the exaction of obligations from fiefholders were an important aspect of the ‚administrative states‘ (‚Verwaltungsstaaten‘) of the late middle ages.“, DIES., ebenda S. 473 f.

160) Über Reaktionen der Literatur informiert die Rezension von JÄSCHKE, Susan Reynolds S. 523–525; über die der Presse überdies SPIESS, Zur Einführung S. 11–13. KROESCHELL, Lehnrecht und Verfassung, setzt sich mit den Thesen Reynolds auseinander und kommt zu dem Ergebnis, dass sie mit der Quellenlage des Hochmittelalters, insbesondere mit den Regelungen des Sachsenspiegels und der Überlieferung zu den Lehnrechtsprozessen Friedrich Barbarossas und Heinrichs des Löwen, unvereinbar sind. Insgesamt positiver wurden Reynolds Thesen in der Geschichtswissenschaft aufgenommen. Reynolds Thesen waren Anlass, die Institute des *beneficium* und der Vasallität für die fränkische Zeit noch einmal unvoreingenommen zu untersuchen. DEUTINGER, Seit wann, und KASTEN, Lehnswesen, kommen zu dem Schluss, dass ein eigentliches Lehnswesen nicht schon im Frankenreich, sondern erst Mitte des 11. Jahrhunderts entstanden sei. Im Nordosten des Reichs, so AUGE, Hominium, habe sich ein Lehnswesen gar bis zum Ende des 12. Jahrhunderts nicht etabliert. Im Übrigen nahm man Reynolds Kritik, das heutige Modell der feudo-vasallitischen Strukturen des Hochmittelalters baue auf einer äußerst ungenügenden Quellenbasis auf, im Jahr 2008 zum Anlass, es auf einer Mediävistentagung in München noch einmal einer kritischen Überprüfung anhand des Quellenmaterials des 12. Jahrhunderts zu unterziehen, vgl. DENDORFER, Einleitung, insbesondere S. 23–27. Eine Tagung zur „Ausbildung und Verbreitung des Lehnswesens

beleuchten ihre Thesen, um auf die Ausgangsfrage nach der „Epoche des Lehnswesens“ zurückzukommen, wie weit die Meinungen der Forschung bereits in solch grundlegenden Bewertungen des Phänomens Lehnswesen auseinandergehen können.

Der einstige Glaube an ein bloß hochmittelalterliches, im 13. Jahrhundert verblassendes Lehnrecht ist zu Recht aufgegeben worden. Heute sieht man im 12. Jahrhundert eine entscheidende Phase, in der sich das Lehnswesen als abgeschlossene Rechtsmaterie ausbildete und festigte[161]. Als „eigentliche Hochzeit“[162] des Lehnswesens ist das Spätmittelalter ins Zentrum der Betrachtung gerückt. Die Existenz einer Quelle wie der Lehnrechtsglosse aus dem 14. Jahrhundert, deren Rezeptionsgeschichte noch bis über das 16. Jahrhundert hinausreicht, verwundert also nicht mehr. Gleichzeitig wird man sich angesichts der letztlich beinahe ein Jahrtausend und ganz Europa umspannenden Entwicklung des Lehnswesens in besonderem Maße bewusst machen müssen, dass Lehnrecht nicht gleich Lehnrecht ist[163]. Im Laufe seiner bis zum Ende des Alten Reiches andauernden Geschichte hat es die unterschiedlichsten Ausprägungen und Entwicklungsstufen erfahren.

Die Teilnehmer am Lehnswesen. In diesem Sinn scheint es angezeigt, noch einen letzten Gemeinplatz der Lehnrechtsforschung zur Diskussion zu stellen. Nach dem klassischen Verständnis verbindet sich mit dem Lehnswesen die Idee einer mit Grundbesitz versorgten, zur Treue verpflichteten Kriegerkaste. Traditionell ist Lehnrecht demnach primär militärisch ausgerichtetes „Ritterrecht“. Dieses Bild mag den Charakter des Lehnswesens zwar für bestimmte Zeiten und Quellen in seinem Kern treffen, dennoch wird es der enormen Bandbreite an Formen, Funktionsmechanismen und Beteiligten insgesamt kaum gerecht.

Dass die Gleichsetzung des Lehnrechts mit Ritterrecht leicht zu Missverständnissen führen kann, wird deutlich, wenn man die große Komplexität des Gegenstands in wenigen Eckpunkten umreißt: Bezieht man jenseits der Rechtsbücher noch weitere Quellen mit ein, dann fassen sie unter den Be-

---

im Reich und in Italien im 12. und 13. Jahrhundert“ veranstaltete im Anschluss 2011 der Konstanzer Arbeitskreis für mittelalterliche Geschichte, vgl. SPIESS, Zur Einführung.

161) DEUTINGER, Das hochmittelalterliche Lehnswesen S. 467–470; DERS., Vom Amt zum Lehen, insbesondere S. 144; PATZOLD, Lehnswesen im Spiegel S. 303–306; SPIESS, Zur Einführung S. 11. Die „produktive Verunsicherung“ der Geschichtswissenschaft über lange vertrautes und gesichertes Wissen zum Lehnrecht fasst AUGE, Ausbildung und Verbreitung, zusammen.

162) DENDORFER, Was war das Lehnswesen? S. 52.

163) Über die Verfehlung, „das“ Lehnswesen als ein im Detail festgelegtes, statisches Modell mit gesamteuropäischen und überzeitlich gültigen Regeln aufzufassen, DEUTINGER, Das hochmittelalterliche Lehnswesen S. 470.

griff des „Lehens" sehr heterogene Leiheformen, darunter die unterschiedlichsten Lehnsobjekte und durchaus auch bäuerliche Leiheformen[164]. Der Kreis der Lehnsfähigen bestand außerdem nur vom Grundsatz her aus waffenfähigen Männern von ritterlicher Geburt, tatsächlich aber wurde das Prinzip schon in den Rechtsbüchern selbst durch zahllose Ausnahmen und Umwege für Frauen, Kinder, Geistliche, etc. relativiert[165]. Bereits in der Praxis des 13. Jahrhunderts wurden Lehen, die sich nicht wesentlich von denen der Ritter unterschieden, auch an Bürger und Kommunen verliehen[166]. Im Spätmittelalter wächst sogar die Zahl der bürgerlichen Kronvasallen sprunghaft an, wobei auch Handwerkerfamilien direkt vom König belehnt worden sind[167]. Schließlich lässt sich mit zunehmender Verdinglichung des Lehnswesens auch seine fortschreitende Fiskalisierung und Kommerzialisierung beobachten.

In all diesen Aspekten tritt der überaus multifunktionale Charakter des Lehnswesens zutage, der über ein „spezifisch adlig-ritterliches Reservat"[168] weit hinausreicht. Im Übrigen entzieht es sich nach gegenwärtigem Forschungsstand weiteren Schlagworten und Simplifizierungen. Am ehesten wird man in vielen Fällen statt vom „Lehnswesen" im engeren von einem „Leihewesen" in einem übergeordneten Sinne sprechen können[169]. Insgesamt tut man jedenfalls gut daran, das bislang wenig erforschte Sächsische Lehnrecht und seine spätere Glossierung ergebnisoffen und quellennah zu interpretieren.

Zusammenfassend erhellt der Überblick über den Forschungsstand, dass eine grundlegende Bewertung der Lehnrechtsglosse bis heute noch aussteht. Bisherige Ansätze zu einer Erforschung der Glosse betrafen fast ausschließlich Fragen der Überlieferung, ohne dass das Problem der Textentwicklung

164) EBEL, Über den Leihegedanken, insbesondere S. 14. Keineswegs wird zwischen den „echten" vasallitischen und den sonstigen Lehen immer klar getrennt. Erst die lehnrechtsgeschichtliche Forschung unserer Tage habe das Ritterlehen zum Leitbild, zum Lehen schlechthin erklärt.

165) Der Sachsenspiegel zeigt dieses Muster in charakteristischer Art und Weise. Die Heerschildordnung wird mehr als Sollvorschrift, als hypothetisches Modell, denn als zwingende Regelung für die Praxis angesehen. Vgl. zum vielfältigen Kreis der Beteiligten und zur Vielfalt der Lehnsformen PATZOLD, Lehnswesen S. 107–116. Zum Weiberlehen insbesondere RÖCKELEIN, De feudo femineo.

166) Zu diesem Ergebnis gelangt die aufschlussreiche und quellennahe Untersuchung von GRABSCHEID, Bürgerlehen, insbesondere S. 53–62.

167) KRIEGER, Lehnshoheit im Spätmittelalter S. 225–230. Vgl. zu dieser Entwicklung auch PATZOLD, Lehnswesen S. 109.

168) GRABSCHEID, Bürgerlehen S. 1.

169) DEUTINGER, Das hochmittelalterliche Lehnswesen S. 472.

bereits abschließend geklärt werden konnte. Eine stilistische und inhaltliche Würdigung der Lehnrechtsglosse hat noch nicht stattgefunden. Noch gänzlich offen sind die Fragen, wie sich im Fall der Lehnrechtsglosse die Anwendung gelehrter Methode gestaltet, welche Rückschlüsse sich daraus auf die Bedeutung des gelehrten Rechts jenseits kirchlicher Gerichtsbarkeit in der Epoche sogenannter Frührezeption ziehen lassen und in welchem Licht die Glosse Sächsisches Lehnrecht und spätmittelalterliches Lehnswesen beschreibt.

III. Kleine Geschichte einer *iurisprudentia romano-saxonica*

Wenn sich abseits der geistlichen Gerichte Hinweise auf eine frühe Kenntnis und Beachtung des römisch-kanonischen Rechts in Deutschland weniger in seiner direkten, praktischen Anwendung als vielmehr im Entstehen einer gelehrten Rechtsliteratur nachweisen lassen, gilt es, diese genauer zu erfassen. Die Lehnrechtsglosse ist Indikator und Repräsentantin einer frühen wissenschaftlichen Beschäftigung mit dem einheimischen Recht, die im sächsisch-magdeburgischen Rechtsraum zu einer beachtlichen Anzahl rechtsliterarischer Schriften geführt hat. In ihrem Zusammenhang ist die Lehnrechtsglosse zu sehen. Bereits im 14. und 15. Jahrhundert hat es eine deutsche Rechtswissenschaft gegeben, deren Erzeugnisse und Wirkungen in der Forschung bisher insgesamt jedoch erst wenig beachtet worden sind[170]. Erst kursorisch und unvollständig lässt sich nach dem jetzigen Forschungsstand das Bild von den literarischen Erzeugnissen dieser Zeit zeichnen[171]. Ein Überblick

170) Nach KROESCHELL / CORDES / NEHLSEN-VON STRYK, Deutsche Rechtsgeschichte II S. 52, hat die deutsche Rechtswissenschaft des Mittelalters „im Geschichtsbewusstsein des deutschen Juristen bis heute keinen rechten Platz". Eine Forschungslücke merkte auch EBEL, Überlegungen, an und stellte einen Katalog im Zusammenhang zu sehender schlesischer Quellen zusammen (S. 321).

171) Eine umfassende Gesamtschau der Werke der deutschen Rechtswissenschaft des Mittelalters gibt es nicht. Für detaillierte Informationen ist man teilweise auf Literatur des vorvergangenen Jahrhunderts angewiesen. Überblicke bieten AMIRA / ECKHARDT, Germanisches Recht I S. 161 f., 175–185 und passim; HORN, Legistische Literatur S. 283–287, 357–363; JOHANEK, Rechtsschrifttum S. 421–431; KROESCHELL / CORDES / NEHLSEN-VON STRYK, Deutsche Rechtsgeschichte II S. 52–55; KÜMPER, Sachsenrecht S. 165–187 und passim. Ausführlicher handeln COING, Römisches Recht S. 136–12, HOMEYER, Einleitung, Richtsteig LdR, passim; DERS., Einleitung LnR sowie Einleitung Richtsteig LnR, Sachsenspiegel II 1, passim; und STOBBE, Rechtsquellen I S. 374–421, 443–458. Die Arbeit von V. STINTZING, Geschichte I, ist in weiten Teilen veraltet. SCHLIP, Literatur in Deutschland, deckt erst die späteren Drucke des 16. bis 18. Jahrhundert ab.

ist als Entstehungshintergrund für das Verständnis der Lehnrechtsglosse aber unabdingbar.

Schon die frühen Vertreter spätmittelalterlicher sächsischer Rechtswissenschaft waren gelehrte Juristen, die sich zunächst ganz überwiegend in Norditalien, daneben aber auch in Frankreich ausbilden ließen[172] und nach ihrem Studium in ihre Heimat zurückkehrten. Später wurde es für deutsche Studenten nicht unüblich, hintereinander auch an mehreren, verschiedenen Universitäten im Ausland zu studieren[173]. Im deutschen Raum etablierte sich das Studium des römischen Rechts dagegen erst im Verlauf des 15. Jahrhundert[174]. Nicht ausnahmslos, aber doch ganz überwiegend waren die studierten Juristen des Spätmittelalters Kleriker, empfingen also mindestens die niederen Weihen[175]. In ihrer Heimat fanden sie Anstellungen bei den Offizialaten, aber auch in den Städten und an Fürstenhöfen. Aus dem Studium

172) Deutsche Studenten besuchten vor allem die norditalienischen Universitäten wie Bologna, Pavia, Padua, Siena und Perugia, daneben aber auch Paris, Orléans und Oxford, SCHMUTZ, Juristen I S. 171–177. Vgl. zum Bildungshintergrund des sächsischen gelehrten Juristen des Spätmittelalters noch ausführlich unten S. 283 ff.

173) SCHMUTZ, Juristen I S. 179.

174) Das Studium der Jurisprudenz an deutschen Kloster- und Domschulen konzentrierte sich auf das kanonische Recht und beschränkte sich auf die Vermittlung der wichtigsten Stoffe des römischen Rechts für den kirchlichen Prozess; vgl. dazu unten S. 285 ff. Universitäten wurden im mittelalterlichen deutschen Reich erst seit der zweiten Hälfte des 14. Jahrhundert gegründet – allen voran Prag (1348) sowie Krakau in Polen (1364), dann Wien (1365), Erfurt (1379/1389), Heidelberg (1385) und Köln (1388); Im 15. Jahrhundert folgten Würzburg (1402), Leipzig (1409), Rostock (1419), Greifswald (1456), Freiburg (1457), Basel (1459), Ingolstadt (1472), Trier (1473), Tübingen und Mainz (1476), vgl. die Übersicht bei KINDER / HILGEMANN / HERGT, dtv-Atlas Weltgeschichte S. 180. Alle deutschen Universitäten seit 1365 haben juristische Fakultäten eingerichtet, wobei die formal vorgesehene Teilung in eine legistische und kanonistische Fakultät aber selten praktisch umgesetzt wurde, BURMEISTER, Studium S. 32. Vielmehr zeigt ein Vergleich der Besetzungen der römischrechtlichen und kirchenrechtlichen Lehrstühle noch bis zur Hälfte des 15. Jahrhunderts ein starkes Übergewicht der Vertretung des kanonischen Rechts, BURMEISTER, Studium S. 40–58. Insbesondere darf man die Zahl der Lehrer und die Vielfältigkeit der Unterrichtsveranstaltungen nicht aus dem bloß theoretischen Anspruch der Statuten entnehmen. Mit dieser Feststellung relativiert BURMEISTER, Studium S. 57, das von COING, Römisches Recht S. 69 f., gezeichnete Bild einer teilweise bereits früher etablierten Pflege des römischen Rechts an deutschen Universitäten. Alles in allem bewirkte die starke Unterrepräsentation des römischen Rechts, dass deutsche Studenten für eine fundierte juristische Ausbildung noch bis weit in das 15. Jahrhundert hinein auf ein Studium im Ausland angewiesen blieben. Vgl. zum Ganzen auch unten S. 289 ff.

175) KROESCHELL / CORDES / NEHLSEN-VON STRYK, Deutsche Rechtsgeschichte II S. 42–46 m. w. N., sowie am Beispiel Bologna SCHMUTZ, Juristen I S. 86–88.

im Ausland brachten sie ihr Wissen um das römische und kanonische Recht, veränderte Rechtsauffassungen und neue Methoden mit sich. Auch die deutschen Bibliotheken füllten sich mehr und mehr mit italienischer und französischer Literatur zum *Corpus iuris* und zu den kanonischen Dekretalen[176]. Obwohl es an eigenen Universitäten im Land zunächst noch fehlte und eigene Rechtsfakultäten auch später nur allmählich an Bedeutung gewannen, bildete sich in Deutschland ein gelehrter Juristenstand heraus, der auch ohne institutionellen Rückhalt zu wirken begann. Es verwundert kaum, dass der neue Typus des Rechtsgelehrten auch literarisch tätig wurde.

So entstand eine gelehrte oder teilweise doch immerhin halbgelehrte Rechtsliteratur. Die Werke des 13. bis 15. Jahrhunderts spiegeln eine große Bandbreite an Inhalten und Darstellungsformen wider, weshalb im Folgenden eine nähere Eingrenzung und Klassifizierung versucht werden soll.

1. Eingrenzung der Quellen

Die folgende Bestandsaufnahme bezweckt eine Klärung des literarischen Umfels, in dem die Lehnrechtsglosse entstand, und damit auch eine erste gattungsmäßige Verortung der Quelle in die Rechtsliteratur ihrer Zeit. Dazu werden mehr oder weniger mit der Lehnrechtsglosse verwandte Schriften zusammengetragen. Dieser Überblick beschränkt sich auf die sächsische Rechtsliteratur des 14. und 15. Jahrhunderts. Eine solche sachliche und zeitliche Eingrenzung des Quellenmaterials erklärt sich zum einen aus dem mittelalterlichen Verständnis von Rechtswissenschaft als einer analytischen Textwissenschaft und zum anderen aus der faktisch zu beobachtenden Konzentration der Schriften dieser Zeit auf eine Behandlung des Sächsischen Rechts. Beide Punkte bedürfen näherer Erläuterung.

a) Schriftrecht als Voraussetzung für Rechtswissenschaft

Der Verwissenschaftlichung des einheimischen Rechts ging seine Verschriftlichung als Vorstufe und grundlegende Bedingung für Rechtswissenschaft notwendig voraus. Die maßgebliche Bedeutung von Schriftrecht als Voraussetzung für Rechtswissenschaft ist in der Literatur bereits verschiedentlich, in neuerer Zeit noch einmal von Heiner Lück, hervorgehoben worden[177].

---

176) COING, Römisches Recht S. 140–161.

177) LÜCK, Beitrag Eikes, insbesondere S. 303 f. Die Aufzeichnung des Sachsenspiegels ist selbst noch kein wissenschaftlicher Text, stellt aber einen erheblichen Beitrag *zur* Verwissenschaftlichung und Professionalisierung des Rechts dar, LÜCK, Beitrag Eikes S. 310; DERS., Rezeption des Sachsenspiegels S. 153. – Auch ROSENSTOCK, Ostfalens

Mit rechtswissenschaftlicher Literatur sind im Folgenden deshalb nicht schon die Rechtsbücher selbst gemeint. Rechtswissenschaft ist die Beschäftigung mit Recht. Sie setzt es als Objekt voraus. Die Rechtsbücher sind daher Grundlage, Gegenstand und Anstoß zur Reflexion von Rechtsproblemen gewesen, stellten solche Untersuchungen aber nicht selbst an. Im Einklang mit einem mittelalterlichen Verständnis von Jurisprudenz als einer textbezogenen Wissenschaft lassen sich vielmehr erst die Arbeiten *zu* den sächsischen Rechtsbüchern als Schriften von eindeutig rechtswissenschaftlicher Qualität verstehen.

Verschriftlichung und Verwissenschaftlichung des Rechts bedingten einander. Der Sachsenspiegel markiert einen wichtigen Meilenstein in der Entwicklung einer überwiegend oral geprägten Rechtskultur des Früh- und Hochmittelalters hin zur Welt des Schriftrechts. Dieser Übergang von Oralität zu Literalität im Recht ordnet sich in einen gesamteuropäischen Verschriftlichungsprozess ein[178], der in den Arbeiten der Legisten und Kanonisten des 12. Jahrhunderts seinen Ausgangspunkt fand und besonders im 13. Jahrhundert zu Rechtsaufzeichnungen in ganz Europa führte. Als Rechtsaufzeichnung war der Sachsenspiegel keine Ausnahmeerscheinung, vielmehr ordnet er sich in eine ganze Reihe mittelalterlicher Rechtsdarstellungen ein[179]. An erster und frühester Stelle steht er aber für den deutschen

---

Rechtsliteratur S. 145, versagt dem Sachsenspiegel als gewissermaßen aus dem Nichts heraus verfassten Werk das Etikett eines wissenschaftlichen Textes: „Denn eine Wissenschaft besteht erst da, wo der Schüler von einem Lehrer zubereiteten Wissensstoff übernimmt und nicht von vorne zu beginnen braucht. Deshalb ist auch der Sachsenspiegel selbst […] noch nicht einer wissenschaftlichen Behandlung des deutschen Rechtes gleichzusetzen.“ – In ähnlicher Weise konstatiert KÖBLER, Glossen zum Sachsenspiegel-Landrecht S. 641, dass die Verschriftlichung des Rechts einer der wichtigsten Schritte auf dem Weg zu seiner Verwissenschaftlichung ist und erst die Aufzeichnung des Sachsenrechts durch Eike von Repgow die Voraussetzung für eine gelehrte Beschäftigung mit Sächsischem Recht schuf.

178) BERTELSMEIER-KIERST, Kommunikation und Herrschaft S. 12 f.; GAGNÉR, Ideengeschichte S. 288–307, insbesondere S. 302–307; KROESCHELL, Deutsche Rechtsgeschichte I S. 263 f.; LIEBERWIRTH, Wirkungsgeschichte S. 63; SCHOTT, Sachsenspiegel und Magdeburger Recht, Rn. 17–20; WIEACKER, Privatrechtsgeschichte S. 98. Im Überblick und mit weiteren Nachweisen KANNOWSKI, Art. Aufzeichnung des Rechts, in: ^{2}HRG I Sp. 352–355.

179) Ausgangspunkt des neuen Schriftrechts waren die *Canones*-Sammlungen des 11. und 12. Jahrhunderts, insbesondere das *Decretum Gratiani* (um 1140) und die Arbeiten der Glossatoren in Bologna. Die kirchliche und profane Rechtswissenschaft hat dann in ganz Europa lateinische und später auch volkssprachliche Rechtsaufzeichnungen hervorgebracht, vgl. HORN, Legistische Literatur S. 268–313, und JOHANEK, Art. Rechtsbücher, in: LexMA VII Sp. 519–521. Nur beispielhaft seien der *Tractatus de legibus et con-*

Bereich. Seine außerordentliche Bedeutung auch für die europäische Rechtsgeschichte gewinnt er darüber hinaus durch seinen ungewöhnlich hohen Verbreitungsgrad[180] und die Tatsache, dass er Anstoß und Vorlage für viele weitere Rechtsaufzeichnungen[181] geworden ist. Somit lässt sich der Sachsenspiegel als ein wesentlicher Impulsgeber aus dem deutschsprachigen Raum für die europäische Verschriftlichungsbewegung charakterisieren.

Erst das Vorliegen eigener Rechtstexte ermöglichte also die Entstehung einer Wissenschaft vom einheimischen Recht. Unter dem Eindruck der an den Rechtsschulen Italiens zum römischen *ius civile* entwickelten wissenschaftlichen Arbeitsmethode der Glossierung wurde der Sachsenspiegel etwa 100 Jahre nach seiner Niederschrift dann tatsächlich erstmals selbst zum Gegenstand wissenschaftlicher Bearbeitung. Indem sie ihn zum Gegenstand intellektueller Bearbeitung erhob, verstärkte die Glosse die Autorität

---

suetudinibus des Ranulf Glanvill (1187–89) und *De legibus et consuetudinibus regni Angliae* des Henricus de Bracton aus England (um 1250), der *Liber Legis Scaniae* des Andreas Sunesson in Dänemark (1206–15), die *Fueros* von Aragón des Vidal de Cañellas aus Spanien (1247) und die *Coutumes de Beauvaisis* des Philippe de Beaumanoir aus Frankreich (1280–83) herausgegriffen.

180) Der Sachsenspiegel verbreitete sich über ganz Mittel- und Norddeutschland und bis weit nach Osteuropa. Im süddeutschen Raum fand vor allem seine Tochterquelle, der sogenannte Schwabenspiegel, Verbreitung. Insgesamt ist der Sachsenspiegel mit rund 465 Handschriften und Fragmenten der am breitesten überlieferte mittelalterliche deutsche Rechtstext. Während dem 13. Jahrhundert nur sehr wenige Textzeugen angehören (KROESCHELL, Rechtsaufzeichnung und Rechtswirklichkeit S. 368 zählte noch sechs, BERTELSMEIER-KIERST, Kommunikation und Herrschaft S. 94, hingegen schon 11 Textzeugen), lassen sich für das 14. Jahrhundert bereits über 100 ermitteln; ihre volle Breite erreicht die handschriftliche Überlieferung aber erst im 15. Jahrhundert, vgl. KROESCHELL, Rechtsaufzeichnung und Rechtswirklichkeit S. 371, 374. Das mehrfach überarbeitete Verzeichnis von HOMEYER, Die deutschen Rechtsbücher, wurde 1990 durch das noch heute maßgebliche Handschriftenverzeichnis von OPPITZ, Rechtsbücher I und II, ersetzt. Den Versuch, die Entstehung, Verbreitung und Benutzung der Sachsenspiegelhandschriften zusammenhängend darzustellen, haben bisher mit umstrittenem Erfolg NOWAK, Verbreitung und Anwendung, und dann HÜPPER, Auftraggeber, Schreiber und Besitzer, unternommen.

181) Der Sachsenspiegel selbst wurde in alle deutschen Mundarten und ins Lateinische, darüber hinaus aber auch ins Niederländische, Polnische, teilweise noch ins Russische, Ukrainische und Tschechische übersetzt. Außerdem unterlag er zahlreichen Umarbeitungen zu Sonderformen und Tochterrechtsbüchern. Beispielhaft seien das Görlitzer Rechtsbuch, das Breslauer Landrecht, das Neumarkter Rechtsbuch, das Löwenberger Rechtsbuch, der Livländische Spiegel, der holländische Sachsenspiegel, der Deutschen- und der Schwabenspiegel, das Zwickauer, das Meißener und das Eisenacher Rechtsbuch genannt. Dazu ausführlich KÜMPER, Sachsenrecht S. 335–482, und im Überblick LIEBERWIRTH, Wirkungsgeschichte S. 68–82.

des Sachsenspiegels. Darüber hinaus erreichte die Buch'sche Glosse neben dem Rechtsbuch spätestens seit dem 16. Jahrhundert selbst eine gewisse Geltungskraft als eigenständige Rechtsquelle des *ius Saxonum*[182]. In Funktion und Wirkungsweise ist die Buch'sche Glosse zum Sachsenspiegel-Landrecht also durchaus mit der Accursischen *Glossa ordinaria* zum römischen *Corpus iuris* vergleichbar[183].

Mit der Kategorie der Glosse zeichnet sich die Verwissenschaftlichung des einheimischen Rechts als ein zentraler Aspekt seiner Verschriftlichung ab. Als erste größere Rechtsaufzeichnung im deutschsprachigen Raum wurde der Sachsenspiegel zur Voraussetzung und Basis für eine wissenschaftliche Bearbeitung des Rechts auf einer neuen Ebene. Nicht mehr das römische und kanonische, sondern das einheimische Recht wurde nun zum Objekt der Betrachtung.

Die qualitative Unterscheidung zwischen Rechtsbüchern einerseits und Rechtsliteratur zu diesen Rechtsbüchern andererseits ist allerdings weniger eindeutig, als es auf den ersten Blick scheint. Es ist nämlich keineswegs klar, was genau man sich unter Rechtsbüchern als Quellengattung vorzustellen hat. Traditionell versteht man darunter private Aufzeichnung von Gewohnheitsrecht, denen gesetzesgleiche Geltung zuteil wurde[184]. Die einzelnen Teilelemente dieser Definition bereiten jedoch, weil sie unspezifisch und wenig belegbar sind, Probleme[185]. Mit Hiram Kümper wird man als ein wichtiges verbindendes Element der Rechtsbücher jedenfalls eine „Zwischenstellung dieser Schriften zwischen Rechtsquelle und -literatur" herausstreichen dürfen[186]. Es handelt sich um Produkte „schriftstellerischer Arbeit

182) HOMEYER, Genealogie S. 115, urteilt: „Die Glosse fand ähnlichen Beifall, wie Eikes Werk selber." Für die Geltung der Buch'schen Glosse als eigenes „book of authority" argumentiert KANNOWSKI, *Umgestaltung* S. 8 und 17–23, mit der juristischen Literatur des 15. und 16. Jahrhunderts an, in der die Glosse gleichberechtigt neben dem Sachsenspiegeltext allegiert wird. Bemerkenswert ist außerdem, dass alle frühneuzeitlichen Drucke des Landrechts auch die Glosse enthalten.

183) Die Buch'sche Glosse ist denn auch von Claudius Freiherr von Schwerin bereits als „*Glossa ordinaria*" bezeichnet worden (zitiert nach KANNOWSKI, Umgestaltung S. 90 Anm. 515).

184) JOHANEK, Art. Rechtsbücher, in: LexMA VII Sp. 519f.

185) Zur Kritik im Einzelnen KÜMPER, Sachsenrecht S. 22–44; und unten S. 636ff. Schon die Berechtigung des Begriffpaars der „Öffentlichkeit" und „Privatheit" im Kontext mittelalterlicher Geschichte wird seit langem in Zweifel gezogen. Weitere Probleme bereitet die Frage, „wie man sich die Anwendung eines Gesetzes im deutschen Gerichtsverfahren zur Zeit des Sachsenspiegels überhaupt vorzustellen habe", KROESCHELL, Rechtswirklichkeit und Rechtsbücherüberlieferung S. 1.

186) KÜMPER, Sachsenrecht S. 45. Im Folgenden tritt Kümper für eine Neudefinition des Rechtsbücherbegriffs als „autoritative Lehrbücher" (DERS., ebenda S. 46) ein; vgl.

rechtskundiger Männer"[187]. Wenn man sich vor Augen hält, dass die Rechtsbücher aus einer besonderen, oral geprägten Rechtskultur heraus verfasst wurden und eine vorgefundene Rechtsmaterie in beschreibender und belehrender Art abbilden, dann scheint eine Einordnung der Rechtsbücher selbst in die Kategorie der Wissenschaft bereits weniger fernliegend[188]. Hinzu kommt, dass auch die Rechtsbücher selbst, wenn auch in ungeklärtem Umfang, bereits vom römischen und kanonischen Recht beeinflusst sind[189].

Im Ergebnis scheint es gleichwohl wenig zielführend, in Zeiten einer entlang des gelehrten Rechts bereits voll entwickelten Vorstellung von Jurisprudenz als textbezogener Wissenschaft mit dem Etikett der „Wissenschaftlichkeit" an die frühen Rechtsbücher heranzutreten. Denn die Rechtsbücher unterscheiden sich von den in ihrer Folge geschriebenen Rechtstexten grundsätzlich durch ihre Perspektive: Wo diese vor allem den Anspruch erheben, ein normativer Text zu sein, sind jene rein deskriptiv. Anders als die Rechtsbücher befassen sich die Schriften zweiter Generation mit Recht, das nun Wort für Wort schriftlich fixiert vorliegt. Als Sekundärtexte unternehmen sie den Versuch einer ordnenden Beschreibung. Sie erörtern die vorgefundenen Rechtsquellen und die mit ihnen verbundenen Anwendungsprobleme, verfolgen also weit eindeutiger einen wissenschaftlichen Ansatz. Die Unterscheidung zwischen Rechtsbüchern als Primärtexten einerseits und wissenschaftlicher Begleitliteratur als kommentierende Sekundärtexte andererseits bleibt daher gerechtfertigt.

b) Beschränkung auf die sächsische Rechtsliteratur des Spätmittelalters

Begrenzt man eine Bestandsaufnahme der frühen deutschen Rechtswissenschaft der Rechtsbücherzeit auf die Werke, die zu den Spiegeln und Stadtrechtsbüchern geschrieben wurden, dann ist in zeitlicher Hinsicht eine Fokussierung auf das 14. und 15. Jahrhundert sinnvoll. Eine solche Periode deckt noch die frühesten überlieferten Werke ab und trägt am Ende jener

---

dazu noch ausführlich unten S. 636 ff.

187) OPPITZ, Rechtsbücher I S. 19.

188) Nach STOBBE, Rechtsquellen I S. 287, sind die Rechtsbücher „die ersten wissenschaftlichen Arbeiten über das deutsche Recht". Zur Kritik an dieser Einordnung mit Blick auf das Fortleben oraler Rechtstraditionen und einer nur allmählich sich vollziehenden Lösung des Rechts von der kasuistischen Einzelfallgebundenheit KÜMPER, Sachsenrecht S. 18.

189) Einen viel engeren Zusammenhang des Sachsenspiegelrechts mit der Rezeption der fremden Rechte als bisher angenommen unterstreicht in seinen Forschungen LÜCK, Dresdner Bilderhandschrift; DERS., Sachsenspiegel als Kaiserrecht S. 266–270; DERS., Sonderweg Manuskriptseite 12–14, vgl. dazu auch oben S. 37.

Umbruchphase Rechnung, in der Reformation, die Erfindung des Buchdrucks und das Gedankengut des Humanismus die frühe Neuzeit einleiten. Verbunden mit dem Ausbau des einheimischen Universitätswesens und der Vollrezeption des *ius commune* hoben diese Prozesse die deutsche Rechtswissenschaft auf ein europäisches Niveau. Die ab dem 16. Jahrhundert entstandenen Schriften unterscheiden sich erheblich von den Werken der vorangegangenen, hier interessierenden Phase des deutschen Spätmittelalters[190]. Das pauschal negative Urteil der Forschung, die seit langem die Provinzialität der frühen deutschen Rechtswissenschaft betont[191], beruht indes auf keiner eingehenden Beschäftigung mit diesen frühen Schriften. Keinesfalls darf es als Rechtfertigung dienen, sie zu ignorieren.

In einem ersten Schritt lassen sich die Werke des Spätmittelalters nach ihrem Bearbeitungsgegenstand (und regelmäßig auch nach ihrer Sprache!) in lateinische Arbeiten zum römischen oder kanonischen Recht einerseits und deutschsprachige Arbeiten zum einheimischen Recht andererseits einteilen. Nur am Rande soll die erste Gruppe hier interessieren. Zwar hat bereits das deutsche Spätmittelalter einige recht verbreitete Schriften zum römischen und kanonischen Recht hervorgebracht[192], sie sagen aber über den mit der Lehnrechtsglosse angesprochenen Themenkomplex der profanen Frührezeption wenig aus. In diesem Zusammenhang interessieren vielmehr solche

190) Zwar warnt BAUMGÄRTNER, Kontinuität und Wandel, insbesondere S. 182–185, vor einer Überbewertung der angeblichen Zeitenwende 1500. Das *ius commune* habe als epochenübergreifende Grundlage eines europäisch-universalen Rechts bis zu den Kodifikationsbestrebungen des 18. Jahrhunderts fortbestanden. Die Methoden der humanistischen Jurisprudenz haben jedoch, auch wenn sie die Gerichtspraxis nur wenig beeinflussten, zu großen Veränderungen in der theoretisch-programmatischen Literatur und im Universitätsunterricht geführt. Als wissenschaftsgeschichtliche Epochengrenze bleibt die Wende zum 16. Jahrhundert daher gerechtfertigt.

191) AMIRA / ECKHARDT, Germanisches Recht I S. 181, sprechen insgesamt von einer „Periode des Verfalls“. Einen provinziellen Charakter attestieren der frühen deutschen Rechtswissenschaft auch COING, Römisches Recht S. 163, und HORN, Legistische Literatur S. 283. KÜMPER, Sachsenrecht S. 274, der die Wirkungs- und Literaturgeschichte des Sachsenspiegels entlang der Jahrhundertgrenzen in fünf Epochen gliedert, verortet die „Wiege der ‚sächsischen Rechtswissenschaft‘“ erst im Humanismus des 16. Jahrhundert. Und schon MUTHER, Römisches und canonisches Recht S. 17, hielt das Niveau der wissenschaftlichen Kultur in Deutschland für „äusserst niedrig“.

192) Es handelt sich bei den Produkten dieser gelehrten deutschen Literatur zum römisch-kanonischen Recht vor allem um einführende Werke. Zu ihnen gehören etwa die *Tabula iuris utriusque* des Johannes von Erfurt, das *Introductorium* des Hermann von Schildesche und der *Vocabularius iuris utriusque* des Jodocus. Im 15. Jahrhundert werden auch *Lecturae*, Kommentare, Summen und Traktate zum römischen Recht verfasst, vgl. COING, Römisches Recht S. 191–201; HORN, Legistische Literatur S. 284 f.

Schriften, die sich unter dem Eindruck der gelehrten Rechte explizit den einheimischen Rechtstexten zuwenden.

Bei einer Beschränkung auf die Partikularrechtsliteratur drängt sich noch eine weitere Konkretisierung der in den Blick zu nehmenden Werke auf: Sehr bemerkenswert ist, dass im Spätmittelalter ganz überwiegend Rechtsbücher des sächsisch-magdeburgischen Rechtskreises wissenschaftlich bearbeitet wurden. Hingegen sind insbesondere für den Schwabenspiegel, das süddeutsche Pendant zum Sachsenspiegel, keinerlei Hinweise auf eine Glossierung bekannt[193]. Auch zum lübischen Recht fehlt es für das 14. und 15. Jahrhundert an einer vergleichbaren interpretierenden und aufbereitenden Rechtsliteratur[194]. Der Grund für diese faktisch zu beobachtende Konzentration auf das Sächsische Recht ist noch nicht recht geklärt. Bernd Michael erklärt die Dominanz der Literatur zu Sachsenspiegel und Magdeburger Weichbildrecht mit dem Fehlen von Rechtsschulen als „Zentren institutionalisierter wissenschaftlicher Interpretation"[195]. Weil also das Entstehen einer interpretierenden Wissenschaft im deutschen Raum institutionell nur unzureichend abgesichert gewesen sei, habe ein entsprechender Prozess der Kanonbildung im Reich nur in Ausnahmefällen gelingen können. Für den sächsisch-magdeburgischen Raum habe durch die Oberhoftätigkeit des Magdeburger Schöffenstuhls und durch das Vorhandensein eines gelehrten Juristenstandes wenigstens ein gewisser institutioneller Rückhalt bestanden. Michaels Erklärungsansatz mag aber nicht recht zu überzeugen, hat sich doch gerade der Magdeburger Schöffenstuhl lange Zeit gegen Einflüsse des gelehrten Rechts, wie sie die Literatur zum Sachsenspiegel verkörpert, gewehrt[196]. Zudem hat es auch andernorts im Reich an gelehrten Juristen, die sich der vor Ort einschlägigen Rechtsbücher hätten zuwenden können,

---

193) So schon STOBBE, Rechtsquellen I S. 434. Eine bemerkenswerte Schrift stellt in diesem Zusammenhang allerdings das von Johann Emmerich verfasste Frankenberger Stadtrecht des ausgehenden 15. Jahrhunderts dar, welches neben dem Schwabenspiegel auch römisches und kanonisches Recht verarbeitet.

194) WEITZEL, Gewohnheiten S. 355.

195) MICHAEL, Deutsche Rechtshandschriften S. 296.

196) ISENMANN, Zur Rezeption S. 214; WEITZEL, Rechtsbegriff S. 76 f. Einen anschaulichen Beleg gibt Dietrich von Bocksdorf in seinen Gerichtsformeln aus dem 15. Jahrhundert. Dort heißt es, man könne zwar mit Allegationen aus dem gelehrten Recht arbeiten, er, Bocksdorf, pflege dieses aber nur ausnahmsweise zu tun, denn die Schöffen schätzten es nicht: *„Et potestis allegare jus canonicum, jus ciuile et speculum saxonum. Ego vero non consweui* [sic] *allegare nisi in casu raro contingenti, puta quia est factum intricatum uel casus a multis non intelligibilis. Et ita vos faciatis, quia scabini non multum currant allegata, ex quo casus clarus est in se."*, Gerichtsformeln des Dietrich von Bocksdorf V § 1 (BÖHLAU, Theoderich S. 443).

nicht gefehlt. Der Grund für das Vorherrschen der Literatur zum sächsisch-magdeburgischen Recht dürfte vielmehr in der großen Bedeutung des Sachsenspiegels selbst und seiner Vorbildfunktion für die übrigen Rechtsbücher zu suchen sein. Er nahm als Rechtsquelle und damit auch als Bearbeitungsgegenstand den ersten Platz ein, weshalb in der Pionierarbeit am Sachsenspiegel „mittelbar das gesamte übrige deutschsprachige Rechtsschrifttum des 14. und 15. Jahrhunderts eingebunden“[197] ist.

Das Ungleichgewicht in der Literatur zum einheimischen Recht bleibt etwas rätselhaft. Jedenfalls die Fragestellung der vorliegenden Arbeit zur Lehnrechtsglosse rechtfertigt es, sich bei der Vergegenwärtigung ihrer Entstehungshintergründe auf die Rechtsliteratur zum sächsisch-magdeburgischen Recht zu beschränken. Dabei wird unter sächsisch-magdeburgischem Recht die Mischung aus sächsischem Land-, Lehn- und Stadtrecht verstanden, wie sie sich seit dem 14. Jahrhundert durch gegenseitige Durchdringung und Bearbeitung seiner Hauptquellen, dem Sachsenspiegel-Landrecht, dem Sächsischen Lehnrecht und dem Magdeburger Weichbildrecht, herausgebildet und sich in dieser Form weit über das ursprüngliche sächsische Rechtsgebiet hinaus verbreitetet hat[198]. Späterhin bildete sich auf Grundlage der sächsischen Rechtsquellen und aufbauend auf seinen ersten wissenschaftlichen Bearbeitungen aus dem Spätmittelalter das sogenannte gemeine Sachsenrecht heraus[199]. Es genoss Vorrang vor dem gemeinen Recht. Das Geltungsgebiet des sächsisch-magdeburgischen Rechts umfasste ein recht großes Gebiet, das mit dem Begriff der *terra iuris saxonici*[200] für das Spätmittelalter nur unzureichend beschrieben ist. Neben dem alten Stammesherzogtum Sachsen umfasste das Verbreitungsgebiet des Sächsischen Rechts

197) JOHANEK, Rechtsschrifttum S. 409.

198) Zum Begriff EBEL, Art. Sächsisches Recht, in: HRG IV Sp. 1248–1250; LÜCK, Art. Gemeines Sachsenrecht, in: ^{2}HRG II Sp. 77–84; DERS., Sonderweg Manuskriptseiten 3–9.

199) LÜCK, Art. Gemeines Sachsenrecht, in: ^{2}HRG II Sp. 77–84.

200) Der von alters her gebräuchliche Begriff der *terra iuris saxonici* festigte sich erst in der frühen Neuzeit zu einer feststehenden Bezeichnung für das Geltungsgebiet des Sachsenspiegels, KÜMPER, Sachsenrecht S. 498. Zunächst wurde er für das alte Stammesherzogtum Sachsen verwendet, EBEL, Art. Sächsisches Recht, in: HRG IV Sp. 1249. Der Sachsenspiegel selbst beschrieb in LdR III 62 das *lande zu Sachsen* als bestehend aus fünf Königspfalzen (Grone, Werla/Goslar, Wallhausen, Allstedt und Merseburg), sieben Reichsfürstentümer (das Herzogtum und die Pfalzgrafschaft Sachsen, die Mark Brandenburg, die Landgrafschaft Thüringen, die Marken Meißen und Lausitz und die Grafschaft Aschersleben), die Erzbistümer Bremen und Magdeburg sowie fünfzehn Bistümer, vgl. KROESCHELL, recht unde unrecht S. 10–14.

Teile Mitteldeutschlands, Schlesien, das Ordensland, Polen, Litauen und die Ukraine[201].

2. Bestandsaufnahme: Frühe wissenschaftliche Bearbeitung des sächsisch-magdeburgischen Rechts

Seit dem 14. Jahrhundert erfuhren die sächsischen und magdeburgischen Quellen, allen voran der Sachsenspiegel, eine wissenschaftliche Bearbeitung unter Anwendung von Methoden und Inhalten des gelehrten Rechts. Diese Texte bilden den Grundstock einer im Entstehen begriffenen Wissenschaft vom Sächsischen Recht, in deren frühe Phase auch die sächsischen Glossen fallen. Es soll deshalb eine knappe Bestandsaufnahme dieser eingegrenzten Werkgruppe, konkret also der Schriften des 14. und 15. Jahrhunderts zum sächsisch-magdeburgischen Recht, erfolgen. Ausgangspunkt ist dabei das Rechtsbücher- und Handschriftenverzeichnis von Ulrich-Dieter Oppitz[202], wobei nach Möglichkeit Ergänzungen und Aktualisierungen berücksichtigt werden. Gleichwohl lässt sich heute erst ein fragmentarisches Bild von diesem frühen Zweig deutscher Rechtswissenschaft zeichnen. Die frühen schriftstellerischen Spuren deutscher Juristerei sind noch nicht systematisch zusammengetragen worden. Ein dem aktuellen Kenntnisstand entsprechendes, möglichst aussagekräftiges Gesamtbild lässt sich aber durch einen doppelten Zugriff erreichen: Indem Informationen über die überlieferten Werke einerseits und über die bekannten Autoren andererseits zusammengeführt werden, ergänzen sich die Hinweise und vervollständigen so unsere Vorstellung von der sächsischen Rechtswissenschaft des Spätmittelalters.

a) Werke

Zunächst soll es daher um die Werke selbst gehen. Damit ist zugleich die Frage nach einer weiteren Klassifizierung aufgeworfen. Mit Helmut Coing kann man nach der Zielsetzung der Werke zwischen einer „eigentlichen“ gelehrten Literatur, einer Einführungsliteratur und Hilfsmitteln für die Praxis unterscheiden[203]. Unter der ersten Klasse versteht Coing solche Schriften,

---

201) EBEL, Art. Sächsisches Recht, in: HRG IV Sp. 1249.

202) OPPITZ, Rechtsbücher I und II.

203) COING, Römisches Recht 137. WEITZEL, Gewohnheiten S. 355 f., teilt in ähnlicher Weise in sammelnde, systematisierende und in solche Werke ein, die die Produkte des einheimischen Rechts gelehrt interpretieren und aufbereiten. Zur ersten Gruppe zählt er insbesondere Schöffenspruchsammlungen, aus denen später jüngere Rechtsbücher erwachsen. Auch HORN, Legistische Literatur S. 358, trennt Repertorien von ex-

die sich in größerer Ausführlichkeit mit Problemen befassen, die sich aus den Rechtsquellen und ihrer Anwendung ergeben, diese systematisch aufbereiten, mögliche Lösungswege erörtern, Argumente diskutieren und Parallelen aufzeigen. Zum römisch-kanonischen Recht ist in Deutschland eine solche beachtenswerte eigene legistische Literatur, die an das italienische oder französische Niveau anknüpfen könnte, nicht entstanden[204]. Ein anderes Bild liefert hingegen die hier interessierende Literatur zum Partikularrecht. Die mit echtem wissenschaftlichen Anspruch zum sächsisch-magdeburgischen Recht geschriebenen Texte unterscheiden sich untereinander aber stark nach Intention, Stil und Inhalt, sodass es sinnvoll erscheint, innerhalb dieser Gruppe weiter zu differenzieren. Mit Ulrich-Dieter Oppitz lassen sich die Kategorien „Glossenliteratur" und „Rechtsgangbücher" unterscheiden[205]. Aus Gründen der Klarstellung sei ihnen noch die monographisch-systematische Literatur als gesonderte Gruppe hinzugefügt[206]. Schließlich wäre der Aufzählung die schon von Helmut Coing herausgestellte einführende und praxisanleitende Literatur der Sammel- und Nachschlagewerke hinzuzufügen.

Somit ergeben sich vier Werkgruppen: die Glossenliteratur, Rechtsgangbücher, monographisch-systematische Schriften sowie Sammel- und Nachschlagewerke. Weder bilden die Texte dieser vier Kategorien untereinander vollkommen homogene Gruppen noch lassen sich die Schriften immer ganz eindeutig der einen oder anderen zuordnen[207]. Prototypisch lassen sie sich jedoch abgrenzen.

Glossenliteratur. Zweifellos die bemerkenswerteste Gruppe der Schriften zum einheimischen Recht bilden wegen ihrer engen Anlehnung an die Vorbilder der Legistik die zu den sächsisch-magdeburgischen Rechtsbüchern verfassten Glossen. Sie enthalten ausführliche, über Randbemerkungen weit hinausgehende Kommentierungen der jeweiligen Artikel und Kapitel im Stile des gelehrten Rechts und sind damit ein besonders anschaulicher und direkter Beleg für die Übernahme gelehrter Methoden vor Einsetzen der sogenannten Vollrezeption. Die älteste, verbreitetste und wirkungsmächtigste von ihnen ist die Glosse zum Sachsenspiegel-Landrecht des Jo-

---

egetischer Literatur, außerdem führt er als weitere Gruppen Konsilien und monographische Schriften auf.

204) COING, Römisches Recht S. 161–177; HORN, Legistische Literatur S. 284 f.

205) OPPITZ, Rechtsbücher I S. 64, 72.

206) HORN, Legistische Literatur S. 360; EBEL, Art. Sächsisches Recht, in: HRG IV Sp. 1250.

207) Fließende Grenzen merken schon COING, Römisches Recht S. 137; HORN, Legistische Literatur S. 360, an.

hann von Buch (zwischen 1325 und ca. 1352)[208]. Sie regte zur Kommentierung auch der übrigen Rechtsbücher an. Noch im 14. Jahrhundert glossierten unbekannte Autoren das Sächsische Lehnrecht (vor 1386/87)[209] und die zweite wichtige Quelle des sächsisch-magdeburgischen Rechts, das Magdeburger Weichbildrecht[210]. Daneben sind eine Glosse zum Mainzer Reichslandfrieden (vor 1386/87)[211] sowie eine Bearbeitungen des Richtsteig Landrechts[212], überliefert, deren bisherige Zuschreibungen an Nikolaus Wurm

---

208) Ediert von KAUFMANN, Gl LdR. Die Landrechtsglosse ist in einer kürzeren Klasse mit einer Glossierung bis LdR 81 III § 1 oder 2 und einer längeren Klasse mit einer Glossierung bis Art. III 87 sowie in fünf späteren Zusatzglossen anderer Bearbeiter überliefert, vgl. LIEBERWIRTH, Einleitung, Gl LdR S. LVII f. Insgesamt sind derzeit 208 Textzeugen der Landrechtsglosse bekannt, vgl. KAUFMANN, Gl LdR S. 1555–1559; sowie zu den Neufunden seit 2002 im Überblick KAUFMANN, Glossen zum Sachsenspiegel S. 100 Anm. 17, m. w. N.

209) Editionen der kürzeren und längeren Rezension von KAUFMANN, KGl LnR; DERS., LGl LnR. Die Lehnrechtsglosse ist in einer kürzeren und einer längeren Klasse mit fast doppelter Textmenge sowie in zwei Sonderformen überliefert, KAUFMANN, Einleitung, LGl LnR S. XXIII. Insgesamt sind von 40 bekannten Textzeugen der Lehnrechtsglosse heute noch 31 zugänglich. Ihr Verfasser ist unbekannt, vgl. dazu ausführlich unten S. 262 ff.

210) Eine problematische Edition der kürzeren Klasse bietet DANIELS / GRUBEN, Gl WbR Sp. 181–438; dazu unten S. 543 Anm. 229. Die Weichbildglosse ist in einer kürzeren (10 Handschriften) und in einer längeren Fassung (5 Handschriften) überliefert. Hinzu kommen drei Sonderformen, OPPITZ, Rechtsbücher I S. 76. Die Verfasserfrage ist ungeklärt. Art. 10 der Weichbildglosse berichtet von einem Burchard von Mangelfeld, dem sie eine Kommentierung des Sachsenspiegels, die Abfassung des Richtsteigs und außerdem noch die Erarbeitung mitsamt einer Kommentierung des Magdeburger Weichbildrechtes zuschreibt: *„unde so wart dises keinwortige privilegium ouch von em gesazt mit dem commento“*, Gl WbR 10 (Sp. 228 Z. 52–54). Zur Interpretation der Stelle unten S. 551.

211) Der Text gibt sich als Reichslandfrieden Albrechts I. von 1298, also als erneuerte Fassung des Mainzer Reichslandfriedens Friedrichs II. von 1235 aus (sog. *Nove Constitutiones domini Alberti*). Tatsächlich ist der Text am Mainzer Reichslandfrieden näher als an der späteren Fassung, dazu BÖHLAU, Einleitung, Nove constitutiones S. XIX–XXI. Die Texte beider Landfrieden sind abgedruckt in MGH Const. 4, 1 Nr. 33, und MGH Const. 2 Nr. 196 und 196a. Eine Edition der „Wurm'schen“ Landfriedensglosse bietet in Auszügen BÖHLAU, Nove constitutiones S. 1–47, auf der Grundlage von OPPITZ, Rechtsbücher II Nr. 1295d (Berlin SBB-PK Hs. 392, sog. „Liegnitzer Codex II“). Außer dieser heute in Berlin lagernden Handschrift enthalten die „Wurm'sche“ Glosse zum Landfrieden noch die Handschriften OPPITZ, Rechtsbücher II Nr. 114 (Berlin SBB-PK Ms. germ. fol. 120) und Nr. 861 (Krakau BJ Przyb. 42/60, sog. „Große Görlitzer Handschrift“). Vgl. zur Landfriedensglosse noch unten S. 349 f. und unten S. 558 ff.

212) Nach OPPITZ, Rechtsbücher I S. 65, enthalten die Handschriften Nr. 861 (Krakau

allerdings zweifelhaft sind. Allen Werken ist der häufige Gebrauch von Allegationen aus dem gelehrten Recht gemein. Wegen der zahlreichen Bezüge auf Sachsenspiegel, Weichbildrecht und ihre Glossen mag eine sehr viel spätere Arbeit, die Glosse des Hermann Langenbeck zum revidierten Hamburger Stadtrecht (1497)[213], die Reihe der Glossen zum einheimischen Recht beschließen. Sie spiegelt die veränderten Denkweisen einer sich stetig weiterentwickelnden Rechtswissenschaft und markiert damit einen Schluss- und Höhepunkt[214] der hier behandelten Gelehrten Partikularrechtsliteratur vor der Periode der humanistischen Jurisprudenz.

Die Glossen zum sächsischen Land-, Lehn- und Weichbildrecht sind lebende Texte, die in der Folgezeit immer wieder – hier geringfügig, dort erheblich – überarbeitet, gekürzt, ergänzt oder auf sonstige Art verändert wurden. Insgesamt sind fünf größere Bearbeitungen der Buch'schen Glosse überliefert[215]. In der ansehnlichen Reihe ihrer Redakteure gilt als möglicher frühester Überarbeiter Nikolaus Wurm, dem eine eigene Glosse zu Ssp LdR III 88 bis III 91 und III 51 zugeschrieben wird[216]. Ebenfalls eine eigenstän-

---

BJ Przyb. 42/60, sog. „Große Görlitzer Handschrift") Nr. 938 (seit 1945 verschollen) und Nr. 882 (Leipzig KMUB Hs. 906) romanisierende Überarbeitungen des Richtsteig Landrechts.

213) Ediert von EICHLER, Langenbeck'sche Glosse. Nach großen Verlusten im Hamburger Brand von 1842 und dann im Zweiten Weltkrieg sind heute noch 13 Handschriften erhalten, EICHLER, Einleitung, Langenbeck'sche Glosse S. 15.

214) HORN, Juristische Literatur S. 128; DERS., Legistische Literatur S. 359; LIEBERWIRTH, Einleitung, Gl LdR S. XXXII. EICHLER, Einleitung, Langenbeck'sche Glosse S. 20, warnt mit Recht vor einem „Qualitätsvergleich" der Langenbeck'schen Glosse mit der Buch'schen Glosse. Man wird die Leistung eines Hermann Langenbeck nicht deshalb per se höher als die des Johann von Buch einschätzen dürfen, weil sie eine bereits weiter entwickelte Rechtswissenschaft spiegelt. Tatsächlich liegt zwischen beiden Arbeiten ein beachtlicher Entwicklungszeitraum.

215) Zu den Bearbeitungen der Landrechtsglosse im Überblick KAUFMANN, Glossen zum Sachsenspiegel S. 105 f.; KÜMPER, Sachsenrecht S. 173–177; LIEBERWIRTH, Einleitung, Gl LdR S. XXXII–XXXVII und LVIII f.; OPPITZ, Rechtsbücher I S. 73–75; und ausführlich STEFFENHAGEN, Entwicklung I–VI sowie VIII–X.

216) LIEBERWIRTH, Einleitung, Gl LdR S. XXXV. Die „Wurm'sche" Landrechtsglosse ist in den drei vollständigen Handschriften OPPITZ, Rechtsbücher II Nr. 282, 861, 938 und in der nur Text und Glosse zu Buch III enthaltenden Handschrift Nr. 1348 überliefert. Lange Zeit war aber nur die eine Handschrift Nr. 861 (Krakau BJ Przyb. 42/60, sog. „Große Görlitzer Handschrift") zugänglich. Der glossierte Landrechtstext dieser Handschrift enthält in fol. 322rb–324ra eine eigenständige Kommentierung von Ssp LdR III 88–91 und III 51. Von den als verschollen geltenden Handschriften Nr. 282, 938 und 1348 ist nun Nr. 1348 im Februar 2007 von Tomasz Kałuski und Frank-Michael Kaufmann wieder ausfindig gemacht worden. Die Handschrift lagert in der Zweigstelle des

dige Teilglossierung sowie weitere Vermehrungen der Buch'schen Glosse zeigt die vor 1434 entstandene Glosse des Petrus von Posena[217]. Nach der Petrinischen Glosse ist, teils durch ihre Vermehrung, von einem unbekannten Autor die sehr selbständige „Stendaler" oder „Altmärkische Glosse" (zwischen 1393 und 1434)[218] verfasst worden. Deutsche und lateinische Passagen wechseln sich in dieser Bearbeitung ab. Keine zusätzlichen, sondern abweichende Glossierungen enthält demgegenüber die Glosse des Brand von Tzerstede (1442)[219]. Eine letzte spätmittelalterliche Erweiterung erfuhr die Landrechtsglosse in der teilweise auf der Petrinischen Fassung aufbauenden sogenannten „Bocksdorf'schen Vulgata" bzw. in den „Bocksdorf'schen Additionen"[220] des Dietrich von Bocksdorf, die in vielen Handschriften zudem noch wenigstens teilweise dessen Onkel Tammo von Bocksdorf zugeschriebene *Additiones* (1426)[221] enthält.

Auch die Lehnrechtsglosse hat Überarbeitungen durch spätere Benutzer erfahren. Sie ist nicht nur in einer längeren und einer kürzeren[222], sondern

---

Staatsarchivs Zielona Góra/Grünberg in Wilkowo/Wilkau, Aktenbestand: Akta miasta Świebodzin), vgl. KAUFMANN, Glossen zum Sachsenspiegel S. 105 Anm. 66. Über die „Wurm'sche" Landrechtsglossenredaktion vgl. unten S. 227 ff.

217) Überliefert in den vier bei OPPITZ, Rechtsbücher II Nr. 260, 399, 648 und 1590 verzeichneten Handschriften (Breslau/Wrocław BU II F 7; Den Haag KB MS 75 F 20; jetzt RNB Bestand 955, Findbuch 2 Nr. 65; Wolfenbüttel HAB Cod. Guelf. 208 Helmst.). Die 1945 verschollene Handschrift OPPITZ, Rechtsbücher II Nr. 648 wurde von ROGATSCHWESKI, Rechtsdenkmäler S. 250 im Bestand der Russischen Nationalbiblitohek nachgewiesen; vgl. auch KAUFMANN, Rezension Lück / Pule / Ranft S. 357). Zur Datierung LIEBERWIRTH, Einleitung, Gl LdR S. XXXII und Anm. 65 m. w. N.

218) Überliefert in den Handschriften OPPITZ, Rechtsbücher II Nr. 259, 260 und fragmentarisch 116 (Breslau/Wrocław BU II F 6; Breslau/Wrocław BU II F 7; Berlin SBB-PK Ms. germ. fol. 284).

219) Überliefert in den neun bei OPPITZ, Rechtsbücher II Nr. 15, 540, 612, 662, 735, 975, 991, 1017 und 1597 verzeichneten Handschriften (Nr. 992 ist verbrannt, Nr. 1017 seit 1945 verschollen).

220) Auf ihr beruht der Basler Primärdruck von 1474 (GW 9256). Die Bocksdorf'sche Redaktion von Text und Glosse ist in den Handschriften OPPITZ, Rechtsbücher II Nr. 158, 174, 258, 601, 905, 920, 1298, 1300, 1363, 1567 und 1636 überliefert (Nr. 456 ist verbrannt, Nr. 576 seit 1945 verschollen). Dazu STEFFENHAGEN, Entwicklung V S. 185–270; WEJWODA, Sächsische Rechtspraxis S. 137–147; DERS., Spätmittelalterliche Jurisprudenz S. 339–341.

221) Zur Verfasserfrage STEFFENHAGEN, Entwicklung V S. 210–213, und nun WEJWODA, Leipziger Juristenfakultät S. 97; DERS., Spätmittelalterliche Jurisprudenz S. 340.

222) So schon die Klassifizierung durch HOMEYER, Einleitung LnR, Sachsenspiegel II 1 S. 73; ihm folgt insoweit KAUFMANN, Einleitung, KGl LnR S. XVIII; DERS., Einlei-

ebenfalls in einer bisher Nikolaus Wurm zugeschriebenen Fassung (vor 1386/87)[223] überliefert. Handschriften der längeren Klasse überliefern außerdem in unterschiedlichem Umfang lehnrechtliche *additiones*, die vermutlich älter als die Bocksdorf'schen Landrechts-Additionen sind[224]. Hinzu kommt eine spätere, gemischt deutsch-lateinische Bearbeitung des bereits erwähnten Stendaler Anonymus aus dem 15. Jahrhundert[225].

Ähnlich stellt sich die Situation bei der bisher erst in Ansätzen erforschten Weichbildglosse dar: Sie wurde gleichfalls bereits einmal im 14. Jahrhundert[226] und dann spätestens Anfang des 15. Jahrhunderts von besagtem anonymen Stendaler Glossator[227] überarbeitet. Interessant ist eine dritte Sonderform der Weichbildglosse in der sogenannten Berlin-Steinbeck'schen Handschrift (um 1386)[228], die als einzige der sächsischen Glossen ohne Verweisungen auf das römische Recht auskommt[229].

Mit den Bocksdorf'schen Arbeiten zur Landrechtsglosse findet die Phase der Bearbeitungen und Erweiterungen der Glossentexte zum sächsisch-magdeburgischen Recht offenbar einen vorläufigen Abschluss. Die Drucke beinhalten zwar ihrerseits wieder knappe Marginalien, sie ändern den Glossentext selbst aber nicht mehr wesentlich ab. Die Tatsache, dass die Glossenapparate zu den einheimischen Rechtsbüchern über Jahrzehnte immer wieder überarbeitet und angepasst worden sind, ist vielleicht der wichtigste Be-

---

tung, LGl LnR S. XXIII. Zum Verhältnis zwischen den Textklassen K und L der Lehnrechtsglosse unten S. 157 ff.

223) Überliefert in der Handschrift OPPITZ, Rechtsbücher II Nr. 1295d (Berlin SBB-PK Hs. 392, sog. „Liegnitzer Codex II", beschrieben von MICHAEL, [Handschriftenbeschreibungen], Aderlass und Seelentrost Nr. 158 S. 325–328) und im Fragment OPPITZ, Rechtsbücher II Nr. 1234 (Prag KNM I E a. 17). Die Zuschreibung an Nikolaus Wurm ist zweifelhaft. Vgl. zur „Wurm'schen" Lehnrechtsglosse insbesondere noch unten S. 223 ff.

224) KAUFMANN, Einleitung, LGl LnR S. XL–XLVII, insbesondere S. XLII f.

225) Sie war Vorlage für den Augsburger Druck von 1516 (VD 16 D 758), dessen Faksimile ECKHARDT, Sassenspegel, druckte. Die Stendaler Lehnrechtsglosse ist in der Handschrift OPPITZ, Rechtsbücher II Nr. 259 (Breslau/Wrocław BU II F 6) überliefert. Über sie unten S. 102 ff.

226) OPPITZ, Rechtsbücher II Nr. 271 (Breslau/Wrocław BU Mil. II 4 membr). Die bisherige Zuschreibung dieser Fassung an Nikolaus Wurm ist unsicher, dazu unten S.219 Anm. 619.

227) Überliefert in der Handschrift OPPITZ, Rechtsbücher II Nr. 259 (Breslau/Wrocław BU II F 6), dazu STEFFENHAGEN, Entwicklung II S. 44, 65.

228) OPPITZ, Rechtsbücher II Nr. 133 (Berlin SBB-PK Ms germ. fol. 631, beschrieben von MICHAEL, [Handschriftenbeschreibungen], Aderlass und Seelentrost Nr. 149 S. 307–311). Einen Auszug der Glosse bietet HOMEYER, Richtsteig LdR S. 399–406.

229) HOMEYER, Einleitung, Richtsteig LdR S. 69.

leg dafür, dass jenes „gelehrte Rankenwerk“[230] von überaus rechtspraktischer Bedeutung gewesen ist, dass es tatsächlich von einem fachkundigen Leserkreis zur Kenntnis genommen worden, für wichtig befunden und weiterentwickelt worden ist.

Rechtsgangbücher. Von der primär exegetisch ausgerichteten Glossenliteratur, die sich in Aufbau und Inhalt an die zu interpretierenden Rechtstexte anlehnt, unterscheiden sich monographische Schriften durch das Herausgreifen eines bestimmten zu behandelnden Gegenstands bei gleichzeitig freierem Umgang mit den Quellentexten. „Es liegt im Wesen der monographischen Literatur, daß man sie nach bestimmten, immer wieder behandelten Themen gruppieren kann.“[231] Handelt eine Schrift vom Gerichtsverfahren, lässt sie sich als „Rechtsgangbuch“ bezeichnen. Unter diesem Schlagwort sollen aus der sehr heterogenen Gruppe der monographischen Schriften an dieser Stelle nur vier herausgegriffen werden: Die Richtsteige Land- und Lehnrechts sowie die beiden Blumen des Nikolaus Wurm. Zwar könnte man ihnen weitere Schriften prozessrechtlichen Inhalts zur Seite stellen[232], die übrigen Texte greifen aber regelmäßig nur Teilaspekte des Gerichtsverfahrens heraus und unterscheiden sich dadurch von den hier vorab genannten, umfänglicher angelegten Prozessdarstellungen. Ein Grund für das Exponieren der Richtsteige liegt außerdem in der bemerkenswerten Tatsache, dass sie später zum Teil sogar selbst als Rechtsquelle angesehen wurden[233] und damit in die Nähe der Rechtsbücher rückten.

Die Richtsteige sind im 14. Jahrhundert nach dem Vorbild der Libell- und Exzeptionenbücher geschrieben worden[234] und schildern knapp, aber systematisch und mit umfassendem Anspruch das Gerichtsverfahren. Wieder

230) LAUFS, Rechtsentwicklungen S. 13.

231) HORN, Legistische Literatur S. 344.

232) Die Bezeichnung „Rechtsgangbuch“ wird in der Forschung für eine unterschiedlich große Werkgruppe verwendet, deren Ausgangs- und Mittelpunkt aber stets die beiden Richtsteige Land- und Lehnrechts bilden. LIEBERWIRTH, Einleitung, Gl LdR S. XXXV, fasst darunter außerdem die Blumen des Nikolaus Wurm. HOMEYER, Die deutschen Rechtsbücher S. *41–*47, und OPPITZ, Rechtsbücher I S. 64–71, fügen ihnen weitere kürzere Schriften prozessrechtlichen Inhalts sowie die sogenannten Femrechtsbücher hinzu.

233) Hierfür spricht insbesondere, dass der Richtsteig Landrechts in späterer Zeit zuweilen als ein Gesetz Friedrichs I. bezeichnet wird, vgl. HOMEYER, Einleitung, Richtsteig LdR S. 32 f.; STOBBE, Rechtsquellen I S. 393; dazu auch unten S. 565 m. w. N. Zudem wurde der Richtsteig wie andere Rechtsbücher einer gelehrten Überarbeitung unterzogen, OPPITZ, Rechtsbücher I S. 65.

234) COING, Römisches Recht S. 182; HORN, Juristische Literatur S. 127; DERS., Legistische Literatur S. 360. Beispiele für ähnliche Praktikerliteratur zum gemeinen Recht gibt HORN, Juristische Literatur S. 118 f.

tritt hier Johann von Buch mit seinem Richtsteig Landrechts (wohl zwischen 1325 und 1334)[235] als Protagonist und Vorreiter in Erscheinung. „Richtsteig" bedeutet „Rechtsgang", auch *scheveklot, die lere und der wegk des gerichtes* oder *processus iudiciarius* finden sich als Werkbezeichnungen[236]. Der Richtsteig Landrechts befasst sich demnach also mit dem sächsischen Landgerichtsprozess nach dem Sachsenspiegel. Das in drei Abschnitte gegliederte Werk reiht in seinem Hauptteil (Richtsteig LdR c. 5–47)[237] bürgerliche, peinliche und gemischte Klagen sowie die zugehörigen Einreden auf und zeigt in diesem Aufbau gelehrtrechtliche Einflüsse[238]. Der Richtsteig Landrechts erfuhr eine hohe Verbreitung und beeinflusste weitere verwandte Arbeiten[239]. Karl von Amira stufte ihn gar als das „bedeutendste Werk"[240] der spätmittelalterlichen Rechtsliteratur zum einheimischen Recht ein.

Nach dem Vorbild des Richtsteig Landrechts wurde später ein in Richtsteig LdR c. 21 bereits angekündigter[241] Richtsteig Lehnrechts zum Lehn-

---

235) Ediert von HOMEYER, Richtsteig LdR S. 81–324. Der Richtsteig Landrechts ist in fünf Textformen überliefert, wobei HOMEYER, Einleitung, Richtsteig LdR S. 1–21, insgesamt 74 Handschriften; und DERS., Die deutschen Rechtsbücher S. 41–44, noch zwei weitere, unsichere Handschriften; OPPITZ, Rechtsbücher I S. 64 f., dann aber schließlich nur noch 72 Handschriften verzeichnen (woraus BUCHHOLZ-JOHANEK, Art. Johann von Buch, in: [2]VL IV Sp. 556, auf die Angabe von 100 Handschriften schließt, ist unklar). – Ulrich Christian Grupen in SPANGENBERG, Beyträge S. 30–34, S. 66–69, hat Johann von Buch als Verfasser des Richtsteig Landrechts nachgewiesen. Als Mitautor und Vollender des Richtsteigs kommt außerdem Gerke von Kerkow in Betracht, BUCHHOLZ-JOHANEK, Art. Gerke von Kerkow, in: [2]VL II Sp. 1259 f. Gl WbR 10 bezeichnet ihn jedenfalls ohne nähere Spezifizierung als solchen: *„und ouch sazte er* [Burchard von Mangelfeld, Anm. der Verf.] *den richtstig; Gercke aber von Gertaw der vollbrachte den richtstig."* (Sp. 228 Z. 54 – Sp. 229 Z. 1).

236) Nachweise bei HOMEYER, Einleitung, Richtsteig LdR S. 1–27, S. 42–45, und KÜMPER, Sachsenrecht S. 177 Anm. 613.

237) Richtsteig LdR c. 5–47 (HOMEYER, Richtsteig LdR S. 106–302).

238) Die Trennung von bürgerlichen, peinlichen und gemischten Klagen entwickelte Johann von Buch schon in der Landrechtsglosse, vgl. insbesondere Gl LdR I 66 (67) und 67 (68) (S. 474–487) und dazu KANNOWSKI, Umgestaltung S. 349 f.; SELLERT, Borgerlike, pinlike und misschede klage.

239) HOMEYER, Einleitung, Richtsteig LdR S. 68–71, nennt weitere Schriften, die den Richtsteig Landrechts aufnehmen oder in ähnlicher Weise Verfahrensdarstellung enthalten.

240) AMIRA / ECKHARDT, Germanisches Recht I S. 161.

241) *„Wo me denne len vor den heren wint edder vorlust, unde wo me lenes gewere betugen scal, des wil wi di wil got up des lenrechtes gerichte besceiden."*, Richtsteig LdR c. 21 (HOMEYER, Richtsteig LdR S. 166 § 5).

gerichtsprozess nach dem Sächsischen Lehnrecht geschrieben[242]. Der Verfasser dieses zweiten Rechtsgangbuchs könnte Gerke von Kerkow gewesen sein, seine Autorschaft ist aber keineswegs erwiesen[243]. Auch dieser Text orientiert sich an der legistischen Libell- und Exzeptionenliteratur, indem er den sächsischen Lehngerichtsprozess in Klagen und Einreden aufbereitet.

Beide Richtsteige kommen entsprechend ihrem Konzept eines Handbuchs für den Praktiker ohne Allegationen des gelehrten Rechts aus[244]. Der Einfluss des gelehrten Rechts zeigt sich hier vielmehr in der methodischen Aufbereitung des Stoffes.

Zu den Rechtsgangbüchern wird man, weil sie sich in ihrem Aufbau nach Klage- und Antwortformeln sowie in ihrem Anspruch auf umfassende Darstellung des Gerichtsverfahrens an den Richtsteigen orientieren, noch zwei weitaus geringer verbreitete Werke des Nikolaus Wurm rechnen dürfen. Als die frühere und knappere dieser beiden Arbeiten ist uns die „Blume von Magdeburg" (um 1390)[245] überliefert, eine aus der Perspektive des Magde-

---

242) Ediert von HOMEYER, Sachsenspiegel II 1 S. 409–540. Der Richtsteig Lehnrechts ist in drei Klassen und insgesamt 20 Handschriften überliefert, OPPITZ, Rechtsbücher I S. 66.

243) HOMEYER, Einleitung Richtsteig LnR, Sachsenspiegel II 1 S. 383–386, hält eine Autorenschaft Johanns von Buch wegen inhaltlicher Wiederholungen und der späten, verhältnismäßig geringen Verbreitung des Richtsteig Lehnrechts für unwahrscheinlich. Als Verfasser kommt der mit Johann von Buch persönlich bekannte Gerke von Kerkow in Betracht. Immerhin bescheinigt ihm Gl WbR 10 ohne nähere Präzisierung eine Mitarbeit am „Richtsteig": *„und ouch sazte er* [Burchard von Mangelfeld, Anm. der Verf.] *den richtstig; Gercke aber von Gertaw der vollbrachte den richtstig."* (Sp. 228 Z. 54 – Sp. 229 Z. 1). Ob damit nun der Richtsteig Land- oder Lehnrechts gemeint ist, bleibt unklar. Auch ist nur von der Beendigung einer Arbeit des Burchard von Mangelfeld die Rede. Gerke von Kerkow kann daher allenfalls „möglicherweise" (OPPITZ, Rechtsbücher I S. 66), keinesfalls aber „wahrscheinlich" (MUNZEL, Art. Richtsteig, in: HRG IV Sp. 1063) als Autor des Richtsteig Lehnrechts angesehen werden. Vielmehr muss der Verfasser dieser Schrift weiterhin als unbekannt gelten.

244) Im Prolog des Richtsteig LdR heißt es, Johann von Buch wolle im Folgenden der Bitte seiner Onkel nachkommen, nur den Sachsenspiegel und nicht auch gelehrtes Recht zu gebrauchen: *„Und se beden, dat wi en dar nene bewisinge mer up en setten, wen de in unseme rechte stunde und seden en wur se id darinne vinden scholden, und spreken, se hedden in deme apparate der glosen, de wi darover gesat hebben, des keiseres und des geistliken rechtes bewisinge genuch."*, Richtsteig LdR, Prolog (HOMEYER, Richtsteig LdR S. 83 f.).

245) Ediert von BÖHLAU, Blume. Die Blume von Magdeburg ist nur in einer Handschrift OPPITZ, Rechtsbücher II Nr. 271 (Breslau/Wrocław BU Mil. II 4 membr.) überliefert. Über die Schrift informiert EBEL, Art. Blume von Magdeburg, in: [2]HRG I Sp. 619–620.

burger Schöffenstuhls geschriebene, fingierte Fallrechtssammlung. Sie lag wohl der beträchtlich umfangreicheren „Blume des Sachsenspiegels" (1397)[246] zugrunde, die in ihrem vierten Teil mit etwa 2400 alphabetisch geordneten Rechtsregeln[247] vom Konzept eines Rechtsgangbuchs wieder abweicht. Den Werken liegt die Idee einer Gesamtdarstellung des sächsisch-magdeburgischen Rechts für den praktischen Gebrauch unter Rückgriff auf das römische und kanonische Recht zugrunde.

Monographisch-systematische Schriften. Zu unterschiedlichen Rechtsmaterien sind im 14. und 15. Jahrhundert ganz verschiedenartige Werke entstanden, die die Bandbreite an wissenschaftlichen Bearbeitungen des sächsisch-magdeburgischen Rechts widerspiegeln. Sie unterscheiden sich nach der Breite des behandelten Gegenstands ebenso wie nach Umfang, Stil und Intention erheblich voneinander.

Vorab sei ein wegen seiner thematischen Breite etwas aus der Reihe fallendes Werk genannt: das wohl unvollendet gebliebene sogenannte Liegnitzer Stadtrechtsbuch (begonnen 1399) des Nikolaus Wurm[248]. Anders als der Titel vermuten lässt, handelt es sich um eine umfassend angelegte, allgemeine Darstellung des gesamten Magdeburger Rechts. Das in einem Lehrer-Schüler-Dialog aufgebaute und mit gelehrtrechtlichen Allegationen durchsetzte Lehrbuch versucht Übereinstimmungen zwischen Magdeburger, römischem und kanonischem Recht aufzuzeigen.

Prozessualen Inhalts sind neben den Richtsteigen und Blumen, die soeben in der Kategorie der Rechtsgangbücher erörtert wurden, noch weitere Schriften, die jedoch knapper gehalten sind und meist nur Teilaspekte des Verfahrens thematisieren. Ihnen gehören zwei kurze Aufsätze des Hermann

246) Nur in Auszügen abgedruckt bei HOMEYER, Richtsteig LdR S. 355–381, und BÖHLAU, Nove constitutiones S. 61–63. Die Blume des Sachsenspiegels ist in acht erhaltenen, bei OPPITZ, Rechtsbücher I S. 67, verzeichneten Handschriften überliefert (Nr. 1159 ist verschollen). Über die Schrift informiert EBEL, Art. Blume des Sachsenspiegels, in: ²HRG I Sp. 618–619.

247) Aus diesem *Ad decus et decorum* genannten letzten Abschnitt der Blume des Sachsenspiegels schöpfen wiederum die je 100 Regeln aufzählenden Bücher S und T der späteren Breslauer Rechtssammlung „Der Rechte Weg" des Kaspar Popplau (ediert von EBEL, Der Rechte Weg II S. 1033–1098). Zur titelgebenden Blumenmetapher, die der Verfasser in der Vorrede selbst ausführlich erläutert, vgl. BÖHLAU, Einleitung, Blume S. 5–7; JESSEN, Nikolaus Wurm S. 118 f.; sowie unten S. 771.

248) Ediert von LEUCHTE, Liegnitzer Stadtrechtsbuch. Das Werk ist in den Handschriften OPPITZ, Rechtsbücher II Nr. 113, 146, 279 (Berlin SBB-PK Ms. germ. fol. 82 und 789; Breslau/Wrocław BU R 568) überliefert. Dem Buch V der Popplauschen Rechtssumme „Der Rechte Weg", EBEL, Der Rechte Weg II S. 1099–1141, liegt das Liegnitzer Stadtrechtsbuch als Quelle zugrunde.

von Oesfeld, *Cautela* und *Premis* (um 1350), an[249]. Es handelt sich um Prozessbelehrungen mit Ratschlägen für den Parteivortrag unter Rückgriff auf die Bibel, Kaiserrecht und Sachsenspiegel-Landrecht. Das „Stück von der Beweisung" (wohl 14. Jahrhundert)[250] über das lehngerichtliche Beweisrecht und über die Leibzucht stützt sich ebenfalls auf den Sachsenspiegel mit Landrechtsglosse und daneben auf römisches Recht, insbesondere auf die *Libri Feudorum*. Auch der Traktat *von gewedde*[251] mit Gewettetatbeständen des Sächsischen Land- und Lehnrechts zeugt von gründlicher Kenntnis des gelehrten Rechts. In der um 1448 verfassten „Weise des Lehnrechts"[252] schildert der Autor anhand eines fiktiven Rechtsfalles das Verfahren vor dem Lehngericht und gibt dabei auch beispielhaft den Wortlaut eines Ladebriefs wieder. Mit großer Wahrscheinlichkeit wird die Schrift auf Dietrich von Bocksdorf zurückgeführt[253]. Umfangreicher sind die in diesem Zusammenhang noch zu erwähnenden deutsch abgefassten und lateinisch kommentierten „Gerichtsformeln" des Dietrich von Bocksdorf, welche eine Anleitung zur Anfertigung von Parteischriften im Verfahren vor dem weltlichen (Schöffen-)Gericht geben[254].

---

249) Eine Abdruck bietet HOMEYER, Richtsteig LdR S. 392–398. *Cautela* und *Premis* sind in sechs Handschriften gemeinsam und in drei weiteren Handschriften getrennt überliefert, OPPITZ, Rechtsbücher I S. 66. Thematisch stehen die Aufsätze den Richtsteigen sehr nahe, weshalb sie ihnen in vielen Handschriften beigegeben worden sind. Einen Überblick über die Arbeiten bietet MUNZEL-EVERLING, Art. Cautela und Premis, in: ²HRG I Sp. 825–827.

250) Der Aufsatz *von bewysinge umme len unde liftucht* ist ediert und beschrieben von HOMEYER, Sachsenspiegel II 1 S. 363–366. Er ist in einer Handschrift OPPITZ, Rechtsbücher II Nr. 259 (Breslau/Wrocław BU II F 6) überliefert. Zur Datierung vgl. OPPITZ, Rechtsbücher I S. 71. Der Verfasser ist unbekannt.

251) Ediert und beschrieben bei EBEL, Traktat ‚Von gewedde'. Die Schrift ist im Codex OPPITZ, Rechtsbücher II Nr. 260 (Breslau/Wrocław BU II F 7) aus der ersten Hälfte des 15. Jahrhunderts überliefert. Der Autor ist unbekannt, wird aber im märkischen Raum vermutet.

252) Ediert und beschrieben von HOMEYER, Sachsenspiegel II 1 S. 543–554 und S. 398 f. Vgl. für die handschriftliche Überlieferung OPPITZ, Rechtsbücher I S. 67, sowie ergänzend WEJWODA, Sächsische Rechtspraxis S. 290–293.

253) So jüngst WEJWODA, Sächsische Rechtspraxis S. 129–137. Weil die „Weise des Lehnrechts" unter anderem im Codex Breslau/Wrocław BU Mil. II 190 (OPPITZ, Rechtsbücher II Nr. 274) überliefert ist und weil dort weitere Texte des Dietrich von Bocksdorf enthalten sind, hielt schon KISCH, Zur sächsischen Rechtsliteratur S. 31, Bocksdorf mit einer gewissen Wahrscheinlichkeit auch für den Verfasser der „Weise des Lehnrechts".

254) Ediert von BÖHLAU, Theoderich; zum Werk WEJWODA, Sächsische Rechtspraxis S. 116–129, 286–289; DERS., Spätmittelalterliche Jurisprudenz S. 332–334.

Dietrich von Bocksdorf wird weiterhin ein erbrechtlicher Traktat, die „Sippzahlregeln", zugeschrieben[255]. Überliefert ist zudem ein „Stück vom Musteil"[256].

Wohl erst der zweiten Hälfte des 15. Jahrhunderts gehört die anonym verfasste *Informatio ex speculo Saxonum*[257] an. Die gegen Missstände im Gerichtsverfahren eifernde Schrift verbindet das Sachsenspiegelrecht unter Benutzung der Glosse und des Richtsteig Landrechts mit dem gelehrten Recht. Den Schwerpunkt der Kritik bildet die Tätigkeit der Femgerichte.

Aus demselben Jahrhundert dürfte noch die *Quaestio de iurisdictione servi*[258], ein auf LdR II 32–34 mit Glosse aufbauender Traktat zum Dienstverhältnis eines Knechtes, stammen. Carl Gustav Homeyer erwähnt ferner zwei deutsche Aufsätze zum Lehnsverlust, die sich weitestgehend auf die *Libri Feudorum* stützen[259]. Die Liste solcher kürzerer Schriften mit Bezug zum sächsisch-magdeburgischen Recht ließe sich fortsetzen[260].

Sammel- und Nachschlagewerke. In die Kategorie von Einführungsliteratur und Hilfsmitteln fallen Stoffübersichten, Darstellungen von Grundbe-

---

255) WEJWODA, Sächsische Rechtspraxis S. 103–115, 277–285; DERS., Spätmittelalterliche Jurisprudenz S. 334–337. Die „Sippzahlregeln" stehen im Zusammenhang mit einer *Successio ab intestato per dominum ordinarium* und kasuistischer Erbfolgeregeln in den sogenannten Görlitzer *Informaciones*, vgl. DERS., Sächsische Rechtspraxis S. 107 f. Die „Sippzahlregeln" druckte WASSERSCHLEBEN, Prinzip S. 125–134. Ein Text der Erbschaftsregeln ist in KISCH, Zur sächsischen Rechtsliteratur S. 29–31 Anm. 1, enthalten.

256) Zu Erbrechtstraktaten mit einer Ausgabe des „Stücks vom Musteil" vgl. überdies KÜMPER, Sachsenrecht S. 424–431, insbesondere S. 426 f. Danach sind im Zusammenhang mit dieser Gruppe auch die Verwandtschafts- und Magschaftsbäume (*arbores sanguinitatis vel consanguinitatis*) zu sehen, die sich erstmals in den Sachsenspiegel-Bilderhandschriften finden und im 15. und 16. Jahrhundert möglicherweise unter Einfluss der Rezeption populär wurden.

257) Textauszüge und eine ausführliche Beschreibung bietet HOMEYER, Über die Informatio. Die Vorrede ist bei KÜMPER, Sachsenrecht S. 619 f., abgedruckt. Die Schrift ist in der Handschrift OPPITZ, Rechtsbücher II Nr. 1200 (Osnabrück StA Dep. 3 a 1 VIII Nr. 53) und im Fragment OPPITZ, Rechtsbücher II Nr. 1355 (Soest StadtA Abt. A Nr. 10922) überliefert. Über das Werk informiert im Überblick JOHANEK, Art. Informatio ex speculo Saxonum, in: ^{2}VL II Sp. 378–380.

258) Überliefert in OPPITZ, Rechtsbücher II Nr. 262 (Breslau/Wrocław BU II F 7), ediert und beschrieben von EBEL, Der älteste arbeitsrechtliche Traktat.

259) HOMEYER, Sachsenspiegel II 1 S. 107 f., mit Textproben.

260) Weitere Arbeiten finden sich beim Blick in die Inhaltsangaben in Verzeichnissen spätmittelalterlicher Handschriften: Nach OPPITZ, Rechtsbücher II Nr. 601, enthält etwa die Handschrift Göttingen SUB Ms. jurid. 393 kurze Schriften wie *Wer syn lehngut verköufft, De feodis* oder *Nota vom anttwerter*, „Von Willkür und Gewohnheit", „Von Wucher" u. a. m.

griffen, knappe Zusammenfassungen von Meinungsstreitigkeiten und Formularsammlungen. Solche Überblicke, Kompilationen und Hilfsmittel begegnen dem Bedürfnis des Praktikers, der Masse an Rechtstexten mitsamt dem anwachsenden Apparat an Interpretationen und Erläuterungen Herr zu werden.

Mit Blick auf den späten Anschluss des Reichs an das Universitätsleben Europas und die andernorts bereits weit vorangeschrittene Arbeit der Legistik überrascht es kaum, dass eine solche einführende Literatur in Deutschland insbesondere zum römisch-kanonischen Recht entstand. Hierher gehören verbreitete alphabetische Rechtsenzyklopädien wie die *Tabula iuris utriusque* des Johannes von Erfurt (um 1280), das *Introductorium* des Hermann von Schildesche (um 1330) und der *Vocabularius iuris utriusque* des Jodocus (1452)[261]. Hinzu kommen Beichtsummen, die in großer Zahl geschrieben wurden und auf Rechtsfragen, die sich im Rahmen der Beichttätigkeit stellten, Antwort gaben[262].

Mit der im deutschen Spätmittelalter allmählich anwachsenden Menge an eigenem geschriebenen Recht und der gleichfalls ansteigenden Zahl an kommentierenden und interpretierenden Texten ist ein Bedarf an Hilfsmitteln und Einführungsliteratur jedoch offenbar auch zum einheimischen Recht entstanden. Gut ein Jahrhundert nach den ersten Enzyklopädien und Sammelwerken zum römischen und kanonischen Recht entstanden ab etwa 1400 Remissorien und Abecedarien auch zu den einheimischen Rechtsbüchern[263]. Ohne dass der Forschung bisher eine überzeugende terminologische Abgrenzung gelungen wäre, fallen unter die Gruppe dieser Repertorien (Verzeichnisse) Handschriften und Drucke mit den unterschiedlichsten Titeln: „Abecedarium“, „Register“, „Remissorium“, „Repertorium“, „Promptuarium“, „Vocabularius“, „Schlüssel“ und andere mehr. Zu uneinheitlich ist der Gebrauch der Werkbezeichnungen innerhalb dieser Textgattung, als dass

261) COING, Römisches Recht S. 161–177; HORN, Juristische Literatur S. 121. Den *Vocabularius* sowie das *Introductorium* mitsamt den von ihm abhängigen Nachfolgewerken untersuchte SECKEL, Beiträge I S. 3–69 und S. 129–221.

262) Unter ihnen findet sich die *Summa confessorum* des Johannes von Freiburg (um 1290), daneben aber auch eine deutschsprachige Bearbeitung des Berthold von Freiburg (zwischen 1300 und 1340), vgl. SCHMIDT-WIEGAND, Art. Rechtssumme Bruder Bertholds, in: HRG II Sp. 379–381. Allgemein zu den Beichtsummen COING, Römisches Recht S. 173–177, und KROESCHELL / CORDES / NEHLSEN-VON STRYK, Deutsche Rechtsgeschichte II S. 52 f.

263) CARLS, Art. Abecedarien, in: ²HRG I Sp. 6. Mit den alphabetischen Arbeiten zu den sächsischen Rechtsbüchern befasste sich erstmals Ulrich Christian Grupen in SPANGENBERG, Beyträge S. 72–77; später STOBBE, Rechtsquellen I S. 443–446, und in neuerer Zeit wieder KÜMPER, Sachsenrecht S. 180–187.

man aus dem Titel der Textzeugen selbst schon Auskunft über Inhalt, Methode und Zusammensetzung der jeweiligen Arbeit erhalten könnte[264]. Die modernen Handwörterbücher differenzieren mehrheitlich zwischen knappen Remissorien, die nur den Zugriff auf die Rechtsbücher erleichtern, und den ausführlicheren Abecedarien, die den Gebrauch der unübersichtlichen Rechtsbücher entbehrlich machen sollten[265]. Eine Gemeinsamkeit lässt sich bei aller Verschiedenheit der Verzeichnisse festhalten: Typischerweise bilden die Arbeiten alphabetisch geordnete Oberbegriffe, unter die sie dann zusammengehörige Sätze aus einzelnen oder mehreren Rechtsquellen und -texten sortieren.

Das vielleicht älteste Beispiel eines solchen Repertoriums, das „Greifswalder Abecedarium“ (1400), sowie das Abecedar *„von Achte bis Wunden“* (vor 1414) geben den Sachsenspiegel mit Glosse wieder. Der wirkungsmächtige „Schlüssel des Landrechts“ (vor 1421 begonnen, 1432 fertiggestellt)[266] nimmt den Schwabenspiegel hinzu. Noch weiter geht das als umfassende Enzyklopädie konzipierte „Rechtsabecedar der 2200 Artikel“ (Mitte 15. Jahrhundert), das Exzerpte aus weiteren Rechtsbüchern wie dem Meißener Rechtsbuch enthält und außerdem Quellen des gelehrten Rechts benutzt. Ebenso verwendet das Erlanger Promptuarium (Ende 15. Jahrhundert) neben Sachsenspiegel-Landrecht mit Glosse und Sächsischem Lehnrecht, Magdeburger Weichbildrecht und Schwabenspiegel zusätzlich römisches und kanonisches Recht.

Neben die kompilatorisch angelegten Abecedarien treten als „Erschließungshilfe im engeren Sinne“[267] gedachte, knappere Remissorien zum sächsisch-magdeburgischen Recht[268]. Frühe Arbeiten sind die mehrfach überlieferten Remissorien *Zu fromen und bequemikeit* (älteste Handschrift von 1421) und die sogenannte *Summa totius Brodii* (älteste Handschrift von 1429). Das wirkungsmächtigste und auch das am meisten verbreitete Remissorium verfasste jedoch Dietrich von Bocksdorf (Mitte 15. Jahrhundert), als er Sachsenspiegel-Landrecht, Lehnrecht und Magdeburger Weichbildrecht

---

264) OPPITZ, Art. Remissorien zu den deutschen Rechtsbüchern, in: ²VL VII Sp. 1223.

265) CARLS, Art. Abecedarien, in: ²HRG I Sp. 7; ECKHARDT, Art. Abecedarien, Remissorien, Vokabularien, in: SWB S. 2; MUNZEL, Art. Remissorien, in: HRG IV Sp. 892; ULMSCHNEIDER, Art. Rechtsabecedarien, in: ²VL VII Sp. 1058. Skeptisch hingegen OPPITZ, Art. Remissorien zu den deutschen Rechtsbüchern, in: ²VL VII Sp. 1223.

266) Eine ausführliche Auswertung dieser Quelle hat SINAUER, Schlüssel, unternommen. Im Überblick ULMSCHNEIDER, Art. Schlüssel des sächsischen Landrechts, in: ²VL VIII Sp. 750–752.

267) KÜMPER, Sachsenrecht S. 184.

268) Im Überblick CARLS, Art. Abecedarien, in: ²HRG I Sp. 6–8, und KÜMPER, Sachsenrecht S. 184 f. m. w. N.

mitsamt ihrer Glossen in einem Stichwortverzeichnis verarbeitete. Nur einmal sind dagegen ein früheres Remissorium des Tammo von Bocksdorf (1426) sowie ein Remissorium zum Meißener Rechtsbuch überliefert. Ein umfangreiches Werk stellt schließlich das Remissorium des Kaspar Popplau (zwischen 1490 und 1493) dar, welches unter anderem die eigene Kompilation „Der Rechte Weg" sowie Sachsenspiegel-Landrecht, Lehnrecht und Weichbildrecht mit Glossen erschließt.

Auch diese Liste der Nachschlagewerke zum sächsisch-magdeburgischen Recht ließe sich fortsetzen[269]. Eine dritte Gruppe von Hilfsmitteln stellen neben den Repertorien und Remissorien die im späteren 15. Jahrhundert aufkommenden Vokabularien dar, die den deutschen Rechtsbegriffen lateinische Entsprechungen gegenüberstellten[270].

Kompilationen. Zu den bisher angeführten Glossen, Rechtsgangbüchern, monographischen Schriften und Nachschlagewerken gesellen sich weitere Quellengruppen, die in einem Überblick über die spätmittelalterlichen Bearbeitungsformen des sächsischen-magdeburgischen Rechts Erwähnung finden müssen. An den ausführlichen Abecedarien und kommentierten Formelsammlungen zeigt sich besonders deutlich, dass die Grenzen zwischen „wissenschaftlicher" Literatur, Einführungsliteratur und Hilfsmitteln für die Praxis fließend sind. Erst recht gilt dies für die Bildung von Unterkategorien. Schon die Abgrenzung der Rechtsliteratur zu den Rechtsbüchern gelingt nicht immer, ist doch beim Exzerpieren aus anderen Rechtsbüchern der Anteil schriftstellerischer Eigenleistung manchmal kaum festzustellen und schwierig zu gewichten. Ein Beispiel für eine kompilatorische Arbeit an der Schnittstelle zwischen Rechtsbuch und wissenschaftlicher Arbeit ist die *Summa den rechten weg gnant* des Kaspar Popplau (Ende 15. Jahrhundert)[271]. In einmaliger Art und Weise stellt der Autor darin aus unterschiedlichsten Quellen Rechtssätze zusammen, wobei er sie einer gebrauchsorientierten Auswahl und Bearbeitung unterzieht. Popplau verfasste eine Art „mittelalterliche Datenbank"[272], auf die man über ein eigens geschaffenes Remissorium zugreifen konnte. Ein weiteres Beispiel für eine Kompilation mit kreativer Eigenleistung sind die „Magdeburger Fragen" (Ende 14. Jahr-

269) MUNZEL, Art. Remissorien, in: HRG IV Sp. 892, und OPPITZ, Art. Remissorien zu den deutschen Rechtsbüchern, in: ^{2}VL VII Sp. 1225 (Nr. 7), nennen noch weitere Remissorien unbekannter Verfasser des 15. Jahrhunderts.

270) Dazu KÜMPER, Sachsenrecht S. 186 f.

271) Ediert von EBEL, Der Rechte Weg I und II. Einen Überblick über das Werk gibt außerdem KÜMPER, Sachsenrecht S. 422 f.

272) EBEL, Einleitung, Der Rechte Weg I S. XIII.

hundert)[273]. Sie beruhen nur im Ausgangspunkt auf einer Sammlung Magdeburger Schöffensprüche, nehmen tatsächlich aber noch weitere gesetzliche und literarische Quellen auf, die in die Form generalisierter Präjudizien umgeschrieben wurden[274]. Erwähnung können daneben schließlich die Textsammlungen des Dietrich von Bocksdorf finden – das Zeitzer Kopialbuch, die Görlitzer *Informaciones* und die neu aufgefundenen Leipziger *Informaciones*. Marek Wejwoda erschließt diese bemerkenswerten heterogenen Sammlungen von Gutachten, Urteilen und Parteischriften in seiner Studie zu den rechtspraktischen Texten Dietrichs von Bocksdorf[275]. All die genannten primär kompilatorischen Arbeiten gehören, sofern man sie zur rechtswissenschaftlichen Literatur hinzurechnen möchte, ebenfalls zur Partikularrechtsliteratur des Spätmittelalters[276].

Bilderhandschriften. In die Rubrik „Besonderheiten" fallen die *Codices picturati* des 14. Jahrhunderts, die Bilderhandschriften zum Sachsenspiegel[277]. Sie entwickeln ihre eigene Rechtsikonographie und bieten damit eine

273) Überblick bei JOHANEK, Art. Magdeburger Fragen, in: ²VL V Sp. 1127–1130; Edition der systematischen Fassung, wie sie sich auch in den frühen Drucken wiederfindet, von BEHREND, Magdeburger Fragen. Der Verfasser der Magdeburger Fragen ist unbekannt. STOBBE, Rechtsquellen I S. 423, hat mit seiner Vermutung, ihr Autor könnte Nikolaus Wurm gewesen sein, keine Zustimmung erfahren („irrig in jedem Fall", so JOHANEK, Art. Magdeburger Fragen, in: ²VL V Sp. 1129; „kaum vorstellbar", so KÜMPER, Sachsenrecht S. 419 Anm. 453).

274) STOBBE, Rechtsquellen I S. 422.

275) WEJWODA, Sächsische Rechtspraxis S. 6–64, 155–243. Die nur in einer Handschrift OPPITZ, Rechtsbücher II Nr. 274 (Breslau/Wrocław BU Mil. II 190) erhaltenen Görlitzer *Informaciones* beschrieb mit kurzer Textprobe schon KISCH, Zur sächsischen Rechtsliteratur.

276) Eine weitere bemerkenswerte Kompilation ist das „Rechtsbuch nach Distinctionen" (zweite Hälfte des 14. Jahrhunderts), STOBBE, Rechtsquellen I S. 411–416. Der unbekannte Autor vergleicht darin das Weichbildrecht mit den Regeln des Sächsischen Landrechts und orientiert sich damit jedenfalls im äußeren Aufbau an der legistischen Literatur. – Eine ähnliche Arbeit ist auch zum Lehnrecht versucht, nach wenigen Kapiteln aber wieder abgebrochen worden, vgl. HOMEYER, Einleitung LnR, Sachsenspiegel II 1 S. 101–103 mit Textprobe auf S. 367 f. In den einleitenden Abschnitten bietet das „Lehnrecht in Distinctionen" Ausschnitte aus der Lehnrechtsglosse.

277) Heute sind vier nach ihrem Aufbewahrungsort benannte Exemplare erhalten: Die Heidelberger (Heidelberg UB Cod. Pal. Germ. 164; digitale Ausgabe URL: http://digi.ub.uni-heidelberg.de/diglit/cpg164, 01.02.2014), die Dresdener (Dresden SLB M. 32; digitale Ausgabe URL: http://digital.slub-dresden.de/ppn272362328, 01.02.2014), die Wolfenbütteler (Wolfenbüttel HAB Cod. Guelf. 3.1 Aug. 2°; digitale Ausgabe URL: http://www.sachsenspiegel-online.de/cms, 01.02.2014) und die Oldenburger Bilderhandschrift (Oldenburg LB Cim. I 410). Aufwendige Faksimile-Ausgaben bieten die Codices Selecti CI, CVII, CXI und CXV.

neue, einzigartige Form der Interpretationsleistung. Dass die Entstehung der Bilderhandschriften in zeitlicher Hinsicht mit den Sachsenspiegelglossierungen zusammenfällt, wirft die bisher noch nicht untersuchte Frage nach gegenseitiger Beeinflussung dieser Werkgruppen auf[278].

Konsilien. Im Rahmen der unternommenen Bestandsaufnahme der sächsischen Partikularrechtsliteratur gilt ein letzter Hinweise der quellenmäßig schwer fassbaren und bisher nur wenig erforschten Konsilienliteratur des Spätmittelalters[279]. Weil Rechtsgutachten unmittelbar die tatsächlichen Probleme der Praxis und die konkrete Arbeitsweise des spätmittelalterlichen Juristen bezeugen, sind sie ein überaus wichtiger, nach Theodor Muther neben den Rechtssprüchen gar „der werthvollste Theil der uns gebliebenen juristischen Literatur des 15. Jahrhunderts“[280]. Die Erstellung solcher Konsilien setzte vermutlich bereits in der zweiten Hälfte des 13. Jahrhunderts ein, wobei sie zunächst vor allem Verfahren im geistlichen Gericht zuzuordnen sind[281]. Später sind Gutachten in großem Ausmaß etwa auch von Städten eingeholt worden und befassen sich mit den verschiedensten Fällen des „bürgerlichen Rechts“[282]. Um die Erforschung der deutschen Konsilien des Spätmittelalters hat sich in neuerer Zeit Eberhard Isenmann mit Analysen der vom Nürnberger Rat eingeholten Gutachten des 15. Jahrhunderts verdient gemacht[283]. Im vorliegenden Zusammenhang interessieren vor allem

---

278) Auf diesen Forschungsansatz weist LÜCK, Dresdner Bilderhandschrift S. 244, hin. Zusammenhänge zwischen Glossen und Bilderhandschriften konnten bisher nicht nachgewiesen werden, scheinen aber nicht ausgeschlossen.

279) Einen Überblick über gedruckte Konsiliensammlungen bietet GEHRKE, Art. Konsilien, Konsiliensammlungen, in: ²HRG III Sp. 117 ff. Noch knapper handeln COING, Römisches Recht S. 208–212, und HORN, Legistische Literatur S. 359 f. Der große Quellenfundus deutscher Gutachtenliteratur liegt weitgehend unbearbeitet brach. Zur Gutachtenpraxis der frühen Neuzeit FALK, Consilia; allgemeiner zur Quellengattung der *consilia* vornehmlich im italienischen Raum ASCHERI / BAUMGÄRTNER / KIRSHNER, Legal Consulting, und BAUMGÄRTNER (Hrsg.), Consilia. HSENMANN, Aufgaben S. 45, betont, dass die bis heute maßgebliche Gesamtanalyse zur Rezeption von WIEACKER, Privatrechtsgeschichte, die breite Konsilienliteratur unberücksichtigt ließ und künftige Detailforschungen in diesem Bereich das heutige Bild von der Rezeption noch einmal grundlegend verändern könnten.

280) MUTHER, Allerlei S. 120. Zur Bedeutung der Rechtsgutachten als Rezeptionsquelle vgl. insbesondere noch HSENMANN, Aufgaben S. 45; DERS., Zur Rezeption S. 215.

281) COING, Römisches Recht S. 208 f.

282) HSENMANN, Zur Rezeption S. 219.

283) ISENMANN, Aufgaben; DERS., Gelehrte Juristen; DERS., Pares curiae; DERS., Recht, Verfassung und Politik; DERS., Zur Rezeption. Der Nürnberger Rat holte im 15. Jahrhundert Konsilien, konsiliatorische Urteilsvorschläge und abstrakte Rechtsbelehrungen bei den eigenen Ratsjuristen, aber auch von Rechtsfakultäten des In- und

solche Gutachten, denen eindeutig sächsisch-magdeburgisches Recht zugrunde gelegt wurde. Und tatsächlich finden sich Konsilien, die neben dem gemeinen Recht Sächsisches Recht mitsamt seiner Glossen verarbeiten. In welchem Umfang Gutachten dieser Art geschrieben wurden, ist noch ungewiss. Bernd Kannowski weist auf den grundsätzlichen Anachronismus hin, den die Frage nach der Rolle von Rechtstexten in der Entscheidungspraxis mittelalterlicher Spruchkörper in einer an sich ungelehrten und weitgehend schriftlosen Rechtskultur mit sich bringt[284]. Jüngste Forschungen Marek Wejwodas zur rechtspraktischen Tätigkeit Dietrichs von Bocksdorf belegen aber eine im Zuge einer frühen Phase praktischer Rezeption in der ersten Hälfte des 15. Jahrhunderts im Bereich des Sächsischen Rechts zu beobachtenden Verschriftlichung des weltlichen Prozesses nach nunmehr schriftlichem gemeinem Sächsischen Recht[285]. Und tatsächlich belegen Funde, dass die Lehrmeinungen der gelehrten Rechtswissenschaft zum Partikularrecht, bisweilen unter ausdrücklicher Berücksichtigung der sächsischen Glossen, im Land- und Lehngerichtsprozess zum Gegenstand rechtlichen Disputs werden konnten[286].

b) Autoren

Nur einige der genannten Schriften lassen sich sicher bestimmten Verfassern zuweisen. Umgekehrt ist das Gesamtwerk der namentlich bekannten Autoren teilweise nur schwer zu überschauen. Die Lebensumstände derer aber, die mit wissenschaftlichen Texten zum sächsisch-magdeburgischen Recht überhaupt in Erscheinung treten, ihre Ausbildung, Wirkungsstätte und Auftraggeber, können weiteren Aufschluss über die Intention und Denkweise

Auslands ein. Nicht selten wurden zur selben Sache mehrere Gutachten von verschiedenen Juristen angefordert. Die aus der Perspektive des gelehrten Rechts geschriebenen Gutachten legen die „gemeinen Rechte“ zugrunde und wenden die gelehrten juristischen Interpretationsmethoden und Auslegungsregeln an. Im Sinne der Statutenlehre sehen sie das *ius commune* als durch etwaige spezielle Privilegien und Gewohnheiten derogiert an.

284) KANNOWSKI, Umgestaltung S. 15. Wird das Urteil nicht durch Lektüre geschriebenen Rechts, sondern durch Erfragen des Rechts bei Schöffen gefunden, dann verwundert es kaum, dass sich die Buch'sche Glosse in gerade einmal drei Magdeburger Schöffensprüchen nachweisen lässt, so KANNOWSKI, Umgestaltung S. 16 f. Gleichzeitig zeigen diese Schöffensprüche aber, dass man nun auch im einheimischen Gericht begann, sich seines Rechts zunehmend schriftlich zu versichern und dass dabei auch Argumente aus den sächsischen Glossen streitentscheidend diskutiert wurden.

285) WEJWODA, Sächsische Rechtspraxis, insbesondere S. 148–152; DERS., Spätmittelalterliche Jurisprudenz S. 268–282, 344.

286) Vgl. zu den spätmittelalterlichen Gutachten als Zeugnissen praktischer Glossenrezeption noch unten S. 135 ff.

der spätmittelalterlichen Rechtswissenschaftler geben[287]. Eine Übersicht über die wichtigsten Autoren soll daher den unternommenen Überblick über die Rechtsliteratur zum sächsisch-magdeburgischen Recht beschließen. Dabei wird auf die eine oder andere Persönlichkeit an späterer Stelle noch genauer zurückzukommen sein. Zunächst geht es um einen Überblick über die bekannten Personen, einen kursorischen Vergleich ihrer Lebensläufe und um die Vergegenwärtigung ihrer geistigen Hintergründe.

Unter den gelehrten deutschen Juristen des Spätmittelalters, die sich wissenschaftlich mit dem einheimischen Recht auseinandersetzten, ist allen voran der verhältnismäßig häufig bezeugte Johann von Buch (* um 1290, † nach 1356) zu nennen[288]. Der aus dem Dorf Buch nahe Tangermünde in der Altmark stammende Ritter blieb offenbar Zeit seines Lebens Laie und stellt damit eine Ausnahme im Kreis der studierten Klerikerjuristen des Spätmittelalters dar. Nach seinem Studium in Bologna[289] arbeitete er als Hofrichter, Hauptmann (*capitaneus*) und enger Berater des Markgrafen Ludwig I. von Brandenburg. Als bestimmende Momente seines beruflichen Werdegangs lassen sich somit sowohl eine politische Beschäftigung als Gesandter und Vertrauter der Obrigkeit als auch eine weniger klar überlieferte juristische Tätigkeit ausmachen. Letztere wird vor allem in der Abfassung der Glosse zum Sachsenspiegel-Landrecht und des Richtsteig Landrechts greifbar, die beide sicher Johann von Buch zugeschrieben werden können[290].

Der zweite aus dem 14. Jahrhundert namentlich bekannte, wichtige Autor zum Partikularrecht ist Nikolaus Wurm (* um 1365, † nach 1401) aus Neuruppin in der Diözese Havelberg[291]. Nach eigenen Angaben studierte

287) Zum hohen Stellenwert der Personenforschung STELZER, Die Rezeption S. 240.

288) Zur Person im Überblick BUCHHOLZ-JOHANEK, Art. Johannes (Jan, Henning) von Buch (Buk, Bok, Boek), in: ^{2}VL IV Sp. 551–559; KÜMPER, Art. Buch, Johann von (um 1290 – nach 1356), in: BBKL XXIV Sp. 370–373; LIERMANN, Art. Buch (Bu[c]k, Bo[c]k, Boek, Boich), Johann von (auch Henning), in: NDB II S. 697 f.; LÜCK, Art. Johann von Buch (um 1290 – um 1356), in: ^{2}HRG II Sp. 1376 f., und STEFFENHAGEN, Art. Buch, Johann v. B. (Buck, Buk, Bock, Bok, Boek, Boich), in: ADB III S. 463 f. Ausführlicher handeln zur Person Buchs KANNOWSKI, Umgestaltung S. 73–90, und LÜCK, Johann von Buch.

289) Dass es sich tatsächlich um Johann von Buch handelt, der sich 1305 in Bologna als Student immatrikulierte, hat KANNOWSKI, Umgestaltung S. 74 f. gezeigt: In der Bologneser Matrikel erscheint direkt unter dem Namen „*Iohannes de Buch*" der urkundlich gemeinsam überlieferte Freund der Familie Buch „*Iohannes de Kircoywe*".

290) Zur Verfasserfrage KANNOWSKI, Umgestaltung S. 75–80, und LIEBERWIRTH, Einleitung, Gl LdR S. XXIII–XXV.

291) Der Lebensweg des Nikolaus Wurm lässt sich mit Ausnahme weniger urkundlicher Zeugnisse nur über die Selbstaussagen in Werken des Autors rekonstruieren. Das einschlägige Quellenmaterial trug BÖHLAU, Einleitung, Nove constitutiones S. XXI–

auch er in Bologna und war später für Herzog Ruprecht von Schlesien und für den Görlitzer Rat tätig. Seine genauen Funktionen am Hofe sind nicht bekannt. Als Kleriker tritt Wurm nicht in Erscheinung. Bei unsicherer Zuordnung im Einzelnen hinterließ er mit seinen beiden Blumen, dem Liegnitzer Stadtrechtsbuch und vielleicht auch mit Bearbeitungen der sächsischen Glossen ein wenig verbreitetes, möglicherweise aber recht umfangreiches Gesamtwerk[292]. Seine wissenschaftliche Leistung wurde in der Forschung oft sehr negativ beurteilt[293], insgesamt aber noch nicht zusammenhängend untersucht.

Neben den relativ gut bezeugten Autoren Johann von Buch und Nikolaus Wurm begegnen uns aus dem 14. Jahrhundert nur noch Spuren weiterer gelehrter Juristentätigkeit. Unklar ist, ob der mit Johann gut bekannte Ger-

---

XXX, zusammen. Einen knappen Überblick über Leben und Werk geben V. EISENHART, Art. Wurm, Nikolaus, in: ADB XLIV S. 334 f.; JANZ, Art. Wurm, Nikolaus, in: HRG V Sp. 1546–1548; KÜMPER, Art. Wurm, Nikolaus (um 1365 – nach 1401), in: BBKL XXV Sp. 1547–1549; und SCHIEWER / LEUCHTE, Art. Wurm, Nikolaus, in: [2]VL X Sp. 1441–1449. Ausführlicher zu Person und Werk JESSEN, Nikolaus Wurm; LEUCHTE, Einleitung, Liegnitzer Stadtrechtsbuch S. XXIV–XXXI; sowie unten S. 196 ff.

292) BÖHLAU, Einleitung, Nove constitutiones S. XXII und XXV, hält die Zuschreibung noch eines weiteren, heute verschollenen Werks an Nikolaus Wurm für möglich, nämlich ein in einer Mitteilung aus Görlitzer Ratsrechnungen erwähntes Lehnrechtsbuch. Zu beachten ist, dass sich nur zwei der genannten Schriften aufgrund von Selbstzeugnissen sicher Nikolaus Wurm zuordnen lassen: Die Blume des Sachsenspiegels und das Liegnitzer Stadtrechtsbuch (vgl. die Quellenauszüge bei BÖHLAU, Einleitung, Nove constitutiones S. XXI f.). Die übrigen Werke, insbesondere die möglicherweise einer ersten Schaffensperiode angehörenden „Wurm'schen" Glossen, sind dagegen anonym überliefert und wurden Nikolaus Wurm nur auf der Grundlage von inhaltlichen und stilistischen Parallelen zugeordnet. Weil hier vielfach eine Vermutung die andere stützt, sind mit MICHAEL, [Handschriftenbeschreibungen], Aderlass und Seelentrost Nr. 158 S. 327, Zweifel an den Zuschreibungen angebracht. Zur Überprüfungsbedürftigkeit insbesondere dieses „Wurm'schen Frühwerks" vgl. unten S. 205 ff.

293) AMIRA / ECKHARDT, Germanisches Recht I S. 162, sprachen von einem „geschmacklosen Vielschreiber". Noch deutlichere Worte fand BÖHLAU, Einleitungen, Nove consitutiones S. XXXI, der den Stil Johanns von Buch und Nikolaus Wurms gleichermaßen beschreibt: Man werde „keinen augenblick leugnen, dass beiden eine wahrhaft untertraegliche breite eigen ist, dass neben dem zur sache gehoerigen bei beiden ungemein viel fremdes sich findet und zwar in einer solchen fülle, dass selbst der nervenstärkste leser sich einer fieberhaften ungeduld nicht erwehren kann; obenein besteht das fremdartige material meist in abgeschmackten bis ins kleinste ausgefuehrten vergleichen, oder in trivialen ein- und ueberleitungs-betrachtungen, in etymologischen spielereien u. dgl."

ke von Kerkow[294] an der Abfassung des Richtsteig Landrechts mitwirkte. Er käme grundsätzlich auch als Verfasser des Richtsteig Lehnrechts in Betracht. Beachtenswert ist außerdem, dass ausweislich einer Bologneser Matrikel ein weiteres Mitglied der Familie Kerkow, nämlich ein „*Iohannes de Kircoywe*", zusammen mit Johann von Buch in Bologna studierte[295].

Als Autor der Prozessrechtsaufsätze *Cautela* und *Premis* ist uns der Name Hermann von Oesfelds, wohl aus Oebisfelde im Erzstift Magdeburg, überliefert[296]. Die Magdeburger Schöffenchronik berichtet von ihm als Stadtbürger, der „*sik rechtes wol vorstunt*"[297] und noch vor 1358 ein Sachsenspiegelregister erstellt habe. Er könnte, worauf die einschlägigen Lexikonartikel nicht hinweisen, mit einem „*Henricus von Osvelden*"[298] identisch sein, der 1303 als Student in Bologna und später als Domherr von Merseburg bezeugt ist.

Nur in der Glosse zum Weichbildrecht[299] und in einer Bearbeitung des Richtsteig Landrechts[300] tritt ein Burchard von Mangelfeld, Professor der

---

294) Nach Gl LdR I § 22 (23) *Ere eldeste euenbordige swertmach* war Johann von Buch Vormund des Sohnes von Gerke von Kerkow: „*Alzo sette her Ghereke van Kerckowe mi syneme sonte to voremundere.*" (S. 260 Z. 10f.). Zur Person im Überblick BUCHHOLZ-JOHANEK, Art. Gerke von Kerkow, in: ²VL II Sp. 1259f.; und KANNOWSKI, Umgestaltung S. 81. Ob und wenn ja welche Werke Kerkow zugeschrieben werden können, ist völlig ungewiss. Gl WbR 10 bringt ihn mit dem Richtsteig in Verbindung, ohne offen zu legen, ob es sich dabei um den Richtsteig Land- oder Lehnrechts handelt: „*Gercke aber von Gertaw der vollbrachte den richtstig.*" (Sp. 228 Z. 55 – Sp. 229 Z. 1).

295) KNOD, Acta Nationis Germanicae Nr. 1735 S. 251; und SCHMUTZ, Juristen II Nr. 2026 S. 571. Auf die Bedeutung des direkt unter Johann von Buch in der Bologneser Matrikel erwähnten Johannes Kerkow hat KANNOWSKI, Umgestaltung S. 75, hingewiesen.

296) Zur Person BUCHDA, Art. Hermann von Oesfeld, in: HRG II Sp. 94–96; FRENSDORFF, Art. Oesfelde, Hermann v. Oe., in: ADB XXIV S. 469f.; ULMSCHNEIDER, Art. Hermann von Oesfeld, in: ²VL III Sp. 1080–1082, sowie HOMEYER, Richtsteig LdR S. 391f.

297) Magdeburger Schöppenchronik III (JANICKE, Chroniken 7, Magdeburg S. 226). Die Chronik berichtet weiter, Hermann von Oesfeld sei mehrfach am Hofe Kaiser Karls IV. mit rechtlichen Angelegenheiten betraut gewesen und habe die Stadt Magdeburg in einem Hofgerichtsprozess verteidigt, KÜMPER, Sachsenrecht S. 233–235. Das in der Magdeburger Schöffenchronik erwähnte Register des Hermann von Oesfeld ist nicht bekannt.

298) Vgl. KNOD, Acta Nationis Germanicae Nr. 2679 S. 393, und SCHMUTZ, Juristen II Nr. 1424 S. 502.

299) Gl WbR 10 (Sp. 228 Z. 46).

300) Burchard von Mangelfeld wird auch im Prolog der „Wurm'schen" Bearbeitung des Richtsteig Landrechts (Krakau BJ Przyb. 42/60 fol. 1^{va}ff.; OPPITZ, Rechtsbücher II Nr. 861) als Autor des Richtsteig Landrechts bezeichnet: „*Dez machte dominus burg-*

Theologie und Doktor beider Rechte, in Erscheinung, der eine Weichbild- und eine Sachsenspiegelglosse sowie einen Richtsteig verfasst haben soll[301]. Man wird sich eine Reihe weiterer Autoren und Werke des 14. Jahrhunderts vorzustellen haben, die heute nicht mehr überliefert sind[302].

Im 15. Jahrhundert führten andere die Arbeiten jener Pioniere auf dem Gebiet des sächsisch-magdeburgischen Rechts fort. Petrus de Posena, Brand von Tzerstede, Tammo und Dietrich von Bocksdorf bearbeiteten und entwickelten die Glossen zu den sächsisch-magdeburgischen Rechtsbüchern weiter. Über Petrus de Posena ist nur bekannt, dass er Doktor beider Rechte war[303]. Von Brand von Tzerstede (* vor 1400, † 1451) wissen wir, dass er an der Universität zu Leipzig studierte, dort 1417 zum Bakkalaureatsexamen zugelassen wurde und später Lüneburger Ratsmitglied wurde[304]. Wesentlich besser sind wir dank der neuen eingehenden Untersuchung Marek Wejwodas über die Biographie des Dietrich von Bocksdorf (* ca. 1410, † 1466) aus der Niederlausitz, über sein literarisches Werk und vor allem über sein rechtspraktisches Wirken informiert[305]: Nach einem Studium an der Uni-

---

hardus von mangilvelt diese sechse constitucien in burgerlicher clage". Der Richtsteig Landrechts gilt hier als Gesetz Ottos II. (der Rote), welches sich als sechstes den fünf Schlussartikeln des Landrechts anschließe, die wiederum als Zusatzkonstitutionen Friedrichs I. angesehen werden (vgl. Richtsteig LdR, Prolog, HOMEYER, Richtsteig LdR S. 82).

301) Zur Person JOHANEK, Art. Burchard von Mangelfelt, in: ^{2}VL I Sp. 1117, und BRESSLER, Schuldknechtschaft S. 160 f.

302) Vgl. etwa die Aufzählung der *„ältere Glossatoree"* bei BURGERMEISTER, Vorrede, Teutsches Corpus Juris I S. 9, mit heute zum Teil nicht mehr zuzuordnenden Namen: *„Burckart Bischoff von Magdenburg/Grav Heinrich oder vilmehr Hoyens vo*[n] *Falkkenstein/Burckard von Mangelfeld/Vollrath von Dunleben/Conrad von Rußlau/Niclaß von Back/Heinrich von Bertesleben/Dietericus von Leumwenden/Gercke von Kertaw, (welcher sucundam Glossam deß Weichbilds/deß Burckardts von Mangelfeld gesetzten Richtsteig vollwortet/id est vollbracht haben solle etc.) hernach Tamno von Buxdorff.*"

303) Zur Person BUCHHOLZ-JOHANEK, Art. Petrus de Posena, in: ^{2}VL VII Sp. 516–518. Auf fol. 2rb der grundlegenden Petrinischen Glossenhandschrift OPPITZ, Rechtsbücher II Nr. 260 (Breslau/Wrocław BU II F 7) heißt es einleitend: *„Iste apparatis per dominum Petrum de Posena in utrowue iure doctorum et in artibus licenciatum est conpilatus.*" (zitiert nach LIEBERWIRTH, Einleitung, Gl LdR S. XXXIII Anm. 67).

304) Zur Person V. EISENHART, Art. Tzerstedt, Brand von, in: ADB XXXIX S. 56 f.; KAUFMANN, Art. Brand von Tzerstede (um 1400–1451), in: ^{2}HRG I Sp. 655, und REINHARDT, Art. Tzerstede, Brand (Hildebrand) von, in: ^{2}VL IX Sp. 1195 f.

305) Person und Werk Dietrichs von Bocksdorf sind in der in bisher insgesamt drei Bänden veröffentlichten Dissertation von WEJWODA, Spätmittelalterliche Jurisprudenz; DERS., Sächsische Rechtspraxis; DERS., Leipziger Juristenfakultät; eingehend untersucht worden. Ein vierter Band zu Bocksdorf und seinen Büchern wird in der Reihe „Schriften

versität Leipzig erscheint er als *baccalaureus artium*, nach einem Studium des römischen *ius civile* an der Universität von Perugia als *doctor iuris utriusque*. Vermutlich hatte er in der Zwischenzeit das Kirchenrecht in Leipzig studiert[306]. 1439 wurde er Dozent und Rektor der Universität Leipzig. Urkundlich fassbar ist er außerdem als praktisch tätiger Jurist, als Ratgeber und Gesandter des sächsischen Kurfürsten Friedrichs II. sowie als Inhaber mehrerer kirchlicher Ämter, darunter schließlich das Amt des Bischofs von Naumburg[307]. Seine Schriften erstrecken sich von Gerichtsformelsammlungen und monographischen Schriften über Gutachten bis hin zu einer Überarbeitung der Buch'schen Landrechtsglosse[308]. Dietrichs Onkel Tammo von Bocksdorf ist als Student in Prag und Leipzig, 1431 als „Dr. iur. can." und Merseburger Domherr bezeugt. Sein Werk ist nur schwer von dem des berühmteren Neffen abzugrenzen, unter Tammos Texten finden sich aber jedenfalls ein Remissorium zum Sachsenspiegel mit Glosse sowie Zusätze zur Buch'schen Glosse[309].

Bereits einer späteren Generation gehört Kaspar Popplau († 1499) aus Breslau an, der Kompilator des „Rechten Wegs" und Verfasser des zugehörigen Remissoriums[310]. Popplau studierte 1454 an der Universität Krakau

---

aus der Universitätsbibliothek Leipzig" erscheinen. Zu Dietrich von Bocksdorf im Überblick bisher bereits I. BUCHHOLZ-JOHANEK, Art. Bocksdorf, Dietrich (Theoderich) v., in: LexMA II Sp. 305; LÜCK, Art. Bocksdorff, Dietrich von († 1466), in: ^{2}HRG I Sp. 625–626; MUTHER, Art. Bocksdorf, Dietrich, in: ADB II S. 789 f.; SCHUBART-FIKENTSCHER, Art. Dietrich III. von Bo(u)cksdorf (Buckenstorff), in: NDB III S. 683; ULMSCHNEIDER, Art. Dietrich (Theoderich) von Bocksdorf, in: ^{2}VL II Sp. 110–115, und etwas ausführlicher MEYER, Dietrich von Bocksdorf S. 103–117.

306) Die Studienjahre schildert WEJWODA, Spätmittelalterliche Jurisprudenz S. 39–56, hier insbesondere S. 42–46.

307) Zum beruflichen Wirken Bocksdorfs M. WEJWODA, Spätmittelalterliche Jurisprudenz S. 57–128.

308) Werk und rechtspraktisches Wirken Dietrichs von Bocksdorf arbeitet WEJWODA, Spätmittelalterliche Jurisprudenz S. 227–341; DERS., Sächsische Rechtspraxis, detailliert auf. Überblicke finden sich aber auch bereits bei ULMSCHNEIDER, Art. Dietrich von Bocksdorf, in: ^{2}VL II Sp. 110–115 m. w. N. BÖHLAU, Aus einem Kopialbuche S. 519–538, druckte Gutachten Bocksdorfs. DERS., Bocksdorff's Gerichts-Formeln S. 416–458, edierte eine Bocksdorf'sche Sammlung von Gerichtsformeln.

309) Zur Person LÜCK, Art. Bocksdorff, Dietrich von († 1466), in: ^{2}HRG I Sp. 626; MUTHER, Art. Bocksdorf, Tammo, in: ADB II S. 790 f.; ULMSCHNEIDER, Art. Tammo (Damianus) von Bocksdorf, in: ^{2}VL IX Sp. 596–598; WEJWODA, Leipziger Juristenfakultät S. 97; DERS., Sächsische Rechtspraxis S. 82–86, 145–147; DERS., Spätmittelalterliche Jurisprudenz S. 26–29.

310) Zur Person EBEL, Einleitung, Der Rechte Weg I S. X–XII; SCHELLING-SCHIEWER, Art. Popplau, Kasper, in: ^{2}VL VII Sp. 785–789.

und leitete später das Tuchhandelsunternehmen der Familie. Neben seinem Kaufmannsberuf, der so gar nicht in das typische Aufgabenfeld eines gelehrten Juristen passen will, bekleidete er in Breslau mehrere städtische Ämter.

Hermann Langenbeck (* 1452, † 1517) schließlich studierte zunächst in Rostock, wurde dann Professor und Rektor in Greifswald und promovierte 1478 zum Doktor beider Rechte in Perugia[311]. Später wurde er Bürgermeister der Stadt Hamburg, wo er das Stadtrecht revidierte und glossierte.

Vergleich der Biographien. Ein Vergleich der hier bloß in groben Eckpunkten angedeuteten Vitae der spätmittelalterlichen Bearbeiter des sächsisch-magdeburgischen Rechts zeigt, dass ihnen allen, wo sie bekannt ist, eine universitäre Rechtsausbildung gemein ist. Während im 14. Jahrhundert noch das Rechtsstudium in Bologna den Regelfall bildet, wurden im 15. Jahrhundert dann auch die diesseits der Alpen neu gegründeten Universitäten – Prag, Krakau – besucht. Nach und nach tritt schließlich die Universität Leipzig als Lehr- und Studienort hervor. Trotz des sich auf deutschem Boden entwickelnden Universitätslebens scheint ein Aufenthalt im Ausland, etwa an der Universität von Perugia, Juristenkarrieren aber noch bis Ende des 15. Jahrhunderts den letzten Schliff gegeben zu haben[312]. Wir dürfen in der Phase vor und während der deutschen Universitätsgründungen von einem internationalen wissenschaftlichen Milieu und einem andauernden Einfluss gerade auch der italienischen Rechtswissenschaft ausgehen[313]. Nicht alle, aber viele der Autoren zum sächsisch-magdeburgischen Recht waren Kleriker. Vertrautheit mit dem kanonischen Recht war für einen Juristen des Spätmittelalters unabdingbar. Selbst wenn man nicht beide Rechte studierte, waren Kanonistik und Legistik doch stets so eng miteinander verbunden, dass das Studium der einen Materie immer auch ein gutes Verständnis der anderen voraussetzte. Überhaupt vermittelte erst das juristische Studium die aufwendig zu erlangenden Kenntnisse im gelehrten Recht. Erst das Universitätsstudium schuf das Fundament für die Abfassung eigener wissenschaftlicher Texte zum einheimischen Recht.

Es lässt sich also festhalten: Jedenfalls die bekannten Autoren der wissenschaftlichen Literatur zum sächsisch-magdeburgischen Recht waren gelehr-

---

311) FRENZ, Art. Langenbeck (Langenbeke), Hermann, in: ²VL V Sp. 598–600.

312) Zum Auslandsstudium BURMEISTER, Studium S. 58–64; SCHMUTZ, Juristen I S. 179 f. Als andauerndes Motiv für einen Besuch italienischer Universitäten betont STENZEL, Die Rezeption S. 242, 245, 247, die Möglichkeit zum Erwerb prestigeträchtiger Promotionen.

313) KUNKEL, Das römische Recht S. 17, nennt als Merkmale für die Internationalität der Rechtswissenschaft die gemeinsame lateinische Sprache, die gleichen Überzeugungen von der Geltung des gemeinen Rechts, die Anwendung gleicher Methoden sowie die gemeinsame Grundlage durch gleiche Traditionen und Autoritäten.

te Juristen. Zwar kennen wir nicht immer ihre genauen Titel und Abschlüsse. Über lange Zeit entsprach ein abgeschlossenes Studium aber auch gar nicht dem Regelfall[314]. Auch ohne das Lizenziat oder Doktorat hatte man nach einigen Jahren des Studiums hinreichende rechtliche Kenntnisse für eine juristische Betätigung auf hohem Niveau erworben. In aller Deutlichkeit ist dieser gelehrte Bildungshintergrund der Autoren spätmittelalterlicher deutscher Rechtswissenschaft zu unterstreichen. Ihr universitäres Rechtsstudium passt kaum zur einst von Roderich von Stintzings „Geschichte der populären Literatur“[315] hervorgerufenen Vorstellung von einer bloß „halbgelehrten“ Vulgarliteratur des deutschen Spätmittelalters. Sicher gab es Enzyklopädien, Formelsammlungen und Hilfsmittel, die von außeruniversitär gebildeten Autoren mit bloß oberflächlicher Kenntnis der Rechte geschrieben wurden und für den Arbeitsalltag wenig oder gar nicht geschulter Praktiker bestimmt waren. Die Verfasser der sächsischen Glossen, Rechtsgangbücher, Monographien und Gutachten aber waren studierte Juristen. Sie gehörten – gemessen an den Maßstäben ihrer Zeit – zur akademischen Elite des Landes.

Ein zweiter interessanter Aspekt fällt beim Vergleich der Lebensläufe auf: Die Biographien spiegeln meist das Nebeneinander von juristischer und später auch lehrender Tätigkeit einerseits und der Wahrnehmung vielfältiger öffentlicher Ämter andererseits. So bezeichnete schon Helgard Ulmschneider den beruflichen Werdegang des Dietrich von Bocksdorf, diesem Hochschullehrer, Gutachter, Anwalt und Inhaber kirchlicher Ämter, als „in gewisser Hinsicht typisch für die gelehrten Juristen im Bereich des sächsischen Rechts“[316]. Nach Marek Wejwoda war Bocksdorf in erster Linie ein „‚freiberuflicher‘ praktizierender Jurist.“[317] Wie schon die italienischen Kommentatoren waren die deutschen Juristen des Spätmittelalters Praktiker. Fast

314) Von der Universität Bologna gingen die Studenten jedenfalls in der früheren Zeit sogar ganz überwiegend ohne Examina ab, STELZER, Die Rezeption S. 242, und SCHMUTZ, Juristen I S. 122 f. Zu den verschiedenen Studienabschlüssen LANGE, Universitäten des Mittelalters S. 13 und 18 f.

315) V. STINTZING, Geschichte der populären Literatur, und daran anknüpfend SEKKEL, Beiträge I. Zur Kritik am Begriff der „populären Literatur“, der allzu unterschiedliche Werke zusammenfasst und falsche Vorstellungen von einer Literatur für das „halbwissende Volk“ weckt, COING, Römisches Recht S. 137 Anm. 682, und TRUSEN, Anfänge S. 127–134.

316) ULMSCHNEIDER, Art. Dietrich von Bocksdorf, in: ²VL II Sp. 111. Ganz ähnlich betont auch MEYER, Dietrich von Bocksdorf S. 111, für die gelehrten Juristen des Spätmittelalters ein charakteristisches Nebeneinander von praktischer, akademischer und literarischer Tätigkeit.

317) WEJWODA, Spätmittelalterliche Jurisprudenz S. 349.

alle fanden sie Anstellungen in Stadtverwaltungen, an Herrschaftshöfen oder im kirchlichen Umfeld. Nicht selten handelte es sich um verantwortungsvolle und angesehene Ämter, die die Rechtsgelehrten als Männer von hohem gesellschaftlichem Rang zeigen. Aus diesen Positionen heraus ergaben sich die zu bearbeitenden Rechtsfragen. Diesen angesehenen Juristen stellte man gutachterliche Anfragen, um sich seines Rechts zu versichern. Und in dieser Situation entstand auch das Bedürfnis nach einer eigenen, die gelehrten Rechte verarbeitenden Literatur. Der gelehrte Jurist des Spätmittelalters, auch jener, der wissenschaftliche Texte zum einheimischen Recht zu schreiben begann, war demnach ein Praktiker. Aus dieser Beobachtung lässt sich wiederum zweierlei folgern: Erstens ermöglichte es wohl erst die intensive Beschäftigung mit konkreten, praktischen Rechtsfragen, dass sich gelehrte Juristen überhaupt profunde Kenntnisse des einheimischen Sächsischen Rechts aneigneten. Sächsisches Recht wurde ja an keiner Schule oder Universität gelehrt. Zweitens ist davon auszugehen, dass der gelehrte deutsche Jurist bei der wissenschaftlichen Beschäftigung mit dem eigenen Recht immer in ganz besonderer Weise vor dem Hintergrund eigener Erfahrungen die Bedürfnisse der Praxis im Auge hatte. Die ersten gelehrten Arbeiten zum Sächsischen Recht entstanden in keinem Elfenbeintum, sondern in enger Wechselbeziehung zwischen Wissenschaft und Praxis.

Die angestellten Überlegungen beruhen auf spärlichen Informationen zu einer geringen Anzahl uns bekannter sächsischer Autoren. Möchte man ihnen gleichwohl eine gewisse Repräsentativität zusprechen, lässt sich in der Tendenz festhalten: Die spätmittelalterliche gelehrte Literatur zum sächsisch-magdeburgischen Recht wurde von praktisch tätigen Juristen geschrieben, die das gelehrte Recht studiert und das einheimische Recht aus eigener Anschauung erlernt hatten. Ihre Arbeiten waren der *missing link*, der gelehrte und einheimische Rechtskultur einander aufschloss.

3. Gemeinsame Charakteristika

Aus der voranstehenden Bestandsaufnahme lassen sich gemeinsame Charakteristika der frühen gelehrten deutschen Rechtsliteratur ablesen. Sie wird geprägt durch den besonderen und neuartigen Bildungshintergrund, den sächsische Juristen in ihre praktische Arbeit mit den einheimischen Rechtsbüchern einfließen ließen. Das Aufeinandertreffen von römisch-kanonischem und Sächsischem Recht, die Anwendung gelehrter theoretischer Denkmodelle auf die vor Ort in Geltung befindlichen Normen, führte zu einer komplexen Perspektive, die nach Klärung der Beziehungen verlangte. In dieser Situation schrieb Johann von Buch seinen Kommentar zum Sachsenspiegel-

Landrecht. Das Konzept seiner Glosse basiert auf einer zwar naheliegenden, aber doch in höchstem Maße innovativen Idee. Was war geschehen? Johann von Buch wandte eben jene gelehrten Methoden, die er in Bologna erlernt hatte und mit denen gewöhnlich die Quellen des kanonischen Rechts und des *Corpus iuris* ausgelegt wurden, kurzerhand auch auf ein einheimisches Rechtsbuch an. Ein völlig neuer Gegenstand rückte ins Zentrum einer solchen Betrachtung.

Die Übertragung gelehrter Methoden auf einheimische Rechtstexte brachte deutliche Parallelen zur Legistik mit sich. Sie führte aber auch zur Ausbildung charakteristischer Eigenheiten, durch die sich die gelehrte Partikularrechtsliteratur vom Vorbild der legistischen Literatur zu lösen und eigene Wege zu gehen begann. Die spezifischen Merkmale und Muster dieser neuen Form der Rechtswissenschaft sind bisher noch nicht näher untersucht und beschrieben worden. In der Frage, welche Formen die Beeinflussung des Partikularrechts durch das römisch-kanonische Recht und die legistische Rechtswissenschaft konkret angenommen haben, liegt daher vieles im Dunkeln. Die Bandbreite möglicher Rezeptionseinflüsse reicht von bloß äußerer, indirekter Orientierung an Aufbau und Darstellungsweisen über die detaillierte Aufschlüsselung von Gemeinsamkeiten und Unterschieden zwischen römisch-kanonischem und einheimischem Recht unter ausführlichem Gebrauch von Allegationen bis hin zu bewussten materiellen Rechtsveränderungen. Schon die zugrunde liegenden Vorstellungen der Autoren vom Verhältnis des einheimischen zum römischen Recht sind unklar. Ging es bei der Erläuterung des Sächsischen Rechts um die „Sicherung desselben“[318] oder vielmehr um seine „Assimilierung“[319]? Ging es um den Nachweis der „Übereinstimmung“[320] zwischen einheimischem und römisch-kanonischem Recht, um die Herstellung von „Konkordanz“ [321] oder gar um die „Verschmelzung“[322] der Rechte? Wie passen dann Passagen, in denen ein „Gegensatz zugegeben“[323] wird, in dieses Bild?

Die Bestandsaufnahme der spätmittelalterlichen Literatur zum sächsisch-magdeburgischen Recht hat gezeigt, welch verschiedene Früchte Johanns Idee von der Methodenübertragung und von der Erhebung der Rechtsbücher zu autoritativen, interpretationsfähigen Rechtsquellen getragen hat. Bei der Glossierung der einheimischen Rechtstexte ist die sächsische Rechtswissenschaft nicht stehengeblieben. In der Nachfolge Johanns entwickelten sich

318) AMIRA / ECKHARDT, Germanisches Recht I S. 177.

319) HORN, Legistische Literatur S. 358.

320) LÜCK, Art. Glossen zum Sachsenspiegel, in: ²HRG II Sp. 419.

321) LAUFS, Rechtsentwicklungen S. 13.

322) AMIRA / ECKHARDT, Germanisches Recht I S. 177.

323) KRAUSE, Kaiserrecht und Rezeption S. 95.

weitere Bearbeitungsformen, die sich wiederum an Vorbildern aus der Legistik orientierten. Den Werken ist bei aller Verschiedenheit ein unverkennbarer Einfluss des gelehrten Rechts gemein.

Verkürzt könnte man sagen, dass die aus gelehrter Perspektive verfassten wissenschaftlichen Arbeiten zum autochthonen Recht eine – im Einzelnen höchst unterschiedlich ausgestaltete und noch näher zu untersuchende – „Romanisierung" des sächsisch-magdeburgischen Rechts betrieben. Um diesem wesentlichen, hervorstechenden und einenden Merkmal der sächsischen Rechtsliteratur des Spätmittelalters Ausdruck zu verleihen, könnte man sie als *iurisprudentia romano-saxonica* bezeichnen. Eine charakteristische Mehrschichtigkeit aus römischem und deutschem Recht kehrten in aller Deutlichkeit zwar erstmals die deutschen Juristen des *usus modernus* in ihren Werktiteln hervor. Benedict Carpzovs *Jurisprudentia forensis romano-saxonica* (1638)[324] oder Georg Adam Struves *Jurisprudentia romano-germanica forensis* (1670)[325] beschäftigten sich mit dem zeitgemäßen, praktischen Gebrauch des geltenden römisch-kanonischen Rechts einerseits und des einheimischen Rechts andererseits und bestimmten ihr gegenseitiges Verhältnis nach der Statutenlehre. Unter ganz anderen Vorzeichen und mit veränderten Konnotationen charakterisiert das Schlagwort der *iurisprudentia romano-saxonica* aber auch schon die sehr viel älteren, aus gelehrter Perspektive verfassten Arbeiten zum Sächsischen Recht des Spätmittelalters. Gerade im spezifischen Aufeinandertreffen gelehrter und einheimischer Rechtskultur entwickelte die spätmittelalterliche sächsische Partikularrechtsliteratur ihre Eigenheiten. In einem noch engeren, abgewandelten Sinn ist der Begriff der *iurisprudentia romano-germanica* denn auch erstmals von Johann Ehrenfried Böhme[326] für das Liegnitzer Stadtrechtsbuch des Nikolaus Wurm ver-

---

324) Benedict Carpzov, *Jurisprudentia forensis romano-saxonica,* 1638 (benutzte Ausgabe: CARPZOV, Jurisprudentia forensis romano-saxonica, Leipzig 1668). Über das Werk v. STINTZING, Geschichte II S. 84–87.

325) Georg Adam Struve, *Jurisprudentia romano-germanica forensis*, 1670 (benutzte Ausgabe: STRUVE, Iurisprudentia romano-germanica forensis, Bamberg 1759).

326) In der Einleitung zu einigen Auszügen aus dem Liegnitzer Stadtrechtsbuch schrieb BÖHME, Diplomatische Beyträge 1 III 5 S. 62 f.: „Ich besitze einen Codicem chartaceum zusammengetragener Rechte von nicht geringer Stärcke in folio, welcher im Jahr 1399 auf Befehl Ruprechts, Herzogs zu Liegnitz und Goldberg, von einem gewissen Nicolaus Wurm zum etwanigen Behuf der Städtischen Gerichtshöfe im Liegnitzer Fürstenthum angefertigt worden. Man könnte ihm füglich den Titul einer Jurisprudentiae Romano-Germanicae beylegen: Er ist nach Art eines Juristischen Catechismus in Frag und Antwort abgefaßet, das damals übliche Sachsen-Recht mit Allegationen aus dem sich eingeschlichenen Iure canonico & Graeco-Romano erläutert, oder vielmehr verdrehet, und so buntfarbicht, daß es dem von dem berühmten Hrn. Hofrath Hommel in Litteratura juris p. 116 entworfenen Gemälde unsers heutigen deutschen Rechts vollkom-

wandt und dann von Helmut Coing[327] und Hans-Jörg Leuchte[328] zur Charakterisierung des Wurm'schen Gesamtwerks übernommen worden. Ich meine, ihn passend in einem noch weiteren Sinn auch für die gesamte, gelehrtrechtlich beeinflusste sächsische Rechtsliteratur des Spätmittelalters verwenden zu können. Die Einflüsse des gelehrten Rechts mögen in den einzelnen Werken zwar sehr verschieden ausgeprägt sein. In ihnen allen drückt sich aber auf die eine oder andere Art die charakteristische, neuartige und stilbildende Verbindung zweier Denk- und Rechtsmodelle aus.

IV. Ergebnis: Gattungszugehörigkeit der Lehnrechtsglosse

Der Überblick über die sächsische Rechtsliteratur des Spätmittelalters hat gezeigt, dass es sich bei den gelehrten Bearbeitungen des einheimischen Rechts um eine eigene, wenig erforschte, aber rezeptionsgeschichtlich bedeutsame Werkgruppe mit speziellen Charakteristika und von normbildender Wirkung handelt. Sie legte den Grundstein für die spätere Ausbildung des gemeinen Sachsenrechts. Teile der älteren Forschung haben die Existenz dieser Literatur kaum zur Kenntnis genommen[329]. Heute sind die wichtigsten Schriften zwar grundsätzlich bekannt, in den Fokus der Forschung zur Rechtsgeschichtswissenschaft rückten sie jedoch nur selten. Dabei hat die gelehrte deutsche Rechtsliteratur vor 1500 die Bezeichnung „Rechtswissenschaft" durchaus verdient. Aus rezeptionsgeschichtlicher Perspektive besagt ihre Existenz, dass sich die sogenannte Frührezeption keineswegs nur auf dem Feld der geistlichen Gerichte abgespielt hat. Die gelehrte Partikularrechtsliteratur des Spätmittelalters ist vielmehr Träger und Indikator einer Frührezeption auch im weltlichen Bereich. Mit den Worten von Franz Wieacker lässt sich zusammenfassen: „Die gelehrte Rechtsliteratur reift also weit in die privaten Darstellungen des deutschen Rechts hinein; sie zeigt, daß seit dem 14. Jh. auch in Deutschland Kenntnis und wissenschaftliche Bearbei-

---

men ähnlich sieht. Der Freyherr von Senckenberg würde es einen Deutsch-Römisch geplackten Mantel genennet haben." – Über Böhmes Verdienste um die Erforschung der schlesischen Rechtsgeschichte EBEL, Überlegungen S. 317. – Den Begriff der *Iurisprudentia romano-germanica* übernahmen auch AMIRA / ECKHARDT, Germanisches Recht I S. 172, zur Charakterisierung des Liegnitzer Stadtrechtsbuches.

327) COING, Römisches Recht S. 183 f.

328) LEUCHTE, Einleitung, Liegnitzer Stadtrechtsbuch S. XXVI.

329) Das Bild einer außerhalb der geistlichen Gerichtsbarkeit vom römischen Recht nahezu unberührten deutschen Rechtskultur zeichnet etwa SCHMIDT, Reception S. 150–172. V. STINTZING, Geschichte I S. 10–12, widmet der gelehrten Partikularrechtsliteratur des 14. und 15. Jahrhunderts gerade einmal knappe zwei Seiten.

tung der beiden Rechtsmassen sich annäherten und bereits auf profane Juristen überzugehen begannen."[330]

Für eine Untersuchung der Lehnrechtsglosse bedeuten die angestellten Überlegungen, dass die Quelle stets auch als Repräsentantin einer ganzen Gattung verstanden werden muss. Die Lehnrechtsglosse steht nicht alleine da, sie ist vielmehr Vertreterin einer sich entwickelnden *Jurisprudentia romano-germanica*. Der Glossator des Lehnrechts stand unter dem beherrschenden Eindruck der Buch'schen Glosse. Später ist die Lehnrechtsglosse ihrerseits in wissenschaftlichen Texten rezipiert worden[331]. Die einzelnen Werke stehen miteinander in Verbindung. Sie berücksichtigen einander, sie bilden und tradieren neue Ideen und Konzepte. Daraus folgt, dass zu einem angemessenen Verständnis der Lehnrechtsglosse auch die Schriften in ihrem Umfeld als Vergleichsliteratur Berücksichtigung finden müssen. Aufgeworfen ist die Frage nach Vorbildern in der italienischen und französischen Legistik der Glossatoren und Kommentatoren, aber eben auch in jüngst vorangegangenen Schriften zum einheimischen Recht. Auch der Vergleich mit späteren Schriften zum einheimischen Recht verdeutlicht die Besonderheiten der sich herausbildenden deutschen Rechtswissenschaft. Die Lehnrechtsglosse ist Vertreterin einer größeren Gruppe der sächsischen Glossen. Die Glossen zum sächsisch-magdeburgischen Recht gehören wiederum einer in den Kinderschuhen steckenden deutschen Rechtswissenschaft an, die sich als Gradmesser und Wegbereiter der Rezeption verstehen lässt. Die vorliegende Arbeit wird am Beispiel der Lehnrechtsglosse den spezifischen Eigenheiten dieser jungen *iurisprudentia romano-saxonica* nachgehen.

---

330) WIEACKER, Privatrechtsgeschichte S. 123.
331) Vgl. unten S. 134 ff.

B. Quellenlage: Zur Bestimmung der ursprünglichen Textfassung der Lehnrechtsglosse

Die historische Arbeit an mittelalterlichen Quellen verlangt, bevor man sich der Auswertung ihres Inhalts zuwenden kann, die Auseinandersetzung mit ihren äußeren Merkmalen[1]. Es stellt sich die Frage nach den „harten Fakten" – nach der Textgeschichte, nach dem Archetypus oder nach dem besten Text, nach der Entstehungszeit und nach der Person des Verfassers. Trotz der relativ überschaubaren Überlieferungssituation lassen sich grundlegende textkritische Fragen im Falle der Lehnrechtsglosse erst jetzt beantworten. Noch in seiner Einleitung zur Edition der kürzeren Lehnrechtsglosse kam Frank-Michael Kaufmann zu dem Schluss:

> „Aufgrund des verwickelten Textbefundes und unklarer Filiationsverhältnisse ist es (gegenwärtig) weder möglich, einen Handschriftenstammbaum zu erstellen noch verläßliche Aussagen über das Verhältnis der Rezensionen zueinander zu treffen."[2]

Erst im Laufe der Editionsarbeiten verfestigten sich erste Überlegungen des Editors zum Verhältnis zwischen kürzerer und längerer Klasse zur Gewissheit[3]. Bis heute müssen Entstehungshintergründe der Lehnrechtsglosse und die Frage der Textentwicklung als partiell ungeklärt gelten. Eine gründliche Auseinandersetzung mit den textkritischen Problemen der Lehnrechtsglosse ist unverzichtbar. Ohne es im Sinne einer „mediävistischen Urangst"[4] mit der „Sorge um den rechten Text"[5] übertreiben zu wollen, muss einer erstmaligen ausführlichen Beschäftigung mit den Inhalten der Lehnrechtsglosse die Bestimmung der maßgeblichen Textgrundlage vorausgehen. Grundlegendes bedarf noch der Klärung. So gilt es, die eigentliche „gewöhnliche" Lehnrechtsglosse erst einmal aus den vielfältigen Überlieferungsträgern herauszufiltern und von ganz anderen, bisher ebenfalls unspezifisch als „Lehnrechtsglosse" bezeichneten Arbeiten späterer Autoren abzugrenzen. Sodann ist – im Rahmen des Möglichen – zu fragen, welche der überlieferten Textklassen dem Archetyp der Lehnrechtsglosse am nächsten kommen könnte und welche Bedeutung den späteren Überarbeitungen zukommt. Auf den

---

1) QUIRIN, Einführung S. 157–193.

2) KAUFMANN, Einleitung, KGl LnR S. XXV.

3) KAUFMANN, Einleitung, LGl LnR S. XXXIV–XXXVII.

4) KANNOWSKI, Umgestaltung S. 7.

5) Vgl. FUHRMANN, Die Sorge um den rechten Text.

ersten Blick spricht vieles für die Benutzung einer etablierten Verkehrsfassung, doch stehen uns im Fall der Lehnrechtsglosse mit der kürzeren und der längeren Klasse gleich zwei relativ häufig vertretene Fassungen gegenüber. Die Frage nach der früheren dieser beiden Textklassen gewinnt damit an Bedeutung. Selbst wenn am Ende Wahrscheinlichkeitsurteile über die Textentwicklung entscheiden müssen, definieren sie die Kriterien zur Bestimmung der „besten" Textgrundlage für eine Erforschung der Lehnrechtsglosse.

Im Folgenden wird zunächst die Überlieferungslage der Lehnrechtsglosse dargestellt (I). Neben den handschriftlichen Textzeugen finden die frühen Drucke der Lehnrechtsglosse Berücksichtigung. Das Auseinandertreten verschiedener Textklassen, die Mitüberlieferung in den Codices und ausgewählte Rezeptionszeugnisse erlauben dabei erste Aussagen über Gestalt und Bedeutung der Lehnrechtsglosse in nachfolgenden Jahrhunderten. In einem zweiten Schritt wird die Abhängigkeit der einzelnen Überlieferungsteile untersucht, also die Frage gestellt, welche Textklasse die jeweils frühere war und den anderen Rezensionen als Vorlage diente (II). Dabei verdient der älteste Textzeuge, eine bislang auf Nikolaus Wurm zurückgeführte Überarbeitung der Lehnrechtsglosse, besondere Aufmerksamkeit. Am Ende dieses Kapitels stehen Aussagen über die von der künftigen Forschung sinnvollerweise heranzuziehenden Textgrundlagen der Lehnrechtsglosse.

I. Die Überlieferung der Lehnrechtsglosse

1. Handschriften

Die Lehnrechtsglosse ist in insgesamt 38 Handschriften[6] und 2 Fragmenten[7] überliefert. Von diesen 40 im Handschriftenverzeichnis von Ulrich-Dieter Oppitz aufgeführten Textzeugen sind heute jedoch nur noch 30 Handschriften[8] und ein Fragment[9] zugänglich. Die übrigen sind verschollen, zerstört,

6) OPPITZ, Rechtsbücher II Nr. 9, 71, 109, 172, 252, 259, 262, 264, 340, 394, 442, 453, 513, 591, 601, 603, 635, 662, 735, 816, 888, 896, 897, 907, 908, 918, 993, 1030, 1071, 1164, 1295d, 1300, 1338, 1347, 1351, 1407, 1456, 1565.

7) OPPITZ, Rechtsbücher II Nr. 1227, 1234.

8) OPPITZ, Rechtsbücher II Nr. 109, 172, 259, 262, 264, 340, 394, 442, 453, 513, 591, 601, 603, 635, 662, 735, 888, 896, 897, 907, 908, 918, 1030, 1071, 1164, 1295d, 1300, 1407, 1456, 1565.

9) OPPITZ, Rechtsbücher II Nr. 1234.

in unbekanntem Privatbesitz oder aus anderen Gründen der Forschung entzogen[10].

Grob gesagt ist die Lehnrechtsglosse in einer Kurz- und einer Langform sowie in zwei Sonderformen, der sogenannten Wurm'schen Glosse und der Glosse des Stendaler Anonymus, erhalten. Konkret unterteilen sich die Textzeugen in die folgenden vier Klassen oder Rezensionen: Die zehnmal vertretene kürzere Klasse (K)[11], die mit 18 Handschriften am häufigsten überlieferte längere Klasse (L)[12], die lediglich in einer Handschrift und einem Fragment enthaltene sogenannte Wurm'sche Glosse (W)[13] und schließlich die singulär überlieferte sogenannte Stendaler Glosse [14] in überwiegend lateinischer Sprache. Im Grunde nahm bereits Carl Gustav Homeyer diese Einteilung in vier Textklassen vor, sprach dabei aber von drei Rezensionen, denen er die lateinischen Glossen gesondert zur Seite stellte[15]. Karl August Eckhardt[16] und Ulrich-Dieter Oppitz[17] folgten in ihren Klassifizierungen der Homeyer'schen Dreiteilung K / L / W, führten die Stendaler Glosse als Vertreterin der Lehnrechtsglossen allerdings nicht mehr auf. Erst Frank-Michael Kaufmann stellte dann eindeutig die vier Textklassen K / L / W / Stendaler Glosse nebeneinander[18]. Die handschriftliche Überlieferung der Lehnrechtsglosse stellt sich demnach wie folgt dar[19]:

Klasse I: Kürzere Glosse (K)

C Celle, Bibliothek des Oberlandesgerichts, C 4 (1419)[20]

Da Darmstadt, Universitäts- und Landesbibliothek, Hs 3762 (15. Jahrhundert 2. Viertel)[21]

---

10) Vgl. KAUFMANN, Einleitung, LGl LnR S. XXIII–XXV und Übersicht S. 1093–1101.

11) OPPITZ, Rechtsbücher II Nr. 340, 394, 442, 453, 662, 735, 888, 897, 1071, 1407.

12) OPPITZ, Rechtsbücher II Nr. 109, 172, 262, 264, 513, 591, 601, 603, 635, 896, 907, 908, 918, 1030, 1164, 1300, 1456, 1565.

13) OPPITZ, Rechtsbücher II Nr. 1295d, 1234.

14) OPPITZ, Rechtsbücher II Nr. 259.

15) HOMEYER, Einleitung LnR, Sachsenspiegel II 1 S. 73, 75, 79.

16) HOMEYER, Die deutschen Rechtsbücher S. *52 f. Es handelt sich bei der dritten Auflage um eine Neubearbeitung des Homeyerschen Handschriftenverzeichnisses durch Karl August Eckhardt.

17) OPPITZ, Rechtsbücher I S. 75.

18) KAUFMANN, Einleitung, KGl LnR S. XVIII–XX.

19) Zusammenstellung der handschriftlichen Textzeugen nach KAUFMANN, Einleitung, LGl LnR S. XXIII–XXV und Überblick S. 1093–1103.

20) HOMEYER, Die deutschen Rechtsbücher Nr. 230; OPPITZ, Rechtsbücher II Nr. 340.

21) HOMEYER, Die deutschen Rechtsbücher Nr. 276; OPPITZ, Rechtsbücher II

Dr_1 Dresden, Sächsische Landesbibliothek – Staats- und Universitätsbibliothek, M. 23 (15. Jahrhundert)[22]
Dr_2 Dresden, Sächsische Landesbibliothek – Staats- und Universitätsbibliothek, M. 35 (15. Jahrhundert)[23]
H Halle, Universitäts- und Landesbibliothek Sachsen und Anhalt, Yd 2°18 (1478)[24]
J Jena, Thüringer Universitäts- und Landesbibliothek, Ms. El. f. 57 (1410)[25]
L_1 Leipzig, Universitätsbibliothek, Hs. 950 (1431/32)[26]
L_2 Leipzig, Universitätsbibliothek, Hs. 1095 (15. Jahrhundert)[27]
Mü München, Bayerische Staatsbibliothek, Cgm 517 (15. Jahrhundert 4. Viertel)[28]
S Stuttgart, Württembergische Landesbibliothek, Cod. theol. et phil. 2° 84 (1441)[29]

Klasse II: Längere Glosse (L)

Be_1 Berlin, Staatsbibliothek Preußischer Kulturbesitz, Ms. germ. fol. 9 (1467/68)[30]
Be_2 Berlin, Staatsbibliothek Preußischer Kulturbesitz, Ms. germ. fol. 1092 (15. Jahrhundert)[31]
Br_1 Breslau/Wrocław, Biblioteka Uniwersytecka, II F 8 a (15. Jahrhundert / Anfang 16. Jahrhundert)[32]

Nr. 394.

22) HOMEYER, Die deutschen Rechtsbücher Nr. 307; OPPITZ, Rechtsbücher II Nr. 442. Ein Digitalisat der Handschrift ist abrufbar unter URL: http://digital.slub-dresden.de/werkansicht/dlf/14380/1/cache.off, 01.02.2014.

23) HOMEYER, Die deutschen Rechtsbücher Nr. 318; OPPITZ, Rechtsbücher II Nr. 453. Ein Digitalisat der Handschrift ist abrufbar unter URL: http://digital.slub-dresden.de/werkansicht/dlf/8433/1/cache.off, 01.02.2014.

24) HOMEYER, Die deutschen Rechtsbücher Nr. 502; OPPITZ, Rechtsbücher II Nr. 662.

25) HOMEYER, Die deutschen Rechtsbücher Nr. 547; OPPITZ, Rechtsbücher II Nr. 735.

26) HOMEYER, Die deutschen Rechtsbücher Nr. 685; OPPITZ, Rechtsbücher II Nr. 888.

27) HOMEYER, Die deutschen Rechtsbücher Nr. 692; OPPITZ, Rechtsbücher II Nr. 897.

28) HOMEYER, Die deutschen Rechtsbücher Nr. 820; OPPITZ, Rechtsbücher II Nr. 1071.

29) HOMEYER, Die deutschen Rechtsbücher Nr. 1095; OPPITZ, Rechtsbücher II Nr. 1407.

30) HOMEYER, Die deutschen Rechtsbücher Nr. 40; OPPITZ, Rechtsbücher II Nr. 109.

31) HOMEYER, Die deutschen Rechtsbücher Nr. 98; OPPITZ, Rechtsbücher II Nr. 172.

32) HOMEYER, Die deutschen Rechtsbücher Nr. 184; OPPITZ, Rechtsbücher II Nr. 262.

Br_2	Breslau/Wrocław, Biblioteka Uniwersytecka, II F 17 (2. Hälfte 15. Jahrhundert)[33]
F	Freiberg/Sa., Andreas-Möller-Bibliothek des Geschwister Scholl-Gymnasiums, VIII 2° 33 (1. Hälfte 15. Jahrhundert)[34]
$Gö_1$	Göttingen, Niedersächsische Staats- und Universitätsbibliothek, Ms. jurid. 72 (Ende 15. Jahrhundert)[35]
$Gö_2$	Göttingen, Niedersächsische Staats- und Universitätsbibliothek, Ms. jurid. 393 (1477 und 16. Jahrhundert)[36]
$Gö_3$	Göttingen, Niedersächsische Staats- und Universitätsbibliothek, Ms. jurid. 395 (1476)[37]
Gr	Grimma, Stadtarchiv, II.4 Nr. 1 (15. Jahrhundert)[38]
L_3	Leipzig, Universitätsbibliothek, Ms 1088 (1436)[39]
L_4	Leipzig, Universitätsbibliothek, Rep. II, 17 (1491)[40]
L_5	Leipzig, Universitätsbibliothek, Rep. II, 18 (1467)[41]
L_6	Leipzig, Universitätsbibliothek, Rep. IV, 9 (2. Hälfte 15. Jahrhundert)[42]
Me	Merseburg, Stadtarchiv, Rechtsbuch Nr. 5 (1443)[43]
N	Nordhausen, Stadtarchiv, II, Nc, 1 (15. Jahrhundert)[44]
Q	Quedlinburg, früher Rats-, jetzt Stadtarchiv, I B/a 3a/II (1454)[45]

---

33) HOMEYER, Die deutschen Rechtsbücher Nr. 186; OPPITZ, Rechtsbücher II Nr. 264.

34) HOMEYER, Die deutschen Rechtsbücher Nr. 358; OPPITZ, Rechtsbücher II Nr. 513.

35) HOMEYER, Die deutschen Rechtsbücher Nr. 445; OPPITZ, Rechtsbücher II Nr. 591.

36) HOMEYER, Die deutschen Rechtsbücher Nr. 454; OPPITZ, Rechtsbücher II Nr. 601.

37) HOMEYER, Die deutschen Rechtsbücher Nr. 456; OPPITZ, Rechtsbücher II Nr. 603.

38) HOMEYER, Die deutschen Rechtsbücher Nr. 476; OPPITZ, Rechtsbücher II Nr. 635.

39) HOMEYER, Die deutschen Rechtsbücher Nr. 691; OPPITZ, Rechtsbücher II Nr. 896.

40) HOMEYER, Die deutschen Rechtsbücher Nr. 664; OPPITZ, Rechtsbücher II Nr. 907.

41) HOMEYER, Die deutschen Rechtsbücher Nr. 665; OPPITZ, Rechtsbücher II Nr. 908.

42) HOMEYER, Die deutschen Rechtsbücher Nr. 676; OPPITZ, Rechtsbücher II Nr. 918.

43) OPPITZ, Rechtsbücher II Nr. 1030; fehlt in HOMEYER, Die deutschen Rechtsbücher.

44) HOMEYER, Die deutschen Rechtsbücher Nr. 895; OPPITZ, Rechtsbücher II Nr. 1164.

45) HOMEYER, Die deutschen Rechtsbücher Nr. 1008; OPPITZ, Rechtsbücher II Nr. 1300.

Wa Warschau, Biblioteka Narodowa, Rps BN III.8073 (um 1400)[46]
Wo Wolfenbüttel, Herzog August Bibliothek, Cod. Guelf. 1.6.6 Aug. fol. (1464)[47]

Klasse III: Sogenannte „Wurm'sche Glosse" (W)

Be$_3$ Berlin, Staatsbibliothek Preußischer Kulturbesitz, Hs. 392 (1386/87)[48]
P Prag, Knihovna Národního Muzea v Praze, I E a. 17 (Fragment, 14./15. Jahrhundert)[49]

Klasse IV: Stendaler Glosse

Br$_3$ Breslau/Wrocław, Biblioteka Uniwersytecka, II F 6 (Anfang 15. Jahrhundert)[50]

Die Handschriften dieser vier Textklassen weisen jeweils gruppenweise bestimmte gemeinsame Eigenschaften auf, können sich aber in anderen Punkten auch innerhalb einer Klasse stark voneinander unterscheiden.

a) Die Handschriften der Klasse K

Gut erforscht und beschrieben sind die Vertreter der kürzeren Klasse (K), auf denen die Kaufmann'sche Erstedition der Lehnrechtsglosse aufbaut. Das einende Merkmal der zehn Handschriften dieser Textklasse wird erst im Vergleich mit den Textzeugen der längeren Klasse deutlich: Letztere weisen gegenüber der Klasse K einen deutlichen Textmehrbestand auf.

Abgesehen von einem gewissen gemeinsamen Textgrundbestand weichen die Handschriften der Klasse K untereinander zum Teil noch einmal erheblich voneinander ab. Frank-Michael Kaufmann teilt sie deshalb noch einmal in drei Ordnungen auf[51]. Zur ersten Ordnung zählt er die Handschriften J und Mü. Charakteristisch für diese Textzeugen ist, dass längere Übernahmen aus der Landrechtsglosse, die in den Vertretern der dritten Ordnung

46) HOMEYER, Die deutschen Rechtsbücher Nr. 718; OPPITZ, Rechtsbücher II Nr. 1456.

47) HOMEYER, Die deutschen Rechtsbücher Nr. 1209; OPPITZ, Rechtsbücher II Nr. 1565.

48) HOMEYER, Die deutschen Rechtsbücher Nr. 717; OPPITZ, Rechtsbücher II Nr. 1295d.

49) HOMEYER, Die deutschen Rechtsbücher Nr. 978; OPPITZ, Rechtsbücher II Nr. 1234.

50) HOMEYER, Die deutschen Rechtsbücher Nr. 181; OPPITZ, Rechtsbücher II Nr. 259.

51) KAUFMANN, Einleitung, KGl LnR S. XXV–XXIX; DERS., Glossen zum Sachsenspiegel-Lehnrecht S. 287 f.

vorhanden sind, fehlen[52]. Teils erfolgt an den Auslassungen ein Verweis auf die entsprechende Stelle in der Buch'schen Glosse, teils nicht. Eine eigenständige, zweite Ordnung weist Kaufmann der Handschrift Da zu. Ähnlich den Handschriften der ersten Ordnung fehlen ihr mehrere längere Glossenpassagen. Darüber hinaus weist sie die Besonderheit auf, dass Allegationen durch Nennung der konkreten *leges* und *canones* präziser als in Handschriften der beiden anderen Ordnungen angegeben werden, wo man sich häufig mit der Nennung von Sigle des Rechtsbuchs und Titel begnügte[53]. Die dritte Ordnung bilden schließlich die übrigen sieben Handschriften C, Dr_1, Dr_2, H, L_1, L_2 und S, darunter auch ein mittelniederdeutscher Überlieferungsstrang (H und S). Mit Kaufmann lässt sich diese Handschriftengruppe trotz teilweise erheblicher Unterschiede in manchen Details zur vulgaten Form der Klasse K zusammenfassen[54].

Der Edition der kürzeren Lehnrechtsglosse liegt als Leithandschrift die Handschrift L_1 zugrunde, da sie den vergleichsweise besten vulgaten Text bietet[55]. Durchgehend berücksichtigt wurden dort außerdem zweitens als Parallelhandschrift im Petitdruck die Handschrift J der ersten Ordnung sowie drittens als Variantenhandschrift im Fußnotenapparat die Handschrift Da der zweiten Ordnung. Die übrigen Handschriften der Klasse K wurden durch die Aufnahme von signifikanten Abweichungen verarbeitet. Somit nimmt die Kaufmann'sche Edition Vertreter aller drei Ordnungen auf und baut insgesamt auf allen Textzeugen der Klasse K auf.

In seiner Editionseinleitung bietet Kaufmann Beschreibungen aller Handschriften der Klasse K[56]. Aus ihnen lassen sich erwähnenswerte Aspekte ablesen.

Zunächst einmal entstammen sämtliche Vertreter der Klasse K dem 15. Jahrhundert, wobei die älteste datierbare Handschrift J in das Jahr 1410 fällt.

Eine Besonderheit zeigt sich außerdem in sprachlicher Hinsicht: Zwei der zehn Textzeugen, H und S, sind in (mittel)niederdeutscher Sprache verfasst. Dieser Befund ist bemerkenswert, denn die Lehnrechtsglosse ist ganz überwiegend mitteldeutsch überliefert. Die anderen acht Handschriften der Klasse K, alle Vertreter der Klasse L sowie die sogenannte Wurm'sche Glosse wurden in mitteldeutscher Sprache verfasst. Neben die beiden mittelniederdeutschen Vertreter der Klasse K tritt in der handschriftlichen Überlieferung nur noch die ebenfalls teils niederdeutsche, aber ganz eigenständige

52) KAUFMANN, Einleitung, KGl LnR S. XXVII.
53) KAUFMANN, Einleitung, KGl LnR S. XXVII f.
54) KAUFMANN, Einleitung, KGl LnR S. XXVIII.
55) KAUFMANN, Einleitung, KGl LnR S. XXXIV.
56) KAUFMANN, Einleitung, KGl LnR S. XXXV–LII.

Stendaler Glosse (Br_3). Hinzu kommt der noch zu besprechende Augsburger Primärdruck von 1516, dem wahrscheinlich eine dritte, heute verschollene mittelniederdeutsche Handschrift der Klasse K als Vorlage gedient hat[57]. Die primär mitteldeutsche Überlieferung der Lehnrechtsglosse ist als wichtiges Indiz gegen die Verfasserschaft des in mittelniederdeutscher Sprache schreibenden Johann von Buch gewertet worden[58].

Beim Aufbau fällt auf, dass in nur fünf Handschriften (Dr_1, H, L_1, Mü und S) der Glossentext dem Text des Sächsischen Lehnrechts kapitelweise folgt. Die übrigen Handschriften enthalten einen durchgehenden reinen Glossentext und bieten den Text des Sächsischen Lehnrechts, wenn überhaupt[59], von der Glosse getrennt an einer anderen Stelle des Codex.

Der Kapitelbestand und die Kapitelzählung der Lehnrechts- und der Glossentexte sind uneinheitlich[60]. Einige Handschriften trennen LnR 66 in zwei Kapitel auf (LnR 66 §§ 1–3 als cap. 66 und LnR §§ 4 f. als cap. 67), wodurch sich die Zählung von 80 auf insgesamt 81 Kapitel erhöht[61].

Die überwiegende Anzahl der Codices stellt dem Lehnrecht ein Register anbei. Häufig wurde außerdem, oft auch von selber Hand geschrieben, der Richtsteig Lehnrechts mit eingebunden (C, Da, Dr_1, J, L_1 und Mü). In den Bänden finden sich noch weitere Texte mit lehnrechtlichen Bezügen wie *Cautela* und *Premis* des Hermann von Oesfeld (J und L_1) oder die Weise des Lehnrechts (L_2). Der Landrechtstext aus den ersten drei Büchern des Sachsenspiegels, ob mit oder ohne Glosse, ist hingegen kaum präsent[62]. In der Mitüberlieferung erweisen sich die Regelungskomplexe des Land- und Lehnrechts somit nicht als Einheit, vielmehr werden sie als voneinander unabhängige Materien behandelt.

---

57) KAUFMANN, Einleitung, KGl LnR S. XXXII. Vgl. zur Frage nach einer niederdeutschen Vorlage des Augsburger Drucks unten S. 115 f.

58) Erstmals bei HOMEYER, Einleitung LnR, Sachsenspiegel II 1 S. 77. Vgl. zur Frage nach dem Verfasser der Lehnrechtsglosse unten S. 262 ff., insbesondere unten S. 270 ff.

59) In den Handschriften Da, Dr_2 und L_2 fehlt der Lehnrechtstext ganz, die Handschriften C und J beinhalten Text und Glosse in getrennten Blöcken.

60) Dazu KAUFMANN, Einleitung, KGl LnR S. XXVIII f. Die genaue Kapitelzählung gibt die Synopse der Textzeugen der kürzeren Glosse bei KAUFMANN, KGl LnR S. 628–686, wieder.

61) Im Einzelnen KAUFMANN, Einleitung, KGl LnR S. XXIX.

62) Das Sachsenspiegel-Landrecht mit Buch'scher Glosse enthalten die Handschriften J und Mü. L_1 bindet einen von anderer Hand geschriebenen, unglossierten lateinischen Landrechtstext ein. Den Landrechtstext mit nur drei glossierten Artikeln enthält schließlich noch die Handschrift H.

b) Die Handschriften der Klasse L

Die längere Klasse (L) ist mit 18 Handschriften die vulgate, am häufigsten überlieferte Textklasse der Lehnrechtsglosse. Ihre Vertreter enthalten knapp doppelt so viel Glossentext wie die Vertreter der Klasse K[63]. Dabei handelt es sich um keine andere, völlig neue Fassung der Lehnrechtsglosse, vielmehr weisen die Handschriften der Klasse L den Grundtextbestand der Klasse K und daneben noch einen zusätzlichen Glossenmehrbestand auf. Die bisher überwiegende, aber zu bezweifelnde Meinung in der Literatur ging davon aus, dass die Klasse L durch Vermehrung des Glossentextes aus der älteren Klasse K hervorgegangen ist[64]. Mittlerweile ist gerade eine umgekehrte Entwicklung wahrscheinlich[65]. Beschreibungen und beispielhafte Faksimile-Abbildungen der Handschriften der längeren Lehnrechtsglosse finden sich in der Einleitung der jüngst erschienenen Kaufmann'schen Edition[66].

Der Mehrbestand der Klasse L setzt sich einerseits aus geschlossenen Darstellungen zu einzelnen in K unkommentiert gebliebenen Kapitelteilen und andererseits aus unterschiedlichen Versatzstücken zusammen, die sich mitten in Passagen einpassen, die in knapperer Form auch in K enthalten sind. Die im Vergleich zu K annähernde Textverdoppelung spiegelt sich auch in der Zahl der Allegationen des gelehrten Rechts wider: Der kürzeren Glosse mit etwa 750 Zitaten des *Corpus iuris* und 110 Zitaten des kanonischen Rechts steht die längere Glosse mit etwa 1720 Zitaten des *Corpus iuris* und 370 Zitaten des kanonischen Rechts gegenüber[67].

Ein weiteres Charakteristikum der Klasse L ist die in keiner der Handschriften der kürzeren Glossen vorhandene Vorrede *„Der menschen gedankken gebrechlich sint"*[68]. Ein Drittel der Handschriften der Klasse L enthält außerdem deutschsprachige *additiones* in ganz unterschiedlichem Umfang[69].

63) KAUFMANN, Einleitung, KGl LnR S. XXI; DERS., Einleitung, LGl LnR S. XXVI. Vgl. zum Vergleich der Klassen K und L noch ausführlich unten S. 157 ff.

64) HOMEYER, Einleitung LnR, Sachsenspiegel II 1 S. 74 f.; LIEBERWIRTH, Wirkungsgeschichte S. 70; OPPITZ, Rechtsbücher I S. 75.

65) Nachdem bereits KAUFMANN, Einleitung, KGl LnR S. XXIII, erste Zweifel an der überkommenen These einer Textvermehrung geäußert hatte, ist nun tatsächlich eine kürzende Überarbeitung wahrscheinlich, vgl. DERS., Einleitung, LGl LnR S. XXXI f. Vgl. zur Frage der Textentwicklung noch ausführlich unten S. 147 ff.

66) KAUFMANN, Einleitung, LGl LnR S. XLIX–LXXXIX.

67) KAUFMANN, Einleitung, KGl LnR S. XXI; DERS., Einleitung, LGl LnR S. XXIX.

68) LGl LnR, Vorrede (S. 47 Z. 2). Die Vorrede ist in allen Handschriften der längeren Lehnrechtsglosse mit Ausnahme der Handschriften Q (Blattverlust), Wa (Blattverlust) und $Gö_2$ (Sonderform) enthalten.

69) KAUFMANN, Einleitung, LGl LnR S. XL–XLVII. Lehnrechtliche Additionen überliefern die Handschriften Be_1, Br_1, Br_2, F, $Gö_1$, $Gö_2$, $Gö_3$, L_4, L_5, Q, Wa, Wo.

Solche Erläuterungen am Rand von Text und Glosse des Lehnrechts sind auch in die späteren Druckausgaben eingeflossen[70]. Emil Steffenhagen schrieb diesen Zusätzen einen mit der Stendaler Glosse vergleichbaren Charakter einer „selbständigen Glossenarbeit“[71] zu. Nach Carl Gustav Homeyer könnte jenes „eigenthümliche Mehr“ um die Mitte des 15. Jahrhunderts verfasst worden sein[72]. Frank-Michael Kaufmann hat *additiones* nun aber schon im ältesten Vertreter der längeren Lehnrechtsglosse, in der um 1400 zu verortenden Handschrift Wa, gefunden[73]. Jedenfalls teilweise müssen die lehnrechtlichen Additionen somit schon früher verfasst worden sein.

Anders als die Handschriften der Klasse K, welche aufgrund teilweise erheblich divergierender Textgestalt noch einmal in drei Ordnungen zerfallen, stellt sich die Überlieferung der Klasse L „verhältnismäßig homogen“[74] dar. Eine Unterteilung der handschriftlichen Vertreter der längeren Lehnrechtsglosse in weitere Ordnungen erübrigt sich. Von der Überlieferung der Klasse L in den ältesten Drucken unterscheidet sie sich nicht erheblich[75].

Überwiegend entstammen die Handschriften dem 15. Jahrhundert, einzig die Handschrift $Gö_2$ wird dem 16. Jahrhundert zugerechnet[76]. Die älteste datierbare Handschrift L_3 ist von 1436, allerdings könnte die Handschrift Wa schon Ende des 14. Jahrhunderts entstanden sein. Die Texte sind fast

---

70) Vgl. bereits HOMEYER, Einleitung LnR, Sachsenspiegel II 1 S. 74, 75, 77, 110; STEFFENHAGEN, Lehnrechtsglosse Manuskriptseite I 1 f. Mit KAUFMANN, Einleitung, LGl LnR S. XLI, sind Additionen allerdings nicht erst in Marginalien in den Zobel'schen Drucken ab 1537 zu finden. Vielmehr hat bereits der älteste Druck der Lehnrechtsglosse [Sächsisches Weichbild…], Augsburg 1482, Additionen in den Fließtext aufgenommen, ohne sie dort als Zusätze zu kennzeichnen.

71) STEFFENHAGEN, Lehnrechtsglosse Manuskriptseite I 1 und Anhang zu (H. 577.).

72) HOMEYER, Einleitung LnR, Sachsenspiegel II 1 S. 77.

73) KAUFMANN, Einleitung, LGl LnR S. XLII f. Eine Zuschreibung der lehnrechtlichen Additionen an Dietrich von Bocksdorf ist damit zweifelhaft.

74) KAUFMANN, Einleitung, LGl LnR S. XXXIX. Einzig die Handschrift $Gö_2$ fällt mit ihren bloß ganz spärlichen Glossenauszügen aus dem Rahmen, vgl. DERS., ebenda S. LXX–LXXIII. DERS., ebenda S. XXXIX f. beschreibt Verwandtschaftsverhältnisse zwischen den einzelnen Handschriften. Im Übrigen sind die Filiationsverhältnisse ungeklärt.

75) Insbesondere der Text des ältesten Drucks [Sächsisches Weichbild…], Augsburg 1482 stimmt mit der handschriftlich überlieferten Vulgatfassung der längeren Lehnrechtsglosse ganz weitgehend überein, KAUFMANN, Einleitung, LGl LnR S. XCI.

76) Die letztgenannte Sammelhandschriften und die Handschrift Br_1 enthalten Bestandteile unterschiedlichen Alters. Das glossierte Lehnrecht in der Handschrift Br_1 dürfte noch dem 15. Jahrhundert entstammen, hingegen ist das Lehnrecht mit knappen Glossenauszügen der Handschrift $Gö_2$ bereits dem 16. Jahrhundert zuzurechnen, KAUFMANN, Einleitung, LGl LnR S. LXII und LXX.

ausschließlich mitteldeutsch verfasst[77]. Die mehreren Handschriften zählen das Lehnrecht, weil sich LnR 66 auf zwei Kapitel verteilt, in 81 Kapiteln (Be_1, Be_2, F, $Gö_1$, $Gö_2$, $Gö_3$, Gr, L_3, L_4, L_5, L_6, Me, N, Q, Wo)[78]. Häufig fehlt LnR 78 § 1–3, während LnR 76 allenorts in LnR 77 (vulgat 76 § 1–7) und LnR 79 (vulgat 76 § 8) zerfällt[79]. Mitunter fehlen außerdem LnR 32 § 2, 72 § 6 und 75 § 2[80]. Stets folgt die Glosse dem Text kapitelweise, wobei größere Schriften und rubrizierte Initialen den Kapiteltext hervorheben. Im Unterschied zur kürzeren Lehnrechtsglosse gibt es Summarien, die zu Beginn eines jeden Kapitels den folgenden Inhalt von Text und Glosse knapp zusammenfassen. Gut die Hälfte der Codices der Klasse L bietet in der Mitüberlieferung ein Register zum Lehnrecht. Darüber hinaus binden sie häufig den Richtsteig Lehnrechts mit ein (Be_1, Br_2, F, $Gö_1$, $Gö_2$, Gr, L_3, L_4, Me, Wo). Sachsenspiegel-Landrecht mit Glosse enthalten nur zwei der Handschriften ($Gö_2$, Q)[81], das Weichbildrecht mit Glosse immerhin vier (Be_2, F, L_3, Q).

Der neuen wissenschaftlichen Edition der längeren Lehnrechtsglosse liegt als Leithandschrift die qualitativ beste Handschrift Wo von 1464 zugrunde[82]. Das Register wurde aus der Handschrift L_5 von 1467 ergänzt, welche im Übrigen als Variantenhandschrift im Fußnotenapparat Berücksichtigung findet. Im Petitdruck ist schließlich die älteste datierte Handschrift der längeren Lehnrechtsglosse L_3 von 1436 enthalten.

c) Die Textzeugen der Klasse W

Nur in der einen Handschrift Be_3 und im Fragment P ist die dritte Textklasse, die sogenannte „Wurm'sche" Lehnrechtsglosse (W), erhalten. Die Glossentextmenge dieser Fassung übersteigt die längere Klasse L noch einmal beträchtlich[83]. Einen ersten Eindruck vom Charakter dieser vermehrten

---

77) Einzig die Sprache der Handschrift $Gö_1$ ist oberdeutsch, KAUFMANN, Einleitung, LGl LnR S. LXIX.

78) KAUFMANN, Einleitung, LGl LnR S. XL.

79) KAUFMANN, Einleitung, LGl LnR S. XL. Die Handschriften Br_1, Br_2 und Wa der „schlesischen Gruppe" hängen LnR 78 § 1–3 an und zählen damit 82 Kapitel.

80) Im Einzelnen KAUFMANN, Einleitung, LGl LnR S. XL. Allen Handschriften ist schließlich die Abtrennung von LnR 38 § 1–4 in LnR 38 (vulgat 38 § 1–3) und LnR 39 (vulgat 38 § 4; 39 § 1–4) gemein.

81) Ich zähle nicht die Mitüberlieferung des kurzen Auszugs Gl LdR II 23 und II 24 in der Handschrift L_3, KAUFMANN, Einleitung, LGl LnR S. LVI.

82) KAUFMANN, Einleitung, LGl LnR S. XLVIII.

83) Nach KAUFMANN, Einleitung, LGl LnR S. XXIX, ist die sogenannte „Wurm'sche" Glosse noch einmal etwa doppelt so lang wie die längere Glosse. Mein stichprobenhafter

Glossenfassung gibt die vergleichende Gegenüberstellung der Vorreden der Klassen L und W im Anhang dieser Arbeit[84]. Nach bisherigem Forschungsstand stellt man sich die Klasse W noch einmal als eine Erweiterung der ihr zugrunde liegenden Klasse L vor[85].

Wie schon die Handschriften der Klasse L enthält auch die Handschrift der Klasse W die Vorrede, die in ihrer ausführlicheren Form allerdings mit „*Quoniam, ut ait Seneca*"[86] beginnt. Weiterhin gibt es ein einleitendes Register und knappe Summarien vor den einzelnen Kapiteln. Die in vielen Handschriften der längeren Glosse enthaltenen *additiones* kennt die Handschrift Be$_3$ offenbar nicht. Die Allegationen der Klasse W weisen die stilistische Besonderheit auf, häufig nach Rechtsbuch und Titel das Fragment nicht nur wie gewöhnlich durch Angabe des Initiums zu zitieren, sondern in voller Länge auszuschreiben[87]. Die Handschrift Be$_3$ bricht mit fol. 328 mitten in LnR 77 (vulgat 76[88]) ab, zählte also ursprünglich 81 Kapitel[89]. Die Sprache ist mitteldeutsch.

Carl August Homeyer hat diese längste Glossenfassung dem nach seinem Studium in Bologna unter Herzog Ruprecht von Schlesien tätigen Juristen Nikolaus Wurm zugeschrieben[90]. Die im selben Codex enthaltene Glosse zum Mainzer Landfrieden Kaiser Friedrichs II. von 1235 ordnete später

---

Vergleich der Kapitel 1–10, 20, 30, 40, 50, 60 und 70 (69) legt hingegen nahe, dass nur etwa ein Viertel der Textmenge der Klasse W einen Mehrbestand gegenüber L darstellt.

84) Vgl. Anhang, unten S. 789 ff.

85) HOMEYER, Einleitung LnR, Sachsenspiegel II 1 S. 75; KAUFMANN, Einleitung, KGl LnR S. XXII. Vgl. nun aber KAUFMANN, Einleitung, LGl LnR S. XXXII f., der auch eine Entwicklung W – L – K für möglich hält.

86) „Wurm'sche" Glosse LnR, Vorrede (Berlin SBB-PK Hs. 392 fol. 150va).

87) Zu diesem Phänomen auch KAUFMMANN, Einleitung, LGl LnR S. XXIX f. Beispielsweise wird die Allegation Dist. 1 c. 10 in der Vorrede von LGl LnR mit „*ut I di.* <*c.*> *ius militare.*" (S. 49 Z. 2 f.), in der Vorrede der „Wurm'schen" Glosse LnR hingegen ausführlich mit „*vt d. j. jus militare est belli inferendi sollempnitates, federis faciendi nexus. Signo dato egressio in hostem uel pungne co*[m]*missio. jtem signo dato recepcio, jtem flagicii militaris disciplina, si locus deseratur. jtem stipendior*[um] *modus, dignitatum gradus, premiorum honor, ueluti cum corona* v[e]l *torque*<s> *donantur.*" (Berlin SBB-PK Hs. 392 fol. 151$^{\text{ra und b}}$) zitiert.

88) Das Lehnrecht ist nach vulgater Zählung, wie sie sich auch in den Ausgaben EBEL, Sachsenspiegel; HIRSCH, Eike von Repgow, und HOMEYER, Sachsenspiegel II 1, widerspiegelt, in 80 Kapitel geteilt.

89) Berlin SBB-PK Hs. 392 fol. 1–26, 82, 147, 209–211, 275–280 und 383–389 sind seit dem Zweiten Weltkrieg verschollen, vgl. auch MICHAEL, [Handschriftenbeschreibung], Aderlass und Seelentrost Nr. 158 S. 325.

90) HOMEYER, Einleitung LnR, Sachsenspiegel II 1 S. 75 f.; ihm folgt KAUFMANN, Einleitung, LGl LnR S. XXVI f.

Hugo Böhlau ebenfalls dem Nikolaus Wurm zu[91]. Die Zuschreibungen beider Glossenfassungen an Nikolaus Wurm sind allerdings zweifelhaft[92]. Über einen datierbaren zweiten Codex, der etwa gleichzeitig mit dem hier besprochenen Codex der „Wurm'schen“ Glossenhandschrift entstanden sein muss[93], lässt sich der Entstehungszeitpunkt für die Handschrift Be_3 auf die Jahre um 1386/87 eingrenzen. Damit stellt die Handschrift Be_3 den ältesten indirekt datierbaren Textzeugen der Lehnrechtsglosse dar. Aus ihr leitet sich der *terminus ante quem* nicht nur für die Entstehung der Klasse W, sondern für die Abfassung der Lehnrechtsglosse insgesamt ab. Geht man mit der bisher herrschenden Meinung in der Forschung davon aus, dass W gegenüber den Klassen K und L die jüngste Glossenschicht darstellt[94], müssten jene noch früher entstanden sein, damit aus ihnen bis spätestens 1386/87 die „Wurm'sche“ Fassung hervorgehen konnte.

Die Lehnrechtsglosse der Klasse W ist nicht gedruckt worden[95]. Als Textzeugin für die Klasse W zieht die vorliegende Arbeit daher die Handschrift Be_3 selbst heran.

Der zweite Textzeuge für die Klasse W, das Fragment P, setzt sich aus insgesamt vier aus einem Bucheinband des späten 16. Jahrhunderts wieder herausgelösten Pergamentstücken zusammen[96]. Die drei Einzelblätter (fol. 1–3) sind doppelseitig und zweispaltig handschriftlich beschrieben, teilweise ist der Text an den Seitenrändern und an den oberen Rändern leicht beschnitten. Das vierte, seine Herkunft aus einer Lage des ursprünglichen Buchs noch deutlich offenbarende Doppelblatt (fol. 4) ist ebenfalls doppelseitig beschrieben und überliefert insgesamt noch drei Textspalten, wobei die vierte Textspalte und zwei bis sieben Zeilen am unteren Rand abgeschnitten worden sind. Die Zusammengehörigkeit der vier Folia ergibt sich aus dem einheitlichen Schriftbild (gotische Minuskel). Die Blätter müssen einem gemeinsamen Codex des späten 14. oder des 15. Jahrhundert entstammen, der später einer „Wiederverwertungsmaßnahme“ zum Opfer gefallen ist.

---

91) BÖHLAU, Einleitung, Nove constitutiones S. XVIII–XXI.

92) Vgl. noch ausführlich unten S. 97 ff.

93) OPPITZ, Rechtsbücher II Nr. 938 (Liegnitz KirchenB Peter und Paul Nr. 1, sogenannter „Liegnitzer Codex I“), beschrieben bei KLOSS, Buchmalerei S. 228 f., und dazu MICHAEL, [Handschriftenbeschreibung], Aderlass und Seelentrost Nr. 158 S. 327.

94) So noch KAUFMANN, Einleitung, KGl LnR S. XXII.

95) Immerhin eine Probe der „Wurm'schen“ Glosse LnR 2 enthält im Variantenapparat HOMEYER, Sachsenspiegel II 1 S. 343–355.

96) Prag KNM I E a. 17 (OPPITZ, Rechtsbücher II Nr. 1234). Alle vier Fragmente tragen am Rand den Aufdruck „*1595*“ und „*BSAGD*“.

Alle vier Blätter sind teilweise beschädigt[97]. Die noch lesbaren Teile lassen sich allerdings eindeutig als Glosse zum Sächsischen Lehnrecht identifizieren. Bei den erhaltenen Fragmenten handelt es sich um Bruchstücke aus der Glosse zu LnR 51, 52, 53, 55 und 65. Teile des Textes von LnR 53 und 65 sind ebenfalls erhalten. Die Glosse folgt dem Text kapitelweise. Bemerkenswert ist, dass das Fragment P die Lehnrechtsglosse in der sonst nur einmal bekannten, längsten Fassung der sogenannten „Wurm'schen" Glosse überliefert[98]. Auffälligstes gemeinsames Merkmal von Handschrift und Fragment sind die ungewöhnlichen ausgeschriebenen Allegationen[99]. Aber auch sonst stimmt der Text des Fragments P wortwörtlich und fast buchstabengetreu[100] mit den entsprechenden Passagen der Handschrift Be_3 überein[101]. Insbeson-

---

97) Insbesondere auf Prag KNM I E a. 17 fol. 2^{v} und $3^{r\ und\ v}$ sind größere Textabschnitte bis zur Unkenntlichkeit verschwommen oder zerlöchert.

98) So schon die Beobachtung von HOMEYER, Die deutschen Rechtsbücher Nr. 978; vgl. auch die Angaben bei OPPITZ, Rechtsbücher II Nr. 1234.

99) Erhalten sind Allegationen von Inst. 4, 3, 3 und Inst. 4, 4, 1 in der Glosse LnR 51 (Prag KNM I E a. 17 fol. 4va Z. 12–17 und Z. 26–31); Dist. 4 c. 2 in der Glosse LnR 52 (Prag KNM I E a. 17 fol. 1ra Z. 12–17); Inst. 4, 16, 1 S. 4 f., Inst. 1, 1, 3, Inst. 2, 7, 2 S. 5, C. 16 q. 1 c. 8 und Inst. 3, 1, 5 in der Glosse LnR 55 (Prag KNM I E a. 17 fol. 3ra Z. 1 f. und Z. 18–21, fol. 3rb Z. 18–27, fol. 3va Z. 13–16 und fol. 3vb Z. 15–25) sowie C. 1q. 2 c. 10 in der Glosse LnR 65 (Prag KNM I E a. 17 fol. 2rb Z. 19–24).

100) Nur vereinzelt finden sich abweichende Schreibweisen, etwa *„daz"* statt *„das"*, *„eynen"* statt *„einen"*, *„sin"* statt *„sein"* u. Ä.

101) Die Nummerierung der vier Fragmente ist unglücklich. Sortiert nach der Reihenfolge des noch erhaltenen Glosseninhalts entsprechen die Textspalten aus Prag KNM I E a. 17 den folgenden Passagen aus der Handschrift Be_3: Prag KNM I E a. 17 …
… fol. 4^{rc} = „Wurm'sche" Glosse LnR 51 (Berlin SBB-PK Hs. 392 fol. 295va Z. 22 – fol. 295vb Z. 22);
… fol. 4va = „Wurm'sche" Glosse LnR 51 (Berlin SBB-PK Hs. 392 fol. 296va Z. 17 – fol. 296vb Z. 19);
… fol. 1ra = „Wurm'sche" Glosse LnR 52 (Berlin SBB-PK Hs. 392 fol. 298rb Z. 15 – fol. 298va Z. 23);
… fol. 1rb = „Wurm'sche" Glosse LnR 52 (Berlin SBB-PK Hs. 392 fol. 298va Z. 23 – fol. 299ra Z. 3);
… fol. 1va = „Wurm'sche" Glosse LnR 52, Text LnR 53 und „Wurm'sche" Glosse LnR 53 (Berlin SBB-PK Hs. 392 fol. 299ra Z. 3 – fol. 299rb Z. 16);
… fol. 1vb = „Wurm'sche" Glosse LnR 53 (Berlin SBB-PK Hs. 392 fol. 299rb Z. 16 – fol. 299va Z. 24);
… fol. 3ra = „Wurm'sche" Glosse LnR 55 (Berlin SBB-PK Hs. 392 fol. 306va Z. 22 – fol. 306vb Z. 29);
… fol. 3rb = „Wurm'sche" Glosse LnR 55 (Berlin SBB-PK Hs. 392 fol. 307ra Z. 1 – fol. 307rb Z. 8);

dere wiederholt sich auch das in W gegenüber der Klasse L enthaltene deutschsprachige Textplus[102].

Die Existenz dieses zweiten Textzeugen der Glossenklasse W ist besonders interessant, weil die Gruppe der bislang Nikolaus Wurm zugeschriebenen Schriften insgesamt nur sehr spärlich überliefert ist, was auf eine geringe Verbreitung dieser Arbeiten schließen lässt. Die zur Fassung W führende Überarbeitung der Lehnrechtsglosse ist aber jedenfalls, das zeigt das Fragment P, noch mindestens einmal vervielfältigt worden. Welcher der beiden Textzeugen Be_3 und P dabei der frühere war, ist völlig ungewiss.

d) Die Handschrift der Stendaler Glosse

Das als Stendaler Lehnrechtsglosse bezeichnete Erläuterungswerk, das in der einen Handschrift Br_3 erhalten ist, nimmt in der handschriftlichen Überlieferung der Lehnrechtsglosse eine Sonderstellung ein. Gegenüber den Klassen K, L und W, deren Glossentexte einen gemeinsamen Kernbestand aufweisen und sich nur durch größeren oder kleineren Mehrbestand unterscheiden, zeigt sich der Inhalt dieser Glosse nämlich ganz eigenständig. Von einer Textabhängigkeit oder Textvermengung lässt sich gar nicht sprechen. Über den Umstand, dass es sich bei der Stendaler Glosse also um eine zweite, ganz neue Glosse zum Sächsischen Lehnrecht handelt, darf die Einord-

... fol. 3va = „Wurm'sche“ Glosse LnR 55 (Berlin SBB-PK Hs. 392 fol. 307rb Z. 12 – fol. 307va Z. 18);
... fol. 3vb = „Wurm'sche“ Glosse LnR 55 (Berlin SBB-PK Hs. 392 fol. 307va Z. 21 – fol. 307vb Z. 29);
... fol. 4vb = „Wurm'sche“ Glosse LnR 55 (Berlin SBB-PK Hs. 392 fol. 307vb Z. 29 – fol. 308rb Z. 1);
... fol. 4^{vc} = „Wurm'sche“ Glosse LnR 55 (Berlin SBB-PK Hs. 392 fol. 308rb Z. 9 – fol. 308va Z. 12);
... fol. 4ra = „Wurm'sche“ Glosse LnR 55 (Berlin SBB-PK Hs. 392 fol. 308va Z. 20 – fol. 308vb Z. 23);
... fol. 4rb = „Wurm'sche“ Glosse LnR 55 (Berlin SBB-PK Hs. 392 fol. 308vb Z. 32 – fol. 309rb Z. 1);
... fol. 2ra = LnR 65 und „Wurm'sche“ Glosse LnR 65 (Berlin SBB-PK Hs. 392 fol. 341rb Z. 22 – fol. 341vb Z. 1);
... fol. 2rb = „Wurm'sche“ Glosse LnR 65 (Berlin SBB-PK Hs. 392 fol. 341vb Z. 2 – fol. 342ra Z. 14);
... fol. 2va = „Wurm'sche“ Glosse LnR 65 (Berlin SBB-PK Hs. 392 fol. 342ra Z. 15 – fol. 342rb Z. 26);
... fol. 2vb = „Wurm'sche“ Glosse LnR 65 (Berlin SBB-PK Hs. 392 fol. 342rb Z. 28 – fol. 342vb Z. 6).

102) Deutlich wird dies etwa in der Spalte Prag KNM I E a. 17 fol. 4^{vc}.

nung als „Klasse IV“[103] im Editionsvorwort der Lehnrechtsglosse nicht hinwegtäuschen. Seinen Namen verdankt das Werk seinem Entstehungsort Stendal, auf den die auffälligen Hinweise auf märkische und insbesondere Stendaler Gewohnheiten hindeuten[104]. Der Verfasser ist unbekannt[105].

Überliefert ist die Stendaler Lehnrechtsglosse in einem größeren Codex, der hintereinander den Text des Sachsenspiegel-Landrechts in lateinischer und deutscher Sprache, den Richtsteig Landrechts, den Text des Sächsischen Lehnrechts in deutscher Sprache, den Richtsteig Lehnrechts, ein Register, den Text des Weichbildrechts, das Dienstrecht von Magdeburg sowie schließlich die Bulle Gregors XI. gegen den Sachsenspiegel bietet[106]. Teile dieses Codex, nämlich das Landrecht, das Lehnrecht, ansatzweise der Richtsteig Lehnrechts und das Magdeburger Weichbildrecht, wurden im Zuge einer Überarbeitung mit Interlinear- und Marginalglossen versehen[107]. Diese Rand- und Zwischenbemerkungen bilden die sogenannte Stendaler Glosse, welche sich also auf das Landrecht, das hier interessierende Lehnrecht und das Weichbildrecht erstreckt.

Die Sprache der Stendaler Glosse ist gemischt, wobei die lateinischen Textteile des Landrechts ausschließlich auf Latein glossiert wurden, die An-

---

103) KAUFMANN, Einleitung, KGl LnR S. XVIII, XX; DERS., Einleitung, LGl LnR S. XXV, XXVII.

104) STEFFENHAGEN, Entwicklung II S. 43, 63–65 und 86–90. Die Stendaler Glosse LnR 73 *Unde etzwas dinstes plichtich* beschreibt zum Beispiel Lehnsdienste und Bußtaxen bei Versäumen der Lehnsdienste mit den Worten *„Scias* [quod] *in marchia antiqua Branden*[burgensi] *de consuetudine est“* (ECKHARDT, Sassenspegel S. 579[a]); vgl. zu dieser Stelle HOMEYER, Einleitung LnR, Sachsenspiegel II 1 S. 80. Einen ganz präzisen Hinweis auf Stendal liefert in derselben Handschrift eine Glosse zum Weichbildrecht, in der die Gewohnheit des sogenannten Tropfenfalls unter Verweis auf *„Aldus halt men dit met uns to stend*[al] *nach wohnheit.“* (STEFFENHAGEN, Entwicklung II S. 90) erläutert wird.

105) Beim Stendaler Glossator könnte es sich nach MEYER, Dietrich von Bocksdorf S. 102, aufgrund der „starken Präsenz theologischer Autoren“ und der besonders markierten *articuli reprobati* um einen Kleriker gehandelt haben. Ob die bei STEFFENHAGEN, Entwicklung II S. 52–54, zusammengetragene Reihe in der Stendaler Glosse zitierter Autoren wirklich ein solch ungewöhnliches Übergewicht kanonistischer Schriften widerspiegelt, ist fraglich. Für einen Mann der Kirche mag für diese Zeit der Klerikerjuristen eine ganz allgemeine Wahrscheinlichkeit sprechen. Sehr plausibel scheint demgegenüber die Annahme von STEFFENHAGEN, Entwicklung II S. 52, der Stendaler Glossator habe in Italien die Rechte studiert. In großer Zahl verarbeitete er nämlich italienische Juristen des 12. bis Anfang 15. Jahrhunderts.

106) HOMEYER, Die deutschen Rechtsbücher Nr. 181; OPPITZ, Rechtsbücher II Nr. 259.

107) STEFFENHAGEN, Entwicklung II S. 44 f.

merkungen zu den deutschen Texten des Land- und Lehnrechts hingegen zwischen lateinischer und niedersächsischer Sprache hin und her wechseln[108]. Entgegen der geläufigen Bezeichnung als „gemischte deutsch-lateinische Glosse“[109] ist der Anteil an niederdeutschen Erläuterungen nur sehr gering. Von insgesamt 61 glossierten Kapiteln des Lehnrechts weisen gerade einmal 13 Kapitel Glossen mit deutschen Zusätzen auf[110]. Letztlich handelt es sich bei der Stendaler Lehnrechtsglosse also weniger um eine gemischte als um eine „lateinische Glosse“[111] mit bloß einzelnen niederdeutschen Zwischenanmerkungen. Emil Steffenhagen, der die Glossierungen zu allen Teilen des Codex eingehend untersucht und beschrieben hat, kommt zu dem Ergebnis, dass alle Glossen von einem Verfasser und aus einer Hand herrühren[112]. Demnach ist die bisweilen anzutreffende Unterscheidung zwischen einer „lateinischen“ Glosse und einer gemischt deutsch-lateinischen „altmärkischen“ Glosse hinfällig[113].

---

108) STEFFENHAGEN, Entwicklung II S. 45.

109) KAUFMANN, Einleitung, KGl LnR S. XX; DERS., Einleitung, LGl LnR S. XXVII.

110) Im Augsburger Primärdruck von 1516 (VD 16 D 758, ECKHARDT, Sassenspegel) sind nur LnR 7 und LnR 78 rein niederdeutsch glossiert. Die Stendaler Glossen zu LnR 5, 24, 26, 29, 32, 58, 65, 66, 68, 73 und 76 sind lateinisch mit niederdeutschen Einschüben. Alle übrigen Glossen sind ausschließlich lateinisch.

111) Insofern die berechtigte Charakterisierung bei HOMEYER, Die deutschen Rechtsbücher (1856) S. 11.

112) STEFFENHAGEN, Entwicklung II S. 43, 49–51. Für einen einzigen Verfasser spreche derselbe Charakter der lateinischen und der gemischt deutsch-lateinischen Glossen, insbesondere die gemeinsame Verwendung charakteristischer Quellen wie die Magdeburger Schöffensprüche und die *Lombarda*. Auch der Schriftcharakter weise auf eine Niederschrift zu zwar unterschiedlichen Zeiten, aber doch von ein und derselben Hand hin.

113) HOMEYER, Die deutschen Rechtsbücher (1856) S. 5–7, unterschied in solcher Weise zwischen einer lateinischen Glosse zum lateinischen Landrechtstext und einer gemischt deutsch-lateinischen Glosse zum deutschen Landrechtstext. In der von STEFFENHAGEN, Entwicklung II S. 48, behaupteten Deutlichkeit aber ist Homeyer für eine getrennte Behandlung des Glossenapparates in der Handschrift Br_3 nicht eingetreten. HOMEYER, Einleitung LnR, Sachsenspiegel II 1 S. 79, hielt jedenfalls auch einen gemeinsamen Verfasser für alle Rand- und Interlinearglossen dieser Handschrift für möglich. – Der These von einem einzigen Verfasser aller Stendaler Glossen ist auch BUCHDA, Art. Altmärkische Glosse zum Sachsenspiegel, in: HRG I Sp. 144 f., gefolgt. Gegen die Ansicht Steffenhagens wandte sich allein ECKHARDT, Vorwort, Sassenspegel S. X–XII, ohne dass ihm allerdings die maßgebliche Handschrift Br_3 vorgelegen hätte. Nach Eckhardt lagen den Glossierungen zum lateinischen Landrechtstext und zum deutschsprachigen Land- und Lehnrechtstext getrennte Vorlagen zugrunde.

1. Entstehungszeitpunkt

Der Zeitpunkt für die Abfassung der Stendaler Glosse ist bisher nur grob ermittelt worden. Mit Emil Steffenhagen entstand die Glossierung nach 1374 und vor 1434 (nicht 1410!)[114], wobei sich der einzige Überlieferungsträger, die Handschrift Br_3, nur grob dem Anfang des 15. Jahrhunderts zuordnen lässt[115]. Weil die Handschrift nicht genau zu datieren ist, bleibt man für eine genauere zeitliche Eingrenzung auf indirekte Hinweise angewiesen. Emil Steffenhagen hat den *terminus post quem* aus der Tatsache abgeleitet, dass der Stendaler Glossator alle durch Gregor XI. in der Bulle *Salvator humani generis* von 1374 verdammten sogenannten *articuli reprobati* des Landrechts kennzeichnete[116]. Der bisherige *terminus ante quem* ergibt sich aus einer Handschrift des Jahres 1434, in der die Stendaler Glosse bereits benutzt wurde[117].

Der Entstehungszeitraum lässt sich anhand des Glossentextes noch etwas weiter konkretisieren. Unklar ist, ob es sich bei der Handschrift Br_3 um den Autografen handeln könnte[118]. Die Stendaler Lehnrechtsglosse wäre dann nicht älter als ihr handschriftlicher Überlieferungsträger. Während diese Überlegung erst sehr vage auf eine Entstehung im 15. Jahrhundert verweist,

---

114) STEFFENHAGEN, Entwicklung II S. 65 i. V. m. Entwicklung IV S. 166 Anm. 1, Entwicklung IX S. 435 Anm. 1 und Entwicklung X S. 572 Anm. 1. Ursprünglich ging DERS., Entwicklung II S. 65, noch vom Jahr 1410 als *terminus ante quem* aus (vgl. zusammenfassend die Corrigenda von ECKHARDT, Sassenspegel S. XIII f.). Die spätere Korrektur Steffenhagens zugunsten des Jahres 1434 blieb in der Literatur häufig unberücksichtigt, so bei BUCHDA, Art. Altmärkische Glosse zum Sachsenspiegel, HRG II Sp. 145; BUCHHOLZ-JOHANEK, Art. ‚Stendaler Glosse', in: ^{2}VL IX Sp. 287 f.; LÜCK, Über den Sachsenspiegel S. 34; KAUFMANN, Einleitung, KGl LnR S. XXI; vgl. jetzt aber berichtigend DERS., Einleitung, LGl LnR S. XXVIII mit Anm. 63.

115) So schon HOMEYER, Die deutschen Rechtsbücher Nr. 181.

116) STEFFENHAGEN, Entwicklung II S. 55–58.

117) STEFFENHAGEN, Entwicklung IV S. 166 Anm. 1; Entwicklung IX S. 435 Anm. 1 und Entwicklung X S. 572 Anm. 1. Nach DEMS., Entwicklung V S. 202 und S. 214 f., handelt es sich um die Handschrift Leipzig UB Rep. II, 16 (OPPITZ, Rechtsbücher II Nr. 906).

118) Nach STEFFENHAGEN, Entwicklung II S. 43, 49–51, stammen die Rand- und Interlinearglossen aus einer Hand. Die Abweichungen im Schriftbild deuteten aber darauf hin, dass zu unterschiedlichen Zeiten gearbeitet wurde. Dies macht die bloße Kopie einer bereits zuvor verfassten Glosse eher unwahrscheinlich und legt die sukzessive Ergänzung im Rahmen eines kreativen Entstehungsprozesses durch den Glossator immerhin nahe.

Andererseits sind Stendaler Landrechtsglossen auch in der Handschrift OPPITZ, Rechtsbücher II Nr. 260 und im Fragment 116 (Breslau/Wrocław BU II F 7; Berlin SBPK Ms. germ. fol. 284) überliefert.

liefern die Quellen der Stendaler Glosse konkretere Anhaltspunkte. Häufig allegiert die Glosse nämlich:

> „*Bald*[us] *in lib*[ro] *feu*[dorum]“[119] oder „*Bald*[us] *in usib*[us] *feud*[orum]“[120]

Gemeint ist die *Lectura super usibus feudorum* des Baldus de Ubaldis, ein Kommentar zu den *Libri Feudorum*[121]. Diese Schrift wurde ausweislich des Explicit der erhaltenen Handschriften aber erst 1393 fertiggestellt[122]. Da die Stendaler Lehnrechtsglosse den Kommentar des Baldus zu den *Libri Feudorum* mehrfach zitiert, kann auch sie nicht vor 1393 geschrieben worden sein. Hält man am von Steffenhagen ermittelten *terminus ante quem* fest, ist die Stendaler Glosse also nach 1393 und vor 1434 verfasst worden.

2. Benutzung einer *Glossa ordinaria* zum Lehnrecht

Auch die Frage, ob die Glossen des Stendaler Anonymus vor oder nach dem in den Klassen K, L und W überlieferten Glossentext geschrieben wurden, war bisher ungeklärt[123]. Wenigstens teilweise lässt sie sich nun beantworten. Mit dem neuen *terminus post quem* steht nämlich fest, dass der Stendaler Glosse jedenfalls die sogenannte „Wurm'sche“ Lehnrechtsglosse vorausging, deren Handschrift Be_3 ja auf 1386/87 datiert ist. Dass zu Zeiten des Stendaler Glossators bereits eine gewöhnliche Lehnrechtsglosse im Umlauf war, belegt darüber hinaus eine sehr bemerkenswerte Allegation in der Stendaler Glosse LnR 25 *Wen dat mach nein here gut*:

---

119) Etwa Stendaler Glosse LnR 4 *De man schal ock syne[n] heren dynen*, LnR 11 *Unde em nicht bewiset is*, LnR 32 *Wo si willet*, LnR 46 [*Nota*] (ECKHARDT, Sassenspegel S. 454^b, 466^b, 507^b, 523^b).

120) Etwa Stendaler Glosse LnR 22 *Efft de here weigert*, LnR 65 *De here syneme manne tho leenrechte dedingen*, wohl auch LnR 24 *Dat is he em plichtich thohant tho benome*[n]*de*, LnR 26 *Se scholen auer daraff dynen*, LnR 32 *Unde gelike gewere*, LnR 49 *Nymmet ein here syne*[n] *ma*[n]*ne*, LnR 55 *Gelegen setthinghe*, LnR 62 *Des ambacht man he is* (ECKHARDT, Sassenspegel S. 485^a, 551^a, 489^b, 495^b, 507^a, 525^b, 533^b, 546^b).

121) BALDUS, Super feudis; vgl. über dieses Werk LANGE / KRIECHBAUM, Kommentatoren S. 789 f.

122) DANUSSO, Ricerche S. 9. Begonnen hatte Baldus den Kommentar nach eigenen Angaben 1391 im Alter von 47 Jahren, LASPEYRES, Über die Entstehung S. 110; V. SAVIGNY, Geschichte des Römischen Rechts VI S. 241.

123) KAUFMANN, Die Glossen S. 285, bezeichnete die Stendaler Glosse als die „jüngste“ Glossenschicht. DERS., Einleitung, KGl LnR S. XX, sprach dann allerdings nur noch von der „möglicherweise“ jüngsten der vier Rezensionen.

„Vide infra […] arti. lxxj. in g. weme“[124]

Eindeutig verweist die Stendaler Glosse hier auf eine Glosse zu LnR 71 § 5. Das abgekürzt zitierte Lemma „*Weme* [der konigk in de achte getogen hefft]“ ist in der kürzeren und längeren Lehnrechtsglosse, nicht aber in der Stendaler Glosse zu LnR 71 enthalten[125]. Es handelt sich also nicht bloß um eine Remission des Stendaler Glossators auf eine andere Stelle seines eigenen Anmerkungsapparates, sondern um ein echtes Fremdzitat, das auf eine Passage in einem von der Stendaler Glosse verschiedenen Glossentext zum Sächsischen Lehnrecht verweist. Offenbar gab es – sei es nun in der Form K oder L – ein in sich geschlossenes Glossenwerk, das der Stendaler Glossator gleichsam als *Glossa ordinaria* zum Lehnrecht benutzte. In gleicher Weise hat er zum Landrecht die Buch'sche Glosse herangezogen und mehrfach allegiert[126]. Zwar selten[127], aber doch mit großer Selbstverständlichkeit beruft sich der Stendaler Glossator also auf „die Glosse“ zum Lehnrecht. Ob sie ihm in der kürzeren, längeren oder vielleicht gar in der sogenannten „Wurm'schen“ Fassung vorgelegen hat, wissen wir nicht. Ihr Bekanntsein setzt er jedenfalls allgemein voraus, eine Präzisierung durch Angabe des Autors wird nicht für nötig gehalten. Wir dürfen also davon ausgehen, dass Anfang des 15. Jahrhunderts ein vulgater Lehnrechtsglossentext bekannt und verbreitet war, der von der deutschen Rechtswissenschaft gleichsam als *Glossa ordinaria* zum Sächsischen Lehnrecht behandelt wurde.

124) Stendaler Glosse LnR 25 *Wen dat mach nein here gut* (ECKHARDT, Sassenspegel S. 492[a]).

125) Vgl. Stendaler Glosse LnR 71 (ECKHARDT, Sassenspegel S. 574[b] und 575[a]). Die allegierte Stelle entspricht KGl LnR 72 (71 § 5) *Wen der konig in die achte getan had* (S. 557 Z. 11) bzw. LGl LnR 72 (71 § 5) *Wen der koning yn die achte getan hat* (S. 1007 Z. 1).

126) STEFFENHAGEN, Entwicklung II S. 58 f., 70–75, mit zahlreichen Beispielen aus der Stendaler Landrechtsglosse. Meist findet sich als Zitierweise „*secundam g.*“ oder „*in glo*[sa]“. In der Stendaler Lehnrechtsglosse wird die Buch'sche Glosse in der Glosse zu LnR 1, zu LnR 26 *Doch bederven* und *De here is ummer des kyndes vormu*[n]*der*, zu LnR 40 *Edder mit water ordel scheiden*, zu LnR 58 *We gudt lyet tho vluchtsale*, zu LnR 69 *Wen he mot ene rechte gewere louen* und zu LnR 70 *Efft twe dorpe* (ECKHARDT, Sassenspegel S. 449[a], 494[b], 495[a], 517[a], 540[b], 569[b], 571[b]) zitiert.

127) Keinen ganz eindeutigen, aber doch einen möglichen Verweis auf die gewöhnliche Lehnrechtsglosse enthält neben Stendaler Glosse LnR 25 *Wen dat mach nein here gut* (ECKHARDT, Sassenspegel S. 492[a]) noch die Stendaler Glosse LnR 39 *Edder he yt up let* (ebenda S. 515[b]): „*vide infra* […] *arti. xliiij. in notatis.*“

3. Quellen des Stendaler Glossators

Bemerkenswert ist der überaus reiche Quellenfundus des Stendaler Glossators[128]. Neben den Rechtsbüchern des römischen, kanonischen und einheimischen Rechts verarbeitete er in großem Umfang auch die gelehrtrechtliche Literatur. In den Glossen zum Lehnrecht dominieren Allegationen der *Libri Feudorum*. Der Vorrang dieser Quelle zeigt sich besonders an der Tatsache, dass der Stendaler Glossator bei Zitaten der *Libri Feudorum* immer wieder ganz auf die Nennung einer Sigle verzichtet und davon ausgeht, jeder wisse, welches Rechtsbuch jeweils gemeint ist[129]. Hinzu kommen Zitate aller weiteren Teile des mittelalterlichen *Corpus iuris* – Digesten, *Codex*, Institutionen und *Authenticum*. Einmal finden möglicherweise auch die *Epitome Iuliani* Erwähnung[130]. Immer wieder wird außerdem die *Glossa ordinaria* zum *Corpus iuris* in Bezug genommen[131]. Zweimal führt die Stendaler Lehnrechtsglosse die *Lombarda* an[132]. Aus dem kanonischen Recht werden das

128) Zu den Quellen des Stendaler Glossators zu Land- und Lehnrecht bereits STEFFENHAGEN, Entwicklung II S. 51–63; außerdem KAUFMANN, Einleitung, LGl LnR S. XXVIII.

129) Üblicherweise zitiert die Stendaler Lehnrechtsglosse die *Libri Feudorum* mit *„in lib. feud.“*, *„in usus feud.“*, *„cons. feud.“* oder *„lex feud.“* Schon in der Stendaler Glosse LnR 2 und 3 (ECKHARDT, Sassenspegel S. 450ᵃ, 452ᵇ f.) häufen sich aber Allegationen, die die Sigle nicht mehr nennen. Die Stendaler Glosse LnR 29 *De manne en deruen ock nicht* (ECKHARDT, Sassenspegel S. 500ᵃ) bietet ein Beispiel für eine siglelose Allegation der *Libri Feudorum*, bei der die Quelle nicht einmal mehr an früherer Stelle weiter oben im Glossentext genannt wurde.

130) In der Stendaler Glosse LnR 4 *We so ein pert* wird auf die *„nouel.de iureiura*[n]*.i.c.sicut“* verwiesen (ECKHARDT, Sassenspegel S. 454ᵇ). Da der Glossator das *Authenticum* im Übrigen mit *„in auten.“* allegiert (zum Beispiel in Stendaler Glosse LnR 5 *De dat gedinghe dar ane heft*, ECKHARDT, Sassenspegel S. 457ᵇ), könnten mit *„nouel.“* hier die *Epitome Iuliani* gemeint sein. Der Stendaler Glossator würde damit jenen präzisen Sprachgebrauch der Glossatoren aufgreifen, die noch klar zwischen den beiden Quellen unterschieden. Mit *„novellae“* bezeichneten die Glossatoren die außerhalb des *Corpus iuris* überlieferte *Epitome Iuliani*, die Novellen des *Authenticum* im fünften Band des mittelalterlichen *Corpus iuris* allegierten sie hingegen mit *„authenticas“*, vgl. BIENER, Geschichte der Novellen S. 270; LANGE, Glossatoren S. 82; V. SAVIGNY, Geschichte des Römischen Rechts III S. 496–498. Weder der Titel Jul. epit., 44, 178 (*De iureiurando propter calumniam dando, vel propter dilationes petendas, aut probationes exigendas*) noch der Titel Nov. 48 (*De iurerando morientis propter mensuram suae substantiae*) kennen allerdings einen Kapitelanfang *Sicut*.

131) Etwa Stendaler Glosse LnR 24 *Wen auer de here* (ECKHARDT, Sassenspegel S. 489ᵃ) mit dem Verweis auf die Glosse zu L.F. II 2, 1. Die *Glossa ordinaria* wird mit *„glo.“* oder *„glosa magna“* zitiert.

132) Stendaler Glosse LnR 4 *Des rykes dinst* und LnR 76 *Efft de man syme heren untsecht* (ECKHARDT, Sassenspegel S. 454ᵇ, 584ᵇ).

Decretum Gratiani, der *Liber Extra*, der *Liber Sextus* und seltener auch die *Clementinae*[133] genutzt. Ebenso finden die Dekretalen Innozenz III. Erwähnung[134]. Sehr häufig sind Verweise auf das Sächsische Land- und Lehnrecht, wobei zum Teil, wie beschrieben, auch explizit auf deren Glossen rekurriert wird[135]. Der Richtsteig Lehnrechts ist bekannt[136]. Einmal wird ein Repertorium unter dem Stichwort „*Schwige*[n]" allegiert[137].

Aus der gelehrten Literatur sticht zunächst der regelmäßig allegierte *Speculum iudiciale* des Guilelmus Duranti († 1296)[138] hervor, wobei auch die späteren *Additiones* des Baldus de Ubaldis[139] und des Johannes Andreae († 1348)[140] verarbeitet wurden. Baldus de Ubaldis (* 1327, † 1400)[141] ist mit

---

133) Die Stendaler Glosse LnR 36 *Let ein man* (ECKHARDT, Sassenspegel S. 511[b]) allegiert Clem. 3, 5.

134) Stendaler Glosse LnR 46 *Wat de man binnen lenrechte*, LnR 65 *De here syneme manne tho leenrechte dedingen*, LnR 68 *Nympt men enem manne gudt* (ECKHARDT, Sassenspegel S. 522[b], 551[a], 562[a]). Die Stellen entsprechen X. 3, 20, 2; X. 2, 1, 5 und X. 2, 28, 55, werden aber nach der Dekretalensammlung Innozenz III. (sogenannte *Compilatio III*) zitiert („*Inno.*" oder „*Innocen.*").

135) Die Buch'sche Glosse wird etwa in der Stendaler Glosse zu Ssp LnR 26 *Doch bederven* und *De here is ummer des kyndes vormu*[n]*der* (ECKHARDT, Sassenspegel S. 494[b], 495[a]) allegiert. Die gewöhnliche Lehnrechtsglosse wird sicher in der Stendaler Glosse LnR 25 *Wen dat mach nein here gut* und darüber hinaus vielleicht auch noch in Stendaler Glosse LnR 39 *Edder he yt up let* (ECKHARDT, Sassenspegel S. 492[a], 515[b]) angeführt.

136) Der Richtsteig Lehnrechts wird jedenfalls in der Stendaler Glosse LnR 69 *Dat schelde ik*, außerdem aber wohl auch in der Stendaler Glosse LnR 22 *Unde bede em syne manschap* und LnR 65 *De here syneme manne tho leenrechte dedingen* (ECKHARDT, Sassenspegel S. 569[a], 484[b], 551[a]) allegiert.

137) Stendaler Glosse LnR 8 *Efft so twene mit einem lene* (ECKHARDT, Sassenspegel S. 462[b]). Es könnte sich um das „Greifswalder Abecedarium" (1400) oder um das „Abecedar *von Achte bis Wunden*" (vor 1414) handeln, vgl. ULMSCHNEIDER, Art. Rechtsabecedarien (deutsch), in: ^{2}VL VII Sp. 1058 f.

138) Duranti wird mit „*in Specu.*" oder „*Gwilhel.in Specu.*" allegiert, vgl. etwa die Stendaler Glosse LnR 14 *Ein gut* und LnR 32 *Dar he yt en mede untfernde* (ECKHARDT, Sassenspegel S. 473[b], 507[a]). Zu Person und Werk LANGE / KRIECHBAUM, Kommentatoren S. 477–487 m. w. N.

139) Etwa Stendaler Glosse LnR 4 *De man schal ock syne*[n] *heren dynen* (ECKHARDT, Sassenspegel S. 454[b]).

140) Etwa Stendaler Glosse LnR 32 *Like gewere* (ECKHARDT, Sassenspegel S. 506[b]). Johannes Andreae wird außerdem mit Glossen zum kanonischen Recht zitiert, etwa Stendaler Glosse LnR 46 *Wat de man binnen lenrechte* und *[Nota]* (ECKHARDT, Sassenspegel S. 523[a und b]). Zu Person und Werk LANGE / KRIECHBAUM, Kommentatoren S. 658–665.

141) Zu Person und Werk LANGE / KRIECHBAUM, Kommentatoren S. 749–795.

weiteren Werken, darunter jedenfalls die *Lectura super usibus feudorum*[142], als Autor stark präsent. Außerdem allegiert der Stendaler Glossator häufig die *Summa* des Hostiensis († 1271)[143]. Zu den weiteren Quellen des Glossators zählen Schriftsteller wie Vincentius Bellovacensis († nach 1260)[144], Jacobus de Belvisio († 1335)[145], Petrus de Cernitis († 1338)[146] und Johannes de Lignano († 1383)[147].

Insgesamt gehen Anzahl und Vielfalt der zitierten Quellen weit über das Maß der in den übrigen Textklassen K, L und W überlieferten Lehnrechtsglosse hinaus. Freiere, eigenständige Abhandlungen, wie sie für die Glosse in den Klassen K, L und W charakteristisch ist, sind hingegen vergleichsweise selten. Der Stendaler Glossator zeigt das Bestreben, die Gemeinsamkeiten und Unterschiede des Sächsischen zum römischen und kanonischen Recht aufzuzeigen[148]. Seine Glossen gruppieren daher in erster Linie passende Allegationen, während zusammenhängende, eigene Ausführungen des Glossators eher eine Nebenrolle spielen.

Der Text der Stendaler Randglossen ist in den Augsburger Primärdruck von 1516 eingeflossen, was ihn zu einer „erstrangigen Quelle“[149] für die

142) Die *Lectura super usibus feudorum* wird etwa in Stendaler Glosse LnR 22 *Efft de here weigert* (ECKHARDT, Sassenspegel S. 485[a]) allegiert. Mit Stendaler Glosse LnR 2 *Dorpere* (ECKHARDT, Sassenspegel S. 474[a]) könnte eine *Lectura* des Baldus zum *Liber Sextus* gemeint sein, vgl. LANGE / KRIECHBAUM, Kommentatoren S. 791. Dagegen könnte Stendaler Glosse LnR 14 *Wenne ein man syne*[n] *heren* (ECKHARDT, Sassenspegel S. 474[a]) auf die *Commentaria* des Baldus zum Codex verweisen.

143) Etwa Stendaler Glosse LnR 65 *De here syneme manne tho leenrechte dedingen* (ECKHARDT, Sassenspegel S. 551[a]). Zu Person und Werk MÜLLER, Art. Hostiensis, in: BBKL XXIII Sp. 676–680; V. SCHULTE, Geschichte II S. 123–129.

144) Zu Person und Werk LANGE / KRIECHBAUM, Kommentatoren S. 416; V. SAVIGNY, Geschichte des Römischen Rechts V S. 434–437. Vincentius war Dominikaner, worauf die Allegation der Stendaler Glosse LnR 76 *De man mot* (ECKHARDT, Sassenspegel S. 582[a]) durch ein Kürzel hinweist: „*Vince*[n]. *at*[do]“.

145) Stendaler Glosse LnR 26 *Se scholen auer dar aff dynen* und LnR 65 *De here syneme manne tho leenrechte dedingen* (ECKHARDT, Sassenspegel S. 495[a], 551[a]), die Jacobus de Belvisios Schriften zu den *Libri Feudorum* anführen. Zu Person und Werk LANGE / KRIECHBAUM, Kommentatoren S. 613–620.

146) Stendaler Glosse LnR 6 *Dar umme bedarff* (ECKHARDT, Sassenspegel S. 459[b]). Zum wenig bekannten Petrus de Cernitis LANGE / KRIECHBAUM, Kommentatoren S. 790 m. w. N. Sein Lehnrechtskommentar ist heute verschollen.

147) Stendaler Glosse LnR 46 *[Nota]* (ECKHARDT, Sassenspegel S. 523[b]). Zu Person und Werk V. SCHULTE, Geschichte II S. 257–261.

148) So schon die Charakterisierung bei HOMEYER, Einleitung LnR, Sachsenspiegel II 1 S. 80, und STEFFENHAGEN, Entwicklung II S. 51.

149) KÜMPER, Sachsenrecht. S. 175.

Stendaler Glossen macht. Auch die vorliegende Arbeit zieht für die Stendaler Glossen die Textgrundlage des Augsburger Drucks als allgemein zugängliche Ausgabe heran. Die Augsburger Sachsenspiegel-Druckausgabe von 1516 ist in vielerlei Hinsicht exzeptionell und soll daher auch die im Folgenden zu besprechende Reihe der frühen Drucke der Lehnrechtsglosse eröffnen.

2. Frühe Drucke

Zur Überlieferungsgeschichte der Lehnrechtsglosse gehören neben den handschriftlichen Textzeugen auch jene frühen Druckausgaben von Lehnrecht und Glosse, wie sie seit dem ausgehenden 15. Jahrhundert wiederholt aufgelegt worden sind.

a) Der Augsburger Primärdruck von 1516

Gleich aus mehreren Gründen verdient ein Augsburger Primärdruck von 1516[150] mit seinen glossierten Land- und Lehnrechtstexten bei der Aufarbeitung der Überlieferungsgeschichte der Lehnrechtsglosse besondere Beachtung. Von den übrigen Drucken hebt er sich zunächst dadurch hervor, dass er von der rechtshistorischen Forschung über Jahrzehnte (und letztlich ohne wirkliche Begründung) als vermeintlich maßgebliche und verhältnismäßig beste Textgrundlage für die Sachsenspiegelglossen herangezogen worden ist[151]. Sein hohes Ansehen veranlasste Karl August Eckhardt 1978 zur Herausgabe eines Faksimiles[152], wodurch der Text der Sachsenspiegelglossen der Wissenschaft zum ersten Mal überhaupt in einer modernen Druckausgabe zugänglich gemacht wurde. Den Augsburger Druck erhob der Eckhardt'sche Neudruck damit endgültig zur allgemein gebräuchlichen und zitierten Textfassung.

Mit Erscheinen der Kaufmann'schen Glosseneditionen[153] hat der Augsburger Druck seine Funktion als provisorische Arbeitsgrundlage für die Glossenforschung wieder verloren. Seinen besonderen Platz in der Überlieferungsgeschichte der Sachsenspiegelglossen behauptet er nun aus weit besseren Gründen, nämlich aufgrund der in ihm erhaltenen abweichenden

---

150) Augsburg 1516, VD 16 D 758. Ein Faksimile druckte ECKHARDT, Sassenspegel.

151) Nachweise seiner Benutzer bei KANNOWSKI, Umgestaltung S. 50 f.

152) ECKHARDT, Sassenspegel mit velen nyen Addicien san dem Leenrechte unde Richtstige.

153) KAUFMANN, Gl LdR; DERS., KGl LnR; DERS., LGl LnR.

Textklassen[154]. Für die Lehnrechtsglosse bleibt er insbesondere deshalb interessant, weil er als einziger frühneuzeitlicher Druck gleich zwei handschriftlich nur gering überlieferte Textschichten kolportiert. Zum einen druckt er die sonst lediglich in der Handschrift Br_3 erhaltene Stendaler Glosse, zum anderen bietet er die handschriftlich so nur in den Handschriften H und S erhaltene kürzere Form der Lehnrechtsglosse in niederdeutscher Sprache.

Da der Aufbau des Drucks nicht unmittelbar selbsterklärend ist, sei er vorab kurz erläutert[155]: Nach dem lateinisch-deutschen Landrecht mitsamt Stendaler und Buch'scher Glosse[156] und dem sich daran anschließenden Richtsteig Landrechts[157] findet sich mit gesonderter Blattzählung das Lehnrecht samt Glossen[158]. Den Abschluss bildet der Richtsteig Lehnrechts[159]. Innerhalb des Lehnrechts folgen dem Text der einzelnen Lehnrechtskapitel im Petitdruck jeweils zuerst die dem Kapitel zugehörige gemischt lateinisch-niederdeutsche Stendaler Glosse und daran mit neuer Initiale anschließend die zugehörige kürzere Lehnrechtsglosse in niederdeutscher Sprache.

1. Die Handschrift Br_3 als Vorlage für die Stendaler Glosse

Beim Augsburger Druck von 1516 handelt es sich um einen Primärdruck, sein Inhalt beruht also nicht bereits auf irgendeinem anderen Druck, sondern wurde in dieser Gestalt erstmals veröffentlicht. Das wirft die Frage nach der handschriftlichen Vorlage oder nach den handschriftlichen Vorlagen auf. Im Fall des Augsburger Drucks von 1516 macht die eigenwillige Verzahnung von Stendaler Land- und Lehnrechtsglosse, Buch'scher Landrechtsglosse und kürzerer Lehnrechtsglosse die Verwendung mehrerer Vor-

154) Als Vertreter einer älteren Textstufe der Landrechtsglosse hat KANNOWSKI, Umgestaltung S. 51 und 60, den Augsburger Druck deshalb auch noch nach Erscheinen der Kaufmann'schen Landrechtsglossenedition zur Gegenprobe herangezogen.

155) Vgl. zu Inhalt und Aufbau der Druckausgabe bereits HOMEYER, Einleitung LnR, Sachsenspiegel II 1 S. 42 f. und 80, sowie STEFFENHAGEN, Entwicklung II S. 45–47.

156) Augsburg 1516 fol. I^r–$LXCVIII^r$ (ECKHARDT, Sassenspegel S. 3–397). Dem Landrecht geht ein Register ohne eigene Blattzählung voraus (ECKHARDT, Sassenspegel S. 1*–25*). Der Text des Landrechts wird kapitelweise zuerst in lateinischer und dann in deutscher Sprache wiedergegeben. Nach den lateinischen und vor den deutschen Textpassagen finden sich zu einem zusammenhängenden Block zusammengefasst die zugehörigen lateinischen Stendaler Randglossen. Nach den deutschen Textpassagen folgen zunächst die gemischt deutsch-lateinischen Stendaler Randglossen und nach einem Absatz die jeweilige Buch'sche Glosse.

157) Augsburg 1516 fol. $CXCIX^r$–$CCXXI^r$ (ECKHARDT, Sassenspegel S. 401–447).

158) Augsburg 1516 fol. I^r–LXXII^r; Druckfehler, eigentlich fol. LXXI^r (ECKHARDT, Sassenspegel S. 449–589).

159) Augsburg 1516 fol. LXXII^v–LXXXIX^r (ECKHARDT, Sassenspegel S. 590–625).

lagen sehr wahrscheinlich. Vermutlich arbeitete der Augsburger Drucker Sylvan Othmer[160] mit unterschiedlichen Handschriften, aus denen er nach dem Baukastenprinzip die jeweils besten und attraktivsten Textbestandteile heraussuchte und sie zu einer „exklusiven" neuen Gesamtkomposition zusammenstellte[161]. Offenbar orientierte sich der Verleger bei der Planung der Druckausgabe am Leitbild einer möglichst vollständigen Sammlung des Sachsenspiegelrechts, denn den Texten von Land- und Lehnrecht wurden neben den Richtsteigen gleich mehrere für relevant befundene Glossenapparate zur Seite gestellt.

Lange glaubte die Forschung, wenigstens zwei Handschriften als unmittelbare Vorlagen des Drucks identifiziert zu haben: Die von Carl Gustav Homeyer[162] ermittelte Handschrift Breslau /Wrocław BU II F 6 (Br_3) und die von Emil Steffenhagen[163] ins Spiel gebrachte Handschrift Berlin Ms. germ. fol. 284. Erstere enthält an Textbausteinen, die auch im Augsburger Druck vorkommen, den lateinischen und den niederdeutschen Landrechtstext, den Lehnrechtstext, die vollständigen Stendaler Glossen zum Land- und Lehnrecht sowie die Texte der Richtsteige Land- und Lehnrechts[164]. Die Berliner Handschrift bietet an gemeinsamen Elementen bloß die Buch'sche Glosse[165]. In keiner der beiden Handschriften ist die kürzere

160) Ausweislich der Schlusspassage des Drucks Augsburg 1516 fol. LXXXIX^r (ECKHARDT, Sassenspegel S. 625) handelt es sich beim Drucker um Sylvan Othmer, beim Verleger um Hans Renmann von Öhringen.

161) Eine Handschrift, die in der Manier des Augsburger Drucks die Buch'sche Glosse, die Stendaler Glossen und die kürzere Lehnrechtsglosse in sich versammelt, ist jedenfalls nicht bekannt.

162) HOMEYER, Die deutschen Rechtsbücher (1856) Nr. 83; DERS., Einleitung LdR, ^{3}Sachsenspiegel I S. 75 f.; DERS., Einleitung LnR, Sachsenspiegel II 1 S. 7 f. und 80; DERS., Einleitung Richtsteig LnR, Sachsenspiegel II 1 S. 376. Homeyer attestiert dem Augsburger Drucker eine sehr gute Entzifferung der schwer lesbaren Handschrift (DERS., Einleitung LnR, Sachsenspiegel II 1 S. 80). Gegen sein Urteil wandte sich STEFFENHAGEN, Entwicklung II S. 46., der von zahlreichen Lesefehlern sprach.

163) STEFFENHAGEN, Entwicklung VIII S. 413 f. und Entwicklung IX S. 432. Eine Begründung sucht man vergeblich.

164) Vgl. HOMEYER, Die deutschen Rechtsbücher Nr. 181; OPPITZ, Rechtsbücher II Nr. 259.

165) Vgl. HOMEYER, Die deutschen Rechtsbücher Nr. 46. Die Handschrift enthält am Rande außerdem noch Stendaler und Petrinische Glossen. Dabei handelt es sich aber um bloße Auszüge, die nicht die Textvorlage für die fast vollständige Stendaler Glosse im Augsburger Druck geliefert haben können. Entgegen den Angaben bei OPPITZ, Rechtsbücher II Nr. 116, enthält die Handschrift nur die Buch'sche Glosse, nicht aber auch den Landrechtstext selbst, KANNOWSKI, Umgestaltung S. 53.

Lehnrechtsglosse enthalten, zur Vorbereitung des Augsburger Drucks müsste also noch mindestens eine weitere Handschrift verwendet worden sein.

Im Vertrauen auf Homeyers und Steffenhagens Autorität hat die These von den Breslauer und Berliner Druckvorlagen Eingang in die Rechtsbücherverzeichnisse gefunden[166]. Es zeigt sich aber, dass die bisherigen Erkenntnisse wenigstens teilweise zu revidieren sind. Bernd Kannowski, dessen Interesse primär der Überlieferung der Buch'schen Glosse galt, hat die *communis opinio* hinsichtlich der Handschrift Berlin Ms. germ. fol. 284 einer kritischen Prüfung unterzogen[167]. Er gelangte zum Ergebnis, dass eine direkte Übernahme der Buch'schen Glosse aus der Berliner Handschrift auszuschließen ist. Gegen die Handschrift sprechen spezifische Abweichungen im Text und das Fehlen typischer Gebrauchsspuren, wie sie infolge einer Bearbeitung in einer frühneuzeitlichen Druckerwerkstatt zu erwarten gewesen wären[168]. Die Texte der Berliner Handschrift und des Augsburger Druckes bieten zwar beide die ältere Textstufe der Buch'schen Glosse und sind eng miteinander verwandt, die konkrete Vorlage des Augsburger Drukkes stellt die Handschrift aber nicht dar[169].

Anders als für die Berliner Handschrift lassen sich für die Benutzung der Handschrift Br_3 gute Gründe anführen. Zunächst einmal beinhaltet der Breslauer Codex mit seinem gemischt lateinisch-deutschen Landrechtstext, dem niederdeutschen Lehnrechtstext und den jeweils angehängten Richtsteigen das charakteristische Grundgerüst des Augsburger Druckes. Die entscheidenden Beweise für die Zugrundelegung der Handschrift Br_3 aber lieferte Homeyer, indem er Ausfälle im Augsburger Druck aufgrund von *omissiones ex homoioteleuto* („Augensprünge") nachwies[170], indem er einen weiteren auffälligen Abschreibefehler aufzeigen konnte und gemeinsame singuläre Lesarten aufdeckte[171]. Es darf somit feststehen, dass die Handschrift Br_3 dem Augsburger Druck tatsächlich zugrunde gelegen hat. Nach Homeyer wurden ihr die „Basistexte" Landrecht, Richtsteig Landrechts und Richtsteig Lehnrechts und vor allem auch die Stendaler Glossen zum Land- und Lehnrecht entnommen[172]. Der Text des Lehnrechts müsse hingegen aus

166) HOMEYER, Die deutschen Rechtsbücher Nr. 46 und Nr. 181; OPPITZ, Rechtsbücher II Nr. 116 und Nr. 259.

167) KANNOWSKI, Umgestaltung S. 52–60.

168) KANNOWSKI, Umgestaltung S. 52–60, und zuvor schon KAUFMANN, Einleitung, Gl LdR S. 1524 Nr. 7.

169) KANNOWSKI, Umgestaltung S. 59 f.

170) HOMEYER, Einleitung Richtsteig LnR, Sachsenspiegel II 1 S. 376.

171) HOMEYER, Einleitung LdR, Sachsenspiegel I S. 75 f.

172) HOMEYER, Einleitung LnR, Sachsenspiegel II 1 S. 7 f., 80.

einer anderen Handschrift stammen[173]. Von den Stendaler Glossen der handschriftlichen Vorlage wurden die Randglossen im Druck fast vollständig, die Interlinearglossen hingegen nur ganz vereinzelt übernommen[174].

2. Die unbekannte Vorlage der kürzeren niederdeutschen Lehnrechtsglosse
Vorläufig unbeantwortet bleibt hingegen die Frage, welche Handschrift(en) den Text der Buch'schen Glosse und der kürzeren Lehnrechtsglosse geliefert haben. Zu überlegen ist insbesondere, ob es sich bei der Vorlage für die kürzere Lehnrechtsglosse um eine mittel- oder niederdeutsche Handschrift gehandelt hat. Denkbar wäre, dass dem Augsburger Druck eine mitteldeutsche Handschrift der kürzeren Lehnrechtsglosse vorlag und dass aus Gründen der Einheitlichkeit eigens für den Augsburger Druck eine Übersetzung in das Mittelniederdeutsche veranstalt worden ist. Homeyer äußerte eine solche Vermutung[175], ging zu jenem Zeitpunkt aber noch von einer ausschließlich mitteldeutschen handschriftlichen Überlieferung der Lehnrechtsglosse aus. Das Vorhandensein einer niederdeutschen Handschrift schien aus seiner Sicht wenig plausibel. Mit Rücksicht auf den heute bekannten, durch die Handschriften H und S repräsentierten niederdeutschen Überlieferungsstrang ist es nun aber wahrscheinlicher, dass auch der Augsburger Druck direkt aus einer mittelniederdeutschen Handschrift schöpfte. Dabei scheiden die beiden bekannten Handschriften H und S als direkte Druckvorlage wohl schon aufgrund ihrer divergierenden Kapitelanordnungen aus: Während Text und Glosse des Augsburger Drucks in 80 Kapitel gegliedert sind, trennt die Handschrift S das vulgate Kapitel 66 in zwei Teile auf und zählt deshalb insgesamt 81 Kapitel[176]. Eine solche Trennung kennt der in der Glosse zu LnR 67 abbrechende Text der Handschrift H zwar nicht, überhaupt enthalten die Lehnrechts-Kapitel dieser Handschrift aber nur teilweise eine Nummerierung[177]. Hinzu kommen von Frank-Michael Kaufmann aufgedeckte singuläre Lesarten des Augsburger Druckes[178]. Alles spricht also dafür, dass dem Augsburger Druck eine dritte, heute verlorene Handschrift vorgelegen

173) HOMEYER, Einleitung LnR, Sachsenspiegel II 1 S. 7 f., 80. Eine nähere Begründung für diese Annahme gab Homeyer nicht.

174) STEFFENHAGEN, Entwicklung II S. 45 f.

175) HOMEYER, Einleitung LnR, Sachsenspiegel II 1 S. 77.

176) Vgl. die Synopse von KAUFMANN, KGl LnR S. 675.

177) KAUFMANN, KGl LnR S. 628–686.

178) KAUFMANN, Einleitung, KGl LnR S. XXVI Anm. 54, mit Verweis auf KGl LnR 55 (S. 388 Z. 4 mit Var. n). Schon STEFFENHAGEN, Lehnrechtsglosse Manuskriptseite II 5, gelangte zu dem Schluss, dass „der Augsburger Druck in Text u. Glosse des Lehnrechts einer verloren gegangenen Niedersächsischen Handschrift folgt. Von der Hallenser erweist er sich als unabhängig."

hat, die wie die Handschriften H und S die Lehnrechtsglosse in niederdeutscher Sprache enthielt[179].

Alles in allem nimmt der Augsburger Druck heute aus zwei Gründen einen besonderen Platz in der Überlieferungsgeschichte der Lehnrechtsglosse ein. Einerseits bietet er als einziger unter den frühen Drucken die kürzere Lehnrechtsglosse, wobei deren unbekannte handschriftliche Vorlage dem niederdeutschen Überlieferungsstrang zuzurechnen ist. Andererseits enthält der Augsburger Druck die Stendaler Lehnrechtsglosse und belegt damit ein Interesse der Rechtswissenschaft des frühen 16. Jahrhunderts an diverser Kommentarliteratur zum Sächsischen Lehnrecht.

b) Die übrigen frühen Drucke

Nach diesem Blick auf den exzeptionellen Augsburger Druck von 1516 wird im Folgenden die Überlieferungssituation der Lehnrechtsglosse in den übrigen frühneuzeitlichen Drucken dargestellt. Im Vergleich ist das Landrecht des Sachsenspiegels häufiger gedruckt worden als das Lehnrecht[180], wobei die allermeisten Druckausgaben neben dem Text auch die Glosse enthalten. Insgesamt kann die Lehnrechtsglosse mit 17 heute bekannten Ausgaben des 15. und 16. Jahrhunderts aufwarten[181]. Den Vergleich mit ihrer „großen Schwester“, der Landrechtsglosse, die in 27 Drucken des 15. bis 18. Jahrhunderts überliefert ist[182], braucht sie damit nicht zu scheuen.

Die Produktion einer Druckausgabe erforderte vor allem in den Anfangszeiten der Buchdruckerei beträchtliche Investitionen[183]. Mit der Vorfinanzierung einer Auflage spekulierte man auf die literarischen Bedürfnisse einer kaufkräftigen Leserschaft. Verleger gingen deshalb bei der Auswahl der zu druckenden Schriften äußerst selektiv vor und beschränkten sich auf stark

---

179) So in einer Nebenbemerkung auch KAUFMANN, Einleitung, KGl LnR S. XXXII.

180) HOMEYER, Einleitung LnR, Sachsenspiegel II 1 S. 41–45, verzeichnet 23 Drucke des Lehnrechts. Dem stehen nach DEMS., Einleitung LdR, ³Sachsenspiegel I S. 68–73, insgesamt 42 Drucke des Landrechts gegenüber.

181) KAUFMANN, LGl LnR S. 1102 f. Zu den bei DEMS, KGl LnR S. 624 f., verzeichneten Ausgaben kam noch der Druck Sechsisch Weichbild…, Bautzen 1555 (VD 16 D 737) hinzu. Nicht auszuschließen ist, dass mit sukzessiver Vervollständigung der Gesamtkataloge GW, VD 16 und VD 17 weitere Drucke der Lehnrechtsglosse auftauchen werden. Ich zähle nicht die späte Ausgabe des LUDOVICI, Das Sächsische Lehn-Recht, da sie bloß kurze Auszüge aus der Lehnrechtsglosse bietet.

182) KAUFMANN, Gl LdR S. 1552–1554. Wieder zähle ich nicht die Ausgabe des LUDOVICI, Sachsen-Spiegel, da auch sie die Landrechtsglosse lediglich in knappen Auszügen bietet.

183) NEDDERMEYER, Von der Handschrift zum Buch I S. 389.

nachgefragte „Bestseller“[184]. Dass man die Lehnrechtsglosse im 15. und 16. Jahrhundert immer wieder eines Druckes für wert befand, ist also durchaus bemerkenswert. Die über einen Zeitraum von etwa 120 Jahren relativ regelmäßig erscheinenden Auflagen zeigen, dass das Lehnrecht als Rechtsmaterie aktuell blieb und auch an kommentierender, das gemeine Recht berücksichtigender Literatur ein fortdauernder Bedarf bestand.

Die einzelnen heute bekannten, aber nicht mehr alle zweifelsfrei nach Ort und Zeit zuzuordnenden Druckausgaben verteilen sich wie folgt[185]:

ohne Ort und Zeit, vor 16. Dezember 1482 (Basel? Drucker: B. R.? [Bernhard Richel?]). GW 9265[186]
Remissorium *„Abt–Wund“*, Sächsisches Weichbild mit Glosse, Lehnrecht mit längerer Glosse? Das Lehnrecht fehlt den heutigen Exemplaren, war ursprünglich aber wahrscheinlich enthalten[187].

Augsburg 16. Dezember 1482 (Anton Sorg). GW 9266[188]
Sächsisches Weichbild mit Glosse, Lehnrecht mit längerer Glosse, Remissorium *„Abbt – Wund“*.

Augsburg 8. April 1495 (Hans Schönsperger d. Ä.). GW 9267[189]
Inhalt wie Augsburg 1482.

Augsburg 9. Oktober 1499 (Hans Schönsperger d. Ä.). GW 9268
Inhalt wie Augsburg 1482 und 1495.

Augsburg 13. Oktober 1508 (Drucker: Hans Othmer, Verleger: Hans Renmann v. Öhringen). VD 16 D 741

---

184) NEDDERMEYER, Von der Handschrift zum Buch I S. 426 f.

185) Die Zusammenstellung der Drucke baut auf KAUFMANN, LGl LnR S. 1102 f.; HOMEYER, Einleitung LnR, Sachsenspiegel II 1 S. 41–45; M. PANZER, Annalen, sowie SPANGENBERG, Beyträge S. 65–66, auf. Der bei KAUFMANN, KGl LnR S. 624 f., noch nicht berücksichtigte Druck Sechsisch Weichbild…, Bautzen 1555 ließ sich durch Recherchen im „Verzeichnis der im deutschen Sprachbereich erschienenen Drucke des 16. Jahrhunderts“ (VD 16) ermitteln. Nicht alle in den älteren Auflistungen bezeichneten Ausgaben sind bereits auch in den Katalogen GW und VD 16 verzeichnet.

186) Ein Digitalisat des Druckes GW 9265, der allerdings nur das glossierte Weichbildrecht enthält, ist abrufbar unter URL: http://gdz.sub.uni-goettingen.de/dms/load/img/?PPN=PPN627042341, 01.02.2014.

187) HOMEYER, Einleitung LnR, Sachsenspiegel II 1 S. 109; KAUFMANN, LGl LnR S. 1102.

188) Ein Digitalisat des Druckes GW 9266 ist abrufbar unter URL: http://gdz.sub.uni-goettingen.de/dms/load/img/?PPN=PPN627100627, 01.02.2014 sowie: http://dfg-viewer.de/show/?set[mets]=http%3A%2F%2Fdaten.digitale-sammlungen.de%2F~db%2Fmets%2Fbsb00035093_mets.xml, 01.02.2014.

189) Ein Digitalisat des Druckes GW 9267 ist abrufbar unter URL: http://dfg-viewer.de/show/?set[mets]=http%3A%2F%2Fdaten.digitale-sammlungen.de%2F~db%2Fmets%2Fbsb00035094_mets.xml, 01.02.2014.

Inhalt wie Augsburg 1482, 1495 und 1499.

Augsburg 14. August 1516 (Drucker: Sylvan Othmer, Verleger: Hans Renmann v. Öhringen). VD 16 D 758[190]

Landrecht niederdeutsch und lateinisch mit doppelter Glosse, Richtsteig Landrechts, Lehnrecht niederdeutsch mit lateinischer und kürzerer Glosse (niederdeutsch), Richtsteig Lehnrechts.

Leipzig 15. April 1537 (Drucker: Michael Blum, Herausgeber: Christoph Zobel). VD 16 D 735[191]

Sächsisches Weichbild mit Glosse, Schöffenspruchsammlung, Lehnrecht mit längerer Glosse, „Konstitutionen Kaiser Albrechts", Remissorium „*Abt – Zweifell*", Register „*Affterlehen – Zcihen*".

Leipzig 1547 (Drucker: Nicolaus Wolrab, Herausgeber: W. L. [Wolff Loß?]). VD 16 ZV 4406[192]

Inhalt wie Leipzig 1537.

Leipzig 1551 (Drucker: Nicolaus Wolrab). VD 16 D 736

Inhalt wie Leipzig 1537 und 1547.

? 1553

Inhalt wie Leipzig 1537, 1547 und 1551?

Leipzig 1554 (Drucker: Nicolaus Wolrab)

Inhalt wie Leipzig 1537, 1547 und 1551?

Leipzig 1555 (Herausgeber: Christoph Zobel)

Inhalt wie Leipzig 1537, 1547 und 1551?

---

190) Ein Digitalisat des Druckes VD 16 D 758 ist abrufbar unter URL: http://dfg-viewer.de/show/?set[mets]=http%3A%2F%2Fdaten.digitale-sammlungen.de%2F~db%2Fmets%2Fbsb00001938_mets.xml, 01.02.2014. Außerdem druckte Eckhardt, Sassenspegel, ein Faksimile.

191) Ein Digitalisat des Druckes VD 16 D 735 ist abrufbar unter URL: http://dfg-viewer.de/show/?set[mets]=http%3A%2F%2Fdaten.digitale-sammlungen.de%2F~db%2Fmets%2Fbsb00039866_mets.xml, 01.02.2014.

192) Ein Digitalisat des Druckes VD 16 ZV 4406 ist abrufbar unter URL: http://dfg-viewer.de/show/?set[mets]=http%3A%2F%2Fdaten.digitale-sammlungen.de%2F~db%2Fmets%2Fbsb00021821_mets.xml, 01.02.2014. – Der Druck ist mit HOMEYER, Einleitung LnR, Sachsenspiegel II 1 S. 43 Nr. 9, bzw. SPANGENBERG, Beyträge S. 65 Nr. 7 und Anm. ****, identisch. Der dort angegebene Titel „*Sechsisch Weichbild und Lehenrecht, auffs new an vielen orten* [...] *mit vleis corrigiert* [...]" und das Explicit zum Remissorium „*Laus Deo Trino et uni. W. L.*" stimmen mit dem Druck VD 16 ZV 4406 überein. Bei der Inhaltsangabe lässt Homeyer lediglich die „Konstitutionen Kaiser Albrechts", die sich an das glossierte Lehnrecht anschließen, unerwähnt. – VD 16 ZV 4406 ist eindeutig dem Drucker und Verleger Nicolaus Wolrab zuordnen. Dafür spricht sein auf dem Haupttitelblatt und auf dem Titelblatt des Remissoriums abgebildetes Druckerzeichen. Die Abbildung zeigt die auf einer Muschel segelnde Fortuna und wurde von Wolrab in seinen späteren Drucken als Erkennungszeichen benutzt, vgl. STEIFF, Art. Wolrab, Nicolaus, in: ADB XLIV S. 162.

Budissin (Bautzen) 1555 (Drucker: Nicolaus Wolrab, Herausgeber: W. L. [Wolff Loß?]). VD 16 D 737
Inhalt wie Leipzig 1537, 1547, 1551[193].
Leipzig? 1556 (Herausgeber: Wolff Loß)
Inhalt wie Leipzig 1537, 1547, 1551 und Bautzen 1555?
Budissin (Bautzen) 1557 (Drucker: Nicolaus Wolrab, Herausgeber: W. L. [Wolff Loß?]). VD 16 D 738
Inhalt wie Leipzig 1537, 1547, 1551 und Bautzen 1555.
Leipzig 1589 (Verlag: Hans Steinmanns Erben, Herausgeber: Franz Romanus / Christoph Zobel). VD 16 D 740
Lehnrecht mit längerer Glosse, „Konstitutionen Kaiser Albrechts", Lehnrecht, sächsisches Weichbild mit Glosse, Schöffenspruchsammlung, Remissorium „*Abt – Zweiffel*", Register „*Affterleben – Ziehen*".
Leipzig 1598
Inhalt wie Leipzig 1589?

1. Vorwiegender Abdruck der Klasse L

Vom bereits ausführlich erörterten Augsburger Druck von 1516 mit seiner besonderen Kombination aus Stendaler und kürzerer Lehnrechtsglosse einmal abgesehen enthalten alle übrigen Drucke die längere Lehnrechtsglosse[194]. Der Druck Leipzig 1589 enthält zusätzlich eine weitere lateinische

193) Das unter der Signatur Gl 16580/5 in der Staatsbibliothek zu Berlin – Preußischer Kulturbesitz verwahrte Exemplar der Ausgabe Sechsisch Weichbild…, Bautzen 1555 bietet die „gewöhnliche" Reihenfolge Weichbildrecht – Schöffenspruchsammlung – Lehnrecht – Konstitutionen – Remissorium – Register. Das vorderste Titelblatt nennt das Jahr 1555, aber nicht Erscheinungsort und Drucker. Über das aus anderen Drucken bekannte Signet auf dem Titelblatt vor dem Remissorium, die auf einer Muschel segelnde Fortuna, lässt sich die Ausgabe allerdings dem Drucker Nicolaus Wolrab zuordnen, vgl. STEIFF, Art. Wolrab, Nicolaus, in: ADB XLIV S. 162. – Von diesem Band unterscheidet sich ein anderes Berliner Exemplar derselben Ausgabe mit der Signatur Gl 18712. Es beginnt mit demselben Titelblatt, stellt aber das glossierte Weichbildrecht und die Schöffenspruchsammlung erst hinter das Lehnrecht. Die Titelblätter zu Weichbildrecht und Remissorium enthalten ein anderes Druckerzeichen, das eine textumrandete, dem Wasser steigende Fortuna zeigt. (Dieses veränderte Druckerzeichen findet sich noch in anderen Drucken Wolrabs, etwa in der späteren Ausgabe Sechsisch Weichbild…, Bautzen 1557.) Auf dem Titelblatt zum Weichbildrecht der Ausgabe Sechsisch Weichbild…, Bautzen 1555 heißt es „*Gedruckt zu Budissin / durch Nicolaum Wolraben / Aus vorlage der Achtbarn und hochgelarten / Pauli und Francisci Kretschmarn / Gebrüdere und Canzlern zu Budssin und Marsburg etc.*". Offenbar handelt es sich um eine zumindest durch Austausch der Titelblätter leicht veränderte, zweite Ausgabe Wolrabs aus dem Jahr 1555.

194) KAUFMANN, LGl LnR S. 1102 f. Eingesehen habe ich die Drucke vor 1482 (GW 9265), Augsburg 1482 (GW 9266), Augsburg 1495 (GW 9267), Augsburg 1499 (GW 9268), Augsburg 1508 (VD 16 D 741), Augsburg 1516 (VD 16 D 758), Leipzig 1537

Kommentierung. Es gab noch eine spätere, eher wissenschaftlich als praktisch motivierte Lehnrechtsausgabe des Jacob Friedrich Ludovici aus dem Jahr 1721[195], die aber schon aufgrund des sehr viel späteren Zeitpunkts ihres Erscheinens aus der Reihe der übrigen Drucke herausfällt. Sie druckt die Glosse bloß noch in knappen Auszügen, welche allerdings ebenfalls der längeren Lehnrechtsglosse entnommen wurden. Die Klasse L ist damit nicht bloß die handschriftlich am breitesten überlieferte, sondern auch die im Druck am stärksten rezipierteste der vier Textklassen.

2. Herausbildung von „Standardausgaben" des Sächsischen Rechts

In großer Regelmäßigkeit binden die Drucke neben dem glossierten Lehnrecht auch das Magdeburger Weichbildrecht mit Glosse sowie das Remissorium des Dietrich von Bocksdorf[196] ein. Das Remissorium erschließt in alphabetisch angeordneten Stichwörtern das gesamte Sächsische Recht, worunter man das Landrecht, Lehnrecht und Weichbildrecht mit der jeweils zugehörigen Glosse verstand. Die späteren Drucke enthalten neben den drei großen Teilen Weichbild mit Glosse, Lehnrecht mit Glosse und Remissorium noch weitere Texte, darunter zusätzliche Erschließungshilfen, Urteilssammlungen und andere kürzere Rechtstexte.

Das Landrecht ist, mit Ausnahme des Augsburger Druckes von 1516, in keiner der Lehnrechtsausgaben enthalten. Es lassen sich den hier aufgeführten Drucken aber in auffälliger Weise gleichsam als Pendant gesonderte Bände mit den übrigen Rechtstexten des Sächsischen Rechts gegenüberstellen, die das Landrecht samt Buch'scher Glosse und die Richtsteige enthalten[197]. Bisweilen wurden diese inhaltlich zusammengehörigen Teilausgaben später zu großen Kompendien des Sächsischen Rechts zusammengebunden[198]. Man kann sagen, dass wer das Lehnrecht druckte, auch das Landrecht in Angriff nahm. Anton Sorg etwa hatte in Augsburg 1481, ein Jahr bevor er

---

(VD 16 D 735), Leipzig 1547 (VD 16 ZV 4406), Bautzen 1555 (VD 16 D 737), Bautzen 1557 (VD 16 D 738), Leipzig 1589 (VD 16 D 740) und Halle 1721.

195) LUDOVICI, Das Sächsische Lehn-Recht.

196) Vgl. die Angaben bei GW 9266; ebenso OPPITZ, Art. Remissorien zu den deutschen Rechtsbüchern, in: ²VL VII Sp. 1224.

197) Vgl. hierzu die Übersichten von KAUFMANN, Gl LdR S. 1552–1554, und DERS., LGl LnR S. 1102 f.

198) Die Staatsbibliothek zu Berlin – Preußischer Kulturbesitz bewahrt etwa unter der Signatur Gl 16562 einen Band, der die beiden Ausgaben Leipzig 1535 mit Landrecht und Magdeburger Fragen (VD 16 D 744) und Augsburg 1508 mit Weichbild, Lehnrecht und Remissorium (VD 16 D 741) in sich vereint. Unter der Signatur Gl 16580/5 findet sich ein Band, der die Folgeausgaben Dresden 1554 (VD 16 ZV 4407) und Bautzen 1555 (VD 16 D 737) enthält.

Weichbildrecht, Lehnrecht und Remissorium herausgab, schon eine Ausgabe des Landrechts nebst *Cautela*, *Premis* und Richtsteig Landrechts[199] besorgt. In gleicher Weise druckte Hans Schönsperger in den Jahren 1495 und 1499 Ausgaben mit Weichbild, Lehnrecht und Remissorium, 1496[200] und 1501[201] folgten dann Ausgaben des Landrechts mit Richtsteig. 1535 gab Christoph Zobel das Landrecht mit doppelter Glosse und die Magdeburger Fragen heraus[202], kurz darauf schob er die Weichbild / Lehnrecht / Remissorium-Ausgabe von 1537 nach. Ebenso sind von Nicolaus Wolrab, der 1547, 1551, 1554, 1555 und 1557 Weichbild, Lehnrecht und Remissorium druckte, auch Ausgaben des Landrechts und der Magdeburger Fragen aus den Jahren 1539, 1540, 1545, 1546 (?), 1553 und 1554 bekannt[203]. Schließlich widmete sich selbst Ludovici vor seiner Lehnrechtsausgabe des Jahres 1721 ebenfalls dem Sächsischen Landrecht, das er 1720 herausgab[204].

Die Zusammenschau der Druckausgaben zeigt, dass auf dem Buchmarkt offenbar sämtliche Rechtstexte des Sächsischen Rechts relativ gleichmäßig Absatz fanden. Nicht alle Drucker und Verleger, die sich an Landrechtsausgaben versuchten, gaben automatisch auch dem Sächsischen Lehnrecht und seiner Glosse eine Chance. Diejenigen aber, die sich auch für den Druck von Weichbild, Lehnrecht und Remissorium entschieden, gehörten zu den Bekannten und Erfolgreichen der Branche. Es ergibt sich das Bild einer Art zweibändiger Standardausgabe, in welcher man die wichtigsten Basistexte des Sächsischen Rechts zusammenzubringen pflegte. Ein erstes Kompendium enthielt das Landrecht (mit Glosse und Richtsteig). Ein zweites Kompendium nahm dann das Weichbildrecht (mit Glosse), das Lehnrecht (mit Glosse) sowie ein abschließendes, Land-, Weichbild- und Lehnrecht in Stichworten aufarbeitendes Remissorium auf.

Sortiert man die heute zugänglichen Drucke nach den Kriterien Inhalt, Erscheinungsort, Zeit und beteiligten Personen, so treten Neuerungen und Abhängigkeiten der Drucke deutlich hervor. Bei welchen Ausgaben es sich um Primärdrucke handelt, ist wegen der heute verschollenen Erstausgabe nicht mehr endgültig aufzuklären. Drei bis vier Ausgaben kommen in Betracht: Die älteste, undatierte Ausgabe (vor Dezember 1482), möglicherweise auch der Druck Augsburg 1482[205], jedenfalls aber die Ausgaben Augsburg 1516 und Leipzig 1537. Weitere Unsicherheiten in der Beurteilung er-

---

199) Augsburg 1481 (GW 9257).

200) Augsburg 1496 (GW 9260).

201) Augsburg 1501, vgl. dazu KAUFMANN, Gl LdR S. 1553.

202) Leipzig 1535 (VD 16 D 744).

203) KAUFMANN, Gl LdR S. 1553.

204) LUDOVICI, Sachsen-Spiegel, vgl. dazu KAUFMANN, Gl LdR S. 1554.

205) Diese Ausgabe zählt STEFFENHAGEN, Lehnrechtsglosse Manuskriptseite II 3, zu

geben sich daraus, dass auch die Grenzen zwischen einer Beteiligung einer Person als Drucker und als Verleger („Buchführer") fließend sein konnten.

3. Die verlorene Erstausgabe

Der älteste, noch vor 1482 herausgegebene Primärdruck der Lehnrechtsglosse ist heute nicht mehr erhalten. Erstmals erwähnte 1764 Friedrich Rudolf Lauhn eine solch frühe Ausgabe des Lehnrechts mit Glosse ohne Orts- und Zeitangabe und bezeichnete sie als „höchst rar"[206]. Auch Georg Wolfgang Panzer kannte die Erstausgabe im Jahr 1788 wohl noch und gab für das Lehnrecht ohne dreiblättriges Register eine Blattstärke von 113 Folia an[207]. Schon Carl Gustav Homeyer lag der Druck aber nicht mehr vollständig vor[208]. Sämtlichen heute bekannten Exemplaren der alten Ausgabe fehlt das Lehnrecht, sie enthalten bloß noch das Weichbildrecht.

Ein Titelblatt gibt es nicht. Wahrscheinlich gehörte der Lehnrechtsteil ursprünglich zusammen mit Remissorium und Weichbild zu einer größeren Ausgabe des Sächsischen Rechts[209]. Erhaltene Exemplare mit einer solchen Kombination sind allerdings nicht bekannt. Vielleicht wurden die einzelnen Bestandteile entgegen einem früheren Plan nie wirklich zusammengefügt. Panzer erwähnt direkt im Anschluss an die Lehnrechtsausgabe eine weitere, ebenfalls sehr alte Ausgabe, die nur Remissorium und Weichbild mit Glosse enthalte[210]. In ihr wird man leicht das passende Gegenstück zum glossierten Lehnrecht erkennen können. Johann Christian Götze ordnete die zweite Teilausgabe aufgrund formaler Merkmale dem siebten oder achten Jahrzehnt des 15. Jahrhunderts zu und vermutete Basel als Druckort[211]. Dazu passt, dass das Remissorium mit *„B. R."* endet[212]. Hinter diesen Initialen könnte sich der Baseler Buchdrucker Bernhard Richel verbergen, der 1474 auch die erste bekannte Ausgabe des Sachsenspiegel-Landrechts mit Buch'scher

---

den Primärdrucken. Zurückhaltender in dieser Frage ist HOMEYER, Einleitung LnR, Sachsenspiegel II 1 S. 115.

206) LAUHN, Entdeckte Wahrheit S. 329 f.

207) PANZER, Annalen I S. 31.

208) HOMEYER, Einleitung LnR, Sachsenspiegel II 1 S. 109.

209) Die lediglich Weichbildrecht und Remissorium enthaltende Ausgabe ist unter GW 9265 verzeichnet. Vermutlich hatte man die Einbindung des Lehnrechts ursprünglich wenigstens vorgesehen.

210) PANZER, Annalen I S. 31 Nr. 49 und 59. Es dürfte sich dabei um unseren [Sächsisches Weichbild…], vor 1482 (GW 9265) handeln.

211) GÖTZE, Merckwürdigkeiten I S. 225.

212) Vgl. die Angaben bei GW 9265.

Glosse[213] herausgab[214]. Der Text dieser Ausgabe ist noch nicht wie die späteren Ausgaben in Kolumnen aufgebaut.

Letztlich ist der älteren Literatur über die verlorene Erstausgabe des Lehnrechts mit Glosse, die selbst offenbar keine Angaben über Ort, Zeit und Drucker enthielt, nur wenig Greifbares zu entnehmen. Dementsprechend ist auch ihr Einfluss auf die folgenden Augsburger Drucke schwer zu beurteilen. Homeyer schließt aus der Blattzahl, dass die ältere Ausgabe zwar die längere Lehnrechtsglosse beinhaltet haben muss, sie könne im Übrigen mit den Augsburger Drucken aber „nicht völlig [...] übereinkommen"[215]. Götze hatte die alte Teilausgabe von Remissorium und Weichbild mit den späteren Augsburger Drucken verglichen und angemerkt, wie ungewöhnlich doch die Voranstellung des Remissoriums in der alten Ausgabe sei[216]. Auch weiche das Remissorium „in unzehlig Stellen"[217] von der Fassung der späteren Ausgaben ab. Bedenkt man schließlich noch die unterschiedlichen Druckorte, so ist durchaus denkbar, dass den folgenden Augsburger Drucken ab 1482 eine neue handschriftliche Vorlage und nicht die undatierte erste Druckausgabe zugrunde gelegen hat. Emil Steffenhagen wertet den Augsburger Druck von 1482 in seinem angefangenen Manuskript ohne nähere Begründung als weiteren Primärdruck[218]. Aufklären lassen wird sich die Frage wohl nicht mehr.

4. Die Inkunabeln aus Augsburg

Unter den noch erhaltenen Drucken findet sich eine erste Gruppe von vier frühen Lehnrechtsdrucken aus Augsburg, die sämtlich voneinander abhängen. Als erster tritt der Buchdrucker Anton Sorg in Erscheinung. Er gehörte zu den Pionieren der erst seit den siebziger Jahren des 15. Jahrhunderts in mehreren größeren deutschen Städten betriebenen Buchdruckerei und besorgte etwa 180 Drucke[219]. Seine Lehnrechtsausgabe von 1482 enthält das

---

213) Basel 1474 (GW 9256). Zur Person Bernhard Richel SCHMIDT, Deutsche Buchhändler V S. 816 f.

214) KAUFMANN, LGl LnR S. 1102.

215) HOMEYER, Einleitung LnR, Sachsenspiegel II 1 S. 109. Nach PANZER, Annalen I S. 31, zählte das Lehnrecht der Erstausgabe 113 Blätter. Zum Vergleich: Der Druck [Sächsisches Weichbild...], Augsburg 1482 enthält das Lehnrecht ebenfalls in 113 Folia, die Ausgabe Remissorium..., Augsburg 1495 zählt 117 Folia.

216) GÖTZE, Merckwürdigkeiten I S. 226. Tatsächlich binden andere Exemplare derselben Ausgabe das Weichbild aber wie gewöhnlich vor das Remissorium, vgl. die Angaben bei GW 9265.

217) GÖTZE, Merckwürdigkeiten I S. 226.

218) STEFFENHAGEN, Lehnrechtsglosse Manuskriptseite II 3.

219) GELDNER, Die deutschen Inkunabeldrucker I S. 44, 141 f.

Weichbild mit Glosse, das Lehnrecht mit längerer Glosse sowie das Remissorium *„Abbt – Wund“*. Die Glosse folgt dem Text kapitelweise, zusätzliche Randbemerkungen enthält der Druck nicht. Hier und da fallen aber meist lateinische Einwürfe auf, die aus Zusatzglossen der Druckvorlage stammen dürften und in den fortlaufenden Text übernommen worden sind[220]. Frank-Michael Kaufmann konnte außerdem zeigen, dass sich im Text verschiedentlich deutschsprachige lehnrechtliche Additionen „verstecken“, wie sie bereits in Handschriften der längeren Lehnrechtsglosse zu finden sind[221]. Der Text ist zweispaltig eingerichtet. Die Summarien vor den lehnrechtlichen Kapiteln sind noch verhältnismäßig knapp, die Allegationen ausführlich, aber vielfach verderbt. Wie beim Weichbildrecht schließt sich auch beim Lehnrecht ein kurzes, nach Kapiteln geordnetes Register mit Inhaltsangaben zu Kapitel und Glosse an. Ob nun durch die verlorene Erstausgabe vermittelt oder nicht – man wird davon ausgehen dürfen, dass der Augsburger Druck von 1482 den Text des Lehnrechts mit der Glosse im Ganzen handschriftengetreu und ohne eigenständige Veränderungen durch den Drucker oder Verleger wiedergibt[222].

Wenige Jahre nach der Sorg’schen Ausgabe entschloss sich der Augsburger Buchdrucker Hans (Johann) Schönsperger zum erneuten Druck des Kompendiums[223]. Es dürfte sich dabei um Hans Schönsperger den Älteren gehandelt haben, der sich 1481 eine Offizin in Augsburg einrichtete und dort ab etwa 1510 allmählich von seinem gleichnamigen Sohn abgelöst wurde[224]. Wie so oft[225] druckte Hans Schönsperger das Weichbild, Lehnrecht und Remissorium nach einem Werk, das vorher bereits andernorts erschie-

220) Es handelt sich insbesondere um LGl LnR 5, 19, 23, 26, 56 ([Sächsisches Weichbild…], Augsburg 1482 fol. XII^{vb}, XXXIII^{vb}, XXXVIII^{rb}, XXXVIII^{va}, XXXIX^{ra}, XLVI$^{v\ a\ und\ b}$, LXXVIII^{vb}). Teilweise erscheinen die lateinischen Zusätze, 1482 noch im fortlaufenden Text der Glosse enthalten, im späteren Zobel’schen Druck von 1537 dann in Form von Randglossen.

221) KAUFMANN, Einleitung, LGl LnR S. XLI.

222) So bereits HOMEYER, Einleitung LnR, Sachsenspiegel II 1 S. 109, und nun KAUFMANN, Einleitung, LGl LnR S. XCI.

223) Anders KÜMPER, Sachsenrecht S. 204, der auch die Ausgaben 1495 und 1499 dem Drucker Anton Sorg zuordnet. Hans Schönsperger wird aber in beiden Ausgaben am Ende des Remissoriums ausdrücklich genannt.

224) KÜNAST, Art. Schönsperger, Johann (Hans) der Ältere, in: NDB XXIII S. 421 f.; DERS., Art. Schönsperger, Johann (Hans) der Jüngere, in: NDB XXIII S. 422 f. Bekannt wurde die Druckerei Schönsperger, weil sie auf kaiserlichen Befehl Frakturschriften herstellte, die im „Gebetbuch“ Maximilians von 1513 erstmals zur Anwendung kamen. Vgl. zu Schönsperger auch BENZING, Buchdrucker S. 13 Nr. 1 m. w. N.

225) Vgl. KÜNAST, Art. Schönsperger, Johann (Hans) der Ältere, in: NDB XXIII S. 421 f.

nen war. Der Inhalt seiner beiden Ausgaben von 1495 und 1499 stimmt bei geringen Abweichungen im Text (auch untereinander) mit der Sorg'schen Ausgabe von 1482 überein[226]. Zu einer weiteren Ausgabe desselben Inhalts entschied sich Anfang des 16. Jahrhunderts noch der bedeutende Verleger Hans Renmann (Rynmann) von Öhringen[227], auf dessen Auftrag hin der Augsburger Drucker Hans Othmer 1508 eine weitere Auflage mit Weichbild, Lehnrecht und Remissorium herstellte. Wieder dienten die bereits vorhandenen Drucke als Vorlage.

5. Die Ausgabe 1516 mit Stendaler und kürzerer Lehnrechtsglosse

Die letzte Augsburger Ausgabe weicht beträchtlich von den übrigen Drukken ab. Es handelt sich um den eingangs bereits besprochenen, hier der Vollständigkeit halber noch einmal erwähnten Primärdruck von 1516, der den Sachsenspiegel mit Buch'scher Glosse, Stendaler Glosse und kürzerer Lehnrechtsglosse enthält[228]. Seine Herstellung muss ein weitaus größeres Unterfangen als der bloße Nachdruck eines bereits vorhandenen Werkes gewesen sein. Wieder war es Hans Renmann von Öhringen, der die Ausgabe in der Druckerei Othmer, die inzwischen von Hans Othmers Sohn Sylvan betrieben wurde[229], in Auftrag gab. Anders als die Sorg'sche Ausgabe hat der Augsburger Primärdruck von 1516, möglicherweise weil er sich nicht verkaufen ließ, keine Nachfolger gefunden.

6. Die Zobel'sche Aktualisierung von 1537

Wie beflissen der Buchdruck den Gesetzen des Marktes gehorchte[230], zeigt sich an den folgenden, in Leipzig und Bautzen produzierten Drucken, die den Text nicht mehr wortgetreu wiedergeben, sondern eine „modernisirende und zugleich kritische Richtung“[231] einnehmen. Die schon in Augsburg zur „Standardausgabe“ avancierte Kombination aus Weichbildrecht, Lehnrecht und Remissorium wurde erneut aufgegriffen. Um konkurrenzfähig zu

---

226) Die Register der Ausgaben 1495 und 1499 am Ende von Weichbild und Lehnrecht sind entgegen KÜMPER, Sachsenrecht S. 204, auch schon im Sorg'schen Druck von 1482 enthalten.

227) Zur Person SCHMIDT, Deutsche Buchhändler V S. 839–841; STEIFF, Art. Rynmann, Johannes, in: ADB LIII S. 657–660.

228) Vgl. bereits oben S. 111 ff.

229) Zu Hans und Sylvan Othmer AMELUNG, Art. Otmar (Othmar, Otmair, Ottmar), in: NDB IX S. 647 f.; BENZING, Buchdrucker S. 14 f. Nr. 5 und Nr. 10, jeweils m. w. N.

230) Zu den „verkaufsstrategischen Überlegungen“ Zobels, die zur Landrechts-Ausgabe von 1535 (VD 16 D 744) in Gestalt eines umfangreicheren Kompendiums des Sächsischen Rechts führten, vgl. bereits KANNOWSKI, Von hülff und execution S. 54.

231) HOMEYER, Einleitung LnR, Sachsenspiegel II 1 S. 110.

bleiben, sollten die Drucke aber gleichzeitig etwas Neues bieten. Also reicherte man sie um weitere, im Sachzusammenhang stehende Texte an und unterzog ihren Inhalt einer verbessernden, aktualisierenden Bearbeitung. Die konkreten, für eine neue Druckausgabe durchgeführten Überarbeitungsschritte wurden zuweilen in einer einleitenden Übersicht gesondert erklärt[232]. Auf die Einmaligkeit und Neuartigkeit des Bandes weist in der Regel aber schon der offensiv werbende Titel der jeweiligen Edition hin. Ein charakteristisches Beispiel stellt die ausführliche Werkbezeichnung der Ausgabe Leipzig 1537 dar:

> *„Sechsisch Weychbild und Lehenrecht / Itzt auffs naw / nach den warhafften alden exemplarn vnd texten mit vleis corrigirt / vbersehen vn*[d] *restituirt / sampt eim nawen Register oder Remissorio gantz verstendtlich vber diese zwey bücher / vn*[d] *den Sachsenspiegel gemacht / Darzu bey dem Weychbild ynd*

---

232) In der Ausgabe ZOBEL / F. ROMANUS, Lehenrecht unndt Weichbilt, Leipzig 1589, ohne Blattzählung, lautet die Erläuterung der Ausgabe zum Beispiel:

„Verzeichnis / auff was weise vnd form diese newe Edition desz Sächsischen Lehenrechts vnd Weichbilds gerichtet / vn[d] *durchaus vollnführet / Auch was für besondere / nützliche vnd notwendige verbesserung daran gewandt worden / wie solches alles stückweise folgend gesatzt ist.*

I. Alle vnd jede Text / beneben ihren vorigen vnd alten glossen / seind aus etlichen alten Exemplaren in zimlicher anzal / welche man darüber hat conferiret / nicht allein zum fleissigsten restituiret / sondern das die harten alten wörter mit lieblichen und jetzt gebreuchlichen Sermon / der meinung vnbeschadet / ersatzt worden.

II. Ein jeder Articul / sampt seiner deutschen Glossa / ist mit numeris getheilet / damit ein jeder in nachsuchung allerhandt Rechts puncten / von welchen darinn gemeldet wird / sich desto baß möge berichten können.

III. Vor einem jeden Articul sein schließliche und kurtze Summarien gesetzet / welche auch mit den Numeris / so neben dem Text und glossen stehen / unterscheiden / und das jenige / so im Text und Glossen zubefinden / mit runden verstandt thun anzeigen.

IIII. Nach einem jedem deutschen Articul folgen etliche newe additiones, *welche mit Buchstaben gezeichnet / damit zu sehen / auff was wort im Text eine jede zu referiren.*

V. Weil auch an vielen enden in den alten Glossen / vormals die allegata *gantz falsch und unuollkommen gesatzt / ja an vielen enden offt gantz außgelassen vnd vbergangen gewesen / als ist solches alles in gegenwertiger Edition / mit besonderm fleiß in dem Lehenrecht in* margine *angezeiget / Im Weichbild aber auff einen sondern ort darzu gedrukket / darmit es allenthalben desto besser möchte vor augen sein / und dem* lectori *ohn mühe kundbar würde.*

VI. Und zum letzten / damit ein jeder solches gantzen Sachsenspiegels / Lehenrechts und Weichbilds / desto füglicher / seiner vorfallenden gelegenheit nach / sich habe zugebrauchen / ist am ende ein gantz vollkommenes Repertorium *hinan gesatzt / mit vielen* additionibus *gebessert / wie solches mit zweyen ++ bezeichnet / Darinnen alles zubefinden / so in den dreyen Büchern im Text und Glossen gesatzt ist."*

> *Lehenrecht vill nützlicher addiciones ynd concordancien / Auch etliche Urtell / darinnen mancherley felle / so in teglichem gebrauch gehalden werden / begriffen / zunutz allen denen / so sich Sechsischs rechtens gebrauchen müssen. Anno D*[omi]*ni. 1.5.37.*«[233]

Der Inhalt des zu verkaufenden Werkes wird hier als überaus nützlich und verständlich gepriesen. Die Verbesserung nach alten Vorlagen garantiere die Unverfälschtheit der Texte. Gleichzeitig wird dem Leser bequeme Benutzbarkeit aufgrund eines gewissenhaft erstellten Apparats an Randbemerkungen und einer registermäßigen Erschließung zugesichert.

Bei der Ausgabe Leipzig 1537 handelt es sich um die erste „Generalüberholung" der Lehnrechtsausgabe dieser Art. Kein geringerer als Christoph Zobel[234], sächsischer Jurist und Doktor beider Rechte, hatte die Durchsicht der Texte übernommen und den Druck der verbesserten Ausgabe beim Leipziger Buchdrucker Michael Blum[235] in Auftrag gegeben. In seiner Dedikation an Kardinal Albrecht von Brandenburg schreibt Zobel, er habe nach dem Landrecht[236] nun auch das Weichbildrecht und das Lehnrecht in Angriff genommen, weil er dazu *„von vielen hochgelarten etzlicher meiner günstigen herrn / weiter angereitzt"*[237] worden sei. Also habe er die noch fehlenden, bisher zu wenig beachteten Rechtsbücher, welche *„auch ein theil vnd stück des Sechsischen rechte's sind"*[238], nach den alten Exemplaren, *„dero ich eine gute anzall gehabet"*[239] und die dem *„rechten vorstande vnd wahrheit / am nechsten"*[240] seien, korrigiert. Das Remissorium sei neu geordnet und ergänzt worden. Und schließlich habe er die Glossen überarbeitet, indem er *„mit allem vleis"*[241] die zahlreichen Allegationen nachgeschlagen und soweit möglich berichtigt habe.

---

233) ZOBEL, Weychbild und Lehenrecht, Leipzig 1537, Titelblatt.

234) Zur Person V. EISENHART, Art. Zobel, Christoph, in: ADB XLV S. 382 f.; KÜMPER, Einleitung, Secundum iura Saxonica S. XI–XIV; ZEDLER, Art. Zobel (Christoph), in: Universal-Lexicon LXIII Sp. 35 f.

235) Zur Person BENZING, Buchdrucker S. 278 Nr. 8 m. w. N.

236) Zuvor war bereits die Zobel'sche Landrechtsausgabe Leipzig 1535 (VD 16 D 744) erschienen.

237) ZOBEL, Sechsisch Weychbild und Lehenrecht, Leipzig 1537 S. 1 der Vorrede (ohne Blattzählung).

238) ZOBEL, Sechsisch Weychbild und Lehenrecht, Leipzig 1537 S. 2 der Vorrede (ohne Blattzählung).

239) ZOBEL, Sechsisch Weychbild und Lehenrecht, Leipzig 1537 S. 1 der Vorrede (ohne Blattzählung).

240) ZOBEL, Sechsisch Weychbild und Lehenrecht, Leipzig 1537 S. 1 der Vorrede (ohne Blattzählung).

241) ZOBEL, Sechsisch Weychbild und Lehenrecht, Leipzig 1537 S. 2 der Vorrede

Die angekündigten Veränderungen spiegeln sich in der Druckausgabe wider. Zobel hat sich nicht mehr (nur) an den Augsburger Drucken orientiert, sondern mindestens eine neue Handschrift mit längerer Glosse als Vorlage benutzt und aus verschiedenen anderen Texten weitere Zusätze gesammelt[242]. Wir haben mit der Ausgabe Leipzig 1537 also einen weiteren Primärdruck der Lehnrechtsglosse vorliegen. Hier und da wurde der Text durch Zobel erweitert. Der Druck bietet jetzt teils deutsche, teils lateinische Randbemerkungen, die mitunter mit lehnrechtlichen *additiones* in Handschriften der Klasse L übereinstimmen[243], von denen einige auch schon im fortlaufenden Text der alten Drucke enthalten waren[244], von denen ein guter Teil aber auch erst aus der Feder Christoph Zobels stammen dürfte. Die Anmerkungen gliedern den Text durch Nennung der behandelten Oberbegriffe, verweisen auf einschlägige Parallelstellen oder geben zusätzliche Erklärungen und Praxishinweise. Die Summarien vor den einzelnen Kapiteln erstrecken sich nun auch auf den Inhalt der Glosse. Das erweiterte Remissorium schließt nicht mehr mit „*Wund*“[245], sondern mit „*Zweifell*“[246] und hat ein gesondertes Register erhalten. Hinzugekommen sind eine größere, thematisch geordnete Schöffenspruchsammlung, die mit Urteilen zum Themenkomplex „*Lehengut unnd Leibgeding*“[247] beginnt, eine Sammlung von „Konstitutionen Kaiser Albrechts“ und ein Register. Dieses Register „*Affterlehen – Zcihen*“ entpuppt sich als ein Vokabularium, das alte und zum Teil nicht mehr gebräuchliche Rechtsbegriffe des Sächsischen Rechts erklärt. Zobel entschuldigt sich bei seiner gebildeten Leserschaft für den Abdruck dieses Nachschlagewerks, das für sie überflüssig und „*allein den einfeldigen*“[248] gewidmet sei.

(ohne Blattzählung).

242) HOMEYER, Einleitung LnR, Sachsenspiegel II 1 S. 110.

243) Vgl. etwa die Glossenzusätze zu LnR 11. Dazu HOMEYER, Einleitung LnR, Sachsenspiegel II 1 S. 74, 110, und nun KAUFMANN, Einleitung, LGl LnR S. XL–XLVII, insbesondere S. XLIV.

244) Vgl. etwa Längere Glosse LnR 5, 19, 23, 26, 56 ([Sächsisches Weichbild…], Augsburg 1482 fol. XII^{vb}, XXXIII^{vb}, XXXVIII^{rb}, XXXVIII^{va}, XXXIX^{ra}, $XLVI^{v\ a\ und\ b}$, LXXVIII^{vb}).

245) So noch in den Ausgaben Augsburg 1482, 1495, 1499 und 1508.

246) ZOBEL, Sechsisch Weychbild und Lehenrecht, Leipzig 1537 fol. $XCIX^{r}$.

247) ZOBEL, Sechsisch Weychbild und Lehenrecht, Leipzig 1537, ohne Blattzählung.

248) ZOBEL, Sechsisch Weychbild und Lehenrecht, Leipzig 1537, ohne Blattzählung.

7. Die Drucke des Nicolaus Wolrab aus Leipzig und Bautzen

Auf die späteren Drucke des Weichbild- und Lehnrechts blieb Zobels Ausgabe von 1537 nicht ohne Einfluss. 1547 druckte Nicolaus Wolrab[249] in Leipzig eine neue Ausgabe, welche exakt die Textbestandteile des Zobel'schen Drucks übernahm. Einige zusätzliche Randbemerkungen zeigen, dass die im Titel angekündigte Überarbeitung *„auffs new an vielen orten in Texten / Glossen / und derselben Allegaten“*[250] auch wirklich stattgefunden hat[251]. Der Überarbeiter und Herausgeber der Ausgabe könnte Wolff Loß (Loos) gewesen sein. Hierfür spricht zum einen, dass das Schlusswort des Remissoriums mit den Initialen „*W. L.*“ endet[252], und zum anderen, dass Carl Gustav Homeyer offenbar noch eine weitere, heute nicht mehr zu ermittelnde Lehnrechtsausgabe von Wolff Loß aus dem Jahr 1556 kannte[253]. Es folgen mehrere, nur geringfügig veränderte Drucke in Leipzig (1551, 1554) und Bautzen (1555, 1557), die sich über die in zwei Varianten vorkommenden Signets – die Abbildungen einer auf einer Muschel segelnden[254] oder einer dem Wasser entsteigenden[255] Fortuna – zweifelsfrei dem Drucker Nicolaus Wolrab zuordnen lassen. Von dem zwischenzeitlich hochverschuldeten und in der Geschäftswelt wohl nicht immer gut angesehenen Wolrab ist ein entsprechender Ortswechsel nach Bautzen im Jahr

---

249) Zur Person BENZING, Buchdrucker S. 47 Nr. 1 und S. 279 Nr. 9; SCHMIDT, Deutsche Buchhändler VI S. 1056 f.; STEIFF, Art. Wolrab, Nicolaus, in: ADB XLIV S. 162 f.; WENZEL, Art. Wolrab, Nicolaus (Nikolaus, Nickel) d. J., in: Sächsische Biografie.

250) Sechsisch Weichbild…, Leipzig 1547, Titelblatt.

251) In bezeichnender Weise macht der Überarbeiter des Druckes von 1547 in einer Randglosse zu LnR 5 seinem Ärger über den Schreiber der Vorlage Luft, weil dieser unverständliche und nun nur noch in tagelanger Arbeit aufzulösende Abkürzungen verwendet habe: „*Nam iste asinus uoluit totum rubru*[m] *scribere per abbreviaturas, quas no*[n] *nouit* […]. *Et fecit mihi per aliquos dies negotiu*[m]. […]“ (Sechsisch Weichbild…, Leipzig 1547 fol. XIIII[r]).

252) Auch in den Bautzener Drucken des Nicolaus Wolrab von 1555 und 1557 finden sich am Ende des Remissoriums die Initialen „*W. L.*“.

253) HOMEYER, Einleitung LnR, Sachsenspiegel II 1 S. 44.

254) Vgl. Gesamttitelblatt und Titelblatt des Remissoriums der Ausgabe Leipzig 1547; außerdem teilweise auf den Titelblättern der Ausgabe Bautzen 1555. Zum Druckerzeichen STEIFF, Art. Wolrab, Nicolaus, in: ADB XLIV S. 162 f.

255) Vgl. teilweise die Titelblätter zu Weichbild und Remissorium der Ausgabe Bautzen 1555 und das Titelblatt zum Remissorium der Ausgabe Bautzen 1557.

1555 bekannt[256]. Ob er die Bücher auch selbst vertrieben hat oder ob weitere Personen als Verleger beteiligt waren, ist unklar[257].

8. Ein neuer Lehnrechtskommentar des Christoph Zobel

Bemerkenswert ist eine zweite Entwicklung, die der überarbeitete Druck von 1537 genommen hat. Offenbar gab Christoph Zobel 1555 in Leipzig noch eine weitere Ausgabe von Weichbild, Lehnrecht und Remissorium heraus[258]. Dann aber starb er am 23. März 1560 im Alter von 61 Jahren[259]. Posthum wurde daraufhin 1589 im Verlag Hans Steinmanns Erben auf Betreiben eines gewissen Franz Romanus, Ordinarius in Leipzig, eine weitere Zobel'sche Ausgabe des Lehnrechts veröffentlicht[260]. Dieser Druck aber lässt sich nun mit Fug und Recht als eine kleine Sensation bezeichnen: Das Sächsische Lehnrecht dieser Ausgabe wartet nämlich nicht bloß mit der allseits bekannten längeren Lehnrechtsglosse auf: Neben jener enthält es noch eine weitere, umfangreiche und von nirgendwoher sonst bekannte Lehnrechtsglosse in lateinischer Sprache. Mitnichten aber handelt es sich hierbei um einen bisher unbekannten mittelalterlichen Glossentext. Schon die Verarbeitung zahlreicher Autoren des späteren 15. und des 16. Jahrhunderts, unter ihnen etwa Petrus de Puteo (* 1413, † 1498)[261], Petrus von Ravenna (* 1448, † 1508)[262], Jason de Mayno (* 1435, † 1519)[263] oder Hieronymus Schurff (* 1481, † 1554)[264], schließen eine Entstehung des Textes im Spätmittelalter aus. In der lateinischen Glosse zu LnR 26 (m)[265] und LnR 32

256) SCHMIDT, Deutsche Buchhändler VI S. 1056 f. Über den vorherigen Aufenthaltsort herrscht Unklarheit. Für Leipzig sprechen aber gerade die beiden Drucke Leipzig 1554 und Bautzen 1555.

257) Teilweise anders KÜMPER, Sachsenrecht S. 204, der Wolrab die Ausgaben aus den Jahren 1551, 1553 und 1554 zuordnet, wohingegen Loß die Drucke 1547, 1556 und 1557 besorgt habe. Die Ausgaben sind heute nicht mehr alle zu ermitteln.

258) HOMEYER, Einleitung LnR, Sachsenspiegel II 1 S. 44. Wohl ihm folgend auch KÜMPER, Sachsenrecht S. 204. Der Druck war von mir nicht zu ermitteln.

259) V. EISENHART, Art. Zobel, Christoph, in: ADB XLV S. 382 f. Zu Zobels Biographie auch KÜMPER, Einleitung, Secundum iura Saxonica S. XI–XIII.

260) ZOBEL / ROMANUS, Sächsisch Lehenrecht unndt Weichbilt, Leipzig 1589. Zu dieser Ausgabe schon HOMEYER, Einleitung LnR, Sachsenspiegel II 1 S. 111 f.

261) LANGE / KRIECHBAUM, Kommentatoren S. 100 f.

262) WEIGAND, Art. P. v. Ravenna, in: LexMA VI Sp. 1983.

263) LANGE / KRIECHBAUM, Kommentatoren S. 881–892.

264) WEBER, Art. Schurff (auch Schurf, Schürpff, Scuirpff), Hieronymus, in: NDB XXIII S. 760 f.

265) Lateinische Glosse LnR 26 (m): „*Cui adde quod notab. tradit Zas. in suo tractatu de feud. pag. 19. post medium.*“ (ZOBEL / ROMANUS, Sächsisch Lehenrecht unndt Weichbilt, Leipzig 1589 fol. LXXII^{vb}).

(a)[266] wird der Leser gar auf den Traktat *„In usus feudorum epitome"* des Ulrich Zasius (1461–1535) aus dem Jahr 1535[267] verwiesen.

Des Rätsels Lösung birgt die Lektüre der von Romanus verfassten Dedikation des besagten Leipziger Drucks von 1589 an den damaligen Kurfürsten Christian I. von Sachsen: Christoph Zobel hatte nämlich seine wissenschaftliche Arbeit über das Sächsische Recht bis zu seinem Tod fortgesetzt und umfangreiche, unveröffentlichte handschriftliche Aufzeichnungen hinterlassen. Von Zobels Erben, heißt es im Vorwort der Druckausgabe von 1589, habe Romanus nun zusammen mit der Bibliothek auch diese unveröffentlichten Zobel'schen Manuskripte zum Lehnrecht erworben und sich zur Publikation verpflichtet[268]. In seinem Druckvorwort führte er weiter aus:

> *„Tandem cum graues Germani parentes nostri breuitatem maxime adamarint, in contrarium vicium incurrerunt, quemadmodum Horatius canit: --- Dum brevis esse laboro Obscurus fio --- Qua ratione motus hic author noster clarißimus, textus hosce multis & infinitis quaestionibus adauxit: cum enim videret, omnes dubitationes esse ligamenta & compedes mentis, permultas quaestiones, accise tamen, ne in molem nimia*[m] *hoc opus adcresceret, pertractauit, quo textus remotis omnibus impedimentis, qua*[m] *rectissime cognoscerentur.*"[269]

Weil also die alten deutschen Rechtstexte zur Knappheit neigten und deshalb etwas „dunkel" seien, habe *„hic auctor noster"* zum besseren Verständnis und, wie es weiter heißt, unter Berücksichtigung der Meinung der Rechtslehrer zahlreiche Fragen hinzugefügt. Aus dem Zusammenhang des

---

266) Lateinische Glosse LnR 32 (a): *„De quo tamen longam disputationem facit Zasius in suo tract. feudorum tit. de success. feud. fol. 70. nu. 18. in paruo exemplo cum seq."* (ZOBEL / ROMANUS, Sächsisch Lehenrecht unndt Weichbilt, Leipzig 1589 fol. LXXXVII^{rb}) mit Verweis auf Ulrich Zasius, *In usus feudorum epitome* VIII 18 (ZASIUS / FRUNDECK, Opera omnia IV, In vsvs fevdorvm epitome Sp. 284 f.).

267) V. STINTZING, Ulrich Zasius S. 350 f.

268) *„Qua re ad haeredes confluxi Zobelianus, qui cum instructissimam patris pie defuncti haberent Bibliothecam, eam mihi prae reliquis emendam concesserunt, verum ea lege & conditione, vt hunc laborem in euulgandis vigilijs & lucrationibus utilissimis patris impenderem & nauarem: non enim alias stare animi sententiam, haec organa civilis prudentiae distrahendi, nisi una cum his praedictum laborem venditarent."* (ZOBEL / ROMANUS, Sächsisch Lehenrecht unndt Weichbilt, Leipzig 1589 S. 4 der Dedikation (ohne Blattzählung)). Zur Geschichte des Leipziger Drucks von 1589 bereits LUDOCIVI, Das Sächsische Lehn-Recht S. 17 f. Zu weiteren, von Franz Romanus und Georg Menius posthum veröffentlichten Werken des Christoph Zobel vgl. noch V. EISENHART, Art. Zobel, Christoph, in: ADB XLV S. 382 f.

269) ZOBEL / ROMANUS, Sächsisch Lehenrecht unndt Weichbilt, Leipzig 1589 S. 5 der Dedikation (ohne Blattzählung).

Druckvorwortes ergibt sich, dass von Zobel selbst die Rede ist. Dieser muss eine ausführliche, zeitgemäße Kommentierung des Sächsischen Lehnrechts geschrieben haben, die nun von Romanus posthum veröffentlich wurde. Auch die dem Druckvorwort folgende Erklärung des Editionsaufbaus spricht in ihrer Nr. 4 eindeutig von „*newe* additiones“[270], die man jedem einzelnen Kapitel angehängt habe und die über Buchstaben a), b), c) usw. mit dem erläuterten Text verbunden worden seien. Ein weiteres Argument für die Autorschaft Zobels brachte schon Jacob Friedrich Ludovici in der Vorrede zu seiner Sachsenspiegel-Lehnrechtsausgabe[271]: Die lateinische Glosse zitiert nämlich mehrfach den Leipziger Rechtsgelehrten und Zeitgenossen Zobels Ludwig Fachs (* 1497, † 1554)[272]. In der Kommentierung zu LnR 16 heißt es:

> „[...] *ita notauit ad finem huius cap. clariss. vir D. Ludouicus Fachs, quondam piae memoriae preaceptor meus* [...]“[273]

Fachs wird hier als der verstorbene Lehrer des Autors bezeichnet, woraus sogar auf eine Abfassung der lateinischen Glosse nach 1554 geschlossen werden kann. Zu guter Letzt ist in der lateinischen Glosse zu LnR 80 (g)[274] noch von einem verfassereigenen Repertorium über das gesamte Sächsische Recht die Rede, womit Zobels erweiternde Überarbeitung des Bocksdorf'-

270) ZOBEL / ROMANUS, Sächsisch Lehenrecht unndt Weichbilt, Leipzig 1589, *Verzeichnis / auff was weise und form diese newe Edition desz Sächsischen Lehenrechts und Weichbilds gerichtet* Nr. IIII (ohne Blattzählung).

271) LUDOVICI, Das Sächsische Lehn-Recht S. 12.

272) Zur Person Ludwig Fachs MUTHER, Art. Fachs, Ludwig, in: ADB VI S. 528–530. Fachs wird etwa in der Zobel'schen Glosse zu LnR 80 g) zitiert: „*Sed D. Fachsius dicebat,* [...]“ (ZOBEL / ROMANUS, Sächsisch Lehenrecht unndt Weichbilt, Leipzig 1589 fol. CLXXXVI^{vb}). Das von LUDOVICI, Das Sächsische Lehn-Recht S. 12, angeführte Zitat in der lateinischen Glosse zu LnR 46 (d) sehe ich nicht. Es gibt aber noch weitere Stellen, in denen Fachs angeführt wird, so zum Beispiel die lateinische Glosse zu LnR 26 (a): „*ut hoc pulchre annotauit quondam clarissimus vir D. Ludouicus Fachs, Doctor celeberrimus, praeceptor meus, in lectura sua* [...]“ (ZOBEL / ROMANUS, Sächsisch Lehenrecht unndt Weichbilt, Leipzig 1589 fol. LXXII^{ra}) oder zu LnR 55: „*Hoc aute*[m] *D. Fachsius fic intellexit.*“ (ZOBEL / ROMANUS, Sächsisch Lehenrecht unndt Weichbilt, Leipzig 1589 fol. CXXI^{rb}).

273) Lateinische Glosse LnR 16 (b) (ZOBEL / ROMANUS, Sächsisch Lehenrecht unndt Weichbilt, Leipzig 1589 fol. XLIX^{vb}).

274) Lateinische Glosse LnR 80 (g): „*plura vide in repertorio communi meo*“ (ZOBEL / ROMANUS, Sächsisch Lehenrecht unndt Weichbilt, Leipzig 1589 fol.CLXXXVI^{vb}). Auch auf diese Stelle machte bereits LUDOVICI, Das Sächsische Lehn-Recht S. 12 f., aufmerksam.

schen Remissoriums gemeint sein dürfte[275]. Nimmt man diese Reihe von Indizien zusammen, so dürfte feststehen, dass die lateinische Kommentierung in der Leipziger Ausgabe von 1589, die im Druck jeweils zwischen Lehnrechtskapitel und längere deutsche Lehnrechtsglosse eingefügt worden ist, von Christoph Zobel verfasst wurde[276]. Als möglichen Entstehungszeitraum wird man die Jahre zwischen 1554 und 1560 ansetzen müssen, wobei Zobel das Werk vor seinem Tod fertigstellen konnte.

Schon im Vorwort zur ersten Zobel'schen Lehnrechtsausgabe von 1537 hatte Zobel zur Lektüre seiner Randglossen aufgefordert, weil man den veralteten Text zwar nicht verändern dürfe, ihn aber ohne Interpretationshilfe heute kaum noch verstehen könne[277]. Seine Kritik bezog sich wohl auch auf den Text der deutschen Lehnrechtsglosse, denn auf ihn erstrecken sich Zobels Randbemerkungen gleichermaßen. Offenbar empfand er die bereits vorhandene, deutsche Kommentierung als nicht mehr zeitgemäß, erachtete auch seine knappen Randbemerkungen für ungenügend und sah sich deshalb zur Abfassung einer eigenen, ausführlichen Interpretation des Lehnrechts veranlasst. Zobels vielfältige Quellen zeigen das breite Spektrum an älterer und zeitgenössischer Literatur aus In- und Ausland auf, das sich in der Zwischenzeit mit dem Lehnrecht, besonders mit den *Libri Feudorum*, befasste.

Der von Romanus besorgte Druck von 1589 nahm nun diese neue lateinische Kommentierung des Christoph Zobel auf. Im Übrigen enthält er in etwa die Elemente seines Vorgängers von 1537, stellt das glossierte Lehnrecht und die „Konstitutionen Kaiser Albrechts" jedoch voran. Der Text wurde durch Modernisierung bestimmter Ausdrücke sowie durch einige Erläuterungen und Zusätze aus alten Vorlagen geändert[278]. Hinzugekommen ist, um auch weiterhin über einen wortgetreuen Originaltext zu verfü-

---

275) Das überarbeitete Remissorium *„Abt – Zweifell"* ist bereits im Druck ZOBEL, Sechsisch Weychbild und Lehenrecht, Leipzig 1537 und dann nochmal im Druck ZOBEL / ROMANUS, Sächsisch Lehenrecht unndt Weichbilt, Leipzig 1589 enthalten.

276) So schon LUDOVICI, Das Sächsische Lehn-Recht S. 11-13, und ihm folgend HOMEYER, Einleitung LnR, Sachsenspiegel II 1 S. 111 f.

277) *„Jedoch wer das Lehenrecht / zulesen not hat / vnd das besser dann der text gebiet / vorstehen will / der lese auff meynen Rath die glossen doneben / dan sie Rechte paraphrases vn*[d] *erklreunge des texts sindt / sonst ist nicht müglich / das yemandt etwas nutzlichs daraus nehmen magk / vrsach ist / das die alden wort / oder termini darynnen / nicht wol grundtlich zuverstehen / doch nicht zu endern / man wollte den das gantze Buch (welchs sich aber nicht ziemet) vornauen / die tunckelheit aber des texts / deuten die glossen meysterlich."* (ZOBEL, Sechsisch Weychbild und Lehenrecht, Leipzig 1537 S. 2 der Vorrede (ohne Blattzählung)).

278) HOMEYER, Einleitung LnR, Sachsenspiegel II 1 S. 111.

gen, ein nach einer alten Vorlage unverändert übernommener Text des Lehnrechts. Es folgen das glossierte Weichbild, die Urteilssammlung, Remissorium, Vokabularium und Register. Die Randbemerkungen berücksichtigen Neuerungen der in der Zwischenzeit von Nicolaus Wolrab gedruckten Auflagen, erscheinen aber insgesamt zurückgenommen. Eine eigene Nummerierung verbindet die Summarien vor den Kapiteln mit dem Glossentext und erleichtert damit die Orientierung.

Die Edition von Zobel / Romanus aus dem Jahr 1589 ist der letzte heute noch zu ermittelnde vollständige frühneuzeitliche Druck der Lehnrechtsglosse. Ob er in der Ausgabe von 1598[279] noch eine Neuauflage erlebt hat, ist ungewiss.

3. Ausblick: Hinweise auf die Rezeption der Glosse

Die Nachzeichnung der Überlieferungsgeschichte der Lehnrechtsglosse in den frühen Drucken hat gezeigt, dass im 15. und 16. Jahrhundert offenbar noch ein anhaltendes Interesse an den sächsischen Glossen bestanden hat. Zum Sächsischen Recht bildeten sich nun zweibändige Standardausgaben heraus, die Land-, Lehn- und Weichbildrecht samt ihrer Glossen und einem abschließenden Remissorium zusammenfassten. Diese kostenintensiven Ausgaben wären ohne einen entsprechenden Markt niemals gedruckt, geschweige denn wiederholt aufgelegt worden. Schon aus der bloßen Existenz der Druckausgaben lässt sich deshalb auf die frühneuzeitliche Anerkennung der spätmittelalterlichen sächsischen Glossen als jenem Kanon der grundlegenden, maßgeblichen Nachschlagewerke zum Sächsischen Recht sowie auf ein nachhaltiges Bedürfnis der frühneuzeitlichen sächsischen Juristen nach einer solchen Basisliteratur schließen. Doch wie sich der Benutzerkreis der sächsischen Glossen genau zusammensetzte und zu welchen Zwecken und in welchen Kontexten man die Glossen im Laufe der Zeit zu Rate zog, ist noch völlig unbeantwortet. Überhaupt bewegt sich der Rechtsgeschichtsforscher in der schwierigen Frage nach der Rezeption der sächsischen Glossen auf unsicherem Terrain[280]. Im Folgenden vermitteln Streiflichter einen ersten Eindruck von der späteren Bedeutung der Lehnrechtsglosse.

---

279) HOMEYER, Einleitung LnR, Sachsenspiegel II 1 S. 44 Nr. 17. DERS., ebenda S. 112, vermutete einen weiteren Zobel'schen Druck, hat die Ausgabe aber nicht selbst eingesehen.

280) Auch die Wirkungsgeschichte der Buch'schen Glosse, insbesondere die Frage nach ihrer praktischen Anwendung, ist noch nicht eingehend untersucht worden. KANNOWSKI, Umgestaltung S. 11–34, zeigt auf, dass die Buch'sche Glosse für Rechtswissenschaft und gerichtliche Praxis von großer Bedeutung gewesen sein muss: Gewichtigstes

a) Spätmittelalterliche Rechtsgutachten

Wichtige Hinweise auf die Rezeption der sächsischen Glossen geben die zahlreich überlieferten Gutachten des Spätmittelalters[281]. Unter anderem auch im Rahmen von lehnrechtlichen Streitigkeiten verfassten Juristen darin Stellungnahmen unter Berücksichtigung des gelehrten Rechts. Eberhard Isenmann untersuchte solche Konsilien des 15. Jahrhunderts für die Stadt Nürnberg und gelangte zu dem Schluss: „Auch die lehnrechtlichen Konsilien verdeutlichen, dass das gemeine Recht die mittelalterlichen Juristen nahezu beliebig Antworten auf die gestellten Fragen sowohl im römischen [...] als auch im kanonischen Recht finden lässt – konkordierend, different oder wechselseitig substituierend."[282] Den Ansatz der sächsischen Glossatoren, sich dem einheimischen Recht aus der Perspektive und mit den Mitteln des gelehrten *ius commune* zu nähern, setzten sächsische Juristen also auch im Rahmen ihrer praktischen gutachterlichen Tätigkeit weiter fort.

Schon 1379 finden wir in der Begründung einer Exeptionsschrift der Herzöge von Mecklenburg gegen eine Klage des Domkapitels von Schwerin wegen gewaltsamer Gutsentziehung neben Verweisen auf Land- und Lehnrecht des Sachsenspiegels auch zahlreiche Allegationen des römisch-kanonischen Rechts einschließlich der *Libri feudorum*[283].

Ebenfalls noch in das ausgehende 14. Jahrhundert gehört das Gutachten eines Heinrich von Mackenrode für den Rat der Stadt Hildesheim in einer Friedbruchsache. Darin berief sich der gutachtende Jurist noch vor verschiedenen Landrechtsartikeln und den *„latinesscen boken in velen steden"* nun explizit auch auf die Landrechtsglosse (*„alse men der zake gelik eygentliken vindet in der gloses unses lantrechten li. I cap. XXVIII paragr. VI"*)[284].

Argument ist die enorm hohe Zahl an überlieferten Textzeugen. Daneben liefern Auftraggeber und Nutzer der Handschriften wertvolle Hinweise. Mehrere Glossenhandschriften lassen sich etwa im Besitz gerichtlicher Entscheidungsträger nachweisen. Ihre Register nehmen den Glosseninhalt mit auf. Gelegentlich finden sich Randbemerkungen von Schöffen. Auch einzelne Glossenzitate in Schöffensprüchen lassen eine Verwendung vor Gericht erkennen.

281) Vgl. zu den spätmittelalterlichen Konsilien bereits oben S. 74 f. m. w. N.

282) ISENMANN, Pares curiae S. 286.

283) Gutachten zu einer Exeptionsschrift der Herzöge Heinrich und Magnus von Mecklenburg gegen eine Klage des Domkapitels von Schwerin wegen gewaltsamer Entziehung von Eikhof, Sülz, Brüel und Jürgenshagen, 24. Mai 1379 (gedruckt in Meklenburgisches Urkundenbuch XIX Nr. 11198 C S. 410–413).

284) Gutachten des Dr. Heinrich von Mackenrode, Bürgermeister und Ratmann zu Göttingen, ca. 1380–1400 (gedruckt bei DOEBNER, Urkundenbuch Hildesheim II Nr. 1186 S. 652 f.), vgl. bereits den Hinweis bei COING, Römisches Recht S. 210.

Ähnlich arbeitete der Mitte des 15. Jahrhunderts als Ordinarius an der Leipziger Juristenfakultät beschäftigte Dietrich von Bocksdorf. In seinen Konsilien berücksichtigte er neben römischen und kanonischen Quellen auch die einheimischen Rechtsbücher mitsamt ihrer Glossen[285]. Ein Bocksdorf'sches Gutachten für den Markgrafen von Brandenburg *„iunior"* geht etwa der Frage nach, inwiefern ein verfesteter Mörder oder Totschläger dem Kläger noch unter Abwendung peinlicher Strafen Sühne leisten kann und welches *gewette* in einem solchen Fall an dem Richter zu zahlen sei. Wie selbstverständlich werden neben *Codex*, Digesten, *Decretum Gratiani* und *Liber Extra* häufig auch das Sachsenspiegel-Landrecht und das Magdeburger Weichbildrecht allegiert – und zwar einschließlich ihrer Glossen[286]. Beispielsweise bildete Bocksdorf hier ein hypothetisches Gegenargument, dass nämlich dem Übeltäter die Sühne und Abwendung der peinlichen Strafe jedenfalls nach der Gewohnheit mancher Städte erlaubt sei, unter Berufung auf zwei Stellen aus Weichbild- und Landrechtsglosse: *„Ich wil en czum irsten ewenigk biestand thun vnd wil sprechen: ia man sal eyn sulche gewohnheit halden, wan eyn iczliche stad mag ir wol eyn gewonheit machen, ap sie wil, vnd die gewonheit wider lassen abegehen, ap sie wil. wich. ar. xxii in g.* [Glosse WbR 22, Anm. der Verf.] *Ouch steht geschrebin im Sachssische rechte, daß die gewonheit vordrucket eyn rechte. lantr. li. ij ar. xlviii in fi. g.* [Glosse LdR II 46 (48 § 10) *De dat holt na der wonheit*, Anm. der Verf.] *Vnd dorvmb sal sulche gewonheit gehalten werden von den steten* […]."[287] Das hier nur zum Schein entwickelte Argument, welches Bocksdorf später unter Berufung auf kanonisches Recht und Glosse LdR II 37 § 3 *Kumpt dar nymant* als „böse Gewohnheit" wieder verwarf[288], stützt sich zur Begründung zunächst auf die Autorität der Landrechts- und der Weichbildglosse.

285) Mit WEJWODA, Leipziger Juristenfakultät S. 96, erreichte die rechtsgelehrte Aufmerksamkeit für das Sächsische Recht bei Dietrich von Bocksdorf einen Höhepunkt. Dietrichs Gutachten berücksichtigen die sächsischen Glossen auch dort, wo sie nicht explizit allegiert werden.

286) Gutachten des Dietrich von Bocksdorf für den Sohn des Markgrafen von Brandenburg, Mitte 15. Jahrhundert (gedruckt bei BÖHLAU, Aus einem Kopialbuche S. 530–536).

287) Gutachten des Dietrich von Bocksdorf (BÖHLAU, Aus einem Kopialbuche S. 535). Die Zitate finden ihre Entsprechung in Gl WbR 22 (Sp. 280; Z. 41–50) und Gl LdR II 46 (48 § 10) *De dat holt na der wonheit* (S. 822 Z. 6–9).

288) Gutachten des Dietrich von Bocksdorf (BÖHLAU, Aus einem Kopialbuche S. 536). Bocksdorf allegierte *„lantr. li. ij ar. 37 in g."*. Das Zitat findet zwar nicht im Editionstext bei KAUFMANN, Gl LdR S. 757, Z. 3–6, wohl aber im Textplus der Gl LdR II 37 *Kumpt dar nymant* nach der Fassung des Augsburger Drucks von 1516 eine passende Entsprechung: „[…] *Hir van is dy bose gewonheit komen dat sick dy richtere halden an den drüdden penningk / vn*[d] *dy is valsch als wy gesecht hebbe*[n], *vt supra. arti. xxxj.*

Offenbar sah man die sächsischen Glossen als gleichwertige Rechtsquellen neben den sächsischen Rechtsbüchern und den gelehrten Quellen- und Glossentexte an.

Dass endlich auch die Lehnrechtsglosse in solcher Weise bei der Begutachtung von Rechtsfällen konsultiert wurde, beweist ein weiteres Gutachten des Dietrich von Bocksdorf (Mitte 15. Jahrhundert), das in der Kompilation „Der Rechte Weg" des Kaspar Popplau überliefert ist[289]. Bocksdorf erwägt darin die Erfolgsaussichten einer Klage seines Auftraggebers gegen einen seiner Lehnsmänner auf Aberkennung des Lehens, weil dieser Lehnsmann H. und seine Brüder ihn in Doringen, Weißenfels und andernorts erfolglos verklagt hätten und überdies noch vor Gericht erfolgte Beleidigungen des Lehnsherrn im Raum stünden. Unter detaillierter Auswertung und expliziter Bezugnahme auf verschiedene Stellen der Lehnrechtsglosse kommt Bocksdorf zu dem Schluss, dass die Vergehen des Lehnsmanns noch keinen Lehnsverlust rechtfertigten. Zwar bestehe eine grundsätzliche Treuepflicht im Sinne einer umfassenden Nichtschädigungspflicht des Lehnsmanns gegenüber seinem Herrn, stellt Bocksdorf unter Berufung auf Glosse LnR 3 einleitend fest:

> *„Czum ersten sal euer gnade wissen, das ein man seinem hern wider an leybe noch an gut noch an den eren nicht schadin sal. Wenne wo er das thete mit rate adir mit den wercken, mit willen adir mit vorhengnis, der worde meyneydig und vorlore sein lehn. Das stet geschreben ym lehnrechte c. 3 in glo."*[290]

Sodann differenziert Bocksdorf mit Glosse LnR 23 aber zwischen bloß verbalen (*„smelichen"*) Beleidigungen, die nur *gewette* und Bußgeld nach sich zögen, und qualifizierten Treubruchtatbeständen, welche gewaltsam erfolgten und Körper- und Sachschäden nach sich zogen (*„das heist ym rechten ein gros lastir, eyne grosse smocheit"*) und die zum Lehnsverlust führten[291]. Weil im konkreten Fall die Vorwürfe gegen H. und seine Brüder bloß der ersten Fallgruppe angehörten, könne der Lehnsherr nach LnR 69 (68 § 8)

Vnde bose gewonheit sal men nicht holden, vt lib. j. ar. xviij. & libro. ij. arti. lxvj. in prin. gl[ossa]. *libro iij. arti. lxxiij.*" (ECKHARDT, Sassenspegel S. 197).

289) Gutachten des Dietrich von Bocksdorf (Mitte 15. Jahrhunderts), überliefert in Der Rechte Weg R 94 (EBEL, Der Rechte Weg II S. 1028 f., vgl. dazu auch DERS., Einleitung, Der Rechte Weg I S. XV).

290) Gutachten des Dietrich von Bocksdorf, Der Rechte Weg R 94 (EBEL, Der Rechte Weg II S. 1028); vgl. dazu die fast gleichlautende LGl LnR 3 (S. 95 Z. 1–7).

291) Gutachten des Dietrich von Bocksdorf, Der Rechte Weg R 94 (EBEL, Der Rechte Weg II S. 1028). Dazu allegierte Bocksdorf *„lehnrecht c. 23 in glosa"*; vgl. dazu LGl LnR 23 § 1 (S. 389 Z. 8 – S. 390 Z. 7).

i. V. m. LdR III 45 nur mit einem Bußgeld in Höhe von zehn Pfund, zu zahlen in zwölf goldenen Pfennigen, rechnen. Dietrich von Bocksdorf stützt sich in seinem Gutachten noch auf zwei weitere Stellen der Lehnrechtsglosse[292]. Ein vereinzeltes *Codex*-Zitat dürfte er aus Glosse LnR 69 (68) übernommen haben[293].

Wir sehen, dass juristischer Rat im Spätmittelalter auch im Zusammenhang mit Lehngerichtsprozessen gefragt war. Gelehrte Juristen erstellten Konsilien im Vorfeld etwaiger Verfahren, erteilten Auskunft in Form allgemeiner *informationes* oder bereiteten konkrete Klagen und Klageerwiderungen vor. Dabei stützten sie sich sowohl auf die Quellen des Sächsischen als auch auf die Quellen des römischen und kanonischen Rechts. Wenigstens Dietrich von Bocksdorf benutzte darüber hinaus auch alle drei sächsischen Glossen einschließlich der Lehnrechtsglosse, welche er in seinen Gutachten explizit zitierte. Dass auch noch andere gelehrte Juristen bei der Abfassung von Konsilien auf die sächsischen Glossen zurückgegriffen haben, ist anzunehmen. Marek Wejwoda bescheinigt der Leipziger Juristenfakultät insgesamt eine hohe Kompetenz im Sächsischen Recht[294]. Obwohl der erste ordentliche Lehrstuhl für Sächsisches Recht dort erst 1702 eingerichtet wurde, geht Wejwoda davon aus, dass die Vermittlung von Kenntnissen des Sächsischen Rechts, weil sie für die juristische Praxis so immens wichtig waren, an der Leipziger Fakultät auch schon im 15. Jahrhundert eine bedeutende Rolle gespielt hat[295].

b) Feudistische Literatur

Ein zweiter Aspekt, der über die spätere Bedeutung der Lehnrechtsglosse Aufschluss gibt, ist ihre Verarbeitung in der feudistischen Literatur.

Im 14. und 15. Jahrhundert entstanden noch verhältnismäßig wenige Arbeiten zum Sächsischen Recht, doch fanden Land- und Lehnrechtsglosse wenigstens in einigen von ihnen bereits Berücksichtigung. So enthält das

---

292) Gutachten des Dietrich von Bocksdorf, Der Rechte Weg R 94 (EBEL, Der Rechte Weg II S. 1098) zitiert noch Glosse LnR 20 und Glosse LnR 65.

293) Gutachten des Dietrich von Bocksdorf, Der Rechte Weg R 94 (EBEL, Der Rechte Weg II S. 1098) zitiert Cod. 1, 54; vgl. dazu LGl LnR 69 (68 § 9) (S. 961 Z. 12 f.) sowie bereits Gl LdR III 43 (45 §1) *Nu vornemet* (S. 1228 Z. 1).

294) WEJWODA, Leipziger Juristenfakultät S. 100. DERS., ebenda S. 97, erwähnt etwa noch die Gutachten und Decisionen des Leipziger Ordinarius Johannes von Breitenbach (1479–1508), welche neben dem römischen und kanonischen Recht regelmäßig und selbstverständlich das Sächsische Land-, Lehn- und Weichbildrecht mitsamt ihrer Glossen allegieren.

295) WEJWODA, Leipziger Juristenfakultät S. 97 f.

wohl noch im 14. Jahrhundert von einem unbekannten Autor verfasste Stück „*von bewysinge umme len unde liftucht*“ neben zahlreichen Allegationen des gelehrten Rechts, darunter Verweisen auf die *Libri feudorum* samt zugehöriger *Glossa ordinaria*, auch einige Landrechts- und zahlreiche Lehnrechtszitate[296]. Zweimal findet außerdem die Buch'sche Glosse, nicht aber auch die Lehnrechtsglosse Erwähnung[297]. Hingegen inkorporiert die wohl ebenfalls noch im 14. Jahrhundert begonnene, nach ersten, einleitenden Teilen aber wieder abbrechende Arbeit „Lehnrecht in Distinctionen“ verschiedene Auszüge sowohl aus der Landrechts- als auch aus der Lehnrechtsglosse[298]. Der anonyme, in einer Handschrift aus der ersten Hälfte des 15. Jahrhunderts überlieferte Traktat *von gewedde* erörtert in einem ersten Abschnitt die Gewettetatbestände des Sächsischen Landrechts, wobei er neben gelehrtem Recht auch mehrfach das Sachsenspiegel-Landrecht sowie die Buch'sche Glosse allegiert[299]. Der zweite Teil über die Gewettetatbestände des Lehnrechts stützt sich hingegen auf das Sächsische Lehnrecht, ohne dabei allerdings auch die Lehnrechtsglosse zu erwähnen[300]. Eindeutig als *Glossa ordinaria* des Sächsischen Lehnrechts wird die vulgate, deutsche Lehnrechtsglosse, wie gesehen, dann aber in der zwischen 1393 und 1434 verfassten Stendaler Lehnrechtsglosse angeführt („*Vide infra* [...] *arti.lxxj.in g.weme*“[301]). Sodann tritt uns im Mitte des 15. Jahrhunderts entstandenen Remissorium des Dietrich von Bocksdorf zu Land-, Lehn- und Weichbildrecht das nächste bedeutende Rezeptionszeugnis der Lehnrechtsglosse entgegen[302]. Unter alphabetisch geordneten Stichworten gruppiert Bocksdorf darin Sentenzen und Nachweise aus den drei sächsischen Rechtsbüchern Landrecht, Weichbildrecht und Lehnrecht mitsamt ihrer jeweiligen Glossen zusammen. Landrechts-, Weichbild- und Lehnrechtsglosse werden dabei jeweils ganz selbstverständlich als „die Glosse“ in Bezug genommen, offenbar also als die gewöhnlichen „*Glossae ordinariae*“ des Sächsischen Rechts auf-

---

296) „Stück von der Beweisung“, ediert und beschrieben bei HOMEYER, Sachsenspiegel II 1 S. 363–366; vgl. außerdem OPPITZ, Rechtsbücher I S. 71.

297) „Stück von der Beweisung“ (HOMEYER, Sachsenspiegel II 1 S. 366).

298) So schon HOMEYER, Sachsenspiegel II 1 S. 101–103.

299) Traktat „*Von gewedde*“, ediert und beschrieben bei EBEL, Traktat ‚Von gewedde‘. Der erste Teil über die Gewettetatbestände des Landrechts findet sich ebenda S. 125–128.

300) Traktat „*Von gewedde*“ (EBEL, Traktat ‚Von gewedde‘ S. 129 f.).

301) Stendaler Glosse LnR 25 *Wen dat mach nein here gut* (ECKHARDT, Sassenspegel S. 492[a]); vgl. dazu bereits oben S. 106.

302) Remissorium des Dietrich von Bocksdorf (gedruckt etwa in ZOBEL, Sechsisch Weychbild und Lehenrecht, Leipzig 1537, ohne fol. [am Ende des Bandes]); vgl. zur Person bereits oben S. 79 m. w. N.

gefasst. Ein weiteres *opusculum* jener Zeit, die „Weise des Lehnrechts" (um 1448) mit einer Schilderung des Lehngerichtsverfahrens anhand eines fiktiven Rechtsfalls, kommt wiederum ohne jedes Rechtszitat aus[303]. Eine wohl ebenfalls im 15. Jahrhundert entstandene „*Quaestio de iurisdictione servi*" allegiert ausschließlich gelehrtes Recht. Friedrich Ebel konnte aber zeigen, dass die Arbeit auf einer Kompilation verschiedener Stellen aus Landrecht und Landrechtsglosse aufbaut[304]. Jedenfalls die Landrechtsglosse wird nach Angaben Carl Gustav Homeyers außerdem auch von der „*Informatio ex speculo*" aus der zweiten Hälfte des 15. Jahrhunderts häufig in Bezug genommen[305]. Insgesamt sind die bisher bekannten Rezeptionszeugnisse der Lehnrechtsglosse in der spätmittelalterlichen Literatur zum deutschen Recht eher spärlich. Eine gewisse Verbreitung und literarische Verarbeitung scheint sie aber immerhin erfahren zu haben.

Die gelehrte humanistische Literatur zum Lehnrecht fand ihren Ausgangspunkt – bei einem freieren Umgang mit den Quellen, einer zunehmenden Hinwendung zur Rechtspraxis und einer Lösung vom exegetischen Programm mittelalterlicher Jurisprudenz – ganz überwiegend im gelehrten *ius commune feudale* und in dessen Textgrundlage, den *Libri feudorum*[306]. Große humanistische Kompendien zum Lehnrecht wie *In usus feudorum epitome* des Ulrich Zasius (1535)[307], *Tractatus et synopsis totius juris feudalis* des Heinrich von Rosenthal (1588)[308] oder der *Tractatus feudalis* des Lu-

303) „Weise des Lehnrechts" (um 1448) (HOMEYER, Sachsenspiegel II 1 S. 543–554; S. 398 f.). Auch die drei erbrechtlichen Traktate „Stück vom Musteil" (ediert von KÜMPER, Sachsenrecht S. 426 f.), die „Sippzahlregeln" (ediert von WASSERSCHLEBEN, Prinzip S. 125–134) sowie die „Erbschaftsregeln" (ediert von KISCH, Zur sächsischen Rechtsliteratur S. 29–31 Fn 1) zitieren die Glossen nicht. Das „Stück vom Musteil" und die „Erbschaftsregeln" kommen ganz ohne Zitate aus, die „Sippzahlregeln" beschränken sich auf Zitate des Sachsenspiegel-Landrechts.

304) „*Quaestio de iurisdictione servi*" (ediert und beschrieben bei EBEL, Der älteste arbeitsrechtliche Traktat, mit Text auf S. 296).

305) HOMEYER, Über die Informatio, insbesondere S. 633. KÜMPER, Sachsenrecht S. 619 f., druckte die Vorrede; das übrige Werk aber ist noch nicht ediert.

306) BRÜCKNER, Lehnsauftragung S. 189–193. Über die wissenschaftlichen und legislatorischen Bemühungen speziell um das Sächsische Recht SÖLLNER, Literatur S. 516 f.; V. STINTZING, Geschichte I S. 547–573, insbesondere S. 547–549.

307) Ulrich Zasius, *In usus feudorum epitome*, 1535 (benutzte Ausgabe: ZASIUS / FRUNDECK, Opera Omnia IV, In vsvs fevdorvm epitome Sp. 243–342, Nachdruck der Ausgabe Lyon 1550). Zur Datierung V. STINTZING, Ulrich Zasius S. 350 f.

308) Heinrich Rosenthal, *Tractatus et synopsis totius juris feudalis*, 1588 (benutzte Ausgabe: ROSENTHAL, Tractatus et synopsis totius juris feudalis, Frankfurt a. M. 1662). Die Ausgabe von 1662 bietet einleitend ein Verzeichnis der wichtigsten Autoren („*nomina avctorvm praesertim fevdalivm quibus in hac editione potissimum usus sum*"), welches

dolph Schrader (1594)[309] scheinen am Sächsischen Lehnrecht und seiner spätmittelalterlichen Glosse prima facie nicht interessiert gewesen zu sein. Gleichzeitig fallen in diese Zeit aber auch die zahlreichen Neuausgaben der zweibändigen Standardausgaben des Sächsischen Rechts. Offenbar blieben die Texte mitsamt ihrer Glossen auch für die Juristen des 16. Jahrhunderts von Belang. Es ist die Zeit, in der sich entlang der Anwendung des Sächsischen Rechts – und zwar einschließlich seiner Glossen – allmählich das *ius commune Saxonicum* herausbildete.

In einer Gruppe von sechs frühneuzeitlichen, erstmals in der Zobel'schen Landrechtsausgabe von 1535 überlieferten Traktaten über verschiedene sächsische Einzelthemen finden sich denn auch wieder explizite Verweise auf die sächsischen Glossen[310]. Der Traktat „*Von Lehengerichte*" etwa stützt sich auf das Sächsische Lehnrecht sowie mehrfach auch auf die Lehnrechtsglosse[311]. „*Von der Acht*" hingegen zitiert spärlich gelehrtes Recht, einige Male das Landrecht und immerhin einmal auch die Landrechtsglosse[312]. Am intensivsten verarbeitet der dritte Traktat „*Von der Verfestung*" gelehrte und einheimische Quellen und literarische Texte. Neben zahlreichen Allegationen des gelehrten Rechts finden sich Bezugnahmen auf Land-, Lehn- und Weichbildrecht mitsamt ihrer Glossen[313]. Die folgenden beiden Abhandlungen kommen ohne jedes Zitat aus[314]. Der letzte Traktat

---

einen guten Überblick über den Reichtum der verarbeiteten gelehrt-feudistischen Literatur gewährt.

309) SCHRADER, Tractatus feudalis, Frankfurt a. M. 1594. Das Werk stützt sich ganz überwiegend auf gelehrtes Recht. Zu den häufig zitierten Autoren zählen Bartolus, Baldus und Ulrich Zasius.

310) Die Traktate wurden beschrieben und ediert von KÜMPER, Secundum iura Saxonica (Traktat I nach der Ausgabe ZOBEL, Sachssenspigell, Leipzig 1535; die übrigen Traktate II–VI nach einer späteren Ausgabe von 1614); vgl. auch KÜMPER, Sachsenrecht S. 279 f. Die Traktate sind handschriftlich nicht überliefert. Sie dürften in der ersten Hälfte des 15. Jahrhunderts entstanden sein. Ihre Verfasser sind unbekannt. Möglicherweise geht einer der Traktate auf Dietrich von Bocksdorf zurück. Angesichts der Verschiedenheit der Darstellungsformen dürften die Traktate aber jedenfalls auf unterschiedliche Autoren zurückgehen, vgl. KÜMPER, Einleitung, Secundum iura Saxonica S. XIII f. Zitierweise und berücksichtigte Quellen erweisen sich jeweils als recht verschieden.

311) Traktat I „*Von Lehengerichte*" (KÜMPER, Secundum iura Saxonica S. 1–8, mit Zitaten der Lehnrechtsglosse auf S. 2, 7 und 8).

312) Traktat II „*Von der Acht*" (KÜMPER, Secundum iura Saxonica S. 9–36, mit Zitat der Landrechtsglosse auf S. 28).

313) Traktat III „*Von der Verfestung*" (KÜMPER, Secundum iura Saxonica S. 37–49, mit Zitaten aller drei sächsischen Glossen zum Beispiel schon auf S. 37).

314) Traktat IV „*Von der Appellation*" (KÜMPER, Secundum iura Saxonica S. 50–57)

„Von Wetten und Bußen" zitiert wiederum nur spärlich, erwähnt aber immerhin zweimal die Landrechtsglosse und einmal das Sächsische Lehnrecht[315].

Christoph Zobel, dem wir die Überlieferung dieser sechs Traktate in einer Landrechtsausgabe verdanken, beschäftigte sich selbst auch ausführlich mit dem Sächsischen Lehnrecht. Er besorgte nicht bloß die verbesserte Neuausgabe von 1537 mit Weichbild, Lehnrecht und überarbeiteten Glossen[316]. Wie gesehen verfasste er darüber hinaus noch vor seinem Tod im Jahr 1560 eine eigene, posthum erschienene lateinische Glosse zum Sächsischen Lehnrecht[317].

Um eine verbesserte Arbeitsgrundlage zum Sächsischen Recht bemühte sich auch der Wittenberger Rechtsgelehrte Melchior Kling. 1572 erschien posthum eine im Untertitel ausdrücklich als Ergänzung zu den Zobel'schen Druckausgaben bezeichnete, systematisierte Ausgabe des Sachsenspiegels[318]. Obwohl sich *„Das Gantze Sechsisch Landrecht mit Text vnd Gloss / in eine richtige Ordnung gebracht"* auf eine Bearbeitung des Sachsenspiegel-Landrechts beschränkt, vertieft Kling, wo es sich anbot, auch lehnrechtliche Fragestellungen. In solchem Zusammenhang verarbeitet er auch Argumente aus der Lehnrechtsglosse, welche er explizit zitiert[319].

Noch vor Erlass der Kursächsischen Konstitutionen von 1572 entstanden außerdem die vielfach aufgelegten, zweiteiligen *Differentiae iuris civilis et saxonici* des Ludwig Fachs und Benedict Reinhard (zuerst 1567/69)[320]. So

---

sowie Traktat V *„Vom Prozeß in Bürgerlichen Sachen"* (DERS., ebenda S. 58–68).

315) Traktat VI *„Von Wetten vnd Bussen"* (KÜMPER, Secundum iura Saxonica S. 69–90, mit Zitaten der Landrechtsglosse auf S. 82 und 87 und einem Verweis auf das Lehnrecht auf S. 87).

316) ZOBEL, Sechsisch Weychbild und Lehenrecht, Leipzig 1537. Zur Zobel'schen Aktualisierung vgl. bereits oben S. 125 ff.

317) ZOBEL / ROMANUS, Sächsisch Lehenrecht unndt Weichbilt, Leipzig 1589. Vgl. zum Lehnrechtskommentar des Christoph Zobel bereits oben S. 130 ff.

318) Melchior Kling, *Das Gantze Sechsisch Landrecht mit Text vnd Gloss / in eine richtige Ordnung gebracht*, 1572 (benutzte Ausgabe: KLING, Das Gantze Sechsisch Landrecht, 1572). Der Untertitel lautet in der Ausgabe von 1572: *„Doch mit dieser Erklerunge / das er den Stenden, die das Sechsisch Recht gebrauchen / nicht genugsam / Sondern der Alte Sachssenspiegel / sonderlich Doctor Christoff Zobels / welcher wol erklert / dabey sein mus"*. Über die systematische Ausgabe handelt KÜMPER, Einleitung, Secundum iura Saxonica S. XVIII f.; zur Person Klings vgl. DERS., Art. Melchior Kling, in: BBKL XXIV Sp. 940–942.

319) Etwa in einer *quaestio* zu LdR I 14 (KLING, Das Gantze Sechsisch Landrecht, 1572 fol. XVII^{rb}).

320) Ludwig Fachs und Benedict Reinhard, *Differentiae iuris civilis et saxonici* (benutzte Ausgabe: FACHS / REINHARD, Differentiarvm Iuris ciuilis & Saxonici, Jena 1595).

intensiv wie nirgends sonst bietet die Differentiensammlung mit Gegenüberstellungen von Sächsischem und gemeinem Recht eine ausführliche Verarbeitung der drei Glossen zum Sächsischen Landrecht, Weichbildrecht und Lehnrecht (etwa: *„vide gloss. Lehnrecht art. 31“*[321]).

Alles in allem hat demnach auch im 16. Jahrhundert eine wissenschaftliche Auseinandersetzung mit der Lehnrechtsglosse stattgefunden. Primär gingen die Bemühungen offenbar dahin, das als veraltet, unübersichtlich und sperrig empfundene Sachsenrecht handlicher und zeitgemäßer zu gestalten[322].

Von der gelehrten feudistischen Literatur der Humanisten unterscheidet sich die Feudistik des *usus modernus pandectarum* durch eine verstärkte Hinwendung zum partikularen Lehnrecht. Man war nun gewillt, die einheimischen Rechtstexte als grundsätzlich gleichwertige Quellen neben den Texten des gemeinen, langobardischen Lehnrechts anzuerkennen und in die wissenschaftliche Diskussion mit einzubeziehen[323]. Innerhalb der Kreise gelehrter Juristen wandten sich nun auch wieder große Namen dem Sächsi-

---

Der erste Teil des Ludwig Fachs wurde erstmals 1569 gedruckt, vermutlich aber schon in der ersten Jahrhunderthälfte verfasst. Der zweite Teil des Benedict Reinhard wurde erstmals einer Ausgabe von 1569 beigegeben, aber seinerseits bereits zwischen 1549 und 1551 verfasst, vgl. v. STINTZING, Geschichte I S. 549. Zum Werk vgl. DERS., ebenda S. 549–551; KÜMPER, Sachsenrecht S. 281–283, sowie SÖLLNER, Literatur S. 516–518.

321) Ludwig Fachs und Benedict Reinhard, *Differentiae iuris civilis et saxonici*, l. I p. 1 diff. 5 (FACHS / REINHARD, Differentiarvm Iuris ciuilis & Saxonici, Jena 1595 S. 23). Ebenda etwa auch ein Zitat der Landrechtsglosse: *„gloss. in artic. 21. lib. I. Landrecht“* (DIES., ebenda S. 22). Ein Zitat der Weichbildglosse findet sich etwa l. I p. 1 diff. 11: *„gloss. Weichb. art. 4. super verb. Jahr vnnd Tag“* (DIES., ebenda S. 42). Landrechts-, Lehnrechts- und Weichbildglosse finden sich in den *Differentiae* allerorts zitiert. Liber II enthält in pars 3 gar einen eigenen Abschnitt *De feudis* (DIES., ebenda S. 352–393).

322) Vgl. dazu die einleitende Bemerkung von v. STINTZING, Geschichte I S. 548, über die wissenschaftliche Behandlung des Sächsischen Rechts im 16. Jahrhundert: „Bei aller Pietät, mit der man am Sachsenspiegel hing, konnte man sich doch der Einsicht nicht verschließen, daß seine Bestimmungen zum Theil unverständlich, zum Theil veraltet und nicht ausreichend waren.“

323) BRÜCKNER, Lehnsauftragung S. 194. Zur allgemeinen Richtung in der Literatur des *usus modernus* auch KROESCHELL, Deutsche Rechtsgeschichte III S. 2–4; und SÖLLNER, Literatur S. 501–511. Deutsches (Lehn)Recht begriff man nun „nicht mehr als Mißverständnis oder fehlerhafte Abweichung vom römischen Recht, sondern als gewohnheitsrechtliche Abänderung gemeinen Rechtes“, BRÜCKNER, Lehnsauftragung S. 8 (in Anlehnung an WESENBERG / WESENER, Privatrechtsgeschichte S. 116). Eine Übersicht über die wichtigsten Kompendien zum Lehnrecht gibt SÖLLNER, Literatur S. 550 f. Monographische lehnrechtliche Literatur findet sich im Überblick bei DEMS., ebenda S. 606 f.

schen Recht zu. Erste Stichproben ergeben, dass dabei durchaus auch wieder die sächsischen Glossen einschließlich der Lehnrechtsglosse Berücksichtigung fanden.

Benedict Carpzov etwa bezieht in sein zivilistisches Hauptwerk *Jurisprudentia forensis romano-saxonica* (1638), einem Kommentar zu den Kursächsischen Konstitutionen, auch lehnrechtliche Fragestellungen ein, bei deren Diskussion er unter vielen weiteren Quellen auch die Lehnrechtsglosse verarbeitet[324]. In der Zwischenzeit hatte die gewöhnliche deutsche Lehnrechtsglosse des spätmittelalterlichen Glossators durch den neuen Zobel'schen Lehnrechtskommentar Konkurrenz bekommen. In seinen Zitaten differenziert Carpzov daher zwischen einer gewöhnlichen, nach Nummern zitierten Lehnrechtsglosse (etwa: „*secundum Gloss. in cap. 25 Lehnrecht num. 4. vers.* Doch also / daß der / dem das Gedinge geliehen war / dem Gedinge gefolget hätte / etc.“[325]) und einer lateinischen, nach Buchstaben zitierten Lehnrechtsglosse (etwa: „*Lehnrecht / cap.57. ubi Gloß. lat. lit. D.*“[326]). Carpzov muss eine Lehnrechtsausgabe von 1589 oder eine entsprechende Folgeauflage benutzt haben, denn erst diese späteren Auflagen enthalten neben der deutschen Lehnrechtsglosse auch den neuen Lehnrechtskommentar des Christoph Zobel in lateinischer Sprache und gliedern die deutsche Glosse durch Randziffern und die lateinische Glosse durch Buchstaben[327]. Da auch noch andere Juristen diese spezifische Zitierweise der Lehnrechtsglosse zeigen, hat sich die Ausgabe von Zobel / Romanus von 1589 im 17. Jahrhundert offenbar als Standardausgabe etabliert.

Georg Adam Struve berücksichtigt die sächsischen Glossen in seinem *Syntagma juris feudalis* (1653), einer zusammenfassenden Darstellung des Lehnrechts, ebenfalls[328].

324) Benedict Carpzov, *Jurisprudentia forensis romano-saxonica*, 1638 (benutzte Ausgabe: CARPZOV, Jurisprudentia forensis romano-saxonica, Leipzig 1668). Zur Einordnung der Schrift JEROUSCHEK, Art. Carpzov, Benedikt (1595–1666), in: ²HRG I Sp. 819–821; sowie KLEINHEYER, Benedikt Carpzov, in: KLEINHEYER / SCHRÖDER, Juristen S. 90–95.

325) Benedict Carpzov, *Jurisprudentia forensis romano-saxonica*, p. 2 C. XLV d. II (CARPZOV, Jurisprudentia, Leipzig 1668 S. 820).

326) Benedict Carpzov, *Jurisprudentia forensis romano-saxonica*, p. 2 C. XLV d. II (CARPZOV, Jurisprudentia, Leipzig 1668 S. 817).

327) ZOBEL / ROMANUS, Sächsisch Lehenrecht unndt Weichbilt, Leipzig 1589. Vgl. zu Inhalt und äußerer Gestalt dieser Auflage bereits oben S. 130 ff.

328) Georg Adam Struve, *Syntagma juris feudalis*, 1653 (benutzte Ausgabe: STRUVE, Syntagma juris feudalis, Frankfurt a. M. 1710). Zur Einordnung des Werks LUIG, Art. Struve, Georg Adam (1619–1692), in: HRG V Sp. 52–58. – Struve verarbeitete unter unzähligen anderen Normtexten und literarischen Quellen auch das Sachsenspiegel-Land- und -Lehnrecht. Wie üblich zitierte er dabei das „*Land.R.*“ nach Buch und Arti-

Schließlich findet sich die Lehnrechtsglosse auch noch im *Commentarius ad jus feudale Alamannicum* des Johann Schilter intensiv verarbeitet. Schilter schrieb diesen Kommentar zum Schwabenspiegel-Lehnrecht unter Berücksichtigung des Sächsischen und des gemeinen Lehnrechts als Teil des größer angelegten Kompendiums *Codex juris Alemannici feudalis* (1697)[329]. Im Bemühen um eine zeitgemäße Anwendung des Sächsischen Lehnrechts setzte er sich intensiv mit Textgeschichte und Aktualität verschiedener Stellen in Sächsischem Lehnrecht und zugehöriger Glosse auseinander. Einmal verwirft er die Lehnrechtsglosse dabei gar als „*Glossa Germanica ridicula*“[330]. Als autoritativen Text sah man die Lehnrechtsglosse hier nicht an, doch noch immer fand sie in der feudistischen Literatur als „die“ maßgebliche Glosse zum Sächsischen Lehnrecht eine gewisse Berücksichtigung.

Die Rezeption der Lehnrechtsglosse in der feudistischen Literatur des Humanismus und des *usus modernus* bedarf noch eingehender Forschung. Doch bereits ein erster Streifzug hat gezeigt, dass die Glosse zum Sächsischen Lehnrecht nicht bloß in den spätmittelalterlichen Konsilien Niederschlag gefunden hat, sondern über drei Jahrhundert auch eine gewisse Rolle in der lehnrechtlichen Literatur gespielt hat. Schon jetzt lässt sich festhalten, dass die Lehnrechtsglosse dabei von sämtlichen Autoren durchgehend als „die Glosse“ zitiert und allenfalls noch als „deutsche Glosse“ vom späteren Zobel'schen Kommentar abgegrenzt worden ist. Auch dies spricht dafür,

---

kel und das „*Lehn.R.*“ nach Kapiteln. Hin und wieder führte er explizit die Buch'sche Glosse an (etwa STRUVE, Syntagma, Frankfurt a. M. 1710, Cap. V, III, 1 (S. 150); Cap. VII, VI (S. 232); Cap. IX, XV, 1 (S. 348); Cap. X, VII, 2 (S. 380); und die Buch'sche Glosse verwerfend Cap. I, V, 5 (S. 28)).In Cap. V, III, 1 nahm Struve einmal die Weichbildglosse in Bezug (DERS., ebenda S. 150). Hingegen finde ich das Lehnrecht nur als solches oder in Zusammenhang mit der lateinischen Glosse zitiert (etwa DERS., ebenda, Cap. VII, V, 7: „*Lehn-Recht c. 5 Add. c. 20. ibique gloss. lat. lit. d.*“ (S. 230)). Struve muss die deutsche Lehnrechtsglosse aber ebenfalls gekannt und berücksichtigt haben.

329) Johann Schilter, *Commentarius ad jus feudale Alamannicum*, in: ders., *Codex juris Alemannici feudalis*, 1697 (benutzte Ausgabe: SCHILTER, Codex juris Alemannici feudalis, Straßburg 1728 S. 117 ff.). Im Ganzen lautet der selbsterklärende Titel des Kommentars „*Commentarius ad jus feudale Alamannicum, In quo Juri huic Jus Feudale Saxonicum, itemque Jus Feudale Longobardicum, quod vulgo Commune appellatur, conferuntur, ratio juris & origo, una cum textu ipso ex nativo idiomatis genio, & veterum documentis, explicatur, atque ad usum fori feudalis hodierni res pleraque omnis applicatur.*“ Über Werk und Autor vgl. SCHULZE, Art. Schilter, Johann, in: HRG IV Sp. 1405–1409; und LUIG, Schilter, Johann (1632–1705), in: KLEINHEYER / SCHRÖDER, Juristen S. 530 f.

330) Johann Schilter, *Commentarius ad jus feudale Alamannicum*, ad cap. XIX § II (SCHILTER, Codex juris Alemannici feudalis, Straßburg 1728 S. 186). Vgl. etwa auch die Auseinandersetzung mit der Lehnrechtsglosse ad cap. XVII § II (DERS., ebenda S. 181).

dass die Lehnrechtsglosse als eine Art *Glossa ordinaria* des Sächsischen Lehnrechts rezipiert worden ist.

4. Zwischenergebnis: Fokussierung auf die „gewöhnliche" Lehnrechtsglosse

Ich fasse zusammen. Die Lehnrechtsglosse ist heute in 30 Handschriften und einem Fragment überliefert, die sich ganz überwiegend auf das 15. Jahrhundert verteilen. Einzig die älteste Handschrift Be_3 von 1386/87 entstammt sicher dem 14. Jahrhundert. Die Sprache ist bis auf zwei niederdeutsche Ausnahmen das Mitteldeutsche. Zu den handschriftlichen Textzeugen kommen 17 Druckausgaben des 15. und 16. Jahrhunderts hinzu.

Es lassen sich die vier Textklassen K (kürzere Lehnrechtsglosse), L (längere Lehnrechtsglosse), W (sogenannte „Wurm'sche" Lehnrechtsglosse) und S (Stendaler Lehnrechtsglosse) unterscheiden. Gegenüber der am häufigsten überlieferten Klasse L weist die Klasse K ein Textminus, die Klasse W hingegen ein Textplus auf. Die Textentwicklung ist in der Forschung bisher nicht endgültig geklärt: Die Rezensionen könnten durch Vermehrung oder durch Kürzung ihrer jeweiligen Vorlage entstanden sein. Sicher ist aber, dass alle drei Klassen den Glossentext der Klasse K als gemeinsamen Kernbestand enthalten. Damit steht auch fest, dass die Bearbeitungen K, L und W – unabhängig von der Reihenfolge ihrer Entstehung – auf ein und denselben Ursprungstext zurückzuführen sind. Aufgrund ihrer engen Verwandtschaft lässt sich in ganz allgemeiner Form von der „gewöhnlichen" Lehnrechtsglosse sprechen.

Gegenüber dieser gewöhnlichen Lehnrechtsglosse ist die überwiegend lateinische Stendaler Glosse ganz eigenständig. Es handelt sich um die vollkommen andersartige Arbeit eines Stendaler Anonymus, die mit der gewöhnlichen Lehnrechtsglosse bloß den Bearbeitungsgegenstand gemein hat. Sie entstand vermutlich erst im 15. Jahrhundert, zitiert die deutsche Lehnrechtsglosse bereits und ist von dieser streng zu unterscheiden.

Ebenso verhält es sich mit der Mitte des 16. Jahrhunderts von Christoph Zobel verfassten lateinischen Kommentierung des Sächsischen Lehnrechts, die zwischen 1554 und 1560 entstand und erstmals im Leipziger Druck von 1589 veröffentlicht wurde. Auch sie ist von der spätmittelalterlichen deutschen Lehnrechtsglosse vollkommen unabhängig, berücksichtigt in großem Umfang die spätere Literatur des 15. und 16. Jahrhunderts und muss von der gewöhnlichen Lehnrechtsglosse strikt getrennt werden. Schon die feudistischen Autoren des 17. Jahrhunderts differenzierten entsprechend zwischen einer gewöhnlichen Glosse und einer *Glossa latina*.

Es zeigt sich, dass in der Überlieferung der Lehnrechtsglosse eine gewöhnliche deutsche Lehnrechtsglosse hervortritt. Um sie und nicht um die späteren lateinischen Arbeiten aus Stendal und Leipzig geht es in der vorliegenden Untersuchung. Während jene nur spärlich überliefert sind, avancierte die in zahlreichen Handschriften und Drucken enthaltene gewöhnliche Lehnrechtsglosse schon früh zur „*Glossa ordinaria* des Lehnrechts". Erhalten ist sie in den zwei vulgaten Formen K und L sowie in einer speziellen Form W. Schon in der handschriftlichen Überlieferung kommt der längeren Glosse gegenüber der kürzeren mit 18 zu 10 Handschriften ein Übergewicht zu. Im 16. Jahrhundert setzte sich die Klasse L dann endgültig als Vulgattext durch: 16 der 17 frühneuzeitlichen Drucke enthalten die längere Lehnrechtsglosse.

II. Verhältnis der Textklassen K, L und W zueinander

Die Filiationsverhältnisse der handschriftlichen Überlieferungsträger der gewöhnlichen Lehnrechtsglosse sind weitgehend ungeklärt. Es ist bisher nicht gelungen, die einzelnen Handschriften in ein Stemma einzuordnen[331]. Schon die dazu vorrangig zu beantwortende Frage nach dem Verhältnis der drei Textklassen K, L und W zueinander verlangt, obwohl sie lange geklärt schien, nach einer Neubefassung[332].

Weil es für die Auswahl einer geeigneten Textgrundlage für inhaltliche Untersuchungen von entscheidender Bedeutung ist, soll im Folgenden das Problem der Textentwicklung weiter vertieft werden. Dabei geht es um keine Rekonstruktion irgendeines Urtextes. Wohl aber wird die Frage aufgeworfen, welche der überlieferten Textklassen der ersten Niederschrift am nächsten kommen könnte. Denn problematisch wären sowohl die unbewusste Verwendung eines kürzeren Textes, der sich infolge sinnentstellender Kürzung als Rudiment eines größeren Ganzen herausstellt, als auch die unreflektierte Untersuchung eines längeren Textes, der sich womöglich als erweitertes Mischprodukt mehrerer Autoren entpuppt. Ziel ist deshalb die Ermittlung der früheren, originären Textfassung des ersten Lehnrechtsglos-

---

331) KAUFMANN, Einleitung, KGl LnR S. XXV; DERS., Einleitung, LGl LnR S. XXXIX; DERS., Glossen zum Sachsenspiegel S. 108.

332) Grund hierfür ist das deutliche Fragezeichen, das KAUFMANN, Einleitung, KGl LnR S. XXIII–XXV; DERS., Glossen zum Sachsenspiegel, hinter die bislang unkritisch hingenommenen Forschungen von HOMEYER, Einleitung LnR, Sachsenspiegel II 1 S. 73–79, zu diesem Punkt gesetzt hat. In seiner jüngst erschienenen Edition der längeren Lehnrechtsglosse spricht sich KAUFMANN, Einleitung, LGl LnR S. XXXII, XXXIV–XXXVII nun dezidiert gegen das Homeyer'sche Textentwicklungsmodell aus.

sators und ihre Scheidung von den veränderten Fassungen späterer Bearbeiter. Welche der Klassen K, L und W stand am Anfang? Oder anders: Entstanden die unterschiedlich langen Textklassen durch Vermehrung oder durch Kürzung ihrer Vorgänger?

Den Ausgangspunkt stecken die jeweils ältesten datierbaren Textzeugen der drei Textklassen ab: J, der älteste Textzeuge aus der Handschriftengruppe der kürzeren Lehnrechtsglosse, datiert auf 1410. Hingegen dürfte unter den Überlieferungsträgern der längeren Lehnrechtsglosse die Handschrift Wa zwar bereits um 1400 entstanden sein, die älteste datierbare Handschrift L_3 datiert aber erst auf 1436. Ulrich-Dieter Oppitz verzeichnet zudem noch eine Breslauer Handschrift mit längerer Lehnrechtsglosse von 1414, die jedoch im Zweiten Weltkrieg verloren ging[333]. Die insgesamt älteste, auf Nikolaus Wurm zurückgeführte Handschrift Be_3 ist von 1386/87. Zu bedenken ist schließlich, dass die spätestens 1434 entstandene Stendaler Glosse bereits eine „gewöhnliche“ Form der Lehnrechtsglosse kennt.

Das Alter der uns erhaltenen Handschriften gibt jedoch lediglich Aufschluss über *termini ante quem* für die Entstehung der einzelnen Textrezensionen[334] und sagt über die chronologische Reihenfolge, in der die drei Glossenstufen entstanden sind, nichts aus. Erst der eingehende Textvergleich kann das Verhältnis der Textklassen K, L und W zueinander näher beleuchten.

1. Die Textentwicklung nach Homeyer

Für Carl Gustav Homeyer, der sich als Erster zum Gang der Glossierung äußerte, schien die Sache klar. Nach seiner Vorstellung entstanden die drei Textklassen K, L und W im Zuge einer sukzessiven Textvermehrung[335]. Sein Modell lässt sich demnach in aller Einfachheit wie folgt darstellen:

K
|
L
|
W

333) OPPITZ, Rechtsbücher II Nr. 252; vgl. zu ihr KAUFMANN, Einleitung, KGl LnR S. XXII Anm. 44; DERS., Einleitung, LGl LnR S. XXXVIII.

334) Hierauf wies schon HOMEYER, Einleitung LnR, Sachsenspiegel II 1 S. 76f. hin; vgl. auch KAUFMANN, Einleitung, LGl LnR S. XXX.

335) HOMEYER, Einleitung LnR, Sachsenspiegel II 1 S. 73–79, insbesondere S. 74f. Homeyers These referiert auch KAUFMANN, Einleitung, LGl LnR S. XXXI.

Die Lehnrechtsglosse sei wohl um die Mitte des 14. Jahrhunderts, jedenfalls aber nach der Buch'schen Glosse zum Sächsischen Landrecht (1325 – ca. 1352)[336], zunächst in der kürzeren Fassung K geschrieben worden. Kurze Zeit später, noch vor 1386/1387, habe dann ein unbekannter Bearbeiter diesen Text zur längeren Fassung L vermehrt[337]. Schließlich habe Nikolaus Wurm unter Zugrundelegung der längeren Lehnrechtsglosse eine letzte Erweiterung der Glosse zur Fassung W vorgenommen[338].

Homeyers knappe Begründung für dieses Modell: Erstens bestehe eine „allgemeine Richtung der Literatur der Rechtsbücher"[339], wonach Texte im Lauf der Zeit eher vermehrt als verkürzt würden. Zweitens handele es sich beim Lehnrechts*text* der Handschriften mit längerer Glosse um einen jüngeren als bei dem Text der Handschriften mit kürzerer Glosse[340]. Gemeint ist die charakteristische Teilung von LnR 66 in zwei Kapitel in den Handschriften mit längerer Glosse, wodurch sich die Kapitelzählung insgesamt von 80 auf 81 erhöht. Homeyer ordnet die Textzeugen mit 81 Kapitel im Rahmen seiner allgemeinen Überlegungen zur Überlieferung des Sachsenspiegel-Lehnrechts einer Klasse IV zu, die gegenüber einer vulgaten Klasse III mit 80 Kapiteln die jüngere darstelle[341]. Als drittes Argument für die Entstehung der längeren Lehnrechtsglosse durch Erweiterung der kürzeren führt Homeyer an, dass das als Schlusskapitel konzipierte Kapitel LnR 78 den meisten Handschriften mit der längeren Glosse ganz fehle, während es in den Handschriften mit der kürzeren Glosse wenigstens unkommentiert enthalten ist[342].

336) Zur Datierung KANNOWSKI, Umgestaltung S. 61 ff. m. w. N.; KAUFMANN, Glossen zum Sachsenspiegel S. 102 f. Anm. 37.

337) HOMEYER, Einleitung LnR, Sachsenspiegel II 1 S. 78 f.

338) HOMEYER, Einleitung LnR, Sachsenspiegel II 1 S. 75.

339) HOMEYER, Einleitung LnR, Sachsenspiegel II 1 S. 74.

340) HOMEYER, Einleitung LnR, Sachsenspiegel II 1 S. 74.

341) HOMEYER, Einleitung LnR, Sachsenspiegel II 1 S. 65–67. Entgegen der dort uneinheitlich gebrauchten Bezeichnung handelt es sich beim typischerweise in manchen Handschriften aufgeteilten Kapitel um das vulgate Kapitel LnR 66 *Kumt der man zu sime herren binnen seiner iarzale* [...] (so auch noch HOMEYER, Einleitung LnR, Sachsenspiegel II 1 S. 64; anders dann aber als „Art. 65" auf S. 65 f.).

342) HOMEYER, Einleitung LnR, Sachsenspiegel II 1 S. 74 f.

2. Zweifel am herkömmlichen Modell

a) Kritik am Modell der Texterweiterung

Man wird Homeyers Ausführungen entgegenhalten müssen, dass unzulässige Schlüsse aus nur wenig aussagekräftigen Befunden zum Lehnrechtstext gezogen werden, während der eigentliche Glossentext in der Betrachtung außen vor bleibt.

Zunächst zum Argument, schon eine allgemeine „Wachstumstendenz" mittelalterlicher Rechtsliteratur spreche für die ursprüngliche Abfassung der Lehnrechtsglosse in der kürzeren Form: Selbst wenn sich ein solches Wahrscheinlichkeitsurteil erhärten ließe, könnte es als Indiz allenfalls eine Hypothese begründen. In keinem Fall ersetzt es die Prüfung in der Sache, bei der dann sowohl Texterweiterung als auch Textverkürzung als zwei prinzipiell denkbare Entwicklungsschritte erwogen werden müssten. Darüber hinaus ist aber schon zweifelhaft, ob man von einer solchen generellen Wachstumstendenz überhaupt wirklich ausgehen darf. Für das Mittelalter wird man sicher das Vorhandensein einer gewissen „Ehrfurcht vor dem Text" annehmen dürfen. Erst die wortgetreue Vervielfältigung und das sorgfältige Weitertragen des überkommenen Schrifttums erklärt, dass Rechtstexte wie der Sachsenspiegel, der Schwabenspiegel, das Magdeburger Weichbildrecht, die Richtsteige und die sächsischen Glossen überhaupt in weitgehend gefestigten Vulgatfassungen überliefert sind. Allerdings finden sich daneben regelmäßig weitere, in sich wieder mehr oder weniger stabile Textklassen. Im Kern begriff man die Texte also vielleicht als unveränderlich. Weil aber gleichzeitig auch ihr Gebrauchswert erhalten werden musste, unterzog man die Texte durchaus systematisierenden oder aktualisierenden Bearbeitungen[343]. Schien die Textänderung dabei nicht das Mittel der Wahl, so blieben die Möglichkeiten sowohl der Hinzufügung weiterer Erläuterungen als auch der Auslassung von Text. Beide Varianten sind in der mittelalterlichen Literatur nicht unüblich. Beide werden deshalb in der Forschungsliteratur auch in der Diskussion um die Überlieferung des Schwabenspiegels[344] und der

---

343) . Als ein Beispiel kann man die erst im Nachhinein vorgenommene Einteilung des Sachsenspiegels in Bücher und Artikel und das Einfügen von Summarien und Remissionen ansehen, vgl. für das Lehnrecht HOMEYER, Einleitung LnR, Sachsenspiegel II 1 S. 57–65. Ein weiteres Beispiel sind die Glossen selbst, die die für sich unverständlich gewordenen Sätze des Rechtsbuchs näher erläutern.

344) Zur Diskussion im Überblick JOHANEK, Art. Schwabenspiegel, in: ²VL VIII Sp. 899–901, und eingehend BERTELSMEIER-KIERST, Kommunikation und Herrschaft S. 128–178, insbesondere S. 136: „Kürzende Bearbeitungen sind in der mittelalterlichen

Sächsischen Weltchronik[345] gleichberechtigt erwogen. Und so lassen sich Homeyers These von einer allgemeinen Vermehrungstendenz mittelalterlicher Rechtstexte die Worte Winfried Trusens entgegensetzen:

> „Gewiß wurden sie später an einzelnen Stellen ergänzt, aber wichtiger ist, dass sie für praktische Zwecke oft beschnitten, oft verkürzt worden sind."[346]

Letztlich wird man beide Möglichkeiten, eine Vermehrung der Lehnrechtsglosse zur Klasse L ebenso wie eine Verkürzung zur Klasse K, gleichermaßen in Betracht ziehen müssen.

Das zweite und dritte Argument Homeyers für eine Erweiterung der Glosse zur Klasse L[347] zielen beide auf den Text des Lehnrechts ab und lassen sich deshalb zusammenfassend reflektieren. Homeyer baut auf der Prämisse auf, dass sich einige Textzeugen des Sächsischen Lehnrechts einer überwiegend unglossiert überlieferten vulgaten Klasse III[348] mit regelmäßig 80 Kapiteln (einschließlich dem an die Stelle 78 platzierten Schlusskapitel *Alle lenrecht haben sich zu ende bracht* [...]) zuordnen lassen und dass andere einer späteren, meist glossiert überlieferten Klasse IV[349] mit mindestens 81 Kapiteln angehören. Diese vierte Klasse trennt typischerweise LnR 66 in zwei Kapitel auf. Darüber hinaus lässt sie das Schlusskapitel LnR 79 (vulgat 78) entweder ganz aus oder ersetzt es durch LnR 76 § 8 *Zuit ein man sin gut uz, daz im verteilet waz kegen sime herren* [...] und hängt das vulgate Kapitel 78 gegebenenfalls noch als LnR 82 an den Schluss des Lehnrechts an. Da nun die Handschriften mit der längeren Lehnrechtsglosse stets den Text der Klasse IV mit mindestens 81 Kapiteln böten und dabei regelmäßig das Schlusskapitel LnR 79 (vulgat 78) ganz ausließen, die Handschriften mit Text und kürzerer Lehnrechtsglosse das Schlusskapitel aber immerhin noch unkommentiert enthielten, seien letztere nach Homeyer als

---

Literatur nicht ungewöhnlich und uns zum Beispiel auch aus dem Bereich der höfischen Epik bekannt."

345) Zur Diskussion im Überblick HERKOMMER, Art. Sächsische Weltchronik, in: ²VL VIII Sp. 479–482, und eingehend HERKOMMER, Überlieferungsgeschichte. Herkommers Modell eines Primats der Langform trat dann die Arbeit von WOLF, Sächsische Weltchronik, insbesondere S. 401–405, entgegen.

346) TRUSEN, Rechtsspiegel und Kaiserrecht S. 42. Ganz ähnlich die Bemerkungen bei MOELLER, Noch einmal der Vetus auctor S. 310: „Die Quellenkritik stößt immer wieder auf die Tatsache, daß ebenso häufig Kürzungen wie Erweiterungen [...] vorgekommen sind [...]. A priori kann man da überhaupt nichts sagen."

347) HOMEYER, Einleitung LnR, Sachsenspiegel II 1 S. 74 f.

348) HOMEYER, Einleitung LnR, Sachsenspiegel II 1 S. 63–65.

349) HOMEYER, Einleitung LnR, Sachsenspiegel II 1 S. 65–67.

eine Art Übergangsform zwischen den Klassen III und IV zu verstehen[350]. Die kürzere Lehnrechtsglosse sei deshalb auch die ältere.

In der Tat bieten sämtliche Handschriften mit längerer Glosse das Lehnrecht in 81 oder 82 Kapiteln[351]. Die Handschriften der längeren Glosse lassen sich über ihren Lehnrechtstext also tatsächlich der Homeyerschen Überlieferungsklasse IV zuweisen. Viel weniger eindeutig stellt sich die Lage jedoch bei den Handschriften der kürzeren Glosse dar: Ausweislich der Synopse von Frank-Michael Kaufmann enthalten drei der zehn Handschriften der Klasse K den Text des Lehnrechts überhaupt nicht (Da, Dr_2, L_2)[352]. Zwei Handschriften bieten das Lehnrecht losgelöst von der Glosse an einer anderen Stelle im Codex, wobei der Text bei J tatsächlich 80 Kapitel zählt, bei C aber mit einer unüblichen Teilung von LnR 23 und damit insgesamt 81 Kapiteln völlig aus der Reihe tanzt. Bloß die Hälfte der Handschriften der Klasse K enthält das Lehnrecht mit einer kapitelweise folgenden Glosse. Aus diesen fünf fällt die Handschrift H noch einmal aus einer Beurteilung heraus, denn ihr fehlen große Teile, darunter die hier interessierenden Kapitel LnR 66 und LnR 78 ff. Von den verbleibenden vier Handschriften teilen L_1 und S LnR 66, enthalten das Schlusskapitel LnR 79 (vulgat 78) unkommentiert und zählen damit insgesamt 81 Kapitel. Dr_1 teilt LnR 66 ebenfalls, lässt LnR 79 (78) aber aus und gelangt so nur zu 80 Kapiteln. Mü schließlich teilt LnR 66 nicht, enthält LnR 78 mit einer Glosse zu LnR 76 § 8 und zählt insgesamt 80 Kapitel. Insgesamt setzen also nur fünf von zehn Handschriften der kürzeren Glosse den Text des Lehnrechts überhaupt in Bezug zur Glosse. Zwei von ihnen zählen das Lehnrecht in 80, zwei in 81 Kapiteln. LnR 66 erscheint dreimal geteilt, einmal nicht. Das Schlusskapitel LnR 78 wird einmal ausgelassen, zweimal unkommentiert wiedergegeben und einmal mit einer unpassenden Glosse versehen. Die Überlieferung des Textes ist hier vor allem eines: uneinheitlich.

Vor dem Hintergrund der Überlieferungslage, wie sie sich uns heute darstellt, ist Homeyers Ausführungen daher allenfalls noch begrenzt zuzustimmen: Zwar enthalten die Handschriften der längeren Lehnrechtsglosse das

---

350) HOMEYER, Einleitung LnR, Sachsenspiegel II 1 S. 74 f. i. V. m. S. 65–67.

351) Nach dem Handschriftenverzeichnis von OPPITZ, Rechtsbücher II, zählt das Lehnrecht in zwölf Handschriften mit längerer Glosse 81 Kapitel (Be_1, F, $Gö_2$, $Gö_3$, Gr, L_3, L_5, L_6, Me, N, Q, Wo), zwei haben 82 Kapitel (Br_1, Br_2) und bei drei Handschriften fehlt eine Kapitelangabe (Be_2, L_4, Wa); eine einzige Handschrift der Klasse L zähle 80 Kapitel ($Gö_1$). KAUFMANN, Einleitung, LGl LnR S. XLIX–LXXXIX, hat diese Angaben nun überprüft und korrigiert: Tatsächlich zählen 15 Handschriften der Klasse L das Lehnrecht in 81 Kapiteln (Be_1, Be_2, F, $Gö_1$, $Gö_2$, $Gö_3$, Gr, L_3, L_4, L_5, L_6, Me, N, Q, Wo) und die übrigen drei Handschriften 82 Kapitel (Br_1, Br_2, Wa).

352) KAUFMANN, KGl LnR S. 628–686.

Lehnrecht „constant"[353] in einer späteren, mindestens 81 Kapitel zählenden Fassung. Es steht zu vermuten, dass das Schlusskapitel LnR 79 (vulgat 78) hier zuweilen fehlt, weil er in älteren Vorlagen aufgrund seines mehr moralisierenden als rechtlichen Inhalts unglossiert geblieben und deshalb nicht immer abgeschrieben worden ist. Für die Handschriften der kürzeren Lehnrechtsglosse lassen sich vergleichbar klare Aussagen hingegen nicht treffen. Im Gegenteil fehlt hier der Text des Lehnrechts häufig ganz und erscheint, wenn überhaupt, in divergierenden älteren und jüngeren Formen.

Aber was sagen diese Beobachtungen aus? Doch letztlich nur, dass im Fall der kürzeren Glosse ein enger Zusammenhang zwischen Text und Glosse gerade nicht besteht. Es verbietet sich daher von vornherein, aus der Textstufe des Lehnrechts auf die Textstufe der Glosse schließen zu wollen. In dieser Schlussfolgerung muss dem Modell Homeyers dezidiert widersprochen werden. Es ist durchaus denkbar, dass in einem Kürzungsvorgang zunächst nur die Glosse berücksichtigt und der Text zunächst ganz außer Acht gelassen worden ist. In spätere Handschriften könnten dann im Zuge weiterer Überarbeitungs- und Abschreibeprozesse andere Vorlagen für die zum Teil älteren Lehnrechtsfassungen eingeflossen sein. Homeyer selbst betont in anderem Zusammenhang, dass noch lange nach der Ausbildung späterer Textstufen Lehnrechtstexte der früheren Stufe weiter vervielfältigt worden sind[354].

Im Ergebnis vermögen also weder allgemeine Tendenzen der Rechtsliteratur noch das Alter der beigefügten Lehnrechtstexte stichhaltige Argumente für die Entwicklung der Glossenschichten zu liefern. Homeyers Begründung kann das Modell einer Texterweiterung hin zur Glosse der Klasse L deshalb nicht stützen.

b) Erste Indizien für eine Textkürzung

In den bisherigen Überlegungen blieb das naheliegendste Kriterium unberücksichtigt: Die Analyse der Glossentexte selbst. Homeyer, der bei der Frage nach der Textentwicklung nicht näher auf ihren Inhalt einging, stellte an anderer Stelle fest: „Dieses Mehrere der langen Glosse [...] ist im Ganzen desselben Schlages wie der Kern"[355] – ein Befund, der doch eher für als gegen eine Textverkürzung spricht! Jedenfalls zeichnet sich ab, dass erst der eingehende Textvergleich der verschiedenen Glossenschichten eine Antwort auf die Frage nach dem Gang der Glossierung geben kann.

353) HOMEYER, Einleitung LnR, Sachsenspiegel II 1 S. 74.
354) HOMEYER, Einleitung LnR, Sachsenspiegel II 1 S. 69.
355) HOMEYER, Einleitung LnR, Sachsenspiegel II 1 S. 74.

Eben diesen Weg schlug Frank-Michael Kaufmann ein, der bereits in seinem Editionsvorwort zur kürzeren Lehnrechtsglosse erste gewichtige Indizien für eine Kürzung der längeren zur kürzeren Lehnrechtsglosse formulierte[356]. In der Annahme, dass jedenfalls der sogenannten Wurm'schen Glosse ein Exemplar der längeren Glosse zugrunde gelegen hat und dass die vollständigere, vulgate dritte Ordnung der Klasse K den übrigen beiden Ordnungen vorausgegangen ist, stellte Kaufmann folgendes alternative Modell zur Diskussion[357]:

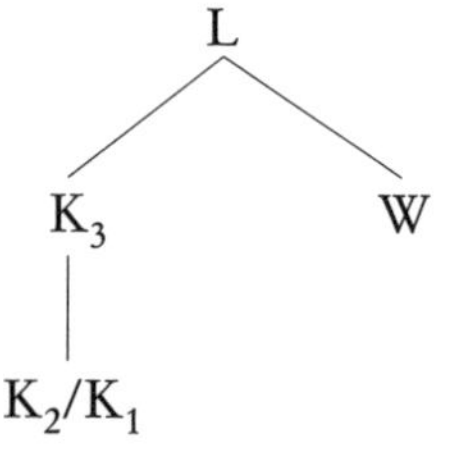

Eine ganze Reihe von Auffälligkeiten hatte sich dem Herausgeber der kürzeren Lehnrechtsglosse beim Textvergleich zwischen kürzerer und längerer Glosse aufgedrängt[358]. Kaufmann gibt zwei Beispiele: Da ist zum einen die in beiden Fassungen K und L enthaltene Remission in der Glosse zu LnR 30 § 2[359], die einen nachvollziehbaren Querverweis auf längere Glosse LnR 26 § 5[360] darstellt. In der kürzeren Fassung entpuppe sie sich als Blindzitat, weil die in Bezug genommene Passage in der kürzeren Glosse LnR 26 § 5

356) KAUFMANN, Einleitung, KGl LnR S. XXIII–XXV.

357) KAUFMANN, Einleitung, KGl LnR S. XXV. Vgl. nun aber die teilweise abweichenden Erwägungen von DEMS., Einleitung, LGl LnR S. XXXII f., und DEMS. Glossen zum Sachsenspiegel S. 108.

358) KAUFMANN, Einleitung, KGl LnR S. XXIII–XXV, verglich den Text der kürzeren Lehnrechtsglosse, für den er die edierte Leithandschrift L_1 heranzog, zunächst mit der längeren Lehnrechtsglosse nach dem Druck Sechsisch Weichbild…, Bautzen 1557, später dann mit der zweiten Leithandschrift Wo, DERS., Einleitung, LGl LnR S. XXXIV–XXXVII.

359) In KGl LnR 30 § 2 lautet die Remission *„Wenn ore nesten sullen ore vormunden sin, als vor geschreben ist"* (S. 255 Z. 4 f.); vgl. gleichlautend LGl LnR 30 § 2: *„Wenne ire nehisten sǒllen ire vormunden syn, als vor gesprochen ist."* (S. 502 Z. 7 f.). Noch konkreter verweist längere Glosse LnR 30 in der überarbeiteten Fassung des Bautzener Drucks auf Glosse LnR 26: *„Denn jr nechsten schwertmagen sollen jr vormunden sein, als vor gesprochen ist, supra gloss. c. 26"* (Sechsisch Weichbild…, Bautzen 1557 fol. LIII^{va}).

360) In LGl LnR 26 § 5 (S. 472 Z. 10 – S. 473 Z. 7) findet sich eine Passage, in der die unterschiedlichen Arten der Vormundschaft erklärt werden. Während die Vormundschaft *„des libes"* dem Schwertmagen, also dem nächsten männlichen Verwandten zu-

fehlt. Nur durch eine Kürzung der Glosse zu LnR 26 und das versehentliche Stehenlassen eines sinnentleerten Querverweises in Glosse LnR 30 § 2 lasse sich diese Stelle erklären[361]. Zum anderen findet sich in der kürzeren Glosse zu LnR 51 eine mit *„Da spricht der canon“* eingeleitete Übersetzung des C. 23 q. 4 c. 2[362] – eine Allegation, die in der längeren Glosse vorausgeschickt wird[363], die in der kürzeren Glosse aber fehlt, sodass die Erläuterung des Kanon dort gleichsam in der Luft steht[364]. Auch diese Stelle lässt sich eigentlich nur mit dem Primat der längeren Glosse erklären.

Geht man vom herkömmlichen Homeyer'schen Modell einer Texterweiterung aus, müssen solche Passagen irritieren. Noch zurückhaltend folgerte Kaufmann im Vorwort der ersten Lehnrechtsglossenedition, es sei „die Erwägung nicht mehr ganz außer acht zu lassen, daß sich die längere Glosse möglicherweise nicht durch Vermehrung aus der kürzeren Glosse entwikkelt hat, sondern daß umgekehrt die ursprüngliche Form der Glosse die längere Textgestalt gewesen ist, durch deren Verminderung die kürzere Glosse entstand […].“[365] Für endgültige Aussagen verwies Kaufmann seinerzeit auf weitere Forschungen und Editionen[366]. Mit Voranschreiten der Editionsarbeiten an der längeren Lehnrechtsglosse verstärkte sich Kaufmanns Verdacht von der Unrichtigkeit des von Homeyer einst vorgeschlagenen Glossierungsganges. Nunmehr ist er überzeugt:

> „Mittlerweile scheint es mir anhand der Editionen sicher beweisbar, daß die längere Lehnrechtsglosse die Grundlage der kürzeren Lehnrechtsglosse mit ihren drei Ordnungen war, nicht umgekehrt.“[367]

Zusätzlich hat Kaufmann jüngst noch auf einen weiteren Aspekt hingewiesen. Möglicherweise bedürfe nämlich auch die in der ältesten Handschrift

---

komme, liege die Vormundschaft *„des gutis“* beim Lehnsherrn. In KGl LnR 26 § 5 (S. 236 f.) bleibt § 5 *Wie jung das kint ist noch sines vater tode etc.* ganz unkommentiert.

361) KAUFMANN, Einleitung, KGl LnR S. XXIII f.; DERS., Einleitung, LGl LnR S. XXXVI.

362) KGl LnR 51: *„Hir spricht der canon: Das got wol wuste, das Judas ein dip was, dar vumme wolde on got nicht vorthumen.“* (S. 367 Z. 9 f.). Gemeint ist C. 23 q. 4 c. 2 (*„Nam et Christus Iudam, cum sciret furem esse, tollerauit“*).

363) LGl LnR 51: *„Das mynste* [Argument, Anm. der Verf.] *stehit XXIII. q. IIII* <c.> *tu bonus. Do spricht der canon, das got wol wuste, das Iudas bősze was vnde eyn diep, vnde wolde őn doch nicht vorthumen.“* (S. 677 Z. 13 – S. 678 Z. 1).

364) KAUFMANN, Einleitung, KGl LnR S. XXIV; DERS., Einleitung, LGl LnR S. XXXVI f.

365) KAUFMANN, Einleitung, KGl LnR S. XXV.

366) KAUFMANN, Glossen zum Sachsenspiegel S. 108.

367) KAUFMANN, Einleitung, LGl LnR S. XXXII.

Be_3 (1386/87) überlieferte Lehnrechtsglosse der Klasse W einer grundlegenden Neubewertung. Nach Kaufmann könnte es sich bei W statt wie bisher angenommen um eine Erweiterung der Klasse L auch um die insgesamt früheste Textklasse handeln, die allen anderen, späteren, kürzeren Fassungen der Klassen L und K zugrunde gelegen hat[368]. Damit sei dann auch „nicht auszuschließen, dass Nikolaus Wurm der Erstglossator des Sachsenspiegel-Lehnrechts gewesen sein könnte“[369]. Im Raum steht also ein weiteres, Homeyer diametral entgegengesetztes Entwicklungsmodell einer sukzessiven Textverkürzung:

W
|
L
|
K

Kaufmann argumentiert, die für W charakteristischen ausgeschriebenen Allegationen der Handschrift Be_3 seien im täglichen Gebrauch wohl unpraktisch gewesen und könnten daher Anlass gewesen sein, als überflüssig empfundene Teile der ausschweifenden Lehnrechtsglosse der Klasse W zu streichen[370]. Zudem verweist er auf einen Augensprung im Summarium zu LnR 7. Der Textausfall ist sämtlichen Handschriften der Klasse L gemein. Einzig in der Handschrift Be_3 der Klasse W erfährt die Textlücke eine sinnvolle Ausfüllung[371]. Sollten L und K wirklich erst durch Kürzungen aus W hervorgegangen sein, lasse sich denn auch die Tatsache ihrer anonymen Überlieferung gut erklären. Ein kürzender Redaktor hätte seinen Namen

368) KAUFMANN, Einleitung, LGl LnR S. XXXII f.; DERS., Glossen zum Sachsenspiegel S. 105, 108.

369) KAUFMANN, Glossen zum Sachsenspiegel S. 108; ähnliche DERS., Einleitung, LGl LnR S. XXXII.

370) KAUFMANN, Glossen zum Sachsenspiegel S. 108.

371) KAUFMANN, Einleitung, LGl LnR S. XXXIII mit Anm. 80. Sämtliche Handschriften der längeren Glosse schließen im Summarium zu LnR 7 mit dem unvollständigen Satzgefüge „*Ap der man vorschmete das erste lehn* [... Text fehlt! Anm. der Verf.] *vorczugen sal.*“, vgl. LGl LnR 7 (S. 174 Z. 9 f. mit Var. d). Einzig die Handschrift Be_3 der Klasse W führt vollständig aus: „*Ob der man uorsmehete daz irste lehin, daz dem heren ledig wurde. wy man lehin vorczugin sol.*“ (Berlin SBB-PK Hs. 392 fol. 178ra).

wohl kaum unter einen von ihm bloß zusammengestrichenen Text eines Dritten gesetzt[372].

Dass sich der chronologische Hergang der Glossierung als eine sukzessive Textminderung von W über L zu K darstellt, ist bisher keineswegs erwiesen. Vielmehr darf die Frage der Textentwicklung als eine der aktuell spannendsten Aspekte bei der Erforschung der Lehnrechtsglosse gelten. In seiner Edition zur längeren Lehnrechtsglosse belässt es Kaufmann, um den Rahmen einer Einleitung nicht zu sprengen, bei der Erörterung der genannten signifikanten Beispiele aus Glosse LnR 30 und LnR 51. Gleichzeitig wird der geneigte Leser zur eingehenderen vergleichenden Lektüre der beiden Editionstexte K und L aufgefordert[373]. Somit bedarf das Verhältnis zwischen kürzerer, längerer und sogenannter „Wurm'scher" Lehnrechtsglosse der grundsätzlichen Klärung. Bevor in einem zweiten Schritt die Handschrift Be_3 für die Lehnrechtsglossenklasse W in den Blick genommen wird, soll dazu zunächst ein genauer Textvergleich zwischen den Klassen K und L erfolgen. Kaufmanns Indizien erlauben hierbei die Aufstellung einer Hypothese: Entgegen Homeyer ist die kürzere Lehnrechtsglosse durch Zusammenstreichen der längeren Lehnrechtsglosse entstanden.

3. Vergleich der Textklassen K und L

Die These von der früheren Lehnrechtsglosse in Gestalt der Klasse L und einer späteren kürzenden Überarbeitung hin zur Klasse K ließe sich erhärten, wenn allgemeine oder konkrete Belege eine Textkürzung plausibel machen. Hilfreiche instruktive Überlegungen zu den Merkmalen einer kürzenden Redaktion stellt in anderem Zusammenhang der Germanist Thomas Klein an[374]. Zwar bezieht er sich auf die Überlieferung eines ganz anderen mittelalterlichen Textes, nämlich auf den höfischen Versroman „Parzival"

---

372) KAUFMANN, Glossen zum Sachsenspiegel S. 108; ähnlich DERS., Einleitung, LGl LnR S. XXXIII. Der Überlegung ist grundsätzlich zuzustimmen. Zu bedenken ist allerdings, dass ja auch die Lehnrechtsglosse der Klasse W in der Handschrift Be_3 jeglichen direkten Hinweis auf den Glossator vermissen lässt. Die Verbindung der Lehnrechtsglosse der Klasse W zur Person Nikolaus Wurm zieht die Literatur lediglich indirekt aufgrund eines Verweises der in derselben Handschrift enthaltenen Weichbildglosse (diese in der ursprünglichen, nicht auf Wurm zurückgeführten Fassung!) auf Herzog Ruprecht von Liegnitz, vgl. Glosse WbR, Judeneid a. E., (Berlin SBB-PK Hs. 392 fol. 128rb).

373) KAUFMANN, Einleitung, LGl LnR S. XXXV.

374) KLEIN, Parzival S. 54–64. Zu den stilistischen Merkmalen einer Kürzung auch BERTELSMEIER-KIERST, Kommunikation und Herrschaft S. 136 f.

des Wolfram von Eschenbach[375], seine Beobachtungen lassen sich aber durchaus abstrahieren und auf die Lehnrechtsglosse übertragen. Kürzende Überarbeitungen werfen Fragen nach dem Motiv, der Vorgehensweise und den Fähigkeiten des Redaktors auf. Ging es um die Einsparung von Papier und Zeit[376], sollte ein ausschweifender Text durch Paraphrasierung prägnanter und verständlicher gestaltet werden oder wollte der Redaktor bewusst ganz konkrete Stellen aufgrund ihres Inhalts löschen[377]? Liegt ein durchgängiges redaktionelles Konzept zugrunde oder lassen sich wenigstens teilweise inhaltliche und stilistische Kriterien für Auslassungen feststellen?[378] Und schließlich: Wie geschickt und kenntnisreich ging der Bearbeiter vor? Ist die Kürzung offenbar, weil auch ein unbedarfter Leser an Kürzungsnahtstellen stutzt, oder verschleiern geschickte Überleitungen und Umformulierungen die Überarbeitung?[379] Unter Berücksichtigung dieser vielfältigen Variationsmöglichkeiten soll im Textvergleich zwischen kürzerer und längerer Lehnrechtsglosse nach stilistischen und syntaktischen Unebenheiten, inhaltlich auffälligen Auslassungen und mehr oder weniger geglückten Überleitungen gesucht werden. Der Vergleich beruht auf den beiden Leithandschriften der Editionen von Frank-Michael Kaufmann, also der Handschrift L_1 von 1431/32 für die Klasse L und der Handschrift Wo von 1464 für die Klasse K[380].

a) Erste Charakterisierung der Auslassungen in K

Insgesamt enthält der Glossentext der kürzeren Lehnrechtsglosse etwa 60 % des Textes der längeren Lehnrechtsglosse. Nicht jedes Glossenkapitel ist überarbeitet worden[381]. Tendenziell ist die Differenz zwischen den beiden Vergleichstexten in der ersten Hälfte des Werkes größer als in der zweiten: K enthält in den ersten Kapiteln oft nur etwa ein Viertel bis die Hälfte des längeren Glossentextes, während später meist 80 bis beinahe 100 % der Klasse L vorhanden sind[382]. Allerdings gibt es in allen Teilen der Glosse

375) Entstanden Anfang des 13. Jahrhunderts, BUMKE, Art. Wolfram von Eschenbach, in: ²VL X Sp. 1378, 1381–1397.

376) KLEIN, Parzival S. 61.

377) KLEIN, Parzival S. 64, etwa stellte für den Parzival die Streichung oder Entschärfung anstößiger oder auch nur peinlicher Passagen fest.

378) KLEIN, Parzival S. 54, 58.

379) KLEIN, Parzival S. 58.

380) KAUFMANN, KGl LnR; DERS., LGl LnR.

381) Vgl. KAUFMANN, Einleitung, LGl LnR S. XXXV.

382) Die Glossen zu den früheren Kapiteln der LGl LnR 1, 3 f., 7, 11 f. sind bei K zum Beispiel nur zu etwa einem Viertel vorhanden, die LGl LnR 2, 5 f., 8, 10, 12–16 nur etwa

auch wiederholt Kapitel, die sich dieser allgemeinen Tendenz nicht anpassen: Längere Glosse LnR 9 oder 20 f. ist zu über 80 % auch in K enthalten, umgekehrt überliefern kürzere Glosse LnR 51, 55 f., 61 f. maximal die Hälfte des längeren Glossentextes. Die Länge der Kommentierungen fällt in beiden Textfassungen kapitelweise sehr unterschiedlich aus. Im frühneuzeitlichen Druck der längeren Glosse reichen sie von unter einer halben Spalte[383] bis hin zu knapp zehn Seiten[384]. Es fällt auf, dass die kürzeren Kommentierungen tendenziell weniger stark gekürzt (oder erweitert) worden sind als die längeren.

Alles in allem zerfallen die Auslassungen im Glossentext von K in drei Kategorien: Sie betreffen erstens komplette längere, in sich geschlossene Passagen, zweitens handelt es sich um besonders kleine Lücken von wenigen Worten, Sätzen oder Allegationen und drittens gibt es Zusammenstreichung, bei denen K einen bestimmten, in L ausführlicher dargestellten Inhalt sehr viel straffer und knapper behandelt.

Vor allem die dritte Art der Kürzung liefert beständige Hinweise auf die Art der Textentwicklung: Mit der ersten Gruppe sind längere Abhandlungen der Klasse L zu in sich geschlossenen Themenkomplexen angesprochen, die sich inhaltlich zwar in den Kontext der übrigen Glosse einfügen, die dabei aber gleichwohl für sich stehen. Da sie zum Verständnis des übrigen Glossentextes nicht unbedingt erforderlich sind, fällt ihr Wegbleiben bei unvoreingenommener Lektüre der kürzeren Glosse nicht weiter auf. Oft fehlt K die in L vorhandene Erläuterung zu einem bestimmten Stichwort des Lehnrechtskapitels sogar komplett. Vor allem am Ende der Kapitel bietet L zuweilen Passagen, die den Eindruck vermitteln, es werde nur der Vollständigkeit halber noch auf einige Lemmata eingegangen. Solche Ausführungen am Kapitelende sind dann aber häufig wenig mehr als ausschmückende Wiederholungen des Regelungsinhalts[385]. K verzichtet oft darauf, diese Stichworte überhaupt noch anzuführen. Auslassungen solcher Art machen es unmöglich, die Art der Textüberarbeitung sicher zu beurteilen. In sich geschlossene Passagen könnten nämlich sowohl später hinzugefügt worden als auch als überflüssig empfunden und im Nachhinein als Ganzes getilgt worden sein.

---

zur Hälfte. Die Glossen zu den späteren Kapiteln, etwa LGl LnR 52–54, 66 f., 69 (68)–80 (79), sind hingegen auch in K ganz überwiegend oder fast vollständig enthalten.

383) Längere Glosse LnR 74 (73), 75 (74), 79 (76 § 8) ([Sächsisches Weichbild…], Augsburg 1482 fol. CIX^{rb}, CIX^{va}, CXI^{vb}).

384) Längere Glosse LnR 4 ([Sächsisches Weichbild…], Augsburg 1482 fol. 7va–12rb).

385) Beispiele finden sich in den Schlusspassagen der längeren Glosse LnR 2, 5, 7, 23, 24, 26, 39, 56, 57, 61.

Ähnlich verhält es sich mit der zweiten Kategorie von Textlücken: Immer wieder fehlen in der kürzeren Glosse im Vergleich zur längeren nur einzelne Worte, Satzteile oder kleinere Sätze. Auch enthält K nicht alle in L aufgeführten Remissionen und Allegationen. Einmal fehlen Belege ganz, einmal übernimmt K nur einen Teil der in L zusammengestellten Allegationenblökke auf das gelehrte Recht[386]. Wieder ist aber kaum zu beurteilen, ob solche Lücken in die eine oder in die andere Richtung der Textentwicklung weisen. Kurze Einwürfe und Zitate können häufig genauso gut hinzugesetzt wie herausgekürzt worden sein. Insbesondere ist oft unsicher, ob minimale Modifikationen im Einzelfall überhaupt auf einen bewusst verändernden Redaktor zurückzuführen sind oder einfach nur aus Versehen der Abschreiber resultieren. Mit Abschreibefehlern ist jedenfalls schon angesichts der Überlieferungslage mit ihren diversen Textzeugen aus verschiedenen Jahrhunderten und den unterschiedlich stark verderbten Allegationen in den Handschriften stets zu rechnen. Gerade in entscheidenden konkreten Formulierungen unterscheiden sich einzelne Textzeugen häufig auch innerhalb einer Klasse. Es scheint somit wenig aussichtsreich, Rückschlüsse aus vereinzelten irritierenden Formulierungen der einen Textklasse ziehen zu wollen, die in der anderen Textklasse „geschliffener" klingen. Auch weitere „Blindverweise", wie sie Frank-Michael Kaufmann für die Remission in der Glosse zu LnR 30 § 2 aufgedeckt hat, lassen sich in der kürzeren Lehnrechtsglosse nicht feststellen[387].

386) Eine *quaestio* zum Erbrecht des dienstunfähigen, kranken Sohnes wartet zum Beispiel in LGl LnR 5 § 1 (S. 155 Z. 1 – S. 161 Z. 12) mit insgesamt 19 Allegationen auf, während die Passage in KGl LnR 5 § 1 *Lenerbe* nur acht enthält (S. 76 Z. 4 – S. 80 Z. 5).

387) KAUFMANN, Einleitung, KGl LnR S. XXIII f.; DERS., Einleitung, LGl LnR S. XXXVI. Die Aussagekraft dieses einen Beispiels lässt sich denn auch in doppelter Hinsicht relativieren. Nach Kaufmann verweist KGl LnR 30 § 2 (S. 255 Z. 5) bzw. LGl LnR 30 § 2 (S. 502 Z. 8) zum Beleg der Aussage, die nächsten männlichen Verwandten sollen Vormünder der unmündigen Kinder sein, in beiden Fassungen K und L zurück auf eine bereits zuvor erläuterte Stelle. Hiermit müsse die nur in L enthaltene Passage zu LnR 26 § 5 gemeint sein: *„Der eyne ist vormunde des libes. Der ander ist vormunde des gutis. Vnde der eyne ist vormunde czu lantrechte, vnde der ander czu lehnrechte. Der erste vormunde heist eyn swertmoge, vnde sal ebinbortig syn, ut Institu. de legit. ag. tu. § si autem. Vnde disser vormunde ist ouch des kindes vormunde czu lehnrechte, ôbir eigen vnde ôbir erbe. Der ander ist ouch des kindes vormunde czu lehnrechte* [...]" (S. 472 Z. 10–17). Da diese Stelle in K fehle, werde die Remission dort zum Blindverweis. – Zum einen enthält nun aber auch KGl LnR 26 § 1 zuvor schon eine Stelle, in der, wenn auch weniger pointiert, der Schwertmagen als Vormund des Kindes angesprochen wird: *„Jr sullit eigentlichen wissen, das dryerley vormundin zcu lehnrechte sin mogen. Die erstin das sint die, die swert halbin dar czu geboren sin, ut Institut. de legittima angnatorum tutela § quod autem.* [...]" (S. 225 Z. 3–8). Die Remission in der Glosse

Es bleibt demnach die Untersuchung der dritten, für die Frage nach der Textentwicklung besonders vielversprechenden Kategorie von Auslassungen. Es gibt nämlich zahlreiche Passagen der kürzeren Glosse, die zwar denselben Inhalt wie die längere Glosse behandeln, diesen aber in vergleichsweise gestraffter Form präsentieren. Teilweise stimmen die Texte genau überein, nur dass L im Textplus noch zusätzliche Argumente, Einwände, Beispiele oder Ähnliches liefert. Teilweise formulieren K und L aber auch unterschiedlich und lösen sich manchmal sogar ganz von der Textstruktur der anderen Klasse. Interessant sind diese Unterschiede zwischen kürzerer und längerer Glosse, weil sie bestimmte sowohl in K als auch in L wiederkehrende Argumentationsmuster betreffen. Der Vergleich dieser Stellen liefert konkrete Hinweise auf die Art der Textentwicklung, denn er erlaubt die Identifizierung der in sich stimmigeren Textfassung. Den unbestimmten

---

LnR 30 ließe sich, wenn auch weniger eindeutig, auch auf diese Stelle beziehen. – Zum anderen unterscheiden sich die Textfassungen von Glosse LnR 30 in den unterschiedlichen Überlieferungen ganz erheblich. Deshalb ist nicht recht klar, ob der in manchen Überlieferungsträgern enthaltene Rückverweis vom Glossator selbst stammt: In der ältesten erhaltenen Handschrift Be_3 von 1386/87 fehlt die Remission ganz, dort heißt es nur: *„wen ir nehestin sullin ir vormunde sein, dy von swert halbin in darczu geborn sein, ut Inst. Quibus non est p*[er]*missum face*[re] *testamentum §. siquis* [...]", „Wurm'sche" Glosse LnR 30 (Berlin SBB-PK Hs. 392 fol. 253ra). In den früheren Drucken der längeren Glosse, hier stellvertretend Augsburg 1482, heißt es ganz allgemein: *„wann yr nächsten söllen ir vormunde*[n] *sein, als gesprochen ist, vt insti. quib*[us] *no*[n] *est p*[er]*mis. fa. testa. §. si quis.*", längere Glosse LnR 30 ([Sächsisches Weichbild...], Augsburg 1482 fol. LI^{rb}). Ebenso formuliert LGl LnR 30 § 2 in der Handschrift L_3 (1436) der längeren Klasse: *„Wen ire neste sollen ire vormunden sin als gesprochen ist ut Institu. quibus non est permis. fa. testa* " (S. 502 im Petitdruck). Hier könnte man *„als gesprochen ist"* auch bloß auf die nachfolgende Allegation von Inst. 1, 6 beziehen. KGl LnR 30 § 2 formuliert *„als vor geschreben* [Handschrift Da: *gesprochin*] *ist"* (S. 255 Z. 5 und Var. d), verweist also nur ganz allgemein auf eine in Lehnrecht oder Glosse vorangehende Stelle. Ebenso heißt es in LGl LnR 30 § 2 noch allgemein: *„als vor gesprochen ist"* (S. 502 Z. 8). Erst der Zobel'sche Druck von 1537 und ihm nachfolgend die von KAUFMANN, Einleitung, KGl LnR S. XXIV, benutzte Bautzener Ausgabe von 1557 konkretisieren die Remission zu einem Verweis auf Glosse LnR 26: *„als vorgesprochen ist / supra in gloss. c. 26"* (ZOBEL, Sechsisch Weychbild und Lehenrecht, Leipzig 1537 fol. XLVIII^{rb}; ebenso Sechsisch Weichbild..., Bautzen 1557 fol. LIII^{va}). Gut möglich, dass diese Präzisierung auf LnR 26 erst von Christoph Zobel stammt. Alles in allem ist nicht auszuschließen, dass die Remission gar nicht von Anfang an in der Lehnrechtsglosse vorhanden gewesen ist, sondern erst im Laufe der Zeit von einem Redaktor eingefügt worden ist. Damit entfiele sie aber als zwingender Beleg für eine frühere Entstehung der längeren Textklasse. – Diese Überlegungen mögen verdeutlichen, welche fortbestehenden Unsicherheiten solchen Rückschlüssen anhaften, die aus divergierenden Einzelformulierungen des einen oder anderen Textzeugen gezogen werden.

Eindruck einer kohärenteren Fassung, der bei vergleichender Lektüre der Klassen K und L entsteht, lässt sich nachvollziehbar beschreiben, wenn die Ergebnisse des Textvergleichs systematisiert werden. Als klar abgrenzbare und regelmäßig wiederkehrende „Textbausteine", die im Folgenden näher erörtert werden, treten hervor: Zusammenfassungen vor den Lehnrechtskapiteln (Summarien), Überleitungen, wie sie sich vor allem zu Beginn der einzelnen Kommentierungen finden (*continuationes*), strukturierende Aufzählungen und Untergliederungen, nach scholastischer Methode dargestellte Diskussionen von Rechtsfragen (*quaestiones*) sowie schließlich die beispielhafte Ausformulierung rechtlicher Zusammenhänge in Urteilsfragen[388]. Eine Sonderrolle nimmt der Anfang der Lehnrechtsglosse ein, auf den der Blick daher zuerst fällt.

b) Die Vorrede der Klasse L

Ein auffallender Unterschied zwischen den Lehnrechtsglossen der Klassen K und L zeigt sich gleich zu Beginn des Werkes. Die Handschriften der längeren Lehnrechtsglosse beginnen nämlich mit einer eigenen Vorrede zum Lehnrecht[389]. In K fehlt diese ganz. Berücksichtigt man den Inhalt dieser Vorrede, so stellt man fest, dass die im frühen Druck nur gut eineinhalb Seiten füllende Passage deutliche Anleihen aus der Buch'schen Glosse zeigt. Besonders der Komplex „Ursprünge des Rechts in Natur und Gewohnheit" wurde in ausführlicherer Form bereits bei Johann von Buch in der Glosse zum *Textus prologi* des Sachsenspiegels erörtert[390]. Daneben enthält die Vorrede der Lehnrechtsglosse die Rückführung des Lehnrechts auf ein Privileg Kaiser Friedrichs I.[391]. Diese Charakterisierung wird aber nicht bloß in der Vorrede, sondern auch noch andernorts in der Glosse vorgenommen – insbesondere an zentraler Stelle zu Beginn der Glosse zu LnR 2[392].

---

388) Unter verändertem Blickwinkel werden die Argumentationsmuster der Lehnrechtsglosse im Einzelnen noch unten S. 389 ff. besprochen.

389) LGl LnR, Vorrede (S. 47 Z. 1 – S. 54 Z. 5); vgl. den Abdruck im Anhang, unten S. 789 ff. Fast alle Handschriften der längeren Lehnrechtsglosse enthalten die Vorrede. Sie fehlt allein den Handschrift Gö$_2$ (Sonderform), Q (Blattverlust) und Wa (Blattverlust), KAUFMANN, Einleitung, LGl LnR S. LXX, LXXXV, LXXXVII.

390) Gl LdR Textus prologi (S. 110–121). LGl LnR, Vorrede leitet die Passage ein mit: *„Des sollet ir wissen: Des rechtin orsprung ist enczwer von naturen adder von gewonheit."* (S. 50 Z. 10). Auf eben dieses Thema kommt aber schon Gl LdR Textus prologi zu sprechen: *„Nu hefft alle recht beghin entwer van nature edder von wonheit."* (S. 111 Z. 4). Parallelen zeigen sich auch im weiteren Verlauf der Vorrede.

391) LGl LnR, Vorrede (S. 48 Z. 1–4).

392) Vgl. insbesondere KGl LnR 2: *„Hir hebit sich an das lenrecht, das keisir Friderich*

Alles in allem bietet die Vorrede zum Lehnrecht gegenüber der Glosse nur wenig Neues. Ihre wichtigsten Inhalte sind entweder schon in der Buch'schen Glosse nachzulesen oder sie wiederholen sich noch im weiteren Verlauf der Lehnrechtsglosse. Vor diesem Hintergrund scheint es jedenfalls möglich, dass sie von einem späteren Redaktor als überflüssig empfunden worden ist und einer kürzenden Bearbeitung zum Opfer fiel. Für ein ursprüngliches Vorhandensein der Vorrede spricht auch die ganz offensichtliche und sich in vielen Punkten manifestierende Orientierung des Lehnrechtsglossators an der Buch'schen Glosse. Da die Landrechtsglosse mit einer ganzen Reihe von Prologen und Vorreden aus Eikes und Johanns Feder beginnt, lag die Abfassung einer vergleichbaren Vorrede für die nacheifernde Lehnrechtsglosse durchaus nahe. Prinzipiell denkbar ist andererseits aber auch, dass der erste Lehnrechtsglossator auf eine Vorrede noch verzichtete und sie erst später ergänzt wurde. Gegen eine Kürzung spricht weiter, dass mit der Vorrede ein besonders repräsentativer Textbaustein herausgenommen worden wäre. Letztlich lassen sich in der Frage, ob eine Textkürzung oder Texterweiterung stattgefunden hat, aus der Vorrede noch keine signifikanten Indizien ableiten.

c) Die Summarien der Klasse L

Ein weiterer Unterschied zwischen den beiden Textklassen K und L zeigt sich beim Blick auf die Rubriken zu Beginn der einzelnen Lehnrechtskapitel. Die meisten Handschriften der Klasse K enthalten zwar von der Glosse getrennte, geschlossene Kapitelregister, die durch kurze Inhaltsangaben den Zugang zum Lehnrecht erleichtern[393]. Den einzelnen Kapiteln noch vor der Wiedergabe des Textes vorangestellte Inhaltszusammenfassungen – sogenannte Summarien – gibt es hingegen nicht. Solche Summarien werden den einzelnen Kapiteln aber in sämtlichen Handschriften der längeren Lehnrechtsglosse vorangestellt[394]. Im Laufe der Zeit sind die Summarien offenbar angewachsen. Sehr ausführliche Summarien, die sehr detailliert sowohl den Text als auch die Glosse zusammenfassen, finden sich im Zobel'schen Druck von 1537[395].

---

gesaczt had der ge /meyne czu nutcze, jn deme her lernen will die sachen, die uff lehenrecht gen." (S. 37 Z. 14–16), außerdem noch KGl LnR 57 und 81 (80) (S. 410 Z. 6 f.; S. 606 Z. 10 f.).

393) Vgl. die Synopse bei KAUFMANN, KGl LnR S. 628.

394) KAUFMANN, Einleitung, LGl LnR S. XXXV, XLIX–LXXXIX; ähnlich bereits HOMEYER, Einleitung LnR, Sachsenspiegel II 1 S. 66, 83.

395) Zum Vergleich: Die Handschriften der kürzeren Glosse kennen keine Summarien vor den Artikeln. Im Register der Handschrift L_1 wird KGl LnR 5 mit „*Wenne man*

Summarien, die durch eine meist nur recht oberflächliche Zusammenstellung von Merk- und Hinweissätzen den Inhalt der folgenden Kommentierung erschließen sollten, finden sich auch in vielen Druckausgaben der Kommentare zum gelehrten Recht. In aller Regel stammen sie nicht vom Verfasser selbst[396]. Ob die knappen, schon in Handschriften der längeren Lehnrechtsglosse überlieferten Summarien der Lehnrechtsglosse auf den Glossator oder auf einen frühen Redaktor zurückgehen, ist nicht zu entscheiden. Denkbar wäre auch, dass die Summarien älter als die Lehnrechtsglosse sind, denn sie beziehen sich regelmäßig nur auf den Text und nicht auch auf den Glosseninhalt. Ein Zeugnis des Lehnrechtsglossators darf in den Summarien der Handschriften der längeren Lehnrechtsglosse jedenfalls nicht ohne weiteres angenommen werden.

Auf die Art der Textentwicklung geben somit auch die Summarien noch keinen sicheren Hinweis. Es wurde bereits deutlich, dass gerade bei den Textzeugen der Klasse K kein allzu enger Zusammenhang zwischen Text und Glosse unterstellt werden darf[397]. Dasselbe muss wohl für die von Text und Glosse optisch klar abgegrenzten Summarien gelten. Ihrem Vorhandensein in Handschriften der längeren Glosse und ihrem Fehlen in Handschriften der kürzeren Glosse ist kein tragender Hinweis auf die Textentwicklung zu entnehmen. Es ist sowohl denkbar, dass der Glossator oder ein früherer oder späterer Redaktor die Summarien hinzusetzte, sie aber später als überflüssig empfunden und im Zuge einer kürzenden Bearbeitung gestrichen worden sind, als auch, dass die Summarien einer früheren Klasse K zunächst fehlten und erst später in der Erweiterung zu einer Klasse L zur Orientierung und Klarstellung ergänzt worden sind.

---

dinget an eynes mannes gute. Wie man leben vnde gedinge geczugen sulle." (S. 6 Z. 6 f.) erläutert. Wohl aber ist LnR 5 bereits in der ältesten Lehnrechtsglossenhandschrift der „Wurm'schen" Glosse LnR überschrieben worden: „*von gedinge und uon lebens gewe*[re], *wy man dy gewere beczugin mag*" (Berlin SBB-PK Hs. 392 fol. 172vb). In LGl LnR 5 lautet das Summarium ähnlich: „*Von gedinge vnde von lehns gewere. Wy man dy gewere geczugin mag.*" (S. 148 Z. 2 f.). Im Leipziger Druck von 1537 ist es dann erweitert worden zu: „*Der herr mag jren zweyen ein gut leihen. Von geding vn*[d] *von lehens gewere. Wenn man die gewer gezeügen müg. Wenn einer ein rechte gewer eines gutes erkriege. Was eygen odder emphitheosis sey. Was ein lehenerbe ist. Ob ein gebrechlich kind wer / vnd kein sun mehr an dem lehen / auff wen das lehen viel.*" (ZOBEL, Sechsisch Weychbild und Lehenrecht, Leipzig 1537 fol. XII^{ra}).

396) HORN, Juristische Literatur S. 96.

397) In den Handschriften Da, Dr_2, L_2 fehlt der Lehnrechtstext ganz, in den Handschriften C und J ist er nur getrennt von der Glosse enthalten.

d) Die gekürzten *continuationes*

Konkrete Hinweise zum Verhältnis zwischen kürzerer und längerer Lehnrechtsglosse lassen sich aber aus einer Gegenüberstellung der Glossenanfänge zu den einzelnen Kapiteln gewinnen. Die längere Lehnrechtsglosse bietet zu Beginn der Glossenabschnitte in großer Zahl eine ganz bestimmte Form von Überleitungen, sogenannte *continuationes*, in denen der Glossator einen kohärenten Gedankengang des Lehnrechtstextes von einem Kapitel zum nächsten nachvollziehen wollte[398]. Solche in der längeren Glosse insgesamt 53 mal[399] vorkommenden einleitenden *continuationes* erscheinen in der kürzeren Glosse regelmäßig entweder gar nicht oder nur in der sehr verkürzten Form von *introductiones* mit Hinweisen auf den Inhalt des aktuell zu besprechenden Kapitels[400]. Statt weit auszuholen, beginnt die Glosse der Textklasse K meist mit einem Lemma (Textstichwort) und kommt dann sofort „zur Sache". Als charakteristisches Beispiel für diesen auffälligen Unterschied zwischen längerer und kürzerer Glosse mögen die unterschiedlichen Fassungen zu Beginn der Glosse LnR 24 dienen:

[LGl LnR 24]	[KGl LnR 24]
„*Hiruor hot das recht entricht, wilchis mannes manschafft der herre nicht vorsprechin mag, vnde dorczu yn deme ende des selbigen capittels, do her eigentlichen spricht vnde růrt dy stadt der belehnunge, do her sprach, das ein iczlich herre mốchte gut lien, ane in kirchoffen vnde yn kirchen, yn leithuszern vnde dorczu in allin besprochin steten.* *Ny in dissem capittel wil her vns volfuren des vorgnantin capittels meynunge;*	

398) Zur Figur der *continuatio* unten S. 458 ff. Zu den *continuationes* der Lehnrechtsglosse auch KAUFMANN, Einleitung, LGl LnR S. XXXV f.

399) LGl LnR 3, 4, 5, 6, 7, 8, 11, 12, 13, 15, 17, 19, 20, 21, 23, 24, 25, 27, 29, 31, 32, 33, 34, 36, 37, 40, 41, 42, 43, 44, 45, 46, 49, 50, 51, 52, 53, 55, 56, 58, 61, 62, 63, 65, 66, 68 (67), 70 (69), 71 (70), 72 (71), 73 (72), 76 (75), 77 (76), 80 (79). Dagegen enthalten LGl LnR 1, 2, 9, 10, 14, 16, 18, 22, 26, 28, 30, 35, 38, 39, 47, 48, 54, 57, 59, 60, 64, 67 (66), 69 (68), 74 (73), 75 (74), 78 (77), 79 (76§ 8), 81 (80) keine *continuationes* am Glossenanfang.

400) KGl LnR 3, 4, 5, 6, 7, 8, 11, 12, 13, 15, 17, 19, 20, 21, 23, 24, 25, 27, 29, 31, 32, 33, 34, 36, 37, 40, 41, 45, 46, 49, 50, 51, 52, 53, 55, 58, 61, 62, 63, 65, 66, 68 (67), 71 (70), 73 (72), 77 (76), 80 (79) enthalten bloß verkürzte Formen von *introductiones* oder gar keine einleitende *continuatio*.

hir mete wil er berůren manchirhande behendigkeit, dy yn deme lehnrechte not ist. Vnde seczt zcum erstin mole czwey sunderliche stůcke. Jn dem erstin her sagin wil, wy sich eyn herre daran bewarn sal, ap ymant manschafft kegin om můte adir synne, vnde spricht: […]“[401]

„Wenne abir der herre orteils fraget sine man, ap ome ihener sine manschafft geboten habe. *Hir seczt her czwey sunderliche stucke. Jn deme ersten her sagen wil, wie sich ein herre dar an bewaren sal, ap ymant ma<n>schafft an ome muthe adir synne, vnd<e> spricht:* […]“[402]

Lediglich siebenmal finden sich die einleitenden *continuationes* der längeren auch in der kürzeren Glosse wieder. Alle Übernahmen stammen aus der zweiten, insgesamt weniger veränderten Hälfte des Werkes. Es handelt sich zunächst um eine Gruppe dreier „versteckter“ Überleitungen, die sich nur indirekt oder in einem zweiten Gedankenschritt auf vorangehende Kapitel beziehen lassen[403]. Sodann gibt es zwei Überleitungen, die nicht einfach wie üblich an das vorhergehende Kapitel anknüpfen, sondern einen Querverweis zu einem im Lehnrecht weiter entfernt liegenden Kapitel beinhalten[404]. Übernommen wird außerdem die Einleitung zu Glosse LnR 72 (71)[405], die den Übergang vom zuvor behandelten allgemeinen Lehnrecht (LnR 1–71 (70)) zum darauf folgenden „besonderen“ Lehnrecht der Gerichts-, Eigen- und Burglehen markiert (LnR 72 (71)–75 (74)) und der damit eine wichtige klarstellende Funktion zukommt. Nur eine einzige der in beiden Textklassen

401) LGl LnR 24 (S. 402 Z. 13 – S. 403 Z. 9).

402) KGl LnR 24 § 1 (S. 201 Z. 10–14).

403) KGl LnR 42 § 1: „Ap der herre den man beschuldiget, das her sin gud vorjaret hette an synnene *et cetera. Hir volfuret her das recht der begunsten practiken. Wenne vor had her gesprochen:* Ap der herre vnde der man eyne gewere on czu sprechen, *wie der man mit synen geczugen neher bie der gewere sie czu blibene. Nu volfuret her hir vort:* […]“ (S. 324 Z. 2–7); ähnlich KGl LnR 43 § 1 (S. 326 Z. 5–9) und KGl LnR 44 § 1 (S. 332 Z. 2–10). Vgl. dazu jeweils LGl LnR 42 § 1 (S. 609 Z. 2–7), LGl LnR 43 § 1 (S. 612 Z. 6–9) und LGl LnR 44 § 1 (S. 332 Z. 2–6).

404) KGl LnR 56 § 1 (S. 400 Z. 13 – S. 401 Z. 5) mit Verweis auf LnR 31, 34 sowie KGl LnR 76 (75 § 1) (S. 580 Z. 2–10) mit Verweis auf LnR 56. Vgl. dazu jeweils LGl LnR 56 § 1 (S. 743 Z. 11 – S. 744 Z. 2) und LGl LnR 76 (75 § 1) (S. 1049 Z. 5–13). Die längere Glosse bietet sieben weitere *continuationes* mit Querverweisen auf weiter entfernt liegende Kapitel, die in der kürzeren Glosse fehlen: LGl LnR 12 § 1 (S. 257 Z. 3 f.) mit Verweis auf Glosse LnR 2; LGl LnR 19 § 1 (S. 335 Z. 8–10) mit Verweis auf LnR 9; LGl LnR 25 (S. 426 Z. 8) mit Verweis auf LnR 22–24; LGl LnR 34 (S. 557 Z. 7 f., Z. 13) mit Verweis auf LnR 31 und LnR 2; LGl LnR 36 (S. 563 Z. 9) mit Verweis auf LnR 26; LGl LnR 61 § 1 (S. 818 Z. 9 f.) mit Verweis auf LnR 2 und LGl LnR 71 (70) (S. 998 Z. 2) mit Verweis auf LnR 40.

405) KGl LnR 72 (71 § 2) (S. 554 Z. 14 – S. 555 Z. 2); vgl. dazu LGl LnR 72 (71 § 2) (S. 1014 Z. 2–7).

vorkommenden Überleitungen knüpft schlicht an das vorangegangene Kapitel an und entspricht damit der vulgaten Form der *continuatio*[406].

Continuationes gibt es, wie schon in der Buch'schen Glosse[407], nicht nur am Anfang der Kapitelkommentierungen, sondern immer wieder auch mittendrin. Während K die Überleitungen inmitten der Kapitel in der ersten Hälfte der Glosse überwiegend ebenso wenig enthält wie die *continuationes* am Kapitelanfang, sind sie später zunehmend vorhanden[408].

Welche Schlussfolgerungen lassen sich aus diesen Beobachtungen nun für die Frage nach der Textentwicklung ziehen? Wenden wir uns zunächst den *continuationes* an den Kapitelanfängen zu. Liest man die kürzere Glosse ohne Kenntnis der längeren, befremden die kürzeren *introductiones* nicht. An sich könnten Rückbezüge auf vorhergehende Kapitel auch später noch hinzugefügt worden sein – wahrscheinlich ist diese Variante indessen nicht. Der wichtigste Gesichtspunkt, der für eine Zusammenstreichung der längeren zur kürzeren Glosse spricht, ist die deutliche Entlehnung der Stilfigur der *continuatio* aus dem Vorbild der Buch'schen Glosse. Die kürzere Glosse zeigt die Überleitungsformel in ihrer standardisierten und aus der Landrechtsglosse bekannten „Reinform" genau einmal zu LnR 70 (69). Es ist nun aber kaum denkbar, dass sich der Lehnrechtsglossator nur ein einziges Mal dieser Figur bedient haben soll und ein späterer Redaktor diese singuläre Erscheinung am Schluss der kürzeren Lehnrechtsglosse auffand und beschloss, sie auf die gesamte Glosse auszuweiten. Viel wahrscheinlicher ist, dass die Lehnrechtsglosse, die sich auch in vielen anderen Punkten an der Buch'schen Glosse orientiert, von vornherein wie die Buch'sche Glosse mit

406) KGl LnR 70 (69 § 1) (S. 531 Z. 2–12); vgl. dazu LGl LnR 70 (69) (S. 981 Z. 5–13).

407) Kannowski, Umgestaltung S. 519–521.

408) Die *continuationes* inmitten von LGl LnR 4 § 5 (S. 143 Z. 12 – S. 144 Z. 2), LGl LnR 8 § 2 (S. 193 Z. 4–10), LGl LnR 9 § 2 (S. 202 Z. 4 f.), LGl. LnR 13 § 1 (S. 285 Z. 1–3), LGl LnR 26 § 9 (S. 476 Z. 7–10) und § 10 (S. 479 Z. 1–5), LGl LnR 31 § 1 (S. 531 Z. 1–4), LGl LnR 55 § 2 (S. 725 Z. 6–9), § 3 (S. 733 Z. 13 – S. 734 Z. 1) und § 4 (S. 734 Z. 8–11), LGl LnR 59 § 4 (S. 800 Z. 3–7), LGl LnR 64 § 2 (S. 844 Z. 14 – S. 845 Z. 1). Hingegen sind in K enthalten die Überleitungen in LGl LnR 25 (S. 428 Z. 16 – S. 429 Z. 8); vgl. dazu KGl LnR 25 § 1 (S. 213 Z. 7–15); LGl LnR 39 (38 § 4) (S. 586 Z. 11–15); vgl. dazu KGl LnR 39 (38 § 4) (S. 309 Z. 12–16); LGl LnR 60 § 1 (S. 809 Z. 10 – S. 810 Z. 9); vgl. dazu KGl LnR 60 § 1 (S. 431 Z. 5–13); LGl LnR 65 § 2 (S. 865 Z. 16 – S. 966 Z. 7) und § 3 (S. 870 Z. 14 – S. 871 Z. 3); vgl. dazu KGl LnR 65 § 2 (S. 463 Z. 12–20) und § 3 (S. 466 Z. 5–8); LGl LnR 66 § 2 (S. 895 Z. 13 – S. 896 Z. 2); vgl. dazu KGl LnR 66 § 2 (S. 476 Z. 15 – S. 477 Z. 3); LGl LnR 69 (68 § 1) (S. 944 Z. 1–3); vgl. dazu KGl LnR 69 (68 § 1) (S. 506 Z. 4–13); LGl LnR 72 (71 § 6) (S. 1019 Z. 3–10) § 8 (S. 1025 Z. 13 – S. 1026 Z. 5) und § 11 (S. 1026 Z. 10–15); vgl. dazu KGl LnR 72 (71 § 6) (S. 558 Z. 8–18), § 8 (S. 563 Z. 1–7) und § 11 (S. 563 Z. 12–16); LGl LnR 76 (75 § 1) (S. 1049 Z. 14 – S. 1050 Z. 3); vgl. dazu KGl LnR 76 (75 § 1) (S. 580 Z. 12–16).

zahlreichen *continuationes* geschrieben worden ist. Plausibler ist das Modell einer Kürzung auch deshalb, weil sich die Auslassungen in der kürzeren Glosse als inhaltlich motivierte Streichungen leicht erklären lassen: Offenbar hielt der spätere Redaktor der Lehnrechtsglosse die ausschweifenden und floskelhaften *continuationes*, die in der Regel bloß wenig elegant den Inhalt der angrenzenden Kapitel wiederholen, für überflüssig. Er strich sie deshalb kurzerhand zusammen und ließ allenfalls hier und da eine einleitende Bemerkung zum aktuell kommentierten Kapitel stehen. In den seltenen Fällen aber, wo er der Einleitung einen substantiellen Mehrwert an Information zu entnehmen glaubte – also zu Beginn des besonderen Lehnrechts ab LnR 72 (71) und bei den größeren Bögen zu weiter entfernten Kapiteln in der Glosse zu LnR 56 und 76 (75) – da übernahm er die *continuationes* in voller Länge. Nur versehentlich blieben die umgestellten und deshalb auf den ersten Blick nicht als *continuatio* zu erkennenden Einleitungen zu LnR 42–44 erhalten. Und für die vereinzelte, wohl unbeabsichtigt übernommene, gewöhnliche *continuatio* in LnR 70 (69) kann gelten: Die Ausnahme bestätigt die Regel. Dass schließlich die inmitten von Kapitelkommentierungen enthaltenen *continuationes* aufgrund ihrer weniger exponierten Stellung in K vermehrt stehen geblieben sind, passt sich in das Bild einer Kürzung gut ein.

Wir haben in den *continuationes* der längeren Lehnrechtsglosse, die in ihrer deutschen Formulierung der Buch'schen Glosse nachgebildet wurden, also ein erstes wichtiges, den gesamten Glossentext gleichmäßig betreffendes Indiz für eine Zusammenstreichung des längeren Textes hin zur kürzeren Glosse.

e) Die abbrechenden Aufzählungen

Ein weiteres, häufig angewandtes Stilmittel der Lehnrechtsglosse stellen die mit Vorliebe eingeflochtenen Aufzählungen dar, mit denen der Glossator seinen Text zu strukturieren suchte[409]. Schon Johann von Buch hatte in seiner Landrechtsglosse oft auf diese Darstellungsform zurückgegriffen. Als besondere Ausprägung der scholastischen Distinktionstechnik dienten sie einer erschöpfenden und übersichtlichen Darstellung aller nur denkbaren Themen. Für die hier interessierende Frage nach der Textentwicklung der beiden Klassen K und L vermögen die Aufzählungen der Lehnrechtsglosse maßgebliche Hinweise auf eine Textkürzung zu liefern. Ganze acht Mal[410]

---

409) Zu Ansätzen des Lehnrechtsglossators zur Sammlung und Ordnung des Stoffes insbesondere durch die Bildung von Aufzählungen und Distinktionen vgl. noch unten S. 464 ff.

410) KGl LnR 4, 7 (3x), 19, 29, 46 und 61.

kündigt die kürzere Glosse nämlich genau wie die längere Glosse eine bestimmte Anzahl von Unterpunkten an, ohne dieses Vorhaben dann auch in die Tat umzusetzen. Während also L alle angekündigten Unterpunkte behandelt, bricht K das Unterfangen vorzeitig ab und erweist sich damit klar als unvollständige Fassung. Stellvertretend für die übrigen sieben, über die ganze Glosse verstreuten Beispiele sei hier die Aufzählung von viererlei Gründen angeführt, weshalb ein Gebannter nicht zum König gewählt werden könne. In Gegenüberstellung von längerer und kürzerer Fassung lautet die entsprechende Stelle aus Glosse LnR 4 wie folgt:

[LGl LnR 4]	[KGl LnR 4]
„Jr sollet wissen: Were er yn des babestis banne, so mag man en czu koninge nicht kieszen. Racio. Das ist durch ***vierley*** [Hervorhebung der Verf.] *sache wille.* *Czum* ***ersten*** [Hervorhebung der Verf.]: *Wer yn deme banne ist, der ist gesundert von der muter der hiligen cristenheit, vnde den hat man vor eynen vngloibigen man, ut in auten. de privileg(ijs) dotis mulieribus hereticis non prestandis § I colla. VIII, et III q. I c. I diffinimus.*	*„Jr sullet wissen: Were eyner in des pabestes banne, so mag man on nicht czu konige kisen. Racio. Das ist durch* ***virley*** [Hervorhebung der Verf.] *sache willen.* *Czum* ***ersten*** [Hervorhebung der Verf.]: *Wer in dem banne ist, der ist gesundert von der muter der heiligen christenheit, vnde man had ŏn vor eynen vngeloubigen man, ut in autentica de privilegijs dotis hereticis mulieribus non prestandis.*
Dy ***andere*** [Hervorhebung der Verf.] *sache ist dorvmbe, das dy heilige kirche ist eyne muter des heyligen Rŏmischen reichs. Vnde were her denne czu banne, so were er nicht eyn son der muter der heiligen cristenheit. Vnde dorvmbe so were her des riches nicht wirdig, ut in auten. ut determinatus sit numerus clericorum § I colla. I, C. de sacrosanctis eccle. l. jubemus.*	*Die* ***andere*** [Hervorhebung der Verf.] *sache ist, das die heilige kirche ist eyne muter des heiligen Romischin riches. Vnde were her denne in deme banne, so were her nicht ein son der muter der heiligen cristenheit. Vnde dar vmme so were her des riches nicht wirdik, ut in autenticis ut determinatus sit numerus clericorum.*
Tercia [Hervorhebung der Verf.] *racio. Ouch sunderlich mehir: Ein ko-ning ist eyn gemeyne richter obiral, ut jn aut. ut. omnes obe. iudi. § I colla. V, et § a Senone. Vnde wer denne also eyn gemeyne richter sal syn, deme ist wol not, das her sy ein gelidt der heiligen cristenheit, ut in auten. jusiurandum quod prestatur ab hijs qui administracionem accipiunt § I colla. III.*	***Ouch*** [Hervorhebung der Verf.] *sunderlich eyn konig ist eyn gemeine richter vbir al, ut in autentica ut omnes obediant judicibus provinciarum § I colla. V. / Vnde wer denne eyn sulch richter sin sal, deme ist wol not, das her ein gelith sie der heiligen cristenheit, ut in autentica juramentum prestatur ab his qui administracionem accipiunt. Were denne disser in dem*

Were denne der nv yn deme banne, so were er nicht eyn gelid der cristenheit, dorvmbe so mag man ôn nicht czu keiser kieszen, ut C. de episcopali audi. l. jubemus.
Quarta [Hervorhebung der Verf.] *racio. Ouch ist is dorvmbe, das das koningriche dy groszte wirdickeit ist yn der cristenheit yn czitlichen dingen. Vnde wer denne gesundert wirt von der cristenheit, vor deme were vorslossen alle wirdickeit der cristenheit, ut C. de Judeis l. fi., et in auten. de privile. dotis mulieribus hereticis non prestandis § nostra nobis colla. I.*«[411]

banne, so were her nicht ein glit der heiligen cristenheit.«[412]

Wie so oft in der Lehnrechtsglosse stellt die Passage eine Übernahme aus der Buch'schen Glosse dar. Schon die Glosse zu LdR III 48 (54 § 3) *Vnde de mit rechte in des pauezes ban ghekomen ys*[413] enthält nämlich eine Zusammenstellung eben dieser zu LnR 4 aufgeführten vier Gründe, weshalb nach dem Sachsenspiegel ein Gebannter nicht zum König gewählt werden dürfe. Während die längere Lehnrechtsglosse die Stelle fast wörtlich und vor allem vollständig aus der Buch'schen Glosse kopiert hat, weicht K zunächst nur durch Weglassen einiger Allegationen von der Vorlage ab, kennzeichnet dann aber den dritten Grund nicht mehr deutlich als solchen und lässt schließlich den vierten Grund trotz anderslautender Ankündigung ganz aus.

In ganz ähnlicher Weise verhält es sich mit weiteren Aufzählungen der kürzeren Lehnrechtsglosse: Zu Beginn der Glosse zu LnR 7 wird der Kapitelinhalt nach beiden Fassungen in sieben einzelne Aussagen gegliedert, wobei K aber nur die Punkte 1 und 3–7 und nicht auch Punkt 2 einem Lemma zuordnet[414]. Im weiteren Verlauf desselben Kapitels nennt K von zwei an-

411) LGl LnR 4 § 2 (S. 111 Z. 11 – S. 113 Z. 10).

412) KGl LnR 4 § 2 (S. 60 Z. 15 – S. 62 Z. 3).

413) Gl LdR III 48 (III 54 § 3) *Vnde de mit rechte in des pauezes ban ghekomen ys* (S. 1276 Z. 4 – S. 1277 Z. 10).

414) KGl LnR 7 (S. 90 Z. 3 f.). In LGl LnR 7 heißt es an dieser Stelle „*Die ander, do er spricht:* Welch herre eyn gut liet." (S. 178 Z. 17). Der Grund für die Auslassung in K könnte darin liegen, dass zufällig sowohl die „erste Lehre" des Kapitels (entspricht LnR 7 § 1: „*Welch herre eyn gud lihet sinem manne, wo is ome erste ledig wirt* […]", zitiert nach KAUFMANN, KGl LnR S. 86 Z. 13 f.) als auch die „zweite Lehre" des Kapitels

gekündigten Fällen der sogenannten Leihe zur Fluchtsal nur den ersten[415] und von drei Arten, auf die man Gut eines anderen innehaben könne, der Zählung nach nur zwei[416]. Weiterhin unterschlägt die kürzere Glosse LnR 19 den Fronboten als eine von zwei Arten von „kriegerischen“ Rittern des Rechts[417]. Zu LnR 29 nennt K bei der Frage, ob Willkür Recht begründen könne, bloß eine von drei behaupteten Einschränkungen[418]. Außerdem führt sie zu LnR 46 von drei Unterfällen, in denen der Mann ein vom Herrn bezeugtes Gelöbnis nicht leugnen könne, nur zwei aus[419]. Und schließlich

---

(entspricht LnR 7 § 3: „*Welch here ein gud lihet sinem manne, da mete en ist ome die gewere nicht entphernet* […]“, zitiert nach DEMS., ebenda S. 87 Z. 11 f.) mit denselben Worten beginnt, weshalb ein Schreiber oder Redaktor vielleicht von einer irrtümlichen Wiederholung ausging und den zweiten Punkt strich.

415) KGl LnR 7 § 1 (S. 91 Z. 14 – S. 92 Z. 7). In LGl LnR 7 § 1 heißt es in Anlehnung an LnR 58 § 2, zur Leihe zur Fluchtsal komme es erstens, wenn der Leihende krank ist, „*Czum andern mole*“ aber auch, wenn er „*vsz dem lande varen wolde, ader ap ôm das landt czu eyner czit vorboten wurde* […]“ (S. 181 Z. 6 – S. 182 Z. 10, hier S. 182 Z. 7–9). Vgl. über die Leihe zur Fluchtsal HOMEYER, System, Sachsenspiegel II 2 S. 341–343; und LÜCK, Art. Flucht, in: ²HRG I Sp. 1597 f.

416) KGl LnR 7 § 3 (S. 93 Z. 15 – S. 94 Z. 4). LGl LnR 7 § 3 führt aus: „*Nota. Das eyn man gut habe von dem andern, das kommet czu drierley wise. Enczwer is kommet czu von lehnunge* […]. *Czum andern mole kommet gut an vns mit vorseczunge* […]. *Czum dritten mole kommet gut an vns mit vormyten* […]“ (S. 185 Z. 7 – S. 186 Z. 6). Die drei Überlassungsarten Leihe, Miete und Pfand stellt bereits Gl LdR II 55 (57) (S. 849 Z. 16–18) zusammen. LGl LnR 14 § 1 (S. 292 Z. 8–10) wiederholt die Aufzählung noch einmal.

417) KGl LnR 19 § 1 (S. 168 Z. 14–20). Die Passage ist Gl LdR I 3 § 2 *Van den herschilden. To der suluen wijs.* (S. 147 Z. 12 – S. 148 Z. 11) nachgebildet, wonach es „*stridlik ridderschop*“, also Ritter des Krieges, und „*des rechtes krichlike ridderschop*“, also Ritter des Rechts, gebe. Letztere werden in Vorsprecher, die das Recht einfordern, und Fronboten, die es durchsetzen, unterteilt. Nur LGl LnR 19 § 1 (S. 338 Z. 5–15) nennt tatsächlich beide Arten von Gerichtspersonen. Über die Theorie sächsischer Glossatoren von verschiedenen Arten von Ritterschaft vgl. KANNOWSKI, Umgestaltung S. 151–164, insbesondere S. 153 f.; vgl. außerdem DERS., Anwaltstaktik S. 714–716; DERS., Ritter der Gerichte S. 13–18; DERS., Urteilsvollstrecker sowie unten S. 620 f.

418) KGl LnR 29 § 2 (S. 249 Z. 5–8). LGl LnR 29 § 2 (S. 493 Z. 2 – S. 494 Z. 2) führt in diesem Zusammenhang aus, Recht könne erstens in Zweifelsfällen, zweitens wenn kein geschriebenes Recht vorhanden ist und drittens in Notfällen durch Willkür begründet werden.

419) KGl LnR 46 § 1 (S. 345 Z. 6–14). LGl LnR 46 § 1 (S. 640 Z. 8 – S. 641 Z. 8) führt an der entsprechenden Stelle aus, eine Leugnung sei weder bei einem Gelöbnis möglich, das der Mann über einen Boten vor Gericht abgeben lässt, noch bei dem Gelöbnis eines Mannes, der Verbrechern, Geächteten oder Friedbrechern Unterstützung leistet, noch bei Gelöbnissen, die der Mann selbst vor Gericht abgibt.

verzichtet die kürzere Glosse zu LnR 61 noch auf eine von drei zu drei unterschiedlichen Richterarten beigeordneten Allegationen[420].

Auf den ersten Blick wird man den abbrechenden Aufzählungen der kürzeren Glosse den insgesamt stichhaltigsten Beweis für eine Zusammenkürzung der Lehnrechtsglosse hin zur Klasse K entnehmen wollen. Schon bei bloßer Lektüre der kürzeren Lehnrechtsglosse lassen die unvollständigen Aufzählungen den Text lückenhaft wirken. Im Vergleich mit der entsprechenden vollständigen Stelle in der längeren Fassung bestätigt sich der fragmentarische Charakter.

Die dadurch nahegelegte Annahme einer Textkürzung relativiert sich allerdings durch zwei weitere Überlegungen. Erstens sind mehrere der in K abbrechenden Aufzählungen aus der Buch'schen Glosse entlehnt[421]. Wurden die betreffenden Passagen aber nicht vom Lehnrechtsglossator selbst erdacht, sondern bloß abgeschrieben, dann stellt sich die Frage, ob nicht der spätere Redaktor, sondern vielleicht schon der Glossator selbst die Buch'sche Arbeit unvollständig kopiert hat. Der Redaktor könnte die offensichtlichen Lücken dann unter Zuhilfenahme der Buch'schen Glosse komplettiert haben. Vor diesem Hintergrund spricht aber noch immer eine größere Wahrscheinlichkeit für die Variante einer Textkürzung. Für sie lässt sich anführen, dass sich der Lehnrechtsglossator, wenn er sich schon zur Übernahme einer Passage aus der Buch'schen Glosse entschloss, diese für wichtig erachtet haben muss und sie dann wohl auch vollständig aufgenommen haben dürfte. Außerdem wäre die ergänzende Überarbeitung einer lük-

420) KGl LnR 61 § 1 (S. 437 Z. 3–7). In geringfügiger Abweichung von der Buch'schen Glosse, die in Gl LdR II 22 § 1 *Swat en man* zwischen belehnten Richtern, befohlenen Richtern und Lehnrichtern und in Gl LdR I 54 (55 § 1) *Alle wertlik gerichte* zwischen belehnten und gewählten Richtern differenziert (S. 659 Z. 9 f. und S. 399 Z. 14 – S. 400 Z. 2), unterscheidet KGl LnR 61 § 1 zwischen gewählten, belehnten und befohlenen Richtern (S. 437 Z. 3 f.). Im Anschluss weist die Lehnrechtsglosse den drei Richtertypen drei verschiedene *Codex*-Stellen zu. Dabei ordnet LGl LnR 61 § 1 den gewählten Richtern Cod. 2, 55, 1, den belehnten Richtern Cod. 3, 3, 4 und den befohlenen Richtern Cod. 1, 50 zu (S. 819 Z. 5–10). Die unvollständig bleibende KGl LnR 61 § 1 hingegen zieht Cod. 3, 3, 4 zu den gewählten Richtern, Cod. 1, 50 zu den belehnten Richtern und lässt die Allegation Cod. 2, 55, 1 ganz aus (S. 437 Z. 5–7). Letztere passt aber gut zu den gewählten Richtern und wurde ihnen auch bereits von Gl LdR I 54 (I 55 § 1) *Alle wertlik gerichte* (S. 400 Z. 2) zugeordnet. Möglicherweise wurde Cod. 2, 55, 1 also bei der Erstellung der Fassung K übersehen, woraufhin die Zuweisung der Allegationen durcheinander geriet und die Aufzählung unvollständig bleib.

421) Entsprechungen gibt es jedenfalls für KGl LnR 4 § 2 (S. 60 Z. 15 – S. 62 Z. 3) und Gl LdR III 48 (54 § 3) (S. 1276 Z. 4 – S. 1277 Z. 10), für KGl LnR 7 § 3 (S. 93 Z. 15 – S. 94 Z. 4) und Gl LdR II 55 (57) (S. 849 Z. 16–18) sowie für KGl LnR 19 § 1 (S. 168 Z. 14–20) und Gl LdR I 3 § 2 (S. 147 Z. 12 – S. 148 Z. 11).

kenhaft gebliebenen Lehnrechtsglosse durch einen späteren Redaktor unter Zuhilfenahme der Landrechtsglosse zwar möglich, sie würde aber aufgrund der weit verstreuten und nicht ohne weiteres erkennbaren Übernahmen aus der Buch'schen Glosse eine kaum zu unterschätzende Textkenntnis des Redaktors erfordern.

Als zweiter Aspekt, der die Aussagekraft der abbrechenden Aufzählungen abschwächt, ist der Umstand zu bedenken, dass auch in der längeren Klasse unvollständige Aufzählungen existieren. Mitnichten handelt es sich bei der Lehnrechtsglosse der Klasse L nämlich um einen in seiner inneren Struktur stets logisch und konsequent durchgestalteten Text. Zwar ist die Mehrzahl der Aufzählungen dort vollständig. Gleichwohl gibt es Fälle, in denen Aufzählungen sowohl in der kürzeren als auch in der längeren Glosse unvollständig geblieben sind[422]. Sie könnten schon durch Nachlässigkeit des Glossators, wahrscheinlicher in den meisten Fällen aber wohl erst durch Abschreibefehler von Kopisten – die zum Beispiel ein „dreierlei" mit einem „zweierlei" verwechselten – entstanden sein. Schon in der ältesten Handschrift Be_3 als Repräsentantin der Klasse W erscheinen die in L unvollständig gebliebenen Aufzählungen ebenfalls nicht mehr komplett.

Wenn aber der Glossentext in keiner der erhaltenen Fassungen einen widerspruchsfreien, konsequent durchgehaltenen Textaufbau bietet, welche Schlüsse darf man dann aus den eingangs beschriebenen abbrechenden Aufzählungen der Klasse K noch ziehen? Bei den unterschiedlichen, auch in sich noch oft widersprüchlichen Textfassungen der Lehnrechtsglosse handelt es sich um ein generelles Problem der Textüberlieferung, das einmal mehr die Notwendigkeit von kritischen, die einzelnen Textzeugen vergleichenden Editionen vor Augen führt. Zwangsläufig mindert es in der Frage nach der Textentwicklung die Aussagekraft der in K gegenüber L verkürzt auftretenden Aufzählungen. Gleichzeitig muss man sich aber bewusst machen, dass gerade weil eine ursprüngliche Reinform des Textes so wenig

422) KGl LnR 25 § 1 (S. 213 Z. 14 – S. 214 Z. 8) und LGl LnR 25 § 1 (S. 429 Z. 8 – S. 430 Z. 3) nennen zum Beispiel beide nur einen von drei angekündigten Fällen, in denen es zur Folge an einen anderen Herrn komme. Auch die stark zergliederte Glosse LnR 45 lässt in beiden Fassungen KGl LnR 45 § 2 (S. 338 Z. 4–12) und LGl LnR 45 § 2 (S. 629 Z. 15 – S. 630 Z. 5) einer ersten abzuleitenden Regel keine angekündigte zweite mehr folgen. – Eine in beiden Fassungen unvollständig scheinende Aufzählung bietet Glosse LnR 55: Von sechs angekündigten Pfändungsverboten nennt LGl LnR 55 § 1 nur fünf (S. 719 Z. 1 – S. 720 Z. 2) und KGl LnR 55 § 1 nur vier (S. 392 Z. 12–22). Die Stelle ist offenbar Gl LdR II 24 § 2 *Edder vorsat* (S. 677 Z. 8 – S. 678 Z. 6) entnommen, worin aber wie in der längeren Lehnrechtsglosse ebenfalls nur fünf Pfändungsverbote enthalten sind. Vor diesem Hintergrund bietet dann eigentlich nicht L, sondern nur K eine unvollständige, abbrechende Aufzählung.

greifbar ist, deutlichere Hinweise auf die Textentwicklung als die klar aufgebauten und in K dann abbrechenden Aufzählungen kaum zu erwarten sind. Immerhin taucht das Phänomen in der umgekehrten Reihenfolge, also in Form einer in K vollständig aufgeführten und in L verkürzten Aufzählung, nie auf.

Insgesamt bleiben die angeführten acht Beispiele abbrechender Aufzählungen in K bei aller notwendigen Relativierung ein deutlicher Hinweis auf eine Textverkürzung von der längeren hin zur kürzeren Lehnrechtsglosse. Es steht zu vermuten, dass der doch überschaubaren Anzahl von Zusammenstreichungen dieser Art kein bewusstes Kürzungskonzept zugrunde gelegen hat. Vielmehr wird der Redaktor bei der Überarbeitung gewissermaßen „den Faden verloren haben", die Anführung weiterer Beispiele als überflüssig und ausschweifend empfunden und die Aufzählung bei der Kürzung dann nur versehentlich unterbrochen haben.

f) Die unvollständigen *quaestiones*

Noch ein weiteres, in beiden Textklassen K und L wiederkehrendes Stilmittel des Lehnrechtsglossators liefert Hinweise auf die Textentwicklung: die Einkleidung von Rechtsproblemen in sogenannte *quaestiones*[423]. Diese klassische scholastische Darstellungsform von Zweifelsfragen folgte einem strengen Schema. Üblicherweise schloss sich der *quaestio* die Erörterung der Argumente *pro* und *contra* an, woraufhin eine *solutio* das Problem einer abschließenden Lösung zuführte[424]. Beide Klassen K und L der Lehnrechtsglosse kennen übereinstimmende *quaestiones* in dieser prototypischen Form[425]. Stellt man die ganz unterschiedlich ausführlich geratenen insge-

---

423) Vgl. zur Methode der *quaestio* noch ausführlich unten S. 414 ff.

424) Vgl. etwa SENN, Rechtsgeschichte S. 175–177, sowie unten S. 414 ff.

425) Ein Beispiel bietet LGl LnR 2 § 1 (S. 78 Z. 10 – S. 80 Z. 5); vgl. dazu KGl LnR 2 § 1 (S. 46 Z. 2 – S. 47 Z. 4). Prototypisch aufgebaute *quaestiones* der kürzeren Glosse finden sich etwa auch in KGl LnR 2 § 1 (S. 46 Z. 2 – S. 47 Z. 4); KGl LnR 6 § 1 (S. 81 Z. 9 – S. 82 Z. 9); KGl LnR 25 § 1 (S. 215 Z. 8 – S. 217 Z. 6); KGl LnR 32 § 1 (S. 278 Z. 15 – S. 282 Z. 5); KGl LnR 40 § 1 (S. 317 Z. 4 – S. 318 Z. 3); KGl LnR 44 § 1 (S. 332 Z. 11 – S. 334 Z. 5); KGl LnR 55 § 1 (S. 388 Z. 13 – S. 390 Z. 10); KGl LnR 65 § 7 (S. 469 Z. 9 – S. 470 Z. 8). – Daneben gibt es in der längeren Lehnrechtsglosse prototypisch aufgebaute *quaestiones*, die in der kürzeren Glosse nur unvollständig oder gar nicht enthalten sind, vgl. LGl LnR 2 § 1 (S. 83 Z. 10 – S. 85 Z. 10); LGl LnR 5 § 1 (S. 155 Z. 1 – S. 161 Z. 12); LGl LnR 6 § 1 (S. 168 Z. 1 – S. 171 Z. 15); LGl LnR 11 § 1 (S. 224 Z. 10 – S. 226 Z. 12); LGl LnR 11 § 3 (S. 240 Z. 11 – S. 244 Z. 4); LGl LnR 16 (S. 314 Z. 3 – S. 316 Z. 9); LGl LnR 22 § 1 (S. 368 Z. 9 – S. 373 Z. 11); LGl LnR 31 § 1 (S. 521 Z. 16 – S. 530 Z. 16); LGl LnR 55 § 1 (S. 710 Z. 12 – S. 713 Z. 9) und LGl LnR 56 § 4 (S. 754 Z. 14 – S. 756

samt gut 110[426] *quaestiones* der längeren Lehnrechtsglosse der Textfassung der Klasse K gegenüber, so fallen aber 15 Fälle auf, in denen die kürzere Glosse nur Bruchstücke der *quaestio* der längeren Klasse überliefert. 27 *quaestiones* der Klasse L kommen in der Klasse K gar nicht vor. Bei den nur partiell übernommenen *quaestiones* fehlen K teilweise komplette Teilelemente der *quaestio* (*quaestio*, *pro*-Argumente, *contra*-Argumente oder *solutio*), teilweise fehlen innerhalb eines Teilelementes auch nur einige Sätze. Als Beispiel für beide Arten von Auslassungen mag hier eine zu LnR 6 diskutierte *quaestio* dienen. Es geht um die Frage, ob der Onkel („vetter") eines ohne Söhne verstorbenen Lehnsmannes die Schwestern und Töchter des Verstorbenen von der Erbfolge ausschließt, wenn die Frauen zuvor auf ihr Lehnerbrecht verzichtet haben:

[LGl LnR 6]
„Noch deme mole das denne keyn lehn an dy tochter gefallen mag, ap is nv geschege, das kindere hetten eyne borgk, dy czu lehnrechte stůnde, ader eyn ander gut, vnde dy kinder sich vndireynander vorpflichten, das dy tôchtire noch dy swestern nicht teil daran solden haben, vnde das wilkôrten dy tôchter vnde ouch dy swestern, dy sone ader dy kindere stůrben ane lehnserben, vnde liszen eynen rechten vettern, môchte der vetter billicher vnde mehr rechtis haben an der borgk noch der vorgeschriben rede? ***Hiruff so arguirn eczliche vnde sprechen*** [Hervorhebung der Verf.], *das des vettern vorderunge billich czu den gůtern sy, ut C. fami. hercis. l. famulis, C. de pactis l. bonorum in fi. Das sothan forderung billich sey, das bewieszen sy do mete: Allis das yn dem rechtin nicht vorboten ist,*

[KGl LnR 6]
„Nach dem male das kein leben an die tochtere gevallen mag, ap is nu geschege, das kindere hetten eine borg, die czu lenrechte stunde, adir ein andir gud, vnde sich die kindere vnder einander vorphlichten, das die tochtere noch die swestere kein teil dar ane haben sulden, vnde das wilkorten die tochtere vnde ouch die swesteren, die sone adir die brudere sturben ane lenerben, vnde lissen eynen rechten vetteren, mochte der vetter billicher vil mer rechtis czu der burg haben noch der vorgeschreben rede? ***Hir argueren eczliche vnde sprechen*** [Hervorhebung der Verf.], *das die vetteren billich die furderunge czu deme gute haben, ut C. de pactis l. in fine. Das sie so gethane furderunge billicher haben, das bewisen sie da mete: Alles das, das in deme rechten nicht vorboten ist, das vor-*

Z. 13). In diesen *quaestiones* lassen sich nicht alle vom Glossator zur Diskussion gestellten Ansichten unter den Dipol *pro – contra* fassen.

426) Die Kategorisierung von Stilfiguren, die Zuordnung einzelner Passagen der Lehnrechtsglosse zu bestimmten Stilfiguren und mithin auch ihre Zählung werden durch die Variationenvielfalt der gebrauchten Stilmittel erschwert. Im Fall der *quaestio* finden sich fließende Übergänge zu sehr knappen Erläuterungen vermeintlicher Widersprüche (*oppositiones*) ebenso wie zur Bildung von Beispielsfällen mittels aufeinander folgender Urteilsfragen. Zahlen können in diesem Bereich deshalb nur grobe Vorstellungen vermitteln, keinsfalls aber Anspruch auf Vollständigkeit und Exaktheit erheben.

das fordert man billich, ut ff. de condi. ob turpem causam l. I, et ff. de fideicommiss. l. si eum. Vort mehir so bewieszen sy das do mite, das der vetter billicher vnde nehir sy der forderunge, wen dy swestern, dorvmbe das dy borgk ader das gut entfroͤmdet moͤchte werden von der wibe halben, vnde yn froͤmde hant moͤchte kommen, vnde dorvmbe ist is billicher vnde nehir by deme vettern, ut ff. de aqua plu. arcen. le. I § denique.

Contra. Widder dis arguwirt man also vnde spricht [Hervorhebung der Verf.], *das sotan vorbindunge nicht ent toͤge, wenne worvmbe noch rechtem angefelle des erbisz so synt sy dy neisten erbelinge, vnde dorvmbe ist sotane vorbindunge widder recht, ut C. de pactis l. pacta, et C. de inoffi. testa. l. quando. Ouch bewieszen sy das do mete, das der vorpflichtunge sache nicht redelich ist, wenne worvmbe sy ist unczemelich. Wenne iczlichs hat frye wilkoͤr, czu thůne mit dem synen vnde czu laszen, das an oͤn kommet mit rechte, ut C. de pactis inter emptorem et venditorem l. pacta. Wenne noch sotan sachen so wurde dy tochter berowbet ires veterlichen erbis ane sache, vnde das were vnczemelich. Vnde dorvmbe bliben dy swestern billicher by der forderunge denne dy vettern, ut ff. de penis l. si qui alij. Wenne von sotanem bescheide moͤchte kommen eyn vmbeqwemes, das eyn nuwer sete vff qweme, das man dy toͤchtir trebe von oͤrem veterlichen erbe. Vnde dorvmbe mag sotan bescheit nicht bestehn, synt das is yn dem rechte vorboten ist, ut ff. de tutoribus l. scire, et C. de naturalibus liberlis l. legem. Wenne was denne so vorboten ist yn dem rechten, das ist dorvmbe vorboten, das do keyn ergersch da von kome, ut Institu. vi bo. rap. § sane, et ff. de <iureiur.> l. III.*

dinet man billichen, ut in ff. de condicione ob turpem causam. Vortmer bewisen sie das da, das der vetter billicher vnde neher sie der vorderunge wenne die swestern, dar vmme das die burg adir das gud on entfromdet mochte werden von der wibir halbir, vnde in fromde hand mochte komen, dar vmme ist is billicher bie den vetteren, ut in ff. de aqua pluviali arcenda l. I.

Da ist wider [Hervorhebung der Verf.], *das sothane vorbindunge nicht toge, wenne noch rechtem angefelle des erbes, ut C. de pactis l. pacta.*

Wenne nach sothanen sachen wurden die tochtere beroubit ores veterlichen erbis ane sache, vnde daz were vnczemlich. Dar vmme bliben die swesteren bie der furderunge billicher wen die vettern, ut in <ff.> de penis l. si quj alij.

Wenne ein sulches mag in dem rechten nicht besten, wenn is vorboten ist, ut in ff. de tutoribus l. scire, <et> C. de non liberis l. legem. Wenne was denne vorbott(e)n ist in deme rechten, das ist dar vmme, das kein ergers davon kome.“[427]

427) KGl LnR 6 § 1 (S. 83 Z. 8–S. 85 Z. 3).

Solucio [Hervorhebung der Verf.]. *Wy nv disse rechte kegin eynander stehn, wy das sy sich vorpflichtit haben kegin eynander, so gebin wir dem opposito volbort, das das pactum, das ist das vorpflichten, das dy brudere vnde dy swestern sich vorczegen haben, nicht tǒgenlichen sy. Wes abir dy swestern sich vorczegen habin, das bewiselich ist mit des hern mannen, der dy gůter czu vorlien hath, do můsszen sy lehnrechtis an darben. Was abir ane lehenrecht sich entscheiden mag, das fellet mit mehrem rechte vff dy swestern wenne vff den vettern von rechtis wegen. Vnde dorvmbe so spricht her hy: Der vater erbet vff den son dy gewere des gutis noch lehnrechte vnde nicht noch lantrechte. Vnde dorvmbe darff der son nicht, das man ǒm des vaters gůter bewisze, dorvmbe das her mit des vaters gutern yn der gewere bestorben ist, uf tt. de re. iuris l. nemo. Wenne her hoth dy gewere, dy der vater hatte an deme gute, vnde der vater mag ǒm ouch keyn ander recht daran erben denne her selbir daran hatte, ut ff. de re. iuris l. nemo, et ff. de ver. obli. quociens.*«[428]

Ein kleiner Exkurs zur möglichen Interpretation der Stelle mag die aus sich heraus nicht ohne weiteres verständliche *quaestio* näher beleuchten. Nachdem die Glosse eingangs selbst noch einmal den Grundsatz des Sächsischen Lehnrechts bekräftigt, wonach anders als im Landrecht nach Lehnrecht nur die Söhne und nicht auch die Töchter erben (LnR 21 § 3), wirft sie hier die Frage auf, ob im Falle eines Erbverzichts der Schwestern und Töchter beim Tod eines ohne Söhne verstorbenen Lehnsmannes der Onkel oder die Schwestern und Töchter des Erblassers das Lehen erben. Warum aber soll es auf die im Folgenden diskutierte Wirksamkeit des Erbverzichts überhaupt ankommen, wenn doch Schwestern und Töchter, weil sie zum Waffendienst nicht fähig sind, eigentlich von vornherein nicht als Lehnserbinnen in Betracht kommen? Und warum soll an ihre Stelle der Vetter treten, der an sich

428) LGl LnR 6 § 1 (S. 168 Z. 1 – S. 171 Z. 15).

doch ebenso wenig zum engen, auf männliche Deszendenten[429] beschränkten Kreis der Lehnserben gehört? Sterben Lehnsmänner, wie es die *positio* hier schildert, ohne lehnsfähige Söhne zu hinterlassen, müsste das Lehen eigentlich dem Herrn heimfallen (LnR 6 § 2). Vielleicht sah sich Christoph Zobel in seiner Glossenüberarbeitung von 1537 zur Entschärfung dieses Widerspruchs veranlasst, als er die Beschränkung der Sachverhaltsschilderung auf eine lehnrechtliche Beziehung zum Gut kurzerhand aufhob und die Vererbung anderer Rechte am Gut gleichberechtigt in die Überlegung mit einbezog:

> „*ob es nun geschehe, das kinder hetten ein burge odder haus, das zu lehenrecht stündt* ***odder nicht stündt*** [Hervorhebung der Verf.], *odder ein ander gut* [...]“[430]

Nach Landrecht kämen Schwestern und Töchter und nachrangig auch Vettern des Erblassers als Erben durchaus in Betracht (Ssp LdR I 17 § 1, I 3 § 3).

Eine Möglichkeit, die *quaestio* in ihrer älteren auf die Erbfolge nach Lehnrecht beschränkten Gestalt zu verstehen, wäre die Annahme einer vom Glossator stillschweigend vorausgesetzten gewillkürten Erbfolge in das Lehngut zugunsten der Schwestern, Töchter und nachrangig auch der Vettern, die dann durch einen Erbverzicht der Frauen teilweise wieder aufgehoben worden sein könnte. Testamentarische Verfügungen sind dem Sachsenspiegel zwar grundsätzlich fremd, in der Land-[431] und Lehnrechtsglosse[432] sind sie aber prinzipiell anerkannt. Für das Sächsische Lehnrecht überliefern auch schon Urkunden des 13. Jahrhunderts gewillkürte Erweiterungen des Kreises der Lehnserben[433]. Zu solchen vom Grundsatz der Sohnesfolge ab-

429) Schon ein Eintrittsrecht der Enkel ist wahrscheinlich, lässt sich den Quellen aber nicht zweifelsfrei entnehmen, vgl. HOMEYER, System, Sachsenspiegel II 2 S. 450 f.

430) Längere Glosse LnR 6 (ZOBEL, Sechsisch Weychbild und Lehenrecht, Leipzig 1537 fol. XIV^{rb}).

431) KANNOWSKI, Umgestaltung S. 462–464, mit Nachweisen aus der Landrechtsglosse.

432) LGl LnR 2 § 1 (S. 82 Z. 2–5); vgl. dazu KGl LnR 2 § 1 (S. 47 Z. 13 f.) und LGl LnR 26 § 1 (S. 445 Z. 13 – S. 446 Z. 1); vgl. dazu KGl LnR 26 § 1 (S. 224 Z. 12 – S. 225 Z. 2).

433) HOMEYER, System, Sachsenspiegel II 2 S. 452 f., mit Beispielen. Auch auf Reichsebene drang die weibliche Erbfolge allmählich ab dem 13. und verstärkt dann im 14. Jahrhundert durch, VAN DER VEN, Entwicklung S. 112 f., 130–134. Analog setzte sich nach und nach die Erbfolge der Seitenverwandten durch, DIES., Entwicklung S. 146.

weichenden Erbfolgen mag es häufig in Form von Vorbehalten im Zusammenhang mit Lehnsauftragungen gekommen sein, die ganz bewusst zur Erlangung oder Absicherung günstiger Erbfolgen vorgenommen worden sind[434]. Aus der Tatsache, dass die Lehnrechtsglosse im zur Diskussion gestellten Fall ein grundsätzlich bestehendes Erbrecht der weiblichen Abkömmlinge und der Seitenverwandten nicht explizit herausstellt, wird man schließen dürfen, dass eine solche Konstellation im 14. Jahrhundert nicht unüblich war und dem zeitgenössischen Leser die Möglichkeit eines erweiterten Lehnserbenkreises wie selbstverständlich vor Augen stand. Offenbar ist die Theorie, wie sie der Lehnrechtstext behauptet, in diesem Punkt von der sächsischen Wirklichkeit des Spätmittelalters überholt worden. Faktisch hatte sich die Erbfolge nach Lehnrecht der Erbfolge nach Landrecht oftmals angeglichen.

Kehren wir zum Vergleich der beiden Textklassen zurück. Nach beiden Fassungen formuliert die Lehnrechtsglosse im Anschluss an die *quaestio* zunächst gleichlautend die zustimmende Ansicht, wonach der Erbverzicht der Frauen gültig sei und damit der nachrangig zum Erbe berufene Onkel zum Zuge komme. Die Gegenansicht, wonach der Erbverzicht unredlich und unwirksam sei, da er die Schwestern und Töchter um ihr rechtmäßiges Erbe bringe, ist in K indes nur noch stark gekürzt und partiell unverständlich enthalten. Die in L enthaltene Lösung des Problems bietet K schließlich gar nicht mehr. Während L zum Schluss kommt, dass ein gegenüber den Brüdern ausgesprochener Erbverzicht grundsätzlich unwirksam sei und einzig der durch Lehnsmannen des Herrn bezeugte Verzicht dem Onkel zum Lehen verhelfen könne, bleibt die Frage in K gänzlich unbeantwortet. Damit erweckt die kürzere Glosse klar den Eindruck der Unvollständigkeit.

Stellt man nun also wieder die Frage nach der Textentwicklung, so wird man die in K nur rudimentär enthaltene *quaestio* zu LnR 6 als Indiz für eine Textkürzung verstehen dürfen. Unvorstellbar scheint eigentlich, dass der Glossator auf die Auflösung des zunächst umständlich entfalteten Problems ganz verzichtet haben soll. Die Gegenansicht dürfte kaum im Nachhinein um die in K vorhandenen Satzfragmente herum ergänzt worden und die sachentscheidende Lösung erst später hinzugefügt worden sein. Viel wahrscheinlicher ist, dass die *quaestio* zunächst vollständig verfasst wurde und dann von einem Redaktor, dem die Darstellung allzu ausschweifend erschien, gekürzt worden ist. Hierzu passt, dass die kürzere Glosse im Ver-

434) BRÜCKNER, Lehnsauftragung S. 111–113.

gleich mit der längeren Glosse erst wieder beim nächsten Lemma, also bei einem klar erkennbaren neuen Sinnabschnitt, im Glossentext fortfährt[435].

Ähnliche Befunde ergeben sich bei näherer Betrachtung der übrigen 14 *quaestiones*, die in K gegenüber L nur bruchstückhaft enthaltenen sind. Der Großteil von ihnen hat mit dem soeben ausführlich beschriebenen Fall der Glosse zu LnR 6 gemeinsam, dass die kürzere Glosse die Fragestellung und den Einstieg in die Diskussion zunächst ebenso vollständig darstellt wie die längere Glosse, dann aber die folgenden Ansichten und Lösungen entweder nur verkürzt behandelt oder ganz weglässt. Andere *quaestiones* der kürzeren Glosse bieten umgekehrt nur die *solutio* und verzichten auf die vorangehende Diskussion der Frage. Nur kurz sollen diese verschiedenen Arten von Auslassungen in der kürzeren Glosse angedeutet und besondere Auffälligkeiten beschrieben werden.

Ein Beispiel für ein „Ausfransen" zum Ende hin findet sich in der unüblich aufgebauten *quaestio* der kürzeren Glosse LnR 4[436], wo auf die Frage, welcher Mann nicht zum König gewählt werden dürfe, in Anlehnung an Glosse LdR III 48 (III 54) § 3 *Vnde de mit rechte in des pauezes ban ghekomen ys*[437] der Gebannte ausgeschlossen wird. Anders als L[438] nennt K von den folgenden, der Buch'schen Glosse entnommenen vier Begründungen aber dann nur drei und verzichtet ganz auf den ebenfalls von Johann übernommenen Einwand, dass erst der bloße Bann ohne gleichzeitige Reichsacht noch nicht schade, sowie auf die Auflösung dieses Einwandes. Von den in L enthaltenen Teilelementen *quaestio – solutio – contra – solutio* bietet K also nur die ersten beiden.

In einer weiteren, nur *contra – solutio* beinhaltenden Stelle der Glosse zu LnR 4 kürzt K die Lösung so zusammen, dass die Frage, ob der König an Recht und Gesetz gebunden ist, merkwürdig unbeantwortet bleibt[439].

Eine klassisch aufgebaute *quaestio* zu LnR 5 führt in beiden Textklassen K und L zu dem bemerkenswerten, dem Sachsenspiegel und der Land-

---

435) KGl LnR 6 § 2 (S. 85 Z. 4).

436) KGl LnR 4 § 2 (S. 60 Z. 13 – S. 62 Z. 3).

437) Gl LdR III 48 (III 54 § 1) *Vnde de mit rechte in des pauezes ban ghekomen ys* (S. 1276 Z. 4 – S. 1278 Z. 4).

438) LGl LnR 4 § 2 (S. 111 Z. 9 – S. 114 Z. 9).

439) KGl LnR 4 § 2 (S. 64 Z. 1–7); vgl. dazu LGl LnR 4 § 2 (S. 124 Z. 1–11). Die Stelle ist an Gl LdR III 48 (54 § 4) *De koningh schole hebben Vrankes recht* (S. 1278 Z. 7 – S. 1279 Z. 9) angelehnt und nur in der längeren Fassung der Lehnrechtsglosse inhaltlich sinngemäß übernommen worden.

rechtsglosse diametral entgegenstehenden Ergebnis, dass auch ein gebrechlicher Sohn als tauglicher Lehnserbe das *gedinge* breche[440]. Die kürzere Glosse benennt dieses Ergebnis in der *solutio* zwar noch kurz, verzichtet dann aber auf die in L enthaltene ausführliche Diskussion der zuvor von beiden Textfassungen sorgfältig ausgearbeiteten Argumente.

Die zu LnR 16 behandelte Frage, ob ein Lehnsmann sein Lehen verkaufen könne, wird in L *lege artis* diskutiert und zu dem Ergebnis geführt, dass der Verkauf eines reinen Lehens nur mit Zustimmung des Herrn erfolgen könne[441]. K bricht hingegen schon die Darstellung der ersten, den Verkauf für möglich haltenden Ansicht nach einigen Sätzen ab, verzichtet auf die Darstellung der Gegenansicht und bietet überhaupt keine Lösung des Problems[442].

Eine weitere, aus vier Teilfragen zusammengesetzte *quaestio* zu LnR 24[443] wurde zu großen Teilen wörtlich der Buch'schen Glosse entnommen und behandelt die Frage, ob es neben den vier ausdrücklich in Ssp LdR II 7 und LnR 24 § 7 genannten Fällen weitere Fälle echter Not gebe, die ein Fehlen vor Gericht entschuldigen. In der kürzeren Lehnrechtsglosse finden sich zwar alle Teilelemente dieser *quaestio*, es fehlen aber doch einige Sätze, die die längere Glosse aus der Buch'schen Glosse vollständig kopiert hat[444]. Wie schon bei den abbrechenden Aufzählungen steht zu vermuten, dass die in L vollständigeren Übernahmen aus der Buch'schen Glosse schon vom Glossator selbst stammen und nicht erst später ergänzt worden sind.

Bereits im Rahmen der abbrechenden Aufzählungen ist die knappe *quaestio* zu LnR 29 erwähnt worden, in der die kürzere Glosse im Rahmen der *solutio* nur einen von drei Fällen erörtert, in denen Willkür Recht begründen könne[445].

---

440) KGl LnR 5 § 1 (S. 76 Z. 4 – S. 80 Z. 5); vgl. dazu LGl LnR 5 § 1 (S. 155 Z. 1 – S. 161 Z. 12). Vgl. zu dieser *quaestio* noch ausführlich unten S. 424 ff.

441) LGl LnR 16 (S. 314 Z. 3 – S. 316 Z. 13).

442) KGl LnR 16 (S. 153 Z. 7 – S. 154 Z. 6).

443) KGl LnR 24 § 7 (S. 205 Z. 9 – S. 208 Z. 5); vgl. dazu LGl LnR 24 § 7 (S. 414 Z. 8 – S. 419 Z. 2).

444) Gl LdR II 7 *Veer zake zint* (S. 549 Z. 7–13); vgl. dazu LGl LnR 24 § 7 (S. 416 Z. 11 – S. 417 Z. 2).

445) KGl LnR 29 § 2 (S. 249 Z. 5–8); vgl. dazu LGl LnR 29 § 2 (S. 493 Z. 2 – S. 494 Z. 2); vgl. bereits auch oben S. 171.

Eine in beiden Fassungen der Glosse zu LnR 31[446] umständlich angekündigte Diskussion der Frage, ob eine Frau ihr Leibgedinge, eigentlich ein Nutzungsrecht nach dem Tod ihres Mannes, in einer bestimmten Konstellation schon zu Lebzeiten des Ehemannes herausfordern könne, wird nur in L zu Ende geführt, während K die verneinende Gegenansicht vorzeitig abbricht und keinerlei *solutio* mehr bietet.

Die von Glosse zu LnR 51[447] sehr ausführlich behandelte, wiederum an die Buch'sche Glosse[448] angelehnte Frage, ob der Richter barmherzig sein solle und insbesondere Strafen erlassen dürfe, ist in K ebenfalls nur partiell enthalten. Zwar übernimmt K bis auf einen letzten Schlusseinwand und die zugehörige Erwiderung alle in L enthaltenen Teilelemente, ihr Inhalt ist aber doch um fast die Hälfte zusammengekürzt worden. Der Sinn der *quaestio* bleibt trotz der Auslassungen erhalten. Einzig die bereits von Frank-Michael Kaufmann herausgestellte[449], mangels vorangehender Allegation in der Luft hängende *canon*-Übersetzung gegen Ende der *quaestio* lässt den aufmerksamen Leser der kürzeren Glosse stutzen.

Eine aus der Glosse LdR II 37 (33) *Swelk knecht auer*[450] kopierte *quaestio*, ob ein freier Mann einem anderen seine Arbeitskraft auf Lebzeiten versprechen könne, bleibt in der kürzeren Glosse LnR 60[451] offen, während sie in der längeren Fassung[452], der Buch'schen Glosse folgend, letztlich bejahend zu Ende geführt wird.

Schließlich gibt es neben diesen in der kürzeren Glosse zum Ende hin abbrechenden zehn *quaestiones* fünf weitere Fälle, in denen K umgekehrt lediglich die *solutio* enthält, während L eine ausführliche Diskussion oder doch wenigstens eine Erläuterung der Fragestellung bzw. des aufzulösenden Widerspruchs voranstellt. Solche oft merksatzgleichen Reduzierungen auf

446) KGl LnR 31 § 1 (S. 270 Z. 2 – S. 273 Z. 15); vgl. LGl LnR 31 § 1 (S. 521 Z. 16 – S. 530 Z. 16). Obwohl K dem Versprechen später nicht nachkommt, kündigt der Text dort nach der *positio* die ausführliche Diskussion beider Ansicht an: „*Vffe disse frage sted ein argument, das geteilt ist in czwei partes. Das erste ist pars affirmativa. Jn deme das recht bewisen wil, das Anna wol furderen moge ir lipgedinge. Das andere heisset negativa. Dar ynne das recht bewiszen will, das sie is nicht gefurderen moge.*", KGl LnR 31 § 1 (S. 271 Z. 1–5).

447) KGl LnR 51 (S. 363 Z. 13 – S. 367 Z. 18); vgl. dazu LGl LnR 51 (S. 666 Z. 8 – S. 678 Z. 11).

448) Gl LdR II 13 § 1 *Nu vornemet* (S. 599 Z. 21 – S. 603 Z. 8).

449) KAUFMANN, Einleitung, KGl LnR S. XXIV, zu KGl LnR 51 (S. 367 Z. 9 f.); DERS., Einleitung, LGl LnR S. XXXVI f.

450) Gl LdR II 37 (33) *Swelk knecht auer* (S. 768 Z. 3 – S. 769 Z. 1).

451) KGl LnR 60 § 2 (S. 433 Z. 1–5).

452) LGl LnR 60 § 2 (S. 812 Z. 11 – S. 813 Z. 12).

die Lösung des Problems finden sich in kürzerer Glosse LnR 2[453], 13[454], 56[455], 56[456] und 63[457].

Überblickt man die beachtliche Reihe von Fällen, in denen die kürzere Glosse nur Teile der in L enthaltenen *quaestiones* wiedergibt, lassen sie sich alles in allem als Stütze für die These von der kürzenden Überarbeitung der Lehnrechtsglosse verstehen. Oft führt die kürzere Glosse Argumente für die eine oder andere Ansicht knapper als die längere Glosse aus und lässt dabei bestimmte Teilaspekte außen vor, verfälscht den Sinn der *quaestio* aber nicht im Ganzen. Hier ist die Annahme einer Textkürzung, schon weil sie technisch leichter zu realisieren ist, plausibler als eine spätere Textvermehrung. Daneben gibt es Fragen, die in K und L zunächst identisch aufgeworfen werden, in der kürzeren Fassung dann aber letztlich vollkommen unbeantwortet bleiben, weil die Diskussion abgebrochen und die *solutio* ganz weggelassen wird. Solche Passagen hängen nicht nur inhaltlich in der Luft, sie spiegeln auch keinen in sich logischen Aufbau mehr wider. Weil sie im Vergleich zur längeren Glosse sinnberaubt dastehen, drängt sich dem Leser der bleibende Eindruck auf, dass es sich um Rudimente von ursprünglich vollständigeren *quaestiones* handelt. Stets ist die längere Glosse in diesen Fällen schlüssiger und inhaltlich nachvollziehbarer ausgestaltet. Solche Unstimmigkeiten der kürzeren Glosse werden nun aber kaum vom Glossator selbst hervorgerufen und erst später im Zuge einer Textvermehrung ergänzend ausgebessert worden sein. Es gibt keinen vernünftigen Grund, weshalb sich der Glossator dazu veranlasst gesehen haben sollte, Punkte überhaupt zur Sprache zu bringen, wenn er sie im Anschluss nicht auch wenigstens formal einer Lösung zuführen konnte. Viel wahrscheinlich ist demgegenüber, dass ein späterer Überarbeiter den Stil des Glossators als zu ausschweifend emp-

453) KGl LnR 2 § 1 (S. 48 Z. 9–11); vgl. dazu mit einer vollständigen vorangehenden *quaestio*, ob Ritterschaft ohne Sünde sei, LGl LnR 2 § 1 (S. 83 Z. 10 – S. 85 Z. 10, insbesondere S. 85 Z. 1–3). Die *quaestio* der Lehnrechtsglosse knüpft an Gl LdR I 19 (20 § 5) *Ridders art* (S. 239 Z. 9 – S. 240 Z. 13) an, baut diese aber weiter aus.

454) KGl LnR 13 § 1 (S. 135 Z. 11–19) und dazu mit einer vorausgeschickten, von Gl LdR I 69 (70 § 1) *Bynnen der yartal* (S. 495 Z. 3–10) übernommenen *quaestio* LGl LnR 13 § 1 (S. 283 Z. 1 – S. 284 Z. 14).

455) KGl LnR 56 § 1 (S. 402 Z. 10 – S. 403 Z. 2) und dazu mit einem einleitenden Einwand und einer implizit aufgeworfenen *quaestio* LGl LnR 56 § 1 (S. 746 Z. 3 – S. 748 Z. 6).

456) KGl LnR 56 § 4 (S. 406 Z. 1–12) und dazu mit einer vorbereitenden *quaestio* LGl LnR 56 § 4 (S. 769 Z. 7 – S. 770 Z. 12).

457) KGl LnR 63 § 1 (S. 448 Z. 15 – S. 449 Z. 2) und dazu mit vorangestelltem Einwand und implizierter *quaestio* LGl LnR 63 § 1 (S. 841 Z. 1–12). Die Stelle orientiert sich teilweise an Gl LdR III 40 (42 § 3) *Vnde weren alle lude vry* (S. 1191 Z. 4–8).

funden hat und sich deshalb um Straffung bemühte. Dabei bezweckte er wohl keine inhaltlichen Änderungen, denn die kürzere Glosse enthält in keinem Fall eine eindeutige, abändernde Umformulierung der *solutio*. Meist gelang es dem Redaktor bei seinen Kürzungen, den Sinn der *quaestio* zu erhalten. Nur hin und wieder bleibt eine *quaestio* sinnentstellt oder ganz unbeantwortet stehen. Es ist davon auszugehen, dass solche Aufbrechungen der inneren Textstruktur unbeabsichtigt geschehen sind. Vielleicht war der Redaktor hin und wieder mit dem Inhalt der Glosse überfordert oder schlicht unaufmerksam, weshalb ihm die Streichung der zum Verständnis notwendigen Passagen wohl nicht bewusst geworden ist.

Zusammenfassend bleibt festhalten, dass die 15 gegenüber L verkürzten *quaestiones* der kürzeren Lehnrechtsglosse ein starkes Indiz für eine Textkürzung darstellen.

g) Die fehlenden Urteilsfragen

Eine letzte regelmäßig wiederkehrende Stilfigur der Lehnrechtsglosse vermag weitere Hinweise auf die Textentwicklung zu geben. Gemeint sind Erläuterungen, die der Glossator in die sich abwechselnde Form von Urteilsfragen und darauf folgenden Urteilen (Urteilsantworten) kleidet[458]. Sie spiegeln das mündliche Verfahren im Lehngerichtsprozess wider und finden sich in gut einem Drittel der Kapitel der längeren Lehnrechtsglosse. Vergleicht man die Urteilsfragen der längeren und der kürzeren Glosse, so treten zehn Kapitel hervor, in denen K ausformulierte Fragen der Klasse L nur teilweise oder überhaupt nicht enthält[459]. Von diesen Passagen liefern wiederum vier Fälle weitere Hinweise auf die Textentwicklung. Die vielleicht auffälligste Stelle stammt aus der Glosse zu LnR 4 und behandelt in ganz typisch formulierten Urteilsfragen verschiedene Gründe, aus denen der Lehnsmann die Erfüllung von Lehnsdienst und Gerichtspflicht verweigern kann:

---

458) Näher zur Figur der Urteilsfragen und ihrer Ausgestaltung in der Lehnrechtsglosse unten S. 437 ff.

459) LGl LnR 4 § 1 (S. 108 Z. 14 – S. 109 Z. 3); LGl LnR 4 § 5 (S. 144 Z. 6–14, S. 145 Z. 4–13); LGl LnR 11 § 3 (S. 242 Z. 1 – S. 243 Z. 12, S. 245 Z. 5–9); LGl LnR 13 § 1 (S. 280 Z. 9–12); LGl LnR 14 § 2 (S. 297 Z. 1 – S. 300 Z. 10); LGl LnR 24 § 2 (S. 406 Z. 6 – S. 407 Z. 3); LGl LnR 24 § 6 (S. 409 Z. 11 – S. 410 Z. 4); LGl LnR 24 § 8 (S. 420 Z. 13 – S. 421 Z. 18); LGl LnR 38 § 2 (S. 580 Z. 3 – S. 582 Z. 6); LGl LnR 56 § 4 (S. 755 Z. 9 – S. 756 Z. 13); LGl LnR 59 § 4 (S. 799 Z. 10 – S. 800 Z. 2); LGl LnR 68 (67 § 4) (S. 918 Z. 13 – S. 919 Z. 3, S. 920 Z. 4 – S. 922 Z. 4); LGl LnR 81 (80 § 1) (S. 1085 Z. 2–8, S. 1087 Z. 7–14); LGl LnR 81 (80 § 2) (S. 1088 Z. 1–6).

[LGl LnR 4]	[KGl LnR 4]
„Wer ouch eyn pfert adir synes gutis icht syme herren gelegen hat *et cetera.*	„Wer eyn phert adir sines gutis icht sinem hern gelegen had.
Noch deme mole alzo ir vornomen habet, wy ein man synem hern dynen sal by pflicht, vnde czu lehnrechte gestehn sal. Nv wil her hy sagen, wy sich des eyn man weren mag mit rechte, das her synem lehnhern czu lehnrechte nicht gestehn dörffe, vnde spricht: Wer ein pfert.	
Vff das so geht sotan vrage: Ap der herre den man bethedingete czu lehnrechte, do der man geginwertig were, ap öm denne der man antwortin sal? So mag der man noch sotam orteil vragen:	*Dis declarirt der texte an ome selbir.*
‚Noch deme mole sint das ich mynem hern eyn pfert gelegen habe czu synem dinste, ader ander myne guter, so gebit uwern mannen eyns rechten czu irfaren, ap ich öm czu rechte czu lehnrechte gestehn sölle, dy wile her mir mynen schaden nicht geleit hat, adder ap her mich icht billicher vnde er thedingen sölle, czum andern dinge mynem hern czu antworten czu lehnrechte, ader was dorvmbe recht sy.‘ [Hervorhebung der Verf.]	
So vint man öm czu rechte, her sy synem hern den tag nicht pflichtig czu dynen noch lehnrechtis czu pflegen von rechtis wegen.	
Nota. Hette ouch eyn man synem hern gedynet czu des riches dinste, ader czu synes selbist notdorfft, also yn eynem offinbar orley, vnde hette der man yn synes hern dinste ichtisicht vorlorn, das om noch nicht vorgulden were, vnde wolde der herre den man bethedingen czu lehnrechte, der man werit sich mit orteil vnde mit rechte, dinstis vnde lehnrechtis czu pflegen, mit also getanem orteil zcu fragen:	*Hette ouch ein man sime hern gedinet czu des riches dinste adir czu sines selbes notdorfft, als in eynem offenbaren orley, vnde hette der man in sines hern dinste issicht vorloren, daz ome noch vnvorgulden were, vnde wolde der herre den man beteidinge<n> czu lenrechte, der man weret sich mit rechte dinstes vnde lenrechts czu phlegen mit sogethanen orteilen czu fragene.*“[460]

460) KGl LnR 4 § 5 (S. 71 Z. 8–15).

‚Noch deme mole das ich in myns hern dinste mit andern synen mannen gewest bin, dorynne ich vorlorn habe sotan gut, ader sotans, das ich in achtunge secze vff czehn margk mynner ader mehr, das ich bewysen wil dy vorlust, wy mir is eyn recht irteilt, der schade mir noch nicht vorgulden ist von myme hern, bitte ich yn eynem rechten orteil czu irfaren, ap ich mynem hern keynerley dinst pflichtig sye, noch czu lehnrechte czu stehne, sint dem mol her mir mynen schaden noch nicht gelegit hot, ader was dorvmbe recht sy.‘ [Hervorhebung der Verf.]
So vindet man ŏm, her en dorffe et cetera.“[461]

Nach LnR 4 § 5 ist ein Lehnsmann, der seinem Herrn Güter (etwa ein Pferd) geliehen oder im Dienst einen Schaden erlitten hat, berechtigt, die Erfüllung von Lehnsdienst und Gerichtspflicht solange zu verweigern, bis der Herr ihm das geliehene Gut zurückgegeben bzw. ihm seinen Schaden ersetzt hat. Die längere Lehnrechtsglosse leitet die Kommentierung dieser Stelle mit einer *continuatio* ein, in der noch einmal auf die vorangehende grundlegende Darstellung der Pflichten eines Lehnsmannes in LnR 4 §§ 1–4 Bezug genommen wird. Die kürzere Glosse lässt diesen ausschmückenden Verbindungssatz weg. In der nun folgenden, eigentlichen Kommentierung greift L die beiden in LnR 4 § 5 genannten Fälle auf, dass also der Herr seinem Mann die Rückgabe geliehenen Gutes oder den Ersatz eines im Dienst erlittenen Schadens schuldet, und formuliert zu beiden Fällen jeweils eine exemplifizierende Urteilsfrage, mit der der Mann eine trotz der unbeglichenen Schuld des Herrn ausgesprochene Ladung zum Lehngericht zurückweisen könne (im Fettdruck). K hingegen beschränkt sich in der ersten Fallvariante auf die etwas kryptische Bemerkung, die Regelung des Lehnrechts erkläre sich von selbst. Die zweite Fallkonstellation beschreibt K zwar wie die längere Glosse nochmal kurz in eigenen Worten, endet dann aber abrupt mit dem Hinweis, der Lehnsmann könne sich mit einer „solchen“ („*sogethanen*“[462]) Urteilsfrage gegen eine Ladung wehren. Gerade aufgrund dieser letzten Bemerkung der kürzeren Glosse drängt sich dem Leser der Verdacht auf, es fehle die eigentlich angekündigte Urteilsfrage. Wären die Urteilsfra-

461) LGl LnR 4 § 5 (S. 143 Z. 11 – S. 145 Z. 13).
462) KGl LnR 4 § 5 (S. 71 Z. 15).

gen der längeren Klasse erst im Nachhinein ergänzt worden, hätte es zu diesem gewissermaßen in der Luft stehenden Abschluss der kürzeren Glosse keinen rechten Anlass gegeben. Erneut ist es viel naheliegender, von einer Textkürzung hin zur Klasse K auszugehen. Offenbar sah der Redaktor die Urteilsfragen der längeren Glosse, die ja letztlich nur die Lehnrechtsstelle umformulieren, ohne einen zusätzlichen Aussagegehalt zu bieten, hier als überflüssig an und überging sie großzügig.

Ein ähnliches Bemühen, der Redundanz der längeren Lehnrechtsglosse entgegenzuwirken, könnte den Redaktor in der Glosse zu LnR 24 zur Streichung einiger Urteilsfragen veranlasst haben[463]. Wieder formulierte der Glossator eine Regelung des Lehnrechts – hier zur Lehnserneuerung und zur Pflicht eines neu beliehenen Lehnsmannes, die ihm zustehenden Güter binnen 14 Tagen zu benennen und sein Recht daran mit Zeugen nachzuweisen[464] – in einer Reihe von Urteilsfragen aus. K fehlt nun der mittlere Teil des in L enthaltenen Fragenkatalogs, weshalb die Rechtsfolge bei Versäumung der Benennungsfrist, das grundsätzliche Erfordernis eines Zeugenbeweises und die Frist des Herrn zum Stellen der Zeugen unerwähnt bleiben. Anders als L gibt K den Inhalt des kommentierten Lehnrechtskapitels damit aber nur unvollständig wieder. Wieder scheint es, als habe ein kürzender Redaktor die längere Glosse als allzu ausschweifend empfunden, sie zusammengekürzt und dabei einen weniger kohärenten Text in Kauf genommen.

Ganz ähnlich verhält es sich mit der Glosse zu LnR 68 (67)[465], in der unter Rückgriff auf eine größere Zahl konkreter Urteilsfragen ganz allgemein der Ablauf eines Prozesses des Herrn gegen den Mann im Lehngericht geschildert wird. Zunächst erläutern beide Textfassungen K und L gleichlautend die Fragen des Herrn nach Gerichtseröffnung und Gerichtszeit, die Aufforderung an den Beklagten, sich zu verantworten, und die Einreden des Beklagten, mit denen er wegen in der Person des Klägers liegenden Gründen die Antwort verweigern kann[466]. Dann aber fährt die längere Glosse in weiteren Urteilsfragen entsprechend der Regelung des LnR 67 § 5 fort, in der Person des Richters begründete Einreden, die Einlassung des Beklagten und die Hinzuziehung eines Vorsprechers auf Beklagtenseite zu erörtern[467].

---

463) KGl LnR 24 §§ 2–4 (S. 203 Z. 5 – S. 204 Z. 12); vgl. dazu LGl LnR 24 §§ 2–4 (S. 405 Z. 12–408 Z. 11).

464) Zur Benennungspflicht des Vasallen ausführlich LIPPERT, Die deutschen Lehnbücher S. LXXI–XC.

465) KGl LnR 68 (67 § 4) (S. 490 Z. 6 – S. 491 Z. 21); vgl. dazu LGl LnR 68 (67 § 4) (S. 916 Z. 1 – S. 922 Z. 4).

466) KGl LnR 68 (67 § 4) (S. 490 Z. 6 – S. 491 Z. 21); vgl. dazu LGl LnR 68 (67 § 4) (S. 916 Z. 1 – S. 918 Z. 4).

467) LGl LnR 68 (67 § 4) (S. 918 Z. 5 – S. 922 Z. 4).

K verzichtet auf eine ausführliche Ausformulierung und fasst diesen zweiten Teil in wenigen Sätzen zusammen[468]. Wieder bietet die Klasse L ein inhaltlich und stilistisch gleichmäßigeres Bild als die Klasse K. Wieder wirkt es, als habe ein Redaktor die Urteilsfragen zunächst noch übernommen, dann aber den übrigen Teil der Kommentierung als zu langatmig empfunden und deshalb zusammengekürzt.

Ein letztes die Urteilsfragen betreffendes Beispiel zeigt strukturelle Unebenheiten der kürzeren Glosse auf. Es handelt sich um eine Passage aus der Glosse zu LnR 14[469], die hintereinander weg drei Varianten von Urteilsfragen aufreiht, mit denen ein vom Oberherrn beklagter Lehnsmann die Antwort verweigern könne. Zwar sind alle drei Fragen in beiden Textklassen K und L enthalten, K fehlt aber nach der zweiten Frage das üblicherweise im Anschluss an die Urteilsfragen wiedergegebene Urteil[470]. Auch hier bietet L den geschlosseren und schlüssigeren Textaufbau und spricht somit dafür, die ursprünglichere Fassung zu sein.

Insgesamt stellen die in K ausgelassenen Urteilsfragen ein weiteres Indiz für eine Textkürzung dar. Bei den mit mehr Urteilsfragen ausgestatteten Passagen der längeren Klasse handelt es sich um den schlüssigeren, sauberer strukturierten und inhaltlich vollständigeren Text. Wahrscheinlicher als eine ergänzende „Ausbesserung" einer zunächst unregelmäßig verfassten, knapperen Kommentierung ist vor diesem Hintergrund die spätere Zusammenkürzung oder Auslassung einiger Urteilsfragen im Zuge einer kürzenden Überarbeitung. Hierfür spricht auch, dass die Urteilsfragen meist keinerlei zusätzlichen Mitteilungsgehalt wiedergeben, sondern ausschließlich der Ausschmückung und Veranschaulichung der kommentierten Artikel dienen. Die bloße Aus- und Umformulierung des Lehnrechtstextes dürfte dem Redaktor bisweilen als überflüssig und verzichtbar erschienen sein. Erneut liegt es also nahe, als Motiv seiner Kürzung das Bemühen um die Reduzierung allzu ausschweifender Passagen anzunehmen.

---

468) KGl LnR 68 (67 § 4) (S. 491 Z. 13–21).

469) KGl LnR 14 § 1 (S. 141 Z. 11 – S. 143 Z. 15); vgl. dazu LGl LnR 14 § 2 (S. 297 Z. 1 – S. 299 Z. 10).

470) In KGl LnR 14 § 1 (S. 143 Z. 2 f.) blieb allein die Allegation Cod. 3, 13, 2 stehen, ohne dass die zu treffende Entscheidung in der Sache mitgeteilt würde. LGl LnR 14 § 2 (S. 9–12) schreibt an dieser Stelle: *„So vint man om czu rechte, her dorffe nicht antwortin vmbe daz gut, denne vor deme hern, der om daz gut gelegin hot, vnd dorvndir daz gut gelegin ist, ut C. de iuris om. iudi. l. II, et C. ubi et apud quem de pos. agi oportet l. II § quociens."*

h) Fazit: Die längere als die frühere Textklasse

Fasst man die Teilergebnisse dieses Vergleichs von Argumentationsmustern der Lehnrechtsglosse nach den Klassen K und L zusammen, so bestätigt sich die eingangs formulierte Vermutung von einer Textkürzung.

Während die in K fehlende Vorrede und die Summarien der Klasse L eine Textkürzung nur möglich erscheinen ließen, machen sie die *continuationes capitulorum* schon sehr wahrscheinlich. Regelmäßig fehlen K die systematisierenden, an die vorangehenden Inhalte anknüpfenden Kapitelanfänge. Weil sie aber vereinzelt und insbesondere bei besonderem Aussagegehalt auch in der kürzeren Glosse enthalten sind, sind die *continuationes* wohl nicht erst später ergänzt worden. Ebenfalls wohl von Anfang an vorhanden waren die in L kompletten, in K aber hin und wieder vorzeitig abbrechenden Aufzählungen. Zwar gibt es auch Aufzählungen, die in keiner der beiden Textklassen zu Ende geführt werden, gleichwohl bleibt L die insgesamt vollständigere und deshalb auch ursprünglichere Textfassung. Deutliche Hinweise auf eine Textkürzung lassen sich auch aus den in Länge und Aufbau sehr unterschiedlich ausgestalteten *quaestiones* der Lehnrechtsglosse ablesen. In K sind sie manchmal nur bruchstückhaft enthalten und machen dann gegenüber den längeren Versionen in L einen rudimentären Eindruck. Eine erst nachträgliche Ergänzung und Beantwortung von in der Vorlage diskutierten Streitfragen um bereits vorgefundene Teilelemente herum ist wenig plausibel. Darüber hinaus werden in L vollständiger als in K enthaltene und nur schwer als solche zu identifizierende Übernahmen der Lehnrechtsglosse aus der Buch'schen Glosse kaum im Nachhinein ergänzt, sondern viel eher später einmal gekürzt worden sein. Schließlich gibt es Fälle, in denen die Klasse K Urteilsfragen der längeren Glosse nicht übernimmt und auch dann wieder das weniger kohärente Textbild darstellt.

Sämtliche Auslassungen der kürzeren Glosse sprechen gegen eine Texterweiterung und für eine Textkürzung. In der Zusammenschau fügen sie sich zu einem stimmigen und damit umso aussagekräftigeren Gesamtbild. Hinzu kommt die grundsätzliche Überlegung, dass sämtliche in der kürzeren Glosse vorkommenden und hier näher untersuchten Stilfiguren mitsamt ihren typischen floskelhaft gebrauchten Standardformulierungen auch im Textmehrbestand der längeren Glosse vorhanden sind. Sowohl die *continuationes* als auch die Aufzählungen, *quaestiones* und Urteilsfragen finden sich in beiden Textfassungen in gleicher Machart. Dasselbe gilt für bestimmte, wiederkehrende Redewendungen wie *„Jr sullet wissen"*[471], *„das ist czu vorne-*

471) Etwa sowohl in KGl LnR 11 § 3 (S. 118 Z. 11; S. 119 Z. 16; S. 120 Z. 5, 10, S. 122 Z. 13) als auch *„Jr sollet wissen"* an den entsprechenden und in weiteren Stellen in

men“[472] oder „*wenne wor vmme*“[473]. Der über K hinausgehende Textbestand der Klasse L ist also tatsächlich, wie einst Carl Gustav Homeyer kurz und bündig feststellte, „desselben Schlages“ [474] wie der Text der kürzeren Glosse. Nun wird man es als sehr unwahrscheinlich ansehen müssen, dass ein erweiternder Redaktor soviel Können und Feingespür an den Tag hat legen können, dass er den Stil des Glossators in dieser Weise eins zu eins hätte kopieren können. Dies gilt umso mehr, als die Abfassung der Lehnrechtsglosse in die Anfänge der gelehrten Wissenschaft vom deutschen Partikularrecht und damit in eine Zeit fällt, in der sich ein uniformer, standardisierter Stil der neuen Literaturform noch nicht hatte herausbilden und festigen können.

Die verbleibenden Restzweifel an der Textentwicklung gründen auf der Tatsache, dass, wie schon zur Entstehung der Lehnrechtsglosse selbst, keinerlei historische Zeugnisse über einen Überarbeitungsvorgang (etwa eine aufschlussreiche Bemerkung des Redaktors, ein Auftrag zur Überarbeitung oder Ähnliches) bekannt sind. Die Forschung bleibt deshalb vollständig auf die Auswertung des Textvergleichs angewiesen. Dieser bringt größere Unstimmigkeiten der kürzeren Glosse ans Licht und lässt damit den Text der längeren Glosse als den vergleichsweise stimmigeren und vollständigeren dastehen.

Im Ergebnis hat die Vergleichsanalyse gezeigt, dass die Klasse L der Lehnrechtsglosse mit sehr großer Wahrscheinlichkeit die ursprünglichere Textfassung darstellt und dass sie im Zuge einer späteren, straffenden Überarbeitung hin zur Klasse K gekürzt worden ist. Das von Carl Gustav Homeyer entwickelte[475] und dann erstmals von Frank-Michael Kaufmann in Frage gestellte[476] traditionelle Modell der Textentwicklung muss also, unbeschadet der unsicheren Einordnung der Klasse W, jedenfalls wie folgt umgekehrt werden:

LGl LnR 11 § 3 (S. 232 Z. 1, 7 und 14, S. 233 Z. 4, 235 Z. 11, S. 236 Z. 12, S. 237 Z. 4), bisweilen stattdessen auch „*nota*“.

472) Etwa sowohl in KGl LnR 18 (S. 162 Z. 3) als auch „*disz vornym also*“ an der entsprechenden Stelle in LGl LnR 18 (S. 326 Z. 5, ähnlich S. 332 Z. 10).

473) Etwa sowohl in KGl LnR 10 § 5 (S. 110 Z. 15, S. 111 Z. 12, S. 112 Z. 6) als auch „*wenne worvmbe*“ an den entsprechenden und in weiteren Stellen in LGl LnR 10 § 5 (S. 215 Z. 1, S. 216 Z. 5, S. 217 Z. 6, S. 218 Z. 2).

474) HOMEYER, Einleitung LnR, Sachsenspiegel II 1 S. 74.

475) HOMEYER, Einleitung LnR, Sachsenspiegel II 1 S. 73–79, insbesondere S. 74 f.

476) KAUFMANN, Einleitung, KGl LnR S. XXIII–XXV; DERS., Glossen zum Sachsenspiegel S. 108. Kaufmanns Überlegungen zur umgekehrten Entwicklung im Sinne einer Textkürzung haben sich nun „zur Gewißheit verfestigt“, DERS., Einleitung, LGl LnR S. XXXV.

L
|
K

i) Mögliche Hintergründe des Kürzungsvorgangs

Der Textvergleich hat eine Vielzahl unterschiedlicher Hinweise auf die Beschaffenheit der kürzeren Lehnrechtsglosse hervorgebracht. Unter Auswertung dieser Einzelbefunde soll nun in einem abschließenden Resümee versucht werden, ein mögliches Bild von Hintergrund und Ablauf des kürzenden Überarbeitungsvorgangs zu entwerfen. Eine ganze Reihe plausibler Möglichkeiten erklärt, wie und weshalb es zur Entstehung der kürzeren Lehnrechtsglosse gekommen sein könnte.

Mit Rücksicht auf das Alter der überlieferten Handschriften erfolgte die Kürzung der Lehnrechtsglosse spätestens 1410, das Jahr, aus dem die älteste Handschrift der kürzeren Glosse J stammt[477]. Jedes zwischen dem ungewissen Entstehungszeitpunkt der längeren Lehnrechtsglosse im 14. Jahrhundert und 1410 liegende Datum kommt für die Kürzung zunächst in Betracht. Der Glossator könnte sogar selbst eine zweite (oder dritte) Auflage seiner eigenen Arbeit erstellt haben. Ort, Auftraggeber, konkreter Anlass und Identität des Redaktors liegen völlig im Dunkeln. In Anknüpfung an die Vorüberlegungen zu den allgemeinen Merkmalen einer kürzenden Redaktion lassen sich aber Vermutungen über Motiv, Vorgehensweise und Fähigkeiten des Redaktors anstellen.

Auf den ersten Blick banal und doch beachtenswert ist die Feststellung, dass die Intention bei der Glossenüberarbeitung ausschließlich in der Kürzung, also in der Reduzierung von Text, bestand. An keiner Stelle der kürzeren Glosse findet sich im eigentlichen Glossentext ein Mehr gegenüber der Klasse L. Auch gibt es keine bewusst vorgenommenen inhaltlichen Abänderungen. Darüber hinaus wird in keiner Weise ein inhaltlich motiviertes Kürzungsmuster erkennbar, nach dem beispielsweise konsequent ein bestimmtes Thema ausgespart oder politisch bedeutsame oder sonst irgendwie brisante Aussagen der Glosse stillschweigend übergangen würden. Offenbar ging es dem Redaktor wirklich nur um die reine Verknappung der Textmenge auf dem Papier oder Pergament.

---

477) HOMEYER, Die deutschen Rechtsbücher Nr. 547; OPPITZ, Rechtsbücher II Nr. 735.

Im Zuge der Überarbeitung gelang es dem unbekannten Redaktor, den Glossenbestand auf etwa 60 %[478] der ursprünglichen Fassung zu senken. Dahinter könnte das Bemühen um Senkung der hohen Kosten für das Anfertigenlassen von Glossenabschriften stehen. Eine Reduzierung der Textmenge bedeutete ja zugleich eine entsprechende Reduzierung der erforderlichen Aufwendungen für Arbeitszeit eines Kopisten und vor allem für Pergament oder Papier[479]. Ein anderer möglicher Beweggrund für die Kürzung der Lehnrechtsglosse könnte der Wunsch nach Textverbesserung sein. Vergleicht man das Verhältnis von Land- und Lehnrechtstext mit dem Verhältnis zwischen Land- und Lehnrechtsglosse, so stellt man fest, dass das Lehnrecht zwar nur 32 % der Textsumme aus Land- und Lehnrecht einnimmt, die längere Lehnrechtsglosse aber ca. 40 %[480] der Summe aus Land- und Lehnrechtsglosse beansprucht. Die kürzere Glosse dürfte hingegen bloß etwa 29 %[481] der Gesamtglossierung einnehmen. Dieses kleine Zahlenspiel verdeutlicht, dass die Klasse L der Lehnrechtsglosse den Text rein mengenmäßig proportional umfänglicher kommentiert als die Buch'sche Glosse, während die kürzere Fassung der Text-Glossen-Proportion der Buch'schen Glosse viel näher kommt. Dabei erklärt sich ihr relativ größerer Umfang

478) Zu beachten ist, dass sich die Handschriften der Klasse K nochmal in unterschiedlich lange Ordnungen aufteilen lassen, vgl. KAUFMANN, Einleitung, KGl LnR S. XXV–XXIX, und bereits oben S. 93 f. Für den Mengenvergleich wurden als Vertreterin der vulgaten dritten Ordnung der kürzeren Lehnrechtsglosse der Text der Leithandschrift L_1 der Edition von KAUFMANN, KGl LnR, und als Vertreterin der längeren Lehnrechtsglosse der Text der Leithandschrift Wo der Edition von DEMS., LGl LnR, herangezogen. Statt einem bloßen Vergleich der Editionsseitenzahl (der durch Petitdruck und Fußnotenapparat verfäscht wäre) wurde versucht, die überschießende Textmenge in L selbst grob zu errechnen.

479) Zu den Kosten spätmittelalterlicher Codices BAUMGÄRTNER, Et faciendi plures libros S. 56.

480) Nach der Druckausgabe [Landrecht...], Augsburg 1481, fasst das Sachsenspiegel-Landrecht mit Buch'scher Glosse insgesamt 180 Folia. In der zugehörigen Parallelausgabe [Sächsisches Weichbild...], Augsburg 1482, nimmt das Lehnrecht mit längerer Glosse 113 Folia ein. Die Lehnrechtsglosse nimmt somit ca. 39 % der Gesamtglossierung ein. Bei Vergleich der Editionsseiten – 1438 Seiten der Buch'schen Glosse versus 1090 Seiten der längeren Lehnrechtsglosse, vgl. KAUFMANN, Gl LdR, DERS., LGl LnR – nimmt die Lehnrechtsglosse der Klasse L gar 43 % der Gesamtglossierung ein. Diese Zahl wird allerdings durch Edition einer zweiten Handschrift im Petitdruck und dem unregelmäßigen Fußnotenapparat stärker verfälscht.

481) Nach den Editionen von KAUFMANN, Gl LdR, und DERS., KGl LnR, fassen das Landrecht mit Buch'scher Glosse 1438 Seiten und das Lehnrecht mit kürzerer Glosse 578 Seiten. Allerdings können die aus den Editionen mit Petitdruck und Fußnotenapparat gewonnenen Zahlen nur eine ungefähre Vorstellung vom Umfang der Glossen geben.

weniger aus der Behandlung eines besonders breiten Themenspektrums als vielmehr aus ihrer ausschweifenden Ausdrucksweise. Immer wieder formuliert sie den Inhalt des Sachsenspiegels bloß um und wiederholt bereits behandelte Aspekte, ohne ihnen zusätzlichen Aussagegehalt hinzuzufügen. Es liegt nahe, dass man bei der Kürzung der Lehnrechtsglosse ganz bewusst gegen eine solche Redundanz angehen wollte. Durch Reduzierung inhaltsleerer Floskeln und allzu umständlicher, raumgreifender Erläuterungen sollte der Glossentext wohl pointierter, übersichtlicher und handhabbarer gestaltet werden. Die möglichen Motive der Kostenersparnis und der Textverbesserung schließen einander nicht aus. Beide könnten bei der Überarbeitung der Lehnrechtsglosse nebeneinander eine Rolle gespielt haben. Eine kürzere, billigere und prägnantere Fassung der Lehnrechtsglosse sollte vielleicht insgesamt ihre Brauchbarkeit und Verkehrsfähigkeit steigern.

Das Bemühen um Textstraffung spiegelt sich in der Vorgehensweise des Redaktors wider. Als durchgängiges redaktionelles Konzept zeichnet sich die Auslassung oder Zusammenfassung von solchen Passagen ab, die als überflüssig, weniger wichtig oder zu umständlich und ausufernd angesehen werden können. Hierzu zählen der ziemlich konsequent umgesetzte Verzicht auf *continuationes* am Kapitelanfang und die relativ häufigen Streichungen längerer Paraphrasen des Sachsenspiegels, wie sie die längere Lehnrechtsglosse vor allem gegen Ende der Kapitelkommentierungen enthält. Technisch viel schwerer und sehr unregelmäßig stark durchgeführt sind die Kürzungen zusätzlicher Argumentationsschichten, Beispielsfallbildungen und anderer Exkurse und Erläuterungen. Der Redaktor machte dabei vor keiner der angewandten Stilfiguren Halt, sodass sich bis zum Schluss der Glosse ganz oder teilweise gekürzte Aufzählungen, *quaestiones* und Urteilsfragen feststellen lassen. Ob die konkrete Glossenstelle so oder so ähnlich bereits in der Buch'schen Glosse enthalten war, spielte bei der Beurteilung ihrer Wichtigkeit offenbar keine Rolle.

Man muss eine solch straffende Überarbeitung der Lehnrechtsglosse, die den Inhalt nicht ändern und den Text in stilistischer Hinsicht vielleicht sogar noch aufwerten sollte, als ein mühsames Unterfangen und als eine große intellektuelle Herausforderung begreifen. Es verwundert deshalb nicht, dass die zeitintensiven und schwierigen Kürzungen zum Ende der Glosse hin seltener werden. Das intendierte Ziel einer äußerlichen Kürzung war möglicherweise bereits erreicht. In den meisten Fällen ist der Redaktor recht geschickt vorgegangen und hat seine Eingriffe in den Text erfolgreich hinter Überleitungen oder zusammenfassenden Regelsätzen versteckt[482]. Nur hier und da, etwa bei den abbrechenden Aufzählungen, stolpert der Leser der

482) So auch KAUFMANN, Einleitung, LGl LnR S. XXXV.

kürzeren Glosse über offenbare Lücken. Keinesfalls würde man daraus aber Streichungen im tatsächlich erfolgten Ausmaß von etwa 40 % vermuten. Erst der Vergleich mit der längeren Klasse zeigt, wie groß die Unterschiede zwischen den Textklassen K und L sind und wie oft der Redaktor die kohärentere Argumentationsstruktur der Klasse L aufgebrochen hat. Meist wird dies unbewusst geschehen sein, teilweise wird er Unregelmäßigkeiten im Textaufbau aber auch bewusst in Kauf genommen haben. Wo in der Klasse K aufgrund der Textlücken inhaltliche Fragen unbeantwortet bleiben oder Passagen eindeutig in der Luft hängen, dürfen wir von Versehen des Redaktors ausgehen. Hin und wieder muss er den Überblick über das behandelte Thema verloren haben. Eine „Teilschuld" an solchen Verständnisfehlern liegt sicher beim ersten Lehnrechtsglossator selbst, der es dem Leser mit seinem vielen Hin und Her und Für und Wider, mit seinen Exkursen und mit seinen Untergliederungen nicht immer leicht macht, den roten Faden zu behalten.

Fragt man nun abschließend noch nach den Fähigkeiten, die eine solche Überarbeitung der Lehnrechtsglosse erforderte, wird man jedenfalls eine vertiefte Kenntnis der Materie voraussetzen müssen. Auch wenn der Redaktor keinen nennenswerten eigenen Text geschrieben, sondern „nur" gestrichen und zusammengefasst hat, verlangt die Beurteilung der Wichtigkeit der einzelnen Passagen und die Fähigkeit zur Zusammenfassung doch sowohl Kenntnisse im Sächsischen Recht als auch eine gewisse Gewandtheit im gelehrten Recht. Ein studierter Jurist also? Solche waren, wie man es etwa im Falle Nikolaus Wurms vermutet[483], auch in Skriptorien beschäftigt, wo man für die Bedürfnisse des Marktes besonders sensibilisiert war. Möglicherweise fiel die Entscheidung zur Herstellung einer knapperen, praxistauglicheren und besser verkäuflicheren Fassung der Lehnrechtsglosse, sei es nun auf eigene oder auf fremde Initiative, in einem solchen Zusammenhang.

4. Das Problem der Klasse W

Wir haben zwar gesehen, dass sich die Textklasse K der Lehnrechtsglosse entgegen der traditionellen Auffassung von einer sukzessiven Textvermehrung als eine gekürzte Überarbeitung der Klasse L darstellt. In der kritischen Überprüfung des Homeyer'schen Modells bisher ganz außen vor geblieben ist aber W, die dritte Textklasse der Lehnrechtsglosse. Repräsentiert wird sie durch den ältesten Überlieferungszeugen der Lehnrechtsglosse, die Handschrift Be_3 von 1386/87, und durch das Fragment P. Wie sich die längs-

483) KLOSS, Buchmalerei S. 92.

te, den Textbestand von L noch einmal beträchtlich übersteigende Glossenfassung W unter den veränderten Parametern in das Modell der Textentwicklung einpasst, ist Gegenstand der folgenden Überlegungen.

Carl Gustav Homeyer, auf den die Zuweisung der in der Handschrift Be_3 enthaltenen Glossenfassung an Nikolaus Wurm zurückgeht, hielt die Klasse W für eine erweiternde Sonderfassung der Lehnrechtsglosse, der eine Handschrift der Klasse L zugrunde gelegen haben müsse[484]. Seine Einschätzung ist lange unwidersprochen geblieben – allerdings ist die Frage nach der Textentwicklung in der Forschung auch nicht mehr eingehend behandelt worden. Frank-Michael Kaufmann konnte im Editionsvorwort der kürzeren Lehnrechtsglosse daher noch zusammenfassen: „Nach dem gegenwärtigen Forschungsstand scheint unbestritten, daß die längere Glosse der Wurm'schen Überarbeitung und Erweiterung von 1386 zugrunde lag."[485]

Dass Homeyers Idee von der Textentwicklung der Lehnrechtsglosse knapp begründet ist und sich bisweilen als trügerisch erweisen kann, hat sich schon im Verhältnis zwischen den Klassen K und L gezeigt. Dürfen wir ihm also diesmal glauben? Bisher ist keineswegs bewiesen, dass die sogenannte „Wurm'sche" Glosse gegenüber der kürzeren und längeren Glosse die jüngste Glossenschicht darstellt. Im Gegenteil hat Frank-Michael Kaufmann nun nach Abschluss seiner Editionsarbeiten an der längeren Lehnrechtsglosse die Frage aufgeworfen, ob die Glosse der Klasse W nicht statt am Ende der Textentwicklung vielmehr an ihrem Anfang gestanden haben könnte, womit ihr Verfasser gar als möglicher Erstglossator des Sächsischen Lehnrechts in Betracht käme[486]. Der Erkenntnisgewinn, der ein solch verändertes Textenwicklungsmodell für die Interpretation der Lehnrechtsglosse mit sich brächte, wäre enorm. Genauere Nachforschungen zur Handschrift Be_3 als dem nach gegenwärtigem Forschungsstand spannendsten Überlieferungsträger der Lehnrechtsglosse sind also vielversprechend.

Die Frage nach Bedeutung und Entstehung der Klasse W der Lehnrechtsglosse bettet sich in einen größeren Fragenkomplex rund um Leben und Werk des Nikolaus Wurm einerseits und eine schlesische Handschriftengruppe andererseits. Hier steht die Forschung, obwohl ein Blick in die durchaus auskunftsfreudigen Lexikonartikel ein gegenteiliges Bild zu ver-

484) HOMEYER, Einleitung LnR, Sachsenspiegel II 1 S. 75–77.

485) KAUFMANN, Einleitung, KGl LnR S. XXIII.

486) KAUFMANN, Einleitung, LGl LnR S. XXXII f. DERS., Einleitung, KGl LnR S. XXII, hielt die Klassen K und L noch für die gegenüber W früheren Textklassen. Mittlerweise schließt Kaufmann das Primat der Klasse W und damit eine Verfasserschaft Wurms an der Lehnrechtsglosse insgesamt nicht mehr aus, vgl. auch bereits DERS., Glossen zum Sachsenspiegel S. 105 und 108.

mitteln scheint[487], erst am Anfang. Als wichtiger Akteur der jungen *iurisprudentia romano-saxonica* mit möglichen Berührungspunkten zur Lehnrechtsglosse verdient Nikolaus Wurm im Folgenden eine eingehende Erörterung. Die gesicherten Erkenntnisse zu Wurm sind eher spärlich und gerade die Zuweisungen der ihm zugeschriebenen Glossenbearbeitungen stehen auf dem sehr dünnen Eis schwach begründeter Vermutungen. Umso wichtiger scheint es für die Beurteilung der Lehnrechtsglossenklasse W, die bestehenden Unklarheiten herauszuarbeiten. Es wird sich zeigen, dass entscheidende Punkte noch ungeklärt sind.

a) Zeugnisse über Nikolaus Wurm

Nur wenige, im Wesentlichen von Carl Gustav Homeyer[488] und Gustav Köhler[489] ermittelte Quellen liefern uns direkte Hinweise auf das Leben und Wirken des vermeintlichen Überarbeiters der Lehnrechtsglosse Nikolaus Wurm. Hugo Böhlau hat die spärlichen Nachrichten zusammengetragen und zusammenhängend ausgewertet[490]. Seither konnte nichts Substantielles mehr hinzugefügt werden[491]. Auskunft geben uns demnach letztlich nur die Selbstzeugnisse Wurms in der Blume des Sachsenspiegels und im Liegnitzer Stadtrechtsbuch – den beiden einzigen Werken, die sicher Wurm zugeschrieben werden können – sowie zwei Notizen aus Görlitzer Ratsrechnungen.

1. Die Quellenlage

Die frühesten und aussagekräftigsten Zeugnisse über Wurm finden wir in der insgesamt noch in acht Handschriften erhaltenen Blume des Sachsenspiegels[492]. Dort nennt sich mehrfach ein „*Nicolaus Vermis*“ oder „*Nycolaus*

---

487) EBEL, Art. Blume des Sachsenspiegels, in: ^{2}HRG I Sp. 618–619; DERS., Art. Blume von Magdeburg, in: ^{2}HRG I Sp. 619 f.; V. EISENHART, Art. Wurm, Nikolaus, in: ADB XLIV S. 334 f.; JANZ, Art. Wurm, Nikolaus, in: HRG V Sp. 1546–1548; KÜMPER, Art. Wurm, in: BBKL XXV Sp. 1547–1549; SCHIEWER / LEUCHTE, Art. Wurm, Nikolaus, in: ^{2}VL X Sp. 1441–1449.

488) Insbesondere HOMEYER, Beigabe 3, Richtsteig LdR S. 355–358.

489) KÖHLER, [Miszellen] S. 169–172.

490) BÖHLAU, Einleitung, Nove constitutiones S. XXI f. und passim.

491) Das Stadtarchiv von Wurms Geburtsstadt Neuruppin ist 1787 verbrannt, BÖHLAU, Einleitung, Nove constitutiones S. XXI. Die von Hugo Böhlau und Hans-Jörg Leuchte angestoßene Suche nach weiteren Quellen im Stadtarchiv von Liegnitz, dem möglichen Wirkungsort Wurms, blieb erfolglos, DERS., ebenda, und LEUCHTE, Einleitung, Liegnitzer Stadtrechtsbuch S. XXIV.

492) OPPITZ, Rechtsbücher II Nr. 114, 153, 189, 251, 299, 864 und als Vertreter der äl-

Worm" aus Neuruppin in der Diözese Havelberg als Verfasser[493]. In der Schrift erfahren wir über den Bildungshintergrund unseres Autors, er sei *„scolaris legum scole Bononienis magistri mei domini Iohannis de Lignano, domino legum ac doctore decretorum examinatus*"[494] gewesen, wobei er sich allerdings als einen *„slechten schuler*"[495] bezeichnet. Die Blume des Sachsenspiegels habe er auf Wunsch des *„serenissimus princeps et dux Slezie Rupertus dominusque magnificus Legenicii*"[496] verfasst, einem *„iuris ac iusticie amator*"[497]. Am Schluss des Werkes heißt es, die Blume sei am 25. Mai 1397 fertiggestellt worden[498].

Im Liegnitzer Stadtrechtsbuch[499] begegnet uns der *„hochgeborne fürste herczog Ruprecht, herczug in Slezien und herre zcu Legnitcz und zum Goltberge*"[500] noch einmal als Auftraggeber. Am Registerende dieses Lehrbuchs des Magdeburger Rechts, das mit nur 30 von geplanten 66 Artikeln wohl unvollendet geblieben ist, wird als Bearbeitungsbeginn der 29. April

---

teren Textstufe Nr. 123 und 265. Die Handschrift Nr. 1159 ist verschollen. Eine gedruckte Ausgabe der Blume des Sachsenspiegels fehlt bislang.

493) Etwa *„ego Nicolaus Vermis cognomine de Noua Ruppin Hauelbergensis dioceseos presentes feci practicas* [...]", Blume des Sachsenspiegels (zitiert nach BÖHLAU, Einleitung, Nove constitutiones S. XXI) oder am Schluss desselben Werkes *„Dez hab ich Nycolaus Worm von nuwen Ruppin ows dem gestifte Havelberg dyse kegenwertigen flores czusament gelesin vnd gesocht*", Blume des Sachsenspiegels (zitiert nach DEMS., ebenda S. XXII).

494) Blume des Sachsenspiegels (zitiert nach BÖHLAU, Einleitung, Nove constitutiones S. XXII).

495) *„ich gebe mich nicht ows alz ein Meister, noch auch alz ein student, sunderen vor einen slechten schuler, deme noter were einz meisters, der en lernete, wen daz her ymandes lernte*", Blume des Sachsenspiegels (zitiert nach BÖHLAU, Einleitung, Nove constitutiones S. XXXI).

496) Blume des Sachsenspiegels (zitiert nach BÖHLAU, Einleitung, Nove constitutiones S. XXII). Ruprecht wird in der Blume des Sachsenspiegels mehrfach genannt.

497) Blume des Sachsenspiegels (zitiert nach BÖHLAU, Einleitung, Nove constitutiones S. XXII).

498) *„Vnd bitt all frome lute* [...] *daz* [....] *sy – mich noch dyse flores – nicht vorsmehen, dy ich hir czusament gebrocht hab vnd geant nach gotes gebort Tousent dryhundert ior in deme sebin vnd newnczigistin Iare, in dez heiligen Sente Vrbanus tage.*", Blume des Sachsenspiegels (zitiert nach BÖHLAU, Einleitung, Nove constitutiones S. XXII).

499) Überliefert in den drei Handschriften bei OPPITZ, Rechtsbücher II Nr. 113, 146, 279; ediert von LEUCHTE, Liegnitzer Stadtrechtsbuch.

500) *„Dezes buches sache ist der hochgeborne fürste herczog Ruprecht, herczug in Slezien und herre zu Legnitcz und zum Goltberge. Wenne ichs durch seynes gebotes wille zusampne gebrocht habe, Got zu lobe* [...]", Liegnitzer Stadtrechtsbuch, Vorrede (LEUCHTE, Liegnitzer Stadtrechtsbuch S. 4 Z. 18–20).

1399 festgehalten und als Verfasser Nikolaus Wurm genannt[501]. Von ihm heißt es, er stamme *„von Newen Rippen, des Groffen von Lindaw"* und dass er *„czu der czeit herczog Ruprechts diener was"*[502].

Bemerkenswert sind schließlich noch zwei Vermerke in Görlitzer Ratsrechnungen. Zum einen notierte man dort unter dem 19. Juli 1399: *„Item slug man Peter Nvmeister abe von Nicolaus Wormes und Nicolaus Dypoldis wegin, als man das lenrechtbuche* [Prädikat fehlt!] *6 sch."*[503] Zum anderen findet sich im Verzeichnis des sogenannten *census ad vitam personarum* des Jahres 1401/02 der Eintrag *„Nycolao Wurm 4 sch."*[504]

2. Interpretation der Quellen

Soweit das historische Material. Aus ihm erwachsen nun gewisse Interpretationsspielräume. Als gesichert dürfen wir festhalten, dass Ende des 14. Jahrhunderts ein Nikolaus Wurm gelebt hat, dass er in Neuruppin in der Mittelmark geboren ist, unter Johannes de Lignano in Bologna studiert hat und später im Dienste des Herzogs Ruprechts von Liegnitz stand. Er verfasste die 1397 fertiggestellte Blume des Sachsenspiegels sowie das 1399 begonnene Liegnitzer Stadtrechtsbuch. Kontakt bestand offenbar außerdem zur Stadt Görlitz in der Oberlausitz, denn 1399 wird Wurm dort im Zusammenhang mit der Anschaffung eines Lehnrechtsbuches erwähnt. 1401/02 schließlich setzt ihm der Görlitzer Rat eine Leibrente von vier Schock Groschen aus.

Über Wurms Heimatstadt weiß Böhlau noch näher zu berichten, dass der Name Wurm 1365 schon einmal für einen rutenzinspflichtigen Hausbesitzer in einer Heberolle der Stadt Neuruppin auftaucht[505]. Außerdem hätten die Herren von Ruppin zwischen 1373 und 1376 den im Liegnitzer Stadtrechtsbuch erwähnten Titel der Grafen von Lindau nicht geführt, woraus Hugo Böhlau schloss, dass Wurm die Stadt wahrscheinlich schon vor 1373 verlassen hat[506].

Wurms Studium der Rechte in Bologna lässt sich durch keine Matrikeleinträge oder sonstige Register der Universität oder ihrer Unterorganisatio-

501) Liegnitzer Sadtrechtsbuch, Register 66 (LEUCHTE, Liegnitzer Stadtrechtsbuch S. 16 Z. 19–22).

502) Liegnitzer Sadtrechtsbuch, Register 66 (LEUCHTE, Liegnitzer Stadtrechtsbuch S. 16 Z. 19–22).

503) Görlitzer Ratsrechnungen I Blatt 173b (zitiert nach JECHT, Görlitz S. 252; der das ältere Exzerpt von KÖHLER, [Miszellen] S. 171, berichtigt).

504) Görlitzer Ratsrechnungen II Blatt 109b (zitiert nach JECHT, Görlitz S. 253).

505) BÖHLAU, Einleitung, Nove constutiones S. XXIII.

506) BÖHLAU, Einleitung, Nove constutiones S. XXIII.

nen belegen[507], weshalb einem nichts weiter übrig bleibt, als seinem Selbstzeugnis Glauben zu schenken. Da sich Wurm als Schüler des Bologneser Rechtslehrers Johannes de Lignano[508] ausweist, wird man mit Homeyer als *terminus ante quem* für Wurms Studienzeit jedenfalls Johannes' Todesjahr 1383 ansetzen müssen[509]. Noch weiter zurück reicht die zeitliche Einschränkung Böhlaus: Weil Johannes de Lignano 1377 zum *vicarius generalis in temporalibus*[510], zum päpstlichen Statthalter von Bologna, ernannt worden sei, und weil der „sonst so redselige"[511] Wurm diesen Ehrentitel nicht erwähne, habe Wurm Bologna wahrscheinlich sogar schon vor 1377 verlassen. Als bisher Einziger hat sich Böhlau auch mit dem Verhältnis der Wurm'schen Schriften zum Werk seines Lehrers beschäftigt[512]. Eine unmittelbare Bekanntschaft Wurms mit den Texten de Lignanos hat er dabei allerdings nicht nachweisen können. Auch die aufgezeigten, sehr allgemein bleibenden Parallelen in der Argumentationsweise – Böhlaus Urteil über die stilistischen Qualitäten beider Autoren fällt vernichtend aus[513] – vermögen einen direkten Einfluss de Lignanos auf seinen Schüler kaum hervortreten zu lassen. Unklar ist, ob Wurm sein Auslandsstudium mit dem Lizenziat abgeschlossen oder gar die Doktorwürde erworben hat. Nirgends taucht er mit dem Titel „*doctor*", „*dominus*" oder „*magister*" auf[514]. Wie gesehen be-

---

507) Die Annalen der *Acta Nationis Germanicae* geben keinen Hinweis auf Nikolaus Wurm, vgl. KNOD, Acta Nationis Germanicae (zum Quellenwert der Unterlagen der deutschen Nation SCHMUTZ, Juristen I S. 21–25.) Ein in den Matrikeln der sächsischen Nation der Prager Juristenfakultät im Jahr 1400 verzeichneter „*Nicolaus de Rupin*", vgl. MUP II S. 152, wird man schon deshalb nicht mit Nikolaus Wurm in Verbindung bringen dürfen, weil das Datum zu Wurms Biographie nicht recht passt.

508) Über Johannes de Lignano V. SCHULTE, Geschichte II S. 257–261.

509) HOMEYER, Beigabe 3, Richtsteig LdR S. 356.

510) V. SAVIGNY, Geschichte des Römischen Rechts III S. 249 Fn a; V. SCHULTE, Geschichte II S. 257.

511) BÖHLAU, Einleitung, Nove constitutiones S. XXIII.

512) BÖHLAU, Einleitung, Nove constitutiones S. XXX–XXXIII; Zusammenfassung bei LEUCHTE, Einleitung, Liegnitzer Stadtrechtsbuch S. XXV–XXVI.

513) „Wer aber hintereinander irgend einen tractat des Johannes und ein Wurm'sches product liest, wird keinen augenblick leugnen, dass beiden eine wahrhaft unertraegliche breite eigen ist, dass neben dem zur sache gehoerigen bei beiden ungemein viel fremdes sich findet und zwar in einer solchen fülle, dass selbst der nervenstärkste leser sich einer fieberhaften ungeduld nicht erwehren kann; obenein besteht das fremdartige material meist in abgeschmackten bis ins kleinste ausgefuehrten vergleichen, oder in trivialen ein- und ueberleitungs-betrachtungen, in etymologischen spielereien u. dgl.", BÖHLAU, Einleitung, Nove constitutiones S. XXXI.

514) Zu den akademischen Abschlüssen des Lizenziats und des Doktorats und dem unspezifisch gebrauchten Magistertitel SCHMUTZ, Juristen I S. 118–129.

zeichnet sich Wurm als *„scolaris legum [...] domino legum ac doctore decretorum examinatus“*[515] und als einen *„slechten schuler“*[516].

Noch weit verschwommener als unser Bild von Herkunft und Bildung des Nikolaus Wurm ist das seines beruflichen Wirkens. In welchem genauen Verhältnis er zu Herzog Ruprecht von Liegnitz stand, einem Angehörigen der schlesischen Piastendynastie, der zwischen 1374 und 1409 regierte[517] und als dessen *„diener“*[518] Wurm bezeichnet wird, wissen wir nicht. Böhlau hat in klösterlichen Kopialbüchern nach einer konkreten Amtsbezeichnung geforscht, ist unter den Liegnitzer Kanzlern, Hofrichtern und Landvögten aber nur auf anderslautende Namen gestoßen[519]. Bemerkenswert scheint mir, dass der Vermerk am Registerende des Liegnitzer Stadtrechtsbuchs von Wurm nur in der dritten Person und von seinem Dienstverhältnis zu Ruprecht nur im Imperfekt spricht. Im Ganzen lautet die Stelle:

> *„Dezis buchis begynnen ist gewest der nehste dinstage noch sandte Gorgen tag noch Gotis geburt dreyczenhundert jar in dem xcix. von eynem Nicolaen*

515) Blume des Sachsenspiegels (zitiert nach BÖHLAU, Einleitung, Nove constitutiones S. XXII). Der Ablativ irritiert (*„domino legum ac doctore decretorum“*; GEORGES, „examino“, Hdwb Sp. 2506, gibt für den Ablativ die hier nicht passende Bedeutung „mit“ an): Ist gemeint, wie es wohl BÖHLAU, Einleitung, Nove constitutiones S. XXXIII, verstand, dass Wurm *von* einem Doktor beider Rechte geprüft worden ist (im Sinne von *„per“ dominum legum ac doctorem decretorum examinatus* oder *„a“ domino legum ac doctore decretorum examinatus*) oder, wie offenbar JESSEN, Nikolaus Wurm S. 116, übersetzt, dass er *zum* Doktor beider Rechte examiniert wurde (im Sinne von *dominus legum ac doctor decretorum examinatus*)? Ich tendiere zur ersten Variante, auch aus nichtsprachlichen Erwägungen. Zum einen erwarb nach SCHMUTZ, Juristen I S. 122–124, nur ein geringer Prozentsatz der Bologneser Studenten den Doktorgrad, sodass schon die Wahrscheinlichkeit gegen einen Wurm'schen Doktortitel spricht. Zum anderen fand die eigentliche fachwissenschaftliche Prüfung bereits bei Erwerb des Lizenziats statt, während der Akt der Doktorpromotion keine eigentliche Prüfung mehr verlangte, sondern vielmehr mit einer feierlichen Rede und Disputation des Lizenziaten als Symbol für seine Aufnahme der Lehrtätigkeit vollzogen wurde, SCHMUTZ, Juristen I S. 120 f. Wurm hätte zur Bezeichnung eines solchen Aktes vielleicht nicht das Verb *„examinare“* gewählt.

516) Blume des Sachsenspiegels (zitiert nach BÖHLAU, Einleitung, Nove constitutiones S. XXXI).

517) HAUSDORF, Piasten Schlesiens S. 47 f.; THEBESIUS / JAECKEL, Geschichte I S. 58–61. Zum Rechtszustand Schlesiens im 14. Jahrhundert allgemein RÜTHER, Region und Identität, insbesondere S. 35–53.

518) Liegnitzer Sadtrechtsbuch, Register 66 (LEUCHTE, Liegnitzer Stadtrechtsbuch S. 16 Z. 22).

519) BÖHLAU, Einleitung, Nove constitutiones S. XXIV.

Worm von Newen Rippen, des Groffen von Lindaw, der czu der czeit herczog Ruprechts diener was. Und betet got alle vor en et cetera!“[520]

Womöglich spricht hier gar nicht mehr Wurm selbst, sondern ein Dritter hat den Vermerk im Nachhinein hinzugesetzt. Unklar ist, ob das Liegnitzer Stadtrechtsbuch unvollendet geblieben oder nur unvollständig überliefert ist[521]. Eine plausible Erklärung für das abrupte Ende des Liegnitzer Stadtrechtsbuchs wäre der plötzliche Tod des Autors. Hierfür spräche auch die Formulierung „*betet got alle vor en*“. Andererseits ist Wurm, wie die Görlitzer Ratsrechnungen belegen, im Jahr 1401/02 noch eine Leibrente ausgesetzt worden. Wurm müsste demnach, wenn sein Tod die Arbeiten am Liegnitzer Stadtrechtsbuch unterbrochen haben sollte, mindestens zwei Jahre zwischen 1399 und 1401 für die Erstellung der ersten 30 Artikel gebraucht haben. Vielleicht ist Wurm damals also noch gar nicht gestorben, sondern um 1399 nur aus seinem Dienstverhältnis zu Herzog Ruprecht ausgeschieden, wobei er auch seine Arbeiten am Liegnitzer Stadtrechtsbuch einstellte?

Genaueres zum Inhalt von Wurms Tätigkeit am Hofe Ruprechts erfahren wir nicht. In der Blume des Sachsenspiegels und im Liegnitzer Stadtrechtsbuch tritt Ruprecht nur als Auftraggeber des jeweiligen Werkes auf, in der Blume des Sachsenspiegels wird er außerdem allgemein als ein Liebhaber des Rechts bezeichnet. Die Erwähnung der Personalie Ruprecht (1397 und 1399) und der irreführende Titel des inhaltlich nicht dezidiert mit Liegnitzer, sondern allgemein mit Magdeburger und gelehrtem Recht befassten Liegnitzer Stadtrechtsbuchs[522] sind die einzigen Hinweise auf eine Beziehung Wurms zum schlesischen Liegnitz.

Die Ratsrechnungen aus den Jahren 1399 und 1401/02 verweisen dagegen auf die knapp 100 Kilometer entfernt liegende Stadt Görlitz in der Oberlau-

---

520) Liegnitzer Sadtrechtsbuch, Register 66 (LEUCHTE, Liegnitzer Stadtrechtsbuch S. 16 Z. 19–22).

521) In der Handschrift OPPITZ, Rechtsbücher II Nr. 146, endet das Werk mit dem offenen Satz „*Nota: Dis wisset auch sunderlichen.*“, Liegnitzer Stadtrechtsbuch XXX 4 (LEUCHTE, Liegnitzer Stadtrechtsbuch S. 287 Z. 11). Die Handschrift OPPITZ, Rechtsbücher II Nr. 279 lässt die Schlussworte weg, LEUCHTE, Einleitung, Liegnitzer Stadtrechtsbuch S. XXXVII.

522) Liegnitz lebte von Anfang an nach Magdeburger Recht, GOERLITZ, Magdeburger Recht in Liegnitz, insbesondere S. 24 f. Nur insofern handelt das mit Magdeburger und gelehrtem Recht befasste Lehrbuch des Nikolaus Wurm auch von Liegnitzer Recht. Weil es dabei auf Liegnitzer Besonderheiten nicht weiter eingeht, betont die Literatur gern, das „Liegnitzer Stadtrechtsbuch“ trage seinen Namen zu Unrecht, LEUCHTE, Einleitung, Liegnitzer Stadtrechtsbuch S. XXIX; SCHIEWER / LEUCHTE, Art. Wurm, Nikolaus, in: [2]VL X Sp. 1447.

sitz[523]. Mit guten Gründen interpretiert Richard Jecht den ersten Eintrag vom 19. Juli 1399 als einen Beleg über die Auszahlung von sechs Schock Groschen durch den Görlitzer Rat an den Ratsbeamten Peter Neumeister, der die Summe für die Inauftraggabe eines Lehnrechtsbuches vorgestreckt haben muss[524]. Letztlich bezahlt worden sind Nikolaus Wurm und der auch sonst als Pergamenthändler und Schreiber bekannte Nikolaus Dypoldis nach Jecht wohl für das Zurverfügungstellen eines Lehnrechtsbuches einerseits und die Abschrift desselben andererseits[525]. Kopfzerbrechen bereitet die Zuordnung dieses nicht näher spezifizierten Lehnrechtsbuches. Aus Görlitzer Archivbeständen ist kein solches Rechtsbuch erhalten, insbesondere enthalten weder die sogenannte „Große Görlitzer Handschrift"[526] noch die einzig erhaltene Handschrift der Blume von Magdeburg[527] irgendeinen Lehnrechtsteil[528]. Böhlau glaubte deshalb an ein heute verlorenes, auf Nikolaus Wurm zurückgehendes Lehnrechtsbuch[529]. Am wahrscheinlichsten scheint mir, dass sich hinter dem Titel schlicht ein weiteres, heute nicht mehr erhaltenes glossiertes Exemplar des Sächsischen Lehnrechts verbirgt.

Der zweite Eintrag in den Görlitzer Ratsrechnungen von 1401/02 belegt eine an Nikolaus Wurm auszuzahlende Leibrentenschuld des Görlitzer Rates in Höhe von vier Schock Groschen. Vermutlich lag ein Leibrentenkauf zugrunde, eine schon im 14. Jahrhundert gängige Form der Kapitalbeschaffung, mit der unter anderem die Städte eine Art öffentliche Anleihe bei Privatpersonen zu tätigen pflegten[530]. Als Gegenleistung Wurms für die jährlich auszuzahlende Rente käme zwar grundsätzlich auch eine Sachleistung wie die Lieferung von Rechtsbüchern in Betracht[531]. Wahrscheinlicher ist

523) Noch bis 1396 beherrschte Johann, der vierte Sohn Karl IV., das eigens für ihn errichtete Herzogtum Görlitz, HILSCH, Art. Johann Herzog von Görlitz, in: NDB X S. 488; LINDNER, Art. Johann, Herzog von Görlitz, in: ADB XIV S. 216–218.

524) JECHT, Görlitz S. 252. Entgegen KÖHLER, [Miszellen] S. 171, der an *„koufte"* dachte, ergänzt Jecht *„Item slug man Peter Nvmeister abe von Nicolaus Wormes und Nicolaus Dypoldis wegin, als man das lenrechtbuche* [schreiben liez] *6 sch."*, weil ein umfangreiches Lehnrechtsbuch kaum ohne Bestellung geschrieben worden sei.

525) JECHT, Görlitz S. 252 f.

526) OPPITZ, Rechtsbücher II Nr. 861 (Krakau BJ Przyb. 42/60).

527) OPPITZ, Rechtsbücher II Nr. 271 (Breslau/Wrocław BU Mil. II 4 membr.).

528) So entgegen KÖHLER, [Miszellen] S. 171, schon BÖHLAU, Einleitung, Nove constitutiones S. XXV. Den Befund bestätigt JECHT, Görlitz S. 253.

529) BÖHLAU, Einleitung, Nove constitutiones S. XXV.

530) Ebenso JECHT, Görlitz S. 253. Zur Leibrente OGRIS, Art. Leibrente, in: HRG II Sp. 1800–1802, im Überblick und ausführlich DERS., Leibrentenvertrag, hier insbesondere S. 119–130.

531) So KÖHLER, [Miszellen] S. 171, der einen Zusammenhang zwischen den beiden Einträgen in den Görlitzer Ratsrechnungen vermutete. Leibrenten wurden nicht nur ge-

aber, weil das Lehnrechtsbuch ausweislich des Rechnungseintrags von 1399 ja bezahlt wurde, dass Wurm die Rente in der damals praktisch am häufigsten auftretenden Form durch Auszahlung einer entsprechenden Summe an den Görlitzer Rat erworben hatte[532]. Vor diesem Hintergrund wird man wenigstens von einem gewissen Wohlstand Wurms ausgehen dürfen[533], ohne allerdings von seiner Vermögensanlage bei der Stadt Görlitz auch auf seine Ansässigkeit in Görlitz schließen zu können[534]. Zugleich ist diese letzte urkundliche Erwähnung von 1401/02 *terminus post quem* für Wurms Todesjahr.

3. Unbewiesene Vermutungen

Das und nicht mehr wissen wir über Nikolaus Wurm. Bis auf die wenigen Schlaglichter aus den Jahren zwischen 1397 und 1401/02 bleibt seine Biographie völlig im Dunkeln. Nicht einmal seine vorrangige Wirkungsstätte lässt sich mit Sicherheit benennen. Die Liste der autorisierten Werke beschränkt sich auf die Blume des Sachsenspiegels und das Liegnitzer Stadtrechtsbuch. Ihnen wird man mit einiger Wahrscheinlichkeit noch die als Vorarbeit zur Blume des Sachsenspiegels ausgestaltete Blume von Magdeburg[535] hinzu-

---

gen die Übertragung von Grundstücken oder Geldkapital, sondern auch als Entgelt für andere Sach- und Dienstleistungen gewährt, OGRIS, Leibrentenvertrag S. 174 f. Der praktisch bedeutsamste Typ des Leibrentenvertrages war aber der Kauf um Geld, DERS., ebenda S. 173.

532) JECHT, Görlitz S. 253. Da der mittelalterliche sogenannte Rentfuß eine relativ konstante Größe von etwa 10 % darstellte, OGRIS, Leibrentenvertrag S. 184 f., wird man im Falle Wurms einen Rentenkaufpreis von etwa 40 Schock Groschen ansetzen können.

533) Der Rentenkauf setzte anlagebedürftiges Barkapital voraus, welches aber nicht nur durch die vermögende Oberschicht aufgebracht wurde, sondern durchaus auch in der breiten Masse der Bürger vorhanden war, OGRIS, Leibrentenvertrag S. 159–162.

534) Nicht alle Leibrentner trugen ihr Geld zum Rat der eigenen Stadt, vielmehr gehörten zur Gläubigerschaft einer Stadt auch auswärtige Geldgeber, OGRIS, Leibrentenvertrag S. 164–172.

535) HOMEYER, Beigabe 3, Richtsteig LdR S. 362, glaubte Wurm auch als den Autor der anonym Blume von Magdeburg identifizieren zu können. Er begründete diese Einschätzung erstens mit der konzeptionellen und inhaltlichen Forführung des Werkes in der späteren Blume des Sachsenspiegels, zweitens mit der Zugehörigkeit der Überlieferungsträger beider Werke zu einer gemeinsamen Görlitzer Handschriftengruppe und drittens mit großen stilistischen Ähnlichkeiten der beiden Blumen. Wenngleich mir hierin zwar gewichtige Gründe aber doch noch kein letzter Beweis für die Autorschaft Wurms auch an der Blume von Magdeburg zu liegen scheinen, ist die Zuschreibung seither nicht mehr angezweifelt worden, vgl. etwa EBEL, Art. Blume von Magdeburg, in: ²HRG I Sp. 619 f. BÖHLAU, Einleitung, Blume, insbesondere S. 3, thematisierte die für ihn eindeutig geklärte Verfasserfrage in seiner Editionseinleitung schon gar nicht mehr.

rechnen dürfen. Somit zählt zu den selbständigen, mit einiger Sicherheit dem Nikolaus Wurm zuzuschreibenden Werken:

- Blume von Magdeburg[536]
- Blume des Sachsenspiegels (1397 fertiggestellt)[537]
- Liegnitzer Stadtrechtsbuch (1399 begonnen)[538]

Über Leben und Werk des Nikolaus Wurm liest man in der Sekundärliteratur nun aber noch einiges mehr: So soll er schon in den achtziger Jahren des 14. Jahrhunderts einem Skriptorium vorgestanden haben. Der Kunsthistoriker Ernst Kloss beschreibt Wurm als das geistige Haupt einer Schreibstube in Liegnitz, in der er für die Städte Liegnitz und Görlitz eigens überarbeitete Rechtsbücherhandschriften anfertigen und ausmalen ließ[539]. Bei der Illustrierung der dort entstandenen Sachsenspiegelhandschriften habe sich ein neuer, von der Bologneser Schule beeinflusster „magischer Stil" der Buch-

Bereits zehn Jahre zuvor glaubte er nämlich den eindeutigen Nachweis der Urheberschaft in einer Passage der Blume des Sachsenspiegels gefunden zu haben. Dort heißt es zu Herzog Ruprecht: „*pociore sua sollicitudine dona quidem summe clemencie, a superno folio que sibi sacroque Imperio tradita intelliguntur, pro facultate* [...] *floretenus exornavit,* [...] *illud videlicet opusculum, quod non solum a semet ipso sed ex quamplurimis sacrarum legum codicibus, tam summularum quam theoricarum punta inferta, edere consentaneo more commendauit denuo per Nicolaum Vermis* [...]." (zitiert nach BÖHLAU, Einleitung, Nove constitutiones S. XXII). BÖHLAU, ebenda S. XXV, wollte diesem Hinweis auf eine Neuausgabe der Blume den Nachweis dafür entnehmen, dass Wurm auch der Autor der Blume von Magdeburg gewesen ist. Möglich scheint mir allerdings auch eine andere Interpretation der Stelle. Nach Konzeption und Inhalt der Werke ist es zwar wahrscheinlich, dass die Blume von Magdeburg Vorbild für die Blume des Sachsenspiegels gewesen ist. Die hier zitierte Stelle spielt aber nicht zwingend auf die Blume von Magdeburg an, sondern deutet vielleicht bloß auf eine zweite Fassung der Blume des Sachsenspiegels hin. Immerhin kenn die Überlieferung eine ältere und eine jüngere Textstufe des Werkes, OPPITZ, Rechstbücher I S. 67. Die Stelle könnte also als Indiz dafür zu verstehen sein, dass die Neuauflage der Blume des Sachsenspiegels, wie schon HOMEYER, Einleitung Richtsteig LdR S. 67, vermutete, auf Wurm selbst zurückgeht.

536) Erhalten in der Handschrift OPPITZ, Rechtsbücher II Nr. 271 (Breslau/Wrocław BU Mil. II 4 membr); Edition von BÖHLAU, Blume.

537) Mit neun bekannten Handschriften das am weitesten verbreitete Werk des Nikolaus Wurm. Die Blume des Sachsenspiegels ist erhalten in den Handschriften OPPITZ, Rechtsbücher II Nr. 114, 123, 153, 189, 251, 265, 299, 864; Nr. 1159 ist verschollen. Eine Edition fehlt.

538) Erhalten in den Handschriften OPPITZ, Rechtsbücher II Nr. 113, 146, 279; Edition von LEUCHTE, Liegnitzer Stadtrechtsbuch.

539) KLOSS, Buchmalerei S. 84 f., 92.

malerei entwickelt[540]. Darüber hinaus bescheinigt man Wurm allerorts ein „umfangreiches Werk“[541], welchem neben der Blume des Sachsenspiegels und dem Liegnitzer Stadtrechtsbuch nicht nur auch die Blume von Magdeburg angehören soll, sondern außerdem noch eine ganze, zu einer eigenen „ersten Schaffensperiode“[542] stilisierte Gruppe von weniger selbständigen Rechtsbücherbearbeitungen. Hierzu zählt man „Wurm'schen“ Fassungen der Landrechtsglosse, der Lehnrechtsglosse, der Weichbildglosse, des Richtsteig Landrechts und schließlich noch eine Umarbeitung und Glossierung des Mainzer Reichslandfriedens von 1235[543].

Ohne die grundsätzliche Möglichkeit abstreiten zu wollen, dass es wirklich eine Schreiberwerkstatt unter der Leitung Nikolaus Wurms gegeben haben könnte und dass seinem Schriftenverzeichnis vielleicht tatsächlich all die weiteren, anonym überlieferten Arbeiten hinzuzufügen sind, verdient an dieser Stelle die nicht immer hinreichend betonte Tatsache hervorgehoben zu werden, dass sich diese weitergehenden Aussagen und Werkzuweisungen auf Vermutungen stützen. Nach wie vor fehlt eine moderne, textkritische Prüfung des Nikolaus Wurm zugewiesenen Gesamtwerks[544]. Insbesondere die hier interessierende Zuschreibung der zur Klasse W überarbeiteten Lehnrechtsglosse ist und bleibt erklärungsbedürftig.

b) Überprüfungsbedürftigkeit des „Wurm'schen Frühwerks“

Dass Nikolaus Wurm neben Blume von Magdeburg, Blume des Sachsenspiegels und Liegnitzer Stadtrechtsbuch in den 1380/90er Jahren verschiedene deutsche Glossenredaktionen verfasst haben soll, ist heute zu Lexikonwissen avanciert[545]. Zu ihnen rechnet man:

540) KLOSS, Buchmalerei S. 79–94. Zu den Illustrierungen der schlesischen Sachsenspiegelhandschriften, die sich in vielerlei Hinsicht von den vier berühmten *Codices picturati* unterscheiden, auch KÜMPER, Miniaturen und Bilder S. 106–118.

541) JANZ, Art. Wurm, Nikolaus, in: HRG V Sp. 1546.

542) JANZ, Art. Wurm, Nikolaus, in: HRG V Sp. 1547.

543) BÖHLAU, Einleitung, Nove constitutiones S. XXIV; COING, Römisches Recht S. 184 f.; HOMEYER, Beigabe 3, Richtsteig LdR S. 356; JANZ, Art. Wurm, Nikolaus, in: HRG V Sp. 1547; JESSEN, Nikolaus Wurm S. 116 f.; KLOSS, Buchmalerei S. 84; KÜMPER, Art. Wurm, in: BBKL XXV Sp. 1547–1549; LEUCHTE, Einleitung, Liegnitzer Stadtrechtsbuch S. XXVII f.; STOBBE, Rechtsquellen I S. 381 mit Anm. 27. Mit den nötigen Vorbehalten SCHIEWER / LEUCHTE, Art. Wurm, Nikolaus, in: ^{2}VL X Sp. 1442–1444.

544) Ein Forschungsdesiderat betonen MICHAEL, [Handschriftenbeschreibung], Aderlass und Seelentrost Nr. 158 S. 327, und SCHIEWER / LEUCHTE, Art. Wurm, Nikolaus, in: ^{2}VL X Sp. 1442. Kritisch bezüglich der Zuweisung der Glossenbearbeitungen schon v. EISENHART, Art. Wurm, Nikolaus, in: ADB XLIV S. 335.

545) EBEL, Art. Blume von Magdeburg, in: ^{2}HRG I Sp. 620; JANZ, Art. Wurm, Niko-

- „Wurm'sche“ Bearbeitung der Glosse zum Sachsenspiegel-Landrecht[546] (wohl mit eigener Glosse am Ende zu LdR III 88–91, III 51)
- „Wurm'sche“ Bearbeitung der Glosse zum Sächsischen Lehnrecht[547]
- „Wurm'sche“ Bearbeitung der Glosse zum Weichbildrecht[548]
- „Wurm'sche“ Glosse zum Mainzer Reichslandfrieden[549]
- „Wurm'sche“ Bearbeitung des Richtsteig Landrechts[550]

Die genannten Glossenarbeiten sind jedoch anonym überliefert. In der nun folgenden Rekonstruktion der Begründungen der Forschung für die Zuschreibung dieser Arbeiten an Nikolaus Wurm tritt ihre Überprüfungsbedürftigkeit deutlich zu Tage. Im Mittelpunkt der sehr weitreichenden Zuweisungen der Forschung, wonach Nikolaus Wurm einer Liegnitzer Schreibstube vorgestanden[551] und im Rahmen einer überaus produktiven frühen Schaffensperiode eigene Bearbeitungen der Land-, Lehn- und Weichbildrechtglossen, des Richtsteig Landrechts sowie des Mainzer Reichs-

---

laus, in: HRG V Sp. 1546 f.; KÜMPER, Art. Wurm, in: BBKL XXV Sp. 1548; MUNZEL, Art. Weichbildglosse, in: HRG V Sp. 1212. Skeptisch hingegen v. EISENHART, Art. Wurm, Nikolaus, in: ADB XLIV S. 335; SCHIEWER / LEUCHTE, Art. Wurm, Nikolaus, in: ^{2}VL X Sp. 1442.

546) Erhalten in den zwei Handschriften OPPITZ, Rechtsbücher II Nr. 861 (Krakau BJ Przyb. 42/60, sog. „Große Görlitzer Handschrift“ von 1387) und Nr. 1348 (Mitte 15. Jh.). Die Handschriften Nr. 282 und Nr. 938 (sog. Codex „Liegnitz I“ von 1386) sind verschollen. Lange Zeit war nur die Handschrift Nr. 861 zugänglich. Erst 2007 gelang es Tomasz Kałuski und Frank-Michael Kaufmann, die Handschrift Nr. 1348, die nur Text und Glosse zu Buch III des Landrechts enthält, wieder ausfindig zu machen. Die Handschrift lagert in der Zweigstelle des Staatsarchivs Zielona Góra/Grünberg in Wilkowo/ Wilkau, Aktenbestand: Akta miasta Świebodzin, vgl. KAUFMANN, Glossen zum Sachsenspiegel S. 105 Anm. 66.

547) Erhalten in der Handschrift OPPITZ, Rechtsbücher II Nr. 1295d (Berlin SBB-PK Hs. 392, sog. Codex „Liegnitz II“ von 1386/1387) und im Fragment Nr. 1234 (Prag KNM I E a. 17), vgl. dazu im Überblick bereits oben S. 98 ff.

548) Erhalten in der Handschrift OPPITZ, Rechtsbücher II Nr. 271 (Breslau/Wrocław BU Mil. II 4 membr).

549) Erhalten in den Handschriften OPPITZ, Rechtsbücher II Nr. 1295d (Berlin SBB-PK Hs. 392, sog. Codex „Liegnitz II“ von 1386/1387) Nr. 114 (Berlin SBB-PK Ms. germ. fol. 120) und Nr. 861 (Krakau BJ Przyb. 42/60, sog. „Große Görlitzer Handschrift“ von 1387).

550) Erhalten in den Handschriften OPPITZ, Rechtsbücher II Nr. 861 (Krakau BJ Przyb. 42/60, sog. „Große Görlitzer Handschrift“ (1387)) und Nr. 882 (Leipzig KMUB Hs 906). Nr. 938 (sog. Codex „Liegnitz I“ (1386)) ist verschollen.

551) KLOSS, Buchmalerei S. 84 f., 92.

landfriedens verfasst haben soll[552], steht eine schlesische, bebilderte Handschriftengruppe. Ihr gehören drei Sachsenspiegel-Codices sowie zwei weitere Handschriften rechtlichen Inhalts an, die in Teilen das angebliche „Wurm'sche Frühwerk“ überliefern.

1. Zusammengehörigkeit der schlesischen Überlieferungsträger

Ein erster sogenannter „Liegnitzer Codex II“ (Handschrift Be_3)[553] enthält neben dem Weichbild samt kürzerer Glosse die möglicherweise auf Wurm zurückgehende Überarbeitung und Glossierung des Mainzer Reichslandfriedens sowie das Lehnrecht mitsamt der Glosse der Klasse W. Es handelt sich um den zweiten Band eines ursprünglich zweibändigen Codex, dessen seit 1945 verschollener erster Teil („Liegnitzer Codex I“)[554] das Sächsische Landrecht mitsamt einer auf Wurm zurückgeführten Glossenfassung sowie den Richtsteig Landrechts in einer dreigeteilten, ebenfalls Wurm zugeschriebenen Bearbeitung enthielt. Weil dieser verlorene Band am Ende des zweiten Landrechtsbuches vermerkte, die Niederschrift dieses Textabschnittes sei 1386 abgeschlossen worden[555], datiert man auch „Liegnitz II“ auf die Jahre um 1386/87.

In engem Zusammenhang mit dem Liegnitzer Sachsenspiegel steht die „Große Görlitzer Handschrift“[556] des Sachsenspiegels, die ihren Namen ihren beachtlichen Maßen von 48 x 34 x 16cm bei 403 Pergamentblättern und ihrem früheren Aufbewahrungsort Görlitz verdankt[557]. Der Band datiert

552) BÖHLAU, Einleitung, Nove constitutiones S. XVIII–XXI; HOMEYER, Einleitung Richtsteig LdR S. 67; DERS., Beigabe 3, Richtsteig LdR S. 356–358 und S. 361 f.; DERS., Einleitung LdR, [2]Sachsenspiegel I S. XIX–XXII; DERS., Einleitung LnR, Sachsenspiegel II 1 S. 75 f.

553) Berlin SBB-PK Hs. 392 (OPPITZ, Rechtsbücher II Nr. 1295d, HOMEYER, Die deutschen Rechtsbücher (1856) Nr. 407; DERS., Die deutschen Rechtsbücher (1931/34) Nr. 717), beschrieben bei MICHAEL, [Handschriftenbeschreibung], Aderlass und Seelentrost Nr. 158 S. 325–328 m. w. N. Vgl. auch bereits oben S. 98 ff.

554) Ehemals Liegnitz KirchenB Peter und Paul Nr. 1 (OPPITZ, Rechtsbücher II Nr. 938), beschrieben bei KLOSS, Buchmalerei S. 228 f.

555) *„Et sic finis libri secundi speculi saxonum finito in vigilia Nycolai sub anno incarnacionis domini Millesimo Trecentesimo LXXXVI hilari complemento“*, Glosse LdR II a. E. (ehemals Liegnitz KirchenB Peter und Paul Nr. 1 fol. 278[r], zitiert nach KLOSS, Buchmalerei S. 229). *„Nycolai“* meint hier nicht etwa Nikolaus Wurm, sondern ist lediglich Teil der Angabe des Datums „5. Dezember 1386“, also dem Vorabend des St. Nikolaus-Tages (vgl. GROTEFEND, Zeitrechnung I S. 134).

556) Krakau BJ Przyb. 42/60 (OPPITZ, Rechtsbücher II Nr. 861; HOMEYER, Die deutschen Rechtsbücher (1856) Nr. 250; DERS., Die deutschen Rechtsbücher (1931/34) Nr. 414), beschrieben bei JECHT, Görlitz Nr. 5 S. 236–243.

557) JECHT, Görlitz S. 236.

auf 1387[558] und enthält mit Ausnahme des dort fehlenden Lehnrechts, wenn auch in abweichender Reihenfolge, exakt dieselben Bestandteile wie der zweibändige Liegnitzer Sachsenspiegel. Abgesehen vom glossierten Weichbild werden also auch sämtliche Bearbeitungen des Görlitzer Sachsenspiegels – der dreigeteilte Richtsteig Landrechts, das glossierte Landrecht und der überarbeitete, glossierte Mainzer Reichslandfrieden – Nikolaus Wurm zugeschrieben.

Zur selben schlesischen Handschriftengruppe zählt man weiterhin die nicht genau zu datierende, nach Aufbewahrungsort und Vorbesitzer sogenannte „Berlin-Steinbeck'sche Handschrift“[559]. Dieser Codex enthält das Weichbildrecht mit einer eigenständigen, nur hier überlieferten älteren Glossenfassung, daneben den unglossierten Mainzer Reichslandfrieden und schließlich das Landrecht mit Buch'scher Glosse. Keine dieser Arbeiten führt man auf Nikolaus Wurm zurück.

Neben den drei Sachsenspiegelhandschriften gehört der schlesischen Handschriftengruppe noch ein weiterer undatierter Codex aus Breslau an[560], der das Weichbild mitsamt Wurm zugeschriebener Glosse sowie die nur hier überlieferte Blume von Magdeburg bietet. Hinzu kommt schließlich eine Krakauer Handschrift der Blume des Sachsenspiegels[561], in der sich, wie bereits erörtert, Nikolaus Wurm als Verfasser zu erkennen gibt und in der als Abschluss seiner Arbeit das Jahr 1397 vermerkt ist[562].

---

558) Das Landrecht ist am 20. März 1387 abgeschlossen worden: *„Finitus est liber iste Sub anno Incarnac*[i]*onis dominice. Millesimo Trecentesimo Octuagesimo Septimo feria quarta post d*[o]*m*[ini]*cam qua cantatur.* […] *hora quasi secunda*“, „Wurm'sche“ Glosse LdR III a. E. (Krakau BJ Przyb. 42/60 fol. 324ra). Das Weichbild desselben Codex schließt mit einer Datierung auf den 25. Juni 1387: *„Anno domini millesimo trecentesimo octogesimo septimo sequenti die sancti Johannis baptiste hora quasi undecima* […] *completus est liber iste.*“, Glosse WbR a. E. (Krakau BJ Pryb. 42/60 fol. 394[r], zitiert nach JECHT, Görlitz S. 242 Anm. 10).

559) Berlin SBB-PK Ms. germ. fol. 631 (OPPITZ, Rechtsbücher II Nr. 133; HOMEYER, Die deutschen Rechtsbücher (1856) Nr. 47; DERS., Die deutschen Rechtsbücher (1931/34) Nr. 63), beschrieben bei MICHAEL, [Handschriftenbeschreibung], Aderlass und Seelentrost Nr. 149 S. 307–311 m. w. N.

560) Breslau/Wrocław BU Mil. II 4 membr. (OPPITZ, Rechtsbücher II Nr. 271; HOMEYER, Die deutschen Rechtsbücher (1856) Nr. 251; DERS., Die deutschen Rechtsbücher (1931/34) Nr. 419), beschrieben bei JECHT, Görlitz Nr. 6 S. 243–249.

561) Krakau BJ Przyb. 125/75 (OPPITZ, Rechtsbücher II Nr. 864; HOMEYER, Die deutschen Rechtsbücher (1856) Nr. 253; DERS., Die deutschen Rechtsbücher (1931/34) Nr. 416), beschrieben bei JECHT, Görlitz Nr. 7 S. 249–252.

562) *„Dez hab ich Nycolaus Worm von nuwen Ruppin ows dem gestifte czu Habelberg dyse kegenwertigen flores czusament gelesin und gesocht* […] *Nach gotes geburt tousent dryhundert yor in deme sebin und newnczigistin jare in dez heiligen sente Urbanus*

Die Zusammengehörigkeit der fünf Handschriften erklärt sich aus der vermuteten gemeinsamen Herkunft aus dem Raum Lausitz / Schlesien, aus ihrer ungefähren Einordnung in das letzte Viertel des 14. Jahrhunderts und aus weiteren, teils an Sprache, teils an Schrift, Bild oder Inhalt anknüpfenden Gemeinsamkeiten. Die Urteile der Forschung über die Verwandtschaft der Handschriften setzen sich allerdings aus punktuell gefundenen Einzelergebnissen zusammen. Einem systematischen und direkten Vergleich sind die fünf Textzeugen bisher wohl erst einmal durch Erich Kloss unterzogen worden, dessen Interesse aber primär den Illustrationen der Rechtshandschriften galt[563]. Die im Folgenden zusammenzutragenden Befunde der Forschung beruhen mithin auf keiner vergleichenden Gesamtanalayse. Da sie sich auch geringfügig widersprechen, mindert sich die Aussagekraft des angestrebten Gesamtbildes.

Der auf 1386/87 datierte Codex „Liegnitz II" enthält am Ende der Weichbildglosse, ebenso wie der verschollene erste Teilband „Liegnitz I", die auffällige und ausdrucksstarke Bemerkung, er sei „*Sub umbra alarum Magnifici ducis Ruperti Lygenicz*[ens]*is*"[564], im Schatten der Flügel des erhabenen Herzogs Ruprecht, entstanden. Dieselbe Formulierung begegnet im Görlitzer Sachsenspiegel von 1387 am Ende der Weichbildglosse noch einmal, diesmal allerdings gleichsam in anonymisierter Form: „*sub umbra alarum principis altissimi*"[565]. Als Grund für die Auslassung des herzoglichen Namens mutmaßte Jecht, der Codex sei wohl für eine andere Stadt, vermutlich für Görlitz, angefertigt worden[566]. Die auffällige Formulierung am Ende des jeweiligen Weichbildrechts, ebenso aber auch die großen Übereinstimmungen im Inhalt, die gleichartige Texteinrichtung, die Provenienz aus Liegnitz und Görlitz und die fast übereinstimmende Datierung belegen eine enge Verwandtschaft des Liegnitzer und des Görlitzer Sachsenspiegels[567]. Vermutlich lag entweder eine gemeinsame Urschrift[568] oder aber die eine

---

tage", Blume des Sachsenspiegels (Krakau BJ Przyb. 125/75 fol. 215^{v}, zitiert nach KLOSS, Buchmalerei S. 227).

563) KLOSS, Buchmalerei S. 79–94; insbesondere S. 84.

564) Glosse WbR, Judeneid a. E., (Berlin SBB-PK Hs. 392 fol. 128rb).

565) Glosse WbR a. E. (Krakau BJ Przyb. 42/60 fol. 394^{r}, zitiert nach JECHT, Görlitz S. 243).

566) JECHT, Görlitz S. 243.

567) So schon HOMEYER, Die deutschen Rechtsbücher Nr. 716. DERS., ebenda, bescheinigt dem Liegnitzer Codex außerdem eine nahe Verwandtschaft zu einer weiteren, unbebilderten, heute verlorenen Handschrift des Landrechts mit „Wurm'scher" Glosse aus dem Magistratsarchiv Schwiebus (HOMEYER, Die deutschen Rechtsbücher Nr. 1053; OPPITZ, Rechtsbücher II Nr. 1348).

568) Noch unentschieden HOMEYER, Einleitung LdR, [2]Sachsenspiegel I S. XXI, dann

Handschrift der anderen zur Abschrift vor[569], wobei schon die überlieferten Jahreszahlen 1386 (Liegnitz) und 1387 (Görlitz) die frühere Erstellung des Liegnitzer Codex nahelegen. Dass aber beide Codices auch in ein und demselben Liegnitzer Skriptorium angefertigt worden sind, wie es Jecht vermutete[570], ist trotz des engen zeitlichen Zusammenhangs nicht zwingend. Die Vorlagehandschrift könnte auch entliehen und dann andernorts kopiert worden sein. Die Auslassung des herzoglichen Titels am Ende des Weichbildrechtes in der Görlitzer Handschrift ließe sich damit ebenfalls erklären.

Unbestritten, wenn auch weniger offensichtlich, sind der Liegnitzer und der Görlitzer Sachsenspiegel wiederum mit der „Berlin-Steinbeck'schen Handschrift" verwandt. Provenienz und genaue Datierung dieses dritten Codex sind unklar, der paläographische Befund zeigt aber einen ostmitteldeutschen Schriftdialekt sowie große Ähnlichkeiten von Schrift und Texteinrichtung mit der Liegnitzer Handschrift[571]. Da Erich Kloss die kolorierten, teilweise vergoldeten Federzeichnungen der Berliner Handschrift sogar demselben Maler wie dem der Miniaturen des heute verlorenen Codex „Liegnitz I" zugeschrieben hat[572], wird man als Entstehungszeit der „Berlin-Steinbeck'schen Handschrift" vielleicht ebenfalls die Jahre um 1386 ansetzen können. Auch auf Parallelen zwischen den Illustrationen der Berliner und der Görlitzer Handschrift ist mehrfach hingewiesen worden[573].

Aufgrund seiner vergleichenden Untersuchung der Buchmalereien der schlesischen Handschriftengruppe zog Kloss noch eine weitere direkte Verbindungslinie. Im Maler der aufwendig und kunstvoll gestalteten „Q"-Initiale zu Beginn des Lehnrechts im Codex „Liegnitz II" glaubte er nämlich dieselbe Person zu erkennen, die auch die Malereien im Breslauer Codex

aber aufgrund von unterschiedlichen Lücken in der Liegnitzer und Görlitzer Handschrift für eine dritte Vorlagehandschrift plädierend DERS., Einleitung Richtsteig LdR S. 66 f.

569) So BÖHLAU, Einleitung, Nove constitutiones S. III Nr. 10, gegen HOMEYER, Einleitung Richtsteig LdR S. 66 f. Die genaue Verwandtschaft der beiden Handschriften ist noch nicht geklärt.

570) JECHT, Görlitz S. 242. DERS., ebenda, vermutet gar, der Liegnitzer und der Görlitzer Sachsenspiegel könnten zeitgleich nach einem Diktat des Nikolaus Wurm geschrieben worden sein. Konkrete Hinweise, die für diese Möglichkeit sprächen, gibt es allerdings nicht.

571) MICHAEL, [Handschriftenbeschreibung], Aderlass und Seelentrost Nr. 149 S. 310. Als Auftraggeber kommt nach MICHAEL, ebenda, der Rat einer schlesischen Stadt in Betracht. Hierfür spreche der Einband des Buches, dessen zusätzlich zu den Schließen angebrachte zwei Schlösser Unbefugten die Einsichtnahme verwehrt.

572) KLOSS, Buchmalerei S. 87, 92.

573) JECHT, Görlitz S. 239 f.; KÜMPER, Miniaturen und Bilder S. 118; STEFFENHAGEN, Entwicklung I S. 7 Anm. 4.

mit Weichbild und Blume von Magdeburg angefertigt hat[574]. Demnach fiele also auch diese vierte Handschrift in die Zeit um 1386 und wäre womöglich sogar in derselben Handschriftenmanufaktur wie die Liegnitzer Sachsenspiegelhandschrift entstanden. Jecht wies zusätzlich auf die „S"-Initiale zu Beginn der Blume von Magdeburg hin, in die ein Monogramm mit den Buchstaben „NC" eingearbeitet sei, welche Jecht wiederum als Beweis für die Autorschaft des „Nic"olaus Wurm an der Blume von Magdeburg gewertet haben will[575].

Der Kreis der Verwandtschaften schließt sich, wenn man den bisherigen Betrachtungen noch das Ergebnis von Homeyers Schriftenvergleich zwischen der Breslauer Handschrift mit der Blume von Magdeburg, der Krakauer Handschrift mit der Blume des Sachsenspiegels und der „Großen Görlitzer Handschrift" des Sachsenspiegels hinzufügt: Alle drei noch bis 1945 im Görlitzer Ratsarchiv gemeinsam aufbewahrten Handschriften seien „von derselben Hand"[576] geschrieben worden. Damit wäre also auch noch die fünfte und letzte Handschrift der schlesischen Gruppe, die Krakauer Handschrift mit der Blume des Sachsenspiegels, in denselben Entstehungskontext wie die Görlitzer und Liegnitzer Codices von 1386/87 zu rücken. Zu denken gibt allerdings, dass die „Große Görlitzer Handschrift" auf 1387 datiert, während die Handschrift der erst 1397 abgeschlossenen Blume des Sachsenspiegels frühestens zehn Jahre später geschrieben worden sein kann. Homeyers Ansicht von den aus einer Hand geschriebenen „Görlitzer Drillingen"[577] wird denn auch von Jecht nicht geteilt, der den Schriftbildern der drei ehemals Görlitzer Handschriften zwar Ähnlichkeiten bescheinigt, aber nicht an einen einzigen Schreiber für die Blume von Magdeburg, die Blume des Sachsenspiegels und den Görlitzer Sachsenspiegel glaubt[578]. Während diese Einwände Beachtung verdienen, ist die im Rechtsbücherverzeichnis von Ulrich-Dieter Oppitz zu lesende, in sich widersprüchliche Zuweisung der beiden Handschriften der Blume von Magdeburg und der Blume des Sachsenspiegels an einen Schreiber Jeronimus aus der Mitte des 15. Jahrhunderts zu vernachlässigen, da sie ganz offensichtlich auf einen Druckfehler im Homeyer'schen Rechtsbücherverzeichnis zurückzuführen

574) KLOSS, Buchmalerei S. 88, 92.

575) JECHT, Görlitz S. 252.

576) HOMEYER, Beigabe 3, Richtsteig LdR S. 362, vgl. auch S. 356 f.; ebenso DERS., Die deutschen Rechtsbücher Nr. 416 („von derselben Hand wie Nr. 419, 424"; gemeint sind aber Nr. 419 und 4*14*; richtig insofern noch die Erstauflage HOMEYER, Die deutschen Rechtsbücher (1856) Nr. 253).

577) HOMEYER, Beigabe 3, Richtsteig LdR S. 362.

578) JECHT, Görlitz S. 250 mit Anm. 2.

ist[579]. Eine die verbleibenden Widersprüche klärende, moderne paläographische Untersuchung der schlesischen Handschriftengruppe steht noch aus.

2. Gab es eine Schreibstube des Nikolaus Wurm?

Nach alledem dürfen wir einen im Einzelnen keineswegs abschließend geklärten, im Ganzen aber wohl unzweifelhaften Zusammenhang zwischen den fünf bebilderten schlesischen Rechtshandschriften annehmen. Den Annahmen von Kloss[580] folgend sind nun Teile der Forschung aber noch einen Schritt weiter gegangen und haben die Handschriften als Erzeugnisse ein und derselben, unter der Leitung von Nikolaus Wurm stehenden Liegnitzer Schreibstube angesehen[581]. Bei diesem Erklärungsversuch handelt es sich jedoch um eine bloße Vermutung, für die es letztlich keine rechten Anhaltspunkte gibt. Auch wenn im einen oder anderen Fall ein Schreiber oder Maler des einen auch an der Anfertigung eines anderen Vertreters der schlesischen Handschriftengruppe mitgewirkt haben könnte, steht damit nicht die gemeinsame Herkunft aller fünf Codices aus einer einzigen Werkstatt fest. Vor allem aber gibt es nur ein einziges Indiz, das die Person Wurm überhaupt mit der Anfertigung und dem Vertrieb von Handschriften in Verbindung bringt. Es handelt sich um den defekten Eintrag in den Görlitzer Ratsrechnungen von 1399[582], der den konkreten Beitrag Wurms zum von Gör-

579) Bei OPPITZ, Rechtsbücher II Nr. 271 und 864, werden die Handschriften der Blume von Magdeburg und der Blume des Sachsenspiegels trotz der zeitlichen Einordnung in das Ende des 14. Jahrhunderts dem selben Schreiber Jeronimus zugeschrieben, der sich in einer Handschrift des Schlüssels des sächsischen Landrechts vom Jahre 1445 (Nr. 862) als Schreiber zu erkennen gibt. Offensichtlich beruht diese Zuweisung auf dem Übersehen eines Druckfehlers im Verzeichnis von HOMEYER, Die deutschen Rechtsbücher Nr. 416 („von derselben Hand wie Nr. 419, 424"; gemeint sind aber Nr. 419 und 4*1*4). Bei OPPITZ, Rechtsbücher II Nr. 271 und 864, hieße es demnach statt „wohl vom gleichen Schreiber wie Hs. […] u. 862" also jeweils richtig: „wohl vom gleichen Schreiber wie Hs. […] u. 86*1*".

580) KLOSS, Buchmalerei S. 79–94, insbesondere S. 85, 92.

581) Die Beurteilungen gehen auseinander. KÜMPER, Miniaturen und Bilder S. 107 f., sieht die Herstellung der drei Sachsenspiegelhandschriften in einer „Schreibstube des berühmten Nikolaus Wurm" als gegeben an. KÜMPER, Art. Wurm, in: BBKL XXV Sp. 1547, und JANZ, Art. Wurm, Nikolaus, in: HRG V Sp. 1546, 1548, gehen dabei allerdings offenbar nicht von einer Liegnitzer, sondern vielmehr von einer *Görlitzer* Schreibstube aus. Vorsichtiger formuliert LEUCHTE, Einleitung, Liegnitzer Stadtrechtsbuch S. XXV, den Hinweis auf eine mögliche Tätigkeit Wurms für eine solche Werkstatt.

582) „*Item slug man Peter Nvmeister abe von Nicolaus Wormes und Nicolaus Dypoldis wegin, als man das lenrechtbuche* [Prädikat fehlt!] *6 sch.*", Görlitzer Ratsrechnungen I Blatt 173b (zitiert nach JECHT, Görlitz S. 252).

litz gekauften und nicht mehr genau zu identifizierenden Lehnrechtsbuch gerade nicht preisgibt (Verfasserschaft, Verkauf, Schreiberarbeit, Verleih eines Kopierexemplars?). Aus dieser einzelnen Note auf den Betrieb einer Handschriftenmanufaktur zu schließen, die regelmäßig für Liegnitz und weiter entfernt liegende Städte juristische Handschriften produziert haben soll, ist ein großer Schritt[583]. Weitere Eintragungen in Ratsrechnungen, wie man sie vermuten würde, wenn Wurm tatsächlich in großem Stil mit dem Vertrieb von Handschriften zu tun gehabt hätte, gibt es jedenfalls nicht. Noch wichtiger scheint im hier interessierenden Zusammenhang eine weitere Überlegung. Erst recht nämlich wird man der Handschriftengruppe allein dadurch, dass man ihre Produktion in Zusammenhang mit einer vielleicht von Wurm geleiteten Schreibstube bringt, doch noch kein Argument dafür entnehmen können, dass die Inhalte der dort angefertigten Codices auch das geistige Produkt des Nikolaus Wurm sind[584].

3. Äußere Argumente für die Zuschreibung der Glossenarbeiten

Weil sich also aus dem Entstehungshintergrund der Handschriften nicht auf den Autor der besonderen, im Liegnitzer Codex[585], im Görlitzer Codex[586] und in der Breslauer Handschrift der Blume von Magdeburg[587] überlieferten Glossen- und Rechtsbuchredaktionen schließen lässt, kann die Zuweisung der Werke nur über inhaltliche Kriterien erfolgen.

Wie so oft ist es Carl Gustav Homeyer gewesen, der mit Wurm erstmals einen konkreten Vorschlag für den möglichen Überarbeiter der Landrechtsglossenfassungen in der Liegnitzer und Görlitzer Handschrift gemacht hat[588]. Nur zwei Argumente stützten zunächst seine Vermutung: Zum einen besteht sowohl für die Handschriften als auch für den Namen Wurm eine nachweisbare Verbindung zu Herzog Ruprecht von Liegnitz, zum anderen beweisen die Blume des Sachsenspiegels und das Liegnitzer Stadtrechtsbuch die grundsätzliche Fähigkeit Wurms zur Abfassung von gelehrten Rechtstexten. Gleichermaßen lassen sich diese Erwägungen auch auf die übrigen auf Wurm zurückgeführten Textredaktionen in den Liegnitzer und

583) Skeptisch auch SCHIEWER / LEUCHTE, Art. Wurm, Nikolaus, in: ²VL X Sp. 1442.

584) Insbesondere stehen diejenigen Handschriften, die ganz oder teilweise Wurm zugeschriebene Textbearbeitungen enthalten, ja auch mit der „Berlin-Steinbeck'schen Handschrift“ in Zusammenhang. Dieser Codex überliefert nun aber gar keine der auf Wurm zurückgeführten Arbeiten.

585) Berlin SBB-PK Hs. 392 (OPPITZ, Rechtsbücher II Nr. 1295d) und ehemals Liegnitz KirchenB Peter und Paul Nr. 1 (OPPITZ, Rechtsbücher II Nr. 938).

586) Krakau BJ Przyb. 42/60 (OPPITZ, Rechtsbücher II Nr. 861).

587) Breslau/Wrocław BU Mil. II 4 membr. (OPPITZ, Rechtsbücher II Nr. 271).

588) HOMEYER, Einleitung LdR, ²Sachsenspiegel I S. XXI f.

Görlitzer Handschriften ausweiten – also die erweiterte Lehnrechtsglossenfassung, der umgearbeitete und glossierte Mainzer Reichslandfrieden und der umgearbeitete Richtsteig Landrechts. Was bedeutet der Hinweis der Liegnitzer und Görlitzer Codices auf Herzog Ruprecht aber schon konkret? Man wird ihm bloß eine grobe zeitliche und räumliche Begrenzung des Entstehungszusammenhangs beider Handschriften entnehmen dürfen, wonach eine Verbindung zur Biografie Wurms eben grundsätzlich denkbar wäre. Die Vermerke „*Sub umbra alarum Magnifici ducis Ruperti Lygenicz*[ens]*is*“[589] bzw. „*sub umbra alarum principis altissimi*“[590] finden sich in den Codices aber jeweils am Ende der (ursprünglichen) Weichbildglosse und damit im Zusammenhang mit dem jeweils einzigen Bestandteil der Handschrift, den man gerade nicht auf Nikolaus Wurm zurückführt! Die Vermerke verstehen sich wohl auch kaum als ein Hinweis auf die Umstände der Abfassung der Weichbildglosse, sondern informieren über Ort und Zeit der Herstellung der konkreten Handschriften. In keinem Fall behaupten die Notizen Auskunft über die Verfasserschaft der übrigen in den beiden Codices enthaltenen Schriften zu geben. Die Liegnitzer und die Görlitzer Sachsenspiegelhandschrift sind also unter der Herrschaft Ruprechts hergestellt worden, vielleicht war Wurm daran in irgendeiner Form auch beteiligt – über die geistigen Entstehungshintergründe ihrer Inhalte sagt das aber noch nichts aus. Möglicherweise wurden 1386/87 lediglich Kopien bereits vorgefundener Textfassungen angefertigt.

Nachdem Gustav Köhler in den Görlitzer Ratsrechnungen den Beleg über die an Wurm erfolgte Zahlung für ein Lehnrechtsbuch gefunden hatte[591], sah Homeyer die Zuweisung der Liegnitzer und Görlitzer Rechtsbücherredaktionen an Wurm als erwiesen an[592]. Wie aber soll der Zahlungsbeleg von 1399, wird man einwenden müssen, die Autorschaft Wurms an den Redaktionen der um einiges früher entstandenen Glossen- und Rechtsbücherarbeiten auch nur wahrscheinlicher machen, geschweige denn nachweisen können? Letztlich belegen die Quellen nur, dass die Glossenarbeiten auf einen im gelehrten Recht geschulten Redaktor des späten 14. Jahrhunderts aus dem Raum Schlesien zurückgehen und dass als solcher grundsätzlich Nikolaus Wurm in Betracht käme. Er könnte einzelne oder mehrere der in Frage stehenden Glossenüberarbeitungen vorgenommen oder auch nur an

589) Glosse WbR, Judeneid a. E., (Berlin SBB-PK Hs. 392 fol. 128rb).

590) Glosse WbR a. E. (Krakau BJ Przyb. 42/60 fol. 394^{r}, zitiert nach JECHT, Görlitz S. 243).

591) KÖHLER, [Miszellen] S. 169–172.

592) HOMEYER, Einleitung, Sachsenspiegel II 1 S. 76. Homeyer bezieht sich hier folgerichtig auf sämtliche in der Liegnitzer und Görlitzer Handschrift überlieferten, Wurm zugewiesenen Texte.

der Herstellung der schlesischen Handschriften beteiligt gewesen sein. Keineswegs aber wird Wurm der einzige gelehrte Jurist dieser Zeit und Region gewesen sein. Hinzu kommt, dass wir über Wurms genaueren Aufenthaltsort und seine Tätigkeit in den achtziger Jahren des 14. Jahrhunderts überhaupt nicht informiert sind. Die Forschungen Böhlaus zeigen, dass es kaum schwer fällt, bei der Suche nach weiteren Juristen am Hofe Ruprechts oder im Umkreis von Liegnitz noch auf andere Namen zu stoßen[593].

4. Innere Argumente für die Zuschreibung der Glossenarbeiten

Lässt man die Zusammengehörigkeit der schlesischen Handschriftengruppe und die vage Verbindung zu Herzog Ruprecht nicht per se als Argument für die Verfasserschaft Wurms gelten, bleiben als plausible Anknüpfungspunkte für die Ermittlung des Autors der anonym überlieferten schlesischen Glossen- und Rechtsbücherüberarbeitungen nur noch inhaltliche und stilistische Eigenarten der Schriften. Die Forschung ist immerhin ein Stück dieses Weges gegangen und hat dabei einige interessante Parallelen, daneben aber auch denkbar allgemein gehaltene Zusammenhänge zwischen den in Frage stehenden Glossen- und Rechtsbücherredaktionen einerseits und den autorisierten Werken Wurms andererseits festgestellt. Einem echten Vergleich sind die Arbeiten noch nicht unterzogen worden. Fraglich ist daher schon, ob sich die „Wurm'schen" Redaktionen der Landrechtsglosse, der Lehnrechtsglosse, der Weichbildglosse, des Richtsteig Landrechts und die Glosse zum Mainzer Reichslandfrieden überhaupt zu einer zusammengehörigen Gruppe zusammenfassen lassen und sie wirklich auf einen einzigen gemeinsamen Redaktor zurückzuführen sind. Erst recht ist die gemeinsame Zuschreibung an Nikolaus Wurm zweifelhaft.

In Bezug auf die Lehnrechtsglosse bescheinigte Carl Gustav Homeyer der „Wurm'schen" Fassung gewisse Entsprechungen zur Biographie Wurms und zu seinen beglaubigten Werken[594]. Als Beispiele nannte er die Erwähnung märkischer und schlesischer Besonderheiten[595] sowie die Demonstration von Gelehrsamkeit durch das Zitieren antiker Juristen und die etymologische Erläuterung des Begriffs *miles*[596]. All dies spricht aber nur für ei-

593) BÖHLAU, Einleitung, Nove constitutiones S. XXIV, nennt einzelne Namen für Männer im Dienste Ruprechts in der Zeit um 1400. Allgemeiner zu den Klerikerjuristen Schlesiens RÜTHER, Region und Identität S. 81–86.

594) HOMEYER, Einleitung, Sachsenspiegel II 1 S. 76.

595) „Wurm'sche" Glosse LnR 37 bemerkt, dass das Bauernerbe in der Mark „*kotztin erbe*" (Kossäten, Kostengut) heißt; weiterhin erwähnen „Wurm'sche" Glosse LnR 31 das schlesische Drittelrecht und „Wurm'sche" Glosse LnR 56 die „*robotin*", HOMEYER, Einleitung, Sachsenspiegel II 1 S. 76.

596) Die „Wurm'sche" Glosse zitiert Eusebius und Vegetius und erklärt zu LnR 1

nen gelehrten Juristen aus dem schlesischen Raum und nicht schon konkret für die Person Nikolaus Wurm.

Über die Eigenarten der Nikolaus Wurm zugeschriebenen Landrechtsglosse äußerte sich am ausführlichsten Otto Stobbe:

> „Sie [die „Wurm'sche" Landrechtsglosse, Anm. der Verf.] theilt die charakteristischen Eigenschaften aller seiner Werke; überall stellt er seine Lehre in sehr wortreicher Breite und in unerträglichem Schwulst dar und nur selten verbirgt sich hinter dem Bombast gelehrter Redensarten ein für das Recht ergiebiger Gedanke; [...] Er citirt sehr häufig die fremden Rechtsquellen und classischen Autoren, liebt etymologische Erklärungen und kleidet manche seiner Rechtssätze, auch wenn er sie der Buch'schen Glosse entnahm, in die Form von Schöffenurtheilen ein [...]; er fingiert Rechtsfälle und stellt den Rechtsgang in extenso dar."[597]

Stobbes Darstellung ist typisch für die abwertenden Urteile älterer Vertreter der deutschen Rechtsgeschichte über die Qualität der Schriften des Nikolaus Wurm[598]. Indes vermisst man auch hier den entscheidenden Hinweis auf eine Paralelle der Landrechtsglossenredaktion zur Blume des Sachsenspiegels oder zum Liegnitzer Stadtrechtsbuch. In der Charakterisierung des Wurm'schen Werkes tritt vor allem eine heute skeptisch stimmende, auffallend geringschätzige Haltung des Germanisten gegenüber einer Literaturgattung hervor, die die Verbindung von einheimischem und gelehrtem Recht suchte. „Breite, Unbestimmtheit und Spielerei in der Diction"[599] maß Stobbe denn auch allen anderen „romanistischen Schriften"[600] bei. Insofern wird man eine gewisse Ausführlichkeit und Weitschweifigkeit der Landrechtsglossenredaktion, jedenfalls in dieser allgemeinen Form, kaum als Alleinstellungsmerkmal der Wurm'schen Arbeiten anführen können. Auch der häufige Gebrauch von Allegationen von *leges* und *canones* sind nicht etwa typisch für Wurm, sondern charakteristisch für die gesamte gelehrte Rechtsliteratur des späten 14. Jahrhunderts. Etwas konkreter sind da Stobbes Hinweise auf die Angewohnheit, Sätze in die Form von Schöffenurteilen zu

---

weitläufig den Begriff *miles*, HOMEYER, Einleitung, Sachsenspiegel II 1 S. 76. Vgl. zu dieser Stelle auch unten S. 627.

597) STOBBE, Rechtsquellen I S. 382. Ganz ähnlich lautet die Charakterisierung der Redaktionen der Liegnitzers und Görlitzer Handschriften bei HOMEYER, Beigabe 3, Richtsteig LdR S. 357.

598) Vgl. die Übersicht bei LEUCHTE, Einleitung, Liegnitzer Stadtrechtsbuch S. XXII f. m. w. N.; symptomatisch etwa auch AMIRA / ECKHARDT, Germanisches Recht I S. 162, die in Wurm einen „geschmacklosen Vielschreiber" sahen.

599) STOBBE, Rechtsquellen I S. 417.

600) STOBBE, ebenda.

kleiden, und eine bei Wurm festzustellende Vorliebe zur Etymologie. Tatsächlich findet man die Stilfigur der Urteilsfrage sowohl in der Landrechtsglosse der Görlitzer Handschrift[601] als auch in der Blume des Sachsenspiegels[602] und im Liegnitzer Stadtrechtsbuch[603] – ebenso allerdings auch noch in weiteren Werken wie den Richtsteigen[604] oder der gewöhnlichen Weichbildglosse[605]. Und von eigenwilligen Worterklärungen in Anlehnung an lautliche Ähnlichkeiten hat schon Johann von Buch in seiner Landrechtsglosse eingehend Gebrauch gemacht[606]. Beide Stilmittel können demnach nicht recht als Unterscheidungskriterium zwischen den Wurm'schen Arbeiten und denen anderer Autoren dienen.

Für die Zuweisung der Richtsteigbearbeitung der Liegnitzer und Görlitzer Handschriften an Nikolaus Wurm genügte Homeyer der Hinweis auf deren Entstehung unter Herzog Ruprecht, wodurch er sich in „Wurms wortreicher, einen vorgefundenen Stoff mit fremder Gelehrsamkeit verbrämenden Manier“[607] bestätigt sah. Neben dieser pauschalen und wenig aussagekräftigen Charakterisierung wies er noch auf bestimmte Passagen der Richtsteigbearbeitung hin, die man auch in der Blume des Sachsenspiegels wiederfinde[608]. Übereinstimmungen könnten allerdings auch nur auf eine Bekanntschaft Wurms mit der Richsteigbearbeitung zurückzuführen sein. Schließlich verwies Homeyer noch auf eine bestimmte, in allen Wurm zugeschriebenen Arbeiten wiederkehrende Formulierung *„wenne worumme“* („denn warum?“), die Wurm dem Beweis eines Satzes voranzustellen pflegte[609]. Dieser Ausdruck stellt aber wiederum keine exklusiv von Wurm ge-

601) Zum Beispiel „Wurm'sche“ Glosse LdR III 45 (47) (Krakau BJ Przyb. 42/60, fol 283va).

602) Zum Beispiel Blume des Sachsenspiegels I 45; II 16 oder III 22 (HOMEYER, Beigabe 3, Richtsteig LdR S. 365–367; S. 372–378; S. 379 f.).

603) Zum Beispiel Liegnitzer Stadtrechtsbuch XI (LEUCHTE, Liegnitzer Stadtrechtsbuch S. 118–129).

604) Etwa Richtsteig LdR c. 3 (HOMEYER, Richtsteig LdR S. 97–101) und Richtsteig LnR c. 9 (HOMEYER, Sachsenspiegel II 1 S. 423–429).

605) Etwa Gl WbR 18 oder 20 (Sp. 263–265; Sp. 269–271).

606) KANNOWSKI, Umgestaltung S. 530–532, mit zahlreichen Beispielen.

607) HOMEYER, Einleitung Richtsteig LdR S. 67.

608) HOMEYER, Einleitung Richtsteig LdR S. 67, wohl unter Hinweis auf die Auszüge aus dem dritten Buch der Blume des Sachsenspiegels, abgedruckt in DERS., ebenda, Beigabe 3 S. 379 f.

609) HOMEYER, Beigabe 3, Richtsteig LdR S. 357. In der Tat findet sie sich sowohl in den beiden Blumen (allerorts, vgl. für die Blume von Magdeburg BÖHLAU, Blume, z. B. S. 28, 29, 32, 46 u. v. m. und für die Blume des Sachsenspiegels Krakau BJ Przyb. 125/75 (OPPITZ, Rechtsbücher II Nr. 864), z. B. fol. 14vb, 16^{r}, 19^{r}, 20^{r} u. v. m.) als auch im Liegnitzer Stadtrechtsbuch (allerorts, vgl. LEUCHTE, Liegnitzer Stadtrechtsbuch, z. B. S. 3,

brauchte Redewendung dar. Vielmehr handelt es sich um eine umgangssprachlich gebrauchte Kausalkonjunktion des Mittelhochdeutschen[610], die zum Beispiel auch in der gewöhnlichen Lehnrechtsglosse und in der gewöhnlichen Weichbildglosse häufig begegnet[611].

Den Beweis der Urheberschaft der in den Liegnitzer und Görlitzer Codices überlieferten Fassung der *„nuwe setzunge* [...] *von dem edelin keisir Albrechte“*[612], die sich als Reichslandfrieden Albrechts I. von 1298 ausgeben und hinter denen sich tatsächlich aber der zu einem glossierten Rechtsbuch umgearbeitete Mainzer Reichslandfrieden Friedrichs II. von 1235 verbirgt[613], behauptete Hugo Böhlau erbringen zu können[614]. Als Argument für die Autorschaft Wurms nannte er die übereinstimmenden Artikelzählungen bei den Zitaten aus Sachsenspiegel und Weichbildrecht sowohl in der Blume des Sachsenspiegels als auch in der Landfriedensglosse, die wiederum der Artikelzählung der Sachsenspiegel- und Weichbildtexte in der Liegnitzer und Görlitzer Handschrift entsprächen[615]. Hinzu komme, dass die Landfriedensglosse in Handschriften überliefert sei, in denen man auch sonst ausschließlich Wurm'sche Redaktionen finden könne[616]. Schließlich enthalte die Landfriedensglosse praktisch nichts, was nicht auch schon in der Sachsenspiegel-Landrechtsglosse gesagt worden sei, wobei sie sich ähnlicher Formen wie die „Wurm'sche“ Landrechtsglosse bediene[617]. Ob diesen drei

---

18, 23, 45 u. v. m.). Vgl. zur Redewendung *wenne worumme* noch unten S. 221 und unten S. 273.

610) GRIMM, „wann II“, DWB 27 (XIII) Sp. 1864.

611) Etwa KGl LnR 5 § 1 (S. 76 Z. 12; S. 77 Z. 7; S. 78 Z. 3, 10; S. 79 Z. 1, 4, 11); LGl LnR 10 § 5 (S. 215 Z. 1, S. 216 Z. 5, S. 217 Z. 6, S. 218 Z. 2) und Gl WbR 17 (Sp. 259 Z. 35; Sp. 260 Z. 5, 21; Sp. 261 Z. 15). Auch die „Wurm'sche“ Redaktion des Richtsteig Landrechts enthält, anders als der Richtsteig Landrechts selbst, die Formulierung *„wenne worum“* (Krakau BJ Przyb. 42/60, z. B. fol. 3va, OPPITZ, Rechtsbücher II Nr. 861).

612) Glosse Mainzer RLF c. 1 (Berlin SBB-PK Hs. 392 fol. 129vb).

613) Vgl. Mainzer Reichslandfrieden Friedrichs II. von 1235 (MGH Const. 2 Nr. 196 und 196a) sowie Reichslandfrieden Albrechts I. von 1298 (MGH Const. 4, 1 Nr. 33). Der glossierte Reichslandfrieden in Rechtsbuchform ist näher am Text des Mainzer Reichslandfriedens, dazu BÖHLAU, Einleitung, Nove constitutiones S. XIX–XXI.

614) BÖHLAU, Einleitung, Nove constitutiones S. XVIII–XXI. Skeptisch etwa SCHIEWER / LEUCHTE, Art. Wurm, Nikolaus, in: ²VL X Sp. 1444.

615) BÖHLAU, Einleitung, Nove constitutiones S. XIX.

616) BÖHLAU, Einleitung, Nove constitutiones S. XIX. KISCH, Einleitung, Leipziger Schöffenspruchsammlung S. 85* Anm. 9, S. 86* Anm. 15, S. 87* Anm. 4, hat aber in der Folge gezeigt, dass jedenfalls die Weichbildglosse der Liegnitzer und Görlitzer Handschrift nicht in der „Wurm'schen“, sondern in der kürzeren, gewöhnlichen Klasse enthalten ist.

617) BÖHLAU, Einleitung, Nove constitutiones S. XX.

Aspekten wirklich ein Beweis der Verfasserschaft Wurms an der Landfriedensglosse entnommen werden kann, steht und fällt aber mit der Zuweisung der übrigen, in der Liegnitzer und Görlitzer Handschrift überlieferten Glossenredaktionen. Gerade diesen Nachweis ist die Forschung bisher jedoch schuldig geblieben. Hier stützt eine Vermutung die andere. Wir sehen, dass auch Böhlau letztlich keine neuen Argumente für eine Autorschaft Wurms vorbringen konnte.

Offenbar bisher überhaupt nicht näher untersucht und begründet worden ist die Zuordnung der ausschließlich in der Handschrift der Blume von Magdeburg[618] überlieferten „Wurm'schen" Fassung der auch sonst kaum erforschten Weichbildglosse[619].

5. Fazit: Keine Beweise für eine Urheberschaft Wurms

Im Ergebnis lässt sich festhalten, dass zwischen den sicher von Wurm verfassten Werken (Blume des Sachsenspiegels, Liegnitzer Stadtrechtsbuch, evtl. auch Blume von Magdeburg) und den Wurm nur von der Forschung zugeschriebenen Glossen- und Rechtsbuchredaktionen zwar bisher einige interessante Parallelen bezüglich Arbeitsweise, Quellen, bestimmten Stilfiguren und Formulierungen festgestellt worden sind, dass aber kein einziges Herausstellungsmerkmal gefunden wurde, durch welches sich das vermeintliche Wurm'sche Gesamtwerk von anderen juristischen Texten seiner Zeit abgrenzen ließe.

Zu wenig berücksichtigt worden ist bisher, dass sich die Glossen- und Rechtsbuchredaktionen durch ihre Abhängigkeit von den Vorgängerwerken ja durchaus von den viel selbständigeren, späteren, autorisierten Werken Wurms unterscheiden. Nicht weiter hinterfragt worden ist außerdem die Zusammengehörigkeit der „Wurm'schen" Glossen- und Rechtsbuchredak-

---

618) Breslau/Wrocław BU Mil. II 4 membr. (OPPITZ, Rechtsbücher II Nr. 271).

619) HOMEYER, Einleitung Richtsteig LdR S. 356, und ihm folgend BÖHLAU, Einleitung, Nove constitutiones S. XXIV, gingen noch davon aus, dass die im Liegnitzer und Görlitzer Codex (OPPITZ, Rechtsbücher II Nr. 1295d, 861) überlieferte Weichbildglossenfassung wie die übrigen dort enthaltenen Texte auf Nikolaus Wurm zurückzuführen sei. Tatsächlich deckte dann aber KISCH, Einleitung, Leipziger Schöffenspruchsammlung S. 85* Anm. 9, S. 86* Anm. 15, S. 87* Anm. 4, auf, dass es sich bei der Liegnitzer und Görlitzer Weichbildglosse um die ursprüngliche „gewöhnliche" Form der Glosse handelt. Kisch wies Nikolaus Wurm stattdessen, wie es dem heutigen Forschungsstand entspricht, ohne hierfür allerdings eine nähere Begründung zu geben, jene Weichbildglossenfassung zu, die in der Handschrift mit der Blume von Magdeburg (OPPITZ, Rechtsbücher II Nr. 271) enthalten ist. Zu den drei Sonderformen der Weichbildglosse einschließlich der Wurm zugeschriebenen Bearbeitung vgl. noch BUCHDA, Enthält die Glosse S. 26–28.

tionen untereinander. Schon ein erster oberflächlicher Vergleich der Wurm zugewiesenen Schriften[620] zeigt aber auffällige Unterschiede, die erhebliche Zweifel an der Rückführbarkeit der in Frage stehenden Bearbeitungen von Landrechtsglosse, Lehnrechtsglosse, Weichbildglosse, Mainzer Reichslandfrieden und Richtsteig Landrechts auf ein und denselben Urheber aufkommen lassen.

Widersprüche ergeben sich zum Beispiel in formaler Hinsicht im unterschiedlichen Gebrauch der Allegationen. Während die Wurm zugerechneten Land- und Lehnrechtsglossenredaktionen bestimmte gelehrtrechtliche Zitate oft in exzeptioneller Art und Weise durch vollständige Wiedergabe der *lex* oder des *canon* ausschreiben, begnügen sich die angeblich ebenfalls auf Wurm zurückgehende Glosse zum Mainzer Reichslandfrieden[621] und die „Wurm'sche" Weichbildglosse[622] mit der allgemein üblichen, abkürzenden Angabe von Buch, Titel und Fragment. Die „Wurm'sche" Richtsteigbearbeitung enthält nur im Prolog einige wenige Allegationen des gelehrten Rechts, gibt dort aber ebenfalls nur die Fundstelle an und enthält keine vollständigen Zitate[623]. Auch das Liegnitzer Stadtrechtsbuch schreibt seine zahlrei-

---

620) Für die in Frage stehenden „Wurm'schen" Fassungen ziehe ich für die Landrechtsglosse und die Richtsteigbearbeitung Krakau BJ Przyb. 42/60 fol. 24^{v} ff. bzw. fol. 1^{r} ff. (OPPITZ, Rechtsbücher II Nr. 861), für die Lehnrechtsglosse und die Glosse zum Mainzer Reichslandfrieden Berlin SBB-PK Hs. 392 fol. 148^{r} ff. bzw. fol. 129^{r} ff. (OPPITZ, Rechtsbücher II Nr. 1295d) und für die Weichbildglosse Breslau/Wrocław BU Mil. II 4 membr. fol. 1^{r} ff. (OPPITZ, Rechtsbücher II Nr. 271) heran. Das Liegnitzer Stadtrechtsbuch und die Blume von Magdeburg sind in Editionen von LEUCHTE, Liegnitzer Stadtrechtsbuch, und BÖHLAU, Blume, zugänglich. Für die Blume des Sachsenspiegels greife ich auf Krakau BJ Przyb. 125/75 fol. 13^{v} ff. (OPPITZ, Rechtsbücher II Nr. 864) zurück.

621) Die angeblich von Wurm verfasste Glosse zum Mainzer RLF der Handschrift Berlin SBB-PK Hs. 392 fol. 129^{r} ff. (OPPITZ, Rechtsbücher II Nr. 1295d) enthält zahlreiche Allegationen des römischen und kanonischen Rechts, zitiert dabei aber stets in gewöhnlicher, abkürzender Weise.

622) Die angeblich „Wurm'sche" Weichbildglosse der Handschrift Breslau/Wrocław BU Mil. II 4 membr. (OPPITZ, Rechtsbücher II Nr. 271) weist gegenüber der Edition von DANIELS / GRUBEN, Gl WbR, einige Zusätze auf (etwa Glosse WbR 1 fol. 7ra oder 7va–8rb), enthält in allen Teilen aber nur gewöhnlich abgekürzte Allegationen.

623) Diese Nikolaus Wurm zugeschriebene Richtsteigüberarbeitung ist im selben Codex Krakau BJ Przyb. 42/60 von 1387 (OPPITZ, Rechtsbücher II Nr. 861) überliefert (fol. 1^{r} ff.), in dem auch die „Wurm'sche Landrechtsglosse" enthalten ist (fol. 24^{v} ff.). Möglicherweise ist sie auf denselben Redaktor zurückzuführen, der auch die Landrechtsglosse zur „Wurm'schen" Fassung überarbeitete. – Die wenigen im Prolog des Redaktors enthaltenen Allegationen des römischen und kanonischen Rechts bieten die gewöhnliche, abkürzende Form. Im eigentlichen Werk gibt es dann nur noch Remissionen

chen Allegationen des gelehrten Rechts nicht aus. Die Blume von Magdeburg verzichtet auf Allegationen des gelehrten Rechts noch ganz, die sehr viel längere Blume des Sachsenspiegels[624] enthält sie dann aber wieder in der gewöhnlichen, abkürzenden Form. Unter dem Aspekt der ungewöhnlichen Zitierweise gehören also die „Wurm'schen" Sonderfassungen der Land- und Lehnrechtsglosse eng zusammen, gleichzeitig grenzen sie sich dadurch von den übrigen Wurm zugewiesenen Schriften deutlich ab.

Irritierend ist dann wiederum, dass die Formulierung *„wenne worumme"* („denn warum"?), die auch in der Blume von Magdeburg, in der Blume des Sachsenspiegels und im Liegnitzer Stadtrechtsbuch häufig vorkommt und damit als eine Wurm geläufige Redewendung gelten darf[625], zwar in der Lehnrechtsglosse einschließlich der nur in W überlieferten Zusätze[626], nicht aber auch in der Wurm zugeschriebenen eigenständigen Glossierung von LdR III 88–91 und 51 in der „Großen Görlitzer Handschrift"[627] vorkommt.

---

auf das Sachsenspiegel-Landrecht. Der Redaktor übernimmt in etwa die vulgate Einteilung des Richtsteigs in 50 Kapitel, allerdings wird die Zählung bei vulgat c. 28 unterbrochen, es folgen mehrere Kapitel ohne Nummerierung und erst bei vulgat c. 36 beginnt die Zählung erneut bei „1". Es spiegelt sich darin die bereits im Buch'schen Werk angelegte Dreiteilung des Hauptteils in (1) bürgerliche, (2) peinliche und (3) gemischte Klagen (zum Aufbau des Richtsteigs HOMEYER, Einleitung Richtsteig LdR S. 47–49; zur charakteristischen Dreiteilung SELLERT, Borgerlike, pinlike und misschede klage). Der Redaktor ergänzt den Buch'schen Richtsteig um *continuationes*, verfasst in Anlehnung an die Buch'sche Glosse verschiedene *„Nota"*-Einschübe (z. B. ein Abschnitt zu Holung und Wandel in c. 8 (fol. 4rb) oder eine Erläuterung des Beweises mittels 72 Zeugen in c. 10 (fol. 5ra)) und formuliert den Richtsteig insgesamt in wesentlich ausführlicheren, exemplifizierenden Urteilsfragen aus, als dies Johann von Buch getan hatte (z. B. c. 2 (fol. 2^{v}), c. 7 (fol. 3vb–4ra) u. v. m.). Gerade in letzterem zeigt sich eine deutliche Parallele zur im selben Codex enthaltenen „Wurm'schen" Redaktion der Landrechtsglosse. Es ist gut denkbar, dass wenigstens die erweiternden Bearbeitungen von „Wurm'scher" Landrechtsglosse, Lehnrechtsglosse und Richtsteig Landrechts auf ein und dieselbe Person zurückgehen.

624) Die Blume des Sachsenspiegels bietet lange Kataloge von Urteilsfragen, daneben aber auch abstrakte Darstellungen (z. B. Krakau BJ Przyb. 125/75 fol. 25^{r} (OPPITZ, Rechtsbücher II Nr. 864)), in denen zahlreiche, gewöhnlich abgekürzte Allegationen des gelehrten Rechts enthalten sind.

625) Die Formulierung findet sich in den Wurm'schen Arbeiten allerorts. Vgl. für die Blume von Magdeburg BÖHLAU, Blume, z. B. S. 28, 29, 32, 46 u. v. m., für die Blume des Sachsenspiegels Krakau BJ Przyb. 125/75 (OPPITZ, Rechtsbücher II Nr. 864), z. B. fol. 14vb, 16^{r}, 19^{r}, 20^{r} u. v. m. und für das Liegnitzer Stadtrechtsbuch LEUCHTE, Liegnitzer Stadtrechtsbuch, z. B. S. 3, 18, 23, 45 u. v. m. Vgl. zur Redewendung *wenne worumme* auch oben S. 221 und unten S. 273.

626) Etwa „Wurm'sche" Glosse LnR 4 (Berlin SBB-PK Hs. 392 fol. 170vb).

627) „Wurm'sche" Glosse LdR III 81 (88)–85 (91 §§ 2 f.); III 86 (51) (Krakau BJ Przyb.

Sollten die deutschsprachigen Zusätze der „Wurm'schen" Land- und Lehnrechtsglosse also noch einmal auf zwei verschiedene Redaktoren zurückzuführen sein? Die ebenfalls Wurm zugeschriebene Glosse zum Mainzer Reichslandfrieden enthält die charakteristische Formulierung „*wenne worumme*" wieder[628], ebenso die „Wurm'sche" Bearbeitung des Richtsteig Landrechts[629].

Schon eine erste kursorische Analyse zeigt also, dass die „Wurm'schen" Glossen- und Rechtsbuchredaktionen durchaus unterschiedliche Formulierungen und Bearbeitungsmuster aufweisen und deshalb nicht ohne weiteres als zusammengehörige Werkgruppe von einer Hand angesehen werden dürfen. Ob in der Zusammenschau der Wurm zugerechneten Früh- und Spätwerke unterm Strich die Gemeinsamkeiten oder die Unterschiede überwiegen, bleibt angesichts der Tatsache, dass noch keine der Wurm'schen Schriften überhaupt jemals näher wissenschaftlich untersucht worden ist, eine offene Frage. Stil und Inhalt der Glossen- und Rechtsbuchredaktionen scheinen allenfalls grundsätzlich „ins Schema" der Blume des Sachsenspiegels und des Liegnitzer Stadtrechtsbuchs zu passen. Damit rückt Wurm zwar in den Kreis der möglichen Redaktoren. Vorausgesetzt, dass Wurm nicht der einzige gelehrte schlesische Jurist der Zeit um 1400 gewesen ist, deutet dann aber kein einziger konkreter Hinweis auf seine Person hin. Dass Wurms Werk die gern behauptete „ungemeine Fruchtbarkeit"[630] auszeichnet, ist also keineswegs erwiesen.

Abschließend sei also in aller Deutlichkeit unterstrichen, dass die Zuschreibungen der im Liegnitzer Codex, im Görlitzer Codex und in der Breslauer Handschrift der Blume von Magdeburg überlieferten Glossen- und Rechtsbuchredaktionen an Nikolaus Wurm auf sehr unsicherem Boden stehen[631]. Person und Werk dieses interessanten gelehrten Juristen harren noch ihrer Erforschung. Dass Wurm die Lehnrechtsglosse der Klasse W verfasst hat, scheint demnach zwar möglich, kann aber keineswegs als sicher gelten. Für die zeitliche Einordnung der Klasse W bedeutet dies, dass sich

---

42/60 fol. 321ra–324ra).

628) Etwa Glosse Mainzer RLF I (Berlin SBB-PK Hs. 392 fol. 130ra).

629) Die Formulierung „*wenne worum*" gehört nicht zum Wortschatz des Johann von Buch und ist demnach in seinem Richtsteig Landrechts auch nicht enthalten (vgl. HOMEYER, Richtsteig LdR). In der „Wurm'schen" Richtsteigbearbeitung taucht die Wendung dann aber wieder auf (Krakau BJ Przyb. 42/60, z. B. c. 6 (fol. 3va), c. 14 (13) (fol. 7ra) und c. 17 (16) (fol. 8va)).

630) HOMEYER, Beigabe 3, Richtsteig LdR S. 356.

631) Diesen Umstand betonen auch V. EISENHART, Art. Wurm, Nikolaus, in: ADB XLIV S. 335; MICHAEL, [Handschriftenbeschreibung], Aderlass und Seelentrost Nr. 158 S. 327; SCHIEWER / LEUCHTE, Art. Wurm, Nikolaus, in: ^{2}VL X Sp. 1442.

aus der Datierung der Handschrift Be_3 auf 1386/87 nur der *terminus ante quem*, nicht aber auch der ungefähre Entstehungszeitpunkt dieser Fassung ableiten lässt. Sollte die Glossenredaktion der Klasse W nämlich in Wahrheit einem anderen Autor als Wurm zuzuordnen sein, könnte sie durchaus auch schon Jahre oder gar Jahrzehnte zuvor verfasst und später für Liegnitz bloß noch einmal abgeschrieben worden sein.

c) Merkmale der „Wurm'schen" Lehnrechtsglosse

Die Klasse W ist die längste der drei Fassungen K, L und W der gewöhnlichen Lehnrechtsglosse. Da der Glossentext der Klasse L in W vollständig enthalten ist, muss entweder L durch Kürzung oder W durch Erweiterung aus der jeweils anderen hervorgegangen sein. Mit dem bereits ausführlich behandelten Verhältnis zwischen den Klassen K und L ist das zwischen L und W aber nur begrenzt vergleichbar. Weil der Unterschied in der Textmenge zwischen L und W wesentlich geringer ist als zwischen K und L, fällt es ungleich schwerer, eine Aussage über die Textentwicklung zu treffen.

Bei einem stichprobenhaften Vergleich der Kapitel LnR 1–10, 20, 30, 40, 50, 60 und 70 (69) der Klasse W mit denen der Klasse L stellt sich durchschnittlich etwa ein Viertel des Textes der längsten Fassung W als Mehrbestand gegenüber der längeren Fassung L dar[632]. Von diesem Textplus entfällt aber noch einmal ein ganz beträchtlicher Anteil auf ausgeschriebene Allegationen, also das vollständige lateinische Zitat der allegierten *lex* oder des allegierten *canon*. An eigentlichem, zusätzlichem deutschsprachigen Glossentext mit neuen Informationen bietet die Klasse W hingegen nur verhältnismäßig wenig.

1. Das deutsche Textplus: Verhältnismäßig geringe Unterschiede zwischen L und W

Der über L hinausgehende, ausschließlich in der Klasse W der Lehnrechtsglosse überlieferte Glossentext verteilt sich, das zeigt die Stichprobenuntersuchung, auf vereinzelt eingestreute Zwischenbemerkungen einerseits und zusätzliche längere Erklärungen in zusammenhängenden Abschnitten andererseits. Die im Verhältnis zwischen K und L beobachteten Phänomene, die dort auf eine Textkürzung schließen ließen, wiederholen sich bei W nicht: Weder enthält die Handschrift Be_3 über L hinausgehende *continuationes* am Anfang oder in der Mitte der Glossenkapitel, noch führt sie die in L abbre-

632) Als Vertreterin der Klasse W wurde die Handschrift Be_3 (Berlin SBB-PK Hs. 392), als Vertreterin der Klasse L die Leithandschrift Wo der Edition von KAUFMANN, LGl LnR, herangezogen. Nach KAUFMANN, Einleitung, LGl LnR S. XXIX, ist die „Wurm'sche" Glosse sogar etwa doppelt so lang wie die längere Glosse.

chenden Aufzählungen weiter fort. Ebensowenig fallen in L rudimentär erscheinende *quaestiones* auf, die W vervollständigen würde. Immerhin formuliert W an einer Stelle eine in L nicht enthaltene, aber ganz im Stil der übrigen gehaltene, mit Allegationen des gelehrten Rechts angereicherte eigene *quaestio*[633]. Auch durch die Ausschreibung eines in L nur deskriptiv erläuterten Rechtsfalles durch Bildung einer der typischen Urteilsfragen geht W einmal über die längere Glossenfassung hinaus[634]. Ob das geringfügige deutsche Textplus der Klasse W nun eher durch Vermehrung der Klasse L entstanden oder erst im Zuge einer kürzenden Bearbeitung von W hin zur Klasse L herausgestrichen worden ist, ist anhand der ermittelten Zusätze kaum zu beurteilen. Verständlich ist der Text der Klasse L grundsätzlich jedenfalls auch ohne sie, andererseits wirken die Zusätze in W keineswegs wie Fremdkörper.

2. Das lateinische Textplus: Die ausgeschriebenen Allegationen

Charakteristischstes Merkmal der Klasse W sind die zahlreichen ausgeschriebenen Allegationen. Sie lassen sich in beiden Textzeugen Be_3 und P dieser Lehnrechtsglossenklasse, darüber hinaus aber auch in der Wurm zugeschriebenen Landrechtsglossenredaktion der „Großen Görlitzer Handschrift“[635] beobachten. Durch die Auszüge aus den gelehrten Quellentexten unterscheidet sich die Lehnrechtsglosse der Klasse W von den Überlieferungszeugen der Klassen K und L, in denen sich bloß die üblichen abgekürzten Zitate von Buch, Titel und Fragment finden[636]. Über die Intention des Redaktors und das zugrunde liegende Prinzip dieser ungewöhnlichen Zitierweise, ja ob es ein solches überhaupt gab, lassen sich nur Vermutungen aufstellen.

Bloß bei einigen der Allegationen des gelehrten Rechts belässt es der Bearbeiter der Klasse W nicht beim üblichen Kurzzitat, sondern gibt darüber hinaus die gesamte Stelle in ihrem lateinischen Wortlaut wieder. Andere Allegationen erscheinen weiter in der gewöhnlichen, abgekürzten Zitierweise. Von der Frage, ob die Allegation auch in L oder ausschließlich in W enthalten ist, ist die Art der Zitierweise nicht abhängig. Beide Formen kommen sowohl im L und W gemeinsamen Text als auch in dem nur W eigenen Textmehrbestand vor. Der Länge nach reichen die aus dem römischen und kano-

633) „Wurm'sche“ Glosse LnR 2 (Berlin SBB-PK Hs. 392 fol. 158ra).

634) „Wurm'sche“ Glosse LnR 5 (Berlin SBB-PK Hs. 392 fol. 175vb); vgl. dazu LGl LnR 5 (S. 162 Z. 8–17).

635) Ausführlich etwa in „Wurm'scher“ Glosse LdR I 1 (Krakau BJ Przyb. 42/60 fol. 27^{r}–29^{r}).

636) Eine irritierende Ausnahme bildet das in LGl LnR, Vorrede enthaltene ausgeschriebene Zitat von Nov. 7, 2 pr. (S. 49 Z. 10 – S. 50 Z. 2).

nischen Recht übernommenen Gesetzesstellen von wenigen Zeilen bis hin zu längeren halbseitigen Passagen.

Bei der Lektüre der hier stichprobenartig untersuchten Kapitel LnR 1–10, 20, 30, 40, 50, 60 und 70 (69) fällt auf, dass ausschließlich Zitate aus den Institutionen, dem *Decretum Gratiani* und dem *Liber Extra* ausgeschrieben werden[637]. Nicht durchweg alle, aber doch die meisten Verweise der Lehnrechtsglosse auf diese drei Rechtstexte werden verfolgt und exzerpiert. Aus den übrigen Teilen des mittelalterlichen *Corpus iuris*, insbesondere aus dem häufig allegierten *Codex* und den Digesten, erfolgen hingegen, ebenso wie aus den deutschen Rechtsbüchern und Glossen, überhaupt keine Übernahmen. Ein erster Blick in die „Große Görlitzer Handschrift" bestätigt diese Besonderheit auch für die Wurm zugeschriebene Redaktion der Landrechtsglosse[638]. Wieder werden ausschließlich Allegationen der Institutionen, des *Decretum Gratiani* und des *Liber Extra* ausgeschrieben. Offenbar, so darf man vermuten, lagen dem Redaktor der Land- und Lehnrechtsglosse die Quellen seiner Glossenvorlagen also nur in einer eng begrenzten Auswahl vor. Weshalb sonst sollte er Allegationen aus bestimmten römisch- und kirchenrechtlichen Quellen ausschreiben, auf die Übernahme aus anderen Gesetzesbüchern aber konsequent verzichten? Der Schwerpunkt auf dem kanonischen Recht spricht dabei vielleicht für eine Entstehung der Glossenbearbeitungen im geistlichen Umfeld.

Das Motiv für die ausgeschriebenen Allegationen ist unklar. Der Redaktor könnte bestrebt gewesen sein, die allegierten Stellen jeweils bei Erstnennung vollständig wiederzugeben[639]. Er hat ein solches Prinzip aber nicht nachvollziehbar durchgehalten. Auch dass er inhaltlich motiviert besonders wichtig erscheinende Zitate ausschreiben wollte, lässt sich nicht plausibel belegen. Grundsätzlich stand aber wohl die Idee im Vordergrund, dem Leser durch Abschreiben möglichst vieler der ihm zur Verfügung stehenden allegierten Stellen das erneute Nachschlagen der Allegationen in den Quellen abzunehmen. Durch diesen kompilatorischen Ansatz wurde ein intensives Studium der Glossen ohne die aufwendige und praktisch nicht immer realisierbare Zuhilfenahme der betreffenden Quellentexte ermöglicht. Den

---

637) Im Prolog der Wurm'schen Lehnrechtsglosse wurden etwa Dist. 1 c. 10; Inst. 1, 2, 6 S. 3; Inst. 2, 6 S. 1; Inst. 1, 2, 6 S. 2; Inst. 2, 1, 11; Dist. 1 pr. S. 1; Inst. 1, 1, 3; Dist. 1 pr. S. 2; Inst. 1, 2 pr. S. 1 f.; Dist. 1 c. 7 S. 1; Inst. 1, 2 pr. S. 3; Inst. 1, 2, 9; Dist. 1 c. 5 S. 1; Inst. 1, 2, 2 S. 1; Inst. Prooem. 7 ausgeschrieben (Berlin SBB-PK Hs. 392 fol. 150^v–152^v). Vgl. zu diesem Phänomen nun KAUFMANN, Einleitung, LGl LnR S. XXVII Anm. 54.

638) Vgl. nur die häufigen Zitate der Institutionen, des gratianischen Dekrets und des *Liber Extra* in der Glosse zum *Textus prologi* sowie in der Glosse LdR I 1 (Krakau BJ Przyb. 42/60 fol. 25^r–29^r).

639) So KAUFMANN, Einleitung, LGl LnR S. XXVII.

Lesefluss störende Unterbrechungen im deutschen Text durch die lateinischen Exzerpte wurden dafür in Kauf genommen. Gleichsam als positiver Nebeneffekt wuchs der Glossentext an und wurde durch Zusätze in der Wissenschaftssprache Latein bereichert, was wiederum zu größerer Autorität und Repräsentativität der Glossen beigetragen haben mag.

3. Das lateinische Seneca-Zitat

Zuletzt ist noch auf eine auffällige, gleich zu Anfang der Vorrede begegnende Abweichung der Glossenklasse W von der Klasse L hinzuweisen, ein in der Handschrift Be_3 durch eine prachtvolle Q-Initiale eingeleitetes lateinisches Eröffnungszitat. Es bildet die einzige Ausnahme von dem soeben beschriebenen Grundsatz, dass W nur Allegationen der Institutionen, des *Decretum Gratiani* und des *Liber Extra* ausschreibt:

> „*Quoniam, ut ait Seneca, fragilis est memoria hominum, et rerum turbe non sufficie*[n]*s, quantum quod recipit tantum necesse est ut amittat* [et cetera].“[640]

Das Zitat lässt sich tatsächlich auf Seneca zurückführen (Seneca, *De beneficiis*, VII, XXVIII, 2[641]). Der Glosse der Klasse L fehlt der lateinische Teil, ihre Vorrede beginnt stattdessen sogleich mit der in W erst nachfolgenden, sinngemäßen deutschen Übersetzung „*Der menschen gedancken gebrechlich sint* [...]“[642]. Die konkrete Vermittlerquelle, über welche der Lehnrechtsglossator das Zitat rezipiert haben könnte, ist ungewiss[643]. Möglicherweise legte der Glossator die Arbeit eines Dritten zugrunde, die sich ihrerseits an pointierter Stelle mit dem Zitat des berühmten Philosophen schmückte. In Betracht kommt aber auch die Benutzung eines Florilegiums, einer eigens für Schriftsteller konzipierten mittelalterlichen Zitatesammlung antiker Philosophen. Jedenfalls dürfte es sich beim ausgewählten Seneca-Zitat um in Gelehrtenkreisen allgemein geläufiges Gedankengut gehandelt haben, denn als Topos für Schriftlichkeit ist es auch in anderen Schriften und Urkunden immer wieder angeführt worden[644]. Selbst in weiteren spätmittelalterlichen

640) „Wurm'sche“ Glosse, Vorrede (Berlin SBB-PK Hs. 392 fol. 150va); vgl. auch Anhang, unten S. 789, rechte Spalte.

641) Seneca, *De beneficiis*, VII, XXVIII, 2 (in: ROSENBACH, L. Anneus Seneca S. 584).

642) LGl LnR, Vorrede (S. 47 Z. 2). Im Ganzen lautet die Stelle: „*Der menschen gedancken gebrechlich sint, vnde dy schar der dinge ist ouch nicht genugk. Wenne was dy menschliche vornunfft begreiffen mag, das ist sunderwilen not von nature wegen, das sy vor also vil vorluszet.*“ (S. 47 Z. 2–5). Eine Gegenüberstellung der Vorredenanfänge der Klassen L und W bietet der Anhang, unten S. 789.

643) Vgl. dazu noch ausführlich unten S. 357 f.

644) In verkürzter, typisierter Form findet sich das Zitat in Arengen kaiserlicher und privater Urkunden des 12. Jahrhunderts, FICHTENAU, Arenga S. 122–137; NEDDERMEY-

Werken zum Sächsischen Recht, insbesondere in der *Cautela* des Hermann von Oesfeld und in den beiden Blumen des Nikolaus Wurm, ist das Seneca-Zitat ebenfalls verarbeitet worden[645]. Warum nun L nur die deutsche und W auch die lateinische Version des Zitats liefert, leitet über zur Frage nach der Textentwicklung. Hier verspricht ein Vergleich mit der „Wurm'schen“ Landrechtsglosse weiteren Aufschluss.

4. Vergleich mit der „Wurm'schen“ Landrechtsglosse

Genau wie die Lehnrechtsglosse der Klasse W zeigt auch die „Wurm'sche“ Landrechtsglosse[646] als äußerlich auffälligstes Merkmal eine große Zahl von ungewöhnlichen, ausgeschriebenen Allegationen des gelehrten Rechts. Wie bei der Lehnrechtsglosse kopierte der Redaktor dieser Sonderfassung der Landrechtsglosse dabei ausschließlich Auszüge aus den Institutionen, dem *Decretum Gratiani* und dem *Liber Extra*, während häufig allegierte Stellen aus *Codex* und Digesten in der üblichen Weise abgekürzt wurden[647]. Offenbar stand dem kompilierenden Redaktor hier genau dieselbe begrenzte Textauswahl zur Verfügung wie dem Redaktor der Lehnrechtsglossenklasse W. Diese interessante Parallele zwischen beiden Glossenredaktionen erlaubt nun zwei Schlussfolgerungen: Zum einen belegt sie, dass es sich bei „Wurm'scher“ Land- und Lehnrechtsglosse tatsächlich um zwei Glossenbearbeitungen handelt, die auf ein und dieselbe Person zurückgehen. Zum anderen wissen wir, dass jedenfalls bei der Landrechtsglosse eine mehrende Überarbeitung eines schon vorhandenen Textes (der Buch'schen Glosse) stattgefunden hat. Weil sie exakt dasselbe Überarbeitungsmuster spiegeln, wird man mit größerer Wahrscheinlichkeit schon deshalb auch die Lehn-

ER, Von der Handschrift zum Buch I S. 16 f. Enthalten ist es außerdem im Prooemium des *Moralium dogma philosophorum,* eines vor 1170–80 entstandenen Florilegiums (HOLMBERG, Moralium S. 5 Z. 14–16). Die *Summa arboris actionum* des Bologneser Zivilrechtlers Pontius de Ilerda (Lehrtätigkeit in Bologna um 1213) beginnt ebenfalls mit dem Seneca-Zitat (ROSSI, Summa S. 45). Auch eine *quaestio* des Oldradus de Ponte († 1335/37) über Funktion und Wert von Büchern berücksichtigt Seneca, vgl. BAUMGÄRTNER, Et faciendi plures libros S. 60.

645) *Cautela* (HOMEYER, Beigabe 5, Richtsteig LdR S. 394, hier allerdings in abgewandelter Form); Blume von Magdeburg, Vorrede (BÖHLAU, Blume S. 27); Blume des Sachsenspiegels, Vorrede (Krakau BJ Przyb. 42/60 fol. 18va).

646) OPPITZ, Rechtsbücher II Nr. 861 und Nr. 1348; Nr. 282 und Nr. 938 sind verschollen. Ich lege Nr. 861 (Krakau BJ Przyb. 42/60, sog. „Große Görlitzer Handschrift“) zugrunde.

647) Vgl. etwa schon „Wurm'sche“ Glosse LdR I 1 (Krakau BJ Przyb. 42/60 fol. 27^{v}–29^{r}).

rechtsglosse der Klasse W als die Erweiterung einer bereits existierenden Vorlage auffassen dürfen.

Von den ausgeschriebenen Allegationen einmal abgesehen bietet die „Wurm'sche" Landrechtsglosse eine erweiternde, im Einzelnen noch nicht genau untersuchte Umarbeitung der Buch'schen Glosse. Hinzugefügt werden zum Beispiel weitere einleitende *continuationes articulorum*[648]. Auffällig sind vor allem die immer wieder eingestreuten, farblich abgesetzten Fragen und exemplifizierenden Beispielsfallbildungen, in die der Redaktor verschiedene Abschnitte der Buch'schen Glosse einkleidet[649].

Bemerkenswert ist schließlich die ganz eigenständige Glossierung der Schlussartikel LdR III 81 (88), III 82 (89), III 83 (90), III 84 (91 § 1), III 85 (91 §§ 2 f.) und III 86 (51)[650], die bei Johann von Buch noch unkommentiert geblieben waren[651]. Von der in den Augsburger Druck von 1516 eingeflossenen Glossierung der Schlussartikel ist diese Arbeit unabhängig[652]. Ob die Schlussglossen ausgerechnet auf Nikolaus Wurm zurückgehen, muss nach dem bisher Gesagten bezweifelt werden. Vorläufig sollte besser von einem von Johann verschiedenen Anonymus ausgegangen werden. Die Forschung hat bisher angenommen, dass es sich beim Verfasser der Schlussglossen der „Großen Görlitzer Handschrift" um dieselbe Person handelt, auf die auch die Lehnrechtsglosse der Klasse W zurückgeht[653]. Sollte W aber nicht bloß eine Erweiterung der Klasse L, sondern gar die ursprüngliche Fassung der Lehnrechtsglosse darstellen und wären damit die Lehnrechtsglosse und die „Wurm'sche" Glossierung der Landrechts-Schlussartikel von derselben Person originär verfasst worden, müssten sich auffällige Parallelen zwischen

648) Etwa „Wurm'sche" Glosse LdR I 1 (Krakau BJ Przyb. 42/60 fol. 27$^{\text{va und b}}$).

649) Allerorts, etwa „Wurm'sche" Glosse LdR I 2 oder I 5 (5, 6) (Krakau BJ Przyb. 42/60 fol. 29^{v}; 34^{r}–35^{r}). KANNOWSKI, Umgestaltung S. 7, spricht von „einer Art Quästionenstil", einem Frage-Antwort-Spiel.

650) Krakau BJ Przyb. 42/60 fol. 321ra–324ra.

651) Johann von Buch sah LdR III 87–91 und LdR I 26 als Novellen Friedrich I. Barbarossa an (vgl. KAUFMANN, Gl LdR S. 303 Z. 9 F.; S. 1489 Z. 21–24; S. 1510 Z. 2 F.; S. 1514 Z. 2–4), weshalb er sie nicht kommentierte, KANNOWSKI, Umgestaltung S. 483–487, insbesondere S. 486. Hingegen blieb LdR III 51 wohl unkommentiert, weil Buch den Artikel schlicht nicht kannte, KANNOWSKI, Umgestaltung S. 507–512, insbesondere S. 510. Eine Übersicht über die verschiedenen Varianten der späteren Glossierung der Schlussartikel LdR III 88–91 späterer Überlieferungsträger gibt SINAUER, Studien zur Entstehung S. 496.

652) Die Edition von KAUFMANN, Gl LdR S. 1513–1519, bietet eben diese Glosse nach dem Augsburger Druck von 1516 (ECKHARDT, Sassenspegel S. 394–397).

653) LIEBERWIRTH, Einleitung, Gl LdR S. XXXV; KAUFMANN, Einleitung, KGl LnR S. XXI f.; DERS., Einleitung, LGl LnR, S: XXVII; DERS., Glossen zum Sachsenspiegel S. 105, 108.

diesen beiden Arbeiten zeigen. Der Text der Schlussglossen verdient daher nähere Betrachtung.

Im Ganzen ist der unbekannte Glossator, als er die unglossiert vorgefundenen Schlussartikel des Landrechts kommentierte, dem Stil der Buch'schen Glosse treu geblieben. Mehrfach erwähnt er Kaiser Friedrich I. Barbarossa als den Gesetzgeber der Schlussartikel des Landrechts[654]. Auch die von Johann von Buch bekannte Mär vom Sachsenspiegel-Landrecht als einem Privileg Kaiser Konstantins – sogar die Jahreszahl 311 weiß der Glossator zu nennen – und von der Übersetzung einer einst lateinischen Fassung ins Deutsche durch Eike von Repgow wiederholt sich[655].

Im Übrigen bringt die Glossierung der Schlussartikel einige erwähnenswerte Neuerungen, die in der Buch'schen Glosse so nicht enthalten sind. So erläutert Glosse zu LdR III 81 (88) die Handhabung des im 14. Jahrhundert üblichen, städtischen Achtbuchs und bildet zur Veranschaulichung einen Beispielsfall, in dem ein „*Gayus*" einen „*Lisias*" vor Gericht bringt und seine Verfestung mittels Eintragung im Achtbuch beweisen will[656]. Der fiktive Fall wird dabei in das Jahr 1387 gesetzt, also just in das Jahr, das am Ende der Glosse auch als Datum der Niederschrift für die gesamte Arbeit angegeben wurde[657]. Sollte ein Schreiber den Beispielsfall bei der Abschrift also nicht kurzerhand „aktualisiert" haben, könnte die Stelle darauf schließen

---

654) „Wurm'sche" Glosse LdR III 81 (88): „*Dise seczunge saczt uns der selbe keiser friderich*"; Glosse LdR III 82 (89): „*und dorum so seczet der werde herre ecke einen articulum und ist auch der seczunge eine di keiser fridrich saczte und gehorte czu dem anvange*"; Glosse LdR III 83 (90): „*und ist abir keiser fridrichis und wart dorum gesaczt*" (Krakau BJ Przyb. 42/60 fol. 321rb; 322ra; 322va).

655) „Wurm'sche" Glosse LdR III 86 (51): „*Czu einr beslisunge dez kegenwirtigen buchis, daz der sachsinspigel gnant ist, seczt der werde herre ecke und der hochgelobte uon repichow seczt er disin articulum unde spricht: Nu uornemit recht, ab er spreche*[n] *solde: Nach dem mol daz wir czu ende gebracht habin, waz wir in dem rechte funden, daz czu latino geschribin waz und in dem p*[ri]*vilegio, daz den werdin sachsin gebin wart uon dem hochgelobten und wolgebornen und werdin Constantino Constantins sone und daz sich di sachsin bekarten czu dem heiligen cristen gloubin. Vnd diz ist geschen nach gotis geburt dry hundirt iar. vn*[d] *eylif iar.*" (Krakau BJ Przyb. 42/60 fol. 324ra).

656) „Wurm'sche" Glosse LdR III 81 (88) (Krakau BJ Przyb. 42/60 fol. 321rb–321vb). Zum Verfolgungsinstrument der Registrierung in Achtbüchern BATTENBERG, Art. Achtbuch, in: [2]HRG I Sp. 65 f.

657) „Wurm'sche" Glosse LdR III 81 (88): „*Diz ist geschen nach gotis geburt Tausint iar dryhundirt iar in dem lxxx vij iare indem tage*" (Krakau BJ Przyb. 42/60 fol. 321va). Die Glosse zum letzten Artikel LdR III 86 (51) schließt mit Verweis auf den 20. März 1387: „*Finitus est liber iste Sub anno Incarnac*[i]*onis dominice. Millesimo Trecentesimo Octuagesimo Septimo feria quarta post d*[o]*m*[ini]*cam qua cantatur.* [...] *hora quasi secunda*", (Krakau BJ Przyb. 42/60 fol. 324ra).

lassen, dass die eigenständige Schlussglosse tatsächlich erst 1387 geschrieben und nicht schon früher verfasst und 1387 bloß erneut abgeschrieben worden ist.

Die Glosse zum folgenden Artikel LdR III 82 (89) fasst drei Einwände zusammen, mit denen sich vom Vorwurf des Diebstahls befreien könne, wer etwa aus einer Badestube nur versehentlich den Gegenstand eines Fremden in der irrigen Ansicht mitnimmt, es sei sein eigener[658]. Inhalt und Allegationen sind hier unabhängig von der Glosse zu LnR 69 (68)[659], die, wiederum in Anlehnung an die Buch'sche Glosse LdR III 41 (43 § 1) *Bote*[660], denselben Fall anders erläutert. Es lässt sich darin ein Indiz dafür sehen, dass die Lehnrechtsglosse der Klasse L einerseits und die „Wurm'sche“ Glossierung der Landrechts-Schlussartikel andererseits auf unterschiedliche Autoren zurückgehen.

An den Glossen zu LdR III 83 (90) und III 85 (91 §§ 2 f.) ist auffällig, dass sie die Kommentierung in der schon von Johann von Buch bekannten Art mit *continuationes articulorum* einleiten, mit denen an die vorangegangenen Artikel angeknüpft wird[661].

Inhaltlich besonders interessant ist schließlich die Glosse zu LdR III 84 (91 § 1), die in einer ausführlichen *quaestio* die Gastwirtshaftung thematisiert. „*Etliche weisen dez rechtis*“[662] verträten die Auffassung, heißt es dort, dass ein Gastwirt, weil er zum Schutz seiner Gäste verpflichtet ist, für alle Schäden einzustehen habe, die der eine Gast dem anderen zufügt. Andere verneinten eine solche Haftung. Im Ergebnis sei die Gastwirtshaftung für den Fall zu bejahen, dass Dinge gestohlen werden, die der Wirt besonders in seine Obhut genommen hat:

> „*Ist abir diz umb dube, do er* [der Dieb, Anm. der Verf.] *umb geuangen ist, daz stet an dem gaste, ab er in uordern wil und sein gut widerhabin, so behort dem gaste di uorderunge billich, ab erz dem wirte sunderlich nicht habe bevolin czu bewaren. hett is ab*[ir] *der wirt sunderlich so in seime kasten, ab iz gelt were adir in seim sunderlichin gemache, das muste der wirt dem gaste wider antwortin. Vn*[d] *darum so beborte dem wirte di uorderunge vn*[d] *daz meint*

658) „Wurm'sche“ Glosse LdR III 82 (89) (Krakau BJ Przyb. 42/60 fol. 322$^{\text{ra und b}}$).

659) LGl LnR 69 (68 § 4) (S. 948 Z. 4 – S. 950 Z. 9); ähnlich lautend „Wurm'sche“ Glosse LnR 69 (68) (Berlin SBB-PK Hs. 392 fol. 363ra–363vb).

660) Gl LdR III 41 (43 § 1) *Bote* (S. 1207 Z. 8–10).

661) „Wurm'sche“ Glosse LdR III 83 (90) und III 85 (91 §§ 2 f.) (Krakau BJ Przyb. 42/60 fol. 322vb; 323va).

662) „Wurm'sche“ Glosse LdR III 84 (91 § 1) (Krakau BJ Przyb. 42/60 fol. 322vb). Als Argument dient unter Verweis auf Inst. 4, 7, 2 a. E. die *actio institoria* (Geschäftsleiterhaftung).

daz recht Insti deobligat[i]*onib*[us] *que ex delicto nascuntur* § *Furtiautem accio*«[663]

Werden Gegenstände gestohlen, für die der Wirt besondere Obhutspflichten übernommen hat, und wird der Wirt dafür vom Gast in Anspruch genommen, so könne er seinerseits gegen den Dieb gerichtlich vorgehen. Dass nicht notwendig der Eigentümer, sondern der im Ergebnis Betroffene zur Erhebung der *actio furti* berechtigt ist, finde sich in Inst. 4, 1, 13. Die Glosse statuiert hier eine begrenzte verschuldensunabhängige Gastwirtshaftung. Eine solche ist dem Sachsenspiegel und der Buch'schen Glosse fremd[664], wohl aber kannte sie das römische Recht. Als Antwort auf den traditionell schlechten Ruf der Gasthäuser hatte man einst eigens eine *actio de recepto* geschaffen, eine ursprünglich auf ein Garantieversprechen gründende, verschuldensunabhängige Haftung von Seefahrern, Gastwirten und Stallmeistern für in ihre Obhut gegebene Sachen[665]. Im frühneuzeitlichen Europa wurde die römische *receptum*-Haftung rezipiert und findet sich im Prinzip noch heute in den §§ 701 ff. BGB[666]. Als frühestes bekanntes Beispiel einer Übernahme der *actio de recepto* im deutschen Raum wurde bisher der Klagspiegel des Conrad Heyden (um 1436) genannt, der in Titel 20 und 70 unter expliziter Bezugnahme auf den einschlägigen Digestentitel Dig. 4, 9 eine verschuldensunabhängige Gastwirtshaftung beschreibt[667]. Schon ein halbes Jahrhundert früher finden wir die Gastwirtshaftung nun aber auch schon in dieser anonymen Schlussglosse zu LdR III 84 (91 § 1) von 1387 formuliert. Auch wenn Dig. 4, 9 dort nicht genannt wird, ist doch anzunehmen, dass

---

663) „Wurm'sche" Glosse LdR III 84 (91 § 1) (Krakau BJ Przyb. 42/60 fol. 323rb).

664) Lediglich in LdR III 78 § 7 und III 91 § 1 greift der Sachsenspiegel den Gastwirt gesondert heraus: Hier bestehe eine besondere Treuepflicht gegenüber Reisegefährten und zwischen Wirten und Gästen, dort sei der Wirt für ein Verbrechen, das ein Gast in seinem Einflussbereich an einem anderen begeht, nicht verantwortlich, wenn er beweisen kann, dass er den Friedbrecher nicht hat verfolgen können. Beide Fälle spielen sich – in heutigen Begriffen gesprochen – primär in einem strafrechtlichen Kontext ab. Es geht darum, Reisende vor Gewalt zu schützen und Friedbrecher zu verfolgen. Die Frage, ob ein Wirt vielleicht für Verlust oder Diebstahl des in seine Räume eingebrachten Hab und Guts einzustehen hat, ist davon allenfalls am Rande berührt. Auch Gl LdR III 71 (78 § 7) *Syneme wechuerdigen gezellen* (S. 1468 Z. 1 – S. 1469 Z. 12) greift den Fall nicht explizit heraus.

665) ZIMMERMANN, Gastwirtshaftung S. 273–280.

666) ZIMMERMANN, Gastwirtshaftung S. 282–285, insbesondere Anm. 51 a. E. und 61.

667) HEYDEN, Clagspiegel Tit. 20 und 70 fol. IX^{r} f. (mit Verweis auf Dig. 4, 9, 7) und fol. XXIX^{r}–XXX^{r}, und dazu DEUTSCH, Klagspiegel S. 259 und 278. Entgegen Azo bejaht der Klagspiegel sogar die analoge Anwendung der *actio de recepto* auf Badehäuser, HEYDEN, Clagspiegel Tit. 70 a. E. fol. XXX^{r}, und dazu DEUTSCH, Klagspiegel S. 278.

unser im gelehrten Recht geschulter, unbekannter Glossator der Landrechts-Schlussartikel dabei aus seinem Fundus erlernter römischrechtlicher Rechtsregeln schöpfte.

Insgesamt zeigt sich in der eigenständigen „Wurm'schen" Schlussglossierung des Landrechts ein sehr selbständiger Text, der inhaltlich unter Berücksichtigung des gelehrten Rechts beachtliche Neuerungen formuliert und sich an der Buch'schen Glosse nur in puncto Form orientiert hat. Als formale Parallelen lassen sich die *continuationes*, die Aufzählung und die Figur der *quaestio* anführen. Weil außerdem Beispielsbildungen und Urteilsfragen (in roter Tinte) enthalten sind, die auch für den übrigen Glossentext dieser Handschrift in seiner überarbeiteten Fassung charakteristisch sind, könnten die erweiternde Überarbeitung der Hauptglosse und die eigenständige Schlussglossierung durchaus auf ein und dieselbe Person zurückgehen. Sicher ist dies aber nicht. Gegen eine solche Annahme spricht der unterschiedliche Gebrauch der Allegationen: In der Schlussglossierung gibt es Remissionen auf Landrecht und Landrechtsglosse[668], einen Verweis auf den Richtsteig Landrechts[669] sowie Allegationen der Institutionen, des *Codex*, der Digesten, des *Decretum Gratiani* und des Mainzer Reichslandfriedens. Einer der für das übrige Werk so typischen längeren lateinischen Auszüge findet sich unter den Allegationen der Schlussartikel aber nicht. Vielleicht sind also wenigstens Hinzufügung der ausgeschriebenen Allegationen in die Hauptglosse und Abfassung der eigenständigen Schlussglossierung auf zeitlich getrennte Arbeitsschritte oder sogar auf zwei verschiedene Bearbeiter zurückzuführen.

Im Vergleich mit der Lehnrechtsglosse passen Stil und Inhalt der Glossierung der Landrecht-Schlussartikel zwar grundsätzlich in das Arbeitsmuster des Lehnrechtsglossators. Auch hier unterscheidet sich die Schlussglossierung des Landrechts von der Lehnrechtsglosse der Klasse W aber durch das Fehlen ausgeschriebener, lateinischer Allegationen. Gegen eine Identität der Autoren der Landrechts-Schlussglossierung und der Lehnrechtsglossenklasse W spricht außerdem der unterschiedliche Sprachgebrauch: Die in der Lehnrechtsglosse in allen drei Klassen K, L und W so häufige Formulierung „*wenne worumme*" taucht in der „Wurm'schen" Schlussglossierung des Landrechts nicht auf.

Alles in allem wird man den vorsichtigen Schluss ziehen müssen, dass „Wurm'sche" Land- und Lehnrechtsglosse möglicherweise gar nicht insge-

668) „Wurm'sche" Glosse LdR III 85 (91 §§ 2 f.): „*s*[upra] *l. j. ar. xlviij. Inglosa*" (Krakau BJ Przyb. 42/60 fol. 323vb).

669) „Wurm'sche" Glosse LdR III 81 (88): „*Sundern man sol in uf haldin mit gerufte uor gerichte brengen alz ir wol horen wert in dem richtstige.*" (Krakau BJ Przyb. 42/60 fol. 323vb).

samt auf ein und denselben Bearbeiter zurückgehen und dass darüber hinaus innerhalb der Überlieferungsträger vielleicht noch einmal zwischen verschiedenen, auf unterschiedliche Personen zurückgehenden Textschichten unterschieden werden muss. Es könnte also jeweils die deutsche erweiternde Überarbeitung der Land- bzw. Lehnrechtsglosse von einer Hand und die Hinzufügung lateinischer Rechtszitate von einer anderen Hand sein. Hätte der eine Redaktor die aus Land- und Lehnrechtsglosse bestehende Doppelarbeit des anderen zur Vorlage genommen, würde sich daraus auch die gemeinsame Überlieferung beider Textschichten in jeweils einer Handschrift erklären. Die Landrechts-Schlussglossen könnten sogar noch einmal auf eine dritte Hand zurückzuführen sein.

5. Zur Frage der Textentwicklung

Fragt man nun noch einmal explizit nach der Bedeutung der Klasse W für die Textentwicklung der Lehnrechtsglosse, so ist zwischen dem über den Glossenbestand von L und K hinausgehenden deutschen Textplus einerseits und dem lateinischen Textplus in Form von ausgeschriebenen, gelehrtrechtlichen Zitaten andererseits zu unterscheiden.

Der über L hinausgehende deutsche Textmehrbestand der Klasse W lässt für sich genommen keine Vermutungen oder gar eindeutigen Schlüsse auf die Textentwicklung zu. Er entspricht im Ganzen dem Stil der übrigen Glosse, könnte also grundsätzlich schon vom Glossator selbst stammen und erst im Zuge einer Überarbeitung zur Klasse L gekürzt worden sein. Denkbar scheint genauso, dass es sich umgekehrt um spätere Zusätze eines Redaktors handelt, der L zu W erweitertete und sich dabei durch Beibehaltung des Stils um Kohärenz bemühte. So oder so ist der Urheber der Klasse W nicht zwingend mit dem bisher als Nikolaus Wurm behaupteten Überarbeiter der Landrechtsglosse und dem Glossator seiner Schlussartikel identisch.

Da also der eigentliche, inhaltlich neue Glossenmehrbestand von W keine Ansatzpunkte liefert, die für eine Kürzung oder Erweiterung der Klasse L sprechen, bleibt der Blick auf die unübliche Zitierweise in Form der ausgeschriebenen Allegationen. Die Lehnrechtsglosse der Klasse W steht in dieser Hinsicht in engstem Zusammenhang mit der „Wurm'schen“ Landrechtsglosse der „Großen Görlitzer Handschrift“[670]. Beide teilen nicht nur die Besonderheit, dass an die Stelle abgekürzter Allegationen häufig das vollständige lateinische Zitat der gelehrten Rechtsquelle tritt, sondern darüber hinaus, dass diese ausgeschriebenen Zitate ausschließlich den Institutionen, dem *Decretum Gratiani* und dem *Liber Extra* entstammen. Aufgrund dieser

---

670) Krakau BJ Przyb. 42/60 (OPPITZ, Rechtsbücher II Nr. 861); vgl. dazu bereits oben S. 227 ff.

ganz spezifischen Übereinstimmung ist die gemeinsame Rückführung auf denselben Redaktor evident. Bei der Redaktion der Landrechtsglosse handelt es sich nun aber zweifelsfrei um eine erweiternde Überarbeitung der gewöhnlich allegierenden Buch'schen Glosse, sodass es sich schon deshalb geradezu aufdrängt, auch für die Lehnrechtsglosse der Klasse W von einer im Zuge desselben Arbeitsvorgangs durch denselben Redaktor und nach demselben Kompilationsmuster entstandenen Erweiterung einer bereits vorliegenden Lehnrechtsglosse auszugehen. Die wahrscheinlich erst hier hinzugefügte lateinische Fassung des Seneca-Zitats könnte dabei auf einem Zufallsfund des Redaktors beruhen oder mit der Benutzung eines Florilegiums zu erklären sein. Ziemlich wahrscheinlich sind dann jedenfalls die übrigen ausgeschriebenen Allegationen unter Zuhilfenahme der gelehrten Quellentexte in die Lehnrechtsglosse eingefügt worden.

Wollte man im unbekannten Kompilator, der lateinische Zitate in die „Wurm'sche" Land- und Lehnrechtsglosse einfügte, nun aber gleichzeitig auch den Verfasser wenigstens der deutschen Glossenzusätze der Klasse W oder gar den ersten Glossator des Lehnrechts schlechthin sehen, stellen sich Quellenprobleme: Einer Abfassung des deutschen Glossenmehrbestands der Klasse W oder gar der kompletten Lehnrechtsglosse erst im Zuge der Allegationenausschreibung steht nämlich entgegen, dass die ausgeschriebenen lateinischen Zitate ja ausschließlich den Institutionen, dem *Decretum Gratiani* und dem *Liber Extra* entnommen worden sind, wohingegen die Lehnrechtsglosse[671] und auch die nur in W überlieferten deutschen Glossenteile[672] ein viel größeres Quellenspektrum aus dem römischen und kanonischen Recht abdecken. Es scheint also, als habe dem Überarbeiter der Allegationen als Arbeitsgrundlage nur eine auf Institutionen, *Decretum Gratiani* und *Liber Extra* begrenzte Auswahl an Quellentexten zur Verfügung gestanden. Hätte er nicht nur lateinische Zitate aus diesen drei Rechtsquellen eingefügt, sondern zusätzlich auch neuen originären deutschen Glossentext verfasst, müsste er sämtliche anderen Allegationen der Lehnrechtsglosse entweder aus dem Kopf zitiert oder unverifiziert aus einem anderen Werk, etwa der Buch'schen Glosse[673], übernommen haben. Vorstellbar scheint dies allenfalls für die Erstellung der spärlichen deutschen Zusätze von W, keineswegs aber für die Lehnrechtsglosse als Ganzes. Dass die gesamte Lehn-

671) Unter anderem alle Teile des mittelalterlichen *Corpus iuris* einschließlich der *Libri Feudorum*, vgl. die Übersicht bei KAUFMANN, LGl LnR S. 1223–1266. Zum Quellenspektrum der Lehnrechtsglosse noch ausführlich unten S. 339 ff.

672) Die über L hinausgehenden, nur in der Handschrift Be_3 überlieferten Glossenteile allegieren jedenfalls Digesten, *Codex* und *Authenticum*.

673) Die Lehnrechtsglosse bietet allerdings auch Allegationen, die in der Buch'schen Glosse nicht enthalten sind.

rechtsglosse verfasst worden sein könnte, ohne dass die allegierten Texte dem Glossator wenigstens im Regelfall auch zur Verfügung gestanden haben, ist unmöglich. Zudem hätte ein im gelehrten Recht bewanderter und mit hinreichenden Arbeitstexten ausgestatteter Glossator auch keinen ersichtlichen Grund, seine Arbeit von vornherein zwar mit Allegationen aus ganz verschiedenen Quellen des römischen und kanonischen Rechts auszuschmücken, dann aber ausschließlich Zitate aus den Institutionen, dem *Decretum Gratiani* und dem *Liber Extra* zu inkorporieren.

Man wird also folgern dürfen, dass die Klasse W in der uns überlieferten Form kaum die ursprüngliche Fassung der Lehnrechtsglosse darstellen kann. Allenfalls ein zeitlich klar getrennter zweiter Arbeitsschritt und heute nicht mehr zur Verfügung stehende Quellentexte könnten erklären, weshalb der Glossator zwar viele verschiedene gelehrte Rechtsquellen allegierte, aber nur ganz bestimmte auch ausführlich zitiert wurden. Wahrscheinlicher sind demgegenüber zwei andere Varianten: Entweder sind zusammen mit der Allegationenüberarbeitung nur die über L hinausgehenden deutschen Zusätze der Klasse W entstanden. Hierfür sprechen die gemeinsame Überlieferung in den Textzeugen Be_3 und P, außerdem die Tatsache, dass auch die „Wurm'sche" Landrechtsglosse neben den Allegationen noch deutsche Erweiterungen bietet, und schließlich, dass W gegenüber der vulgaten Fassung L nur in spärlicher Anzahl erhalten und schon deshalb schwer als ursprünglicher Text vorstellbar ist. Oder aber, so das zweite denkbare Szenario, der Redaktor der Klasse W hat ausschließlich die Allegationen der Lehnrechtsglosse überarbeitet und dabei eine uns heute nicht mehr erhaltene, bereits über L hinausgehende längste Glossenfassung X zugrunde gelegt.

Bei der künftigen Beurteilung der Glossenklasse W sollte also auch die Möglichkeit ins Auge gefasst werden, dass die ausgeschriebenen Allegationen und die Glossenzusätze, obwohl beide Elemente in den einen gemeinsamen Überlieferungsträger Be_3 geflossen sind, auf zwei verschiedene Überarbeitungsvorgänge zurückzuführen sein könnten. Vielleicht stammen die nachträgliche Inkorporation bestimmter allegierter Quellen also aus einer Hand und der deutschsprachige Glossenmehrbestand der Klasse W aus einer anderen. Ob eine hypothetische vierte Glossenklasse X, die alle deutschsprachigen Glossenstellen, jedoch keine lateinischen Zitate enthalten hätte, schon vom ersten Glossator des Lehnrechts verfasst oder wiederum erst später durch einen erweiternden Dritten entstanden ist, ist nicht zu entscheiden. Untersuchungen der Lehnrechtsglosse sollten das deutsche Textplus der Klasse W aber als wenigstens möglicherweise bereits vom Glossator selbst verfassten Bestandteil berücksichtigen. Gleichzeitig dürfen Ausmaß und inhaltliche Bedeutung dieses Mehrbestands der längsten Textklasse nicht zu hoch bewertet werden: Zusammenhängende Zusätze der Klasse W finden sich nicht allzu häufig und liefern auch nur selten entscheidende zusätzliche Informationen.

d) Fazit: Offene Fragen

Führt man die zur Klasse W der Lehnrechtsglosse gesammelten Erkenntnisse zusammen, so wird man nicht mehr ohne Weiteres mit dem von Carl Gustav Homeyer[674] begründeten Forschungsstand davon ausgehen dürfen, dass es sich bei der in der Handschrift Be_3 und im Fragment P überlieferten längsten Fassung der Lehnrechtsglosse um eine erweiternde Überarbeitung der Glossenklasse L aus der Feder des Nikolaus Wurm handelt. Schon die Zuschreibung der anonym überlieferten Glossenklasse W an die Personalie Wurm ist bedenklich. Noch weit komplizierter gestaltet sich die Frage nach der Textentwicklung. Weil sich aus den ermittelten Befunden allerdings auch kein plausibler Gegenentwurf ableiten lässt, tritt an die Stelle des tradierten Erklärungsmodells zur Entstehung der Klasse W – das zunächst einmal plausibel klang, bei näherer Betrachtung aber eine Reihe von Ungereimtheiten aufgezeigt hat – kein endgültig neues. Vorerst muss es genügen, zusammenfassend noch einmal die Widersprüche im bisherigen Modell aufzuzeigen und damit den Boden für eine künftige Neueinschätzung der Glossenklasse W zu bereiten.

Dass die Lehnrechtsglosse der Klasse W, zusammen mit Redaktionen der Landrechtsglosse, der Weichbildglosse, des Richtsteig Landrechts und des Mainzer Reichslandfriedens, einem in den 1380er Jahren entstandenen „Wurm'schen Frühwerk“ zuzurechnen sei, ist nicht erwiesen. Weder wurde bisher überhaupt die Zusammengehörigkeit dieser Redaktionen untereinander glaubhaft gemacht – erste Analysen lassen daran zweifeln – noch wurden spezifische Merkmale gefunden, die diese Arbeiten mit autorisierten Werken Nikolaus Wurms gemein hätten und durch die sie sich von Arbeiten Dritter abgrenzen ließen. Eine Abfassung der Lehnrechtsglossenklasse W durch Nikolaus Wurm ist demnach zwar möglich, für ihn spricht aber lediglich ganz allgemein der räumliche und zeitliche Entstehungskontext des schlesischen späten 14. Jahrhunderts. Weil die Rückführung auf Wurm jedoch keineswegs bewiesen ist, ist auch die übliche Bezeichnung der Lehnrechtsglossenklasse W als „Wurm'sche Lehnrechtsglosse“ nicht gerechtfertigt.

Die genauen Entstehungshintergründe der Glossenklasse W und ihr Verhältnis zu den Klassen L und K liegen zwar im Dunkeln. Was die charakteristischen ausgeschriebenen Allegationen angeht, steht die Glossenklasse W

674) HOMEYER, Einleitung LnR, Sachsenspiegel II 1 S. 75–77.

aber in engem Zusammenhang mit der „Wurm'schen" Landrechtsglosse. Es liegt nahe, hier von einer erweiternden Überarbeitung beider Glossen „aus einem Guss" auszugehen. Dass zeitgleich mit dieser Ansammlung lateinischer Zitate überhaupt erst die Lehnrechtsglosse selbst verfasst wurde[675], ist wegen des Quellenreichtums der Glosse unwahrscheinlich. Vermutlich baute der unbekannte Redaktor der Glossenklasse W wie bei der Landrechtsglosse auf einer bereits vorhandenen Textgrundlage auf. Ob das in W enthaltene, geringe, dem Stil des übrigen Glossentextes durchaus entsprechende deutschsprachige Textplus vom unbekannten Redaktor der Allegationen hinzugesetzt wurde, ob es bereits früher durch Erweiterung von L entstand oder ob es gar schon zu einer ältesten, verlorenen Fassung der Lehnrechtsglosse gehörte, ist ungewiss. Der deutschsprachige Glossenmehrbestand der Klasse W verlangt jedenfalls eine von den lateinischen Zitaten losgelöste Betrachtung. Vielleicht geht er auf ein und denselben Redaktor zurück. Denkbar wäre aber auch, dass das Textplus bereits dem ursprünglichen Glossentext in einer uns nicht mehr erhaltenen Fassung X angehörte und diese als Vorlage sowohl für die moderate Kürzung zu L als auch für die Allegationenkompilation zu W herangezogen worden ist. Möglich wäre schließlich auch, dass zwar L am Anfang stand, diese Fassung aber zuerst in einem Zwischenschritt zu X und erst daraufhin durch Zitateergänzung zu W erweitert worden ist.

Erst an dieser Stelle kommt Nikolaus Wurm wieder ins Spiel: Dessen Werk ist kaum erforscht, verdient aber zweifellos eine eingehende Untersuchung und Neubewertung. Das negative Bild, welches ältere Rechtshistoriker von ihm gezeichnet haben[676], ist sicher überholt. Mit größerem Verständnis für die Umstände seiner Zeit und bei einem größeren Interesse an der Entwicklung einer gelehrten deutschen Rechtswissenschaft tritt uns Wurm nicht mehr als unbedeutender „geschmackloser Vielschreiber"[677], sondern als Gelehrter von intellektuellem Rang entgegen. Damit gehört er auch zum Kandidatenkreis möglicher Verfasser der Lehnrechtsglosse, sei es nun bloß etwaige Zusätze einer Klasse X oder W oder gar die gesamte Lehnrechtsglosse betreffend.

Alles in allem zeigt eine erneute Durchsicht der bekannten historischen Zeugnisse, dass bei klarer Unterscheidung zwischen gesichertem und ungesichertem Wissen weder die Zuschreibung der Lehnrechtsglosse der Fassung W an Nikolaus Wurm noch ihre Entstehung durch schlichte Erweiterung

675) So ein bei KAUFMANN, Einleitung, LGl LnR S. XXXII f., zur Disskusion gestelltes Szenario.

676) Vgl. die Zusammenstellung bei LEUCHTE, Einleitung, Liegnitzer Stadtrechtsbuch S. XXII f.

677) AMIRA / ECKHARDT, Germanisches Recht I S. 162.

der längeren Glosse feststehende Tatsachen sind. Jedenfalls nach gegenwärtigem Forschungsstand scheint es auch möglich, dass die Lehnrechtsglosse der Klasse W auf das Werk eines oder sogar zwei unbekannten Dritten zurückgeht und dass das Verhältnis zwischen L und den deutschsprachigen Teilen von W ein umgekehrtes gewesen ist. Diese Variante der Textentwicklung wird in abgewandelter Form nun auch von Frank-Michael Kaufmann in Betracht gezogen[678]. Sollte tatsächlich eine längste Glossenklasse X am Anfang gestanden haben, träte uns in ihrem Verfasser, hieß er nun Wurm oder nicht, der unbekannte Lehnrechtsglossator selbst entgegen. Am Ende dieses Abschnitts stehen mehr Fragen als Antworten. Darin zeigt sich, dass das Problem der „Wurm'schen" Glossenhandschrift Be_3 auf der Grundlage vorangetriebener Forschungen künftig noch weitere Beachtung verdient.

5. Zwischenergebnis: Neues Modell der Textentwicklung

Zusammenfassend gelangen wir zu einem neuen, anhand künftiger Editionsarbeiten vielleicht noch weiter zu verifizierenden Modell der Textentwicklung. Lange Zeit ging die Forschung in der Frage der Textentwicklung ja von der sukzessiven Vermehrung der Lehnrechtsglosse aus. Dem herkömmlichen, von Carl Gustav Homeyer entwickelten Modell zufolge sei in einem ersten Schritt die älteste und kürzeste Klasse K zu L und dann L spätestens 1386/87 durch Wurm noch einmal zu W erweitert worden[679]. Nachdem Frank-Michael Kaufmann in seinem Editionsvorwort zur kürzeren Lehnrechtsglosse erste Widersprüche aufgedeckt und die Revisionsbedürftigkeit des klassischen Modells in seiner jüngsten Edition der längeren Lehnrechtsglosse endgültig offenbar hat[680], konnten die voranstehenden Überlegungen zeigen, dass sich die Textklassen K, L und W mit Sicherheit anders zueinander verhalten als bisher angenommen.

Homeyers Theorie von einer Erweiterung der kürzeren zur längeren Lehnrechtsglosse hält einem Vergleich der Glossenfassungen K und L nicht stand. Eine Gegenüberstellung beider Texte hat gezeigt, dass es sich bei der

---

678) KAUFMANN, Einleitung, LGl LnR S. XXXII f. Demnach könnte die Klasse W entweder vom Erstglossator des Lehnrechts selbst verfasst und später zur Klasse L gekürzt worden sein oder aber durch Erweiterung aus einer verloren gegangenen Handschrift der Klasse L hervorgegangen sein, welche einen spezifischen Textausfall im *Summarium* zu LnR 7, den die übrigen Überlieferungsträger der Klasse L aufweisen, noch nicht enthielt.

679) HOMEYER, Einleitung LnR, Sachsenspiegel II 1 S. 73–79, insbesondere S. 74 f.

680) KAUFMANN, Einleitung, KGl LnR S. XXIII–XXV; DERS., Einleitung, LGl LnR S. XXVIII–XXXVII, vgl. außerdem DERS., Glossen zum Sachsenspiegel S. 108.

um etwa 40 % kürzeren Klasse K um eine rudimentäre, gegenüber L unvollständig wirkende Version der längeren Lehnrechtsglosse handelt. Mit sehr großer Wahrscheinlichkeit stellt die Lehnrechtsglosse L daher die frühere der beiden Fassungen dar. Erst im Nachhinein ist die längere Glosse, vielleicht um Kosten zu sparen, vielleicht um der redundanten Ausdrucksweise des Glossators entgegenzuwirken, von einem unbekannten Redaktor zur Fassung K gekürzt worden.

Problematischer verhält es sich mit der längsten, nur in zwei Textzeugen überlieferten, seit Homeyer[681] als „Wurm'sche Glosse" bekannten Klasse W. Ob sie wirklich mit dem um 1400 im Raum Schlesien wirkenden Juristen Nikolaus Wurm in Verbindung steht, ist ungewiss. Ihr vorrangiges Erkennungsmerkmal sind die lateinischen Exzerpte aus bestimmten allegierten Quellen des gelehrten Rechts, die sehr wahrscheinlich, ebenso wie die ausgeschriebenen Allegationen der Landrechtsglosse in der „Großen Görlitzer Handschrift", erst später hinzugesetzt worden sind. Das über L geringfügig hinausgehende, dem Stil der übrigen Glosse entsprechende deutschsprachige Textplus der Glossenklasse W muss hingegen nicht zwangsläufig gleichzeitig mit den lateinischen Zitaten ergänzt worden sein. Die Beurteilung dieses Glossenmehrbestands fällt schwer. Aufgrund einer stichprobenartigen Analyse scheint aber zumindest denkbar, dass das Textplus der Klasse W nicht erst später entstanden ist, sondern vielleicht sogar schon zum ursprünglichen vom Glossator verfassten Text der Lehnrechtsglosse gehört haben könnte. Es wäre dann von einer vierten, nicht überlieferten Glossenklasse X auszugehen, die nur die deutschen und nicht auch die lateinischen Bestandteile von W enthalten hat. Die Klasse W würde damit in ihren lateinischen Teilen die jüngste und in ihren deutschen Teilen gleichzeitig eine ältere oder gar die älteste Textschicht der Lehnrechtsglosse überliefern.

Im Ergebnis stellt sich das Verhältnis zwischen den Textklassen K, L und W der Lehnrechtsglosse nun in einem neuen, vom traditionellen Homeyerschen Erklärungsmuster abweichenden, teilweise noch unsicheren Entwicklungsmodell wie folgt dar:

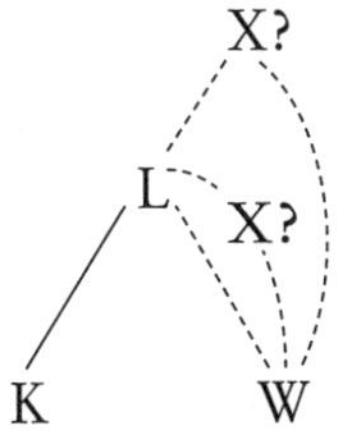

681) HOMEYER, Einleitung LnR, Sachsenspiegel II 1 S. 75–77.

Bei allen fortbestehenden Unklarheiten über die Bedeutung der Klasse W und die Filiationsverhältnisse der Überlieferungsträger im Einzelnen lässt sich nun wenigstens teilweise die Ausgangsfrage nach der früheren, einer originären Lehnrechtsglossenfassung am nächsten kommenden Textfassung beantworten. In den Mittelpunkt der Betrachtung rückt zweifellos L, die längere und vulgate Fassung der Lehnrechtsglosse. Sehr wahrscheinlich haben erst später zwei Überarbeitungen durch zwei unbekannte Redaktoren stattgefunden. Erstens ging durch beträchtliche, teilweise sinnschmälernde Kürzungen aus der Fassung L die Fassung K hervor. Zweitens führte die Ausschreibung bestimmter Allegationen in lateinischen Zitaten zur Klasse W. Ob erst zu diesem Zeitpunkt auch das in W enthaltene deutschsprachige Textplus hinzugefügt wurde oder ob dieses schon früher – in einer nicht erhaltenenen, langen Urfassung oder durch eine zwischenzeitliche Ergänzung der Klasse L – entstanden war, bleibt offen. Selbst wenn es aber eine solche L noch einmal vor- oder nachgehende, nicht erhaltene, lange Fassung X gegeben haben sollte, ist und bleibt die Klasse L, jedenfalls aufgrund ihrer Überlieferungs- und Wirkungsgeschichte, der für die Erforschung der Lehnrechtsglosse zentrale und maßgebliche Text.

6. Maßgebliche Textgrundlage(n)

Vorrang der längeren Lehnrechtsglosse. Als älteste greifbare Fassung der Lehnrechtsglosse hat sich demnach die in 18 Handschriften erhaltene, vulgate Textklasse L herausgestellt. In den vergangenen Jahren musste die Forschung auf eine Behelfslösung zurückgreifen und als Vertreter der Klasse L den ältesten, handschriftengetreuen Augsburger Druck von 1482 heranziehen[682]. Mit der jüngst erschienenen wissenschaftlichen Edition der längeren

682) [Sächsisches Weichbild…], Augsburg 1482 (GW 9266). Die Auswahl des Augsburger Drucks von 1482 als vorläufige Arbeitsgrundlage begründet sich wie folgt: Die frühen Drucke lassen sich grob in zwei Gruppen unterteilen. Die älteren Ausgaben übernehmen das Lehnrecht mit längerer Glosse aus den unbekannten handschriftlichen Vorlagen zunächst noch wörtlich, HOMEYER, Einleitung LnR, Sachsenspiegel II 1 S. 109. Seit der Ausgabe von 1537 bieten die Drucke hingegen die überarbeitete und aktualisierte Fassung des Christoph Zobel und wurden zunehmend um ältere und neuere Zusätze angereichert, ZOBEL, Sechsisch Weychbild und Lehenrecht, Leipzig 1537 (VD 16 D 735). So sehr die neuere Sprache, die stärkere Durchgliederung des Textes und die „Fehlerausbesserungen“ dieser späteren Drucke auch den heutigen Leser noch zur Benutzung reizen mochte – für Forschungszwecke überwogen die Nachteile dieser modernisierten Ausgaben. Nach eigenen Angaben absolvierte Zobel bei seiner Überarbeitung des glossierten Lehnrechts nämlich ein beachtliches Redaktionsprogramm, das unter anderem

Lehnrechtsglosse von Frank-Michael Kaufmann steht künftiger Forschung nun eine exzellente Textgrundlage zur Verfügung[683]. Da sie, wie schon bei der kürzeren Lehnrechtsglosse, alle überlieferten Handschriften ihrer Textklasse berücksichtigt, bietet die Edition einen sehr zuverlässigen und genauen Text[684].

---

die Korrektur des Textes nach mehreren alten Exemplaren, die Erneuerung der Sprache, die Hinzugabe neuer Anmerkungen und die Ausbesserung verderbter Allegationen umfasste, vgl. Titel und Vorrede der Ausgabe ZOBEL, Sechsisch Weychbild und Lehenrecht, Leipzig 1537. Dadurch ist der Glossentext beträchtlich verändert worden. Zwar wollte sich Zobel vom Grundsatz leiten lassen, *„nichts darzu oder davon"* zu tun, als das, was *„die alden bücher in warheit mit sich bracht"* (ZOBEL, Sechsisch Weychbild und Lehenrecht, Leipzig 1537 S. 1 der Vorrede (ohne Blattzählung)). Wann und wie oft das Prinzip der Texttreue aber hinter dem konkurrierenden Streben nach einem aktualisierten, verständlichen und „fehlerfreien" Text zurückstehen musste, können wir nur erahnen. In größerem Ausmaß, oft auch unkenntlich, finden sich in die Glosse eingebettete *additiones*, die nicht schon dem ursprünglichen Text angehört haben können, sondern neu verfasst oder aus späteren Randglossen übernommen worden sind. Alles in allem wird man davon ausgehen müssen, dass uns in den späteren Druckausgaben der Lehnrechtsglosse ein vom Original weiter entfernter Text als in den früheren Drucken begegnet. Geeigneter war somit die Heranziehung einer Druckausgabe aus der ersten, handschriftengetreueren Gruppe. Hier bot sich die älteste erhaltene, von Anton Sorg veranstaltete Ausgabe Augsburg 1482 an. Zwar lässt sich nicht mehr zweifelsfrei klären, ob es sich bei dieser Ausgabe um einen Primärdruck handelt oder ob ihr eine heute verschollene, undatierte Erstausgabe zugrunde gelegen hat. Auch lässt sich die direkte oder indirekte handschriftliche Vorlage des Drucks nicht identifizieren. Der in der Ausgabe von 1482 überlieferte Glossentext kommt der ursprünglichen bzw. der vulgaten Ordnung der Klasse L aber, wie der Vergleich mit der wissenschaftlichen Edition der längeren Lehnrechtsglosse jetzt belegt, sehr nahe. Neben inhaltlichen Aspekten sprach für die Benutzung der Ausgabe Augsburg 1482 ihre gute Zugänglichkeit in mehreren Bibliotheken (nach Angaben von GW 9266 finden sich Ausgaben in Arolsen, Augsburg, Berlin, Bonn, Cambridge, Edinburgh, Freiberg, Freiburg, Gdañsk, Göttingen, Halle, Innsbruck, Kassel, Klagenfurt, Leipzig, Lindau, Löbau, München, Münster, Schulpforte, Sigmaringen, Williamstown und Wroc³aw) und als Digitalisat im Internet (URL: http://gdz.sub.uni-goettingen.de/dms/load/img/?PPN=PPN627100627, 01.02.2014 sowie: http://dfg-viewer.de/show/?set[mets]=http%3A%2F%2Fdaten.digitale-sammlungen.de%2F~db%2Fmets%2Fbsb00035093_mets.xml, 01.02.2014).

683) KAUFMANN, LGl LnR.

684) Dass die Editionen der Lehnrechtsglosse alle bekannten Textzeugen berücksichtigen, erweist sich gegenüber der Edition der sehr viel häufiger überlieferten Buch'schen Glosse als großer Vorteil. Dort mussten die bei KAUFMANN, Einleitung, Gl LdR S. LX f., genannten drei Handschriften ausgewählt werden, weshalb die Edition nicht das volle Überlieferungsspektrum bietet. Zu den daraus resultierenden Problemen KANNOWSKI, Umgestaltung S. 40–50.

Ergänzende Heranziehung der kürzeren Glosse. Nach dem veränderten Textentwicklungsmodell kommt der kürzeren Lehnrechtsglosse als der jüngeren und inhomogeneren Textklasse gegenüber der älteren, vulgaten Klasse L bloß noch untergeordnete Bedeutung zu. Gleichwohl bleibt sie als Rezension späterer Bearbeiter von Interesse. Als Textgrundlage für die kürzere Lehnrechtsglosse steht der Forschung wiederum eine moderne wissenschaftliche Edition von Frank-Michael Kaufmann zur Verfügung[685].

Berücksichtigung der Handschrift Be_3. Weil die Bedeutung der nur in der Glossenklasse W überlieferten, längsten deutschen Glossenfassung ungeklärt ist, darf schließlich auch die Handschrift Be_3[686] nicht außer Acht bleiben. Wo das deutschsprachige Textplus der Klasse W über L hinausgeht, wird es als möglicherweise schon zur ältesten Textschicht gehörig mitberücksichtigt.

Demnach lässt sich festhalten: Als vorrangige Textgrundlage dieser Arbeit wird die Handschrift Wo von 1464 nach der Kaufmann'schen Edition der längeren Lehnrechtsglosse herangezogen[687]. Ergänzend wird auf die Kaufmann'sche Edition der kürzeren Glosse zurückgegriffen, welcher bei Abweichungen vom Text der Klasse L besonderes Gewicht zukommt[688]. Nur wo sich aus ihrem deutschsprachigen Textplus noch zusätzliche Gesichtspunkte ergeben, gilt es schließlich, die Handschrift Be_3[689] als Überlieferer der vielleicht ältesten Textschicht in Überlegungen mit einzubeziehen.

III. Ergebnis: Hervortreten einer *Glossa ordinaria* des Lehnrechts

Das vorangehende Kapitel hat zur Vorbereitung inhaltlicher Analysen der Lehnrechtsglosse die Frage nach dem „rechten Text"[690] gestellt. Die gewonnenen Ergebnisse sind vielschichtig. Sie betreffen die verschiedenen Textklassen, lassen Nikolaus Wurm als einen noch eingehender Erforschung bedürfenden Protagonisten der jungen deutschen *iurisprudentia romano-saxonica* hervortreten und geben ersten Aufschluss über den Charakter der Lehnrechtsglosse als Werktyp.

685) KAUFMANN, KGl LnR.

686) Berlin SBB-PK Hs. 392 (OPPITZ, Rechtsbücher II Nr. 1295d). Vgl. zu dieser Handschrift oben S. 98 f. und oben S. 223 ff.

687) Wolfenbüttel, Herzog August Bibliothek, Cod. Guelf. 1.6.6 Aug. fol. (1464) (OPPITZ, Rechtsbücher II Nr. 1565); zitiert nach KAUFMANN, LGl LnR.

688) KAUFMANN, KGl LnR.

689) Berlin SBB-PK Hs. 392 (OPPITZ, Rechtsbücher II Nr. 1295d).

690) Vgl. FUHRMANN, Die Sorge um den rechten Text.

Wie gesehen kristallisiert sich bereits in der handschriftlichen Überlieferung eine in 18 der insgesamt 31 Textzeugen enthaltene Klasse L als die gewöhnliche deutsche Lehnrechtsglosse heraus. Endgültig als vulgate Textfassung etablierte sich die Klasse L in den frühen Drucken, die mit Ausnahme des Augsburger Drucks von 1516[691] sämtlich die längere Lehnrechtsglosse überliefern. Von der längeren Lehnrechtsglosse ist die in insgesamt zehn Handschriften überlieferte kürzere Lehnrechtsglosse zu unterscheiden. Ein eingehender Textvergleich ließ diese Klasse K, anders als lange vermutet, als die wahrscheinlich spätere Zusammenstreichung der früheren Klasse L erscheinen[692].

Rätsel wirft nach wie vor die sehr frühe, erweiternde Bearbeitung der Lehnrechtsglosse zur Klasse W auf, wie sie in der ältesten Handschrift Be_3 von 1386/87 und in einem weiteren Fragment P überliefert ist. Die Eigenart, einen Großteil der Allegationen im vollständigen lateinischen Zitat auszuführen, teilt sie mit einer erweiternden Bearbeitung der Buch'schen Landrechtsglosse. Ob der in W außerdem enthaltene, über L hinausgehende deutsche Glossenmehrbestand ebenfalls erst später hinzugesetzt worden ist oder vielleicht schon auf eine verschollene, älteste Urfassung X der Lehnrechtsglosse zurückgeht, ist unklar. Ebenso offen ist, wer die Redaktion der Klasse W veranstaltete. Ihre bisherige Zuschreibung an Nikolaus Wurm ist nicht erwiesen und zweifelhaft.

Der schlesische Rechtsgelehrte Nikolaus Wurm und sein literarisches Werk bedürfen noch eingehender Untersuchung. Zweifellos gehört er zu den wichtigen Repräsentanten der spätmittelalterlichen gelehrten sächsischen Partikularrechtswissenschaft. Dass sich der Verfasser der Blume des Sachsenspiegels (1397 fertiggestellt), des Liegnitzer Stadtrechtsbuchs (1399 begonnen) und der älteren Blume von Magdeburg aber tatsächlich literarisch mit den sächsischen Glossen beschäftigt und vielleicht sogar selbst Lehnrechts- oder Weichbildglosse verfasst haben könnte, ist bisher nicht nachgewiesen.

Von der gewöhnlichen deutschen Lehnrechtsglosse strikt zu trennen sind zwei spätere, zwar in Kenntnis der Lehnrechtsglosse geschriebene, im Übrigen aber ganz eigenständige Werke zum Sächsischen Lehnrecht. Zu nennen ist erstens die zwischen 1393 und 1434 entstandene Stendaler Lehnrechtsglosse. Diese völlig eigenständige, in deutscher Sprache mit lateinischen Einsprengseln verfasste Glosse eines Stendaler Anonymus berücksichtigt die

691) Augsburg 1516, VD 16 D 758 (Faksimile ECKHARDT, Sassenspegel); vgl. dazu oben S. 111 ff.

692) Die kürzere Lehnrechtsglosse zerfällt selbst noch einmal in drei im Textbestand erheblich differierende Ordnungen, vgl. oben S. 93 ff. Offenbar ist die Lehnrechtsglosse im 15. Jahrhundert also gleich mehrfach kürzend überarbeitet worden.

gewöhnliche deutsche Lehnrechtsglosse bereits als literarische Quelle[693]. Zweitens überliefert uns eine Druckausgabe von 1589 einen weiteren, gegenüber der gewöhnlichen Lehnrechtsglosse ebenfalls ganz eigenständigen Lehnrechtskommentar (fertiggestellt zwischen 1554 und 1560)[694]. Autor dieses neueren, lateinischen Kommentars dürfte Christoph Zobel gewesen sein.

Gegenüber den späteren Arbeiten eines Stendaler Glossators aus dem 15. Jahrhundert und eines Christoph Zobel aus dem 16. Jahrhundert tritt also als eigentliche, hier primär interessierende Quelle die vor 1386/87 verfasste gewöhnliche deutsche Lehnrechtsglosse hervor. Ihre vulgate Fassung und gleichzeitig die älteste greifbare Textklasse ist die Lehnrechtsglosse der Klasse L, wie sie auch in die frühen Drucke Eingang gefunden hat. Der vorliegenden Arbeit liegt daher die neue wissenschaftliche Edition der längeren Lehnrechtsglosse zugrunde[695].

Die Erweiterung der vulgaten längeren Lehnrechtsglosse zur Klasse W und ihre verkürzenden Bearbeitungen zu den verschiedenen Ordnungen der Klasse K stellen bemerkenswerte Zeugnisse für eine frühe wissenschaftliche Beschäftigung mit der gewöhnlichen Lehnrechtsglosse dar. Ein erster Streifzug durch Konsilien und die feudistische Literatur der folgenden Jahrhunderte hat gezeigt, dass die Lehnrechtsglosse auch darüber hinaus eine Rezeptionsgeschichte aufzuweisen hat.

Die spätere praktische und wissenschaftliche Bedeutung der Lehnrechtsglosse bedarf noch eingehender Erforschung. Doch schon jetzt lassen sich zwei in der Vergangenheit zu wenig betonte Aspekte festhalten. Erstens: Die gewöhnliche Lehnrechtsglosse war die Glosse zum Sächsischen Lehnrecht schlechthin. In theoretischem Anspruch wie auch in der praktischen Rezeption folgte sie dem Konzept der gelehrten *Glossa ordinaria*. Von späteren Juristen wurde sie stets nur mit einem unspezifischen „*glossa*“ zitiert, weil sich schon daraus für jedermann ohne weiteres ein Zitat der einen, maßgeblichen Standardglosse zum Sächsischen Lehnrecht erschloss. Zweitens: Die Lehnrechtsglosse war nur eine von drei solchen großen Standardglossen zum Sächsischen Recht. Keinesfalls dürfen Lehnrechts- und Weichbildglosse als bloßer Annex zur Landrechtsglosse verstanden werden. Landrecht, Lehnrecht und Weichbildrecht fasste man seinerzeit als drei eigenständige sächsische Rechtsbücher auf, denen im 14. Jahrhundert je ihre eigene Glosse zukam. Zu Zeiten der frühen Drucke spiegelt sich diese Trias in zweibändi-

---

693) Vgl. oben S. 106 f.

694) ZOBEL / ROMANUS, Sächsisch Lehenrecht unndt Weichbilt, Leipzig 1589; vgl. dazu oben S. 130 ff.

695) KAUFMANN, LGl LnR.

gen Standardausgaben zum Sächsischen Recht, die just die drei Elementen Land-, Lehn- und Weichbildrecht samt Glossen zusammenfassen[696]. Die sächsischen Juristen lehnten sich bewusst an die gelehrte Jurisprudenz zum *ius commune* an. Die Abfassung dreier Glossen zu Land-, Lehn- und Weichbildrecht und die regelmäßige Zusammenfassung dieser drei kommentierten Basistexte des Sächsischen Rechts in den späteren Druckausgaben lässt in vielem an eine Art sächsisches „*Corpus iuris*"[697] denken.

696) Vgl. oben S. 120 ff.

697) Eine ähnliche Parallele zieht auch KANNOWSKI, Umgestaltung S. 525 und 594; sowie DERS., Appellation und Urteilsschelte S. 122: Johann von Buch verstehe den Sachsenspiegel als eine „Art sächsisches Corpus Iuris Civilis".

C. Arbeitstechnik des Glossators: Die Übertragung gelehrter Methode auf das deutsche Recht

Die sächsischen Glossen gelten gemeinhin als eine „Kommentierung [...] im Stile des gelehrten Rechts“[1]. Auch diese Arbeit hat einleitend das Aufeinandertreffen der gelehrten, am römischen und kanonischen Recht entwickelten juristischen Methode auf den neuen, autochthonen Bearbeitungsgegenstand des Sächsischen Rechts als ein wesentliches Charakteristikum der jungen *iurisprudentia romano-saxonica* hervorgehoben[2]. Die Eroberung neuer Sachgebiete und Aufgabenfelder im einheimischen Recht durch die gelehrte Jurisprudenz ist ein wesentlicher Aspekt bei der Beschreibung des nur schwer greifbaren Phänomens der Rezeption des gelehrten Rechts in der Frühphase des 14. Jahrhunderts. Die Glossen zum Sächsischen Recht sind nicht einfach weitere, im klassischen Stil verfasste Schriften gelehrter Juristen. Von den Arbeiten zum gelehrten Recht unterscheiden sie sich durch die vollkommene Andersartigkeit der neuen Objekte, die sie in den Fokus rückten. Notwendig ergeben sich damit auch Neuerungen in methodischer Hinsicht. Die Übertragung und Anwendung gelehrter Methode auf neue Inhalte verlangte nach Flexibilität, Kreativität und Anpassung juristischer Methode. Wie sich der Vorgang der Verwissenschaftlichung des Sächsischen Rechts am Beispiel der Lehnrechtsglosse gestaltet, was also im Fall der Lehnrechtsglosse konkret unter „Kommentierung im Stile des gelehrten Rechts“ zu verstehen ist, ist Gegenstand dieses Kapitels.

Um die Arbeitsweise des Glossators und die stilistischen Eigenheiten der Lehnrechtsglosse würdigen und damit auch zu einem angemessenen Verständnis der Quelle gelangen zu können, bedarf es zunächst einer Untersuchung der Entstehungshintergründe der Lehnrechtsglosse (I). Die genauen Umstände der Glossierung des Lehnrechts liegen im Dunkeln. Die Lebensumstände des Verfassers lassen sich jedoch ungefähr einkreisen. Es wird zu zeigen sein, dass ein Rechtsstudium des Glossators an einer juristischen Fakultät sehr wahrscheinlich ist.

In einem zweiten Schritt geht es dann um die Grundanlagen des Werks (II). Welche Motive veranlassten diesen unbekannten gelehrten Juristen zur Glossierung des Sächsischen Lehnrechts und welche Bedeutung kam seinem Entschluss für die Ausbildung einer jungen sächsischen Rechtswissenschaft zu? Inwiefern ist die Bezeichnung als „Glosse“ gerechtfertigt und inwiefern

---

1) LIEBERWIRTH, Art. Glossen zum Sachsenspiegel, in: ²HRG II Sp. 417; DERS., Einleitung, Gl LdR S. XXIII; ebenso HORN, Legistische Literatur S. 284.

2) Vgl. oben S. 85 f.

verlangt die Lehnrechtsglosse nach einer gattungsmäßigen Einordnung als Kommentar? An welchen Vorbildern orientierte sich der Glossator und auf welche Quellen griff er zurück? Neben der Beeinflussung durch die gelehrte Literatur und Rechtswissenschaft macht sich ein alles beherrschender Einfluss der Buch'schen Glosse auf die Lehnrechtsglosse bemerkbar.

Erst auf Grundlage dieser Erkenntnisse folgt schließlich eine detaillierte Stilanalyse der Lehnrechtsglosse (III). Die Darstellungsformen und Argumentationsmuster des Glossators finden ihre methodischen Vorbilder teilweise in der Legistik, teilweise auch in der Partikularrechtsliteratur. In gewissem Umfang kommt es in der Lehnrechtsglosse auch zur Ausbildung ganz individueller Züge. Erst im Vergleich wird deutlich, wo die sächsische Rechtswissenschaft methodisch eigene Wege beschreitet und wo sich selbst die Lehnrechtsglosse von ihrer Buch'schen „großen Schwester" emanzipiert. Befragt man Aufbau und Stilmittel der Lehnrechtsglosse nach Funktion und Wirkungsweise, ergeben sich schließlich Rückschlüsse auf den Wissenschaftsbegriff des Lehnrechtsglossators.

I. Entstehungshintergrund

Der Lehnrechtsglossator verrät sich in seiner Arbeit mit keinem Wort. Ebenso wenig macht er Angaben zu Anlass, Ort und Zeit der Niederschrift. Auch historische Zeugnisse außerhalb der Quelle, die uns unmittelbare Kunde von den genauen Entstehungshintergründen der Lehnrechtsglosse geben könnten, fehlen. Im Editionsvorwort der kürzeren Lehnrechtsglosse resümiert Frank-Michael Kaufmann daher:

> „Wir werden uns damit begnügen müssen, auch weiterhin von einem unbekannten Autor auszugehen, der um die Mitte des 14. Jahrhunderts die Lehnrechtsglosse verfaßt hat, dem dann weitere, ebenfalls unbekannte Bearbeiter folgten."[3]

Fragt man nach Datierung, Ort der Niederschrift und Verfasser der Lehnrechtsglosse, muss es bei dem Versuch bleiben, durch Auswertung der wenigen bekannten Tatsachen den zeitlichen und räumlichen Entstehungskontext wenigstens ungefähr einzukreisen. Harte Fakten gibt es nur wenige. Im Übrigen lassen sich Indizien zusammenzutragen, die für die eine oder ande-

---

3) KAUFMANN, Einleitung, KGl LnR S. XXXIV. DERS., Einleitung, LGl LnR S. XXXII f., erwägt nun Nikolaus Wurm als möglichen Erstglossator der Lehnrechtsglosse.

re Vermutung sprechen. Doch um es vorwegzunehmen: So recht lichtet sich der Nebel dabei nicht.

Gleichwohl scheint es gerechtfertigt, die Frage nach dem Entstehungshintergrund weiter zu vertiefen. Denn die vergleichende Reflexion sonst bekannter Lebensumstände, Biographien und Werke zeitgenössischer Autoren erlaubt es durchaus, Aussagen über die Plausibilität bestimmter denkbarer Szenarien zur Entstehung der Lehnrechtsglosse zu treffen. Wenigstens ein Stück weit lässt sich so die Lebenswelt des Glossators rekonstruieren. Besonderes interessieren dabei die möglichen Bildungshintergründe des Glossators, denn sie haben sich unmittelbar auf Intention und Machart der Glosse ausgewirkt. Solche außerhalb des Textes liegenden und nicht mit letzter Sicherheit greifbaren Aspekte können das Bewusstsein für die individuelle Perspektive des Glossators schärfen. Sie erleichtern einerseits das Verständnis seines Werkes und bestimmen andererseits über die Prämissen, auf denen eine Interpretation der Glosse aufbaut.

Im Folgenden ist zunächst die zeitliche Entstehung der Glosse mit den übrigen wichtigen Schriften zum Sächsischen Recht in Bezug zu setzen. Sodann wird geprüft, inwiefern Sprache und Quellen der Glosse Hinweise auf den Ort der Niederschrift geben. Schließlich wird nach Identität und möglichem Bildungsweg des Glossators gefragt. Dabei erweist sich ein Rechtsstudium an einer der ausländischen juristischen Fakultäten als wahrscheinlich.

1. Datierung

Die Entstehungszeit der Lehnrechtsglosse lässt sich gegenwärtig nur ungenau als der Zeitraum nach 1325 und vor 1386/87[4] bestimmen. Dass die Lehnrechtsglosse das weltpolitische Großereignis des 14. Jahrhunderts überhaupt, das mit der doppelten Papstwahl von Urban VI. und Clemens VII. im Jahr 1378 ausgelöste sogenannte Große Abendländische Schisma (1378–1417), nicht erwähnt, wird man in diesem Zusammenhang nicht überbewerten dürfen. Auch sonst finden sich in der Glosse nämlich keine Hinweise auf aktuelle politische Ereignisse. Die bloße Nichterwähnung der Goldenen Bulle Karls IV. von 1356 lässt ebenfalls keine eindeutigen Schlüsse zu[5]. Anhaltspunkte für die Datierung der Lehnrechtsglosse liefern vielmehr

4) Ebenso KAUFMANN, Einleitung, KGl LnR S. XXX.

5) Anlass zur Erwähnung der Goldenen Bulle hätte, sollte die Lehnrechtsglosse erst nach 1356 entstanden sein, LnR 4 geboten, denn dort thematisiert die Glosse die Umstände der Königswahl. LGl LnR 4 § 2 (S. 130 Z. 1 – S. 132 Z. 10) begnügt sich allerdings bei der Frage, ob dem böhmischen König bei der Wahl des deutschen Königs entgegen LnR 4 § 2 bzw. LdR III 57 § 2 ein Wahlrecht zustehe, mit der Diskussion einer traditio-

einerseits das Alter der Handschriften und andererseits das Verhältnis zu anderen Schriften, die dem Lehnrechtsglossator bekannt sind oder ihrerseits bereits die Glosse als Quelle zitieren.

a) *Termini post* und *ante quem*

Das Jahr 1325 als *terminus post quem* ergibt sich aus der ungefähren Datierung der Buch'schen Glosse auf 1325 – um 1352[6]. Weil die Lehnrechtsglosse die Landrechtsglosse nämlich in all ihren Teilen intensiv verarbeitet, wobei

---

nellen, schon bei Hostiensis angesprochenen Streitfrage, die sich überdies an Gl LdR III 50 (57 § 2) *De koningh van Bemen* (S. 1300 Z. 8 – S. 1302 Z. 5) anlehnt. Wie Johann von Buch entscheidet sich der Glossator für eine Obmann-Funktion des böhmischen Königs in Pattsituationen zwischen den übrigen sechs Kurfürsten (vgl. für die Ansicht Johanns KANNOWSKI, Umgestaltung S. 258 f., für die kanonistischen Hintergründe BEGERT, Entstehung S. 50 f., und für die Interpretation des „Königswahlparagraphen" LANDAU, Eike). Die Goldene Bulle, die dem böhmischen König ein Wahlrecht gewährt, findet dabei keine Erwähnung.

6) So zuletzt die Datierung bei KAUFMANN, Glossen zum Sachsenspiegel S. 102 f. Anm. 37; vgl. dazu KANNOWSKI, Umgestaltung S. 61–65. HOMEYER, Einleitung LnR, Sachsenspiegel II 1 S. 78, ging von einer Entstehung der Landrechtsglosse „um das Jahr 1340" aus. Der *terminus post quem* für die Abfassung der Landrechtsglosse ergibt sich aus der in Gl LdR III 58 (65 § 1) *De marcgreue* (S. 1363 Z. 7–9) erwähnten Ermordung des Erzbischofs Burchard III von Magdeburg im Jahr 1325. Weniger eindeutig ist der *terminus ante quem*, weil er aus dem ungewissen Todesjahr Johanns von Buch folgt. LÜCK, Johann von Buch S. 142, hält es für sehr wahrscheinlich, dass Johann um 1356 im Alter von ungefähr 65 Jahren verstarb. Die Urkunden zwischen 1351 und 1356, die einen Johann von Buch bezeugen, könnten bereits einen anderen Träger dieses Namens, möglicherweise Johanns Sohn, meinen. KANNOWSKI, Umgestaltung S. 75, sieht die letzte urkundliche Erwähnung im Jahr 1356 und setzt folglich diesen Zeitpunkt als frühestmögliches Todesjahr Johanns an. Nach KAUFMANN, Glossen zum Sachsenspiegel S. 103 Anm. 37, der sämtliche Urkunden noch einmal geprüft hat, findet sich die letzte sicher auf Johann zu beziehende Nennung in einer Urkunde vom 12. Februar 1352. Demgegenüber lege eine Urkunde von 1354 nahe, dass Johann zu diesem Zeitpunkt bereits verstorben war. – Nach LIEBERWIRTH, Einleitung, Gl LdR S. XXIV, und mit ihm nun LÜCK, Art. Johann von Buch (um 1290 – um 1356), in: ²HRG II Sp. 1377, ist als *terminus ante quem* der Landrechtsglosse bereits das Jahr 1333 anzusetzen. Johann von Buch stand zu dieser Zeit nicht mehr in den Diensten von Herzog Otto von Braunschweig, der ihn nach eigenen Angaben zur Abfassung der Glosse angeregt hatte (vgl. Gl LdR, Glossenprolog S. 99 V. 131; S. 101 V. 164). Ich möchte demgegenüber den von KANNOWSKI, Umgestaltung S. 61, hervorgehobenen Umstand stärker gewichten, dass die Erstellung eines so umfangreichen Werks wie der Landrechtsglosse einen besonders langen Entstehungszeitraum beansprucht haben muss, und deshalb am ungewissen Todesjahr Johanns als *terminus ante quem* der Buch'schen Glosse festhalten.

sie sie stillschweigend zugrunde legt und passagenweise sogar abschreibt[7], muss sie eindeutig nach der Buch'schen Glosse geschrieben worden sein.

1386/87 als *terminus ante quem* liefert – auch unter Berücksichtigung des veränderten Textentwicklungsmodells – nach wie vor der älteste bekannte Überlieferungszeuge der Lehnrechtsglosse, die Handschrift Be_3 der Klasse W von 1386/87. Schon wegen der Existenz dieser Handschrift muss der in mehreren Handschriften der längeren Glosse LnR 6 enthaltene Verweis auf Baldus *Lectura super usibus feudorum* (1393) ein Zusatz von späterer Hand sein[8]. Die ursprüngliche Lehnrechtsglosse ist vielmehr schon irgendwann vor 1386/87 in einer älteren Glossenklasse L oder X verfasst worden. Aus der längeren Glosse, die selbst fast nur in jüngeren Handschriften überliefert ist[9], ist dann wiederum noch vor 1410[10] die Glosse der Klasse K hervorgegangen.

b) Verhältnis zu anderen Schriften

Für ein Verständnis der Lehnrechtsglosse relevant ist, auch wenn sich daraus nach gegenwärtigem Wissensstand (noch) keine zahlenmäßig genauere Datierung ableiten lässt, die Kenntnis der zeitlichen Abfolge, in der andere in etwa zeitgenössische Schriften im Verhältnis zur Lehnrechtsglosse entstanden sind. Zitiert ein Werk das andere, erlaubt dies Rückschlüsse auf seine methodischen und inhaltlichen Vorbilder und lässt die Neuerungen des Nachfolgers hervortreten. Bedauerlicherweise geben die juristischen Arbeiten aus der Zeit der Lehnrechtsglosse (mit Ausnahme der Buch'schen Glos-

---

7) Vgl. nur die Zusammenstellung von Parallelstellen in den Quellennachweisen von KAUFMANN, KGl LnR S. 707–714, bzw. DERS., LGl LnR S. 1249–1261. Vgl. zum Einfluss der Buch'schen Glosse noch unten S. 378 ff.

8) LGl LnR 6 § 1: „*De quo vide Baldum in consti. imperia. de prohi. feu. ali. perfici*" (S. 165 Var. q). Gemeint ist die *Lectura super usibus feudorum* des Baldus de Ubaldis zu L.F. II 54 pr. oder II 54, 1 (BALDUS, Super feudis, De prohibita feudi alienatione per Fridericum, § Imperialem oder § Callidis fol. LXXVIII^{ra}–LXXIX^{va}). Die Schrift wurde erst 1393 fertiggestellt, DANUSSO, Ricerche S. 9. Entsprechend fehlt das Zitat in der älteren „Wurm'schen" Glosse LnR 6 von 1386/87 (Berlin SBB-PK Hs. 392 fol. 176^{r}). Es muss folglich später im Zuge der Abfassung von *additiones* hinzugesetzt worden sein. Das Zitat floss auch in den Fließtext des Augsburger Drucks von 1482 ([Sächsisches Weichbild...], Augsburg 1482 fol. XIV^{rb}).

9) Das nicht datierbare Manuskript Wa (um 1400) ist der wohl älteste Textzeuge der längeren Lehnrechtsglosse. Eine heute verschollene, bei OPPITZ, Rechtsbücher II Nr. 252, verzeichnete Handschrift der Klasse L datiert auf 1414. Die älteste erhaltene datierbare Handschrift L_3 der Klasse L ist von 1436, vgl. die Auflistung oben S. 91 ff.

10) Die älteste Handschrift J der Klasse K datiert auf 1410, vgl. die Auflistung oben S. 91 ff.

se) in dieser Hinsicht nur wenige Informationen preis. Das Fehlen moderner wissenschaftlicher Editionen erschwert die Beurteilung der vorhandenen Verweise zusätzlich.

Landrechtsglosse. Eindeutige Aussagen lassen sich über das Verhältnis zwischen Land- und Lehnrechtsglosse treffen. In großem Stil inkorporiert die Lehnrechtsglosse weite Teile der Buch'schen Glosse[11]. Da die Passagen der Lehnrechtsglosse im Vergleich mit Parallelstellen der Landrechtsglosse mitunter unvollständig oder sinnschmälernd modifiziert erscheinen, müssen die Übernahmen aus der Land- in die Lehnrechtsglosse erfolgt sein. Sie können nicht umgekehrt aus der Lehn- in die Landrechtsglosse stattgefunden haben. Die Lehnrechtsglosse ist der Buch'schen Glosse also zeitlich gefolgt und entstand nach ihrem Vorbild. Ihre starke Abhängigkeit von der Landrechtsglosse ist ein Charakteristikum der Lehnrechtsglosse, welches bei der Interpretation der Lehnrechtsglosse an vielen Stellen relevant wird und dessen Bedeutung als Schlüssel für das Verständnis der Quelle kaum zu unterschätzen ist.

Richtsteig Landrechts. Der Richtsteig Landrechts wurde erst nach der Landrechtsglosse, aber vom selben Autor Johann von Buch und damit noch vor dessen Tod um das Jahr 1356 geschrieben[12]. Allegationen des gelehrten Rechts kennt der Richtsteig nicht. Die meisten Handschriften und frühen Drucke enthalten aber Remissionen auf das Landrecht[13], vereinzelt auch Verweise auf die Landrechtsglosse[14]. Hinter Verweisen einzelner Handschriften auf das Lehnrecht vermutete Carl Gustav Homeyer dagegen bloße

---

11) Vgl. unten S. 378 ff.

12) KANNOWSKI, Umgestaltung S. 78 f. m. w. N. MEYER, Gefahr vor Gericht S. 56, setzt als Entstehungszeit des Richtsteigs „um 1330“ an.

13) Ein entgegenstehendes Bild vermittelt die Richtsteig-Ausgabe von HOMEYER, Richtsteig LdR, die keinerlei Allegationen enthält. Verweise auf das Sachsenspiegel-Landrecht finden sich nur in vom Editor überarbeiteter Form in den Übersichten vor den einzelnen Kapiteln, „wo sie zugleich weniger stören“ (HOMEYER, Einleitung, Richtsteig LdR S. 77). Die meisten Handschriften und frühen Drucke des Richtsteig Landrechts enthalten aber Allegationen auf Landrecht und Landrechtsglosse. Mit überzeugender Begründung führt HOMEYER, Einleitung Richtsteig LdR S. 45–47, diese Allegationen bereits auf Johann von Buch zurück, es handelt sich also nicht bloß um Zusätze eines späteren Redaktors.

14) Nach HOMEYER, Einleitung Richtsteig LdR S. 46, handelt es sich bloß um einen einzigen Verweis. In der Druckausgabe Augsburg 1481 (GW 9257) führt der Richtsteig Landrechts in Richtsteig LdR c. 32 *Von des antwurt wer vnschuldig will sein* und c. 34 (35) *Von clag vm*[b] *einen verfesten man* ([Landrecht…], Augsburg 1481 fol. XCIII^{ra}; XCIV$^{rb\ und\ va}$; XCVI^{va}) insgesamt viermal die Landrechtsglosse an.

Zusätze aus späterer Hand[15]. Die Lehnrechtsglosse fand offenbar überhaupt keine Erwähnung[16].

Aus diesem Befund wird man nicht bereits zwingend auf die Nichtexistenz der Lehnrechtsglosse zum Zeitpunkt der Richtsteigabfassung schließen dürfen. Zwar spricht vage für eine frühere Niederschrift des Richtsteig Landrechts der enge zeitliche Zusammenhang, in dem Johann von Buch Landrechtsglosse und Richtsteig Landrechts verfasst haben muss. Demgegenüber ist die Lehnrechtsglosse von einem Dritten bloß irgendwann nach der Landrechtsglosse und vor 1386/87 verfasst worden. Theoretisch hätte Johann bei Abfassung des Richtsteig Landrechts eine Lehnrechtsglosse aber durchaus schon gekannt haben können. Bei einer Darstellung des Verfahrens nach Landrecht hätte er nur keinen rechten Grund gehabt, sie auch zu allegieren. Umgekehrt erwähnt auch die Lehnrechtsglosse den Richtsteig Landrechts nicht. Trotzdem hätte der Lehnrechtsglossator einen Richtsteig Landrechts, auch wenn er ihn nicht verarbeitete, schon gekannt haben können. Das Verhältnis beider Werke zueinander bleibt unklar.

Richtsteig Lehnrechts. Eine inhaltlich wesentlich größere Veranlassung zur Verarbeitung der Lehnrechtsglosse hätte der Verfasser des Richtsteig Lehnrechts gehabt. Nach Homeyer ist das Werk in der zweiten Hälfte des 14. Jahrhunderts in einer niedersächsischen Urfassung von einem von den Glossatoren des Land- und Lehnrechts verschiedenen Autor geschrieben worden[17]. Die älteste der 20 bekannten Handschriften datiert auf 1410[18], moderne Untersuchungen fehlen.

Wie schon der Richtsteig Landrechts berücksichtigt der Richtsteig Lehnrechts das gelehrte Recht nicht explizit. Zahlreich sind hingegen die Remissionen auf das Lehnrecht, vereinzelt wird auch auf das Landrecht Bezug genommen[19]. Lehnrechtsglosse und Landrechtsglosse werden nur in jeweils zwei der 20 Handschriften des 15. Jahrhunderts erwähnt[20]. Man wird diese

---

15) HOMEYER, Einleitung, Richtsteig LdR S. 46.

16) Das ergibt jedenfalls eine Durchsicht der Richtsteigausgabe [Landrecht...], Augsburg 1481 fol. LXXXIII^{r}–CI^{v}. Auch HOMEYER, Einleitung Richtsteig LdR S. 45–47, fand keine Erwähnung der Lehnrechtsglosse.

17) HOMEYER, Einleitung Richtsteig LnR, Sachsenspiegel II 1 S. 383–385; 395 f.

18) Jena FSUB Ms. El. f. 57 (OPPITZ, Rechtsbücher II Nr. 735). Die übrigen Handschriften listet OPPITZ, Rechtsbücher I S. 65 f. auf.

19) HOMEYER, Einleitung Richtsteig LnR, Sachsenspiegel II 1 S. 381; vgl. auch die Randglossen des Richtsteig Lehnrechts in der Druckausgabe Augsburg 1516 (ECKHARDT, Sassenspegel S. 590–625).

20) Nach HOMEYER, Einleitung Richtsteig LnR, Sachsenspiegel II 1 S. 381, finden sich Zitate der Lehnrechtsglosse in den Richtsteig Lehnrechts-Handschriften Berlin SBB-PK Ms. germ. fol. 9 und Breslau/Wrocław BU II F 17 (OPPITZ, Rechtsbücher II Nr. 109;

bloß ganz vereinzelt überlieferten Verweise auf die Glossen wohl als Zusätze von späterer Hand zu verstehen haben.

Dass der Verfasser des Richtsteig Lehnrechts die Lehnrechtsglosse wahrscheinlich nicht selbst zitiert hat, bedeutet aber wiederum nicht zwingend, dass sie zum Zeitpunkt der Richtsteigabfassung nicht schon existiert hat. Im Verzicht auf Glossenzitate könnte der Autor des Richtsteig Lehnrechts, dem Vorbild des Richtsteig Landrechts folgend, bewusst an einer schlichten und verständlichen Darstellungsweise festgehalten haben.

Womöglich hat er eine Lehnrechtsglosse aber auch gar nicht gekannt. Dafür spricht mit Homeyer, dass dort, wo die Lehnrechtsglosse den Text in Urteilsfragen exemplifiziert und der Richtsteig Lehnrechts den gleichen Fall behandelt, sich „beide als unabhängig von einander zeigen.“[21] Als Beleg lässt sich Glosse LnR 81 (80) anführen, wo die Glosse bei der Erörterung des Falles, dass der Oberherr den Mann beim Herrenfall zum Zwecke der Wiederbelehnung an einen standesniederen Herrn verweist, nicht nur andere Schwerpunkte setzt als die entsprechende Stelle Richtsteig LnR c. 24 §§ 9–11, sondern am Ende dieses Abschnitts, anders als der Richtsteig Lehnrechts, sogar entgegen dem Text von LnR 80 § 3 Stellung bezieht[22]. Solche

---

264) sowie Zitate der Landrechtsglosse in den Handschriften Breslau/Wrocław BU II F 6 und Mainz ehem. DomB Mogunt I. (OPPITZ, Rechtsbücher II Nr. 259; 991). Die Überlieferungsträger des Richtsteig Lehnrechts listet OPPITZ, Rechtsbücher I S. 65 f. auf.

21) HOMEYER, Einleitung LnR, Sachsenspiegel II 1 S. 72; ähnlich DERS., Einleitung Richtsteig LnR, Sachsenspiegel II 1 S. 395.

22) LnR 80 (81 § 1) regelt den Fall, dass der Oberherr den Lehnsmann zum Zwecke der Wiederbelehnung an einen standesniederen (Zwischen-)Herrn weist. Um eine eigene Standesminderung zu verhindern, muss der Mann der Verweisung fristgerecht widersprechen, seinen Widerspruch gegebenenfalls auch vor Gericht begründen und die niedere Geburt des Herrn selbsiebt bzw. eine Standesniederung des Herrn durch Mannschaft selbdritt mit heerschildfähigen Männern bezeugen. Gegen dieses Zeugnis des Mannes kann der Herr durch einen Unschuldseid oder eigenes Zeugnis seiner Mannschaft nicht obsiegen. – LGl LnR 81 (80 § 1) (S. 1083 Z. 7 – S. 1088 Z. 6) erklärt nun zunächst den Sinn des Widerspruchserfordernisses: Der Mann laufe Gefahr, durch Mannschaft seinen eigenen Heerschild zu mindern (S. 1083 Z. 10–15). Sodann stellt die Glosse noch einmal klar, dass Anlass für eine Verweisung des Mannes an einen anderen Herrn der Herrenfall ist (S. 1084 Z. 1–9). Daraufhin geht die Glosse genauer auf die einzuhaltende Belehnungsfrist von einem Jahr und sechs Monaten ein (S. 1084 Z. 11–16) und gibt ein Beispiel für die genaue Formulierung eines Widerspruchs (S. 1085 Z. 1–8). In eine Urteilsfrage in indirekter Rede gekleidet folgt die Feststellung, dass der Oberherr zur Weisung des Mannes an einen standesniederen Herrn nicht berechtigt ist (S. 1085 Z. 9 – S. 1086 Z. 8). Weitere Urteilsfragen verdeutlichen die Begründungspflicht des Mannes und die Anforderungen an den Zeugenbeweis (S. 1086 Z. 9 – S. 1088 Z. 6). Schließlich bejaht LGl LnR 81 (80 § 3) entgegen LnR 80 § 3 (!) ein qualifiziertes Beweisvorrecht des

punktuellen Gegenüberstellungen von Lehnrechtsglosse und Richtsteig Lehnrechts machen die Unabhängigkeit beider Werke voneinander plausibel.

Die Lehnrechtsglosse erwähnt den Richtsteig Lehnrechts ihrerseits in den meisten Textzeugen mit keinem Wort. Eine bemerkenswerte Ausnahme bildet die Handschrift J von 1410, wo kürzere Glosse LnR 65 die Kommentierung mit den Worten abschließt: „*Das andere halt allis nach dem texte vnde nach dem richtstige lehenrechtis.*“[23] Ginge die Allegation schon auf den Lehnrechtsglossator selbst zurück, wäre sie der Beleg für die frühere Abfassung des Richtsteig Lehnrechts. Eine solche Interpretation wäre indessen verfehlt. Die übrigen Handschriften der kürzeren Lehnrechtsglosse[24] enthalten den Verweis nämlich ebenso wenig wie die älteste Handschrift Be_3 der Klasse W[25] oder die Handschriften der längeren Lehnrechtsglosse[26]. Zu beachten ist außerdem, dass die Glosse der Handschrift J zur ersten Ordnung der Klasse K gehört, die sich durch größere Streichungen im Glossentext auszeichnet und Übernahmen mitunter durch kurze Verweise auf die Buch'sche Glosse ersetzt[27]. Nach eben diesem Muster verzichtet die Glosse der Handschrift J nun weitestgehend auch auf die Kommentierung des in

---

Herrn, wodurch er zwar nicht mit Zeugenbeweis, wohl aber mit einen Unschuldseid seinen höheren Stand gegenüber dem Zeugnis des Mannes behaupten kann (S. 1088 Z. 7 – S. 1090 Z. 4, insbesondere a. E.). – Die Behandlung derselben Konstellation fällt in Richtsteig LnR c. 24 §§ 9–11 (HOMEYER, Sachsenspiegel II 1 S. 496–498) viel knapper aus. Hier beschränkt sich der Autor auf die beispielhafte Formulierung eines Widerspruchs, wobei sich die Wortwahl von der entsprechenden Glossenstelle unterscheidet. Frist und Herrenfall werden nicht thematisiert. Auch die Erläuterungen des Zeugenbeweises selbsiebt bzw. selbdritt fallen zwar inhaltlich naturgemäß ähnlich wie in der Lehnrechtsglosse aus, stimmen in der konkreten Formulierung aber nicht überein. Gegen das Zeugnis des Mannes könne der Herr weder mit Unschuldseid noch mit eigenem Zeugenbeweis obsiegen – hier folgt der Richtsteig Lehnrechts der Regelung von LnR 80 § 3, weicht also inhaltlich von der Lehnrechtsglosse ab. Die Pflicht des Oberherrn, nach einem mit Zeugenbeweis errungenen Urteil zugunsten des Mannes diesen gemäß LnR 80 § 4 direkt zu belehnen, kommt schließlich in Richtsteig LnR c. 24 § 11 zur Sprache, während die Lehnrechtsglosse diese Regelung nicht mehr kommentiert. – Alles in allem erweisen sich Lehnrechtsglosse und Richtsteig Lehnrechts hier als voneinander unabhängig.

23) KGl LnR 65 § 7 (S. 470 im Petitdruck). Die Stelle hebt bereits KAUFMANN, Einleitung, KGl LnR S. XXX Anm. 64, hervor.

24) Vgl. den Variantenapparat bei KAUFMANN, KGl LnR S. 470.

25) „Wurm'sche“ Glosse LnR 65 (Berlin SBB-PK Hs. 392 fol. 341^v–352^r).

26) Vgl. Text, Petitdruck und Variantenapparat bei KAUFMANN, LGl LnR S. 880 Z. 5 – S. 884 Z. 11 zu LGl LnR 65 § 7.

27) KAUFMANN, Einleitung, KGl LnR S. XXVII, sowie oben S. 93 ff.

LnR 65 geschilderten Ablaufs eines Lehngerichtsprozesses und setzt an die Stelle der Glosse einen knappen Verweis auf den Richtsteig Lehnrechts. Dieser abkürzende Verweis bot sich inhaltlich an, zumal gerade der in Frage stehende Codex der Handschrift J an anderer Stelle auch eine Fassung des Richtsteig Lehnrechts enthielt[28]. Alle Umstände sprechen dafür, dass die singuläre Richtsteigallegation der Lehnrechtsglosse der Handschrift J erst später hinzugesetzt worden ist.

Im Ergebnis lässt sich also zwischen Lehnrechtsglosse und Richtsteig Lehnrechts ein wegen der thematischen Überschneidungen zunächst zu erwartender Zusammenhang gerade nicht feststellen. Welche Schrift der anderen voranging und ob der Verfasser des späteren Werks das andere auch nur kannte, wissen wir nicht. Indizien sprechen eher für die Unabhängigkeit beider Werke.

Weichbildglosse. Werfen wir sodann einen Blick in die bisher kaum erforschte Weichbildglosse, deren älteste Überlieferungszeugen auf 1386/87 bzw. 1387 datieren[29]. Eine Durchsicht der Edition von Daniels / Gruben[30] ergibt, dass die Weichbildglosse sehr häufig das Sachsenspiegel-Landrecht, alle Teile des *Corpus iuris* sowie *Decretum Gratiani* und *Liber Extra* zitiert. Weitere Quellen kommen nur vereinzelt vor. Unter ihnen finden sich nun aber zwei Allegationen der Buch'schen Landrechtsglosse[31], woraus man den ohnehin bereits zu vermutenden Schluss wird ziehen müssen, dass die Weichbildglosse zeitlich nach der Landrechtsglosse verfasst worden ist. Diese Annahme stützt auch Glosse WbR 41, wo sogar einmal vom Richtsteig Landrechts die Rede ist[32]. Überhaupt aber verarbeitet die Weichbildglosse

---

28) Vgl. OPPITZ, Rechtsbücher II Nr. 735. Die Handschrift Jena FSUB Ms. El. f. 57 von 1410 ist gleichzeitig der älteste Überlieferungszeuge für den Richtsteig Lehnrechts.

29) Es handelt sich um den sog. Codex „Liegnitz II“ von 1386/87 (Berlin SBB-PK Hs. 392, OPPITZ, Rechtsbücher II Nr. 1295d), der auch die „Wurm'sche“ Glosse LnR enthält (Handschrift Be_3), und die sog. „Große Görlitzer Handschrift“ von 1387 (Krakau BJ Przyb. 42/60, vgl. OPPITZ, Rechtsbücher II Nr. 861). Das wenige zur Weichbildglosse Bekannte fasst MUNZEL, Art. Weichbildglosse, in: HRG V Sp. 1212 f., zusammen.

30) Vgl. zur problematischen Edition der Weichbildglosse von DANIELS / GRUBEN, Gl WbR, unten S. 543 Anm. 229. Dem Text der Weichbildglosse liegt die Handschrift Berlin SBB-PK Ms. germ. fol. 389 (OPPITZ, Rechtsbücher II Nr. 118) zugrunde. Die Handschrift ist aus dem 15. Jahrhundert und bietet die Weichbildglosse in der wohl früheren, kürzeren Fassung.

31) Gl WbR 5: „*Daz vint man Ssp. 3, 64 in glossa.*“ (Sp. 202), gemeint ist Gl LdR III 56 (63 § 2) *Ban schadet der zele* (S. 1339 Z. 8 – S. 1351 Z. 12). Vgl. außerdem Gl WbR 18: „*Ssp. 3, 54 in glossa.*“ (Sp. 264).

32) Gl WbR 41: „*Dis vint man in dem richtstige.*“ (Sp. 349). Aus der unspezifizierten, zwischen Richtsteig Landrechts und Richtsteig Lehnrechts nicht unterscheidenden Bezeichnung „*richtstige*“ könnte man folgern, es habe 1386/87 nur den einen Richtsteig

die Buch'sche Glosse in weiten Teilen, weshalb an einem Abhängigkeitsverhältnis der Weichbildglosse von der Landrechtsglosse nicht zu zweifeln ist.

Über das zeitliche Verhältnis zwischen Lehnrechtsglosse und Weichbildglosse bleiben wir hingegen im Unklaren. Das Lehnrecht selbst findet in der Weichbildglosse einige Male Erwähnung[33], auf die Lehnrechtsglosse wird hingegen nicht Bezug genommen. Da die Weichbildglosse Glossenarbeiten aber generell nur selten explizit allegiert und stattdessen regelmäßig direkt auf die Rechtsquellen selbst rekurriert, sagt die Nichterwähnung der Lehnrechtsglosse wohl noch nichts darüber aus, ob sie dem Weichbildglossator bekannt war[34].

Umgekehrt werden Weichbild und Weichbildglosse in der Lehnrechtsglosse zwar mehrfach angeführt[35] – dies allerdings nur in Konkordantien und *additiones* in Handschriften der längeren Glosse, nicht auch im Glossentext oder in Handschriften der Glossenklassen K[36] und W[37]. Bei den Randhinweisen auf die Weichbildglosse handelt es sich ausschließlich um Zusätze von späterer Hand. Bemerkenswert bleibt, dass Land- und Lehnrechtsglosse das Weichbild jedenfalls ursprünglich überhaupt nicht zu berücksichtigen scheinen, während umgekehrt Landrecht (in stärkerem Maße) und Lehnrecht (nur vereinzelt) in der Weichbildglosse durchaus eine Rolle spielen.

Landrechts gegeben, sodass sich für den Glossator des Weichbildes und den Schreiber der Handschrift Be_3 jede weitere Differenzierung erübrigte. HOMEYER, Einleitung Richtsteig LnR, Sachsenspiegel II 1 S. 386, wies zu Recht darauf hin, dass der Richtsteig Lehnrechts im Jahr 1386/87 aber durchaus schon existiert haben könnte und dem Weichbildglossator womöglich lediglich nicht bekannt war.

33) Gl WbR 7: *„also in feudorum steit art. V“* (Sp. 209, gemeint ist wohl LnR 4); Gl WbR 16: *„ut LnR. 2 Phaffen, wyb“* (Sp. 251); Gl WbR 17: *„de usu feudorum c. IX“* (Sp. 260, gemeint ist wohl LnR 10).

34) Auch die *Glossa ordinaria* des Accursius finde ich nur einmal in Gl WbR 14 allegiert: *„C. 1, 14 de legibus et const. principum L. 8 Humanum in Gl. fin. ibi.“* (Sp. 244).

35) Vgl. insbesondere die Verweise auf die Weichbildglosse in LGl LnR 2 § 1 (S. 75 Var. f), LGl LnR 19 § 1 (S. 337 Var. h), LGl LnR 21 § 2 (S. 363 Var. u), LGl LnR 26 §§ 1 f. (S. 437 Var. d, S. 438 Var. i und S. 462 Var. a), LGl LnR 31 § 1 (S. 505 Var. z und S. 513 Var. a), LGl LnR 56 § 4 (S. 759 Var. t, S. 760 Var. v und w, S. 761 Var. h und S. 763 Var. b); vgl. außerdem die weiteren Nachweise bei KAUFMANN, LGl LnR S. 1266. Im Augsburger Druck von 1482 sind die Verweise auf Weichbild und Weichbildglosse aus den Randnotizen teilweise in den Fließtext der Glosse gerutscht ([Sächsisches Weichbild…], Augsburg 1482 fol. XLVI^{vb}, fol. LXXVIII^{vb}).

36) Vgl. etwa KGl LnR 26 § 2 (S. 234 Z. 10); KGl LnR 56 § 4 (S. 404 Z. 3–8).

37) Vgl. etwa „Wurm'sche“ Glosse LnR 26; 56 (Berlin SBB-PK Hs. 392 fol. 245^r f.; fol. 315^v f.).

Glosse zum Mainzer Reichslandfrieden. Die Glosse zum Mainzer Reichslandfrieden schließlich wurde spätestens 1386/87 verfasst[38]. In ihrer Abhängigkeit von der Buch'schen Glosse[39] beweist sie, dass sie – wie schon die Lehnrechtsglosse und die Weichbildglosse – zeitlich erst nach der Landrechtsglosse verfasst worden ist und ihrem Vorbild methodisch und inhaltlich folgt. Einmal allegiert die Landfriedensglosse die Buch'sche Glosse explizit[40]. Verarbeitet werden neben dem Sachsenspiegel-Landrecht auch das kanonische und das römische Recht – *Decretum Gratiani*, *Liber Extra*, Digesten, *Codex*, Institutionen und *Authenticum*. Keine Erwähnung finden hingegen Lehn- und Weichbildrecht oder gar deren Glossen[41]. Ob die Glosse zum Mainzer Reichslandfrieden vor oder nach der Lehnrechtsglosse verfasst wurde, wissen wir daher nicht.

Das Resümee fällt nach alledem ernüchternd aus. Eindeutig lässt sich den Quellen immerhin das Primat der Buch'schen Glosse zum Sachsenspiegel-Landrecht entnehmen. Wie die Richtsteige Land- und Lehnrechts, die Weichbildglosse und die Glosse zum Mainzer Reichslandfrieden ist die Lehnrechtsglosse erst nach der Landrechtsglosse verfasst worden. In welchem genauen zeitlichen Verhältnis aber die übrigen, in Folge der Buch'schen „Initialzündung" entstandenen Werke zueinander stehen, ist unklar. Immerhin gilt die allgemeine Überlegung, dass die großen stilistischen Ähnlichkeiten zwischen den Glossenarbeiten zum Sächsischen Recht einen engen zeitlichen und inhaltlichen Zusammenhang nahelegen. Für die Lehnrechtsglosse bleibt es bei der Feststellung, dass sie in der etwa 60 Jahre umfassenden Zeitspanne zwischen 1325 und 1386/87 entstanden sein muss. Weil die Abfassung der Landrechtsglosse einige Zeit in Anspruch genommen haben muss und die Lehnrechtsglosse 1386/87 bereits in einer fortentwickelten Klasse W vorlag, rücken diese äußersten Eckdaten mit einiger

38) Überlieferung in Berlin SBB-PK Hs. 392 von 1386/87 (OPPITZ, Rechtsbücher II Nr. 1295d, sog. „Liegnitzer Codex II"), Berlin SBB-PK Ms. germ. fol. 120 (DERS., ebenda Nr. 114) und Krakau BJ Przyb. 42/60 von 1387 (DERS., ebenda Nr. 861, sog. „Große Görlitzer Handschrift"). Teiledition bei BÖHLAU, Nove constitutiones. – Der Text gibt sich als Reichslandfrieden Albrechts I. von 1298 aus, stellt tatsächlich aber eine zum Rechtsbuch umgearbeitete Fassung des Mainzer Reichslandfriedens von 1235 dar (gedruckt in MGH Const. 2 Nr. 196 und 196a, und MGH Const. 4, 1 Nr. 33), vgl. dazu BÖHLAU, Einleitung, Nove constitutiones S. XIX–XXI.

39) Auf inhaltliche Parallelen, die eine Orientierung der Glosse zum Mainzer RLF an der Buch'schen Landrechtsglosse offenbaren, hat schon BÖHLAU, Nove constitutiones S. 10 f., hingewiesen.

40) Glosse Mainzer RLF c. 1: „*s. s. l. ij. ar. xvij jn glosa*" (Berlin SBB-PK Hs. 392 fol. 131rb); gemeint ist Glosse LdR II 17 („*s. s.*" für „Sachsenspiegel[-Landrecht]").

41) Durchsicht der Glosse Mainzer RLF nach Berlin SBB-PK Hs. 392 fol. 129^{r}–145^{r}.

Wahrscheinlichkeit noch einmal ein Stück weiter auf die Mitte des 14. Jahrhunderts zu.

2. Ort und Anlass der Abfassung

Auf Ort und äußeren Anlass zur Abfassung der Lehnrechtsglosse geben weder die Glosse noch andere Quellen konkrete Hinweise. Die genaueren Entstehungshintergründe des Werkes lassen sich daher nur sehr bedingt eingrenzen.

Nach Carl Gustav Homeyer ist die Lehnrechtsglosse „höchst wahrscheinlich in Obersachsen entstanden, denn alle 24 Handschriften sind obersächsisch“[42]. Diese Feststellung ist in mancher Hinsicht zu relativieren. Nach heutigem Kenntnisstand ist die Lehnrechtsglosse nicht ausschließlich, sondern mit 28 von insgesamt 30 erhaltenen Textzeugen der gewöhnlichen Lehnrechtsglosse nur überwiegend in mitteldeutscher Sprache überliefert[43]. Ein besonderer regionaler Dialekt des Lehnrechtsglossators lässt sich nicht identifizieren. Weil sich ebensowenig rekonstruieren lässt, wann eine Übersetzung der Glosse aus dem Niederdeutschen ins Hochdeutsche oder umgekehrt stattgefunden hat, erlaubt die Sprache der erhaltenen Textzeugen keine genauere sprachgeographische Bestimmung des Niederschriftortes. Immerhin wahrscheinlicher ist angesichts des mitteldeutschen Überlieferungsschwerpunkts der Lehnrechtsglossenhandschriften eine Abfassung der Lehnrechtsglosse im mitteldeutschen Sprachgebiet südlich der „Benrather Linie“[44].

Man könnte argumentieren, dass die Lehnrechtsglosse ja das Lehnrecht des Sachsenspiegels kommentiert, mit großer Wahrscheinlichkeit also im Geltungsgebiet des Sachsenspiegels entstanden ist. Auch diese Überlegung führt indes kaum weiter, hat sich der Sachsenspiegel im Spätmittelalter doch weit über sein ursprüngliches Geltungsgebiet hinaus[45] in weite Teile

---

42) HOMEYER, Einleitung LnR, Sachsenspiegel II 1 S. 77.

43) Lediglich die beiden Handschriften H und S der kürzeren Lehnrechtsglosse (OPPITZ, Rechtsbücher II Nr. 662, 1407) sind niederdeutsch, vgl. bereits oben S. 94.

44) Isoglosse, die die Phänomene der zweiten Lautverschiebung nach Norden begrenzt; Trennlinie zwischen Mitteldeutsch und Niederdeutsch; vgl. die Übersichtskarte der mittelalterlichen Schriftdialekte bei KÖNIG / PAUL, dtv-Atlas Deutsche Sprache S. 76, sowie die Detailkarte der spätmittelalterlichen Grenze zwischen der mittel- und der niederdeutschen Schreibsprache von BARTSCH, Untersuchungen, Karte im Anhang (Trennlinie Nr. 1).

45) Zur Vorstellung vom Raum „Sachsen“ bei Eike von Repgow THEUERKAUF, Lex S. 101 f. sowie zusammenfassend KÜMPER, Sachsenrecht S. 498–500.

Deutschlands und Osteuropas verbreitet[46]. Darüber hinaus ist die Verbindung von Sächsischem Lehnrecht und Sachsenspiegel-Landrecht nicht endgültig geklärt[47]. Es wäre also durchaus denkbar, dass die Lehnrechtsglosse nicht im Herzogtum bzw. Kurfürstentum Sachsen oder in der Mark Brandenburg, sondern zum Beispiel im schlesischen Raum verfasst worden ist.

Für eine gewisse Wahrscheinlichkeit, dass der Entstehungsort der Lehnrechtsglosse im Schlesischen zu suchen ist, spricht sich denn auch Frank-Michael Kaufmann aus. Er argumentiert mit der Provenienz der ältesten Handschriften, welche eine „Westwanderung“ der Lehnrechtsglosse von Liegnitz und Breslau über das Westerzgebirge nach Leipzig nahelegen[48].

Inhaltliche Hinweise auf spezielle örtliche Besonderheiten, die auf den Niederschriftsort oder persönliche Erfahrungen des Glossators schließen ließen, enthält die Lehnrechtsglosse nicht. Ein einziges Mal führt längere Glosse LnR 4, um in einem Beispiel die Unabhängigkeit der qua Geburt vermittelten Heerschildfähigkeit vom Status der Schöffenbarfreiheit zu veranschaulichen, Namen konkreter Adelsgeschlechter und Grafschaften an[49]. Just diese Stelle ist aber der Buch'schen Glosse LdR III 27 (29 § 1) *He en spreke an to kampe enen sinen ghenoten*[50] entnommen und scheidet damit als spezifizierender Hinweis auf die Entstehungsgeschichte der Lehnrechtsglosse aus. Eine genauere Lokalisierung des Ortes der Niederschrift der Lehnrechtsglosse ist gegenwärtig demnach nicht möglich.

Auch über den äußeren Anlass, der zur Glossierung des Lehnrechts führte, gibt der Autor keinen Aufschluss. Anders ist dies zum Beispiel bei Nikolaus Wurm, der im Liegnitzer Stadtrechtsbuch[51] und in der Blume des Sach-

46) KROESCHELL, Von der Gewohnheit S. 84, bemerkt schon für das 13. Jahrhundert: „Die räumliche Streuung ist groß: von Köln im Westen bis nach Breslau und Krakau im Osten, von Hamburg und Bremen im Norden bis in den Süden nach Augsburg!“ Vgl. außerdem LIEBERWIRTH, Wirkungsgeschichte S. 71–82; LÜCK, Über den Sachsenspiegel S. 72–84. Verbreitung und Geltung speziell des Sachsenspiegel-Lehnrechts sind noch nicht genauer untersucht worden, KROESCHELL, Sachsenspiegel als Land- und Lehnrechtsbuch S. 14. Der Magdeburger Oberhof kann hier nicht als Multiplikator gedient haben. In ganz Niedersachsen sind aber zum Beispiel Handschriften des Sachsenspiegels zur Rechtsunterweisung junger Ritter hergestellt worden, KROESCHELL, recht unde unrecht S. 91.

47) Vgl. dazu noch unten S. 496 ff.

48) KAUFMANN, Einleitung, LGl LnR S. XXXIV.

49) LGl LnR 4 § 4 (S. 140 Z. 1–6); kürzerer Glosse LnR 4 fehlt die Stelle.

50) Gl LdR III 27 (29 § 1) *He en spreke an to kampe enen sinen ghenoten* (S. 1101 Z. 15 – S. 1102 Z. 2). Die „von Meyendorff“, die „von Platen“ und die „von der Mole“ sind Namen alter märkischer und schlesischer Adelsgeschlechter, vgl. KNESCHKE, Neues allg. Deutsches Adels-Lexikon VI S. 275, 326 f. und VII S. 168, 171 f.

51) Liegnitzer Stadtrechtsbuch, Vorrede: *„Dezes buches sache ist der hochgeborne für-*

senspiegels[52] Herzog Ruprecht von Schlesien als Auftraggeber angibt oder doch wenigstens als Schirmherr seiner schriftstellerischen Unternehmungen bezeichnet. Anders verhält es sich etwa auch bei Johann von Buch, der im Glossenprolog zur Landrechtsglosse[53] und im Prolog zum Richtsteig Landrechts[54] als Adressaten der Arbeiten seine Onkel Conrad und Siegfried von Buch nennt, auf deren Bitten er seine Schriften verfasst habe.

Die Vorrede der Lehnrechtsglosse[55] enthält solcherlei Hinweise auf persönliche Lebensumstände des Glossators oder einen äußeren Anstoß zur Abfassung der Glosse nicht. In ganz und gar sachlichem unpersönlichen Ton ist dort die Rede von der Vergesslichkeit des Menschen, die nach einer Aufzeichnung des Rechts verlange. Das Sächsische Lehnrecht wird im Folgenden dem kaiserlichen Gesetzgeber Friedrich I. zugeschrieben und als Ritterrecht definiert. Daraufhin behandelt der Glossator in abstrakter Form Ursprünge und Arten des Rechts. Die Vorrede schließt mit dem Wunsch, wer Lehnrecht *„konnen wolle"*, der möge zu einem von Vernunft getragenen Verständnis des Sächsischen Lehnrechts gelangen[56]. Über auslösende Ereignisse zur Abfassung der Lehnrechtsglosse, konkrete Absichten des Glossators oder mögliche Förderer der Arbeit erfährt man hier nichts.

Zu guter Letzt können mangels konkreterer Anhaltspunkte auch Überlegungen zur Beschaffenheit eines möglichen Schreiborts nur an allgemeine Erwägungen anknüpfen. Es ist zu fragen, wo im 14. Jahrhundert überhaupt Arbeitsbedingungen geherrscht haben, die das Verfassen einer Schrift wie der Lehnrechtsglosse ermöglichten. Anzunehmen ist, dass der Glossator in den Diensten irgendeiner protegierenden Obrigkeit gestanden hat. Mit Blick

---

ste herczog Ruprecht, herczug in Slezien und herre zu Legnitcz und zum Goltberge. Wenne ichs durch seynes gebotes wille zusampne gebrocht habe, Got zu lobe [...]" (LEUCHTE, Liegnitzer Stadtrechtsbuch S. 4 Z. 18–20).

52) Die Rede ist von *„serenissimus princeps et dux Slezie Rupertus dominusque magnificus Legenicii"* (zitiert nach BÖHLAU, Einleitung, Nove constitutiones S. XXII), in dessen Diensten Nikolaus Wurm die Blume des Sachsenspiegels verfasst habe.

53) Gl LdR, Glossenprolog: *„Disses de irluchte bat vil mit hern Conrade, Hern Sifride he lif hat, de it irbat vil drade. Twar dit edel ridder sin unde wolborn irkennet, Se volgen dem rechte hin, van Buk brudere genennet. Ir lof lat wi rowen hi, magelof min munt verbert, Wu vele uns love insi, eigen lof belachet wert."* (S. 100 V. 145–152).

54) Richtsteig LdR, Prolog: *„Dit sulve kundegen uns ok de erbaren lude her Curd und her Syverd van Boek, des wunderliken hern Janes kinder van Boek, dat wi dorch erer leve willen en wolden eine slichte wise leren, wu se sik in dem gerichte holden scholden of se richter weren, und wo se don scholden eft se dar clegere efte antworder weren."* (HOMEYER, Richtsteig LdR S. 83).

55) LGl LnR, Vorrede (S. 47 Z. 1 – S. 54 Z. 5).

56) LGl LnR, Vorrede (S. 53 Z. 11 – S. 54 Z. 5, hier S. 53 Z. 13 f.); vgl. dazu Ssp LnR 1: *„Wer lehnrecht konnen wolle, der volge disses buches lere."* (ebenda S. 54 Z. 8).

auf die Quellen der Lehnrechtsglosse müssen ihm darüber hinaus bestimmte Rechtstexte langfristig zur Verfügung gestanden haben: Allen voran Abschriften von Land- und Lehnrecht, außerdem ein Exemplar der Buch'schen Glosse. Hinzu kommen Texte des römischen Rechts, und zwar jedenfalls *Codex*, Institutionen, Digesten, Novellen und *Libri feudorum*. Am wahrscheinlichsten ist eine Benutzung der üblichen fünfbändigen, *Digestum vetus, Infortiatum, Digestum novum, Codex* und *Volumen* umfassenden Standardausgaben des *Corpus iuris*. Auch Ausgaben des *Decretum Gratiani*, des *Liber Extra* und des *Liber Sextus* müssen ihm vorgelegen haben. Die übrigen Quellen der Lehnrechtsglosse[57] werden nur ganz vereinzelt zitiert, könnten dem Glossator also vielleicht auch nur für kurze Zeit zur Verfügung gestanden haben oder sogar blind aus Randnotizen Dritter übernommen worden sein. Es scheint möglich, dass der Glossator darüber hinaus Zugriff auf Volltexte der verschiedenen *Glossae ordinariae* zum römischen und kanonischen Recht gehabt hat. Denkbar wäre allerdings auch, dass die wenigen Bezugnahmen etwa auf die Accursische Glosse[58] aus unvollständigen Vorlesungsmitschriften, fremden Randnotizen oder über die Rezeption der Buch'schen Glosse in die Lehnrechtsglosse eingeflossen sind.

Jedenfalls die Basistexte des Sächsischen, römischen und kanonischen Rechts müssen dem Glossator aber zur Verfügung gestanden haben. Gemessen an der damaligen Zeit handelt es sich um eine beachtliche Zahl von juristischen Handschriften, für die ein Privatbesitz des Glossators nicht recht in Betracht kommt. Gelehrtenbibliotheken größeren Ausmaßes waren wegen der immensen Kosten der Handschriftenproduktion eine absolute Seltenheit[59]. Mit einiger Sicherheit war der Lehnrechtsglossator deshalb gezwungen, auf eine fremde Büchersammlung zurückzugreifen. Im Spätmittelalter gab es größere Bücherbestände, einschließlich weltlicher Literatur, vor allem in kirchlichen und klösterlichen Bibliotheken[60]. In ihnen gingen regelmäßig auch kleinere Privatbestände aus Nachlässen von Gelehrten auf[61]. Dass sich der Arbeitsplatz des Glossators während der Abfassung der Lehnrechtsglosse in einer solchen Dom-, Kollegiatsstifts-, Kirchen-, Pfarr- oder Klosterbibliothek befunden hat, ist daher recht wahrscheinlich. Viel-

57) Zu den Quellen der Lehnrechtsglosse vgl. unten S. 339 ff. sowie die Übersicht bei KAUFMANN, LGl LnR, S 1223–1266.

58) Etwa LGl LnR 4 § 2 (S. 121 Z. 16 – S. 122 Z. 2). Vgl. für weitere Nachweise unten S. 354 sowie KAUFMANN, LGl LnR, S 1238.

59) LADISLAUS, Bibliotheksgeschichte S. 129–134, mit Beispielen.

60) DEROLEZ / BERNT, Art. Bibliothek I., in: LexMA II Sp. 114 f.; LADISLAUS, Bibliotheksgeschichte S. 17–110; WATTENBACH, Schriftwesen S. 570–591.

61) LADISLAUS, Bibliotheksgeschichte S. 129.

leicht arbeitete er auch im Umfeld des *Studium* eines Ordens[62]. Universitätsbibliotheken gab es hingegen zunächst noch überhaupt nicht, zumal die deutschen Universitätsgründungen erst in der zweiten Hälfte des 14. Jahrhunderts einsetzen[63]. Auch nennenswerte Ratsbibliotheken, wie sie langsam aus den Handsammlungen der Stadtverwaltung für den täglichen Gebrauch erwuchsen, haben sich verstärkt erst gegen Ende des 14. und vor allem im 15. Jahrhundert herausgebildet[64]. Weil aber Nachrichten über Bücheranschaffungen selten vollständig erhalten sind, ist man über die Anfänge vieler Ratsbibliotheken kaum informiert[65]. Da der Glossator nur auf die wichtigsten juristischen Gebrauchstexte zurückgreift, nutzte er vielleicht auch schon einen solchen städtischen Bestand. In Betracht kommt schließlich, dass ein Fürst, Herzog, Graf oder sonst adeliger Herr seine Büchersammlung für die Abfassung der Lehnrechtsglosse zur Verfügung gestellt hat. Beispiele für weltliche Herrscher, die Bücher besaßen, anfertigen ließen oder verschenkten, gibt es zuhauf[66]. Solche Sammlungen nahmen zwar selten Ausmaße an, die die Bezeichnung „Bibliothek" im heutigen Sinne verdienten. Grundsätzlich könnte aber auch eine solche herrschaftliche Privatsammlung die zur Abfassung der Lehnrechtsglosse benötigten juristischen Basistexte enthalten haben.

3. Annäherungen an den unbekannten Glossator

Der Verfasser der anonym überlieferten Lehnrechtsglosse ist unbekannt. Anders als die Landrechtsglosse, die ihren Autor zwar nicht namentlich nennt, ja sogar ein diesbezügliches Nachforschungsverbot aufstellt[67], dann aber doch an mehreren Stellen indirekte Informationen über den Glossator

62) Studienhäuser der Franziskaner gab es etwa in Magdeburg, Erfurt und Hildesheim, COING, Römisches Recht S. 53.

63) LADISLAUS, Bibliotheksgeschichte S. 114–120.

64) LADISLAUS, Bibliotheksgeschichte S. 111–113. Die Geschichte einzelner Ratsbibliotheken ist nur punktuell erforscht. Für Nürnberg ist beispielsweise bezeugt, dass die Stadt spätestens 1370 Rechtskonsulenten beschäftigte und ihnen juristische Literatur als „Dienstexemplare" zur Verfügung stellte, WALTHER, Bibliothek S. 805 f. Der Bestand enthielt zunächst vorwiegend kanonistische Werke, erweiterte sich aber durch Ankäufe, Schenkungen und Nachlässe. 1443 waren auch wenigstens neun legistische Werke vorhanden, DERS., ebenda S. 809.

65) LADISLAUS, Bibliotheksgeschichte S. 113.

66) LADISLAUS, Bibliotheksgeschichte S. 121–128.

67) Gl LdR, Glossenprolog: „*Du salt lan de vrage din, we si der glose dichter*" (S. 107 V. 271), dazu KANNOWSKI, Umgestaltung S. 77 f.

Johann von Buch bereit hält[68], gibt die Lehnrechtsglosse nicht den leisesten Hinweis auf die Identität ihres Verfassers preis. So interessant diese Tatsache aus literaturgeschichtlicher Sicht einerseits ist, so bedauerlich ist sie andererseits – stünden mit einem Namen und weiteren Informationen zu Biographie und Bildungshintergrund des Glossators doch auch neue Deutungsebenen für die Glosse offen. Sollte sich der Lehnrechtsglossator eines Tages doch noch ermitteln lassen, läge hierin ein beachtlicher Erkenntnisgewinn.

Kaum weiterführend ist eine im Bocksdorf'schen Remissorium unter dem Stichwort „*Glossa*“ versteckte Bemerkung: „*Die glossen im weychbild hat Doctor Burckhart von Mangelfelt gemacht* [...] *Vnd er hat die glossen in das Lehenrecht gemacht* [...]“[69]. Als Autor der Lehnrechtsglosse wird hier jener bereits aus Glosse WbR 10 bekannte „Universalgelehrte“ Burchard von Mangelfeld angegeben, dem dort schon Weichbild, eine Weichbildglosse und ein Richtsteig zugeschrieben werden[70]. Doch erst die von dritter Hand erweiterten Remissorien der späteren Drucke seit 1537 enthalten den Zusatz über die vermeintliche Autorschaft Burchards auch an der Lehnrechtsglosse. Es handelt sich also um keine schon von Dietrich von Bocksdorf überlieferte Information. Vielleicht stammt die Ergänzung von Christoph Zobel.

68) Vor allem drei Stellen erlauben die Identifizierung Johanns von Buch als Autor der Landrechtsglosse. Erstens erwähnt die Landrechtsglosse Nikolaus von Buch als Vater des Glossators (Gl LdR III 68 (76 § 3) *Edder len edder liffgeding*: „*Nicolaus van Buk, myn vader*“ (S. 1434 Z. 4)), zweitens bringt der Glossenprolog Konrad und Siegfried als Brüder dieses Vaters ins Spiel (Gl LdR, Glossenprolog (S. 100 V. 145–152)) und drittens wird Gerke von Kerkow als Freund der Familie genannt (Gl LdR I 23 § 1 *Ere eldeste euenbordige swertmach*: „*Alzo sette her Ghereke van Kerckowe mi syneme sone to voremundere*“ (S. 260 Z. 10 f.)). Eine Gießener Glossenhandschrift des 15. Jahrhunderts nennt „*heren heynrichs van boich*“ sogar ausdrücklich als Glossator, vgl. KANNOWKSI, Umgestaltung S. 76.

69) Remissorium des Dietrich von Bocksdorf, Stichwort „*Glossa*“ (ZOBEL, Sechsisch Weychbild und Lehenrecht, Leipzig 1537, ohne fol.). Im Ganzen lautet die Stelle: „*Die glossen im weychbild hat Doctor Burckhart von Mangelfelt gemacht weych. articulo. 10. in glossa. Er hat auch den Richtsteig gemacht land. art. 61. lib. i. in gloss. in fine Vnd er hat die glossen in das Lehenrecht gemacht als du abnemen magst aus der glossen land. lib. i. art. 58. Vnd er ist ein Mercker gewesen vide arti. 59 libro. 2. col. 2.*“ Trotz der genauen Zitate habe ich den Remissionen auf Landrecht und Landrechtsglosse im zugehörigen Druck des Sachsenspiegel-Landrechts von ZOBEL, Sachssenspigell, Leipzig 1535, keine Hinweise auf Bocksdorf oder überhaupt auf den Lehnrechtsglossator entnehmen können.

70) Gl WbR 10 (Sp. 228 Z. 46). Zur Person JOHANEK, Art. Burchard von Mangelfelt, in: [2]VL I Sp. 1117, und BRESSLER, Schuldknechtschaft S. 160 f. Burchard von Mangelfeld wird auch im Prolog der „Wurm'schen“ Richtsteigbearbeitung als Autor des Richtsteig Landrechts erwähnt (Krakau BJ Przyb. 42/60 fol. 1va; OPPITZ, Rechtsbücher II Nr. 861).

Was den Redaktor zur Aufnahme dieses Zusatzes veranlasste, ist unklar. Man wird der späten Zuschreibung aber mit noch weit größerer Skepsis zu begegnen haben als den ohnehin schon zweifelhaften Angaben über Burchard von Mangelfeld in Glosse WbR 10. Die im Remissorium behauptete Verfasserschaft Burchards an der Lehnrechtsglosse ist nach meiner Kenntnis auch nirgendwo sonst angenommen worden.

Angesichts der Quellenlage stellt sich die weitere Suche nach dem Verfasser der Lehnrechtsglosse nicht eben vielversprechend dar. Zu Recht hat es schon Frank-Michael Kaufmann unternommen, mit dem Mythos vom Lehnrechtsglossator namens Johann von Buch aufzuräumen[71]. Darüber hinaus erlaubt die Lehnrechtsglosse immerhin allgemeine Annäherungen an wahrscheinliche Eigenschaften und Bildungshintergründe des namentlich nicht bekannten Glossators.

a) Ein oder mehrere Verfasser?

Den folgenden Erörterungen ist klarstellend vorauszuschicken, dass sie vom möglichen Verfasser der ersten „Urglosse“ zum Sächsischen Lehnrecht handeln. Mit Rücksicht auf die verschiedenen Textklassen K, L und W, die sich teilweise noch einmal in Ordnungen aufteilen, wird man sich in jedem Fall weitere, spätere Bearbeiter der Glosse hinzudenken müssen. Grundsätzlich nicht auszuschließen ist außerdem, dass schon der Grundtext der älteren Glossenklasse L von verschiedenen Autoren stammt, dass also die Suche nach dem Verfasser der Lehnrechtsglosse in Wahrheit eine Suche nach mehreren Verfassern ist.

Zur Frage einer schichtweisen Entstehung. Die Forschung hat sich dieselbe Frage bereits im Zusammenhang mit der Landrechtsglosse gestellt. Claudius Freiherr von Schwerin und Helene Bindewald vertraten die Ansicht, die Landrechtsglosse sei ähnlich der *Glossa ordinaria* zum *Corpus iuris* etappenweise in verschiedenen Entwicklungsschritten entstanden[72]. Eine große Inhomogenität in Stil und Inhalt der überlieferten Glossenfassungen legten nahe, so die These, dass in einem ersten Schritt nur Wort- und Sacherklärungen in Interlinear- und Marginalglossen sowie eine kritische Glosse verfasst worden seien, dass diese dann in einem zweiten Schritt zu einer ersten, ordnenden Niederschrift gelangten und dass schließlich erst auf einer

---

71) KAUFMANN, Einleitung, KGl LnR S. XXIX–XXXIV.

72) BINDEWALD, Studien zur Entstehung, insbesondere S. 510–515. Bindewalds Forschungen bauen auf zwei unveröffentlichten Arbeiten ihres Lehrers von Schwerin auf, vgl. LIEBERWIRTH, Einleitung, Gl LdR S. LIV mit Anm. 181. Eine Auswertung beider heute im Münchner Archiv der MGH lagernden Aufsätze Schwerins bietet KANNOWSKI, Umgestaltung S. 40–46.

dritten Entwicklungsstufe Überleitungen und längere systematische Abhandlungen eingefügt worden seien[73]. Es sei daher ein Fehler, wenn „von der Glosse schlechthin gesprochen, Johann von Buch als Verfasser der Glosse bezeichnet wird“[74].

Von Schwerins und Bindewalds sogenannte „Schichtentheorie“ kann heute als weitgehend überholt gelten. Bernd Kannowskis Untersuchungen haben die alleinige Verfasserschaft Johanns von Buch an der Landrechtsglosse (bis LdR III 87) sehr wahrscheinlich gemacht[75]. Kannowski weist darauf hin, dass sich inhaltliche Widersprüche in der Argumentation der Glosse nicht aus der Rückführung unterschiedlicher Textabschnitte auf verschiedene Autoren, sondern aus einem spezifischen Argumentationsstil Johanns von Buch erklären lassen, der sich bei der Darstellung von Meinungskontroversen immer wieder als *advocatus diaboli* für die zu widerlegende Ansicht geriert[76]. Zudem begegnet der von Schwerin und Bindewald verfolgte Ansatz einer mikrotextualen Analyse von nur wenigen Glossenartikeln[77] methodischen Bedenken[78]. Bei aller Unschärfe, die eine makrotextuale Methode notwendig mit sich bringt, offenbart eine Gesamtbetrachtung der Landrechtsglosse nämlich sehr wohl eine stringente Gedankenführung des Glossators, eine einheitliche Arbeitsweise in Bezug auf die Quellen, ähnliche Begründungsmuster und wiederkehrende *topoi* wie die Behandlung des Rechtsstreits als Kampf[79]. Dies und die im Großen und Ganzen doch sehr einheitliche Überlieferung der Buch'schen Glosse machen die Schichtentheorie zum „Phantom“[80].

Obwohl die Idee von der schichtenweisen Entstehung der Landrechtsglosse im Ergebnis also zu verwerfen ist, könnten ihr für die Beurteilung der Lehnrechtsglosse gleichwohl noch weiterführende Gedanken zu entnehmen

73) BINDEWALD, Studien zur Entstehung S. 514 f.

74) BINDEWALD, Studien zur Entstehung S. 466.

75) KANNOWSKI, Umgestaltung S. 590 f.

76) KANNOWSKI, Umgestaltung S. 42 f. Gl LdR I 18 § 1 *Dat drudde: Dat nen ordel*: „*Doch wete, dat dat en boze glose is, de den text confunderet*“ (S. 229 Z. 4 f.), ist somit nichts weiter als eine rhetorische Figur, die zur Erörterung der Gegenansicht überleitet.

77) Die Schichtentheorie beruht auf der nach mehreren Handschriften vergleichenden Analyse von LdR I 6 (Schwerin) und LdR I 7–14 (Bindewald), BINDEWALD, Studien zur Entstehung S. 470–510. Bindewald hat die mühsamen Analysen einzelner Artikelglossierungen später noch weiter fortgeführt, ihre Ergebnisse aber nicht publizieren können, weil sie – nach Ansicht der Herausgeber des DA – „zu schwer verständlich“ gewesen sind, vgl. LIEBERWIRTH, Einleitung, Gl LdR S. LV f. m. w. N.

78) KANNOWSKI, Umgestaltung S. 43 f.

79) Zusammenfassend KANNOWSKI, Umgestaltung S. 590 f.

80) KANNOWSKI, Umgestaltung S. 45, vgl. auch S. 43 f.

sein. Aufschlussreich ist zunächst die Grundbeobachtung, dass die Buch'sche Glosse in verschiedene, klar unterscheidbare Textbausteine zerfällt[81]. Dasselbe trifft auch auf die Lehnrechtsglosse zu. Zu den voneinander abgrenzbaren Textelementen gehören dort zum Beispiel Stichworte, die die Glosse mit dem kommentierten Sachsenspiegeltext verknüpfen, einleitende Übersichten über den Kapitelinhalt, *continuationes*, Aufzählungen, *quaestiones*, Definitionen und Worterklärungen, historisierende Berichte, Beispielsfallbildungen und Ausformulierungen in Urteilsfragen. Dass sich die Glosse aus solch unterschiedlich gearteten Bausteinen zusammensetzt, bedeutet noch nicht, dass verschiedene Autoren am Werke waren. Auch von Schwerin und Bindewald haben das für die Buch'sche Glosse nicht angenommen[82]. Es kann sich gut um das Repertoire nebeneinander verwendeter Stilfiguren von nur einer einzigen Person handeln. Weil sie in der Lehnrechtsglosse bis zuletzt wiederkehren, spricht sogar Einiges dafür. Etwas uminterpretiert liefert die im Kern der Schichtentheorie steckende These, die Glosse(n) könnte(n) verschiedene Entwicklungsstadien durchlaufen haben, aber durchaus interessante und aufschlussreiche Ansatzpunkte. Wie nämlich, könnte man fragen, hat man sich die Entstehung der Lehnrechtsglosse im Sinne ihrer konkreten Niederschrift eigentlich vorzustellen? Versteht man Entwicklungsstufen nicht als zeitlich weit auseinanderliegende, in getrennten Überlieferungsträgern fixierte und vielleicht sogar auf verschiedene Autoren zurückgehende Teilprodukte, sondern als kleinere Teilfortschritte eines zusammenhängenden Entstehungsprozesses, dann hat die Lehnrechtsglosse bei ihrer Entstehung mit Sicherheit verschiedene Etappen durchlaufen. Mag es sich bei der Literaturgattung der sächsischen Glosse auch um eine vergleichsweise „unsystematische" Aneinanderreihung von Informationen handeln – die Erstellung einer so umfangreichen Schrift ist technisch wohl gar nicht anders machbar, als dass man sich wenigstens ein paar Notizen auf Konzeptblättern macht, erst später einfallende Aspekte hinzufügt und Fehler und Ungenauigkeiten ausbessert, die bei erneuter Durchsicht bereits geschriebener Teile auffallen. Erst von einer solchen über einen längeren Zeitraum nach und nach angewachsenen Rohfassung voller durchgestrichener und am Rand oder auf Zetteln hinzugesetzter Teile wird wohl schließlich eine erste Reinschrift erstellt worden sein. Auch die „aus einem Guss" verfasste Arbeit eines Einzelnen wird sich daher immer als Zusammenstellung einzelner Versatzstücke aus unterschiedlichen Entstehungs-

81) BINDEWALD, Studien zur Entstehung S. 465–468.

82) Für das Problem der Schichtenbildung sei es „eine sekundäre Frage, ‚ob beide Arten von Glossen von demselben Autor zu verschiedenen Zeiten herrühren oder von verschiedenen Autoren'", BINDEWALD, Studien zur Entstehung S. 514. Vgl. auch KANNOWSKI, Umgestaltung S. 90.

phasen darstellen. Wenn die Lehnrechtsglosse also neben nachvollziehbar assoziativ aneinandergereihten Themenfeldern auch einige Brüche und abrupte Wendungen enthält, bedeutet dies noch lange nicht, dass verschiedene Teile von verschiedenen Autoren stammen.

Verhältnismäßig sicher lassen Überlieferungslage und Datierung darauf schließen, dass die Entstehung der Lehnrechtsglosse mit dem Entwicklungsgang der Glosse zum *Corpus iuris*, wie von Bindewald für die Buch'sche Glosse angenommen[83], wohl nur wenig gemein hat. Wo ein Accursius in seinem *opus magnum* die Lebenswerke mehr oder weniger aller früheren Glossatoren zusammenträgt und damit einen über hundert Jahre andauernden Prozess stetig anschwellender, aufeinander aufbauender Glossierungen abschließt[84], ist die Glosse zum Lehnrecht eine Arbeit „von wilder Wurzel". Als Referenzwerk für den Quellentyp der sächsischen Glosse stand ihr lediglich die Buch'sche Landrechtsglosse zur Verfügung. Mit den älteren italienischen Glossatoren vergleichbare Vorläuferarbeiten zum Lehnrecht, die etwa gelehrte Interlinear- und Marginalglossen zum Sachsenspiegeltext böten, finden sich unter den Überlieferungszeugen des Sachsenspiegels nicht[85]. Bei aller Anlehnung an die Buch'sche Glosse ist die Lehnrechtsglosse ein originär in einem Guss verfasstes Werk, das sich vom ganz überwiegend kompilatorischen Charakter der Accursischen Glosse grundlegend unterscheidet. Parallelen zwischen *Glossa ordinaria* zum *Corpus iuris* und gewöhnlicher Glosse zum Sächsischen Lehnrecht ergeben sich eher in Gestalt und Bedeutung des Endergebnisses als in der Machart. Keinesfalls lässt sich die Lehnrechtsglosse als eine Koproduktion ganz verschiedener Autoren begreifen, die in der Art der Accursischen *Glossa ordinaria* den bis dato erreichten Stand der Wissenschaft zusammenfasste.

Johann von Buch als unfreiwilliger Koautor der Lehnrechtsglosse. In einem Punkt führt der Vergleich mit der Entstehung der *Glossa ordinaria* des Accursius in der Verfasserfrage dann aber doch noch weiter. Mit Rücksicht auf die starke Abhängigkeit der Lehnrechtsglosse von der Buch'schen Glosse lässt sich nämlich behaupten, dass Johann von Buch zum indirekten und unfreiwilligen Mitverfasser der Lehnrechtsglosse geworden ist. Im Zusammenhang mit den Quellen der Lehnrechtsglosse wird näher auszuführen sein, dass die Lehnrechtsglosse in großem Ausmaß Teile der Buch'schen Glosse, teilweise modifizierend, teilweise auch eins zu eins kopierend, in-

83) BINDEWALD, Studien zur Entstehung S. 514.

84) LANGE, Glossatoren S. 360–367; ähnlich WEIMAR, Legistische Literatur und Methode des Rechtsunterrichts S. 67 f. Die Textstufen der *Glossa ordinaria* des Accursius und insbesondere die Abhängigkeit des Werkes vom *magnus apparatus* des Azo analysiert anhand ausgewählter Digestenstellen JAKOBS, Magna Glossa.

85) Umfassende Darstellung der Überlieferung bei KÜMPER, Sachsenrecht S. 134–165.

korporiert[86]. Somit trägt die Lehnrechtsglosse auch kompilatorische Züge. Im Sinne solcher Intertextualität lässt sich durchaus eine besondere, auf das geistige Werk Johanns von Buch zurückzuführende Textschicht der Lehnrechtsglosse ausmachen.

Weitgehend homogener Textbestand der Klasse L. Ob nun bestimmte „nicht Buch'sche" Textbausteine der Lehnrechtsglosse auf eine zweite, vom Lehnrechtsglossator verschiedene Person zurückgehen, ist schwer zu beantworten. Der Eindruck drängt sich keineswegs auf. Andererseits ist die Identifizierung „fremder" Zusätze, die in den erhaltenen Textzeugen bereits mit der ursprünglichen Glosse verschmolzen wären, im Nachhinein vielleicht gar nicht immer möglich. Alles in allem bietet die längere Lehnrechtsglosse mit ihren sich wiederholenden Darstellungsmustern aber einen weitgehend homogenen Text. Sollte schon früh das Werk eines zweiten Juristen in den Textbestand der Lehnrechtsglosse eingeflossen sein, hätte es sich in der Überlieferung jedenfalls fest zum Bestand der Klasse L verbunden und schimmert als Fremdkörper nicht mehr hindurch.

Klarstellend ist im Zusammenhang der Verfasserfrage aber noch einmal auf die Bedeutung der Textentwicklung zurückzukommen. Anders als die Überlieferung der Buch'schen Glosse, deren kürzere und längere Textklasse sich nur gering durch die zusätzliche Glossierung von LdR III 82–87 durch späterer Verfasser unterscheiden[87], treten uns in den Klassen K und L der Lehnrechtsglosse ganz unterschiedliche Fassungen entgegen, deren kürzere nur etwa 60 % des Textbestandes der längeren Klasse enthält. Würde es sich bei L um die Erweiterung der kürzeren Klasse handeln, dann hätte man es bei der längeren Lehnrechtsglosse mit dem Werk zweier Verfasser zu tun: einem ersten Glossator und einem späteren Redaktor. Der eingehende Vergleich der Textklassen K und L hat indes gezeigt, dass das Mehrere der längeren Glosse der kürzeren Glosse in Stil und Inhalt im Wesentlichen gleicht. Zwar wechselt die Lehnrechtsglosse in der Darstellungsweise zwischen den verschiedenen Stilfiguren – *quaestiones,* Aufzählungen, Urteilsfragen usw. – ab, diese wiederholen sich aber in beiden Textklassen bis zum Ende immer wieder. Mit großer Wahrscheinlichkeit ist K erst durch Kürzung der früheren Klasse L entstanden. Weil die längere Lehnrechtsglosse am Anfang stand, trägt sie in sich also jedenfalls nicht das Werk eines zweiten, aus K erweiternden Redaktors.

Zusammenfassend lässt sich sagen, dass die Lehnrechtsglosse der Klasse L einen weitgehend homogenen Glossentext überliefert, dessen Rückführung auf zwei oder mehr Verfasser sich zumindest nicht aufdrängt. Die kür-

86) Vgl. unten S. 378 ff.

87) LIEBERWIRTH, Einleitung, Gl LdR S. LVII f.

zere Glosse ist erst durch Kürzung der längeren entstanden, der Mehrbestand der Klasse L ist also nicht etwa das spätere Werk eines Dritten. Kleinere Brüche und die klare Abgrenzbarkeit einzelner Textfragmente lassen sich gut aus der notwendig etappenweisen Erstellung eines so umfangreichen Werkes erklären. Mit letzter Sicherheit lässt sich der Einfluss eines zweiten Autors auf die Lehnrechtsglosse in einem frühen Stadium ihrer Entstehung aber nicht ausschließen. Bei der Verarbeitung der Buch'schen Glosse tritt der Glossator des Lehnrechts mitunter mehr als Kompilator denn als Autor auf. Spätere Bearbeiter haben die Glosse dann hier ergänzt und dort gekürzt. Am wahrscheinlichsten ist, dass der Kernbestand der Lehnrechtsglosse aber zunächst einmal durch eine einzelne Person verfasst worden ist.

b) Ausschluss Johanns von Buch

Auf den ersten Blick liegt es nicht fern, in Johann von Buch, dem Verfasser von Landrechtsglosse und Richtsteig Landrechts[88], auch den Autor der Lehnrechtsglosse zu vermuten. Die Glossierung des Lehnrechts folgt in Anlage und Stil der Landrechtsglosse und kann in gewisser Weise als ihre logische Fortsetzung gesehen werden. Landrechtsglosse und Richtsteig Landrechts stellen außerdem den Beweis für Johanns grundsätzliche intellektuelle Befähigung zur Abfassung einer gelehrten Glossenarbeit wie der Lehnrechtsglosse dar. Auch der nur ungefähr einzugrenzende zeitliche und räumliche Entstehungskontext der Lehnrechtsglosse würde eine Zuschreibung an Johann von Buch noch erlauben.

Wohl primär von solch allgemeinen Erwägungen geleitet, ohne dann aber eine rechte Erklärung seiner Ansicht zu geben, ist Karl August Eckhardt 1978 im Geleitwort zur Faksimile-Ausgabe des Augsburger Sachsenspiegels von 1516 für eine Abfassung der Lehnrechtsglosse durch Johann von Buch eingetreten[89]. Einmal mit der Autorität des prominenten Rechtsbücherforschers in den Raum gestellt[90], hat sich die These von der Autorschaft Johanns von Buch zunächst hartnäckig gehalten und sogar Eingang in das Rechtsbücherverzeichnis von Ulrich-Dieter Oppitz gefunden[91]. Ernstlich

88) Zur Zuschreibung beider Werke an Johann von Buch eingehend KANNOWSKI, Umgestaltung S. 73–90.

89) „Vielmehr spricht alles dafür, daß Johann von Buch auch die Lehnrechtsglosse des Sachsenspiegels verfaßt hat.“, ECKHARDT, Vorwort, Sassenspegel S. XXI.

90) Zur Person FRASSEK, Art. Eckhardt, Karl August (1901–1979), in: ²HRG I Sp. 1179 f. m. w. N.

91) OPPITZ, Rechtsbücher I S. 75; ebenso wohl auch EBEL, Art. Sachsenspiegel, in: HRG IV Sp. 1232.

vertreten worden ist sie von anderen Sachsenspiegelkennern aber nie[92]. Heute darf sie als endgültig überholt gelten. Eine ganze Reihe von Argumenten spricht gegen Johann als Autor der Glosse zum Sächsischen Lehnrecht.

Die überwiegend mittelhochdeutsche Überlieferung. Ein erster Aspekt, der Rückschlüsse auf den Autor erlauben könnte, ist die Sprache. Dieser schon von Homeyer[93] in die Diskussion eingebrachte und in der Eckhardt'schen[94] Argumentation entscheidend gewordene Gesichtspunkt ist von Kaufmann noch einmal anhand der heute bekannten Überlieferungsträger überprüft und als Argument gegen eine Verfasserschaft Johanns von Buch gewertet worden[95].

Aus sprachlicher Perspektive stellt sich die Überlieferungssituation wie folgt dar: Alle 18 Handschriften der Klasse L[96], die beiden Textzeugen der Klasse W[97] und 8 von 10 Handschriften der Klasse K[98] sind mitteldeutsch. Lediglich zwei Handschriften der Klasse K[99] bilden, wahrscheinlich zusammen mit einer heute verschollenen, in den Augsburger Druck von 1516 eingeflossenen dritten Handschrift der kürzeren Glosse[100], einen kleinen niederdeutschen Überlieferungsstrang. Die gewöhnliche Lehnrechtsglosse ist also ganz überwiegend mitteldeutsch überliefert, während die Sprachheimat Johanns von Buch in der Mark Brandenburg das Niederdeutsche war.

92) Gegen Johann von Buch als Autor der Lehnrechtsglosse sprachen sich schon HOMEYER, Einleitung LnR, Sachsenspiegel II 1 S. 77 f.; DERS., Genealogie S. 125; STEFFENHAGEN, Art. Buch, Johann v. B. (Buck, Buk, Bock, Bok, Boek, Boich), in: ADB III S. 436 f.; zunächst auch ECKHARDT in der Neuauflage von HOMEYER, Die deutschen Rechtsbücher S. *53; und später noch KÖBLER, Art. Lehnrechtsbücher, in: HRG II Sp. 1692; LIEBERWIRTH, Wirkungsgeschichte S. 70; KAUFMANN, Einleitung, KGl LnR S. XXXIII; DERS., Einleitung, LGl LnR S. XXXIII; LÜCK, Über den Sachsenspiegel S. 33, aus.

93) HOMEYER, Einleitung LnR, Sachsenspiegel II 1 S. 77.

94) ECKHARDT, Vorwort, Sassenspegel S. XV, XXI.

95) KAUFMANN, Einleitung, KGl LnR S. XXXI–XXXIII.

96) Handschriften Be_1, Be_2, Br_1, Br_2, F, $Gö_1$, $Gö_2$, $Gö_3$, Gr, L_3, L_4, L_5, L_6, Me, N, Q, Wa, Wo (OPPITZ, Rechtsbücher II Nr. 109, 172, 262, 264, 513, 591, 601, 603, 635, 896, 907, 908, 918, 1030, 1164, 1300, 1456, 1565), vgl. oben S. 91 ff.

97) Handschrift Be_3, Fragment P (OPPITZ, Rechtsbücher II Nr. 1295d, 1234), vgl. oben S. 98 ff.

98) Handschriften C, Da, Dr_1, Dr_2, J, L_1, L_2, Mü (OPPITZ, Rechtsbücher II Nr. 340, 394, 442, 453, 735, 888, 897, 1071), vgl. oben S. 93 ff.

99) Handschriften H, S (OPPITZ, Rechtsbücher II Nr. 662, 1407).

100) Augsburg 1516, VD 16 D 758; Faksimileausgabe von ECKHARDT, Sassenspegel; zur handschriftlichen Vorlage KAUFMANN, Einleitung, KGl LnR S. XXXII, sowie oben S. 115 f.

Kann der klare sprachgeographische Überlieferungsschwerpunkt im Mitteldeutschen nun als Argument gegen die Verfasserschaft Johanns gewertet werden? Homeyer war seinerzeit zunächst noch überhaupt kein niederdeutscher Textzeuge der Lehnrechtsglosse bekannt gewesen, weshalb er annahm, dass erst für den Augsburger Druck von 1516 eigens eine Übersetzung des mitteldeutschen Textes ins Niederdeutsche veranstaltet worden sei[101]. Die aus seiner Sicht ausschließlich mitteldeutsche handschriftliche Überlieferung der Lehnrechtsglosse stellte sich in der Tat als starkes Indiz gegen eine Autorschaft Johanns dar. Mit dem später bekannt gewordenen niederdeutschen Überlieferungsstrang änderte sich die zu beurteilende Sachlage. Für Eckhardt war das Vorhandensein dreier niederdeutscher Textzeugen, die überdies der von ihm als „ursprünglich" angesehenen Klasse K angehörten, Anlass genug, um an eine Verfasserschaft des niederdeutschsprachigen Johann zu glauben[102]. Dabei ignorierte er jedoch das nach wie vor bestehende Übergewicht der mitteldeutschen Überlieferung. Hinzu kommt, dass die wenigen niederdeutschen Textzeugen in keiner irgendwie auffälligen Weise zu den ältesten Textzeugen gehören[103]. Im Gegenteil gehören sie alle der kürzeren Klasse an, die sich jetzt gegenüber der längeren Klasse als die wahrscheinlich spätere herausgestellt hat. Vor diesem Hintergrund spricht der Überlieferungsschwerpunkt im Mitteldeutschen also eher gegen eine Verfasserschaft Johanns von Buch.

Überbewerten sollte man die Bedeutung des sprachlichen Aspekts für die Autorfrage indes nicht. Auch die niederdeutsch verfasste Buch'sche Glosse hat eine beachtliche Verbreitung in hochdeutschen Fassungen erfahren. Gerade einmal etwa die Hälfte der bekannten Textzeugen ist niederdeutsch[104]. Dass sich unter den neueren Handschriften[105] und insbesondere in den frü-

101) HOMEYER, Einleitung LnR, Sachsenspiegel II 1 S. 71 i. V. m. 4–38, 77. Homeyer hat in der Autorfrage später nicht mehr zu den niederdeutschen Fassungen Stellung genommen.

102) ECKHARDT, Vorwort, Sassenspegel S. XV, XX f., betonte das Vorhandensein der niederdeutschen Druckvorlage, der Handschrift H und der „wiederentdeckten" Handschrift S.

103) Die Handschrift H datiert auf 1478, die Handschrift S auf 1441.

104) Unter den derzeit bekannten 208 Textzeugen der Landrechtsglosse (vgl. KAUFMANN, Gl LdR S. 1524–1551, und für die seit 2002 hinzugekommenen vier Fragmentfunde KANNOWSKI / KAUFMANN, De glosen les mit vlite S. 108; DIES., De glose vornim S. 57 f.; KAUFMANN, Neu aufgefundene Rechtsbücherfragmente S. 580 und 585) zähle ich 113 niederdeutsche Fassungen. Nach KAUFMANN, Glossen zum Sachsenspiegel S. 101, ist von 82 vorhandenen vollständigen Glossenhandschriften etwa die Hälfte in niederdeutscher, etwa ein Drittel in mitteldeutscher und die restlichen in oberdeutscher bzw. niederländischer Sprache verfasst.

105) Nach HOMEYER, Einleitung, Sachsenspiegel II 1 S. 77, und DERS., Genealogie

hen Drucken überwiegend hochdeutsche Übersetzungen der Landrechtsglosse finden, erklärt sich in erster Linie aus einem allgemeinen Niedergang der niederdeutschen Schriftlichkeit, welche am Übergang zur Frühen Neuzeit immer weniger Menschen nutzten[106]. An sich könnte die Lehnrechtsglosse durchaus niederdeutsch verfasst und dann schon bald ins Mitteldeutsche übersetzt und vervielfältigt worden sein, weil eine interessierte Leserschaft die ihr fremde, vom Mitteldeutschen durchaus verschiedene Sprache nicht verstanden hat. Immerhin bleibt eine niederdeutsche Abfassung der Lehnrechtsglosse mit Blick auf die Überlieferungssituation die unwahrscheinlichere Variante.

Im Ergebnis lässt sich der Überlieferung kein zwingender Schluss auf die Sprache des Autors entnehmen. Die überwiegend – in der früheren Klasse L sogar ausschließlich – mitteldeutsche Überlieferung der Lehnrechtsglosse spricht insgesamt aber eher gegen die Abfassung der Glosse durch einen niederdeutschsprachigen Autor wie Johann von Buch.

Übernahmen aus der Landrechtsglosse. Bedenkenswert ist ein weiteres Argument, dass wiederum schon von Carl Gustav Homeyer gegen eine Autorschaft Johanns von Buch ins Feld geführt worden ist[107]: Wichtigste Quelle der Lehnrechtsglosse ist die Landrechtsglosse. Diese wird vom Glossator zwar nicht wie die Quellen des gelehrten Rechts allegiert. Wohl aber wird die Buch'sche Landrechtsglosse in der Lehnrechtsglosse in großem Stile ausgeschrieben, ohne dabei die Herkunft der betreffenden Textpassagen zu kennzeichnen. Die Lehnrechtsglosse inkorporiert also stillschweigend weite Teile der Landrechtsglosse[108]. Unwahrscheinlich ist nun aber, dass Johann von Buch so etwas bei seiner eigenen Arbeit getan hätte[109]. Sollte Johann selbst die Notwendigkeit gesehen und die Gelegenheit gehabt haben, im Anschluss an das Landrecht auch noch das Lehnrecht zu glossieren, hätte er wohl nach Art der Landrechtsglosse einen durchweg neuen, eigenständigen Kommentar geschrieben. Innerhalb der Landrechtsglosse ist Johann ohne die Wiederholung eigener Textpassagen ausgekommen. Auch der

S. 141, haben die niederdeutschen Handschriften der Glosse insgesamt das höhere Alter. Auch dem 14. Jahrhundert gehören allerdings schon einige hochdeutsche Handschriften der Landrechtsglosse an.

106) KANNOWSKI, Umgestaltung S. 71 f., und zum Niedergang des Niederdeutschen PETERS, Mittelniederdeutsche Sprache S. 69 f.; SODMANN, Untergang S. 116–120.

107) HOMEYER, Einleitung LnR, Sachsenspiegel II 1 S. 77.

108) Einen guten ersten Eindruck vom Ausmaß der Übernahmen aus der Landrechtsglosse vermittelt die Zusammenstellung bei KAUFMANN, LGl LnR S. 1249–1261. Vgl. im Übrigen unten S. 378 ff.

109) So schon HOMEYER, Einleitung LnR, Sachsenspiegel II 1 S. 77; zustimmend auch KAUFMANN, Einleitung, KGl LnR S. XXXI.

Richtsteig Landrechts bietet durchweg neu formulierte Inhalte. Der Übergang zu einer „copy&paste"-Methode in der Lehnrechtsglosse wäre also einem ganz erheblichen Stilbruch gleichgekommen. Die Übernahme und Umarbeitung großer Teile eines eigenen Werkes zu einem neuen Mischprodukt wäre vermutlich zwar nicht als irgendwie ehrenrührig, wohl aber als ein überflüssiges Unterfangen empfunden worden. Offenbar hat der Lehnrechtsglossator Passagen der Landrechtsglosse kopiert, weil sie ihm jeweils passend, wichtig und erhaltenswert schienen. Zu einem solchen kompilatorischen Ansatz hätte ein Dritter aber viel eher Anlass gehabt als der Autor der Landrechtsglosse, dem seine Schrift präsenter und zugänglicher erschienen sein muss.

Unterschiede im Stil. Die vielleicht überzeugendsten Gründe gegen eine Verfasserschaft Johanns von Buch betreffen stilistische Unterschiede, die im Vergleich von Land- und Lehnrechtsglosse deutlich hervortreten. Erstmals ist Frank-Michael Kaufmann auf diesen Punkt eingegangen, indem er auf die vom Lehnrechtsglossator häufig benutzte, der Buch'schen Glosse hingegen völlig fremde Wendung „*wenne worumme*" („denn warum?") hinwies[110]. Diese mittelhochdeutsche umgangssprachlich gebrauchte Frageform[111] ist etwa auch aus den Schriften des Nikolaus Wurm und der gewöhnlichen Weichbildglosse bekannt. Dagegen findet sie sich in den Richtsteigen Land- und Lehnrechts zum Beispiel nicht. Die in anderem Zusammenhang auch von Homeyer[112] schon einmal hervorgehobene Redewendung scheint in der Tat ein geeignetes Kriterium zu sein, um verschiedene Autoren gegeneinander abzugrenzen. Denn dass ein Autor seine Ausdrucksweise derart verändern sollte, dass er im Laufe seines Lebens von einer bevorzugt gebrauchten Kausalkonjunktion zur anderen wechselt, ist stilistisch nicht recht vorstellbar. Wenn also der Lehnrechtsglossator Erklärungen mit „*wenne worumme*"[113] einleitet, wo Johann an entsprechender Stelle ein schlichtes „*wente*"[114] („denn") setzt, spricht dieser Umstand stark dafür, dass Land- und Lehnrechtsglosse auf zwei verschiedene Autoren zurückgehen.

110) KAUFMANN, Einleitung, KGl LnR S. XXXIII f.

111) Anwendungsbeispiele bei GRIMM, „wann II", DWB 27 (XIII) Sp. 1864. Vgl. bereits oben S. 217 und oben S. 221.

112) HOMEYER, Beigabe 3, Richtsteig LdR S. 357.

113) Etwa KGl LnR 5 § 1 *Lenerbe* (S. 76 Z. 12; S. 77 Z. 7; S. 78 Z. 3, 10; S. 79 Z. 1, 4, 11), ebenso im Textplus der Klassen L, zum Beispiel LGl LnR 7 (S. 188 Z. 2), und ebenso in der „Wurm'schen" Glosse LnR 4 (Berlin SBB-PK Hs. 392 fol. 164va Z. 20). Auch die niederdeutsche Überlieferung kennt das „*wen wur umme*" (vgl. etwa Glosse LnR 5 (ECKHARDT, Sassenspegel S. 458^{b})).

114) Etwa Gl LdR I 5 (6 § 1) *Mit welkeme gude* (S. 172 Z. 14).

Ein unterschiedlicher Stil von Land- und Lehnrechtsglosse zeigt sich außerdem in der bereits angesprochenen Besonderheit, dass die Persönlichkeit des Glossators in der Buch'schen Glosse hier und da in charakteristischer Weise durchschimmert, während sie in der Lehnrechtsglosse ganz und gar zurücktritt[115]. Johann von Buch erwähnt in seiner Glosse die Namen von Familienmitgliedern und Bekannten[116], spricht mehrmals direkt seine *„leue veddere“*[117], seine „lieben Vettern“ (Vaterbrüder, also Onkel) an und beruft sich an einigen Stellen auf persönlich gemachte Erfahrungen vor Gericht[118]. Vergleichbare Bemerkungen finden sich in der Lehnrechtsglosse nicht. Hier nimmt sich der Verfasser ganz und gar zurück. In der ersten Person meldet er sich überhaupt nur selten zu Wort, meist in Überleitungssätzen[119], zuweilen auch in der Diskussion einer *quaestio*[120]. Selbst die Vorrede zur Lehnrechtsglosse gerät sehr unpersönlich. Nur ganz indirekt eröffnet der Glossator dort eine Parallele zwischen dem Seneca-Zitat von der Unzulänglichkeit des menschlichen Erinnerungsvermögens und der intellektuellen Herausforderung seines eigenen Glossenvorhabens[121]. In einer solch neutralen, objektiven, die eigene Person zurücknehmenden Darstellungsweise zeigt sich ein von der Buch'schen Glosse abweichender Stil.

Ganz allgemein sprechen gegen Johann als Autor der Lehnrechtsglosse „die Art und Weise der Kommentierung [...], die Behandlung der fremdrechtlichen Zitate und die unterschiedliche Stringenz in der Gedankenfüh-

115) Ähnlich schon KAUFMANN, Einleitung, KGl LnR S. XXXIII.

116) Gl LdR, Glossenprolog (S. 100 V. 145–152); Gl LdR I 23 § 1 *Ere eldeste euenbordige swertmach* (S. 260 Z. 10 f.); Gl LdR III 68 (76 § 3) *Edder len edder liffgeding* (S. 1434 Z. 4).

117) Gl LdR I 7 (8 § 3) *Sone auer vnde orueyde* (S. 185 Z. 4); Gl LdR I 10 (11) *Holt ok de vader* (S. 196 Z. 21); Gl LdR I 19 (20 § 1) *Nu uornemet* (S. 239 Z. 9); Gl LdR I 28 (29) *An egene* (S. 290 Z. 13); Gl LdR II 31 § 1 *Swe van gerichtes haluen* (nur *„veddere“*) (S. 720 Z. 14); Gl LdR III 56 (63 § 2) *Ban schadet der zele* (S. 1350 Z. 5).

118) Vgl. die bei KAUFMANN, Einleitung, KGl LnR S. XXXIII Anm. 82 aufgeführten Stellen: Gl LdR I 28 (29) *An egene*: *„Dar vmme, dat ik dit vele in gerichten gehord hebbe“* (S. 290 Z. 15 f.); Gl LdR II 36 (32 § 1) *Nemant is plichtich*: *„Wente ik hebbe vor gerichte dar vele aff ghehort“* (S. 762 Z. 5 f.); Gl LdR III 22 (23) *Swe herberget*: *„Hir enyeghen hebbe ik in ghérichte dicke en ordel hort luden“* (S. 1064 Z. 13 f.); Gl LdR III 58 (65 § 1) *Dar vint yewelik*: *„alse wy dat stedeliken zen vnde doch nicht zyn in der marcgreuen dinge“* (S. 1367 Z. 3 f.).

119) Etwa LGl LnR 3: *„sechsz sunderliche stucke, dy ich uch noch eynander nennen wil“* (S. 94 Z. 3 f.).

120) Etwa LGl LnR 51: *„Vsz dissen worten so colligere ich eyne conclusio“* (S. 668 Z. 14).

121) LGl LnR, Vorrede (S. 47 Z. 2–9).

rung“[122]. Diese Charakterisierung Kaufmanns manifestiert sich etwa im sehr häufigen Rückgriff des Lehnrechtsglossators auf Urteilsfragen, in denen Rechtsfälle exemplifiziert werden[123]. Solche Urteilsfragen gibt es zwar haufenweise auch im Richtsteig Landrechts. Die Landrechtsglosse enthält sie aber kaum. In einem sehr viel freieren Aufbau von *quaestiones* zeigt die Buch’sche Glosse ein großes und abwechslungsreiches Vokabular, wohingegen die Lehnrechtsglosse schematischer vorgeht und im Sinne einer textgliedernden Schablone feststehende Begriffsmuster ausbildet[124]. Auch die stillschweigende Inkorporation einer anderen Quelle, wie sie die Lehnrechtsglosse durch die wörtlichen Übernahmen von Passagen aus der Landrechtsglosse zeigt, ist der Buch’schen Glosse in dieser Extremform fremd. Weniger an konkreten Fakten festzumachen, aber doch ein bei der vergleichenden Lektüre beider Glossen sich aufdrängender Eindruck ist die geringere „intellektuelle Qualität“ der Lehnrechtsglosse: Im Vergleich bietet die Buch’sche Glosse die schlüssigere Argumentation, mehr Präzision und Verständlichkeit, die bessere Systematik, die größere Originalität und Innovationskraft.

Eigenständigkeit von Sachsenspiegel-Landrecht und Sächsischem Lehnrecht. Eine letzte Überlegung verdient Erwähnung. Weil Land- und Lehnrecht in der heutigen Forschung als zwei Teile des einen Sachsenspiegels angesehen werden und damit auch Land- und Lehnrechtsglosse als „Glossen zum Sachsenspiegel“ in einen gewissen Zusammenhang rücken, könnte man geneigt sein, in Johann schon deshalb auch den Glossator des Lehnrechts zu sehen, weil seine Sachsenspiegelglosse sonst „unvollständig“ geblieben wäre. Keineswegs aber sind Sächsisches Land- und Lehnrecht durch alle Zeiten hinweg als das einheitliche Rechtsbuch begriffen worden, als das wir es heute sehen. Zwar ist in der rechtshistorischen Forschung allgemein anerkannt, dass beide Texte auf Eike von Repgow zurückgehen. Wichtigstes, aber zu bezweifelndes Argument hierfür ist die angeblich bereits in den ältesten Handschriften des Sachsenspiegels zu beobachtende Verbindung von Land- und Lehnrecht[125]. Geradezu als ein wesentliches und außergewöhnliches Charakteristikum des Sachsenspiegels ist bezeichnet worden, dass er die beiden großen Ordnungen Land- und Lehnrecht in ei-

122) KAUFMANN, Einleitung, KGl LnR S. XXXIV.

123) Vgl. zur Figur der Urteilsfrage unten S. 437 ff.

124) Vgl. zu den *quaestiones* der Lehnrechtsglosse unten S. 414 ff.

125) Zum gegenwärtigen Forschungsstand über die Entstehungsgeschichte des Sachsenspiegel-Lehnrechts zusammenfassend KÜMPER, Sachsenrecht S. 200–202 m. w. N. Vgl. zu Zweifeln an der allgemein anerkannten These einer genuinen Verbindung von Land- und Lehnrecht jedoch unten S. 496 ff.

nem Rechtsbuch zusammenführt[126]. Dennoch: Bei aller Verzahnung zeigt der Sachsenspiegel eine deutliche Unterscheidung zwischen beiden Materien und behandelt das Lehnrecht, unter Inkaufnahme von Wiederholungen, als einen eigenständigen Normenkomplex. Bereits im 14. Jahrhundert löste sich die in einigen Textzeugen so überlieferte, jedoch noch nicht abschließend untersuchte Verbindung beider Teilelemente des Sachsenspiegels dann zusehends auf. Das Nebeneinander von Land- und Lehnrecht rückte in den Vordergrund. Beobachten lässt sich diese Entwicklung an der weitgehend voneinander unabhängigen Überlieferung jedenfalls der glossierten Texte[127], an der spätestens jetzt ausschließlich für das Landrecht gebrauchten Bezeichnung „Sachsenspiegel"[128] und an der sich festigenden, als historische Tatsache behaupteten Fiktion vom Ursprung des Land- und Lehnrechts in den Gesetzgebungsakten unterschiedlicher Kaiser[129]. Erst in der Literatur des

126) KROESCHELL, Sachsenspiegel als Land- und Lehnrechtsbuch S. 13 f.

127) Von den 29 Codices mit Handschriften der Lehnrechtsglosse (Klassen K, L und W, das Fragment P bleibt außen vor) enthalten gerade einmal vier auch das Landrecht mit Buch'scher Glosse (J, Mü, $Gö_2$, Q). Land- und Lehnrecht nehmen dabei keine feste Reihenfolge ein, meist finden sich die Teile an völlig unterschiedlichen Stellen der Codices. Daneben bietet L_1 noch den unglossierten Landrechtstext in lateinischer Sprache, H außerdem das deutsche Landrecht mit nur drei glossierten Artikeln. Die übrigen Codices binden das Landrecht gar nicht ein. – In den frühen Drucken emanzipiert sich das Lehnrecht vollends vom Landrecht. Im Bestreben, alle relevanten Rechtstexte zusammenzufassen, bildeten sich zwei verschiedene „Standardausgaben" zum Sächsischen Recht heraus. Typischerweise druckte man einerseits eine Kombination aus Landrecht und Richtsteig Landrechts (später Landrecht und Magdeburger Fragen, vgl. die Übersicht bei KAUFMANN, Gl LdR S. 1552–1554) und andererseits eine Kombination aus Weichbildrecht, Lehnrecht und Remissorium. Land- und Lehnrecht erscheinen also regelmäßig getrennt. Einzig der Augsburger Druck von 1516 führt Land- und Lehnrecht zusammen, wobei der differenzierende Titel klarstellt, das Buch enthalte den *„Sassenspegel* [...] *san dem Leenrechte* [...]" (ECKHARDT, Sassenspegel, vor S. 1*).

128) Vgl. etwa den Schreibervermerk in der ältesten datierten Handschrift der Buch'schen Glosse Wolfenbüttel, Herzog August Bibliothek, Cod. Guelf. A. d. Extravagantes (1365–1367): *„Anno domini MCCCLXVI js dyt bok der Sassenspeyghel vulbracht"* (zitiert nach KAUFMANN, Gl LdR S. 3 Var. a-a). – Typischerweise titeln auch die Druckausgaben des Landrechts mit „Sachsenspiegel", die Druckausgaben des Lehnrechts hingegen mit „Sächsisches Weichbild, Lehnrecht und Remissorium". Noch die Ausgabe Leipzig 1732 des Landrechts nennt sich *„Eykens von Repgow Sachsen-Spiegel, Oder Das Sächsische Land-Recht* [...]" (GÄRTNER, Sachsen-Spiegel, Titelblatt).

129) Die Vorstellung, bei Sächsischem Land- und Lehnrecht handele es sich um kaiserliche Privilegien für Sachsen, findet sich nicht erst bei Johann von Buch, sondern hat sich schon Mitte des 13. Jahrhunderts gefestigt, TRUSEN, Rechtsspiegel und Kaiserrecht S. 28 f. Zum Ganzen auch KÜMPER, Sachsenrecht S. 215–221 m. w. N. sowie ausführlich unten S. 536 ff.

ausgehenden 18. Jahrhunderts werden Land- und Lehnrecht wieder als geschlossene Einheit behandelt[130].

Erst die Lehnrechtsglosse prägte die Auffassung vom Lehnrecht als einer Satzung Kaiser Friedrichs für Sachsen[131]. Für Johann von Buch war das Sächsische Landrecht in weiten Teilen ein Privileg Karls des Großen, während er die legislatorischen Ursprünge des Lehnrechts offen ließ und Friedrich I. lediglich als späteren, das Lehnrecht ergänzenden Novellengeber präsentierte[132]. In einem zweiten Schritt differenzierte Johann noch einmal genau zwischen einem ursprünglichen, auf Karl und Konstantin zurückgehenden Kernbestand des Landrechts einerseits[133] und bestimmten Novellenartikeln andererseits, die er – ähnlich den als *authenticae* in den *Codex* eingefügten Novellen – als Gesetze späterer Kaiser klassifizierte[134]. Dass insbesondere die Schlussartikel LdR III 82–91 späteren Gesetzgebern zugeschrieben werden, ist Johann nun Anlass genug, seine Glossierung des Landrechts bereits bei LdR III 82 § 1 „vorzeitig" enden zu lassen. Erst in einem zweiten Anlauf kommentierte Johann wohl doch noch die Artikel LdR III 82–87 und brach dann aus ungeklärten Gründen endgültig ab[135]. Die Glosse zu LdR III 82 § 1 markiert jedenfalls einen klaren Schlussstrich[136]. Auch im Vorwort zum Richtsteig Landrechts spricht Johann noch einmal von den

---

130) Vgl. unten S. 507.

131) Vgl. nur LGl LnR, Vorrede (S. 48 Z. 1–8) und dazu ausführlich unten S. 536 ff.

132) Das ergibt sich in erster Linie aus Gl LdR III 67 (75 § 1) *An eghene* (S. 1420 Z. 7 – S. 1421 Z. 10.); vgl. zur Interpretation unten S. 570 f. Vgl. demgegenüber zu Gl LdR I 13 (14 § 1) *Al sy yd lenrecht* (S. 204 Z. 24–26) als möglicher Interpolation unten S. 573 ff.

133) Gl LdR, Glosse zum Textus prologi: *„Hir heuet Eyke an, do he in Dudesch brachte dat privilegium, dat Constantin vnd Karl de keysere den Sassen geuen vor en recht"* (S. 110 Z. 12–14).

134) Zum Ganzen KANNOWSKI, Umgestaltung S. 525–529. Neben den Schlussartikeln LdR III 81 ff. sah Johann von Buch auch LdR I 26 als eine Novelle eines späteren Kaiser an. LdR III 82–84 seien auf Otto I. den Großen (KAUFMANN, Gl LdR S. 1489 Z. 18 f.; 1492 Z. 22–24; S. 1497 Z. 2 f.; S. 1500 Z. 21 f.), LdR III 85 f. auf Otto II. den Roten (DERS., ebenda S. 1489 Z. 19–21; S. 1504 Z. 1 f.; S. 1506 Z. 19 f.) und schließlich LdR III 87–91 ebenso wie LdR I 26 auf Friedrich I. Barbarossa (DERS., ebenda S. 303 Z. 9 f.; S. 1489 Z. 21–24; S. 1510 Z. 2 f.; S. 1514 Z. 2–4) zurückzuführen.

135) KANNOWSKI, Umgestaltung S. 483–488. Für Johann von Buch als Autor der Glossierungen von LdR III 82–87 spreche, dass ihr Inhalt mit den Grundlinien der übrigen Glosse konform geht. Darüber hinaus wiederhole sich in Gl LdR III 78 (86 § 2) *Thur seluen wysz* (S. 1508 Z. 14–18, insbesondere Z. 15 mit Anm. 21) ein bestimmter, aus der Accursischen Glosse kopierter und auch andernorts in der Buch'schen Glosse enthaltener Allegationenblock, wobei exakt derselbe Fehler auftaucht, der sich schon an den übrigen Stellen der Buch'schen Glosse eingeschlichen hat.

136) Gl LdR III 74 (82 § 1) (S. 1489 Z. 14–24).

Novellenartikeln LdR III 82–91, die *„na*[ch] *Koning Karls rechte an deme ende des Sassenspeigels*"[137] folgten. Mit „Sachsenspiegel" ist hier ausschließlich das Landrecht gemeint. Dessen erst auf spätere Novellen zurückgeführte Schlussartikel dienen Johann als Aufhänger, um die Notwendigkeit seines Richtsteigs zu begründen. Hier wie dort habe nämlich Rechtsunsicherheit bestanden, der man seinerzeit durch Gesetze abgeholfen habe und welcher Johann nun durch eine Darstellung des Gerichtsganges entgegenwirken wolle. Im vermutlich erst nach[138] dem Richtsteig verfassten Prolog zur Landrechtsglosse findet sich schließlich ein Hinweis auf den Richtsteig Landrechts: *„Tunc processus iudicii in ultimo ponuntur*"[139]. Ob dieser Stelle entnommen werden kann, der Richtsteig sei von Johann als Schlussstück der Landrechtsglosse konzipiert gewesen und habe ihr auch ursprünglich angehangen, ist umstritten[140]. Dass aber beide Werke in ihren Prologen auf das jeweils andere Bezug nehmen, bringt in jedem Fall eine beachtenswerte enge Verbindung zwischen Landrechtsglosse und Richtsteig Landrechts zum Ausdruck.

Wir sehen: Das Landrecht war für Johann in erster Linie ein karolingisches Gesetzeswerk. Im Nachhinein inkorporiertes, gesetzgeberisches Beiwerk späterer Kaiser, als welches er die Schlussartikel LdR III 82 ff. ansah, interessierte ihn nur sekundär. Erst recht muss er das in der Landrechtsglosse nur ganz am Rande beachtete und in seinen Ursprüngen überhaupt nicht thematisierte Lehnrecht als Aliud begriffen haben. Wir sehen auch, dass Johann unter „Sachsenspiegel" ausschließlich das Land- und nicht auch das Lehnrecht verstand. Die Buch'sche Glosse beendet die Kommentierung des Landrechts bei Glosse LdR III 82 § 1 mit einem klaren Schnitt. Hinweise auf Werke, die an das Unternehmen der Landrechtsglosse anknüpfen könnten, werden nur in Richtung des Richtsteig Landrechts, nicht aber auch in Richtung einer etwaigen Glossierung des Lehnrechts gegeben. Umgekehrt knüpft die Lehnrechtsglosse ihrerseits nicht explizit an die Landrechtsglosse an.

Im Ergebnis kann also keine Rede davon sein, dass bereits eine Art Vollständigkeitsstreben Johann von Buch im Anschluss an die Abfassung seiner

---

137) Richtsteig LdR, Prolog (HOMEYER, Richtsteig LdR S. 82).

138) KANNOWSKI, Umgestaltung S. 80.

139) Gl LdR, Glossenprolog (S. 104 V. 223).

140) Nach HOMEYER, Einleitung Richtsteig LdR S. 28–33, insbesondere S. 32 f., ist die Glossenprologstelle als Ankündigung des als Fortsetzung der Landrechtsglosse intendierten Richtsteigs zu verstehen. Zweifel an dieser Interpretation hat nun KANNOWSKI, Umgestaltung S. 79 f., angemeldet und darauf hingewiesen, dass *„in ultimo*" nicht bloß im Sinne von „an letzter Stelle gestellt", sondern auch schlicht zeitlich im Sinne von „als Letztes erstellt" verstanden werden könnte.

Glosse zum Sachsenspiegel-Landrecht auch zur Glossierung des Sächsischen Lehnrechts bewegt haben müsste: In der Vorstellungswelt Johanns und seiner Zeitgenossen war das Lehnrecht nicht mehr und nicht weniger als eine weitere, neben das Landrecht tretende Quelle des Sächsischen Rechts. Johann von Buch hätte sich dem Lehnrecht bloß wie jeder andere zuwenden können. Demgegenüber war seine Landrechtsglosse schon in sich ein geschlossenes und vollständiges Werk.

Nach alledem stellt sich die Lehnrechtsglosse weniger als eine logische Fortführung der Landrechtsglosse, sondern vielmehr als ein Nachahmungsprodukt dar. Wie gesehen entfernte sich der Lehnrechtsglossator in einigen Punkten von der Buch'schen Vorlage. Stilistische und sprachliche Divergenzen untermauern somit das schon von Homeyer gefundene Ergebnis, dass die Lehnrechtsglosse tatsächlich einen „andern und spätern Urheber als Herrn von Buch“[141] gehabt haben muss.

c) Über eine mögliche Verfasserschaft Nikolaus Wurms

Ein wichtiger, mit zwei autorisierten Werken zum Sächsischen Recht namentlich bezeugter Protagonist der jungen *iurisprudentia romano-saxonica* ist Nikolaus Wurm. Zu Leben und Werk dieser interessanten, um die Wende zum 15. Jahrhundert im Raum Liegnitz und Görlitz wirkenden Figur wurde bereits Stellung genommen[142]. Speziell mit Blick auf die Lehnrechtsglosse sind noch einmal die wichtigsten Für- und Gegenargumente für eine mögliche Verfasserschaft Wurms herauszugreifen.

Nikolaus Wurm hat 1397 die Blume des Sachsenspiegels fertiggestellt, zuvor vermutlich bereits die Blume von Magdeburg verfasst und 1399 mit den Arbeiten am wohl unvollendet gebliebenen Liegnitzer Stadtrechtsbuch begonnen. Somit ist er uns als literarisch tätiger Jurist mit Interesse am Sächsischen Recht bekannt, der zur Abfassung der Lehnrechtsglosse grundsätzlich befähigt gewesen wäre. Wahrscheinlich studierte er vor 1383 in Bologna, letztmalig ist er 1401/02 urkundlich bezeugt. Die älteste Handschrift Be_3 der Lehnrechtsglosse datiert auf 1386/87. Auch den zeitlichen Eckdaten zufolge kommt Nikolaus Wurm also als Verfasser einer Lehnrechtsglosse in der zweiten Jahrhunderthälfte in Betracht. Frank-Michael Kaufmann zieht diese Möglichkeit ernsthaft in Betracht[143]. Gleichwohl ergeben sich nach der hier vertretenen Auffassung verschiedene Zweifelspunkte hinsichtlich einer solchen Zuschreibung.

---

141) HOMEYER, Einleitung LnR, Sachsenspiegel II 1 S. 77.

142) Vgl. oben S. 196 ff.

143) KAUFMAN, Einleitung, LGl LnR S. XXXII f.

Dreh- und Angelpunkt ist die Beurteilung der Klasse W, der längsten, im ältesten Textzeugen Be_3 überlieferten und bisher von der Forschung zugleich als jüngste Klasse eingestuften Textklasse der Lehnrechtsglosse. Mit der älteren Forschung hat im Jahr 2006 auch Frank-Michael Kaufmann, der beste Kenner der Lehnrechtsglossenüberlieferung, die Klasse W noch als jüngste Glossenschicht angesehen[144]. Im weiteren Verlauf seiner Editionsarbeiten begann Kaufmann an einer solchen Textentwicklung zu zweifeln. Mittlerweile schließt er nicht mehr aus, dass mit W in Wahrheit die älteste Textklasse der Lehnrechtsglosse vorliegen könnte, womit Wurm zum Erstglossator des Lehnrechts aufrücken würde[145]. Die merkwürdige, zum praktischen Gebrauch ungeeignete Zitierweise in Form von ausgeschriebenen Allegationen in der Klasse W, vermutet Kaufmann, könnte Anlass für eine spätere Streichung der lateinischen Zitate hin zur Klasse L der Lehnrechtsglosse gewesen sein[146]. Einer Wurm'schen Erstfassung der Lehnrechtsglosse könne die *Summa arboris actionum* des Pontius de Ilerda zugrunde gelegen haben, deren Prolog nämlich dasselbe Seneca-Zitat enthält, welches in lateinischer Form ausschließlich in der Vorrede der Klasse W, in L hingegen nur in einer deutschen Übersetzung enthalten ist[147].

Wurm also als erster Glossator des Lehnrechts und die Handschrift Be_3 als Überlieferungsträger der originären Textklasse? Die stichprobenhafte Analyse der Kapitel 1–10, 20, 30, 40, 50, 60 und 70 (69) der Lehnrechtsglossenklasse W sowie der Vergleich mit weiteren, einem umfangreichen unbewiesenen Wurm'schen Frühwerk zugerechneten Arbeiten des 14. Jahrhunderts hat Erkenntnisse geliefert, die einer solchen Einschätzung entgegenstehen. Allen voran sind weder die Zuweisung der „Wurm'schen" Redaktionen von Landrechts-, Lehnrechts- und Weichbildglosse noch der „Wurm'schen" Glosse zum Mainzer Reichslandfrieden oder der „Wurm'schen" Richtsteigbearbeitung an Nikolaus Wurm gesichert[148]. Die gemeinsame Überlieferung dieser Redaktionen in einer schlesischen Handschriftengruppe, die wie Wurm in loser Verbindung zur Person Herzog Ruprechts von Schlesien

---

144) KAUFMANN, Einleitung, KGl LnR S. XXII; vgl. bereits HOMEYER, Einleitung LnR, Sachsenspiegel II 1 S. 75.

145) KAUFMANN, Glossen zum Sachsenspiegel S. 105, 108, und sodann DERS., Einleitung, LGl LnR S. XXXII f. Vgl. zur Frage der Textentwicklung oben S. 147 ff., insbesondere zur Bedeutung der Klasse W oben S. 194 ff.

146) KAUFMANN, Einleitung, LGl LnR S. XXXII; DERS., Glossen zum Sachsenspiegel S. 108.

147) KAUFMANN, Einleitung, LGl LnR S. XXXII; DERS., Glossen zum Sachsenspiegel S. 108, unter Verweis auf Pontius de Ilerda, *Summa arboris actionum*, Prolog (ROSSI, Summa S. 45).

148) Vgl. zur Überprüfungsbedürftigkeit des „Wurm'schen Frühwerks" oben S. 205 ff.

steht, kann kaum als hinreichender Beleg für eine Autorschaft Wurms gelten. Die Vermerke einer Abfassung *„sub umbra alarum"*[149] Herzog Ruprechts bzw. eines unbestimmten *„principis altissimi"*[150] im Liegnitzer und Görlitzer Sachsenspiegel befinden sich jeweils am Ende der gewöhnlichen Weichbildglosse und damit just in Verbindung mit dem jeweils einzigen Bestandteil der beiden Codices, der Nikolaus Wurm gerade nicht zugeschrieben wird. Ohnehin verbirgt sich dahinter ja bloß ein Hinweis auf eine Produktion der konkreten Codices im Umfeld Ruprechts, nicht aber auch eine Aussage über die geistigen Urheber ihrer Inhalte. Die Arbeiten könnten bereits Jahrzehnte zuvor entstanden sein. Die fünf genannten Glossenredaktionen dürfen demnach nicht ohne weiteres als ein Werk des Nikolaus Wurm gelten.

Darüber hinaus ist überhaupt schon die Zusammengehörigkeit dieser fünf Arbeiten, also ihre gemeinsame Rückführbarkeit auf ein und denselben Redaktor, sehr zweifelhaft[151]. Die Besonderheit der ausgeschriebenen lateinischen Allegationen zeigt sich jedenfalls ausschließlich in der „Wurm'schen" Land- und Lehnrechtsglosse, nicht aber auch in den übrigen Vertretern des „Wurm'schen Frühwerks" oder in seinen späteren, autorisierten Werken. Die ungewöhnliche Zitierweise der „Wurm'schen" Land- und Lehnrechtsglosse – auf wen auch immer sie zurückgehen mag – erlaubt es, sie mit großer Wahrscheinlichkeit als erweiternde Redaktionen bereits bestehender Vorlagen zu qualifizieren. Für die Landrechtsglosse ergibt sich das zwanglos schon aus der Existenz der zugrunde gelegten Buch'schen Glosse. Dass es sich auch bei der Lehnrechtsglosse der Klasse W um eine erweiternde Redaktion handeln muss, beweist der genaue Blick auf die Allegationen. Nur solche der Institutionen, des *Decretum Gratiani* und des *Liber Extra* hat der Bearbeiter der „Wurm'schen" Land- und Lehnrechtsglossen nämlich ausgeschrieben[152]. Offenbar standen ihm die Texte der mindestens ebenso häufig allegierten übrigen Bestandteile des *Corpus iuris*, insbesondere des *Codex*, der Digesten und des *Authenticum*, nicht zur Verfügung. Ohne diese Texte ist eine Erstabfassung der Lehnrechtsglosse aber undenkbar. Die Klasse W der Handschrift Be_3 von 1386/87 kann daher nicht die originäre Fassung der Lehnrechtsglosse darstellen, ihr Redaktor kann nicht der Erstglossator des Lehnrechts sein[153].

149) Glosse WbR, Judeneid a. E., (Berlin SBB-PK Hs. 392 fol. 128rb, sog. Codex „Liegnitz II").

150) Glosse WbR a. E. (Krakau BJ Przyb. 42/60 fol. 394^{r}, sog. „Große Görlitzer Handschrift", zitiert nach JECHT, Görlitz S. 243).

151) Vgl. bereits oben S. 219.

152) Vgl. bereits oben S. 225.

153) Allenfalls ließe sich an eine heute verlorene, den deutschen Mehrbestand von W,

Nimmt man deshalb an, dass die Klasse W bloß eine spätere erweiternde Sonderfassung der ursprünglichen Lehnrechtsglosse darstellt, dass diese Sonderfassung aber auch nicht notwendig auf Nikolaus Wurm zurückgeht, rückt die Person Wurm in der Suche nach dem Erstglossator des Lehnrechts durchaus wieder in den Kreis möglicher Kandidaten. Befragt man seine autorisierten Werke, also die Blume des Sachsenspiegels und das Liegnitzer Stadtrechtsbuch, nach auffälligen Gemeinsamkeiten mit der Lehnrechtsglosse, lassen sich zwei Punkte anführen: Zum einen gehört die in der Lehnrechtsglosse häufig gebrauchte Wendung „*wenne worumme*" auch zum Wurm'schen Sprachgebrauch[154]. Zwar handelt es sich dabei um keine exklusiv von Wurm gebrauchte Redewendung, sondern um eine im Mittelhochdeutschen allgemein übliche Kausalkonjunktion. Immerhin darf sie aber als eine erfüllte *conditio sine qua non* für eine mögliche Autorschaft Wurms an der Lehnrechtsglosse gelten. Zum anderen lässt sich in den Vorreden der Lehnrechtsglosse, der Blume des Sachsenspiegels und auch in ihrer möglichen Vorarbeit, der Blume von Magdeburg, eine auffällige Parallele beobachten. Hier wie dort wurde nämlich das Seneca-Zitat „*Der menschen gedancken gebrechlich sint*"[155] verarbeitet. Zwar handelt es sich dabei wiederum um einen gebräuchlichen Topos, dessen sich viele verschiedene mittelalterliche Autoren zur Begründung ihrer Werke bedient haben. Er kann daher nicht als Alleinstellungsmerkmal Wurms angesehen werden. Darüber hinaus könnte Wurm das Zitat zum Beispiel in Kenntnis einer älteren, von einem Dritten verfassten Lehnrechtsglosse in seine beiden Blumen übernommen haben. Die Parallele bleibt jedoch auffällig. Vielleicht hat Wurm auch lediglich eine zunächst fehlende Vorrede zur Lehnrechtsglosse verfasst.

Neben diesen beiden Beobachtungen und Wurms genereller Eignung als Autor sächsischer Rechtsliteratur sprechen allerdings keine weiteren speziellen Gründe für eine Verfasserschaft Nikolaus Wurms an der Lehnrechtsglosse. Insbesondere lässt sich abseits der Sonderfassung W kein besonderer regionaler Bezug der Lehnrechtsglosse zum Wurm'schen Wirkbereich Schlesien ausmachen[156]. Da 1386/87 bereits eine erweiterte Sonderfassung vorlag, muss die ursprüngliche Lehnrechtsglosse bereits früher entstanden

---

nicht aber auch ihre lateinischen Zusätze beinhaltende Klasse X denken, die sowohl einer Erweiterung zu W als auch einer Kürzung zu L als noch einmal frühere Fassung vorausgegangen wäre, vgl. oben S. 236 ff.

154) Vgl. bereits oben S. 217, S. 221 und S. 273.

155) LGl LnR, Vorrede (S. 47 Z. 2); vgl. dazu Blume von Magdeburg, Vorrede (BÖHLAU, Blume S. 27) und Blume des Ssp, Prolog (Krakau BJ Przyb. 42/60 fol. 18va, OPPITZ, Rechtsbücher II Nr. 861). Zum Ganzen bereits oben S. 226 und unten S. 357 f.

156) Immerhin weist nun aber KAUFMANN, Einleitung, LGl LnR S. XXXIV, auf die Provenienz älterer Handschriften der Lehnrechtsglosse aus Liegnitz und Breslau hin.

sein – und rückt damit zeitlich bereits weiter vom bezeugten Wurm'schen Wirkbereich um 1397/1399 weg. Im Ergebnis ist eine Autorschaft Wurms an der Lehnrechtsglosse also grundsätzlich denkbar – gewichtige Gründe sprechen für sie aber nicht. Die Klasse W der Lehnrechtsglosse stellt jedenfalls weder die originäre Textklasse dar noch lässt sie sich sicher auf Nikolaus Wurm zurückzuführen.

d) Zum Bildungshintergrund des Glossators

Auf indirektem Weg ist ein näheres Kennenlernen des Lehnrechtsglossators möglich, auch ohne seine genaue Identität, seinen Namen und seinen Lebensweg zu kennen. Aufschluss gibt die Frage nach der Bildung des Glossators. Die Quelle selbst wird hier zum Ausgangspunkt der Überlegung. In der mit Allegationen des gelehrten Rechts durchsetzten Lehnrechtsglosse tritt uns ein sowohl im einheimischen Recht als auch im *ius civile* und *ius canonicum* bewanderter Autor entgegen, der die gelehrten Methoden der Textauslegung beherrscht und anwendet und der sich eines spezifisch juristischen Vokabulars bedient. Welche Ausbildung muss er genossen, welche Ausbildungsstätten besucht, welche Inhalte erlernt und welche Erfahrungen gemacht haben, um die Rechtskenntnisse und methodischen Kompetenzen zu erwerben, die ihn zur Abfassung eines solchen Werkes befähigten? Über das mittelalterliche Studium der Rechte sind wir dank eingehender Forschungen verschiedener Disziplinen recht gut unterrichtet[157]. Die Interessensschwerpunkte liegen allerdings seit jeher geografisch in Italien und zeitlich bei den Anfängen der Rechtswissenschaft im 12. und 13. Jahrhundert. Dieses Ungleichgewicht zuungunsten des übrigen Europa und des Spätmittelalters gilt es zu berücksichtigen, wenn man den möglichen Bildungshintergrund eines sächsischen Juristen des 14. Jahrhunderts rekonstruieren und dabei die spezifischen Besonderheiten seiner Zeit nicht verkennen will.

Mit Blick auf die klassischen Glossenapparate zum *Corpus iuris* hat Peter Weimar eindrücklich den engen Zusammenhang zwischen der Methode des Rechtsunterrichts der Legisten einerseits und ihren Literaturtypen andererseits dargelegt. „Nichts anderes als die Umsetzung des gesprochenen Wortes

157) Eine Einführung in die Thematik bietet COING, Juristische Fakultät, m. w. N. Eine stärkere Berücksichtigung des 14. und 15. Jahrhunderts findet sich in der Darstellung von LANGE / KRIECHBAUM, Kommentatoren S. 25–176 m. w. N. Speziell zu Bologna vgl. SCHMUTZ, Juristen I, insbesondere S. 109–171. Über Stand und Perspektiven der Forschung referiert MORAW, Über gelehrte Juristen. Eine neue Untersuchung von WEJWODA, Leipziger Juristenfakultät, erörtert den Rechtsunterricht im spätmittelalterlichen Leipzig.

der Vorlesung"[158] sei das geschriebene Wort der Literatur. Nun entspringt die Lehnrechtsglosse bereits einer anderen Zeit und ist gewiss in keinem universitären Kontext oder gar speziell zu Unterrichtszwecken entstanden. Auch sie steht aber in der Tradition der gelehrten *Glossae ordinariae* und auch sie wendet die im wissenschaftlichen Unterricht gelehrte, den Regeln von Dialektik und Rhetorik verpflichtete, logisch-formale Denkschule der Juristen an. Die juristische Methode ist ein und dieselbe, ob sie nun unterrichtet, erlernt oder im literarischen Werk umgesetzt wird. Zwischen Bildung und Werk des Glossators besteht eine enge, wechselseitige Verbindung. Die Kenntnis der Bildungshintergründe des Glossators ist somit der Schlüssel zu einem tieferen Verständnis der Lehnrechtsglosse.

1. Eingrenzung des möglichen Studienorts

Die vermutlich um die Mitte des 14. Jahrhunderts, jedenfalls aber zwischen 1325 und 1386/87 verfasste Lehnrechtsglosse fällt in eine Zeit, in der das Bildungswesen des mittelalterlichen Reiches eine Umbruchphase erlebte. Zwei Jahrhunderte lang hatte das nordalpine Reich am europaweit aufblühenden Universitätsleben nur durch Versendung seiner Söhne ins Ausland zum Studium an französischen und italienischen Universitäten teilgenommen. Während jener Epoche hatte ein Rechtsunterricht in Deutschland nur begrenzt stattgefunden[159]. Diesen Rückstand begann man erst verhältnismäßig spät, aber entschieden aufzuholen, als Mitte des 14. Jahrhunderts auch diesseits der Alpen eine Welle von Universitätsgründungen einsetzte. Regelmäßig auf Initiative weltlicher Herrscher und mit päpstlicher Bewilligung wurden in rascher Folge Universitäten im böhmischen Prag (1347), im polnischen Krakau (1364), in Wien (1365), Erfurt (1379), Heidelberg (1385), Köln (1388), Würzburg (1402), Leipzig (1409) und Rostock (1419) ins Leben gerufen[160]. Mitte des 15. Jahrhunderts schloss sich eine zweite Gründungswelle an. Wenigstens formal bestanden an den deutschen Universitäten von Anfang an auch juristische Fakultäten[161]. Dennoch blieb ein Studium im Ausland als

158) WEIMAR, Legistische Literatur und Methode des Rechtsunterrichts S. 45.

159) COING, Römisches Recht S. 52–54.

160) COING, Juristische Fakultät S. 97–128; SCHWINGES, Deutsche Universitätsbesucher S. 61–185; Die Jahreszahlen beziehen sich jeweils auf die päpstliche Gründungsbulle. Zu den politischen Motiven, die zur Gründung der Universität Prag führten, RASHDALL, Universities II S. 21–215. Zur Leipziger Fakultätsgeschichte insbesondere WEJWODA, Leipziger Juristenfakultät.

161) BURMEISTER, Studium S. 32. Die päpstlichen Gründungsprivilegien der späteren Zeit gestatteten regelmäßig die Einrichtung von wissenschaftlich breit angelegten Universitäten mit allen vier Fakultäten, also der niederen Artistenfakultät sowie der drei höhen Fakultäten Theologie, Jurisprudenz und Medizin, COING, Juristische Fakultät S. 45.

prestigeträchtige Qualifikation auch nach Einrichtung der einheimischen Universitäten noch lange Zeit attraktiv.

Lässt sich vor diesem historischen Hintergrund nun eine Aussage darüber treffen, welchen Bildungsweg der Glossator des Lehnrechts vermutlich eingeschlagen hat? Weil sich die Entstehungszeit der Glosse nicht weiter als auf die Jahre nach 1325 und vor 1386/87 eingrenzen lässt, lässt sich auch der Zeitrahmen der vorausgehenden Phase seiner Ausbildung nur grob fassen. Am wahrscheinlichsten ist eine Abfassung der Glosse um die Mitte des 14. Jahrhunderts, wonach für die Studienjahre des Glossators also eher die erste denn die zweite Hälfte des 14. Jahrhunderts anzusetzen wäre. Den Eckdaten nach denkbar wäre aber auch, dass der Glossator die Lehnrechtsglosse erst in den 80er Jahren und schon kurz nach Beendigung seiner Ausbildung geschrieben hat, sodass seine Lehrjahre auch noch in die zweite Hälfte des 14. Jahrhunderts fallen könnten. Die für die Studienzeit des Glossators in Betracht kommende Zeitspanne deckt sich mit anderen Worten just mit der beschriebenen, durch die deutschen Universitätsgründungen eingeleiteten Umbruchphase. Die äußeren Fakten verlangen demnach mehrere Möglichkeiten zu erwägen: Erstens ist an eine Ausbildung des Glossators in seiner Heimat noch vor den hiesigen Universitätsgründungen zu denken, zweitens an ein Studium an einer der jungen, einheimischen Universitäten und drittens an ein Auslandsstudium an einer der traditionellen Universitäten in den französischen oder norditalienischen Bildungszentren.

Rechtsunterricht am *Studium* eines Ordens? Bedenkenswert ist vorab, ob der Glossator seine Rechtsausbildung vielleicht an einer kirchlichen Schule in seiner Heimat erworben haben könnte. Gemeint sind nicht die seit dem Frühmittelalter bestehenden Dom- und Klosterschulen älteren Typs. Den noch jungen Schülern wurde dort zunächst ein Elementarunterricht im Lesen und Schreiben zuteil, darauf aufbauend widmete man sich dann dem Studium der *septem artes liberales*[162]. Vor allem im Rahmen der Rhetorik kamen dabei zwar durchaus auch rechtliche Inhalte zur Sprache, von einem Rechtsstudium im eigentlichen Sinne lässt sich aber nicht sprechen[163]. Gemeint sind vielmehr die seit dem 13. Jahrhundert gegründeten Studienhäuser der Bettelorden.

Insbesondere die Dominikaner und Franziskaner richteten in ihren Provinzen größere Studienzentren ein, um ihre Ordensbrüder besser auf die

162) KÖBLER, Vorstufen S. 99–116 und insbesondere S. 117 f.; ERTL, Netzwerke des Wissens S. 316.

163) KÖBLER, Vorstufen, insbesondere S. 104, 117. Köbler spricht im Zusammenhang mit den alten Dom- und Klosterschulen lediglich von „Vorstufen der Rechtswissenschaft" (DERS., ebenda S. 76). Vgl. auch TRUSEN, Anfänge S. 116.

Beichtpraxis sowie auf Aufgaben im geistlichen Gericht vorzubereiten[164]. Im sächsischen Raum finden sich solche *Studia* der Franziskaner in Magdeburg, Erfurt und Hildesheim[165]. Magdeburg hatte im 14. Jahrhundert mit einem *Studium generale* der Franziskaner, einer Dominikanerschule und einer Schule der Augustinereremiten sogar gleich drei höhere mendikantische Bildungseinrichtungen zu bieten, die miteinander konkurrierten[166].

„Über den Lehrbetrieb" dieser Zentren, damit behält Winfried Trusen jedenfalls in Bezug auf die juristischen Lehrinhalte an den *Studia* bis heute Recht, „wissen wir leider noch viel zu wenig"[167]. Sicher ist aber, dass die Lektoren solcher Studienhäuser häufig an ausländischen Universitäten studiert hatten, ja mitunter ausgezeichnete Juristen waren[168]. Sie unterrichteten ihre Ordensbrüder nicht nur in Theologie, sondern auch in den gelehrten Rechten, wobei neben dem primär interessierenden kanonischen Recht schon früh auch das römische Recht Beachtung fand[169]. Gerade das Franziskaner-*Studium* in Magdeburg genoss wegen seines Rechtsunterrichts einen guten Ruf[170]. Darüber hinaus beschäftigte man sich, wie die Entstehungsgeschichte des Schwabenspiegels im Umfeld der Augsburger Franziskaner beweist, auch mit dem einheimischen Recht[171]. Die Franziskanerbibliotheken dieser Zeit boten bereits einen beachtlichen Fundus an juristi-

---

164) COING, Römisches Recht S. 53 f.; TRUSEN, Anfänge S. 116. Überregional angelegte *Studia generalia* entstanden in größeren Ordensniederlassungen, wobei man häufig die Nähe zu Universitäten suchte. *Studia generalia* gab es aber auch in der Provinz. Eine flächendeckende schulische Infrastruktur gewährleisteten die *studia particularia,* in denen zum Generalstudium vorbereitender Elementarunterricht in den *artes liberales* erteilt wurde, ELM, Studium und Studienwesen S. 114 f.; ERTL, Netzwerke des Wissens S. 316; PATZOLD, Von der Domschule zu den Studia S. 92 f.

165) COING, Römisches Recht S. 53; DOELLE, Partikularstudium S. 24–251, berichtet außerdem vom zunächst eher schleppenden Betrieb eines *Studium* in Görlitz.

166) PATZOLD, Von der Domschule zu den Studia S. 93–96.

167) TRUSEN, Anfänge S. 116 (unter „Dom- und Klosterschulen" fasst Trusen auch die üblicherweise als *„Studium"* bezeichneten größeren Lehranstalten der Orden). Mit ROEST, History of Franciscan education, ist in neuerer Zeit zwar eine umfassende Studie über das Bildungssystem der Franziskaner erschienen. Die Frage, welche Rolle rechtliche Inhalte im Unterricht der *Studia* gespielt haben, wird dort aber nur am Rande berührt (S. 146–148). Der Autor bezeichnet diesen Aspekt als eine offene Frage („The actual place of canon law in the Franciscan educational curriculum definitely needs further study.", DERS., ebenda S. 148).

168) DOELLE, Partikularstudium S. 245; TRUSEN, Anfänge S. 117–120.

169) COING, Römisches Recht S. 54; DOLEZALEK, Wie studierte man? S. 58 f.; ROEST, History of Franciscan education S. 146–148; TRUSEN, Anfänge S. 117, 119, 122 f.

170) ROEST, History of Franciscan education S. 147 mit Anm. 127.

171) ERTL, Netzwerke des Wissens S. 317; JOHANEK, Rechtsschriftum S. 413 f.; und

schen Handschriften[172]. Und es ist dies das geistige Umfeld, in dem Werke wie die *Summa super V libris decretalium* des Heinrich von Merseburg (um 1242), die *Tabula utriusque iuris* des Johannes von Erfurt (um 1280) und das *Introductorium iuris* des Hermann von Schildesche (um 1330) entstanden[173].

Wir haben es bei den deutschen Ordensstudien des 14. Jahrhunderts mit im Einzelnen noch wenig erforschten Lehranstalten zu tun, in denen schon in beachtlicher Intensität gelehrtrechtliche Inhalte vermittelt worden sind. Es scheint hiernach nicht grundsätzlich ausgeschlossen, dass es einem begabten, im Ausland studierten Klerikerjuristen gelungen sein könnte, sein Wissen in einem *Studium* in einer solchen Weise an einen nicht minder begabten Schüler weiterzugeben, dass sein Unterricht auch ihn zur Abfassung von gelehrten Rechtstexten befähigte.

Gleichwohl ist die Idee, dass das sächsische *Studium generale* eines Bettelordens den Glossator des Sächsischen Lehnrechts hervorgebracht haben könnte, im Ergebnis als abwegig zu bezeichnen. Im Mittelpunkt des Interesses der Ordensstudien stand doch stets die Theologie[174]. Auch dort, wo Jurisprudenz betrieben wurde, beschränkte man sich wohl regelmäßig auf das kanonische Recht und die für das geistliche Gericht relevanten Fragen des *ius civile*[175]. Für die Auswahl ausgerechnet des Sächsischen Lehnrechts als Gegenstand seiner Arbeit böte sich dem Glossator aus dieser Perspektive wenig Anlass. Auch in der Benutzung der Quellen – in der Lehnrechtsglosse überwiegen Allegationen des *Corpus iuris* gegenüber Verweisen auf das kanonische Recht bei weitem[176] – und im insgesamt geringen Gewicht, das die Lehnrechtsglosse kanonischen und theologischen Fragestellungen beimisst, schlägt sich kaum das Werk eines primär theologisch gebildeten Geistlichen nieder. Schon wegen dieses Fehlens kanonisch-theologischer Interessenschwerpunkte wird man eine Ausbildung des Glossators im *Studium* eines Ordens für unwahrscheinlich halten.

---

speziell zum Schwabenspiegel BERTELSMEIER-KIERST, Kommunikation und Herrschaft S. 173; NEHLSEN-VON STRYK, Art. Schwabenspiegel, in: LexMA VII Sp. 1603.

172) TRUSEN, Anfänge S. 121.

173) COING, Römisches Recht S. 163–177; TRUSEN, Anfänge S. 119 f.; im Überblick auch KROESCHELL / CORDES / NEHLSEN-VON STRYK, Deutsche Rechtsgeschichte II S. 52–54.

174) ROEST, History of Franciscan education S. 123–133.

175) COING, Römisches Recht S. 54; ROEST, History of Franciscan education S. 146–148; TRUSEN, Anfänge S. 122.

176) In der kürzeren Glosse stehen etwa 750 Zitate aus dem *Corpus iuris* etwa 110 Zitaten des kirchlichen Rechts gegenüber, in der längeren Glosse steht das Verhältnis bei etwa 1720 zu 370, KAUFMANN, Einleitung, LGl LnR S. XXIX.

Hinzu kommt, dass die Schüler dieser Ordensstudien über eine „juristische Halbbildung“[177] wohl regelmäßig nicht hinausgelangten. Mag das Niveau mancher Studienhäuser mit den theologischen Fakultäten mancher Universität durchaus vergleichbar gewesen sein, so gilt dies noch lange nicht für den speziell juristischen Bereich[178]. Die aus solchen Lehranstalten hervorgegangene juristische Literatur beschränkt sich denn auch auf praxisorientierte Beichtsummen, Einführungswerke und enzyklopädische Hilfsmittel. In der Lehnrechtsglosse kommt aber eine solche Vertrautheit mit juristischen Argumentationstechniken und mit spezifischen juristischen Termini zum Ausdruck, dass eine nur oberflächliche und thematisch begrenzte Beschäftigung des Glossators mit dem gelehrten Recht ausgeschlossen scheint. Vielmehr spricht alles für ein schon im Ansatz höheres Bildungsniveau des Glossators, für eine spezifisch rechtswissenschaftliche Ausrichtung seiner Bildung, kurz: für ein Studium der Rechte an der Universität.

Schließlich ist noch ein psychologisches Argument gegen ein Studium des Lehnrechtsglossators am *Studium* eines Ordens ins Feld zu führen. Man vergegenwärtige sich die herausragende Bedeutung, die dem Entschluss zur Glossierung des Sächsischen Lehnrechts aus Sicht des Autors zukommen musste. Hinter seinem Vorhaben stand der Versuch, das Sächsische Lehnrecht auf eine Stufe mit den übrigen Texten des Sächsischen Rechts und dieses auf eine Stufe mit dem gelehrten Recht zu heben. Wie die Glossatoren einst *Glossae ordinariae* zu den römischen, langobardischen und kanonischen Rechtsbüchern schufen und wie es später Johann von Buch für das Sächsische Landrecht getan hatte, sollte nun auch das Lehnrecht „seine“ Glosse erhalten. Von Anfang an traten die in der Tradition der *Glossae ordinariae* verfassten sächsischen Glossen mit dem Anspruch auf, von künftigen Juristen als die maßgeblichen, endgültigen und autoritativen Interpretationen der sächsischen Rechtsbücher herangezogen zu werden. Welch wissenschaftliches Selbstbewusstsein steckt hinter solchen Unternehmen! In einer Zeit, in der die Jurisprudenz an Fakultäten in ganz Europa, sei es auch jenseits der Alpen, in voller Blüte stand und in der auch in Sachsen der Typus des gelehrten Juristen in Gerichten, an Höfen und in den Städten präsent war, scheint eine außeruniversitäre Bildung unseres Glossators fernliegend. Die Abfassung einer *Glossa ordinaria* verlangte nach dem Akademiker. Nur ein gelehrter Jurist wird neben den juristischen Kompetenzen auch über das notwendige Selbstverständnis als Wissenschaftler verfügt haben, das ihn dazu qualifizierte, eine solche Schrift in Angriff zu nehmen.

---

177) TRUSEN, Anfänge S. 117.

178) ELM, Studium und Studienwesen der Bettelorden – Die ‚andere‘ Universität? S. 114–116, 123.

Studium an einer der jungen deutschen Rechtsfakultäten? Als mögliche Studienorte diesseits der Alpen, die der Glossator noch vor Abfassung der Lehnrechtsglosse, also spätestens vor 1386/87, besucht haben könnte, kommen gemäß den Daten der päpstlichen Gründungsbullen zunächst grundsätzlich die Universitäten Prag (1347), Krakau (1364), Wien (1365) und Erfurt (1379) in Betracht[179]. Ein genauerer Blick in die Geschichte dieser Universitäten zeigt aber, dass die Einrichtung einer juristischen Fakultät und die tatsächliche Aufnahme eines rechtswissenschaftlichen Unterrichts mitunter nur sehr zögerlich von statten gingen.

Im Fall Krakaus datieren die Gründungsbulle Urbans V. und der Stiftbrief des polnischen Königs Kasimir der Große zwar auf 1364, auch ist in beiden Dokumenten von der Einrichtung eines Studiums des *ius canonicum* und des *ius civile* die Rede, politische Wirren verhinderten aber wohl zunächst die Realisierung dieser ehrgeizigen Pläne[180]. Erst 1397 nahm König Wladislaus, der eigentliche Gründer der Krakauer Universität, die Bemühungen seines Vorgängers wieder auf, woraufhin man um 1400 mit einem theologischen Unterricht begann[181].

Kaum besser erging es der Universität Wien, zu deren Gründung Papst Urban V. auf Betreiben Herzog Rudolfs IV. von Österreich 1365 für alle Fakultäten außer der theologischen seine Einwilligung gab[182]. Auch hier hatte die Einrichtung des Universitätsbetriebs mit äußeren Widrigkeiten zu kämpfen. Während der durch den plötzlichen Tod Rudolfs IV. im Gründungsjahr 1365 ausgelösten Machtkämpfe zwischen seinen Brüdern Albrecht III. und Leopold III., die bis 1383 andauerten, zeigte die Obrigkeit wenig Interesse an den Belangen der Universität[183]. Dass aus der kritischen Gründungsphase der Universität kaum Quellen erhalten sind, lässt auf ganz beträchtliche Anlaufschwierigkeiten schließen[184]. Immerhin bezeugen Immatrikulationen aus den Jahren 1377/78, dass überhaupt schon ein Rechts-

179) Zusammenstellung bei COING, Juristische Fakultät S. 97–128.

180) DENIFLE, Entstehung der Universitäten S. 625–627; RASHDALL, Universities II S. 289–290; VETULANI, L'enseignement, insbesondere S. 381.

181) DENIFLE, Entstehung der Universitäten S. 628 f.; RASHDALL, Universities II S. 290 f.

182) DENIFLE, Entstehung der Universitäten S. 605–607; RASHDALL, Universities II S. 236–239.

183) DENIFLE, Entstehung der Universitäten S. 612; RASHDALL, Universities II S. 238–240. Die Statuten der Juristenfakultät datieren auf 1388, PLÖCHL, Kirchenrecht in der ältesten Studienordnung S. 570.

184) DENIFLE, Entstehung der Universitäten S. 608–612; RASHDALL, Universities II S. 239.

unterricht stattgefunden hat[185]. Bekannte Rechtslehrer, die auch Studenten von auswärts angezogen hätten, hatte Wien zu dieser Zeit aber nicht zu bieten.

Politischen Zwängen musste auch Erfurt gehorchen, das mit einem Franziskanerstudium bereits vor Gründung seiner Universität ein bemerkenswertes Wissenschaftsleben vorzuweisen hatte. Ein auf Bitten der Stadt erlassener Gründungsbrief des avignoneser Gegenpapstes Clemens VII. aus dem Jahr 1379 blieb, weil alsbald ein Umschwung zum römischen Papst Urban VI. politisch opportun erschien, wirkungslos[186]. Erst 1389, nachdem bereits die Universitäten zu Heidelberg (1385) und Köln (1388) gegründet worden waren, bewilligte Urban VI. die Neugründung einer Universität in Erfurt[187]. Der Unterricht begann 1392[188] und fällt damit bereits nicht mehr in den für die Lehnrechtsglosse interessierenden Zeitrahmen bis Anfang der 1380er Jahre.

Eine Sonderrolle nimmt in mehrfacher Hinsicht die Prager „Carolina" ein. Als erster Universität Mitteleuropas erteilte ihr 1347 Papst Clemens VI. ein Gründungsprivileg, 1348 folgte der Stiftungsbrief Karls IV., des damaligen Königs von Böhmen[189]. Der Unterricht wurde wohl zügig aufgenommen, wobei es von Anfang an alle vier Fakultäten, die theologische, die juristische, die medizinische und die niedere Artistenfakultät, gab[190]. 1372 spaltete sich die juristische Fakultät von der übrigen Universität ab und bestand bis zu deren Niedergang 1417/19 als eigenständige Juristenuniversität nach Bologneser Vorbild fort[191]. Ihre Geschichte hat Peter Moraw aufgearbeitet und dabei im Vergleich mit anderen Universitäten ein quantitativ ganz beachtliches Gewicht der Juristenausbildung in Prag feststellen können. In einer ersten, uns hier primär interessierenden Phase zwischen 1372 und 1389 verzeichnen die (erst ab 1372 erhaltenen) Prager Universitätsmatrikel durchschnittlich 125 Immatrikulationen von Rechtsstudenten pro Jahr[192]. Demgegenüber kommen die (unvollständigen, aber gleichwohl aussagekräftigen)

---

185) DENIFLE, Entstehung der Universitäten S. 611.

186) DENIFLE, Entstehung der Universitäten S. 410 f.; LANGE / KRIECHBAUM, Kommentatoren S. 169; RASHDALL, Universities II S. 248.

187) DENIFLE, Entstehung der Universitäten S. 410; RASHDALL, Universities II S. 248.

188) DENIFLE, Entstehung der Universitäten S. 411 f.; SCHWINGES, Deutsche Universitätsbesucher S. 93–105.

189) DENIFLE, Entstehung der Universitäten S. 586 f.; RASHDALL, Universities II S. 215.

190) DENIFLE, Entstehung der Universitäten S. 589, 596 f.

191) DENIFLE, Entstehung der Universitäten S. 599 f.; MORAW, Juristenuniversität in Prag S. 442, 451–456; RASHDALL, Universities II S. 218, 234.

192) MORAW, Juristenuniversität in Prag S. 457.

Matrikel der deutschen Nation in Bologna zwischen 1351 und 1400 jährlich auf durchschnittlich nicht einmal zehn Immatrikulationen[193]. Mehr als die Hälfte der Prager Rechtsstudenten entfallen auf die schlesische (26,1 %) und die sächsische Nation (35,5 %)[194]. Über die Studentenzahlen in den Anfangsjahren vor 1372 schweigen die Quellen, schon um 1350 dürften aber zwei Lehrstühle für die Dekretalen und das Dekret bestanden haben[195]. Zu beachten ist allerdings, dass in Prag praktisch nur kanonisches Recht gelehrt wurde. Zwar finden sich unter den italienischen Rechtslehrern auch zwei Doktoren beider Rechte, zwar sind daneben auch einige legistische *baccalaurei* bekannt und 1402 kam es in Prag auch zu einer vereinzelten Promotion zum *doctor utriusque iuris*[196]. Eine ernsthafte Rolle hat das *ius civile* an der Prager Juristenuniversität aber wohl nicht gespielt[197].

Die Zahlen zeigen, dass für ein Rechtsstudium des Lehnrechtsglossators, das allerspätestens in den frühen 1380er Jahren abgeschlossen worden sein muss, als Studienort nördlich der Alpen allein die Universität Prag ernsthaft in Betracht kommt. Krakau, Wien und Erfurt haben einen nennenswerten Rechtsunterricht erst in späterer Zeit eingerichtet. In Prag studierten schlesische und sächsische Studenten der Rechtswissenschaft aber schon ab etwa 1350 in größerer Zahl. Sollte der unbekannte Lehnrechtsglossator seine Ausbildung im gelehrten Recht erst in der zweiten Hälfte des 14. Jahrhunderts genossen haben, liegt ein Besuch der geografisch näher gelegenen Universität Prag also nicht fern. Fraglich bleibt allerdings, ob der Glossator an dieser kanonistisch ausgerichteten Fakultät auch die in der Lehnrechtsglosse zum Ausdruck kommenden Kenntnisse im römischen Recht hätte erlernen können. Winfried Trusen mahnt vor einer Überbewertung der Unterschiede zwischen römischem und kanonischem Recht[198]. Stets war die eine Rechts-

---

193) MORAW, Juristenuniversität in Prag S. 457 f.

194) MORAW, Juristenuniversität in Prag S. 457. Umgekehrt weiß MÄNNL, Die gelehrten Juristen S. 273, zu berichten, dass 57 % der zwischen 1376 und 1440 an norddeutschen Fürstenhöfen tätigen gelehrten Juristen in Prag studierten. Nicht wenige Studenten setzten ein zunächst in Bologna begonnenes Studium in Prag fort, SCHMUTZ, Juristen I S. 178 f. Sollte der Glossator des Lehnrechts tatsächlich in Prag studiert haben, könnte er unter den in den Matrikeln der *Natio Saxonum* verzeichneten Studenten zu finden sein, vgl. MUP II S. 119–138.

195) MORAW, Juristenuniversität in Prag S. 464. In iher Blütezeit in den siebziger und achtziger Jahren des 14. Jahrhunderts könnten dann etwa sechs Doktoren und Lizentiaten an der Prager Juristenuniversität unterrichtet haben (ebenda).

196) MORAW, Juristenuniversität in Prag S. 462–464; 482 f.

197) DENIFLE, Entstehung der Universitäten S. 589 mit Anm. 1496; MORAW, Juristenuniversität in Prag S. 464.

198) TRUSEN, Anfänge S. 23–25; 106–115; COING, Römisches Recht S. 69.

materie auf die andere angewiesen, weshalb, gleichsam in der Rolle einer Hilfswissenschaft, das römische Recht stets auch an rein kanonistischen Fakultäten mitunterrichtet wurde[199]. Dennoch: Nach gegenwärtigem Forschungsstand ist davon auszugehen, dass es in Prag im 14. Jahrhundert keine Vorlesungen zu *Codex*, Digesten und Institutionen gegeben hat. Dass sich die Legistik an den deutschen Rechtsfakultäten erst in der zweiten Hälfte des 15. Jahrhunderts allmählich gegenüber der Kanonistik zu behaupten begann, wird in der Forschung als ein wesentlicher Grund dafür gesehen, dass ein auswärtiges Studium an einer französischen oder italienischen Universität für deutsche Studenten noch lange Zeit attraktiv geblieben ist[200]. Allein die Verteilung der Allegationen in der Lehnrechtsglosse beweist eine wesentlich stärkere Berücksichtigung des römischen gegenüber dem kanonischen Recht[201]. Wahrscheinlicher als dass rein sachliche Gründe den Glossator zur Vernachlässigung des kanonischen Rechts motivierten, ist wohl, dass er schon aufgrund seiner Studieninhalte in hohem Maße mit den Texten des *Corpus iuris* vertraut war. Für eine vertiefte Beschäftigung mit dem *ius civile* war man aber auch in der zweiten Hälfte des 14. Jahrhunderts noch auf ein Studium an einer der renommierten Universitäten im Ausland angewiesen.

Zusammenfassend ist deshalb ein Studium des Lehnrechtsglossators an einer der jungen deutschen Rechtsfakultäten nicht eben wahrscheinlich. Vermutlich fallen die Jahre seiner Ausbildung ohnehin schon in die erste Hälfte des 14. Jahrhunderts, in eine Phase also, in der die Universitätsgründungen in Mitteleuropa noch gar nicht eingesetzt hatten. Sollte der Glossator doch erst später, irgendwann vor den frühen 1380er Jahren studiert haben, käme ein Studium an der 1347 gegründeten und 1372 verselbständigten Prager Juristenfakultät in Betracht. Dagegen spricht aber, dass in Prag ausschließlich das *ius canonicum* gelehrt wurde und der Glossator mehr im römischen Recht bewandert scheint.

Deutsche Studenten an italienischen und französischen Universitäten. Weil das mittelalterliche Reich nördlich der Alpen zunächst keine eigenen Universitäten vorzuweisen hatte, war es für die geistige Elite Deutschlands auch über die Juristenausbildung hinaus gang und gäbe, ihre Heimat vorübergehend zu verlassen, um an einer der traditionellen französischen oder norditalienischen Universitäten zu studieren[202]. Ein solches Studium in

199) BURMEISTER, Studium S. 73–78, insbesondere S. 74.

200) BURMEISTER, Studium S. 58, 76; SCHMUTZ, Juristen S. 179 f.; TRUSEN, Anfänge S. 107.

201) KAUFMANN, Einleitung, LGl LnR S. XXIX, zählt etwa fünfmal so viele Allegationen des *Corpus iuris* wie des kanonischen Rechts.

202) Zum Studium der Deutschen im Ausland COING, Römisches Recht S. 45–52;

Frankreich oder Italien versprach im 13. und 14. Jahrhundert glänzende Karrieren in Stadt, Kirche und Territorium[203]. Auch nach den Universitätsgründungen im „Jüngeren Europa"[204] blieb das Auslandsstudium eine begehrte Qualifikation. Gründe hierfür lagen im hohen Renommee der altehrwürdigen ausländischen Rechtsschulen, im qualitativ den einheimischen Bildungseinrichtungen noch lange überlegenen Studienangebot und in dem mit Reise und Auslandsaufenthalt ganz generell verbundenen Erwerb von „Soft Skills" wie Spracherwerb und Weltgewandtheit[205].

Es waren in erster Linie Kleriker, die im Hoch- und Spätmittelalter zum Studium der Rechte das Land verließen[206]. Ein transalpines Studium absolvierte aber 1305 nachweislich auch der Laie Johann von Buch[207]. Ebenso reklamiert Nikolaus Wurm ein wahrscheinlich in die 1370er Jahre fallendes Studium der Rechte in Bologna unter Johannes de Lignano († 1383)[208]. Und auch für den unbekannten Lehnrechtsglossator darf nach dem bisher Gesagten ein Jurastudium im Ausland in der ersten Hälfte oder um die Mitte des 14. Jahrhunderts als die wahrscheinlichste Variante gelten. Ein auswärtiges Studium passt in Anbetracht der seinerzeit beschränkten Bildungsmöglichkeiten im Inland, der bekannten Lebensläufe zeitgenössischer, im Ausland ausgebildeter, gelehrter sächsischer Juristen und des dezidiert rechtswissenschaftlichen Duktus der Lehnrechtsglosse am besten ins Bild.

Keineswegs wird man von dieser Überlegung automatisch schon auf einen Aufenthalt des Glossators an der von Johann von Buch und Nikolaus Wurm besuchten Universität von Bologna schließen dürfen. Als das „erste große europäische Zentrum der Rechtsstudien"[209] kam Bologna im Universitätssystem Europas zwar eine wichtige Vorreiterrolle zu, mitnichten handelt es sich aber um die einzige von deutschen Studenten besuchte Rechtsfakultät. Internationale Bedeutung gewannen im Italien des 14. Jahrhunderts

---

DOTZAUER, Deutsches Studium S. 112–122; MALECZEK, Deutsche Studenten; MORAW, Über gelehrte Juristen.

203) DOTZAUER, Deutsches Studium S. 122–141; ausführlich SCHMUTZ, Juristen I S. 188–265.

204) MORAW, Über gelehrte Juristen S. 127.

205) BURMEISTER, Studium S. 58–61, und für die frühere Zeit MALECZEK, Deutsche Studenten. MORAW, Über gelehrte Juristen S. 131, schreibt: „Die heimische ‚Elite der Elite' ging offenbar, vom hiesigen Universitätsbetrieb oder seinem Fehlen oder partiellen Scheitern nicht sehr beeinflußt, weiterhin nach Italien."

206) LANGE / KRIECHBAUM, Kommentatoren S. 47 f.; SCHMUTZ, Juristen I S. 86–88.

207) KANNOWSKI, Umgestaltung S. 74 f.

208) BÖHLAU, Einleitung, Nove constitutiones S. XXII f., und ausführlich bereits oben S. 196 ff.

209) COING, Juristische Fakultät S. 49.

neben Bologna vor allem die Universitäten Padua und Perugia, später auch Pisa und Pavia[210]. Eine ernsthafte Konkurrenz für die norditalienischen Universitäten stellten außerdem die mittelalterlichen französischen Hochschulen dar. In großer Zahl besuchten deutsche Studenten das bedeutende Paris, wo jedoch seit 1219 nur noch das kanonische Recht gelehrt wurde[211]. Daneben entwickelten sich die Universitäten in Orléans, Angers, Montpellier und Avignon zu beliebten Studienorten für Juristen[212]. Man weiß von etlichen Studenten, die hintereinander auch an mehreren verschiedenen Universitäten studierten[213].

Mangels konkreter Hinweise in der Lehnrechtsglosse ist es unmöglich, begründete Vermutungen bezüglich des genauen Studienorts des Glossators anzustellen. Im Ergebnis lässt sich aber doch festhalten, dass für den Bildungshintergrund des Glossators ein Studium der Rechte an einer der klassischen juristischen Fakultäten der italienischen oder französischen Universitäten das wahrscheinlichste Szenario bildet.

2. Exkurs: Inhalte, Methoden und Ziele des Bologneser Rechtsunterrichts

Obwohl sich der genaue Studienort des Lehnrechtsglossators nicht ermitteln lässt und ein Studium an einer der klassischen juristischen Fakultäten im Ausland soeben lediglich wahrscheinlich gemacht werden konnte, erlaubt es ein bestimmter Umstand, sich gleichwohl noch ein differenzierteres Bild von den mutmaßlichen Inhalten dieses Studiums des Lehnrechtsglossators zu machen. Das juristische universitäre Unterrichtssystem des Mittelalters war nämlich ein überaus einheitliches[214]. Für die Methode des Rechts-

210) COING, Juristische Fakultät S. 49 f.; DERS., Römisches Recht S. 47–50; LANGE / KRIECHBAUM, Kommentatoren S. 25–28, 32–34; DOTZAUER, Deutsches Studium S. 117–122; SCHMUTZ, Juristen I S. 173–175. Nach DOTZAUER, Deutsches Studium S. 119 f., handelt es sich bei Bologna im 13. und 14. Jahrhunderts allerdings um die von deutschen Studenten am meisten bevorzugte italienische Hochschule.

211) COING, Römisches Recht S. 50; DOTZAUER, Deutsches Studium S. 114. Beachte den Schreibfehler in der Jahreszal bei COING, Juristische Fakultät S. 50.

212) COING, Juristische Fakultät S. 50; DERS., Römisches Recht S. 50–52; DOTZAUER, Deutsches Studium S. 113–115; SCHMUTZ, Juristen I S. 175–178.

213) LANGE / KRIECHBAUM, Kommentatoren S. 50 f.; SCHMUTZ, Juristen I S. 171–186. MORAW, Das spätmittelalterliche Universitätssystem S. 12, weist allerdings darauf hin, dass Universitätswechsel trotz allem nicht üblich gewesen sind und, wenn überhaupt, selten öfter als einmal erfolgten.

214) COING, Juristische Fakultät S. 79 f.; WEIMAR, Legistische Literatur und Methode des Rechtsunterrichts S. 43 f. m. w. N. in Anm. 2. Wo MORAW, Das spätmittelalterliche Universitätssystem S. 12, der Vorstellung von einer verhältnismäßig gleichartigen Entwicklung in Europa entgegentritt, bezieht er sich wohl nicht auf juristische Methode und die Art der Stoffvermittlung.

unterrichts orientierten sich mehr oder weniger alle übrigen Rechtsschulen Europas am Vorbild des Unterrichtsmodells, das sich in Bologna entwickelt hatte. Die Rezeption des Bologneser Unterrichtssystems lässt sich dabei ganz konkret an den Gründungsprivilegien und Statuten jüngerer Universitäten festmachen, die für die Einrichtung von Studium und Examen oft entweder direkt auf Bologna verwiesen oder doch weitgehend inhaltsgleiche Regelungen trafen[215].

Angesichts der weitgehenden Uniformität mittelalterlicher Juristenausbildung scheint es mithin methodisch vertretbar, an dieser Stelle exemplarisch einen genaueren Blick auf die Studieninhalte und die Art der Stoffvermittlung an der Universität Bologna zu werfen, um auf diesem indirekten Weg auch etwas über den Bildungshintergrund des Lehnrechtsglossators zu erfahren.

Die Quellen, die über Studieninhalte, Unterrichtsmethoden und Examina an der Universität von Bologna Aufschluss geben, sind vielfältig. Für die Anfangszeit sind es vor allem die Manuskripte selbst mit Texten des *Corpus iuris* und den zugehörigen Glossen, wie sie etwa zur Unterrichtsvorbereitung von Lehrern verfasst wurden oder als studentische Mitschriften während der Vorlesungen entstanden[216]. Hinzu kommen zeitgenössische Berichte von Lehrern und Studenten, die den Unterrichtsablauf thematisieren[217]. Wichtigste Grundlage für die Rekonstruktion der Unterrichtsformen, insbesondere auch für die hier interessierende Periode des 14. Jahrhunderts, sind dann die ausführlichen, allerdings nur unvollständig erhaltenen Universitätsstatuten von 1317/1347[218]. Den besten situativen Eindruck vom

215) COING, Juristische Fakultät S. 79 f.; DENIFLE, Statuten S. 209.

216) Die Manuskripte der Glossatorenzeit bis Anfang des 13. Jahrhunderts analysierte im Hinblick auf ihren Aussagewert für die Methoden des Rechtsunterrichts DOLEZALEK, Les gloses des manuscrits de droit; vgl. auch DERS., Wie studierte man?. Welche Wechselwirkungen sich zwischen den Typen der legistischen Literatur und den Vorlesungsmethoden der Glossatoren inhaltlich ergeben, untersuchte WEIMAR, Legistische Literatur der Glossatorenzeit.

217) Den Versuch einer Rekonstruktion der Vorlesungsmethodik der Glossatoren aus Berichten des Johannes Bassianus (Ende 12. Jahrhundert), des Hostiensis und des Pietro Peregrossi (jeweils Mitte des 13. Jahrhunderts) unternimmt WEIMAR, Legistische Literatur der Glossatorenzeit S. 47–52. In ähnlicher Weise zieht DOLEZALEK, Les gloses des manuscrits de droit S. 248 f., ergänzend einen *Tractatus de methodo ac ratione studendi in iure* eines Matthaeus Gribaldus Mopha (Mitte 16. Jahrhunderts) heran. Und schon V. SAVIGNY, Geschichte des Römischen Rechts III S. 553, druckte die Beschreibung des Aufbaus einer Rechtsvorlesung des Bologneser Legisten Odofredus de Denariis (Ende 13. Jahrhundert).

218) Die ältesten, vermutlich aus dem Jahr 1252 stammenden Statuten sind nur bruchstückhaft erhalten, LANGE / KRIECHBAUM, Kommentatoren S. 32. Die von Johannes

Unterricht in Bologna vermitteln schließlich bildliche Darstellungen von Lehrszenen, wie sie in juristischen Handschriften des „Trecento" zahlreich zu finden sind[219].

Rechtsquellentexte als Gegenstand von Vorlesungen. Die Lerninhalte der mittelalterlichen Rechtsfakultät erklären sich aus der Methode der scholastischen Rechtswissenschaft[220]. Ihr Ziel war es, alle maßgeblichen Rechtsquellen nach den von der Frühscholastik entwickelten Regeln der Grammatik, Logik und Dialektik auszulegen. Dabei ließ man die historische, soziologische und kulturelle Kontextualität der Quellen außer Acht. Vielmehr begriff man die behandelten Rechtstexte als autoritative Texte, deren Inhalte es wörtlich und vollständig ernst zu nehmen und deren innere Widerspruchlosigkeit es mit den Mitteln der Logik nachzuweisen galt.

Dieser Denkschule voll und ganz verpflichtet, standen auch im Unterrichtsprogramm die Rechtsquellen im Mittelpunkt. Vorlesungen wurden zu allen Teilen des mittelalterlichen *Corpus iuris* sowie zu den zentralen Quellen des kanonischen Rechts abgehalten. Bei der Einteilung des Stoffes orientierte man sich nicht etwa an Sachinhalten, sondern folgte streng der in den Quellen vorgegebenen Ordnung[221]. Im römischen Recht gab es daher Vorlesungen zu *Digestum vetus* (Dig. 1, 1 – Dig. 24, 2), *Infortiatum* (Dig. 24, 3 – Dig. 38, 17), *Digestum novum* (Dig. 39, 1 – Dig. 50, 17), *Codex* (Cod. 1–9), *Institutiones*, *Authenticum* (Novellen), *Tres Libri Codicis* (Cod. 10–12 als Teil des *Volumen*) und *Usus feudorum* (*Libri Feudorum*); im kanonischen Recht wurden das *Decretum Gratiani*, der *Liber Extra*, der *Liber Sextus* und die *Clementinae* gelesen[222]. Über die Verteilung der Studenten auf die Fächer des *ius civile* und des *ius canonicum* geben die Quellen keine befriedigende Auskunft. Insgesamt überwogen an der Universität Bologna aber wohl Studenten der Kanonistik[223].

Innerhalb beider Fächer unterschied man zwischen *lecturae ordinariae* und *lecturae extraordinariae*, wobei die genaue Bedeutung dieser Differenzierung nicht endgültig geklärt ist. Teils wird die Unterscheidung mit der

---

Andreae verfassten, 1317 erlassenen und 1347 revidierten Universitätsstatuten von Bologna druckte mit Ergänzung der fehlenden Rubriken 46 ff. aus der Statutensammlung von 1432 DENIFLE, Statuten S. 254–393.

219) Erster Überblick über diese Quellengattung bei V. HÜLSEN-ESCH, Gelehrte in Miniaturen S. 299–306.

220) COING, Juristische Fakultät S. 69 f.; OTTE, Dialektik und Jurisprudenz, insbesondere S. 9–15; SCHMUTZ, Juristen I S. 110 f.

221) COING, Juristische Fakultät S. 70.

222) COING, Juristische Fakultät S. 70; LANGE / KRIECHBAUM, Kommentatoren S. 55.

223) GARCÍA Y GARCÍA, Rechtsfakultäten S. 353; SCHMUTZ, Juristen I S. 115 f.

verschiedenen Gewichtung der Inhalte begründet, teils aber auch auf erst- und zweitrangige Lehrkräfte, auf die vorteilhaften oder nachteiligen Vorlesungszeiten am Morgen bzw. Abend oder auf die unterschiedlichen Modi der Bezahlung der Lehrkräfte verwiesen[224]. Keiner dieser Punkte lässt sich allerdings zur feststehenden Regel erklären. In den Bezeichnungen „ordentlich“ und „außerordentlich“ drückt sich jedenfalls ein hörerer Stellenwert aus, den man bestimmten Hauptvorlesungen zumaß. In Bologna findet sich eine auch an anderen Universitäten häufig anzutreffende Einteilung, wonach zu den *lecturae ordinariae* im römischen Recht *Digestum vetus* und *Codex* und im kanonischen Recht *Decretum Gratiani* und *Liber Extra* zählten, während *extraordinariae* im römischen Recht *Infortiatum*, *Digestum novum* und die Teile des *Volumen* und im kanonischen Recht *Liber Sextus* und

224) Nach COING, Juristische Fakultät. S. 71, erklären sich die Ursprünge der *lectio ordinaria* in erster Linie aus dem rein äußerlichen Umstand, dass Hauptvorlesungen für den Vormittag reserviert waren. Nach LANGE / KRIECHBAUM, Kommentatoren S. 55 f., ist die Entscheidung, welchen Rechtsquellen besonderes Gewicht zukommen soll, wohl historisch begründet. Aus den geregelten Materien ergibt sie sich, etwa im Fall der dreigeteilten Digesten, eigentlich nicht. Am ehesten nachvollziehbar ist die Sonderung der jüngeren von den älteren Dekretalen im kanonischen Recht. – Häufig sind *lecturae ordinariae* vormittags von ordentlichen *doctores* gelesen worden, während nachmittags und abends *baccalaurei*, die als Zulassungsvoraussetzung für Lizenziat und Promotion Lehrerfahrung ansammeln mussten (dazu LANGE / KRIECHBAUM, Kommentatoren S. 63 f.), *lecturae extraordinariae* abhielten. Dieser Usus bestätigt sich aber nicht allerorts und für alle Zeit. Persönliche Vorlieben veranlassten manche Dozenten, ordentliche Vorlesungen nicht *de mano,* sondern *de sero* zu halten, LANGE / KRIECHBAUM, Kommentatoren S. 56. Je nach individuellen Interessensschwerpunkten konnten *lecturae extraordinariae* durchaus auch von *doctores* übernommen werden, LANGE / KRIECHBAUM, Kommentatoren S. 41 f., 56. Anders als bei den ordentlich gehaltenen Vorlesungen war die Bezahlung des Dozenten für *lecturae extraordinariae* an einigen Universitäten frei verhandelbar, COING, Juristische Fakultät S. 72. – Nach den Universitätsstatuten von Bologna 1317/47 Rubr. LII (Ergänzung aus der Statutensammlung des Jahres 1432) benötigte man, um *lecturae extraordinariae* zu halten, die Erlaubnis des Rektors: „*Hac provida deliberatione firmamus, quod nullus universitatis nostrae scolaris debeat repetere vel incipere aliquem librum extraordinarie sine licentia sui rectoris* [...]“ (DENIFLE, Statuten S. 335 f.). Voraussetzung für die Erteilung der Lehrbefugnis war für legistische Veranstaltungen ein fünf- bzw. sechsjähriges Studium im römischen Recht und für kanonistische Inhalte ein vierjähriges Studium im kanonischen Recht: „*Addentes, quod nullus possit aliquem tractatum iuris civilis legere sive titulum, nisi audiverit per quinque annos ad minus, nec librum aliquem, nisi sex annis audiverit. Similiter in decretis non possit aliquem titulum legere vel recitare, nisi audiverit quatuor annis* [...]“ (DENIFLE, Statuten S. 326). Genau geregelt war außerdem die Höhe der Abgaben, die der Dozent für die Erlaubnis, entgeltlich lehren zu dürfen, an die Universität zu leisten hatte (DENIFLE, Statuten S. 326).

Clementinae gelesen wurden[225]. In späterer Zeit und an anderen Universitäten kam es auch zu abweichenden Aufteilungen des Stoffes[226]. Außerdem wurde das Schema manchmal dahingehend abgewandelt, dass aus Vorlesungen der *Libri ordinarii* nur einzelne Titel ausgenommen und *extraordinariae* gelesen wurden[227].

Die *Libri feudorum* im Rechtsunterricht. Für den möglichen Bildungshintergrund des Lehnrechtsglossators ist interessant, dass auch die *Libri feudorum* ihren Platz im universitären Unterricht fanden. Nachdem sie Mitte des 13. Jahrhunderts als *collatio decima* des *Authenticum* zum festen Bestandteil des mittelalterlichen *Corpus iuris* geworden waren und Accursius sie durch eine *Glossa ordinaria* geadelt hatte, hielt man an den Universitäten auch Vorlesungen über die *Libri feudorum* ab[228]. Immer aber zählten sie zu den *lecturae extraordinariae*, befanden sich also wohl überdurchschnittlich häufig in den Händen weniger qualifizierten Lehrpersonals[229]. Wie intensiv das zum *ius commune feudale* avancierte lombardische Lehnrecht im Unter-

225) COING, Juristische Fakultät S. 71; LANGE / KRIECHBAUM, Kommentatoren S. 55.

226) COING, Juristische Fakultät S. 71. In Bologna zählte man im 15. Jahrhundert zu den *lecturae extraordinariae* zum Beispiel auch *Liber Sextus* und *Clementinae*.

227) DENIFLE, Statuten S. 244 f. mit Anm. 1 und S. 247, mit Auszügen aus der Vorlesungsordnungen von Toulouse: Zum *Codex* sollte zum Beispiel Cod. 1, 19–2, 6 *ordinariae*, Cod. 2, 7–2, 11 *extraordinariae* und erst wieder Cod. 2, 12–2, 26 *ordinariae* geselen werden. „*Item in aliis duodecim*", heißt es in der *Puncta taxata*-Ordnung von Toulouse (DENIFLE, Statuten S. 244 f.), „*procedatur a titulo De prec. imp.offer.* [Cod. 1, 19] *usque ad titulum De postulando* [Cod. 2, 6] […]. *In aliis duodecim a titulo In quibus causis infamia irrigatur* [Cod. 2, 12] *usque ad titulum Si adversus rem iud.*[Cod. 2, 26] *et omittantur extraordinaria* […]." – Vom *Digestum vetus* sollten Dig. 1–6, 8–13, 16–20 und 22 *ordinariae* und Dig. 7, 14 f., 21 und 23 *extraordinariae* gelsen werden. „*Primus liber ff. veteris*", heißt es in der *Puncta taxata*-Ordnung von Toulouse (DENIFLE, Statuten S. 247), „*utiliter potest legi in xxiij diebus utilibus; secundus in xx; tertius in xviij; quartus in xvj; quintus in xvj; sextus in ix; octavus in ix; nonus in viij; decimus in xij; undecimus in vj; duodecimus in xx; tredecimus in x; sextodecimus in xvj; septimusdecimus in xvj; octavus decimus in x; decimus nonus in xiiij; vigesmius in v, et vigesimus secundus. Illud vero, quod legitur extraordinare est id, quod sequitur: Liber de usufrcutu* [Dig. 7]; *Liber de exercitoria* [Dig 14]; *Liber de peculio* [Dig. 15]; *Liber de edicilio* [Dig. 21]; *Liber de sponsalibus* [Dig. 23]."

228) RYAN, Tradition S. 226, 237 F. Andreas de Isernia bemerkte in seinem berühmten Kommentar zum lombardischen Lehnrecht (vor 1309), seit unvordenklicher Zeit würden die *Libri feudorum* in Bologna gelesen: „*A tempore, cujus non est memoria, fuit hic liber in studiis generalibus lectus et glossatus per patres et majores nostros, sicut alii libri legales, maxime Bononiae*" (nach LASPEYRES, Über die Entstehung S. 28 Anm. 49).

229) COING, Juristische Fakultät S. 71; GIORDANENGO, Littérature juridique féodale S. 17.

richt behandelt wurde und ob sich ein berühmter Jurist seiner annahm, blieb dem Zufall überlassen[230]. Die wichtigsten Kommentare zu den *Libri feudorum* verfassten Jacobus de Belvisio († 1334)[231], Andreas de Isernia († 1316)[232] und Baldus de Ubaldis († 1400)[233], die allesamt auch als Rechtslehrer tätig waren. Im Vergleich mit *Digestum vetus*, *Codex* und anderen Quellen des römischen Rechts kam den *Libri feudorum* im Unterrichtsprogramm der juristischen Fakultäten des Spätmittelalters insgesamt aber stets nur eine sekundäre oder gar tertiäre Bedeutung zu[234]. Man wird deshalb nicht ohne weiteres annehmen können, dass der Glossator des Sächsischen Lehnrechts während seines Studiums überhaupt Vorlesungen über die *Libri feudorum* gehört hat.

Vollständigkeitsanspruch zwischen Ideal und Wirklichkeit. Ein ständiges Problem war die Bewältigung der Stoffmassen innerhalb der Vorlesungszeiten. Um zu verhindern, dass der Dozent sich in Details verlor und am Ende des Studienjahres nicht allen Stoff durchgenommen hatte, sahen die Universitätsstatuten den Erlass von Vorlesungsordnungen vor, die den Dozenten einen strengen Lehrplan vorschrieben[235]. Das älteste erhaltene Ex-

---

230) LANGE / KRIECHBAUM, Kommentatoren S. 54 mit Anm. 3 und S. 192.

231) *Lectura super feudis* (um 1310), dazu LANGE / KRIECHBAUM, Kommentatoren S. 613–620. Jacobus de Belvisio unterrichtete in Bologna, Neapel und Perugia und gab in seinem Kommentar an, bereits achtmal die *Libri feudorum* gelesen zu haben: „*octo vicibus istum librum legi*" (nach LASPEYRES, Über die Entstehung S. 100 Anm. 249 i. V. m. S. 2 Anm. 1).

232) *Commentaria in usus feudorum* (vor 1309), dazu LANGE / KRIECHBAUM, Kommentatoren S. 507–513. Obwohl Andreas de Isernia nebenberuflich an der Universität von Neapel unterrichtete, steht der Kommentar wohl in keinem Zusammenhang mit Vorlesungen zu den *Libri feudorum*, denn das Werk nimmt an keiner Stelle auf universitäre Lehre Bezug, LANGE / KRIECHBAUM, Kommentatoren S. 510. Wenn man Mattheus de Afflictis (1448–1528) Glauben schenken darf, sind die *Libri feudorum* in Neapel erst durch ihn erstmals vollständig gelesen worden: „*cum in hoc gymnasio Neapolitano non est memoria, quod umquam fuerint in studio interpretata et commentata per ordinem*" (nach LASPEYRES, Über die Entstehung S. 103 Anm. 259).

233) *Lectura super usibus feudorum* (1393), dazu LANGE / KRIECHBAUM, Kommentatoren S. 749–795, insbesondere S. 789 f. Baldus de Ubaldis hat an zahlreichen Universitäten Italiens unterrichtet und, wie er selbst in seiner *Lectura* angibt, jedenfalls in Pavia auch Vorlesungen zu den *Libri feudorum* gehalten, LANGE / KRIECHBAUM, Kommentatoren S. 755.

234) GIORDANENGO, Littérature juridique féodale S. 17; LANGE / KRIECHBAUM, Kommentatoren S. 54.

235) Eingehend beschrieben von DENIFLE, Statuten S. 238–251. Zum *puncta*-System auch COING, Juristische Fakultät S. 74; DOLEZALEK, Les gloses des manuscrits de droit S. 247; GARCÍA Y GARCÍA, Rechtsfakultäten S. 350; LANGE / KRIECHBAUM, Kommen-

emplar einer solchen Vorlesungsordnung stammt aus Bologna und datiert auf 1252[236], es gab sie aber auch in späterer Zeit und an anderen Universitäten[237]. Die zu besprechenden Quellentexte wurden darin in genau festgelegte Abschnitte, sogenannte *puncta*, eingeteilt, die innerhalb eines bestimmten zeitlichen Rahmens abgehandelt werden mussten. „*Quando legitur Codex,*“, heißt es beispielsweise in der Bologneser Ordnung von 1252, „*in primis xiii. cim diebus utilibus incipiendo a capite libri* [Cod. 1, 1, 1] *et terminando in dictis quatuordecim diebus usque ad legem Sacrosancte, De episcopis et clericis* [Cod. 1, 3, 33].“[238] Der Notar verwahrte ein Exemplar der *Puncta taxata*-Ordnung und sollte den Hörern in der letzten Stunde eines jeden Abschnitts das in der folgenden Stunde zu beginnende neue *punctum* bekannt geben[239]. Dozenten, die den vorgegebenen Zeitplan um mehr als eine Stunde überschritten, mussten aus einer im Voraus hinterlegten Kaution ein zur Verspätung proportionales Bußgeld zahlen[240]. Praktikabel war das *puncta*-System wegen der immensen Stofffülle wohl nie. Noch schwieriger wurde

---

tatoren S. 75. Die Universitätsstatuten von Bologna (DENIFLE, Statuten S. 379 f., Ergänzung aus der Statutensammlung des Jahres 1432) sahen in Rubr. CI *De punctatione librorum* vor, dass ein Gremium von je sechs Kanonisten und Legisten die Vorlesungsordnung ausarbeiten sollte.

236) Beschrieben und ediert bei MAFFEI, Un trattato S. 89–101.

237) DENIFLE, Statuten S. 239–241, mit Auszügen aus einer *Puncta taxata*-Ordnung aus Toulouse, die auf das 14. Jahrhundert zurückgeht, auf S. 243–248. Nach COING, Juristische Fakultät S. 75, kennen deutsche Univeristätsstatuten das *puncta*-System dann allerdings nicht mehr.

238) *Puncta taxata*-Ordnung von Bologna 1252 Rubr. V (MAFFEI, Un trattato S. 94). Einleitend wird den Dozenten als Sicherheit für die Einhaltung des Lehrplans die Hinterlegung einer Kaution vorgeschrieben (S. 94). Es folgt die Stoffeinteilung von *Codex, Digestum vetus, Digestum novum, Infortiatum, Liber Extra* und *Decretum Gratiani* in genau vorgegebenen Zeitabschnitten.

239) Universitätsstatuten von Bologna 1317/1347 Rubr. XXV: „*Ad officium notarii spectat, puncta per universitatem tassata legere et publicare per scolas omnium ad puncta legencium ea die, qua punctus completur, sequentem more solito publicando.*“ (DENIFLE, Statuten S. 286).

240) Universitätsstatuten von Bologna 1317/1347 Rubr. XLIV und XLV (DENIFLE, Statuten S. 313–317 und dazu S. 239). „*Et si aliquis eorum non pervenerit ad unum punctum,*“, heißt es in den Rubr. XLIV (DENIFLE, Statuten S. 314), „*in penam incidat trium librarum Bonon. Si vero adhuc non pervenerit ad secundum primo eciam completo, incidat in penam quinque librarum Bonon. Sie vero ad tercium non pervenerit, incidat in penam x librarum Bon. quolibet puncto non conpleto. Et consumptis illis xxv libris Bonon. teneatur alias xxv libras Bonon. deponere in dicto loco. Et fiat secunda deposicio infra octo dies a tempore, quo prima fuerit consumpta.*“ Rubr. XXII hielt die Studenten dazu an, Verzögerungen im Lehrplan binnen dreier Tage bei den Rektoren anzuzeigen (DENIFLE, Statuten S. 284).

es, als in späterer Zeit zusätzlich zu den Primärtexten auch noch die Pflicht zur Verlesung der zugehörigen *Glossa ordinaria* sowie der Meinungen weiterer maßgeblicher Autoren bestand. Tatsächlich belegen Vorlesungsmitschriften, was schon die besonders detaillierten Statutenregelungen über Säumnisstrafen indizieren: Vorlesungen haben dem theoretischen Anspruch, den Quellentext Wort für Wort vollständig durchzunehmen, in der Praxis wohl nicht genügt[241]. Aus didaktischer Sicht scheint die Verlesung und Besprechung jeder einzelnen *lex* und jedes einzelnen *canon* wegen der Redundanzen, Wiederholungen und Systemwidrigkeiten der Quellentexte auch entbehrlich. Im Festhalten am *puncta*-System zeigt sich aber der anhaltende Wunsch nach einer möglichst vollständigen Behandlung der Rechtssammlungen, der wiederum die Vorstellung von der Einheitlichkeit des Rechts zugrunde lag.

Methoden der Textauslegung. Der konkrete Ablauf einer Vorlesung richtete sich in älterer Zeit nach einem feststehenden Schema. Peter Weimar hat aus Berichten des 12. und 13. Jahrhunderts ein siebenstufiges Modell der Textexegese ermittelt, deren Elementartypen nicht nur die Vorlesungspraxis, sondern auch den Aufbau der älteren Glossenliteratur bestimmten: Idealiter sollte nach einer summarischen Einführung in den Titel und einer Zusammenfassung des wesentlichen Inhalts der zu besprechende Quellentext verlesen werden, um dann in einem vierten Schritt Parallelstellen anzugeben und Widersprüche aufzulösen, in einem fünften verallgemeinerungsfähige Rechtsgedanken herauszuarbeiten, in einem sechsten Distinktionen zu formulieren und siebtens schließlich Rechtsfragen aufzuwerfen und zu erörtern[242]. In der Unterrichtspraxis konnten einzelne oder mehrere Stufen der Auslegung entfallen. In späterer Zeit hielten manche Kommentatoren am klassischen mehrstufigen Modus fest, andere lösten sich stärker. Nach und nach verwischten die einzelnen Stufen der Exegese und der Schwerpunkt verlagerte sich von Einleitungen und kurzen Texterklärungen hin zu textunabhängigeren Gesamterläuterungen und vertiefteren Problemerörterungen[243]. Dieser Prozess schlug sich in einer freieren, selbständigeren Kom-

241) DOLEZALEK, Les gloses des manuscrits de droit S. 246 f.; DERS., Wie studierte man? S. 60 f.; WEIMAR, Legistische Literatur und Methode des Rechtsunterrichts S. 51 mit Anm. 17, verweist auf Vorlesungen der Kommentatoren, die belegen, wie viel Quellentext am Ende des Jahres nicht besprochen worden war.

242) WEIMAR, Legistische Literatur und Methode des Rechtsunterrichts S. 47–52. Weimar stützt sich in seiner vergleichenden Aufzählung auf Aussagen von Johannes Bassianus, Henricus de Segusio (Hostiensis) und Pietro Peregrossi. Ähnlich die Beschreibung bei DOLEZALEK, Les gloses des manuscrits de droit S. 248–252. Weitere Beispiele bietet HORN, Juristische Literatur S. 91 Anm. 49.

243) WEIMAR, Legistische Literatur und Methode des Rechtsunterrichts S. 74–76.

mentarliteratur nieder, deren Aufbau und Methode aber weiterhin die traditionelle Lehrtechnik der *lectura* spiegeln[244]. Noch Mitte des 16. Jahrhunderts schlüsselte Matthaeus Gribaldus Mopha die einzelnen Exegeseschritte in einem viel zitierten Distichon wie folgt auf:

> „*Praemitto, scindo, summo casumque figuro*
> *Perlego, do causas, connoto, objicio.*“[245]

Vorlesungsmitschriften. Ein wichtiger Bestandteil der Vorlesung war das Diktat der zu besprechenden Rechtsquelle[246]. Ihm verdankt die *lectura* ihren Namen. Weil nicht alle Studenten über eigene Exemplare von Text und Glosse verfügten, mussten zunächst der Quellentext und in der Regel auch die zugehörige *Glossa ordinaria* sowie gegebenenfalls Ansichten weiterer einschlägiger Autoren in einer zur Mitschrift geeigneten Weise vorgelesen werden[247]. Damit war zugleich ein allgemeinverbindlicher Kanon der maßgeblichen Autoren festgelegt. Inwieweit der Dozent auch zum Diktat seiner eigenen Erläuterungen verpflichtet war, regelten die Statuten von Fall zu Fall unterschiedlich[248]. Grundsätzlich wurden aber auch sie von Studenten notiert. Zahlreiche erhaltene Vorlesungsmitschriften belegen den Unterricht in Form solcher Vor-*Lesungen*[249]. Erst in späterer Zeit verlangten manche Universitätsstatuten von den Studenten, Text und Glosse selbst in die Vorlesung mitzubringen[250].

Der immense Wert des Geschriebenen kommt in Illustrationen von juristischen Handschriften des 14. Jahrhunderts in besonderer Weise zum Ausdruck. In Lehr- und Diskussionsdarstellungen werden Rechtstexte und Er-

---

244) HORN, Juristische Literatur S. 91 f.; DERS., Legistische Literatur S. 323 f.; WEIMAR, Legistische Literatur und Methode des Rechtsunterrichts S. 76.

245) M. G. Mopha, *Tractatus de methodo ac ratione studendi in iure*, 1554 (zitiert nach V. STINTZING, Geschichte I S. 107, mit Erläuterungen S. 107–109). Das berühmte Zitat greifen etwa auch DOLEZALEK, Les gloses des manuscrits de droit S. 248; DERS., Wie studierte man? S. 68, und WIEACKER, Privatrechtsgeschichte S. 68, auf.

246) COING, Juristische Fakultät S. 73.

247) LANGE / KRIECHBAUM, Kommentatoren S. 58 f., sowie COING, Juristische Fakultät S. 75–77, mit Beispielen für die in Studienplänen deutscher Universitäten vorgesehenen Autoren. Die Universitätsstatuten von Bologna 1317/1347 Rubr. XLIV bestimmen, dass nach der zu besprechenden Textstelle auch die zugehörige Glosse zu verlesen sei: „[Statu]*imus eciam, quod omnes doctores actu legentes inmediate postquam legerint capitulum vel legem, glosas* [legere] *teneantur*“ (DENIFLE, Statuten S. 314).

248) COING, Juristische Fakultät S. 73.

249) DOLEZALEK, Les gloses des manuscrits de droit S. 238 f.

250) COING, Juristische Fakultät S. 73, etwa die Statuten von Angers von 1398 und 1410 oder die Statuten von Oxford (vor 1350).

läuterungswerke von Juristen immer wieder durch demonstratives Präsentieren von Codices und Schriftrollen in Szene gesetzt[251]. Ein schönes Beispiel findet sich in einer in der ersten Hälfte des 14. Jahrhunderts in Bologna gemalten Unterrichtsszene, die den dozierenden Azo mit sechs seiner Schüler zeigt[252]. Die zweigeteilte Miniatur bettet sich in eine kunstvoll verzierte C-Initiale. Auf der linken Bildhälfte sitzt auf einem Katheder, in Dreivierteläansicht seinen Hörern zugewandt, der Dozent. Auf seinem Pult liegt ein aufgeschlagenes Buch, aus dem er vorträgt. Die erhöhte Position sowie das Juristengewand – roter Umhang und schwarze Kappe[253] – weisen den Dozenten als *doctor* und universitär hochgestellte Person aus. In Blickrichtung deutet er auf die rechte Bildhälfte, wo ihm in paarweiser Anordnung übereinander sechs Studenten gegenübersitzen. Die zwei vorderen Schüler, von denen der rechte an Tonsur und dunklem Ordensgewand als Geistlicher erkenntlich ist[254], sitzen an einem Tisch und haben vor sich je ein weiteres Buch aufgeschlagen. Der linke, ganzfigurig dargestellte Student hält in seiner rechten Hand zudem eine Schreibfeder. Auf der vorderen linken Tischecke stehen weiteres Schreibgerät, Tinte, Feder und Rasiermesser, bereit. Die bologneser Miniatur rückt die Anfertigung eigener Vorlesungsmitschriften in den Mittelpunkt der Darstellung und erklärt sie damit zu einem wesentlichen Charakteristikum des Rechtsunterrichts. Die insgesamt drei aufgeschlagenen Codices sind die zentralen Bildattribute. Hinzu tritt ein vierter, zugeschlagener Band, den eine außerhalb der Initiale am linken Foliumrand stehende Figur, vielleicht eine Allegorie des Rechts[255], mit präsentierender

251) v. HÜLSEN-ESCH, Gelehrte in Miniaturen S. 305 f.

252) Azo, Summa codicis, Prolog (ÖNB Wien Cod. 2259 fol. 1r), abgedruckt in EBEL / FIJAL / KOCHER, Römisches Rechtsleben S. 189.

253) EBEL / FIJAL / KOCHER, Römisches Rechtsleben S. 188. v. HÜLSEN-ESCH, Gelehrte in Miniaturen S. 308–310, hat als Distinktionsmerkmale des Gelehrtenstandes das Birett, welches anlässlich der Verleihung der Doktorwürde überreicht wurde, sowie das *caputium*, eine bei akademischen Graden zusätzlich pelzgefütterte Kapuze, herausgearbeitet. Von den Sanktionen, mit denen die Gesellschaft nicht adäquates Kleidungsverhalten bestrafte, gibt eine Legende zu Johannes die Lignano († 1383) Zeugnis. Eben jener Bologneser Jurist, den auch Nikolaus Wurm als seinen Lehrer bezeichnete (Blume des Sachsenspiegels, nach BÖHLAU, Einleitung, Nove constitutiones S. XXII), soll bei einer Hochzeit statt im vorgeschriebenen roten, pelzbesetzten Mantel nur in einem einfachen Gewand erschienen sein. Als man ihm daraufhin den ihm gebührenden Ehrenplatz an der Tafel verwehrte, soll er seinen Mantel geholt, ihn auf seinen ihm zustehenden Platz abgelegt und die Gesellschaft verlassen haben, v. HÜLSEN-ESCH, Gelehrte in Miniaturen S. 318 f. m. w. N.

254) EBEL / FIJAL / KOCHER, Römisches Rechtsleben S. 188.

255) HERMANN, Die italienischen Handschriften I Nr. 67 S. 102; MAZAL, Wissenschaft im Mittelalter Nr. 84 S. 131.

Geste in den Händen hält. Schriftlichkeit ist hier omnipräsent. Nicht allein die Rechtsquellen bezogen ihre Autorität aus der Textform, auch die von Juristen betriebene Umformulierung des Rechts legitimierte sich aus ihrer Schriftlichkeit.

Bücherwesen. Ein wichtiger Aspekt des mittelalterlichen juristischen Studiums ist die Frage, wie sich Universitätsangehörige mit den nötigen Texten von Quellen und Literatur versorgten. Weil universitätseigene Bibliotheken erst gegen Ende des Mittelalters aufkamen[256] und allenfalls Kooperationen mit ansässigen kirchlichen bzw. klösterlichen Bibliotheken bestanden[257], mussten sich Studenten grundsätzlich selbst um die Beschaffung von Texten bemühen. Nur die wenigsten brachten ihre eigenen oder aus heimischen Stifts- und Klosterbibliotheken ausgeliehenen Bücher zum Studium ins Ausland mit[258]. Meist kümmerten sie sich vor Ort um die Anschaffung der notwendigen Texte. Eine ausgeklügelte Produktionsmethode ermöglichte hierbei die rasche Vervielfältigung juristischer Handschriften, garantierte die Qualität der Texte und sicherte gleichzeitig die monopolähnliche Stellung der Buchproduktion im direkten Umfeld der Universität: das System von *exemplar* und *pecia*[259]. Handschriften mit Pecienvermerken, Taxlisten, Kopierverträge und vor allem die Statuten der Universitäten informieren darüber. Stellvertretend für andere lassen sich die detaillierten Regelungen der Universitätsstatuten von Bologna heranziehen[260]. Unter Aufsicht der Universität stehende *stationarii* wurden darin verpflichtet, für die wichtigsten Texte Abschreibevorlagen (*exemplaria*) in kontrollierten Fassungen bereitzuhalten. Die Liste der vorrätig zu haltenden Werke enthielt neben den Primärtexten und den zugehörigen *Glossae ordinariae* zahlreiche weitere legistische und kanonistische Titel von Autoren von Azo und Pillius über Roffredus und Odofredus bis hin zu Guilelmus Duranti, Johannes Andreae und Joannes de Deo[261]. Die Mustervorlagen teilte man in einzelne Hefte (*peciae*) auf, damit die Bücher von mehreren Schreibern gleichzeitig

256) COING, Juristische Fakultät S. 67.

257) LANGE / KRIECHBAUM, Kommentatoren S. 62. In Bologna standen etwa Bibliotheken der Franziskaner, Dominikaner und Serviten zur Verfügung.

258) SCHMUTZ, Juristen I S. 141.

259) COING, Juristische Fakultät S. 67–69; LANGE / KRIECHBAUM, Kommentatoren S. 61–63 m. w. N.; SCHMUTZ, Juristen I, S: 139–149; SOETERMEER, Exemplar und Pecia.

260) Universitätsstatuten von Bologna 1317/1347 Rubr. XXIX–XXXVI (DENIFLE, Statuten S. 291–303). Auf ähnliche Ausgestaltungen an anderen Universitäten weisen LANGE / KRIECHBAUM, Kommentatoren S. 61 Anm. 1, und SOETERMEER, Exemplar und Pecia S. 481, hin.

261) Universitätsstatuten von Bologna 1317/1347 Rubr. XXXVI (DENIFLE, Statuten S. 298–303). Neben „*Textus*“ und „*Apparatus*“ zu den wichtigsten Rechtsquellen werden

abgeschrieben werden konnten. In Bologna bestand die einzelne *pecia* aus vier Folia, also acht Seiten bzw. sechzehn Spalten[262]. Studenten oder von ihnen beauftragte berufsmäßige Schreiber[263] konnten sie gegen eine festgelegte Leihgebühr mit nach Hause nehmen und tauschten sie, wenn sie mit dem Abschreiben fertig waren, gegen die nächste *pecia* ein. Einige *stationarii* vermittelten gegen Provisionen auch den Verkauf fertiger Bücher[264]. Auch solche Buchhändler mussten aber *exemplaria* der Texte und Glossen des römischen und kanonischen Rechts als Kopiervorlagen bereithalten[265].

Das System von *exemplar* und *pecia* erlaubte eine verhältnismäßig effektive und qualitativ hochwertige Herstellung von juristischen Handschriften – billig war sie nicht. Die Abschrift eines Textes, etwa des *Decretum Gratiani* oder des *Digestum vetus*, nahm gut und gern über ein Jahr Zeit in Anspruch[266]. *Scriptores* und *correctores* wurden nach *peciae* bezahlt, hinzu kamen die Leihtaxen an den *stationarii*[267]. Gesetzestexte und Kommentare waren Kostbarkeiten, deren Anschaffung sich längst nicht alle Studenten, ja nicht einmal alle Professoren in größerem Ausmaß leisten konnten. Die Kosten für ein einzelnes Buch entsprachen etwa der Summe eines halben studentischen Jahresbedarfs[268]. für ein vollständiges *Corpus iuris glossatum* mussten Beträge in der Größenordnung des Jahresgehalts eines *doctor* mittleren Ranges aufgewendet werden[269]. Der Besitz mehrerer juristischer Handschriften, selbst in der jeweils billigsten Ausführung, war demnach

---

dort die konkreten Werke bestimmter Autoren mitsamt der Anzahl der *peciae* und der jeweils zu verlangenden Leihgebühr aufgelistet.

262) COING, Juristische Fakultät S. 68.

263) Die Schreiber hatten einen schlechten Ruf. Sie galten als korrupt, ungebildet und unzuverlässig, SOETERMEER, Exemplar und Pecia S. 490–494. Inwiefern sich auch mittellose Studenten durch Schreibarbeiten für Kommilitonen finanzierten, wird im Einzelnen unterschiedlich gesehen, SOETERMEER, Exemplar und Pecia S. 493, und SCHMUTZ, Juristen I S. 143.

264) Sogenannte *stationarii librorum* im Gegensatz zu den *stationarii peciarum*, SOETERMEER, Exemplar und Pecia S. 511.

265) Universitätsstatuten von Bologna 1317/1347 Rubr. XXX: „*Teneatur eciam stacionarius librorum in stacione tenere et comodare omnes pecias saltem in textu et ordinariis glosis et in iure canonico et civile.*“ (DENIFLE, Statuten S. 292).

266) Bologneser Kopierverträge lassen für die Abschrift von Basistexten wie *Decretum* oder *Digestum vetus* auf Bearbeitungszeiten von durchschnittlich über einem Jahr schließen, SOETERMEER, Exemplar und Pecia S. 483. SCHMUTZ, Juristen I S. 144, geht von einer monatlichen Schreibleistung von etwa fünf *peciae* aus.

267) SOETERMEER, Exemplar und Pecia S. 484–488.

268) SCHMUTZ, Juristen I S. 145.

269) LANGE / KRIECHBAUM, Kommentatoren S. 63.

keine Selbstverständlichkeit[270]. Hinter den seltenen umfangreicheren Privatsammlungen standen entweder finanziell ungewöhnlich gut gestellte Personen oder Institutionen wie Stifts- und Klosterbibliotheken, in deren Auftrag der Scholar Bestände aufstocken sollte[271]. Seinen individuellen Möglichkeiten entsprechend wird sich aber grundsätzlich jeder Student um den sukzessiven Aufbau einer eigenen Textsammlung bemüht haben. Immerhin hatten die Scholaren ja Gelegenheit, in Form von Vorlesungsmitschriften und eigenhändig angefertigten Kopien selbst Handschriften herzustellen. Qualitativ variierten solche Eigenproduktionen von Fall zu Fall stark. Als Teil des eigenen Textfundus spielten sie für den einzelnen Studenten aber sicherlich eine große Rolle. Die im Laufe der Zeit bestückten Sammlungen aus angekauften und selbst angefertigten Rechtstexten stellten ein ganz besonderes Vermögen der Studenten dar. Sie waren das Kapital, das die Scholaren zum Gebrauch in der späteren praktischen juristischen Arbeit nach Hause zurückbrachten. Wer nicht aus Geldmangel zum Wiederverkauf der Bücher gezwungen war, versandte daher nach Beendigung seiner Studien seine wertvollen Manuskripte an seinen Heimatort[272]. Verträge über professionell organisierte, versicherte Transporte bezeugen dieses Phänomen[273]. Die Anhäufung eines kleinen, eigenen Grundstocks an Rechtstexten ist ein nicht zu unterschätzender Vorteil, den das mittelalterliche Studium der Rechte mit sich brachte.

Disputationsübungen. Echte Wertschöpfung aus dem Studium setzte die erforderlichen Kompetenzen für den Umgang mit den Texten voraus. Juristische Kenntnisse erwarben Studenten aber nicht nur durch die exemplarisch im Rahmen von Vorlesungen durchexerzierten Textexegesen. Bestandteil der Ausbildung war außerdem die verpflichtende Teilnahme an *disputationes* und *repetitiones*[274]. Bei dieser zweiten Unterrichtsform stand die Förderung methodischer und rhetorischer Fähigkeiten im Vordergrund. Die

---

270) SCHMUTZ, Juristen I S. 146.

271) SCHMUTZ, Juristen I S. 140 f., 146 f.

272) SCHMUTZ, Juristen I S. 140 f.; 147 f.; SOETERMEER, Exemplar und Pecia S. 510.

273) STELLING-MICHAUD, Transport international des manuscrits, insbesondere S. 98. Der von STELLING-MICHAUD, ebenda S. 101, für das frühe 14. Jahrhundert beobachtete Rückgang der Transporte bezieht sich offenbar nur auf Bologna. Nach SOETERMEER, Exemplar und Pecia S. 510, könnte der Rückgang dort auf wiederholt stattfindende Sezessionen und den Aufschwung anderer Universitäten zurückzuführen sein.

274) BELLOMO, Saggio sull'università S. 229–237; COING, Juristische Fakultät S. 72, 75; DOLEZALEK, Wie studierte man? S. 73; MONTANOS FERRÍN, Las ‚Quaestiones Disputatae'; GARCÍA Y GARCÍA, Rechtsfakultäten S. 352; HOYE, Methode der Quaestio; KANTOROWICZ, Quaestiones disputatae; LANGE / KRIECHBAUM, Kommentatoren S. 59 f. m. w. N.; V. SAVIGNY, Geschichte des Römischen Rechts III S. 270–272.

disputatio entwickelte sich schon früh in Anlehnung an die klassische Textauslegungsfigur der *quaestio* zur selbständigen Lehrveranstaltung neben der *lectura*. In dieser Übungsveranstaltung waren die Scholaren dazu aufgerufen, aus ihrer sonst rein rezeptiven Haltung herauszutreten und sich selbst mündlich zu beteiligen[275]. *Quaestiones disputatae* konnten sich als nachmittägliche Zusatzveranstaltung an die *lecturae* einzelner Dozenten angliedern (*disputatio privata*), typischerweise fanden sie aber in freierer Form auch universitätsöffentlich als *disputatio ordinaria* (*disputatio publica*) statt[276]. Der Professor legte hierbei eine im Voraus bekannt zu gebende Streitfrage zu einem beliebigen Thema fest[277]. Während der Veranstaltung bestimmte er dann aus den Reihen der höheren Semester Studenten, die in den Rollen von *opponens* und *respondens* Für- und Gegenargumente vorbringen mussten[278]. Jeder Student durfte dabei nur ein einziges Argument vortragen[279]. Im Anschluss fasste der Dozent die Diskussion zusammen, nahm selbst Stellung und führte den Fall unter Abwägung aller Argumente einer *determinatio* zu[280]. Diskussion und Lösung des Problems mussten vom Dozenten auch in schriftlicher Form festgehalten werden[281]. Ein Höhepunkt des

275) Tieferer Grund für die Ausbildung der *quaestio disputata* waren aber wohl weniger didaktische Erwägungen als vielmehr ein spezifisches Bedürfnis nach inhaltlicher Klärung von Fragen, auf die die klassischen Basistexte des gelehrten Rechts keine Antwort boten und die deshalb auch in der *lectura* keine Erwähnung fanden, BELLOMO, Saggio dell'università S. 232 f. In ähnlicher Weise betont KANTOROWICZ, Quaestiones disputatae S. 5 f., die Bedeutung der *disputationes* als Diskussionsforum über die Anwendung des gelehrtes Rechts auf konkrete Rechtsfälle der Praxis.

276) BELLOMO, Factum proponitur S. 4–10; FRANSEN, Questions disputées S. 234–236; HOYE, Methode der Quaestio S. 166.

277) Verboten waren solche Themen, die an der Universität zu Aufruhr führen könnten, vgl. Universitätsstatuten von Bologna 1317/1347 Rubr. XLVI (Ergänzung aus der Statutensammlung des Jahres 1432): „*Item statuimus, quod nullus doctor vel alius possit disputare in publico vel aliquid tractare ex quo divisio aliqua in nostra universitate possit oriri*" (DENIFLE, Statuten S. 320). Außerdem sollten klassische Textauslegungsfragen der *lectura* vorbehalten bleiben, BELLOMO, Saggio dell'università S. 233.

278) Den genauen Ablauf der *disputatio* schildert ausführlich und mit Rücksicht auf die Statuten verschiedener Universitäten MONTANOS FERRÍN, Las ‚Quaestiones Disputatae' S. 184–194.

279) BELLOMO, Saggio sull'università S. 234. Nach MONTANOS FERRÍN, Las ‚Quaestiones Disputatae' S. 191, befolgte man grundsätzlich eine strenge Reihenfolge: Zunächst durften *doctores*, dann *nobiles*, dann altgediente *baccalaurei* und erst am Schluss auch Lizenziaten ihr Argument nennen.

280) BELLOMO, Saggio sull'università S. 235.

281) Universitätsstatuten von Bologna 1317/1347 Rubr. XLVII (Ergänzung aus der Statutensammlung des Jahres 1432): „*Quare statuimus, quod doctor disputans vel repe-*

akademischen Lebens waren die *quaestiones quodlibetales*, die nur zu bestimmten Zeiten im Jahr öffentlich stattfanden und bei denen die disputierte Frage nicht wie üblich vom Dozenten festgelegt wurde, sondern von jedem Anwesenden (*a quolibet*) und zu jeder erdenklichen Materie (*de quolibet*) vorgeschlagen werden konnte[282].

In Bologna wurden neben den *disputationes* auch *repetitiones* abgehalten. Es handelte sich dabei um Vertiefungsveranstaltungen, die der eingehenden Erörterung bestimmter, ebenfalls vorab bekannt zu gebender Quellenstellen dienten, auf die sich die Studenten vorbereiteten und zu denen sie Fragen stellen und Einwendungen vorbringen konnten[283]. Man unterschied zwischen *repetitiones necessariae* und *repetitiones voluntariae*, je nachdem ob „ordentlicher" oder „außerordentlicher" Stoff behandelt wurde[284]. Doktoren, die die *libri ordinariae* lasen, waren in zeitlicher Nähe zum jeweils behandelten *punctum* zur Abhaltung einer passenden *repetitio* (*necessaria*) verpflichtet[285]. In Bologna fanden solche *repetitiones* an Montagnachmittagen statt[286].

Studienziele. Die Methoden der Textauslegung und der Disputation müssen den Studenten während ihres Aufenthaltes an der Universität in Fleisch und Blut übergegangen sein. Damit ist die wichtige Frage nach dem eigentlichen Ziel des juristischen Studiums angesprochen[287]. Formal war das Studium auf die Erlangung der Lehrbefugnis, der *licentia docendi*, ausgerichtet. Einen anderen Abschluss als das Lizenziat (*examen privatum*), bei dem nach einer eingehenden Wissensprüfung die umfassende Lehrbefugnis im römischen, kanonischen oder in beiden Rechten erteilt wurde, hat es in Bologna nie gegeben[288]. An das Lizenziat konnte sich die Doktorpromo-

---

tens per se vel per alium quaestionem vel argumenta et solutionem suam prout melius poterit recoligat et in grossa litera in pergameno conscribat vel eo dictante per alium conscribantur, nec alii istud officium dictandi committat sub debito iuramenti." (DENIFLE, Statuten S. 322). Zu den Redaktionen BELLOMO, Saggio sull'università S. 235–237. Zur mit den *disputationes* in Verbindung stehenden Literaturgattung der *quaestio* HORN, Juristische Literatur S. 99–102.

282) HOYE, Methode der Quaestio S. 168 f.

283) LANGE / KRIECHBAUM, Kommentatoren S. 60. In den Universitätsstatuten von Bologna 1317/1347 sind die *repetitiones* in Rubr. XLV geregelt (DENIFLE, Statuten S. 316 f.)

284) BELLOMO, Saggio sull'università S. 230.

285) BELLOMO, Saggio sull'università S. 230.

286) Universitätsstatuten von Bologna 1317/1347 Rubr. XLV: „*die lune non festivo*" (DENIFLE, Statuten S. 316).

287) Zu den Aufgaben des Rechtsstudiums an den späteren deutschen Universitäten BURMEISTER, Studium S. 17–21.

288) COING, Juristische Fakultät S. 75–79; LANGE / KRIECHBAUM, Kommentatoren

tion (*examen publicum*) anschließen. Sie war aber keine echte fachwissenschaftliche Prüfung mehr, sondern ein feierliches Zeremoniell, durch das der neue Doktor in den Kreis der Professoren aufgenommen wurde und mit dem er offiziell seine Lehrtätigkeit aufnahm[289].

Das juristische Studium an der mittelalterlichen Universität qualifizierte also formal zu einer akademischen Laufbahn. Die Vorbereitung auf praktische juristische Aufgaben hatte man dabei nicht im Blick. Anders als heute schlossen im 14. Jahrhundert aber nur sehr wenige Scholaren ihr Studium mit einem Examen ab[290]. Während die Statuten für die Promotion Mindeststudienzeiten von etwa sechs bis acht Jahren vorsahen[291]. lag die durchschnittliche Aufenthaltsdauer der Studenten in Bologna bei bloß drei bis vier Jahren[292]. Und die beruflichen Wirkungsfelder der meisten studierten Juristen sind auch nicht an der Universität, sondern bei Arbeitgebern wie Kirche, Stadt und Landesherrn zu suchen[293]. Wie erklären sich solche Diskrepanzen? Offenbar bereitete das Studium der Rechte – anders als sein

---

S. 65–68; SCHMUTZ, Juristen I S. 118–122. Eine Zulassungsvoraussetzung für das Lizenziat war neben bestimmten Mindeststudienzeiten auch der Nachweis von Lehrerfahrung. Um eigene Lehrveranstaltungen durchführen zu dürfen, benötigten die angehenden Lizenziaten eine besondere Erlaubnis des Rektors. Man nannte diese Gruppe der Scholaren mit beschränkter Vorlesungserlaubnis *baccalaurei*, verlangte dafür aber keinerlei Prüfung und verband damit auch keinen akademischen Grad, LANGE / KRIECHBAUM, Kommentatoren S. 63 f.

289) COING, Juristische Fakultät S. 78 f.; LANGE / KRIECHBAUM, Kommentatoren S. 69 f.; SCHMUTZ, Juristen I S. 120 f. und Universitätsstatuten von Bologna 1317/1347 Rubr. LVIII (Ergänzung aus der Statutensammlung des Jahres 1432, DENIFLE, Statuten S. 336–338). In Bologna fanden die von kostspieligen Festivitäten begleiteten Promotionen in der Hauptkirche statt. Nach einer eher symbolischen Lehrprobe wurden dem Kandidaten die Insignien seines neuen Doktorstandes – Buch, Ring und Barett – überreicht, LANGE / KRIECHBAUM, Kommentatoren S. 68 f.

290) SCHMUTZ, Juristen I S. 122 f., wonach sich ein Lizenziat bei gerade einmal 3,6 % der Bologneser Studenten nachweisen lässt.

291) Etwa Universitätsstatuten von Bologna 1317/1347 Rubr. LV (Ergänzung aus der Statutensammlung des Jahres 1432): „*Iubemus scolarem, qui voluerit in iure canonico conventuari, nullatenus admitti, nisi audiverit, vel alias legerit, per sex annos, et hoc si simplex canonista est.* [...] *Si quis autem voluerit in civili promoveri, non admittatur, nisi per octo annos vel ad minus per septem anos studuerit vel audiverit et alias legerit* [...]“ (DENIFLE, Statuten S. 329 f.). Zeitliche Dispense wurden erteilt, wenn man sowohl kanonisches als auch römisches Recht studierte. Zu den Mindeststudienzeiten anderer Universitäten COING, Juristische Fakultät S. 76 f.; LANGE / KRIECHBAUM, Kommentatoren S. 65.

292) SCHMUTZ, Juristen I S. 117. Verfehlt wäre es, betont DERS., ebenda S. 113, die Studenten als gescheiterte „Studienabbrecher“ zu verstehen.

293) DOTZAUER, Deutsches Studium S. 122–141; SCHMUTZ, Juristen I S. 188–265.

theoretischer Anspruch es vermuten lässt – faktisch vor allem auf praktische Tätigkeiten vor. Dazu waren weder ein kostspieliges acht- oder zehnjähriges Studium noch der Erwerb akademischer Grade erforderlich. Für die Großzahl der Scholaren wird man als primäres Ergebnis der universitären Ausbildung nicht das Erlernen auf Vollständigkeit angelegter materiellrechtlicher Kenntnisse, sondern die Aneignung einer fachspezifischen Denk- und Argumentationsweise ansehen müssen. Dann aber war es fast gleichgültig, mit welchen zufälligen Ausschnitten des *Corpus iuris* sich ein Student während seiner Zeit an der Universität tatsächlich auseinandersetzte[294]. „Entscheidend war [...],“, so erklärt es Jürg Schmutz, „dass die Studenten gelernt hatten, wie man eine bestimmte Rechtslage systematisch analysierte, wo sich Argumente für eine bestimmte Position finden liessen und wie man den eigenen Standpunkt bzw. denjenigen eines zukünftigen Dienstherren, formal korrekt vertreten konnte.“[295] Die konkrete Anwendung der abstrakt-analytischen Methoden auf echte Rechtsfälle wurde den Scholaren dadurch erleichtert, dass die Rechtslehrer in aller Regel selbst als Gutachter oder Ähnliches praktisch tätig waren und diesen Blickwinkel in den universitären Rechtsunterricht mit hineintrugen[296]. Zwar blieb die konkrete Umsetzung der gelehrten, juristischen Methode in den rechtspraktischen Fragen des beruflichen Alltags eine Transferleistung, die den studierten Juristen viel Eigenständigkeit abverlangte. Dass der Rechtsunterricht der mittelalterlichen Universität aber grundsätzlich dazu geeignet war, praktisch anwendbare Fähigkeiten zu vermitteln, beweist sich schon durch den beachtlichen Erfolg der Rechtsfakultäten und die anhaltend hohen Besucherzahlen[297].

Neben karrieretaktischen Erwägungen wird man weitere Studienziele wie die Steigerung des sozialen Ansehens, Abenteuerlust, Fremdsprachenerwerb, das Streben nach Weltgewandtheit und nach charakterlicher Reife ins Feld zu führen haben. Last but not least führte die „Liebe zur Wissenschaft“[298] schlechthin die Studenten an die Universität. Auch wenn ein solches Studienmotiv kaum jemals zu beweisen oder zu widerlegen ist

294) OTTE, Rechtswissenschaft S. 137.

295) SCHMUTZ, Juristen I S. 113. Ähnlich schon WIEACKER, Privatrechtsgeschichte S. 80 f.: „Man erlernte in Italien und Frankreich eine Methode, gleichsam eine juristische ‚Grammatik‘, nicht das im gegebenen Bereich wirklich anzuwendende Recht.“; vgl. auch MORAW, Über gelehrte Juristen S. 146.

296) SCHMUTZ, Juristen I S. 122.

297) SCHMUTZ, Juristen I S. 122.

298) „*Amore scientie*“, also aus Liebe zur Wissenschaft, würden die Studenten zu Fremden und zögen zum Studium an die Universität. Dieses vielzitierte Studienmotiv findet sich schon in der Authentica Habita, dem 1155 von Kaiser Friedrich I. verliehenen Privileg für die Scholaren von Bologna, KINTZINGER, Studium S. 291 f.

und ihm ein von Fall zu Fall ganz unterschiedlicher Stellenwert zukam, sind individuelle Neugier und wissenschaftliches Erkenntnisinteresse wohl damals wie heute die Grundvoraussetzungen eines erfolgreichen Studiums.

3. Kenntnisse im einheimischen Sächsischen Recht

Zurück in ihrer Heimat fanden die Scholaren völlig veränderte Rechtsverhältnisse vor als die, die sich ihnen beim theoretischen Studium von *ius civile* und *ius canonicum* dargestellt hatten. Von den in der einheimischen Rechtspraxis konkret in Geltung befindlichen Rechtsgewohnheiten und lokalen Statuten war an der Universität keine Rede[299]. Erst seit dem 17. Jahrhundert wurde neben dem römischen und kanonischen allmählich auch das deutsche Recht in den universitären Unterricht mit einbezogen[300].

Kenntnisse im einheimischen Recht konnten Juristen bis dahin also nur durch praktische Anschauung erlangen, etwa durch eine Tätigkeit als Schöffe, Richter, Gerichts- oder Fronbote, Schreiber oder Verwaltungsbeamte. Der ungelehrte Rechtspraktiker lernte sein Handwerk nach dem Prinzip „learning by doing“[301]. Es steckt in dieser simplen Überlegung ein weiterer wichtiger Hinweis auf die Biographie des unbekannten Lehnrechtsglossators. Vermutlich hat er im Ausland das gelehrte Recht studiert, war also ein gelehrter Jurist. Da er in seiner Glosse aber das einheimische Sächsische Lehnrecht thematisiert und es dabei in all seinen Facetten durchleuchtet, muss er vor allem auch das Sächsische Lehnrecht gut gekannt haben. Es steht deshalb zu vermuten, dass er über geraume Zeit irgendwie als Jurist in Sachsen tätig war und dabei wohl auch besonders mit lehnrechtlichen Fragestellungen in Berührung gekommen ist. Ob dies nun als Berater oder Verwaltungsbeamter am Hofe eines Lehnsherrn, einer Stadt[302] oder Kirche geschehen ist, inwieweit er vielleicht in die Rechtsprechungstätigkeit eines bestimmten Lehngerichts eingebunden war – darüber lässt sich nur spekulieren. Klar ist jedenfalls, dass sich der Lehnrechtsglossator im Sächsischen Recht gut auskannte und sich speziell auch für das Lehnrecht so stark interessierte, dass er sich zu seiner Glossierung entschloss.

---

299) Zur Situation des im *ius commune* gelehrten Juristen, der seine Kenntnisse auf das eigene *ius proprium* anwandte, BELLOMO, Probleme S. 18–21.

300) BURMEISTER, Studium, S: 136 f. Die Erfurter Fakultätsstatuten von 1634 beziehen erstmals neben Kirchenrecht, Zivilrecht und Lehnrecht auch das Reichsrecht, *ius Saxonicum*, örtliches Statutarrecht und überörtliches deutsches Gewohnheitsrecht in den Lehrplan mit ein.

301) SCHLOSSER, Vom Rechtskundigen S. 105.

302) Beispiele für lehnrechtliche Gutachten für Nürnberger Bürger und Ratsherren gibt ISENMANN, Pares curiae.

Bemerkenswert sind in diesem Zusammenhang die hier und da in die Lehnrechtsglosse eingestreuten Hinweise auf die Handhabung bestimmter rechtlicher Fragen in der Praxis. In Glosse LnR 26 heißt es beispielsweise: *„Nota. Uff dis sollet ir vornhemen, also man vindet yn der practica. Wenne das kint kommet czu dem xiii iar volkomelich, so sal is kommen vor dy vierbencke, vnd mag synem gute kyszen eynen vormunden* [...].“[303] Der Glossator berichtet hier zwar nicht ausführlich von konkreten persönlichen Erlebnissen und Eindrücken. Wie auch sonst in der Glosse nimmt sich der Autor stark zurück, wie gewöhnlich spricht er in der dritten Person. Immerhin findet sich hier aber als Quelle für eine bestimmte Aussage explizit die Rechtspraxis benannt. Bemerkungen wie diese bestätigen, dass der Glossator seine Kenntnisse im Sächsischen Recht durch praktische Anschauung, also durch seine wie auch immer geartete berufliche Tätigkeit erworben haben muss.

4. Fazit: Ein Wanderer zwischen den Welten

Obwohl der Glossator des Lehnrechts namentlich nicht bekannt ist, lässt sich seine Biographie doch wenigstens in ganz groben Zügen erahnen. Mit einiger Sicherheit hat er an einer Universität das römische, vielleicht auch das kanonische Recht studiert. Da seine Studienzeit vermutlich in die erste Hälfte des 14. Jahrhunderts, allerspätestens aber in die frühen 1380er Jahre fällt, studierte der Lehnrechtsglossator wohl im Ausland. Wahrscheinlich ist ein Aufenthalt an einer der italienischen oder französischen Universitäten.

Dort stand die Rechtswissenschaft in voller Blüte. Der Glossator lernte eine Welt kennen, in der seit langer Zeit, in alter Tradition, mit voll entwickelten Methoden und auf hohem Niveau gelehrte Rechtstexte bearbeitet wurden. Nach und nach war das römische und kanonische Recht von Juristen zum *ius commune* dogmatisch durchgestaltet worden. Zu den Dekretalen und Texten des *Corpus iuris* war eine ausdifferenzierte Literatur entstanden. Zu allen Themen gab es herrschende und abweichende Meinungen. Überall wurde disputiert, gelehrt und geschrieben. Diese Welt der Gelehrten muss das Selbstverständnis des Glossators entscheidend geprägt haben. Sein Aufenthalt an der Universität hat aus ihm einen Mann der Wissenschaften, einen gelehrten Juristen gemacht. Die Lehnrechtsglosse spiegelt die Anwendung der universitären gelehrten Methode wider. Sie enthält all die typi-

303) LGl LnR 26 § 1 (S. 451 Z. 4 – 7). In KGl LnR 26 § 1 (S. 228 Z. 11) ist an dieser Stelle von *„virczen iaren“* die Rede. Ähnliche explizite Praxishinweise finden sich etwa in LGl LnR 26 § 1 (S. 452 Z. 2); LGl LnR 26 § 9 (S. 477 Z. 5); LGl LnR 31§ 1 (S. 515 Z. 3); LGl LnR 33 § 1 (S. 553 Z. 1 und S. 554 Z. 11) und LGl LnR 35 § 1 (S. 561 Z. 6). Die Glosse verwendet den Begriff *„practica“* im Sinne von „Art und Weise“, „Handhabung“.

schen Denkfiguren der scholastischen Rechtswissenschaft. Es ist die an der Universität betriebene Wissenschaft vom gelehrten Recht, in der die geistigen Hintergründe der Lehnrechtsglosse zu suchen sind.

Zurück in seiner Heimat fand der Glossator ganz andere Verhältnisse vor: Reichsgesetze und Sachsenspiegel, Stadtrechte und partikulare Rechtsgewohnheiten bestimmten hier das Bild. Das einheimische Sächsische Recht war in keinerlei wissenschaftlichen Kontext eingebunden. Es fand fern der Universitäten, überwiegend mündlich und vor Laiengerichten statt. Rechtsfindung setzte hier nicht gelehrte Studien, sondern Rechtserfahrung voraus. Und Schriftrecht kam hier bei weitem nicht die autoritative Bedeutung zu wie den Texten des *Corpus iuris*. Meist erschöpfte sich seine Bedeutung in der schriftlichen Fixierung ohnehin in Geltung befindlicher Normen.

Es sind also zwei ganz grundsätzlich verschiedene Rechtskulturen, in denen sich der Glossator des Sächsischen Lehnrechts bewegte. Hier das antike, geschriebene gelehrte Recht und dort das mündliche, aus Gewohnheit erwachsene, autochthone Recht. Diese verschiedenen Sphären müssen dem Glossator in ihrer Gegensätzlichkeit bewusst gewesen sein. Vermutlich lernte er durch das Studium einerseits und seine praktischen Erfahrungen andererseits beide Rechtskulturen kennen – und wurde so zum Wanderer zwischen den Welten.

In der Abfassung der Lehnrechtsglosse drückt sich der Versuch aus, eine Verbindung zwischen diesen zwei völlig verschiedenen Rechtssphären herzustellen. Der in Textauslegung und Disputation geübte Glossator begriff das Sächsische Lehnrecht als einen Text, der sich wie die Quellen des *Corpus iuris* mittels einer gelehrten Bearbeitung durchdringen lässt. Er folgte darin dem Vorbild der Buch'schen Glosse. Die Glossierung des Lehnrechts trug dazu bei, für das Sächsische Recht ähnliche Rahmenbedingungen zu schaffen, wie die deutschen Studenten sie an den Universitäten für das gelehrte Recht vorfanden. Durch eine kommentierende Literatur ließ sich das Sächsische Recht unter denselben Blickwinkeln und mit denselben Methoden begreifbar machen wie das gelehrte Recht.

Rezeption lässt sich hiernach zu einem guten Teil als ein kommunikativer Vorgang verstehen. Christoph H. F. Meyer findet dafür die Metapher einer gemeinsamen neuen „Sprache“, die Juristen europaweit erlernten. Eine „Sprache des Rechts, die ein großes Vokabular an Normen und Begriffen ebenso umfasste wie eine gelehrte Grammatik, welche die Regeln für Sollensaussagen vorgaben.“[304] Wie Johann von Buch und wie Nikolaus Wurm hat auch der Lehnrechtsglossator in dieser „neuen Sprache“ eine Arbeit zum Sächsischen Recht verfasst. Die Mobilität der zum Studium ins Ausland ge-

304) MEYER, Europa S. 322.

reisten Juristen und ihre geistige Flexibilität bei der Anwendung der erlernten Kompetenzen auf das einheimische Recht führten zu einer Ausbreitung und Internationalisierung der Jurisprudenz. Das Phänomen eines allgemeinen Wissens- und Methodentransfers wird hier greifbar. Auch wenn die gelehrten Arbeiten zum Sächsischen Recht gerade noch in der äußersten Peripherie universitärer Kontexte geschrieben worden sind, liegt in der zweifellos vorhandenen Anbindung an die gelehrte Rechtswissenschaft ein wichtiger Schlüssel zu ihrem Verständnis.

e) Abfassung durch einen Geistlichen?

Abschließend bleibt noch die Frage zu erörtern, ob es sich beim Glossator des Lehnrechts wohl um einen Geistlichen gehandelt hat. Ein weiteres Mal lässt die Lehnrechtsglosse keine eindeutigen Schlüsse zu. Für einen Geistlichen spricht zunächst eine ganz allgemeine Wahrscheinlichkeit, denn der gelehrte Jurist des Spätmittelalters ist typischerweise ein Kleriker[305]. Im Glossator des Lehnrechts tritt uns ein Gelehrter entgegen, der im römischen und kanonischen Recht bewandert ist, der Zugriff auf zahlreiche Rechtsbücher hatte und der die zur Abfassung einer langen Schrift nötige Muße aufbringen konnte. All dies spricht für ein geistliches Umfeld. Andererseits ist uns aber in Johann von Buch, dem Pionier und wichtigsten Vertreter der jungen *iurisprudentia romano-saxonica*, gerade ein Laie bekannt. Auch von Nikolaus Wurm erfährt man aus den Quellen nicht, dass er die Weihen empfangen hätte. Vielleicht gehörte der Lehnrechtsglossator dem geistlichen Stand also ebenfalls nicht an?

Für einen Laien ließe sich das Interesse des Glossators für die ritterliche Lebenswelt anführen. Außerdem wurde das kanonische Recht in den Allegationen der Lehnrechtsglosse gegenüber dem römischen Recht weitaus geringer berücksichtigt. Das Übergewicht von römischrechtlichen Zitaten[306] erklärt sich nicht allein aus inhaltlichen Gesichtspunkten. Auch insgesamt finden sich in der Lehnrechtsglosse zwar immer wieder moralisierende Argumentationsstränge, diese reichen aber bei weitem nicht an die etwa aus dem Schwabenspiegel bekannten, viel eindeutiger religiösen Perspektiven vieler geistlicher Autoren heran. Eindrücklich lassen sich die unterschiedlichen Blickwinkel an einem Vergleich der Vorreden verschiedener Werke festmachen: Der Verfasser des Schwabenspiegels (um 1275/76) etwa, wahr-

---

305) KROESCHELL / CORDES / NEHLSEN-VON STRYK, Deutsche Rechtsgeschichte II S. 42–46 m. w. N.

306) Vgl. KAUFMANN, Einleitung, LGl LnR S. XXIX, sowie die Zusammenstellung der Quellen der kürzeren Lehnrechtsglosse bei DEMS., LGl LnR S. 1223–1245.

scheinlich ein Franziskaner[307], leitete sein Werk mit einer Anrufung Gottes ein: „*Herre got himelischer vater. dvrch dine milte gvte. geschvfe dv den menschenin drivaltiger werdecheit.* [...]“[308] Die gesamte Vorrede ist mit Zitaten aus der Bibel gespickt. Ähnliche, in dieser Form wohl nur einem Mann der Kirche geläufige Redewendungen hat Erika Sinauer in der Vorrede des Schlüssels zum sächsischen Landrecht (1432) festgestellt[309]. Auch hier beginnt die Vorrede mit einer Invokation Gottes und einer Rückführung aller irdischen Richtergewalt auf göttlichen Ursprung: „*Here ihesu criste eyngeborn sone des almechtigen godes du bist gekome(n) in disse werld to troste vnde to salicheit allen mi(n)sschen Din hy(m)melsche vader heft dik gegeue(n) alle gewalt in hy(m)mele vnd(e) in ertrike.* [...]“[310] Stellt man dem nun die Vorrede der Lehnrechtsglosse gegenüber, treten die unterschiedlichen Perspektiven der Verfasser offen zu Tage: „*Der menschen gedancken gebrechlich sint, vnde dy schar der dinge ist ouch nicht genugk. Wenne was dy menschliche vornunfft begreiffen mag, das ist sunderwilen not von nature wegen, das sy vor also vil vorluszet. Disse rede schreibet Seneca.* [...].“[311] Keine Anrufung Gottes leitet die Lehnrechtsglosse ein, sondern das Zitat eines antiken Philosophen[312]. Fast meint man, ein Stück Aufklärung werde hier vorweggenommen. Es geht um das menschliche Erinnerungsvermögen, die menschliche Vernunft und die Vorzüge von Schriftrecht. Und es geht um Arten und Ursprünge von Recht im Allgemeinen, wobei nicht etwa „Gottesrecht“, sondern Kaiserrecht, wie es das Friedrich I. zugeschriebene Sächsische Lehnrecht darstellt, im Vordergrund stehen. Gott spielt in dieser Vor-

---

307) NEHLSEN-VON STRYK, Art. Schwabenspiegel, in: LexMA VII Sp. 1603. Für einen Autor aus dem „Kreis der Franziskaner“ spricht sich auf der Grundlage ihrer neueren Forschungsergebnisse auch BERTELSMEIER-KIERST, Kommunikation und Herrschaft S. 173, aus.

308) Schwabenspiegel, Vorrede (LASSBERG, Schwabenspiegel S. 3). Zwar finden sich Gottesanrufungen und Gebete auch in Prologus und Textus prologus des Sachsenspiegels. Diese gehen aber, so die überzeugende Erläuterung bei SINAUER, Schlüssel S. 171, nicht über traditionelle Ehrbezeugungen hinaus. Wie schon in der Vorrede „von der Herren Geburt“ und in der Reimvorrede konzentriert sich Eike mehr auf die historischen Grundlagen des Sachsenrechts und die praktischen Zielsetzungen seines Werkes. – Auch Johann von Buch beginnt seinen Glossenprolog zur Landrechtsglosse mit einer Anrufung Gottes (S. 91 V. 1–6), geht im weiteren Verlauf dann aber außerdem auf historische Grundlagen des Rechts und die rechtspraktischen Intentionen seines Werkes ein.

309) SINAUER, Schlüssel S. 171–174.

310) „Schlüssel des sächsischen Landrechts“, Vorrede (SINAUER, Schlüssel, Anhang Nr. 5 S. 280).

311) LGl LnR, Vorrede (S. 47 Z. 2–5).

312) Seneca, *De beneficiis*, VII, XXVIII, 2 (in: ROSENBACH, L. Anneus Seneca S. 584); vgl. dazu oben S. 226 ff.; unten S. 357 ff.

rede keine große Rolle. Religiöse Bezüge derart stark in den Hintergrund treten zu lassen, wie es sich der Lehnrechtsglossator erlaubte – so etwas hätte einem Kleriker kaum angestanden. Sollte es sich beim Verfasser der Lehnrechtsglosse trotzdem um einen Angehörigen des geistlichen Standes gehandelt haben, dann hat er Glaubensfragen und kanonisches Recht jedenfalls nicht zu bestimmenden Momenten seiner Glosse werden lassen.

4. Zusammenfassung

Über die Entstehungshintergründe der gewöhnlichen Lehnrechtsglosse lässt sich an sicheren Fakten gerade einmal soviel ermitteln: Das Werk ist irgendwann im 14. Jahrhundert, und zwar nach 1325 und vor 1386/87, von einem unbekannten gelehrten Juristen irgendwo im Geltungsgebiet des Sächsischen Rechts, und zwar wahrscheinlich im mitteldeutschen Sprachraum, geschrieben worden. Die Schrift ist erst nach der Buch'schen Glosse entstanden. In welchem Verhältnis sie zu den übrigen Glossen zum Sächsischen Recht und zu den Richtsteigen steht, bleibt ungewiss. Eine besondere Verbindung des Verfassers zum geistlichen Stand tritt nicht zutage. Der Glossator des Lehnrechts hieß auch nicht Johann von Buch, trat aber in vielerlei Hinsicht in dessen Fußstapfen. Er orientierte sich bei der Glossierung des Lehnrechts inhaltlich und methodisch stark an der Landrechtsglosse. Darüber hinaus stand der Lehnrechtsglossator dem Buch'schen Werk insgesamt zeitlich, örtlich und thematisch so nahe, dass es gut möglich ist, dass er Johann von Buch wenigstens vom Hörensagen, vielleicht sogar persönlich gekannt hat.

Gegenstand und Bearbeitungsmethode der Lehnrechtsglosse legen nahe, beim Lehnrechtsglossator – hier liegt eine weitere Parallele zu Johann von Buch – von einem gelehrten Juristen auszugehen. Vermutlich studierte er römisches und vielleicht auch kanonisches Recht an einer der italienischen oder französischen Universitäten. Gleichzeitig war der Lehnrechtsglossator im einheimischen Sächsischen Recht bewandert. Diese Kenntnisse muss er durch rechtspraktische Anschauung im Rahmen einer beruflichen Tätigkeit erworben haben. Der Glossator war also in der akademischen, von Schriftlichkeit geprägten Welt des gelehrten Rechts ebenso zu Hause wie in der autochthonen, vom mündlichen Verfahren bestimmten Rechtskultur des Sächsischen Rechts. Die Glosse zum Lehnrecht sucht eine Verbindung zwischen diesen beiden Welten.

Der Name des Lehnrechtsglossators ist nicht bekannt. Ein möglicher Kandidat, der als Autor der Lehnrechtsglosse grundsätzlich in Betracht kommt, heißt Nikolaus Wurm. Seine biografischen Daten würden eine Zuschreibung der Lehnrechtsglosse an ihn grundsätzlich erlauben. In den Kreis möglicher Autoren rückt Wurm aber einzig und allein aufgrund seiner allgemein passenden Lebensumstände. Nach der hier vertretenen Auffassung handelt es sich hingegen bei der in der Klasse W überlieferten längsten Textfassung der Lehnrechtsglosse weder um die ursprüngliche, L und K vorangehende Textklasse noch ist eine Verbindung dieser Klasse W zu Nikolaus Wurm erwiesen. Wurm kommt also nicht unter diesem spezifischen Aspekt[313], sondern nur aus generellen Erwägungen als Autor der Lehnrechtsglosse in Betracht.

Als potentieller Glossator des Sächsischen Lehnrechts muss daneben vorläufig auch jeder andere gelehrte, im sächsischen Raum und darüber hinaus tätige Jurist des 14. Jahrhunderts in Betracht gezogen werden. Gleichberechtigt wäre zum Beispiel an Burchard von Mangelfeld zu denken, einen sonst nicht weiter bezeugten Theologen und Doktor beider Rechte, dem in Handschriften des 14. Jahrhunderts die (zweifelhafte) Zuschreibung von Weichbildrecht, Glossenarbeiten und Richtsteig zuteil wird[314]. Zum Kreis der in Betracht zu ziehenden Juristen zählen auch die mit Johann von Buch bekannten Gerke von Kerkow[315] und Johannes von Kerkow[316].

Ob sich der Glossator des Lehnrechts jemals namentlich identifizieren lassen wird, ist offen. Denkbar wäre, dass sich mit zunehmender Erforschung von Weichbildglosse, Glosse zum Mainzer Reichslandfrieden, Richt-

313) So aber KAUFMANN, Einleitung, LGl LnR S. XXXII f.; DERS., Glossen zum Sachsenspiegel S. 108.

314) Zur Person JOHANEK, Art. Burchard von Mangelfelt, in: ²VL I Sp. 1117, und BRESSLER, Schuldknechtschaft S. 160 f. Ein Burchard von Mangelfeld wird in Gl WbR 10 § 1 *Nu vornemet wy die stat* (Sp. 228 Z. 46) als Professor der Theologie und Doktor beider Rechte genannt, der im Auftrag Kaiser Ottos II. (der Rote) eine Sachsenspiegelglosse, das Weichbildrecht samt Glosse sowie einen Richtsteig verfasst haben soll. Als Verfasser des Richtsteig Landrechts erscheint Burchard von Mangelfeld auch noch einmal im Prolog der „Wurm'schen" Bearbeitung des Richtsteig Landrechts (Krakau BJ Przyb. 42/60 fol. 1va ff.; OPPITZ, Rechtsbücher II Nr. 861): *„Dez machte dominus burghardus uon mangilvelt diese sechse constitucien in burgerlicher clage"*. Der Richtsteig Landrechts gilt hier als Gesetz Ottos II. (der Rote) und wird als sechste Konstitution bezeichnet, weil sich der Richtsteig an die fünf Schlussartikel des Landrechts anschließe, die wiederum als Zusatzkonstitutionen Friedrichs I. angesehen werden (vgl. Richtsteig LdR, Prolog (HOMEYER, Richtsteig LdR S. 82)).

315) Zur Person BUCHHOLZ-JOHANEK, Art. Gerke von Kerkow, in: ²VL II Sp. 1259 f., und KANNOWSKI, Umgestaltung S. 81. Gl WbR 10 nennt Gerke von Kerkow als Vollender eines Richtsteigs (Sp. 228 Z. 55 – Sp. 229 Z. 1).

316) Johannes Kerkow hat ausweislich eines Matrikeleintrags (KNOD, Acta Nationis Germanicae Nr. 1735 S. 251) zusammen mit Johann von Buch in Bologna studiert, KANNOWSKI, Umgestaltung S. 75.

steigen, Wurm'schen und anderen Schriften weitere Hinweise ergeben und sich bestimmte zusammengehörige Werkgruppen bilden lassen. Aufgrund stilistischer und inhaltlicher Ähnlichkeiten ließen sich dann möglicherweise noch weitere Werke ermitteln, die dem unbekannten Glossator des Lehnrechts ebenfalls zuzurechnen sind.

II. Vorbilder und Quellen

Die Lehnrechtsglosse folgte der Buch'schen Glosse zeitlich nach und rezipiert wie sie die Methoden gelehrter Jurisprudenz. Dem Pionierwerk Johanns von Buch kommt größte Bedeutung bei der Interpretation der Lehnrechtsglosse zu, denn die Landrechtsglosse führt in den Folgewerken sächsischer Jurisprudenz zu einer gewissen Brechung der Rezeption gelehrter Methode. Bei der Entwicklung einer eigenen Wissenschaft vom Sächsischen Recht spielt Johanns Arbeit die Rolle eines maßgeblichen Vermittlers. Der Lehnrechtsglossator lässt sich in seiner Arbeit stark von der Landrechtsglosse leiten. In Anlage und Stil folgt er primär dem Buch'schen Vorbild – erst über seine Vermittlung orientiert er sich auch an gelehrten Vorbildern. Inhaltlich wie methodisch entwickelt sich die Buch'sche Landrechtsglosse auf diese Weise zum Vorreiter und wichtigsten Protagonisten der sächsischen Rechtswissenschaft. Hingegen ist die Lehnrechtsglosse bereits als Vertreterin einer zweiten Generation der *iurisprudentia romano-saxonica* anzusehen.

Im Folgenden werden die Grundanlagen des Werkes skizziert. Gefragt wird nach den möglichen Motiven des Lehnrechtsglossators, nach seinen Vorbildern und Quellen. Außerdem geht es um die Frage, welchem Gattungstyp die Lehnrechtsglosse zuzuordnen ist.

1. Der Entschluss zur Glossierung

Anders als Johann von Buch, der in seinem gereimten Glossenprolog konkrete Angaben über die Zielsetzungen seiner Landrechtsglosse macht[317], äußert sich der Lehnrechtsglossator nicht explizit über die Absichten seiner Arbeit. Einige wichtige Faktoren, die ihn bei seinem Entschluss zur Glossierung des Sächsischen Lehnrechts geleitet haben müssen, drängen sich gleichwohl auf.

---

317) Gl LdR, Glossenprolog (insbesondere S. 98 V. 125 – S. 104 V. 226); vgl. dazu unten S. 328.

a) Die Tradition der gelehrten *Glossae ordinariae*

Wissenschaftler, die sich mit der Buch'schen Glosse beschäftigen, sind sich darin einig, dass sich Johann von Buch bei der Abfassung der Glosse zum Sachsenspiegel-Landrecht am Modell der gelehrten *Glossae ordinariae* zu den Texten des *Corpus iuris* und des kanonischen Rechts orientierte[318]. Eingehend hat Emil Steffenhagen das Verhältnis der Buch'schen Glosse zur Accursischen und zur kanonistischen *Glossa ordinaria* untersucht[319]. In akribisch angelegten Synopsen gelang ihm der überzeugende Nachweis einer Nutzung beider *Glossae ordinariae* sowohl als methodisches Vorbild wie auch als ausführliche Quelle der Landrechtsglosse. Die Parallelen zu den gelehrten Standardglossen drängen sich bereits in der äußeren Anlage der Buch'schen Glosse, etwa in der typisch gelehrten Zitierweise der fremden Rechtsquellen oder in der wortgetreuen Nachbildung bestimmter formelhafter Ausdrücke aus den *Glossae ordinariae*, auf[320]. Darüber hinaus finden sich ausdrückliche Zitate der gelehrten Glossen, versteckte Hinweise und sogar längere, stillschweigende Übernahmen in wörtlicher Übersetzung der Accursischen oder der kanonistischen *Glossa ordinaria*[321]. Somit spricht alles dafür, dass Johann von Buch mit seiner Glossierung des Sachsenspiegel-Landrechts die gelehrten *Glossae ordinariae* nicht bloß verarbeitete, sondern in gewisser Weise auch imitierte. Dafür lässt sich neben den Ergebnissen von Steffenhagen auch noch Johanns Kennzeichnung bestimmter Artikel des Sachsenspiegels als angebliche Novellen späterer Kaiser anführen (LdR I 26 und III 82 § 2–91). Johann wollte sie dem eigentlichen, als karolingisches Privileg verstandenen Sachsenspiegel nicht mehr zurechnen und ließ sie teilweise unkommentiert[322]. In dieser Behandlung des Sachsenspiegels tritt die Anlehnung an das römische *Corpus iuris* mit dessen nachträglich eingefügten Authentiken deutlich zutage[323]. Aber schon die Gesamtanlage der

---

318) Vgl. etwa COING, Römisches Recht S. 179; JANSEN, Legal Authority S. 24–27; KANNOWSKI, Umgestaltung S. 89, 529 f.; DERS., Europäisches Rechtsdenken S. 79 f.; DERS., Sachsenspiegel and Its Gloss S. 195; DERS., Sachsenspiegel im Kontext S. 149; DERS., Verhältnis S. 126; KAUFMANN, Glossen zum Sachsenspiegel – Brücken S. 65; LANGE, Glossatoren S. 377; LIEBERWIRTH, Einleitung, Gl LdR S. XXII; LÜCK, Sachsenspiegel als Kaiserrecht S. 270; PÖTSCHKE, Glossen S. 162, 173 f.

319) STEFFENHAGEN, Entwicklung XI und XII S. 583–718, 719–773; dazu KANNOWSKI, Umgestaltung S. 94 f.

320) STEFFENHAGEN, Entwicklung XI S. 586 f.

321) STEFFENHAGEN, Entwicklung XI S. 590, mit ausführlichen Quellenbeispielen S. 594 ff., 611 ff., 667 ff.; DERS., Entwicklung XII S. 722 mit ausführlichen Quellenbeispielen S. 726 ff., 739 ff., 758 ff.

322) Vgl. unten S. 537 ff.

323) KANNOWSKI, Umgestaltung S. 526; zu den Authentiken vgl. LANGE, Glossato-

Buch'schen Glosse und die schlichte Werkbezeichnung als *„glose"* legen nahe, dass Johann von Buch in seiner Bearbeitung des Sächsischen Rechts die Parallele zum gelehrten Recht suchte. Mit der Landrechtsglosse wollte er eine eigene *Glossa ordinaria* zum Sachsenspiegel, ein eigenes Standardnachschlagewerk für künftige Juristengenerationen schaffen.

In derselben Tradition wie Johann von Buch begriff sich auch der Glossator des Lehnrechts. In dem Entschluss, „die" Glosse zum Sächsischen Lehnrecht zu schreiben, lag die Absicht, eine weitere *Glossa ordinaria* zu einem weiteren, als maßgeblich erachteten Text des Sächsischen Rechts zu erstellen. Auch der Lehnrechtsglossator suchte die Anbindung an die gelehrte Jurisprudenz. Auch der Lehnrechtsglossator wollte für eine bestimmte Rechtsquelle das künftig maßgebliche Standardwerk schreiben. Gemeinsam mit den übrigen sächsischen Glossatoren strebte der Lehnrechtsglossator nach einer Anbindung des Sächsischen an das gelehrte Recht. Johann selbst hatte beklagt, dass das Sachsenspiegelrecht vor den geistlichen Gerichten keine rechte Anerkennung finde. Ein gelehrter Jurist, der sich auf Sächsisches Recht berufe, werde *„pro fantastico"*[324] gehalten. Also wollte man das Sächsische Recht in den wissenschaftlichen Diskurs einbinden, es in gelehrtjuristischen Kreisen gewissermaßen „gesellschaftsfähig" machen.

Obwohl die Landrechts-, Lehnrechts- und Weichbildglossen einerseits augenfällig an die Tradition der gelehrten *Glossae ordinariae* anknüpfen, darf andererseits die gänzlich verschiedene Ausgangssituation und die vollkommen andersartige Ausgestaltung der Schriften nicht verkannt werden. Die gelehrten und die sächsischen Glossen erheben zwar jeweils den Anspruch, eine vollständige und abschließende Sammlung aller einschlägigen, relevanten Informationen zu bieten. Darüber hinaus gelingt es beiden Werkgruppen, in ihrer Rezeption auch tatsächlich zu den jeweils maßgeblichen, autoritativen Nachschlagewerken aufzusteigen. Sehr viel weiter reichen die Parallelen aber gar nicht. Tatsächlich unterscheiden sich die sächsischen ganz beträchtlich von den gelehrten Glossen.

Die in der ersten Hälfte des 13. Jahrhunderts zu sämtlichen *libri legales* des mittelalterlichen *Corpus iuris* verfasste *Glossa ordinaria* des Accursius stellt ein monumentales Werk enormen Ausmaßes dar[325]. Ein solch gewaltiges Unternehmen hätte Accursius ohne die Berücksichtigung der Arbeiten seiner Vorgänger nicht realisieren können. In etwa 97.000 Einzelglossen schuf er eine Auswahl und Sammlung aus den verschiedensten bis zu seiner

---

ren S. 74–80.

324) Gl LdR, Glossenprolog (S. 103 V. 198).

325) Zur Accursischen Glosse ENGELMANN, Wiedergeburt S. 172–204; LANGE, Glossatoren S. 345–386; im Überblick LEPSIUS, Art. Accursius, in: ²HRG I Sp. 58 f.; WEIMAR, Art. Accursius, in: LexMA I Sp. 75 f.

Zeit verfassten Glossen von Irnerius über die *quattuor doctores* bis hin zu Johannes Bassianus, Jacobus Columbi und seinem eigenen Lehrer Azo[326]. „Accursius hat kein originäres Werk schaffen wollen."[327] Der besondere Wert seiner Arbeit liegt vielmehr in einer bewahrenden, resümierenden und bewertenden Kompilation. Gewissermaßen zog Accursius aus den gesammelten Werken seiner Vorgänger die bis dato erreichte, auf Vollständigkeit angelegte Quintessenz der gesamten rechtswissenschaftlichen Arbeit. Seine *Glossa ordinaria* war krönender Abschluss der Glossatorenzeit und Meilenstein gelehrter Jurisprudenz.

Nicht prinzipiell anders verhält es sich mit den *Glossae ordinariae* zum kanonischen Recht. Bereits um 1215 hatte Johannes Teutonicus eine umfassende Glossierung des *Decretum Gratiani* vorgelegt, Mitte des 13. Jahrhunderts folgte die Glosse des Bernardus Parmensis zum *Liber Extra* und um 1303/04 und 1326 schuf Johannes Andreae dann seine Glossen zu *Liber Sextus* und den *Clementinae*[328]. Auch die Kanonisten konnten sich bei der Abfassung ihrer *Glossae ordinariae* auf umfangreiche ältere Literatur stützen. Wieder handelt es sich also um Arbeiten, die bereits resümierend auf ausdifferenzierten, auf breiter Basis von verschiedenen Gelehrten entwickelten juristischen Lehren aufbauen konnten.

Ganz anders stellt sich die Situation nun aber mit Blick auf die sächsischen Glossen des 14. Jahrhunderts dar. Wo die gelehrten Glossen einen Abschluss bilden, stehen die sächsischen an einem Anfang. Zwar knüpfen die sächsischen Juristen so eng wie möglich an die Lehren der Legistik und der Kanonistik an. Teilweise gelingt es, die gelehrten Inhalte aufzugreifen und durch übersetzende Übernahmen aus den gelehrten *Glossae ordinariae* auch deren kompilatorischen Ansatz fortzuführen. Insgesamt stehen die völlig neuen Bearbeitungsgegenstände einer Übertragung eins zu eins aus der gelehrten Jurisprudenz jedoch klar im Weg. Noch niemals zuvor hatte sich vor Johann von Buch ein gelehrter Jurist den sächsischen Rechtstexten zugewandt und sich aus rechtswissenschaftlicher Perspektive schriftlich speziell zu den sächsischen Rechtsinstituten geäußert. Johann von Buch betrat somit absolutes Neuland. Die größten Teile der Buch'schen Glosse mussten originär neu verfasst werden. Seine Glossierung des Sachsenspiegel-Landrechts war Pionierarbeit. Auch die in zweiter Generation verfassten Glossen zu Lehnrecht, Weichbildrecht und Mainzer Reichslandfrieden konnten mit

326) GENZMER, Iustinianische Kodifikation S. 391; LANGE, Glossatoren S. 345, 352, 360 f.

327) LANGE, Glossatoren S. 362.

328) NÖRR, Kanonistische Literatur S. 371, 376 f.; V. SCHULTE, Geschichte I S. 172–175; DERS., Geschichte II S. 114 f., 205–217; THIER, Art. Corpus Iuris Canonici, in: ²HRG I Sp. 894–901.

der wichtigen Ausnahme der Buch'schen Glosse noch auf keinerlei einschlägige Vorarbeiten aufbauen. Erst recht stand nördlich der Alpen noch kein der gelehrten Rechtskultur in Italien und Frankreich vergleichbarer, universitär organisierter Wissenschaftsapparat im Hintergrund. Die Glossen zum Sächsischen Recht waren Arbeiten „von wilder Wurzel", die ihren Verfassern ein Höchstmaß an Innovation und Schaffenskraft abverlangten.

Somit handelt es sich bei der Anknüpfung der sächsischen Glossen an die Tradition der altehrwürdigen gelehrten *Glossae ordinariae* um ein ambivalent zu beurteilendes Phänomen. Einerseits ist die stilistische und inhaltliche Orientierung an den gelehrten Vorbildern unverkennbar. Andererseits war die Ausgangssituation in Sachsen aber eine völlig andere. Während die gelehrten Arbeiten das Substrat jahrzehntelanger Juristerei bilden, die erst in ihrer nachträglichen Rezeption zu *Glossae ordinariae* aufstiegen, intendierten die sächsischen Glossatoren für die Verwissenschaftlichung des Sächsischen Rechts einen Sprung „von Null auf Hundert". Ihre Glossen schrieben die sächsischen Glossatoren von vornherein mit dem Anspruch, die künftig maßgeblichen Standardwerke zum Sächsischen Recht zu schaffen. Genauso wie *Corpus iuris* und kanonistische Rechtstexte ihre jeweiligen *Glossae ordinariae* erhalten hatten, sollten nun auch die sächsischen Rechtsbücher mit adäquaten Pendants ausgestattet werden. Weil speziell zum Sächsischen Recht aber keinerlei Vorarbeiten existierten, mussten die sächsischen Juristen verschiedensten Herausforderungen begegnen.

Neuerungen ergaben sich zunächst auf inhaltlicher Ebene. Die Kommentierung des Sächsischen Rechtes verlangte nach seiner Verortung im Gesamtgefüge des Rechts, insbesondere auch nach einer Bestimmung des Verhältnisses zum römischen und kanonischen Recht. Neuerungen stellten sich trotz der Orientierung an den traditionellen *Glossae ordinariae* auch auf stilistischer Ebene ein. Der typische, auf den *glossulae* der jeweiligen Vorgänger aufbauende Mosaikstil der Glossatoren ließ sich nur sehr begrenzt anwenden[329]. Da den sächsischen Glossatoren zur Verarbeitung bloß sehr bedingt passendes Material aus der gelehrten Literatur zur Verfügung stand, konnten sie weniger kompilatorisch arbeiten und mussten, anders als Accursius, große Abschnitte ihrer Arbeit originär selbst verfassen. Gegenüber der Accursischen Glosse mit ihren endlosen Aneinanderreihungen häufig noch sehr kurzer, unzusammenhängender Einzelbemerkungen, stellen sich die sächsischen Glossen denn auch als sehr viel kohärentere, aus einem Guss verfasste Texte dar. Dass sie sich in weiten Teilen der Kommentarliteratur

329) Die gelehrten Glossatoren formulierten zunächst weniger eigenen Text, sondern reproduzierten, allegierten und collagierten vor allem andere passende Gesetzesstellen, dazu BELLOMO, Text erklärt den Text.

angenähert haben, verwundert kaum, fallen sie literaturgeschichtlich gesehen doch bereits in die spätere Periode der Kommentatoren[330]. Im 14. Jahrhundert bestimmten Literaturformen wie *Lectura*, Kommentar, Traktat und Summe das Bild, welche insgesamt eine sehr viel freiere, vom Text gelöstere und geschlossenere Darstellung der Zusammenhänge erlaubten[331]. Neuerungen gegenüber den gelehrten *Glossae ordinariae* ergaben sich schließlich auch auf sprachlicher Ebene. Da die sächsischen Rechtstexte deutsche Rechtsbücher waren, bedienten sich ihre Glossatoren ebenfalls der deutschen Sprache. Die Abkehr von der traditionellen Wissenschaftssprache Latein brachte ihre ganz eigenen Herausforderungen mit sich[332]. So mussten Übernahmen aus den gelehrten *Glossae ordinariae* übersetzt und adäquate deutsche Begriffe für die lateinischen *termini technici* gefunden werden. Auch schon mit Blick auf die Vorgaben der deutschen Rechtsbücher galt es, eine saubere Terminologie zu entwickeln. Die sächsischen Glossatoren standen also nicht bloß vor der Aufgabe, aus dem Nichts eine inhaltlich überzeugende Durchdringung des Sächsischen Rechts zu schaffen. Ganz nebenbei mussten sie für das Deutsche außerdem zu einer eigenen juristischen Fachsprache finden.

Zusammenfassend zeigt sich als ein wichtiges Motiv der sächsischen Glossatoren die Anbindung an die Tradition der gelehrten *Glossae ordinariae*. Augenfällige Parallelen in der Anlage der Werke offenbaren den Wunsch, Kommentierungen zum Sächsischen Recht zu schreiben, die den gelehrten *Glossae ordinariae* vergleichbare Funktionen erfüllen und mit ihnen Schritt halten konnten. Gleichzeitig drängen sich im Vergleich der sächsischen Glossen und ihren gelehrten Vorbildern aber auch ganz erhebliche Unterschiede auf. Die sächsischen Glossen wurden unter gänzlich veränderten Bedingungen, zu ganz anderen Bearbeitungsgegenständen und zu ganz anderen Zeiten verfasst als die *Glossae ordinariae* eines Accursius oder eines Johannes Teutonicus. Im Versuch, eine Art Nachholbedarf des einheimischen Rechts aufzuarbeiten, seine Anbindung an die gelehrte Jurisprudenz zu erreichen und dazu gewissermaßen aus dem Nichts heraus eine Wissenschaft vom Sächsischen Recht zu begründen, können die sächsischen Glossen die Neuartigkeit ihres Unterfangens nicht leugnen. Bei aller Rückanbindung an die Tradition der gelehrten *Glossae ordinariae* waren sie ein Novum. Allen voran schritt Johann von Buch. „Seine Glosse begründete eine

---

330) Vgl. unten S. 332 ff.

331) Vertiefend HORN, Legistische Literatur S. 320–326; LANGE / KRIECHBAUM, Kommentatoren S. 4–6 und S. 355–434.

332) Zum Phänomen „deutscher" Rechtswörter als Übersetzungslehnwörter aus dem Lateinischen ELSENER, Deutsche Rechtssprache S. 245–258; zur Fachsprache Johanns von Buch vgl. bereits KANNOWSKI, Umgestaltung S. 423 f.

neue Literaturgattung im deutschen Rechtsbereich und sie stellte zugleich die ihrem Inhalt und Einfluss nach bedeutendste Leistung innerhalb dieses Genres dar.“[333]

b) Das Vorbild der Buch’schen Glosse

Während die Orientierung an den gelehrten *Glossae ordinariae* ein Aspekt ist, der sämtliche Glossen zum Sächsischen Recht gleichermaßen betrifft, tritt zur Lehnrechtsglosse noch ein weiterer, spezieller hinzu. Die Lehnrechtsglosse ist eindeutig nach der Buch’schen Glosse geschrieben worden, verarbeitet die Landrechtsglosse intensiv als Quelle und orientiert sich an ihr auch in methodischer Hinsicht sehr stark. In gewisser Weise ähnelt die Beziehung zwischen Lehn- und Landrechtsglosse also dem Verhältnis zwischen Buch’scher und Accursischer Glosse: Hier wie dort bemüht sich ein Autor, eine dem Vorgängerwerk vergleichbare Schrift zu verfassen, verarbeitet dessen Inhalte, schreibt es in Teilen sogar aus und führt seine Methoden fort. Wo der nacheifernde Autor Parallelen schafft und wo er gleichwohl zu eigenen Wegen findet, wird Gegenstand einer Stilanalyse der Lehnrechtsglosse sein[334]. Eine für die Interpretation der Lehnrechtsglosse wichtige Erkenntnis konnte aber bereits gewonnen werden: Wichtigstes Vorbild der Lehnrechtsglosse ist die Buch’sche Glosse. Erst über ihre Vermittlung knüpft der Lehnrechtsglossator auch an die Tradition der gelehrten *Glossa ordinaria* an. Ganz ähnlich verhält es sich mit der Weichbildglosse. Auch ihr Verfasser nutzt die Buch’sche Glosse als Quelle und orientiert sich inhaltlich wie stilistisch an ihr. Lehn- und Weichbildglossator greifen Johanns Arbeit auf und führen sie fort.

Die Rezeption der Landrechtsglosse in Lehn- und Weichbildglosse zeigt, dass Johann von Buch in der Entwicklung einer *iurisprudentia romano-saxonica* die Rolle eines Vorreiters zukommt. Aufgrund ihrer Orientierung an der Landrechtsglosse erfahren die sächsischen Arbeiten der zweiten Generation eine qualitative Veränderung gegenüber dem Buch’schen Erstlingswerk. Anders als Johann von Buch ist es ihnen nämlich bereits möglich, auch schon in ganz spezifisch sächsischrechtlichen Kontexten auf die Stellungnahmen eines gelehrten Juristen, eben des Verfassers der Landrechtsglosse, zurückzugreifen. Lehn- und Weichbildglossator konnten auf Johanns Lehren aufbauen, sie rezipieren, verwerfen oder weiter ausbauen. Johann von Buch hatte mit seiner Glosse den Grundstein für einen neuen, gelehrten Diskurs über das Sächsische Recht gelegt. Nun lag es an seinen

---

333) KAUFMANN, Glossen zum Sachsenspiegel S. 101.
334) Vgl. unten S. 389 ff.

Nachfolgern, die Fäden aufzunehmen und in eine wissenschaftliche Diskussion einzutreten. Der Lehnrechtsglossator hat von dieser Möglichkeit auf seine eigene Weise Gebrauch gemacht. In sehr großem Umfang stützt er sich inhaltlich auf die Buch'sche Glosse, indem er weite Passagen ausschreibt, dabei teils wortwörtlich aus der Landrechtsglosse abschreibt, teils Anpassungen an veränderte Kontexte vornimmt und teils auch verschiedene Versatzstücke aus der Landrechtsglosse neu kombiniert[335]. Solche Übernahmen erfolgen stillschweigend. Mit seinem kompilatorischen, collagierenden Ansatz steht der Lehnrechtsglossator wiederum in der Tradition der gelehrten *Glossae ordinariae*. Ein kritischer Umgang des Lehnrechtsglossators mit den Ansichten Johanns von Buch ist vordergründig nicht festzustellen. Niemals wendet er sich offen gegen eine Aussage der Landrechtsglosse. Wohl aber spinnt er bestimmte Lehren der Buch'schen Glosse weiter aus. Ein Beispiel ist Johanns Figur der „gekorenen Ritterschaft", welche der Lehnrechtsglossator zu Hilfe nimmt, um die Vergabe von Zepterlehen an eigentlich lehnsunfähige geistliche Fürsten zu begründen[336].

Der Lehnrechtsglossator kannte die Buch'sche Glosse nicht einfach nur, er muss sie intensiv studiert und verinnerlicht haben. Inhaltlich wie stilistisch hat er sie zur Hauptquelle und zum wichtigsten Vorbild seiner Arbeit werden lassen. Zum maßgeblichen Impulsgeber muss die Buch'sche Glosse auch schon für den ersten Entschluss geworden sein, überhaupt auch das Lehnrecht zu glossieren. Nachdem zum Sachsenspiegel-Landrecht eine als gelungen betrachtete Glosse geschrieben worden war, hat der Lehnrechtsglossator das Fehlen einer solchen Arbeit für das Sächsische Lehnrecht offenbar als Manko empfunden. Sein Entschluss, dem Buch'schen Muster folgend nun auch dem Lehnrecht eine Glosse zu widmen, ist für die künftige Wirkungskraft dieses Rechtstextes von ganz entscheidender Bedeutung gewesen. Erst indem sich ein gelehrter Jurist für die Kommentierung des Lehnrechts entschied, wertete er es zu einem Bestandteil eines sich allmählich konstituierenden sächsischen „*Corpus iuris*" auf. Johann von Buch hatte sein Werk noch auf das Landrecht beschränkt. In bisher ungeklärter Reihenfolge ließen Dritte seiner Arbeit jedoch Glossen zu Lehn- und Weichbildrecht folgen. Durch die gelehrte Bearbeitung auch dieser Texte erhoben sie sie zu *ius scriptum* und erweiterten den Kreis der maßgeblichen Basistexte des Sächsischen Rechts. Lehn- und Weichbildglossator bezweckten ganz augenfällig und in großem Stil die Fortführung des Buch'schen Œuvres. Johanns Methode gelehrter Bearbeitung des einheimischen Rechts machte

335) Vgl. unten S. 378 ff.

336) Vgl. LGl LnR 1 (S. 60 Z. 14 – S. 61 Z. 5); LGl LnR 2 § 1 (S. 68 Z. 1–10); vgl. dazu Gl LdR I 3 § 2 *Van den herschilden* (S. 148 Z. 10 f.), und ausführlich unten S. 620 ff.

Schule. Offenbar begriff man sie als Erfolgsprinzip, welches weiter zu verfolgen sich lohnte.

c) Zur Intention des Lehnrechtsglossators

Die konkreten Motive des Lehnrechtsglossators bei Abfassung der Lehnrechtsglosse sind schwer zu fassen. Nach dem bisher Gesagten wird man ganz allgemein die Fortführung der Buch'schen Arbeit, die Beförderung der Wissenschaft vom Sächsischen Recht in Anlehnung an die gelehrte Jurisprudenz und speziell die Erklärung des Sächsischen Lehnrechts zu einem weiteren maßgeblichen Basistext des sächsischen Rechtscorpus festhalten dürfen[337]. Weniger Motiv denn ein Effekt der Abfassung der Lehnrechtsglosse war die Aufwertung des Lehnrechts zu einer selbständigen Teildisziplin der Rechtswissenschaft. Indem der Glossator dem Sächsischen Lehnrecht, entsprechend seiner spätmittelalterlichen Existenz als eigenständigem Rechtsbuch neben dem Sachsenspiegel-Landrecht[338], nun ebenfalls eine eigene Glosse angedeihen lässt, wertet er das Lehnrecht zusätzlich zu einer unabhängigen Rechtsmaterie mit ihren eigenen Regeln und Instituten auf. Zwar macht der Lehnrechtsglossator zahlreiche Exkurse zu landrechtlichen Fragestellungen und nutzt die Buch'sche Glosse auch, wo es nur geht, um parallel ausgestaltete Institute des Lehnrechts zu erklären. Die Urteilsschelte im Lehngerichtsverfahren etwa unterscheidet sich, von den Zuständigkeiten einmal abgesehen, kaum von der Urteilsschelte nach Landrecht, weshalb sich die Buch'schen Ausführungen hier fast eins zu eins heranziehen ließen[339]. Daneben behandelt der Lehnrechtsglossator in seiner Glosse aber auch zahlreiche spezifisch lehnrechtliche Institute, die von der Begründung von Lehnsverhältnissen über Sonderinstitute wie das *gedinge* bis hin zu Übertragung, Vererbung und Verlust von Lehen reichen. Dass diese Themen nun erstmals zusammenfassend in einem eigenständigen wissenschaftlichen Kommentar behandelt werden, unterstreicht die Eigenständigkeit des Lehnrechts als Rechtsmaterie und bewirkt die Konsolidierung eines eigenen zugehörigen Wissenschaftszweigs. Mit der Lehnrechtsglosse wird somit der

337) Dass der Sachsenspiegel infolge seiner Glossierung zum Basistext des gemeinen Sächsischen Rechts avancierte, stellt auch JANSEN, Legal Authority S. 24 f. fest: „Yet, within a century, it became the textual basis of the law […] As soon as it had been glossed, courts acknowledged it as the Saxon *ius commune* […]."

338) Vgl. dazu unten S. 533 ff.

339) LGl LnR 70 (69) (S. 981 Z. 5 – S. 996 Z. 9) verarbeitet zum Beispiel verschiedene Passagen der Buch'schen Glosse zur Urteilsschelte. Das ergibt sich bereits aus den Hinweisen auf Parallelstellen in der Landrechtsglosse im Fußnotenapparat zur Edition der Glosse (ebenda).

Grundstein für die feudistische Literatur gelegt, wie sie sich spätestens seit dem 16. Jahrhundert reich entfaltet[340].

Üblicherweise lassen sich die konkreten Motive eines Autors aus seiner Vorrede ersehen. Der Lehnrechtsglossator bleibt in diesem Punkt jedoch höchst vage. Er stellt seinem Werk das Seneca-Zitat *„Der menschen gedancken gebrechlich sint“*[341] voran, welches im Kontext der Vorrede primär dazu dient, die Notwendigkeit von Schriftrecht zu erklären. Die dem Zitat beigegebene, einzig lateinisch ausgeschriebene Allegation der gesamten längeren Lehnrechtsglosse Nov. 7, 2 pr. thematisiert ebenfalls den Akt der Gesetzgebung, welcher auf die veränderliche Natur des Menschen Rücksicht zu nehmen habe[342]. Auch in der längeren Umschreibung der „Wurm'schen“ Lehnrechtsglossenvorrede, welche der deutschen Übersetzung noch eine lateinische Zitatfassung *„Quoniam, ut ait Seneca“*[343] voranstellt, erscheint das Seneca-Zitat in der Funktion eines vermeintlichen Gesetzgebungsmotivs Friedrichs I. Zu seinen eigenen Beweggründen bei Abfassung der Lehnrechtsglosse äußert sich der Glossator hingegen nicht explizit. Das mit dem Seneca-Zitat an so pointierter Stelle ausgesprochene Lob auf Schriftlichkeit ist aber nicht ausschließlich im Zusammenhang mit dem vordergründig in Bezug genommenen Erlass von *ius scriptum* zu verstehen. Gleichzeitig spielt das Seneca-Zitat doch auch auf die Notwendigkeit einer gleichfalls schriftlichen Begleitliteratur an. Wenn schon das Lehnrecht ohne schriftliche Fixierung nicht recht greifbar ist, bedarf es zur Erfassung der Fülle von Implikationen und Interpretationsmöglichkeiten dieses Rechts erst recht einer schriftlichen Kommentierung. Dieser Gedanke wird in der Vorrede zur Lehnrechtsglosse zwar nicht ausdrücklich ausgesprochen. Implizit nimmt das programmatisch vorangestellte Seneca-Zitat aber wohl auch die Glosse selbst in Bezug[344]. Abstrakter Zweck der Lehnrechtsglosse, welcher in der Vorrede wenigstens mitschwingt, ist also ganz allgemein die wissenschaftli-

---

340) Zur Geschichte des Lehnrechts als eigenständiger Disziplin der Rechtswissenschaft DIECK, Verbindung S. 160–162.

341) LGl LnR, Vorrede (S. 47 Z. 2); vgl. zur Interpretation oben S. 226 f. und unten S. 357 ff.

342) LGl LnR, Vorrede: *„Ut autem lex ad humane nature varietatem, et quod semper venit moderata, per omnia <immota> permaneat (quid enim erit stabile inter homines et ita inmobile, ut nullam paciatur mutacionem, cum omnis noster status sub perpetuo motu consistat?), necessarium <aestimavimus> quasdam <exceptiones> dare legi cum multis vigilijs et subtilitate adinventas, <ut> eas habens in <auxilio> lex <nequaquam> moveatur.“* (S. 49 Z. 10 – S. 50 Z. 2).

343) „Wurm'sche“ Glosse, Vorrede (Berlin SBB-PK Hs. 392 fol. 150va), vgl. Anhang, unten S. 789.

344) Nikolaus Wurm gebrauchte das Seneca-Zitat in den Vorreden seiner beiden Blumen später deutlicher zur Begründung seiner eigenen Schriften, vgl. Blume von Magde-

che Pflege des Sächsischen Rechts. Sie soll zu einem sachgerechten Verständnis des Lehnrechts beitragen. In dieses Bild fügt sich auch der Schluss der Vorrede zur Lehnrechtsglosse, wo der Glossator den Wunsch äußert, die Lehren des Lehnrechts mögen „mit Vernunft" aufgenommen werden („*Her spricht: ‚Wer konnen wolle?' recht als er sprechen sulde, der nheme mit vornunfft des keginwertigen buches vszwisunge*"[345]).

Viel deutlicher als der Lehnrechtsglossator hatte sich Johann von Buch in seinem Prolog zur Buch'schen Glosse über die Beweggründe zur Abfassung seiner Landrechtsglosse geäußert[346]. Ausführlich beklagt er dort, dass das Sachsenspiegelrecht, nicht zuletzt auch von der Richterschaft, häufig missverstanden werde („*So dat der Sassen spegil noch / selden rechte wert vorstan*"[347]). Als äußeren Anlass zur Abfassung der Landrechtsglosse macht Johann von Buch eine „doppelte Liebe"[348] geltend. Sowohl Herzog Otto von Braunschweig als auch seine beiden Onkel Conrad und Siegfried von Buch hätten ihn um die Erstellung dieses Glossenapparats gebeten[349]. In der Sache habe ihn die Absicht geleitet, das Sachsenspiegelrecht mit Hilfe der *leges* und *canones* zu erklären und zu beweisen („*Dat den text des spegils wi / mit leges pruvet han*"[350]), um ihm so zu höherer Akzeptanz im geistlichen Gericht zu verhelfen. Außerdem habe er die einstige innere Widerspruchsfreiheit des Sachsenspiegels wiederherstellen wollen, indem er Streitfragen gekennzeichnet und gelöst („*Tum anderen mal uns rechtis / twidracht tekende ik san*"[351]) und sich der Authentizität des Textes anhand eines bullierten Exemplars versichert habe („*Se in de hantveste scriven, / dat dar in*

---

burg, Vorrede (BÖHLAU, Blume S. 27) und Blume des Ssp, Prolog (Krakau BJ Przyb. 42/60 fol. 18va).

345) LGl LnR, Vorrede (S. 53 Z. 13 – S. 54 Z. 1).

346) Insbesondere Gl LdR, Glossenprolog III–VI (S. 97 V. 91 – S. 104 V. 226); zusammenfassend dazu BUCHHOLZ-JOHANEK, Art. Johannes von Buch, in: ²VL IV Sp. 554 f.; KAUFMANN, Glossen zum Sachsenspiegel S. 103 f.; LÜCK, Über den Sachsenspiegel S. 32; eingehend HOMEYER, Prolog S. 10–24; außerdem KANNOWSKI, Umgestaltung S. 89, 512 f., 529.

347) Gl LdR, Glossenprolog (S. 97 V. 107).

348) Gl LdR, Glossenprolog (S. 98 V. 125).

349) Gl LdR, Glossenprolog (S. 98 V. 125 – S. 101 V. 170, insbesondere S. 99 V. 131 und S. 100 V. 145 f.); vgl. dazu auch Richtsteig LdR, Prolog (HOMEYER, Richtsteig LdR S. 83). Die Stelle lehnt sich in auffälliger Weise an Ssp, Reimvorrede (KAUFMANN, Gl LdR S. 89 V. 261 – S. 90 V. 280) an, wo sich schon der Spiegler auf einen herrschaftlichen Auftraggeber Graf Hoyer von Falkenstein berief.

350) Gl LdR, Glossenprolog (S. 101 V. 172); vgl. dazu kurz darauf noch: „*Wat van uns nu is gesecht / hir vor van keiserrechte, / Geistlik recht de wise drecht / al in der selven slechte.*" (S. 102 V. 191 f.).

351) Gl LdR, Glossenprolog (S. 103 V. 209).

nicht scolde stan“[352]). Insgesamt ging es Johann von Buch also darum, das Sachsenspiegelrecht durch seine gelehrte Bearbeitung aufzuwerten, es zu stärken und seine Praxistauglichkeit vor Gericht zu erhöhen.

Es fragt sich, inwiefern diese Beweggründe vielleicht auch weitere Rückschlüsse auf die möglichen Intentionen des Lehnrechtsglossators erlauben. Dass es dem Lehnrechtsglossator kaum darauf angekommen sein kann, in direkter Fortführung der Buch'schen Arbeit nun auch die Anwendung des Lehnrechts in „*Foro ecclesiastico*“[353] zu erleichtern, leuchtet unmittelbar ein. Geistliche Gerichte standen dem Vorbringen einheimischen Rechts wohl besonders skeptisch gegenüber, weil sie traditionell das römisch-kanonische Recht anwandten (*ecclesia vivit lege romana*)[354]. Insofern mag Johanns von Buch Glosse die Akzeptanz einschlägiger landrechtlicher Regelungen erleichtert haben. Die Zuständigkeit der geistlichen Gerichtsbarkeit erstreckte sich grundsätzlich aber nicht auf Lehnssachen. Zwar scheint die Verhandlung von Fällen mit lehnrechtlichen Bezügen *ratione personae* im geistlichen Gericht nicht von vornherein ausgeschlossen. In Lehnssachen machte die Kirche jedoch von ihrer allgemeinen Zuständigkeitsregelung eine Ausnahme und behielt sie der Kompetenz des zuständigen Lehngerichts vor (X. 2, 1, 5; X. 2, 1, 13; X. 2, 2, 6 und X. 2, 2, 7)[355]. Auch die Sicht des Lehnrechtsglossators ist in diesen Fällen eindeutig: Geistliche, die unter bestimmten Umständen Lehen innehaben durften, müssen sich um diese Lehen vor dem Lehngericht verantworten[356]. Maßgebliches Forum für die Austragung von Lehnsstreitigkeiten ist also in jedem Fall das Lehngericht. Und in diesem Forum ist deshalb auch nach den tieferen Gründen zu forschen, aus denen unser unbekannter Glossator die Mühen einer so umfangreichen Glossierung des Lehnrechts auf sich genommen hat.

Nun hat die Lehngerichtsbarkeit in der rechtshistorischen Forschung bisher nur wenig Beachtung erfahren[357] und auch die Rezeption der sächsi-

352) Gl LdR, Glossenprolog (S. 104 V. 217). Zur rätselhaften Erwähnung eines „bullierten“ Exemplars des Sachsenspiegels KAUFMANN, Glossen zum Sachsenspiegel S. 104 m. w. N. in Anm. 52.

353) Gl LdR, Glossenprolog (S. 103 V. 197).

354) THIER, Art. Ecclesia vivit lege Romana, in: ²HRG I Sp. 1176 f.; TRUSEN, Anfänge S. 13–21. Die geistliche Gerichtsbarkeit wandte in erster Linie kanonisches Recht an, doch stand dieses in enger Verbindung zum römischen Recht.

355) KÉRY, Art. Geistliche Gerichtsbarkeit, in: ²HRG II Sp. 5; TRUSEN, Gelehrte Gerichtsbarkeit S. 485. Die kanonistische Diskussion um die Grenzen der Jurisdiktion des Lehnrichters zeichnet RYAN, Tradition S. 227–232, nach.

356) LGl LnR 2 § 1: „*Jr sollet wissen, das ein pfaffe musz antwortin vor wertlichem gerichte yn drien sachen. Dy erste ist vmbe lehn* [...]“ (S. 69 Z. 15 f.)

357) Am ausführlichsten handeln noch HOMEYER, System, Sachsenspiegel II 2 S. 562–

schen Glossen ist eine noch weitgehend ungelöste Frage. Zu den Intentionen des Glossators bei Abfassung der Lehnrechtsglosse lassen sich an dieser Stelle daher erst Vermutungen und erste Denkanstöße formulieren. Zweifellos reagierte der Lehnrechtsglossator mit seiner Arbeit auf praktische Bedürfnisse seiner Zeit. In den sächsischen Glossen bloße Liebhaberarbeiten ohne jeden praktischen Nutzen zu sehen[358], wäre nicht bloß unbefriedigend, eine solche Einschätzung widerspräche auch der Quellenlage. Der Siegeszug der Landrechtsglosse zeigt sich gerade in der zeitnahen Abfassung ihrer Nachfolger. Lehn- und Weichbildglosse beweisen, dass die Buch'sche Methode Schule machte, dass Johanns Arbeit auf fruchtbaren Boden fiel und der Wunsch nach weiteren Arbeiten im selben Stil geweckt worden war. Die Überlieferungslage zeigt außerdem, dass auch die übrigen sächsischen Glossen rasch vervielfältig worden sind und somit schon im 14. und 15. Jahrhundert ein anhaltendes Bedürfnis nach Werken ihrer Art bestand[359].

Die Lehnrechtsglosse muss ihren Adressatenkreis primär in den Beteiligten am Lehngerichtsverfahren gefunden haben. Welche Rolle hat das gelehrte Recht in diesem Verfahren in dieser Frühphase der Rezeption also spielen können? Nach einer These von Dietmar Willoweit lässt sich im Spätmittelalter nicht selten das Phänomen einer „Gleichzeitigkeit des Ungleichzeitigen"[360] beobachten. Eine gelehrte Rechtsaufbereitung durch Klerikerjuristen habe zunächst nur für die Anwendung im geistlichen Gericht stattgefunden. Weil es für eine Einflussnahme gelehrter Rechtskultur auf das einheimische Verfahren hingegen „kaum gangbare Brücken"[361] gegeben habe, hätten sich im einheimischen Gericht traditionales Recht, Oralität und Archaismen noch lange erhalten können. Eine vollständige Verbürgerlichung des Juristenstandes habe dann erst Ende des 15. Jahrhunderts eingesetzt, als schließlich der Funke des gelehrten Rechts gewissermaßen auf einer zweiten Entwicklungsstufe auch auf die weltlichen Verfahren übergesprungen sei[362]. So bestechend Willoweits Erklärungsmuster zur Erfassung der vielfältigen Erscheinungsformen der Rechtsordnungen und Gerichtsverfahren des 14. Jahrhunderts auch ist, scheint sein Modell auf den Fall der Lehnrechtsglosse

626, und PLANCK, Gerichtsverfahren I S. 15–21, 61–63, 96. Weitere Nachweise unten S. 619 Anm. 563.

358) Eine solche Sichtweise kritisierte bereits TRUSEN, Anfänge S. 31 f.

359) Nach der handschriftlichen Überlieferung übertraf die Buch'sche Landrechtsglosse Lehn- und Weichbildglosse in ihrer Bedeutung allerdings bei weitem.

360) Vgl. den gleichnamigen Aufsatz von WILLOWEIT, Die Gleichzeitigkeit des Ungleichzeitigen, insbesondere S. 380; aber auch DERS., Rezeptionen, insbesondere S. 157.

361) WILLOWEIT, Gleichzeitigkeit S. 384, vgl. auch S. 380 f.

362) WILLOWEIT, Gleichzeitigkeit S. 376; DERS., Rezeptionen S. 156 f.

aber nicht recht zu passen. Der Glossator des Lehnrechts beschreibt nämlich eben jenes mündliche Lehngerichtsverfahren, wie es uns aus Sächsischem Lehnrecht und Richtsteig Lehnrechts entgegentritt. Zur Erklärung eben jenes autochthonen Lehnrechts, wie es in eben jenem traditionellen Verfahren angewandt wurde, bedient er sich aber der Sprache, der Methoden und der Inhalte des gelehrten Rechts. Offenbar fand das gelehrte Recht sehr wohl schon damals einen bestimmten Platz im Lehngerichtsverfahren. Die plausibelste Erklärung für dieses allmähliche Eindringen gelehrtrechtlichen Gedankenguts in das lehngerichtliche Verfahren ist die Beteiligung gelehrter Juristen am Prozess. Lehnsstreitigkeiten betrafen schnell brisante, machtpolitische Fragen und hohe Streitwerte. Sie wurden von mächtigen Lokalherren ausgetragen. Dass es sich politische Schwergewichte im Falle einer Verstrickung in ein Lehngerichtsverfahren gegen den Lehnsherrn oder andere Lehnsmänner seines Herrn nicht nehmen ließen, zur Steigerung ihrer Erfolgsaussichten im Verfahren den Rat gelehrter Juristen einzuholen, ist gut vorstellbar. Die von Eberhard Isenmann untersuchten lehnrechtlichen Konsilien des spätmittelalterlichen Nürnberg sind beredtes Zeugnis einer solchen Einbeziehung gelehrter Juristen[363]. Die Hinzuziehung gelehrter Juristen, die nach und nach auch in die Dienste der Territorialherren traten[364], dürfte der entscheidende Anstoß für die ersten Einflüsse gelehrter Rechtskultur auf das Sächsische Lehnrecht gewesen sein. Der Ratschlag dieser Juristen war die „Brücke“, die gelehrte Argumentation Eingang in das lehngerichtliche Verfahren finden ließ.

Vor einem solchen Hintergrund scheint gut denkbar, dass der Glossator des Lehnrechts ein Buch für den praktischen Gebrauch schreiben wollte. Am schlüssigsten erklärt sich der Entschluss des Glossators zur Abfassung

363) ISENMANN, Aufgaben S. 51, bezeichnet die Konsilien städtischer Ratsjuristen als die „zentrale Quelle für die Periode der sogenannten praktischen Rezeption“. Von ihm untersuchte Rechtsgutachten für die Stadt Nürnberg aus der zweiten Hälfte des 15. Jahrhunderts betreffen zu einem bedeutenden Teil das Lehnrecht. DERS., Pares curiae, hat diese eingehend untersucht. Isenmanns Studie zeigt, dass die Nürnberger Gutachten von gelehrten Juristen verfasst wurden, die das gelehrte Recht einschließlich des *Libri feudorum* auch für spezifisch lehnrechtliche Kontexte fruchtbar zu machen wussten. Zur Gutachtenpraxis als Einfallstor für das gelehrte Recht in die weltliche Gerichtsbarkeit vgl. auch DERS., Zur Rezeption, insbesondere S. 212–221. Isenmanns Forschungen lassen sich wiederum zu denen von GIORDANENGO, Consilia feudalia, kontrastieren, der spätmittelalterliche Lehnsgutachten französischer und italienischer gelehrter Juristen untersuchte.

364) MÄNNL, Die gelehrten Juristen, insbesondere S. 280–282, die eine größere Beteiligung gelehrter Juristen an den Hofgerichten weltlicher Territorien bis 1440 allerdings noch nicht feststellen kann; TRUSEN, Anfänge S. 209–235; zusammenfassend SCHLOSSER, Vom Rechtskundigen S. 111–114.

der Lehnrechtsglosse mit dem Wunsch, gelehrten Juristen, die in lehnrechtlichen Angelegenheiten um Rat gefragt wurden, eine den gewohnten juristischen Denkstrukturen entsprechende Handreichung zu geben. Vermutlich antwortete der Lehnrechtsglossator schlicht auf ein Bedürfnis seiner Zeit nach Professionalisierung der Lehngerichtsbarkeit. Gleichzeitig stellt die Lehnrechtsglosse auch das erste wichtige Zeugnis einer solchen Entwicklung dar. Indem der Glossator dem Lehnrecht seine gelehrte Bearbeitung angedeihen lässt, erschließt er dem gelehrten Juristenstand ein neues Aufgabenfeld und erleichtert ihm fortan die Beteiligung am lehngerichtlichen System.

Im Resümee stellt sich die Lehnrechtsglosse als eine Folgearbeit zur Buch'schen Glosse dar, die sich in Stil und Methode in erster Linie am Vorbild der Landrechtsglosse orientiert, darüber hinaus aber auch die Anbindung an die gelehrte Literatur sucht. Der Lehnrechtsglossator äußert sich über seine Motive zur Abfassung der Glosse nicht explizit. Sein Werk steht aber klar in der Tradition der gelehrten *Glossae ordinariae*. Wie Johann von Buch das Sachsenspiegel-Landrecht glossiert hat, bearbeitete der Lehnrechtsglossator nun auch das Sächsische Lehnrecht. Erst seine Glosse erhebt das Lehnrecht, ebenso wie es die Weichbildglosse beim Magdeburger Weichbildrecht bewirkt, zu einem weiteren Bestandteil eines sich konstituierenden sächsischen „*Corpus iuris*". Die Fortführung der Buch'schen Methode in Lehn- und Weichbildglosse begründete eine eigene gelehrte Wissenschaft vom Sächsischen Recht. Hinter der wissenschaftlichen Durchdringung der sächsischen Rechtstexte aus gelehrter Perspektive stand der Wunsch nach einer Aufwertung des einheimischen Rechts. Die Abfassung der sächsischen Glossen lässt sich als eine Legitimitätsstrategie verstehen, die dem Sächsischen Recht nicht nur in der Konkurrenz zum gelehrten Recht vor dem geistlichen Gericht, sondern auch bloß für sich genommen im Land- und Lehngerichtsverfahren zu mehr Anerkennung und besserer Handhabbarkeit verhelfen sollte. Die Verwissenschaftlichung des Sächsischen Rechts war wohl die Antwort auf ein allmählich in der Berührung mit der gelehrten Jurisprudenz sich entwickelndes Bedürfnis der Zeit nach größerer Professionalisierung des einheimischen Verfahrens.

2. Die Gattungsfrage: Glosse oder Kommentar?

In der Bezeichnung der sächsischen Glossen des Spätmittelalters hat die rechtshistorische Forschung noch zu keinem einheitlichen Sprachgebrauch gefunden. Der Editor Frank-Michael Kaufmann spricht von einer „Kommentierung, das heißt eine wissenschaftliche Bearbeitung in Form der Glossierung […]“[365]. Auch Bernd Kannowski verwendet die Begriffe der Glossierung und der Kommentierung im Zusammenhang mit den sächsischen Glossen weitgehend synonym. Durchgesetzt habe sich in der Rezeption des Sachsenspiegels nicht der reine Text, sondern der Text „mit Glosse, das heißt in Gestalt einer Kommentierung […].“[366] Im von Karl Kroeschell begründeten Lehrbuch zur Deutschen Rechtsgeschichte ist ebenfalls von der „Glosse zum Landrecht des Sachsenspiegels“ als einem „erfolgreichen Kommentar“[367] zu lesen. Gleichzeitig unterscheidet die rechtshistorische Forschung zur Charakterisierung der mittelalterlichen Rechtswissenschaft aber traditionell zwischen den beiden Epochen der Glossatoren und der Kommentatoren. Das Kompendium „Römisches Recht im Mittelalter“ von Hermann Lange und Maximiliane Kriechbaum etwa gliedert sich in solcher Weise in einen ersten Band „Die Glossatoren“ und einen zweiten Band „Die Kommentatoren“[368]. Und auch das von Helmut Coing herausgegebene „Handbuch der Quellen und Literatur der neueren europäischen Privatrechtsgeschichte“ hat in seinen ersten Band (1100–1500) die getrennten Kapitel „Die legistische Literatur der Glossatorenzeit“ von Peter Weimar und „Die legistische Literatur der Kommentatoren und der Ausbreitung des gelehrten Rechts“ von Norbert Horn aufgenommen[369]. Als Abschluss der ersten Periode der Glossatoren und als Meilenstein, der zur zweiten Periode der Kommentatoren überleitete, wird dabei die Mitte des 13. Jahrhunderts verfasste Accursische Glosse zum *Corpus iuris* angesehen, welche in der Folgezeit zur *Glossa ordinaria* der Legistik aufstieg und von den späteren Juristen als maßgebliches Grundlagenwerk genutzt wurde. Vor dem Hintergrund einer solch epochenbildenden Unterscheidung zwischen den Literaturgattungen Glosse und Kommentar drängt sich die Frage auf, wie sich die im 14. Jahrhundert verfassten, gewissermaßen auf der Schnittstelle stehenden Glossen zum Sächsischen Recht gattungsmäßig einordnen lassen[370]. Wie verhalten sich die sächsischen Glossen zur traditionellen Kategorienbil-

---

365) KAUFMANN, Einleitung, KGl LnR S. XV.

366) KANNOWSKI, Umgestaltung S. 8.

367) KROESCHELL / CORDES / NEHLSEN-VON STRYK, Deutsche Rechtsgeschichte II S. 54.

368) LANGE, Glossatoren; DERS. / KRIECHBAUM, Kommentatoren.

369) WEIMAR, Legistische Literatur der Glossatorenzeit; HORN, Legistische Literatur der Kommentatoren. Die Unterscheidung zwischen Glossatoren und „Postglossatoren“, „Kommentatoren“ oder „Konsiliatoren“ reflektieren WEIMAR, ebenda S. 139, und HORN, ebenda S. 261 f.

370) Vgl. zur Frage der Quellengattung bereits KAUFMANN, Glossen zum Sachsenspiegel – Brücken S. 64 f.

dung und inwiefern ist der bisherige synonyme Begriffsgebrauch zur Bezeichnung der sächsischen Glossen gerechtfertigt?

Eine erste wichtige Feststellung betrifft in diesem Punkt das Selbstverständnis der sächsischen Glossatoren. Johann von Buch und der unbekannte Glossator des Lehnrechts nennen ihre eigenen Werke, wenn sie sie überhaupt einmal bezeichneten, schlicht „*glose*“[371]. Einen bemerkenswerten Sonderfall bildet der Glossator des Weichbildrechts, der einmal von einem unbekannten „*commento*“[372] des Burchard von Mangelfeld zu Sachsenspiegel und Magdeburger Weichbildrecht spricht, dabei allerdings gerade nicht die eigene Glosse meint. In der gegenseitigen und späteren Rezeption der sächsischen Glossen durch Dritte wurden die sächsischen Glossen dann ganz regelmäßig nur mit einem unspezifischen „*ut* [...] *in glosa*“ allegiert[373]. Genauso zitierte man auch die Standardglossen zum gelehrten Recht[374].

---

371) Vgl. vor allem Gl LdR, Glossenprolog: „*Du salt lan de vrage din, we si der glose dichter*“ (S. 107 V. 271) sowie die Remission in LGl LnR 3: „*ut jnfra c. iiii in glo.*“ (S. 98 Z. 4). Nicht das Gesamtwerk, sondern die konkret behandelte Glossenstelle meinen hingegen Gl LdR I 18 § 1 *Dat drudde: Dat nen ordel*: „*Doch wete, dat dat en boze glose is, de den text confunderet*“ (S. 229 Z. 4 f.); ebenso LGl LnR 69 (68): „*Wo ein text mit korczir rede sich bewisen will, do sal die glosze den syn volbrengin.*“ (S. 960 Z. 14 f.).

372) Gl WbR 10: „*der waz genant Burgardus Mangefelt* [...] *unde der muste von des keisers geheisse wegen den Sachzenspigil commentisiren* [...]; *unde so wart dises keinwortige privilegium ouch von em gesazt mit dem commento* [...].“ (Sp. 228 Z. 45–54). Hervorhebung verdient, dass der Weichbildglossator an dieser Stelle aber nicht von seinem eigenen Werk spricht, sich also nicht auf die Weichbildglosse bezieht, sondern auf das Erläuterungswerk eines Dritten Bezug nimmt. Gl WbR 1 bezeichnet außerdem auch das Weichbildrecht selbst als einen „*commentar dez sachzenspigils*“ (Sp. 183 Z. 11).

373) Vgl. etwa KGl LnR 72 (71 § 7): „*ut supra lantrecht libro II articulo XXXI* wer von gerichtes halben *et cetera, et in glosa*“ (S. 561 Z. 5 f.) – LGl LnR 72 (71 § 7) (S. 1022 Z. 11 f.) fehlt das Zitat der Buch'schen Glosse II 31 an dieser Stelle allerdings. Vgl. etwa auch das Zitat der Weichbildglosse in einer *additio* zu LGl LnR 56: „*wichbild ar. xxiii in glosa*“ (S. 759 Var. t). Zweimal allegiert der Weichbildglossator die Buch'sche Glosse, vgl. Gl WbR 5: „*Daz vint man Ssp. 3, 64 in glossa.*“ (Sp. 202) und Gl WbR 18: „*Ssp. 3, 54 in glossa.*“ (Sp. 264); vgl. dazu oben S.255 Anm. 31. Die gewöhnliche Lehnrechtsglosse wird auch einmal allegiert in der späteren Stendaler Glosse LnR 25 *Wen dat mach nein here gut*: „*Vide infra* [...] *arti.lxxj.in g.weme*“ (ECKHARDT, Sassenspegel S. 492[a]); vgl. dazu oben S. 106 f. Zur Rezeption der Lehnrechtsglosse in der späteren rechtswissenschaftlichen Literatur vgl. allgemein oben S. 134 ff.

374) Vgl. beispielhaft die schon bei STEFFENHAGEN, Entwicklung XI S. 594–611, nachgewiesenen Zitate der Accursischen Glosse in Gl LdR I 33 *Nu vornemet vmme en wif*: „*ut in autentica de restitucionibus et ea que parit in undecimo mense post mortem viri § unum coll. III, et in glosa que incipit jdem dico*“ (S. 305 Z. 18 – S. 306 Z. 1); Gl LdR I 63 (64) *Sus schall me*: „*ut* [...] *et Institut. de jure gencium in glosa § sed*“ (S. 459 Z. 17); Gl LdR III 43 (45 § 1) *Twolf guldene penninge*: „*ut Instit. de libertinis § liber-*

Wie gesehen standen die sächsischen Glossen in der Tradition der gelehrten Glossenliteratur und knüpften ganz bewusst an das Konzept der gelehrten *Glossa ordinaria* an[375]. Im Bild ihrer Verfasser wie auch im Bild der spätmittelalterlichen und frühneuzeitlichen Nachwelt waren die sächsischen Glossen also *Glossae ordinariae* zum sächsischen Recht. Schon allein aus diesem wichtigen Grund erweist sich der Quellenterminus der „Glosse“ als der sachgerechte Begriff zur Bezeichnung der Literaturgattung der Landrechts-, Lehnrechts-, Weichbild- und Landfriedensglosse.

Gleichzeitig darf die Bezeichnung der Glosse aber nicht über wesentliche Aspekte hinwegtäuschen, in denen sich die sächsischen Glossen von den gelehrten *Glossae ordinariae* unterschieden. Auch zeitlich betrachtet fallen die sächsischen Glossen klar in eine Periode, in der sich die Legistik, auf der Accursischen Glosse aufbauend, bereits weitgehend von der Literaturgattung der Glosse entfernt hatte. Neben den völlig neuen Inhalten und der deutschen Sprache ergeben sich denn auch zahlreiche stilistische Merkmale, in denen sich die sächsischen Glossen vom Typus der älteren gelehrten Glosse entfernten und der Kommentarliteratur annäherten.

Das sehr alte, ursprünglich aus dem Griechischen stammende Wort „*glossa*“ hat im Laufe der Zeit einen multiplen Bedeutungswandel erfahren. Bezeichnete es in Homers Epen noch das „Wort“ selbst, die Zunge, Sprache oder Rede (um 800 v. Chr.), und wandelte sich die Bedeutung bei den antiken Grammatikern zum „unverständlichen“ Wort, verstand man unter „*glossa*“ spätestens seit Isidor von Sevilla (um 600 n. Chr.) die „Erklärung“

---

tinorum in glosa“ (S. 1233 Z. 2); Gl LdR III 77 (85 § 1) *War mer lüde*: *„ut Insti. de fideiusso. et in glo. § si plures*“ (S. 1504 Z. 23 f.). Namentlich nehmen auf Accursius Bezug Gl LdR III 48 (54 § 2) *Alse men den koningh kezet*: *„alse Accursius secht Instit. de iure gencium § sed et.*“ (S. 1274 Z. 13 f.); Gl LdR III 56 (63 § 1) *Constantin*: *„Torne vppe Accursium, des sin desse wort in der ghemenen glosen, in autent. ut determinatus sit numerus clericorum § I super verbum conferens coll. I.*“ (S. 1338 Z. 9–11); Gl LdR III 72 (79 § 1) *Kezen ze dat*: *„Hir is yegen Instit. de jure gencium et in glosa § sed et quod,* […] *Dit lozet Accursius vnde secht:* […]“ (S. 1478 Z. 2 f., 6). – Der Lehnrechtsglossator zitiert die Accursische Glosse, meist in Anlehnung an die Buch’sche Glosse, in ganz ähnlicher Art und Weise, vgl. etwa LGl LnR 20 § 1: *„ut in auten. de restitucionibus et ea que parit in tempore § ii colla. v et in glosa que incipit jdem dico*“ (S. 353 Z. 10–12); LGl LnR 69 (68 § 9): *„ut Institu. de libertinis in glo. § libertinorum*“ (S. 965 Z. 8); LGl LnR 72 (71 § 11): *„ut in auten. de restitu. et ea que parit in glosa que incipit idem dico*“ (S. 1027 Z. 2 f.). Namentlich nimmt auf Accursius Bezug LGl LnR 4 § 1: *„als vns Accursius spricht*“ (S. 104 Z. 15) und später LGl LnR 4 § 2 *„also vns Accursius spricht yn syner glosen obir Institu. de iure gen. ŏber den § sed quod principi*“ (S. 121 Z. 16 – S. 122 Z. 2) sowie LGl LnR 55 § 2: *„als vns Accursius spricht yn syner glosen vff den titulum de iure gencium § ex non scripto*“ (S. 731 Z. 8–10).

375) Vgl. oben S. 319 ff.

eines solchen dunklen Ausdrucks[376]. In der frühen Rechtswissenschaft des 12. und 13. Jahrhunderts meinte der Begriff dann die Erklärung schlechthin. Aus einzelnen *glossae*, die zunächst noch vereinzelt in Form von Interlinear- oder Marginalglossen in die Rechtstexte notiert worden waren, später aber zu größeren Glossenapparaten in Rahmenformaten um den Text herum anwuchsen, entwickelte sich in enger Wechselwirkung mit den Methoden des Bologneser Rechtsunterrichts die Literaturgattung der Glosse[377]. In der finalen Gestalt der *Glossa ordinaria* des Accursius verbanden alphabetisch gereihte Buchstabenpaare die Glossenerläuterungen mit den zugehörigen Stichworten im Text. Obwohl die Entwicklung insgesamt von der knappen Wort- oder Sacherklärung hin zu einer umfassenden Problemerörterung ging, stellt sich die Accursische Glosse noch immer als Ansammlung überwiegend sehr kurzer, zusammenhanglos aneinandergereihter Einzelglossen dar[378].

Von der Gestalt dieser gelehrten *Glossa ordinaria* unterscheiden sich die sächsischen Glossen nun schon rein äußerlich. Sie umrahmen den Text nicht, sondern folgen den Artikeln bzw. Kapiteln des glossierten Rechtsbuchs in einem fortlaufenden Text optisch abgesetzt nach[379]. Während die Accursische Glosse noch eine Auflistung relativ zusammenhangloser Einzelglossen bietet, verbinden sich die jeweils aufeinander folgenden Passagen in Buch'scher Glosse, Lehnrechtsglosse und Weichbildglosse viel stärker zu einem zusammenhängenden Text. Weil sie aus einem Guss verfasst wurden, bauen die Abschnitte der sächsischen Glossen in der Regel auch inhaltlich logisch aufeinander auf. Und schon an ihrer Länge zeigt sich, dass die säch-

376) Zur Begriffsgeschichte GENZMER, Iustinianische Kodifikation S. 390 Anm. 205; KAUFMANN, Glossen zum Sachsenspiegel – Brücken S. 64; LANGE, Glossatoren S. 118 f.; MEINEKE, Art. Glossen, in: ^{2}HRG II Sp. 412; MUNSKE, Art. Glosse, in: HRG I Sp. 1712; V. SAVIGNY, Geschichte des Römischen Rechts III S. 561–564.

377) Zum engen Zusammenhang zwischen den Unterformen der Glosse mit den Methoden des Bologneser Rechtsunterrichts vgl. DOLEZALEK, Les gloses des manuscrits de droit; WEIMAR, Legistische Literatur und Methode des Rechtsunterrichts; sowie bereits oben S. 283 f. und oben S. 301 f. Zusammenfassend zum Typus der Glossenliteratur WEIMAR, Legistische Literatur der Glossatorenzeit S. 168–171.

378) Über die Accursische Glosse im Überblick WEIMAR, Legistische Literatur der Glossatorenzeit S. 173–175, und ausführlich LANGE, Glossatoren S. 345–385 m. w. N.

379) Diesen Aspekt betonen auch KROESCHELL / CORDES / NEHLSEN-VON STRYK, Deutsche Rechtsgeschichte II S. 233 (mit Faksimileabdruck einer charakteristischen Handschrift der Buch'schen Glosse). In den Handschriften der längeren Lehnrechtsglosse folgt die Glosse dem Text kapitelweise. Einige Handschriften der kürzeren Lehnrechtsglosse (Da, Dr_2, L_2, J und C) überliefern die fortlaufende Glosse gar ohne jede Beigabe des Textes. Auch dann folgen die Glossenwerke allerdings inhaltlich der durch den glossierten Rechtstext vorgegebenen Kapitelreihenfolge.

sischen Glossen bereits sehr viel umfangreichere Abhandlungen zu geschlossenen Themenkreisen bieten, die mit den Accursischen Katalogen singulärer, knapp gefasster Erläuterungen nur noch begrenzt vergleichbar sind.

Johann von Buch hat eine Anbindung seiner Landrechtsglosse an die konkret erörterten Sätze des Sachsenspiegelartikels durch einleitende Wiederholungen von Textstichworten erreicht[380]. Gleichwohl enthält die Buch'sche Glosse über weite Teile keine Glossierungen im klassischen Sinn einer Texterklärung. Häufig handelt es sich vielmehr um geschlossene Abhandlungen, die den Grundgedanken eines Artikels oder eines bestimmten Rechtsinstituts im Ganzen nachspüren. Die Textstichworte haben hier nur noch Alibifunktion. Schon Bernd Kannowski bemerkte daher, mitunter spielten „die Textstichworte, also das entscheidende Stilmerkmal einer Glosse [...] ersichtlich keine Rolle."[381] Dass das Prinzip der Textstichworte allmählich ausgedient hatte, zeigt sich noch deutlicher an seiner Mutation in der Lehnrechtsglosse. An sich hatte der Lehnrechtsglossator versucht, das Johann'sche Verweissystem fortzuführen. Durch allzu häufigen Verzicht auf die Wiedergabe von Textstichworten und durch umfangreiche Paraphrasierungen ganzer Kapitel verfälschte er diese Methode aber so stark, dass sich die Lehnrechtsglosse – anders als die Buch'sche Glosse – kaum noch sinnvoll nach Textstichworten zitieren lässt. Die besonders umfangreiche Glossierung zu LnR 4 etwa, die sich in der Handschrift Wo über 16 und im Augsburger Druck von 1482 über zehn Seiten erstreckt, bietet insgesamt gerade einmal fünf klassische Textstichworte[382]. Zum Vergleich: Die *Glossa ordinaria* durchläuft zu dem von Glosse LnR 4 eingangs zitierten, etwa gleich langen Titel Inst. 1, 3 *De iure personarum* auf nur zwei Druckseiten bereits ganze 21 alphabetisch geordnete Textstichworte[383]. Auch die Lehnrechtsglosse hatte sich also von den glossentypischen Aneinanderreihungen einzelner, knapp verfasster Textanmerkungen ein gutes Stück weg und hin

---

380) Vgl. zum Verweissystem der sächsischen Glossen noch unten S. 399 f.

381) KANNOWSKI, Umgestaltung S. 523.

382) LGl LnR 4 nennt die Textstichworte „*Wenne aber dy Dúczschen eynen koning kyszen* et cetera" (S. 109 Z. 4 f.); „*Ouch sal dar faren ein iczlich man mit syme hern* et cetera" (S. 137 Z. 1 f.); „*Der man sal ouch deme hern dynen* et cetera" (S. 137 Z. 15); „*Wer ouch eyn pfert adir synes gutis icht syme herren gelegen hat* et cetera" (S. 143 Z. 11 f.) und „*Wegert ouch der herre synem manne* et cetera" (S. 145 Z. 14); vgl. daneben allerdings noch weitere, versteckte, teils wiederholende Textzitate (S. 104 Z. 7–10; S. 107 Z. 13 f.; S. 110 Z. 2 f.; S.126 Z. 14 – S. 127 Z. 2; S. 128 Z. 5–11; S. 137 Z. 7–14; S. 137 Z. 17 f.; S. 141 Z. 1 f.; S. 145 Z. 17–19).

383) *Glossa ordinaria* zu Inst. 1, 3 *De iure personarum* (k–o; a–m; –pvs ivris V/2, Lyon 1627, Inst. Sp. 25–28).

zu einer Collage aus ausführlicheren Sacherklärungen und Problemerörterungen bewegt.

Die sächsischen Glossen eifern der Accursischen Glosse und den übrigen gelehrten Standardglossen nach. Insofern fallen sie selbst in die Kategorie der Glosse. Gleichzeitig legten die sächsischen Juristen des 14. Jahrhunderts die gelehrten *Glossae ordinariae* aber bereits zugrunde und müssen insofern als „postglossatorisch" gelten. Das fortgeführte, an vielen Stellen aber überflüssig gewordene Verweissystem der sächsischen Glossen führt vor Augen, dass sich die Quellengattung der Glosse wissenschaftsgeschichtlich allmählich überholt hatte und im Begriff war, in neue Literaturformen überzugehen. Der Unterschied zwischen den wissenschaftlichen Methoden der Glossatoren und der Kommentatoren darf indes „nicht überbetont werden und entzieht sich einer schlagwortartigen Erfassung."[384] Bei fließenden Übergängen lässt sich an der Gattung des Kommentars ihre größere Entfernung vom Text, der Rückgang exegetischer Bestandteile und eine wachsende Bedeutung problemorientierter, sachbezogener Darstellung hervorheben[385]. Die Figur der *quaestio* gewinnt an Bedeutung[386]. Die Glossen zum sächsischen Recht spiegeln solche Merkmale durchaus wider. Schon Bernd Kannowski konnte in übergreifenden Abhandlungen in der Buch'schen Glosse, die größeren Gesamtzusammenhängen nachspüren, solche Ansätze zur Ordnung des Materials feststellen[387]. Mehr noch als Johann von Buch bedient sich der Lehnrechtsglossator der Figur der *quaestio*, um rechtliche Zweifelsfragen teilweise seitenlang aus jeder erdenklichen Perspektive zu beleuchten[388]. Den Schritt, sich vollends vom kommentierten Text zu lösen, vollzogen die sächsischen Glossen indes noch nicht. Wenn das Prinzip auch verwässerte, behielten sie das Verweissystem durch Wiederholung von Textstichworten doch bei. Vor allem aber hielten sie an der von den sächsischen Rechtsbüchern vorgegebenen Artikel- bzw. Kapitelreihenfolge fest[389]. Ihrem äußeren Aufbau nach handelt es sich bei den sächsischen Glossen noch immer um textbezogene, exegetische und nicht um sachorientierte, nach Themen gliedernde Literatur. Die sächsischen Autoren wandten dabei eben jene Stilfiguren an, die man sie im 14. Jahrhundert an der Universität gelehrt

384) HORN, Legistische Literatur S. 262.

385) HORN, Juristische Literatur S. 94; DERS., Legistische Literatur S. 262 f.; LANGE / KRIECHBAUM, Kommentatoren S. 361–363 und zu verschiedenen Formen des Kommentars S. 374–378. Über die Anfänge dieser Entwicklung WEIMAR, Legistische Literatur und Methode des Rechtsunterrichts S. 70, 75 f.

386) LANGE / KRIECHBAUM, Kommentatoren S. 369–374.

387) KANNOWSKI, Umgestaltung S. 521–523, vgl. aber auch insgesamt S. 497–525.

388) Vgl. zur Figur der *quaestio* in der Lehnrechtsglosse unten S. 414 ff.

389) So für die Landrechtsglosse schon KANNOWSKI, Umgestaltung S. 529 f.

hatte. Anders als die Kommentare des Bartolus (um 1347/48) und des Baldus (um 1385), die zwar noch der Legalordnung des *Corpus iuris* folgen, auf die begleitende Wiedergabe des Textes aber schon ganz verzichten[390], geben die meisten Handschriften und die späteren Druckausgaben der sächsischen Glossen vor der Glosse auch wenigstens noch den glossierten Text selbst wieder.

Insgesamt stellen die sächsischen Glossen somit Arbeiten dar, die einerseits zeitlich gesehen bereits eindeutig in die Periode der Kommentarliteratur fallen, die andererseits aber rückwärtsgewandt bewusst die Anlehnung an die Tradition der älteren, gelehrten *Glossae ordinariae* suchen. Ihrem Selbstverständnis nach und auch im Bild ihrer Nachwelt – das zeigen die Werkbezeichnungen – handelt es sich um „Glossen" zum Sächsischen Recht. Gleichzeitig haben die sächsischen Glossen mit den klassischen Ansammlungen von Einzelglossen der Accursischen Glosse nicht mehr viel gemein. Viel eher gleichen sie mit ihren umfangreichen *quaestiones*, Aufzählungen, ausführlichen Beispielsfällen und geschlossenen Abhandlungen den groß angelegten Erläuterungswerken ihrer Zeit. Die sächsischen Glossen, so könnte man sagen, sind von Kommentatoren geschriebene Glossen. Sie dürfen weder mit der traditionellen gelehrten Glosse noch mit dem klassischen gelehrten Kommentar gleichgesetzt werden. Vielmehr müssen sie als das begriffen werden, was sie sind: Eine Quellengattung eigener Art.

3. Quellen der Lehnrechtsglosse

Allegationen sind das „Markenzeichen des mittelalterlichen gelehrten Juristen"[391]. Traditionell bieten rechtswissenschaftliche Arbeiten – „je später je mehr"[392] – eine Fülle solcher Verweise auf andere Rechtsquellen. Allegationen dienten als Autoritätsargument, verorteten das Werk in größeren Kontexten und stellten die Gelehrsamkeit des Autors unter Beweis. Sie stützten Behauptungen oder enthielten auf den ersten Blick widersprechende, mit der besprochenen Stelle vom Autor sodann in Einklang zu bringende Aussagen. Regelmäßig wurden dabei bloß die zum Auffinden der in Be-

390) LANGE / KRIECHBAUM, Kommentatoren S. 723 f., 787 f. Die Kommentare des Bartolus und des Baldus gliedern im frühneuzeitlichen Druck durch Überschriften der kommentierten Titel und durch Textstichworte zur Bezeichnung des konkreten Fragments.

391) WETZSTEIN, Der Jurist S. 264.

392) KANTOROWICZ, Allegationen S. 81.

zug genommenen Rechtssätze erforderlichen Angaben, nicht aber auch Zitate im Sinne wörtlicher Wiedergaben eingefügt[393].

Auch die sächsischen Glossatoren bedienen sich der charakteristischen mittelalterlichen Zitierweise. Bernd Kannowski hat beschrieben, in welch unterschiedlichen Funktionen die Allegationen in der Buch'schen Glosse zum Einsatz kommen. Hier übersetzt und paraphrasiert Johann von Buch gelehrte Rechtssätze, dort zieht er sie in abstrahierter, individueller Form als juristisches Argument heran[394]. Dabei reagiert Johann gleichermaßen auf zwei Erzählebenen auf die spezifischen Bedürfnisse seines Leserkreises. Während verhältnismäßig einfach gehaltene Hinweise grundsätzlich geeignet sind, auch dem des Latein nicht notwendigerweise mächtigen Rechtspraktiker Auskunft zu geben, richtet sich Johann mit komplizierteren, von gelehrten Allegationen unterfütterten Gedankengängen speziell an den studierten Rechtsgelehrten[395]. Um Johanns Ausführungen in Gänze zu verstehen, ist es notwendig, die allegierten Rechtssätze in den lateinischsprachigen römischen und kanonischen Gesetzesbüchern nachzuschlagen. Allegationen des gelehrten Rechts förderten allerdings nicht bloß das theoretische Verständnis der Materie, sie dienten auch einer substantiierten Geltendmachung vor Gericht. In seinem Glossenprolog erklärt Johann, er wolle durch Aufzeigen der Stützen im gelehrten Recht die Anwendung des Sächsischen Rechts im geistlichen Gericht erleichtern[396]. Allegationen waren jenes Arsenal, mit dem der gelehrte Jurist seinen Standpunkt in Wort und Schrift verteidigte. Ihre Funktion als Argumentationsmaterial kommt in Glosse LdR III 67 (75 § 1) *An eghene* besonders plastisch zum Ausdruck. Johann von Buch beschließt dort eine ausschließlich auf Land- und Lehnrecht gestützte Ausführung zum Leibgedinge an Lehen mit einem isoliert am Ende hinzugesetzten Allegationenblock: „*Bedarfstu der, so ze dat hire* […].“[397] Johann

393) Eine bemerkenswerte Ausnahme bilden deshalb die ausgeschriebenen Zitate in den „Wurm'schen“ Redaktionen der Landrechtsglosse (OPPITZ, Rechtsbücher II Nr. 861, sog. „Große Görlitzer Handschrift“, Krakau BJ Przyb. 42/60) und der Lehnrechtsglosse (OPPITZ, Rechtsbücher II Nr. 1295d, sog. Codex „Liegnitz II“, Berlin SBB-PK Hs. 392, und OPPITZ, Rechtsbücher II Nr. 1234, Prag KNM I E a. 17); vgl. dazu bereits oben S. 224 f. und oben S. 227.

394) KANNOWSKI, Umgestaltung S. 561.

395) Vgl. KANNOWSKI, Umgestaltung S. 568, über Gl LdR III 12 § 1 *Swe vppe den* (S. 1005 Z. 1 – S. 1007 Z. 8).

396) Gl LdR, Glossenprolog (S. 103 V. 201 f.).

397) Gl LdR III 67 (75 § 1) *An eghene* (S. 1421 Z. 11 – S. 1422 Z. 4) mit Allegationen von Inst. 2, 8 pr.; Cod. 5, 13, 1, 15; Cod. 5, 12, 5; Cod. 5, 16, 1; Cod. 5, 23, 1; Dig. 23, 5, 3; Dig. 23, 5, 4; Inst. 4, 6, 29; Nov. 97, 3 und Nov. 61, 1. Ausführlich zu dieser Glossenstelle unten S. 570 ff.

schiebt seiner Abhandlung zehn zum Leibgedinge passende Allegationen des gelehrten Rechts hinterher, um einen Fundus anzubieten, aus dem sich der Leser für seine jeweiligen eigenen Zwecke wie aus einem Werkzeugkasten bedienen kann.

Wie Johann von Buch wendet auch der Glossator des Lehnrechts die Methode der Allegationen an. Dabei stützt er sich wesentlich auf die Rechtstexte des *Corpus iuris* und des kanonischen Rechts. Gerade diese erstmalige Verknüpfung zwischen dem einheimischen Sächsischen und dem gelehrten römisch-kanonischen Recht ist der bedeutendste Entwicklungsschritt, den die *iurisprudentia romano-saxonica* des 14. Jahrhunderts vollzieht. Der methodische Ansatz erklärt sich aus der besonderen Situation, in der sich die spätmittelalterlichen gelehrten sächsischen Juristen wiederfanden[398]. An den italienischen und französischen Universitäten hatten alle dasselbe Programm des *ius commune* studiert. Alle bedienten sich derselben Wissenschaftssprache Latein und legten ihren Studien dieselben Basistexte des römischen und kanonischen Rechts zugrunde. Nach ihrer Rückkehr in die Heimat mussten sich die gelehrten Juristen indes mit völlig andersartigem Stoff beschäftigen. Das einheimische Recht war nie Gegenstand ihrer Ausbildung gewesen. Gleichwohl verlangten seine Anwendung und seine wissenschaftliche Durchdringung nach Auslegung. Nichts lag näher, als in einer solchen Lage die Maßstäbe des römisch-kanonischen Rechts auch an das einheimische Recht anzulegen und eben jenes im Studium erlernte Handwerkszeug anzuwenden[399]. Jurisprudenz hatte sich entlang der gelehrten Rechtstexte entwickelt. Man berücksichtigte sie aber auch, als man sich neuen Objekten zuwandte.

Dass sich in den Glossen zum Sächsischen Recht Allegationen des gelehrten Rechts finden, erklärt sich somit recht zwanglos aus dem Bildungshintergrund der gelehrten Juristen. In der Glossierung der sächsischen Rechtstexte war zum römischen und kanonischen Recht nun außerdem aber noch ein dritter Rechtskreis hinzugetreten: der des Sächsischen Rechts. Tatsächlich „allegieren“ die sächsischen Glossatoren neben den Texten des *Corpus iuris* und des kanonischen Rechts auch sächsische Rechtssätze. Im Fall der Lehnrechtsglosse überwiegen dabei Remissionen (Querverweise) auf das glossierte Lehnrecht selbst. Interessant zu beobachten ist, dass die sächsischen Rechtsbücher in ihrer wissenschaftlichen Durchdringung dabei selbst zu einer prinzipiell gleichberechtigten Quelle neben den römischrechtlichen und kanonischen Texten aufsteigen. Die sächsischen Glossen fügen sich da-

398) Vgl. bereits oben S. 312 ff.

399) Ähnlich beschreibt auch BELLOMO, Probleme S. 19 f., die Situation des heimkehrenden studierten Juristen.

mit in ein Bild, dass Karl Kroeschell auch aus Gutachten und Schiedssprüchen des 14. und 15. Jahrhunderts gewonnen hat: Der Sachsenspiegel wird dort „regelrecht allegiert“[400], und zwar teilweise in einem Atemzug mit Sätzen des *ius commune*. Offenbar konnte man sich nach Belieben auf Sächsisches und gelehrtes Recht stützen. Dass die sächsischen Rechtsbücher zu gleichberechtigt anerkannten Quellen der Rechtswissenschaft aufrücken, dürfte ein bereits in den sächsischen Glossen begründetes und dort wirkträchtig verankertes Phänomen darstellen. Zwar zeigt das erwähnte Beispiel eines nachgeschobenen Allegationenblocks in Glosse LdR III 67 (75 § 1) *An eghene*[401], dass das gelehrte Recht gegenüber dem einheimsichen Recht sehr wohl eine hervorgehobene Rolle als besonderer Autoritätsgarant behielt. Im Übrigen verwiesen die Sächsischen Glossatoren aber nahezu beliebig wechselnd auf römisches, kanonisches und Sächsisches Recht. Ein eindrückliches Beispiel für eine solche Vermengung einheimischen und gelehrten Rechts in den Allegationen liefert uns Glosse LnR 9. Der Lehnrechtsglossator hat darin fünf wissenswerte Aspekte rund um den Fürsprecher im Lehngericht zusammengetragen: Was ist ein Fürsprecher? Wer darf Fürsprecher sein? Wer nicht? Wozu wird ein Fürsprecher eingesetzt? Auf welche Weise erfolgt seine Bestellung?[402] Der Glossator beantwortet diese Fragen unter Berufung auf die verschiedensten Rechtsquellen. Dass keinen Fürsprecher mehr nehmen darf, wer sich bereits durch *antwurt* auf die Klage eingelassen hat, begründet der Glossator etwa unter Hinweis auf LnR 68 (67 § 5 Satz 3), C. 1 q. 3 c. 8 und X. 1, 38, 7:

> *„Ouch söllen dy keynen vorsprechen haben, dy selbist begunst haben czu antworten, ut jnfra LXVIII c. §* vorsprechen vorteilt man, *et I q. III <c.> salvator, et extra de procura. <c.> quia in causis.“*[403]

Auch dürfe nicht Fürsprecher sein, wer bereits als Urteiler am Lehngericht beteiligt ist, fügt der Glossator unter Berufung auf Cod. 1, 51, 14 hinzu[404]. In der gesamten Passage werden in ganz gleicher Manier römische, kanoni-

---

400) KROESCHELL, Rechtsaufzeichnung und Rechtswirklichkeit S. 375.

401) Gl LdR III 67 (75 § 1) *An eghene* (S. 1421 Z. 11 – S. 1422 Z. 4), vgl. oben S. 340.

402) LGl LnR 9 § 1 (S. 196 Z. 1 – S. 198 Z. 12). Die Stelle lehnt sich an Gl LdR I 59 (60 § 1) *Ane vorsprecken* (S. 421 Z. 10 – S. 425 Z. 14) an. Weil der Lehnrechtsglossator seine Ausführungen aber an die Besonderheiten des Fürsprechers im Lehngericht anpasst, weicht er zum Teil erheblich von der Buch'schen Vorlage ab.

403) LGl LnR 9 § 1 (S. 197 Z. 7–10).

404) LGl LnR 9 § 1 (S. 197 Z. 10–13): *„Ouch mag der keyn vorspreche gesyn, der yn gerichte gesessen hot czu lehnrechte vnde georteilt hot, ut C. de assessoribus l. ult.“*

sche und sächsische Rechtssätze bunt zusammengewürfelt[405]. Als einschlägige Rechtsquellen und anerkannte Argumente ließen sich offenbar sämtliche Texte des einheimischen und des gelehrten Rechts gleichermaßen heranziehen.

Im Folgenden werden die verschiedenen Quellen der Lehnrechtsglosse genauer in den Blick genommen. Sie verteilen sich auf die drei Rechtskreise des einheimischen, des römischen und des kanonischen Rechts. Teilweise wurden die Allegationen aus der Buch'schen Glosse kopiert, teilweise stammen sie aber auch vom Lehnrechtsglossator selbst. Einer Bestandsaufnahme der zitierten Rechtsquellen der Lehnrechtsglosse folgen deshalb Reflexionen über die besonderen Bedeutungen der Buch'schen Glosse und des gelehrten *ius feudale*.

a) Zitierte Rechtsquellen

Um Aufschluss über den Quellenhorizont des Lehnrechtsglossators zu geben, wird zunächst eine Bestandsaufnahme der vom Glossator ausdrücklich zitierten Quellen aufgestellt[406]. Eine solche Analyse hatte nach bisherigem Forschungsstand nur provisorischen Charakter, bot doch das Quellenverzeichnis der Edition der kürzeren Lehnrechtsglosse nur einen mehr oder weniger repräsentativen Ausschnitt vom Quellenspektrum der maßgeblichen Klasse L. Demgegenüber enthält der Augsburger Druck von 1482, der als behelfsmäßige Textgrundlage für die längere Lehnrechtsglosse heranzuziehen war, vielfache Zitier- und Abschreibefehler[407]. Außerdem ergaben sich Schwierigkeiten aus versteckten späteren Zusätzen, die aus fremden Randbemerkungen handschriftlicher Vorlagen in den fortlaufenden Text des Augsburger Drucks geflossen sind[408]. Diese Probleme sind mit Erscheinen

405) LGl LnR 9 § 1 (S. 196 Z. 3 – S. 198 Z. 12) allegiert in dieser Reihenfolge Dig. 3, 1, 1, 2; C. 3 q. 7 c. 2 § 1; C. 3 q. 7 c. 1; Cod. 2, 6, 8; Dig. 3, 1, 1, 8; Dig. 3, 1, 1, 6; LnR 68 (67 § 5); C. 1, q. 3 c. 8; X. 1, 38, 7; Cod. 1, 51, 14; LnR 22 § 1; LnR 2 § 2; Dig. 3, 1, 1 (?); LnR 68 (67 § 6); Cod. 2, 9, 2; LnR 68 (67 § 5); C. 3 q. 7 c. 2 § 13.

406) Vgl. insbesondere das Quellenverzeichnis bei KAUFMANN, LGl LnR S. 1223–1266. Über die Quellenzitate der Lehnrechtsglosse DERS., Einleitung, KGl LnR S. XXI; DERS., Einleitung, LGl LnR S. XXIX; DERS., Glossen zum Sachsenspiegel-Lehnrecht S. 286. Über die Quellenzitate der Buch'schen Glosse DERS., Einige Bemerkungen S. 173–182; DERS., Glossen zum Sachsenspiegel – Brücken S. 75; PÖTSCHKE, Glossen S. 167.

407) [Sächsisches Weichbild...], Augsburg 1482. Über die Ursachen verderbter Allegationen KAUFMANN, Einige Bemerkungen S. 175.

408) Dass der frühe Druck der Lehnrechtsglosse Interpolationen aufgenommen hat, beweist sich ohne weiteres an einem vereinzelt dort auftretenden Zitat des Baldus in län-

der wissenschaftlichen Edition der längeren Lehnrechtsglosse mit ihrem detaillierten Fußnotenapparat und ihrem ausführlichen Quellenverzeichnis weitestgehend beseitigt worden[409]. Zu beachten bleibt, dass das Quellenverzeichnis der Kaufmann'schen Edition nicht zwischen Rechtszitaten einerseits und Hinweisen des Editors auf möglicherweise stillschweigend zugrunde gelegte Parallelstellen andererseits unterscheidet. Die quantitativen Verhältnisse der expliziten Allegationen lassen sich aus dem Verzeichnis somit nicht ablesen. Besonders aufschlussreich ist der zusätzliche Titelindex am Schluss der Edition, welcher einen guten Eindruck von der Verteilung der Zitate auf die verschiedenen Rechtsquellentitel gibt[410].

1. Remissionen und „Allegationen" des einheimischen Rechts

Zunächst werden diejenigen Quellen der Lehnrechtsglosse zusammengetragen, die sich dem einheimischen Rechtskreis zuordnen lassen. Das einheimische Recht wird dabei in einem weitesten Sinn verstanden und umfasst daher neben dem Sächsischen auch jüngeres Reichsrecht. Demselben Themenkomplex lässt sich außerdem noch ein Werk einheimischer Geschichtsschreibung hinzurechnen.

Sächsisches Lehnrecht und Lehnrechtsglosse. Unter den Quellen des einheimischen Rechtskreises ist allen voran das Sächsische Lehnrecht selbst zu nennen. Die Lehnrechtsglosse ist voller Remissionen (Querverweise) auf andere Kapitel des Sächsischen Lehnrechts, die den Leser auf weitergehende Informationen an weiter entfernten Stellen des Rechtsbuchs verweisen wollen. Sie sind insgesamt geeignet, eine innere Kohärenz des Lehnrechtsbuchs aufzuzeigen. Der Glossator zitiert das Lehnrecht regelmäßig nach der Nummer des Kapitels („*c.*" für *capitulum*) und dem Initium des konkret in Bezug genommenen Rechtssatzes. Außerdem leitet er die Querverweise auf Lehn-

---

gerer Glosse LnR 6: „*de quo vi bald*[us] *in co*[n]*stitu. imp*[er]*a. de prohibi fen. alie. p*[er]*fici in .§. j.*" ([Sächsisches Weichbild...], Augsburg 1482 fol. XIV^{rb}). Gemeint ist die *Lectura super usibus feudorum* des Baldus de Ubaldis zu L.F. II 54 pr. oder II 54, 1 (BALDUS, Super feudis, De prohibita feudi alienatione per Fridericum, § Imperialem oder § Callidis fol. LXXVIII^{ra} – fol. LXXIX^{va}). Über den Lehnrechtskommentar des Baldus vgl. im Überblick LANGE / KRIECHBAUM, Kommentatoren S. 789 f.; zur Datierung DANUSSO, Ricerche S. 9. Weil Baldus die angeführte *Lectura super usibus feudorum* erst 1393 und damit nach Abfassung der Lehnrechtsglosse fertiggestellt hat, muss es sich um eine Notiz eines späteren Redaktors handeln. Naturgemäß fehlt das Zitat in der älteren Handschrift der „Wurm'schen" Glosse LnR von 1386/87 (Berlin SBB-PK Hs. 392 fol. 176^{r}). Tatsächlich ist es erstmals in einer handschriftlichen *additio* in Handschriften der Klasse L nachweisbar (KAUFMANN, LGl LnR S. 165 Var. q).

409) KAUFMANN, LGl LnR, insbesondere S. 1223–1266.

410) KAUFMANN, LGl LnR S. 1198–1216.

rechtskapitel mit einem charakteristischen *„ut supra“* („wie oben“) bzw. *„ut jnfra“* („wie unten“) ein. Eine typische, wahllos herausgegriffene Remission der längeren Glosse LnR 5 auf LnR 7 § 6 lautet somit: *„ut jnfra c. VII* iczlich vnbewiset gut“[411]

Nicht sehr häufig, in der der Handschrift Wo aber immerhin zwölfmal, verweist der Glossator auch speziell auf die Lehnrechtsglosse. Die eigene Arbeit wird ohne genauere Spezifizierung der konkret in Bezug genommenen Glossenstelle mit Kapitelnummer (*„c.“*) und einem schlichten *„in glosa“* gekennzeichnet. Weil der Glossator sein Werk nicht konsequent durch Textstichworte gliedert, ließ sich die Lehnrechtsglosse auch nicht sinnvoll nach Lemmata zitieren. Ein Verweis der Glosse LnR 3 auf die in Glosse LnR 4 enthaltene Kaisereidformel beispielsweise lautet daher ganz allgemein gefasst: *„ut jnfra c. IIII in glo.“*[412]

Sachsenspiegel-Landrecht und Buch'sche Glosse. Von den Remissionen auf Lehnrecht und Lehnrechtsglosse sind Zitate des Sachsenspiegel-Landrechts und der Buch'schen Glosse zu unterscheiden. Im Text der längeren Lehnrechtsglosse nach der Handschrift Wo sind solche expliziten Zitate überhaupt nicht vorhanden. Obwohl der Glossator das Landrecht in der Lehnrechtsglosse intensiv verarbeitet und aus Landrechtsartikeln mitunter ganze Passagen paraphrasierend übernimmt, finden sich lediglich zwei ganz

---

411) LGl LnR 5 § 2 (S. 163 Z. 5). Weitere typische Beispiele sind etwa LGl LnR 7 § 1: *„ut supra c. V* § der das gedinge daran hat *et cetera* [...] *ut jnfra c. XIII* § ap der herre“ (S. 179 Z. 7–9) mit Verweis auf LnR 5 § 2 Satz 2 und LnR 13 § 1 oder LGl LnR 14 § 4: *„ut jnfra c. LXIX* § nympt man eynem manne, *et supra e. c. III* § der man sal deme hern by pflicht hulde thun“ (S. 303 Z. 14 f.) mit Verweis auf LnR 69 (68 § 2) und LnR 3. Auch ein einfaches *„ut supra“* kommt vor, vgl. LGl LnR 7 § 6 (S. 188 Z. 4). Remissionen auf das Lehnrecht finden sich in der Lehnrechtsglosse zuhauf.

412) LGl LnR 3 (S. 98 Z. 4); gemeint ist der Kaisereid in LGl LnR 4 § 2 (S. 119 Z. 6 – S. 121 Z. 5). Bei den übrigen elf Remissionen der Handschrift Wo auf die Lehnrechtsglosse handelt es sich um: LGl LnR 12 § 2: *„daz vint man supra e. c. II in glo.“* (S. 257 Z. 4); LGl LnR 19 § 2: *„daz vint man supra c. II in glosa“* (S. 348 Z. 5); LGl LnR 20 § 3: *„also man vint in der g(losen) supra e. c. II“* (S. 358 Z. 8 f.); LGl LnR 21 § 2: *„das habe wir hir vor vsz gelegit“* (S. 363 Z. 1 f.); LGl LnR 22 § 1: *„das habe wir vsz geleit hir vor vff das vierde capittel“* (S. 375 Z. 13); LGl LnR 23 § 1: *„Als ich ouch habe gesprochen vff das neste capittel, do ich sprach: Ap ein man synem hern grosz lastir tete* [...]“ (S. 387 Z. 13 – S. 386 Z. 1); LGl LnR 30 § 2: *„als vor gesprochen ist“* (S. 502 Z. 8); LGl LnR 38 § 3: *„Von dissem vint man supra c. II in glo.“* (S. 583 Z. 1 f.); LGl LnR 59 § 1: *„daz vint man yn dem XXIII c. in glosa“* (S. 797 Z. 7 f.); LGl LnR 79 (76 § 8): *„das habin wir vsz gelegit vff das LXV capittil“* (S. 1073 Z. 4 f.) und LGl LnR 79 (78 § 6): *„das habin wir vor usz gelegit yn der gloszin c. LV“* (S. 1073 Z. 12 f.).

allgemein gehaltene Verweise *„vorbasz yn das lantrecht“*[413] und auf *„keyser Karolus saczunge“*[414].

Demgegenüber finden sich in Form von Randnotizen in einigen Überlieferungsträgern der Lehnrechtsglosse Zitate des Landrechts und der Landrechtsglosse. Wie aus dem Variantenapparat der Edition der längeren Lehnrechtsglosse ersichtlich, sind dort verschiedentlich Konkordantien enthalten[415]. Dabei dürfte es sich um Zusätze von späterer Hand handeln. Hin und wieder sind diese auch in den Augsburger Druck von 1482 geflossen[416]. Es fällt auf, dass das Landrecht dabei nicht etwa wie das Lehnrecht mit dem Zusatz *ut supra* bzw. *ut infra* eingeleitet wird. Schon darin kommt die Eigenständigkeit zum Ausdruck, die die Zeitgenossen dem Landrecht als selbständigem Rechtsbuch gegenüber dem Lehnrecht einräumten[417]. Greifbar wird die Individualität von Land- und Lehnrecht als Rechtsquelle überdies in der Tatsache, dass man das Landrecht nach Buch und Artikeln (*„ar.“* oder Ähnliches für *articulum*), das Lehnrecht hingegen stets nach Kapiteln (*„c.“* für *capitulum*) zitierte. Ein in Randnotizen der Handschriften Wo und L_5 enthaltener Verweis zu längerer Glosse LnR 1 auf die Darstellung der Heerschildordnung in Ssp LdR I 3 lautet demnach etwa: *„vide li. I ar. III“*[418]

Immerhin drückt sich im Fehlen einer Buchangabe („Landrecht“) durchaus noch die thematische Nähe des Sächsischen Lehnrechts zum Sachsen-

413) LGl LnR 69 (68 § 9) (S. 960 Z. 13); gemeint ist der Bußgeldkatalog des Ssp LdR III 45.

414) LGl LnR 4 § 2 (S. 121 Z. 12); gemeint ist Ssp LdR III 54 § 2.

415) Vgl. etwa LGl LnR 2 (S. 63 Var. l, m, t und S. 64 Var. d, p, r) sowie LGl 45 § 1 (S. 630 Var. h) und als Beispiel für Verweise auf die Buch'sche Glosse LGl LnR 1 (S. 57 Var. i und S. 60 Var. m).

416) Längere Glosse LnR 1: *„vide li. j. arti. iij“* ([Sächsisches Weichbild...], Augsburg 1482 fol. I^{vb}); Glosse LnR 12: *„li. iij. ar. lxiij“* (ebenda fol. XXV^{ra}) und Glosse LnR 19: *„lantrecht ar vj.“* (ebenda fol. XXXIII^{vb}). Einen Sonderfall bildet LnR 2, dessen Kapiteltext im Druck von 1482 in ganz ungewöhnlicher Weise sechs Landrechtsallegationen und zwei Lehnrechtsremissionen aufgenommen hat: *„hast du l. primo articulo. xxxviij. Et articulo. xxxvij* [...] *vide libro primo ar. lj.* [...] *hast du libro primo articulo iij* [...] *vindest du libro primo articulo Tercio* [...] *hastu j*[nfra]. *c. lvj. et. lxxvj.* [...] *hast du. li. j. ar. iij.“* (ebenda fol. II^{vb}–III^{ra}). Da keines der anderen Kapitel diese Besonderheit zeigt, ist eine Überarbeitung durch einen späteren Bearbeiter zu vermuten. LnR 2 kommt in der ältesten Handschrift Be_3 der „Wurm'schen“ Lehnrechtsglosse (Berlin SBB-PK Hs. 392 fol. 155^r) ebenso wie in der Handschrift Wo der Klasse L (KAUFMANN, LGl LnR S. 63 Z. 2 – S. 65 Z. 11, vgl. aber die Konkordantien im Variantenapparat) jedenfalls ohne Verweise auf das Landrecht aus.

417) Vgl. dazu noch unten S. 533 ff.

418) LGl LnR 1 (S. 55 Var. k); vgl. auch längere Glosse LnR 1 ([Sächsisches Weichbild...], Augsburg 1482 fol. I^{vb}); gemeint ist Ssp LdR I 3.

spiegel-Landrecht aus. Der betreffende Bearbeiter ging davon aus, dass der Leser auch ohne Rechtsbuchbezeichnung ohne weiteres wusste, welche Rechtsquelle gemeint war. Dennoch handelt es sich bei den formal ganz unterschiedlich ausgestalteten Verweisen auf das Landrecht keineswegs mehr um klassische Remissionen innerhalb eines gemeinsamen Werkes. Das Sachsenspiegel-Landrecht wird vielmehr als eigenständige Rechtsquelle begriffen und deshalb auch genauso allegiert wie die übrigen sächsischen, römischen oder kanonistischen Rechtstexte.

Es fällt auf, dass auch die kürzere Lehnrechtsglosse an einigen Stellen durch Hinzufügung von Landrechtszitaten über den Text der längeren Lehnrechtsglosse hinausgeht. Glosse LnR 72 (71) etwa, die in den Handschriften der Klasse L ganz ohne Landrechtszitate auskommt, enthält in der Handschrift L_1 der Klasse K verschiedene, ganz und gar untypisch mit *„ut supra lantrecht libro* [...] *articulo* [...]“[419] gekennzeichnete Verweise in das Landrecht. Im selben Zusammenhang wird einmal auch explizit die Buch'sche Landrechtsglosse in Bezug genommen: *„ut supra lantrecht libro II articulo XXXI* wer von gerichtes halben *et cetera, et in glosa*“[420]. Gleichzeitig finden sich in kürzerer Glosse LnR 72 (71) bloß mit Initium zitierte oder gar systemwidrig mit *„articulo*“[421] bezeichnete Remissionen in das Lehnrecht. Die Zitierweise ist hier also ganz und gar uneinheitlich und lässt schon deshalb Einwürfe eines späteren Redaktors vermuten[422].

In welcher Handschrift der längeren Lehnrechtsglosse es sich im Einzelfall einmal um einen originären Verweis des Glossators selbst handeln könnte, ist nach der Überlieferungslage nicht zweifelsfrei zu entscheiden. Festhalten lässt sich aber, dass der Lehnrechtsglossator das Sachsenspiegel-Landrecht insgesamt als Quelle zwar benutzt, dabei jedoch allenfalls ganz spärlich zitiert hat. Noch frappierender stellt sich die Situation in Bezug auf die Landrechtsglosse dar: Die Buch'sche Glosse ist die wichtigste Quelle der Lehnrechtsglosse. Der Glossator hat sie über weite Strecken kopiert, colla-

---

419) KGl LnR 72 (71 § 7) (S. 559 Z. 9; ganz ähnlich auch S. 561 Z. 5 f., S. 562 Z. 16 f. und Z. 21 f.).

420) KGl LnR 72 (71 § 7) (S. 561 Z. 5 f.); gemeint ist Gl LdR II 31 § 1 *Swe zik zuluen van dem liue deit* (S. 722 Z. 9 – S. 723 Z. 3). Weder LGl LnR 72 (71 § 7) (S. 1022 Z. 8–12) noch „Wurm'sche“ Glosse LnR 72 (71) (Berlin SBB-PK Hs. 392 fol. 377rb) enthalten an dieser Stelle einen Verweis auf die Buch'sche Glosse.

421) KGl LnR 72 (71 § 5) (S. 558 Z. 7; ganz ähnlich S. 556 Z. 4, S. 557 Z. 10, S. 562 Z. 8 f., S. 563 Z. 7 und Z. 12).

422) Obwohl KGl LnR 72 (71) das Lehnrecht nach Artikeln zitiert (vgl. etwa S. 558 Z. 7), spricht sie gleichzeitig doch auch von einem *„capittulo*“ des Lehnrechts (S. 558 Z. 12). Der uneinheitliche Sprachgebrauch der Handschrift L_1 lässt Interpolationen vermuten.

giert oder modifizierend zugrunde gelegt[423]. All diese Übernahmen erfolgen jedoch stillschweigend. Ausdrücklich zitiert wird die Buch'sche Glosse im Text der Lehnrechtsglosse der Handschrift Wo kein einziges Mal.

Weichbild und Weichbildglosse. Magdeburger Weichbild und Weichbildglosse finden in der eigentlichen Lehnrechtsglosse nach der Handschrift Wo ebenfalls keine Erwähnung. Vereinzelte Verweise sind wiederum nur in Form von Zusätzen in einigen Handschriften enthalten. Konkordantien nehmen dort auf Weichbild und Weichbildglosse Bezug[424]. *Additiones* zu Glosse LnR 26 und Glosse LnR 56, die Weichbild samt Glosse verarbeiten, finden sich später auch im Glossentext des Augsburger Druckes von 1482 wieder[425]. In den Lehnrechtsglossen der Klassen K und W fehlen diese Bezugnahmen[426]. Offenbar hat der Lehnrechtsglossator Weichbild noch Weichbildglosse selbst noch nicht ausdrücklich zitiert. Ohne letzte Gewissheit erlangen zu können, ist auch eine stillschweigende Benutzung eher unwahrscheinlich. Auffällige Parallelen der Lehnrechtsglosse zum Magdeburger Weichbildrecht drängen sich jedenfalls nicht auf. Erst recht nicht lässt sich eine Kenntnis des Glossators von der Weichbildglosse beweisen.

---

423) Vgl. dazu unten S. 378 ff.

424) Etwa LGl LnR 46 § 1 (S. 639 Var. n) oder LGl LnR 19 § 1 (S. 337 Var. h). Vgl. im Übrigen die Nachweise bei KAUFMANN, LGl LnR S. 1266.

425) *Additio* LGl LnR 26 § 2 (S. 462 Var. a); vgl. dazu längere Glosse LnR 26: *„Alij habent gekoren et tunc intellige de in diuisis wich. ar. xxvj. in medio glose."* ([Sächsisches Weichbild...], Augsburg 1482 fol. XLVI^{vb}); gemeint ist Gl WbR 26 (Sp. 302). Im späteren Leipziger Druck des Christoph Zobel findet sich der Vermerk wieder in Form einer Randnotiz (ZOBEL, Sechsisch Weychbild und Lehenrecht, Leipzig 1537 fol. XLIV$^{rb\ (f)}$). – Vgl. außerdem *additio* LGl LnR 56 § 4 (S. 759 Var. t); dazu längere Glosse LnR 56 ([Sächsisches Weichbild...], Augsburg 1482 fol. LXXVIII^{vb}). Erörtert wird ein Katalog von Gegenständen, die in die Gerade der Frau fallen. In diesem Zusammenhang verweist der Autor der *additio* auf einen Fehler in Gl WbR 23 (Sp. 292 Z. 32–35), die entgegen WbR 26 auch Rinder zur Gerade zählt: *„Aber kůe, die her nuczende were zcu syme huszgesinde, dy gehôrn nicht czu der gerade noch wichbilde rechte, wichbild ar. XXVI in textu. Do hastu, das pfert vnde ryndere dy gehorn czu dem erbe, vnd nicht czu der gerade. Vnd dorvmbe so ist dy glo(se) falsch, dy do stehit wichbild ar. XXIII in glosa* [...]" (S. 759 Var. f). – Vgl. schließlich *additio* LGl LnR 56 § 4 (S. 760 Var. v); dazu längere Glosse LnR 56 ([Sächsisches Weichbild...], Augsburg 1482 fol. LXXVIII^{vb}). Die *additio* nimmt unter Verweis auf WbR 23 und Gl WbR 23 (Sp. 291 Z. 31–33) solches Leinen aus der Gerade aus, das gewerblich hergestellt worden ist: *„Js sie denne, das man dy liwat vff kouff geczugit hette, vnd wolde sie widder vorkoiffen. Vnd dorvmbe so spricht daz wichbilde ar. XXIII in textu et glosa."* (S. 760 Var. v).

426) Vgl. KGl LnR 56 § 4 (S. 404 Z. 3–8) und „Wurm'sche" Glosse LnR 56 (Berlin SBB-PK Hs. 392 fol. 315^{v} f.), die beide keinen Verweis auf Weichbild und Weichbildglosse enthalten.

***Constitutiones Alberti* und Glosse.** Weit plausibler als eine Orientierung des Lehnrechtsglossators am Magdeburger Weichbildrecht ist die Benutzung einer vierten Quelle des einheimischen Rechts. Nach der Fassung der Handschrift Wo beruft sich der Glossator des Lehnrechts insgesamt fünfmal auf die „*nuwe saczunge*“[427] eines Kaiser Albrechts. Gemeint ist der Mainzer Reichslandfrieden Friedrichs II. von 1235 in seiner durch König Albrecht I. erneuerten Fassung von 1298[428]. Ein unbekannter Bearbeiter hatte die sogenannten *Nove Constitutiones* oder *Constitutiones Alberti* punktuell erläutert und in vierzehn Einzelkonstitutionen unterteilt[429]. In solcher Rechtsbuchform war der Text von der Rechtswissenschaft des 14. Jahrhunderts rezipiert worden. Zu jener Zeit, möglicherweise aber erst nach Abfassung der Lehnrechtsglosse, erhielten die *Constitutiones Alberti* auch eine eigenständige Glosse[430]. Die Lehnrechtsglosse zitiert diese Landfriedensglosse allerdings nicht.

Genau genommen enthält der glossierte Text der *Constitutiones Alberti* gar nicht die erneuerte, um albertinische Zusätze erweiterte Landfriedensfassung von 1298[431]. Tatsächlich gibt sich der Text nur vordergründig als

427) Hier LGl LnR 77 (76 § 5): „*Als vns dy nuwe saczunge vsz sagit, dy vns keiser Albrecht gesaczt hat, dy sich alzo anhebit: Wir herre Albrecht et cetera.*“ (S. 1062 Z. 15 – S. 1063 Z. 1); vgl. außerdem noch LGl LnR 2 § 1: „*also keiser Albrecht yn syner saczunge berůrt hath, dy wir dy nuwe saczunge heysen, dy sich anhebit: Wir her Albrecht*“ (S. 77 Z. 6–8); LGl LnR 11 § 3: „*Also keyser Albrecht yn syner saczunge gesaczt hot, das alle czôlle sôllen abegelegit syn* […]“ (S. 232 S. 7 f.) und später noch einmal: „*also keyser Albrecht saczte yn der nuwen saczunge* […]“ (S. 236 Z. 6 f.) und schließlich LGl LnR 65 § 7: „*Vnde das gebůtit ouch dy nuwe saczunge, dy keiser Albrecht saczte, die sich anhebit: Wir herre Albrecht et cetera.*“ (S. 882 Z. 6–8).

428) Reichslandfrieden Albrechts I. von 1298 (MGH Const. 4, 1 Nr. 33) bzw. Mainzer Reichslandfrieden Friedrichs II. von 1235 (MGH Const. 2 Nr. 196 und 196a). Vgl. zur Rezeption der *Constitutiones Alberti* im Spätmittelalter auch oben S. 60 Anm. 211 und unten S. 558.

429) Dazu BÖHLAU, Einleitung, Nove constitutiones S. XIV–XVIII.

430) Die Glosse zum Mainzer RLF ist in Berlin SBB-PK Hs. 392 (sog. „Liegnitzer Codex II“), Berlin SBB-PK Ms. germ. fol. 120 und Krakau BJ Przyb. 42/60 (sog. „Große Görlitzer Handschrift“) überliefert, vgl. OPPITZ, Rechtsbücher II Nr. 1295d Nr. 114 und Nr. 861. Auszüge der Landfriedensglosse edierte BÖHLAU, Nove constitutiones S. 1–47, passim. Der Glossator des Mainzer Reichslandfriedens ist unbekannt. Insbesondere die Zuweisung an Nikolaus Wurm durch BÖHLAU, Einleitung, Nove constitutiones S. XVIII–XLI, ist zweifelhaft, vgl. SCHIEWER / LEUCHTE, Art. Wurm, Nikolaus, in: [2]VL X Sp. 1444, und oben S. 205 ff.

431) Vom späteren Reichslandfrieden Albrechts I. von 1298 (MGH Const. 4, 1 Nr. 33) fehlen den *Nove constitutiones* insbesondere die §§ 13–15, §§ 25–28 und §§ 39–50.

Satzung Albrechts aus (Incipit „*Wir her Albrecht Romischir keisir* […]“[432]). Inhaltlich entspricht er aber vielmehr dem älteren Reichslandfrieden von 1235. Besonders deutlich zeigt sich das an der widersprüchlichen Nennung Kaiser Heinrichs VI., dem Vater Friedrichs II., welchen Text und Glosse der *Nove Constitutiones* fälschlicherweise als Vater Albrechts I. anführen[433]. Der Lehnrechtsglossator reproduziert dieses Missverständnis, denn auch er beruft sich in Glosse LnR 11 auf zwei Zoll- und Münzbestimmungen, durch die Albrecht ältere Regelungen abgeändert habe, die seit dem Tod seines angeblichen Vaters Heinrich ergangen seien[434]. Die Stellen belegen, dass der Lehnrechtsglossator den Landfrieden in eben jener verselbständigten Rechtsbuchform rezipiert hat, die im 14. Jahrhundert im Umlauf war.

Jene Zwitterform der *Constitutiones Alberti* ist hier und da auch schon von Johann von Buch in seiner Landrechtsglosse herangezogen worden[435]. Bei den Landfriedenszitaten der Lehnrechtsglosse handelt es sich aber keineswegs um einfache, aus der Buch'schen Glosse übernommene Blindzitate. Offenbar hat der Lehnrechtsglossator die *Constitutiones Alberti* wirklich selbst zur Hand genommen, denn die Bezugnahmen der Lehnrechtsglosse auf den Landfrieden erweisen sich sämtlich als eigenständige, von der Buch'schen Glosse weitgehend unabhängig gebildete Assoziationen[436].

Chronik. Bemerkenswert ist zuletzt noch eine ganz allgemein in Bezug genommene Chronik in Glosse LnR 4. In Anlehnung an Glosse LdR III 46

---

432) Mainzer RLF c. 1 (Berlin SBB-PK Hs. 392 fol. 129ra); ganz ähnlich die in BÖHLAU, Nove constitutiones S. 1 col. 2 edierte Fassung der Handschrift Krakau BJ Przyb. 42/60 (sog. „Große Görlitzer Handschrift“).

433) Mainzer RLF c. 8: „*vnsirs vaters tode keisir hennrichis*“ (Berlin SBB-PK Hs. 392 fol. 138ra); genauso Mainzer RLF c. 10 (ebenda fol. 139vb); Glosse Mainzer RLF c. 1: „*vn*[d] *wart czu keisir gekorn nach keysir Hennriche*“ (ebenda fol. 129vb). Vater König Albrechts I. war aber nicht etwa der Staufer Heinrich VI., sondern der Habsburger Rudolf I.

434) LGl LnR 11 § 3: „*Also keyser Albrecht yn syner saczunge gesaczt hot, das alle czôlle sôllen abegelegit syn, dy do gesaczt sin synt keiser Heynrichs seines vaters geczeiten,* […]“ (S. 232 S. 7–10); und später noch einmal: „*also keyser Albrecht saczte yn der nuwen saczunge, das alle monczen solden abe gelegit syn, dy synt synes vaters tode keyser Heynrichs gemacht syn*“ (S. 236 Z. 6–8). Gemeint sind Mainzer RLF c. 8 und c. 10 (Berlin SBB-PK Hs. 392 fol. 138rb und fol. 139vb).

435) Vgl. die fünf Nachweise im Quellenverzeichnis von KAUFMANN, Gl LdR S. 1696 unter „MGH Const. IV, 1 Nr. 33“.

436) Allenfalls könnten die Landfriedenszitate in LGl LnR 2 § 1 durch die Buch'sche Glosse inspiriert sein (S. 77 Z. 6–8); vgl. dazu Gl LdR I 3 § 3 *De paues en mach doch* (S. 160 Z. 6 – S. 161 Z. 4) oder Gl LdR I 52 (53 § 2) *Spreket en man gud an* (S. 383 Z. 4–10). LGl LnR 65 § 7 (S. 882 Z. 6–8) erinnert entfernt an Gl LdR III 31 (32 § 10) *Vorderen wel* (S. 1134 Z. 3–6).

(52 § 1) *De Dudeschen* schildert der Lehnrechtsglossator darin die Geschichte der Königswahl[437]. In der *„saczunge Constantini"* sieht er einen vorkarolingischen römischen Zustandverkörpert, wobei die konstantinische Satzung ganz allgemein als Synonym für das römische Recht zu verstehen sein dürfte[438]. Für die Verleihung des Königswahlrechts durch Karl den Großen an die Deutschen beruft er sich sodann auf eine nicht weiter spezifizierte, bei Johann an entsprechender Stelle nicht erwähnte *„Coronicken"*[439]. Dieser allgemein gehaltene Nachweis auf irgendeine Chronik lässt sich nicht genau identifizieren. Als Quelle kommt die vielleicht auch von Johann von Buch andernorts einmal in Bezug genommene Sächsische Weltchronik in Betracht[440]. Edmund Stengel dachte hingegen an das im Zusammenhang mit dem Schwabenspiegel überlieferte „Buch der Könige"[441]. Demgegenüber überliefert die Weichbildchronik eine Verleihung des Königswahlprivilegs durch Karl an die Deutschen nicht[442]. Möglicherweise hatte der Lehnrechtsglossator bei seinem Chronik-Hinweis auch gar kein konkretes, ihm tatsächlich zur Verfügung stehendes Werk im Sinn. So oder so liegt in der Tatsache, dass der Lehnrechtsglossator die Historizität seiner Darstellung mit

---

437) LGl LnR 4 § 2 (S. 109 Z. 4 – S. 110 Z. 3); vgl. dazu Gl LdR III 46 (52 § 1) *De Dudeschen* (S. 1251 Z. 14 – S. 1252 Z. 7).

438) LGl LnR 4 § 2 (S. 109 Z. 6). An eine solche Auslegung der „Satzung Konstantins" als das römische Recht schlechthin dachte bereits STENGEL, Den Kaiser macht das Heer S. 296 Anm. 1. Für sie spricht, dass Konstantin dem Spätmittelalter als römischer Gesetzgeber präsent war und dass der Lehnrechtsglossator in der Reproduktion der Buch'schen Ausführungen über die Geschichte der Königswahl einen römischen Rechtszustand gemeint haben muss. Eine von STENGEL, ebenda, gleichfalls erwogene Anspielung an die Konstantinische Schenkung erscheint hingegen eher fernliegend.

439) LGl LnR 4 § 2 (S. 109 Z. 16); vgl. dazu Gl LdR III 46 (52 § 1) *De Dudeschen* (S. 1251 Z. 14 – S. 1252 Z. 7).

440) Sächsische Weltchronik (MGH Dt. Chron. 2). LGl LnR 4 § 2 (S. 109 Z. 16) lässt insbesondere an c. 134 der Weltchronik denken (MGH Dt. Chron. 2 S. 150), vgl. bereits den Hinweis von KAUFMANN, LGl LnR S. 109 Anm. 21. Gl LdR III 42 (44 § 2) *Do vnse vorderen* (S. 1217 Z. 6) könnte hingegen Anhang I: Der Sachsen Herkunft, c. 1 meinen (MGH Dt. Chron. 2 S. 259).

441) Buch der Könige, *Niuwer ê (Von keiser Karlen)*: *„Der keiser sprach: ‚Also mir gevallet wol: wir geben die wal drin erzebischoven unde vier leienfürsten.'"* (MASSMANN, Buch der Könige Sp. CLXXIX Sp. 17–19); vgl. dazu STENGEL, Den Kaiser macht das Heer S. 297 Anm. 4. Schon Schwsp. LdR 118 nennt Karl als Verleiher des Königswahlrechts an die Deutschen: *„Die tvschen kiesent den kivnig. daz erwarp in der kivnig karle alse diz buch seit* [...]" (LASSBERG, Schwabenspiegel S. 59).

442) Edition in fünf Varianten von DANIELS / GRUBEN, Gl WbR, (Sp. 9–52). *Cronica de tempore creationis mundi* (*von keiser Karolo*) erwähnt das Privileg der Königswahl im Zusammenhang mit Karl dem Großen nicht (DANIELS / GRUBEN, Gl WbR Sp. 34).

dem Verweis auf ein Werk der Geschichtsschreibung zu belegen sucht, eine bemerkenswerte Argumentationsstrategie. Indem er die Authentizität historisierender Aussagen zu erhöhen sucht, bewegt sich der Lehnrechtsglossator auf der Höhe seiner Zeit[443].

„Ach hymmelicher vater, / beschere vnser katczen eynen kater“. Ganz zu vernachlässigen sind demgegenüber die volkstümlichen Schlussverse, die als Kolophon in der Edition der kürzeren Lehnrechtsglosse enthalten sind[444]. Sie finden sich nur in der einen zur Leithandschrift der Kaufmann'schen Edition der Klasse K erkorenen Handschrift L_1 von 1431/32. Am ehesten lassen sie sich als eigenmächtiger Zusatz eines Schreibers erklären, der darin vielleicht Übermut und Freude über die Beendigung seiner langwierigen Arbeit freien Lauf gelassen hat. Ein juristischer oder gar ein speziell lehnrechtlicher Zusammenhang mit dem Werk ergibt sich nicht.

2. Allegationen des römischen Rechts

In einem zweiten Schritt wird im Folgenden ein Überblick über jene Quellen der Lehnrechtsglosse gegeben, die sich in einem weitesten Sinn dem römischen Rechtskreis zuordnen lassen. Er umfasst daher neben den Texten des klassischen und spätantiken römischen Rechts auch die mittelalterlichen *Libri feudorum*, die Aufnahme in das mittelalterliche *Corpus iuris* gefunden haben. Darüber hinaus finden sich Hinweise auf die Rezeption antiken philosophischen Gedankenguts.

Mittelalterliches *Corpus iuris.* Die weit überwiegende Anzahl der Allegationen der Lehnrechtsglosse verweist den Leser auf die Quellen des römischen Rechts. Der Glossator verarbeitet das römische Recht intensiv und allegiert dabei sehr häufig alle Bestandteile des fünfbändigen mittelalterlichen *Corpus iuris*[445]. Er bedient sich der allgemein üblichen Zitierweise, nennt

---

443) In derselben Grundhaltung entfaltete sich im 14. Jahrhundert die Lehre vom Rechtsbuch als Kaiserrecht, wonach um die einzelnen sächsischen Rechtsbücher herum als wahre, historische Begebenheiten verstandene Gesetzgebungsakte konstruiert wurden. Ausführlich dazu unten S. 537 ff.

444) KGl LnR 81 (80 § 3): *„Ach hymmelicher vater, / beschere vnser katczen eynen kater, / vnde vnser maget eynen man, / so haben sie beyde wol getan.“* (S. 611 Z. 6–9); vgl. auch KAUFMANN, Einleitung, KGl LnR, Abb. 8 vor S. XLIX.

445) Über den Aufbau des mittelalterlichen *Corpus iuris* etwa LANGE / KRIECHBAUM, Kommentatoren S. 179–198; SCHRAGE, Utrumque Ius S. 15–31. Die Standardausgabe des spätmittelalterlichen Kompendiums der römischen Rechtsquellen setzte sich gewöhnlich aus fünf Bänden zusammen. Ein erster *Digestum vetus* genannter Band umfasste Dig. 1, 1–24, 2. Der zweite Band (*Infortiatum*) nahm Dig. 24, 3–38, 17 auf. Band drei (*Digestum novum*) enthielt den übrigen Teil der Digesten Dig. 39, 1–50. Im vierten Band, dem *Codex*, befanden sich nur die ersten neun Bücher Cod. 1–9. Die übrigen *tres*

also regelmäßig zuerst die Sigle des Rechtsbuchs, schreibt dann den Titel aus und bezeichnete anschließend *lex* oder Paragraph durch Angabe von Initium oder Zahl[446]. Eine Allegation der Digesten zeigt der Glossator durch das übliche *„ff.“* an. Auf den *Codex* (einschließlich der *tres libri Codicis*) verweist er mit einem groß geschriebenen „*C.*“. Die Institutionen kürzt er meist *„Institu.“* ab. Auch die Novellen des *Authenticum* zitiert der Glossator durch ein abgekürztes *„in auten.“* oder Ähnlichem und fügt *lege artis* am Ende die *collatio* an, der die Novelle entstammt. Typische Allegationen der verschiedenen Teile des *Corpus iuris* lauten demnach:

„ut ff. de li. causa l. amplius“[447] (= Dig. 40, 12, 3 pr.)
„ut C. de veteri iure enu. lege II § si quid autem“[448] (= Cod. 1, 17, 2, 13)
„ut Institu. de re. divi. § insula“[449] (= Inst. 2, 1, 22)
„ut in auten. de iudicibus § omnis autem iudex colla. VI“[450] (= Nov. 82, 13)

So oder so ähnlich begegnen die Allegationen des römischen Rechts in standardisierter Form überall in der Lehnrechtsglosse. Einzig bei den *Libri feudorum*, die als zehnte *collatio* des *Volumen* in den fünften Band des mittelalterlichen *Corpus iuris* geflossen waren, zeigt sich eine gewisse Varianz in der Zitiertechnik. Der Lehnrechtsglossator allegiert die *Libri feudorum* wiederholt, greift dabei aber auf wechselnde Bezeichnungen zurück[451]. Die Spanne reicht von *„libri feudorum“* und *„usus feudorum“* über *„in auten.“* in Verbindung mit einer Anzeige der zehnten *collatio* bis hin zur „Satzung Kaiser Friedrichs“:

„ut in li. feu. de milite qui bel. ar. deposuit l. I“[452] (= L.F. II 21)
„ut de usu feodorum li. I c. I.“[453] (= L.F. I 1 pr.)

---

libri Codicis (Cod. 10–12) fanden ihren Platz im fünften und letzten Band des mittelalterlichen *Corpus iuris*, dem *Volumen*. Der *Volumen*-Band enthielt außerdem noch die Institutionen, das in neun *collationes* gegliederte *Authenticum* sowie in einer zehnten *collatio* die *Libri feudorum.*

446) Instruktiv über die Allegationstechnik im späten Mittelalter KANTOROWICZ, Allegationen; SCHRAGE, Utrumque Ius S. 31–64. Speziell zu Johanns Allegationen des römischen Rechts in der Landrechtsglosse KAUFMANN, Einige Bemerkungen S. 177 f.

447) LGl LnR 2 § 1 (S. 73 Z. 6).

448) LGl LnR, Vorrede (S. 47 Z. 11 f.)

449) LGl LnR 5 § 1 (S. 152 Z. 11).

450) LGl LnR 10 § 1 (S. 208 Z. 1 f.).

451) Ähnlich uneinheitlich ist die Zitierweise der *Libri feudorum* auch in der Buch'schen Glosse, vgl. KAUFMANN, Einige Bemerkungen S. 180 f.

452) LGl LnR 2 § 1 (S. 70 Z. 8).

453) LGl LnR 20 § 5 (S. 359 Z. 6).

„*ut* [...] *et in auten. in consti. imperia. § hac edictali colla. x.*“[454] (= L.F. II 53 pr.)

„*Das vint man eigentlich also noch eynander yn keiser Friderichs saczunge, jn usibus feodorum quis dicatur dux comes marchio per totum*“[455] (= L.F. II 10)

Die *Libri feudorum* waren der jüngste, erst Mitte des 13. Jahrhunderts in vulgater Zweibücherform in das *Corpus iuris* aufgenommene Bestandteil des „römischen“ *ius commune*[456]. In ihrer Bezeichnung hatte die Rechtswissenschaft des 14. Jahrhunderts offenbar noch zu keiner ganz feststehenden Tradition gefunden. Insgesamt allegiert der Lehnrechtsglossator die *Libri feudorum* auch wesentlich seltener, als es die Bearbeitung eines lehnrechtlichen Rechtsbuchs thematisch vermuten lässt. Zahlenmäßig überwiegen in der Lehnrechtsglosse Allegationen der Digesten, des *Codex*, der Institutionen und des *Authenticum* deutlich gegenüber Verweisen auf die *Libri feudorum*.

Im Übrigen zeigt sich eine erstaunlich gleichmäßige Berücksichtigung der einzelnen Titel des *Corpus iuris*[457]. Bedenkt man den großen Umfang der Digesten, ergibt sich ein relativer Schwerpunkt der Allegationen von *Codex* und Institutionen. Unter den *Codex*-Allegationen spielen die letzten drei Bücher 10–12, die als *lecturae extraordinariae* gelesen wurden, eine untergeordnete Rolle. Innerhalb der Digestenallegationen fällt auf, dass ihr letzter Titel Dig. 50, 17 *De regulis iuris* besonders häufig genannt wird[458]. Schon für die Buch'sche Glosse lässt sich eine Vorliebe des Glossators für Dig. 50, 17 beobachten[459]. Dort finden sich allgemeine Rechtsregeln aufgezählt, die sich zur Erklärung auch sächsischer Rechtsinstitute besonders zwanglos heranziehen ließen.

Accursische *Glossa ordinaria.* Wie gesehen hatte Accursius auf den Arbeiten seiner Vorgänger aufbauend Mitte des 13. Jahrhunderts zu sämtlichen Bestandteilen des mittelalterlichen *Corpus iuris* eine im 14. Jahrhundert om-

---

454) LGl LnR, Vorrede (S. 49 Z. 8).

455) LGl LnR 72 (71 § 20) S. 1030 Z. 1 f.) KGl LnR 72 (71 § 20) schreibt an dieser Stelle „*keyserrechtis saczunge*“ (S. 565 Z. 17 f.). Präziser drückt sich „Wurm'sche“ Glosse LnR 72 (71) aus: „*vt de usu feudorum. l. Quid dux quid marchis quid comes*“ (Berlin SBB-PK Hs. 392 fol. 379ra).

456) IBLHER, Rezeption S. 79–81; LANGE / KRIECHBAUM, Kommentatoren S. 188 f.; LASPEYRES, Über die Entstehung S. 326–339. LANDAU, Feudistik, insbesondere S. 535, zeigt auf, dass die *Libri Feudorum* allerdings schon sehr früh, nämlich bereits ab dem 12. Jahrhundert, besonders in kanonistischen Handschriften auch außerhalb von Italien Verbreitung gefunden haben. Den jüngsten Überblick bietet DILCHER, Das lombardische Lehnrecht.

457) Vgl. den Titelindex bei KAUFMANN, LGl LnR S. 1198–1216.

458) Vgl. die Quellennachweise bei KAUFMANN, LGl LnR S. 1230 f.

459) KAUFMANN, Gl LdR S. 1642–1644; KANNOWSKI, Umgestaltung S. 460, 561.

nipräsente Standardglosse verfasst[460]. Anders als auf die Primärquellen des römischen Rechts nimmt die Lehnrechtsglosse auf die zugehörige *Glossa ordinaria* jedoch nur sehr selten explizit Bezug. In der Handschrift Wo von 1464 finden sich gerade einmal sechs Verweise auf die Accursische Glosse. Die Zitate betreffen Glossen zu Inst. 1, 2, 6, Inst. 1, 2, 9, Inst. 1, 5, 3 und Nov. 39, 2[461]. Einige der Verweise entpuppen sich dabei als eindeutige Übernahmen aus der Buch'schen Glosse. Glosse LnR 20 etwa erteilt einer Witwe den Rat, sie möge eine beim Tod ihres Ehemannes etwa bestehende Schwangerschaft möglichst frühzeitig anzeigen, um ihrem ungeborenen Sohn das Erbe am Lehen zu sichern[462]. Sie solle sich zu Zeiten des Begräbnisses, spätestens aber dreißig Tage danach beweisen (vgl. LdR I 33), denn bis zu fünfzig Tage lang sei es möglich, dass sie selbst noch keine Kenntnis von der Schwangerschaft habe. Dazu verweist der Lehnrechtsglossator auf Nov. 39, 2 mitsamt zugehöriger *Glossa ordinaria* ad v. *Perfecto*, in welcher Accursius über die mögliche Dauer einer Schwangerschaft referiert hat[463]. Die Lehnrechtsglosse orientiert sich dabei stillschweigend an LdR I 33 sowie an der zugehörigen Landrechtsglosse. Dort hat im selben Zusammenhang schon Johann von Buch auf die Glosse zu Nov. 39, 2 verwiesen. Im Vergleich lauten die Stellen aus Land- und Lehnrechtsglosse:

460) Vgl. oben S. 320 f.

461) LGl LnR 4 § 1: *„Sint das das riche das edilste vnde das groszte ist, also vns Accursius spricht."* (S. 104 Z. 14 f.) ist ganz allgemein gehalten. LGl LnR 4 § 2: *„also vns Accursius spricht yn syner glosen obir Institu. de iure gen. ôber den § sed quod principi"* (S. 121 Z. 16 – S. 122 Z. 3) bezieht sich auf *Glossa ordinaria* zu Inst. 1, 2, 6 ad v. *Lege Regia* (m) (Corpvs ivris V/2, Lyon 1627, Inst. Sp. 21). LGl LnR 20 § 1: *„ut in auten. de restitucionibus et ea que parit in tempore § II colla. V, et in glosa que incipit jdem dico"* (S. 353 Z. 10–12) meint, ebenso wie LGl LnR 72 (71 § 11): *„ut in auten. de restitu. et ea que parit in glosa que incipit idem dico"* (S. 1027 Z. 2 f.), die *Glossa ordinaria* zu Nov. 39, 2 ad v. *Perfecto* (x) (Corpvs ivris V/1, Lyon 1627, Auth. Sp. 248). LGl LnR 55 § 2: *„als vns Accursius spricht yn syner glosen vff den titulum de iure gencium § ex non scripto"* (S. 731 Z. 8–10) nimmt *Glossa ordinaria* zu Inst. 1, 2, 9 ad v. *Ex non scripto* (k) ff. in Bezug (Corpvs ivris V/2, Lyon 1627, Inst. Sp. 23 f.). LGl LnR 69 (68 § 9): *„ut Institu. de libertinis in glo. § libertinorum"* (S. 965 Z. 8) schließlich bezieht sich auf *Glossa ordinaria* zu Inst. 1, 5, 3 ad v. *Libertinus* (d) (Corpvs ivris V/2, Lyon 1627, Inst. Sp. 33 f.).

462) LGl LnR 20 § 1 (S. 353 Z. 5–12).

463) *Glossa ordinaria* zu Nov. 39, 2 ad. v. *Perfecto* (x) (Corpvs ivris V/1, Lyon 1627, Auth. Sp. 248).

[Gl LdR I 33 *Nu vornemet vmme en wif*]	[LGl LnR 20]
„Dar vmme red he den vrowen, dat se sik barafftich bewisen to deme drittigesten, jd sy so edder ne sy, ff. de ventre inspiciendo et partu custodiendo l. I § de inspiciendo.	*„Sy sal sich barhafft bewiszen czu der bygrafft, daz ist, czu dem drisigisten.*
Wente en vrowe mach veftich dage enen zone unwitliken dragen, ut in autentica de restitucionibus et ea que parit in undecimo mense post mortem viri § unum coll. III, et in glosa que incipit jdem dico.“[464]	*Wenne eyne frawe mag tragen eynen son vnwissende funffczig tage, ut in auten. de restitucionibus et ea que parit in tempore § II colla. V, et in glosa que incipit jdem dico.*“[465]

Der Sinn ist in der Lehnrechtsglossenstelle infolge der Paraphrasierung etwas entstellt, die Allegation ist verderbt. Gleichwohl wird deutlich, dass der Lehnrechtsglossator hier fast eins zu eins Gedankengut aus LdR I 33 und Glosse LdR I 33 *Nu vornemet vmme en wif* übernimmt und dabei auch den Buch'schen Verweis auf *Glossa ordinaria* zu Nov. 39, 2 ad v. *Perfecto* kopiert. Ganz ähnlich erklären sich die meisten Bezugnahmen des Lehnrechtsglossators auf die Accursische Glosse als Übernahmen aus der Buch'schen Glosse[466].

Wenigstens einmal ist eine direkte Vorlage in der Landrechtsglosse aber nicht ersichtlich. Glosse LnR 55 beruft sich im Zusammenhang mit den Geltungsvoraussetzungen von Gewohnheiten auf die *Glossa ordinaria* zu Inst. 1, 2, 9 ad v. *Ex non scripto*[467]. Eben dort finden sich die wesentlichen

464) Gl LdR I 33 *Nu vornemet vmme en wif* (S. 305 Z. 14 – S. 306 Z. 1).

465) LGl LnR 20 § 1 (S. 353 Z. 8–12).

466) LGl LnR 4 § 2 (S. 121 Z. 14 – S. 122 Z. 2) lehnt sich an Gl LdR III 48 (54 § 2) *Alse men den koningh kezet* (S. 1274 Z. 13 f.) an. Allerdings wird der ursprüngliche Sinn durch Auslassung der Verneinung *„en* […] *nicht*“ (S. 1274 Z. 12 f.) verkehrt. LGl LnR 20 (S. 353 Z. 8–12) ist, wie beschrieben, Gl LdR I 33 *Nu vornemet vmme en wif* entnommen (S. 306 Z. 1). Denselben Verweis reproduziert der Lehnrechtsglossator im selben Zusammenhang noch einmal in LGl LnR 72 (71 § 11) (S. 1027 Z. 2 f.). LGl LnR 69 (68 § 9) (S. 965 Z. 8) schließlich dürfte Gl LdR III 43 (45 § 1) *Twolf guldene penninge* entnommen sein (S. 1233 Z. 2).

467) LGl LnR 55 § 2: *„Was yn sotan sachen der fursten wille ist, das halden sie vor eyne gewonheit vnd vor ir recht, als vns Accursius spricht yn syner glosen vff den titulum de iure gencium § ex non scripto*“ (S. 731 Z. 7–10) unter Verweis auf *Glossa ordinaria* zu Inst. 1, 2, 9 ad v. *Ex non scripto* (k) (Corpvs ivris V/2, Lyon 1627, Inst. Sp. 23). Die Stelle lehnt sich an Gl LdR I 62 (63 § 1) *Kempliken groten* (S. 453 Z. 16 – S. 455 Z. 20) über den gerichtlichen Zweikampf an, wo allerdings nicht auf die Accursische Glosse verwiesen wird. Vgl. zur Interpretation der Stelle noch ausführlich unten S. 698 ff.

Eckpunkte der gelehrten *consuetudo*-Lehre skizziert. Johann von Buch hat diese zentrale Passage der Accursischen Glosse zu Inst. 1, 2, 9 zwar ebenfalls übersetzend und kompilierend in einem eigenständigen Traktat über die Gewohnheit im Glossenprolog der Landrechtsglosse verarbeitet[468]. Explizit genannt hat er seine Quelle aber weder dort noch in Glosse LdR I 62 (63 § 1) *Kempliken groten*, an die sich Glosse LnR 55 anlehnt. Vermutlich hat der Lehnrechtsglossator die *Glossa ordinaria* in diesem Fall also höchstselbst zu Rate gezogen. Allerdings handelt es sich bei Accursischer Glosse zu Inst. 1, 2, 9 ad v. *Ex non scripto* (k) ff. um eine so geläufige und wichtige Stelle über die *consuetudo*, dass der Glossator sie durchaus aus dem Kopf zitiert oder aus eigenen, fragmentarischen Vorlesungsmitschriften reproduziert haben könnte.

Neben den wenigen Verweisen auf die *Glossa ordinaria* zum *Corpus iuris* finden sich in der Lehnrechtsglosse keine weiteren Zitate legistischer Schriften und Autoren. Bei dem im Augsburger Druck von 1482 vereinzelt auftretenden Hinweis auf den Lehnrechtskommentar des Baldus de Ubaldis zu den *Libri feudorum* (fertiggestellt 1393) muss es sich schon aufgrund des jüngeren Alters jener Schrift um einen Nachtrag von späterer Hand handeln[469].

Seneca. Ein ungelöstes Rätsel gibt das Eröffnungszitat der Lehnrechtsglosse zu Beginn der Vorrede auf. Der Glossator selbst führt es auf Seneca zurück und überliefert uns damit ein Beispiel spätmittelalterlicher Antikenrezeption. Während die Vorrede der längeren Lehnrechtsglosse das Zitat lediglich in einer deutschen Übersetzung wiedergibt, bietet die Sonderfassung der „Wurm'schen" Lehnrechtsglosse der Handschrift Be_3 zusätzlich auch den lateinischen Wortlaut:

Eine weitere, allerdings nur ganz allgemeine Bezugnahme der Lehnrechtsglosse auf Accursius, die in der Buch'schen Glosse kein unmittelbares Vorbild findet, ist die bereits angesprochene Stelle LGl LnR 4 § 1: „*Sint das das riche das edilste vnde das groszte ist, also vns Accursius spricht.*" (S. 104 Z. 14 f.).

468) Gl LdR, Textus prologi *Got de dar is beghin vnd ende* (S. 116 Z. 13 – S. 121 Z. 4). Über Johanns Lehre von der Gewohnheit unten S. 689 ff.

469) Längere Glosse LnR 6: „*de quo vi bald*[us] *in co*[n]*stitu. imp*[er]*a. de prohibi fen. alie. p*[er]*fici in .§. j.*" ([Sächsisches Weichbild…], Augsburg 1482 fol. XIV[rb]); das Zitat ist einer *additio* zu LGl LnR 6 § 1 (S. 165 Var. q) entnommen und fehlt im Glossentext der Handschrift Wo.

[LGl LnR, Vorrede]

„*Der menschen gedancken gebrechlich sint, vnde dy schar der dinge ist ouch nicht genugk. Wenne was dy menschliche vornunfft begreiffen mag, das ist sunderwilen not von nature wegen, das sy vor also vil vorluszet. Disse rede schreibet Seneca.* […].“[470]

[„Wurm'sche“ Glosse LnR, Vorrede]

„*Quoniam, ut ait Seneca, fragilis est memoria hominum, et rerum turbe non sufficie*[n]*s, quantum quod recipit tantum necesse est ut amittat* [et cetera]. *Der menschin gedanke gebrechelich ist, vnd dy schar der dingir ist nicht gnug, wen waz dy menscheliche uornunft begreifin mag, daz ist sunderweilin not uon nature*[n] *wegin, daz dy gedankin alzo vil uorleust. Dize rede schreibit vns Seneca* […]“[471]

Bei dem Zitat handelt es sich tatsächlich um eine Aussage Senecas, nämlich um eine Passage aus seinem Spätwerk *De beneficiis* VII, XXVIII, 2[472]. Der Hinweis auf die natürliche Unvollkommenheit des menschlichen Geistes, mit der die Glossenvorrede die Notwendigkeit von geschriebenem Recht – und implizit auch der Glosse selbst – als Wissensbewahrer und Gedächtnisstütze begründet, ist zunächst einmal weder besonders originell noch eine in der mittelalterlichen Literatur irgendwie außergewöhnliche Erscheinung. Die Idee von der Unzulänglichkeit des menschlichen Erinnerungsvermögens und dem daraus resultierenden Erfordernis schriftlicher Fixierung ist ein Topos, der in zahlreichen mittelalterlichen Aufzeichnungen begegnet. Schon im 12. Jahrhundert avancierte die Formel „*Quoniam humana labilis est memoria*“ in zahlreichen Abkürzungen und Variationen zu einer typischen Arenga von Kaiser- und Privaturkunden[473]. Bezeichnenderweise,

---

470) LGl LnR, Vorrede (S. 47 Z. 2–5); vgl. auch die Synopsis im Anhang, unten S. 789.

471) „Wurm'sche“ Glosse LnR, Vorrede (Berlin SBB-PK Hs. 392 fol. 150va); vgl. dazu bereits oben S. 226.

472) „[…] *inprimis vas fragile est memoria et rerum turbae non sufficit; necesse est, quantum recipit, emittat et antiquissima recentissimis obruat.*“, Seneca, *De beneficiis*, VII, XXVIII, 2 (in: ROSENBACH, L. Anneus Seneca S. 584). Rosenbach übersetzt: „[…] ein besonders zerbrechliches Gefäß ist das Gedächtnis, und der verwirrenden Fülle der Dinge genügt es nicht; notwendig entläßt es soviel, wie es aufnimmt, und verschüttet das Älteste mit dem Jüngsten“, ROSENBACH, L. Anneus Seneca S. 585.

473) FICHTENAU, Arenga S. 122–137, insbesondere S. 126; NEDDERMEYER, Von der Handschrift zum Buch I S. 16 f. Die berühmte „Gelnhäuser Urkunde“ Friedrichs I. für Philipp von Köln (1180) leitet zum Beispiel mit den Worten ein: „*Quoniam humana labilis est memoria et turbae rerum non sufficit, predecessorum etatis nostrae divorum imperatorum et regum diva decrevit auctoritas litteris annotare, quae fluentium temporum antiquitas a notitia hominum consuevit alienare.*“ (MGH Dipl. 10, 3 Nr. 795 S. 362 Z. 23–26).

vielleicht in Rezeption der Lehnrechtsglosse, hat auch Nikolaus Wurm das Seneca-Zitat in den Vorworten seiner beiden Blumen verarbeitet[474]. In abgewandelter Form findet sie sich außerdem schon in der *Cautela* des Hermann von Oesfeld (um 1350)[475].

Seneca diente auch im Prolog der *Summa arboris actionum* des um 1213 in Bologna lehrenden Legisten Pontius de Ilerda als Eröffnungszitat[476]. Auf die Summe des Pontius hat bereits Bernd Michael hingewiesen und eine direkte Übernahme des Seneca-Zitats der Lehnrechtsglosse aus diesem Werk vermutet[477]. Eine direkte Verbindung zwischen den beiden Schriften scheint zumindest möglich, denn Handschriften der *Summa* sind auch in Deutsch-

---

474) Blume von Magdeburg, Vorrede: „*Vnd sint denne der menschin gedankin krang sein, vnd doch dy schar der dinge nicht genug ist, vnd dorum hab wir von gotis anewisunge diz keginwertige buchelin Gote czu lobe vnd czu eren vnd seinr erwarsamen muter vnd der ewigin juncfrauen mariam vnd der gemeinen czu nucze und czu vromen gesatzt* [...]." (BÖHLAU, Blume S. 27). – Auch im Prolog der späteren Blume des Sachsenspiegels (1397) heißt es: „*vnd sint denne der menschin gedanke*[n] *krang sein, vnd nicht allis behalten mogin, waz sy iruaren, vnd der dinger nicht genug sin, doran man sich einir warheit iruaren moge, vnd sich alle tage uorwandelen, vt In aut. de no*[n] *p*[er] *muta*[n]*dis rebus ec*[cles]*iasticis* § *vt aut*[em] *lex. Coll. ij* [Nov. 7, 2]" (Krakau BJ Przyb. 42/60 fol. 18va, OPPITZ, Rechtsbücher II Nr. 861).

475) *Cautela*: „*Nu spricht ein meister, omnium habere memoriam pocius est divinitatis quam humanitatis, das spricht also vele, alle ding in gedanckin zcu habin das ist bilcher gotlich den menschlich, als her sprechin solde, is enmag kein mensche alle ding in gedanckin habin.*" (HOMEYER, Beigabe 5, Richtsteig LdR S. 394). Oesfeld zieht dieses Zitat eines ihm unbekannten, an Seneca erinnernden „Meisters" über die Vergesslichkeit des Menschen heran, um die vielfach fehlenden Kenntnisse der Richter und Schöffen zu unterstreichen. Im Folgenden erläutert er, wie sich eine Partei bzw. ein Parteivertreter diese Unwissenheit zunutze machen könne („*Nu wil ich dich leren, wi du di richtere vnde di schepphen adir andere dingphlichten des rechtin diner sache salt andechtig machin, das si in gedancken nicht enhabin, durch das dein sache schire geendet werde sunder vorczog.*", DERS., ebenda S. 394 f.). Zum Werk MUNZEL-EVERLING, Art. Cautela und Premis, in: [2]HRG I Sp. 825–827.

476) „*Quoniam, ut ait Seneca, fragilis est hominum memoria et rerum turbe non sufficiens, quantumcumque recipit necesse est ut amittat* [...]", Pontius de Ilerda, *Summa arboris actionum*, Prolog (ROSSI, Summa S. 45). Zu Person und Werk LANGE, Glossatoren S. 303–305 m. w. N.

477) MICHAEL, [Handschriftenbeschreibung], Aderlass und Seelentrost Nr. 158 S. 327. Dass es sich bei dem von Pontius und dem Lehnrechtsglossator überlieferten Zitat tatsächlich um ein auf Seneca zurückgehendes Zitat handelt, sieht Michael nicht. Den Vergleich mit der *Summa arboris actionum* schlägt auch KAUFMANN, LGl LnR S. 47 Anm. 1 vor.

land nachweisbar[478]. Für sie spräche außerdem die fast wörtliche Übereinstimmung der Zitate in *Summa* und Lehnrechtsglosse und die gleichfalls exponierte Stellung des bei Pontius überlieferten Zitats am Anfang der Arbeit. Andererseits steht aber zu vermuten, dass das Seneca-Zitat auch noch in viele weitere, ebenso als Vorlage der Lehnrechtsglosse in Betracht kommende Werke der Zeit eingeflossen ist. Dabei qualifiziert sich die Anfang des 13. Jahrhunderts von einem in Italien tätigen Spanier verfasste *Summa arboris actionum* aus zeitlicher und geographischer Perspektive nicht einmal als besonders wahrscheinliche Vermittlerquelle. Es dürfte sich bei der *Summa* des Pontius daher nur um eines vieler verschiedener, möglicher Vorlagenwerke des Lehnrechtsglossators handeln.

Recht zu geben ist Michael allerdings in der Grundannahme, dass der Lehnrechtsglossator das Seneca-Zitat nicht etwa aus dem Original *De beneficiis* übernommen, sondern sicherlich erst aus der späteren Literatur rezipiert hat. Ingrid Baumgärtner hat eine solche indirekte Antikenrezeption durch stillschweigende Heranziehung lateinischer Klassiker in der von Schriftstellern des 12. und 13. Jahrhunderts kolportierten Form für einen anderen Autor des 14. Jahrhunderts, für den italienischen Juristen Oldradus de Ponte († 1335/7), nachgewiesen[479]. Dessen bemerkenswerte kleine *quaestio* behandelt die Frage nach der Funktion und dem Wert von Büchern und bemüht dabei unter vielen anderen antiken Belegen auch unsere Seneca-Stelle von der *fragilis memoria*[480]. Oldradus' Vorlage für konkret diese Stelle hat allerdings auch Baumgärtner nicht ermitteln können.

Möglicherweise benutzte der Glossator bei Abfassung der Vorrede ein Florilegium, eine mittelalterliche Exzerptensammlung mit Aussagen antiker philosophischer Schriften. Als Vorratsschatz für Zitate waren sie bei Schriftstellern sehr beliebt[481]. Das bekannteste und am meisten verbreitete Florilegium des Mittelalters sind die „*Auctoritates Aristotelis*" des Franziskaners Johannes de Fonte (um 1300)[482]. Anders als der Titel vermuten lässt, enthält die Sammlung auch Auszüge aus den Schriften Senecas, unter anderem auch aus *De beneficiis*. Das in Frage stehende Zitat findet sich dort indessen

---

478) FOWLER-MAGERL, Ordo iudiciorum S. 180 f., verzeichnet drei in Deutschland aufbewahrte Handschriften, darunter insbesondere Nr. 374 aus der UB Erlangen (fol. 243^r–255^r).

479) BAUMGÄRTNER, Et faciendi plures libros S. 59, 64 f.

480) BAUMGÄRTNER, Et faciendi plures libros S. 60.

481) Zur Bedeutung dieser Quellengattung als Vermittlerquelle, die mittelalterlichen Juristen ermöglichte, in ihre Arbeiten wörtliche Zitate antiker Philosophen zu integrieren, HORN, Philosophie S. 133 f.

482) Ediert und beschrieben von HAMESSE, Les Auctoritates Aristotelis. Zum Autor HAMESSE, Johannes de Fonte.

nicht[483]. Sehr wohl ist das Zitat hingegen im Prooemium des *Moralium dogma philosophorum* (vor 1170–80) enthalten, einer populären, in ganz Europa verbreiteten Sammlung philosophischer Aussagen der antiken Ethik[484]. Sie stellt ein weiteres mögliches Vorlagenwerk für das Seneca-Zitat der Lehnrechtsglosse dar, doch ließe sich die Liste potentieller Quellen wohl fortsetzen.

Die konkrete Vermittlerquelle, über die das Seneca-Zitat Eingang in die Vorrede der Lehnrechtsglosse gefunden hat, ist somit unklar. Als Zeugnis für eine indirekte Rezeption antiken philosophischen Gedankenguts bleibt es jedenfalls bemerkenswert. Der Lehnrechtsglossator entspricht darin einer innerhalb der mittelalterlichen Jurisprudenz ganz verbreiteten philosophischen Tradition. Norbert Horn etwa hat die Bedeutung der Philosophie im Werk des Baldus untersucht und ist dabei zu durchaus verallgemeinerungsfähigen Ergebnissen gelangt. Gelehrte Juristen erwarben Grundkenntnisse der Philosphie an der Artistenfakultät, hatten in der Beschäftigung mit dem römischen Recht Gelegenheit zur Vertiefung ihrer philosophischen Interessen und konnten für ihre literarische Tätigkeit auf eine eigens entwickelte Erzerptenliteratur zurückgreifen[485].

Der Glossator des Lehnrechts führt mit seinem Ausflug in die Philosophie einen Argumentationsstil fort, den an weniger exponierten Stellen auch schon Johann von Buch in seiner Landrechtsglosse angewandt hat. Glosse LdR III 43 (45 § 9) *Papenkindere* etwa diskutiert die Frage, ob sich Eike durch die Formulierung „*Papenkindere vnde de vnecht gheboren sin*" nicht in unzulässiger Weise umständlich ausgedrückt habe, weil Kinder von Geistlichen doch ganz ausnahmslos von unehelicher Geburt seien[486]. Eine gesonderte Erwähnung der Pfaffenkinder erscheine daher überflüssig, weshalb Eike gegen einen Grundsatz der Philosophie verstoßen habe: „*Philosophus secht: Peccatum est fieri per plura quod et cetera. Jd is sunde vele wort, dat*

483) Vgl. Auctoritates Aristotelis, *Seneca De benecifiis ad ebuchium liberalem libri tres* (HAMESSE, Les Auctoritates Aristotelis S. 283–286).

484) „*Primum ideo quia fragilis est memoria et rerum turbe non sufficit; necesse est <enim> quantum recipit emittat et antiqua recentibus obruat.*", *Moralium dogma philosophorum,* Prooemium (HOLMBERG, Moralium S. 5 Z. 14–16). Zum Werk F. BEZNER, Art. 'Moralium dogma philosophorum', in: [2]VL XI Sp. 1012–1016.

485) HORN, Philosophie, insbesondere S. 124–134; vgl. außerdem LANGE / KRIECHBAUM, Kommentatoren S. 345–349. Die Verarbeitung philosophischen Gedankenguts in den Schriften des Bartolus und ihre Auswirkung auf dessen Rechtswissenschaftsbegriff behandelt LEPSIUS, Juristische Theoriebildung.

486) Gl LdR III 43 (45 § 9) *Pappenkindere* (S. 1236 Z. 3 – S. 1237 Z. 13, insbesondere S. 1236 Z. 4). Ein weiteres Beispiel indirekter Antikenrezeption bei Johann von Buch bietet Gl LdR III 40 (42 § 1) *God hefft den man* (S. 1184 Z. 8–10).

like gut mochte mit myn worden werden."[487] Mögliche Vermittlerquelle für diesen von Johann nicht näher benannten Philosophen könnte das erwähnte weit verbreitete Florilegium *Auctoritates Aritstotelis* des Johannes de Fonte gewesen sein. Der auf Aristoteles zurückgeführte Satz ist dort jedenfalls enthalten[488]. Letztlich steht hinter dem Satz, es sei Sünde, für einen ebensogut mit wenigen Worten zu beschreibenden Sachverhalt viele zu gebrauchen, das Ökonomieprinzip – ein Topos, dessen sich wiederum auch der Lehnrechtsglossator in seiner Arbeit bedient hat[489].

Indem der Glossator des Lehnrechts seiner Arbeit ein programmatisches Seneca-Zitat voranstellt, knüpft er in seinerzeit durchaus üblicher Weise an antikes philosophisches Gedankengut an. Indem er darin ausgerechnet die Vergesslichkeit des Menschen thematisiert und damit die Notwendigkeit von Schriftlichkeit und Schriftrecht zum Leitmotiv seiner Glosse erhebt, nimmt er ein Stück Aufklärung vorweg.

3. Allegationen des kanonischen Rechts

Der dritte und letzte Rechtskreis, aus dem der Glossator des Lehnrechts gedanklich schöpft, ist das kanonische Recht. Um das Bild vom Quellenhorizont des Lehnrechtsglossators zu vervollständigen, wird nun also abschließend ein Überblick über die von der Lehnrechtsglosse zitierten, im weitesten Sinn dem kanonischen Recht zuzuordnenden Quellen gegeben.

Primärtexte des kanonischen Rechts. In deutlich geringerem Umfang als die römischen Quellentexte verarbeitet der Glossator des Lehnrechts auch die Quellen des kanonischen Rechts. Frank-Michael Kaufmann zählte für die längere Lehnrechtsglosse etwa 1720 Allegationen des *Corpus iuris*, denen nur etwa 370 Allegationen des kanonischen Rechts gegenüberstehen[490]. Von den verschiedenen, erst im 16. Jahrhundert unter der Bezeich-

---

487) Gl LdR III 43 (45 § 9) *Pappenkindere* (S. 1236 Z. 6–8).

488) Auctoritates Aristotelis, *Auctoritates circa primum librum Physicorum Aristotelis* n. 26: „*Melius est ponere principia finita quam infinita, ex quo habetur quod peccatum est fieri per plura quod potest fieri per paucoria.*" (HAMESSE, Les Auctoritates Aristotelis S. 141 insbesondere auch mit Anm. 26). KAUFMANN, Gl LdR S. 1236 Anm. 61, weist in diesem Zusammenhang auf Cicero, *De inventione* I 28 hin.

489) LGl LnR 81 (80 § 1): „*Dorvmbe so ist is bessir ein wenig korczis dingis gesaczt, das trefflich ist, wenne das her vil gesact hette, das vnnucze were, ut C. de veteri iure enucli. l. II § contrarium.*" (S. 1083 Z. 4–6), lobt der Lehnrechtsglossator unter Verweis auf Cod. 1, 17, 2, 15 die Kürze und Prägnanz der friderizianischen Lehnsgesetzgebung; vgl. dazu Gl LdR III 43 (45 § 9) (S. 1236 Z. 6–8).

490) KAUFMANN, Einleitung, LGl LnR S. XXIX.

nung *Corpus Iuris Canonici*[491] zusammengefassten Basistexten des geistlichen Rechts allegiert der Glossator alle drei Teile des *Decretum Gratiani* (um 1140), den *Liber Extra* (1234) und den *Liber Sextus* (1298). Die *Clementinae* (1317), in der Buch'schen Glosse wenigstens zweimal allegiert[492], werden in der längeren Lehnrechtsglosse nach der Handschrift Wo von 1464 nicht zitiert. Im Übrigen bedient sich der Glossator auch für die kanonistischen Rechtstexte der üblichen Allegationstechnik[493]: Die *pars prima* des *Decretum Gratiani* allegiert er wie üblich ohne weitere Buchbezeichnung durch schlichte Angabe von *distinctio* und Initium des *canon*, die *pars secunda* zitiert er nach *causa, quaestio* und Initium des *canon* und die nur zweimal in Bezug genommene *pars tertia* kennzeichnet der Glossator durch ein einleitendes „*de consecratione*". Allegationen des *Liber Extra* werden regelmäßig durch ein vorangestelltes abgekürztes „*extra*", Allegationen des *Liber Sextus* mit einem zusätzlich angehängten „*li.* VI" kenntlich gemacht. Demzufolge lauten typische Beispiele für Allegationen der kirchlichen Rechtsquellen, wie sie in der gesamten Lehnrechtsglosse wiederkehren:

„*ut XL di. si papa*"[494] (= Dist. 40 c. 6)
„*ut XXII q. II in dolo*"[495] (= C. 22 q. 2 c. 1)
„*ut de conse. di. III pronuncciandum*"[496] (= De cons. Dist. 3 c. 1)
„*ut extra de elec. c. venerabilem*"[497] (= X. 1, 6, 34)
„*ut extra de supplen. negli. prela. grande li. VI*"[498] (= VI. 1, 8, 2)

Die oft genug in individuellen, von der Buch'schen Glosse unabhängigen Zusammenhängen begegnenden Allegationen von *Decretum Gratiani*, *Liber Extra* und *Liber Sextus* in der Lehnrechtsglosse machen deutlich, dass der Glossator die kanonistischen Rechtstexte bei Abfassung der Lehnrechts-

491) Dazu im Überblick A. THIER, Art. Corpus Iuris Canonici, in: ²HRG I Sp. 894–901.

492) Gl LdR II 40 (42 § 3) *Jngheborn denstman* (S. 792 Z. 5 f.); Gl LdR III 58 (65 § 1) *De marcgreue* (S. 1366 Z. 8 f.).

493) Über Allegation der kirchlichen Rechtsquellen in spätmittelalterlichen Quellen KANTOROWICZ, Allegationen S. 87–89; SCHRAGE, Utrumque Ius S. 91–122. Speziell zu Johanns Allegation der geistlichen Texte KAUFMANN, Einige Bemerkungen S. 179 f.

494) LGl LnR 4 § 2 (S. 115 Z. 4).

495) LGl LnR 4 § 4 (S. 140 Z. 10 sowie Z. 14 f.).

496) LGl LnR 4 § 4 (S. 142 Z. 12 f.). *De consecratione* wird in der längeren Lehnrechtsglosse sonst nur noch einmal in LGl LnR 26 § 3 (S. 467 Z. 13 f.) zitiert: „*ut de conse. di. IIII c. parvulos*"; gemeint ist dort De cons. Dist. 4 c. 110.

497) LGl LnR 4 § 2 (S. 116 Z. 14).

498) LGl LnR 4 § 2 (S. 117 Z. 14 f.).

glosse auch tatsächlich selbst benutzt haben muss und nicht etwa bloß Blindzitate aus der Buch'schen Glosse kopiert hat[499].

Bibel. Eine vereinzelte, aber ebenfalls selbständige Beschäftigung des Glossators mit einem geistlichen Text wird außerdem in Bezug auf die Bibel greifbar. In Glosse LnR 51 baut der Lehnrechtsglossator eine *quaestio* der Buch'schen Glosse LdR II 13 § 1 *Nu vornemet* über die Frage, ob der Richter barmherzig sein soll, erheblich aus[500]. Dabei erweitert er Johanns *quaestio*, die ihrerseits bereits verschiedene Bibelstellen verarbeitet hat, um konkrete, lateinisch und deutsch wiedergegebene Bibelzitate. Anders als Johann von Buch, der sich bei Bezugnahmen auf die Bibel regelmäßig mit einem allgemeinen „*God secht*"[501], „*Dar steyt*"[502] oder Ähnlichem begnügt hat, bezeichnet der Lehnrechtsglossator dabei auch genau die Herkunft seiner Bibelzitate aus den Evangelien und den Psalmen. Zur Unterstützung der Ansicht, der Richter möge Gnade walten lassen und dem Delinquenten vergeben, heißt es etwa: „*Das grôszte dis argumentis ist offinbar Luce* V, *et Mathei* VI, *ubi dominus dicit: ‚Dimittite et dimittetur vobis.' Do spricht das ewangelium: ‚Vorgebit, so wirt vch vorgebin.*'"[503] Offenbar hat die Buch'sche Vorlage den Lehnrechtsglossator dazu gereizt, sich noch ausführlicher mit der Frage nach der richterlichen Barmherzigkeit auseinanderzusetzen. Dazu veranstaltet er eine noch detailliertere Abwägung der Bibeltextstellen, wobei er sie gleich Rechtsquellen allegiert.

Kanonistische Literatur, insbesondere die *Glossae ordinariae*. Ähnlich der unscheinbaren Rolle, die die Lehnrechtsglosse äußerlich der *Glossa ordinaria* des Accursius zum *Corpus iuris* zuweist, zitiert der Glossator auch die verschiedenen *Glossae ordinariae* zum kanonischen Recht nur äußerst sel-

---

499) Als Beleg für diesen Umstand können alle von der Buch'schen Glosse unabhängig verfassten Glossenteile dienen, die in nachvollziehbarer Assoziation kanonisches Recht allegieren. Eines von vielen Beispielen ist LGl LnR 5 § 1 (S. 155 Z. 1 – S. 161 Z. 12), in der sich der Lehnrechtsglossator in einer eigenständig verfassten *quaestio* über die Frage, ob auch der gebrechliche Sohn Lehnserbe sei, unter anderem auf Dist. 1 c. 10 (S. 156 Z. 2) und C. 7 q. 1 c. 2 (S. 159 Z. 16) beruft.

500) LGl LnR 51 (S. 666 Z. 8 – S. 678 Z. 11); vgl. dazu Gl LdR II 13 § 1 *Nu vornemet* (S. 599 Z. 21 – S. 603 Z. 8), sowie KANNOWSKI, Umgestaltung S. 397–399; DERS., Verhältnis S. 134–136. Anspielungen auf die Bibel finden sich daneben bloß noch in LGl LnR 1 (S. 58 Z. 4–13); LGl LnR 2 § 1 (S. 68 Z. 4 f.); LGl LnR 4 § 2 (S. 136 Z. 12 f.) und LGl LnR 19 § 2 (S. 341 Z. 9 f.).

501) Gl LdR II 13 § 1 *Nu vornemet* (S. 600 Z. 8).

502) Gl LdR II 13 § 1 *Nu vornemet* (S. 600 Z. 10).

503) LGl LnR 51 (S. 668 Z. 6–8); gemeint sind wohl Luc. 6, 37 und Matth. 6, 14; vgl. dazu die knappere Gl LdR II 13 § 1 *Nu vornemet*: „*Dar stext: Vergheuet, so wert gyk vorgheuen.*" (S. 600 Z. 10).

ten[504]. Die Glosse des Johannes Teutonicus zum *Decretum Gratiani* (um 1215), die von Johann von Buch benutzt und wenigstens einmal auch explizit genannt worden ist[505], findet in der längeren Lehnrechtsglosse nach der Handschrift Wo von 1464 überhaupt keine Erwähnung. Auch auf die Mitte des 13. Jahrhunderts entstandene Glosse des Bernardus Parmensis zum *Liber Extra* beruft sich der Glossator des Lehnrechts nicht explizit. In der Lehnrechtsglosse lässt sich aber wenigstens eine indirekte Rezeption dieser Schrift feststellen: Die vom Lehnrechtsglossator in Glosse LnR 27 aufgelisteten Erbunwürdigkeitsgründe sind Glosse LdR I 16 (17 § 1) *Wente jd ne geit nicht vte dem bosmen* entnommen; Johann hat den Katalog aber wiederum stillschweigend aus der *Glossa ordinaria* zu X. 2, 24, 23 ad v. *Exhaeredaret* übersetzt[506]. Die verhältnismäßig junge *Glossa ordinaria* des Johannes Andreae zu den *Clementinae* (um 1326) erwähnen weder Johann von Buch noch der Glossator des Lehnrechts.

Von den kanonistischen Glossen zitiert die längere Lehnrechtsglosse einzig die *Glossa ordinaria* des Johannes Andreae zum *Liber Sextus* (um 1303/04) ausdrücklich. Für sämtliche drei Bezugnahmen des Lehnrechtsglossators auf diese kanonistische Glosse lassen sich allerdings konkrete Stellen der Buch'schen Glosse ausmachen, aus denen der Lehnrechtsglossator die Zitate ganz offensichtlich entnommen hat. Aus Johannes Andreae, dem wahren Verfasser der Glosse zum *Liber Sextus*, macht der Glossator des Lehnrechts dabei fälschlicherweise ein „*p*" (Parmensis?). Alle drei Verweise der Lehnrechtsglosse auf die Glosse des Johannes Andreae zum *Liber Sextus* finden sich in Glosse LnR 4. Sie alle betreffen im weitesten Sinn Wahl und Amtsführung des Königs und alle nehmen bloß auf verschiedene Glossenstellen zu einem einzigen *canon* VI. 2, 14, 2 Bezug. Alle drei Verweise entpuppen sich im Vergleich als Kopien aus der Landrechtsglosse. Ein Beispiel aus Glosse LnR 4 mag diesen Zusammenhang verdeutlichen. Der Lehnrechtsglossator übernimmt darin aus Glosse LdR III 48 (54 § 2) *Jd ne sy* einen Verweis auf *Glossa ordinaria* zu VI. 2, 14, 2 ad v. *Haeresi*:

---

504) Vgl. zu den kanonistischen *Glossae ordinariae* bereits oben S. 321 und im Überblick A. THIER, Art. Corpus Iuris Canonici, in: ²HRG I Sp. 894–901. Zur Verarbeitung in der Lehnrechtsglosse vgl. KAUFMANN, LGl LnR S. 1241–1244.

505) Gl LdR III 24 (25 § 2) *Wat buten* (S. 1077 Z. 3). Zur Rolle der kanonistischen Glossen als Quelle der Buch'schen Glosse vgl. umfassend STEFFENHAGEN, Entwicklung XII.

506) LGl LnR 27 § 1 (S. 483 Z. 6 – S. 485 Z. 4); vgl. dazu Gl LdR I 16 (17 § 1) *Wente jd ne geit nicht vte dem bosmen* (S. 224 Z. 5 mit Anm. 27 – S. 225 Z. 11); vgl. dazu wiederum *Glossa ordinaria* zu X. 2, 24, 23 ad v. *Exhaeredaret* (i) (Corpus juris canonici II, Rom 1582 Sp. 816).

[Gl LdR III 48 (54 § 2) *Jd ne sy*]
„Dit sulue dede men ok deme paueze, he en zwore zik los, offt me eme vnghelouen teghe, ut Johannes Andree extra in glosa de sentencia et re iudicata c. ad apostolice super v[erbis] *de heresi li. vi* [...]“[507]

[LGl LnR 4]
„Js were denne, das oͤn der babist beschuldigete vmbe keczerey, so musz her sich mit syme eide loͤszen. Do von spricht Johannes Andree yn syner glosen, extra de re iudi. <c.> *ad apostolice ver(siculo) de heresi li.* VI [...].“[508]

Dass der Verweis auf die kanonistische Glosse lediglich blind aus der Buch'schen Glosse abgeschrieben wurde, beweist sich neben den formalen Übereinstimmungen zusätzlich noch durch die versehentliche Verkehrung des Sinnzusammenhangs in Glosse LnR 4: Während Johann den von Johannes in *Glossa ordinaria* zu VI. 2, 14, 2 ad v. *Haeresi* tatsächlich besprochenen Fall behandelt, dass sich der Papst vom Vorwurf der Ketzerei befreien möchte, spricht der Lehnrechtsglossator allein vom Kaiser, den umgekehrt der Papst der Ketzerei bezichtigt. Hierzu passt die allegierte Glossenstelle des Johannes Andreae aber nicht. Auch die beiden anderen Verweise der Glosse LnR 4 auf die *Glossa ordinaria* zum *Liber Sextus* – beide betreffen gleichfalls Glossenstellen zu VI. 2, 14, 2 – erklären sich auf dieselbe Weise als Blindzitate aus der Buch'schen Glosse[509].

Just auf den hier von Glosse LnR 4 ausdrücklich in Bezug genommenen, zusammengehörigen Seiten der kanonistischen *Glossa ordinaria* finden sich in einer *additio* übrigens auch Verse über die Königswähler, die die kürzere Glosse LnR 63 im lateinischen Original inkorporiert hat[510]. Der längeren

---

507) Gl LdR III 48 (54 § 2) *Jd ne sy* (S. 1275 Z. 7–10); gemeint ist *Glossa ordinaria* zu VI. 2, 14, 2 ad v. *Haeresi* (b) (Corpus juris canonici II, Rom 1582 Sp. 379).

508) LGl LnR 4 § 2 (S. 122 Z. 8–11).

509) LGl LnR 4 § 2 (S. 132 Z. 2–4); vgl. dazu Gl LdR III 50 (57 § 2) *De koningh van Bemen* (S. 1301 Z. 4 f.); gemeint ist *Glossa ordinaria* zu VI. 2, 14, 2 ad v. *Illi autem* (o) (Corpus juris canonici II, Rom 1582 Sp. 380).

Vgl. außerdem noch kurz darauf LGl LnR 4 § 2 (S. 133 Z. 11–13); vgl. dazu Gl LdR III 50 (57 § 2) *Sint kesen de vorsten alle* (S. 1302 Z. 5–9); auch hier dürfte *Glossa ordinaria* zu VI. 2, 14, 2 ad v. *Eligant* (p) gemeint sein (Corpus juris canonici II, Rom 1582 Sp. 380).

510) KGl LnR 63 § 1: „*Vnde versus: Maguntinensis, Treverensis, Coloniensis. / Jnde palatinus dapifer, dux portitor ensis, / Marchio prepositus camere, pincerna Bohemus. / Proficiunt regem si servant ordine legem.*“ (S. 448 Z. 1–5, vgl. insbesondere auch Anm. 12); vgl. dazu *Glossa ordinaria* zu VI. 2, 14, 2, *additio* ad v. *Illi autem*(o): „*Praefati electores Imperatoris his versibus continentur. Magna Maguntia, crassa Colonia, Treueris alma: / Atque Palatinus dapifer, dux portitor ensis: / Marchio praepositus camerae pincerna Bohemus, / Romanum regem statuendi dant sibi legem.*“ (Corpus juris canonici II, Rom 1582 Sp. 380).

und der „Wurm'schen" Glosse LnR 63 fehlen sie[511]. Ein späterer Bearbeiter der Lehnrechtsglosse könnte die Verse auch aus der Sächsischen Weltchronik[512] oder der Chronik des Martin von Troppau[513] entnommen haben, die sie ihrerseits überliefern. Die auffällige räumliche Nähe, in der sich die kanonistische *additio* zu den einzigen vom Lehnrechtsglossator ausdrücklich zitierten Glossenstellen zu VI. 2, 14, 2 befindet, macht die *Glossa ordinaria* zu VI. 2, 14, 2, *additio* ad v. *Illi autem* (o) als Quelle der Verse der kürzeren Lehnrechtsglosse etwas wahrscheinlicher.

Im selben Zusammenhang der drei Verweise der Glosse LnR 4 auf verschiedene Stellen der *Glossa ordinaria* zu VI. 2, 14, 2 ergibt sich noch ein weiteres bemerkenswertes Zitat der Lehnrechtsglosse. Ganz beiläufig erwähnt der Glossator im Streit um das Wahlrecht des Königs von Böhmen nämlich einmal auch einen Kommentar des Kanonisten Henricus de Segusio (Hostiensis, † 1271)[514]. Neben Accursius und Johannes Andreae ist Hostiensis der einzige Jurist, den die Lehnrechtsglosse einmal namentlich nennt. Mitnichten hat der Glossator des Lehnrechts dessen Schrift aber wirklich zu Rate gezogen und die juristische Lehrmeinung seines Kollegen aus eigenem Antrieb in seine Arbeit einfließen lassen. Bei dem Zitat handelt es sich vielmehr um ein in noch längerer Kette aus indirekten, mehrfachen Übernahmen durch mehrere Werke hindurchgereichtes Blindzitat. Die Erwähnung des Hostiensis in Glosse LnR 4 erklärt sich als Übernahme aus der Buch'schen Glosse LdR III 50 (57 § 2) *Sint kesen de vorsten alle*, welche sich wiederum auf eine indirekte Übernahme aus der *Glossa ordinaria* des Johannes Andreae zu VI. 2, 14, 2 ad v. *Illi autem* (o) zurückführen lässt. Schon Johannes hat darin eine Ansicht des Hostiensis aus dessen *Commentaria in libros decretalium* zu X. 1, 6, 34 referiert:

511) Vgl. LGl LnR 63§ 1 (nach S. 839 Z. 14); „Wurm'sche" Glosse LnR 63 (Berlin SBB-PK Hs. 392 fol. 336vb).

512) Sächsische Weltchronik c. 168 (MGH Dt. Chron. 2 S. 170 Z. 38–42); so bereits der Vorschlag von KAUFMANN, KGl LnR S. 448 Anm. 12. Einen Überblick über das Werk gibt HERKOMMER, Art. Sächsische Weltchronik, in: ^{2}VL VIII Sp. 473–500.

513) Chronik des Martin von Troppau (MGH SS 22 S. 466 Z. 20–24); so bereits der Vorschlag von KAUFMANN, KGl LnR S. 448 Anm. 12. Einen Überblick über das Werk gibt V. DEN BRINCKEN, Art. Martin von Troppau (Martinus Polonus), in: ^{2}VL VI Sp. 158–166.

514) LGl LnR 4 § 2 (S. 132 Z. 6 f.). Über Hostiensis und sein Werk V. SCHULTE, Geschichte II S. 123–129.

[Hostiensis, *Commentaria in libros decretalium* zu X. 1, 6, 34 n. 1]	[Johannes Andreae, *Glossa ordinaria* zu VI. 2, 14, 2 ad v. *Illi autem* (o)]	[Gl LdR III 50 (57 § 2) *Sint kesen de vorsten alle*]	[LGl LnR 4]
„*Et septimus est dux Bohemiae, qui mo-*[do] *est Rex. sed iste s*[ecundu]*m quosda*[m] *non est necessarius, nisi quando alii discorda-re*[n]*t; nec istud ius habuit ab antiquo, sed de facto hoc hodie tenet.*“[515]	„*Et dicunt quidam, q*[uod] *rex Bohemiae de necessitate vocandus non est, nisi cum alij discordant: nec istud ius habuit ab antiquo: sed hodie de facto tenet. & hoc per Host. de elec. venerabilem.*“[516]	„*Merke, dat hir vntworen is de wan hern Hostiensis, den he settet extra de eleccione c. venerabilem. Dar steit, dat desse kor sy van gheschicht vnde nicht van rechte. Wente den keyser maket dat heer, ut* XCIII *di. c. legimus.*“[517]	„*Contra. Disz ist vnrecht. Wenne were das also, so were syne koͤre von geschichte vnde nicht von rechte, also Hostiensis spricht yn der glosen, extra de elec.* <c.> *venerabilem.*“[518]

Alle drei Glossatoren – Johannes Andreae, Johann von Buch und der Lehnrechtsglossator – ziehen Hostiensis als Vertreter einer Ansicht heran, die ein Kurrecht des böhmischen Königs verneint: Ein solches bestehe nur faktisch, aber nicht von Rechts wegen[519]. Weder Johann von Buch noch der Glossator des Lehnrechts haben die Schrift des Hostiensis aber wohl je selbst in den Händen gehalten. Johann hat sein Argument der *Glossa ordinaria* des Johannes Andreae entnommen und aller Wahrscheinlichkeit nach speist sich die Lehnrechtsglosse allein aus der Buch'schen Glosse. In einem solchen Geflecht von Metarezeptionen kann es leicht zu einem regelrechten „Gewirr von wirklichem und vermeintem Irrthum“[520] kommen. Im Querschnitt

515) Hostiensis, *Commentaria in libros decretalium* zu X. 1, 6, 34 n. 1 ([Hostiensis, In decretalium commentaria I] S. 59a Sp. 2); eine deutsche Übersetzung bietet WOLF, Entstehung S. 162 Q 51.

516) *Glossa ordinaria* zu VI. 2, 14, 2 ad v. *Illi autem*(o) (Corpus juris canonici II, Rom 1582 Sp. 380).

517) Gl LdR III 50 (57 § 2) *Sint kesen de vorsten alle* (S. 1301 Z. 6–10). Vgl. bereits die Gegenüberstellungen dieser Stelle mit der kanonistischen *Glossa ordinaria* bei STEFFENHAGEN, Entwicklung XII S. 730 f. m. w. N. für die Literatur, und dann KAUFMANN, Gl LdR S. 1301 Anm. 48. Zum Inhalt der Stelle KANNOWSKI, Umgestaltung S. 258 f.

518) LGl LnR 4 § 2 (S. 132 Z. 5–10).

519) Vgl. zur Behandlung dieser Frage in der Kanonistik HUGELMANN, Königswahl S. 111 f. Land- und Lehnrechtsglossator befürworteten ein Wahlrecht des böhmischen Königs jedenfalls in Pattsituationen.

520) So schon SCHUSTER, Beiträge S. 407, mit Diskussion der Buch'schen Glossenstel-

durch die verschiedenen Stellungnahmen zum umstrittenen böhmischen Kurrecht zeigt sich jedoch eine typische Arbeitsweise mittelalterlicher Jurisprudenz: Die gelehrten *Glossae ordinariae* haben es sich zur Aufgabe gemacht, in großem Stil den aktuellen Diskussionsstand zu reproduzieren. Damit wurden sie zu vielschichtigen Informationsträgern, die späteren Benutzern das Nachschlagen in den älteren Schriften ersparte. Indem Johann nun auf den Quellenfundus der *Glossa ordinaria* des Johannes Andreae zurückgreift, dann aber selbst als solcher Quellenfundus für den Lehnrechtsglossator fungiert, setzt sich die kontinuierliche Wissensweitergabe fort. Die sächsischen Glossatoren schreiben die Zitate von ihren Vorlagen dabei nicht einfach bloß ab. Vielmehr versucht ein jeder, das abstrakte, vom jeweiligen Vorgänger genannte Argument der noch älteren juristischen Autorität herauszuschälen und bemüht sich im Folgenden um eine eigenständige Auseinandersetzung mit dessen Kernaussage. Dass diese Vorgehensweise häufig zur Kolportage von alten und neuen Missverständnissen führt, bedarf kaum der Erwähnung.

In dasselbe Muster passt längere Glosse LnR 19, die mit lateinischen Versen über den Zeugenbeweis ausklingt[521]. Eine Quellenangabe fehlt, aller Wahrscheinlichkeit nach liegt jedoch eine weitere Übernahme aus der Buch'schen Glosse vor. Glosse LdR I 7 (8 § 3) *Sone auer vnde orueyde* enthält die Verse ebenfalls – eine genauere Quellenangabe als „*Nach geistlikem rechte*“[522] fehlt aber auch hier[523]. Die Verse stellen berühmte mnemotechnisch gebildete Merkverse dar, die in ganz verschiedenen Werken überliefert sind. Frank-Michael Kaufmann schlägt als Vermittlerquelle die *Summa decretalium* (Ende 12. Jh.) des Bernardus von Pavia vor[524]. Die Verse finden sich in unterschiedlichen Variationen aber etwa auch im *Ordo iudiciaris* des Tancred von Bologna (1216)[525] und in der etwas späteren Prozessrechts-

---

le. Sie ist fortgesetzt bei STENGEL, Den Kaiser macht das Heer S. 302 Anm. 1, und STEFFENHAGEN, Entwicklung XII S. 733 f.

521) LGl LnR 19 § 2 (S. 348 Z. 5–11) „*Vnde uff das so sollet ir vornhemen disse versus: Condicio sexus etas discrecio fama, Et fortuna fides in testibus ista requires, Et consang(ui)nei pariterque domestica turba, Et clericus laicos a se fugat ac viceversa, Res pariter gradus locus hijs consona tempus.*“

522) Gl LdR I 7 (8 § 3) *Sone auer vnde orueyde* (S. 185 Z. 27).

523) Gl LdR I 7 (8 § 3) *Sone auer vnde orueyde* (S. 186 Z. 1–5).

524) Bernardus von Pavia, *Summa decretalium* I 23 § 1, II 13 § 2 und II 13 § 9 (LASPEYRES, Summa decretalium S. 18, 45 und 48); vgl. KAUFMANN, Gl LdR S. 186 Anm. 16–18. Kaufmann weist auf die mögliche Übernahme noch eines weiteren Satzes der Buch'schen Glosse aus der *Summa* des Bernardus von Pavia hin (DERS., ebenda S. 424 Anm. 25).

525) Tancred von Bologna, *Ordo iudiciarius*, p. 3 t. 6 (BERGMANN, Pillius S. 225, ins-

schrift *Antequam* (vor 1260)[526]. Selbst die Accursische *Glossa ordinaria* zu Dig. 22, 5, 3 pr. ad v. *Inimicitiae* (c)[527] und die Glosse des Bernardus Parmensis zu X. 2, 20, 2 ad v. *Vilissimi* (g)[528] überliefern Teile der Verse. Eine Entnahme auch der übrigen Versteile aus einer kanonistischen Glosse ist gut denkbar, zumal Johann von Buch die kanonistische *Glossa ordinaria* auch sonst zu Rate zieht und sich für die Verse ausdrücklich auf geistliches Recht beruft. Mit Sicherheit lässt sich die genaue Quelle Johanns, über die er die Merkverse rezipierte, derzeit aber wohl nicht ermitteln. Vorerst bleibt die Feststellung, dass hier ein weiteres Mal in typischer Art und Weise Wissen weitergegeben worden ist, indem ein Autor den anderen reproduziert. Maßgebliche und alles beherrschende Vermittlerquelle der Lehnrechtsglosse ist dabei, wie so oft, die Buch'sche Glosse.

Wir haben gesehen, dass die längere Lehnrechtsglosse neben stillschweigenden Übernahmen kanonistischer Lehren aus der Buch'schen Glosse nur viermal ausdrücklich auf kanonistische Literatur Bezug nimmt. Alle vier Verweise finden sich in Glosse LnR 4, betreffen den geschlossenen Themenkomplex der Amtsführung und Wahl des Königs und beziehen sich auf verschiedene Stellen derselben *Glossa ordinaria* zu VI. 2, 14, 2 bzw. eine dort überlieferte Ansicht des Hostiensis. Noch vor allem anderen aber muss auffallen, dass alle vier Verweise der Buch'schen Glosse entnommen wurden. Somit lässt die Lehnrechtsglosse an keiner Stelle den Schluss zu, der Glossator habe selbst die kanonistische *Glossa ordinaria* oder eine sonstige Arbeit zum kanonischen Recht herangezogen – mit einer Ausnahme. Sie verdient im Folgenden gesonderte Beachtung.

De consecratione imperatoris. Über die Arbeit verteilt beruft sich der Glossator des Lehnrechts in längerer Glosse LnR 1, 2, 4 und 22 insgesamt viermal auf eine der Buch'schen Glosse unbekannte Schrift *De consecratione imperatoris.* Jedes Mal belegt der Lehnrechtsglossator damit Hinweise auf die Insignie des Zepters, mit dem der König den geistlichen Fürsten ihre Lehen verlieh. Längere Glosse LnR 4 etwa lautet:

---

besondere auch mit Anm. 34); weitere Nachweise zum Werk bei FOWLER-MAGERL, Ordo iudiciorum S. 128–130 m. w. N.

526) *Antequam* I 6 (RIEDNER, Die geistlichen Gerichtshöfe S. 9). Näheres zum Werk bei FOWLER-MAGERL, Ordo iudiciorum S. 151–153 m. w. N. Es handelt sich um eine lange Zeit Johannes Andreae zugeschriebene Schrift.

527) *Glossa ordinaria* zu Dig. 22, 5, 3 pr. ad v. *Inimicitiae* (c) (Corpvs ivris I, Lyon 1627, Dig. Sp. 2073).

528) *Glossa ordinaria* zu X. 2, 20, 2 ad v. *Vilissimi* (g) (Corpus juris canonici II, Rom 1582 Sp. 701); vgl. dazu bereits die Hinweise bei KAUFMANN, LGl LnR S. 348 Anm. 41 f.

„Jr sollet ouch wissen, das der konning allen fursten, beide geistlichen vnde wertlichen, öre lehn liet. Jch meyne den geistlichen mit dem ceptro, vnde den wertlichen fahnlehn liet her mit der fahyn, also man vindet yn dem buche de consecracione jmperatoris.“[529]

Auch „Wurm'sche“ und kürzere Lehnrechtsglosse kennen die Schrift[530]. Die Zitate sind etwas Besonderes, denn vom Seneca-Zitat der Vorrede einmal abgesehen stellt *De consecratione imperatoris* die einzige literarische Quelle der Lehnrechtsglosse dar, die offenbar nicht über Vermittlung der Buch'schen Glosse eingeflossen ist.

Eine eindeutige Identifizierung der Schrift fällt ebenso schwer wie die Bestimmung einer möglichen Vermittlerquelle. Sicherlich ist nicht der dritte Teil des *Decretum Gratiani* gemeint, welcher in seiner Gesamtheit kaum geeignet ist, das Institut des Zepterlehens zu repräsentieren, und welchen der Lehnrechtsglossator im Übrigen auch wie üblich durch ein einleitendes *„de consecratione“* und genaue Angaben von *distinctio* und *canon* allegiert[531]. Frank-Michael Kaufmann hat für die vom Lehnrechtsglossator mit dem Titel *„de consecracione jmperatoris“* und der Gattung *„buch“* bezeichnete Schrift den Traktat *De consecratione pontificum et regum* vorgeschlagen[532]. Dabei handelt es sich um eine um 1100 unter dem Eindruck des Investitur-

529) LGl LnR 4 § 2 (S. 134 Z. 4–8); vgl. außerdem noch Glosse LnR 1: *„Vnd dorvmbe, wanne man sy wil entphaen von deme riche, so sal man dy entpfaen mit deme ceptro. Das ist der funff cleynodt eyn, dy czu deme riche gehörn, ut in de consecracione imperatoris.“* (S. 61 Z. 2–5); LGl LnR 2 § 2: *„Weme der koning Aswerus das ceptrum neigite, das was eyn czeichen, das her des koniges gnade hatte, ut in de consecracione imperatoris.“* (S. 68 Z. 5–7) und LGl LnR 22 § 1: „[...] *her sal halden ein ceptrum yn syner hant, mit deme her belehnen sal dy geistlichen fursten. Was by dissem czeichin czu vornhemene ist, das habe wir vsz geleit hir vor vff das vierde capittel. Vnde man vint is in de consecracione imperatoris.“* (S. 375 Z. 10–14).

530) Vgl. etwa „Wurm'sche“ Glosse LnR 4: *„Jr sult auch wissin: wen denne der kun*[n]*ig czu rome gecronit wurt czu romischin keisir, so mag er allin geistlychin furstin ir regal mit dem czeptro und den werltlichin furstin ir vahin lyhin mit dem vanen, alz man vint in dem buche de consecracione imp*[er]*atoris“* (Berlin SBB-PK Hs. 392 fol. 170ra) sowie über den Text der Klasse L hinausgehend kurz darauf noch einmal: *„Nota Quinto: Auch hot daz reiche ein czepter, daz ist eine guldine rute, dy hot uf dem ende eine czwyvache lylie. Dyze rute ir dochte asswerus der kunnig, alz man vint in hester. daz ist czuuornemen, wem der kun*[n]*ig dy rute neygete, daz er dez kunnigis hulde hette und seine genade, vt in de consecracione imp*[er]*atoris p*[er] *totum“* (ebenda fol. 170rb–170va). Vgl. außerdem KGl LnR 4 § 2 (S. 66 Anm. 11–13).

531) Vgl. die Nachweise der zwei Allegationen von *De consecratione* oben S. 363 Anm. 496.

532) *De consecratione pontificum et regum* (BÖHMER, De consecratione, MGH Ldl 3 S. 662–679, vgl. über die Investitur mit dem Zepter insbesondere S. 678 Z. 8–21); vgl.

streits verfasste Streitschrift eines anonymen, normannischen Klerikers über die Weihe der Könige und Bischöfe[533]. Der Anonymus nimmt darin einen extremen staatskirchlichen Standpunkt ein und vertritt die These vom Sakralcharakter der Königsweihe. Gegen Ende spricht er auch explizit von der Investitur der geistlichen Fürsten mit dem Zepter[534]. In den Kontext der gnadenhalber vom König verliehenen Zepterlehen, in dem der Lehnrechtsglossator „*De consecratione imperatoris*" erwähnt, würde *De consecratione pontificum et regum* seinem Inhalt nach also gut passen. Der Traktat unterstreicht die Gewalt des Königs über die Bischöfe als deren oberster Lehnsherr. Problematisch bleibt dagegen der zwar ähnliche, im Wortlaut aber eben doch divergierende Titel.

Der Arbeitsweise des Lehnrechtsglossators würde es entsprechen, hätte er das Zitat wiederum „nur" aus einer vermittelnden Drittquelle übernommen. Ein solches Exzerpieren von Aussagen aus Arbeiten Dritter und anschließendes Transponieren derselben in die eigenen Zusammenhänge war in der Lehnrechtsglosse schon mehrfach zu beobachten[535]. Nur scheidet die Buch'sche Glosse als direkte Vorlage des Lehnrechtsglossators diesmal aus. Möglicherweise hat der Lehnrechtsglossator einen Hinweis auf eine Schrift *De consecratione imperatoris* in einer von ihm wenigstens zeitweise selbst herangezogenen *Glossa ordinaria* zum römischen oder kanonischen Recht vorgefunden. Vielleicht stammt das Zitat auch noch aus Notizen, die sich der Lehnrechtsglossator aus seinem eigenen Rechtsstudium erhalten hatte. Denkbar wäre natürlich auch die tatsächliche Benutzung einer konkreten Schrift mit exakt diesem Titel. Die Art, wie *De consecratione imperatoris* zitiert wird, lässt indes auf keine besonders intensive Verarbeitung der Schrift schließen. Der Lehnrechtsglossator beruft sich auf keine konkreten Sätze von *De consecratione imperatoris*, sondern nimmt die Schrift bloß *per totum* in Bezug. Außerdem zieht er sie stets nur im selben allgemeinen Zusammenhang des Zepterlehens heran. Schon diese eher oberflächliche Behandlung legt den Rückgriff auf eine vermittelnde Drittquelle nahe. Eine direkte Benutzung von *De consecratione imperatoris* käme zudem einer Abweichung vom üblichen *modus operandi* des Glossators gleich.

---

dazu KAUFMANN, LGl LnR S. 61 Anm. 26, S. 68 Anm. 7, S. 134 Anm. 122 (dort unentschieden) und S. 375 Anm. 29.

533) Der Traktat wurde durch die Analyse von KANTOROWICZ, Zwei Körper S. 64–81, bekannt. Vgl. außerdem die Inhaltsangabe von KERN, Gottesgnadentum S. 253–257.

534) *De consecratione pontificum et regum* (BÖHMER, De consecratione, MGH Ldl 3 S. 678 Z. 8–21).

535) Vgl. nur die Synopsis oben S. 368 zu Übernahmen von Zitaten der *Glossa ordinaria* des Johannes Andreae sowie der *Lectura* des Hostiensis aus der Buch'schen Glosse.

4. Zusammenfassender Überblick

Zusammenfassend ergibt sich das folgende vorläufige Gesamtbild vom Quellenhorizont des Lehnrechtsglossators: Eine erste Quellengruppe betrifft das im weitesten Sinn verstandene einheimische Recht. Im Text der längeren Lehnrechtsglosse sind Remissionen auf das Sächsische Lehnrecht sehr häufig. Seltener, insgesamt zwölfmal, wird auch konkret auf die Lehnrechtsglosse Bezug genommen. Von den Remissionen unterscheiden sich qualitativ die Verweise auf die übrigen sächsischen Rechtsbücher, die der Glossator viel seltener, dann aber ebenso wie die gelehrten Rechtsquellen „allegiert". Einige Male finden die *Constitutiones Alberti* Erwähnung. Das Sachsenspiegel-Landrecht wird meist stillschweigend verarbeitet und wohl nur in späteren Konkordantien explizit zitiert. Hingegen wurde das Magdeburger Weichbildrecht vom Glossator offenbar weder zitiert noch benutzt. Ebenso wenig zitiert er, legt man die Handschrift Wo von 1464 zugrunde, die Glossen zu Landrecht, Weichbildrecht oder *Constitutiones Alberti*. Gleichzeitig ist jedoch offensichtlich, dass der Lehnrechtsglossator in ganz erheblichen Ausmaßen aus der Buch'schen Glosse schöpft. Seine wichtigste Quelle bleibt somit ungenannt. Schließlich beruft sich der Glossator einmal auf eine nicht weiter bezeichnete Chronik. Zu den einheimischen, ausdrücklich genannten und vermutlich auch originär vom Verfasser selbst benutzten Quellen der Lehnrechtsglosse zählen damit:

- Sächsisches Lehnrecht und Lehnrechtsglosse
- Sachsenspiegel-Landrecht
- *Constitutiones Alberti*
- (Chronik)

Als römischrechtliche Quellen der Lehnrechtsglosse treten in der Gesamtschau zunächst die Primärtexte des römischen Rechts hervor. Der Glossator allegiert sie sehr oft und in klassischer Manier, wobei er alle Teile des mittelalterlichen *Corpus iuris* berücksichtigt (Digesten, *Codex*, Institutionen, *Authenticum* und *Libri feudorum*). Auf die thematisch besonders einschlägigen *Libri feudorum* beruft er sich indes wesentlich seltener, als es der Bearbeitungsgegenstand erwarten ließe. Einige Male, meist jedoch in Form von blind aus der Buch'schen Glosse übernommenen Zitaten, findet explizit auch die Accursische *Glossa ordinaria* Erwähnung. Die seltenen ausdrücklichen Zitate spiegeln allerdings in keiner Weise den bedeutenden Einfluss wider, den die Accursische Glosse jedenfalls in Vermittlung über den Bildungshintergrund des Glossators und über die Buch'sche Glosse als Quelle auf die Lehnrechtsglosse ausgeübt hat. Zu den römischen Quellen im weitesten Sinn zählt außerdem das Seneca-Zitat zu Beginn der Lehnrechtsglossenvorrede, welches aus einer unbekannten Vermittlerquelle rezipiert wurde. Insgesamt ergibt sich somit die folgende Übersicht der ausdrücklich vom Lehnrechtsglossator angeführten römischrechtlichen Quellen:

- Digesten
- *Codex*
- Institutionen und Accursische *Glossa ordinaria*
- *Authenticum* und Accursische *Glossa ordinaria*
- *Libri feudorum*
- (Seneca)

Quellen, die sich im weitesten Sinn dem kanonischen Rechtskreis zuordnen lassen, spielen im Vergleich zu den römischrechtlichen Quellen der Lehnrechtsglosse nur eine untergeordnete Rolle. Der Text der längeren Lehnrechtsglosse enthält etwa viermal so viele römischrechtliche wie kanonistische Allegationen. Die rund 370 Zitate des geistlichen Rechts verteilen sich auf alle Teile des *Decretum Gratiani*, den *Liber Extra* und den *Liber Sextus*. Der Lehnrechtsglossator allegiert die Basistexte des kanonischen Rechts *lege artis*. Einige Male wird in Glosse LnR 51 außerdem die Bibel herangezogen. Die jüngeren *Clementinae* (1317) finden dagegen keine Erwähnung. Auf die kanonistische Literatur nimmt der Lehnrechtsglossator nur ganz selten explizit Bezug. Gerade viermal zitiert Glosse LnR 4 die *Glossa ordinaria* des Johannes Andreae zum *Liber Sextus* bzw. die dort genannte *Lectura* des Hostiensis. Sämtliche vier Stellen wurden, ebenso wie die Merkverse am Ende von Glosse LnR 19, aus der Buch'schen Glosse abgeschrieben. Ob der Lehnrechtsglossator die kanonistischen *Glossae ordinariae* überhaupt selbst zu Rate gezogen hat, ist daher zweifelhaft. Eine Besonderheit stellen vier weitere über die Lehnrechtsglosse verteilte Zitate einer Schrift „*De consecratione imperatoris*" dar, welche in der Buch'schen Glosse kein Vorbild finden. Möglicherweise war der Traktat *De consecratione pontificum et regum* (um 1100) gemeint, doch lassen sich nach gegenwärtigem Kenntnisstand weder die Schrift selbst noch die vielleicht hinzuzudenkende Vermittlerquelle mit Sicherheit bestimmen. Nach alledem zählen zu den ausdrücklich in der Lehnrechtsglosse zitierten Quellen des kanonischen Rechtskreises:

- *Decretum Gratiani*
- *Liber Extra*
- *Liber Sextus* und *Glossa ordinaria* des Johannes Andreae
- Bibel
- (Hostiensis)
- *De consecratione imperatoris*

b) Schlussfolgerungen

Die Quellenanalyse hat einen Überblick über die in der Lehnrechtsglosse ausdrücklich zitierten Quellen gegeben und dabei bereits ein differenziertes Bild vom Quellenhorizont des Glossators gezeichnet. Es bliebe jedoch unvollständig, fragte man nicht gleichzeitig auch nach der Bedeutung der nur stillschweigend zugrunde gelegten Quellen und nach den Schlüssen, die sich aus dem Zusammenspiel von ausdrücklich und stillschweigend verarbeitetem Quellenmaterial für die Arbeitsweise des Lehnrechtsglossators ziehen lassen. Im Folgenden werden auf Grundlage der in der Quellenanalyse gewonnenen Ergebnisse jene Grundprinzipien skizziert, die die wissenschaftliche Behandlung von Rechtsquellen in der Lehnrechtsglosse bestimmen. Dabei treten drei wichtige Aspekte zum Umgang des Lehnrechtsglossators mit seinen Quellen hervor.

1. Das Primat der Primärtexte

Eine erste wichtige Feststellung betrifft die relativen Zahlenverhältnisse der Allegationen der Lehnrechtsglosse. In auffälliger Weise ist in der Lehnrechtsglosse nämlich eine absolute Vorliebe des Glossators für Zitate der Primärtexte des gelehrten, insbesondere des römischen Rechts zu beobachten. Demgegenüber wird auf Sekundärliteratur, etwa auf die *Glossae ordinariae* zum gelehrten Recht oder auch auf andere Schriften, kaum jemals explizit Bezug genommen.

Eine genaue quantitative Beurteilung der Allegationen der längeren Lehnrechtsglosse ist schwierig. Das Kaufmann'sche Quellenverzeichnis hat nämlich neben den echten Zitaten der Lehnrechtsglosse unterschiedlos auch ungenannte Parallelstellen und möglicherweise vom Glossator stillschweigend zugrunde gelegte Quellen aufgenommen. Das betrifft vor allem die zahlreichen Übereinstimmungen der Lehnrechtsglosse mit Landrechtsartikeln und Landrechtsglosse. Ein nur oberflächlicher Blick auf das Quellenverzeichnis würde das Bild in diesem Punkt verfälschen. Dessen eingedenk lässt sich festhalten: Zu den regelmäßig im ganzen Werk zitierten Quellen des Lehnrechtsglossators gehören ausschließlich das Sächsische Lehnrecht, das römische *Corpus iuris* und die Basistexte des kanonischen Rechts. Wie gesehen hat Frank-Michael Kaufmann dabei für die längere Lehnrechtsglosse etwa 1720 Zitate des römischen und 370 des kanonischen Rechts gezählt[536]. Re-

536) KAUFMANN, Einleitung, LGl LnR S. XXIX. Zum Vergleich: Die Buch'sche Glosse enthält insgesamt etwa 6.500 Rechtszitate, von denen ca. 4.000 auf das römische *Corpus iuris* und ca. 1.200 auf das kanonische Recht (insbesondere das *Decretum Gratiani*) entfallen. Weitere ca. 1.200 verweisen auf den Sachsenspiegel, vgl. KAUFMANN, Glossen zum Sachsenspiegel – Brücken S. 75. Einen noch detaillierteren Überblick über die zah-

missionen im Lehnrecht dürften sich etwa in der Größenordnung der Zitate des kanonischen Rechts bewegen. Demgegenüber lassen sich Bezugnahmen der Lehnrechtsglosse auf weitere Texte meist an einer Hand abzählen: In der Handschrift Wo von 1464 werden die *Constitutiones Alberti* nur fünfmal explizit allegiert. Das Sachsenspiegel-Landrecht findet gerade zweimal in allgemeiner Form Erwähnung. Etwa Siebenmal beruft sich der Glossator auf die Bibel. Sekundärliteratur wird kaum zitiert. Neben zwölf Querverweisen auf andere Stellen der Lehnrechtsglosse finden sich gerade einmal sechs Bezugnahmen auf die Accursische *Glossa ordinaria*, vier Zitate der *Glossa ordinaria* des Johannes Andreae zum *Liber Sextus* und ein einzelnes Zitat einer bereits bei Johannes reproduzierten Ansicht des Hostiensis. Fast alle diese Verweise der Lehnrechtsglosse auf die gelehrten *Glossae ordinariae* erklären sich eindeutig als Übernahmen aus der Buch'schen Glosse. Kein Vorbild in der Landrechtsglosse finden allein das Seneca-Zitat der Lehnrechtsglossenvorrede, die einmalige Erwähnung einer nicht weiter benannten Chronik in Glosse LnR 4 sowie die vierfache Berufung auf eine Schrift mit dem Titel *De consecratione imperatoris*. Welche möglicherweise vermittelnde Schrift diesen Zitaten jeweils zugrunde gelegen hat, ist unklar.

Somit stellt sich die Lehnrechtsglosse – darin ähnelt sie im Stil der Landrechtsglosse – als eine äußerlich nur lose an die gelehrte juristische Literatur angebundene Schrift dar. Anders als andere rechtswissenschaftliche Arbeiten des 14. Jahrhunderts, die sich durchaus dezidiert und detailliert mit den Ansichten einer großen Anzahl namentlich zitierter juristischer Autoritäten auseinandersetzen[537], herrscht in den sächsischen Glossen das strikte Primat der Primärtexte. Allegiert werden die Rechtsquellen selbst, allen voran das römische Recht[538]. Ihnen, nicht der kommentierenden Begleitliteratur, entnahm man Argumente zur Lösung einer *quaestio*, Begriffsdefinitionen oder auffächernde Erklärungen eines Rechtsinstituts.

Dass juristische Sekundärliteratur in den Zitaten der Lehnrechtsglosse formal dermaßen im Hintergrund steht, bedeutet nicht, dass sie für die Arbeit des Glossators keine Rolle gespielt hat. Ihr Einfluss ist aber doch ein mittelbarer: Wie gesehen hat der Glossator des Lehnrechts das gelehrte Recht sehr wahrscheinlich an einer Universität studiert und dort mehr oder

---

lenmäßige Verteilung der Allegationen der Landrechtsglosse bietet KAUFMANN, Einige Bemerkungen S. 175 f.

537) Eindrückliche Beispiele liefern die Kommentare des Bartolus und des Baldus, die sich intensiv mit der juristsichen Literatur befassen und die Autoren dabei auch namentlich nennen.

538) Eine seltene Benutzung der Glosse zugunsten der direkten Zitate der Primärtexte bemerkte BÖHLAU, Einleitung, Nove constitutiones S. XXXIII, auch für die Arbeiten des Nikolaus Wurm.

weniger tiefgreifend die klassischen gelehrten Lehren verinnerlicht. Wenn er eine *lex* oder einen *canon* allegiert, meint er damit deshalb stets auch die Lehren, mit denen ein gelehrter Jurist die betreffende Gesetzesstelle assoziierte. Wenn der Glossator aus dem Kopf verschiedene denkbare Lösungen eines Problems entwickelt, bringt er darin automatisch auch die im Studium erlernten Lehren zum Ausdruck. Ein indirekter Einfluss der gelehrten Literatur auf die Lehnrechtsglosse ergibt sich darüber hinaus aus der Benutzung der Buch'schen Glosse. Johann von Buch hat in der Landrechtsglosse ja selbst, teils ausdrücklich, noch häufiger aber stillschweigend, Auszüge der gelehrten Glossen übersetzend kompiliert[539]. Indem die Lehnrechtsglosse nun wiederum diese Passagen der Landrechtsglosse inkorporiert, vollzieht sich eine Art Metarezeption der Lehren gelehrter Jurisprudenz.

Demgegenüber ist an jeglicher direkten Rezeption gelehrter Literatur in der Lehnrechtsglosse stark zu zweifeln. In jedem Fall müssen dem Lehnrechtsglossator bei Abfassung seiner Glosse neben einem Exemplar des Landrechts mitsamt der Buch'schen Glosse auch Texte des *Corpus iuris*, des *Decretum Gratiani*, des *Liber Extra* und des *Liber Sextus* zur Verfügung gestanden haben. Ob der Lehnrechtsglossator darüber hinaus aber überhaupt Zugriff auf Texte der gelehrten *Glossae ordinariae* zum römischen und kanonischen Recht gehabt hat, wissen wir nicht. Die seltenen, fast alle aus der Buch'schen Glosse abgeschriebenen Zitate der Accursischen Glosse und der Glosse des Johannes Andreae sprechen dagegen. Dass solche Blindzitate aus Drittwerken sorglos übernommen werden, gehört zur gewöhnlichen Arbeitsweise des Lehnrechtsglossators. Die wenigen nicht schon bei Johann enthaltenen Zitate der Lehnrechtsglosse könnten zufällig zur Verfügung gestandenen Drittquellen oder sogar eigenen, fragmentarischen Vorlesungsmitschriften des Lehnrechtsglossators entstammen.

Insgesamt weist die Lehnrechtsglosse jedenfalls keine ausführliche Auseinandersetzung mit der gelehrten juristischen Literatur auf. Der stete Rückbezug auf die Primärquellen des Sächsischen, römischen und kanonischen Rechts begründet einen ganz bestimmten, quellennahen, ja man möchte sagen: puristischen Stil der Lehnrechtsglosse. Sicherlich ist dieses Primat der Primärtexte nicht allein als Tribut an eine höhere Wertigkeit der Rechtsquellentexte vor der kommentierenden Begleitliteratur zu verstehen. Der letztlich doch beschränkte Quellenhorizont des Lehnrechtsglossators dürfte sich außerdem aus einer unzureichenden Infrakstruktur am Schreibort erklären lassen. Juristische Sekundärliteratur stand ihm vielleicht schlicht nicht zur Verfügung. Darüber hinaus könnte ihre weitgehende Nichtbeachtung aber

539) Vgl. dazu ausführlich STEFFENHAGEN, Entwicklung XI und XII S. 583–717 und S. 719–773.

auch begrenzten intellektuellen Fähigkeiten des Lehnrechtsglossators geschuldet sein. Alles in allem vermittelt die Lehnrechtsglosse – im Vergleich mit Arbeiten eines Bartolus, eines Baldus – jedenfalls keinen Eindruck einer entwickelten, unter handwerklichen Gesichtspunkten voll auf der Höhe der Zeit stehenden rechtswissenschaftlichen Arbeit.

2. Der bestimmende Einfluss der Buch'schen Glosse

Seine wichtigste Quelle verschweigt der Glossator des Lehnrechts. Mit keinem Wort wird in der Lehnrechtsglosse die Buch'sche Landrechtsglosse erwähnt[540]. Die Beobachtung steht im krassen Widerspruch zur immensen Bedeutung, die die Buch'sche Glosse nicht bloß als konzeptionelles und methodisches Vorbild der Lehnrechtsglosse, sondern auch als maßgebliche inhaltliche Quelle gespielt hat. Wer die Buch'sche Glosse kennt, dem kommt auch bei Lektüre der Lehnrechtsglosse vieles bekannt vor. Derselbe Eindruck stellt sich übrigens beim Lesen der Weichbildglosse ein.

Die Lehnrechtsglosse hat die Buch'sche Landrechtsglosse intensiv verarbeitet. Dabei schreibt der Lehnrechtsglossator streckenweise einfach ganze zusammenhängende Passagen aus der Buch'schen Glosse mehr oder weniger unverändert ab. Ein beliebig herausgegriffenes Beispiel unter zahllosen anderen stellt die aus der Landrechtsglosse in Glosse LnR 4 kopierte Schilderung dreier Gründe dar, aus denen der Kaiser exkommuniziert werden dürfe[541]. Teilweise kompiliert der Lehnrechtsglossator auch aus ganz verschiedenen thematisch einschlägigen Stellen der Landrechtsglosse und verzahnt die Buch'schen Fragmente dann miteinander zu neuen Kompositionen. So ist es etwa in Glosse LnR 10 geschehen, wo der Lehnrechtsglossator in einer Abhandlung über die Behandlung von Rechtszweifeln zwei recht entfernte Buch'sche Glossenstellen miteinander verquickt[542]. In solchen Zusammenführungen einschlägiger Passagen der Buch'schen Glosse beweist der Lehnrechtsglossator hervorragende Textkenntnis. Mitunter bemüht sich der Lehnrechtsglossator, Johanns Ausführungen an die eigenen spezifisch lehnrechtlichen Kontexte anzupassen. In Glosse LnR 9 etwa gleicht er einen Buch'schen Katalog mit Notabilien über den Fürsprecher an die besonderen

---

540) Das gilt jedenfalls für die längere Lehnrechtsglosse nach der Handschrift Wo von 1464. Beim Landrechtsglossenverweis in KGl LnR 72 (71 § 7) (S. 561 Z. 5 f.) handelt es sich um einen Nachtrag von späterer Hand.

541) LGl LnR 4 § 2 (S. 114 Z. 10 – S. 116 Z. 11); vgl. dazu Gl LdR III 50 (57 § 1) *Dre sake* (S. 1296 Z. 10 – S. 1298 Z. 4). Vgl. zu dieser Stelle auch unten S. 576.

542) LGl LnR 10 § 1 (S. 205 Z. 4 – S. 211 Z. 13); vgl. dazu insbesondere Gl LdR III 7 (8) *Men secht, dat borghe* (S. 973 Z. 5 – S. 975 Z. 2) sowie Gl LdR III 25 (26 § 1) *De konningh* (S. 1081 Z. 3 – S. 1084 Z. 6). Vgl. zu dieser Stelle auch unten S. 409 und unten S. 721.

Umstände im Lehngericht an[543] und in Glosse LnR 13 verwandelt er Johanns Darstellung der *usucapio* zu einer Erläuterung der „Ersitzung“ von Lehen[544]. Nicht immer versteht der Lehnrechtsglossator die Buch'schen Ausführungen vollkommen, sodass sich hier und da Missverständnisse einschleichen[545]. Einige Passagen der Lehnrechtsglosse sind erst bei vergleichender Hinzunahme der zugrunde liegenden Buch'schen Glosse wirklich verständlich.

Zu welchem Anteil die Lehnrechtsglosse nun aus „Fremdmaterial“ der Buch'schen Glosse besteht, ist nur schwer zu quantifizieren. Eine exakte Angabe ist nicht möglich, weil aus der Buch'schen Glosse entlehnte Stellen der Lehnrechtsglosse graduell in eigenständig vom Glossator verfasste Passagen übergehen. Um aber wenigstens eine ungefähre Vorstellung vom Ausmaß der Übernamen zu geben: Man wird kaum fehlgehen, sich etwa zwei Drittel der Lehnrechtsglosse als mehr oder weniger stark veränderte Entlehnungen aus der Buch'schen Glosse zu denken.

Dass sich dem Glossator für eine Kommentierung eines Lehnrechtsbuchs in der Landrechtsglosse überhaupt genügend inhaltliche Anknüpfungspunkte für eine Verarbeitung in solch großem Stil boten, erklärt sich nur zu einem kleinen Teil aus explizit lehnrechtlichen Erläuterungen in der Buch'schen Glosse. Sie konnte der Lehnrechtsglossator besonders einfach in seine Arbeit integrieren. Vor allem aber verstand es der Glossator des Lehnrechts, Parallelen und Ähnlichkeiten zwischen Land- und Lehnrecht, etwa im Prozessrecht, auszuschöpfen und etwaig nötige Anpassungen der Johann'schen Ausführungen an lehnrechtliche Besonderheiten vorzunehmen. Darüber hinaus scheute er sich nicht, das thematische Spektrum der Lehnrechtsglosse über das Lehnrecht hinaus durch zahlreiche Exkurse in Rechtsbereiche aufzufächern, die wir heute dem Staatsrecht, dem Nachbarschaftsrecht, dem Personenrecht, dem Familien- und Eherecht oder dem Strafrecht zuordnen würden. Ähnlich dem von Bernd Kannowski für die Buch'sche Glosse beobachteten Konzept des Landrechtsglossators, das Sächsische Recht in seiner Gesamtheit darzustellen[546], verfolgt auch der Glossator des Lehnrechts einen universaleren Anspruch. Seine Ausführungen gehen über die Grenzen des Textes häufig weit hinaus. Von einer Be-

543) LGl LnR 9 § 1 (S. 196 Z. 3 – S. 198 Z. 12); vgl. dazu Gl LdR I 59 (60 § 1) *Ane vorsprecken* (S. 421 Z. 10 – S. 425 Z. 14).

544) LGl LnR 13 § 1 (S. 276 Z. 7 – S. 277 Z. 13); vgl. dazu bereits Gl LdR I 28 (29) *An egene* (S. 290 Z. 2–12 S. 291 Z. 1–9). Vgl. zu dieser Stelle auch unten S. 757.

545) Ein Beispiel bietet auch hier die Verkennung der Buch'schen Kasuistik über den Rechtszweifel in LGl LnR 10 § 1 (S. 205 Z. 4 – S. 211 Z. 13); vgl. dazu Gl LdR III 25 (26 § 1) *De konningh* (S. 1082 Z. 6 – S. 1084 Z. 6). Vgl. dazu unten S. 409 und unten S. 721.

546) KANNOWSKI, Umgestaltung S. 593.

schränkung der Lehnrechtsglosse auf rein lehnrechtliche Fragestellungen kann deshalb keine Rede sein, lediglich der Schwerpunkt der Darstellung liegt auf dem Sächsischen Lehnrecht.

Wer eine Stelle aus Lehnrechts- oder Weichbildglosse verstehen möchte, muss zu ihrer angemessenen Interpretation demnach stets nach eventuellen Parallelstellen in der Buch'schen Glosse fragen. Die mitunter mühsame Suche wird durch Quellennachweise in der Sekundärliteratur, insbesondere durch die Monographie von Bernd Kannowski über die Buch'sche Glosse[547], sehr erleichtert. Eine mindestens ebenso große Hilfe stellen Frank-Michael Kaufmanns Hinweise auf Parallelstellen der Buch'schen Glosse im Fußnotenapparat der beiden Editionen der Lehnrechtsglosse dar[548]. Fündig wird man auf der Suche nach thematisch einschlägigen Stellen der Buch'schen Glosse außerdem im Remissorium des Dietrich von Bocksdorf, welches am Ende der älteren zweibändigen Standardausgaben zum Sächsischen Recht eingebunden ist und mit einem nach Stichworten gegliederten Zitateverzeichnis das Nachschlagen in Landrecht, Weichbildrecht und Lehnrecht mitsamt ihrer Glossen erleichtert[549]. Auffindbar sind Parallelstellen der Buch'schen Glosse schließlich durch einen Allegationenvergleich: Da der Lehnrechtsglossator mitsamt der Buch'schen Erläuterungen regelmäßig auch deren Allegationen übernimmt, führt ein Abgleich der Zitate der Lehnrechtsglosse mit den Nachweisen im Quellenverzeichnis der Landrechtsglossenedition häufig zur betreffenden Passage, die der Lehnrechtsglosse konkret Pate gestanden hat[550]. Umgekehrt liefern Merkmale, in denen sich der Lehnrechtsglossator von Johann von Buch stilistisch unterscheidet, Indizien für die Eigenständigkeit bestimmter Abschnitte der Lehnrechtsglosse. Enthält eine Passage der Lehnrechtsglosse etwa die charakteristische, von Johann nicht gebrauchte Wendung „*wenne worumme*“[551] oder ist sie in exemplifizierenden Urteilsfragen aufgebaut, die der Buch'schen Glosse in dieser Form ebenfalls fremd sind[552], so liegt die Vermutung nahe, dass es sich tatsächlich um eine originär vom Lehnrechtsglossator verfasste Stelle handelt.

---

547) KANNOWSKI, Umgestaltung.

548) KAUFMANN, KGl LnR; DERS., LGl LnR. Hinweise auf ungenannte Parallelstellen in der Buch'schen Glosse im Fußnotenapparat der Lehnrechtsglossenedition sind am Zusatz „Vgl.“ schnell kenntlich.

549) Remissorium des Dietrich von Bocksdorf (ZOBEL, Sechsisch Weychbild und Lehenrecht, Leipzig 1537, ohne fol. [am Ende des Bandes]). Auch jede andere Druckausgabe von Weichbild und Lehnrecht kann benutzt werden. Zum Remissorium S. 326.

550) KAUFMANN, Gl LdR S. 1623–1697.

551) Vgl. oben S. 217, S. 221 und S. 273.

552) Vgl. unten S. 437 ff.

Nach potentiellen Vorbildern der Lehnrechtsglosse in der Landrechtsglosse zu fragen bedeutet nicht, dass aus der Buch'schen Glosse entlehnte Abschnitte der Lehnrechtsglosse irgendwie als uninteressante, nicht vom Glossator persönlich verfasste Fremdkörper zu verwerfen wären. Durch die Inkorporation und teilweise Modifizierung der Buch'schen Glossenstellen machte sie sich der Glossator des Lehnrechts ja zu eigen[553]. Dass die Lehnrechtsglosse zu großen Teilen eine Kompilation aus der Buch'schen Glosse darstellt, gehört zu ihren hervorstechendsten und bemerkenswertesten Charakteristika. Übrigens gilt diese Feststellung in modifizierter Form auch schon für die Buch'sche Glosse. Sie enthält ebenfalls Übersetzungen aus gelehrten *Glossae ordinariae* und stellt in Teilen damit selbst bereits eine Kompilation dar.

Schon Rolf Lieberwirth bemerkte über das wörtliche Abschreiben Johanns von Buch unter Verzicht auf jede Belegstelle, eine solche Arbeitsweise sei „allerdings nicht nach modernen Maßstäben, sondern nach den Gepflogenheiten seiner Zeit zu beurteilen."[554] Ebenso verfehlt wäre es, der Lehnrechts- oder der Weichbildglosse mit einem anachronistischen Plagiatsvorwurf zu begegnen. Die Vorgehensweise der sächsischen Glossatoren erklärt sich aus den Bedingungen spätmittelalterlicher Rechtswissenschaft und fügt sich in die seinerzeit gängigen Arbeitsmethoden. Zum guten Ton eines Gelehrten gehörte es, in seinen Schriften auf den Arbeiten seiner Vorgänger aufzubauen[555]. Ihr Kompilationscharakter ist für juristische Schriften des Mittelalters daher ganz typisch. Ein Hauptanliegen beim Verfassen wissenschaftlicher Texte bestand darin, das bereits vorhandene Wissen zu sammeln, es zu erhalten und Dritten zugänglich zu machen. Auch die sächsischen Glossen erfüllen eine solche Konservierungsfunktion. Indem Lehnrechts- und Weichbildglosse zu Gemeingut avanciertes Material der Buch'schen Glosse reproduzieren, drücken sie ihre Anerkennung für die abstrahierten Buch'schen Inhalte aus und sichern deren Bekanntwerden. „Fehlende" Quellenbezeichnungen sollen die Herkunft der Gedankengänge aus der Landrechtsglosse dabei nicht etwa verschleiern. In der Vorstellungswelt des spätmittelalterlichen gelehrten Juristen erübrigte sich eine Quellenbezeichnungen schlicht, sobald das in Bezug genommene Material vollständig reproduziert wurde. Oder anders gewendet: Eine Quellenbezeichnung war

---

553) Vgl. hierzu auch die allgemeine Bemerkung über die Verarbeitung älteren Gedankenguts in der Glossenliteratur von WEIMAR, Legistische Literatur und Methode des Rechtsunterrichts S. 68: „Das bearbeitete Werk repräsentiert eine jüngere Stufe der Entwicklung und ist als Zeugnis der Rechtswissenschaft seiner Zeit grundsätzlich ebenso wertvoll, wie es darin verarbeitete ältere als Zeugnis der ihren sind."

554) LIEBERWIRTH, Einleitung, Gl LdR S. XXX.

555) WEIMAR, Legistische Literatur und Methode des Rechtsunterrichts S. 67 f.

nur dann erforderlich, wenn ein Autor sich gegen eine vollständige Wiederholung des Arguments entschied und den Leser stattdessen auf die Möglichkeit des Nachschlagens verwies.

Der Glossator des Lehnrechts hatte die Buch'sche Glosse in all ihren Teilen voll und ganz verinnerlicht und machte sie zur maßgeblichen Grundlage seiner eigenen Arbeit. Als methodisches Vorbild und als Lieferant ganz unterschiedlich weiterbearbeiteter Textbausteine wurde die Buch'sche Glosse zu so etwas wie der „großen Schwester" der Lehnrechtsglosse. Auf ihr baute der Lehnrechtsglossator auf. Ohne sie lässt sich die Lehnrechtsglosse nicht angemessen würdigen. Der Lehnrechtsglossator sorgte mit seiner Glosse für die weitere Verbreitung und Fortentwicklung der Johann'schen Lehren, er rückte sie in neue Kontexte und schuf neue Anwendungsfelder. Indem er an Johanns von Buch Werk anknüpfte, setzte er dessen Unternehmen fort, eine eigene sächsische Rechtswissenschaft zu begründen.

3. Die geringe Bedeutung der *Libri feudorum*

Dem im gelehrten Recht geschulten Glossator des Sächsischen Lehnrechts waren die *Libri feudorum* bekannt. Die Lehnrechtsglosse allegiert sie immer wieder – insgesamt jedoch wesentlich seltener als es der lehnrechtliche Bearbeitungsgegenstand vermuten ließe. Nach dem Quellenverzeichnis der Kaufmann'schen Edition enthält die längere Lehnrechtsglosse gerade einmal etwa 44 Zitate der *Libri feudorum*[556]. Sie stehen den etwa 1720 Allegationen der übrigen Quellen des römischen Rechts gegenüber[557], entsprechen also gerade einmal 2,5 % der Gesamtzitate des mittelalterlichen *Corpus iuris*. Das Gewicht, welches der Lehnrechtsglossator den *Libri feudorum* in seiner Arbeit einräumt, unterscheidet sich damit nicht wesentlich von jenem der Buch'schen Glosse. Johann von Buch hat die *Libri feudorum* in der Landrechtsglosse etwa 70mal zitiert, was bei einer Gesamtzahl von gut 4.000 Allegationen des mittelalterlichen *Corpus iuris* einem Anteil von knapp 2 % entspricht[558]. Anders als der inhaltlich viel universaler ausgerichtete Glossator des Landrechts befasst sich der Lehnrechtsglossator in seiner Arbeit aber primär mit speziell lehnrechtlichen Themen. In der Lehnrechtsglosse hätte deshalb eine sehr viel stärkere Berücksichtigung der *Libri feudorum* durchaus nahegelegen. Darüber hinaus hätte sich, soweit bekannt und verfügbar, auch die Verarbeitung der feudistischen Sekundärliteratur angeboten. Auf eine Benutzung der Accursischen *Glossa ordinaria* zu den *Libri feudorum*

556) KAUFMANN, LGl LnR S. 1244 f. Nicht jede Allegation ist zweifelsfrei auflösbar. Bemerkenswert wenige Verweise auf die *Libri feudorum* bemerkt für die kürzere Lehnrechtsglosse schon LÜCK, Woher kommt das Lehnrecht S. 244.

557) KAUFMANN, Einleitung, LGl LnR S. XXIX.

558) KAUFMANN, Einige Bemerkungen S. 175 f.

oder gar weiterer gelehrter Arbeiten lehnrechtlichen Inhalts geben jedoch weder die Landrechts- noch die Lehnrechtsglosse irgendeinen Hinweis. Schon formal klingt in den wenigen Zitaten der *Libri feudorum* an, dass der Lehnrechtsglossator Entwicklungen eines feudistischen Zweigs der gelehrten Jurisprudenz nur ganz ansatzweise rezipiert hat. Die mangelnde Berücksichtigung der Feudistik spiegelt sich aber auch in den allenfalls oberflächlichen Kenntnissen des Glossators von feudistischen Lehren. Die von den Glossatoren schon sehr früh entwickelte Unterscheidung zwischen *dominium directum* des Lehnsherrn und *dominium utile* des Lehnsmannes etwa, die dogmatische Entwicklung der Feudistik schlechthin also[559], spielt für die Lehnrechtsglosse zum Beispiel überhaupt keine Rolle.

Dass der Glossator des Lehnrechts die gelehrte Feudistik in einer gelehrten Kommentierung des Sächsischen Lehnrechts derart links liegen lässt und auch die *Libri feudorum* nur hier und da zitiert, ohne aus ihnen wirklich grundlegende Prinzipien und entscheidende Argumentationsmuster abzuleiten, ist durchaus erklärungsbedürftig. An den Universitäten hatte sich nämlich sehr wohl bereits eine eigene feudistische Rechtswissenschaft entwickelt, die im 14. Jahrhundert, nicht zuletzt aufgrund einer zunehmenden Zuwendung der Kommentatoren zu rechtspraktischen Fragen, in voller Blüte stand[560].

Naturgemäß boten sich den mittelalterlichen Juristen in den klassischen römischen Quellentexten des *Corpus iuris* Justinians keinerlei Anknüpfungspunkte für das Lehnrecht. Zur Grundlage der gelehrten wissenschaftlichen Beschäftigung mit dem Lehnrecht entwickelten sich stattdessen die *Libri feudorum*. Bei ihnen handelt es sich um eine Sammlung lehnrechtlicher Texte ganz unterschiedlicher Provenienz, die in der Vulgata-Rezension

---

559) Eine Einordnung der gelehrten Lehre vom *duplex dominium* in die größeren Zusammenhänge des Lehnrechts einerseits und des *ius commune* andererseits nimmt HEIRBAUT, Feudal Law S. 312–314 m. w. N., vor. Einen Überblick gibt SCHLOSSER, Grundzüge S. 63 f. m. w. N. Den Begriff des *dominium utile* verwandte wohl schon Johannes Bassianus, er ist außerdem aber auch bei Pilius und in der *Glossa ordinaria* zu den *Libri feudorum* verankert, FEENSTRA, Les origines, insbesondere S. 60 und 74–85. Zur Entwicklung der Lehre vom geteilten Eigentum im 13. und 14. Jahrhundert ausführlich KRIECHBAUM, Actio, ius und dominium, insbesondere S. 278–285, 335–339 und 407–416; sowie kritisch dazu FEENSTRA, Dominium utile est chimaera.

560) Gute Einführungen in die Entwicklung der mittelalterlichen Feudistik und zu ihren Vertretern geben GIORDANENGO, Littérature juridique féodale; LANGE / KRIECHBAUM, Kommentatoren S. 192–196; MEIJERS, Les glossateurs; RYAN, Ius Commune Feudorum, und DERS., Tradition. Ausführlich handeln IBLHER, Rezeption, und LASPEYRES, Über die Entstehung. Einen hervorragenden Eindruck von der wissenschaftlichen Reife, zu der die mittelalterliche gelehrte Feudistik gelangte, bietet die Studie zum Widerstandsrecht von RYAN, Widerstandsrecht.

neben zahlreichen kürzeren Abhandlungen zum langobardischen Lehnrecht und einer längeren, zusammenhängenden Darstellung aus der Feder des Mailänders Obertus de Orto auch Lehnsgesetze der römisch-deutschen Kaiser Konrad II., Heinrich (III.?), Lothar III., Friedrich I. und Friedrich II. aufgenommen haben[561]. Nicht zu verwechseln sind sie mit der *Lombarda*, einer Ende des 11. Jahrhunderts aus dem *Liber Papiensis* entstandenen, inhaltlich viel umfassenderen, über das Lehnrecht hinausgehenden Sammlung vorwiegend älteren langobardischen Rechts[562]. Die zwei Bücher umfassende Vulgatform der *Libri feudorum* bildete sich in der zweiten Hälfte des 13. Jahrhunderts heraus und wurde allmählich als sogenannte *„collatio decima"* hinter die neun Bücher des *Authenticum* in das *Volumen*, den fünften Band des mittelalterlichen *Corpus iuris*, eingebunden[563]. Die Aufnahme in die *libri legales* des *Corpus iuris* sicherte den *Libri feudorum* einen Status als Basistext des gelehrten Rechts. Sie wurden zum Gegenstand akademischen Unterrichts und erhielten ihre eigene *Glossa ordinaria*[564]. In der Folge wurden sie zusammen mit dem römischen Recht auch nördlich der Alpen rezipiert[565]. Dass eine derart heterogene, primär ja bloß lokales, langobardisches Gewohnheitsrecht enthaltende Lehnrechtssammlung zur Grundlage eines einheitlichen, allgemeingültig verstandenen *ius commune feudale* aufsteigen konnte, erklärt sich aus den rechtspraktischen Bedürfnissen der Zeit, aus der generalisierenden wissenschaftlichen Bearbeitung der *Libri feudorum* aus der Perspektive des römischen Rechts und nicht zuletzt aus den inkorporierten Kaisergesetzen, die als Brücke zum Kaiserrecht fungierten und dem Lehnrecht damit eine zusätzliche Dimension verliehen[566]. Nachdem einige

561) Edition der Vulgata von LEHMANN, Consuetudines feudorum (rechte Spalte). GIORDANENGO, Littérature juridique féodale S. 28 f., druckt einen *Index titulorum*. Einen Überblick über den Inhalt der sehr heterogenen Kompilation bieten IBLHER, Rezeption S. 59–71, und LASPEYRES, Über die Entstehung S. 137–226. Auch die Entstehungsgeschichte wurde von LASPEYRES, Über die Entstehung S. 227–339, untersucht. Vgl. außerdem zur Textgeschichte und Überlieferung DILCHER, Das lombardische Lehnrecht; WEIMAR, Handschriften.

562) Die *Lombarda* erfuhr ebenfalls eine gewisse wissenschaftliche Bearbeitung, doch zählte sie nie zu den *libri legales.* Überblicke über die *Lombarda* bieten LANGE / KRIECHBAUM, Kommentatoren S. 199–202; und MEYER, Langobardisches Recht.

563) IBLHER, Rezeption S. 79–81; LANGE / KRIECHBAUM, Kommentatoren S. 188 f.; LASPEYRES, Über die Entstehung S. 326–339.

564) Die Accursische, auf eine Glosse des Pilius zurückgehende *Glossa ordinaria* zu den *Libri feudorum* hat MONTORZI, Diritto feudale, in einer Faksimile-Ausgabe herausgegeben, kommentiert und mit einem ausführlichen Lemmata-Apparat ausgestattet.

565) Die Rezeption der *Libri feudorum* und ihr Einfluss auf das mittelalterliche Lehnswesen untersuchte IBLHER, Rezeption.

566) RYAN, Ius Commune Feudorum; DERS., Tradition, insbesondere S. 242 f.

ältere Glossatoren immer wieder schon nebenbei auch zu lehnrechtlichen Fragen Stellung genommen hatten, Pilius († 1207) dann erstmals einen eigenständigen Glossenapparat zu den *Libri feudorum* verfasst hatte und schließlich Accursius Mitte des 13. Jahrhunderts seine *Glossa ordinaria* auf Pilius aufbauend auch auf die *decima collatio* des *Corpus iuris* erstreckt hatte, entstanden im 14. Jahrhundert weitere selbständige Werke zum gemeinen Lehnrecht[567]. Zu den wichtigsten zählen die *Lecturae* des Andreas de Isernia († 1316), des Jacobus de Belvisio († 1334) und des Baldus de Ubaldis († 1400)[568].

Warum nun hat sich der Glossator des Sächsischen Lehnrechts aus diesem von einer gelehrten Feudistik bereits angehäuften Wissenschatz nicht bedient? Der plausibelste Erklärungsansatz liegt im Bildungshintergrund des Glossators. Offenbar hatte er während seinen Rechtsstudiumn keinerlei Spezialkenntnisse im *ius commune feudale* erworben, die er in der Lehnrechtsglosse hätte anbringen können. Auch feudistisches Schrifttum stand ihm, wie vermutlich schon die *Glossae ordinariae*, wohl nicht zur Verfügung. Tatsächlich hat der repräsentative Überblick über die Inhalte des Bologneser Rechtsunterrichts gezeigt, dass lehnrechtlicher Unterricht an den Rechtsfakultäten zwar von Fall zu Fall stattgefunden hat, dass die *Libri feudorum* dabei aber stets zu den *lecturae extraordinariae* gehört haben[569]. Obwohl sich die Feudistik als eigene Disziplin der Rechtswissenschaft etabliert hatte, behielt sie gegenüber dem klassischen römischen Recht doch stets eine deutlich untergeordnete Rolle[570]. Ob der Lehnrechtsglossator überhaupt Vorlesungen zum Lehnrecht gehört hat oder ob er rudimentäre Kenntnisse über die *Libri feudorum* vielleicht nur in Form kleiner Exkurse innerhalb des ordentlichen Vorlesungsprogramms erworben hat, ist deshalb ungewiss. Eine intensive Beschäftigung, vertiefte Kenntnisse und ein nachhaltiges Interesse des Lehnrechtsglossators an den *Libri feudorum* werden in seiner Arbeit jedenfalls nicht ersichtlich. Fachliche Unsicherheit und mangelnde Kenntnisse im gemeinen Lehnrecht könnten ihn dazu bewogen haben, die

567) Zum mittelalterlichen Schrifttum über die *Libri feudorum* GIORDANENGO, Littérature juridique féodale; LANGE / KRIECHBAUM, Kommentatoren S. 192–196; LASPEYRES, Über die Entstehung S. 345–400; MEIJERS, Les glossateurs; WEIMAR, Handschriften S. 70–98.

568) Vgl. m. w. N. zu den einzelnen Werken der Feudistik oben S. 298 f. Den jüngeren Kommentar des BALDUS, Super feudis, von 1393 kann der Lehnrechtsglossator allerdings schon aus zeitlichen Gründen nicht mehr gekannt haben.

569) Vgl. oben S. 298.

570) Diesen Aspekt in seinen verschiedenen Erscheinungsformen unterstreicht GIORDANENGO, Littérature juridique féodale, insbesondere S. 11 f., 15, 17.

Libri feudorum bei der Kommentierung des Lehnrechts weitgehend unberücksichtigt zu lassen.

Dafür, dass die Erklärung für die rudimentäre Berücksichtigung der *Libri feudorum* in der Lehnrechtsglosse im Bildungshintergrund ihres Autors bzw. im typischen Verlauf des mittelalterlichen Rechtsstudiums zu suchen sind, spricht, dass sich die Allegationen der Lehnrechtsglosse auch sonst in frappierender Weise gerade auf die Quellen konzentrieren, die im Rechtsunterricht zu den zentralen Studienfächern gehörten. Ganz auffällig stellen sich in diesem Punkt die Allegationen des *Codex* dar: Während die ersten neun Bücher, die als Bestandteil des vierten Bands des *Corpus iuris* als *lectura ordinaria* gelesen wurden, vom Lehnrechtsglossator jeweils sehr häufig und mit durchschnittlich je etwa zwanzig Buchtiteln auch sehr gleichmäßig zitiert werden, fällt die Zahl der allegierten Titel beim Blick auf die drei letzten Codexbücher rapide ab. Obwohl Cod. 10–12 tendenziell eher mehr Titel als die übrigen Codexbücher enthalten, allegiert der Lehnrechtsglossator daraus nur zwei (Cod. 10, 59 und 10, 72), drei (Cod. 11, 3; 11, 10 und 11, 48) und vier Titel (Cod. 12, 1; 12, 33; 12, 34 und 12, 35)[571]. Just jene letzten drei Codexbücher waren im mittelalterlichen *Corpus iuris* als *tres libri Codicis* vom übrigen *Codex* abgetrennt und gesondert im fünften Band, dem *Volumen*, enthalten. Als *libri extraordinarii* wurden sie an der Universität auch bloß *extraordinariae* unterrichtet[572]. Die verhältnismäßig geringe Bedeutung der drei letzten Codexbücher im universitären Rechtsunterricht könnte wiederum, ebenso wie bei den *Libri feudorum*, auch die zurückhaltende Nutzung dieser drei Bücher als Quelle in der Lehnrechtsglosse erklären.

Alles in allem ist im Quellenspektrum der Lehnrechtsglosse also eine aufgrund des Bearbeitungsgegenstands zunächst zu erwartende Dominanz der *Libri feudorum* nicht festzustellen. Eine besondere Anknüpfung an die in speziellen Kreisen durchaus schon ausdifferenziert entwickelten Lehren gelehrter Feudisten zum *ius commune feudale* findet nicht statt. Deren allmähliche Rezeption im sächsischen Raum gehört offenbar einer späteren Zeit an. Grund für die rudimentäre Benutzung der *Libri feudorum* in der Lehnrechtsglosse könnten die mangelnden feudistischen Kenntnisse ihres Verfassers sein, denn das Lehnrecht wurde an den Universitäten bloß als Nebenfach unterrichtet. Der heutige Leser darf bei der Lektüre der Lehnrechtsglosse deshalb keine Darstellung speziell gelehrt-feudistischer Theorien erwarten. Der Lehnrechtsglossator nähert sich seinem Bearbeitungsgegenstand mit dem allgemeinen, am römischen und kanonischen Recht erlernten

---

571) KAUFMANN, LGl LnR S. 1211.

572) Vgl. S. 149; vgl. insbesondere auch die Quellennachweise bei DENIFLE, Statuten S. 244–246 mit Anm. 4.

Handwerkszeug und entwickelt mit dessen Hilfe seine eigenen „gelehrten“ Lehren zum Sächsischen Lehnrecht.

4. Zusammenfassung

Die voranstehenden Ausführungen haben nach Vorbildern und Quellen der Lehnrechtsglosse gefragt. In vielerlei Hinsicht ist die Lehnrechtsglosse als „kleine Schwester“ der Buch’schen Landrechtsglosse zu verstehen. Wie die Weichbildglosse folgt die Lehnrechtsglosse der Landrechtsglosse zeitlich nach und gehört damit bereits zur zweiten Generation der jungen *iurisprudentia romano-saxonica.* Die Vertreter dieser zweiten Generation kennzeichnen sich durch eine starke Orientierung an der Buch’schen Landrechtsglosse aus, welche sich in unterschiedlicher Hinsicht bemerkbar macht. Zunächst einmal war die Landrechtsglosse methodisches und stilistisches Vorbild. Wie Johann von Buch verfolgten auch die Glossatoren von Sächsischem Lehnrecht und Magdeburger Weichbildrecht die Idee, in Anlehnung an die *Glossae ordinariae* zum römisch-kanonischen Recht eigene Standardglossen zu den sächsischen Rechtsbüchern zu verfassen. Auch insofern vervollständigten Lehnrecht- und Weichbildglosse also das glossierte Sachsenspiegel-Landrecht zu einer Art dreigliedrigen, durchgängig kommentierten sächsischen *„Corpus iuris“* als welches die sächsischen Rechtstexte spätestens in den frühen Druckausgaben rezipiert wurden. Dabei leitete die sächsischen Glossatoren das allgemeine Motiv, das Sächsische Recht in einen wissenschaftlichen Diskurs einzubinden, es in gelehrten Kreisen und vor Gericht salonfähig zu machen und der mittelalterlichen Jurisprudenz so neue Themenfelder zu erschließen.

Die bewusste Parallele der sächsischen Glossen zu den gelehrten *Glossae ordinariae* darf nicht über die erörterten grundsätzlich unterschiedlichen Ausgangssituationen hinwegtäuschen, in denen diese Arbeiten geschrieben worden sind. Während die Glosse eines Accursius das abschließende, zusammenfassende Substrat jahrhundertelanger Juristerei darstellt, konnten die sächsischen Glossatoren noch auf keinerlei spezifische Vorarbeiten zum Sächsischen Recht zurückgreifen. Wo sich Versatzstücke aus gelehrten Schriften nicht unmittelbar übertragen ließen, mussten die Texte daher prinzipiell neu geschrieben werden. Aus einer solchen Perspektive stellen die sächsischen Glossen den geradezu waghalsigen Versuch dar, gleichermaßen aus dem Nichts heraus die zukünftig maßgeblichen Standardwerke zum Sächsischen Recht zu erschaffen.

Trotz der offenkundigen Anbindung an die Tradition der gelehrten *Glossae ordinariae* fallen die sächsischen Glossen in eine Zeit, in der sich die Literaturform der Glosse bereits vom Prinzip der Einzelerläuterung entfernt und hin zur ausführlicheren, zusammenhängenderen und textunabhängigeren Gattung des Kommentars weiterentwickelt hatte. Ihrem Selbstverständnis nach handelt es sich bei Landrechts-, Lehnrechts- und Weichbildglosse zwar um „Glossen“, doch tragen sie Elemente der neueren Kommentarform bereits in sich. Eine gattungsmäßige Entscheidung zugunsten der einen oder anderen Seite wäre unpräzise. Vielmehr sollten die sächsischen Glossen in Anerkennung ihrer besonderen Eigenheiten als eine Gattung eigener Art begriffen werden.

Die Landrechtsglosse war nicht bloß methodisches Vorbild für die Anlage der Lehnrechtsglosse, sie wurde auch zu ihrer wichtigsten Quelle. Obwohl der Lehnrechtsglossator Übernahmen aus der Buch'schen Glosse an keiner Stelle kenntlich macht, entpuppt sich bei genauerem Textvergleich weit über die Hälfte der Lehnrechtsglosse als inkorporiertes, kompiliertes, mal mehr und mal weniger modifiziertes Material aus der Buch'schen Landrechtsglosse. In großen Teilen stellt die Lehnrechtsglosse also eine Kompilation dar. Bedenkt man, dass einige der übernommenen Abschnitte aus der Buch'schen Glosse selbst bereits auf Übersetzungen aus den gelehrten *Glossae ordinariae* zurückgehen, handelt es sich bei der Lehnrechtsglosse teilweise um eine sehr vielschichtige Kompilation.

Auch viele seiner Allegationen kopierte der Lehnrechtsglossator aus der Landrechtsglosse. Aufgrund der starken Textabhängigkeit ist zweifelhaft, ob dem Glossator bei Abfassung der Lehnrechtsglosse überhaupt selbst Exemplare der gelehrten *Glossae ordinariae* vorgelegen haben. Insgesamt ist der Quellenhorizont des Lehnrechtsglossators als eher beschränkt zu bezeichnen. Sicher benutzte er Textausgaben des *Corpus iuris* und der kanonistischen Basistexte, die er sehr häufig allegiert. Die Allegationen der gelehrten Primärtexte sind das Erkennungszeichen des gelehrten Juristen und fungieren zu einem gewissen Teil immer auch als Bildungszierrat. Die *Libri feudorum* erfahren in der Lehnrechtsglosse trotz der besonderen lehnrechtlichen Thematik nur eine oberflächliche Behandlung. Zu den Rechtskreisen des römischen und des kanonischen Rechts gesellen sich in der Lehnrechtsglosse Quellentexte des Sächsischen Rechts, die in gleicher Weise wie die „fremden“ Rechte allegiert werden. Auf Sekundärliteratur nimmt der Glossator kaum explizit Bezug. Mögliche Vermittlerquellen, über die der Lehnrechtsglossator vereinzelte, bei Johann von Buch nicht enthaltene Zitate rezipiert haben könnte, sind ungewiss. Es fallen ein Traktat *De consecratione imperatoris* sowie die Verarbeitung einiger metajuristischer Quellen auf – die Bibel, eine nicht weiter benannte Chronik und das Seneca-Zitat der Vorrede. Insgesamt vermittelt die Lehnrechtsglosse den Eindruck einer mit hohem wissenschaftlichen Anspruch verfassten Arbeit, die an die Gelehrtheit,

Schaffenskraft, Prägnanz und Innovationskraft eines Johann von Buch jedoch nicht heranreicht.

III. Methoden der Stofferschließung

Wir haben gesehen, dass Landrechts-, Lehnrechts- und Weichbildglossator den Transfer gelehrter Methode auf autochthone Inhalte vollziehen. Die folgenden Überlegungen spüren am Beispiel der Lehnrechtsglosse den methodischen Eigenheiten dieser sich neu herausbildenden Literaturgattung der sächsischen Glosse nach. Auf einer formalen Ebene wird dazu eine Stilanalyse unternommen und gefragt, in welchen Darstellungsformen der Lehnrechtsglosse sich typische, gelehrte Stoffbehandlung widerspiegelt und in welchen Punkten die sächsische Rechtswissenschaft eigene Wege beschritt. Darüber hinaus soll eine Analyse der angewandten Argumentationsmuster die Verfahren juristischer Methode aufdecken, mit denen der Glossator die Ermittlung konkret anwendbaren Rechts betrieb. Ein besonderes Augenmerk liegt auf der Frage, ob sich stilistisch-methodische Eigenarten finden, in denen sich der Lehnrechtsglossator nicht bloß von der gelehrten Literatur, sondern auch von seinem direkten Vorbild der Buch'schen Glosse emanzipierte. Im Folgenden wird zunächst ein einleitender Überblick über die Grundbausteine gegeben, aus denen sich die verschiedenen Kapitelkommentierungen der Lehnrechtsglosse zusammensetzen. Sodann werden ausgewählte, wiederkehrende Darstellungsformen und Argumentationsmuster des Lehnrechtsglossators in ihrer prototypischen Gestalt sowie in ihren Variationsformen vorgestellt. Die Gruppierung der Stilmittel erfolgt dabei unter dem ordnenden Gesichtspunkt ihrer jeweils herausragenden Funktion und Wirkung. Diese Gewichtungen sind im Einzelfall Wertungsfragen. Im Gesamtbild geben sie aber Aufschluss über die der Lehnrechtsglosse als rechtswissenschaftlichen Text zugrunde liegende Funktionsweise.

1. Die Argumentationsstruktur im Überblick

Auf den traditionell engen Zusammenhang zwischen den juristischen Unterrichtsmethoden an der Universität und der Ausgestaltung gelehrter rechtswissenschaftlicher Literatur ist bereits hingewiesen worden[573]. Die juristische Methode des Mittelalters hatte ihre Ursprünge in der Textausle-

573) Vgl. oben S. 283 f. und oben S. 301. Dieser Aspekt ist besonders von WEIMAR, Legistische Literatur und Methode des Rechtsunterrichts, herausgearbeitet worden.

gung und entfaltete sich dementsprechend in einem mehrstufigen Exegese-Schema. Ob in Wort oder in Schrift – zur Auslegung einer Rechtsquelle hatte ein Jurist stets denselben, in bestimmter Reihenfolge vorgegebenen Modus verschiedener Auslegungsschritte nachzuvollziehen. Diese Verfahrensschritte spiegeln sich auch in den Elementen der Glossenliteratur. „Jedes einzelne Verfahren entspricht einem der Glossentypen, welche in Glossenapparaten und Vorlesungsnachschriften zu finden sind [...].“[574] Prinzipiell hatte sich dieser enge Zusammenhang zwischen mündlicher Vorlesung und schriftlicher *lectura* auch im Spätmittelalter noch erhalten[575]. Der Kommentar setzte sich noch immer aus Bestandteilen zusammen, die ihre Entsprechung in einem bestimmten, auch im Unterricht angewandten, festgelegten Schema zur juristischen Behandlung von Rechtsquellen fanden. Dieses Aufbauschema wurde nicht immer vollständig eingehalten, sodass sich Kommentierungen einer *lex* stets aus einer wechselnden Kombination einzelner Auslegungsschritte zusammensetzten. Als Standardrepertoire des spätmittelalterlichen gelehrten Kommentators bildeten sich die folgenden Elemente heraus[576]:

summarium (*dictum*)
continuatio
divisio
casus
expositio textus
notabilia
oppositiones
quaestiones

a) Das *lectura*-Schema in der Lehnrechtsglosse

Dass die Lehnrechtsglosse selbst in irgendeinem direkten Zusammenhang mit akademischem Unterricht entstanden ist, ist ausgeschlossen. Gleichwohl wendet auch der Lehnrechtsglossator die von gelehrten Juristen des Spätmittelalters im Rechtsunterricht entwickelten und wohl auch von ihm selbst dort erlernten Methoden an. Legt man das *lectura*-Schema gleich einem Raster über die Lehnrechtsglosse, treten einzelne Elemente der klassischen gelehrten Auslegungsmethode deutlich hervor. Das Schema scheint somit nicht ungeeignet, um zentrale Stilfiguren des Lehnrechtsglossators erkennen

574) WEIMAR, Legistische Literatur der Glossatorenzeit S. 140.
575) HORN, Juristische Literatur S. 91; DERS., Legistische Literatur S. 323 f.
576) LANGE / KRIECHBAUM, Kommentatoren S. 363 f.; in Anlehnung an HORN, Juristische Literatur S. 91 f.; DERS., Legistische Literatur S. 324.

und vor ihrem gelehrten Hintergrund beschreiben zu können. Um einen ersten Eindruck von der Argumentationsstruktur der Lehnrechtsglosse zu geben, lassen sich Beispiele herausgreifen, die die einzelnen Exegeseschritte tatsächlich mustergültig ausführen.

Handschriften der längeren Lehnrechtsglosse, die älteste Handschrift Be_3 der „Wurm'schen" Lehnrechtsglosse sowie die frühen Drucke enthalten, noch vor dem Text des jeweiligen Lehnrechtskapitels und von der übrigen Glosse abgesetzt, knappe Zusammenfassungen, sogenannte Summarien[577]. Glosse LnR 3 etwa ist in der Handschrift Wo von 1464 überschrieben mit: „*Was der man pflichtig ist synem hern. Vnde wy er oͦm hulde thun sal.*"[578] Die Summarien stammen vermutlich vom Glossator selbst. Im späteren Druck von 1589, der auch die lateinische Lehnrechtsglosse des Christoph Zobel aufgenommen hat, sind sie beträchtlich erweitert und nach Art von Inhaltsverzeichnissen durch Nummern mit der deutschen Lehnrechtsglosse verbunden worden[579].

Regelmäßig beginnen Kapitelkommentierungen der Lehnrechtsglosse mit einer *continuatio*, in der der Glossator eine Anbindung des zu besprechenden Artikels an den jeweils vorangehenden Artikel sucht. Einleitend heißt es in der Glosse zu LnR 3 etwa: „*Also vor gesprochen ist von des herschildes vnderscheit, vnde wer des herschildes von rechte darben sal. Nv wil her vort sprechen yn dissem capitel, wy man hulde sweren sal deme hern, der oͦm eyn gut liet.*"[580] Durch den Hinweis auf den vorangehenden Artikel LnR 2 über die Heerschildordnung erreicht der Glossator eine lose Einordnung von LnR 3 in den Kontext des Lehnrechtsbuchs. Hier und da nimmt er auch einmal eine Einordnung in einen größeren Gesamtzusammenhang mit weiter entfernten Lehnrechtsartikeln vor.

Als *divisio* lassen sich einige Stellen der Lehnrechtsglosse begreifen, die zu Beginn der Kommentierung eine Art beschreibende und gliedernde Inhaltsangabe vom sodann besprochenen Kapiteltext geben. Glosse LnR 7 etwa zählt in solcher Weise zu Beginn „*syben sunderliche lere*"[581] auf, die LnR 7 vermitteln wolle. Sie reichen vom Irrlehen über *gewere* und *gedinge* bis hin zum Beweis derselben vor Gericht. Indem der Glossator den zu er-

577) Zu den Summarien vgl. bereits oben S. 163 ff.

578) Vor LGl LnR 3 (S. 93 Z. 2 f.).

579) Vgl. etwa das *summarium* vor längerer Glosse LnR 3: „*1. Wie der mann seinen herren sol ehren / vnd was er jhm pflichtig ist. 2. Wie er jhm huldung thun sol. 3. Was der herr dem man wieder pflichtig ist zu thun.*" (ZOBEL / ROMANUS, Sächsisch Lehenrecht unndt Weichbilt, Leipzig 1589 fol. X^{va}).

580) LGl LnR 3 (S. 93 Z. 13 – S. 94 Z. 2).

581) LGl LnR 7 (S. 177 Z. 15).

läuternden Text in verschiedene Einzelaussagen unterteilt, gliedert er zugleich auch den folgenden Glossentext.

Casus, also Beispielsfälle zur Veranschaulichung des Textes und zur Abgrenzung der Standardfälle zu weiteren Fallgruppen, finden sich in der Lehnrechtsglosse zuhauf. „*Eyn glichenisz*", bezeichnet etwa Glosse LnR 67 (66) das methodische Verfahren der Beispielsbildung ausdrücklich, um im Folgenden in wörtlicher Rede ausführlich zu erörtern, mit welchen Worten sich ein Beklagter auf die Sache einlasse: „*Myn herre beclagite mich, wie daz ich ôm gutis solde geloućkent habin. Spreche ich denne also: „Gůter sint mir vorteilt vor uch vnde vor uwern mannen, dy ich vortreten wil* [etc.]."[582] Häufig dekliniert der Glossator des Lehnrechts Beispielsfälle in konkreten, ausformulierten Urteilsfragen durch. Mitunter gehen sie in die Figur der *quaestio* über. In welch charakteristischer Weise in den sächsischen Glossen gelehrte und einheimische Rechtskultur aufeinandertreffen, manifestiert sich nicht zuletzt im beliebigen Wechsel zwischen lateinischen und deutschen Blankettnamen, mit denen die sächsischen Glossatoren die Akteure ihrer fiktiven Beispielsfälle benennen. Glosse LnR 31 etwa behandelt den Fall, dass eine „*Berta*" das Leibgedinge zu Lebzeiten ihres Mannes einfordert, weil ihr mittelloser Ehemann „*Ticius*" dieses kurzerhand verkauft und sie dann habe sitzen lassen[583].

Manchmal greift der Glossator des Lehnrechts im Rahmen seiner Erläuterungen explizit den konkreten Wortlaut des Lehnrechtskapitels auf. Meist gehen solche Ausführungen zum Textverständnis mit wörtlichen Teilzitaten von Lehnrechtssätzen einher. Glosse LnR 55 etwa zitiert und erklärt zum Pfandlehen einen Teilsatz aus LnR 55 § 8 („*Vnde dorvmbe so spricht her hir:* Wer sich gut czu sagit von saczunge, das is ôm gelegin sie. *Das ist czu vornhemen, ap das gut wol deme manne gesaczt were vor gehegiter banck* [etc.]"[584]). Zuweilen macht der Glossator zum besseren Verständnis auch alternative Formulierungsvorschläge, die er regelmäßig mit der Wendung „*Recht als her sprechen solde*"[585] einleitet. Eplizite Wortlautbezüge wie die-

582) LGl LnR 67 (66 § 4) (S. 902 Z. 2–5).

583) LGl LnR 31 § 1 (S. 521 Z. 17). Häufig wechseln Schreiber die Blankettnamen aus. „Wurm'sche" Glosse LnR 31 etwa diskutiert das Beispiel ebenfalls als eine Auseinandersetzung zwischen „*ticius*" und „*bertha*" (Berlin SBB-PK Hs. 392 fol. 258va). Demgegenüber spricht die Handschrift L_1 der KGl LnR 31 § 1 von „*Hans*" und „*Anna*" (S. 270 Z. 3) und die Handschrift J der KGl LnR 31 § 1 gibt stattdessen „*N.*" und „*A.*" (S. 270 im Petitdruck).

584) LGl LnR 55 § 8 (S. 738 Z. 7–10); vgl. zum Pfandlehen HOMEYER, System, Sachsenspiegel II 2 S. 345–351.

585) Etwa LGl LnR 77 (76 § 2) (S. 1057 Z. 7).

se lassen sich durchaus als *expositio textus* verstehen. In der Lehnrechtsglosse gehen sie allerdings selten ins Detail.

Allgemeine, durch den Kapiteltext bloß in freier Assoziation veranlasste Feststellungen in Gestalt sogenannter *notabilia* sind ein charakteristischer Bestandteil der Lehnrechtsglosse. Notabilien entziehen sich einem schematischen Korsett und wirken als Einfallstor für textunabhängige, freie Darstellungen. Ihren Inhalt füllt der Glossator des Lehnrechts beliebig. Überhaupt kommt dem Stichwort „*nota*“, welches in den sächsischen Glossen häufig durch ein variantenreiches „*Jr sollet wissen*“[586] ersetzt wird, in der Lehnrechtsglosse häufig nur noch gliedernde Funktion zu. Dem heutigen Absatz vergleichbar trennt es lediglich einzelne Textabschnitte der Glosse voneinander und markiert den Beginn neuer, in freier Form vorgetragener Gedankengänge[587].

Ein weiteres, typisches Element der Lehnrechtsglosse stellen *oppositiones* dar. Ihr Übergang zur *quaestio* ist fließend. Immer wieder tritt der Glossator in einen fiktiven Dialog mit dem kritischen Leser, indem er denkbare Einwände gegen zuvor aufgestellte Aussagen und Interpretationen behandelt, die sich auf scheinbar entgegenstehende Rechtssätze oder auf inhaltlich widersprechende Sachargumente stützen können. Regelmäßig werden solche Widersprüche dann mittels *distinctiones* als nur scheinbar bestehende Widersprüche enttarnt. Diesen Zweischritt zeigt der Glossator meist durch die Signalwörter „*contra*“ und „*solutio*“ an. Ein Beispiel bietet Glosse LnR 14, wo eine Sechswochenfrist nach LnR 14 § 4 von scheinbar widersprechenden Fristen im römischen und kanonischen Recht abgregrenzt wird („*Contra. Disz ist vnrecht. Wenne das recht spricht slechtiglichen* […] *Solucio. Wir sprechen: Es sy nicht vnrecht. Wenne dy leges vnde ouch dy canones sprechen von* […]. *Vnszir recht abir spricht hir von* […]“[588]).

Eine große Rolle spielt in der Lehnrechtsglosse schließlich auch die Figur der *quaestio*. Die dialektischen Diskussionen von Rechts- und Fallfragen gliedern sich in ihrer prototypischen Form in die Teilschritte *quaestio – pro – contra – solutio*[589]. Allerdings wurde dieses Schema von gelehrten Juristen

---

586) Hier LGl LnR 2 § 2 (S. 68 Z. 1).

587) Ein typisches Beispiel bietet LGl LnR 2 über die Lehnsfähigkeit von Pfaffen, Frauen, Rechtlosen und Bauern. In fortlaufender Reihung zählt der Glossator zahlreiche Einzelinformationen auf, die er durch wiederkehrende Formeln wie „*Jr sollet wissen*“ (S. 68 Z. 1); „*Dorvmbe sollet ir wissen*“ (S. 68 Z. 11); „*Ouch sollet ir wissen*“ (S. 69 Z. 1); „*Jr sollet wissen*“ (S. 69 Z. 15); „*Jr sollet eygentlich wissen*“ (S. 70 Z. 6); „*Ouch so wisset vort mehir*“ (S. 71 Z. 7); „*Ouch sunderlich mehr solt ir wissen*“ (S. 72 Z. 1); „*Ouch sollet ir wissen*“ (S. 72 Z. 5); „*Jr sollet wissen*“ (S. 71 Z. 9), etc. voneinander trennt.

588) LGl LnR 14 § 4 (S. 304 Z. 8 – S. 305 Z. 6); vgl. dazu auch unten S. 759.

589) Vgl. zum prototypischen dialektischen Aufbau der *quaestio* etwa SENN, Rechts-

im Allgemeinen wie auch vom Lehnrechtsglossator im Speziellen beliebig abgekürzt und erweitert. *Questiones* können sich daher über wenige Zeilen ebenso wie über mehrere Seiten erstrecken. Eines von zahlreichen Beispielen aus der Lehnrechtsglosse findet sich gleich zu Beginn der Glosse zu LnR 2 § 1: Aufgeworfen wird darin die Frage, weshalb Geistliche nach LnR 2 § 1 vom Heerschild ausgeschlossen sind („*Nv mőchtistu vragen yn dem rechten, worvmbe pfaffen lehenrechtis darben sőllen.*"[590]). Obwohl die kausal gestellte Ergänzungsfrage eigentlich eine deskriptive Antwort erfordert, schließt sich nun die Erörterung möglicher Gründe für die getroffene Feststellung an („*Das vorantworten eczliche vnde sprechen:* […]"[591]), auf die der Glossator mögliche Gegenargumente folgen lässt, die an der Richtigkeit der Aussage zweifeln lassen („*Contra. Das ist vnrecht.* […]"[592]). Im Ergebnis, welches der Glossator in die typische Form einer *distinctio* kleidet, wird noch einmal die grundsätzliche Lehnsunfähigkeit der Geistlichen unter Ausnahme der Zepterlehen bekräftigt („*Solucio. Ir sollet wissen,* […]"[593]). Die *quaestiones* gehören einerseits zum Standardrepertoire des Glossators, für welche er feststehende, wiederkehrende Formeln ausbildet. Andererseits zeigt sich gerade hier ein großer, stilistischer Variantenreichtum. Insgesamt stellt sich die Figur der *quaestio* als ein besonders wichtiges Betätigungsfeld für die wissenschaftliche Entfaltung des Lehnrechtsglossators dar.

Wir sehen, dass die Lehnrechtsglosse in unterschiedlicher Intensität und in verschiedenen Abwandlungen sämtliche klassischen Exegese-Schritte eines spätmittelalterlichen Kommentars widerspiegelt. Eine feststehende Reihenfolge tritt dabei allerdings nicht hervor. Ebensowenig nutzt der Glossator in jeder Kapitelkommentierung das komplette, zur Auslegung der Textstelle zur Verfügung stehende Instrumentarium. Vielmehr häuft die Lehnrechtsglosse die einzelnen Stilfiguren beliebig an und würfelt sie, wie es der Darstellung gerade dienlich scheint, bunt zusammen. *Summaria*, *continuationes* und *introductiones* in Form von *dicta* finden sich eher zu Beginn von Kapitelkommentierungen oder einzelner Sinnabschnitte. Ebenso wie die in Form von Nebenbemerkungen in andere Stilfiguren eingeflochtenen expliziten Bezugnahmen auf den Text spielen sie jedoch nur eine untergeordnete Rolle. Der weit überwiegende Teil der Glossierung setzt sich aus einer abwechselnden Reihung mehr oder weniger ausführlicher Beispielsfälle, Notabilien, *oppositiones* und *quaestiones* zusammen. Dabei sind zwischen den einzelnen Verfahrensschritten fließende Übergänge festzustellen: Hier wird

---

geschichte S. 175–177.

590) LGl LnR 2 §1 (S. 66 Z. 5 f.).

591) LGl LnR 2 §1 (S. 66 Z. 6 f.).

592) LGl LnR 2 §1 (S. 67 Z. 1).

593) LGl LnR 2 §2 (S. 67 Z. 11).

ein Beispielsfall in Form einer *quaestio* diskutiert, dort artet eine *quaestio* in die Aufzählung von Notabilien aus und wieder andernorts finden sich *quaestiones*, die zu *oppositiones* verkümmern. Mitunter wird das angewandte Auslegungsverfahren durch einleitende Signalwörter angezeigt („*nota*", „*contra*", „*quaestio*"). Doch welche dieser Textmarken vom Glossator selbst stammen und welche von späteren Schreibern hinzugesetzt worden sind, ist kaum zu entscheiden. Häufig übernehmen sie die Funktion, eine mehr oder weniger freie Form der Darstellung in Sinnabschnitte zu gliedern.

b) Problemaufriss: Der Kommentar als exegetische Literatur?

Die juristische Kommentarliteratur hat in ihrer Bewertung durch die Rechtsgeschichtswissenschaft einen mehrfachen Wandel erfahren. Lange Zeit prägend war das sehr negative Urteil Friedrich Carl von Savignys. Ganz allgemein hatte er der Epoche der „Post-"Glossatoren einen allgemeinen methodischen und wissenschaftlichen Niedergang attestiert. Seinerzeit kritisierte er einen „leeren Formalismus"[594] und sprach von einer „gestaltlosen Einförmigkeit"[595] der nachaccursischen Jurisprudenz. Savignys Bild von der spätmittelalterlichen Kommentarliteratur darf heute jedoch als überholt gelten. Die wissenschaftliche Eigenleistung der Kommentatoren wird in dieser grundsätzlichen Form nicht mehr in Abrede gestellt[596].

Dafür ist ein neuer Aspekt in den Blickpunkt gerückt. Traditionell wird mit Norbert Horn die Gattung des legistischen Kommentars als Vertreter einer exegetischen Literatur charakterisiert[597]. Damit betont man die Rolle der Kommentarliteratur als Fortsetzung der Glossenliteratur, aus der sie ohnehin in fließenden Übergängen erwachsen ist. Die einzelnen Verfahrensschritte des *lectura*-Schemas versteht Horn primär als „Arsenal verschiedener exegetischer Verfahren"[598]. Zwar konstatiert er in der Kommentarliteratur zugleich eine wachsende Bedeutung der sachorientierten Problemerörterung und sieht in der Figur der *quaestio* den „Schwerpunkt der rechtswissenschaftlichen Bemühungen nach Erledigung der exegetischen Pflicht-

594) v. SAVIGNY, Geschichte des Römischen Rechts VI S. 9. Zu Savignys Gesamturteil vgl. DERS., ebenda S. 1–25, 467–476; und dazu HORN, Legistische Literatur S. 314; LANGE / KRIECHBAUM, Kommentatoren S. 265–270.

595) v. SAVIGNY, Geschichte des Römischen Rechts VI S. 469.

596) Vgl. HORN, Juristische Literatur, insbesondere S. 84; DERS., Legistische Literatur S. 262–264; LANGE / KRIECHBAUM, Kommentatoren S. 265 m. w. N. Anm. 2 S. 269 f.; WIEACKER, Privatrechtsgeschichte S. 80–85.

597) HORN, Juristische Literatur S. 86–94; DERS., Legistische Literatur S. 320–326.

598) HORN, Juristische Literatur S. 92.

übung“[599]. Im Ergebnis begreift Horn die Kommentarliteratur jedoch noch immer als „exegetische Literatur in der Spätphase einer exegetischen Wissenschaft.“[600] In der Tat scheint aufgrund seiner äußeren Anlehnung an den Text, des Festhaltens an der Legalordnung und des Verzichts auf eine sachorientierte Gliederung als Hauptzweck des Kommentars nach wie vor die Texterklärung im Vordergrund zu stehen.

Diese Einordnung ist jedoch nicht unumstritten. Eine von Horn selbst bereits festgestellte „allgemeine Tendenz“ des Kommentatoren „zur monographischen Arbeitsweise“ [601] führt Maximiliane Kriechbaum dazu, die Charakterisierung der Kommentarliteratur als exegetischer Literatur generell in Frage zu stellen[602]. Jedenfalls könnten die „exegetischen Bestandteile den Inhalt eines Kommentars keineswegs erschöpfen.“[603] Die ausgereifte Distinktionstechnik der Kommentatoren, die vertiefte Problembehandlungen im Rahmen von *quaestiones* und eine zunehmende Ablösung der *notabilia* und *oppositiones* vom Text ließen den Kommentar als die „dichteste und geschlossenste literarische Form“[604] neben dem Traktat erscheinen. In ihrer fortentwickelten Gestalt hätten die klassischen Auslegungsverfahren der Glossatoren den spätmittelalterlichen Kommentatoren durchaus bereits die Möglichkeitkeit zur ansatzweise systematischen Stoffdurchdringung und sachorientierten Problemdarstellung geboten[605].

Die juristische Arbeitsweise der Kommentatoren hat in der rechtshistorischen Forschung mithin keine einheitliche Bewertung erfahren. Inwieweit der Stil rechtswissenschaftlichen Denkens im 14. Jahrhundert noch vom „klassischen“ Moment der Textauslegung geprägt war oder wie weit er sich bereits problemorientierter, nicht text-, sondern vielmehr sachbezogener Darstellungsformen angenähert hat, inwieweit sich vielleicht außerdem auch eine „systematische“ Denkweise zu etablieren begann – all dies sind Fragen, die sich auch im Rahmen einer methodischen Analyse der Argumentationsstruktur Lehnrechtsglosse stellen. Tatsächlich lassen sich die einzelnen Argumentationsmuster der Lehnrechtsglosse, wie sie im Spiegel des *lectura*-Schemas der Kommentatorenzeit soeben kurz vorgestellt worden sind, nur vordergründig als Verfahrensschritte einer möglichst umfassenden Exegese erklären. Mit seiner Arbeit wollte der Glossator mehr erreichen als die simple Auslegung des Lehnrechtstextes. Thematisch und formal erstreckte

599) HORN, Juristische Literatur S. 94.
600) HORN, Juristische Literatur S. 94; ebenso DERS., Legistische Literatur S. 326.
601) HORN, Juristische Literatur S. 115.
602) LANGE / KRIECHBAUM, Kommentatoren S. 357, 361–363, 374–378.
603) LANGE / KRIECHBAUM, Kommentatoren S. 361.
604) LANGE / KRIECHBAUM, Kommentatoren S. 378.
605) LANGE / KRIECHBAUM, Kommentatoren S. 378.

sich sein Horizont weit über den Lehnrechtstext hinaus. Häufig diente ihm das Sächsische Lehnrecht nur als Ausgangspunkt für oft sehr viel weitergehende Exkurse und Problemerörterungen. Auch die Bedeutung der Argumentationsformen der Lehnrechtsglosse geht daher über eine interpretative Funktion meist weit hinaus. Regelmäßig erfüllen sie verschiedene Funktionen zugleich.

Als mehrschichtige Bedeutungsebenen, zwischen denen die Stilfiguren der Lehnrechtsglosse changieren, treten hervor: erstens das klassische Element der Texterklärung, zweitens die sachgerechte Beantwortung von Rechtsfragen mittels angemessener Problemlösungsverfahren sowie drittens der Aspekt des Sammelns und der Zugänglichkeit relevanter Information. Diese Trias lässt sich auf die Darstellungs- und Argumentationsmuster der Lehnrechtsglosse nicht schematisch anwenden. Von Fall zu Fall lassen sich Argumentationsmuster der Lehnrechtsglosse aber stärker der einen oder der anderen Wirkungsweise zuordnen. Häufig genug liegt der Schwerpunkt der Darstellung nicht auf dem exegetischen Moment. Im Folgenden sollen die bestimmenden Stilfiguren und Argumentationsmuster der Lehnrechtsglosse analysiert und dabei auf ihre jeweilige primäre Funktion im Text befragt werden. Eine Untersuchung unter solch ordnenden Gesichtspunkten kann verdeutlichen, welches juristische Denken der Lehnrechtsglosse zugrunde liegt und welchen Begriff sich der Glossator von Wesen und Zweck der Rechtswissenschaft machte.

2. Textexegese: Erklärung und Exemplifizierung

Das klassische Ziel mittelalterlicher wissenschaftlicher Bemühung war die Auslegung von Texten. Wissenschaft war Texterklärung; mittelalterliche Rechtswissenschaft war die Erklärung von Rechtstexten. Deshalb setzte sie ein Objekt – Schriftrecht – notwendig voraus. Seit der „Wiederentdeckung“ der Digesten hatte sich gelehrte, juristische Arbeit entlang der Texte des *Corpus iuris*, der Dekretalen und des *Decretum Gratiani* zunächst in Form von Interlinear- und Marginalglossen, später in der Gestalt kontinuierlich anwachsender Glossenapparate um den Text herum entfaltet. Das tradierte Konzept der Exegese erhielt sich, wenigstens prinzipiell, auch noch zu Zeiten der Kommentatoren des 14. Jahrhunderts. Dass sich die Kommentare vom Text zunehmend lösten und verstärkt auch die Stimmen anderer juristischer Autoritäten einbezogen, änderte grundsätzlich noch nichts an dem Prinzip einer wissenschaftlichen Literatur in Form sekundärer Begleittexte, die sich weiterhin an der Grundordnung der Primärtexte orientierten.

Auch der Lehnrechtsglossator hatte die Exegese als den Ausgangspunkt wissenschaftlicher Arbeit verinnerlicht. Der Grundanlage seines Werks entsprach es, in Anlehnung an die Tradition der gelehrten *Glossae ordinariae* eine umfassende, abschließende Erörterung entlang der einzelnen Kapitel des Sächsischen Lehnrechts zu schreiben. Und so verwundert es nicht, dass die einzige dezidiert wissenschaftstheoretische Bemerkung des Lehnrechtsglossators just dieses traditionelle Element der Texterklärung aufgreift:

> „*Jdoch ir sollit wissen: Wo ein text mit korczir rede sich bewisen wil, do sal die glosze den syn volbrengin.*“[606]

Der Zweck einer Glossierung findet sich hier zur Regel ausgeformt. Absicht und Aufgabe des Glossators sei es, den Sinn zu Tage zu fördern, der sich hinter knappen Worten eines Textes verberge. Diese Bemerkung des Lehnrechtsglossators ist später exzerpiert worden und floss in abgewandelter Form unter dem Stichwort „*Glossa*“ in das Bocksdorf'sche Remissorium der Druckausgaben von Weichbild und Lehnrecht: „*Die glossen / sind eine deütung vnd auslegung des textes / wo der text kürczlich von eim ding saget / das erfüllet als den*[n] *die glossa / lehen. ca. 69.*“[607] Hier wie dort betonte man als Aufgabe wissenschaftlicher Glossenliteratur das klassische Element der Texterklärung. Hier wie dort findet sich außerdem die charakteristische Proportionalität der Glosse angedeutet: Ganz selbstverständlich ist sie länger als der (allzu) kurze, interpretationsbedürftige Text.

a) Verweissystem durch Textstichworte

Der in Glosse LnR 69 (68) an versteckter Stelle und doch so programmatisch formulierte Anspruch des Glossators, den Text des Sächsischen Lehnrechts interpretieren zu wollen, wird in verschiedenen Aspekten der Lehnrechtsglosse eingelöst. Ein erster ist das jedenfalls im Ansatz verfolgte Verweissystem, nach welchem der Lehnrechtsglossator seinen Glossentext durch Textstichworte mit den konkret erläuterten Textstellen des Lehnrechts verknüpft. Ein Blick in längere Glosse LnR 7 veranschaulicht das Prinzip dieser Verweismethode. Nach und nach greift der Glossator darin einzelne Kapitelsätze heraus, um einen jeden gesondert zu kommentieren. Die dort nacheinander zitierten Textstichworte aus LnR 7 lauten:

---

606) LGl LnR 69 (68 § 9) (S. 960 Z. 14 f.).

607) Bocksdorf'sches Remissorium, ad v. *Glossa* (ZOBEL, Sechsisch Weychbild und Lehenrecht, Leipzig 1537, ohne fol.).

„[…] *Vnde das meynet her hy, do her spricht:* Welch herre eyn gut *et cetera* […]“[608] (= LnR 7 § 1 a. A.)
„*Nota.* Es en sy, ap man gedinge czu eyner fluchtsal lie *et cetera* […]“[609] (= LnR 7 § 1 a. E.)
„*Nota. Yener mus aber syn gedinge beczugen noch gedingis rechte* […]“[610] (= LnR 7 § 2 S. 1 a. A.)
„*Nota.* Vor deme hern kegin dem manne, der syn gut anspricht *et cetera* […]“[611] (= LnR 7 § 2 S. 1 a. E.)
„Kegin des hern huszgenoszen *et cetera.* […]“[612] (= LnR 7 § 2 S. 2 a. E.)
„Welch herre liet eyn gut synem manne *et cetera* […]“[613] (= LnR 7 § 3 a. A.)
„Ap czwene man eyn gut ansprechen *et cetera* […]“[614] (= LnR 7 § 4 S. 1 a. A.)
„*Nota.* Wen eyn herre synem manne liet ein gut *et cetera* […]“[615] (= LnR 7 § 5 a. A.)
„*Nota.* Iczlich vmbewiset gut *et cetera* […]“[616] (= LnR 7 § 6 a. A.)
„*Nota.* Das gut, das erst ledig wirt, *et cetera* […]“[617] (= LnR 7 § 7 a. A.)

Ein jedes Textstichwort erhält im Folgenden seine eigene kurze Kommentierung. Text und Glosse werden in Glosse LnR 7 besonders eng miteinander verzahnt. Obwohl sich das Verweissystem der Textstichworte in der gesamten Lehnrechtsglosse fortsetzt, ist eine solch enge Textanbindung allerdings keineswegs typisch. Andere Kapitelkommentierungen enthalten sehr viel weniger Textstichworte, die nur hier und da in ausschweifende Glossenausführungen eingestreut werden und häufig bloß noch eine lose Verbindung zum Text herstellen. Wie gesehen enthält zum Beispiel die sehr ausführliche Glosse LnR 4 nur fünf Textstichworte, sodass diesen Stichworten in einer vom Text weitgehend losgelösten, zusammenhängenden Kommentierung nur noch Statistenrollen zukommen[618].

Dasselbe Verweissystem der Wiederholung von Textstichworten hat schon Johann von Buch praktiziert. Seine Zitiermethode war eine der Varianten, mittels derer Glossatoren und Kommentatoren durch Aufgreifen von Lemmata oder durch Einfügen von Zeichen-, Buchstaben- oder Zahlenpaa-

608) LGl LnR 7 § 1 (S. 180 Z. 1 f.).
609) LGl LnR 7 § 1 (S. 181 Z. 2 f.).
610) LGl LnR 7 § 1 (S. 182 Z. 14 – S. 183 Z. 1); vgl. auch LnR 5 § 2.
611) LGl LnR 7 § 2 (S. 183 Z. 9).
612) LGl LnR 7 § 2 (S. 184 Z. 9).
613) LGl LnR 7 § 3 (S. 185 Z. 1).
614) LGl LnR 7 § 4 (S. 186 Z. 7).
615) LGl LnR 7 § 5 (S. 187 Z. 3).
616) LGl LnR 7 § 6 (S. 187 Z. 13).
617) LGl LnR 7 § 7 (S. 188 Z. 12).
618) LGl LnR 4 (S. 109 Z. 4 f.; S. 137 Z. 1 f.; S. 137 Z. 15; S. 143 Z. 11 f., S. 145 Z. 14); vgl. dazu bereits oben S. 337.

ren Text und Erläuterungswerk miteinander verbinden konnten. Doch bereits in der Buch'schen Glosse haben die Textstichworte der Landrechtsartikel – eigentlich „das entscheidende Stilmerkmal einer Glosse“[619] – teilweise an Bedeutung verloren: Mitunter erhellt sich der Glosseninhalt erst im Gesamtzusammenhang der kompletten Artikelkommentierung. Die Lektüre bloß einzelner Glossen zu einzelnen Textstichworten genügt zum Verständnis der Buch'schen Glosse häufig nicht. Oft ging es Johann nicht mehr um punktuelle Erklärungen schwieriger, unverständlicher Textstellen, sondern um die umfassende Darstellung größerer Zusammenhänge[620].

Ein allmähliches Abrücken der sächsischen Glossen von der ursprünglichen klassischen Intention der Texterklärung spiegelt sich im Verweissystem der Lehnrechtsglosse noch deutlicher wider. Hier denaturieren die Textstichworte in einer Weise, die eine sinnvolle Zitierung der Lehnrechtsglosse nach Lemmata schon nicht mehr erlaubt. Zum einen verzichtet der Glossator in manchen größeren Abschnitten durch Auslassung von Stichworten auf jede Verknüpfung von Text und Glosse. Formal und inhaltlich kann sich die Glosse an solchen Stellen vom Text weit entfernen. Zum anderen greift der Glossator den Text der Lehnrechtskapitel umgekehrt passagenweise so ausführlich auf, dass die Glosse selbst aus kaum mehr als einer Paraphrasierung des Textes besteht. Wörtliches Textzitat und Zutat des Glossators fließen dort ineinander über[621]. Solche modifizierten Textwiederholungen wirken oft wie eine Verlegenheitslösung, mittels derer der Glossator Glossen-

619) KANNOWSKI, Umgestaltung S. 523.

620) Zum Ganzen bereits KANNOWSKI, Umgestaltung, insbesondere S. 521–525.

621) Ein charakteristisches Beispiel für eine solche Glossenstelle, die fast nur aus leicht umformulierender Textparaphrasierung besteht, stellt LGl LnR 35 dar. Der Zusammenhang erhellt sich in der Gegenüberstellung von LnR 35 und zugehöriger Glosse:

[LnR 35:]	[LGl LnR 35:]
„*Capittulum XXXV* <Summarium> Von gute, daz eyn herre liet kindern by yres vater lip.	
Textus	„*Glosa*
	[35 § 1] *In dissem capittulo volfuͤrt daz recht nv eyn ander rede, vnd ist syne meynunge also:*
[35 § 1] *Ap der herre liet kindern yres vater gut bie des vater liebe, vnde der vater daz gut alleyne yn synen geweren hot bis an synen todt, noch des vatirs tode kommen dy kindere czu dem hern vnd bitten on, daz her on bekenne sotans gutis, als her*	Ap eyn herre lege kindern ires vater gut by oris vatir lebinde libe, *wy dy kindere deme gute volgin sollen an iren hern. Vnde spricht:* Dy kindere soͦllen kommen vor den hern vnde bitten, daz her oͦn bekenne sotans gu-

kapitel zu füllen sucht, in denen er dem Leser nicht viel mitzuteilen weiß. Symptomatisch ist insofern auch das proportionale Übergewicht zu Beginn vieler Glossenkapitel, wo der Glossator zunächst in ausführlichen, zusammenhängenden Darstellungen Probleme erörtert. Dagegen lässt er Glossenkapitel gegen Ende, mehr aus Gründen der Vollständigkeit, gerne in knap-

---

o̊n gelegin habe. Dicz sollen sy begern bynnen irer iarczal.	tis, also her on gelegin hatte. *Louckent o̊n denne der herre des,* so sollen sie sich irbieten mit geczůge. *Das ist dorvmbe, daz dy kindere* der gewere darbin, *ut supra c.* V § wer daz gut yn gewern hot *et cetera, et ff. de dampno infecto l. dies.*
Vnde bekennet on der herre des gutis nicht, so bitten sie is mit geczugen czu behaldin.	Bekennet o̊n der herre des gutis nicht *et cetera. Hir vndirwiszet nv daz recht dy practica, wy das der herre nehir vnschůldig werden moge, vnde spricht:*
Den geczůg mag doch der herre vorlegin, so sy der gewere darben,	Der herre mag den geczug vorlegin, *daz ist, das her mit syner vnschult nehir czu entgehne sy, wenne o̊n dy kinder o̊birczůgen mogen, ut supra c.* XIX § der man mag allir entschuldigunge.
sy en mogen denne dy lehnunge geczugen noch gedingis rechte. So ist den kindern gut, das sy volgin yres vatir gute mit manschafft czu biten yrem hern,	Muchtin abir dy kindere dye lehnunge geczůgen noch gedingis rechte, *so wern dy kinder mit geczuge nehir iris vater lehn czu behaldine, ab sie dem hern ire manschafft bithen noch rechte, ut supra c.* XXII § alsus sal *et cetera.*
wenne sy ane gewere keyne lehn doran bereden mo̊gen, is en wo̊lde o̊n denne der herre bekennen.	*Disz ist czu vornhemen, das dy kindere keyne gewere habin an dem lehne, der herre bekenne isz on denne.* *Nota.* *Als hir obine stehit:* Sy mogin dy lehnunge beczugen noch gedingis rechte, *vff dis so ist czu vornhemen, ap den kindern dis gut nicht vorschriben ist vndir des hern maiestat, vnd daz besaczt ist mit des hern mannen, ut extra de privil. c.* I.
[35 § 2] *Wo abir der vatir vnde dy kindere eyne gemeyne vnde eyne gliche gewere habin an eyme gute, dy kinder behaldin des vatir gut noch des vatir tode, ap sy die lehnunge geczůgen doran kegin orem hern bynnen irer iarczal.*" (S. 559 Z. 1 – S. 560 Z. 8; zur Übersichtlichkeit wurden Absätze eingefügt).	[35 § 2] Wo abir der vatir vnde dy kint *et cetera. Nv vndirwiszt daz recht, wie* der vater vnde dy kindere eyne gemeyne gewere habin mo̊gin an eyme gute. *Dis ist czu vornhemen, ap dy gutere den kindern vorschriben sint vnde vorreichit, als sie dem vater waren. Wenne der vater erbit dy gewere des gutis vff den son, ut supra*

pen Textstichworten und kurzen Inhaltszusammenfassungen auslaufen[622]. Bloß der Form halber wird das Prinzip der Textexegese dort noch beibehalten. Tatsächlich ist es längst durch eine andere Form der Kommentierung abgelöst worden.

Passagen, die sich noch relativ eng an den Text des Lehnrechts anlehnen, wechseln sich in der Lehnrechtsglosse jedenfalls mit zusammenhängenden Ausführungen ab, in denen der Aspekt der Texterklärung deutlich in den Hintergrund getreten ist. Dass das Verweissystem der Textstichworte so ungleichmäßig angewendet worden ist und eine Strukturierung der Glosse über weite Strecken nicht mehr gewährleistet, zeigt deutlich, dass es als Arbeitsmethode allmählich ausgedient hatte. Seine Nutzung in der Lehnrechtsglosse indiziert also einerseits den exegtischen Anspruch des Glossators, offenbart in seiner Denaturierung aber andererseits, dass die Lehnrechtsglosse über den Moment bloßer Texterklärung vielfach bereits weit hinausgegangen ist.

b) Definitionen, Worterklärungen und Distinktionen

Neben dem eher formalen Aspekt der Verweismethode fallen als zweites Merkmal einer exegetischen Methode des Lehnrechtsglossators vor allem häufige Definitionen und Worterklärungen auf. Immer wieder greift der Glossator in seiner Kommentierung Begriffe des Lehnrechtstextes heraus, um ihre juristische Bedeutung zu klären. Das kann in ganz unterschiedlicher Weise und in ganz verschiedener Ausführlichkeit geschehen. Sämtliche Erläuterungen rechtlicher Fachtermini sind aber Erklärungen von Ausdrücken im Text und lassen sich damit als Worterklärung, als *glossae* in einem ursprünglichen Sinn begreifen. Obwohl sich aus ihnen wiederum umfangreiche Sacherörterungen entspinnen können, bleibt ihr Ausgangspunkt doch stets die Texterklärung.

| *c.* VI § der vatir. *Alleyne das wol dy gewere vff den son geerbit ist, doch so muszen sie* dy lehnunge geczůgen, *ut supra c.* V § czwen mannen mag der herre gut lien *et cetera.*“ (S. 560 Z. 9 – S. 562 Z. 12; zur Übersichtlichkeit wurden Absätze eingefügt).

622) Zu beobachten etwa in LGl LnR 6 (S. 164 Z. 10 – S. 171 Z. 15 einerseits und S. 172 Z. 1 – S. 174 Z. 3 andererseits); LGl LnR 13 (S. 275 Z. 6 – S. 286 Z. 12 einerseits und S. 286 Z. 13 – S. 288 Z. 15 andererseits) oder LGl LnR 31 (S. 504 Z. 7 – S. 530 Z. 16 einerseits und S. 531 Z. 1 – S. 532 Z. 15 andererseits).

Bernd Kannowski merkt an, dass der Sachsenspiegel selbst grundsätzlich noch keine Definitionen und Worterklärungen enthält, dass sich Johann von Buch in der Landrechtsglosse aber verschiedentlich an Begriffsklärungen versucht hat[623]. Dabei habe Johann allerdings nur selten konkrete Definitionen gebildet, sondern eher indirekte Einkreisungen des Begriffs durch die Nennung zugehöriger Aspekte veranstaltet. Demgegenüber sind knapp und abschließend formulierte Definitionen in der Lehnrechtsglosse keine Seltenheit. Als typisches Beispiel lässt sich die Definition des Lehnserben in längerer Glosse LnR 5 nennen, wonach Lehnserbe der Sohn ist, der dem Vater in die Dienstpflicht folgen kann:

> „*Nota.* Ap der ane lehnerbe *et cetera. Also her hir spricht:* Lehnerbe, *was eyn lehnerbe sye, das sollet ir so vornhemen. Eyn lehnerbe ist eyn son, der deme vater gevolgen mag an deme dinste.*“[624]

Neben kurzen, als Merkhilfe geeigneten Definitionen gibt es in der Lehnrechtsglosse auch längere sachbezogene Erklärungen von Begriffen und Instituten. Mitunter entwickelt der Lehnrechtsglossator seine Worterklärungen aus etymologischen Erwägungen. So beschreibt er einen „*furste*“ als einen „*vorstender*“ des Reiches und den „*vorderste*“ im Lehen[625]. Demgegenüber handele es sich bei einem Herzog um jenen, mit dem ein Heer zieht („*eyn her czůgit*“[626]). Von den Grafen schließlich gebe es vier Sorten – allen voran die Pfalzgrafen, welche sich aus „*pfalenta*“ ableiteten, was in welscher Sprache „bezwungenes Heer“ bedeute[627]. Solche sprachgeschichtlichen Erläuterungen gibt es auch bei mehreren Autoren der gelehrten Partikularrechtsliteratur. Besonders weit treibt es der Weichbildglossator, der zum Beispiel sehr ausführlich die verschiedenen Bedeutungsnuancen der Begriffe „*wichbilderecht*“ und „*wichhuz*“ begründet[628]. Den Lehnrechtsglossator

---

623) KANNOWSKI, Umgestaltung S. 469.

624) LGl LnR 5 § 1 (S. 154 Z. 1–4); vgl. etwa auch die Definition von „*lehngut*“ in LGl LnR, Vorrede (S. 49 Z. 3–8); die Definition des „*vorspreche czu lehnrechte*“ in LGl LnR 9 § 1 (S. 196 Z. 9–12); des Zehnt („*Czehnden*“) in LGl LnR 11 § 1 (S. 249 Z. 9 – S. 250 Z. 3); der „*Ebinbortigkeit*“ in LGl LnR 20 § 3 (S. 357 Z. 3–7); des „*Vngerichte*“ in LGl LnR 23 §1 (S. 389 Z. 4 f.); der „*Heerstůre*“ in LGl LnR 34 (S. 557 Z. 14 f.) oder des Urteils in LGl LnR 68 (67 § 7) (S. 931 Z. 7–9).

625) LGl LnR 72 (71 § 20) (S. 1029 Z. 3–6); soweit offenbar noch ohne Vorbild in der Buch'schen Glosse.

626) LGl LnR 72 (71 § 20) (S. 1029 Z. 7 f.); vgl. dazu Gl LdR III 47 (53 § 1) *Jewelik Dudesch lant* (S. 1260 Z. 2–4).

627) LGl LnR 72 (71 § 20) (S. 1029 Z. 11 f.); vgl. dazu Gl LdR III 47 (53 § 1) *Jewelik Dudesch lant* (S. 1260 Z. 5–8).

628) Gl WbR 9 (Sp. 222 Z. 13–30, Sp. 222 Z. 54 – Sp. 223 Z. 51). Ganz ähnlich die

führt die etymologische Perspektive aufgrund eines Textmissverständnisses gar einmal zu einer neuen Wortschöpfung: LnR 7 § 1 spricht von einem „eheren", früheren Lehen und meint damit eine unbestimmte Verleihung des nächst frei werdenden Lehens, welcher LnR 7 § 1 im selben Satz eine zeitlich nachfolgende, zweite Verleihung an einen anderen Lehnsmann, diesmal in Form einer bestimmten Anwartschaft (*gedinge*) an einem bestimmten Lehen, gegenüberstellt. Aus diesem „eheren", vorangegangenen Lehen bildet der Lehnrechtsglossator kurzerhand das Kunstwort „Irrlehen" („*yrren lehn*"), welches so heiße, weil es im Zustand der Unwissenheit („*yn der erre*") verliehen werde[629]. Denn schließlich könne man bei Verleihung ja noch nicht wissen, welches das nächst frei werdende Lehen sein werde. Im weiteren Verlauf der Glosse LnR 7 geht der Glossator noch auf das Institut der Leihe zur Fluchtsal ein, welches er in Anlehnung an die Buch'sche Glosse als die „Erstattung einer Flucht" („*ergeczunge eyner flucht*") bezeichnet, denn „*sal*" leite sich aus dem Altsächsischen ab und bedeute so viel wie „Erstattung"[630]. Die sprachgeschichtlichen Erörterungen lassen sich als Versuch verstehen, durch die Ergründung rechtshistorischer Hintergründe und regionaler Besonderheiten zu einem tiefergehenden und einprägsameren Normverständnis zu gelangen.

Eine besondere Rolle spielt bei der Erläuterung erklärungsbedürftiger Begriffe die Methode der Distinktion. Die scholastische Arbeitstechnik des Unterscheidens und Einteilens begegnet in der Lehnrechtsglosse in vielfältigen Variationen und wird deshalb auch an späterer Stelle noch einmal zu

---

Überlegungen des Weichbildglossators zur Wortbedeutung und den verschiedenen Konnotationen von „*judex*" in Gl WbR 18 (Sp. 263 Z. 15–20) oder die legendenhafte Begründung der Namensgebung „*Meideburg*" in Gl WbR 10 (Sp. 228 Z. 9–31). Vgl. auch die entsprechende Beobachtung von BÖHLAU, Einleitung, Nove constitutiones S. XXXII, der in Nikolaus Wurm zugeschriebenen Werke eine wahre „sucht zu etymologisiren" bemerkte.

629) LGl LnR 7 § 1: „*Nota, was yrren lehn ist. Jrren lehn ist nicht anders, wen das man eyme yn der erre liet, das er nicht eigentlichen wissen moge, wo czu her sich halden sal. Als ap ich spreche: ‚Jch lye dir das erste gut, das mir ledig wert, ader an mich stirbet, js sy vil ader wenig.'*" (S. 180 Z. 3–7). Infolge der Verkehrung der Wortbedeutung „eher" zu „irrend" ist die Überlieferung hier sehr uneinheitlich, vgl. KGl LnR 7 (S. 91 Z. 1, vgl. auch die Entsprechungen im Petitdruck und Var. l). In „Wurm'scher" Glosse LnR 7 lautet die Stelle: „*Nota waz erre lehin ist. Errelehin ist anders nicht wen waz man in czweivel adir in der erre lyet, daz der, dem iz geligin wirt, nicht eigintlichin wissen muge worczu er sich haldin sol. Alz ich spreche ich lye dir daz irste gut, daz mir ledig wirt ad*[ir] *an mich stirbt, iz sy wenig adir viel*" (Berlin SBB-PK Hs. 392 fol. 178vb).

630) LGl LnR 7 § 1 (S. 181 Z. 12–13); ähnlich noch einmal in LGl LnR 58 § 2 (S. 792 Z. 14 – S. 793 Z. 1); vgl. dazu Gl LdR 43 (44) *Vrsale* (S. 342 Z. 8–11). Zu dieser Glossenstelle vgl. auch noch unten S. 590 m. w. N.

würdigen sein[631]. In der Lehnrechtsglosse kommt sie in ganz verschiedenen Stilelementen zum Tragen. Sie ist beispielsweise geeignet, im Rahmen von *quaestiones* scheinbar bestehende Widersprüche als sachgerechte Differenzierungen aufzudecken. Außerdem dient sie durch Auffächerung in *divisiones* und *subdivisiones* der Darstellung komplexer Sachverhalte. Nutzbringend einsetzen ließ sich die Distinktionstechnik aber eben auch im Rahmen von Worterklärungen. Der Lehnrechtsglossator wendet sie einerseits zur begriffsschärfenden Abgrenzung zu anders gelagerten Fällen an. Andererseits distinguiert er, indem er einen näher zu beleuchtenden Begriff in verschiedene Bedeutungsnuancen zerlegt oder in verschiedene Fallgruppen und Unterkategorien zerteilt. Beispiele für begriffsschärfende Abgrenzungen des einen Instituts zum anderen bieten etwa längere Glosse LnR 7 mit einer Gegenüberstellung des „Irrlehen" zum Afterlehen[632], die Erklärung der Verfestung im Unterschied zum Bann in Glosse LnR 12[633], die Differenzierung zwischen Morgengabe und Leibgedinge in Glosse LnR 31[634] oder die Abgrenzung von Eigen und Lehen in Glosse LnR 54[635]. Vielfach dienen erklärungsbedürftige Begriffe dem Glossator aber auch bloß als „Aufhänger" für weitergehende Erörterungen. So verzweigen sich Begriffserläuterungen in der Lehnrechtsglosse häufig in verschiedene Unterbegriffe: Leihe zur Fluchtsal „*geschiet czwierley weisz* […]"[636], Eigen „*ist czwierley* […]"[637] lauten die typischen Ouvertüren zu umfangreichen Erörterungen verschiedenster Fallgruppen.

Welche Ausmaße solche Distinktionen annehmen und welche Türen zu ganz entfernten Themenkreisen sie öffnen konnten, zeigt die komplexe Be-

631) Über die Methode der Distinktion vgl. unten S. 464 ff. m. w. N.

632) LGl LnR 7 § 2: „*Jr sollet wissen das vndirscheit, das do ist czwischen eynem irren lehne vnde eynem afftirlehne. Jrrelehn das habe wir hir vor vszgelegit. Afftirlehn ist abir sotan lehn, das das hinderste lehn ist ader das leczte, das eyn schultisse czu liene hoth.*" (S. 184 Z. 9–13).

633) LGl LnR 12 § 2: „*Eyne vorfestunge ist recht czu vornheme als eyn ban, der do gehit ôbir dy sele, vnde nymmet doch nymande den leip; vorfestunge aber nymmet dem manne den leip, ap her dorynne begriffen wirt, ut C. de custo. et exhi. reo. l. in quacumque.*" (S. 266 Z. 1–5).

634) LGl LnR 31 § 1: „[…] *so sôllit ir czum erstin merckin czwischen morgengabe vnde liepgedinge dis vndirscheit. Morgengabe ist sotan gabe* […]" (S. 507 Z. 2–8).

635) LGl LnR 54 § 1: „*Nota. Yn dissem capittil wil das recht entscheiden czwischen eigen vnd lehn. Lehn ist das, das von des riches eigen kompt, das der ritterschafft durch iris dinstes willen czu geleit ist* […]. *Eigen abir ist daz, das eyn man koifft vmbe syn wol gewunnen gelt, adir das er irkriget von raucher wurczil, das vor nymandis gewest ist* […]" (S. 699 Z. 3–11).

636) LGl LnR 7 § 1 (S. 181 Z. 6).

637) LGl LnR 54 § 1 (S. 700 Z. 1).

griffskonstruktion rund um die Figur des Ritters. „*Ritterschafft ist czweierley*“[638]: Nach der Lehnrechtsglosse, darin folgt der Glossator einer Lehre Johanns von Buch, teilt sich Ritterschaft in eine kämpfende, „*Stritliche ritterschafft*“ und Ritterschaft, die „*des rechtis vorfechtunge mit der vornunfft*“ betreibe[639]. Erstere zerfalle noch einmal in „*gemacht ader geborn*“ Ritterschaft[640]. Bei der zweiten Gruppe dachte man metaphorisch – gemeint waren die Rechtsstreiter vor Gericht. Diese unterteilten sich selbst noch einmal in Fürsprecher und Fronboten[641]. Ausgehend vom Begriff des Ritters fächern die sächsischen Glossatoren auf diese Weise ein sehr großes Themenspektrum auf. Angesprochen sind auf einen Schlag Rechtsfragen rund um die Lehnsfähigkeit, die Aufgaben der Ritterschaft und die Belehnung von Geistlichen ebenso wie alle nur denkbaren prozessrechtlichen Fragen einschließlich der Vollstreckung peinlicher Strafen nach Landrecht. Der Fall zeigt, welch große Kreise eine simple Worterklärung des Lehnrechtsglossators ziehen kann. Selbst wo die Glosse dezidiert vom Text des Lehnrechts ausgeht und sich im klassischen Sinn um die Erklärung eines dort genannten Fachbegriffs bemüht, kann sie sich vom Text weit entfernen und schafft sich damit ihre eigenen Betätigungsfelder zur wissenschaftlichen Entfaltung.

c) Bildung von Beispielen und Bildern

Ein dritter Aspekt, der sich als primär exegetisches Element der Lehnrechtsglosse herausgreifen lässt, ist die Veranschaulichung des Lehnrechtstextes anhand von Beispielen und Bildern. So finden sich zahlreiche Passagen, in denen der Glossator zu bestimmten Textstellen typische Anwendungsfälle schildert, mehr oder weniger detaillierte Fallbeispiele durchspielt oder den Text anderweitig exemplifiziert oder illustriert[642].

Auflistungen von typischen Anwendungsfällen, die über den Informationsgehalt des Textes teilweise weit hinausgehen, erfüllen in erster Linie eine

---

638) LGl LnR 1 (S. 59 Z. 13).

639) LGl LnR 1 (S. 60 Z. 1 und 4 f.); vgl. zu den Arten der Ritterschaft auch LGl LnR 19 § 1 (S. 336 Z. 10 – S. 339 Z. 3). Zur Buch'schen Vorlage vgl. Gl LdR I 3 § 2 *Van den herschilden* (S. 147 Z. 12 – S. 148 Z. 11). Zum ganzen Themenkreis KANNOWSKI, Umgestaltung S. 151–164; DERS., Anwaltstaktik S. 714–716; DERS., Ritter der Gerichte S. 13–18; DERS., Urteilsvollstrecker sowie ausführlich unten S. 619 ff.

640) LGl LnR 1 (S. 60 Z. 14)

641) LGl LnR 19 § 1 (S. 338 Z. 5–15).

642) Die verschiedenen Beispielbildungen der Lehnrechtsglosse lassen sich zueinander anhand der instruktiven Darstellung von V. MOOS, Das argumentative Exemplum, zur mittelalterlichen *exemplum*-Lehre kontrastieren. Noch weit ausführlicher handelt über das *exemplum* DERS., Geschichte als Topik.

Konkretisierungsfunktion. LnR 23 § 1 etwa entbindet den Lehnsherrn von seiner Belehnungspflicht, wenn er den Lehnsmann wegen Raubes oder wegen eines anderen Verbrechens im Landgericht verklagt hat. Glosse LnR 23 nimmt diese Passage zum Anlass, um generell von den Fällen des Treuebruchs zu handeln. Tatsächlich spricht das Sächsische Lehnrecht vom Treuebruch nämlich immer nur ganz allgemein, ohne dabei konkrete Fälle zu nennen, die zum Lehnsverlust führen. Die Lehnrechtsglosse schildert solche Anwendungsfälle nun detailliert. Neben prozessualen Versäumnissen und positiven Lehnsdienstpflichtverletzungen kommen vor allem die verschiedenen Verbrechensarten gegenüber dem Herrn zur Sprache. Die Glosse unterscheidet zwischen verbalen („*Schmelich*") und gewaltsamen („*pynlich*") Verbrechen[643]. Diese können von Beleidigung und Verrat über Beischlaf mit der Frau des Lehnsherrn bis hin zu Gefangennahme, Körperverletzung, Raub oder Mord am Lehnsherrn, seiner Familie oder seinem Hausgesinde reichen[644]. Mit seinen zahlreichen Beispielen gibt der Glossator seinem Leser hier einen Überblick über die typischen Anwendungsfälle des Treuebruchs, die in schwerwiegenden Fällen bis zum Lehnsverlust führen.

In die gleiche methodische Kategorie fällt die Darstellung der Lehre von der echten Not in der folgenden Glosse LnR 24: LdR II 7 bzw. LnR 24 § 7 sehen als Fälle echter Not, die ein Nichterscheinen vor Gericht entschuldigen, lediglich die vier Fälle Gefangenschaft, Krankheit, Wallfahrt und Reichsdienst vor. In teleologisch motivierter, extensiver Auslegung erweitert der Lehnrechtsglossator diese Auflistung in Übereinstimmung mit der Buch'schen Glosse um vier weitere Anwendungsfälle – Abwesenheit in Übersee, Verhinderung infolge Diebstahls des Reitpferds, Handelsreise und anderweitige Lehnsdienstverpflichtung[645]. Auch hier bemüht sich der Lehnrechtsglossator durch Auflistung greifbarer Beispiele um die Anpassung des Textes an konkrete Fragen der Praxis. Allerdings konkretisiert er diesmal

643) LGl LnR 23 § 1 (S. 389 Z. 8 – S. 390 Z. 10).

644) LGl LnR 23 §1 (S. 390 Z. 11 – S. 392 Z. 9).

645) LGl LnR 24 § 7 (S. 414 Z. 8 – S. 417 Z. 2); vgl. dazu Gl LdR II 7 *Veer zake zint* (S. 548 Z. 5 – S. 551 Z. 6). Die sächsischen Glossatoren legen alle vier zusätzlichen Fälle echter Not so aus, dass sie formal den vier Ausgangsfällen entsprechen: Hindere jemanden Wasser daran, zu Gericht zu kommen, sei der freie Wille ebenso beeinträchtigt, wie wenn sich jemand in Gefangenschaft befindet. Wurde das Reitpferd gestohlen und sei jemand zu schwach, um selbst zu Fuß zu Gericht zu kommen, handele es sich letztlich um einen Fall der Krankheit. Wer sich auf Handelsreise befinde, um seinen rechtmäßigen Lebensunterhalt zu verdienen, der befinde sich gewissermaßen im Gottesdienst. Und wer seinen Lehnsdienst erbringe, der leiste dabei letztlich immer auch einen vom Reich abgeleiteten Reichsdienst.

nicht bloß eine ausfüllungsbedürftige Textstelle, sondern geht faktisch sogar über den Wortlaut des Textes hinaus.

Als weiteres Beispiel für eine ergänzende Konkretisierung des Textes durch Auflistung typischer Anwendungsfälle in der Glosse lässt sich der Gerade-Katalog in Glosse LnR 56 nennen[646]. Die Glosse gibt dem Leser darin handfeste Information über die zur Gerade der Frau gehörenden Gegenstände an die Hand. Weil der Text von LnR 56 § 4 allerdings nur von Rechten der Frau am Lehen handelt, geht der Gerade-Exkurs des Glossators über den Text des Lehnrechts wieder relativ weit hinaus.

Eine ausführlichere Form der Exemplifizierung betreibt der Glossator bei der wiederkehrenden Diskussion längerer, zweifelhafter Beispielsfälle[647]. In der Häufigkeit und Vielfalt der Beispielsfälle wird ein Exempeldenken des Glossators greifbar: In gewisser Weise betreibt er Fallrecht. Dass die Akteure der Beispielsfälle bisweilen wahllos wechselnde lateinische und deutsche Blankettnamen tragen, wurde bereits erwähnt[648]. In der Lehnrechtsglosse können solche Beispielsfälle unterschiedliche Formen annehmen und ganz verschiedene Funktionen übernehmen. Da gibt es juristische Schulfälle, die der Glossator für gewöhnlich in die Gestalt einer *quaestio* kleidet und dann auf abstrakt-theoretischer Ebene von allen Seiten sorgfältig beleuchtet. Ihr Ursprung in *casus* und *quaestio* als feststehenden Bestandteilen des gelehrten Auslegungsverfahrens und ihre Beeinflussung durch die gelehrte Disputationskultur liegen auf der Hand[649]. Solche abstrakt diskutierten Fälle dienen der Vertiefung von im Text nur oberflächlich aufgeworfenen Rechtsfragen. Sie scheinen sich primär an einen wissenschaftlich interessierten Leserkreis zu richten. Daneben gibt es in der Lehnrechtsglosse aber auch zahlreiche Fallbeispiele, die sehr konkrete und ausführliche Sachverhaltsschilderungen enthalten und die dann in formelhaften Urteilsfragen durchexerziert werden. Mit ihnen richtet sich der Glossator wohl in erster Linie an den Praktiker. Als Impulsgeber dieser Beispiele könnten dem Verfasser hier und da durchaus persönlich bekannte Fälle Pate gestanden haben. Indem der Glossator die Fälle in wörtlicher Wiedergabe von Rede und Gegenrede der Parteien schildert, lässt er die im Text nur abstrakt angedeuteten Inhalte plastisch hervortreten und führt dem Leser einen hypothetischen prozessualen Ablauf vor Augen. Beispielsfälle der zweiten Art erleichtern

---

646) LGl LnR 56 § 4 (S. 758 Z. 12 – S. 764 Z. 4).

647) Zwischen feststehenden, typischen Anwendungsfällen und der Diskussion zweifelhafter Streitfälle besteht ein grundsätzlicher Unterschied, vgl. v. MOOS, Das argumentative Exemplum S. 64.

648) Vgl. oben S. 392.

649) Die Diskussion juristischer Schulbeispiele auf theoretischer Ebene findet sich ähnlich auch bei Johann von Buch, KANNOWSKI, Umgestaltung S. 144.

somit das Textverständnis und bieten Leitfäden für eine angemessene Handhabung vor Gericht. Schließlich gibt es in der Lehnrechtsglosse noch ein großes Spektrum an Beispielsfällen, die in graduellen Abstufungen zwischen den Polen dieser beiden hier nur prototypisch beschriebenen Darstellungsformen hin- und herschwanken.

Eine typische Mischform findet sich etwa in der Glosse zu LnR 31, der vom Leibgedinge der Frauen am Lehen handelt. Der Glossator schildert darin ausführlich den Fall, dass einer Frau ein Leibgedinge an einem Lehen oder sonstigen Gut bestellt worden ist, dass ihr Ehemann aber verarmte, das Gut ohne ihre Zustimmung verkaufte und sie dann im Stich ließ:

> „*Nv ist eyne vrage: Ap nv eyn man sesse mit synem elichen wibe, also Ticius vnde Berta, vnde hettin gůter, dor vff her ir beschriben hette eyn gnant lipgedinge mit des lehnhern wille, adir mit erbin glowbe, ap is eigen were, ader ane erbin globe, ap her die guter vmb syn wol gewunnen gut gekoufft hette, adir ab is vff der frawen gute lege, do der grunt der frawen were; nv hette Ticius vorczert allis, daz her hette, vnde verkoͤuffte Berta(n) lipgedinge yn eyner frist, vnd Berta nicht en wůste, das ir lipgedinge vorkoufft were; Ticius irkente, das her sich mit Berten nicht mehir irneren mochte; her lieffe von ir vnde lisze sy sitczen; vnde Berta dy wurde czu rathe vnde spreche ir leipgedinge an, alleyne ir man noch lebite, vnde genne ouch das gut recht vnde redelichen gekoufft hetten, das sy wol bewieszin moͤchten. Nv fragit man, ap sy das lipgedinge foͤrdirn moge, noch deme mole das keyne frawe lipgedinge fordirn moͤge denne noch iris mannes tode?*“[650]

Die sehr ausführliche, detailreiche Sachverhaltsschilderung legt nahe, dass der Fall nicht etwa frei erfunden ist, sondern auf einer tatsächlichen Begebenheit gründet, mit der der Glossator in irgendeiner Form vertraut gewesen ist. In der Glosse ist ihm der Fall Ausgangspunkt für eine umfangreiche, in mehrere Argumentationsebenen zergliederte *quaestio*, in der er den Fall *lege artis* analysiert[651]. Vielleicht hatte der Fall dem Glossator zuvor bereits einmal zur Begutachtung vorgelegen? Klar ist, dass jedenfalls seine Behandlung in der Lehnrechtsglosse wissenschaftlich motiviert ist. Im Text von LnR 31 selbst findet er bloß eine grobe, thematische Verankerung.

Mehr in die Kategorie abstrakter Schulbeispielsfälle fällt die in eine *solutio* eingekleidete Schilderung dreier verschiedener Arten von Rechtszweifeln in Glosse LnR 10. Wieder hat der Lehnrechtstext für eine weitergehende Stoffvertiefung in der Glosse nur das vordergründige Stichwort geliefert. In teilweiser Anlehnung an die Buch'sche Glosse erhalten Rechtszweifel, Beweiszweifel und Tatsachenzweifel vom Glossator je ein knappes Standard-

650) LGl LnR 31 § 1 (S. 521 Z. 16 – S. 522 Z. 14).
651) LGl LnR 31 § 1 (S. 522 Z. 15 – S. 530 Z. 16).

beispiel anbei gestellt. Rechtszweifel bestünden, wenn zum Beispiel der König die Begnadigung eines in handhafter Tat ergriffenen Täters fordere („*Der czwifel, der an dem rechten ist, den sal man vornhemen by dissem exemplo:* [...]“[652]). Beweiszweifel ergäben sich, wenn etwa „*Ticius selbsibinde bewieszen wolde, das Mevius syn eigen were* [...].“[653] Und einen Fall des Tatsachenzweifels, so die eigenwillige Argumentation des Glossators, biete der kommentierte LnR 10 § 1 selbst mit seinem Hinweis auf das umstrittene Zustimmungserfordernis des *gewere*-Inhabers bei der *gedinge*-Verleihung („*Als disser czwifel, von deme der text spricht* [...]“[654]). Auf abstrakter, theoretischer Ebene bildet der Glossator hier knappe Beispielsfälle, um das Verständnis einer komplexen, juristischen Materie zu erleichtern und ihre Einprägsamkeit zu verbessern. Alltagsrelevanz, das zeigt der Fall des königlichen Begnadigungsschreibens, ist dazu nicht vonnöten.

Größeren Praxisbezug legen zwei weitere Fallbeispiele in Glosse LnR 11 nahe. In Vertiefung des in LnR 11 § 3 angesprochenen Mühlwesens weist der Glossator auf die Unterhaltspflicht des Müllers bezüglich seiner Wehranlagen und eine daraus resultierende Schadensersatzpflicht im Falle von Pflichtverletzungen hin[655]. Sodann erörtert er zwei Beispielsfälle, für die er sich der Figur knapper *quaestiones* bedient. Die eigentlichen Argumente kleidet er dann größtenteils in die Form von Urteilsfragen. Zunächst geht es um die Frage, ob ein unterhalb einer Mühle siedelnder Gaius zur Selbsthilfe greifen und den Mühlenstau eines oberhalb ansässigen Müllers Titius ablassen dürfe, wenn Gaius' Güter durch fehlerhafte Stauanlagen des Titius gefährdet wären und Titius Abhilfe verweigerte[656]. Sodann fragt die Glosse noch, welche Rücksichten ein zweiter Müller Gaius bei Neuerrichtung seiner Anlagen zu nehmen habe, wenn er sich oberhalb eines Müllers Rulandus ansiedele, der weiter unterhalb bereits seit dreißig Jahren ungestört eine eigene Mühle betreibe[657]. Diesmal thematisiert der Glossator höchst alltagsrelevante Fragen. Beide Fallerörterungen enthalten zwar noch einige gelehr-

---

652) LGl LnR 10 § 1 (S. 207 Z. 7 f.); vgl. dazu Gl LdR III 25 (26 § 1) *De konningh* (S. 1082 Z. 8 – S. 1083 Z. 1). Vgl. zu dieser Stelle auch unten S. 721 f.

653) LGl LnR 10 § 1 (S. 208 Z. 4 f.); vgl. dazu Gl LdR III 25 (26 § 1) *De konningh* (S. 1083 Z. 5–14).

654) LGl LnR 10 § 1 (S. 209 Z. 5 f.); die Stelle findet so keine Entsprechung in der Buch'schen Glosse.

655) LGl LnR 11 § 3: „*Hir vff sollit ir wissen: Wo eyn möllir siczt an eyner bach, der sal syn wehr halden ane der lute schaden; wo her daz nicht en tethe, so müste her den schaden gelden, der von syner warlosunge geschege, ut ff. de damp. infec. l. Proculus.*“ (S. 240 Z. 8–11).

656) LGl LnR 11 § 3 (S. 240 Z. 11 – S. 244 Z. 4).

657) LGl LnR 11 § 3 (S. 244 Z. 5 – S. 246 Z. 2).

te Argumente und Allegationen. Darüber hinaus bezieht der Glossator durch Wiedergabe wörtlicher Rede und Gegenrede der Parteien aber auch explizit eine gerichtspraktische Perspektive mit ein.

Ein weiterer Fall, in dem der Lehnrechtsglossator den theoretischen Ablauf eines gerichtsrelevanten Vorgangs in seine hypothetischen Zwischenschritte zerlegt und exemplarisch durchexerziert, findet sich schließlich in Glosse LnR 56. Dort lässt sich genau nachlesen, mit welchen Worten und Gesten der Vormund einer Frau Barbara im Rahmen einer Veräußerung den wirksamen Verzicht auf ein am Veräußerungsgut bestehendes Leibgedinge der Frau herbeiführen kann[658].

Die angesprochenen Fallbeispiele entwickeln Szenarien, die über den Text recht weit hinausgehen. Auch andere Formen der Exemplifizierung und Illustration dienen mehr der Veranschaulichung einer bestimmten, im Text angesprochenen Materie als dass sie explizit konkrete Textstellen erörterten. Ein weiteres solches Erklärungsmuster, das sich allerdings nur an wenigen Stellen der Lehnrechtsglosse findet und meist der Buch'schen Glosse entlehnt ist, stellt der Rückgriff auf Vergleiche, Metaphern und Bilder dar. Die Beschreibung der Fürsprecher und Fronboten als „Ritter der Gerichte" („*krigliche ritter*"), die das gemeine Gut „*in gerichte schirmen mit yren czungen*"[659], gehört hierher. Auch der Vergleich des Rechts mit einer „*ercztige*"[660] (Arznei) gegen die menschliche Unvernunft ist zu nennen. Schließlich verwendet der Lehnrechtsglossator noch die Metapher vom Kind, dem man kein Messer belassen dürfe, bloß damit es nicht weine[661]. Schon Johann diente dieses Bild als Begründung für die falsche Barmherzigkeit, die ein Richter gegenüber einem Straftäter walten lasse, wenn er durch eine Begnadigung dem Seelenheil des Delinquenten schade[662]. Insgesamt sind solche Bilder und Symbole in der Lehnrechtsglosse allerdings selten. Ganz überwiegend bedient sich der Glossator einer objektiven, nüchternen, rechtstechnischen Sprache.

---

658) LGl LnR 56 § 4 (S. 754 Z. 14 – S. 756 Z. 13).

659) LGl LnR 19 § 1 (S. 338 Z. 5 f.); vgl. auch LGl LnR 1 (S. 60 Z. 4–13) sowie ähnlich Gl LdR I 3 § 2 *Van den herschilden* (S. 147 Z. 14–16). Zum Ganzen unten S. 619 ff.

660) LGl LnR 30 § 1 (S. 498 Z. 12).

661) LGl LnR 51: „*Wenne das were eyne bősze barmherczickeit, wer synem kinde liesze eyn messir yn syner hant, vff daz, das is nicht weynete, vnde sich selbir lichte do mitt tőtte adir wunte. Eyne sotane barmherczigheit ist ouch czu vornhemen von deme richtere, ap her sich welde obir den misseteter irbarmen vnde den leben laszin.*" (S. 675 Z. 14 – S. 676 Z. 4).

662) Gl LdR II 13 § 1 *Nu vornemet* (S. 602 Z. 7–10), vgl. dazu auch KANNOWSKI, Umgestaltung S. 398 f.

Verzichtet der Glossator auf blumiges, bildhaftes Vokabular, so findet sich in der Lehnrechtsglosse doch noch eine weitere Strategie der Veranschaulichung: Ein immer wiederkehrender Standpunkt des Glossators ist die historische Perspektive[663]. Zum einen exemplifiziert er den Text hier und da, indem er konkrete historische Anwendungsfälle schildert. Zum anderen zeichnet er für ein besseres Verständnis die vermeintliche geschichtliche Entwicklung einiger Institute nach. Verschiedene berechtigte Exkommunikationen des Kaisers durch den Papst hätten sich etwa, so Glosse LnR 4, bei den Kaisern Friedrich II., Lothar und Theodosius zugetragen[664]. Um die Unabhängigkeit der Heerschildfähigkeit vom Status der Schöffenbarfreiheit zu verdeutlichen, führt der Glossator beispielhaft die Lehnsverhältnisse zwischen den Familien von Meyendorff und von Platen sowie die Lehnsverhältnisse derer von der Mole in den Grafschaften Mitlingen und Bellingenhof an[665]. Eine historische Begebenheit macht der Glossator schließlich in Glosse LnR 54 geltend, wo er als Beispiel für eine Lehnsauftragung einen Fall des Grafen Albrecht von Arneburg aus dem Jahr 1196 anführt[666]. Häufig bis auf die Zeit der Römer zurückgehende historische Entwicklungen zeichnet der Lehnrechtsglossator etwa für die Geschichte der Königswahl nach[667], außerdem für die Entstehung von Zoll-, Münz- und Gerichtswesen[668], für das sächsische Privileg des Unschuldseids[669] sowie für die Entstehung von Lehns- und Zinswesen im Allgemeinen[670]. Die

663) Die Berufung auf historische Begebenheiten ist ein wichtiger Aspekt mittelalterlicher Beispielbildung, vgl. v. MOOS, Das argumentative Exemplum S. 63.

664) LGl LnR 4 § 2 (S. 114 Z. 10 – S. 116 Z. 11); vgl. dazu Gl LdR III 50 (57 § 1) *Dre sake* (S. 1296 Z. 10 – S. 1298 Z. 4). Dazu außerdem unten S. 576.

665) LGl LnR 4 § 4 (S. 140 Z. 1–6); vgl. dazu Gl LdR III 27 (29 § 1) *He en spreke an to kampe enen sinen ghenoten* (S. 1101 Z. 15 – S. 1102 Z. 2); vgl. dazu auch oben S. 259 m. w. N.

666) LGl LnR 54 § 1: „*Also that ouch graffe Albrecht, der syn eigen vorkouffte czu dem gotishusze czu Magdeborg, vnde entpfing is widder czu lehne.*" (S. 701 Z. 11–13); vgl. dazu HOMEYER, Einleitung LnR, Sachsenspiegel II 1 S. 72 f. Weitere Nachweise über die Lehnsauftragung der Brandenburgischen Allode an das Erzstift Magdeburg bei BRÜCKNER, Lehnsauftragung S. 47 Anm. 159.

667) LGl LnR 4 § 2 (S. 109 Z. 4 – S. 110 Z. 3); vgl. dazu Gl LdR III 46 (52 § 1) *De Dudeschen* (S. 1251 Z. 14 – S. 1252 Z. 7).

668) LGl LnR 11 § 3 (S. 232 Z. 8–13 sowie S. 234 Z. 6 – S. 235 Z. 5); offenbar ohne Vorbild in der Buch'schen Glosse.

669) LGl LnR 19 § 2 (S. 346 Z. 1 – S. 347 Z. 9); vgl. dazu Gl LdR I 17 (18 § 2) (S. 229 Z. 13 – S. 231 Z. 13).

670) LGl LnR 60 § 1 (S. 802 Z. 8 – S. 804 Z. 5); vgl. dazu Gl LdR I 53 (54 § 1) *Jd ne schal nen tinsman* (S. 387 Z. 8 – S. 388 Z. 3) und Gl LdR II 56 (58 § 1) *Offt de man* (S. 852 Z. 23 – S. 853 Z. 9).

Funktion solcher historischen Argumente dürfte abermals in der Veranschaulichung des Textes liegen. Darüber hinaus sind sie geeignet, ein besseres Verständnis der Hintergründe zu fördern und dienen nicht zuletzt auch der Beglaubigung der geschichtlich nachgewiesenen Institute.

Zusammenfassend treten als primär exegetische Elemente der Lehnrechtsglosse ihr Verweissystem durch Wiederholung von Textstichworten, juristische Begriffsexplikationen sowie verschiedene Formen der Veranschaulichung des Textes anhand von Beispielen und Bildern hervor. Allerdings hat der Überblick gezeigt, dass keines dieser Elemente eine wirklich nahe Anbindung der Glosse an den Text des Lehnrechts gewährleistet und dass ein jeder Aspekt neben seiner interpretativen Funktion noch weitere Aufgaben erfüllt. Obwohl die Figuren und Argumentationsmuster im Ausgangspunkt exegetisch motiviert sind und die jeweiligen Lehnrechtskapitel ihnen im weitesten Sinn das Stichwort geliefert haben, eröffnen sich in der Glosse doch regelmäßig neue eigene Themenfelder. Auch rein räumlich nehmen textnahe Erklärungen des Glossators nur verhältnismäßig wenig Platz ein. Alles in allem steht die Textauslegung im engeren Sinn in der Lehnrechtsglosse nicht mehr im Vordergrund. Eine sehr viel größere Rolle spielen demgegenüber längere, zusammenhängende Aneinanderreihungen von Notabilien, *quaestiones* und Urteilsfragen. Sie kommen in den folgenden Abschnitten zur Sprache.

3. Verfahren der Problemlösung

Wie gesehen zeichnet sich die mittelalterliche Kommentarliteratur gegenüber den älteren Glossen durch eine stärkere Lösung vom Text und eine Zuwendung hin zur zusammenhängenden, sachorientierten Problemdarstellung aus[671]. Dieser allmähliche Prozess der Verselbständigung wird in Veränderungen greifbar, die einzelne Verfahrensschritte des klassischen Auslegungsschemas durchlaufen haben. Historisch und methodisch wurzelt das *lectura*-Schema des 14. Jahrhunderts zwar in der Textexegese. Doch vermehrt trug es nun Früchte anderer Art. Auch der Lehnrechtsglossator rückte nicht mehr primär den Text in den Fokus. Im Mittelpunkt seiner Ausführungen stehen bereits überwiegend eigenständige, geschlossene Problembehandlungen. Zu solch kürzeren und längeren Fragmenten lieferte der kommentierte Lehnrechtstext zwar noch erste Stichworte. Häufig verselbständigen sich die Ausführungen des Glossators dann aber, sodass im weiteren Verlauf ein Wort das andere gibt. Die Lehnrechtsglosse stellt sich somit

671) Vgl. bereits oben S. 332 ff. und oben S. 395 ff.

nicht mehr im engeren Sinn als Glossierung einzelner Sätze des Lehnrechts dar. Vielmehr lässt sie sich als eine Art eigenständiger, die Materie weitgehend autonom reflektierender Metatext hinter dem Haupttext begreifen.

Gradmesser und Indikator dieser Entwicklung zu einer größeren Eigenständigkeit in der Stoffbehandlung ist die Figur der *quaestio*. Ursprünglich bloßer Teilschritt eines exegetischen Verfahrens, wird sie in der Kommentarliteratur so erheblich ausgebaut und umfunktioniert, dass die *quaestio* im Rahmen einer Stilanalyse nach einer eigenständigen Betrachtung unter veränderten Vorzeichen verlangt. Ihre gewachsene Bedeutung in den Kommentaren des 14. Jahrhunderts veranlasste Norbert Horn, sie als „Endpunkt der exegetischen Bemühung“ zu bezeichnen, „wo diese qualitativ umschlägt in eine neue selbständige Form.“[672] Die fortentwickelte Gestalt der *quaestio* lasse sich als „erste Stufe monographischer Literatur“ oder doch wenigstens als „Bauelement für Monographien“[673] verstehen.

Auch in der Lehnrechtsglosse kommt der *quaestio* eine sehr bedeutende Rolle zu. Hinzu tritt dort aber noch eine weitere Figur, die der juristischen Literatur zum gelehrten Recht gänzlich fremd ist und ein Spezifikum der Literatur zum deutschen Recht darstellt: Die Exemplifikation von Fällen in Urteilsfragen. *Quaestiones* und Urteilsfragen sind die beiden beherrschenden Elemente der Lehnrechtsglosse, in denen sich eine eigenständige Diskussion und Lösung von Problemen manifestiert. Angemessene Verfahren zur sachgerechten Lösung juristischer Probleme zu praktizieren, kristallisiert sich in diesen beiden Elementen der Lehnrechtsglosse als zweiter wichtiger Impetus spätmittelalterlicher Jurisprudenz neben der Texterklärung heraus.

a) *Quaestiones*

Quaestiones, also in scholastischer Manier gegliederte Problemdiskussionen unter Abwägung der Für- und Gegenargumente, finden sich in der Lehnrechtsglosse zuhauf. Sie sind nicht bloß ein typisches Element gelehrter Glossen- und Kommentarliteratur, sie gehören auch zum methodischen Standardrepertoire der Buch'schen Landrechtsglosse[674] sowie der Weichbildglosse[675]. Ja sogar Eike selbst hat sich im Sachsenspiegel bei Abfassung

---

672) HORN, Juristische Literatur S. 102; DERS., Legistische Literatur S. 335.

673) HORN, Juristische Literatur S. 102; DERS., Legistische Literatur S. 335.

674) Beispiele bei KANNOWSKI, Umgestaltung S. 133, 195–197.

675) Ein typisches Beispiel bietet die *quaestio* über das richtige Verständnis der Zweischwerterlehre in Gl WbR 7 (Sp. 205 Z. 32 – Sp. 208 Z. 18); vgl. zu dieser Stelle auch unten S. 711.

seiner berühmten Freiheitsstelle LdR III 42 bereits der Figur einer scholastischen *quaestio* bedient[676].

1. *Quaestio* und *disputatio* als Bestandteile gelehrter Rechtswissenschaft

Die *quaestio* war ein klassisches Element spätmittelalterlicher Rechtswissenschaft[677]. Sie bildete eine eigenständige Literaturgattung, welche ihr mündliches Pendant in der Unterrichtsform der *disputatio* fand. Als eine von mehreren Stilfiguren war sie außerdem Bestandteil der Kommentarliteratur. Die streng schematische, dialektische Art der Darstellung und Lösung von Problemen ging auf die seit dem 12. Jahrhundert im Universitätsunterricht praktizierte scholastische Methodik zurück, die sich von den theologischen auf die übrigen Fakultäten ausgebreitet hatte[678]. Ihre ältesten Ursprünge sind wohl schon in der Antike bei Aristoteles zu suchen[679]. Die *quaestio* war nicht bloß elementare Denk- und Lehrform, sie entwickelte sich auch zur typischen literarischen Form der Scholastik[680]. Bereits die Glossatoren machten von ihr Gebrauch, die Legisten gleichermaßen wie die Kanonisten[681]. Im 13. und 14. Jahrhundert war sie zum festen Bestandteil der juristischen Kommentarliteratur geworden.

---

676) Vgl. KOLB, Über den Ursprung S. 297–305; der die *quaestio*-Struktur von LdR III 42 überzeugend anhand der Ergebnisse von GRABMANN, Geschichte II S. 425–427, 495, 517, verifiziert. Dazu sowie zu Johanns wissenschaftlicher Replik KANNOWSKI, Umgestaltung S. 286–309.

677) Überblicke geben GENZMER, Iustinianische Kodifikation S. 415–422; HÖDL, Art. Quaestio, Q.nenliteratur, in: LexMA VII Sp. 349 f.; HORN, Juristische Literatur S. 91–94, 99–102; DERS., Legistische Literatur S. 324–326, 333–336; HOYE, Methode der Quaestio; LANGE / KRIECHBAUM, Kommentatoren S. 369–374, 385–395; WEIMAR, Art. Quaestiones iuris, in: LexMA VII Sp. 350 f., DERS., Legistische Literatur der Glossatorenzeit S. 142, 144–146, sowie speziell über die *quaestiones* der Kanonistik LANDAU, Kanonistische Quaestionenforschung. Grundlegend über die Entwicklung und Methode der *quaestio* FRANSEN, Questions disputées; KANTOROWICZ, Quaestiones disputatae; OTTE, Dialektik und Jurisprudenz S. 156–185. Instruktiv zudem BELLOMO, Factum proponitur.

678) HOYE, Methode der Quaestio S. 155 f., 165–169.

679) KANTOROWICZ, Quaestiones disputatae S. 52. Gegen eine etwa von GENZMER, Iustinianische Kodifikation S. 416, erwogene direkte Beeinflussung der *quaestiones* der Glossatoren durch Abaelards *„Sic et non"* sprechen sich KANTOROWICZ, Quaestiones disputatae S. 52 f. und OTTE, Dialektik und Jurisprudenz S. 182, aus.

680) HÖDL, Art. Quaestio, Q.nenliteratur, in: LexMA VII Sp. 349 f. Speziell zu den juristischen Quaestionensammlungen HORN, Juristische Literatur S. 99–102; DERS., Legistische Literatur S. 333–336; HOYE, Methode der Quaestio S. 168 f.; LANGE / KRIECHBAUM, Kommentatoren S. 385–395.

681) FRANSEN, Questions disputées S. 243–247; KANTOROWICZ, Quaestiones dispu-

Je nachdem, ob eine abstrakte Rechtsfrage oder ein konkret formuliertes Beweis- und Tatsachenproblem zur Diskussion stand, unterschied man zwischen *quaestiones iuris* und *quaestiones facti*[682]. Die Rechtsfragen im engeren Sinn ließen sich noch einmal in *quaestiones iuris ex facto emergentes*, bei denen rechtliche Fragen fallbezogen erörtert wurden, und *quaestiones legitimae* über die abstrakte Bedeutung eines Gesetzes unterteilen[683]. Der charakteristische Grundaufbau verlangte zunächst das Aufwerfen der Frage (*quaestio*), ihr folgten die Argumente *pro* und *contra*, schließlich wurde – oft mittels einer *distinctio,* gegebenenfalls auch unter ausführlicher Widerlegung der Argumente der Gegenauffassung – die Lösung des Problems erörtert (*solutio*)[684]. Dieses Schema ließ sich beliebig verkürzen und erweitern[685].

Die literarische Form der *quaestio*, ob nun als eigenständige Literaturgattung oder als Bestandteil eines Kommentars, stand in enger Wechselwirkung mit der Unterrichtsform der *disputatio* oder *quaestio disputata.* An der Universität übten Studenten ihre Argumentationsfähigkeit in mündlichen Disputationsübungen, die unter Leitung der Professoren an Nachmittagen, Samstagen oder im Rahmen feierlicher, öffentlicher, einmal jährlich stattfindender Dispute abgehalten wurden[686]. Mitunter wurden die diskutierten *quaestiones* im Anschluss an die *disputatio* von den Professoren verschriftlicht (*quaestiones redactae*). Wie gesehen dürfte auch der Glossator des Lehnrechts Veranstaltungen dieser Art besucht und seine eigene Geschicklichkeit in der Kunst der Disputation erprobt haben[687]. Enge Verbindungen wies die Figur der *quaestio* darüber hinaus zur forensischen Praxis auf[688]. Letztlich dienten das Erlernen dieser methodischen Falllösungstechnik der

---

tatae S. 7–17; LANDAU, Kanonistische Quaestionenforschung S. 75 f.

682) BELLOMO, Factum proponitur S. 12–23; FRANSEN, Questions disputées S. 241; KANTOROWICZ, Quaestiones disputatae S. 2; LANGE / KRIECHBAUM, Kommentatoren S. 370; WEIMAR, Art. Quaestiones iuris, in: LexMA VII Sp. 350 f.

683) BELLOMO, Factum proponitur S. 12–14; WEIMAR, Legistische Literatur der Glossatorenzeit S. 142. Der Sprachgebrauch ist nicht einheitlich.

684) FRANSEN, Questions disputées S. 248–255; GRABMANN, Geschichte II S. 226; KANTOROWICZ, Quaestiones disputatae S. 17–29; LANGE / KRIECHBAUM, Kommentatoren S. 372 f., 388 f.

685) In welchen Ausmaßen es in der Literatur der Glossatoren und Kommentatoren zu Abwandlungen des Grundschemas gekommen ist, beschreiben KANTOROWICZ, Quaestiones disputatae S. 29–31 („rich variety in the structure of the questions" S. 31), und auch LANGE / KRIECHBAUM, Kommentatoren S. 390 f.

686) BELLOMO, Factum proponitur S. 4–10; FRANSEN, Questions disputées S. 234–237; GENZMER, Iustinianische Kodifikation S. 418 f.; LANGE / KRIECHBAUM, Kommentatoren S. 387 f.

687) Vgl. oben S. 306 ff.

688) BELLOMO, Factum proponitur S. 10 f.

juristischen Beherrschung praktischer Fälle und die Einübung mündlicher juristischer Ausdrucksfähigkeit einem souveränen Auftritt vor Gericht. So verwundert es nicht, dass sich zwischen der *quaestio* über einen fiktiven Fall und dem *consilium* zu einem realen Fall kein wesentlicher Unterschied in der Methode feststellen lässt: „La méthode d'argumentation est tout à fait semblable."[689] Welche *quaestio* eine nachträgliche literarische Zweitverwertung der Begutachtung eines echten Falls darstellt und welches *consilium* umgekehrt die Ergebnisse einer früheren, am abstrakten Fall erdachten *quaestio* verarbeitet, ist deshalb oft nicht zu entscheiden.

2. Ausgestaltung von *quaestiones* in der Lehnrechtsglosse

Die Stilfigur der *quaestio* taucht in vielfältigen Variationen in über der Hälfte der Kapitelkommentierungen der Lehnrechtsglosse auf. Mitunter erscheint sie auf wenige Bestandteile der klassischen *quaestio* verkürzt, insbesondere die Übergänge zur knappen *oppositio* und zur eigenständigen Figur der Urteilsfrage sind fließend. Statt exakter, absoluter Zahlen lässt sich daher nur mittels grober Richtwerte eine erste Vorstellung von der Bedeutung der *quaestio* in der Lehnrechtsglosse geben: Insgesamt lassen sich in der längeren Lehnrechtsglosse etwa 110 im weitesten Sinn verstandene, vollständige oder fragmentarische *quaestiones* zählen.

Ein repräsentatives, den klassischen Aufbau widerspiegelndes Beispiel stellt die zu LnR 2 *lege artis* diskutierte Frage dar, ob ein zum Bauern Geborener *„ritters art"* erlangen könne[690]. Die einzelnen Teilelemente dieser *quaestio* treten in den verschiedenen Textzeugen der Lehnrechtsglosse unterschiedlich klar hervor. Am deutlichsten markiert sie die Handschrift Be_3 der Klasse W, indem sie in den fortlaufenden Text Stichworte in roter Tinte einstreut – im Beispiel der Glosse LnR 2 *„Quaestio"*, *„Respondetur"*, *„Contra"* und *„Solucio"*[691]. Solche wortwörtlichen, lateinischen Kennzeichnungen sind in Handschriften der kürzeren und längeren Glosse häufig, aber nicht durchgängig enthalten[692]. Fehlen sie oder passen sie offensicht-

---

689) FRANSEN, Questions disputées S. 239. Vgl. aber etwa auch BELLOMO, Factum proponitur S. 10 f.; LANGE / KRIECHBAUM, Kommentatoren S. 393.

690) LGl LnR 2 § 1 (S. 78 Z. 10 – S. 80 Z. 5, hier S. 78 Z. 11 f.). Offenbar handelt es sich um eine vom Lehnrechtsglossator selbst verfasste *quaestio*, die erst in der *solutio* auf die Buch'sche Glosse rekurriert: Die Feststellung, dass *„noch vnserm rechte* [...] *keyn man ritters art"* sei, wenn nicht auch *„syn vater vnde syn eldervater* [...] *rittere gewest"* (S. 80 Z. 2–4), findet sich bereits in der Gl LdR I 19 (I 20 § 5) (S. 238 Z. 4 f.). Vgl. zu dieser Glossenstelle noch unten S. 622 f.

691) „Wurm'sche" Glosse LnR 2 (Berlin SBB-PK Hs. 392 fol. 158va–159ra).

692) LGl LnR 2 § 1 nach der Handschrift Wo enthält *„Contra"* (S. 79 Z. 3) und *„Solucio"* (S. 80 Z. 1); KGl LnR 2 § 1 begnügt sich mit *„Contra"* (S. 46 Z. 7).

lich nicht zu den betroffenen Textelementen, lassen sich die Bestandteile der *quaestio* aber meist anhand bestimmter wiederkehrender Standardformulierungen identifizieren. In aller Regel beginnt die *quaestio* mit den Worten „*Nv mochte man fragen* [...]“[693] oder „*hiruff so geht eyne frage* [...]“[694]. Auf die Problemdarstellung folgt die Darlegung der einen Ansicht, welche typischerweise mit „*Disz vorantworten eczliche vnde sprechen* [...]“[695] eingeleitet wird. Weniger einheitlich gestaltet sich der Übergang zur Erläuterung der Gegenansicht: Hier finden sich neben dem schlichten „*Contra*“[696] Formulierungen wie „*Das ist vnrecht.*“[697], „*Widder das so sprechin dy andern* [...]“[698] oder „*Widder das argument vnde widder disse opinio so sprechen eczliche also* [...]“[699]. Die *solutio* schließlich kennzeichnen vorwiegend ein in mehreren Abwandlungen vorkommendes „*Disz vorantworten wir vnde sprechen* [...]“[700] oder ein „*Jr sollet wissen* [...]“[701].

Die *quaestiones* der Lehnrechtsglosse reichen von knappen Erläuterungen von nur wenigen Zeilen bis hin zu ausführlichen Problembehandlungen, die in der Handschrift Wo bis zu sechs Seiten füllen[702]. Das längste Beispiel einer *quaestio* in Glosse LnR 51 behandelt die Frage, ob der Richter barmherzig sein soll[703]. Bereits Johann hat diese Frage in Glosse LdR II 13 § 1 *Nu vornemet* diskutiert[704]. Der Lehnrechtsglossator baut die Buch'sche Vorlage nun erheblich aus, indem er sie formalistisch durchstrukturiert und

---

693) LGl LnR 2 § 1 (S. 78 Z. 10 f.).

694) LGl LnR 10 § 5 (S. 316 Z. 13). Es finden sich noch weitere Variationen wie „*Nv mochte eyner eyne frage thun* [...]“ (S. 83 Z. 10 f.); „*Nv möchte eyner hir vff vragen* [...]“ (S. 155 Z. 1) oder „*Vff daz möchte ymant fragen* [...]“ (S. 214 Z. 7).

695) LGl LnR 2 § 1 (S. 78 Z. 12); vgl. aber etwa auch LGl LnR 6 § 1: „*Hiruff so arguirn eczliche vnde sprechen* [...]“ (S. 168 Z. 10).

696) LGl LnR 2 § 1 (S. 79 Z. 3).

697) LGl LnR 6 § 1 (S. 166 Z. 1).

698) LGl LnR 12 § 2 (S. 260 Z. 14).

699) LGl LnR 5 § 1 (S. 157 Z. 9 f.).

700) LGl LnR 2 § 1 (S. 80 Z. 1); mitunter auch im Imperativ: „*Daz solt ir vndirscheiden vnde vorantworten* [...]“ (S. 293 Z. 7) oder objektiviert: „*Das vorantwort man also* [...]“ (S. 110 Z. 11); „*Disz loszt man also* [...]“ (S. 124 Z. 8). Selten in der ersten Person: „*Czu disser vrage antworte ich vnde spreche* [...]“ (S. 139 Z. 3) oder „*Wir sprechen aber* [...]“ (S. 147 Z. 6).

701) LGl LnR 4 § 2 (S. 111 Z. 11).

702) LGl LnR 51 (S. 666 Z. 8 – S. 678 Z. 11). Im frühneuzeitlichen Druck füllt die *quaestio* sechs Spalten ([Sächsisches Weichbild...], Augsburg 1482 fol. LXVIII^{va}–LXX^{ra}).

703) LGl LnR 51 (S. 666 Z. 8 – S. 678 Z. 11).

704) Gl LdR II 13 § 1 *Nu vornemet* (S. 599 Z. 21 – S. 603 Z. 8); dazu KANNOWSKI, Umgestaltung S. 397 f.

umständlich um weitere Argumente, Zwischenschlüsse und Gegeneinwände ergänzt[705]. Viele der *quaestiones* der Lehnrechtsglosse sind der Buch'schen Glosse entlehnt und werden im Zuge der Inkorporation einmal mehr, einmal weniger verändert. Der Glossator des Lehnrechts bildet aber auch eigenständig neue *quaestiones,* die in der Buch'schen Glosse noch nicht enthalten sind.

Oft genug wird das idealtypische Schema *quaestio – pro – contra – solutio* eingehalten[706]. Daneben erscheint es aber auch immer wieder in abgewandelter Form. Variationen des Grundmusters entstehen durch Auslassung eines oder mehrerer Teilelemente der *quaestio*, durch eine abweichende Anordnung der Teilelemente oder durch zusätzliche, erweiternde Fragen, Einwände und Auflösungen. Unterschiede ergeben sich außerdem in der konkreten Formulierung der *quaestiones.* Prinzipiell führen ja nur Entscheidungsfragen zum zweigeteilten Aufbau mit einer bejahenden und einer verneinenden Ansicht. Daneben formuliert der Glossator Ergänzungsfragen („Warum?", „Wie?", „Wie lange?", etc.), die eine nicht vorgegebene Zahl unterschiedlicher Meinungen nach sich ziehen können, weil sie sich in das binäre Muster von *pro – contra* nicht ohne weiteres einpassen.

705) Vgl. die in der Handschrift Wo überlieferten „Orientierungshilfen" innerhalb der *quaestio* in LGl LnR 51 (S. 666 Z. 8 – S. 678 Z. 11):

quaestio	„*Nv möchte hir vff eyner vragen* […]" (S. 666 Z. 8).
pro-Argumente	„*Disz vorantworten eczliche vnde sprechen* […] *Vnde arguirn also* […] *Vsz dissem argumento colligire ich eyne conclusio* […] *Vsz dissen worten so colligere ich eyne conclusio* […]" (S. 666 Z. 12, Z. 13; S. 667 Z. 9; S. 668 Z. 14).
contra-Argumente	„*Jn oppositum. Widder disz argument so sprechen etliche lute also* […] *Vort mehir* […] *Ouch so arguirn sie czum dritten also* […] *Vsz dissen worten so colligire ich also vil* […]" (S. 669 Z. 11; S. 670 Z. 7; S. 671 Z. 1 und Z. 7).
solutio	„*Solucio disser argument. Dy argument wieszin vs,* […] *Doch so ist wol eigentlichen czu vornhemen eyne suppusicio. Jn der supposicio ich wil vndirwieszin dy racio* […] *Vsz disser supposicio colligire ich czwey correlaria; vsz den correlarien ich wil wieszen conclusiones der racio des argumenti. Vnde spreche czu dem erstin correlario* […] *Das andere correlarium* […] *Ad raciones ad primam* […] *Ad secundam racionem* […] *Ad terciam racionem* […] *Contra* […] *Solucio* […]" (S. 672 Z. 1, Z. 3–4 und Z. 10–12; S. 673 Z. 1, Z. 2 f.; S. 675 Z. 3; S. 676 Z. 11; S. 677 Z. 9; S. 678 Z. 2).

706) Vgl. etwa die bereits genannten Beispiele LGl LnR 2 § 1 (S. 78 Z. 10 – S. 80 Z. 5) oder LGl LnR 51 (S. 666 Z. 8 – S. 678 Z. 11). Zahlreiche weitere Quellenbeispiele oben S. 174 Anm. 425.

Inhaltlich befasst sich der Lehnrechtsglossator im Rahmen seiner *quaestiones* mit einem sehr breiten Themenspektrum. Die *quaestiones* lassen sich jedoch ihrer jeweiligen Stoßrichtung nach gruppieren. Einige *quaestiones* erläutern vermeintlich bestehende Widersprüche im Recht als sachgerechte Differenzierungen. Solche mal als klassische *quaestio legitima*, mal als knappe *oppositio* ausgeformte Passagen fragen etwa: Lebt der König nach fränkischem Recht (LdR III 54 § 4) oder ist er vielmehr gemäß dem römischen Recht *legibus solutus*?[707] Weshalb spricht LnR 2 § 2 von der Belehnung von Personengruppen, die nach LnR 2 § 1 gar keinen Heerschild tragen?[708] Wie harmonieren die verschiedenen Ersitzungsfristen der *leges* miteinander?[709] Andere *quaestiones* der Lehnrechtsglosse bemühen sich um eine abstrakte Begründung bestimmter Regelungen im Recht. Beispiele, in denen der Glossator dem Sinn und Zweck verschiedener Rechtssätze nachspürt, lauten: Warum sind Geistliche gemäß LnR 2 § 1 vom Heerschild ausgeschlossen?[710] Weshalb verlangt LnR 26 § 5, dass dem Herrn bei Belehnung eines Kindes ein Bürge gestellt wird?[711] Aus welchem Grund benötigt eine Frau zu Lebzeiten ihres Mannes einen gesonderten Vormund für ihre Leibgedinge am Lehen?[712] Am häufigsten aber sind *quaestiones*, die der Lehnrechtsglossator auf der Grundlage abstrakter oder konkreter Fallbeispiele entwickelt. Solche *quaestiones ex facto emergentes* behandeln offene Rechtsfragen und Subsumtionsprobleme. Dabei geht der Glossator einerseits von knappen Schulbeispielen aus: Erben neben Söhnen eines Lehnsmannes auch seine Töchter das Lehen?[713] Behält die *gewere*, wer Dinge in Seenot über Bord wirft?[714] Gehört ein Schatz seinem zufälligen Finder oder dem Grundeigentümer?[715] Andererseits leitet der Glossator *quaestiones* zuweilen auch mittels sehr ausführlicher Sachverhaltsschilderungen ein: Wenn es sich ereignet, dass ein Lehnsmann nur Schwestern und Töchter, aber keine Söhne hinterlässt, die Frauen auf ihr Lehnerbrecht verzichtet haben und ein Vetter das Lehen beansprucht – wer ist dann Lehnserbe?[716] Wenn ein Titius verarmt, das Leibgedinge seiner Frau Berta veräußert und seine Frau daraufhin im Stich lässt – kann Berta ihr Leibgedinge noch zu Lebzeiten ihres flüchtigen Ehemanns

707) LGl LnR 4 § 2 (S. 123 Z. 12 – S. 124 Z. 11); vgl. zu dieser Stelle unten S. 720.
708) LGl LnR 2 § 2 (S. 85 Z. 11 – S. 87 Z. 6).
709) LGl LnR 13 § 1 (S. 278 Z. 1 – S. 279 Z. 10).
710) LGl LnR 2 § 1 (S. 66 Z. 5 – S. 67 Z. 5).
711) LGl LnR 26 § 5 (S. 470 Z. 4 – S. 471 Z. 14).
712) LGl LnR 56 § 4 (S. 769 Z. 7 – S. 770 Z. 12).
713) LGl LnR 6 § 1 (S. 165 Z. 5 – S. 166 Z. 10).
714) LGl LnR 11 § 1 (S. 224 Z. 10 – S. 226 Z. 12).
715) LGl LnR 11 § 1 (S. 226 Z. 13 – S. 227 Z. 17).
716) LGl LnR 6 § 1 (S. 168 Z. 1 – S. 171 Z. 15).

zurückfordern?[717] Wenn ein Herr einen Lehnsmann belehnt und ihm *„gemut, das her om hulde solde swern"*, der Lehnsmann aber verstirbt, bevor er seinem Herrn die Hulde geschworen hat – muss an seiner Stelle dann sein Sohn den Treueid leisten?[718] *Quaestiones* wie diese erwecken durchaus den Eindruck, sie seien durch konkrete Fälle aus der Praxis inspiriert. Vielleicht war der Glossator des Lehnrechts zuvor bereits professionell mit ihnen befasst gewesen und integrierte sie nun unter verändertem wissenschaftlichen Blickwinkel in die Lehnrechtsglosse.

Welche Besonderheiten entwickeln die *quaestiones* der Lehnrechtsglosse nun im Vergleich mit jenen der Buch'schen Glosse? Auf die Figur der *quaestio* hat schon Johann von Buch in seiner Glosse zum Sächsischen Landrecht häufig zurückgegriffen[719]. Wieder ist er es, der als Erster eine zum gelehrten Recht entwickelte Methode auf die wissenschaftliche Bearbeitung des einheimischen Rechts überträgt. Und wieder nimmt sich die Lehnrechtsglosse die Buch'sche Glosse zum Vorbild. Zum einen kopiert sie dabei mehr oder weniger wörtlich von Johann verfasste *quaestiones* aus der Landrechtsglosse[720]. Zum anderen kommt es zu Übernahmen in rein methodischer Hinsicht, denn der Lehnrechtsglossator verfasst in großer Zahl neue eigenständige *quaestiones*. Auffällig und bemerkenswert ist nun aber, dass die Lehnrechtsglosse bei aller offensichtlichen Orientierung an der Buch'schen Glosse durchaus eigene stilistische Besonderheiten entwickelt. So übernimmt der Lehnrechtsglossator die Buch'sche Eigenart, Aussagen in eine sehr knappe und schlichte Frage-Antwort-Form zu kleiden[721], nur selten. Verhältnismä-

717) LGl LnR 31 § 1 (S. 521 Z. 15 – S. 530 Z. 16); vgl. bereits die Sachverhaltsschilderung oben S. 409.

718) LGl LnR 22 § 1 (S. 368 Z. 9 – S. 373 Z. 11, hier S. 368 Z. 11).

719) KANNOWSKI, Umgestaltung S. 133, mit zahlreichen Beispielen auf S. 133 f., 195–197, 288, 292, 300–302, 397, 571–574.

720) Teils kopiert die Lehnrechtsglosse die Landrechtsglosse fast wörtlich, teils kommt es zu größeren Umformulierungen. Beinahe deckungsgleich sind zunächst etwa Gl LdR III 56 (III 63) § 2 *Ban schadet der zele* (S. 1350 Z. 5 – S. 1351 Z. 12) und LGl LnR 12 § 2 (S. 260 Z. 10 – S. 262 Z. 4). Erst in der *solutio* weichen die beiden Glossen in der Frage, ob ein unrechtmäßig ergangener Bann zu fürchten sei, voneinander ab. Ein Beispiel für eine stärkere Umformulierung der Buch'schen Glosse bietet Glosse LnR 2, wo die Frage, ob Ritterschaft Sünde sei, in eine deutlicher strukturierte, scholastische *quaestio*-Form überführt wurde, vgl. Gl LdR I 19 (20 § 1) *Ridders art* (S. 239 Z. 9 – S. 240 Z. 13) und dazu LGl LnR 2 § 1 (S. 83 Z. 10 – S. 85 Z. 10).

721) Etwa *„Js des genoch, offt de, de to kampe gegrot wert, zuluen den kamp louet? Segge: Nen. Wente he schal borgen zetten to sineme louede, ut supra li. I. ar. LXIIII, alse hir."*, Gl LdR II 3 § 2 *Wen de kamp gelouet is, vnde er nicht* (S. 527 Z. 5–7). Dem Beispiel schließen sich zwei weitere Passagen desselben Musters direkt an. Solche Frage-Antwort-Formen lassen nur noch die Rudimente einer *quaestio* erkennen und sind we-

ßig oft sind in der Lehnrechtsglosse dagegen die *quaestiones* klassischer Bauart, die verschiedene Ansichten ausführlich diskutieren. Bisweilen zeigen sich außerdem fließende Übergange zu anderen Stilformen. So baut die Lehnrechtsglosse solche *quaestiones*, die an detaillierte Beispielsfälle anknüpfen, häufig anhand von aneinandergereihten Urteilsfragen fiktiv streitender Parteien auf[722] – eine Darstellungsart, die sich in der Buch'schen Glosse so nicht findet. Generell kennzeichnet die Lehnrechtsglosse die einzelnen Bausteine ihrer *quaestiones* sehr viel klarer als die Landrechtsglosse. Zum einen geschieht dies durch die Einstreuung von Schlagworten wie „*quaestio*", „*solucio*", etc. Ob diese „Etikettierung" im Einzelfall schon vom Lehnrechtsglossator selbst stammt oder, wie auch in einer Mainzer Handschrift der Buch'schen Glosse von 1421 zu beobachten[723], erst von einem späteren Benutzer hinzugesetzt und von Kopisten in den Text übernommen worden ist, wissen wir nicht. Schon die älteste Handschrift Be_3 von 1386/87 und die älteste Handschrift J der Klasse K von 1410 enthalten aber eine solche einmal mehr, einmal weniger durchgängige lateinische Gliederung im fortlaufenden Text[724]. Zum anderen strukturiert die Lehnrechtsglosse ihre *quaestiones* durch den gleichmäßigen Einsatz der beschriebenen Standardformulierungen[725]. Schon Johann von Buch hat bei der Transposition der von gelehrten Juristen ja üblicherweise auf Latein praktizierten *quaestio*-Methode in seinen partikularrechtlichen Zusammenhang des Sachsenspiegels zu einem deutschsprachigen Vokabular finden müssen. Der Lehnrechtsglossator schöpft nun zwar aus dem von Johann geschaffenen Repertoire an Ausdrücken[726]. Aus diesem benutzt er aber nur eine bestimmte, eng um-

---

niger als ernsthafte Diskussion einer Frage denn als bloße rethorische Figur zu verstehen. In der Buch'schen Glosse finden sie sich überall.

722) Etwa LGl LnR 56 § 4 (S. 754 Z. 14 – S. 756 Z. 13, insbesondere S. 755 Z. 7 – S. 756 Z. 13).

723) KANNOWSKI, Umgestaltung S. 570 f.

724) Die Handschriften der längeren Glosse differieren. Wo von 1464 enthält etwa rubrizierte Signalwörter wie „*Questio*", „*Contra*", „*Solucio*" im Text (KAUFMANN, Einleitung, LGl LnR S. LII); L_3 von 1436 bietet sie in Form von Randbemerkungen (DERS., ebenda S. LVII).

725) Vgl. oben S. 418.

726) Auch bei Johann von Buch findet sich die wiederkehrende Formulierung „*Nu mochtestu vragen,* [...]" (etwa KAUFMANN, Gl LdR S. 191 Z. 3 f. oder S. 260 Z. 7), häufiger ist aber die direkte Eröffnung der Frage ohne einleitende Umschreibung. Die einzelnen Ansichten stellt Johann meist mit einem knapperen „*Jtlike zeggen*: [...]" (S. 621 Z. 2) dar, „*Hir is yegen* [...]" (S. 385 Z. 9) leitet häufig zur Gegenansicht über. Für die *solutio* wird gar kein rechter Formelgebrauch erkennbar. Hier wechseln Ausdrücke wie „*Loze dit vnd segge*" (S. 333 Z. 2), „*Dit entwere*" (S. 520 Z. 6), „*Vnderschede dit*" (S. 525 Z. 14), „*Segge*" (S. 527 Z. 6), „*Wy zeggen*" (S. 537 Z. 9), „*Hir antworde wy to vnde zeg-*

grenzte Zahl und festigt seine eigenen Formulierungen durch ständige Wiederholung zu einer die *quaestiones* der Lehnrechtsglosse sehr schematisch gliedernden Schablone. Eine solch starke Regelmäßigkeit in der Formulierung findet sich in der Landrechtsglosse nicht. Gegenüber der Lehnrechtsglosse bedient sich Johann eines freieren und, wenn man so will, eleganteren Stils. Mitunter führt dieser Umstand dazu, dass der Leser der Landrechtsglosse die schlussendlich von Johann favorisierte Ansicht nur noch schwer identifizieren kann[727], während er der Argumentationslinie der Lehnrechtsglosse meist leichter folgen kann.

Insgesamt lassen sich die *quaestiones* der Lehnrechtsglosse als ein Beleg für die normbildende Kraft gelehrter Jurisprudenz, insbesondere aber auch der Buch'schen Glosse verstehen, deren Methoden der Lehnrechtsglossator übernimmt und fortentwickelt. Auch wenn es sich lediglich um stilistische Nuancen handelt, lassen sich im Vergleich der *quaestiones* von Land- und Lehnrechtsglosse doch eigene Charakteristika feststellen, durch die sich der insgesamt formalistischer ans Werk gehende Lehnrechtsglossator von der Arbeit seines Vorgängers abhebt. Bemerkenswert ist, dass die konkrete Ausgestaltung der *quaestiones* der Lehnrechtsglosse bei einem ersten oberflächlichen Vergleich große Ähnlichkeit mit der dritten wichtigen Glosse zum sächsisch-magdeburgischen Recht zeigt, nämlich mit der Glosse zum Magdeburger Weichbildrecht. In der Weichbildglosse finden sich nicht bloß dieselben regelmäßigen Kennzeichnungen einzelner Teilelemente der *quaestiones* durch lateinische Ausdrücke, häufig verwendet der Weichbildglossator sogar exakt dieselben Einleitungsformeln wie die Lehnrechtsglosse[728]. Solche auffälligen Ähnlichkeiten im Ausdruck verweisen mindestens auf eine enge Beziehung beider Werke zueinander.

---

gen" (S. 549 Z. 5), „*Dit vntschede sus*" (S. 550 Z. 1), „*Dit entwere zus*" (S. 554 Z. 4) und ähnliche mehr einander ab. Johanns Angewohnheit, die widerstreitenden Argumente manchmal in Gestalt eines Dialogs zwischen erster und zweiter Person Singular darzustellen (etwa S. 684 Z. 5 – S. 686 Z. 12), zeigt die Lehnrechtsglosse in dieser ausgeprägten Form nicht.

727) KANNOWSKI, Umgestaltung S. 571 f., spricht von einem „nicht immer einfach zu entschlüsselnden Gesamtgefüge", weil Johann manchmal als „advocatus diaboli" gegen die von ihm favorisierte Ansicht eintritt.

728) . Vgl. etwa Gl WbR 9: „*Hir rurt er eyne vrage:* [...] *Zu sotaner vrage antwerden ezliche und sprechen:* [...] *Contra. Weder dis sprechin eczliche:* [...] *Solutio. Dis solviren wir alzo.* [...]" (Sp. 221) oder Gl WbR 17: „*Nota. Eyne frage.* [...] *Dis verantwerten die theologi, unde sprechen:* [...] *Solutio. Dises vorantwerten wir und sprechen:* [...]" (Sp. 261).

3. Beispiel einer *quaestio:* Bricht der kranke Sohn das *gedinge*? Nach einem Blick in die Breite soll die vertiefende Analyse einer typischen *quaestio* der Lehnrechtsglosse den Argumentationsstil des Glossators weiter verdeutlichen. Exemplarisch sei eine klassisch aufgebaute *quaestio* der Glosse LnR 5 herausgegriffen[729]. Sie findet keine Entsprechung in der Buch'-schen Glosse, dürfte also originär vom Lehnrechtsglossator selbst verfasst worden sein.

LnR 5 handelt vom *gedinge*, von der Anwartschaft am Lehen[730]. Ein solches wurde unter der Bedingung verliehen, dass der aktuelle Lehnsmann und Inhaber der *gewere* am Lehen ohne Lehnserben stirbt (LnR 5 § 1). Bei unbeerbtem Tod des Lehnsmanns fiel das Lehen dann nicht an den Herrn zurück, sondern erstarkte zum Lehen des *gedinge*-Inhabers (LnR 57 § 1). Hinterließ der Lehnsmann hingegen eigene Lehnserben, so vererbte sich das Lehen auf dessen Söhne und das *gedinge* des Dritten am Lehen erlosch. Für die Frage, ob der *gedinge*-Inhaber überhaupt zum Zug kam, war also entscheidend, ob der *gewere*-Inhaber Lehnserben hinterließ. Auch der Lehnrechtsglossator arbeitet diesen Umstand in Glosse LnR 5 deutlich heraus. Vorweg definiert er den Lehnserben als einen *„son, der deme vater gevolgen mag an deme dinste."*[731] Nicht heerschildfähig und deshalb von vornherein vom Kreis der Lehnserben ausgeschlossen sind etwa Geistliche oder Rechtlose. Folgt dem Vater ein lehnsfähiger Sohn im Heerschild nach, so kommt an Stelle des *gedinge*-Inhabers vorrangig der Lehnserbe zum Zug: *„so bricht denne der son yeme das gedinge, das ôm gelegen was, vnde vellet mit merem rechte vff den son."*[732] Erst nachdem er diesen Grundsatz aufgestellt hat, entwickelt der Glossator dazu eine vertiefende *quaestio*. Er wirft die Frage auf, ob denn auch der gebrechliche, zum Lehnsdienst nicht fähige Sohn das *gedinge* breche. Seine einleitend aufgestellte *quaestio* lautet:

> *„Nv môchte eyner hir vff vragen: Noch dem mole das das gedinge do mete gebrochen wurde, das der man eynen lehnerben liesze adir czwene, vnde der son gebrechlich were, so das her czu dinste nicht tůchte, also ap her krump adir lam were, adir ander sotan gebrechen an ôm hette, môchte das gedinge mit deme sone gebrochen werden, ader sôlde das lehn mit mehrem rechte by deme sone bliben, ader by geme, deme das gedinge gelegen were, ader ap is icht billicher vnde mit mherem rechte vff den hern stůrbe?"*[733]

729) LGl LnR 5 § 1 (S. 155 Z. 1 – S. 161 Z. 12).

730) Über die Stellung des *gedinge* im Sächsischen Recht HOMEYER, System, Sachsenspiegel II 2 S. 329–337.

731) LGl LnR 5 § 1 (S. 154 Z. 3 f.).

732) LGl LnR 5 § 1 (S. 154 Z. 11–13).

733) LGl LnR 5 § 1 (S. 155 Z. 1–9).

Erbt auch der gebrechliche Sohn das Lehen oder wird es dem Herrn frei, sodass in einem solchen Fall der *gedinge*-Inhaber zum Zug kommt? Der Glossator diskutiert die Frage im Rahmen des *gedinge*, formuliert das Problem aber letztlich als Subsumtionsproblem unter die Definition des Lehnserben. Tatsächlich steht hinter der *quaestio* ja die ganz allgemeine Frage, ob auch derjenige tauglicher Lehnserbe ist, der aufgrund körperlicher Gebrechen zur Erbringung des geschuldeten Lehnsdiensts nicht fähig ist. Der Glossator diskutiert die Frage in zwei in *pro* und *contra* geordneten Argumentationsblöcken. In der abschließenden, die vorausgegangenen Argumente noch einmal abwägenden *solutio* wählt er dann einen Mittelweg: Ja, unter bestimmten Umständen sei auch der gebrechliche Sohn Lehnserbe. Entgegen der äußerlichen Etikettierung als „*Contra*“[734] handelt es sich bei der an zweiter Stelle erläuterten Auffassung also um die vom Glossator wenigstens partiell favorisierte Meinung[735].

Zunächst stellt der Glossator die Auffassung vor, wonach ein gebrechlicher Sohn nicht Lehnserbe sei, weshalb das Lehen dem *gedinge*-Inhaber zufalle: „*Das vorantworten eczliche czum ersten also vnde sprechen, das daz lehn deme hern ledig wurden sey. Vnde wirt is denne deme hern ledig, so volget is billich deme, deme das gedinge gelegen was.*“[736] Zur Begründung entwickelt der Glossator den einleitenden Grundgedanken, dass Lehen stets als Gegenleistung für Lehnsdienste verliehen würden und dass folglich kein Lehen erhalten könne, wer diesen Lehnsdienst nicht erbringen könne. Dazu stützt sich der Lehnrechtsglossator auf die spätestens seit Johann von Buch üblich gewordene, an Dist. 1 c. 10 angelehnte Formel „*lehn ist der ritter solt*“[737]. Es folgt noch eine ganze Reihe weiterer Argumente, die der Lehnrechtsglossator nach einem ganz bestimmten Muster aufbaut. Regelmäßig formuliert er das Argument zunächst mit konkretem Bezug auf die diskutierte *quaestio*, stützt dieses dann in einem zweiten Schritt auf eine allgemeine Regel und sichert es drittens durch die Allegation einer *lex* des *Corpus iuris* ab. Müsse man um Lehen dienen und könne der gebrechliche Sohn den

734) LGl LnR 5 § 1 (S. 157 Z. 9).

735) Zunächst die Gegenauffassung zu referieren und dann in einem zweiten Schritt die eigene Auffassung darzulegen, entspricht durchaus dem typischen von LANGE / KRIECHBAUM, Kommentatoren S. 388 mit Anm. 78, beobachteten Argumentationsaufbau.

736) LGl LnR 5 § 1 (S. 155 Z. 12–15).

737) LGl LnR 5 § 1: „*Wenne worvmbe lehn ist der ritter solt, das do kommet von des riches gute, vnde deme manne czu gelegit ist durch synes dinstes wille, ut di. I. <c.>jus militare.*“ (S. 155 Z. 15 – S. 156 Z. 2). Zur Formel vom „Lehen als Rittersold“ in den sächsischen Glossen vgl. unten S. 630 Anm. 629; zur damit verbundenen Definition des Lehnguts vgl. unten S. 612 f.

Dienst nicht leisten, so hätte er das Lehen unbillig. Denn: „*wer dy erbeit des dinstis nicht volbrengen mag, der ist der frucht vnwirdig, dy ốm von deme dinste gefolgen mag, C. de institu. feodorum l. pater § mutus*" (die Allegation ist verderbt)[738]. Seine persönliche Dienstverpflichtung könne der Sohn auch nicht durch einen Dritten erfüllen. Denn: „*was eyn man selbist thun sal mit syny selbis libe, das mag her mit eynem andern nicht volbrengen, ut C. de caducis tollen. lege II § est autem*" (Cod. 6, 51, 9)[739]. Zudem könne auch sonst niemand einen Lehnsherrn dazu zwingen, den Dienst von einem anderen als demjenigen anzunehmen, der ihm die Mannschaft gelobt hat (Cod. 8, 42?)[740]. Deshalb sei es billig, denjenigen vom Lehen auszuschließen, der den Dienst nicht selbst erbringen kann. Denn, so lautet der etwas holzsschnittartig zur Begründung angefügte Gleichheitssatz: „*Wo dy selbige sache ist, do sal ouch das selbige recht syn, ut ff. ad le. Acqui. l. I § illud*" (Dig. 9, 2, 32 pr.)[741]. Und schließlich könne niemand dem Herrn größere Treue im Dienst erweisen als der, der ihm die Treue geschworen hat (Allegation verderbt)[742].

Es schließt sich die Darstellung der Gegenauffassung an, wonach der gebrechliche Sohn sehr wohl Lehnserbe sein könne: „*Contra. Widder das argument vnde widder disse opinio so sprechen eczliche also, das der herre em des lehns nicht gewegern mốge, synt her synem vater ebenbốrtig ist* [...]."[743] Wieder folgt eine Auflistung verschiedener Argumente, die der Glossator im Prinzip ebenfalls zunächst in einer auf den konkreten Fall zugeschnittenen Form präsentiert und dann noch einmal als allgemeine, auf eine *lex* oder ei-

---

738) LGl LnR 5 § 1 (S. 156 Z. 4–7).

739) LGl LnR 5 § 1 (S. 156 Z. 9–12). Die allegierte lex Cod. 6, 51, 1, 9 lautet: „*Ne autem hoc, quod non ineleganter summi ingenii vir Ulpianus in hac parte cum omni subtilitate disposuit, praetereatur, nostra sanctione hoc apertius inducimus.*" (Corpus iuris civilis II S. 281).

740) LGl LnR 5 § 1 (S. 156 Z. 13 – S. 157 Z. 2). Die zugehörige, verderbte Allegation „*C. de solu. l. qui certa*" könnte Cod. 8, 42 *De solutionibus et liberationibus* meinen, doch kennt der Titel kein „*qui certa*" oder ähnlich lautendes Initium, vgl. auch KAUFMANN, LGl LnR S. 157 Anm. 17.

741) LGl LnR 5 § 1 (S. 157 Z. 3–5). Das allegierte Digestenfragment Dig. 9, 2, 32 pr. lautet: „*Illud quaesitum est, an quod proconsul in furto observat quod a familia factum sit (id est ut non in singulos detur poenae persecutio, sed sufficeret id praestari, quod praestandum foret, si id furtum unus liber fecisset), debeat et in actione damni iniuriae observari.* [...]" (Corpus iuris civilis I S. 160); vgl. zu diesem Gleichheitssatz auch die weitergehenden Hinweise bei KAUFMANN, LGl LnR S. 157 Anm. 18.

742) LGl LnR 5 § 1 (S. 157 Z. 6–8). Die zugehörige Allegation „*ut in auten. de fideicommiss. § sed et quia*" ist verderbt. Vielleicht war Inst. 2, 23, 5 gemeint.

743) LGl LnR 5 § 1 (S. 157 Z. 9 – S. 158 Z. 3). Dazu allegiert der Glossator L.F. I 1 und Nov. 18, 4 pr.

nen *canon* des gelehrten Rechts gestützte Regel formuliert. Sehr wohl könne der Sohn seine Lehnspflicht auch durch einen Dritten erbringen lassen. Denn: „*manchir hot wol dy ere, vnde treit doch der bǒrden nicht, ut ff. de legi. le. I § jtem*“ (wohl Dig. 26, 4, 1, 1, S. 2)[744]. Der gebrechliche Sohn könne jemanden bestimmen, der an seiner Stelle den Lehnsdienst verrichte (Cod. 1, 2; Cod. 1, 3; Dig. 49, 17)[745]. Es wäre unbillig, wenn er sein Lehen verlöre, obwohl er den Lehnsdienst mit Hilfe eines Dritten erbringen könne (L.F. II 54 (55) pr.)[746]. Könne er beweisen, dass er selbst zum Lehnsdienst körperlich nicht in der Lage ist (Dig. 21, 1, 1), so erhalte er einen Vormund, der ihn in seinem Recht vertritt (Cod. 5, 31, 1; Cod. 5, 38, 1)[747]. Denn: „*wer gepflaget vnde gepyniget ist, das ist vmbillich, das man den mehr pynigen sal* [...] *vt VII. q. I. <c.> cum percussio*“ (C. 7 q. 1 c. 2)[748]. Aus diesem moralisierenden Satz des kanonischen Rechts, der in etwa dem Inhalt des allegierten *canon* entspricht, folgert der Glossator, man dürfe den durch seine körperlichen Gebrechen ohnehin bereits geplagten Sohn nicht noch zusätzlich durch den Entzug des Lehens strafen[749].

In der Aneinanderreihung der Für- und Gegenargumente tritt ein homogener Argumentationsstil des Lehnrechtsglossators klar hervor: Zwar bot das gelehrte Recht dem Glossator naturgemäß keine direkten Antworten auf die Frage nach der Lehnsfähigkeit körperlich beeinträchtigter Söhne.

744) LGl LnR 5 § 1 (S. 158 Z. 6 f.) Beim allegierten Digestenfragment könnte es sich um Dig. 26, 4, 1, 1 S. 2 handeln: „*item in libertinis, si sit patrona et patroni filius: nam tutelam patroni filius, hereditatem patrona optinebit: tantundemque erit et si sit patroni filia et nepos.*“ (Corpus iuris civilis I S. 374); vgl. dagegen aber KAUFMANN, LGl LnR S. 158 Anm. 23.

745) LGl LnR 5 § 1 (S. 158 Z. 8–12). Die Allegationen sind unvollständig oder verderbt, vgl. KAUFMANN, LGl LnR S. 158 Anm. 24 f.

746) LGl LnR 5 § 1 (S. 159 Z. 1–5). Die verderbte Allegation „*C. de constitu. feodi l. imperialem*“ dürfte L.F. II 54 (55) pr. meinen: „*Imperialem decet sollertiam ita rei publicae curam gerere et subjectorum commoda investigare, ut regni utilitas incorrupta persistat et singulorum status jugiter servetur illaesus.* [...]“ (LEHMANN, Consuetudines feudorum S. 180).

747) LGl LnR 5 § 1 (S. 159 Z. 5–11).

748) LGl LnR 5 § 1 (S. 159 Z. 12–15). Der allegierte *canon* C. 7 q. 1 c. 2 lautet: „*Cum percussio corporalis inminet, utrum pro purgatione, an pro uindicta contingat, Dei in hoc iudicium ignoratur, et ideo non debet a nobis flagellatis addi afflictio, ne nos culpae (quod absit) offensa respiciat.*“ (Corpus iuris canonici I Sp. 566 f.).

749) LGl LnR 5: „*Also wen her des lehns beroubet wurde, so wurde er czwifach gepyniget* [...] *Vnde dorvmbe sal her nicht beroubet werden syns lehns, ut C. de legi. et consti. l. lex XII tabularum*“ (S. 159 Z. 13–16). Der allegierte Codextitel Cod. 1, 14 *De legibus et constitutionibus principium et edictis* enthält allerdings kein Fragment über das Zwölftafelgesetz (KAUFMANN, LGl LnR S. 159 Anm. 31 schlägt stattdessen Dig. 48, 4, 3 vor).

Sehr wohl dienten die Texte des *Corpus iuris* und des kanonischen Rechts dem Glossator aber als Ideengeber und Lieferant abstrakter Regeln, die sich in der Anwendung auf den speziellen Fall weiter konkretisieren ließen. So entnahm der Glossator dem römischen Recht den Grundsatz, dass die Früchte einer Arbeit demjenigen gebühren, der sie erbringt. Auch die prinzipiellen Möglichkeiten der Höchstpersönlichkeit von Pflichten einerseits und der Pflichterfüllung durch Dritte andererseits fanden sich im gelehrten Recht bereits ausgestaltet. Den entscheidenden Impuls zum Barmherzigkeitsappell gegenüber körperlich behinderten Menschen lieferte dem Glossator dann das *Decretum Gratiani.* Die Sätze des gelehrten Rechts werden vom Glossator also meist nicht in wörtlicher, direkter Anwendung, sondern gleichsam auf objektivierter Ebene im Sinne abstrakter, ausfüllungsbedürftiger Rechtsregeln herangezogen. Verstand man das gelehrte Recht in solcher Weise als einen Fundus für universalgültige, allgemeine Rechtsgedanken, ließ sich das römisch-kanonische Recht nutzbringend auch zur Beantwortung ganz konkreter, aus dem sächsischen Lehnrecht erwachsender Rechtsfragen heranziehen. Die angefügten Allegationen verleihen den ausgewählten Regelsätzen zusätzliche Autorität. Weil die Allegationen der Lehnrechtsglosse, gerade auch in dieser *quaestio* der Glosse zu LnR 5, häufig verderbt überliefert sind, ist die „Plausibilität" der gelehrten Rechtszitate nicht stets nachprüfbar. Prinzipiell lassen sich Rechtsgedanken, die der Glossator in deutschsprachige Rechtsregeln transponiert, aber in irgendeiner Form den allegierten Gesetzesstellen, etwaigen mit ihnen in Verbindung stehenden Parallelstellen oder zugehörigen Passagen der *Glossa ordinaria* entnehmen. Der vielzitierte Gleichheitssatz „*Wo dy selbige sache ist, do sal ouch das selbige recht syn*"[750] findet sich zum Beispiel zwar nicht wörtlich im allegierten Fragment Dig. 9, 2, 32 pr., wohl aber in der Accursischen Glosse zu Inst. 1, 12, 1 ad v. *Pari* (e): „*vbi est eadem, vel similis ratio; idem ius constituatur.*"[751] Accursius hatte in dem Zusammenhang unter anderem auch Dig. 9, 2, 32 pr. zitiert und damit eine feststehende Verbindung jenes vom Lehnrechtsglossator angeführten Digestenfragments mit dem Gleichheitssatz geschaffen.

Der Erörterung von Für- und Gegenargumenten in Glosse LnR 5 lässt der Lehnrechtsglossator seine *solutio* folgen: „*Solucio. Als ir nv gehőret habit rede vnde widderrede disses argumentis, dorby so mőget ir irkysen, ap man nv dissen synes lehns berouben mag czu rechte adir nicht.*"[752] Aus-

750) LGl LnR 5 § 1 (S. 157 Z. 3–5).

751) Accursische *Glossa ordinaria* zu Inst. 1, 12, 1 ad v. *Pari* (e) (Corpvs ivris V/2, Lyon 1627, Inst. Sp. 65). Vgl. zur Bedeutung des Gleichheitssatzes unten S. 747 m. w. N.

752) LGl LnR 5 § 1 (S. 160 Z. 1–3).

drücklich spricht er sich zunächst für die Lehnsfähigkeit des gebrechlichen Sohnes aus, wobei er seinen Dienst durch Einschaltung eines Vormunds für möglich hält („[...] *wir sprechen, das man ŏn by den gůtern behalden sal, vnde der herre sal ŏm eynen vormunden geben, der dem kinde vorstehe bisz an syn ende, vnde deme hern dyne an des kindes stadt* [...]“[753]). Leider ist die entscheidende, nachfolgende Allegation, auf die der Glossator sein Ergebnis stützt, vollständig verderbt: „*C. de pace comparanda l. comparacio* § *mutus.*“[754] Sodann greift der Glossator noch einmal explizit die erstgenannten Argumente der *quaestio* auf. Er erkennt den Fruchtgenuss als Folge der Arbeit und das Lehen als Sold für Ritterdienste grundsätzlich an, weist dann aber die daraus gezogene Schlussfolgerung, der gebrechliche Sohn dürfe deshalb kein Lehen erben, unter Hinweis auf die Erbringung des Dienstes durch Dritte als falsch zurück. Schlussendlich kommt der Glossator zu einem differenzierenden Ergebnis, indem er dann noch einen völlig neuen Aspekt einbringt: Grundsätzlich sei der Lehnsherr berechtigt, die Belehnung zu verweigern. Einem gebrechlichen Sohn müsse er das Lehen aber dann leihen, wenn er es dem verstorbenen Lehnsmann „erblich“ geliehen hatte („*js were denne, das der herre des gebrechlichen kindes vatere dy gůtere gelegen hette erplich*“[755]). Das vom Glossator formulierte Regel-Ausnahme-Verhältnis ist trügerisch: Tatsächlich wurden rechte Lehen ja ganz regelmäßig als erbliche Lehen verliehen. Faktisch bejaht der Glossator demnach die Lehnsfähigkeit körperlich behinderter Söhne und erkennt eine Vertretung im Lehnsdienst an. Dass er formal jedoch einen Weg der Mitte wählt, die Vermittlung zwischen den beiden konträr dargestellten Positionen sucht und sich schlussendlich einer prägnanten, klaren Entscheidung verweigert, ist typisch für den gelehrten Argumentationsstil. Im Vordergrund der *quaestiones* standen häufig mehr die widerstreitenden Argumente und weniger das Ergebnis. In anderen *solutiones* bedient sich der Lehnrechtsglossator noch weit eindeutiger der charakteristischen, vermittelnden Figur der *distinctio*.

---

753) LGl LnR 5 § 1 (S. 160 Z. 5–8).

754) LGl LnR 5 § 1 (S. 160 Z. 9). Möglicherweise war eine Stelle aus L.F. II 27 *De pace tenenda et eius violatoribus* (LEHMANN, Consuetudines feudorum S. 154–158) gemeint. Inhaltlich besser würde aber L.F. II 36 passen, dessen erster Satz auch mit dem allegierten Initium „*mutus*“ einleitet und der eben jene, von der Allegation gestützte Aussage trifft, dass auch Gebrechliche ihr Lehen behalten dürfen: „*Mutus et surdus, coecus, claudus vel aliter imperfectus totum feudum paternum retinebit.*“ (DERS., ebenda S. 166 Z. 11 f.). Im Folgenden relativiert L.F. II 36 diese Aussage allerdings durch gleichberechtigte Schilderung der Gegenauffassung. KAUFMANN, LGl LnR S. 160 Anm. 32 erwägt demgegenüber Dig. 29, 2, 93, 1; L.F. I 6, 3 oder L.F. II 36.

755) LGl LnR 5 § 1 (S. 161 Z. 8–10).

Was der Glossator des Lehnrechts in seiner Argumentation völlig unberücksichtigt lässt, ist, dass die Frage nach der Lehnsfähigkeit körperlich beeinträchtigter Menschen zwar nicht im Lehnrecht, wohl aber im Landrecht eigentlich eindeutig geregelt ist: Nach LdR I 4 kann nur derjenige Lehnserbe sein, der auch über eine gewisse körperliche Grundtauglichkeit zum Lehnsdienst verfügt. Während *„altvilen vnde dwerge"*, *„kropelkint"* und *„maselsuchtigen"* weder nach Land- noch nach Lehnrecht erben können, sind aus der Erbfolge nach Lehnrecht zusätzlich auch diejenigen ausgeschlossen, die *„stum* [...] *edder hantlos edder votlos edder blint"* geboren sind[756]. Nur wenn sich körperliche Gebrechen dieser Art im Nachhinein, nach Empfang eines Lehens einstellen, soll der Lehnsmann sein Lehen behalten dürfen. Dementsprechend konstatiert auch Richtsteig LnR c. 28 § 5, man dürfe einem Lehnsmann sein Lehen zwar nicht aufgrund später eintretender Gebrechen wegnehmen, nach bereits eingetretener Krankheit müsse man aber niemandem ein Lehen leihen (*„mer men darf eme nen len ligen na der suke"*[757]). Übrigens scheinen auch die *Libri feudorum* eine solche Auffassung in L.F. I 6, 3 zunächst zu stützen; L.F. II 36 belässt die Streitfrage um die Lehnsfähigkeit behinderter Söhne dann aber unentschieden[758]. Indem sich der Glossator des Lehnrechts, zwar zögerlich differenzierend, faktisch aber eben doch für die grundsätzliche Lehnsfähigkeit körperlich behinderter Söhne ausspricht, stellt er sich diametral gegen die Vorstellungen des Sachsenspiegels und wichtiger Autoritäten des *ius commune feudale*. All dies geschieht unausgesprochen. Der offensichtliche materielle Widerspruch

756) LdR I 4: *„Vppe altvilen vnde dwerge ne sterfft noch len noch erue noch vppe kropelkint.* [...] *Wert ok en kint stum geboren edder hantlos edder votlos edder blint, dat ist wol erue to lantrechte vnde nicht to leenrechte.* [...] *Vppe den maselsuchtigen man ne irsterfft noch len noch erue."* (zitiert nach KAUFMANN, Gl LdR S. 163 Z. 8 f., Z. 10–12 und Z. 13 f.).

757) Richtsteig LnR c. 28 § 5 (HOMEYER, Sachsenspiegel II 1 S. 519 f.).

758) Nach L.F. I 6, 3 darf ein Stummer sein Lehen nicht behalten, ihm ist aber soviel zu belassen, dass er daraus seinen Lebensunterhalt bestreiten kann: *„Mutus feudum retinere non potest, scilicet qui nullo modo loquitur, sed si feudum fuerit magnum, quo ei ablato se exhibere non valeat, tantum ei relinqui debet, unde possit se retinere."* (LEHMANN, Consuetudines feudorum S. 92 Z. 25–32). Späterhin beschreibt L.F. II 36 die Frage nach der Lehnsfähigkeit behinderter Menschen als eine Streitfrage, ohne eine eigene Entscheidung in der Sache zu geben. Obertus, Gerardus und andere meinten, auch ein Stummer, Tauber, Blinder, Lahmer oder sonst Gebrechlicher könne Lehen erben. Andere meinten hingegen, diese dürften kein Lehen behalten, weil sie den Lehnsdienst nicht erbringen könnten: *„Mutus et surdus, coecus, claudus vel aliter imperfectus totum feudum paternum retinebit. Obertus et Gerardus et multi alii. Quidam tamen dicunt, eum, qui talis natus est, feudum retinere non posse, quia ipsum servire non valet.* [...]" (DERS., ebenda S. 166 Z. 11–14).

der *solutio* der Glosse LnR 5 zum Sächsischen Recht könnte immerhin den Bearbeiter der „Wurm'schen" Lehnrechtsglosse dazu veranlasst haben, das im trügerischen Regel-Ausnahme-Verhältnis scheinbar auch vom Lehnrechtsglossator anerkannte Prinzip der Lehnsunfähigkeit gebrechlicher Söhne noch stärker zu betonen. Über den Text der Klasse L hinaus bezeichnet „Wurm'sche" Glosse LnR 5 die Lehnsunsfähigkeit körperlich Gebrechlicher als eine *„setzczunge"* Kaiser Friedrichs und eine *„ghemeine concordancia"*[759]. Der nachfolgend genannte Fall der Vererbung „erblicher" Lehen auf gebrechliche Söhne erscheint dort mehr als echte Ausnahme, die einer gesonderten Vereinbarung bedürfe.

Johann von Buch begründet den Ausschluss körperlich behinderter Söhne vom Kreis der Lehnserben in Glosse LdR I 4 *Up den masselsuchtigen* mit ihrer Unfähigkeit, den Lehnsdienst zu erbringen[760]. Ähnlich äußert er sich noch einmal in Glosse LdR II 56 (58 § 1) *Offt de man nene leneruen*[761]. Bemerkenswert ist, dass Johann in Glosse LdR I 4 *Up den masselsuchtigen* bereits zwei der später auch vom Lehnrechtsglossator genannten Argumente bringt: Weil Lehen Rittersold sei, dürfe das Lehen nicht erben, wer es nicht verdienen könne[762]. Und der vermeintlich entgegenstehende Satz C. 7 q. 1 c. 2, wonach ein Geplagter nicht noch mehr gestraft werden darf, greife nicht, denn körperlich beeinträchtigte Söhne würden durch die Vorenthaltung des Lehens ja nicht zusätzlich gestraft, sondern vielmehr durch die Pflege und Vormundschaft ihrer Verwandten unterstützt[763]. Es fällt auf, dass auch der Glossator des Lehnrechts just diese beiden Argumente in seiner Glosse zu LnR 5 verarbeitet. Möglicherweise war ihm die einschlägige Stelle der Buch'schen Glosse, auch wenn er sie nicht wörtlich verarbeitet oder gar explizit zitiert hat, bei Abfassung seiner *quaestio* gegenwärtig. An-

759) „Wurm'sche" Glosse LnR 5: *„Conclusio. Czu einer beslysunge. Hot keisir friderich eine setzczunge gesatzt vnd auch ist iz eine ghemeine concordancia, daz auf gebrechaftige kinder kein lehin srtibit und mugin keyne erbin sein czu lenrechte, so daz der herre durch recht duldin durfe und im lenrechtis pflegin durfe als andern seinen man*[n]*en ane uormunde, iz in were denne, daz der herre dez gebrechsamen kindes vater daz gut erblichin gelegin hette, so volgit daz kint seinem vater in allin rechte, vt ff. de reg. iuris l. heredem, und so brycht daz kint ghens gedinge brechin vt de usu feudor*[um] *l. Qui*[s]*quidem"* (Berlin SBB-PK Hs. 392 fol. 175rb).

760) Gl LdR I 4 *Up den masselsuchtigen* (S. 165 Z. 1–3).

761) Gl LdR II 56 (58 § 1) *Offt de man nene leneruen* (S. 854 Z. 3–10).

762) Gl LdR I 4 *Up den masselsuchtigen*: *„Dor dat he des nicht vordenen en kan, wente id hord vor der riddere denst, ut I di. c. ius militare."* (S. 165 Z. 1–3).

763) Gl LdR I 4 *Up den masselsuchtigen*: *„Dit is doch dar wedder, dat men den plageden nicht plagen en schall, ut VII q. I c. cum percussio. Dit is nicht geset, dat men ze vnderwegen laten schal, mer ze schollen vnder vormuntschop sin* [...].*"* (S. 165 Z. 3–6).

dererseits irritiert, dass er gleichzeitig die Regelung des LdR I 4 so vollständig ignoriert. Vielleicht handelt es sich also um gängige Argumente, die der Lehnrechtsglossator gar nicht konkret der Buch'schen Glosse LdR I 4 *Up den masselsuchtigen* entnehmen musste, weil sie sich bereits zu einem feststehenden Bestandteil eines eigenen, unter sächsischen Juristen geläufigen Streitstands über die Lehnsfähigkeit behinderter Söhne gefestigt hatten.

Generell fragt sich, wessen Ansichten Johann von Buch, der Lehnrechtsglossator und der Glossator des Magdeburger Weichbildrechts in ihren *quaestiones* eigentlich verarbeiten. Handelt es sich ausschließlich um selbst erdachte Argumente in fiktiven Rechtsfällen? Tatsächlich beruhen sicher viele der Erörterungen auf hypothetischen, von den Autoren *ad hoc* selbst erdachten Positionen. Genau dies lernten Studenten in den Disputationsübungen an der Universität. Das Auffinden von Argumenten, ihr Beweis im gelehrten Recht und eine plausible Anwendung auf den konkreten Fall gehörten zum Kernbereich gelehrter juristischer Arbeit. Anders als die Autoren des gelehrten Rechts konnten die Bearbeiter des Sächsischen Rechts auch noch auf keine konkreten, über Jahrzehnte und Generationen hinweg in der juristischen Literatur ausdifferenziert ausdiskutierten Meinungsstreitigkeiten zurückgreifen. Die sächsischen Glossatoren waren deshalb in ganz besonderer Weise auf ihre eigene Kreativität und Erfindungsgabe angewiesen. Mit der Buch'schen Glosse stand immerhin den sächsischen Glossatoren zweiter Generation, also den Verfassern von Lehn- und Weichbildglosse, eine juristische Autorität zur Verfügung, die ihnen vielfältiges, speziell auf das Sächsische Recht zugeschnittenes Argumentationsmateriel an die Hand gab. Impulse erhielten die sächsischen Glossatoren daneben aber sicherlich auch aus der Praxis. Schon Johann von Buch referiert konkurrierende Rechtsmeinungen in seinen *quaestiones* als bereits in irgendeiner Form vorgefundene Ansichten. Es liegt nahe, dass er „das, was in seinem Werk steht, nicht in toto allein ausgedacht hat."[764] Mit Bernd Kannowski ist schon die Landrechtsglosse teilweise als Reaktion auf zeitgenössische Diskussionen zu verstehen, die Johann aus dem Gedächtnis wiedergibt[765]. Auch wenn sich solche Abläufe kaum in schriftlichen Quellen erhalten haben, muss doch davon ausgegangen werden, dass sich zum Sächsischen Recht im Rahmen gutachterlicher Tätigkeit und mündlicher Diskussionen vor Gericht allmählich juristische Probleme mitsamt grundsätzlich denkbarer Grundpositionen herauskristallisierten. Wenigstens einige der *quaestiones* der sächsischen Glossen dürften auf diese Weise durch Fälle aus der Pra-

---

764) KANNOWSKI, Umgestaltung S. 582.
765) KANNOWSKI, Umgestaltung S. 582.

xis und mittelbar auch durch Ansätze einer wissenschaftlichen Diskussion inspiriert worden sein.

4. Gelehrtes Recht als Fundus für *regulae iuris* und Argumente

In seinen *quaestiones* bemüht sich der Lehnrechtsglossator, plausible Argumente und Antworten auf Zweifelsfragen zu geben, die sich bei der Auslegung und Anwendung des Sächsischen Rechts ergaben. Naturgemäß konnte der Glossator die meisten dieser Antworten nicht direkt im gelehrten Recht vorfinden. Dem römischen Recht ist bereits das Institut des Lehnrechts fremd. Erst recht thematisiert das gelehrte Recht in keiner Weise spezifisch sächsische Rechtsinstitute. Gleichwohl gelingt es dem Glossator des Lehnrechts, die Texte des römischen und kanonischen Rechts nutzbringend in sein Werk einzubeziehen. Seine gelehrt-wissenschaftlichen Diskussionen sind ohne die Argumente des gelehrten Rechts geradezu undenkbar. Ein ums andere Mal leitet der Glossator die Lösung spezifisch sächsischer Rechtsprobleme aus Texten des römischen und kanonischen Rechts ab. Das gelehrte Recht konnte seine Rolle als universaler Argumentespender in der Lehnrechtsglosse aber erst infolge eines erheblichen Schritts der Abstraktion ausfüllen. Erst das volle Ausschöpfen seines Potentials zur Verallgemeinerung erklärt, wie in den sächsischen Glossen die auf den ersten Blick so befremdliche Heranziehung römisch-kanonischer Rechtstexte zur Lösung sächsischer Rechtsprobleme funktionieren konnte. Da man in sehr großzügiger Weise nach Parallelen zwischen einheimischem und gelehrtem Recht suchte und die Sätze des gelehrten Rechts so weit wie möglich auf gerenalisierungsfähige Grundprinzipien reduzierte, wurde das gelehrte Recht zu einer Art „universalen Sprache der Jurisprudenz“, mittels derer sich sogar ein so spezieller Gegenstand wie das Sächsische Lehnrecht erklären ließ[766].

Die generalisierende Heranziehung des gelehrten Rechts, die es erlaubte, den gelehrten Rechtstexten Argumente zu jedem nur denkbaren Fall zu entlocken, wurde von den sächsischen Glossatoren weiter auf die Spitze getrieben. Im Grundsatz entsprach sie aber der gewöhnlichen Arbeitsweise mittelalterlicher Rechtswissenschaft. Zur ausführlichen Beleuchtung eines Problems suchte ein gelehrter Jurist in den Quellentexten nach *topoi*, nach „Orten“ (*loci communes*), die als Ausgangspunkt für ein konkretes Argument dienen konnten[767]. Solche Ausgangspunkte konnten allgemeingültige *topoi*

---

766) Auf die Metapher der Sprache zur Charakterisierung der Rolle des rezipierten römischen Rechts greift schon MEYER, Europa, insbesondere S. 322, zurück.

767) Über die Methode der Argumentefindung im gelehrten Recht FRANSEN, Questions disputées S. 250–254; HORN, Argumentum ab Auctoritate; KANTOROWICZ, Quaestiones disputatae S. 23–25; MARTINO, Argumenta ex legibus; OTTE, Dialektik und Jurisprudenz S. 156–226; WEIMAR, Argumenta brocardica. Im Überblick außerdem WEI-

im Sinne anerkannter Argumentationsverfahren sein, etwa der *locus a definitione*, der *locus a divisione*, der Analogieschluss oder der Umkehrschluss[768]. Es konnte sich aber auch um spezielle juristische *topoi* handeln, etwa die Rechtsregeln des Digestentitels Dig. 50, 17, Auslegungsgrundsätze oder überhaupt jeder verallgemeinerungsfähige, als Ausgangspunkt weiterer Argumentation nützende Rechtssatz[769]. Schlussfolgernde Argumente aus den allgemeineren *loci communes* oder spezielleren *regulae iuris* stützten sich regelmäßig auf die Autorität allegierter Textstellen[770]. Als Anknüpfungspunkte im gelehrten Recht ließen sich neben allgemein anwendbaren Argumenten (*generalia*) gegebenenfalls auch sehr konkrete, von vornherein auf bestimmte Fälle beschränkte Argumente (*specialia*) oder einander entgegengesetzte Sätze (*brocardica*) heranziehen[771]. Solche Rechtssätze und Argumente waren im Mittelalter „Ausgangspunkt, Grundlage und Werkzeug der juristischen Problemlösung schlechthin."[772] Schon die Glossatoren standen dabei vor der Herausforderung, in der Durchdringung der teilweise sehr alten Texte des römischen und kanonischen Rechts zu einem zeitgemäßen Gebrauch zu gelangen. Erst recht galt dies für die Kommentatoren, die sich auf den theoretischen Fortschritten ihrer Vorgänger aufbauend vermehrt rechtspraktischen Fragen zuwandten. Das *Corpus iuris* wurde zur „Fundgrube für zeitlose Juristerei, für das juristische Denken, für juristische Argumentationsformen [...]."[773]

MAR, Art. Brocarda, Brocardica, in: ²HRG I Sp. 685 f.; DERS., Legistische Literatur der Glossatorenzeit S. 143 f.; vertiefend STEIN, Regulae iuris, insbesondere S. 131–156, und speziell zur Frage möglicher Parallelen im Gebrauch gelehrter *regulae iuris* und deutscher Rechtssprichwörter ELSENER, Regula iuris, passim.

768) OTTE, Dialektik und Jurisprudenz S. 186–212.

769) OTTE, Dialektik und Jurisprudenz S. 212. STEIN, Regulae iuris S. 131, nennt als Standardbeispiel einer solchen Rechtsregel den auf Inst. 2, 1, 12 gestützten Grundsatz, dass herrenlose Sachen in das Eigentum ihres Finders und Besitzers übergehen. Die frühneuzeitlichen *topoi* behandelt SCHRÖDER, Recht als Wissenschaft S. 33–50.

770) FRANSEN, Questions disputées S. 252; MARTINO, Argumenta ex legibus, insbesondere S. 149 f.; WEIMAR, Legistische Literatur der Glossatorenzeit S. 143. Mitunter wurde auch das *argumentum ab auctoritate* als ein aus der Autorität des Textes hergeleitetes Argument verstanden, vgl. HORN, Argumentum ab Auctoritate S. 264, 271 f.

771) Grundlegend WEIMAR, Argumenta brocardica; vgl. auch DERS., Art. Brocarda, Brocardica, in: ²HRG I Sp. 685 f.; DERS., Legistische Literatur der Glossatorenzeit S. 143. Die Etymologie des Wortes *„brocarda"* oder *„brocardica"* ist unklar. Im ursprünglichen Sinn bezeichnete man mit *„brocardica"* das Argument, die Regel; später bedeutete es die Kombination solcher Sätze mit möglichen Gegensätzen.

772) WEIMAR, Argumenta brocardica S. 52*.

773) LANGE / KRIECHBAUM, Kommentatoren S. 3 f.

Die Lehnrechtsglosse spiegelt diesen gelehrten mit abstrahierten Rechtssätzen jonglierenden *modus arguendi* wider. Auch der Glossator des Lehnrechts klopft die römischen und kanonistischen Rechtstexte auf der Suche nach Argumenten auf allgemeingültige Aspekte ab, die bei einer differenzierten und sachgerechten Beantwortung konkreter Rechtsfragen zu berücksichtigen sein könnten. Zur Veranschaulichung dieser Methode sei noch einmal das Beispiel der *quaestio* aus Glosse LnR 5 aufgegriffen[774]: Zwar gibt das gelehrte Recht keine direkte Antwort auf die vom Glossator aufgeworfene Frage nach der Lehnsfähigkeit behinderter Söhne bzw. deren Auswirkung auf die Rechte des *gedinge*-Inhabers. Sehr wohl konnte der Glossator dem gelehrten Recht aber widerstreitende, konkretisierungsbedürftige Prinzipien entnehmen, die eine substantiierte, umfassend abwägende Diskussion dieser Frage ermöglichten. „Die Früchte gebühren dem, der den Dienst erbringt"; „Wo sich die Sachverhalte gleichen, da soll auch dasselbe Recht gelten"; „Ein mancher hat die Ehre und trägt die Bürde nicht"; „Wer körperlich beeinträchtigt ist, den soll man kein zweites Mal strafen" [775] – all dies sind unmittelbar einleuchtende, von der gelehrten Jurisprudenz auf der Grundlage gelehrter Rechtstexte zu allgemeingültigen Rechtsregeln ausgeformte Aspekte, die sich auch zu einer angemessenen juristischen Reflexion über die Lehnsfähigkeit behinderter Söhne eignen. So gesehen konnte das gelehrte Recht sehr wohl Antworten auf sächsische Rechtsprobleme liefern. Berücksichtigt man die notwendigen Zwischenschritte in der Argumentation – Abstraktion der Sätze des römischen und kanonischen Rechts zu universalen *regulae iuris* und anschließende Anwendung derselben auf den konkreten Fall – so wird verständlich, wie das gelehrte Recht auch den sächsischen Glossatoren als Quelle der Argumentation dienen konnte[776]. Als schier unerschöpflicher Fundus für anerkannte rechtliche Gesichtspunkte ließ es sich prinzipiell für die Lösung jedes noch so speziellen juristischen Problems heranziehen[777].

Letztlich vervollkommneten die sächsischen Glossatoren diese gelehrte Argumentationstechnik, denn in ihren Bearbeitungen des Sächsischen

---

774) Vgl. oben S. 424 ff.

775) LGl LnR 5 § 1 (S. 156 Z. 4–7; S. 157 Z. 3–5; S. 158 Z. 6 f.; S. 159 Z. 12–15); vgl. dazu oben S. 424 ff.

776) Eine ganz ähnliche Arbeitsweise zeigt WEIMAR, Argumenta brocardica S. 68*–119*, anhand gelehrter *quaestiones*-Beispiele auf: Auch hier wurden Rechtssätze aus dem ursprünglichen Sachzusammenhang der Quellen herausgelöst und in allgemeine Vordersätze umfunktioniert, aus denen sich in kurzen Schlüssen die Richtigkeit der gewünschten Auffassung beweisen ließ.

777) Über die Anwendung des *ius commune* auf Fälle des *ius proprium* vgl. auch BELLOMO, Factum proponitur S. 24–28.

Rechts steigerten sie sie zu einem noch höheren Abstraktionsgrad. Die Behandlung sächsischer Rechtsprobleme mit Mitteln und Inhalten des gelehrten Rechts verlangte nach einer noch stärkeren Generalisierung, damit sich gelehrte Rechtssätze tatsächlich sinnvoll auf die kulturell und juristisch so verschiedenen sächsischen Problemstellungen transferieren ließen. Dass diese Methode prinzipiell funktionierte, beweist sich auch in der späteren Abfassung lehnrechtlicher Konsilien mit Mitteln und Argumenten des gelehrten Rechts[778].

Die *quaestiones* der sächsischen Glossen erweiterten gelehrte Methodik noch um weitere Komponenten. Verallgemeinerungsfähige Aspekte und Rechtssätze, die sich nach Art gelehrter *loci communes* in die Argumentation einbringen ließen, bot ihnen nämlich auch das einheimische Recht. So macht der Lehnrechtsglossator in seiner *quaestio* zu LnR 5 beispielsweise von der etablierten sächsischen (formal allerdings auf Dist. 1 c. 10 gestützten) Formel „Lehen ist Rittersold" Gebrauch und konkretisiert sie im Folgenden zu einem Argument gegen die Lehnsfähigkeit gebrechlicher Söhne[779]. Andernorts greift er auf deutsche Rechtssprichwörter zurück, die sich methodisch in ganz ähnlicher Weise einsetzen ließen wie gelehrte *regulae iuris*[780]. So heißt es in Glosse LnR 11: „Wer zuerst kommt, mahlt zuerst."[781] Und Glosse LnR 32 verfügt über die Teilung eines Lehnguts unter mehreren Söhnen: „Der Ältere teilt, der Jüngere wählt."[782] Dass sich das eigentlich im deutschen Rechtskreis und insbesondere in LdR III 29 § 2 verankerte

778) ISENMANN, Pares curiae, insbesondere S. 286.

779) LGl LnR 5 § 1 (S. 155 Z. 15 – S. 156 Z. 4); vgl. oben S. 425.

780) Vgl. über dieses Phänomen bereits ELSENER, Regula iuris S. 169–176, 180–195.

781) LGl LnR 11 § 3: *„Wer erst czu der molen kommet, der sal ouch erst malen."* (S. 240 Z. 7 f.). Der Satz ist LdR II 59 § 4 entnommen. Über die Ursprünge des Mühlsprichworts im einheimischen Recht FOTH, Gelehrtes Recht in Rechtssprichwörtern S. 186–188; WACKE, Wer zuerst kommt S. 94 f. Einen instruktiven Überblick über Begriff und Bedeutung deutscher Rechtssprichworte vermittelt SCHMIDT-WIEGAND, Sprichwörter und Redensarten. Ob Rechtssprichwörter als Relikte einer mündlichen Rechtskultur bereits in den sächsischen Glossen an Bedeutung verloren, wie DIES., ebenda S. 295, meint, ist fraglich. Der Lehnrechtsglossator jedenfalls reproduziert Rechtssprichwörter aus dem Landrecht und gebraucht sie wie gelehrte *regulae iuris*.

782) LGl LnR 32 § 1: *„Wo ir czwene adir drey czu eynem gute syn, vnde wŏllen sy sich daran teilen, das sal der eldiste teilen vnde der iungiste kieszen, ut C. communi dividun. l. si maior, et l. in communi."* (S. 537 Z. 14 – S. 538 Z. 2). Über die Geschichte dieses Satzes vgl. NEHLSEN-VON STRYK, ‚Der Ältere teilt'. Das älteste mittelalterliche Zeugnis für dieses deutsche Sprichwort ist der Sachsenspiegel (LdR III 29 § 2). Auch zu Zeiten der Vollrezeption ist die Teilungsregel mehrheitlich als Satz des einheimischen Rechts aufgefasst worden. Weitere Nachweise in mittelalterlichen Quellen trägt SCHMIDT-WIEGAND, Deutsche Rechtsregeln, Stichwort „alt" S. 28, zusammen.

Sprichwort in der Lehnrechtsglosse überraschend auf Cod. 3, 37, 4 und 5 stützt, ist für die Homogenität des Glossators im Umgang mit gelehrten *regulae* einerseits und deutschen Rechtsregeln andererseits nur umso bezeichnender. Hier wie dort versichert sich der Glossator durch Allegationen der Autorität des gelehrten Rechts.

Insgesamt zeigt sich also im Argumentationsstil des Lehnrechtsglossators, wie er sich insbesondere in der Diskussion von *quaestiones* manifestiert, die Anwendung und Fortführung eines gelehrten *modus arguendi*. Wie die gelehrten Juristen suchte der Glossator in den Texten des römischen und kanonischen Rechts nach allgemeingültigen Rechtssätzen, die sich zur Erörterung eines juristischen Problems heranziehen ließen. Dieses Prinzip ließ sich bei entsprechender Abstraktion sogar auf Zweifelsfragen anwenden, die in einem so völlig anderen Rechtskreis wie dem Sächsischen Lehnrecht erwuchsen. Die sächsischen Glossen zeigen, dass das gelehrte Recht methodisch im Sinne einer universalen Rechtssprache und inhaltlich als unerschöpflicher Fundus für allgemeingültige Regeln und Argumente funktionierte.

b) Urteilsfragen

Neben den *quaestiones* als einem klassischen Element gelehrter Rechtswissenschaft kennt die Lehnrechtsglosse noch eine zweite stilistische Besonderheit, die sich in den verschiedenen Quellen zu einer eigenen Stilfigur der deutschen Rechtsliteratur verdichtet hat. Die Rede ist von den Urteilsfragen, mittels derer der Glossator zahlreiche Beispielsfälle in wörtlicher Rede durchexerziert, um dem Leser den möglichen Ablauf verschiedenster Sachverhalte im mündlichen Lehngerichtsverfahren vor Augen zu führen. Funktional lassen sie sich wie die *quaestiones* primär als ein Verfahren der Problemerörterung verstehen.

1. Eine eigene Denk- und Stilfigur deutscher Rechtswissenschaft

In der Angewohnheit, Erläuterungen immer wieder in Kataloge aufeinander folgender Urteilsfragen und Urteilsantworten zu kleiden, verlässt der Glossator das Feld legistischer Methodik und zollt den Besonderheiten des traditionellen sächsischen Lehngerichtsverfahrens Tribut. Als einen „schwerfälligen Paßgang“[783] bezeichnete Karl Kroeschell einmal die Eigenart des traditionellen, mittelalterlichen Prozesses, auf Bitten der Parteien durch den

783) KROESCHELL, Von der Gewohnheit S. 78. IGNOR, Indiz und Integrität S. 80, spricht von „Bausteinen“ des mittelalterlichen Gerichtsverfahrens. Zum Ganzen LANDWEHR, ‚Urteilfragen‘ und ‚Urteilfinden‘.

Richter im Kreis der Schöffen ein Zwischenurteil nach dem anderen erfragen zu lassen. Nach Land- wie auch nach Lehnrecht schreitet der sächsische Prozess auf diese Weise allmählich von Urteilsfrage zu Urteilsfrage voran. Jeder einzelne, noch so kleine Verfahrensschritt von der Festsetzung des Gerichtstags, der Ladung der Parteien, der Eröffnung des Verfahrens und Bestellung der Fürsprecher über die einzelnen Schritte des Beweisverfahrens bis hin zum eigentlichen, sachentscheidenden Endurteil wird durch gesondertes (Zwischen-)Urteil vollzogen[784]. Weit über 50 solcher Urteilsfragen führen denn auch Gerichtsformulare des 14. und 15. Jahrhunderts für einen einzigen Prozess an[785]. Für die Rechtsgeschichte sind solche Kataloge von besonderem Interesse, denn sie vermögen uns ein recht genaues Bild vom Ablauf eines mittelalterlichen Prozesses zu geben. Da die Entscheidung der Urteiler nicht erst im Rahmen des Endurteils gefragt war, sondern über jeden einzelnen Verfahrensschritt gesondert mit Urteil entschieden wurde, „bewegte sich der Prozeß im Zweitakt des Fragens und Findens schwerfällig voran."[786] Die Urteilsfragen spiegeln einerseits ein nach wie vor einer oralen Rechtskultur verhaftetes Gerichtsverfahren wider. Andererseits lässt sich an der spätmittelalterlichen Vielfalt an Rechtsbehelfen und Prozesseinreden auch die zunehmende Ausdifferenzierung dieses Rechtssystems ablesen[787].

Inwiefern die in zahlreichen Quellen überlieferten Urteilsfragen „nur" unverbindliche Vorschläge üblicher und ratsamer Formulierungen darstellen oder im weitergehenden Sinne als feststehende, sanktionsbewehrte Formeln zu verstehen sind, ist Gegenstand einer von Tim Meyer wieder neu entfachten Kontroverse um die Formstrenge des sächsisch-magdeburgischen Rechts[788]. Sicher ist, dass viele Quellen des 14. und 15. Jahrhunderts ganz ähnlich lautende konkrete Formulierungsvorgaben für den Prozess bereithalten. Der charakteristische Ablauf des mittelalterlichen Verfahrens schlug sich in spezifischer, formaler Weise in der rechtswissenschaftlichen Literatur zum Sächsischen Recht nieder. In Gerichtsformularen, Prozessleitfäden und Rechtsgangbüchern, aber eben auch in einigen sächsischen Glossen bedienten sich die sächsischen Juristen der Figur der Urteilsfrage, um die konkrete

---

784) LANDWEHR, ‚Urteilfragen' und ‚Urteilfinden' S. 3–5; PLANCK, Gerichtsverfahren I S. 87–91, 98–115, 248–303.

785) LANDWEHR, ‚Urteilfragen' und ‚Urteilfinden' S. 4 Anm. 14, verweist etwa auf Rheinische Gerichtsformeln des 15. Jahrhunderts (ediert von HOMEYER, Beigabe 1, Richtsteig LdR S. 327–338). Vgl. etwa auch die ausführlichen Gerichtsformeln des Dietrich von Bocksdorf (ediert von BÖHLAU, Theoderich).

786) KROESCHELL, recht unde unrecht S. 103.

787) LANDWEHR, ‚Urteilfragen' und ‚Urteilfinden' S. 5.

788) MEYER, Gefahr vor Gericht S. 54–73, der insbesondere auf S. 58 vor einer voreiligen Gleichsetzung von Form und Formstrenge warnt.

Handhabung besprochener Inhalte vor Gericht zu exemplifizieren. Charakteristisch ist die Bildung von Urteilsfragen vor allem für die Richtsteige Land- und Lehnrechts. Sie sind ganz überwiegend in einem typischen, teils in direkter, teils indirekter Rede verfassten Wechselspiel aus *„So vrage – so vintme"* aufgebaut[789]. Urteilsfragen kennen neben den Richtsteigen und der Lehnrechtsglosse aber auch die Glosse zum Weichbildrecht[790], die Blume von Magdeburg[791], die Blume des Sachsenspiegels[792], das Liegnitzer Stadtrechtsbuch[793], die *Cautela* des Hermann von Oesfeld[794], die „Weise des Lehnrechts"[795] und verschiedene Gerichtsformulare[796]. Bemerkenswert ist, dass die Landrechtsglosse, obwohl derselbe Johann von Buch ja einen Großteil des Richtsteig Landrechts mit konkreten Formulierungsvorschlägen füllte, noch kaum Urteilsfragen enthält[797]. Bei den Urteilsfragen der Lehn-

789) Das ganz typische c. 12 § 1 *Van der antwerde umme gevunden gut* des Richtsteig LdR lautet etwa: *„Sprikstu enes wort, de umme gevunden gud beclaget wert, so sprik alsus: her richter wil gi N wort horen; hir steit N unde secht, he vunde bisterliken sodan gut also N eschet; dat hebbe he unvorholen behalden wen tu her; dat wil he gerne tu rechte beholden, oft sic ieman dar tu ten wil, unde biddet enes ordels, wo me sic tu rechte dartut ten scal. So vintme tu rechte: jene sulf drudde uppen hilgen. So vrag vort: her richter nu biddet N vort ens rechtes, na deme dat sic N mit rechte tu desseme gude getogen heft, oft he icht scole sine kost na guder lude werdinge irlegen. So vintme he scole.* […]", usw. (HOMEYER, Richtsteig LdR S. 124 f.). Über die Klagformeln im Richtsteig Landrechts auch MEYER, Gefahr vor Gericht S. 56–58. Ganz ähnlich das hier exemplarisch herausgegriffene Beispiel Richtsteig LnR c. 10 § 12: *„Is ok wedde gedeilet up den man, so bidde he enes ordels to lenrechte, eft he icht moge untreden de gewedde, de up en gedeilt sin ane sine jegenwerdicheit. Dit vindme; de here moge't denne bewisen, dat he se up geboret hebbe. Heft he aver sik gudes underwunden, dat scal los sin. So vrage des heren vorsprake, wo he de gewedde untreden scole. So vindme, dat he up den hilgen scole sweren, dat di gewedde ni up ene met rechte gedelet worden.* […]" usw. (HOMEYER, Sachsenspiegel II 1 S. 440 f.).

790) Etwa Gl WbR 18 oder 20 (Sp. 263–265; 269–271).

791) Etwa Blume von Magdeburg I 2 c. 80–84 (BÖHLAU, Blume S. 44–84); vgl. dazu auch MEYER, Gefahr vor Gericht S. 66–69.

792) Etwa Blume des Sachsenspiegels I 45; II 16 oder III 22 (HOMEYER, Richtsteig LdR S. 365–367; 372–378; 379 f.).

793) Etwa Liegnitzer Stadtrechtsbuch XIII 2 und 6 (LEUCHTE, Liegnitzer Stadtrechtsbuch S. 142 und 149).

794) *Cautela* (HOMEYER, Beigabe 5, Richtsteig LdR, insbesondere S. 395).

795) „Weise des Lehnrechts" (HOMEYER, Sachsenspiegel II 1, insbesondere S. 546–554).

796) Auszüge bei HOMEYER, Beigabe 1, Richtsteig LdR S. 329–338; vgl. dazu LANDWEHR, ‚Urteilfragen' und ‚Urteilfinden' S. 4.

797) Beispiele für Urteilsfragen finden sich aber vereinzelt etwa in Gl LdR II 17 (II 18) § 1 *Men schal nicht vinden* (S. 639 Z. 12–15); Gl LdR II 17 (II 18) § 2 *Me schal ok nicht*

rechtsglosse handelt es sich also um eine Stilfigur, durch die sie sich deutlich von ihrer Vorgängerin, der Buch'schen Glosse, abhebt. Eine methodische Beeinflussung der Lehnrechtsglosse durch andere Werke, möglicherweise durch die Richtsteige, ist durchaus wahrscheinlich.

Es liegt auf der Hand, dass es sich bei den Urteilsfragen um eine stilistische Besonderheit der deutschen Rechtsliteratur handelt, die ihre Vorbilder ausschließlich im einheimischen Rechtsalltag fand und keinerlei Entsprechung in der gelehrten Rechtswissenschaft hat. Den fundamentalen Unterschied zwischen dem mittelalterlichen deutschen Schöffenprozess und dem von der Entscheidung eines gelehrten Einzelrichters abhängigen Prozess nach römisch-kanonischem Recht betonen die Autoren der sächsischen Rechtsliteratur auch selbst, allen voran Johann von Buch, aufs Schärfste: *„Na keyserrechte sprickt de richter dat ordel zuluen, ut C. de sentencijs ex periculo recitandis l. I. Vnde hir vraget he des enem anderen. Dar vmme hetet vse recht des volkes vragende recht, dor dat me des dem volke vragen schal, ut Instit. de jure gencium § plebiscitum, et II di. c. I.“*[798] Die Urteilsfragen sind eine wichtige Eigentümlichkeit der *iurisprudentia romano-saxonica*, in der sich die sächsischen Autoren nicht mehr an der legistischen Literatur orientieren, sondern methodisch eigene Wege beschreiten.

Gleichwohl sind auch die Urteilsfragen der sächsischen Rechtsliteratur vom gelehrten Gedankengut der römisch-kanonischen Jurisprudenz nicht gänzlich unbeeinflusst. So spiegelt sich im schematischen Frage-Antwort-Spiel des Buch'schen Richtsteig Landrechts, welches auf Urteilsfragen stets nur ein einziges, im Recht vorgegebenes „richtiges“ Urteil kennt, durchaus eine allmählich sich bahnbrechende Vorstellung von der Anwendung geschriebenen Rechts und einer damit einhergehenden Degradierung der Urteiler zu bloßen „Subsumtionsautomaten“ wider[799]. Auch die allegationen-

(S. 641 Z. 10–14) oder Gl LdR III 22 (III 23) *Swe herberget* (S. 1064 Z. 14–16). KANNOWSKI, Umgestaltung S. 146 Anm. 220, unterstreicht ebenfalls bloße Anklänge der Buch'schen Glosse an das Frage-Antwort-Spiel des Richtsteig Landrechts.

798) Gl LdR I 61 (62 § 7) *Vnde schal ordele vragen* (S. 448 Z. 8–13); vgl. auch Gl LdR III 70 (78 § 1) *Mod wol richten* (S. 1452 Z. 1 – S. 1456 Z. 14). Zum Richterbild der Landrechtsglosse vgl. KANNOWSKI, Umgestaltung S. 107–151. Als „volksbefragendes Recht“ wird das Sächsische Recht auch in LGl LnR 68 (67 § 7) (S. 931 Z. 4) und LGl LnR 70 (69 § 3) (S. 988 Z. 15) bezeichnet; dazu noch unten S S. 362 ff. Auch Nikolaus Wurm in seiner Blume des Sachsenspiegels (HOMEYER, Beigabe 3, Richsteig LdR S. 369) und Hermann von Oesfeld in seiner *Cautela* (HOMEYER, Beigabe 5, Richtsteig LdR S. 394) kehren den Unterschied zwischen dem gelehrten Richter, der das Urteil selbst spricht, und dem sächsischen Richter, der das Urteil bei den Schöffen erfragt, heraus.

799) KANNOWSKI, Umgestaltung S. 143–147, insbesondere S. 146.

gestützten Urteilsvorschläge der Lehnrechtsglosse vermitteln teils mehr den Eindruck einer Anwendung geschriebenen Rechts denn einer echten Rechtsfindung im Kreis der Urteiler[800]. Hinzu kommt, dass die Urteilsfragen in den sächsischen Schriften in andere Argumentationsformen übergehen. Verzahnt werden sie häufig gerade mit den streng nach gelehrtem Muster aufgebauten *quaestiones*. Ein Überblick über die Ausgestaltung der Urteilsfragen in der Lehnrechtsglosse soll das Phänomen verdeutlichen.

2. Ausgestaltung von Urteilsfragen in der Lehnrechtsglosse

Vorab bedarf es der terminologischen Klarstellung. Unter Urteilsfragen werden im Folgenden die vom Lehnrechtsglossator meist in wörtlicher Rede exemplarisch formulierten Anfragen verstanden, mit denen eine Partei im Land- oder Lehngerichtsverfahren den Richter bat, ein bestimmtes Urteil im Kreis der Schöffen zu erfragen. Diese im Vorfeld „eigentlicher", vom Richter gesprochener Urteilsfragen angesiedelten Parteireden können dabei inhaltlich einen großen Komplex umfassen – Sachverhaltsschilderung, Beweisangebot und Rechtsbehauptung in Frageform –, den der Glossator des Lehnrechts regelmäßig in einem einzigen, langen Satz zusammenfasst. Seine Gesamtheit wird hier als „Urteilsfrage" bezeichnet.

Solche vorformulierten Urteilsfragen, wie sie die Partei dem Richter vorschlug, finden sich neben einigen wörtlich wiedergegebenen Eidesformeln[801] in gut einem Drittel der Kapitel der Lehnrechtsglosse. Manchmal tauchen sie nur vereinzelt auf, mitunter reihen sie sich aber auch zu längeren Katalogen[802] aneinander. Urteilsfragen in indirekter Rede stellen in der Glosse die Ausnahme dar[803], im Regelfall greift der Glossator auf die direkte Rede zurück. Meist handelt der fiktive Fragensteller darin in eigener Sache. Der Lehnrechtsglossator formuliert seine Urteilsfragen nämlich regelmäßig aus Sicht der betroffenen Parteien selbst, ohne den gegebenenfalls hinzuzudenkenden Fürsprecher zu berücksichtigen. Anders gestaltet sich der Standpunkt etwa im Richtsteig Landrechts, wo die Urteilsfragen regelmäßig aus Sicht des Fürsprechers formuliert werden, sodass dieser seine Fragen in Bezug auf eine dritte, betroffene Person „*N*" stellt[804]. Ob der

800) Dazu ausführlich unten S. 728 ff.

801) Etwa der lehnrechtliche Treueid in LGl LnR 3 (S. 94 Z. 6–9; S. 97 Z. 16 – S. 98 Z. 3; S. 99 Z. 15 f.) oder Amtseid und Weihe des Kaisers in LGl LnR 4 § 2 (S. 119 Z. 6 – S. 121 Z. 5; S. 136 Z. 2–4).

802) Etwa LGl LnR 14 § 2 (S. 297 Z. 1 – S. 300 Z. 10); LGl LnR 24 § 2 ff. (S. 405 Z. 15 – S. 408 Z. 11) oder LGl LnR 31 § 1 (S. 513 Z. 4 – S. 517 Z. 6).

803) Etwa LGl LnR 31 § 1 (S. 514 Z. 2 f. und Z. 12–15; S. 515 Z. 3–7; S. 515 Z. 12 – S. 516 Z. 2).

804) Richtsteig LdR, passim (HOMEYER, Richtsteig LdR); dazu MEYER, Gefahr vor

Lehnrechtsglossator konkrete Vorbilder für die Formulierung seiner Urteilsfragen hatte, ist unklar. Wie gesehen handelt es sich aber um eine Figur, die nur in Ansätzen auch schon in der Landrechtsglosse ausgeführt wird[805]. Mit den Urteilfragen tritt also eine stilistische Eigenart zutage, in der sich der Lehnrechtsglossator einmal deutlich vom Vorbild der Buch'schen Glosse emanzipiert.

Viele Urteilsfragen der Lehnrechtsglosse wiederholen den Inhalt der kommentierten Kapitel, indem sie deren Grundaussagen in Standardfälle umformulieren. Ein repräsentatives Beispiel bietet Glosse LnR 4 am Ende. LnR 4 § 5 bestimmt unter anderem, dass kein Lehnsmann zur Leistung von Lehnsdiensten oder zur Teilnahme am Lehngericht verpflichtet ist, solange ihm sein Lehnsherr einen im Rahmen früherer Lehnsdienstverrichtungen entstandenen Schaden noch nicht ersetzt hat. Um sich in einem solchen Fall der Aufforderung zu Lehnsdienst und Gerichtspflicht wirksam zu erwehren, so die zugehörige Glosse LnR 4, solle man die folgende Urteilsfrage stellen:

> „‚*Noch deme mole das ich in myns hern dinste mit andern synen mannen gewest bin, dorynne ich vorlorn habe sotan gut, ader sotans, das ich in achtunge secze vff czehn margk mynner ader mehr, das ich bewysen wil dy vorlust, wy mir is eyn recht irteilt, der schade mir noch nicht vorgulden ist von myme hern, bitte ich yn eynem rechten orteil czu irfaren, ap ich mynem hern keynerley dinst pflichtig sye, noch czu lehnrechte czu stehne, sint dem mol her mir mynen schaden noch nicht gelegit hot, ader was dorvmbe recht sy.*'“[806]

Auf eine solche Urteilsfrage laute dann die gewünschte Antwort der Urteiler, eine Pflicht des Mannes zu Lehnsdienst und Gericht bestehe bis zur Entrichtung des Schadensersatzes durch den Lehnsherrn nicht:

> „*So vindet man ǒm, her en dorffe et cetera.*“[807]

Die Stelle spiegelt den typischen Aufbau und wiederkehrende Formulierungen wider, wie sie Tim Meyer auch in Urteilsfragen anderer etwa zeitgenössischer Arbeiten festgestellt hat[808]. Die einleitende Anrede des Richters,

---

Gericht S. 56–58.

805) Vgl. oben S. 439 f.

806) LGl LnR 4 § 5 (S. 145 Z. 4–12). Ganz ähnlich findet sich kurz zuvor bereits eine Urteilsfrage zur Exemplifizierung der in LnR 4 § 5 gleichfalls enthaltenen Aussage, man dürfe Lehnsdienst und Gerichtspflicht so lange verweigern, bis der Herr einem ein geliehenes Pferd oder sonst geliehenes Gut zurückgegeben habe (S. 144 Z. 6–12).

807) LGl LnR 4 § 5 (S. 145 Z. 12 f.).

808) MEYER, Gefahr vor Gericht S. 56 f., 60.

welcher die Frage der Partei bzw. ihres Fürsprechers an die Urteiler weiterzugeben hatte, nennt der Glossator des Lehnrechts nur manchmal („*Herre ir richter*“[809]). Regelmäßig beginnen Urteilsfragen dann wie hier im Beispiel mit einer mitunter sehr ausführlichen Sachverhaltsschilderung („*Noch deme mole* [...]“), welche mit dem Erbieten des erforderlichen Beweises verbunden wird („*das ich bewysen wil* [...]“). Daraufhin nennt die Partei die eigentliche, in eine Urteilsfrage gekleidete Rechtsbehauptung („*bitte ich yn eynem rechten orteil czu irfaren, ap* [...]“). Urteilsfragen schließen mit einem standardisierten „*ader was dorvmbe recht sy*“. Die Schlussformel findet sich ähnlich zum Beispiel auch im Richtsteig Landrechts[810]. Die Worte lassen sich als abkürzender Hinweis auf die im konkreten Fall anzuwendenden Rechtsgrundsätze verstehen und verleihen darüber hinaus einer tatsächlichen oder wenigstens vorgegebenen Rechtsunsicherheit des Rechtssuchenden Ausdruck[811]. Da die anfragende Partei mit ihrem impliziten, in Frageform gekleideten Urteilsvorschlag der Entscheidung der Urteiler zunächst weit vorgreift, dient der Hinweis auf ein möglicherweise auch anderslautendes Urteil in taktischer, rhetorischer Hinsicht wohl nicht zuletzt dazu, sich wieder etwas zurückzunehmen und seinen Respekt vor der Autorität des Gerichts auszudrücken. Die Formel fungiert insofern als retardierendes Moment.

Regelmäßig folgt auf die Urteilsfragen der Lehnrechtsglosse die knappe Mitteilung der von den Urteilern in einem solchen Fall zu treffenden Rechtsentscheidung („*So vindet man* [...]“). Die Handschrift Be_3 der Klasse W kennzeichnet diese Abschnitte zuweilen mit der eigenen Rubrik „*Sententia*“[812]. Die Urteilsantworten untermauert der Lehnrechtsglossator manchmal noch mit Remissionen auf das Lehnrecht, noch häufiger aber stützt er sie auf Allegationen des gelehrten Rechts[813]. Es zeigt sich darin ein allmählicher Übergang von der traditionalen Rechtsfindung im Kreis der Urteiler hin zu einem gelehrter Schriftrechtskultur eher entsprechenden Prinzip der Gesetzesanwendung[814]. Das Recht wird nicht mehr „gefunden“ – es lässt sich nun in Rechtsquellentexten nachlesen.

---

809) Etwa LGl LnR 14 § 2 (S. 297 Z. 3).

810) Etwa Richtsteig LdR c. 14 § 3; c. 20 § 1; c. 33 §§ 3 f. (HOMEYER, Richtsteig LdR S. 134; 158; 216–218).

811) So LANDWEHR, ‚Urteilfragen‘ und ‚Urteilfinden‘ S. 27.

812) Etwa „Wurm'sche“ Glosse LnR 14 (Berlin SBB-PK Hs. 392 fol. 207rb; $207^{va\ und\ b}$).

813) Etwa LGl LnR 15 § 1: „*So vint man em czu rechte, her sy des dinstis ledig vnde allis lehnrechtis, ut C. de fruct. et litis expensis l. II.*“ (S. 310 Z. 4–6); allegiert wird Cod. 7, 51, 2.

814) Vgl. zu dieser Entwicklung die Gegenüberstellung verschiedener Urteilsantwor-

Im Hin und Her zwischen Urteilsfrage und Urteilsfindung zeichnet die Lehnrechtsglosse die dialogisch-formalisierte Rede vor Gericht nach. Noch deutlicher wird das in Fällen, in denen der Glossator auf die Rede einer Partei weitere Widerreden der Gegenpartei folgen lässt und auf diese Weise längere Beispielsfälle regelrecht durchdekliniert. In exemplarischen Urteilsfragen der Glosse LnR 14 ringen Lehnsmann und Oberlehnsherr etwa um die Frage, ob sich der Lehnsmann bloß gegenüber seinem direkten Lehnsherrn oder auch gegenüber dem Oberlehnsherrn gerichtlich verantworten muss[815]. Glosse LnR 15 schildert in mehreren, aufeinander folgenden Urteilsfragen, auf welche Weise ein Lehnsmann an den Oberherrn „folgen" könne, wenn ihm sein eigener (Zwischen)Lehnsherr die Belehnung leugnet[816]. Glosse LnR 17 enthält die Formeln für Klage und erfolgreiche Widerrede des Beklagten, wenn jemand nachträglich eine ohne Widerspruch des Lehnsmannes erfolgte Drittbelehnung angreifen möchte[817]. Glosse LnR 24 erläutert in detaillierter Folge knapper Urteilsfragen, welche genauen Benennungs- und Beweispflichten, Fristen und Zeugenerfordernisse einzuhalten seien, um nach LnR 24 §§ 2–4 die Belehnung eines Lehnguts zu erwirken[818]. Auch LnR 68 (67) wird in Form konkreter Urteilsfragen kommentiert, die den standardmäßigen Verlauf eines Lehngerichtsverfahrens beginnend mit der Eröffnung des Gerichts, der Bestellung von Fürsprechern, der Einlassung und möglicher *exceptiones* des Beklagten etc. vor Augen führen[819]. Die Reihe der Beispiele ließe sich fortsetzen. Besonders ausführlich beleuchten etwa Urteilsfragen der abschließenden Glosse LnR 81 (80), wie sich ein Lehnsmann der Weisung an einen standesniederen Lehnsherrn verweigern kann[820]. Detailliert schildert der Glossator in solchen Urteilsfragen die Abläufe typischer Fallkonstellationen, in denen er sämtliche Zwischenschritte und denkbaren Fallstricke aufzeigt. In der Glosse dienen solche auf Vollständigkeit bedachten Kataloge der Information des Lesers. In der praktischen Umsetzung aber sichern sie die Einhaltung jedes einzelnen Verfahrensschritts und gewährleisten eine umfassende, sämtliche widerstreitenden Argumente der Parteien berücksichtigende Entscheidung.

Aus methodischer Sicht besonders interessant sind Urteilsfragen der Lehnrechtsglosse, die der Glossator in andere Stilfiguren integriert. Fließende Übergänge finden sich insbesondere zur Figur der *quaestio*. So formuliert

---

ten der Lehnrechtsglosse unten S. 728 ff.

815) LGl LnR 14 § 2 (S. 298 Z. 13 – S. 300 Z. 10).

816) LGl LnR 15 § 1 (S. 308 Z. 14 – S. 310 Z. 15).

817) LGl LnR 17 (S. 320 Z. 4 – S. 321 Z. 16).

818) LGl LnR 24 §§ 2–4 (S. 405 Z. 12 – S. 408 Z. 11).

819) LGl LnR 68 (67 § 4) (S. 916 Z. 1 – S. 922 Z. 4).

820) LGl LnR 81 (80 §§ 1–3) (S. 1085 Z. 1 – S. 1090 Z. 4).

der Glossator mehrere *quaestiones* in Gestalt längerer Sachverhaltsschilderungen, die in verschiedener Weise Urteilsfragen aufgenommen haben. Glosse LnR 24 zum Beispiel erklärt den Beweis echter Not durch späteren Eid des verhinderten Lehnsmanns anhand einer *quaestio*, deren Frage sich aus mehreren Urteilsfragen zusammensetzt und deren knappe *solutio* der Gestalt des darauf zu findenden Urteils gleicht[821]. Auch Glosse LnR 25 konstruiert zur Frage der Heerschildniederung bei Folge an einen standesgleichen Lehnsherrn eine *quaestio* in Form einer Sachverhaltsschilderung, die in eine zusammenfassende Urteilsfrage mündet. Es folgt eine klassisch aufgebaute Diskussion und Auflösung der auszugleichenden Argumente[822]. Ganz ähnlich gestaltet der Glossator in Urteilsfragen übergehende *quaestiones* der Glossen zu LnR 11, LnR 32 und LnR 33[823]. In Glosse LnR 65 dient das Urteil auf eine Urteilsfrage nach der allgemeinen Ladungsfrist zum Lehngericht dem Glossator als Ausgangspunkt für eine *quaestio*, die nach einem möglichen Widerspruch der gefundenen Vierzehntagefrist zum römischen Recht fragt[824]. Am eindrücklichsten aber sind Beispiele, in denen der Lehnrechtsglossator *quaestiones* und Urteilsfragen vollends miteinander verzahnt. Die in Glosse LnR 56 aufgeworfene *quaestio*, auf welche Weise eine Frau bei Verkauf eines Guts wirksam auf ihr Leibgedinge an diesem Gut verzichten könne, beantworteten einige dahingehend, so schildert es der Glossator, dass die Frau den Verzicht „*mitt vffgeracktem houpte vnde mit lachendem munde*"[825] erklären müsse. Andere verlangten dagegen die Abgabe einer bestimmten, in der Lehnrechtsglosse wörtlich wiedergegebenen Erklärung des Vormunds dieser Frau. Die *solutio* der *quaestio* geht dann im Hin und Her der darauf folgenden Urteilsfragen von Käufer und Vormund über die genauen Umstände eines solchen Verzichts unter. Einer stark an ein Rechtsgutachten erinnernden Form bedient sich der Glossator schließlich in einer *quaestio* zu Glosse LnR 11. Dort wird die Frage behandelt, ob sich jemand mit Selbsthilfe wehren darf, dessen Gut durch den ungesicherten Mühlenstau eines oberhalb siedelnden, eigenes Einschreiten ver-

---

821) LGl LnR 24 § 8 (S. 420 Z. 10 – S. 421 Z. 18).

822) LGl LnR 25 § 1 (S. 432 Z. 3 – S. 434 Z. 13).

823) LGl LnR 11 § 3 (S. 244 Z. 5 – S. 246 Z. 2) über die Frage, welche Rücksichten ein neuer Müller gegenüber einem älteren, unterhalb siedelnden Müller zu nehmen habe; LGl LnR 32 § 1 (S. 539 Z. 13 – S. 544 Z. 5) über die Frage, ob ein Herr bei Aufteilung des Lehnguts nach Jahr und Tag die mehrfache Leistung des Lehnsdiensts verlangen kann, und LGl LnR 33 § 1 (S. 551 Z. 8 – S. 552 Z. 10) mit einer Frage über die Gewährschaftspflicht des Lehnsherrn.

824) LGl LnR 65 § 3 (S. 871 Z. 13 – S. 873 Z. 10).

825) LGl LnR 56 § 4 (S. 754 Z. 14 – S. 756 Z. 13; hier S. 755 Z. 5 f.).

weigernden Müllers gefährdet wird[826]. Gegen eine Klage des Müllers entwickelt der Glossator im ersten Argumentationsblock seiner *quaestio* fünf auf Allegationen des gelehrten Rechts gestützte Argumente, aus denen er schließlich eine mögliche Widerrede des Selbsthelfers folgert („*Vsz dissem so colligiren sy sotan antwort* […]“[827]). Die sodann unter „*Contra*“ diskutierte Auffassung der Gegenpartei kleidet der Glossator dann in wörtliche, allegationengestützte Gegeneinreden des Müllers („*Widder das spricht Ticius* […]“[828]). Die Streitfrage löst der Glossator schließlich mittels einer klassischen Distinktion. Die Argumente der *quaestio* werden hier also teilweise abstrakt formuliert und teilweise bereits in die Form konkreter Urteilsfragen gegossen.

Wir sehen, dass die Grenzen zwischen an sich klar abgrenzbaren Stilfiguren der Lehnrechtsglosse in einigen Fällen bis zur Unkenntlichkeit verschwimmen. Offenbar haben die in so völlig unterschiedlichen Rechtskulturen verwurzelten Figuren der *quaestio* und der Urteilsfrage mehr gemein, als es auf den ersten Blick scheint. Der Glossator setzt die gelehrte Methode dialektischer Abwägung widerstreitender Argumente auch dort ein, wo er zur Exemplifikation von Beispielsfällen konkrete Urteilsfragen bildet. Umgekehrt bieten ihm Urteilsfragen die äußere Form, in die sich die abstrakten, zu bestimmten Rechtsproblemen anhand einheimischer oder gelehrter Rechtstexte gewonnenen Argumente in gerichtstauglicher Weise einkleiden lassen. Auf seine Weise bringt der Glossator einheimische und gelehrte Rechtskultur damit zu einer Synthese.

Insgesamt erfüllt der Rückgriff des Glossator auf Urteilsfragen (genauer: Bitten an den Richter, die Urteiler um ein Urteil zu ersuchen) einen mehrfachen Zweck. Zunächst sind Urteilsfragen geeignet, rechtliche Zusammenhänge zu verdeutlichen, indem sie dem Leser deren gerichtliche Umsetzung vor Augen führen. Gleichzeitig bieten sie dem Praktiker konkrete Formulierungsvorschläge. Darüber hinaus sind sie das Medium, in dem sich der traditionelle rechtliche Diskurs manifestiert. Im tastenden Voranschreiten von Zwischenfrage zu Zwischenfrage verwirklicht sich ein spezifisch einheimisches Verfahren zur Lösung juristischer Probleme.

3. Urteilsfragen als diskursives Verfahren der Problemerörterung

Mit den Ausprägungen und der tieferen Bedeutung von Urteilsfragen, in denen das mündliche mittelalterliche Verfahren voranschritt, beschäftigt sich die rechtshistorische Forschung seit jeher. Einen Aspekt, der auch für das

826) LGl LnR 11 § 3 (S. 240 Z. 11 – S. 244 Z. 4).
827) LGl LnR 11 § 3 (S. 242 Z. 6 – S. 243 Z. 2; hier S. 242 Z. 6).
828) LGl LnR 11 § 3 (S. 243 Z. 3–12; hier Z. 3).

Verständnis der Lehnrechtsglosse von Bedeutung ist, hat Franz-Josef Arlinghaus herausgearbeitet. Arlinghaus sieht eine wichtige Funktion des formalisierten Frage-Antwort-Spiels zwischen den als Mittlern auftretenden Figuren des Fürsprechers und des Richters in der permanenten Distinkion des Rechtsdiskurses, der sich in einem mündlichen, wenig ausdifferenzierten Rechtssystem in besonderer Weise vom Alltagsdiskurs abheben musste[829]. Dass sich das Gericht als Raum juristischen Geschehens zunächst einmal selbst konstituieren musste, zeige sich besonders in der ritualisierten Eröffnung des Gerichts durch einen feststehenden Dialog von Fragen und Antworten. Mit Blick auf das städtische Gerichtswesen schreibt Arlinghaus: „Aus kommunikationstheoretischer Sicht wurde im Zuge des performativen Aktes der Hegung ein eigener Diskursraum aufgespannt [...].“[830] Auch im weiteren Gang des Verfahrens übernahm formalisiertes Sprechen die Funktion, das Geschehen im Bewusstsein der Beteiligten als rechtsrelevanten Akt zu markieren. Bei Übertragung dieses Gedankens auf die Lehnrechtsglosse wird deutlich, dass der Glossator in der Formulierung von Urteilsfragen eben jene Sprache anwendet, die im einheimischen Recht *conditio sine qua non* eines jeden rechtlichen Diskurses war. Recht fand vor Gericht statt. Und vor Gericht, insbesondere auch vor dem Lehngericht, bediente man sich der festgefügten Abfolge von Urteilsfrage und Urteilsantwort. Zwar herrscht in der Lehnrechtsglosse selbst mit ihren gelehrten Argumentationsformen und zahlreichen Allegationen kein Mangel an distinktiven Merkmalen, die die Glosse als gelehrte rechtswissenschaftliche Arbeit auszeichnen[831]. Doch weiterhin ließen sich Inhalte im Lehngericht nur einführen, nachdem sie in die komplex-dialogische Form der Urteilsfragen transponiert worden waren. Es handelt sich mithin um juristischen Fachjargon, der das Sächsische Recht erst zur Anwendung gelangen ließ. Indem der Glossator des Lehnrechts sich der Figur der Urteilsfragen bediente, schlug er also eine entscheidende Brücke zu Praxis.

Aus umgekehrter Perspektive wandeln sich die Urteilsfragen durch ihre Verschriftlichung in der Lehnrechtsglosse allerdings zu einer literarischen Stilfigur. Teilweise verbindet der Glossator sie gar mit der gelehrten Figur der *quaestio*. Das Nebeneinander und die teilweise Verzahnung von *quaestiones* und Urteilsfragen in der Lehnrechtsglosse lässt noch einen weiteren Aspekt hervortreten, der die Funktionsmechanismen der Urteilsfragen im Kontext der Glosse erhellt. Ebenso wie sich gelehrte Disputationskultur

---

829) ARLINGHAUS, Sprachformeln und Fachsprache S. 61–67.

830) ARLINGHAUS, Gesten S. 473.

831) Vgl. zu solch distinktiven Merkmale des Juristen und der juristischen Literatur WETZSTEIN, Der Jurist, insbesondere S. 264 f.

und *quaestiones* einerseits in Rechtsschulen und Lehrbüchern und andererseits in der gerichtlichen Praxis niederschlugen[832], lassen sich auch die einheimischen Urteilsfragen als zwei Seiten einer Medaille verstehen. Ob als schriftlicher Bestandteil rechtsliterarischer Arbeiten oder als mündlich stattfindender Diskurs vor Gericht – die methodische Denkweise der Urteilsfragen blieb ein und dieselbe.

Die Parallele zur *quaestio* lässt sich noch weiter führen, denn letztlich dienten Urteilsfragen wie *quaestiones* einer angemessenen Suche nach der Lösung von Rechtsproblemen. Ziel des mittelalterlichen Verfahrens war es, im Rechtsstreit eine für beide Seiten akzeptable Lösung herbeizuführen[833]. Um den Rechtsfrieden wiederherzustellen, wurden beide Parteien an der Rechtsfindung beteiligt: Sie formulierten ihre Urteilsfragen nicht etwa ergebnisoffen, sondern machten implizit konkret begründete Urteilsvorschläge. Vor jeder Urteilsfrage berieten sich die Parteien mit ihrem Fürsprecher; gegebenenfalls zogen sie auch Personen aus dem Kreis der Urteiler zu Rate. In jeder Urteilsfrage wiederholten sie zunächst den Sachverhalt, den bisherigen Verfahrensgang und den aktuellen Stand des Verfahrens, um sich vorab des bisher erreichten Konsenses zu versichern. Sodann stellten sie in Frageform die nächste, ihnen günstige Rechtsbehauptung auf. In kleinen Schritten tasteten sich die Parteien auf diese Weise langsam an eine endgültige Lösung des Falles heran. Schließlich mussten sie dem gefundenen Endurteil zustimmen[834].

Letztlich verwirklicht sich in Rede und Widerrede der Parteien nichts anderes als ein dialektisch aufgebautes, um vollständige Ermittlung und Ausgleichung aller betroffenen Interessen bemühtes Problemlösungsverfahren. Insofern lassen sich auch die Urteilsfragen der Lehnrechtsglosse als ein spezifisches, dem einheimischen Rechtskreis erwachsendes Verfahren juristischer Problemerörterung begreifen. Von der Funktionsweise der gelehrten *quaestio*-Methode sind sie, trotz der ganz unterschiedlichen kulturellen Wurzeln, gar nicht weit entfernt. Hier wie dort handelt es sich um ein formalisiertes, juristisches Verfahren der Konfliktlösung. Hier wie dort führt das Wechselspiel konträrer Standpunkte im Idealfall zu einer erschöpfenden Ermittlung aller relevanten Gesichtspunkte. Und hier wie dort bemühte man sich, im Für und Wider der konkurrierenden Argumente zu einer ausgewogenen, durchdachten, akzeptablen – kurz: zu einer „guten" Lösung des

---

832) Vgl. etwa BELLOMO, Factum proponitur S. 10: „Dispute gab es also in Rechtsschulen und Lehrbüchern, jedoch auch und vielleicht vor allem bei Prozessen."

833) LANDWEHR, ‚Urteilfragen' und ‚Urteilfinden' S. 36, spricht von einem „Instrument sozialer Disziplinierung". Auch ARLINGHAUS, Sprachformeln und Fachsprache S. 62, 64–67, beschreibt die deeskalierende Wirkung der durch Richter und Fürsprecher vermittelten Frage-Antwort-Form.

834) Diesen Aspekt betont LANDWEHR, ‚Urteilfragen' und ‚Urteilfinden' S. 21–24.

Problems zu gelangen. Wo sich der Lehnrechtsglossator bei der Erläuterung von Regelungen und Fallbeispielen der Figur der Urteilsfragen bedient, gebraucht er sie im Sinne eines wissenschaftlichen, dialektischen Verfahrens. Aufgrund der funktionalen Nähe der Urteilsfragen zur Methode der *quaestio* kann die Vermischung beider Figuren in der Lehnrechtsglosse nicht mehr erstaunen.

c) Fazit: Dialektik und Topik als universale Methoden

Der vorangehende Überblick hat gezeigt, dass als ein weiterer Bearbeitungsschwerpunkt der Lehnrechtsglosse neben der Erklärung und Exemplifizierung des Textes die eigenständige, zusammenhängende Erörterung und angemessene Lösung juristischer Probleme hervortritt. Rechtliche Zweifelsfragen entspinnen sich um das richtige Verständnis eines Rechtssatzes, vor allem aber betreffen sie die korrekte juristische Behandlung konkreter Beispielsfälle. Zu ihrer Lösung verfasste der Glossator *quaestiones* nach gelehrtem Vorbild, schilderte ihre sachgerechte gerichtliche Handhabung aber auch in Form von Urteilsfragen. Damit bediente er sich zweier Problemlösungsverfahren, die bei aller historischen und kulturellen Verschiedenheit funktionale Gemeinsamkeiten aufweisen. Hier wie dort handelt es sich um Konfliktlösungsverfahren, die ihre Ausprägung sowohl in der gerichtlichen Praxis als auch in der rechtswissenschaftlichen Literatur erfahren haben. Und hier wie dort intendierte man eine überzeugende, kommunikative Problembewältigung mittels wägender, im Widerstreit der Argumente voranschreitender Erörterung. Mitunter verzahnte der Glossator *quaestiones* und Urteilsfragen sogar miteinander. In beiden manifestiert sich letztlich ein diskursiver, persuasiver Stil des Glossators, der sich wie ein roter Faden durch die gesamte Lehnrechtsglosse zieht. Von ihm gibt auch die permanente Anrede des Lesers ein beredtes Zeugnis: „*Das sollet ir wissen*“[835], „*do by so mogt ir kisen*“[836], „*Nv möget ir vornhemen*“[837], „*Daz solt ir vndirscheiden vnde vorantworten*“[838] und ähnlich heißt es allerorts.

Die Funktionsweise solcher Argumentationsführung des Glossators tritt am deutlichsten in seinen gelehrten *quaestiones* zu Tage, sie findet ihre Entsprechungen aber auch in den Urteilsfragen der Lehnrechtsglosse. Rechtsauffassungen begründet der Glossator unter Rückgriff auf explizite, regelhaft verwendete Sätze, die er dem einheimischen, noch häufiger aber dem gelehrten Recht entnimmt und aus denen er konkrete, auf den speziellen

835) Allerorts, hier etwa LGl LnR 5 (S. 150 Z. 5 f.).

836) LGl LnR 5 § 1 (S. 150 Z. 16 f.).

837) LGl LnR 5 § 1 (S. 151 Z. 8).

838) LGl LnR 14 § 1 (S. 293 Z. 11).

Fall angewandte Argumente ableitet. Ein solche Abstraktion und Enttextualisierung von Rechtssätzen, ihre Verallgemeinerung zu *regulae* und ihr anschließender Rückbezug auf das konkrete Rechtsproblem entsprechen der allgemein üblichen Arbeitsweise des gelehrten mittelalterlichen Juristen. Auch in der Buch'schen Glosse lässt sich eine solche Methode beobachten[839]. Ganz offenbar handelt es sich um eine Technik juristischen Problemdenkens, die keinesfalls auf die Bearbeitung gelehrter Rechtstexte beschränkt ist, sondern die sich auch auf neuartige Bearbeitungsgegenstände wie das Sächsische Recht übertragen ließ. Zwar verlangte die Behandlung speziell sächsischrechtlicher Probleme, um zu wirklich sinnvollen Gesichtspunkten zu gelangen, beim Exzerpieren allgemeingültiger Regeln aus gelehrten Rechtstexten nach einem extremen Abstraktionsgrad. Mitunter mögen die sächsischen Glossatoren das Prinzip totaler Egalisierung arg strapaziert haben. Doch im Gesamtbild vollziehen sie in der Anwendung gelehrter Argumentationstechnik auf die einheimischen Rechtstexte einen großen Schritt hin zur Universalisierung juristischer Methode.

Das entscheidende Stichwort zur Charakterisierung dieser spezifischen Denkform gelehrter Glossen- und Kommentarliteratur, wie sie auch in die sächsischen Glossen Eingang gefunden hat, heißt Topik. Was sich hinter topischem, dem heutigen Denken in so vielem fremden Denkverfahren verbirgt, ist schwer zu fassen und im Laufe der Geschichte auch in ganz verschiedenen Facetten beschrieben worden. Ihren Ursprung hat die Topik im gleichlautenden Werk des Aristoteles, der sie erstmals als ein der Dialektik entspringendes Schlussverfahren aus meinungsmäßigen Prämissen in Gegenüberstellung zu einem apodiktischen, der Wahrheit verpflichteten Lösungsverfahren theoretisch ausformte[840]. Von den antiken Anfängen ging die Topik im Gepäck der trivialen Schulphilosophie, welche noch im Mittelalter die Vermittlung der Grundlagen von Dialektik, Rhetorik und Grammatik gewährleistete, ihren Weg durch die Geschichte[841]. Theodor Viehweg hat diese Entwicklung in seiner bekannten, gerade einmal 75 Seiten fassenden Habilitationsschrift „Topik und Jurisprudenz“ von 1953 umrissen[842]. Die Wirkungskraft seiner Analyse, die in Forderungen nach einer stärkeren Reflexion topischer Strukturen in der heutigen Jurisprudenz mündet, zeigt

839) KANNOWSKI, Umgestaltung S. 321–324.

840) KANN, Ort der Argumente S. 403; OTTE, Dialektik und Jurisprudenz S. 17f.; VIEHWEG, Topik und Jurisprudenz S. 6–10.

841) Die Bedeutung von Rhetorik und Dialektik als Bestandteile hochmittelalterlicher *civilis scientia*, des *trivium* also, beschreibt V. MOOS, Rhetorik. In diesem Zusammenhang betont von Moos ein entzeitlichtes und fächerübergreifendes Bedürfnis nach Anleitung in der „Kunst zu überzeugen“, DERS., ebenda S. 134.

842) VIEHWEG, Topik und Jurisprudenz.

sich in der Diskussion um die in Viehwegs Folge begründete Schule der „Rhetorischen Rechtstheorie“[843].

Doch im vorliegenden Zusammenhang interessiert der Blick aufs Mittelalter. Angeregt durch Viehwegs Kapitel „Topik und ius civile“ hat es Gerhard Otte in seiner Untersuchung „Dialektik und Jurisprudenz“ unternommen, den bedeutenden Einfluss der Dialektik auf die Jurisprudenz der Glossatoren nachzuweisen[844]. „Methode“ versteht Otte als ein Verfahren, das dazu dient, Zusammenhänge innerhalb des juristischen Stoffs aufzudecken oder die Richtigkeit juristischer Behauptungen zu begründen[845]. In einem solchen Sinn sei die Methode der Glossatoren durch die dialektischen Instrumentarien der *divisio* und der *definitio*, aber eben auch durch die Benutzung dialektisch-rhetorischer (topischer) Mittel der Problemlösung geprägt gewesen[846]. Auch die Glossatoren verwendeten *topoi* oder *loci communes*, also allgemein anerkannterVordersätze, aus denen sie auf plausible Argumente schlossen und die sie dann wiederum in eine dialogische Abwägung von *pro* und *contra* einfließen ließen. Dabei war Topik „bindungsscheu“[847]. Zwar führte man argumentativ tastend einen allmählichen Wissenszuwachs herbei, blieb dabei aber doch einem „Denken in konträren Möglichkeiten“[848] verhaftet und verweigerte sich endgültigen Lösungen. Ziel der Topik war nicht die Auffindung einer bewiesenen, nachprüfbaren, „wahren“ Antwort, sondern die Einigung auf eine mehrheitlich akzeptierte, die Für- und Gegenargumente berücksichtigende Lösung.

Inwiefern auch noch die späteren Werke gelehrter Jurisprudenz aus der Zeit der Kommentatoren von Dialektik und Topik beeinflusst sind, ist noch nicht eingehend untersucht worden. *Cum grano salis* wird eine Übertragbarkeit von Ottes Ergebnissen trotz veränderter Akzentuierung durch eine neue Aristotelesrezeption im 14. Jahrhundert in der Forschung aber mehrheitlich befürwortet[849]. Tatsächlich fand im Vorfeld des Rechtsstudiums ein

843) VIEHWEG, Topik und Jurisprudenz S. 64–75. Einen Eindruck von der immensen Impulswirkung, die von der Viehweg’schen Arbeit ausging, vermitteln die zum 75. Geburtstag des Autors erschienene Festschrift BALLWEG / SEIBERT (Hrsg.), Rhetorische Rechtstheorie, sowie die neuere Dissertation von LAUNHARDT, Topik und Rhetorische Rechtstheorie.

844) OTTE, Dialektik und Jurisprudenz; vgl. dazu bereits VIEHWEG, Topik und Jurisprudenz S. 26–39.

845) OTTE, Dialektik und Jurisprudenz S. 9.

846) OTTE, Dialektik und Jurisprudenz S. 227.

847) VIEHWEG, Topik und Jurisprudenz S. 32.

848) So HAUG, Kritik der topischen Vernunft S. 50, in seiner luziden Rezension zu V. MOOS, Geschichte als Topik.

849) Schon VIEHWEG, Topik und Jurisprudenz S. 39–50, machte sich für einen topi-

Elementarunterricht in den *septem artes liberales*, insbesondere auch in Dialektik und Rhetorik, ja nach wie vor statt. Außerdem orientierten sich die Kommentatoren bei fließenden Übergängen methodisch an den Arbeiten ihrer Vorgänger und entwickelten sie weiter fort. So verwundert es nicht, dass topisches Denken in vielen Aspekten auch noch in den Schriften der Kommentatoren fortwirkte.

Hier schließt sich nun der Kreis zur Lehnrechtsglosse. Denn auch im Fall der sächsischen Lehnrechtsglosse scheint das Erkennen der ihr innewohnenden topischen Argumentationszüge ein wichtiger Schlüssel zu ihrem Verständnis. Wie Johann von Buch orientiert sich auch der Glossator des Lehnrechts an den Darstellungsformen der gelehrten Glossen- und Kommentarliterur und benutzt das in *trivium*, *quadrivium* und an der juristischen Fakultät erlernte Instrumentarium. Auch er entwickelt seine Argumente aus den von der gelehrten Jurisprudenz entwickelten und anerkannten *loci communes* und wägt sie gegeneinander ab. Eben diesem traditionellen topischen Denksystem des Wägens sind die sächsischen Glossen verpflichtet. Zur Durchdringung des sächsischen Rechtsstoffs war es offenbar prinzipiell ebenso geeignet wie zur Bearbeitung der gelehrten Rechtstexte. Der topische Wesenszug der sächsischen Glossen erklärt, weshalb sie dem heutigen Leser in ihrer Kasuistik, in ihrer Vorliebe für Distinktionen und in ihren endlosen Anhäufungen von *oppositiones* und Gegenargumenten so verwirrend und unsystematisch erscheinen, weshalb sich aber gerade darin ein charakteristisches Merkmal mittelalterlicher Rechtswissenschaft verwirklicht. So bemerkt Bernd Kannowski in Bezug auf die Buch'sche Glosse: „Nach einem ‚größeren Zusammenhang umgreifender Systeme' zu suchen hieße, mittelalterliche Rechtswissenschaft an heutigen Maßstäben und Anforderungen zu messen. Diese will und kann die Jurisprudenz der damaligen Zeit aber nicht erfüllen."[850] Die sächsischen Glossatoren bezwecken keine Konstruktion eines widerspruchsfreien Systems, sie loten mittels topischer Ver-

---

schen Zug des *mos italicus* der Kommentatoren stark. LANGE / KRIECHBAUM, Kommentatoren S. 272, halten die für die Glossatorenzeit gefundenen Ergebnisse von OTTE, Dialektik und Jurisprudenz, für weitgehend auch auf die Zeit der Kommentatoren übertragbar. HORN, Juristische Literatur S. 117, beschreibt die Methode der Kommentatoren ebenfalls als eine „weitausgefächerte und komplizierte Topik". Gleichzeitig weisen HORN, Gerhard Otte S. 495, und LANGE / KRIECHBAUM, Kommentatoren S. 273–276, allerdings auf die veränderten Bedingungen der Kommentatorenzeit durch einen wachsenden Einfluss der aristotelischen Wissenschaftslehre hin. Zur Bedeutung des Aristoteles im Werk des Baldus vgl. HORN, Philosophie; KRIECHBAUM, Philosophie, passim. Zur Bedeutung der Philosophie bereits bei Bartolus vgl. LEPSIUS, Juristische Theoriebildung; DIES., Von Zweifeln zur Überzeugung S. 199–319, passim.

850) KANNOWSKI, Umgestaltung S. 324.

fahren die möglichen, plausiblen Antworten auf die sich stellenden Rechtsprobleme aus.

Neu ist an den sächsischen Glossen gegenüber der gelehrten Rechtsliteratur die Erweiterung jener klassischen gelehrten, topischen Argumentationsweise durch die zusätzliche Einbeziehung einheimischer Rechtssätze und Rechtssprichwörter. Der Lehnrechtsglossator setzt sie gleich den gelehrten *regulae iuris* als allgemeingültige Vordersätze ein. Neu ist außerdem die Verbindung von gelehrter *disputatio* mit der Figur der einheimischen Urteilsfragen. In der Synthese mit den traditionellen Methoden einheimischer Rechtsfindung drückt sich die Anpassungsfähigkeit der topischen Denkweise als ein entzeitlichtes und übergreifendes Verfahren aus. Somit lässt sich festhalten, dass die sächsischen Glossatoren die gelehrten topischen Argumentationsformen anwenden, sie in der Übertragung auf ihre autochthonen Bearbeitungsgegenstände aber weiter ausbauen und abstrahieren. Bei hinreichender Generalisierung bewährt sich das gelehrte Recht auch in der Bearbeitung einheimischer Rechtstexte als Reservoir für verwertbare, anerkannte *loci communes*, als Stichwortgeber zur Entwicklung plausibler Argumente. Methodisch erweist sich die Übertragung gelehrter juristischer Argumentation auf das Sächsische Lehnrecht als ein weiterer Schritt hin zu ihrer Universalisierung.

4. Sammlung und Ordnung des Rechtsstoffs: Die Glosse als Nachschlagewerk

In der bisherigen Stilananlyse der Lehnrechtsglosse sind traditionelle, der klassischen Textexegese gewidmete Elemente ebenso wie eigenständige, zusammenhängende Problembehandlungen neueren Typs hervorgetreten. Doch noch ein dritter Aspekt scheint bei der Abfassung der Lehnrechtsglosse eine wichtige Rolle gespielt zu haben. Zielsetzung, Inhalt und Funktionsweise der Glosse blieben unvollständig beschrieben, würde man nicht auch das allerorts hervortretende Moment der Sammlung und Ordnung des Rechtsstoffs würdigen. In seinem Erläuterungstext zum Sächsischen Lehnrecht schuf der Glossator nämlich eine ganz beachtliche Materialsammlung, deren Wert sich gerade aus der Auswahl, Anordnung und Verknüpfung einer großen Masse von Informationen ergibt.

Ein zweiter Blick auf das bereits einmal erwähnte, einzig explizit wissensschaftstheoretische Zitat der Lehnrechtsglosse verdeutlicht den Gedanken: „*Wo ein text mit korczir rede sich bewisen wil, do sal die glosze den syn volbrengin.*“[851] Für sich genommen scheint das Zitat ein Gewährsmann für

851) LGl LnR 69 (68 § 9) (S. 960 Z. 14 f.); vgl. oben S. 398.

ein primär interpretatives Selbstverständnis der Lehnrechtsglosse. Im Kontext des übrigen Glossentextes betrachtet schwingt jedoch noch eine ganz andere Bedeutungsnuance mit. Die Bemerkung fällt nämlich im Zusammenhang mit LnR 68 § 9, dessen Wortlaut der Glossator in einem gesonderten Textstichwort der Glosse hervorhebt: „Was abir eins iczlichen mannes busze sie *et cetera.*“[852] Weil LnR 68 § 9 auf eine detaillierte Schilderung der Bußgelder verzichtet und stattdessen abstrakt ins Landrecht verweist (gemeint ist LdR III 45), sah sich der Lehnrechtsglossator offenbar veranlasst, dem Leser das an dieser Stelle merklich fehlende Informationsmaterial nun in Gestalt eines glossierenden Begleittextes direkt an die Hand zu geben. Kurzerhand paraphrasiert er in seiner Glosse zu LnR 69 (68) Inhalte des einschlägigen Buß- und Wergeldkatalogs aus LdR III 45, wobei er auch Teile der zugehörigen Buch'schen Glosse verarbeitet[853]. Zwar „erklärt“ der Glossator zu Beginn dieser Passage noch kurz, dass Bußgelder im Lehngericht unter Männern gleichen Standes keine große Rolle spielten, weshalb der Feudist auf dieses Thema nicht näher habe eingehen müssen[854]. Den eigentlichen *„syn“* der knappen Bemerkung über Bußgelder in LnR 68 § 9 erklärt er dann also, indem er alle zu diesem Stichwort relevant erscheinenden Informationen zusammenstellt. „Erklärt“ wird hier somit keine konkrete, missverständliche Formulierung des Textes. Vielmehr stellt die Lehnrechtsglosse ein in LnR 68 § 9 bewusst nur kurz angerissenes Thema in der Glosse umfassend dar. Darin kommt nun aber noch ein ganz anderer Aspekt des wissenschaftlichen Kommentars zum Ausdruck, eben die Sammlung und Zusammenstellung von Informationen.

Die Lehnrechtsglosse wurde von Anfang an in dem Anspruch verfasst, die künftige *Glossa ordinaria* des Lehnrechts zu sein. Von späteren Generationen sollte sie als das maßgebliche Standardnachschlagewerk herangezogen werden. Hierzu sah sich der Lehnrechtsglossator vor der Aufgabe, sämtliche bei der Anwendung des Sächsischen Lehnrechts irgendwie relevant werdenden Informationen in einem einzigen Werk zusammenzufassen. In seiner Glosse bemüht er sich daher um Vollständigkeit bei der Texterör-

---

852) LGl LnR 69 (68 § 9) (S. 960 Z. 12).

853) LGl LnR 68 (68 § 9) (S. 960 Z. 12 – S. 965 Z. 3); vgl. dazu LdR III 45 § 1 und Gl LdR III 43 (45 § 1) *Nu vornemet* (S. 1227 Z. 10 – S. 1228 Z. 6) und *Doch eret me de vorsten vnde vrye heren* (S. 1232 Z. 1–12).

854) LGl LnR 69 (68 § 9): *„Nv mochte eyner vragen hiruff: Worvmbe hat her hir nicht gesaczt von busze, sint her von gewette gesprochen hot? Solucio. Ir sollit wissen: Is ist dorvmbe, das yn deme lehnrechte sotan sache nicht gevellit, das ein man mit vromden lewten nicht czu schaffen hoth, wenne mit synen eigen genoszin, dy sin em glich an busze vnde an wergelde; dorvmbe dorffte her nicht schreiben mehir von der busze.“* (S. 961 Z. 1–7).

terung, er inkorporiert große Teile der Buch'schen Glosse und unternimmt zahlreiche Exkurse in benachbarte Rechtsgebiete. In gewisser Weise lässt sich die Lehnrechtsglosse somit als eine große Ansammlung von Rechtsstoff verstehen. Oft genug steht er in der Glosse als Reihe bloßer Einzelinformationen unverbunden nebeneinander. Mitunter zieht der Glossator aber auch Verbindungslinien, die Abhängigkeiten aufzeigen und kleinere Systeme konstruieren. In welchen Elementen sich solch sammelnde Aspekte der Lehnrechtsglosse offenbaren und zu welchen Strategien der Glossator fand, um darüber hinaus auch zu einer gewissen Ordnung dieser Stoffmenge zu gelangen, ist Gegenstand der folgenden Überlegungen.

a) Abgrenzung zu nachträglichen Bearbeitungen

Von solchen Merkmalen der Lehnrechtsglosse, die ein Bemühen des Glossators um Zusammenstellung und Anordnung des Stoffs erkennen lassen, sind vorab solche Strukturierungsmaßnahmen zu unterscheiden, die erst spätere Bearbeiter am Text der Lehnrechtsglosse vorgenommen haben. Welche Orientierungshilfen der Glossator seinem Werk jeweils bereits selbst eingefügt hat und welche erst einer späteren Zeit angehören, ist nach der Quellengrundlage oft nicht zu entscheiden. Die Vielgestalt der Überlieferungsträger macht aber deutlich, dass spätere Schreiber und Redaktoren den Text verschiedentlichen Maßnahmen der Strukturierung unterzogen und ihm auch externe Orientierungshilfen in Form von Verzeichnissen und Remissorien beigegeben haben. Die Handschriften und Drucke der Lehnrechtsglosse spiegeln eine ganze Reihe solcher üblichen, rezipientenfreundlichen Überarbeitungen und Auffindehilfen wider[855].

Typische Orientierungshilfen für den Leser finden sich schon in der ältesten datierbaren Handschrift der Lehnrechtsglosse, der Handschrift Be_3 der Klasse W von 1386/87. Der durch die Abfolge von 80 oder 81 Lehnrechtskapiteln vorgegebene *ordo* der Lehnrechtsglosse blieb dort unverändert, wurde in der *mise-en-page* aber zusätzlich durch Fettschrift in Gegenüberstellung zur Normalschrift der Glossenabschnitte, durch Kapitälchen zu Beginn der einzelnen Text- und Glossenabschnitte und durch Nummerierung der Kapitel mit römischen Ziffern am Rand der Spalte zusätzlich hervorgehoben. Der eigentliche Glossentext wurde noch einmal durch Paragraphenzeichen und das häufige Signalwort „*Nota*", gegebenenfalls auch durch „*Nota secundo* […] *Nota tercio* [etc.]"[856], unterteilt. Das ohnehin nicht ko-

855) Einen Überblick über typische Maßnahmen der Stoffneuordnung und Textstrukturierung in mittelalterlichen Büchern gibt PARKES, Influence.

856) Hier „Wurm'sche" Glosse LnR 10 (Berlin SBB-PK Hs. 392 fol. 184vb–185ra).

härent durchgehaltene Verweissystem des Glossators durch Wiederholung von Textstichworten erfuhr in dieser Handschrift hingegen keine entscheidende optische Hervorhebung. Allegationen wurden unterstrichen. Ein Rubrikator hat außerdem einzelne Elemente des Glossentextes durch Textmarken in roter Tinte gekennzeichnet. Durch den Aufbau einer *quaestio* führen etwa die Rubriken „*Quaestio* [...] *Respondetur* [...] *Contra* [...] *Solucio*“[857]; mit „*Sententia*“[858] leitet der Glossentext zur Beantwortung einer Urteilsfrage über[859].

Spätere Ansätze zur Ordnung und Systematisierung des Stoffs der Lehnrechtsglosse realisieren sich außerdem in *summaria*, also kurzen Inhaltszusammenfassungen von Text und Glosse, welche den einzelnen Kapiteln am Kopf des Lehnrechtstextes vorangestellt werden. Im Vergleich der Klassen K und L wurde bereits deutlich, dass solche *summaria* in den verschiedenen Handschriften und Drucken der Lehnrechtsglosse in unterschiedlicher Gestalt überliefert sind[860]. Im Laufe der Zeit sind sie stetig angewachsen. Das *summarium* ist klassischer Bestandteil des traditionellen Exegese-Schemas[861]. Da bereits die Handschriften der Klasse L Summarien enthalten, steht zu vermuten, dass bereits der Glossator selbst einen Grundstock an knappen, textbezogenen *summaria* verfasst hat. In ihrer vielgestaltigen Überlieferung sind sie dann aber durch spätere Nutzer und Bearbeiter verändert und erweitert worden. Leser und Schreiber der Lehnrechtsglosse hielten es offenbar für sinnvoll, durch Voranstellung prägnanter Stichworte Orientierung zu bieten und damit inhaltlich den Einstieg in die Lektüre der Lehnrechtsglosse zu erleichtern. Die in den späteren Drucken zu nummerierten Leitsätzen ausgewachsenen Summarien können gar echte Interpretationshilfe leisten.

Als weitere Lesehilfe ist darüber hinaus der Versuch einer systematischen Erschließung des Werks in den späteren Registern und Remissorien zu verstehen. Eine Übergangsform bietet noch die Handschrift L_1 von 1431/32, die der wissenschaftlichen Edition der kürzeren Lehnrechtsglosse zugrunde liegt. Sie listet die Summarien, statt sie wie üblich den einzelnen Lehnrechtskapiteln voranzustellen, in einem zusammenhängenden Register auf, welches der Glosse als eine Art Inhaltsverzeichnis beigegeben wurde[862]. Auch

---

857) Hier „Wurm'sche“ Glosse LnR 2 (Berlin SBB-PK Hs. 392 fol. 158va–159ra).

858) Etwa „Wurm'sche“ Glosse LnR 14 (Berlin SBB-PK Hs. 392 fol. 207rb; $207^{va \text{ und } b}$).

859) Vgl. zur nachträglichen Einfügung solcher Textmarkierungen allgemein PARKES, Influence S. 121.

860) Vgl. oben S. 363 f.

861) Vgl. oben S. 390 ff.

862) KGl LnR, Register (S. 3–30).

in der Handschrift Wo von 1464, der Leithandschrift der Edition der längeren Lehnrechtsglosse, ist ein ausführliches Register vorangestellt[863]. Das Unternehmen einer systematischen Erschließung der Glosse unternahm Mitte des 15. Jahrhunderts dann Dietrich von Bocksdorf, der in sein groß angelegtes Remissorium zum gesamten Sächsischen Recht neben Land- und Weichbildrecht samt ihrer Glossen auch Lehnrecht und Lehnrechtsglosse einarbeitete[864]. Unter alphabetisch geordneten Stichworten von „*Abbt – Wund*"[865] sammelte er die wichtigsten Rechtssätze und erstellte vor allem ein Verzeichnis weiterführender Hinweise auf die jeweils einschlägigen Text- und Glossenstellen. Auf solche Weise war ein schnelles Nachschlagen spezieller Sachfragen in den unübersichtlichen Basistexten des sächsischen Rechts erheblich erleichtert worden. Noch der heutigen Forschung ist das Bocksdorf'sche Remissorium ein unerlässliches Hilfsmittel. Es floss in die zweibändigen Standarddruckausgaben des Sächsischen Rechts ein und findet sich dort regelmäßig am Ende des „zweiten Bandes" im Anschluss an Weichbild und Lehnrecht[866]. In späteren Jahren ergänzte man fehlende Belegstellen und erweiterte das Remissorium um zusätzliche Stichworte („*Abt – Zweifell*"[867]). Doch das immense Material der sächsischen Glossen ließ sich kaum erschöpfend erschließen. Das in Arbeit befindliche, moderne wissenschaftliche Glossar zur Buch'schen Glosse bleibt somit ein dringliches Desiderat moderner Forschung[868].

Schließlich ist in der Reihe der strukturierenden Überarbeitungen der Lehnrechtsglosse noch das Phänomen der Randglossen zu erwähnen, mittels derer Benutzer der Handschriften, gerade aber auch die Ersteller der Druckausgaben das Auffinden einschlägiger Passagen erleichtern wollten. Besonders viele Randnotizen finden sich in der überarbeiteten Zobel'schen

863) LGl LnR, Register (S. 5–43).

864) Vgl. zu Person und Werk Dietrichs von Bocksdorf oben S. 79 m. w. N. Zum Remissorium insbesondere WEJWODA, Sächsische Rechtspraxis S. 79–102; DERS., Spätmittelalterliche Jurisprudenz S. 328–332.

865) Remissorium ([Sächsisches Weichbild...], Augsburg 1482, mit eigener Blattzählung am Ende des Bandes).

866) Vgl. die Angaben bei GW 9266; ebenso OPPITZ, Art. Remissorien zu den deutschen Rechtsbüchern, in: [2]VL VII Sp. 1224. Hier wird die erweiterte Ausgabe des Remissorium im Druck des Christoph Zobel von 1537 benutzt (ZOBEL, Sechsisch Weychbild und Lehenrecht, Leipzig 1537, ohne fol. [am Ende des Bandes]). Zur Ausbildung der Standardausgaben des Sächsischen Rechts vgl. oben S. 120 ff.

867) So das überarbeitete Remissorium in der Fassung des Zobel'schen Drucks von 1537 (ZOBEL, Sechsisch Weychbild und Lehenrecht, Leipzig 1537, ohne Blattzählung).

868) Ein modernes wissenschaftliches, ebenfalls nach alphabetischen Lemmata geordnetes Glossar zur Buch'schen Glosse erarbeiten derzeit Peter Neumeister und Frank-Michael Kaufmann.

Druckfassung von 1537[869]. Manche von ihnen vertiefen Zusatzfragen. Regelmäßig nennen die Randglossen aber einfache Schlagworte, um ein schnelles Erfassen der in der Glosse behandelten Inhalte auf einen Blick zu ermöglichen.

In der Gesamtschau stellen diese verschiedenen nachträglichen Strukturierungs- und Erschließungsversuche Indizien gerade für ein Fehlen eines inneren, selbsterklärenden Systems im *ordo* der Lehnrechtsglosse dar. Ein nachhaltiges Bedürfnis der Leserschaft nach Ordnung und Übersichtlichkeit hatte der Glossator des Lehnrechts offenbar kaum hinreichend befriedigen können. Einige originäre Ansätze des Glossators zur Strukturierung seiner Glosse lassen sich gleichwohl ausmachen.

b) *Continuationes capitulorum*

Ein fester Bestandteil des klassischen Exegese-Schemas der Kommentatoren war die Bildung einleitender *continuationes*, in welchen der Kommentator schlüssige Übergänge von einer Gesetzesstelle zur nächsten aufzuzeigen suchte und dem Leser damit einen kohärenten Gedankengang des Gesetzgebers vor Augen führen wollte[870]. Dazu griff man regelmäßig zu Beginn einer Kommentierung die Thematik des vorangehenden Gesetzes noch einmal auf und behauptete dann einen (notgedrungen manchmal recht fernliegenden) inneren Zusammenhang mit der nächsten, nun im Folgenden zu kommentierenden Gesetzesstelle. Solche Deutungen der Titelabfolge des *Corpus iuris* waren schon bei den Glossatoren üblich gewesen, man bezeichnete sie als „*continuationes titulorum*"[871]. Die Kommentatoren übernahmen diese älteren Überleitungen aus der *Glossa ordinaria* in ihre Werke oder bildeten neue, eigenständige *continuationes*[872].

Es ist bemerkenswert, dass die sächsischen Glossatoren der Figur der *continuatio* in ihren Werken ganz besondere Aufmerksamkeit geschenkt haben. Die Mehrzahl der Glossenanfänge der Buch'schen Glosse beginnt mit *continuationes*, in denen Johann von Buch eine Fortführung des Gedankengangs des jeweiligen Artikels des Sachsenspiegel-Landrechts über diesen

---

869) Längere Glosse LnR (ZOBEL, Sechsisch Weychbild und Lehenrecht, Leipzig 1537, mit eigener Blattzählung fol. I–CVII).

870) Vgl. oben S. 390 ff. Über *continuationes* GENZMER, Iustinianische Kodifikation S. 407 f.; LANGE, Glossatoren S. 120; LANGE / KRIECHBAUM, Kommentatoren S. 282–284 und 366; NÖRR, Stellung des Richters S. 21 Anm. 20 und S. 103; WEIMAR, Legistische Literatur der Glossatorenzeit S. 141; DERS., Legistische Literatur und Methode des Rechtsunterrichts S. 52–55.

871) GENZMER, Iustinianische Kodifikation S. 407.

872) LANGE / KRIECHBAUM, Kommentatoren S. 283.

hinaus geltend macht[873]. Um die offenkundige Orientierung solcher Glossenanfänge an der Tradition der gelehrten *Glossae ordinariae* zu unterstreichen, spricht Bernd Kannowski von „*continuationes articulorum*"[874].

Ganz ähnlich gestaltet sich das Bild auch im Fall der Lehnrechtsglosse. Etwa zwei Drittel der Glossen der Klasse L leiten mit *continuationes* ein[875]. Mit Rücksicht auf die abweichende Terminologie des Glossators für die Kapitel des Sächsischen Lehnrechts könnte man sie analog als „*continuationes capitulorum*" bezeichnen. Ein im Rückgriff auf die Figur der *continuatio* jedenfalls mittelbar zu beobachtender Einfluss gelehrter Methode auf die Lehnrechtsglosse beweist sich spätestens in Glosse LnR 39, wo der Glossator explizit einmal den Begriff der „*continuacio*"[876] gebraucht. Eine direkte Beeinflussung durch das Vorbild der Buch'schen Glosse tritt außerdem in den nahezu identischen Formulierungen zu Tage, die Land- und Lehnrechtsglossator für ihre erstmals in deutscher Sprache verfassten *continuationes* verwenden[877].

Die Bedeutung von *continuationes* in Glossen und Kommentaren zum gelehrten Recht ist noch nicht eingehend untersucht worden. In den bisherigen Einschätzungen der Forschung heben einige einen stark systematischen Zug der *continuationes* hervor[878]. Andere warnen vor einer Überbewertung eines ordnenden Gesichtspunkts und unterstreichen die bloße Einleitungsfunktion der *continuatio*[879]. Speziell den *continuationes* der Kommentatoren bescheinigen einige Stimmen der Literatur eine besonders stereotype

---

873) Vgl. die Auflistung der Glossenanfänge der Buch'schen Glosse mit *continuatio* bei KANNOWSKI, Umgestaltung S. 518 Anm. 269.

874) KANNOWSKI, Umgestaltung S. 519.

875) Einleitende *continuationes* am Glossenanfang enthalten LGl LnR 3, 4, 5, 6, 7, 8, 11, 12, 13, 15, 17, 19, 20, 21, 23, 24, 25, 27, 29, 31, 32, 33, 34, 36, 37, 40, 41, 42, 43, 44, 45, 46, 49, 50, 51, 52, 53, 55, 56, 58, 61, 62, 63, 65, 66, 68 (67), 70 (69), 71 (70), 72 (71), 73 (72), 76 (75), 77 (76), 80 (79).

876) LGl LnR 39 (38 § 4): „*Vnde ist dy continuacio disses capittels also* […]" (S. 586 Z. 11 f.).

877) Für eine fast gleichlautend wiederkehrende Formulierungen vgl. beispielsweise Gl LdR I 11 (I 12) *Wor brodere edder ander lude et cetera*: „*Hire vore hefft he gesproken van / deme vader vnd van den kinderen, wat se gesamendes vnd vngetweydes gudes hebben. Nu wel he hir zeggen van broderschop vnd ok van geselscop.*" (S. 198 Z. 17–20) und dazu LGl LnR 6 § 1: „*Also hyrvor gesprochen ist, wy eyn herre czwien mannen syn gut möge lien, so das eyner dy gewere daran habe, vnde der andere das gedinge, ap er an lehnerben störbe. Aber nv wil er hy sagen, wy das eyn vater synen son beerbet mit der gewere des gutis vnde mitsampt deme gute.*" (S. 164 Z. 10–14).

878) GENZMER, Iustinianische Kodifikation S. 407 f.

879) WEIMAR, Legistische Literatur und Methode des Rechtsunterrichts S. 54; ähnlich LANGE / KRIECHBAUM, Kommentatoren S. 283.

Ausgestaltung und bemängeln ein fehlendes Interesse der Kommentatoren an einer wirklich kritischen Diskussion des Legalsytems[880]. Dieser Bewertung ist von anderer Seite wiederum entgegengehalten worden, dass im Werk verschiedener Kommentatoren sehr wohl ausführliche *continuationes* von intellektuellem Wert enthalten sind, die sich durchaus ernsthaft mit der Frage einer sinnvollen Anordnung der Rechtsmaterien auseinandersetzen[881]. Im vorliegenden Zusammenhang wird der Frage nach Ansätzen der *continuationes* zu systematischer Reflexion des Stoffs bloß mit Blick auf die Lehnrechtsglosse nachgegangen.

Insgesamt 53 der Glossenanfänge der längeren Lehnrechtsglosse leiten mit einer *continuatio* ein. Meist knüpft der Glossator in standardisierten, knappen Erläuterungen an das vorhergehende Kapitel an, deutet dessen Inhalt noch einmal in kurzen Stichworten an und stellt daraufhin mehr oder weniger geschickt einen Zusammenhang zum nächstfolgenden Kapitel her. Oft genug beschränken sich solche Überleitungen allerdings auf die Andeutung ganz oberflächlicher Parallelen oder erschöpfen sich vollends in zusammenhanglos nebeneinander gestellten, kurz umrissenenen Inhaltsangaben der aufeinander folgenden Kapitel. *Continuationes capitulorum* verorten die jeweiligen Lehnrechtskapitel also zwar grob in ihrem Kontext, gehen dabei aber selten in die Tiefe. Typische, exemplarisch herausgegriffene *continuationes* der Lehnrechtsglosse zu Beginn der Glossen LnR 3, 4 und 5 lauten aufeinander folgend:

> „*Also vor gesprochen ist von des herschildes vnderscheit, vnde wer des herschildes von rechte darben sal. Nv wil her vort sprechen vn dissem capitel, wy man hulde sweren sal deme hern, der ôm eyn gut liet.*“[882] (= Anbindung an LnR 2 zu Beginn der Glosse LnR 3)

> „*Hyr vor yn dem nesten capittel, do wir gesprochen haben,, was eyn man synem hern pflichtig ist zcu dinste, dy wile er syn man syn wil, vnde wy er hulde thun sal. Nv yn dissem keginwertigen capittele wil her seczen von dinste eyns iczlichen mannes kegen synem hern.*“[883] (= Anbindung an LnR 3 zu Beginn der Glosse LnR 4)

> „*Noch dem mole das hyr vor gesprochen ist, das eyn iczlich man synem hern pflichtig ist czu dynen vnde lehnrechtis czu pflegen. Nv wil her hyr entsch-*

880) Horn, Legistische Literatur S. 322 f.
881) Lange / Kriechbaum, Kommentatoren S. 283 f.
882) LGl LnR 3 (S. 93 Z. 13 – S. 94 Z. 2).
883) LGl LnR 4 § 1 (S. 104 Z. 2–6).

eyden, worvmbe vnde wo von her ôm czu rechte dynen sal"[884] (= Anbindung an LnR 4 zu Beginn der Glosse LnR 5)

Nachdem zuvor vom Unterschied im Heerschild gesprochen wurde und von denen, die keinen Heerschild haben (LnR 2), bespricht er in diesem Kapitel nun die Frage, wie man dem Verleiher eines Guts Hulde schwören soll (LnR 3); Nachdem zuvor von den Verpflichtungen des Mannes zu Dienst und Hulde gesprochen wurde (LnR 3), legt er in diesem Kapitel nun den Lehnsdienst fest, den ein Mann seinem Herrn erbringen soll (LnR 4); Nachdem zuvor von Lehnsdienst und Gerichtspflicht gesprochen wurde (LnR 4), wird nun im Folgenden unterschieden, weshalb und wovon der Dienst erbracht werden soll (LnR 5). – In *continuationes* wie diesen schickt der Glossator seinen Kommentierungen jeweils nur ganz kurze Andeutungen des Kapitelinhalts voraus. Mit ihnen lässt sich lediglich ein sehr oberflächlicher thematischer Zusammenhang mit dem vorangehenden Kapitel aufzeigen. Solche *continuationes* stellen keine ernsthaften Erwägungen zum Gesamtaufbau des Gesetzes an, sondern fungieren mehr als eine Merk- und Auffindehilfe für den Leser. Tatsächlich fragt sich, ob *continuationes* wirklich primär den Nachweis eines sinnvollen legislatorischen Gesamtsystems erbringen wollten oder ob ihre Funktion vielleicht stärker in einer Art Orientierungshilfe zu sehen ist. Immerhin konnte, da sich ja auch die Kommentatoren noch streng an die vorgegebene Legalordnung hielten, allenfalls eine Erklärung des Vorgefundenen und nie eine selbständige Systematisierung der Rechtsmaterie bezweckt gewesen sein[885]. Ein viel wichtigerer Aspekt als der systematisierende Blick aufs Ganze scheint bei den typischen *continuationes* der Lehnrechtsglosse die thematische Einstimmung des Lesers auf das folgende Kapitel zu sein. Auf einen Blick sollte ihm eine erste Orientierung über den folgenden Glosseninhalt ermöglicht werden. Dazu schließen sich einigen *continuationes* längere Punktekataloge an, in denen der Glossator den Inhalt der folgenden Glosse paraphrasiert. Die Einleitung zu Glosse LnR 7 etwa mündet in einen solchen sieben Lehren des Kapitels auffächernden Überblick („*Nv wil her vort sagen yn dissem capittel syben sunderliche lere* […]"[886]). Der Schwerpunkt vieler *continuationes* der Lehnrechtsglosse

884) LGl LnR 5 (S. 150 Z. 2–5).

885) LANGE / KRIECHBAUM, Kommentatoren S. 283.

886) LGl LnR 7 (S. 177 Z. 14 f.); ähnlich auch LGl LnR 9 (S. 195 Z. 13 f.); LGl LnR 11 (S. 221 Z. 10–13); LGl LnR 12 (S. 256 Z. 7 f.); LGl LnR 13 (S. 275 Z. 12 – S. 276 Z. 2); LGl LnR 20 § 1 (S. 351 Z. 12 f.); LGl LnR 22 § 1 (S. 368 Z. 4); LGl LnR 24 § 1 (S. 403 Z. 6 f.); LGl LnR 25 (S. 427 Z. 3–5); LGl LnR 37 (S. 567 Z. 3 f.); LGl LnR 46 § 1 (S. 638 Z. 12 f.); LGl LnR 57 § 1 (S. 777 Z. 1 – S. 778 Z. 7); LGl LnR 68 (67 § 1) (S. 910 Z. 14); LGl LnR 80 (79 § 1) (S. 1075 Z. 13).

liegt auf solchen *introductiones* mit mehr oder weniger detaillierten Überblicken über den Inhalt der folgenden Glosse[887]. Dahinter tritt der erste Teil der *continuatio* mit seiner Rückanbindung an das vorangehende Kapitel in seiner Bedeutung stark zurück. Das formale Festhalten des Glossators an der Figur der *continuatio* ist aber bemerkenswert und dürfte primär einer bewussten Anknüpfung des Glossators an die Tradition der gelehrten *Glossae ordinariae* geschuldet sein. Weil ein Zusammenhang der Kapitel dabei tatsächlich häufig nur schematisch behauptet und nicht substantiiert begründet wird, erscheinen die meisten *continuationes* der Lehnrechtsglosse merkwürdig sinnentleert. Dass sie vom Redaktor der Klasse K aller Wahrscheinlichkeit nach als überflüssig empfunden und rigoros gestrichen worden sind[888], spricht für sich.

Von der soeben beschriebenen, zur leeren Hülse verkommenen Standardform der *continuatio capitulorum* kennt die Lehnrechtsglosse allerdings einige Abweichungen. Ein systematisierender Zug der Lehnrechtsglosse tritt in diesen Ausnahmefällen durchaus hervor. So gibt es einige *continuationes*, die sich nicht zu Beginn der Glossen finden, sondern mittendrin in eine Glossenstelle integriert wurden. Auch Johann von Buch hat hier und da schon solche *continuationes* innerhalb einer Kommentierung gebildet und mit ihnen den Beginn eines neuen Gedankengangs in Text und Glosse markiert[889]. In glosseninternen *continuationes* der Lehnrechtsglosse knüpft der Glossator mal an den vorangehenden Gedankengang desselben Kapitels an[890], mal verweist er auf andere weiter entfernt liegende Kapitel des Lehnrechts[891]. Solche *continuationes* sind nicht aus formalen Gründen der Ein-

887) Weil auch *continuationes* gelehrter Glossen solche Variationen aufweisen, zieht es WEIMAR, Legistische Literatur und Methode des Rechtsunterrichts S. 54 vor, generell an Stelle von „*continuationes*" in einem allgemeineren Sinn von „*introductiones*" zu sprechen.

888) Vgl. oben S. 165 ff.

889) KANNOWSKI, Umgestaltung S. 519 f. Die glosseninternen *continuationes* der Buch'schen Glosse lassen sich wohl teilweise auf eine veränderte Artikelanordnung der Buch'schen Landrechtsvorlage zurückführen. Eine entsprechende Erklärung für die glosseninternen *continuationes* der Lehnrechtsglosse liegt allerdings fern.

890) LGl LnR 4 § 5 (S. 143 Z. 12 – S. 144 Z. 2); LGl LnR 13 § 1 (S. 285 Z. 1–3); LGl LnR 26 § 9 (S. 476 Z. 7–10); LGl LnR 26 § 10 (S. 479 Z. 1–5); LGl LnR 31 § 1 (S. 531 Z. 1–4); LGl LnR 55 § 2 (S. 725 Z. 6–10); LGl LnR 55 § 3 (S. 733 Z. 13 – S. 734 Z. 1); LGl LnR 55 § 4 (S. 734 Z. 8–11); LGl LnR 64 § 2 (S. 844 Z. 14 – S. 845 Z. 1); LGl LnR 65 § 2 (S. 865 Z. 16 – S. 866 Z. 7); LGl LnR 66 § 2 (S. 895 Z. 13 – S. 896 Z. 2); LGl LnR 72 (71 § 6) (S. 1018 Z. 12 – S. 1019 Z. 10).

891) LGl LnR 8 § 2 mit Verweis auf LnR 4 (S. 193 Z. 4–10); LGl LnR 9 § 2 mit Verweis auf LnR 70 (69 § 2) (S. 202 Z. 4 f.); LGl LnR 25 mit Verweis auf LnR 22–24 (S. 428 Z. 16 – S. 429 Z. 3); LGl LnR 39 (38 § 4) mit Verweis auf LnR 38 (S. 586 Z. 11–15);

heitlichkeit verfasst worden, sondern inhaltlich motiviert. Schon deshalb machen sie einen wesentlich gefälligeren, sinnvolleren Eindruck.

Ähnlich verhält es sich mit solchen *continuationes* an Glossenanfängen der Lehnrechtsglosse, in denen der Glossator nicht einfach bloß auf das vorangehende Kapitel Bezug nimmt, sondern größere Bögen zu weiter entfernt gelegenen Stellen des Lehnrechts spannt[892]. Auch dieses Phänomen begegnet bereits in der Buch'schen Glosse[893]. Manche der übergreifenden *continuationes* der Lehnrechtsglosse enthalten punktuelle Querverweise nach Art einfacher Remissionen. Andere zeigen durchaus den Versuch, größere Linien im Aufbau des Lehnrechts herauszuarbeiten. So bemüht sich der Glossator in den Glossenanfängen zu LnR 16 und 17, durch die Aufzählung verschiedener Arten des Lehngutsverlusts einen verbindenden roten Faden zwischen LnR 13 § 2, 16 und 17 zu ziehen[894]. Noch weit pointierter manifestiert sich ein Systematisierungsdenken allerdings in Glosse LnR 72 (71). Das Sächsische Lehnrecht folgt ja durchaus einem schlüssigen inneren Aufbau. Auf das gemeine Lehnrecht im Hauptteil folgt in LnR 65–69 eine geschlossene Darstellung des Lehngerichtsverfahrens, welcher sich die speziellen Regelungen der LnR 71 ff. zu den besonderen Lehnsarten anschließen. Die grundlegende Unterscheidung zwischen allgemeinem und besonderem Lehnrecht, die auch im Text von LnR 71 zum Ausdruck kommt, betont nun auch der Lehnrechtsglossator in seiner *continuatio* zu Beginn der Glosse LnR 72 (71): „*Also vor entscheiden ist von dem gemeynen lehnrechte,*“[895]

LGl LnR 59 § 4 mit Verweis auf LnR 58 (S. 800 Z. 3–7); LGl LnR 60 § 1 mit Verweis auf LnR 22 (S. 809 Z. 10–13); LGl LnR 69 (68 § 1) mit Verweis auf LnR 49 (S. 944 Z. 1–3); LGl LnR 72 (71 § 11) mit Verweis auf LnR 20 (S. 1026 Z. 10–15) und LGl LnR 76 (75 § 1) mit Verweis auf LnR 57 (S. 1049 Z. 14 – S. 1050 Z. 3).

892) LGl LnR 12 § 1 mit Verweis auf LnR 2 § 5 (S. 256 Z. 4–7); LGl LnR 19 § 1 mit einem impliziten Verweis auf LnR 9 (S. 335 Z. 8–10); LGl LnR 25 mit Verweis auf LnR 22–24 (S. 426 Z. 8 – S. 427 Z. 1); LGl LnR 34 mit Verweis auf LnR 31 (S. 557 Z. 7–11); LGl LnR 36 mit Verweis auf LnR 26 § 10 (S. 563 Z. 9 – S. 564 Z. 3); LGl LnR 56 mit Verweis auf LnR 31 und 34 (S. 743 Z. 11 – S. 744 Z. 8); LGl LnR 61 mit Verweis auf LnR 2 (S. 818 Z. 9–11); LGl LnR 71 (70) mit Verweis auf LnR 40 (S. 998 Z. 2–7); LGl LnR 76 (75 § 1) mit Verweis auf LnR 56 (S. 1049 Z. 5–8).

893) Vgl. die Nachweise bei KANNOWSKI, Umgestaltung S. 519 Anm. 279.

894) Vgl. LGl LnR 16: „*Nv vndirwist vns daz recht dy dritte racio, do eyn man syn lehn mit vorlieszen mag, vnde spricht* […]“ (S. 313 Z. 3 f.); sowie die folgende LGl LnR 17: „*Noch deme mole das das recht vor entricht hoth dy dritte regil, do mete eyn man vorlieszen mag syn recht* […] *Nv wil her hir yn dissem capittel dy virde regil růrn, do mete der man aber syn lehn vorlieszin moge* […]“ (S. 318 Z. 11 f.; S. 319 Z. 4 f.). Ähnlich zeichnet der Glossator kapitelübergreifende Verbindungslinien auch in LGl LnR 24 §§ 6 f. (S. 410 Z. 6 f. und S. 412 Z. 5 f.) oder LGl LnR 43 § 1 (S. 612 Z. 6).

895) LGl LnR 72 (71 § 2) (S. 1014 Z. 2 f.).

stellt er den kategorischen Unterschied des gemeinen Lehnrechts zu den im Folgenden abschließend zu kommentierenden besonderen Formen des Gerichts-, Eigen- und Burglehens heraus.

Somit handelt es sich bei den *continuationes capitulorum* der Lehnrechtsglosse um ein ambivalent zu beurteilendes Phänomen mit nur sehr begrenzten Ansätzen zur Systematisierung des Rechtsstoffs. In ihrer standardisierten Form zu Beginn der Glossen scheinen die *continuationes* meist bloß der Form halber ausgeführt. Primär erfüllen sie dort Einleitungsfunktionen, indem sie dem Leser rasche Überblicke über die im Folgenden behandelte Thematik gewähren. Daneben gibt es zwar einige *continuationes*, in denen der Glossator weitere Bögen zu weiter enfernten Kapiteln spannt und sich dabei bemüht, den Lehnrechtstext im Ganzen im Auge zu behalten. Doch auch diese Querverbindungen bleiben lose, oberflächliche Verweise. Eine ausgereifte Vorstellung des Glossators von einem geschlossenen System des Sächsischen Lehnrechts tritt in den fragmentarischen Bemerkungen der *continuationes* keinesfalls hervor.

c) Aufzählungen und Distinktionen

Das vielleicht wichtigste Prinzip der Lehnrechtsglosse zur Entfaltung und Ordnung des Stoffs zeigt sich in den zahlreichen Aufzählungen und weiteren Ausformungen der scholastischen Distinktionsmethode. Distinguieren, also die Arbeitstechnik des Unterscheidens und Einteilens, gehört zu den „Urtypen mittelalterlichen Denkens schlechthin“[896]. Bereits die Glossatoren seit Irnerius wandten sie zur Erläuterung der Texte des *Corpus iuris* an[897]. Im Rahmen von Auslegungsverfahren und Problemerörterungen waren *distinctiones* auch als fester Bestandteil der Kommentarliteratur noch gang und gäbe[898]. Distinktionen ließen sich je nach Anzahl der Unterscheidungspunkte zwei- oder mehrgliedrig aufbauen. Untergliederte man die Unterpunkte noch weiter in *subdivisiones*, enstanden mehrstufige Distinktionen[899]. Regelrechte Begriffspyramiden konstruierte man auf diese Wei-

896) WEIMAR, Legistische Literatur und Methode des Rechtsunterrichts S. 62. Überblicke über die Methode der Distinktion geben LANGE / KRIECHBAUM, Kommentatoren S. 312–321; MEYER, Distinktionstechnik S. 262–274; und WEIMAR, Art. Distinktion (II. Zivilrecht), in: LexMA III Sp. 1128 f. Grundlegend GENZMER, Vorbilder; vgl. außerdem DERS., Iustinianische Kodifikation S. 397–403; OTTE, Dialektik und Jurisprudenz S. 73–97; DERS., Logische Einteilungstechniken.

897) OTTE, Logische Einteilungstechniken S. 166 f. Die Distinktionsmethode der Kanonisten untersuchte MEYER, Distinktionstechnik.

898) LANGE / KRIECHBAUM, Kommentatoren S. 321.

899) WEIMAR, Art. Distinktion (II. Zivilrecht), in: LexMA III Sp. 1129.

se[900]. *Distinctiones* konnten eine Gattung in Unterarten aufteilen, unterschiedliche Bedeutungen desselben Ausdrucks oder Rechtssatzes auffächern, relevante Eigenschaften auflisten, Nebenpunkte zuordnen oder konträre Gegensätze gegeneinander abgrenzen[901].

Distinktionen bildete man besonders im Rahmen von *quaestiones* und *oppositiones* zur Auflösung vermeintlicher Widersprüche. Doch ihre Eignung zur *solutio contrariorum* war nur eine der argumentativen Funktionen der *divisio*. Darüber hinaus – diesen Aspekt betonen alle Autoren – dienten *distinctiones* in einem viel umfassenderen Sinn der geordneten, übersichtlichen und möglichst vollständigen Präsentation des Stoffs (*positio materiae*)[902]. Erich Genzmer brachte die Distinktionsmethode deshalb einst auf die prägnante Kurzformel: „Distinctionsmethode ist Systematik, und zwar Systematisierung von Einzelmaterien."[903] Für ein rechtes Verständnis der Distinktionsmethode ist allerdings gerade Genzmers Nachsatz große Bedeutung beizumessen. Denn mitnichten dürfen die *distinctiones* als ein Versuch mittelalterlicher Jurisprudenz gewertet werden, das Recht als ein in sich schlüssiges, durchstrukturiertes und logisches Gesamtsystem zu beschreiben. Genzmer, der scholastische Wissenschaft schlechthin als die „Systematisierung des gegebenen Materials"[904] begriff, dürfte ein Streben der Glossatoren nach „Harmonisierung und Systematisierung"[905] der Rechtsquellen allzu stark in den Vordergrund gestellt haben. Präziser beschreibt Peter Weimar die Intention der Glossatoren bei der Abfassung von *divisiones* und *distinctiones*: „Die mittelalterliche Rechtswissenschaft hat nicht den Versuch unternommen, ein einheitliches Rechtssystem zu entfalten; sie entwickelte jedoch kleine Systeme, das heißt Ordnungszusammenhänge, in großer Zahl."[906] Das Distinktionsverfahren war ein „methodologisches

900) OTTE, Dialektik und Jurisprudenz S. 87 f.; DERS., Logische Einteilungstechniken S. 163 f.

901) Über die wissenschaftstheoretische Reflexion verschiedener Arten von *distinctiones* bei Boethius, den Glossatoren und den Kommentatoren LANGE / KRIECHBAUM, Kommentatoren S. 317–320; OTTE, Dialektik und Jurisprudenz S. 73–79; DERS., Logische Einteilungstechniken S. 160 f.

902) GENZMER, Iustinianische Kodifikation S. 401; DERS., Vorbilder S. 349; LANGE / KRIECHBAUM, Kommentatoren S. 313–317; MEYER, Distinktionstechnik S. 3, 6; OTTE, Logische Einteilungstechniken S. 166–169; WEIMAR, Legistische Literatur und Methode des Rechtsunterrichts S. 62.

903) GENZMER, Iustinianische Kodifikation S. 398.

904) GENZMER, Iustinianische Kodifikation S. 382.

905) GENZMER, Iustinianische Kodifikation S. 384.

906) WEIMAR, Legistische Literatur der Glossatorenzeit S. 142.

Passepartout“[907], das einen rationalen Zugriff auf jede nur denkbare juristische Frage erlaubte und mit dessen Hilfe sich komplexe Sachverhalte übersichtlich und umfassend darstellen ließen. Ausgehend von einem konkret ausgewählten Bearbeitungsgegenstand ließ sich ein Themenkomplex distinguierend nach allen Richtungen hin ausloten.

In der Lehnrechtsglosse nehmen *distinctiones* sehr häufig die Form von Aufzählungen an. Solche Punktekataloge kennt schon die Buch'sche Glosse[908]. Hier wie dort sind sie die charakteristische Darstellungsform für geschlossene, besonders eigenständige Abhandlungen der Verfasser, für die der kommentierte Text jeweils nur das erste Stichwort liefert. Aufzählungen finden sich in der Lehnrechtsglosse zum einen in Form von überblicksartigen Einleitungen zu Beginn einiger Kapitel. *Divisiones* zergliedern den Inhalt der betreffenden Lehnrechtskapitel in durchnummerierte, im Folgenden dann einzeln erläuterte Grundaussagen („*Nv yn dissem capitel wil vns das recht vndirwieszen sechs sunderliche stůcke*“[909]). Auch über mehrere Kapitel hinweg werden solche aufzählenden, jedoch nicht immer auch sicher nachvollziehbaren Verbindungslinien gezogen („*Nv wil her hir yn dissem capittel dy virde regil růrn, do mete der man aber syn lehn vorlieszin moge*“[910]). Zum anderen gibt es Aufzählungen auch innerhalb der Kommentierungen der Lehnrechtsglosse. Sie können sich auf jeden nur denkbaren Inhalt beziehen: „*so hat her entpfangen drierley sunderliche pyn*“[911], „*Widder sotan lute ist drierley wan*“[912], „*Es syn funff sachen, do keyne gewere czu gehört*“[913], „*Jr sollet wissen, das vier sachen sint, dy echte not heiszen*“[914] und vieles Ähnliches mehr. Solche Punktekataloge finden sich bei fließenden Übergängen gleich mehrfach in nahezu jedem Kapitel der Lehnrechtsglosse, weshalb eine abschließende, sinnvolle Auflistung unmöglich ist. Eine typische, den Blick in die Breite öffnende *distinctio* bietet Glosse LnR 5. Das in LnR 5 be-

907) FRIED, Nutzen S. XVIII.

908) Vgl. stellvertretend für viele andere Beispiele in der Buch'schen Glosse die Aufzählung von sieben „*stucke*“ die väterliche Gewalt betreffend, Gl LdR I 12 (13 § 1) *Sundert de vader* (S. 202 Z. 1 – S. 203 Z. 10), die Aufzählung von drei Ursachen für Unterschiede im Recht, Gl LdR I 13 (14 § 1) *Al sy yd lenrecht* (S. 205 Z. 1–9) und die Aufzählung von sechs Fällen des Lehnsverlusts, Gl LdR I 13 (14 § 1) *Al sy yd lenrecht* (S. 205 Z. 14–25). Weitere Beispiele nennt KANNOWSKI, Umgestaltung S. 521.

909) LGl LnR 11 (S. 221 Z. 10–12). Weitere Quellenbeispiele oben S. 461 Anm. 886.

910) LGl LnR 17 (S. 319 Z. 4 f.), hier wohl unter Bezugnahme auf LnR 13 und 16.

911) LGl LnR 3 (S. 95 Z. 7 f.).

912) LGl LnR 10 § 1 (S. 210 Z. 1).

913) LGl LnR 13 § 1 (S. 285 Z. 4).

914) LGl LnR 24 § 7 (S. 413 Z. 5).

handelte *gedinge* ist dem Glossator Anlass, dieses Institut in dreierlei Arten des Gut- und Besitzerwerbs einzuordnen:

> „*Drierley wise kommet gut czu vns. Dorvmbe habe wir ouch drierley gewere daran.* ***Enczwer*** [Hervorhebung der Verf.] *is kommet czu vns von mogeschafft adir von vnserm vater.* [...] ***Czum anderen mole*** [Hervorhebung der Verf.] *kompt dy gewere des gutis an mich von frömden leuten. Das ist czu vornhemen noch lehnrechte vnde noch gedinges rechte.* [...] ***Czum dritten mole*** [Hervorhebung der Verf.] *kommet gut ouch an vns, das wir selbir irkrigen von wilder worczeln. Das heiszet denne eygen.* [...].“[915]

Zu jeder Art des Guterwerbs – Vererbung, Erwerb vom Dritten oder Neubegründung – erläutert der Glossator möglichst lehnrechtsspezifische Beispiele und stützt sich dazu auf Allegationen des gelehrten Rechts. Lehngutserwerb infolge eines zur Wirksamkeit gelangten *gedinge* ordnet der Glossator dabei der zweiten Kategorie zu. Eine gewachsene Bedeutung juristischen Begründungsaufwands bei rechtlichen Differenzierungen[916] und das Bemühen um eine Verortung in größeren Kontexten kommt darin gut zum Ausdruck. Dieselbe Trias vom Gutserwerb kommt in Glosse LnR 13 noch einmal zur Sprache. Dort zieht sie der Glossator im Rahmen einer *solutio* zur Erklärung von unterschiedlichen Ersitzungsvoraussetzungen heran[917]. Seine mitunter aus der Buch'schen Glosse entnommenen *distinctiones* begreift der Lehnrechtsglossator also durchaus als feststehenden Kanon, der in ganz unterschiedlichen Zusammenhängen mehrfach als Begründungsmuster dienen kann. Andererseits kann von einem durchgestalteten System in der Lehnrechtsglosse jedoch keine Rede sein. Andernorts eröffnet der Glossater nämlich recht beliebig noch viele weitere, verwandte Kategorien, ohne jemals das Verhältnis solcher Auflistungen untereinander zu reflektieren. So schildert Glosse LnR 7 drei Arten, wie man Gut für einen anderen innehaben könne (Lehen / Verpfändung / Vermietung)[918], Glosse LnR 43 benennt drei Arten des Besitzerwerbs (Vererbung / gerichtliche Einweisung nach Auflassung oder Klage / Wiedereinweisung nach versehentlicher Drittbelehnung)[919] und Glosse LnR 54 grenzt vom Lehen das Eigen ab, welches man

915) LGl LnR 5 § 1 (S. 151 Z. 1–4 und Z. 9–11; S. 152 Z. 6 f.) Ein weiteres Beispiel einer Aufzählung in LGl LnR 4 findet sich mit Gegenüberstellung zur unvollständigen Fassung der Klasse K oben S. 169 f.

916) LANGE / KRIECHBAUM, Kommentatoren S. 319.

917) LGl LnR 13 § 1: „*Wenne eczlich gut wert vns gegeben, eczlich gut ist an vns gestorbin; eczlich gut daz kouffe wir; eczlich gut daz czůge wir selber.*“ (S. 278 Z. 10–12).

918) LGl LnR 7 § 3 (S. 185 Z. 7 – S. 186 Z. 6); vgl. dazu Gl LdR II 55 (57) *Al sy en gud* (S. 849 Z. 16 – S. 851 Z. 3).

919) LGl LnR 43 § 1 (S. 613 Z. 1–12); vgl. dazu Gl LdR III 75 (82 § 2) *We ein gut*

kaufen oder von wilder Wurzel begründen könne und welches sich außerdem in gekauftes Eigen und Erbeigen unterteile[920]. Solche Auffächerungen der Lehnrechtsglosse weisen Überschneidungen auf, ohne dass mögliche Korrelationen jemals thematisiert würden.

Distinctiones durchdringen die Lehnrechtsglosse in zahlreichen Ausformungen. Neben eigenständigen Punktekatalogen, die Rechtsinstitute in verschiedene Unterarten zergliedern oder bemerkenswerte Aspekte zu einem bestimmten Stichwort zusammentragen, finden sich distinguierende Begriffserklärungen[921] ebenso wie klassische Auflösungen vermeintlicher Widersprüche[922]. Mal stehen die *distinctiones* für sich, mal werden sie in eine *introductio* oder in die *solutio* einer *quaestio* integriert. Die Distinktionsmethode findet sich in der Lehnrechtsglosse allerorts und ist die bestimmende Denk- und Darstellungsform des Verfassers. Dabei vermitteln die Aufzählungen und *distinctiones* den Eindruck, der Glossator wolle dem Leser vor allem stets aufs Neue die große Bandbreite der juristischen Gesichtspunkte vor Augen führen. Hingegen misslingt der Versuch, einzelne *distinctiones* zu einem schlüssigen Gesamtbild zusammenzufügen. Stets bleibt es bei der Bildung kleiner, thematisch begrenzter Systeme, die in der Glosse zusammenhanglos nebeneinandergestellt werden[923]. Übersichtlichkeit wird, wenn überhaupt, nur im Kleinen erreicht. Selbst im beschränkten Kontext der jeweiligen Glosse entpuppen sich die Kataloge in puncto Übersichtlichkeit als ein zweischneidiges Schwert. Neben schlichten *distinctiones*, deren übersichtliche Struktur unmittelbar eingängig ist und die in manchen Handschriften noch zusätzlich durch Ordnungsziffern in roter Tinte hervorgehoben wird, finden sich auch solche Distinktionen, in denen sich der Glossator in *divisiones* und *subdivisiones* verliert. In bis zu dreistufigen, immer wieder durch längere Exkurse unterbrochenen Aufzählungen ist es dem Leser mitunter unmöglich, dem ursprünglichen Gedankengang des Glossators zu folgen[924]. Hinzu kommt, dass der Glossator seinen Ankündigungen in den

---

deme anderen gift (S. 1493 Z. 23 – S. 1494 Z. 17).

920) LGl LnR 54 § 1 (S. 699 Z. 3 – S. 700 Z. 5); vgl. dazu LdR II 43.

921) Zur Anwendung der Distinktionsmethode im Rahmen von Worterklärungen vgl. bereits oben S. 464.

922) Zu Beispielen für widerspruchsauflösende Distinktionen der Lehnrechtsglosse vgl. unten S. 758 ff.

923) Ähnlich beschreibt OTTE, Dialektik und Jurisprudenz S. 83 f., das Phänomen der Komplexität verschiedener distinguierender Systeme: „Die Merkmale eines jeden Artbegriffs gehören niemals nur einem einzigen Begriffszusammenhang an. Vielmehr besteht immer eine Verschränkunge mehrerer Teilsysteme […].“

924) So etwa LGl LnR 19 § 2: „*Czum andern mole, daz ouch eyne slechte bewysunge heist. Der mag ouch eyner nicht vnschuldig werden durch czwierley sache wille. Eyne*

Ausführungen der Punktekataloge offenbar selbst nicht immer zuverlässig Folge leistet. Einem angekündigten „zweierlei" folgt nicht stets auch wirklich ein zweiter Aspekt[925]. Somit stützen nicht alle *distinctiones* der Lehnrechtsglosse die Übersichtlichkeit der Darstellung. Einige ausdifferenzierte, mehrfach unterbrochene und nicht immer logisch ausgeführte Varianten stiften beim Leser mehr Verwirrung, als dass sie Klarheit schaffen.

System, Struktur und Übersichtlichkeit können die *distinctiones* der Lehnrechtsglosse in ihrer Kasuistik somit nur bedingt herstellen. Bestimmendes Moment dürfte ein anderes gewesen sein: In erster Linie ging es dem Glossator darum, die immense Stoffvielfalt hinter den behandelten Rechtssätzen aufzuzeigen und diese auch in angemessener Form zu entfalten. Dazu bediente er sich des allgemein üblichen, universal einsetzbaren Ordnungs- und Organisationsverfahrens der *distinctio*. Mit seiner Hilfe konnte und wollte er kein groß angelegtes, logisch durchgestaltetes Gesamtsystem des Rechts konstruieren. Eher lassen sich die zahlreichen Differenzierungen, Aufzählungen, Unterteilungen und Verbindungslinien zwischen juristischen Einzelaspekten als eine komplexe, spinnwebenartige Verflechtung von Informationen begreifen.

d) Remissionen und Allegationen

Ein weiteres bestimmendes Moment der Lehnrechtsglosse, das unter dem Gesichtspunkt der Sammlung und Ordnung des Stoffs hervortritt, ist die Anhäufung zahlreicher Remissionen und Allegationen. In der Analyse der genannten und ungenannten Quellen der Lehnrechtsglosse ist bereits deutlich geworden, dass der Glossator seine Schrift in der Art gelehrter Jurisprudenz mit einer großen Zahl von Allegationen des gelehrten Rechts anreichert[926]. Obwohl er intensiv die Buch'sche Glosse und, jedenfalls mittelbar, auch die gelehrten *Glossae ordinariae* verarbeitet, verweist der Glossator dabei mit Vorliebe auf die Primärtexte des römischen und seltener auch des kanonischen Rechts[927]. Wie gesehen werden sehr häufig sämtliche Bestand-

---

durch der persone wille, do dy sache vor geschyet, adir durch der stadt wille. Nota. Durch der persone wille ist czwierley. Vor den personen, do man nicht vor loucken mag. Das do geschiet, kommet enczwer von gerichte adir von rechte. Von rechte […]" (S. 344 Z. 1–7); vgl. auch die mehrstufige Aufzählung in LGl LnR 72 (71 § 7) (S. 1019 Z. 15 – S. 1023 Z. 5). Ähnlich starke Verschachtelungen finden sich schon in der Buch'schen Glosse, vgl. KANNOWSKI, Umgestaltung S. 548.

925) Vgl. insbesondere LGl LnR 25 § 1 (S. 429 Z. 7 – S. 430 Z. 3); LGl LnR 45 § 1 (S. 629 Z. 15 – S. 630 Z. 5); LGl LnR 55 § 1 (S. 719 Z. 1 – S. 720 Z. 2).

926) Vgl. oben S. 339 ff.

927) Vgl. oben S. 375 ff.

teile des mittelalterlichen *Corpus iuris*, außerdem das *Decretum Gratiani*, der *Liber Extra* und der *Liber Sextus* in Bezug genommen. Darüber hinaus bindet der Glossator seinen Text auch an die Quellentexte des einheimischen Rechts an. Die *Constitutiones Alberti* „allegiert" er in gleicher Manier wie die gelehrten Rechtstexte. Außerdem verwebt der Glossator seine Ausführungen auch mit dem kommentierten Text selbst, indem er zahlreiche Remissionen auf das Lehnrecht bildet (*ut supra*...; *ut infra*...)[928].

Manche Allegationen der Lehnrechtsglosse stehen im Zusammenhang mit Übersetzungen oder sinngemäßen Paraphrasierungen der in Bezug genommenen Rechtssätze[929]. Solche Rechtszitate der Glosse lassen sich noch am ehesten als echte Belegstellen verstehen, die im konkreten Fall geeignet sind, die Authentizität einer Aussage zu beglaubigen. Keineswegs liegt die primäre Funktion der Allegationen aber in der Verifizierbarkeit von Glossenaussagen oder gar in der Kennzeichnung bestimmter Passagen als fremdes, nicht vom Verfasser stammendes Gedankengut. Allerorts reproduziert der Glossator wörtlich, übersetzend oder beliebig modifizierend Textbausteine aus anderen Texten, ohne die Herkunft solcher Passagen zu kennzeichnen. Im Umgang mit seiner wichtigsten Quelle, der Buch'schen Glosse, die er intensiv verarbeitet, ohne sie ein einziges Mal zu erwähnen, wird seine Haltung überdeutlich. Die Vorstellung, Aussagen der Glosse durch die Angabe originärer Quellen „belegen" oder gar ursprüngliche Verfasserschaften kennzeichnen zu müssen, war ihm ganz und gar fremd.

Mit seinen Allegationen verfolgte der Glossator andere Ziele. In ihrer klassischen Ausgestaltung bieten sie Verweise auf gelehrte Rechtssätze, deren Aussagegehalt in der Glosse so gerade noch nicht unmittelbar enthalten ist[930]. Ihren Inhalt muss der Leser entweder im Kopf haben oder in den allegierten Texten nachschlagen. Allegationen bieten somit zusätzliches Infor-

---

928) Vgl. oben S. 344.

929) Vgl. etwa LGl LnR 81 (80 § 1) „*ut Institu. in prohemio § imperatoriam. Wenne dy keiserliche maiestat nicht alleyne gecziret wil sin mit dem swerte, sunder ouch mit der vornunfft des rechten.*" (S. 1082 Z. 10–12) und dazu das allegierte Fragment Inst. Const. Imp. in pr.: „*Imperatoriam maiestatem non solum armis decoratam, sed etiam legibus oportet esse armatam* [...]." (Corpus iuris civilis I, vor S. 1). Beispiele aus der Buch'schen Glosse, in denen der Landrechtsglossator mehr oder weniger wörtliche Übersetzungen aus den allegierten gelehrten Rechtssätzen veranstaltet, gibt KANNOWSKI, Umgestaltung S. 169–172, S. 561 Anm. 558.

930) Vgl. etwa die nur ganz entfernt passend auf Nov. 17, 1 oder Nov. 17, 12 und L.F. II 53 pr. gestützte Definition des Lehnguts in LGl LnR, Vorrede (S. 49 Z. 3–8); vgl. dazu unten S. 612 ff. Beispiele der Buch'schen Glosse, in denen der Landrechtsglossator einen freieren Umgang mit abstrahiert in Bezug genommenen Allegaten zeigt, bietet KANNOWSKI, Umgestaltung S. 172–175, vgl. auch S. 561.

mationsmaterial und laden zur Vertiefung ein. Regelmäßig werden sie in einem abstrahierten Sinn in Bezug genommen. Indem der Glossator Sätze des einheimischen oder gelehrten Rechts allegiert, eröffnet er den gedanklich-assoziativen Kontext, in dem ein Gedanke entstanden, ein Argument gebildet oder eine Schlussfolgerung gezogen worden ist. Dabei stützen die Allegate Aussagen der Glosse mit aller Autorität verbindlicher Rechtsquellen des *ius scriptum*. Vor allem aber fungieren Allegationen als Schaltstelle, die das Werk in größere rechtliche Kontexte einbindet und es fest im Kanon der geschriebenen Rechtstexte verankert. Rechtszitate lassen sich deshalb ebenfalls als ein spezifisches Mittel der Materialhäufung und Materialordnung verstehen. Zwar inkorporiert ein Autor durch Allegationen keine vollständigen Inhalte in sein Werk, sondern verweist den Leser in umgekehrter Richtung auf andere Texte außerhalb des Werks zurück. Damit bereichert er seinen eigenen Text aber um neue, grenzenlose Bedeutungsebenen. Die ungewöhnliche Eigenart des Redaktors der Lehnrechtsglosse zur Klasse W, bestimmten Allegationen ein vollständig ausgeschriebenes lateinisches Zitat des angeführten Rechtssatzes nachfolgen zu lassen, führt die immense, durch die Allegationen zusätzlich aufgefächerte Stofffülle eindrücklich vor Augen[931]. Allegationen und Remissionen sind nichts anderes als eine abkürzende Methode der Vernetzung, mit deren Hilfe der Glossator seine wissenschaftliche Kommentierung des Lehnrechts um zahlreiche Einzelinformationen ergänzt und eine enge Verknüpfung mit dem Gesamtkomplex des Rechts erreicht.

Durch die unzähligen Allegationen der Lehnrechtsglosse erscheinen Lehnrecht und gelehrtes Recht eng miteinander verwoben. Zur Errichtung eines fassbaren, logisch strukturierten Gesamtgebäudes sind sie hingegen weder gedacht noch geeignet. Rechtszitate schaffen stets nur lineare Verbindungen zwischen zwei punktuellen Informationen; Allegationenblöcke gruppieren wenige Sätze zu einem gemeinsamen Leitgedanken. Immerhin kristallisieren sich im Gewirr miteinander verflochtener Rechtssätze solche Verknüpfungen heraus, die sich in der stetigen Wiederholung allmählich zu Schlüsselsätzen festigen.

Schon für die Buch'sche Glosse beobachtet Bernd Kannowski das Phänomen sich wiederholender Allegationen oder ganzer Allegationenblöcke, die dort jeweils für einen ganz bestimmten Rechtsgedanken stehen[932]. Solcher feststehenden Allegationen, die beim gelehrten Juristen als Code eine ganz bestimmte Assoziation hervorrufen sollen, bedient sich auch der Glossator des Lehnrechts. Dabei festigt er viele der Buch'schen Verknüpfungen weiter.

---

931) „Wurm'sche“ Glosse LnR (Berlin SBB-PK Hs. 392 fol. 150^v ff.); zu den ausgeschriebenen Allegationen vgl. bereits oben S. 224.

932) KANNOWSKI S. 174 f. mit Anm. 406, S. 220 f.

So allegiert der Lehnrechtsglossator, wie es zuvor auch schon Johann von Buch getan hat und wie es auch in der Weichbildglosse zu beobachten ist, zur Formel „*lehn ist der ritter solt*“[933] Dist. 1 c. 10. Dieser Passus aus dem *Decretum Gratiani* skizziert die wichtigsten Regelungsbereiche des *ius militare* angefangen bei der Abgabe von Kriegserklärungen und Abschlüssen von Friedensverträgen über das Militärstrafrecht und die Besoldung von Soldaten bis hin zu den verschiedenen Ehren- und Dienstgraden sowie der Verteilung von Kriegsbeute[934]. Neben der knappen Erwähnung eines *modus stipendiorum* eröffnet Dist. 1 c. 10 somit einen breiten Assoziationsraum zu Wesen und Aufgaben der Ritterschaft. In den sächsischen Glossen steht der *canon* fortan für den allgemeinen Rechtsgedanken vom gefahrvollen, ehrenhaften Dienst der Ritterschaft an der Gemeinschaft und dem ihnen dafür gebührenden Einkommen in Form von Lehen[935].

In anderen Fällen führt der Glossator noch weitaus ältere, tradierte Allegationengruppen aus den gelehrten *Glossae ordinariae* fort. Ein Beispiel für bereits aus der Accursischen *Glossa ordinaria* entnommene Allegationen bietet ein aus Accursius übersetzter Katalog der Naturrechtsbegriffe in der Lehnrechtsglossenvorrede, wo für die verschiedenen Definitionsmöglichkeiten von *ius naturale* just die Accursischen Allegationen Inst. 2, 1, 11; Dig. 2, 14, 1; Dig. 4, 4, 1 und Dist. 1 pr. genannt werden[936]. Auch hier hat sich eine jede Allegation zur Chiffre für ein bestimmtes denkbares Begriffsverständnis von Naturrecht entwickelt. Ein weiteres Beispiel, in dem die Accursische Glosse einst einen gesamten Allegationenblock festgeschrieben hat, den die jüngeren sächsischen Glossen in verschiedenen Kombinationen reproduzieren, ist der Gleichheitssatz. Die Wendung „*Wo dy selbige sache*

933) LGl LnR 5 § 1 (S. 155 Z. 15 – S. 156 Z. 2); ähnlich auch LGl LnR, Vorrede (S. 49 Z. 1–3). Vgl. dazu bereits Gl LdR I 24 (25 § 4) *Vnde nen leen* (S. 279 Z. 13); Gl LdR II 39 (41 § 1) *Swar de richter* (S. 783 Z. 9); Gl LdR II 54 (56 § 1) *Kumpt auer de vlut* (S. 846 Z. 10 f.) und Gl LdR II 56 (58 § 1) *Offt de man nene leneruen* (S. 854 Z. 14 f.) sowie Gl WbR 7 (Sp. 212 Z. 51 f.). Sie alle allegieren zur Formel vom „Lehen als Rittersold“ übereinstimmend jedenfalls auch Dist. 1 c. 10.

934) Dist. 1 c. 10: „*Ius militare est belli inferendi solempnitates, federis faciendi nexus, signo dato egressio in hostem uel commissio; item signo dato receptio; item flagitii militaris disciplina, si locus deseratur; item stipendiorum modus, dignitatum gradus, premiorum honor, ueluti cum corona uel torques donantur; item predae decisio, et pro personarum qualitatibus et laboribus iusta diuisio, ac principis porcio.*“ (Corpus iuris canonici I Sp. 3).

935) Vgl. unten S. 619 ff.

936) LGl LnR, Vorrede (S. 50 Z. 12 – S. 51 Z. 7); vgl. dazu *Glossa ordinaria* zu Inst. 1, 2 pr. ad v. *Ius naturale est, quod natura* (a) (Corpvs ivris V/2, Lyon 1627, Inst. Sp. 15). Auch andere sächsische Autoren verarbeiten den Accursischen Begriffskatalog unter Übernahme seiner Allegationen; vgl. die Synopsis, unten S. 799 ff., und zur Interpretation der Stellen unten S. 671 ff.

ist, do sal ouch das selbige recht syn“[937] findet sich ähnlich auch schon in der *Glossa ordinaria* zu Inst. 1, 12, 1 ad v. *Pari* (e) („*vbi est eadem, vel similis ratio; idem ius constituatur*“[938]). Der Lehnrechtsglossator allegiert zum Gleichheitssatz das Fragment Dig. 9, 2, 32, welches auch im zugehörigen Accursischen Allegationenblock enthalten ist[939]. Noch öfter bezieht sich Johann von Buch in seiner Glosse auf den Gleichheitssatz. Auch er wiederholt dabei in wechselnden Zusammensetzungen Bestandteile aus dem Accursischen Allegationenblock[940]. Passende Allegationen schreiben die sächsischen Glossatoren also häufig aus Werken ihrer Vorgänger, insbesondere aus den *Glossae ordinariae*, ab. Einmal mehr, einmal weniger konnten sich die Allegationen auf diese Weise zu feststehenden Chiffren für bestimmte, allgemeine Rechtsgedanken entwickeln.

Insgesamt stellen sich Allegationen und Remissionen als ein besonderes Stilmittel dar, welches zum einen als distinktives Merkmal zur Kennzeichnung der Lehnrechtsglosse als gelehrter, rechtswissenschaftlicher Text fungiert und eine Anbindung der Glosse an die gelehrte Jurisprudenz sicherstellt. Zum anderen stellt es eine spezielle Methode zur Anhäufung und Vernetzung juristischer Materie dar. Die abkürzenden Hinweise des Glossators auf einschlägige Rechtssätze in weiteren Texten außerhalb der Glosse eröffnen zusätzliche Bedeutungsebenen und schaffen ein enges Geflecht ineinander verwobener Informationen. Dabei festigen sich einige Allegationen zu Chiffren für bestimmte Rechtsgedanken. Eine Tendenz zur Schaffung größerer, kohärenter Systeme wohnt dem Gebrauch von Rechtszitaten hingegen nicht inne. Im Gegenteil lassen sich die Allegationen und Remissionen der Lehnrechtsglosse als Indikator für eine nach wie vor primär an der Vernetzung konkreter Einzelinformationen interessierten Betrachtungsweise verstehen.

---

937) Hier LGl LnR 5 § 1 (S. 157 Z. 3 f.). Vgl. zum Gleichheitssatz in der Buch'schen Glosse KANNOWSKI, Umgestaltung S. 479–483, und zur Bedeutung des Gleichheitssatzes in der Lehnrechtsglosse noch unten S. 747.

938) *Glossa ordinaria* zu Inst. 1, 12, 1 ad v. *Pari* (e) (Corpvs ivris V/2, Lyon 1627, Inst. Sp. 65) mit Allegationen von Dig. 45, 1, 108 pr.; Dig. 14, 5? (oder Dig. 14, 4, 1, 3?); *Glossa ordinaria* zu Dig. 2, 13, 9, 2 ad v. *quia* und Dig. 9, 2, 32. Vgl. bereits die entsprechenden Hinweise auf Parallelen bei KAUFMANN, LGl LnR S. 157 Anm. 18, S. 393 Anm. 37, S. 631 Anm. 3.

939) LGl LnR 5 § 1 (S. 157 Z. 3–5) mit Allegation von Dig. 9, 2, 32. Der Gleichheitssatz ist außerdem in LGl LnR 23 § 1 (S. 393 Z. 2 f.) mit verderbter Allegation von Dig. 42, 1, 38 und in LGl LnR 45 § 2 (S. 631 Z. 1 f.) mit Allegation von Dig. 50, 17, 1 (verderbt, es könnte Dig. 45, 1, 108 pr. gemeint sein) enthalten. Die dort überlieferten Allegationen sind zweifelhaft.

940) KANNOWSKI, Umgestaltung S. 479 f., insbesondere mit Anm. 55.

e) Kompilationen, Übersetzungen und Textparaphrasierungen

Gewissermaßen das Gegenstück zu den Allegationen, welche den Leser auf Stellen außerhalb der Glosse verweisen, stellen all jene Passagen der Lehnrechtsglosse dar, in denen der Glossator Auszüge aus fremden Rechtstexten direkt in seine eigene Glosse inkorporiert. Ein ganz überwiegender Teil der Lehnrechtsglosse besteht aus solchen teils mehr, teils weniger modifizierten Übernahmen aus Dritttexten.

Primär handelt es sich um Übernahmen aus der Buch'schen Glosse. Wie gesehen entpuppen sich im Vergleich gut und gerne zwei Drittel der längeren Lehnrechtsglosse als mehr oder weniger modifizierte Kopien aus der Landrechtsglosse[941]. Häufig stellen die Entlehnungen aus der Buch'schen Glosse bereits selbst Übersetzungen und Paraphrasierungen aus gelehrten Quellentexten und *Glossae ordinariae* dar. Beispiele solcher allerorts vorkommenden Reproduktionen gelehrter Quellen- und Glossenstellen geben uns etwa die Rückführung des Rechts auf Natur und Gewohnheit in der Lehnrechtsglossenvorrede (vgl. Dist. 1 vor c. 1 Satz 1)[942] bzw. auf Natur, Gewohnheit und Satzung in Glosse LnR 11 (vgl. Inst. 1, 1, 4 Satz 3)[943] oder der ebenfalls in die Lehnrechtsglosse übernommene Accursische Begriffskatalog zur Definition des Naturrechts[944]. Ein eindrückliches Beispiel einer stufenweisen Metarezeption liefert uns außerdem die bereits erwähnte längere Glosse LnR 4, in welcher der Glossator eine Ansicht des Hostiensis über das Kurrecht des böhmischen Königs aus Glosse LdR III 50 (57 § 2) *Sint kesen de vorsten alle* abschreibt, welche zuvor wiederum schon Johann von Buch der *Glossa ordinaria* zu VI. 2, 14, 2 ad v. *Illi autem* entnommen hat[945].

Neben Übernahmen aus der Buch'schen Glosse und Übersetzungen aus gelehrten Quellen- und Glossentexten enthält die Lehnrechtsglosse noch Abschnitte, in denen der Glossator den Inhalt verschiedener Artikel des Sachsenspiegel-Land- und Lehnrechts wiederholt oder paraphrasiert. Das

---

941) Vgl. oben S. 378 ff.

942) LGl LnR, Vorrede (S. 50 Z. 10 f.); vgl. dazu Gl LdR, Textus prologi *Got de dar is beghin vnd ende* (S. 111 Z. 4) und Dist. 1 vor c. 1 Satz 1 (Corpus iuris canonici I Sp. 1) sowie zum Ganzen unten S. 656 ff.

943) LGl LnR 11 § 2 (S. 246 Z. 3–5); vgl. dazu Gl LdR I 54 (55 § 1) *Alle wertlik gerichte* (S. 396 Z. 2–4) und Inst. 1, 1, 4 Satz 3 (Corpus iuris civilis I S. 1).

944) LGl LnR, Vorrede (S. 50 Z. 12 – S. 51 Z. 7); vgl. dazu *Glossa ordinaria* zu Inst. 1, 2 pr. ad v. *Ius naturale est, quod natura* (a) (Corpvs ivris V/2, Lyon 1627, Inst. Sp. 15) sowie zum Ganzen unten S. 671 ff.

945) LGl LnR 4 § 2 (S. 132 Z. 5–10); vgl. dazu Gl LdR III 50 (57 § 2) *Sint kesen de vorsten alle* (S. 1301 Z. 6–10) sowie *Glossa ordinaria* zu VI. 2, 14, 2 ad v. *Illi autem*(o) (Corpus juris canonici II, Rom 1582 Sp. 380); vgl. Außerdem die Synopsis, oben S. 368.

Phänomen begegnet zunächst in Form von Kommentierungen, die wenig mehr als umschreibende, leicht umformulierende Wiederholungen der jeweils glossierten Textteile darstellen. Die knappe Glosse LnR 35 etwa erschöpft sich letztlich in einer von einer *introductio* eingeleiteten, mit zwei Textstichworten, fünf Remissionen und zwei Allegationen gespickten Reproduktion von LnR 35[946]. Besonders häufig sind Wiederholungen einzelner Textteile gegen Ende längerer Glossenstellen, in denen der Glossator die Kommentierung weiterer Textstichworte nur der Vollständigkeit halber fortgeführt zu haben scheint, ohne seinen bisherigen Ausführungen noch Substanzielles hinzuzufügen[947]. Die Buch'sche Glosse kennt solche Textwiederholungen nicht. Sie wirken wie eine Verlegenheitslösung, auf die der Lehnrechtsglossator zurückgreift, wenn ihm zur Kommentierung des Tex-

---

946) LGl LnR 35 (S. 560 Z. 10 – S. 562 Z. 12).

947) Vgl. etwa LnR 24 § 9 über das Erscheinen vor Gericht nach Beendigung der „echten Not" und die bloß paraphrasierende zugehörige Glosse LnR 24:

[LnR 24 § 9:]
„*Ap gefengnisze den man irret, das her czu tage nicht kommen mag, noch boten senden, czum neisten tage, der o̊m gelegit vnde gethedinget wert mit orteiln von der czit, daz her ledig wirt von deme gefengnisze, den tag sal her suchen, also her gennen solde, den o̊m echte not benam.*" (nach KAUFMANN, LGl LnR S. 402 Z. 7–11).

[LGl LnR 24 § 9:]
„Ap eynen gefengnisze irret *et cetera. Nv seczt her hir, wenne eyn man echte not bewieszen solle, vnde spricht:* Noch der czit, *also das gefengnisze ende hot,* den tag sal her suchen, *ap her o̊m getedingit wirt, ut ff. de captivis et postlimin<i>um reversis l. bona.*" (S. 422 Z. 6–10).

Ähnlich die wiederholenden Schilderungen der *gewette*-Gelder des LnR 68 § 8 in der zugehörigen Glosse:

[LnR 68 § 8:]
„*Czehin pfunt wettit der man synem hern. Wilch furste abir vahenlehn hot, der wettit dem ko̊nige hundirt pfunt al so getaner pfennige, alzo yn der muncze genge vnde gebe sien, do daz gewette ynne gewunnen ist, das pfunt by czwenczig schillingen czu nhemen.*" (nach KAUFMANN, LGl LnR S. 940 Z. 1–5).

[LGl LnR 69 (68 § 8):]
„Czehn pfunt wettit der man synem hern *et cetera. Disz seczt er hir dorvmbe, das man wisse, was man ym czu gewette gebin solle, vnde spricht:* X pfunt. *Vnde iczlich* fůrste, der von dem konige vanlehn hot, der wettit deme konige hundert pfunt, das pfunt czu rechen bie XX schillingen sotaner pfennige, die yn dem gerichte genge vnd gebe sien, do das gewette ynne gewonnen wirt, *ut C. de modo mulctarum que a iudi. infli. l. 1.*" (S. 955 Z. 4–10).

Vgl. für weitere Beispiele besonders knapper Textparaphrasierungen etwa LGl LnR 2, 5, 7, 23, 24, 26, 39, 56, 57, 61, passim.

tes nichts weiter einfällt. Der Redaktor zur Klasse K der Lehnrechtsglosse hat solche inhaltsleeren Passagen, wohl weil man sie als überflüssig empfand, häufig gestrichen[948]. An den Textparaphrasierungen der längeren Lehnrechtsglosse ist aber bemerkenswert, dass ihr Verfasser sich offenbar sehr um eine möglichst vollständige, gleichmäßige Kommentierung des Textes bemüht. Zugunsten eines Eindrucks von Vollständigkeit und einem einheitlichen Schriftbild nimmt er selbst Wiederholungen, die Schilderung von Selbstverständlichkeiten und Redundanzen in Kauf. Ganz anders gestalteten hingegen etwa Bartolus und vor allem Baldus ihre Kommentare. Sie kommentieren ihre Texte nur fragmentarisch, wobei sie solche Titel, zu denen sie nichts zu sagen hatten, einfach überspringen[949].

In andere Passagen der Lehnrechtsglosse arbeitet der Glossator verschiedene Artikel des Landrechts ein. Dabei wird der Landrechtstext, anders als der Text des Lehnrechts, vom Glossator weniger zum Zweck der Lückenfüllung herangezogen. Vielmehr gibt das Landrecht ihm Anlass zu Exkursen, in denen der Lehnrechtsglossator häufig über die Materie des Sächsischen Lehnrechts hinausgeht. So schildert zum Beispiel Glosse LnR 69 (68), wie gesehen, sehr ausführlich den in LnR 68 § 9 nur knapp angedeuteten Buß- und Wergeldkatalog des LdR III 45 („Was abir eins iczlichen mannes busze sie *et cetera.*"[950]). Auch einzelne Sätze übernimmt der Glossator, wie es etwa in Glosse LnR 11 geschieht, aus dem Landrecht („*Wer erst czu der molen kommet, der sal ouch erst malen*"[951]). Ein offensichtliches Streben des Glossators nach Ansammlung dienlicher Informationen gipfelt im sehr detaillierten Gerade-Katalog der Glosse LnR 56, in welchem der Glossator wohl in Anlehnung an LdR I 24 eine lange Liste der zur Gerade der Frau gehörenden Gegenstände erstellt[952].

Zusammenfassend begegnet uns in der Lehnrechtsglosse also das Phänomen einer vielschichtigen Kompilation, in die der Glossator aus den verschiedensten Rechtstexten eine große Masse an nützlichen Informationen zusammengetragen hat. In seiner Glosse verbindet er sie miteinander und ergänzt sie um eigene Erläuterungen. Verfolgt man die jeweiligen Ursprünge einzelner Glossenstellen, entblättert sich im Rückgriff auf ältere Quellen und Werke eine um die andere Textschicht der Lehnrechtsglosse. Ein ganz

948) Vgl. bereits oben S. 159.

949) HORN, Juristische Literatur S. 90; DERS., Legistische Literatur S. 323.

950) LGl LnR 69 (68 § 9) (S. 960 Z. 12 – S. 965 Z. 3); vgl. dazu LdR III 45 und zum Ganzen bereits oben S. 454.

951) LGl LnR 11 § 3 (S. 240 Z. 7 f.); vgl. dazu LdR II 59 § 4.

952) LGl LnR 56 § 4 (S. 758 Z. 12 – S. 766 Z. 11); vgl. dazu LdR I 24. In späterer Zeit wurde der Katalog der Lehnrechtsglosse offenbar auch mit WbR 23 samt Glosse sowie WbR 26 harmonisiert, vgl. dazu oben S. 348.

überwiegender Teil entpuppt sich als Entlehnungen und Übersetzungen aus der Buch'schen Glosse, aus gelehrten Quellen- und Glossentexten oder aus Land- und Lehnrechtsartikeln. Über weite Strecken ist die Glosse also wenig mehr als eine Collage aus Bruchstücken fremder Texte.

Vor diesem Hintergrund ist eine nicht zu unterschätzende Eigenleistung des Glossators bei Abfassung der Lehnrechtsglosse neben Textexegese und Problemerörterung eben auch im Auffinden, der Auswahl und Anordnung des Rechtsstoffs zu sehen. Im Umgang mit den Texten Dritter zeigt sich der Glossator bei der Inkorporation fremden Gedankenguts völlig frei. Von der wortwörtlichen Kopie oder Übersetzung über Paraphrasierung oder ergänzende Erläuterung bis hin zu teilweise erheblichen inhaltlichen Modifizierungen bedient der Glossator die gesamte Palette aller nur denkbaren Formen der Verarbeitung fremder Texte. Der Glossator zögert nicht, eigene Ausführungen in fremde Erörterungen einzuflechten oder diese zu verändern. Quantitativ reichen seine Übernahmen von der Verwendung einzelner Begriffe, Sätze oder Allegationen bis hin zur Einfügung kompletter, längerer Abhandlungen und Kataloge. In der Anordnung des Stoffs orientiert sich der Glossator einmal an der Abfolge des Quellentextes, ein anderes Mal verändert er die frühere Ordnung und kombiniert verschiedene Fragmente völlig neu.

Regelmäßig macht der Glossator Übernahmen aus Texten Dritter als solche nicht kenntlich. Die Frage, ob ein konkretes Argument von ihm selbst originär erdacht oder bereits früher einmal von einem anderen Juristen formuliert worden ist, interessierte nicht. In der Übernahme älterer Textfragmente drückte man seine Wertschätzung des Vorgängerwerkes aus. Bestimmte Passagen erachtete man für so wichtig, dass man sie in seine eigene Schrift inkorporierte und damit zum Weiterleben dieser Inhalte beitrug.

In der besonderen Situation des Lehnrechtsglossators mussten die Aspekte der *collatio* und der *compilatio* sogar noch zusätzlich an Bedeutung gewinnen. Da der Glossator seine Arbeit als erste wissenschaftliche Kommentierung des Sächsischen Lehnrechts überhaupt verfasste, da er diese Glosse aber von Anfang an mit dem Anspruch verfasste, auf einen Schlag die künftig maßgebliche *Glossa ordinaria* zu schaffen, musste die Zusammenfassung relevanten Materials für ihn besonders im Vordergrund stehen. Ein abschließendes Nachschlagewerk konnte die Lehnrechtsglosse nur werden, wenn es gelang, jede nützliche und potentiell relevante Information möglichst vollständig in ihr zu vereinigen, sodass sich der Rückgriff auf Texte Dritter und die spätere Abfassung ergänzender Arbeiten erübrigte. Womöglich erklärt sich aus dieser besonderen Herausforderung auch das Bemühen des Lehnrechtsglossators um formale Vollständigkeit seiner Glosse. Schlichte Textparaphrasierungen an Stellen, zu denen dem Glossator gerade keine rechte Erläuterung einfiel, sollten Ungleichmäßigkeiten in der Glossierung kaschieren, die vom Leser andernfalls vielleicht als Lücke empfundene worden wären. Da mit Ausnahme der selbst als Quelle einer Lehnrechtsglosse nur teilweise nützlichen Buch'schen Glosse noch keinerlei Vorgängerwerke geschrieben worden waren, stellt sich die erstmalige Ermittlung und Zusammenstellung des lehnrechtlich einschlägigen Rechtsstoffs als eine nicht zu unterschätzende Aufgabe dar. Gewissermaßen aus dem Nichts eine so umfangreiche Materialsammlung wie die Lehnrechtsglosse zu schaffen, erforderte Fleiß und Akribie. Dass der Lehnrechtsglossator in den kompilatorischen Elementen seiner Arbeit im ursprünglichsten Sinn der *compilatio* besonders den Steinbruch der Buch'schen Glosse intensiv ausbeutet, entspricht den damaligen wissenschaftlichen Gepflogenheiten und war nicht zuletzt ein Gebot der Ökonomie.

Ein abschließendes Zitat des Kirchenlehrers Bonaventura (* 1221, † 1274), welches das mittelalterliche Verständnis von Autorschaft vor Augen führt, mag die Perspektive des Lehnrechtsglossators bei der Inkorporation fremder Textteile erklären und den spezifischen Eigenwert eines kompilierenden Erläuterungswerks wie der Lehnrechtsglosse verdeutlichen. In der Vorrede seines theologischen Kommentars zu den Sentenzen des Petrus Lombardus schrieb Bonaventura:

> „[...] *quod quadruplex est modus faciendi librum. Aliquis enim scribit aliena, nihil addendo vel mutando; et iste mere dicitur* scriptor. *Aliquis scribit aliena, addendo, sed non de suo; et iste* compilator *dicitur. Aliquis scribit et aliena et sua, sed aliena tamquam principalia, et sua tamquam annexa ad evidentiam; et iste dicitur* commentator, *non auctor. Aliquis scribit et sua et aliena, sed sua tanquam principalia, aliena tanquam annexa ad confirmationem; et talis debet dici* auctor."[953]

Auf viererlei Arten lasse sich ein Buch erstellen: Erstens könne man ausschließlich Fremdes abschreiben, ohne Text hinzuzufügen oder zu verändern. Ein solches Werk vollbringe der Schreiber (*scriptor*). Zweitens könne man Fremdes aufschreiben und dem noch weitere, fremde Texte hinzufügen. Ein solches Verfahren betreibe der Kompilator. Drittens könne man sowohl Fremdes als auch Eigenes aufschreiben, wobei das größere Gewicht dem fremden Anteil zukomme und eigene Ausführungen nur in klarstellender Funktion hinzuträten. Diese Art von Buch verfasse der Kommentator. Hingegen lasse sich als Autor schließlich erst derjenige bezeichnen, der vier-

---

953) BONAVENTURA, Commentaria 1, prooem., quaest. IV S. 14 f. Auf das Zitat weist schon PARKES, Influence S. 127 f., hin. Zu Bonaventura BAUTZ, Art. Bonaventura (Johannes Fidanza), in: BBKL I Sp. 679–681, m. w. N.

tens sowohl Eigenes als auch Fremdes aufschreibe, wenn dabei der Schwerpunkt umgekehrt auf den eigenen Ausführungen liege und fremde Anteile diese nur bestätigend ergänzten. In Bonaventuras Aufschlüsselung der verschiedenen Arbeitsmodi zur Erstellung eines Buchs treten Unterschiede, mindestens ebenso deutlich aber auch die Gemeinsamkeiten der möglichen Arbeitsweisen hervor. Zwar werden kategorische Unterschiede an Anteil und Bedeutung der jeweils selbst verfassten Textbestandteile festgemacht. Aber gemeinsam ist dem Schreiber, dem Kompilator, dem Kommentator und sogar noch dem Autor, dass sie sämtlich auch Fremdes (*aliena*) in ihr Werk aufnehmen.

Der Verfasser der Lehnrechtsglosse ist nach dieser Darstellung Bonaventuras eindeutig als *commentator* zu klassifizieren. Wie der Kompilator fügt er fremde Texte neu zusammen. Der besondere Wert einer solchen Arbeit liegt in der spezifischen Auswahl und Anordnung der Informationen. Anders als der Schreiber (*nihil addendo vel mutando*) sind Kompilator und Kommentator auch frei, inkorporierte Teile anzupassen und zu verändern. Vom bloßen Kompilator unterscheidet sich der Glossator des Lehnrechts aber durch die zusätzliche Abfassung eigener Erläuterungen. Andererseits erfüllen diese Erläuterungen nur eine ergänzende, dienende Funktion. Anders als bei der Arbeit eines Autors gewinnen die eigenen Textanteile der Lehnrechtsglosse gegenüber ihren fremden Bestandteilen weder qualitativ noch quantitativ die Oberhand. Wenn sich die Lehnrechtsglosse insgesamt als eine heterogene Sammlung aus teils eigenen, größtenteils aber aus fremden, vom Glossator individuell neu angeordneten Fragmenten darstellt, erfüllt sie damit klassische Kriterien eines mittelalterlichen Kommentars. Dessen Sinn und Zweck lag nicht primär in der Abfassung eigener, zusammenhängender Darstellungen, sondern in der Zusammenstellung und Ordnung nützlicher Informationen. Erst an zweiter Stelle traten ergänzend die eigenen Erläuterungen unverständlicher Stellen und offener Fragen hinzu.

f) Ausblick: Ein „System" des Sächsischen Lehnrechts?

Die voranstehenden Überlegungen fragten nach Elementen der Lehnrechtsglosse, in denen ein sammelndes und ordnendes Moment zu Tage tritt. Ein zusammenfassender Überblick soll abschließend Bezug nehmen auf die seit Savigny in der Glossen- und Kommentarforschung kontrovers diskutierte Frage nach der Bedeutung systematischer Ansätze in der mittelalterlichen Jurisprudenz[954]. Welche Strategien zur Ordnung der vorgefundenen und

954) Überblick über die Diskussion bei LANGE / KRIECHBAUM, Kommentatoren S. 266–268, m. w. N.

neu zusammengerafften Text- und Stoffmengen entwickelte der Lehnrechtsglossator und inwiefern lag dabei die Vorstellung von einer größeren, mit wissenschaftlichen Mitteln aufzuzeigenden Einheit zugrunde? Welchen Anteil hat die Lehnrechtsglosse mit anderen Worten an der Errichtung eines „Systems" des Sächsischen Lehnrechts?

Friedrich Carl von Savigny hatte der Jurisprudenz der Glossatoren einst einen „entschieden systematischen Charakter" attestiert[955]. Auch Erich Genzmer hob den Drang der Glossatoren zur Harmonisierung und Systematisierung der Rechtsquellen hervor, wobei man das aufzuzeigende System als ein „einheitliches Ganzes von gegenseitig sich bedingenden Gliedern"[956] begriffen habe. Zu ganz anderen Schlüssen gelangte dagegen Theodor Viehweg, der in den Schriften der Glossatoren und Kommentatoren eine ganz überwiegend topische Vorgehensweise angewandt sah, welche er geradewegs aus dem Gegensatz zwischen Problemdenken und Systemdenken heraus entwickelte[957]. Wenngleich es zwischen Problem und System auch Verflechtungen gebe, kennzeichne die Wissenschaft der Kommentatoren doch in erster Linie die „Unsystematik des Verfahrens"[958]. Zwiespältiger fiel das Gesamturteil Gerhard Ottes aus, der in den dialektischen Elementen der glossatorischen Jurisprudenz einerseits durchaus ein „Bemühen um festgefügte und klare Systeme von Begriffen" erkannte, dem aber andererseits das „ganz unsystematische, für die Verfolgung jedes beliebigen Zweckes geeignete Argumentieren"[959] gegenüberstehe. Die neuere Literatur scheint Ansätzen zur systematischen Bearbeitung gerade auch im Werk der Kommentatoren nicht mehr allzu großes Gewicht beimessen zu wollen[960]. Klarheit in die Diskussion bringt dabei vor allem eine genauere Definition des Systembegriffs. Mit Helmut Coing lassen sich ein enges und ein weites Begriffsverständnis unterscheiden[961]: Ein System im engeren Sinn stellt sich demnach als umfassendes, im Wege lückenloser Deduktion gewonnenes Ordnungsmodell dar, welches aus bestimmten Ausgangssätzen logische Schlussfolgerungen erlaubt. Ein solches System beruht im juristischen Kontext auf der Grundannahme eines durchgehenden, inneren Zusammenhangs

---

955) v. SAVIGNY, Geschichte des Römischen Rechts V S. 231.

956) GENZMER, Vorbilder S. 345; vgl. auch DERS., Iustinianische Kodifikation, insbesondere S. 382, 384, 391, 398.

957) VIEHWEG, Topik und Jurisprudenz S. 26–50.

958) VIEHWEG, Topik und Jurisprudenz S. 41; speziell zu Verflechtungen zwischen Problem und System S. 16 f., 42.

959) OTTE, Dialektik und Jurisprudenz S. 228.

960) HORN, Legistische Literatur S. 262–264; 351; LANGE / KRIECHBAUM, Kommentatoren S. 266–268.

961) COING, Geschichte und Bedeutung S. 191 f.

des Rechts. Demgegenüber handelt es sich bei einem System im weiteren Sinn bloß um ein loses Ordnungsschema, das Erkenntnisstoff in der Art der Topik nach gewissen übergreifenden, leitenden Gesichtspunkten gruppiert. Ein solch topisch operierendes Ordnungsverfahren des *mos italicus* wurde, wie es Jan Schröder beschrieben hat, seit dem 16. Jahrhundert im Zuge einer von den Humanisten engagiert geführten Methodendiskussion von einem neuen eng verstandenen Systemgedanken in der Rechtswissenschaft abgelöst[962].

Wie fügen sich die sächsischen Glossen in diese Diskussion? Für den Fall der Buch'schen Glosse warnt Bernd Kannowski vor einer anachronistischen Erwartung einer systematisierenden Durchdringung des Sächsischen Rechts durch den spätmittelalterlichen Glossator[963]. Allerdings sieht er in der Landrechtsglosse verschiedene Ansätze zu einer Ordnung des Sachsenspiegel-Landrechts verwirklicht. Solche zeigen sich in der Buch'schen Hervorhebung der für besonders wichtig erachteten *nu vernemet*-Artikel, in der Suche nach artikelübergreifenden Zusammenhängen in Bezug auf das Prozessrecht, in der Reflexion über die Bedeutung von Anfang und Ende des vermeintlichen sächsischen Privilegs, in der Einteilung des Landrechts in drei Bücher, im Bemühen um Verknüpfung einzelner Artikel mit Hilfe von *continuationes articulorum*, in eigenständigen Erörterungen in Gestalt von Punktekatalogen sowie schließlich in der Zusammenstellung thematisch zusammengehöriger Artikel in Remissionengruppen[964].

Gewisse Elemente der Sammlung und Ordnung ließen sich auch in der Lehnrechtsglosse beobachten. Als ein wichtiges Charakteristikum ist die Eigenschaft der Glosse als Materialsammlung hervorgetreten. Das warf die Frage auf, welcher Strategien sich der Glossator zur Ordnung ihrer Inhalte bediente. Als erster gliedernder Aspekt sind die *continuationes* hervorgetreten. Sie finden sich vor allem an den Glossenanfängen, stellen dort aber nur selten ernsthafte tiefergehende Überlegungen zum Aufbau des Lehnrechts an. Immerhin finden sich neben schematischen Hinweisen auf das vorangegangene Kapitel auch einige Anknüpfungen an weiter entfernte Stellen des Lehnrechts. Regelmäßig drängt sich als vorrangige Funktion der *continuationes* im Text jedoch die Einleitung in den Vordergrund. Mit kurzen Inhaltsangaben geben sie dem Leser einen schnellen Überblick und erleichtern ihm den thematischen Einstieg in das Kapitel.

---

962) SCHRÖDER, Recht als Wissenschaft S. 82–94; DERS., ‚Systematiker'; vgl. außerdem bereits COING, Geschichte und Bedeutung S. 201 f.

963) KANNOWSKI, Umgestaltung S. 323 f. Den Vorwurf muss sich besonders die Arbeit von SCHILLING, Das objektive Recht, gefallen lassen.

964) KANNOWSKI, Umgestaltung S. 497–525.

Die bedeutendsten Ansätze zu einer Systematisierung des Stoffs wohnen den variantenreich ausgeführten *distinctiones* der Lehnrechtsglosse inne. In Aufzählungen wesentlicher Aspekte eines Instituts, in Auffächerungen verschiedener Anwendungsfälle, in Differenzierungen von Wortbedeutungen zur Auflösung vermeintlicher Widersprüche und vielem mehr greift der Glossator für eine übersichtliche und umfassende Darstellung komplexer Sachverhalte auf die universale Methode der Distinktion zurück. Damit schafft er eine Vielzahl in sich schlüssiger Systeme, die in der Lehnrechtsglosse aber zusammenhanglos nebeneinander gestellt werden. Folglich handelt es sich bei den Aufzählungen und *distinctiones* zwar um das wichtigste Ordnungs- und Organisationsverfahren der Lehnrechtsglosse. Sie gehen über eine Stoffbehandlung im jeweiligen eng begrenzten Kontext aber nicht hinaus. Ansätzen zu einer Verortung des Stoffs in einem größeren Ganzen verschließen sie sich.

Mittels unzähliger Remissionen und Allegationen verwob der Glossator seine Lehnrechtsglosse mit den Texten des gelehrten und des einheimischen Rechts. Rechtszitate geben abgekürzte Hinweise auf zugrunde liegende oder weiterführende Rechtsgedanken. Mit solchen Bezugnahmen eröffnet der Glossator eine immense Stofffülle. Zugleich stellen die Rechtszitate auch das Instrumentarium zur Beherrschung dieser Stoffmenge dar. Punktuell verknüpfen sie Informationen miteinander oder gruppieren mehrere einschlägige Rechtszitate zu einem gemeinsamen Allegationenblock. Obwohl sich dabei gewisse wiederkehrende Muster herausbilden, sodass sich bestimmte Allegationen zur Chiffre für bestimmte Rechtsgedanken entwickeln, bleibt es dabei aber stets bei der Bildung allerkleinster Ordnungseinheiten. Mit Hilfe von Remissionen und Allegationen kann der Glossator bloß sehr spezielle Einzelinformationen miteinander verknüpfen. In großer Masse führen die Rechtszitate zwar zu einem engmaschigen Geflecht von Informationen. Der Erschaffung eines schlüssigen logisch strukturierten juristischen Gesamtsystems steht die Einfügung von Einzelzitaten aber mehr entgegen, als dass sie es fördert.

In den kompilatorischen Elementen der Lehnrechtsglosse gruppiert der Glossator Bestandteile aus fremden Texten, hauptsächlich aus der Buch'schen Glosse, aber auch Ausschnitte aus gelehrten und einheimischen Rechtstexten, individuell neu zusammen. Zu einem überwiegenden Teil stellt sich die Lehnrechtsglosse somit als eine Collage teils mehr, teils weniger veränderter kürzerer oder längerer Passagen aus Dritttexten dar. Das vom Glossator bei der Zusammenstellung verfolgte Ordnungsprinzip ergibt sich zunächst einmal aus der vorgegebenen Abfolge der kommentierten Lehnrechtskapitel. Anders gewendet entwickelt der Glossator gerade keinen eigenen, nach Sachinhalten strukturierten Aufbau, sondern ordnet sich dem im Haupttext vorgegebenen Legalsystem unter. Eine in LnR 71 schon vom Feudisten betonte Teilung des Sächsischen Lehnrechts in gemeines und besonderes Lehnrecht hebt auch der Glossator noch einmal hervor. Innerhalb der einzelnen Glossen reihen sich die mit zahlreichen Exkursen gespickten Ausführungen des Glossators dann assoziativ aneinander. Ein übergreifendes, die gesamte Lehnrechtsglosse durchziehendes Ordnungsprinzip kommt darin nicht zum Tragen.

Insgesamt argumentiert und ordnet der Glossator des Lehnrechts im Kleinen und Konkreten. Selten richtet sich der Blick aufs Ganze. Seine Perspektive ist problemorientiert. Zur Erklärung bestimmter Regelungen oder zur Lösung von Einzelfällen werden kleine Systeme entworfen und es wird nach allgemeingültigen Rechtsgedanken gesucht. Diese Verfahren sind aber induktiv, sie dienen der Erläuterung ganz konkreter Inhalte. An Stelle der Konstruktion eines kohärenten Gesamtsystems betreibt der Lehnrechtsglossator die Verortung spezieller Begriffe, Sätze und Fallbeispiele in ihrem unmittelbaren Umfeld. Seine Vorgehensweise lässt sich am ehesten als ein diffiziles Ausloten vorgefundener Phänomene nach Art der Topik beschreiben. Mit einer umfassenden deduktiven Systematisierung hat sie wenig gemein.

In der Lehnrechtsglosse ist eine gewaltige Stoffmasse angehäuft worden. Der Glossator hat darin möglichst umfassend all jene potentiell relevanten Inhalte zusammengefasst, die für eine gelehrt-wissenschaftliche Beantwortung lehnrechtlicher Fragen heranzuziehen sind. Dabei bringt er jedoch kein Interesse an der Errichtung eines logisch-deduktiven Gesamtsystems auf, sondern verfährt topisch. Die daraus resultierende Unübersichtlichkeit der Darstellung traf in späterer Zeit auf ein Bedürfnis nach Ordnung, welches in Registern und Remissorien mündete, die die sperrige, nicht ohne weiteres zugängliche Stoffmasse der Glossen „aufschließen“ sollten. Dietrich von Bocksdorf ist die wichtigste dieser Erschließungshilfen zur Lehnrechtsglosse zu verdanken[965]. Sein Remissorium zum Sächsischen Recht verfasste er Mitte des 15. Jahrhunderts. Ein „System des Sachsenspiegel-Lehnrechts“ im engeren Sinn aber schrieb erst Carl Gustav Homeyer im 19. Jahrhundert[966].

---

965) Remissorium des Dietrich von Bocksdorf (ZOBEL, Sechsisch Weychbild und Lehenrecht, Leipzig 1537, ohne fol. [am Ende des Bandes]). Vgl. zur Person oben S. 79 m. w. N.

966) HOMEYER, System, Sachsenspiegel II 2 S. 261–640.

5. Fazit: Funktionen der sächsischen Glosse

Am Ende der hier angestrengten Analyse der Darstellungsformen und Argumentationsmuster der Lehnrechtsglosse steht der Versuch, nicht bloß ein Resümee der methodischen Eigenheiten der Lehnrechtsglosse zu geben, sondern aus ihm auch Schlussfolgerungen auf die Funktionen der sächsischen Glosse als Vertreter spätmittelalterlicher Kommentarliteratur zu ziehen. Welche Ziele verfolgte der Glossator mit seinem Werk? Oder anders gewendet: Welche wesentlichen Aspekte konstituieren aus seiner Sicht einen juristischen Kommentar?

Eindeutig spiegeln sich in der Lehnrechtsglosse die Elemente des tradierten *lectura*-Schemas, wie es in Fortentwicklung des glossatorischen Exegeseverfahrens auch die Kommentatoren ihrem Unterricht und ihrer Kommentarliteratur weiter zugrunde gelegt hatten. Der Glossator des Lehnrechts dürfte das klassische juristische Auslegungsverfahren an der Universität erlernt haben. Seine Anwendung auf den neuen, noch völlig unbearbeiteten, materiell und sprachlich so verschiedenen Bearbeitungsgegenstand des Sächsischen Rechts führt in der Lehnrechtsglosse zur Ausbildung spezieller stilistischer Eigenheiten. Zunächst einmal verdeutlicht sie aber den gelehrten Bildungshintergrund des Glossators und das Grundanliegen seiner Arbeit: Mit einem juristischen Kommentar zum Sächsischen Lehnrecht will er den Text auslegen, ihn erklären. Wie die Kommentarliteratur als solche die noch ganz und gar exegetisch ausgerichtete Glossenliteratur allmählich überwunden hatte, geht allerdings auch die Lehnrechtsglosse über das Moment der Textexegese bereits weit hinaus. Oft genug erfüllen die verschiedenen Darstellungsformen und Argumentationsmuster der Lehnrechtsglosse im Text schwerpunktmäßig andere Funktionen, hinter denen die klassische Bedeutung als Bestandteil eines Verfahrens der Exegese zurücktritt. Neben den interpretativen Elementen der Glosse gewinnen auf diese Weise eigenständige, zusammenhängende Abhandlungen an Bedeutung, in denen der Glossator Problemlösungsverfahren auf konkrete juristische Zweifelsfragen anwendet. Eine erhebliche Rolle spielt für den Glossator außerdem der Aspekt der Materialsammlung und Materialordnung.

Texterklärung. Als noch immer primär exegetisch motiviert lässt sich das formale Festhalten des Glossators an einem Verweissystem durch Textstichworte verstehen. Allerdings wendet es der Glossator durch häufige Auslassungen und Textparaphrasierungen so inkonsequent an, dass sich die Lehnrechtsglosse, anders als die Buch'sche Glosse, schon nicht mehr sinnvoll nach Textstichworten zitieren lässt. Tatsächlich ist der Glossentext somit nicht mehr sehr eng an den Wortlaut der kommentierten Lehnrechtskapitel angebunden.

Glossae im ursprünglichen Sinn und damit ebenfalls ein primär exegetisches Moment der Lehnrechtsglosse stellen außerdem die zahlreich enthaltenen Definitionen und Worterklärungen dar. Neben knappen, abschließenden Definitionen und langwierigen, teils etymologisch gearbeiteten Erklärungen für lehnrechtliche Fachtermini finden sich auch komplexe, distinguierende Auffächerungen und Abgrenzungen verschiedener Begriffsbedeutungen. Solche Begriffssysteme können in der Lehnrechtsglosse wiederum zum Anknüpfungspunkt für Erläuterungen ganz anderer Begriffe und Themen werden. Auch hier entfernt sich die Glosse also häufig vom Text.

Primär exegetisch motiviert stellen sich schließlich verschiedene Strategien des Glossators zur Veranschaulichung des Textes anhand von Beispielen und Bildern dar. Mit Auflistungen von typischen Anwendungsfällen, Diskussionen theoretischer Schulfälle sowie ausführlicher Exemplifikationen gerichtlicher Verfahren in Katalogen beispielhafter Urteilsfragen konkretisiert der Glossator den abstrakten Aussagegehalt bestimmter Textstellen. Die zahlreichen Beispielsfälle der Lehnrechtsglosse sind in einem doppelten Sinn Einfallstore für die Praxis: Zum einen dürften viele Fälle aus der persönlichen, praktischen Anschauung des Glossators inspiriert worden sein. Zum anderen dienen sie umgekehrt dazu, dem Leser die praktische Bedeutung abstrakter Rechtssätze und ihre gerichtspraktische Umsetzung vor Augen zu führen. Eine weitere Strategie des Glossators, die geeignet war, ein tieferes Textverständnis zu fördern, ist die Erklärung verschiedener Institute aus ihrer historischen Entwicklung. Wie es schon bei den auffächernden Worterklärungen zu beobachten ist, finden exemplifizierende und illustrierende Elemente der Lehnrechtsglosse allerdings ihren Ausgangspunkt zwar in konkret erläuterten Textstellen, gehen in ihrer ausführlichen Ausgestaltung über den Text aber häufig weit hinaus. Insgesamt hält der Lehnrechtsglossator nur formal am tradierten Moment der Texterklärung fest, räumt der Interpration des Primärtextes in der tatsächlichen Umsetzung seiner Glosse allerdings keine Hauptrolle mehr ein.

Problemlösung. An Stelle einzelner textbezogener Erläuterungen von konkreten Worten und Sätzen des Sächsischen Lehnrechts bestimmen das Bild der Lehnrechtsglosse überwiegende längere zusammenhängende Problemerörterungen. In den detaillierten Diskussionen offener Zweifelsfragen spielt die eigentliche „Musik“ der Glosse. Zu ihnen gibt der Text des Lehnrechts zwar häufig das erste Stichwort, doch öffnet sich der Glossator im Wege der Assoziation durchaus neuen Themenfeldern, denen er sich aus freien Stücken zuwendet. Der Glossator wirft in seiner Arbeit zahlreiche teils nur sehr lose durch den Text inspirierte Rechtsfragen auf. Diese führt er unter Anwendung spezifischer juristischer Problemlösungsverfahren einer angemessenen Lösung zu. Zwei sehr verschiedene wiederkehrende Verfahren sind dabei hervorgetreten: Die Bildung von *quaestiones* und von Urteilsfragen.

Quaestiones waren die klassische Denk-, Lehr- und Literaturform scholastischer Wissenschaft und hatten sich in der Jurisprudenz aus einem ursprünglichen Teilschritt der Exegese zu einem bedeutenden Bestandteil der spätmittelalerlichen Kommentarliteratur entwickelt. Dem Glossator des Lehnrechts dürfte die Methode der *quaestio* während seines Aufenthalts an einer juristischen Fakultät in Fleisch und Blut übergegangen sein. In der Lehnrechtsglosse führt er sie mustergültig aus. Unter Rückgriff auf sich festigende deutsche Einleitungsformeln, die der Lehnrechtsglossator aus der Buch'schen Glosse übernimmt und fortentwickelt, indem er sie immer schematischer anwendet, entwickelt der Glossator seine Argumente nach Art der Topik. Dabei nutzt der Glossator das gelehrte Recht als Fundus allgemeingültiger Sätze, die er konkretisierend sogar zur Beantwortung ganz spezieller lehnrechtlicher Fragen fruchtbar machen kann.

Eine Besonderheit der Lehnrechtsglosse, mit der sich der Glossator stilistisch deutlich von der Buch'schen Glosse emanzipiert, ist die Bildung detaillierter Urteilsfragen. Anders als die gelehrten *quaestiones* handelt es sich bei ihnen um eine spezifische, im traditionellen mündlichen mittelalterlichen Verfahren wurzelnde Stilfigur der jungen deutschen Rechtswissenschaft. In ihrer Ausgestaltung in der Lehnrechtsglosse weisen die Urteilsfragen allerdings funktionelle Ähnlichkeiten mit der Methode der *quaestio* auf. Hier wie dort führt der Jurist eine rechtliche Zweifelsfrage unter dialektischer Auslotung aller relevanten Gesichtspunkte im gegenseitigen Für und Wider der widerstreitenden Interessen einer möglichst angemessenen, ausgewogenen und akzeptablen Lösung zu.

Die *quaestiones* und Urteilsfragen der Lehnrechtsglosse lassen sich beide als Ausprägung eines diskursiven Verfahrens der Problemerörterung verstehen. Insgesamt tritt die juristisch begründete Lösung rechtlicher Zweifelsfragen quantitativ und qualitativ als ein Hauptanliegen des Lehnrechtsglossators hervor.

Materialsammlung. Neben interpretativen und problemlösungsorientierten Elementen der Lehnrechtsglosse ist in der Analyse der Stil- und Denkformen schließlich noch der wichtige Aspekt der Materialsammlung hervorgetreten. Zu einem überwiegenden Anteil stellt sich die Lehnrechtsglosse als Kompilation dar, in welche der Glossator unterschiedlich stark veränderte Fragmente aus Dritttexten eingearbeitet hat. Nach Art des mittelalterlichen *commentator* ergänzt der Lehnrechtsglossator diese Fragmente um seine eigenen Erläuterungen. Sein bestimmendes Motiv zu einer solchen Ansammlung und individuellen Neuordnung tradierten Gedankenguts ist die Schaffung eines abschließenden Nachschlagewerks. Gewollt war eine

Glossa ordinaria, die das im Sächsischen Lehnrecht behandelte Themenspektrum möglichst umfassend abdecken sollte, indem sie sämtliches einschlägige Material der Buch'schen Glosse, der einheimischen und der gelehrten Rechtstexte inkorporiert. Weitere Textstellen übernimmt der Glossator nicht eigens, nimmt sie aber mittels zahlreicher Remissionen und Allegationen in Bezug, sodass die Lehnrechtsglosse mit weiteren Rechtsquellen insgesamt eng verknüpft wird.

Heraus kam eine immense Ansammlung von Information, die in der Lehnrechtsglosse allerdings zu keinem kohärenten System ausgeformt wird, sondern nur eine lose strukturierte Ordnung erfährt. Das bestimmende Ordnungsprinzip der Lehnrechtsglosse bleibt die Orientierung an der Legalordnung des Sächsischen Lehnrechts. Diese bemüht sich der Glossator in recht oberflächlich gearbeiteten *continuationes capitulorum* nachzuvollziehen. Innerhalb der einzelnen Glossen fächern Punktekataloge und *distinctiones* kleine, in sich schlüssige Systeme auf, die dort allerdings unverbunden nebeneinander stehen. Insgesamt gelangt der Glossator des Lehnrechts zu keiner umfassenden, an übergreifenden Gesichtspunkten orientierten Ordnung des Stoffs.

In der Gesamtschau lässt sich demnach eine dreigliedrige Funktionsweise der sächsischen Lehnrechtsglosse formulieren. Sie erhellt zugleich den Rechtswissenschaftsbegriff des Glossators. Bestimmend sind die Aspekte der Texterklärung (1), der Problemlösung (2) sowie der Materialzusammenstellung (3). Im Bild der Lehnrechtsglosse nimmt Rechtswissenschaft ihren Ausgangspunkt noch immer in der Erklärung von Rechtstexten. Die Textbezogenheit der Jurisprudenz ist das überkommene Erbe der Glossatoren, die die Rechtswissenschaft einst entlang der Texte des *Corpus iuris* neu begründet hatten. Formal hielten die spätmittelalterliche Kommentarliteratur im Allgemeinen und die Lehnrechtsglosse im Speziellen weiter an diesem Prinzip der Exegese fest. Auch in seiner einzigen wissenschaftstheoretischen Bemerkung bringt der Lehnrechtsglossator die Aufgabe der Auslegung und Deutung von Gesetzestexten zum Ausdruck[967]. Tatsächlich war zur eigentlichen Aufgabe der Rechtswissenschaft aber längst die Entwicklung, Anwendung und Verbesserung juristischer Problemlösungsverfahren aufgestiegen[968]. Diese Entwicklung brachte eine Entfernung vom autoritativen Text mit sich. Man wandte sich verstärkt rechtspraktischen Fragen zu, denn *quaestiones* und Urteilsfragen entwickeln sich nicht entlang vorgegebener

---

967) LGl LnR 69 (68 § 9) (S. 960 Z. 14 f.); vgl. oben S. 398.

968) Diesen Aspekt bereits als Teil des Wissenschaftsbegriffs der Glossatoren betont OTTE, Rechtswissenschaft S. 139 f.

Gesetzestexte, sondern aus Sachfragen und konkreten Beispielsfällen[969]. Drittens konstituierte sich die Aufgabe des rechtswissenschaftlichen Kommentators aus Sicht des Lehnrechtsglossators in der Ermittlung und Zusammenstellung all jener Fragen und Inhalte, die ein bestimmtes Rechtsgebiet und seine legislatorische Grundlage potentiell aufwerfen konnten. Wie der heutige Kommentar wurde die Lehnrechtsglosse erst aufgrund ihres Charakters einer vollständigen Materialsammlung zu jener unentbehrlichen Arbeitsgrundlage, die sich vom wissenschaftlich wie vom praktisch arbeitenden Juristen gleichermaßen zur Klärung offener Rechtsfragen konsultieren ließ. Der spezifische Wert der Glosse lag deshalb nicht bloß in ihren interpretativen Erläuterungen und musterhaften Problemlösungen, sondern gerade auch in ihrer Eigenschaft als möglichst umfassend konzipiertes Nachschlagewerk. Dass zuvor noch keinerlei vergleichbares Werk zum Sächsischen Lehnrecht geschrieben worden war, bestätigt die Bedeutung dieses dritten Aspekts.

Kurz gefasst betrieb der Glossator des Lehnrechts bei Abfassung seines Kommentars also, wo es nötig schien, die Auslegung des Lehnrechtstextes. Vor allem aber nahm er den Text des Sächsischen Lehnrechts zum Anlass, in Eigenregie das gesamte Spektrum der in lehnrechtlichen Belangen potentiell tangierten Fragen und Inhalte auszuloten, den dazu einschlägigen Rechtsstoff zu ermitteln und zu gruppieren und besonders bedeutend erscheinende Zweifelsfragen einer juristisch begründeten Lösung zuzuführen.

IV. Ergebnis: Die Glosse zwischen Tradition und Innovation

Das vorliegende Kapitel über die Arbeitstechnik des Glossators hat sich der Lehnrechtsglosse auf einer formalen Ebene genähert und gefragt, wie sich im Spiegel gelehrter Bearbeitungsformen der Vorgang der Verwissenschaftlichung des Sächsischen Rechts gestaltet. Eine zusammenfassende Würdigung gibt nun Aufschluss über die traditionellen und die innovativen Elemente dieser Kommentierung des Sächsischen Lehnrechts „im Stile des gelehrten Rechts“[970].

---

969) Dass Rechtswissenschaft letztlich praktische Ziele verfolgte, ist von gelehrten Juristen des Mittelalters auch selbst reflektiert und als distinktives Merkmal gegenüber anderen Wissenschaften gesehen worden, ohne dass man darin einen Mangel im wissenschaftlichen Charakter der Jurisprudenz gesehen hätte LEPSIUS, Juristische Theoriebildung S. 300.

970) LIEBERWIRTH, Art. Glossen zum Sachsenspiegel, in: ²HRG II Sp. 417; DERS., Einleitung, Gl LdR S. XXIII; ebenso HORN, Legistische Literatur S. 284; vgl. die Ausgangsfrage oben S. 247.

Die Lehnrechtsglosse gibt nur wenig Konkretes über ihre Entstehungshintergründe preis. Sie muss irgendwann nach der Buch'schen Glosse und vor 1386/87 von einem anderen als Johann von Buch im Geltungsgebiet des Sächsischen Rechts und dort vermutlich im mitteldeutschen Sprachraum geschrieben worden sein. Trotz dieser kaum befriedigend geklärten Ausgangssituation ist es gelungen, den für eine Interpretation der Quelle wichtigen Erfahrungs- und Bildungshintergrund des unbekannten Glossators auf indirektem Weg ungefähr zu erschließen. Nach allem, was wir zum Bildungs- und Universitätssystem des Spätmittelalters wissen, muss der Lehnrechtsglossator die in seinem Werk zu Tage tretende, spezifisch gelehrt-juristische Arbeitsweise im Rahmen eines Rechtsstudiums an einer klassischen juristischen Fakultät erlernt haben. Im fraglichen Zeitraum – vermutlich genoss der Glossator seine Ausbildung bereits in der ersten Hälfte des 14. Jahrhunderts, spätestens aber in den frühen 1380er Jahren – kommt dazu diesseits der Alpen allenfalls ein Aufenthalt an der seit etwa 1350 vorwiegend kanonisches Recht vermittelnden Prager „Carolina" in Betracht. Wahrscheinlicher aber ist ein Auslandsstudium des Lehnrechtsgglossators an einer der Fakultäten in Italien oder Frankreich. Wie Johann von Buch und Nikolaus Wurm scheint der Lehnrechtsglossator mit den Inhalten des allerorts ähnlich unterrichteten römisch-kanonischen Rechts vertraut gemacht worden zu sein. Mit großer Wahrscheinlichkeit dürfte er *lecturae* zu den Hauptquellen des *Corpus iuris*, vielleicht auch zum kanonischen Recht und zu einigen *extraordinariae* gelesenen Quellen wie den *Libri feudorum* gehört und sich im Rahmen von *disputationes* in der Kunst der Disputation geübt haben. Hier also sind die Wurzeln für die juristische Methode der Lehnrechtsglosse zu suchen. Hingegen muss der Glossator seine Kenntnisse im einheimischen Recht ausschließlich aus rechtspraktischer Anschauung gewonnen haben. Seine detaillierten Kenntnisse im Sächsischen Land- und Lehnrecht sowie überhaupt sein Interesse an einer aufwendigen Bearbeitung des Sächsischen Lehnrechts legen eine intensive berufliche Befassung des Glossators mit dem einheimischen Recht nahe. Zwei ganz verschiedene Welten trafen demnach in seiner Person aufeinander – hier die entwickelte, gelehrte Rechtskultur des *ius commune*, dort die autochthone, mit wissenschaftlichen Belangen noch kaum in Berührung geratene Kultur des Sächsischen Rechts.

Die Lehnrechtsglosse war der Versuch, diese beiden Welten miteinander in Einklang zu bringen. Für die gelehrten Juristen in Sachsen ging es um nichts weniger als um die Bestimmung der Parameter ihres eigenen Betätigungsfelds. Obwohl sich der Glossator des Lehnrechts, anders als Johann von Buch, nicht explizit über seine Motive zur Abfassung der Lehnrechtsglosse äußert, wird man auch seine Glosse als eine Reaktion auf ein im Kontakt mit der gelehrten Jurisprudenz erwachsenes Bedürfnis nach Professionalisierung im einheimischen Verfahren zu verstehen haben. Durch wissenschaftliche Kommentierungen wollte man das Sächsische Recht mit den Instrumentarien gelehrter Jurisprudenz handhabbar machen. Es sollte in gelehrten Kreisen „gesellschaftsfähig" werden – kurz: Es sollte am allgemeinen rechtswissenschaftlichen Diskurs partizipieren. Zu diesem Zweck erfuhren die sächsischen Rechtsquellen nun eine Bearbeitung aus der Perspektive des gelehrten Rechts. Der Erste, der einen solchen Schritt vollzog, war Johann von Buch. Seine Glossierung des Sachsenspiegel-Landrechts wirkte als Initialzündung für eine ganze Reihe weiterer gelehrter Schriften zum Sächsischen Recht. Zu den wichtigsten Arbeiten der zweiten Generation zählen die Lehnrechtsglosse und die Glosse zum Magdeburger Weichbildrecht. Beide folgen methodisch und inhaltlich dem Buch'schen Vorbild, orientieren sich in Vermittlung durch die Landrechtsglosse aber außerdem am Vorbild der legistischen Literatur.

In den sächsischen Glossen gehen traditionelle und innovative Aspekte eine ganz spezifische Verbindung ein. Einerseits stellen sich die sächsischen Glossatoren bewusst in die Tradition der gelehrten *Glossae ordinariae*. In Parallele zu den Basistexten des *ius commune* wollte man nun auch die sächsischen Rechtsbücher, die man als Bestandteile einer Art sächsischen „*Corpus iuris*" begriff, durch die Beigabe gelehrter Begleittexte aufwerten. Dabei bedienten sich die sächsischen Juristen klassischer, gelehrter Methodik. In Aufbau und Formalia orientierten sie sich streng am Konzept der gelehrten *Glossa ordinaria*. Andererseits unterschied sich die Ausgangslage der spätmittelalterlichen Glossatoren in Sachsen aber ganz erheblich von der Situation eines Accursius. Wo dieser primär das Werk seiner Vorgänger zusammenfasste, konnten jene noch auf keinerlei Vorarbeiten zurückgreifen. Das Sächsische Recht war eine wissenschaftlich noch völlig unbearbeitete, vom gelehrten Recht vollkommen verschiedene Materie, die neben ganz eigenen Rechtsinstituten auch noch mit der Herausforderung der noch nicht ausgebauten, „unwissenschaftlichen" deutschen Sprache aufwartete. Um gleichwohl von vornherein mit dem Anspruch abschließender *Glossae ordinariae* auftreten zu können, mussten die sächsischen Glossatoren also gleichsam aus dem Nichts mit einem Schlag eine bestmöglich ausgereifte sächsische Rechtswissenschaft präsentieren. Eine solche Basisliteratur zu begründen verlangte den sächsischen Glossatoren Fleiß und Kreativität ab. Nicht zuletzt erklärt sich aus dem wissenschaftlichen „Nachholbedarf" des Sächsischen Rechts wohl auch die enge Anbindung der sächsischen Glossen an die Inhalte des gelehrten Rechts.

Obwohl die sächsischen Glossen bereits in das 14. Jahrhundert fallen und mit ihren eigenständigen, zusammenhängenden Erörterungen durchaus Charakteristika des weiterentwickelten Kommentars aufweisen, blieben sie ihrem Selbstverständnis nach „Glossen". In Anerkennung sowohl ihrer konservativen Elemente als auch ihrer zeitgenössischen Charakteristika und gänzlich neuartigen Besonderheiten sollte die heutige Forschung die sächsischen Glossen deshalb weder als typische gelehrte Glosse noch als typischen Kommentar, sondern am ehesten als eine Gattung eigener Art begreifen.

In der Lehnrechtsglosse zeigen sich stilistische Eigenheiten, in denen sich der Glossator von seinen legistischen Vorbildern löst. Besonders bei der Bildung von Urteilsfragen, die sich bisweilen mit *quaestiones* vermischen, beschritt die Glosse methodisch eigene Wege. In der Exemplifikation und Diskussion von Fallbeispielen in Urteilsfragen emanzipiert sich der Lehnrechtsglossator wie gesehen auch von der Buch'schen Glosse. Stilistische Unterschiede zur Buch'schen Glosse ergeben sich darüber hinaus aus den vergleichsweise schematischer durchstrukturierten *quaestiones* der Lehnrechtsglosse. Insgesamt aber spiegelt die Lehnrechtsglosse in der vordergründigen Anwendung des *lectura*-Schemas, im tatsächlich überwiegenden Interesse an ausführlichen Problembehandlungen nach Art der Kommentatoren und nicht zuletzt im spezifischen Aufbauen auf inkorporierten Dritttexten doch ganz überwiegend die Anwendung der zeitgenössischen gelehrt-juristischen Methode.

Im Transfer gelehrter juristischer Methode auf den neuen Bearbeitungsgegenstand des Sächsischen Rechts liegt aus wissenschaftsgeschichtlicher Sicht das eigentlich innovative Potential der sächsischen Glossen. Mittels *distinctiones* und *quaestiones* ließ sich das Sächsische Lehnrecht prinzipiell ebenso ausloten wie ein Codextitel, eine *distinctio* des *Decretum Gratiani*, eine Passage aus den *Libri feudorum* oder ein zeitgenössischer Landfrieden. Indem der Glossator die gelehrte juristische Methode auch auf das Sächsische Lehnrecht anwandte, trieb er eine ihr ohnehin innewohnende Tendenz zur Abstraktion weiter voran. In gewisser Hinsicht entkoppelte sich das gelehrte Recht von seinem Inhalt. Es tendierte zur purifizierten Methode, zum juristischen *habitus* schlechthin. Rezeption manifestiert sich in den sächsischen Glossen primär als Methodenrezeption. Übertragung gelehrter Methode auf das Sächsische Recht bedeutet dabei nicht bloß die Anwendung bestimmter literarischer Muster – wenngleich die Stilanalyse der Lehnrechtsglosse ja durchaus die Anwendung legistischer Exegeseverfahren offenbart hat. Die Übertragung der gelehrten Methoden bedeutet daneben auch die Übernahme einer spezifischen juristischen Technik der Problemlösung. Die Analyse der Argumentationsformen hat gezeigt, dass die gelehrte Figur der *quaestio* für den Lehnrechtsglossator eine große Rolle spielt. Eine Fallbehandlung, die nach Art der Topik Argumente aus abstrakten Sätzen des gelehrten Rechts entwickelt, führt zwangsläufig auch zum Import gelehrten Gedankenguts. Um römische und kanonistische Rechtssätze zur

Lösung speziell lehnrechtlicher Zweifelsfragen heranziehen zu können, bedurfte es einer erheblichen Abstraktion ihres Aussagegehalts. Der Glossator des Lehnrechts war zu diesem Schritt, mitunter unter Inkaufnahme waghalsiger Parallelen, imstande. Zu seinen häufig allegierten Quellen gehören noch vor Lehnrecht und *Constitutiones Alberti* die Primärtexte des *Corpus iuris* sowie die seltener zitierten Dekretalen. Die *Libri feudorum* spielen hingegen nur eine untergeordnete Rolle. Statt im *ius commune feudale* nach spezifisch lehnrechtlichen Antworten zu suchen, begriff der Glossator die Gesamtheit des gelehrten Rechts als universalen Fundus für allgemeingültige Regeln und Argumente. Bei aller Befremdlichkeit, die eine Bezugnahme auf römische Plebiszite zur Erläuterung des sächsischen „volksbefragenden" Schöffenprozesses auslösen mag[971] – dass sich gelehrte Methode aus zeitgenössischer Sicht gewinnbringend auch auf das autochthone Recht anwenden ließ, ist nicht zu leugnen. Das waghalsige Unterfangen der sächsischen Juristen des 14. Jahrhunderts, mit einem Mal die künftigen *Glossae ordinariae* zum Sächsischen Recht aus dem Boden zu stampfen, muss angesichts ihrer nachhaltigen Rezeption, wie sie sich noch in Drucken des späten 16. Jahrhundert beweist, als geglückt bezeichnet werden. An der Universalisierung juristischer Methode nehmen die sächsischen Glossen entscheidenden Anteil.

971) LGl LnR 68 (67 § 7) (S. 931 Z. 3–6); vgl. dazu unten S. 727.

D. Rechtsbegriff der Glosse: Der Platz des Lehnrechts im Gefüge des Rechts

Der in den Kanon der maßgeblichen, autoritativen Rechtstexte emporgehobene Bearbeitungsgegenstand, dem unser unbekannter Glossator sein gelehrtes Rankenwerk angedeihen ließ, ist das Sächsische Lehnrecht. Welche Gestalt es im Kleid seiner spätmittelalterlichen Glossierung angenommen hat, ist Gegenstand dieses Kapitels.

Um das Wesen des Sächsischen Lehnrechts aus der Perspektive des Glossators zu erfassen, wird zunächst die Entstehungsgeschichte des sogenannten Sachsenspiegel-Lehnrechts selbst beschrieben und eine Begriffsbestimmung versucht. Grundsätzlich gilt es dabei zwei Ebenen zu unterscheiden: die tatsächliche Genese des Lehnrechts, wie sie sich vom Standpunkt gegenwärtiger Forschung her darstellt, und die Sicht des spätmittelalterlichen Glossators. Diese Sichtweisen gehen auseinander. Um die Vorstellungen des Glossators von Entstehung, Inhalt und Rechtsqualität des Sächsischen Lehnrechts in ihrer Bedeutung erfassen zu können, soll zunächst auf den aktuellen Stand der Forschung eingegangen werden (I). Erst der Vergewisserung über heute anerkannte Fakten und der Sensibilisierung für nach wie vor ungeklärte Fragen sollen dann die Einordnungen des Glossators gegenübergestellt werden. In einem zweiten Schritt werden die weichenstellenden Grundaussagen der Lehnrechtsglosse zu Ursprung und Regelungsbereich des Sächsischen Lehnrechts analysiert (II). Diese lassen sich einerseits zur Entstehungsgeschichte des Sachsenspiegels aus heutiger Sicht kontrastieren, andererseits sind sie zu den Aussagen weiterer zeitgenössischer Arbeiten in Bezug zu setzen. Schließlich wird in einem dritten Schritt auf einer abstrakten, rechtstheoretischen Ebene die Rechtsquellenlehre des Glossators untersucht (III). Was verstand der Glossator unter Begriffen wie „natürliches Recht", „Gewohnheit" und „Kaiserrecht"? Welche Arten von Recht unterscheidet die Glosse, wie grenzt sie sie gegeneinander ab und wie geht sie mit Widersprüchen zwischen verschiedenen Rechtsquellen um? Aus rezeptionsgeschichtlicher Sicht interessiert hier besonders das Verhältnis des Lehnrechts zum gelehrten Recht. Welchen Platz der Glossator dem Lehnrecht im Gesamtgefüge des Rechts zuweist, verspricht Aufschluss über den insgesamt der Glosse zugrunde liegenden Rechtsbegriff zu geben.

I. Was ist das Sächsische Lehnrecht?

„Qu'est-ce que la féodalité?"[1] fragte François Louis Ganshof in seiner zum Klassiker gewordenen Darstellung des mittelalterlichen Lehnswesens. Der Lehnrechtsglosse hat man sich mit einer ganz ähnlichen, grundsätzlichen Frage zu nähern: Was eigentlich ist das Sächsische Lehnrecht? Gemeint ist jener Rechtstext, den die Lehnrechtsglosse schlicht als „Lehnrecht" bezeichnet, der auf den Titelblättern der frühen Drucke unter dem Namen „Sächsisches Lehnrecht" erscheint und der uns heute als „Lehnrecht des Sachsenspiegels", nämlich als das letzte seiner vier Bücher, bekannt ist. Aber welchen geistigen Strömungen entspringt es, was genau behandelt es und wer hat es wann verfasst? Wie gestaltet sich das Verhältnis zum Sachsenspiegel-Landrecht und inwiefern sind beide Rechtstexte wirklich zu einem Rechtsbuch verbunden? Mitnichten herrscht Klarheit über diese Fragen. Obwohl die Entstehungsgeschichte des Sachsenspiegels seit jeher das besondere Interesse der Forschung genießt, konnte erst jüngst wieder festgestellt werden: „Doch noch immer harren viele Fragen einer Antwort, letzte Klarheit über seine genaue Entstehungszeit, die Biographie seines Verfassers Eike von Repgow oder seinen Entstehungsort ist noch immer nicht erzielt; heute werden alte Fragen neu gestellt, und so manche als unumstößlich geltende, durch die Autorität großer Gelehrter scheinbar auf alle Zeiten zementierte Auffassung wird auf der Basis erneuten gründlichen Quellenstudiums in anderem Lichte gesehen und kritisch überprüft."[2]

An dieser Stelle soll nicht die gesamte Entstehungsgeschichte des Sachsenspiegels in all ihren Einzelheiten nacherzählt werden[3]. Im Folgenden sei vielmehr eine regelmäßig vernachlässigte Perspektive eingenommen: Aus der allgemeinen Diskussion werden diejenigen Erkenntnisse und Zweifelsfragen herausgefiltert und zusammengetragen, die sich speziell auf die Ursprünge des Sachsenspiegel-Lehnrechts beziehen. „Die Forschung zum Sachsenspiegel ist bestimmt und getragen vom Landrecht."[4] Explizit mit dem Lehnrecht und seinem Verhältnis zum Sachsenspiegel-Landrecht haben

---

1) GANSHOF, Qu'est-ce que la féodalité? (Erstausgabe 1944, deutsche Übersetzung DERS., Was ist das Lehnswesen?).

2) KAUFMANN, Glossen zum Sachsenspiegel S. 99, unter Hinweis auf Ergebnisse und neue Perspektiven der jüngeren Sachsenspiegelforschung insbesondere bei KANNOWSKI, Umgestaltung; KANNOWSKI / DUSIL, Der Hallensische Schöffenbrief; LANDAU, Entstehungsort, und LÜCK, Über den Sachsenspiegel.

3) Den besten Überblick bietet, auch nach den Forschungen von LANDAU, Entstehungsort, noch immer LIEBERWIRTH, Entstehung.

4) LÜCK, Woher kommt das Lehnrecht S. 245.

sich in neuerer Zeit nur Karl Kroeschell[5], Takeshi Ishikawa[6] und jüngst nun Heiner Lück[7], Bernd Kannowski[8] und Jörn Weinert[9] beschäftigt.

Das Problem ist schnell umrissen. Fast unbestritten ist heute die Grundannahme, dass Land- und Lehnrecht genuin miteinander verbunden sind[10]. Damit ist gemeint, dass es sich bei Land- und Lehnrecht des Sachsenspiegels nicht um zwei verschiedene, ursprünglich selbständige Arbeiten handelt, sondern um das eine Werk des einen Autors Eike von Repgow. Nach Karl Kroeschell gehört die Zusammenstellung von Land- und Lehnrecht in einem Rechtsbuch gerade zu den „charakteristischen Merkmalen"[11] des Sachsenspiegels. Nur der Schwabenspiegel übernimmt sie noch, andere Rechtsbücher beschränken sich dagegen auf die Darstellung lediglicher einer der großen Ordnungen des mittelalterlichen Rechts (Landrecht, Lehnrecht, Stadtrecht, Dienstrecht usw.).

Beweisen lässt sich Eike von Repgow als gemeinsamer Autor von Land- und Lehnrecht aber letztlich nicht[12]. Zwar wandte sich einzig Christian Ulrich Grupen einst explizit gegen eine Verfasserschaft Eikes am Lehnrecht[13]. Die allgemein herrschende Überzeugung von einer Autorschaft Eikes an beiden Büchern kann sich aber nur auf Indizien stützen. Als Begründung werden die Überlieferungsgeschichte des Sachsenspiegels sowie inhaltliche Erwägungen ins Feld geführt. Die meisten der vorgetragenen Argumente lassen sich aber durchaus auch in anderem Licht betrachten. Vielleicht ist das letzte Wort zur Entstehung des Sächsischen Lehnrechts noch nicht gesprochen.

---

5) KROESCHELL, Sachsenspiegel als Land- und Lehnrechtsbuch; sowie am Rande DERS., Lehnrecht und Verfassung im deutschen Hochmittelalter, insbesondere Rn. 32–37.

6) ISHIKAWA, Lehnrecht und Verfassung.

7) LÜCK, Woher kommt das Lehnrecht.

8) KANNOWSKI, Landrecht und Lehnrecht.

9) WEINERT, Eike.

10) Für alle etwa die Darstellung bei WEINERT, Dresdner Bilderhandschrift S. 29 m. w. N.; nun aber zweifelnd WEINERT, Eike.

11) KROESCHELL, Sachsenspiegel als Land- und Lehnrechtsbuch S. 13.

12) So zuletzt auch KÜMPER, Sachsenrecht S. 200; WEINERT, Eike S. 70–75.

13) Christian Ulrich Grupen in SPANGENBERG, Beyträge S. 61 F.; zweifelnd nun auch WEINERT, Eike, insbesondere S. 97: „Aus den Beobachtungen ergibt sich mit aller gebotenen Vorsicht, dass eine Abfassung des Lehnrechts durch Eike von Repgow nicht als gesichert anzusehen ist."

1. Zur Überlieferung des Sachsenspiegel-Lehnrechts

Die Überlieferung des Sächsischen Lehnrechts ist noch nicht erschöpfend untersucht worden. Die differenzierteste Analyse bietet noch immer Carl Gustav Homeyer[14]. Seine Zusammenstellung und Klassifizierung der Überlieferungszeugen des Sächsischen Lehnrechts ist aber mit Blick auf die heute bekannten Textzeugen in weiten Teilen veraltet. Mit dem hier besonders interessierenden Verhältnis zwischen der Überlieferung des Lehnrechts und der Überlieferung von Land- und Weichbildrecht hat sich bisher noch niemand eingehend auseinander gesetzt[15]. Gleichwohl entnimmt die Forschung der Überlieferungsgeschichte des Sachsenspiegels ein gewichtiges Argument für die genuine Verbindung von Land- und Lehnrecht zu einem Rechtsbuch.

a) These von einer frühen Verbindung mit dem Landrecht

Rund 465 bekannte Textzeugen des Sachsenspiegels finden sich im Rechtsbücherverzeichnis von Ulrich-Dieter Oppitz von 1990 zusammengetragen[16]. Die traditionelle, auf Karl August Eckhardt[17] zurückgehende Einteilung dieser Textzeugen in vier Textklassen mit jeweils mehreren Ordnungen erläutern Rolf Lieberwirth[18] und Hiram Kümper[19]. Auffällig sei, so wird immer wieder betont, dass die Überlieferung beider Sachsenspiegelteile zwar spätestens an der Wende zum 14. Jahrhundert auseinanderzugehen beginnt, dass aber gerade die ältesten Textformen (Klasse I, so genannte Kurzformen) Land- und Lehnrecht noch gemeinsam enthalten[20]. Wo sich Land- und

---

14) HOMEYER, Einleitung LnR, Sachsenspiegel II 1 S. 4–40 und S. 57–71.

15) HOMEYER, Einleitung LnR, Sachsenspiegel II 1 S. 70 f., berührte das Verhältnis zwischen Land- und Lehnrecht nur am Rande. E. NOWAK, Verbreitung und Anwendung S. X, klammerte aus ihrer Untersuchung zur Überlieferung des Sachsenspiegels das Lehnrecht ganz aus. Am Rande handelt davon nun jüngst LÜCK, Woher kommt das Lehnrecht S. 248–251.

16) OPPITZ, Rechtsbücher I S. 21–32.

17) ECKHARDT, Rechtsbücherstudien.

18) LIEBERWIRTH, Wirkungsgeschichte S. 64–71.

19) KÜMPER, Sachsenrecht S. 134–164.

20) ECKHARDT, Rechtsbücherstudien S. 50 f.; KROESCHELL, Sachsenspiegel als Land- und Lehnrechtsbuch S. 14; KÜMPER, Sachsenrecht S. 202; LÜCK, Woher kommt das Lehnrecht S. 250. Schon HOMEYER, Einleitung LnR, Sachsenspiegel II 1 S. 45 f. war zu dem Schluss gekommen: „Die allgemeine Meinung, dass dem Verfasser des sächsischen Landrechts auch das Lehnrecht beizulegen sey, hat nach den jetzt vorliegenden Daten allerdings die Wahrscheinlichkeit für sich. Vornemlich darf sie sich auf den äußern Zusammenhang des Land- und Lehnrechts stützen, der so enger erscheint, je weiter wir in die

Lehnrecht gemeinsam finden, fehlt eine Einteilung in Artikel zuweilen ganz, manchmal werden Artikel durch Rubriken und Zierinitialen hervorgehoben und in einigen Fällen findet sich sogar eine durchgängige, Land- und Lehnrecht umfassende, fortlaufende Zählung[21]. Wann genau die für die Sachsenspiegel-Vulgata charakteristische Dreiteilung des Landrechts und die jeweils neu einsetzende Artikelzählung entstanden ist, konnte noch nicht abschließend geklärt werden. Die Büchereinteilung des Landrechts stammt nicht schon von Eike, sie geht aber wahrscheinlich auch nicht erst auf Johann von Buch zurück[22].

Geschichte des Rechtsbuches zurückgehen. [...] Andre Gründe, obwohl nicht zu verschmähen, sind doch weiter hergeholt."

21) Vgl. nur die Synopsis mit verschiedenen Artikelzählungen der Vertreter der Klasse Ia bei ECKHARDT, Rechtsbücherstudien S. 83–98. Ein prominentes Beispiel für eine Handschrift mit durchgängiger Artikelzählung ist die einst Quedlinburger Handschrift Halle ULB Quedl. Cod. 81 (OPPITZ, Rechtsbücher II Nr. 657), auf der die Sachsenspiegeleditionen von ECKHARDT, Ssp LdR, und DERS., Ssp LnR, aufbauen. Die Handschrift wurde jüngst jedoch auf 1310–1330 neu datiert, BERTELSMEIER-KIERST, Zur ältesten Überlieferung S. 68. Sie kann damit nicht mehr wie bisher angenommen als möglicherweise älteste Handschrift des Sachsenspiegels gelten.

22) HOMEYER, Prolog S. 20, schien es „höchst wahrscheinlich, dass der Glossator die Eintheilung in drei Bücher eingeführt habe." Nachdem BRUNNER, Grundzüge S. 110, seine Einschätzung in sein Lehrbuch übernommen hatte, avancierte diese These zu Handbuchwissen. KANNOWSKI, Umgestaltung S. 515–517, ist ihr allerdings entgegengetreten. Kannowski hält Homeyers Argumentation keineswegs für zwingend. Wichtiger als die Frage, ob Johann auch der „Erfinder" der Bucheinteilung gewesen ist, sei aber der Umstand, dass die Buch'sche Glosse durch ihre Verweistechnik jedenfalls für die Verbreitung und Verfestigung der Bucheinteilung gesorgt habe. Nach KÜMPER, Sachsenrecht S. 143, ist die Frage nach dem Ursprung der Dreibücherteilung gegenwärtig nicht entscheidbar. – Mittlerweile ist es immerhin wahrscheinlich, dass nicht Johann von Buch für die Bucheinteilung verantwortlich ist, sondern diese bereits vorgefunden hat. Es haben sich nämlich ältere Textzeugen des Sachsenspiegels mit Bucheinteilung gefunden, die bereits vor der Buch'schen Glosse (1325 – ca. 1352) geschrieben worden sind. – In der Vergangenheit haben bereits OPPITZ, Rechtsbücher I S. 25, und KROESCHELL, Sachsenspiegel als Land- und Lehnrechtsbuch S. 14, auf die Möglichkeit hingewiesen, die Büchereinteilung könne vielleicht schon in den Bilderhandschriften geschaffen worden sein (nur die Oldenburger Bilderhandschrift weist eine unübliche Fünfbüchereinteilung auf). Tatsächlich zeigt die älteste, um 1300 geschaffene Bilderhandschrift Heidelberg UB Heidelberg Cod. Pal. Germ. 164 (OPPITZ, Rechtsbücher II Nr. 697, Faksimile-Ausgabe Codices Selecti CXV) eine auf der Dreibüchereinteilung beruhende Artikelzählung. Die Ziffern wurden jedoch nicht in den mit bunten Initialen gegliederten fortlaufenden Text integriert, sondern finden sich lose verstreut links und rechts am Rand des Textes. KOSCHORRECK, Heidelberger BHS II S. 14, hält diese in roter Tinte am Rand und teilweise zwischen den Bildern hinzugesetzten Nummern für eine zwar mehr oder weniger zeit-

Die angeblich gerade in den ältesten Sachsenspiegelfassungen zu belegende, gemeinsame Überlieferung von Land- und Lehnrecht wäre in der Tat ein beachtliches Indiz für eine genuine Verbindung beider Texte. Weil die Überlieferung des Lehnrechts in seinem Verhältnis zum Landrecht aber bisher stets nur in groben Zügen beschrieben und noch nie en détail untersucht worden ist, muss die bisherige Bewertung der Forschung skeptisch stimmen. Hinzu kommt, dass in neuerer Zeit massiv am Grundgerüst der Eckhardt'schen Klasseneinteilung gerüttelt worden ist. Kritisiert wurde insbesondere Eckhardts These von der Textgenese über die Stufen Ia > Ib/Ic > IIa, womit das tradierte textkritische Modell insgesamt in Frage gestellt worden ist[23]. Diejenigen Fassungen, die bisher als älteste Textstufen galten, werden ihren traditionellen Status als besonders autornahe Fassungen in Zukunft so nicht behaupten können. Damit stellt sich die detaillierte Untersuchung der Lehnrechtsüberlieferung als eine erst noch zu erfüllende Aufgabe

gleich mit dem Text entstandene, aber erst aus einer zweiten Vorlage übernommene Gliederung. Für einen späteren Zusatz spricht, dass sich ein in der fragmentarischen Handschrift noch erhaltene Übergang vom zweiten zum dritten Landrechtsbuch (fol. 12^{v}) im Text durch keinerlei Absatz oder ähnliche Unterbrechung ankündigt. Lediglich eine zufällig etwa auf gleicher Höhe befindliche, bildimmanente Ziffer „*III*" wurde wohl durch Anfügen eines Kürzels zur Bezifferung des 3. Buches umgestaltet, KOSCHORRECK, Heidelberger BHS II S. 14. Wann nun aber die Artikelnummern hinzugesetzt worden sind – ob dieser Arbeitsschritt noch im Zuge der Anfertigung der Handschrift oder vielleicht erst mit größerem zeitlichem Abstand erfolgte –, lässt sich wohl nicht mit letzter Sicherheit sagen. BERTELSMEIER-KIERST, Zur ältesten Überlieferung S. 64 Fn 24, vermutet die Hand des Rubrikators. Möglicherweise lag also bereits der ältesten, um 1300 (SCHMIDT-WIEGAND, Art. Bilderhandschriften, in: ²HRG I Sp. 580) entstandenen Heidelberger Bilderhandschrift eine Vorlage des Sachsenspiegels mit Büchereinteilung vor. – Ähnlich wie mit der Heidelberger Bilderhandschrift verhält es sich mit einem zweiten älteren Textzeugen, nämlich dem auf das dritte Viertel des 13. Jahrhundert datierte Berliner Fragment mgf 750 (OPPITZ, Rechtsbücher II Nr. 78). Auch hier findet sich eine bereits auf der Dreibüchereinteilung beruhende Nummerierung nur am Rand eines durchgehenden, fortlaufenden Textes. Es ist deshalb nicht auszuschließen, dass es sich bloß um einen Nachtrag von späterer Hand handelt, BERTELSMEIER-KIERST, Zur ältesten Überlieferung S. 64. – Klarheit bringt vielleicht ein dritter älterer Textzeuge, ein 1998 von OPPITZ, Fragmente im Harzgebiet S. 205 f. (Abbildung S. 202 f.), veröffentlichtes Fragment Quedlinburg STA Hs. 100, welches noch Ende des 13. Jahrhunderts entstanden ist. Mit der Kapitelzählung „*LIII*" zu Beginn von LdR II 61 legt es ebenfalls die vulgate Dreibücherteilung nahe, weshalb BERTELSMEIER-KIERST, Kommunikation und Herrschaft S. 96 Anm. 196 und S. 101, nun eine Entstehung der Dreibücherteilung bereits um 1300 für erwiesen hält (vorsichtiger folgert OPPITZ, Fragmente im Harzgebiet S. 206).

23) BERTELSMEIER-KIERST, Kommunikation und Herrschaft S. 94–108, zur rechtsgeschichtlichen Bedeutung ihrer Erkenntnisse vgl. auch die Rezension von MAYENBURG, Bertelsmeier-Kierst.

der Wissenschaft dar. Sie wird dadurch erschwert, dass es fast unmöglich ist, auf dem Gebiet der Überlieferungsgeschichte den wirklich aktuellen Stand der Dinge zu erfassen. Keines der Handschriftenverzeichnisse kommt ohne gewaltige Korrekturen und Nachträge aus. Immer wieder werden neue Textzeugen aufgefunden oder bekannte Textzeugen neu bewertet. Mancher Hinweis bleibt lange unbemerkt, weil er an zu entlegener Stelle veröffentlicht wurde[24]. Eine auf Vollständigkeit angelegte und aktualisierbare zentrale Datenbank, die diesen Missständen abhelfen könnte, ist derzeit unerreicht[25].

b) Überprüfung anhand der ältesten Textzeugen

Eine kritische Überprüfung der tradierten These von einer frühen Verbindung von Land- und Lehnrecht muss erstens so weit wie möglich die neueren Textzeugenfunde und -bewertungen berücksichtigen. Zweitens darf sie sich nicht mehr einfach auf die von Karl August Eckhardt[26] als älteste Textstufe eingeordneten Textzeugen beschränken. Den einzig sinnvollen Ansatzpunkt bieten hier die Forschungen der Sprachwissenschaftlerin Christa Bertelsmeier-Kierst[27], die sich in den letzten Jahren am eingehendsten mit der Überlieferung des Sachsenspiegels beschäftigt hat. In Abkehr vom Eckhardt'schen Modell beschritt sie neue Wege, indem sie nach einem schlicht chronologischen Prinzip zunächst noch einmal alle ältesten, heute bekannten Textzeugen des Sachsenspiegels bis um 1300 zusammentrug. Sie kam auf insgesamt acht Fragmente und drei Handschriften, von denen ein Fragment und eine Handschrift verschollen sind[28]. Eine Prüfung der ver-

24) Das gilt etwa für die Neudatierung der einst Quedlinburger Handschrift Halle ULB Quedl. Cod. 81 (OPPITZ, Rechtsbücher II Nr. 657) durch BERTELSMEIER-KIERST, Zur ältesten Überlieferung S. 68.

25) KÜMPER, Sachsenrecht S. 135, äußert die Hoffnung: „Die Veränderungen vor allem der letzten zehn Jahre auf dem Gebiet der Technik und in der wissenschaftlichen Vernetzung können aber immerhin optimistisch stimmen, dass eine (vielleicht datenbankgestützte) Überarbeitung, die dem Ziel einer möglichst umfassenden und korrekten Beschreibung sowie den Anforderungen laufender Ergänzung und Korrektur immer näher kommt, in Zukunft möglich sein wird." Einen Anfang macht http://handschriftencensus.de, 01.02.2014.

26) Zum Modell der vier deutschen Fassungen, von denen Ia und Ib noch auf Eike zurückgeführt werden, ECKHARDT, Rechtsbücherstudien S. 48–82.

27) BERTELSMEIER-KIERST, Kommunikation und Herrschaft S. 94–108; DIES., Zur ältesten Überlieferung.

28) Zusammenstellung bei BERTELSMEIER-KIERST, Zur ältesten Überlieferung S. 57–60. KROESCHELL, Rechtsaufzeichnung und Rechtswirklichkeit S. 368, konnte 1977 erst sechs Textzeugen des 13. Jahrhundert nennen.

bleibenden neun Textzeugen führte Bertelsmeier-Kierst dann in Gegenüberstellung zu den bisher als älteste Fassungen geltenden Textzeugen zu bemerkenswerten Ergebnissen: Schon im 13. Jahrhundert ließen sich sowohl Lang- als auch Kurzfassungen des Sachsenspiegels nachweisen. Folglich konkurrierten diese beiden Textfassungen schon in der ältesten Überlieferungsphase miteinander[29]. Überdies setze die Langfassung (Klasse IIa) entgegen der tradierten Auffassung die Kurzfassung (Klasse I) als ältere Textstufe gerade nicht voraus[30].

Auf Grundlage dieser neueren Forschungen ist das Eckhardt'sche Textentwicklungsmodell des Sachsenspiegels nicht mehr zu halten. Da aber auch noch kein alternatives Stemma entwickelt worden ist, scheint die gegenwärtig aussichtsreichste Methode für eine erste Überprüfung der These von einer frühen gemeinsamen Überlieferung von Land- und Lehnrecht die Einhaltung eben jenes auch von Bertelsmeier-Kierst verfolgten chronologischen Prinzips zu sein. Befragt man die Gruppe der elf ältesten Überlieferungszeugen des Sachsenspiegels[31] nach ihrem lehnrechtlichen Gehalt, ist man überrascht festzustellen, dass sich eine auffällige gemeinsame Überlieferung von Land- und Lehnrecht so nicht belegen lässt. Wenden wir den Blick zunächst auf die Fragmente, dann auf die Handschriften.

Vermischung von Land- und Lehnrecht im verschollenen Fragment August Conradys. Von den acht Fragmenten enthalten fünf ausschließlich landrechtliche[32], zwei ausschließlich lehnrechtliche Passagen[33] und nur eines – ausgerechnet das verschollene – sowohl Landrechts- als auch Lehnrechtstext. Bei dem letztgenannten Textzeugen handelt es sich um ein fünf Blätter fassendes, einst im Privatbesitz des Leipziger Professors August Conrady befindliches, nun aber vermisstes Fragment aus der Zeit um 1300[34]. Eugen Rosenstock hat es 1918 beschrieben[35]. Ihm zufolge sind die drei Einzelblätter und das Doppelblatt von ein und derselben Hand beschrieben worden, weshalb an der Zusammengehörigkeit der Stücke nicht

---

29) BERTELSMEIER-KIERST, Kommunikation und Herrschaft S. 107 f.

30) BERTELSMEIER-KIERST, Kommunikation und Herrschaft S. 108.

31) Verzeichnet bei BERTELSMEIER-KIERST, Zur ältesten Überlieferung S. 57–60.

32) Berlin SB Fragm. 22 (OPPITZ, Rechtsbücher II Nr. 78); Berlin SB Mgf 750 fol. 1 f. (OPPITZ, Rechtsbücher II Nr. 142); Kopenhagen KB NKS 1479 fol. 1 (Sammelmappe) und Fragmentsammlung 12 fol. 1866 (OPPITZ, Rechtsbücher II Nr. 829); Linz LA Pa I/3a (OPPITZ, Rechtsbücher II Nr. 947); Quedlinburg STA Hs. 100 (OPPITZ, Fragmente im Harzgebiet S. 205 f. mit Abbildung S. 202 f.).

33) Utrecht UB Ms. 1883 fol. 5 f. (OPPITZ, Rechtsbücher II Nr. 1603); Wiesbaden LB Hs. 146 Fragm. 14 (OPPITZ, Rechtsbücher II Nr. 1552).

34) Privatbesitz August Conrady, Leipzig (OPPITZ, Rechtsbücher II Nr. 335).

35) ROSENSTOCK, Bruchstücke S. 410–408.

zu zweifeln sei[36]. Der Text enthalte Rubriken, gliedere sich aber sonst weder durch Artikel- oder Buchzählung noch durch Einrücken, Absätze oder Lücken[37]. Bemerkenswert ist, dass die überlieferten Ausschnitte des Sachsenspiegels nicht in der bekannten Ordnung erscheinen, sondern inhaltlich „durcheinander gerüttelt“[38] wurden. Auf den drei aneinander anschließenden Einzelblättern finde sich zunächst LdR I 18 § 1 – 22 § 4, dann springe der Schreiber mitten in LdR II 22 § 4 zu LdR II 40 § 4 – 55, um dann erneut, unter Auslassung von LdR II 70, auf LdR II 59 – 72 zu springen. Das Doppelblatt enthalte kaum noch zusammenhängende Passagen. Um die Verwirrung komplett zu machen, folge dort auf LnR 26 § 2; 29 §§ 2 und 5; 34 § 1; 39 § 2; 42 § 1; 45 § 2; 54; 55 §§ 1 f. und 8, 56 §§ 1 f. und 4; 57 § 2; 58 §§ 1 f.; 60 § 2; 61 §§ 1 f.; 62 § 1; 65 § 7 auf einmal gar LdR II 12 § 15; 13 §§ 1, 5 f. und 8; 14 – 21 § 2. Man hatte es bei diesem verschollenen Fragment also mit einer ungewöhnlichen, den Sachsenspiegeltext erheblich abändernden, ohne erkennbares Prinzip zwischen Land- und Lehnrecht hin und her springenden Kompilationsarbeit zu tun. Dass dabei Land- und Lehnrecht ineinander verwoben wurden, ist bemerkenswert und lässt auf einen irgendwie gearteten Zusammenhang beider Texte schließen. Als früher Beleg für eine „klassische“, der Urfassung nahe kommende gemeinsame Überlieferung von Land- und Lehnrecht kann dieser Sonderling aber nicht gelten.

Der Schluss des Landrechts in den Kopenhagener Fragmenten. Aus der Tatsache, dass die übrigen Fragmente Land- und Lehnrecht getrennt überliefern, lassen sich keine sehr weitreichenden Schlüsse ziehen. Da die erhaltenen Bruchstücke offen lassen, ob die Handschriften auch einen Land- bzw. Lehnrechtsteil enthielten, sprechen sie weder für noch gegen eine frühe gemeinsame Überlieferung. Um weiterführende Hinweise zu geben, hätte sich zufällig gerade die Schnittstelle zwischen beiden Büchern erhalten müssen.

Einen solchen Glückstreffer verfehlen die Kopenhagener Fragmente[39] knapp, sie sind für die Frage der Lehnrechtsüberlieferung aber trotzdem

36) ROSENSTOCK, Bruchstücke S. 408.

37) ROSENSTOCK, Bruchstücke S. 408. Eine fortlaufende Kapitelnummerierung, wie sie KANNOWSKI, Umgestaltung S. 516 Anm. 254, und KÜMPER, Sachsenrecht S. 202, erwähnen, ergibt sich aus Rosenstocks Beschreibung nicht. Der Text gliederte sich wohl ausschließlich durch in derselben Tinte geschriebene, größere Initialen im fortlaufenden Text.

38) ROSENSTOCK, Bruchstücke S. 410.

39) Kopenhagen KB NKS 1479 fol. 1 (Sammelmappe) und Fragmentsammlung 12 fol. 1866 (OPPITZ, Rechtsbücher II Nr. 829). Es konnte ein zweites, bei Oppitz noch nicht verzeichnetes Bruchstück aufgefunden werden, das nahtlos an die Bruchstelle des ersten Fragments anschließt. Eine Abbildung der linken Hälfte mit Vorder- und Rück-

von einigem Interesse. Weil sie auf „Ende des zweiten Viertels des 13. Jahrhunderts, jedenfalls kaum später als um die Jahrhundertmitte“[40] datiert werden, sind sie die derzeit ältesten bekannten Textzeugen des Sachsenspiegels überhaupt[41]. Auf dem in zwei Bruchstücken erhaltenen Einzelblatt findet sich auf Vorder- und Rückseite ausgerechnet der Schluss des dritten Landrechtsbuches (LdR III 90 § 2 – 91 § 3)[42]. Der Text endet am unteren rechten Rand der Blattrückseite. Ob sich diesem letzten Blatt des Landrechts einst ein Lehnrechtsteil anschloss, ist ungewiss. Immerhin lässt das Fragment aber eine deutliche Zäsur erkennen: Der Landrechtstext endet unten rechts nämlich mit den Worten *„explicit liber“*[43]. Einen Einschnitt markierte der Schreiber auch optisch, denn den Abschlussworten folgen innerhalb ihrer Zeile keine mehr nach. Im sonst ganz ebenmäßigen Schriftbild klafft mithin eine kleine Textlücke. Der Schreiber ging am Ende des Landrechts nicht etwa noch in derselben Zeile direkt zum Anfang des Lehnrechts über. Da der übrige Text in einem streng fortlaufenden Text geschrieben wurde, der nur durch gliedernde Initialen, aber durch keinerlei Absätze oder Lücken innerhalb einer Zeile unterbrochen wird, bedeutet auch diese noch so kleine Textlücke eine gewisse Zäsur. Sollte sich dem Landrecht dieser Handschrift also ursprünglich ein Lehnrecht angeschlossen haben, wäre es jedenfalls durch Kennzeichnung als neues Buch[44] und Positionierung auf einem neuen Blatt deutlich vom Landrecht abgesetzt worden.

Die Utrechter Lehnrechtsfragmente. Die wieder neu aufgefundenen[45] und in das 13. Jahrhundert, genauer „in die Zeit kurz nach der Jahrhundert-

---

seite enthält ROOTH, Saxonica, nach S. 266 Abb. 3; eine Abbildung der Vorderseite beider Bruchstücke bietet BERTELSMEIER-KIERST, Zur ältesten Überlieferung S. 62.

40) BERTELSMEIER-KIERST, Zur ältesten Überlieferung S. 63.

41) BURMEISTER / WOLF, Marburger Fund- und Reiseberichte S. 53, halten die Kopenhagener Fragmente für „allenfalls wenig“ älter als die wieder neu aufgefunden Utrechter Lehnrechtsfragmente (Utrecht UB Ms. 1883 fol. 5 f., OPPITZ, Rechtsbücher II Nr. 1603).

42) Es handelt sich bei diesen Schlussartikeln um typische Fehlstellen der Eckhardt'schen Klasse I (vgl. OPPITZ, Rechtsbücher I S. 22), weshalb das Fragment bereits den Langformen, nach tradierter Auffassung also der Klasse IIa, zuzurechnen ist, BERTELSMEIER-KIERST, Kommunikation und Herrschaft S. 95.

43) Kopenhagen KB NKS 1479 fol. 1^{v} Z. 16 (Sammelmappe) (OPPITZ, Rechtsbücher II Nr. 829, hier benutzt: ROOTH, Saxonica, nach S. 266 Abb. 3).

44) So auch der Hinweis bei WEINERT, Eike S. 74.

45) OPPITZ, Fragmente in Utrecht S. 194 f.

mitte“[46], umdatierten Utrechter Lehnrechtsfragmente[47] bieten auf einem Doppelblatt LnR 65 § 20 – 66 § 4 und 68 § 5 – 69 § 2. Der Text ist einspaltig im fortlaufenden Text geschrieben und bietet keinerlei Gliederung, insbesondere findet sich keine Kennzeichnung von Artikeln oder Paragraphen[48]. Ob der Handschrift einst auch ein Landrecht angehörte, ist nicht zu entscheiden. Auffällig ist aber, dass LnR 68 § 9 statt des üblichen Verweises auf das Landrecht („*wat aver iewelkes mannes bute si, des mut men in kunde komen in deme buke dat van lantrechte seget.*“[49]) fälschlicherweise auf das Buch vom „*lenrecht*“[50] verweist. Es handelt sich wohl um einen – in der Überlieferung auch sonst häufig anzutreffenden – Schreibfehler[51].

Die überarbeitete Fassung des Wiesbadener Lehnrechtsfragments. Das bei Oppitz auf Ende des 13. Jahrhunderts[52] und von Bertelsmeier-Kierst auf „um 1300“[53] datierte Wiesbadener Lehnrechtsfragment[54] ist in der Forschung bisher kaum beachtet worden. Es handelt sich um den Querstreifen eines beidseitig einspaltig beschriebenen Pergamentdoppelblatts[55]. Somit sind insgesamt vier kurze Textabschnitte von je fünf oder sechs Zeilen erhalten, wobei (rb) und (va) sowie (vb) und (ra) im ursprünglichen Buch jeweils eine zusammengehörige Vorder- und Rückseite bildeten.

Der Text beginnt auf (rb) mit LnR 35 § 1 (Incipit „*wen si ane gewere*“). Es folgt, von einem doppelzeiligen Farbbuchstaben „*S*“ eingeleitet, der vollständige Paragraph LnR 35 § 2 (Explicit „*binne ir iarzale.*“). Auf der Rückseite (va) setzt sich der Text mit dem Ende von LnR 38 § 1 fort (Incipit „*gut.*

46) BURMEISTER / WOLF, Marburger Fund- und Reiseberichte S. 52. OPPITZ, Fragmente in Utrecht S. 194, hatte sich zunächst vorsichtiger für „um 1300?“ ausgesprochen.

47) Utrecht UB Ms. 1883 fol. 5 f. (OPPITZ, Rechtsbücher II Nr. 1603); Abbildung von fol. 6^{r} bei BURMEISTER / WOLF, Marburger Fund- und Reiseberichte, nach S. 68 Abb. 1.

48) BURMEISTER / WOLF, Marburger Fund- und Reiseberichte S. 52 und nach S. 68 Abb. 1; OPPITZ, Fragmente in Utrecht S. 195.

49) Ssp LnR 68 § 9 (ECKHARDT, Ssp LnR S. 98 Z. 6–8, vgl. insbesondere auch Anm. 290).

50) Utrecht UB Ms. 1883 fol. 6^{r} (OPPITZ, Rechtsbücher II Nr. 1603, hier benutzt: BURMEISTER / WOLF, Marburger Fund- und Reiseberichte, nach S. 68 Abb. 1).

51) So auch OPPITZ, Fragmente in Utrecht S. 195. Nur im Bußkatalog von LdR III 45 findet der Verweis in LnR 68 § 9 eine sinnvolle Entsprechung. Das Lehnrecht enthält dagegen keine vergleichbare Passage mit Bußtaxen, die hier in Bezug genommen worden sein könnte.

52) OPPITZ, Rechtsbücher I S. 858 Nr. 1552.

53) BERTELSMEIER-KIERST, Zur ältesten Überlieferung S. 58 Nr. 7.

54) Wiesbaden LB Hs. 146 Fragm. 14 (OPPITZ, Rechtsbücher II Nr. 1552); Abbildung bei OPPITZ, Rechtsbücher III/2 Nr. 1552.

55) Der folgenden Beschreibung liegt die Abbildung bei OPPITZ, Rechtsbücher III/2 Nr. 1552, zugrunde.

mac aber di man“). Es folgen LnR 38 § 2 und, durch eine große, über vier Zeilen gestreckte „*L*“-Initiale eingeleitet, der Anfang von LnR 38 § 2 (Explicit „[und?] *gemein’ we*“‘). Die letzten Worte sind rubriziert. Die Auszüge auf Vorder- und Rückseite stehen inhaltlich nahe beieinander, weshalb man davon ausgehen kann, dass in diesem Teil der Handschrift ein mehr oder weniger vollständiger Lehnrechtstext vorhanden war.

Anders verhält es sich mit den dritten und vierten Textbausteinen des Fragments, die ursprünglich in ungewisser Entfernung an einer späteren Stelle des Codex gestanden haben. Dort setzt der Text auf (vb) in LnR 55 § 6 ein (Incipit „*truwe daz hes deme manne*“). Es folgt unter Auslassung von LnR 55 § 7, eingeleitet durch eine weitere rubrizierte Überschrift und nach einem weiteren doppelzeiligen Farbbuchstaben „*S*“, der Beginn von LnR 55 § 8 (Explicit „*geligen di sen vnr*“). Auf der Rückseite der ursprünglichen Seite (ra) befindet sich der Schreiber dann aber plötzlich schon bei LnR 77 (Incipit „[?] *burmeisterscaf erbit di burmeister*“; Explicit „*wip oder man. Vo*[n] *deme*“). Die Handschrift muss also zwischen den Artikeln LnR 55 und 77 größere Fehlstellen aufgewiesen haben. Oppitz weist in diesem Zusammenhang auf eine mögliche Parallele zu einer Handschrift von 1404 hin, deren Lehnrecht in einer bearbeiteten Fassung als neuntes und zehntes Buch in eine größere Rechtssammlung integriert wurde und ähnliche Fehlstellen enthält[56].

Insgesamt hat man es beim Wiesbadener Lehnrechtsfragment also, wie schon bei dem verschollenen, von Rosenstock beschriebenen Fragment[57], mit einer stark überarbeiteten Fassung des Lehnrechts zu tun. Zwischenüberschriften und Initialen gliedern es, außerdem trägt es durch seine größeren und kleineren Auslassungen kompilatorische Züge. Über eine mögliche Verbindung zum Landrecht gibt das Fragment keine Auskunft.

Neubewertung der Quedlinburger Handschrift. Wendet man sich den Handschriften zu, gilt es zunächst, aus der Gruppe der ältesten Textzeugen eine jüngst neu datierte Handschrift auszuscheiden: die berühmte „Quedlinburger Handschrift“ (heute Halle ULB Quedl. Cod. 81)[58]. Diese Handschrift rechnete man bisher zur „Urfassung“ des Sachsenspiegels[59]. Sie lag der MGH-Ausgabe[60] zugrunde und hat in der Vergangenheit als möglicherweise älteste erhaltene Handschrift des Sachsenspiegels viel Beachtung er-

56) Oppitz, Rechtsbücher II Nr. 1552, mit Hinweis auf Nr. 206.

57) Rosenstock, Bruchstücke (Oppitz, Rechtsbücher II Nr. 335).

58) Oppitz, Rechtsbücher II Nr. 657.

59) Erstmals Homeyer, Genealogie S. 96 f.; ebenso Eckhardt, Rechtsbücherstudien S. 52 f.; und auch Oppitz, Rechtsbücher I S. 23.

60) Eckhardt, Ssp LdR, und ders., Ssp LnR

fahren[61]. Bertelsmeier-Kierst spricht sich nun aber aufgrund paläographischer Kriterien für eine Datierung „etwa zwischen 1310–1330"[62] aus. Darüber hinaus lasse sich in ihr keine „‚echte Urhandschrift'"[63] des Sachsenspiegels sehen. Für die Frage nach der Überlieferung des Lehnrechts bedeuten diese neuen Erkenntnisse, dass aus der gängigen Darstellung der Lehnrechtsüberlieferung gerade die Handschrift ausscheidet, die bisher als wichtigster Beleg für eine besonders frühe und autornahe gemeinsame Überlieferung von Land- und Lehnrechtstext mit durchgängiger Zählung angeführt worden ist[64].

Der verschollene Landrechts-Codex des Peter Arpe. Unter den Sachsenspiegelhandschriften, die noch dem 13. Jahrhundert zugerechnet werden, ist zunächst der im Explicit das Jahr 1296 verzeichnende Codex aus dem Besitz Peter Arpes[65] zu nennen. Er ist seit 1837 verschollen und alle Kenntnisse von dieser Handschrift beruhen auf einem Brief seines früheren Besitzers aus dem Jahr 1737. Danach enthielt die zweispaltig angelegte Handschrift ausschließlich das Sächsische Landrecht, und zwar in 310, ohne Büchereinteilung durchgängig gezählten Artikeln[66]. Nachprüfen lässt sich das alles nicht mehr. Oppitz zweifelt insbesondere an der Datierung, weil es sich beim Explicit um eine für das ausgehende 13. Jahrhundert unübliche Subskription handele[67]. Möglicherweise fehle in der Datumsangabe schlicht ein weiteres „*C*", womit der Codex in Wirklichkeit vielleicht ein ganzes Centennium später anzusetzen gewesen wäre[68]. Dem ist entgegenzuhalten, dass auch die Datierung des „Harffer Sachsenspiegels" von 1295 auf einem vergleichbaren Explicit beruht, ohne dass man seiner Datierung ähnliches Misstrauen entgegengebracht hätte[69]. Im Gegenteil findet sich gar die Meinung, die Handschrift des „Harffer Sachsenspiegels" ließe, wäre da nicht die

61) So etwa noch LANDAU, Entstehungsort S. 74 f.

62) BERTELSMEIER-KIERST, Zur ältesten Überlieferung S. 68. Ihr folgen LÜCK, Woher kommt das Lehnrecht S. 249 f.; SCHMIDT-WIEGAND, Legitimation S. 125.

63) BERTELSMEIER-KIERST, Kommunikation und Herrschaft S. 108.

64) Etwa KROESCHELL, Sachsenspiegel als Land- und Lehnrechtsbuch S. 14.

65) Privatbesitz Peter Friedrich Arpe (Kiel/Schwerin), verschollen (OPPITZ, Rechtsbücher II Nr. 20).

66) OPPITZ, Rechtsbücher II Nr. 20.

67) OPPITZ, Rechtsbücher II Nr. 20.

68) OPPITZ, Rechtsbücher II Nr. 20.

69) Zum Vergleich: Im verschollenen Codex des Peter Arpe lautete das Explicit „*expletum feliciter per Jordanum de Becke Clericum Brem. dioec. anno d*[omi]*ni millesimo CCXCVI*" (zitiert nach OPPITZ, Rechtsbücher II Nr. 20). Im „Harffer Sachsenspiegel" heißt es im Kolophon: „*Amen. Anno d*[omi]*ni MCCLXXXXV f*[er]*ia sexta p*[os]*t philippi et iacobi ap*[osto]*lor*[um]" (zitiert nach OPPITZ, Rechtsbücher II Nr. 1036).

Datumsangabe, eher auf ein noch etwas höheres Alter schließen[70]. Man wird der verschollenen, auf 1296 datierten Landrechtshandschrift des Peter Arpe also mangels Nachprüfbarkeit zwar nicht allzu viel Gewicht beimessen dürfen. Abwegig ist die einstige Existenz einer solchen ausschließlich das Landrecht enthaltenden Handschrift aber sicher nicht.

Land-, Lehn- und Weichbildrecht im Harffer Sachsenspiegel von 1295. Der zweite, noch dem 13. Jahrhundert zugehörige Sachsenspiegel-Codex ist der soeben schon angesprochene, nach seinem Besitzer sogenannte „Harffer Sachsenspiegel"[71] aus dem Jahr 1295. Diese Handschrift ist die älteste sicher datierbare und fast vollständig erhaltene Handschrift des Sachsenspiegels. Jedenfalls ist das Lehnrecht hier erstmals überliefert[72]. Die Handschrift umfasst das Landrecht mitsamt Vorrede von der Herren Geburt, Reimvorrede, *Prologus* und *Textus prologi*, das Lehnrecht sowie ein Weichbildrecht in 19 Artikeln. Im vorliegenden Zusammenhang interessieren vor allem die Gestalt des Lehnrechts und der Übergang vom Land- zum Lehnrecht. Leider wird die Beurteilung dadurch erschwert, dass die Handschrift in Privatbesitz und der Forschung nicht zugänglich ist. So ist man auf Beschreibungen Dritter angewiesen, in denen das Schicksal des Lehnrechts aber, wie so oft, nur wenig Beachtung findet. Die Edition des „Harffer Sachsenspiegels" von Märta Åsdahl Holmberg endet mit dem letzten Landrechtsartikel exakt vor Beginn des Lehnrechts[73] und die Textbeigaben von Hugo Loersch beschränken sich auf Landrechtsauszüge und das fragmentarisch erhaltene Weichbildrecht[74]. Immerhin lassen sich Loerschs detaillierter Beschreibung einige interessante Hinweise zur Gestaltung des Lehnrechts entnehmen.

Ihm zufolge ist das Lehnrecht mit gleicher Hand wie die übrigen Bestandteile des Codex geschrieben worden[75]. Während dem Landrecht die Überschrift *„Hir endit der prologus vnde begint Spiegil der Saissin"*[76] vor-

70) LOERSCH, Ueber die älteste Handschrift S. 269. Loersch hält die Datumsangabe indessen für authentisch, sie stamme von derselben Hand, die den gesamten Codex geschrieben hat, DERS., ebenda S. 270.

71) Privatbesitz Antonius Graf von Mirbach-Harff (OPPITZ, Rechtsbücher II Nr. 1036).

72) Bezüglich des Landrechts konkurrieren um den Platz des ältesten Textzeugen weiter der „Harffer Sachsenspiegel" und der ebenfalls noch Ende des 13. Jahrhunderts entstandene Codex Leiden UB BPL 180 B (OPPITZ, Rechtsbücher II Nr. 875).

73) ÅSDAHL HOLMBERG, Harffer Sachsenspiegel.

74) LOERSCH, Ueber die älteste Handschrift S. 290–295.

75) LOERSCH, Ueber die älteste Handschrift S. 269.

76) Harffer Ssp LdR, Prologus (ÅSDAHL HOLMBERG, Harffer Sachsenspiegel S. 105). Die Überschrift befindet sich hinter Vorrede von der Herren Geburt und Reimvorrede, aber vor *Prologus* und *Textus prologi.*

angestellt wird, leitet das Lehnrecht mit einer zweiten Überschrift „*Hir begint dat lenreht*“[77] ein. Man wird aus dieser Gegenüberstellung der Überschriften den vorsichtigen Schluss ziehen dürfen, dass wahrscheinlich schon der Schreiber des „Harffer Sachsenspiegels“ unter der Bezeichnung „Sachsenspiegel“ ausschließlich das Landrecht verstand. Der zweispaltige Text sämtlicher Codex-Teile gliedert sich optisch durch Überschriften und große, bunte Anfangsbuchstaben, kennt aber weder eine Bucheinteilung noch nummeriert er die Artikel durch[78]. Nirgendwo finden sich Absätze oder Lücken. Und dieser fortlaufende Text, das ist bemerkenswert, wird nicht einmal am Übergang vom Land- zum Lehnrecht unterbrochen[79]. Auf fol. 41^{v} schließt sich also an den letzten (ungewöhnlichen) Landrechtsartikel „*Van des ve ledegunde*“[80] mitten in der Zeile direkt besagte neue Überschrift „*Hir begint dat lenreht*“[81] an. Loersch vermutet, dass es einen ähnlichen fließenden Übergang auch vom Lehn- zum Weichbildrecht gegeben hat[82]. Weil dem Codex an eben jener Stelle aber zwei Folia fehlen[83], muss es im zweiten Fall bei einer Vermutung bleiben.

Die älteste erhaltene datierbare Handschrift des Sachsenspiegels überliefert Land- und Lehnrecht also gemeinsam. Gesonderte Überschriften weisen aber dieses als „*Spiegil der Saissin*“ und jenes als „*lenreht*“ aus. Das Lehnrecht schließt in gestalterischer Hinsicht zwar unmittelbar an das Landrecht an, darin kommt jedoch nicht notwendig auch eine besondere inhaltliche Zusammengehörigkeit beider Texte zum Ausdruck. Möglicherweise war die konsequente Einhaltung des fortlaufenden Textes ein primär Platzgründen geschuldetes Prinzip. Ob es sich beim verloren gegangenen Übergang vom Lehn- zum Weichbildrecht wiederholte, lässt sich nicht mehr feststellen. Doch wohlgemerkt: Mit Land-, Lehn- und Weichbildrecht enthält der Codex nicht zwei, sondern gleich drei Basistexte des Sächsischen Rechts.

---

77) LOERSCH, Ueber die älteste Handschrift S. 286.

78) ÅSDAHL HOLMBERG, Harffer Sachsenspiegel S. 13, mit Faksimile von fol. 17^{v} nach S. 207; LOERSCH, Ueber die älteste Handschrift S. 268 f.

79) LOERSCH, Ueber die älteste Handschrift S. 269 und 286.

80) Dazu ÅSDAHL HOLMBERG, Harffer Sachsenspiegel S. 11 f.

81) LOERSCH, Ueber die älteste Handschrift S. 286.

82) LOERSCH, Ueber die älteste Handschrift S. 293.

83) Von der ganzen Handschrift sind zwei Blätter am Übergang vom Lehn- zum Weichbildrecht (zwischen fol. 65 und fol. 66) verloren gegangen. Es fehlen deshalb einige Schlusssätze des Lehnrechts und die ersten ca. zwei Drittel des Weichbildrechts, LOERSCH, Ueber die älteste Handschrift S. 267 und 293.

Der Leidener Landrechts-Codex. Die dritte ältere Sachsenspiegelhandschrift ist der nunmehr „zweifellos noch dem 13. Jahrhundert"[84] zugerechnete Leidener Codex[85]. Bertelsmeier-Kierst hat die Handschrift analysiert und beschrieben, in ihr eine in Alter und Schreibsprache Eikes elbostfälischer Sprache besonders nahe kommende Textfassung erkannt, sie gleichzeitig als frühen Vertreter einer „offiziellen Fassung" (Langform IIa) gewertet und eine Edition dieses bedeutenden Textzeugen als dringendes Forschungsdesiderat bezeichnet[86]. So interessant die hier überlieferte Landrechtsfassung auch sein mag – für die Frage der Lehnrechtsüberlieferung genügt die knappe Feststellung, dass die Handschrift das Lehnrecht nicht enthält. Bis auf einen mechanischen Verlust am Anfang ist der 64 Blätter zählende Codex vollständig[87]. Im Leidener Codex liegt also ein besonders früher Textzeuge des Sachsenspiegels vor, der planmäßig ausschließlich das Sachsenspiegel-Landrecht enthält. Ob es einst mit „Sachsenspiegel" oder mit „Landrecht" überschrieben war, lässt sich wegen der Verluste am Anfang nicht mehr klären[88].

Fazit. Zusammenfassend kann man sagen, dass sich unter den elf ältesten Textzeugen des Sachsenspiegels aus der Zeit bis um 1300 nur eine vollständige Handschrift befindet, die Land- und Lehnrecht gemeinsam überliefert („Harffer Sachsenspiegel" von 1295). Die Anordnung im fortlaufenden Text könnte auf eine besonders enge Zusammengehörigkeit beider Texte schließen lassen, allerdings stehen die Bildung gesonderter Überschriften und insbesondere auch die zusätzliche Beigabe des Weichbildrechts einer solchen Interpretation der Textgestaltung eher entgegen. Dem „Harffer Sachsenspiegel" stehen zwei etwa gleich alte Handschriften gegenüber, die ausschließ-

---

84) BERTELSMEIER-KIERST, Zur ältesten Überlieferung S. 69. OPPITZ, Rechtsbücher II Nr. 875, sprach sich für eine Datierung „um 1300" aus. HOMEYER, Einleitung LdR, ^{3}Sachsenspiegel I S. 29 (Nr. 376), datierte den Codex irrtümlich noch auf das 14. Jahrhundert.

85) Leiden UB BPL 180 B (OPPITZ, Rechtsbücher II Nr. 875); Abbildung von fol. 1^r bei BERTELSMEIER-KIERST, Kommunikation und Herrschaft S. 119 Abb. 11, und DIES., Zur ältesten Überlieferung S. 71 Abb. 2.

86) BERTELSMEIER-KIERST, Kommunikation und Herrschaft S. 111; DIES., Zur ältesten Überlieferung S. 69–77. Der Landrechtstext ist zweispaltig angelegt. Rote Lombarden und Überschriften gliedern den Text. Eine partielle Artikelzählung und die Dreibücherteilung sind jedoch erst von deutlich späterer Hand am Rand hinzugesetzt worden, DIES., Zur ältesten Überlieferung S. 69 f. Die Schreibsprache ist ostfälisch nach elbostfälischer Vorlage, DIES., ebenda S. 70–76.

87) BERTELSMEIER-KIERST, Zur ältesten Überlieferung S. 69.

88) Der Anfang des Leidener Codex fehlt. Fol. 1^r setzt erst mit Ende des *Prologus* ein (vgl. die Abbildung bei BERTELSMEIER-KIERST, Kommunikation und Herrschaft S. 119 Abb. 11, und DIES., Zur ältesten Überlieferung S. 71 Abb. 2).

lich das Landrecht enthalten (der Leidener Codex und der verschollene, nicht mehr verifizierbare Codex des Peter Arpe). Von den acht Fragmenten der Zeit bis um 1300 enthalten vier lediglich Auszüge des Landrechts, ohne dass sich ihnen Hinweise auf etwaige beigegebene Lehnrechtsteile entnehmen ließen. Nur die übrigen vier sind in der Frage der Lehnrechtsüberlieferung begrenzt aussagekräftig. Die ältesten Kopenhagener Fragmente überliefern den deutlich gekennzeichneten Schluss des Landrechts, weshalb diese Handschrift das Lehnrecht allenfalls in deutlich abgesetzter Form enthalten haben kann. Die Utrechter und Wiesbadener Lehnrechtsfragmente lassen zwar offen, ob einst Landrechtstexte mit enthalten waren. Immerhin weisen sie aber keine Artikelzählung auf, die ein etwaig beigegebenes Landrecht fortsetzte. Beim Wiesbadener Fragment handelt es sich überdies nur um eine verkürzte Überarbeitung des Lehnrechts. Eine noch stärker überarbeitete Redaktion boten schließlich die verschollenen Fragmente des August Conrady, in denen der Text offenbar ohne erkennbares Prinzip zwischen Land- und Lehnrecht hin- und hersprang. Es lag hier also neben dem „Harffer Sachsenspiegel“ ein zweiter Textzeuge der Zeit bis um 1300 vor, der eine Verbindung von Land- und Lehnrecht belegt. Gleichzeitig handelt es sich aber um einen Sonderling, der keine gewöhnliche Fassung des Sachsenspiegels überliefert, sondern eine ganz spezielle kompilatorische Arbeit eigenen Typs darstellt.

Diese erste Überprüfung der elf ältesten Textzeugen des Sachsenspiegels bietet noch keine hinreichende Grundlage, um die Stichhaltigkeit der These einer frühen überlieferungsgeschichtlichen Verbindung von Sächsischem Land- und Lehnrecht abschließend zu beurteilen. Es handelt sich nur um relativ wenige Textzeugen, von denen zudem zwei verschollen und die Mehrzahl bloße Fragmente sind. Auch die Grenzziehung bei 1300 ist zu einem guten Stück willkürlich, zumal meist nur ungenaue Datierungen möglich sind. Außerdem sagt das Alter der Textzeugen natürlich wenig über das Alter der in ihnen transportierten Textfassungen aus. In eine umfassende Untersuchung der Überlieferung des Sachsenspiegel-Lehnrechts müsste zudem die Überlieferung des Schwabenspiegel-Lehnrechts mit einbezogen werden. Nur am Rande sei bemerkt, dass die ältesten Textzeugen des vom Sachsenspiegel abgeleiteten Schwabenspiegels sehr wohl in auffälliger Weise die beim sächsischen Vorgänger so nicht zu belegende frühe Verbindung von Land- und Lehnrecht zu zeigen scheinen: Sämtliche drei erhaltenen Schwabenspiegel-Handschriften bis um 1300, der Codex Ebner (1280er Jahre)[89], der Co-

89) Karlsruhe LB Cod. Donaueschingen 739 (OPPITZ, Rechtsbücher II Nr. 424).

dex Lassberg (1287)[90] und die Züricher Handschrift (Ende 13. Jahrhundert)[91], lassen dem Landrecht tatsächlich einen eigenen Lehnrechtsteil folgen[92]. Diesen Befund ohne genauere Kenntnis der gesamten Textentwicklung zu deuten, verbietet sich indes. Eine Untersuchung der Lehnrechtsüberlieferung anhand aller bekannten Textzeugen unter Beachtung etwaiger durch die Forschungen von Bertelsmeier-Kierst provozierter neuer Klasseneinteilungen bleibt eine noch zu erfüllende Aufgabe.

Die soeben durchgeführte Befragung der Quellengruppe der ältesten Sachsenspiegel-Textzeugen darf aber allemal als erster Schritt auf dem Weg zu einer solchen Untersuchung der Lehnrechtsüberlieferung gelten. Als vorläufiges Ergebnis lässt sich festhalten, dass sich die These einer frühen Verbindung von Land- und Lehnrecht so nicht bestätigt. Zwei der drei ältesten Handschriften des Sachsenspiegels enthalten ausschließlich das Landrecht, eine dritte von 1295 gibt ihm Lehn- und Weichbildrecht als eigenständige Bücher bei. Auch in den Fragmenten erscheinen Land- und Lehnrecht eher als selbständige Texte. Den ältesten Textzeugen ist somit allenfalls eine lose Verbindung von Land- und Lehnrecht zu entnehmen. Die These von einer frühen überlieferungsgeschichtlichen Verbindung wird damit zunehmend begründungsbedürftig. Auch eine Fortsetzung der Prüfung der jüngeren Textzeugen wird überdies nicht ändern können, dass etwa siebzig Jahre Textgeschichte seit Eikes erster, unbekannter Niederschrift von 1224–1235[93] fast vollständig im Dunkeln liegen. Dass die nach 1300 bezeugte gemeinsame Überlieferung von Land- und Lehnrecht (etwa durch fortlaufende Kapitelzählung miteinander verknüpft, wie sie sich in der „Quedlinburger Hand-

90) Karlsruhe LB Cod. Donaueschingen 738 (OPPITZ, Rechtsbücher II Nr. 421) und Karlsruhe LB Cod. Donaueschingen D10a (früher 738b) (OPPITZ, Rechtsbücher II Nr. 422).

91) Zürich ZB Cod. Z XI 302 (OPPITZ, Rechtsbücher II Nr. 1630).

92) Jüngste Untersuchung und Beschreibung bei BERTELSMEIER-KIERST, Kommunikation und Herrschaft S. 162–169. Zusammenstellung der ältesten Textzeugen des Schwabenspiegels bei DERS., ebenda, Anhang I. 4 (S. 191 f.). Auf die Bedeutung der Schwabenspiegelüberlieferung weist in diesem Zusammenhang auch WEINERT, Eike S. 73 hin.

93) Der *terminus post quem* für die Abfassung des Sachsenspiegels lässt sich aus der in Ssp LdR II 13 § 7 erwähnten, erst 1224 eingeführten Strafe des Scheiterhaufens für das Vergehen der Ketzerei herleiten, KÜMPER, Sachsenrecht S. 81 f. m. w. N. Mit Blick auf die dem Sachsenspiegel bereits bekannte *Confoederatio cum principibus ecclesiasticis* plädieren allerdings LÜCK, Über den Sachsenspiegel S. 27, u. a. als *terminus post quem* für das Jahr 1220. Als *terminus ante quem* weitgehend anerkannt ist das Jahr 1235 (zweifelnd nun aber KÜMPER, Sachsenrecht S. 81). Im August 1235 wurde nämlich das Herzogtum Braunschweig-Lüneburg gegründet, welches Eike in seiner Aufzählung der sächsischen Fahnlehen in Ssp LdR III 62 § 2 noch nicht kennt.

schrift" von 1310–1330 findet[94]) tatsächlich auf eine entsprechende Gestalt auch in den autornahen Fassungen schließen lassen kann, muss angezweifelt werden[95].

c) Überwiegend getrennte Überlieferung

Wie auch immer sich die genaue Verbindung von Land- und Lehnrecht in der Überlieferungsgeschichte des Sachsenspiegels darstellt – auf lange Zeiträume hin betrachtet war sie eine vorübergehende Erscheinung. In der Vergangenheit vielleicht zu wenig betont worden ist die Tatsache, dass die weit überwiegende Zahl der Textzeugen Land- und Lehnrecht getrennt überliefern. In den Handschriften des 14. und 15. Jahrhunderts und in den frühneuzeitlichen Drucken emanzipiert sich das Lehnrecht vom Landrecht deutlich.

Zwar fehlt es bislang wie gesehen an einer eingehenden Untersuchung der handschriftlichen Überlieferung des Lehnrechts ohne das Landrecht. Klar ist aber, dass die handschriftliche Entwicklung beider Sachsenspiegelteile etwa ab dem 14. Jahrhundert auseinandergeht[96]. Dass Land- und Lehnrecht häufig getrennt überliefert sind, zeigt sich schon bei einer Gegenüberstellung der von Carl Gustav Homeyer im Rahmen seiner Editionen zusammengetragenen Textzeugen: Für das Landrecht (182)[97] ließen sich fast doppelt so viele Handschriften finden wie für das Lehnrecht (93)[98]. Der kursorische Blick in die Handschriftenbeschreibungen bei Ulrich-Dieter Oppitz bestätigt, dass jedenfalls die meisten Codices der glossierten Klasse IV entweder nur Land- oder Lehnrecht enthalten oder beide Teile – durch Positionierung an ganz unterschiedlichen Stellen im Codex oder wenigstens durch zwischengeschobene Register oder Ähnliches – deutlich voneinander absetzen[99].

---

94) Halle ULB Quedl. Cod. 81 (OPPITZ, Rechtsbücher II Nr. 657); zu Datierung und Inhalt jetzt BERTELSMEIER-KIERST, Zur ältesten Überlieferung S. 68, und DIES., Kommunikation und Herrschaft S. 108.

95) So zu Recht auch KÜMPER, Sachsenrecht S. 202.

96) So schon die Feststellung von ECKHARDT, Rechtsbücherstudien S. 49; ebenso E. NOWAK, Verbreitung und Anwendung S. X.

97) HOMEYER, Einleitung LdR, ^{3}Sachsenspiegel I S. 24–26. E. NOWAK, Verbreitung und Anwendung S. 56 ermittelte 341 Handschriften des Sachsenspiegel-Landrechts. Mit der Überlieferung des Lehnrechts setzte sie sich nicht auseinander, DIES., ebenda S. X.

98) HOMEYER, Einleitung LnR, Sachsenspiegel II 1 S. 4–38.

99) OPPITZ, Rechtsbücher I S. 21–32, insbesondere S. 29, und die entsprechenden Beschreibungen bei DERS., Rechtsbücher II. Zu divergierenden Schlussfolgerungen gelangt LÜCK, Woher kommt das Lehnrecht S. 248.

Weitere Indizien für die selbständige Existenz von Land- und Lehnrecht im Spätmittelalter finden sich in den sächsischen Glossen. So beschränkte sich Johann von Buch bei seiner Glossierung des Sächsischen Rechts auf das Landrecht und sah keine Veranlassung, seine Arbeit auch auf das Lehnrecht auszudehnen. In derselben Weise ist es zu verstehen, dass die sächsischen Glossen die Rechtsbücher unterschiedlichen Kaisern zuschreiben.

In den frühen Drucken manifestiert sich die Trennung von Land- und Lehnrecht endgültig: Einzig der Augsburger Druck von 1516[100] versammelt Land- und Lehnrecht noch in einer Ausgabe. Alle übrigen Ausgaben des Sächsischen Rechts drucken das Landrecht mit Buch'scher Glosse allein und fügen das glossierte Lehnrecht und das glossierte Weichbildrecht zu einer zweiten „Standardausgabe" zusammen[101]. Wie sich aus den Titelblättern dieser frühen Drucke ergibt, verstand man unter der Bezeichnung „Sachsenspiegel" jahrhundertelang ausschließlich das Sächsische Landrecht. Vermutlich verwendete schon der Schreiber des „Harffer Sachsenspiegels" von 1295 den Namen *„Spiegil der Saissin"*[102] in einem solchen engeren Sinn für das Landrecht[103]. Bernd Kannowski konnte den Zeitraum, in dem sich möglicherweise die Bedeutung des Namens „Sachsenspiegel" zugunsten einer gemeinsamen Bezeichnung von Land- und Lehnrecht gewandelt hat, auf die Jahre zwischen 1732 und 1783 eingrenzen[104].

---

100) Augsburg 1516, VD 16 D 758; Faksimile abgedruckt bei ECKHARDT, Sassenspegel. Zu diesem Druck oben S. 111 ff.

101) Vgl. die Übersicht der Lehnrechtsglossendrucke oben S. 117 ff. Zur Herausbildung einer „Standardausgabe" des Sächsischen Rechts in den frühen Drucken oben S. 120 ff.

102) So die Überschrift des Harffer Ssp LdR, Prologus (ÅSDAHL HOLMBERG, Harffer Sachsenspiegel S. 105).

103) Dafür spricht, dass das Lehnrecht des „Harffer Sachsenspiegels" mit einer neuen Überschrift *„Hir begint dat lenreht"* (zitiert nach LOERSCH, Ueber die älteste Handschrift S. 286) einleitet.

104) KANNOWSKI, Landrecht und Lehnrecht S. 355. Eine Leipziger Ausgabe des Landrechts von Carl Wilhelm Gärtner von 1732 nennt sich noch *„Eykens von Repgow Sachsen-Spiegel, Oder Das Sächsische Land-Recht* [...]" (GÄRTNER, Sachsen-Spiegel, Titelblatt). Hingegen bezieht die 1783 gehaltene Antrittsrede *„De specvli saxonici vsv at avctoritate"* des Leipziger Professors für Sächsisches Recht Johann Adam Gottlieb Kind neben dem Landrecht vermutlich bereits das Lehnrecht mit ein. Zur Entstehungsgeschichte des Sachsenspiegels heißt es dort: *„Iam primum omnium satis constat, nobilem Saxonem Epkonem a Repkow, auctoritate comitis Hoyeri a Falckenstein impulsum, initio seculi XIII. consuetudines patrias, quae ad omne genus iuris tum publici tum privati veluti feudalis, criminalis et civilis spectant, in codicem, qui nomine Speculi Saxonici venire solet, redegisse."* (in VOGEL, Adami Theoph. Kindii Opuscula Academica S. 272). Da bei der Beschreibung des Regelungsbereichs des Sachsenspiegels noch vor Normen straf- und

Bedenkt man die sehr weitgehende Selbstständigkeit, in der sich das Sächsische Lehnrecht vom 14. bis zum 18. Jahrhundert als individuelles Rechtsbuch behaupten konnte, bedenkt man außerdem noch die sehr dürftige Überlieferung des Sachsenspiegels in den vorausgegangenen Dekaden des 13. Jahrhunderts, dann ist es eigentlich erstaunlich, mit welcher Selbstverständlichkeit die Forschung Land- und Lehnrecht zum einem Buch des Sachsenspiegels zusammengefasst hat. Könnte die Prämisse eines zweiteilig verfassten Sachsenspiegels zu kurz greifen? Könnte es sich gar um eine Rückprojektion einer erst irgendwann später vollzogenen Synthese von Land- und Lehnrecht handeln? Die Frage berührt die Ursprünge des Sächsischen Lehnrechts und die konkreten Umstände seiner Abfassung.

2. Zur Abfassung des Sächsischen Lehnrechts

Nach heutiger Vorstellung verfasste Eike von Repgow den Sachsenspiegel als zweiteiliges, Land- und Lehnrecht umfassendes Rechtsbuch[105]. Deshalb wird die Entstehungsgeschichte des Lehnrechts als bloßer Teilaspekt der Entstehungsgeschichte des Sachsenspiegels begriffen und behandelt. Bei differenzierter Betrachtung tritt allerdings ein erhebliches Maß an Unklarheiten zu Tage.

a) Eikes Bericht von einer deutschen Übersetzung

Ein für die Genese des Lehnrechts besonders bedeutsamer Entwicklungsschritt in der Entstehungsgeschichte des Sachsenspiegels ist die Übersetzung einer lateinischen Erstfassung in die auf uns gekommene mittelniederdeutsche Fassung. Eike von Repgow persönlich berichtet uns in den berühmten und für authentisch erachteten letzten Versen seiner Reimvorrede von diesem außergewöhnlichen Vorgang:

„*Nu danket al gemene*
deme van Valkenstene,
De greve Hoier is genant,
dat an dudisch is gewant
Dit buk dorch sine bede:

---

zivilrechtlichen Inhalts solche des Lehnrechts genannt werden, ist es eher unwahrscheinlich, dass Kind lediglich die lehnrechtlichen Exkurse des Landrechts meinte. Ganz eindeutig ist die Stelle freilich nicht. – Unmissverständlich bezeichnete 1823 schließlich ZACHARIAE, Handbuch S. 17 f. das Lehnrecht als „*der zweite Theil des Sachsenspiegels*“.

105) Für alle LÜCK, Über den Sachsenspiegel S. 39, 48 f.

Eike van Repchowe it dede;
Ungerne he it an quam,
do he aver vernam,
So grot dar to des herren gere,
do ne hadde he nene were;
Des herren leve en gare verwan,
dat he des bukes began,
Des em was vele ungedacht,
do he't an latin hadde gebracht.
Ane helpe unde ane lere
do duchte en dat to swere,
Dat he't an dudisch gewande.
to lest he doch genande
Des arbeides, unde dede
greven Hoieres bede.«[106]

Der Spiegler ruft hier seine Leserschaft zum Dank an Graf Hoyer von Falkenstein auf, denn nur auf dessen besonderes Bitten und Drängen habe sich er, Eike von Repgow, zur deutschen Übersetzung des zuvor in Latein abgefassten Buches durchgerungen. Grundsätzlich hält die Forschung diese Angaben für einen glaubwürdigen Tatsachenbericht des Verfassers[107]. Während eine lateinische Vorlage des Sachsenspiegel-Landrechts nicht auf uns gekommen ist, glaubt man sogar, im *Auctor vetus de beneficiis* die lateinische Urfassung des Sachsenspiegel-Lehnrechts identifiziert zu haben. Tatsächlich scheint damit eine Rechnung aufzugehen: Aus der Existenz einer lateinischen Lehnrechtsvorlage ließe sich schlussfolgern, dass sich erstens ganz allgemein die Richtigkeit von Eikes Angaben über einen Übersetzungsvorgang bestätigt und zweitens, dass vom Arbeitsschritt der Übersetzung sowohl Land- als auch Lehnrecht betroffen waren. Um den Sachverhalt aber nicht über Gebühr und voreilig zu vereinfachen, seien zunächst einige Auffälligkeiten in Eikes Bericht hervorgehoben.

Die Übersetzung als Abfassung des Sachsenspiegels? Ein erster Aspekt betrifft die Frage, welche Bedeutung dem Übersetzungsvorgang eigentlich in der Gesamtentstehungsgeschichte des Sachsenspiegels zukommt. Es fällt auf, dass Eike diesem Arbeitsschritt ganz besonderes Gewicht verleiht. Der Hinweis auf die deutsche Übersetzung erhält am Schluss der Reimvorrede einen besonders exponierten Platz. Erst in den hier zitierten Schlussversen

---

106) Ssp, Reimvorrede V. 261–280 (ECKHARDT, Ssp LdR S. 49 f.).

107) Eingehende Begründung und Widerlegung der Gegenansicht bei ZEUMER, Über den Urtext S. 455–463. Ihm folgt die heutige Forschung, vgl. etwa KROESCHELL, recht unde unrecht S. 82; DERS., Rechtsaufzeichnung und Rechtswirklichkeit S. 355; LIEBERWIRTH, Wirkungsgeschichte S. 59.

wechselt der Spiegler von der ersten („*ek*") in die dritte Person („*he*"). Und erst hier und nur im spezifischen Zusammenhang mit der Übersetzung gibt er sich namentlich zu erkennen („*dat an dudisch is gewant* [...] *Eike van Repchowe it dede*"[108]). Nirgendwo sonst bezeichnet sich Eike hingegen ausdrücklich auch als „Verfasser" des Sachsenspiegels. Dass er sich nicht bloß als Übersetzer, sondern darüber hinaus auch als Autor des Rechtsbuchs (also als „Spiegler", als Kompilator vorgefundener, ungeschriebener Rechtsgewohnheiten) versteht, lässt sich genau genommen nur indirekt aus dem Gesamtzusammenhang der Vorrede erschließen. Wenn es zum Beispiel heißt, die Idee einer deutschen Fassung sei Eike, als er das Rechtsbuch in Latein abfasste („*do he't an latin hadde gebracht*"[109]), zunächst noch völlig fremd gewesen, wird damit implizit auch eine Autorschaft am Sachsenspiegel an sich ausgesprochen. Die vorhergehenden Teile der Reimvorrede lassen sich ebenfalls so lesen. Immer wieder spricht der Spiegler dort von seiner Verantwortung für „dieses" Buch, auch wenn er darin nichts frei Erfundenes aufzeichne, sondern nur das althergebrachte Recht seiner Vorfahren festhalte[110].

Die Reimvorrede lässt also indirekt durchblicken, dass Eike den Sachsenspiegel originär verfasst hat und dass sich sein Anteil an der Entstehung des Rechtsbuchs nicht etwa in einer reinen Übersetzertätigkeit erschöpfte. Dann ist es aber umso bemerkenswerter, dass der Spiegler gerade den Arbeitsschritt der Übersetzung so betont und seinen Namen ausgerechnet in diesem speziellen Kontext preisgibt. Mehrere Erklärungen bieten sich an. Erstens ist die Zurückgenommenheit der Autorpersönlichkeit, die durch die zweifache, Eikes Namen umschließende Nennung des Übersetzungsimpulsgebers Graf Hoyer noch verstärkt wird, sicher als Bescheidenheitstopik aufzufassen[111]. Zweitens war es inhaltlich durchaus gerechtfertigt, die Übersetzung ins Deutsche als ungewöhnliche und besonders beachtenswerte Leistung herauszustellen. Tatsächlich stellte ja nicht nur die Tatsache der schriftlichen Fixierung einheimischer Rechtsgewohnheiten, sondern gerade auch die Abkehr von der sonst für Rechtsaufzeichnungen üblichen Schriftsprache Latein ein entscheidendes Novum dar[112].

---

108) Ssp, Reimvorrede V. 264; 266 (ECKHARDT, Ssp LdR S. 49).

109) Ssp, Reimvorrede V. 274 (ECKHARDT, Ssp LdR S. 50).

110) „*Dit recht hebbe ek selve nicht irdacht, / it hebbet van aldere an unsik gebracht / Unse guden vorevaren.*", Ssp, Reimvorrede V. 151–153 (ECKHARDT, Ssp LdR S. 41).

111) Mit abweichenden Akzentuierungen auch C. ERDMANN, Entschluß S. 191; JOHANEK, Rechtsschrifttum S. 404.

112) Etwa KRAUSE, Sachsenspiegel S. 51 f. Anm. 88; KROESCHELL, recht unde unrecht S. 82. Zu den frühesten deutschen Rechtsaufzeichnungen im Überblick JOHANEK, Rechtsschrifttum S. 399–410.

Fraglich ist aber doch, ob sich die Bedeutung des Übersetzungsvorgangs aus Eikes Sicht wirklich in dieser rein sprachlichen Ebene erschöpfte. Drittens könnte man nämlich geneigt sein, die Akzentuierung des Überarbeitungsvorgangs gleichzeitig auch als eine Art Ablenkungsmanöver von der ersten, lateinischen Fassung zu verstehen. Offenbar maß Eike den Vorarbeiten keine allzu große Bedeutung mehr zu. Als Ergebnis seiner Bemühungen präsentierte er einzig und allein seine deutsche Sachsenspiegelfassung. Die lateinische Fassung gerät ganz und gar in den Hintergrund. In die gleiche Richtung weisen Überlegungen Karl August Eckhardts, der zunächst noch dafür eingetreten war, es habe niemals publizierte lateinische Erstfassungen des Sachsenspiegels gegeben, weshalb schon die Suche nach einer solchen Textklasse methodisch verfehlt sei[113]. In den Schlussworten der Reimvorrede spreche Eike ausschließlich von „diesem Buch", womit, so Eckhardts syntaktisch überzeugende und nach wie vor gültige Interpretation, stets nur die deutsche Fassung des Sachsenspiegels gemeint sei[114]. Einen ersten „lateinischen Sachsenspiegel", der es mit der deutschen Fassung aufnehmen konnte, hat es vielleicht so nie gegeben[115]. Damit ist nicht gemeint, dass Eikes Bericht von einer oder mehreren lateinischen Vorlage(n) prinzipiell kein Glaube zu schenken ist. Wohl aber ist gemeint, dass die deutsche Fassung über etwaige Vorlagen möglicherweise weit hinausreichte. Dass sich also die Erstellung der deutschen Redaktion nicht in einer bloßen Wort-für-Wort-Übersetzung erschöpfte, sondern vielleicht zugleich auch eine mehrende und neu ordnende Überarbeitung, insofern eine Neuschöpfung, war. Der Vergleich zwischen Sachsenspiegel-Lehnrecht und *Auctor vetus*, auf den sogleich noch näher einzugehen ist, legt einen solchen komplexeren Arbeitsschritt nahe. Möglicherweise war die „Übersetzung" des Sachsenspiegels also mehr als das. Möglicherweise war sie der maßgebliche Arbeitsschritt, der dem Sachsenspiegel nicht nur in sprachlicher, sondern auch in inhaltlicher Hinsicht seine erste, abschließende Form gab. Es läge darin eine plausible Erklärung für die auffällig große Bedeutung, die Eike der Übersetzungsarbeit in seiner Reimvorrede beimisst. Es verändert sich damit auch die Frage nach den lateinischen Vorlagen des Sachsenspiegels, denn im gleichen Maße, wie man gewillt ist, im Arbeitsschritt der Übersetzung auch einen kreativen Schaffensprozess zu sehen, kommen auch textlich weiter ent-

---

113) ECKHARDT, Rechtsbücherstudien S. 44–47. Eckhardt war zunächst der Ansicht entgegengetreten, im *Auctor vetus de benificiis* könne die lateinische Urfassung des Sachsenspiegel-Lehnrechts vorliegen. Später trug DERS., Einleitung, Auctor vetus I S. 1–42, dann selbst maßgeblich zum Nachweis eines solchen Abhängigkeitsverhältnisses bei.

114) ECKHARDT, Rechtsbücherstudien S. 46 f.

115) An einer lateinischen Vorlage für das Landrecht überhaupt zweifelt THEUERKAUF, Geschichte in Rechtsaufzeichnungen S. 205 Anm. 19.

fernte und knappere Arbeiten als Vorarbeiten des Sachsenspiegels in Betracht. Dass diese sämtlich aus Eikes Feder stammen müssen, ist nicht gesagt.

Eikes Begriff des „Sachsenspiegels“. Noch ein weiterer Aspekt verdient im hier interessierenden Kontext Erwähnung. An keiner Stelle nämlich handelt die Reimvorrede explizit vom Lehnrecht. *„‚Spegel der Sassen‘ / Scal dit buk sin genant, / went Sassen recht is hir an bekant“*[116], lauten die bekannten Verse – aber welche Inhalte Eike unter den im Folgenden immer wieder als *„dit buk“* bezeichneten Sachsenspiegel im Einzelnen fasst, bleibt offen[117]. Umgekehrt enthält auch das Lehnrecht die Bezeichnung „Sachsenspiegel“ nicht. Vielmehr wird dort mit „Buch“ ausschließlich das Lehnrecht bezeichnet (*„Swe lenrecht kunnen wille, de volge disses bukes lere.“*[118]). Man muss sich also fragen, inwieweit sich Eikes Angaben über eine lateinische Vorlage des „Sachsenspiegels“ überhaupt auf das Lehnrecht erstrecken. Mit der Frage, ob die Reimvorrede nur das Landrecht oder doch auch das Lehnrecht in Bezug nimmt, steht und fällt ja Eikes Selbstanzeige als Autor auch für den lehnrechtlichen Teil.

Gegen eine Einbeziehung des Lehnrechts ließe sich anführen, dass gerade die ungewöhnliche Zusammenführung zweier Rechtsordnungen in einem Rechtsbuch zur Erläuterung eines solchen Vorhabens, mithin zu einer Erwähnung des Lehnrechts, Anlass gegeben hätte. Eine in der Forschung immer wieder behauptete Lehnsbeziehung zwischen Eike von Repgow und Hoyer von Falkenstein, aus der man vielleicht auf eine gewissermaßen sich aufdrängende Motivation zur Aufzeichnung des Lehnrechts schließen könnte, lässt sich nicht belegen[119]. Eine mögliche Erklärung, weshalb Eike das Lehnrecht in der Reimvorrede zwar nicht erwähnt, es dem Landrecht dann aber trotzdem als Bestandteil des Sachsenspiegels beigab, könnte im

---

116) Ssp, Reimvorrede V. 179–181 (ECKHARDT, Ssp LdR S. 43).

117) WEINERT, Eike S. 74 f.

118) Ssp LnR 1 (ECKHARDT, Ssp LnR S. 19 Z. 3).

119) LÜCK, Woher kommt das Lehnrecht S. 246. JOHANEK, Eike von Repgow, insbesondere S. 754, hat eine gemeinsame Zugehörigkeit Eikes und Hoyers zum Hof des Grafen von Anhalt wahrscheinlich gemacht. Eine konkrete Lehnsbeziehung ergibt sich aber weder aus der Reimvorrede (dass Eike Hoyer allgemein als *„herre“* bezeichnet, ist kein hinreichendes Indiz) noch aus den Urkunden, die Hoyer und Eike gemeinsam aufführen, DERS., ebenda S. 735–749. Letztlich ist die Frage nach einer Lehnsbeziehung zwischen Hoyer und Eike aber wohl auch nur von untergeordneter Bedeutung. Wir lesen, dass Hoyer den entscheidenden Impuls zur Abfassung einer deutschen Fassung des Sachsenspiegels gegeben hat und dass Eike diesen Beitrag im Bewusstsein um die Neuartigkeit seiner Unternehmung in der Reimvorrede würdigt. Eikes Darstellung in diesem Punkt keinen Glauben zu schenken, besteht kein Anlass.

erst nachträglich gefassten Entschluss zu einem solchen Annex liegen[120]. Möglicherweise erschien Eike die Rechtswirklichkeit aber, wie es Georg Droege herausgearbeitet hat[121], auch so natürlich vom Dualismus von Land- und Lehnrecht regiert, dass er sie als zwei eigenständige, gleichberechtigte Rechtsformen ganz selbstverständlich unter dem Oberbegriff „*Sassen recht*“[122] zusammenfasste[123]. In der Literatur herrscht die Auffassung vor, Eikes Reimvorrede beziehe sich auf einen gesamten, Land- und Lehnrecht umfassenden Sachsenspiegel[124]. Abschließend geklärt ist die Frage aber nicht.

Somit bleibt Eikes Bericht von der deutschen Übersetzung einer lateinischen Sachsenspiegel-Erstfassung etwas rätselhaft: Für das Landrecht ist ein lateinischer „Urtext“ nie ermittelt worden. Möglicherweise wurde ein solcher Entwurf nie wirklich publiziert[125], möglicherweise zog Eike eine lateinische Erstfassung auch später aus dem Verkehr[126]. Wie weit sich die deutsche Neuschöpfung von etwaigen lateinischen Vorlagen entfernt hatte, wissen wir nicht. Ganz anders stellt sich die Situation aber für das Lehnrecht dar. Hier ist unklar, inwieweit sich die Reimvorrede des Sachsenspiegels überhaupt auf das Lehnrecht beziehen lässt. Gleichzeitig glaubt man dessen lateinische Urfassung gefunden zu haben.

b) Der *Auctor vetus* als lateinische Vorlage

Als lateinische Vorlage der deutschen Sachsenspiegel-Lehnrechtsfassung (oder wenigstens als ihre direkte Ableitung) sieht man heute den *Auctor vetus de beneficiis* an[127]. Dieses von Eckhardt auf 1221–1224[128] datierte Rechtsbuch enthält eine Zusammenstellung lehnrechtlicher Grundsätze unter Berücksichtigung sächsischer Verhältnisse. Im Wesentlichen stellt es eine verkürzte Form des Sächsischen Lehnrechts in lateinischer Reimprosa dar. Der *Auctor vetus* ist in keinerlei handschriftlichen Textzeugen, sondern nur

120) Zum Streit, ob Eike zuerst das Land- oder zuerst das Lehnrecht verfasst hat, zusammenfassend KÜMPER, Sachsenrecht S. 201 m. w. N.; vgl. im Übrigen auch LÜCK, Woher kommt das Lehnrecht S. 250 f.

121) DROEGE, Landrecht und Lehnrecht S. 21–79.

122) Ssp, Reimvorrede V. 180 (ECKHARDT, Ssp LdR S. 43).

123) Ähnlich HIRSCH, Einleitung, Eike von Repgow S. 25, 27.

124) KRAUSE, Sachsenspiegel S. 50 Anm. 86 m. w. N.

125) ECKHARDT, Rechtsbücherstudien S. 46.

126) LIEBERWIRTH, Entstehung S. 50.

127) Zur Quelle im Überblick OPPITZ, Art. Auctor vetus de beneficiis, in: ^{2}HRG I Sp. 326 f., und ausführlich ECKHARDT, Einleitung, Auctor vetus I S. 9–57.

128) ECKHARDT, Einleitung, Auctor vetus I S. 42.

in zwei Primärdrucken der Jahre 1569 und 1708 erhalten[129]. Eine fast wörtliche deutsche Übersetzung überliefert außerdem der Beginn des Görlitzer Rechtsbuchs in einer um 1300 entstandenen Handschrift[130].

Carl Gustav Homeyer[131] und Karl August Eckhardt[132] haben jeweils beide Texte, *Auctor vetus* und Görlitzer Rechtsbuch, ediert. Sie waren es auch, die sich um die Klärung der Beziehung zwischen *Auctor vetus* und Sächsischem Lehnrecht verdient gemacht haben. Prinzipiell denkbar wäre ja, dass es sich beim *Auctor vetus* nur um eine spätere Rückübersetzung des Sachsenspiegels ins Lateinische handelt. Solche hat es immer wieder gegeben. Homeyer hat sich aber erstmals für ein entgegengesetztes Abhängigkeitsverhältnis ausgesprochen, indem er das deutsche Lehnrecht als Nachbild des insgesamt einfacheren, geschlosseneren Textes des lateinischen *Auctor vetus* ansah[133]. Seine Auffassung ist zunächst auf Kritik gestoßen[134], hat dann aber Unterstützung durch die Untersuchungen von Karl August Eckhardt[135] und Hans-Georg Krause[136] erfahren. Heute ist die These vom *Auctor vetus* als lateinischem Vorbild des Sächsischen Lehnrechts weitgehend akzeptiert[137].

---

129) Drucke von Havichorst (1569) und Thomasius (1708). Weitere teils bearbeitete (Teil-)Ausgaben des *Auctor vetus* weist ECKHARDT, Einleitung, Auctor vetus I S. 47–54, aus.

130) OPPITZ, Rechtsbücher II Nr. 580a, und zum Görlitzer Rechtsbuch im Überblick CARLS, Art. Görlitzer Rechtsbuch, in: [2]HRG II Sp. 464–466.

131) HOMEYER, Sachsenspiegel II 2 S. 73–171.

132) ECKHARDT, Auctor vetus I und II.

133) Homeyer, Einleitung Auctor vetus, Sachsenspiegel II 2 S. 35–45, insbesondere S. 43 f.

134) ERNST, Ueber das Verhältnis; ihm zustimmend ZEUMER, Über den Urtext S. 463; außerdem MOELLER, Noch einmal der Vetus auctor. MOLITOR, Gedankengang S. 61, gab Ernst und Moeller insofern Recht, als er den *Auctor vetus* als eine lateinische Zwischenfassung erachtete, die aus einer deutschen Erstfassung erwachsen sei, der aber im Sachsenspiegel noch eine weitere deutsche Fassung nachgefolgt sei.

135) ECKHARDT, Einleitung, Auctor vetus I S. 9–42. Eckhardt hatte sich zunächst noch der Gegenauffassung angeschlossen, DERS., Textentwicklung S. 45. Erst der später angestellte Textvergleich überzeugte ihn von Homeyers These vom *Auctor vetus* als lateinischer Vorlage des Lehnrechts.

136) KRAUSE, Sachsenspiegel S. 49–76.

137) Vgl. nur KROESCHELL, Rechtsaufzeichnung und Rechtswirklichkeit S. 355 und 359; DERS., Sachsenspiegel in neuem Licht S. 239; DERS., Sachsenspiegel als Land- und Lehnrechtsbuch; zweifelnd DERS., Lehnrecht und Verfassung, Rn. 34, dann aber wieder zustimmend DERS., recht unde unrecht S. 82; außerdem LIEBERWIRTH, Entstehung S. 51; LÜCK, Woher kommt das Lehnrecht S. 250; OPPITZ, Art. Auctor vetus de beneficiis, in: [2]HRG I Sp. 326.

Vereinzelt zweifelnden Stimmen[138] ist allerdings zuzugeben, dass die *communis opinio* auch deshalb als Stand der Dinge gelten muss, weil sich seit Krause schlicht niemand mehr näher mit der Thematik beschäftigt hat. Als Schwachpunkt in der bisherigen Argumentation könnte sich nach Hiram Kümper die von Homeyer, Eckhardt und Krause zugrunde gelegte Prämisse erweisen, dass sich durch Abtragung späterer Zusätze automatisch ein immer knapperer und klarer strukturierter Urtext rekonstruieren lasse[139]. In der Tat ließ sich schon die Frage nach dem „Gedankengang des Sachsenspiegels"[140] auf diese Weise nicht befriedigend beantworten. Die allzu sehr heutigem Systemdenken verhaftete Suche nach einem durchgehenden Ordnungsprinzip des Sachsenspiegels hat sich als Sackgasse erwiesen. Andererseits zeichnet sich gerade das Lehnrecht, und zwar in Gegenüberstellung zum Landrecht, durch eine besonders klare Gliederung (gemeines Lehnrecht / Lehnsprozess / besonderes Lehnrecht), durch die exklusive Konzentration auf lehnrechtliche Fragestellungen und durch den weitgehenden Verzicht auf landrechtliche, reflektierende oder geschichtliche Exkurse aus[141]. Noch einmal ein gutes Stück klarer und nüchterner strukturiert stellt sich der *Auctor vetus* dar. Im unmittelbaren Textvergleich zwischen *Auctor vetus* und dem mehr als doppelt so langen Lehnrecht gelingt es durchaus, die deutschen Zusätze als nützliche, manchmal aber den Gedankengang störende Erläuterungen zu beschreiben und damit ihren Nachtragscharakter plausibel zu machen[142]. Zwar konnte bisher noch kein sicherer Beweis für die zeitliche Vorrangstellung des *Auctor vetus* erbracht werden. Die sorgfältig abgewogene Argumentation von Homeyer, Eckhardt und Krause erlaubt es aber, die These vom *Auctor vetus* als Urfassung des Sächsischen Lehnrechts bis auf weiteres als die wahrscheinlichere Alternative anzusehen. Das deutsche Lehnrecht stellt sich demnach als Nachbildung des lateinischen *Auctor vetus* dar, und zwar nicht als schlichte Übersetzung, sondern als eine erheblich erweiternde Überarbeitung seiner Vorlage.

---

138) KROESCHELL, Lehnrecht und Verfassung, Rn. 34 (der dort genannte Aufsatz von Takeshi Ishikawa ist nicht in deutscher Sprache erschienen). Auf weiteren Forschungsbedarf weisen KÜMPER, Sachsenrecht S. 91, und SCHMIDT-WIEGAND, Art. Eike von Repgow, in: ²VL II Sp. 402, hin.

139) KÜMPER, Sachsenrecht S. 90.

140) MOLITOR, Gedankengang. Den Forschungsstand zum inneren Aufbau des Sachsenspiegels fasst KÜMPER, Sachsenrecht S. 188–194, zusammen.

141) So schon MOLITOR, Gedankengang S. 51. Zur Gliederung des Lehnrechts vgl. LÜCK, Woher kommt das Lehnrecht S. 255–257.

142) KRAUSE, Sachsenspiegel S. 60–76; MOLITOR, Gedankengang S. 58–60. Zum Verhältnis zwischen *Auctor vetus* und deutschem Lehnrecht auch LÜCK, Woher kommt das Lehnrecht S. 259.

Nimmt man die These vom *Auctor vetus* als lateinischer Urfassung des Lehnrechts einmal als gegeben hin, ergibt sich daraus auch ein veränderter Blick auf das Verhältnis zwischen Land- und Lehnrecht. In neuem Licht müssen dann insbesondere, jedenfalls wenn man der problematischen frühneuzeitlichen Überlieferung des *Auctor vetus* Glauben schenken möchte, die beiden ausdrücklichen Verweise des Lehnrechts (LnR 68 § 9 und LnR 70) auf das Landrecht erscheinen. Erstens fehlt nämlich der Verweis des LnR 68 § 9 auf das Landrechtsbuch im entsprechenden Kapitel AV II 54[143]. Und zweitens fehlt dem *Auctor vetus* auch LnR 70, in dessen Schluss einige Handschriften des Sächsischen Lehnrechts einen zweiten Verweis auf das Landrecht enthalten[144]. Anders als die deutsche Lehnrechtsfassung setzt der *Auctor vetus* das Landrechtsbuch also keineswegs als bestehend voraus. Er könnte also in zeitlicher Hinsicht durchaus schon vor dem Landrecht abgefasst worden sein[145]. Im Gegenzug gewinnen diejenigen Teile des Sächsischen Lehnrechts an Bedeutung, die durch Gegenstücke im *Auctor vetus* beglaubigt werden[146]. Aus dieser Perspektive macht das Lehnrecht gegenüber dem Landrecht einen umso geschlosseneren und selbstständigeren Eindruck. Besonders die im *Auctor vetus* bereits enthaltenen Einleitungs- und Schlussformeln geben dem Lehnrecht das Gepräge eines eigenständigen Rechtsbuchs.

143) LnR 68 § 9 lautet: „*Iewelkes herren man hevet bute na siner bord; wat aver iewelkes mannes bute si, des mut men in kunde komen in deme buke dat van lantrechte seget.* […]“ (ECKHARDT, Ssp LnR S. 98 Z. 6–8). Der Verweis findet im Bußkatalog des LdR III 45 eine sinnvolle Entsprechung. Demgegenüber fasst die entsprechende Passage AV II 54 LnR 68 § 9 und § 10 unter Auslassung der Landrechtsverweisung zu einem Kapitel zusammen: „*Homo domini habebit satisfactionem secundum suam nationem et satisfactio: et vadium ad domum proximam domini ab illo loco in quo acquiratur, per quatuordecim noctes solulatur.*“ (ECKHARDT, Auctor vetus I S. 108).

144) LnR 70 S. 3 lautet: „*Tweiet men an deme getuge also sere, dat men se nicht besceden ne mach, so bescede men it, alse hir vor gesproken is*“ (ECKHARDT, Ssp LnR S. 103 Z. 4–6). Nur einige Textzeugen setzten „*alse hir vor gesproken is in deme lantrechte*“ hinzu. Der Verweis findet in LdR III 21 § 2, aber auch in LnR 40 §§ 2 f. eine sinnvolle Entsprechung. Die Spezifizierung auf das Landrecht könnte dem Sächsischen Lehnrecht also erst später eingefügt worden sein. Dem *Auctor vetus* fehlt eine Entsprechung zu LnR 70 noch ganz. Zur geringen Aussagekraft des Verweises in LnR 70 bereits KRAUSE, Sachsenspiegel S. 72 Anm. 158; und MOLITOR, Gedankengang S. 50 Anm. 43.

145) Die allgemeine Meinung nimmt an, dass das Lehnrecht erst nach dem Landrecht geschrieben worden ist, vgl. KÜMPER, Sachsenrecht S. 201 f. m. w. N. Umgekehrter Auffassung sind THEUERKAUF, Lex S. 115 f.; KRAUSE, Sachsenspiegel S. 72 f.; und vorsichtig auch KROESCHELL, Sachsenspiegel als Land- und Lehnrechtsbuch S. 15.

146) KROESCHELL, Sachsenspiegel als Land- und Lehnrechtsbuch S. 15.

Dass sich dieses lateinische Rechtsbuch nun so ohne weiteres der Autorschaft Eikes von Repgow zuweisen lässt[147], ist nicht gesagt. Schon die bisher nur indirekte und ausschließlich auf landrechtliche Artikel gestützte Datierung des *Auctor vetus* stellt sich als äußerst schwierig dar[148]. Nimmt man die besondere Bedeutung hinzu, die Eike seinem Übersetzungsvorgang beimaß, scheint es zumindest denkbar, dass der Spiegler mit der Zugrundelegung des *Auctor vetus* bereits auf die ältere Vorlage eines Dritten zurückgriff. Durch die in großem Stil vorgenommenen Erweiterungen der deutschen Fassung schuf der übersetzende Redaktor durchaus ein neues Werk und machte sich das Lehnrecht insofern also zu eigen. Ob die lateinische Lehnrechtsfassung bei ihrer ersten Abfassung überhaupt schon als Teil eines umfassenderen Rechtsbuchs konzipiert war, ist offen. Sein Charakter als eigenständiges Rechtsbuch steht dem eher entgegen. Endgültig zu beweisen ist nicht einmal, ob wirklich Eike die deutsche Zweitfassung erarbeitete und wer dann erstmals die Verbindung zum Landrecht hergestellt hat. Diese Problemebene übergeht, wer den *Auctor vetus* nicht im engeren Sinn als lateinisches Vorbild des sächsischen „Lehnrechts", sondern allgemeiner als „die eine Hälfte des Urssp."[149] bezeichnet.

c) Die Quellen des Lehnrechts

Wenn bisher vom *Auctor vetus* gehandelt wurde, ist damit über die Quellen des Lehnrechts nur wenig gesagt. Welche Texte und geistigen Strömungen dem Sächsischen Lehnrecht als Ideengeber zugrunde gelegen haben könnten, ist auch in der Rechtsbücherforschung kaum jemals näher thematisiert worden. Die Suche nach den Quellen des Sachsenspiegels wurde zwar intensiv betrieben, blieb dabei aber doch in bemerkenswerter Gleichförmigkeit auf das Landrecht beschränkt[150]. In der Frage nach den Quellen des Lehnrechts steht die Forschung gleichsam bei Null.

Feststehen dürfte aufgrund zahlreicher Dubletten ein deutliches Abhängigkeitsverhältnis wenigstens zwischen den deutschen Fassungen des Sächsischen Land- und Lehnrechts[151]. Wo sich land- und lehnrechtliche Passa-

---

147) So ECKHARDT, Einleitung, Auctor vetus I S. 41.

148) Auf diesen Schwachpunkt der Datierung von ECKHARDT, Einleitung, Auctor vetus I S. 42, weist KÜMPER, Sachsenrecht S. 89 f. hin.

149) KRAUSE, Sachsenspiegel S. 53.

150) Vgl. LÜCK, Woher kommt das Lehnrecht S. 243. Den besten Überblick über den Forschungsstand gibt KÜMPER, Sachsenrecht S. 92–126.

151) Dubletten aus den Komplexen Prozessrecht, *gewere* und Gerichtsverfassung tragen DROEGE, Landrecht und Lehnrecht S. 25 f., und KRAUSE, Sachsenspiegel S. 48 f., zusammen.

gen inhaltlich und bis in sprachliche Formulierungen hinein entsprechen, muss ein Text dem anderen Pate gestanden haben. Schon die Frage, ob sich die Parallelstellen aus dem Primat des einen oder des anderen Buchs ergeben, ist aber unterschiedlich beurteilt worden[152]. Letztlich konnte über die zeitliche Abfolge, in der Land- und Lehnrecht geschrieben worden sind, noch keine Einigkeit erzielt werden[153]. Für einen Vorrang des Landrechts gegenüber jedenfalls der deutschen Lehnrechtsfassung spricht, dass LnR 68 § 9 bereits auf ein bestehendes Landrechtsbuch verweist[154]. Im Übrigen enthält das Lehnrecht, anders als das Landrecht[155], keine direkten Hinweise auf die Benutzung biblischer oder literarischer Texte.

Carl Gustav Homeyer hielt neben dem Sächsischen Landrecht einen Einfluss der Gesetze Friedrichs I. sowie der *Libri feudorum* auf das Sächsische Lehnrecht für möglich[156]. Im Teilungsverbot für Bischofsgut und Fahnlehen des LnR 20 § 5 hätten Friedrichs Gesetze von Roncaglia von 1158, wie sie auch in L.F. II 53–55 geflossen sind, ihren Niederschlag gefunden[157]. Außerdem lehne sich LnR 13 § 1, der dem Besitzer über Jahr und Tag einen Beweisvorteil einräumt, vielleicht an L.F. I 26 an[158]. Beide Stellen weisen

---

152) HOMEYER, Einleitung LnR, Sachsenspiegel II 1 S. 53–55, wertete die lehnrechtlichen Passagen als Nachbildungen der zuvor verfassten Landrechtsartikel. Zum umgekehrten Schluss kommt THEUERKAUF, Lex S. 115 Anm. 88.

153) Die überwiegende Zahl der Stimmen nimmt das Primat des Landrechts an, vgl. KÜMPER, Sachsenrecht S. 201 f. m. w. N. sowie WEINERT, Eike S. 75 Anm. 36.

154) Ssp LnR 68 § 9: „[…] *wat aver iewelkes mannes bute si, des mut men in kunde komen in deme buke dat van lantrechte seget.*“ (ECKHARDT, Ssp LnR S. 98 Z. 6–8).

155) LdR I 3 etwa nennt Origines und die Heilige Schrift, auch LdR III 42 § 3 bezieht sich auf die Heilige Schrift.

156) HOMEYER, Einleitung LnR, Sachsenspiegel II 1 S. 51 und 55. Einen Einfluss des Reichsfriedens Barbarossas (1152) auf Artikel des Sachsenspiegel-*Landrechts*, unter anderem auf die lehnrechtlichen Inhalte von LdR II 42 §§ 1, 4, macht daneben die Untersuchung von NEHLSEN-VON STRYK, Sachsenspiegel und Reichsfrieden, wahrscheinlich.

157) HOMEYER, Einleitung LnR, Sachsenspiegel II 1 S. 51 und 55; DERS., System, Sachsenspiegel II 2 S. 550; SCHRÖDER / KÜNSSBERG, Lehrbuch S. 445 Anm. 70. LnR 20 § 5, der übrigens im *Auctor vetus* fehlt, lautet: „*Biscope gut unde vanlen scal de koning ganz lien unde nicht twein.*“ (ECKHARDT, Ssp LnR S. 38 Z. 2 f.). Vermutlich sah Homeyer das Teilungsverbot bereits im zweiten Lehnsgesetz Friedrichs I. von 1158 (bzw. L.F. II 55) angelegt, wo es heißt: „*Preterea ducatus, marchia, comitatus de cetero non dividatur.*“ (MGH Dipl. 10, 2 Nr. 242 S. 36 Z. 5, dazu KARG, Kaiserliche ‚Lehnsgesetzgebung‘ S. 224).

158) HOMEYER, Einleitung LnR, Sachsenspiegel II 1 S. 55; vgl. auch ECKHARDT, Ssp LnR S. 32 Anm. 41, und REYNOLDS, Fiefs and vassals S. 453. LnR 13 § 1 (auch dieser Artikel findet im *Auctor vetus* keine Entsprechung) lautet: „*Of de herre sineme manne versaket gudes dat de man an sinen weren hevet ses weken unde en jar, na deme dat he it*

aber bloß recht allgemeine Parallelen auf, die man wohl mehr als interessante Vergleichsangebote denn als sichere Quellennachweise verstehen darf. Das Teilungsverbot für Bischofsgut und Fahnlehen mag auf Reichsrecht zurückgehen. Gegen eine Zugrundelegung des zweiten Lehnsgesetzes Friedrichs I. von 1158 sprechen aber zum Beispiel die divergierenden Altersgrenzen von 13 Jahren im Sächsischen Lehnrecht (LnR 26 § 1)[159] und 14 Jahren im Lehnsgesetz Friedrichs I.[160]. Bezüglich der prozessualen Vorteile aus dem Besitz über Jahr und Tag gab Homeyer selbst zu, dass der Lehnrechtssatz „zu gut in den ganzen Zusammenhang des ältern deutschen Rechtes" passt, „als dass die Ableitung aus einem fremden Rechtsbuch innerliche Wahrscheinlichkeit hätte."[161]

Mit einem umfassenderen Blick aufs Ganze sprach sich Karl Kroeschell nachdrücklich gegen einen Einfluss der *Libri feudorum* auf das Sächsische

---

untvenk, ande des herren rechte wedersprake, of de man de rechten were dar an getugen mach mit seven mannen, des lenes gewere sterket he allene op den hilgen, unde behalt dat gut ane getuch, of men mit rechter klage de were nicht ne breken ne mach. […]" (ECKHARDT, Ssp LnR S. 32 Z. 2–7). Demgegenüber heißt es in L.F. I 26: „*Si autem aliquis in possessione feudi sit, de quo dominus dicit eum investitum non fuisse, tunc sine ulla testium probatione debet solus jurare, se vel patrem suum fuisse investitum. Haec autem sunt ita tenenda, si per unum annum domino et non contradicente in possessione feudi permanserit;* […]" (LEHMANN, Consuetudines feudorum S. 190; und dazu LASPEYRES, Über die Entstehung S. 186 f.).

159) Nach Sächsischem Recht tritt die Mündigkeit mit zwölf Jahren („zu seinen Jahren kommen") und die Volljährigkeit mit 21 Jahren („zu seinen Tagen kommen") ein. Während die Altersstufe von 21 Jahren in Ssp LdR I 42 § 1 ausdrücklich genannt wird, setzt das Landrecht die Altersstufe von zwölf Jahren stillschweigend voraus. Sie ergibt sich aber aus dem Vergleich mit weiteren sächsischen Rechtsquellen (etwa Richtsteig LdR c. 43: „*So vrach wo junc en kint scal sin,* […]. *So vintme, de wile it binnen sinen jaren si, dat sin twelf jar.*", HOMEYER, Richtsteig LdR S. 279 § 4), V. SYDOW, Darstellung des Erbrechts S. 22 (weitere Quellennachweise bei HOMEYER, Sachsenspiegel oder das Sächsische Landrecht Sp. 1317). – Die in LnR 26 § 1 genannte Frist von dreizehn Jahren und sechs Wochen erklärt sich demnach aus der Zusammenrechnung des Mündigkeitsalters von zwölf Jahren mit der allgemeinen Belehnungsfrist von Jahr und Tag, vgl. schon HOMEYER, Sachsenspiegel oder das Sächsische Landrecht Sp. 1318; DERS., System, Sachsenspiegel II 2 S. 478 f.

160) „*Preterea si quis infeudatus maior XIIII^{cim} annis sua incuria vel negligentia per annum et diem steterit, quod feudi investituram a proprio domino non petierit, transacto hoc spatio feudum amittat et ad dominum redeat.*" (MGH Dipl. 10, 2 Nr. 242 S. 35 Z. 31). KARG, Kaiserliche ‚Lehnsgesetzgebung' S. 222 f., sieht die Ursprünge dieser Altersgrenze von 14 Jahren im römischen Recht. Vgl. auch KANNOWSKI, Art. Altersstufen, in: ²HRG I Sp. 195.

161) HOMEYER, Einleitung LnR, Sachsenspiegel II 1 S. 55.

Lehnrecht aus. Schon weil die *Libri feudorum* eine Kompilation ganz verschiedener, sich teilweise widersprechender Texte unterschiedlichster Zeit und Provenienz sind, seien sie ein denkbar schlechtes Vorbild für das systematische, klar aufgebaute Sächsische Lehnrecht[162]. Allenfalls die in L.F. II 1–24 geflossenen Briefe des Obertus de Orto kämen in ihrer größeren Geschlossenheit als literarisches Vorbild in Betracht. Zwischen Sächsischem und italienischem Lehnrecht bestünden aber trotz mancher Parallele ganz beträchtliche sachliche Unterschiede, die eine Benutzung der *Libri feudorum* eher unwahrscheinlich machten. Als Beispiele für divergierende Regelungen nennt Kroeschell die dem italienischen Lehnrecht unbekannten sächsischen Institute des *homagium* (Mannschaftsleistung durch Handgang), der Lehnsträgerschaft, der Lehnsvormundschaft und der Gesamtbelehnung[163]. Sieht man den *Auctor vetus* als lateinische Urfassung des Lehnrechts an, spricht auch die unterschiedliche Terminologie („*feudum*" bei Obertus de Orto und „*beneficium*" im *Auctor vetus*) gegen ein Abhängigkeitsverhältnis des Sächsischen vom italienischen Lehnrecht[164].

Somit ist weder in Deutschland noch in Italien ein abgeschlossenes Werk zu finden, dem *Auctor vetus* und Sächsisches Lehnrecht im Ganzen nachgebildet worden wären. Mag künftige Forschung auch die Beeinflussung des Lehnrechts durch die eine oder andere Einzelquelle zu Tage fördern, so ist mit Kroeschell doch vor allem eines festzustellen: Nach allem, was wir wissen, scheint das Sächsische Lehnrecht insgesamt auf „eigenen Füßen"[165] zu stehen. Es schöpft in erster Linie aus mündlich tradierten Rechtsgewohnheiten und stellt das Lehnrecht damit als eine eigenständige, über lange Zeiträume gewachsene, von fremden Rechten noch weitgehend unbeeinflusste Rechtsmaterie dar.

162) KROESCHELL, Lehnrecht und Verfassung, Rn. 35. Gegen einen Einfluss der *Libri feudorum* spricht sich auch LÜCK, Woher kommt das Lehnrecht S. 244, aus.

163) KROESCHELL, Lehnrecht und Verfassung, Rn. 35 und Anm. 91. Zum Sächsischen Lehnrecht, auch in Gegenüberstellung zum Reichsrecht und zum lombardischen Lehnrecht SCHRÖDER / V. KÜNSSBERG, Lehrbuch S. 429–453, insbesondere S. 446 und 448.

164) KROESCHELL, Lehnrecht und Verfassung, Rn. 35; zur unterschiedlichen Terminologie auch REYNOLDS, Fiefs and vassals S. 443. In den übrigen Teilen der *Libri feudorum* wechselt die Bezeichnung *feudum* und *beneficium*, DILCHER, Das lombardische Lehnrecht S. 67.

165) KROESCHELL, Lehnrecht und Verfassung, Rn. 35; vgl. auch LÜCK, Woher kommt das Lehnrecht S. 243.

d) Verklammerung von Land- und Lehnrecht

Zweifellos steht das Lehnrechtsbuch in enger Verbindung zum Sachsenspiegel-Landrecht. Ob sich gegenseitige Abhängigkeiten nun aus der bloßen Kenntnis und Benutzung des früheren Buchs bei Abfassung des späteren erklären oder ob sie tatsächlich auf eine genuine Verbindung beider Texte in einem Rechtsbuch schließen lassen, sei hier vorübergehend dahingestellt. Fest steht, dass Land- und Lehnrecht auf inhaltlicher Ebene in bestimmter Weise ineinander verflochten sind. Verzahnungen zeigen sich in mehrfacher Hinsicht.

Bemerkenswert ist zunächst, dass eine Vielzahl von Landrechtsartikeln explizit auf lehnrechtliche Problemstellungen eingehen[166]. Umgekehrt bietet das Lehnrecht vergleichbare Exkurse in ausschließlich landrechtliche Fragestellungen so nicht. Nur wo Berührungspunkte eine Abgrenzung erfordern, wird das Landrecht knapp in Bezug genommen[167]. Zweimal weist das Lehnrecht auch explizit auf das Landrechtsbuch zurück[168]. Ein Zusammenhang zwischen beiden Büchern ergibt sich darüber hinaus aus mehreren land- und lehnrechtlichen Bestimmungen, die sich inhaltlich ähneln, ja sogar teilweise bis in kleinste Formulierungen übereinstimmen. Solche Dubletten lassen sich vor allem dort feststellen, wo sich Land- und Lehnrecht thematisch überschneiden, insbesondere also im Bereich des Prozessrechts, der *gewere* und der Gerichtsverfassung[169].

---

166) KANNOWSKI, Landrecht und Lehnrecht S. 362 Anm. 64 f., nennt LdR I 3 § 2; I 3 § 3; I 4; I 6 § 3; I 9 §§ 2–4; I 14 § 1; I 14 § 2; I 20 § 1; I 23 § 2; I 25 § 2–4; I 26 § 4; I 27 § 2; I 33; I 34; I 38 § 2; I 40; I 41; I 56; II 3 § 1; II 21 §§ 1–4; II 24 § 2; II 42 §§ 1–4; II 43 § 1; II 44 § 3; II 54 § 2; II 58 §§ 1–3; III 38 § 4; III 52 §§ 2 f.; III 53 § 1; III 58 §§ 1 f.; III 59 § 1; III 60 § 1; III 63 § 2; III 75 §§ 2 f.; III 76 § 3; III 78 §§ 1–6, 8 f.; III 84 §§ 2 f.

167) Ausdrücklich berücksichtigen LnR 26 § 9; 68 § 9; 69 § 8; 70; 71 § 16 und 79 § 3 das Landrecht.

168) LnR 68 § 9 (der Landrechtsverweis findet eine sinnvolle Entsprechung im Bußkatalog des LdR III 45) und LnR 70 (nur einige Handschriften enthalten einen Verweis auf das Landrecht, sinnvolle Entsprechungen bieten sowohl LnR 40 §§ 2 f. als auch LdR III 21 § 2).

169) Zusammenstellung bei DROEGE, Landrecht und Lehnrecht S. 25 f.; KRAUSE, Sachsenspiegel S. 48 f.; und THEUERKAUF, Lex S. 115 Rn. 88. Markante Beispiele für solche Dubletten bieten die Schilderungen der Urteilsschelte. Dabei ähneln sich nicht sprachlich, sondern nur dem Inhalt nach etwa LdR II 12 §§ 9 f. und LnR 69 § 3 (derjenige, der das unterliegende Urteil findet, bleibt ohne Nachteil). Sogar bis in Formulierungen hinein stimmen demgegenüber LdR II 12 § 4 und LnR 69 § 6 (Versendung und Versorgung der Boten) überein, die übrigens auch in AV II 61–63 eine Entsprechung finden:

Um den Nachweis der Zusammengehörigkeit von Land- und Lehnrecht anhand ihres inneren Aufbaus bemühte sich Gerhard Theuerkauf[170]. Eine schon in der Gesamtstruktur des Sachsenspiegels angelegte Verbindungslinie sah er im engen thematischen Zusammenhang zwischen Ssp LdR III 42 ff. und dem nachfolgenden Lehnrecht: Während die erste Hälfte des Sachsenspiegels (*Textus prologi* bis LdR III 41) das Recht des freien Menschen „in den Ordnungen der Sippe, der Ehe, des Gerichts"[171] behandele, widme sich ein zweite Teil (LdR III 42 bis LnR 78 § 1) dem Themenkomplex „Die ständische Ordnung des Reiches und Sachsens"[172]. Der Zäsur bei LdR III 42

[LdR II 12 § 4:]	[LnR 69 § 6; voran geht die Frage nach dem für die Urteilsschelte zuständigen Richter:]
„Scilt men en ordel, des scal men ten an den hogeren richtere, to lest vor den koning;	*„So vinde men to rechte: ‚Vor den herren de de overe herre des gudes is'.*
dar scal de richtere sine boden to geven, de dar horen, welk er vulkome vor deme koninge. De boden scolen wesen scepenbare vri, of it in ener gravescap gescut; scut it aver in ener marke, so mogen't wesen aller hande lude, swe se sin, vulkomen an erme rechte.	*Dar bidden se beide der boden to; de scal ene de herre geven, twene sine man swelke he wel, dorch dat se tuch sin, we sin ordel behalde oder we verlese.*
De scal de richtere bekostegen: brod unde bir scal he ene genuch geven unde dru gerichte to deme etene, de des dages tidich sin, unde enen beker wines; twei gerichte scal men den knechten geven, vif garven iewelkeme perde under dage unde nacht, unde scal se vorne beslan; sesse scolen der knechte wesen, unde achte der perde.	*Disse boden scal de herre bekostegen; brod unde bir scal men ene genuch geven, unde dre gerichte to iewelkeme etene unde enen beker wines. Den knechten scal men geven iewelkeme twe gerichte. Er perde scal men vore beslan unde nicht hindene. Vif garven scal men iewelkeme perde geven under dage unde under nacht, oder also vele droschenes vuderes, alse dar vore geboret. Achten scolen der perde sin, sesse der knechte, vir ridene unde twene to vute. Min muten se er wol vuren, mer aver nicht.*
Swenne se den koning erst ereschet binnen sassescher art, so scolen se to hove varen, unde dar na over ses weken dat ordel weder brengen." (ECKHARDT, Ssp LdR S. 137 Z. 9 – S. 138 Z. 21).	*Binnen dren dagen scolen de boden sek irheven unde de dat ordel vant unde de it scalt, unde binnen ses weken dat ordel weder brengen."* (ECKHARDT, Ssp LnR S. 100 Z. 23–36).

170) THEUERKAUF, Lex S. 126, 130–133.
171) THEUERKAUF, Lex S. 132.
172) THEUERKAUF, Lex S. 133.

entnimmt Theuerkauf also eine inhaltliche Zweiteilung des Rechtsbuches und möchte damit eine das Lehnrecht einschließende Gesamtanlage des Sachsenspiegels glaubhaft machen. Als gemeinsamen Leitgedanken, der Land- und Lehnrecht des Sachsenspiegels ineinander verwebt, hat schließlich Takeshi Ishikawa das System landrechtlicher Gerichtsbarkeit herausgearbeitet[173]. Sie beginnt beim König als dem obersten Richter, wird durch Gerichtslehen weiterverliehen und fungiert auf diese Weise nicht nur als staatsbildendes Element, sondern zugleich auch als Bindeglied zwischen den Ordnungen von Land- und Lehnrecht.

Der aus alledem gewonnene Eindruck vom Sachsenspiegel als einem einheitlichen Rechtsbuch bestärkt sich noch durch Reimvorrede und Schlusswort, die dem Werk eine gemeinsame Klammer geben[174]. Der Schlussartikel des Lehnrechts lässt sich nämlich als zweigeteilter Epilog verstehen. Ein erster Abschnitt (LnR 78 § 1), der auch schon im *Auctor vetus* enthalten ist (AV III 21–23), beschließt im engeren Sinn das Lehnrechtsbuch: „*Al lenrecht hebbe ek to ende gebracht.* [...]“[175] Ein zweiter Teil aber (LnR 78 §§ 2 f.) greift noch einmal allgemeine Erwägungen auf, die bereits in der Reimvorrede eine Rolle gespielt haben: „*Recht worde lichte besceden, ne were der so vele nicht de unrechtes laget,* [...].“[176] Kein Leichtes sei es, die Leute über das Recht zu belehren, denn viele trachteten nach Unrecht und würden sich gegen dieses Rechtsbuch stellen wollen. Dieselbe Sorge, dass unrechte Leute mit seinem Rechtsbuch Missbrauch treiben könnten, trieb den Spiegler schon in der Vorrede in Reimpaaren um (insbesondere V. 113–150; 183–260). Hier findet also nicht bloß das Lehnrecht seinen Abschluss, am Ende des Sachsenspiegels steht vielmehr ein Land- und Lehnrecht gemeinsam abrundender Schluss.

Die plausibelste Erklärung für die soeben beschriebene Verflechtung von Land- und Lehnrecht unter Aufrechterhaltung zweier in sich abgeschlossener Textteile liegt in der nachträglichen Verklammerung zweier ursprünglich selbständiger Rechtsbücher[177]. Springender Punkt bleibt die Frage, wann im Verlauf der Entstehungsgeschichte des Sachsenspiegels das Konzept eines

---

173) ISHIKAWA, Lehnrecht und Verfassung, insbesondere S. IV, XXIII; vgl. auch DERS., Innere Struktur S. 142–144. Zum König als Spitze von Land- und Lehnrecht auch LÜCK, Woher kommt das Lehnrecht S. 259 f.

174) JOHANEK, Rechtsschrifttum S. 406; KANNOWSKI, Landrecht und Lehnrecht S. 356; KRAUSE, Sachsenspiegel S. 71; THEUERKAUF, Lex S. 119 u. a.

175) Ssp LnR 78 § 1 (ECKHARDT, Ssp LnR S. 121 Z. 1).

176) Ssp LnR 78 § 2 (ECKHARDT, Ssp LnR S. 122 Z. 1 f.).

177) So letztlich, aber in vielen verschiedenen Nuancen, die allgemeine Meinung. Explizit setzt sich THEUERKAUF, Lex S. 115; 118 f., mit der Technik der „Verklammerung“ auseinander.

zweigeteilten Rechtsbuches geboren wurde – bereits bei Abfassung der lateinische(n) Vorlage(n), bei Erstellung der deutschen Fassung oder gar erst im Nachhinein durch Aneinanderreihung in späteren Codices?

Die eine Interpretationsmöglichkeit: genuine Verbindung von Land- und Lehnrecht. Glaubt man Eikes Bericht von einer deutschen Übersetzung und bedenkt man die Existenz des *Auctor vetus* als vermutlicher lateinischer Vorlage des Lehnrechts, könnte man sich in etwa folgenden Ablauf denken: Eike – oder auch andere Autoren vor ihm – verfassten zunächst selbständige lateinische Arbeiten über das Sächsische Land- und Lehnrecht. Auf Initiative Graf Hoyers entschloss sich Eike dann zur Abfassung eines Rechtsbuchs in deutscher Sprache. Er erdachte seine Vorreden und begann, vielleicht unter größeren Veränderungen und Erweiterungen seiner lateinischen Vorlage, mit der Übersetzung bzw. Abfassung des Landrechts. Möglicherweise reifte erst jetzt der Entschluss, seinem Rechtsbuch einen zweiten, lehnrechtlichen Teil hinzuzufügen. Unter Verarbeitung einer zweiten lateinischen Vorlage, vermutlich des *Auctor vetus*, verfasste er auch noch das Lehnrecht und rundete seine zweigeteilte Arbeit mit einem abschließenden, allgemeine rechtliche Erwägungen der Vorrede wieder aufgreifenden Schlusswort ab. Ein solches Szenario würde erklären, weshalb die Vorrede das Lehnrecht nicht erwähnt, die Schlussworte des Lehnrechts aber wieder lose an die Vorrede anknüpfen. Verständlich wäre hiernach auch, weshalb das Landrecht zwar lehnrechtliche Exkurse macht und keine Verweise ins Lehnrecht enthält, umgekehrt aber das Lehnrecht auf landrechtliche Fragestellungen nicht weiter eingeht und zweimal auf ein bestehendes Landrechtsbuch verweist.

Die andere Interpretationsmöglichkeit: Gesonderte Abfassung zweier Rechtsbücher. Solange sich die These einer frühen gemeinsamen Überlieferung von Land- und Lehnrecht in den ältesten Textklassen des Sachsenspiegels nicht erhärten lässt, ist die inhaltliche Verzahnung beider Texte das wichtigste Argument für die allgemein akzeptierte genuine Verbindung zum einen gemeinsamen Rechtsbuch des Sachsenspiegels. Zwingend bewiesen ist sie damit aber nicht. Vielmehr erlauben die geschilderten Charakteristika auch noch eine andere Interpretation. Land- und Lehnrecht könnten durchaus auch als eigenständige Rechtsbücher geschrieben worden sein, und zwar das eine in Kenntnis und nach dem Vorbild des anderen.

Die beiden Landrechtsverweise der deutschen Lehnrechtsfassung sprechen dabei eher für das zeitliche Primat des Landrechts. Dass sich ein späterer Feudist am Wortlaut mancher Landrechtsartikel orientiert hätte (gegebenenfalls auch umgekehrt ein Landrechtsautor am bereits vorverfassten Lehnrecht), wäre nur naheliegend. Sachlich begründete Parallelen auf inhaltlicher Ebene ließen sich damit ebenso erklären wie konkrete sprachliche

Übereinstimmungen. Auch aus Ähnlichkeiten in der Formulierung kann kaum auf einen gemeinsamen Autor von Land- und Lehnrecht geschlossen werden. Um „dero Zeit übliche terminos forenses“[178] wirklich von individuellen Ausdrücken unterscheiden zu können, fehlt es schlicht an zeitgenössischem Vergleichsmaterial.

Mit dem Verweis in LnR 68 § 9 auf das *„buke dat van lantrechte seget“*[179] macht sich der Feudist, darin ist Christan Ulrich Grupen Recht zu geben, das Landrecht gerade nicht zu eigen[180]. Im Verweis auf ein anderes „Buch“ drückt sich vielmehr die Anerkennung einer anderen, vollständig in sich abgeschlossenen Arbeit aus. Will man Land- und Lehnrecht dagegen auf ein und denselben Spiegler zurückführen, ist man zu der Annahme gezwungen, Eike habe den Begriff „Buch“ in wechselnder Bedeutung verwendet[181]. Er müsste mit *„dit buk“* in der Reimvorrede den aus Land- und Lehnrecht bestehenden Sachsenspiegel insgesamt gemeint haben, in LdR III 42 § 2 könnte er sowohl an den gesamten Sachsenspiegel als auch an das Landrecht gedacht haben, in LnR 1 und 76 § 3 wäre mit derselben Wendung dann aber ausschließlich das Lehnrecht bezeichnet worden und in LnR 78 § 3 müsste sich der Ausdruck schließlich wieder auf den Sachsenspiegel als Ganzes beziehen[182]. Eike müsste also mit dem Ausdruck „Buch“ mal den Sachsenspiegel insgesamt, mal nur Land- oder Lehnrecht gemeint haben.

---

178) So schon der Hinweis von Christian Ulrich Grupen, zitiert nach KÜMPER, Sachsenrecht S. 200.

179) Ssp LnR 68 § 9 (ECKHARDT, Ssp LnR S. 98 Z. 8).

180) Christian Ulrich Grupen, in SPANGENBERG, Beyträge S. 62.

181) So auch die Beobachtung von WEINERT, Eike S. 74 f.

182) In der Reimvorrede spricht Eike insgesamt elfmal von „dem“ Buch des Sachsenspiegels (ECKHARDT, Ssp LdR S. 38 V. 98, S. 39 V. 111, S. 41 V. 145, S. 44 V. 184 und 195, S. 46 V. 220 und 223, S. 47 V. 231, S. 49 V. 265, S. 50 V. 272, und insbesondere S. 43 V. 178 f.: *„‚Spegel der Sassen‘ / Scal dit buk sin genant“*). In LdR III 42 § 2 heißt es einmal: *„Nu ne latet uch nicht wunderen, dat dit buk so luttel seget van denstlude rechte“* (ECKHARDT, Ssp LdR S. 223 Z. 5 f.); mit „Buch“ könnte hier sowohl das Landrechtsbuch als auch der Sachsenspiegel insgesamt gemeint sein. In LnR 1 (*„Swe lenrecht kunnen wille, de volge disses bukes lere.“*, ECKHARDT, Ssp LnR S. 19 Z. 3) bezieht sich „Buch“ aber eindeutig nur auf das Lehnrecht. LnR 68 § 9 spezifiziert: *„wat aver iewelkes mannes bute si, des mut men in kunde komen in deme buke dat van lantrechte seget“* (ECKHARDT, Ssp LnR S. 98 Z. 6–8). Wenn demgegenüber in LnR 76 § 3 (*„de man volge dar mede an den overen herren, alse dit buk hir vore leret“*, ECKHARDT, Ssp LnR S. 116 Z. 5 f.) wieder nur unspezifisch von „Buch“ die Rede ist, muss damit ausschließlich das Lehnrecht gemeint sein. Nach dieser Regel müsste sich eigentlich auch LnR 78 § 3 (*„Dit buk wint ok manegen vient, went alle de weder Godde unde weder deme rechte strevet, de werden disseme buke gram“*, ECKHARDT, Ssp LnR S. 123 Z. 12–14) nur auf das Lehnrecht beziehen. Soll der Schlussartikel aber an die Reimvorrede anknüpfen, müsste

Die lehnrechtlichen Exkurse im Landrecht und die vielen Dubletten von Land- und Lehnrecht lassen sich, in anderem Licht betrachtet, ebenfalls als Hinweis auf zwei verschiedene Autoren deuten. Die allgemeine Meinung kann die zahlreichen Ausflüge des Landrechts in lehnrechtliche Problemstellungen ja nur auf Umwegen mit dem vermutlich erst nachträglich gefassten Entschluss zur Abfassung eines zweiten lehnrechtlichen Hauptteils erklären. Weil der Spiegler anfangs noch an keinen eigenen Lehnrechtsteil gedacht hatte, habe er sich an passenden Stellen im Landrecht immer wieder zu Hinweisen auf diese zweite Rechtsmaterie hinreißen lassen. Aber wie naheliegend ist eine solche „Planlosigkeit" des Spieglers? Sollte er die Grundidee von seinem Arbeitsvorhaben wirklich erst so spät konkretisiert oder noch einmal so drastisch abgeändert haben? Zwangloser lassen sich die lehnrechtlichen Exkurse im Landrecht wohl mit zwei getrennten, abschließend gedachten Rechtsbüchern zweier unterschiedlicher Autoren begründen. Auch die vielen Wiederholungen von bereits im anderen Buch enthaltenen Passagen erklären sich, wenn man sich zwei Werke zweier Autoren vorstellt. Ein nacheifernder, um Vollständigkeit bemühter zweiter Verfasser hätte doch viel mehr Veranlassung zur Übernahme bestimmter Textteile als ein und derselbe Autor es hätte, die im eigenen Werk bereits einmal enthaltenen Passagen erneut auszuschreiben.

Weniger leicht lässt sich das Argument der Klammerwirkung von Einleitung und Schluss des Sachsenspiegels entkräften. Der Inhalt der Schlussartikel (LnR 78 §§ 2 f.) knüpft zwar nicht so evident an die Reimvorrede an, als dass man ihn nicht auch als allgemeinen Abschluss bloß des lehnrechtlichen Teils verstehen könnte. Schwerer wiegt aber, dass Land- und Lehnrecht, wollte man ihren genuinen Zusammenschluss in einem Rechtsbuch verneinen, für sich genommen recht rudimentär wirkten. Dem durch mehrere Prologe eingeleiteten Landrecht fehlte jedes Schlusswort, umgekehrt stünde das mit einem ordentlichen Epilog ausklingende Lehnrecht ohne rechtes Vorwort dar. Immerhin lässt sich dem wiederum entgegenhalten, dass keineswegs alle Rechtsbücher Vor- und Nachworte aufweisen. Das von Vorreden eingeleitete Magdeburger Weichbildrecht etwa bricht, vom umschließenden ottonischen Privileg einmal abgesehen, abrupt ohne jeden Epilog ab.

Zu guter Letzt sei erwähnt, dass die Forschung neben engen inhaltlichen und formalen Verknüpfungen bereits wiederholt auch auf Unterschiede zwischen Land- und Lehnrecht des Sachsenspiegels hingewiesen hat. Vor al-

---

„Buch" doch wohl wieder als Sachsenspiegel insgesamt zu verstehen sein. Übrigens setzt Schwsp. LnR 159 entsprechend zu LnR 78 § 2: „[...] *vnd ir svlt daz fvr war wizzen. daz div lehenreht gar lihte waern zebescheiden. Waer der so vil niht die vnrehtes begernt dvrch ir frvmen.*" (LASSBERG, Schwabenspiegel S. 223).

lem Karl Kroeschell betont, dass das Lehnrecht gegenüber dem uneinheitlich und zerklüftet wirkenden Landrecht thematisch viel geschlossener auftritt[183]. „Dieses ist knapp und verstandesmäßig, jenes archaisierend und ausmalend dargestellt“[184], bemerkt auch Ruth Schmidt-Wiegand. Beiden Texten wird also ein durchaus eigener Stil attestiert. Unterschiede manifestieren sich ganz konkret etwa in der Markierung besonders wichtiger Einschnitte. Gerhard Theuerkauf hat gezeigt, dass ausschließlich Vorrede und Landrecht die Textmarke „*Nu*“ in wegweisender Funktion einsetzen und dass umgekehrt das Signalwort „*Al*“ in vergleichbarer Funktion exklusiv im Lehnrecht gebraucht wird[185]. Weitere sprachliche Unebenheiten deckte Jörn Weinert in seinem philologischen Textvergleich von Land- und Lehnrecht auf. Auffällig sind insbesondere die syntaktisch verschiedene Bildung von Bedingungssätzen sowie der bemerkenswerte Verzicht auf den Begriff des Kaisers im Lehnrecht[186]. Stilistische und strukturelle Unterschiede zwischen Land- und Lehnrecht werden in der Forschung bisher zwar selten mit der Möglichkeit in Verbindung gebracht, die Texte könnten vielleicht ursprünglich auf verschiedene Verfasser zurückzuführen sein. Den tieferen Grund für die größere Klarheit und Ausdifferenziertheit des Lehnrechts sieht Kroeschell vielmehr darin, dass es sich beim Lehnrecht gegenüber dem Landrecht um die Anfang des 13. Jahrhunderts vergleichsweise „ausgereiftere“ Rechtsmaterie handelte[187]. Immerhin wird man aber festhalten dürfen, dass Land- und Lehnrecht auch für sich genommen einen geschlossenen Eindruck machen und jeweils durchaus allein stehen können.

Insgesamt erscheinen Sächsisches Land- und Lehnrecht auf inhaltlicher und formaler Ebene also durch lehnrechtliche Exkurse im Landrecht, durch Dubletten, durch zwei Landrechtsverweise im Lehnrecht und ein abrundendes Vor- und Nachwort miteinander verbunden. Gleichzeitig handelt es sich

---

183) KROESCHELL, Sachsenspiegel als Land- und Lehnrechtsbuch S. 19 f.; DERS., Lehnrecht und Verfassung, Rn. 35; DERS., recht unde unrecht S. 84; DERS., Von der Gewohnheit S. 74.

184) SCHMIDT-WIEGAND, Art. Eike von Repgow, in: ^{2}VL II Sp. 403.

185) THEUERKAUF, Lex S. 120–124. Man denke etwa an die Reimvorrede V. 261 f. („*Nu danket al gemene / deme van Valkenstene*“, ECKHARDT, Ssp LdR S. 49 V. 261 f.) oder an die Artikelanfänge „*Nu vernemet*“ (dazu KANNOWSKI, Umgestaltung S. 497–514). Demgegenüber findet sich in LnR 71 § 1: „*Allet dat hir vor geredet is, dat is van gemeneme lenrechte geredet*“ (ECKHARDT, Ssp LnR S. 104 Z. 2 f.) und in LnR 78 § 1: „*Al lenrecht hebbe ek to ende gebracht*“ (ECKHARDT, Ssp LnR S. 121 Z. 1 f.).

186) WEINERT, Eike S. 86 f.; 89–91.

187) KROESCHELL, Sachsenspiegel als Land- und Lehnrechtsbuch S. 19 f.; DERS., Von der Gewohnheit S. 74. Eine konträre Charakterisierung formuliert REYNOLDS, Fiefs and vassals S. 452.

inhaltlich und formal aber um zwei abgeschlossene, klar voneinander unterscheidbare Texte mit ihren jeweiligen stilistischen Eigenheiten. Dass Sächsisches Land- und Lehnrecht wirklich beide, wie allgemein angenommen, auf Eike von Repgow zurückgehen und von ihm genuin zum einen Rechtsbuch des Sachsenspiegels verbunden worden sind, ist nicht endgültig zu beweisen. Möglicherweise handelt es sich doch um zwei getrennte Rechtsbücher, das spätere in Kenntnis des Vorgängers geschrieben, die erst nachträglich von Dritten in einigen Textzeugen miteinander verbunden worden sind. Die heute allgemein übliche Bezeichnung „Sachsenspiegel-Lehnrecht" verlöre damit ihre Berechtigung, wäre doch der „Sachsenspiegel" tatsächlich nur mit dem Sächsischen Landrecht gleichzusetzen.

3. Fazit: Merkmale eines eigenständigen Rechtsbuchs

Nach gegenwärtigem Forschungsstand stellen sich Sächsisches Land- und Lehnrecht also in einem merkwürdigen, ungeklärten Verhältnis dar. Je nachdem, ob man ihre Eigenständigkeit betont oder ihre zweifelsohne jedenfalls zeitweise bestehende Verwandtschaft beschreibt, nehmen sie mehr die Gestalt selbständiger Arbeiten an oder erscheinen eher als Bestandteile eines größeren Ganzen. Dass Eike von Repgow beide Texte schrieb und sie, dem Konzept eines zweigeteilten Rechtsbuchs folgend, im Sachsenspiegel miteinander verband, ist derzeit unangefochten. Bewiesen ist die genuine Verbindung von Land- und Lehnrecht jedoch nicht und einer kritischen Überprüfung hält die These wie gesehen nicht in allen Punkten stand. Insbesondere die angebliche gemeinsame Überlieferung von Land- und Lehnrecht gerade in den ältesten Textformen des Sachsenspiegels ist nur unzureichend belegt. Die inhaltliche Verknüpfung von Land- und Lehnrecht könnte auch mit einer Abfassung des späteren in Kenntnis des früheren Textes erklärt werden. Der „uralte Irrtum"[188], wie Karl August Eckhardt die Idee bezeichnete, dass Land- und Lehnrecht anfänglich zwei selbständige Werke gewesen seien, ist deshalb vielleicht doch ein Aspekt, der zu Unrecht aus dem Blick geraten ist. Die Frage, wann und wie genau sich beide Bücher zu einem verbanden, bedarf jedenfalls der Revision.

Vorerst mag es genügen, zu unterstreichen, dass das Lehnrecht jedenfalls auch ein Dasein als selbständiger, vom Landrecht weitgehend losgelöster Rechtstext geführt hat. Die Grundannahme der Forschung, das Sächsische Lehnrecht sei ein Teil des Sachsenspiegels und als solcher stets in Abhängigkeit vom Landrecht zu sehen, hat zu einer Überbetonung der Zusammen-

188) ECKHARDT, Rechtsbücherstudien S. 49.

hänge geführt. Als bloßes „Unterkapitel" des Sachsenspiegels hat es in der Forschung denn auch nur wenig Beachtung erfahren. Dabei wird außer Acht gelassen, dass das Lehnrecht zumindest auch – vielleicht sogar in erster Linie – die Züge eines eigenständigen Rechtsbuchs trägt.

Die Autonomie des Lehnrechts zeigt sich zunächst auf inhaltlicher Ebene: Während die Reimvorrede des Sachsenspiegels die Frage, ob auch an einen Lehnrechtsteil gedacht war, nicht eindeutig beantwortet, wird das Lehnrecht wie gesehen durch seine beiden Anfangs- und Schlusssätze deutlich abgeschlossen: *„Swe lenrecht kunnen wille, de volge disses bukes lere."*[189] und *„Al lenrecht hebbe ek to ende gebracht."*[190] Nimmt man an, dass im *Auctor vetus* die knappere lateinische Urfassung des Lehnrechts überliefert ist, liegt uns sogar ein eigenes, unabhängiges Vorlagewerk vor. Schon dieses enthielt ja Anfangs- und Schlussteil, gliederte klar in die drei Abschnitte gemeines Lehnrecht – Lehnsprozess – besonderes Lehnrecht und macht insgesamt einen vollständigen Eindruck. Überdies regeln Land- und Lehnrecht zwei im Kern selbständige Rechtsbereiche, die trotz Überschneidungen prinzipiell ohne Verweise aufeinander auskommen. Land- und Lehnrecht, hier das Recht der freien Leute, dort das exklusive Recht der Heerschildfähigen, jeweils mit eigener Gerichtsbarkeit ausgestattet – das sind zwei deutlich abgrenzbare Materien. Eine Zusammenstellung beider Regelungsgegenstände im einen Sachsenspiegel stellt sich in der Gesamtgeschichte der Rechtsbücher denn auch als besonders bemerkenswerte Ausnahme dar[191]. Außerdem unterscheidet sich der Text des Lehnrechts vom Landrecht durch seine stilistischen Eigenarten, etwa durch seine größere Klarheit, durch den weitgehenden Verzicht auf Exkurse, durch die Reife der Darstellung und in bestimmten Formulierungen.

Noch deutlicher beweist sich die Existenz des Lehnrechts als eigenständiges Rechtsbuch in seiner Überlieferungsgeschichte. Zwar findet man das Lehnrecht in einigen Handschriften des 13. und 14. Jahrhunderts gemeinsam mit dem Landrecht überliefert. Weitaus häufiger ist aber die getrennte Überlieferung. Die Handschriften des späteren 14. und 15. Jahrhunderts und besonders die frühen Drucke stellen einen Zusammenhang zwischen Land- und Lehnrecht nicht mehr her. Zum Kanon der langfristig bedeutsamen Basistexte des Sächsischen Rechts avancierte nicht etwa ein großer, zweigeteilter Sachsenspiegel bestehend aus Land- und Lehnrecht, sondern drei mehr oder weniger gleichberechtigt nebeneinanderstehende Rechtsbü-

---

189) Ssp LnR 1 (ECKHARDT, Ssp LnR S. 19 Z. 3).

190) Ssp LnR 78 § 1 (ECKHARDT, Ssp LnR S. 121 Z. 2).

191) KROESCHELL, Sachsenspiegel als Land- und Lehnrechtsbuch S. 13; LÜCK, Woher kommt das Lehnrecht S. 252.

cher: Landrecht, Lehnrecht und Weichbildrecht. Unter „Sachsenspiegel" begriff man bis ins 18. Jahrhundert hinein ausschließlich das Landrecht. Von den frühen Drucken führt einzig der Augsburger Druck von 1516 Land- und Lehnrecht noch zusammen[192]. Alle übrigen trennen Land- und Lehnrecht, wobei die „Standardausgaben" des Sächsischen Rechts üblicherweise in einem ersten Band das Landrecht und in einem zweiten Band Weichbildrecht, Lehnrecht und Remissorium enthielten.

Mindestens fünf Jahrhunderte lang galt das Lehnrecht also als eigenständiges Rechtsbuch. Wahrscheinlich war es auch ursprünglich als solches konzipiert. In vieler Hinsicht ist es deshalb losgelöst vom Sachsenspiegel-Landrecht zu betrachten. Blickt man nun zurück in das 14. Jahrhundert und damit in die Anfänge der wissenschaftlichen Bearbeitung des Sächsischen Rechts, erstaunt es kaum noch, dass schon Johann von Buch seine Glosse auf das Landrecht beschränkte und offenbar keine Veranlassung sah, seine Kommentierung auf das Lehnrecht auszudehnen. Diese Aufgabe erfüllte ein anderer, späterer Glossator. So wie man Land-, Lehn- und Weichbildrecht als eigene Rechtsbücher auffasste, ließ man ihnen auch drei selbständige Glossen angedeihen. Wie es dazu kam und welche Gestalt das Lehnrecht aus Sicht der Lehnrechtsglosse annimmt, ist Gegenstand der folgenden Ausführungen.

II. Das Sächsische Lehnrecht aus Sicht des Glossators

Ein gutes Jahrhundert nach Abfassung des Sächsischen Lehnrechts herrschte bei den Juristen noch eine verhältnismäßig klare Vorstellung von den Umständen seiner Entstehung. Doch schon Jacob Friedrich Ludovici, der 1720 und 1721 Auszüge der Land- und Lehnrechtsglossen herausgab[193], stellte fest: „So woll der alte Glossenmacher, als diejenige, welche hernach etwas hinzugesetzt und angeflickt haben, sind in der Historie gar schlechte Helden gewesen."[194] Tatsächlich hatte sich das Erklärungsmodell, das spätmittelalterliche Juristen für die Entstehung und den Geltungsgrund sächsischer Rechtsbücher fanden, von den historischen Begebenheiten weit entfernt. Die sächsischen Glossen geben beredtes Zeugnis von dieser Entwicklung.

192) VD 16 D 758; Faksimile bei ECKHARDT, Sassenspegel.
193) LUDOVICI, Sachsen-Spiegel; DERS., Das sächsische Lehn-Recht.
194) LUDOVICI, Das sächsische Lehn-Recht S. 9.

1. Das Lehnrecht als Kaisergesetz

In erstaunlich kurzer Zeit hatte sich die allgemeine Vorstellung etabliert, es handele sich bei den Rechtsbüchern um Sammlungen von Satzungen römisch-deutscher Kaiser. Ihre Deutung als Kaisergesetze beeinflusste den Normcharakter der Rechtsbücher entscheidend. Bereits die frühen rechtswissenschaftlichen Arbeiten zum deutschen Recht schufen eine feststehende Tradition, wonach ganz bestimmte Rechtsbücherpassagen ganz bestimmten Herrscherpersönlichkeiten zugeordnet wurden. Auch das Lehnrecht bekam in dieser Zeit seinen festen Platz. Die Lehnrechtsglosse hatte an dieser Entwicklung wiederum entscheidenden Anteil.

a) Befund: „*das lehnrecht, das keyser Friderich gesaczt hath*"

Die wichtigste Weichenstellung der Lehnrechtsglosse zu der Errichtung eines zusammenhängenden Rechtssystems ist die Deklaration ihres Bearbeitungsgegenstands zum staufischen Kaisergesetz.

> „*Nv hebit sich an das lehnrecht, das keyser Friderich gesaczt hath zcu dem gemeynen nucze*"[195]

Mit diesen Worten leitet der Glossator die Kommentierung des in medias res gehenden LnR 2 ein. Mehrmals noch erwähnt die Glosse Kaiser Friedrich. Bereits in der Vorrede wird an pointierter Stelle der „*so hochgelobter vnde hochgeborner, des got ewiglich gedencke, disses keginwertigen buches vszgeber, keyser Friderich von Stawffe, das do lehnrecht gnant ist*"[196] als Gesetzgeber des Lehnrechts eingeführt. Im Schlusswort würdigt Glosse LnR 81 (80) nochmals den Vollbringer „*disser keginwertigen constitucion, dy* […] *von dem hochgelobeten vnde hochgebornen keiser Fridericke gesaczt vnde bestetiget sien noch keiserlichem willen*"[197]. Zweimal findet Kaiser Friedrich noch en passant Erwähnung. Glosse LnR 22 bedient sich seiner Autorität in der Entscheidung einer *quaestio* („*Vnde das ist hy keyser Friderickes meynunge, dy her hye spricht.*"[198]) und Glosse LnR 57 unterstreicht die „*grosse gnade vnde sunderliche sorgfeldickeit der edele vnde hochgeborne keiser Friderich*"[199], die der Kaiser bewiesen habe, als er den Frauen das Leibgedinge am Lehen, ein lebenslanges Nutzungsrecht nach dem Tod ihres Mannes, gestattete.

---

195) LGl LnR 2 § 1 (S. 65 Z. 13 f.).

196) LGl LnR, Vorrede (S. 48 Z. 1–3).

197) LGl LnR 81 (80 § 1) (S. 1082 Z. 5–10).

198) LGl LnR 22 § 1 (S. 373 Z. 10 f.).

199) LGl LnR 57 § 1 (S. 777 Z. 3 f.).

Diesen Bemerkungen zufolge stand dem Glossator klipp und klar vor Augen, dass ihm im Sächsischen Lehnrecht ein Gesetz Kaiser Friedrichs vorlag. Von dieser Zuschreibung nahm der Glossator nicht etwa einzelne Sätze aus. Vielmehr ging er davon aus, der kaiserliche Gesetzgebungsakt habe das Lehnrechtsbuch in seiner Gesamtheit umfasst. Die Auffassung, das Lehnrecht stelle ein altes Kaisergesetz dar, steht in krassem Widerspruch zu unserer heutigen Vorstellung vom Lehnrecht als „Rechtsbuch", als private Aufzeichnung hergebrachter Rechtsgewohnheiten des beginnenden 13. Jahrhunderts. Historisch zutreffend ist die Ansicht des Glossators nicht. Sie fügt sich aber nahtlos in eine im 14. Jahrhundert um sich greifende Idee vom Rechtsbuch als „Kaiserrecht". In welcher Tradition die Zuschreibung des Lehnrechts an Kaiser Friedrich zu verstehen ist und welche Bedeutungsebenen sie eröffnet, erschließt sich erst im Vergleich mit anderen rechtswissenschaftlichen Arbeiten dieser Zeit.

b) Rechtsbücher als Kaiserrecht in zeitgenössischen Quellen

Vergleicht man die Aussagen exemplarisch ausgewählter Arbeiten und Autoren des Spätmittelalters über die Ursprünge der zugrunde gelegten sächsischen Rechtstexte, wird deutlich, dass sich im Laufe der Zeit eine feste Tradition in der Zuschreibung der Rechtsbücher an mittelalterliche Könige und Kaiser herausbildete. Die Juristen des 14. Jahrhunderts hatten ihre ganz eigene Interpretation der geschichtlichen Überlieferung. Sie entwarfen ihr eigenes Koordinatensystem, in dem jeder wichtige Rechtstext seinen ganz persönlichen kaiserlichen Patron erhielt. In dessen imperialem Glanz konnte das Rechtsbuch erstrahlen, dessen Autorität verlieh auch ihm Geltungskraft. Die Zuschreibungen an verschiedene Herrscher bewirkten außerdem das Hinzutreten einer zeitlichen Dimension, die nun als grundsätzliches Erklärungsmuster für Rechtswidersprüche bereitstand.

1. Kaiserliche Rechtssetzer bei Johann von Buch

Johann von Buch prägte das Bild des Spätmittelalters von den Ursprüngen und der Entwicklung des Sächsischen Rechts wie kein anderer. In seiner Landrechtsglosse finden sich teils an herausragender, teils an sehr versteckter Stelle unzählige Einzelbemerkungen, die über die Rechtsauffassung des Glossators Aufschluss geben. Eine detaillierte Aufarbeitung und Zusammenführung dieser Einzelaussagen bietet die Untersuchung von Bernd Kannowski[200]. Hier sei sie daher nur noch in groben Zügen umrissen. Johanns

200) KANNOWSKI, Umgestaltung, passim, insbesondere S. 66, 86 f., 134 f., 432 f., 525–529, 541–546, 549–556, 593–595.

Grundidee vom Normcharakter des Sachsenspiegel-Landrechts kommt schon in den ersten einführenden Worten der Landrechtsglosse zum Ausdruck:

> *„Hir heuet Eyke an, do he in Dudesch brachte dat privilegium, dat Constantin vnd Karl de keysere den Sassen geuen vor en recht, vppe dat se sik to deme cristenen louen ghekereden* [...].“[201]

Im Grundsatz ging Johann von Buch davon aus, das Sächsische Landrecht sei ein auf den Rechtsschöpfungen Kaiser Konstantins aufbauendes Gesetz Karls des Großen für Sachsen[202]. Stets nannte er es das „sächsische Privileg“[203]. Sogar ein konkretes Datum, den 10. Februar 810, wusste der Glossator für den Erlass des Sachsenspiegels zu nennen[204]. Den Spiegler sah Johann in der Rolle eines (späteren) Übersetzers dieses karolingischen Privilegs[205]. Darüber hinaus habe Eike, den Johann von Buch wiederholt mit

201) Gl LdR, Textus prologi *Got de dar is beghin vnd ende* (S. 110 Z. 12–15). Eine detaillierte, auf den verstreuten Angaben der Landrechtsglosse aufbauende Übersicht über Johanns Vorstellung von der Entstehung des Sachsenspiegels enthält die Tzerstedische Glosse von 1442 zur Vorrede „von der Herren Geburt“ (KAUFMANN, Gl LdR S. 124 Z. 4 – S. 125 Z. 7).

202) Bei Kaiser Konstantin beginnt nach Johann alles Recht, vgl. Gl LdR III 42 (44 § 1) *To Babilonia*: *„De recht auer, de wy nu hebben, de beghonden an Constantine, van deme wy ok vnse recht hebben vnde van sinen navolgheren.“* (S. 1213 Z. 14–16). Zur Zuschreibung an Kaiser Karl den Großen KANNOWSKI, Umgestaltung S. 86, 134 f.; SIEGEL, Kaiser Karls-Sage S. 2–20.

203) So findet sich die Bezeichnung *„privilegium Saxonie“* denn auch bereits in einer Urkunde von 1336 wieder, in welcher Markgraf Ludwig I. von Brandenburg Johann von Buch gestattet, die durch ein Elbhochwasser verwüstete Stadt Jerichow, welche Johann zu Lehen hatte, wiederaufzubauen und die deren Gerichtsverfassung und die des Landes Jerichow reguliert, vgl. KANNOWSKI / KAUFMANN, Brief S. 556 Z. 22 und 25.

204) Gl LdR III 74 (82 § 1) [Zwischenstück]: *„Dit privilegium der Sassen is gegeuen thu Sassenborch van koningk Karle na godes gebort tein yar vnde achtehundert yar, in deme seuenden yare synes keyserrykes, in deme teinden dage des horninges.“* (S. 1491 Z. 14–17).

205) Etwa Gl LdR, Textus prologi *Got de dar is behin vnd ende* (S. 110 Z. 12 f.); Gl LdR III 43 (45 § 1) *Nu vornemet* (S. 1225 Z. 23 f.). Weitere Nachweise bei KANNOWSKI, Umgestaltung S. 543 Anm. 422. Eikes Rolle an der Entstehung des Sachsenspiegels aus Sicht des Johann von Buch fasst auch das Bocksdorf'sche Remissorium unter dem Lemma *„Ecke von Repgaw“* treffend zusammen: *„Eck von Repgaw ist des Sachssenrechtens ein pflantzer vnd hat viel wort dar in gesetzt nicht vor ein Recht sondern zu guter anweisung vnd bisweilen vmd disputirns willen“* (ZOBEL, Sechsisch Weiychbild und Lehenrecht, Leipzig 1537, ohne fol.).

„mester desses privilegij“[206] betitelt, sein Rechtsbuch in geringem Umfang auch aus anderen Quellen ergänzt und hier und da eigene Bemerkungen einfließen lassen[207]. Für Johann von Buch war Eike also Übersetzer, Kompilator und Kommentator zugleich. Das Landrecht sah er deshalb nicht in allen Einzelheiten, sondern nur überwiegend in Übereinstimmung mit dem vermeintlichen Privileg Karls des Großen. Die Buch'sche Glosse differenziert denn auch sorgfältig zwischen originalen Sätzen des karolingischen Privilegs, eigenmächtigen Zusätzen Eikes und angeblichen Novellen späterer Kaiser. Auf welcher Grundlage diese Textabschichtung erfolgte, ob Johann insbesondere vielleicht ein Exemplar eines vermeintlichen lateinischen Urtextes vorlag, ist unklar[208]. Eindeutig kennzeichnet Johann bestimmte Landrechtspassagen jedenfalls als nicht zum Privileg gehörende, eigene Ausführungen Eikes[209]. Andere Artikel identifiziert er als Novellen späterer Kaiser: LdR III 82 § 2 – III 84 gingen demnach auf Otto den Großen (Otto I.)[210] und LdR III 85 f. auf dessen Sohn Otto den Roten (Otto II.)[211] zurück. LdR I 26 sowie die Schlussartikel LdR III 87–91 seien Gesetze Kai-

---

206) Etwa Gl LdR II 34 (36 § 1) *Swe ouer den anderen dach* (S. 739 Z. 11 f.).

207) KANNOWSKI, Umgestaltung S. 541–546.

208) KANNOWSKI, Umgestaltung S. 544 f. Im Glossenprolog deutet Johann von Buch an, er habe ein offizielles Exemplar des Sachsenspiegels mit kaiserlicher Bulle eingesehen: *„Dar um, als ik bulliret / dit buk van dem rike vant“*, Gl LdR, Glossenprolog (S. 104 V. 219).

209) Etwa Gl LdR I 13 (14 § 1) *Al sy yd lenrecht*: *„Dyth sint her Eyken wordt“* (S. 204 Z. 15 f.). Weitere Quellennachweise bei KANNOWSKI, Umgestaltung S. 544 Anm. 435.

210) Gl LdR III 75 (82 § 2) *We ein gut deme anderen gift*: *„Dith ys dy irste settunge, dy keyser Otto dy grote sette thu sterkinghe des rechtes, dat koningk Karl den Sassen gegeuen hadde. Desse keyser was na der bort vnses heren negenhundert yar vnde seuendrüttich yar, vnde was an deme ryke XXXVIII yar, vnde gaff desse settinge in deme teinden yare synes rykes, vnde in deme irsten dage des brakmanes, dy junius het, vp der steden, dar nu Meydeborche lyet* […]“ (S. 1492 Z. 22 – S. 1493 Z. 4); Gl LdR III 76 (83 § 3) *We eigen*: *„Desse ander settinghe, dy dy selue keyser Otto sette, dy is hir van des rechtes wise twiuelden“* (S. 1497 Z. 2 f.); Gl LdR III 77 (84 § 2): *„Desse drüdde settinge, dy dy sulue keysere Otto tho deme seluen male satte“* (S. 1500 Z. 21 f.). Zur wahrscheinlichen Autorschaft Johanns auch an diesen Glossenartikeln KANNOWSKI, Umgestaltung S. 483–487.

211) Gl LdR III 77 (85 § 1) *War mer lüde*: *„Desse settinge het gesedt keyser Otto dy rode, des groten keysers Otten sone, jn dem seuenden yare synes rykes.“* (S. 1504 Z. 1–3); Gl LdR III 78 (86 § 1) *We syner bure*: *„Desse settinghe sette dy sulue keyser Otto dy rode.“* (S. 19 f.). Zur wahrscheinlichen Autorschaft Johanns KANNOWSKI, Umgestaltung S. 483–487.

ser Friedrichs[212]. Im Prolog des Richtsteig Landrechts wiederholt Johann, der sein Rechtsgangbuch als eine Art Annex zur Landrechtsglosse verstand und deshalb die direkte Anbindung an den Schluss des Landrechts suchte, noch einmal seine Vorstellung von den Schlussartikeln LdR III 87–91 als Novellen Kaiser Friedrichs I.[213]. Außerdem schreibt Glosse LdR I 13 (14 § 1) *Al sy yd lenrecht* Kaiser Friedrich auch das Sächsische Lehnrecht zu[214].

Die unterschiedlichen Entstehungshintergründe der einzelnen Landrechtsartikel hinderten Johann von Buch nicht daran, sie zu kommentieren[215]. Angeblich auf Eike persönlich zurückzuführende Äußerungen respektiert er als Meinungen einer gelehrten Autorität und setzt sich mit ihnen auseinander. Die vermeintlichen Novellenartikel haben, wenn auch nur teilweise und in einem zweiten Anlauf, wohl ebenfalls ihre eigene Buch'sche Glossierung erhalten[216]. Gleichzeitig legt Johann aber Wert darauf, die unterschiedlichen Normqualitäten der einzelnen Landrechtsartikel genau zu kennzeichnen. Die besondere Hervorhebung von „Kontaminationen" zeigt,

---

212) Vgl. Gl LdR I 32 (26) *Wert en monik*: *„Dit is nicht en stucke vthe deme privilegio, men id is en artikel, den settede keyser Ffrederike, vnd is hir yn gesat van sineme hete, ut in libro feudorum l.* I *et §* I.*"* (S. 303 Z. 9–11) sowie Gl LdR III 79 (87 § 1) *Welcke leye*: *„Desse settinge het gesedt keyser Frederick van Stouffe."* (S. 1510 Z. 2 F.). Zur wahrscheinlichen Autorschaft Johanns auch noch an dieser Glosse LdR III 79 (87) KANNOWSKI, Umgestaltung S. 485–487. Hingegen stammt die Zuschreibung von LdR III 88 an Kaiser Friedrich in Gl LdR III 80 (88 § 1) *Wat so ein man* (S. 1514 Z. 2–4) vermutlich erst von einem späteren Glossator. Dass Johann von Buch die Schlussartikel LdR III 87–91 als Novellen Kaiser Friedrichs begriff, ergibt sich aber eindeutig aus dem Prolog des Richtsteig Landrechts: *„De sosten settinge na Koning Karls rechte an deme ende des Sassenspeigels de dar begunnet: Rechtes weigherd de richter etc., ut Li.* III *ar.* LXXXVII *§* XI, *und de andern veer settinge de darna volgen wente an den ende des Sassenspeigels, de satte keyser Frederik von Stouff na godes bort dusent jar und anderhalf hundert jar in deme achteden* [andere Handschriften, vgl. Anm. 4: *„achtentwintegesten"*] *jar und in deme drudden jare sines rikes in deme pingst dage to Meylan in deme palaze"* (HOMEYER, Richtsteig LdR S. 82). Dazu auch KANNOWSKI, Umgestaltung S. 526.

213) Richtsteig LdR, Prolog (HOMEYER, Richtsteig LdR S. 82). Schon die Glossierung der Schlussartikel selbst, die vermutlich aber nur in Teilen auf Johann von Buch zurückgeht, bezeichnet Friedrich als Gesetzgeber der letzten Landrechtsartikel (vgl. Gl LdR III 79 (87 § 1) *Welcke leye* (S. 1510 Z. 2 F.); Gl LdR III 80 (88 § 1) *Wat so ein man* (S. 1514 Z. 2–4)).

214) Gl LdR 13 (14 § 1) *Al sy yd lenrecht*: *„Wen dy edelle koning Karl dy grote gaff dat landtrecht, vnde keyser Frederick gaff dat lenrecht* [...].*"* (S. 204 Z. 24–26). Zur Interpretation dieser Stelle jedoch noch ausführlich unten S. 573 ff.

215) KANNOWSKI, Umgestaltung S. 545 f.

216) Zum Rätsel des Artikelbestands der Buch'schen Urglosse KANNOWSKI, Umgestaltung S. 65–68, 483–487, 525–529.

wie ernst es Johann mit dem Rechtscharakter des Landrechts als einem Privileg Karls des Großen für Sachsen war.

Die Idee, im Sachsenspiegel ein Kaisergesetz, ein sächsisches Privileg, zu sehen, war schon zu Johanns Zeiten nicht neu. Spätestens Mitte des 13. Jahrhunderts begann sich eine solche allgemeine Auffassung zu etablieren[217]. Nicht weiter erstaunen kann, dass gerade die Kaiser Konstantin und Karl mit dem Landrecht in Verbindung gebracht wurden. Schon Eike selbst brachte ja diese beiden für die Christianisierung des Reichs so wichtigen Herrscherpersönlichkeiten in seinem *Textus prologi* ins Spiel[218]. Neu war allerdings, dass Johann von den Gesetzgebungsakten nun als konkreten historischen Ereignissen sprach. Im Bemühen um Authentizität werden die Kaiser Karl, Otto der Große, Otto der Rote und Friedrich von Staufen nicht nur namentlich genannt, überdies werden einzelne Gesetzgebungsakte an ganz bestimmten Daten und Orten festgemacht[219]. „Was im Sachsenspiegel noch im Sagenhaften schwebt, bekommt bei dem gelehrten Juristen Johann von Buch seinen Ort in Zeit und Raum zugewiesen."[220] Es zeigt sich darin ein Ringen um die Legitimationsquellen des Sachsenspiegelrechts. Indem der Glossator das Landrecht auf Karl den Großen zurückführt, verleiht er ihm die offenbar für wichtig erachtete Geltungskraft eines Kaisergesetzes. Dahinter verblasst die bei Eike noch stark im Vordergrund stehende Vorstellung, Recht beziehe seine Autorität aus seiner Geltung von alters her[221]. Bei Johann sind nur solche Gewohnheiten *„recht"*, die den Sachsen im Zuge

217) KANNOWSKI, Umgestaltung S. 86 Anm. 496; KÜMPER, Sachsenrecht S. 215–221; LÜCK, Sachsenspiegel als Kaiserrecht S. 266; TRUSEN, Rechtsspiegel und Kaiserrecht S. 28 f.

218) Ssp, Textus prologi: *„Nu aver we bekart sin unde uns got weder geladet hevet, nu halde we sine e unde sin gebot, dat uns sine wissagen gelart hebben unde gude geistleke lude, unde ok kerstene koninge gesat hebben: Constantin unde Karl, an den Sassen lant noch sines rechten tut."* (ECKHARDT, Ssp LdR S. 52 Z. 5–9); vgl. außerdem Ssp LdR I 18. Dazu DILCHER, Mythischer Ursprung S. 154; KANNOWSKI, Sachsenspiegel und die Buch'sche Glosse S. 520 f.; LÜCK, Sachsenspiegel als Kaiserrecht S. 264; TRUSEN, Rechtsspiegel und Kaiserrecht S. 18.

219) Gl LdR III 74 (82 § 1) (S. 1491 Z. 14–17); Gl LdR III 75 (82 § 2) *We ein gut deme anderen gift* (S. 1492 Z. 22 – S. 1493 Z. 4); Gl LdR III 77 (85 § 1) *War mer lüde* (S. 1504 Z. 1–3) und Richtsteig LdR, Prolog (HOMEYER, Richtsteig LdR S. 82).

220) KANNOWSKI, Umgestaltung S. 529.

221) DILCHER, Mythischer Ursprung S. 150–155, insbesondere S. 150: „Eike von Repchow sieht also die Ordnung des Herkommens […] als tragende Legitimation des von ihm aufgezeichneten Rechtes an."

der Christianisierung durch Karl den Großen auch offiziell bestätigt worden sind[222].

2. Kaiserliche Rechtssetzer in Weichbild und Weichbildchronik

Prägende Ausgestaltungen erfuhr die Idee vom Kaiserrecht auch im Magdeburger Weichbildrecht, in der Weichbildchronik und in der Weichbildglosse. Der unbekannte Verfasser der Weichbildglosse (vor 1386/87) kannte und verarbeitete die Buch'sche Glosse. Er rezipierte Johanns Ausdeutungen der Lehre vom Rechtsbuch als Kaiserrecht und konkretisierte sie weiter. Weil dieser Aspekt von der Forschung noch nicht näher ausgeleuchtet worden ist, wird er im Folgenden noch ausführlich behandelt. Die Interpretation der legislatorischen Ursprünge der sächsischen Rechtstexte in der Weichbildglosse gestaltet sich aber insofern komplexer, als schon die Quellen des Magdeburger Rechts selbst in verschiedener Weise Verknüpfungen zu kaiserlichen Gesetzgebern herstellen. Bestimmte Weichenstellungen nahm hier also nicht erst die Glosse, sondern schon der Text selbst vor.

So ist das „Sächsische" oder „Magdeburger Weichbildrecht" ein wichtiger Beleg dafür, dass nicht erst Johann von Buch die Vorstellung vom Sachsenspiegel als einem kaiserlichen Privileg für Sachsen begründet hat[223]. Dieselbe Idee findet sich nämlich auch schon in einem Teil des Weichbildrechts verankert, der seinerseits wiederum auf einen bereits Mitte des 13. Jahrhunderts entstandenen Text zurückgehen dürfte: WbR 7 skizziert die Geschichte des römisch-deutschen Reiches. Der Artikel berichtet von der Eroberung der deutschen Lande durch die Römer, von der militärischen Organisation der eroberten Gebiete durch die Vergabe von Burglehen und kommt schließlich auf das rechtliche Fundament dieser Territorien zu sprechen: *„Do wurden sy zu rate, waz recht sy deme lande sezten von willkor des landes, unde sazten dem lande solch recht, alzo noch Sachzinlant hat von Constantino unde Karolo."*[224] Bereits hier – nicht erst in der Buch'schen Glosse – finden wir also Eikes allgemein gehaltene Anspielung auf Konstantin und Karl zum historischen Faktum der Rechtssetzung erhoben[225].

Die im Einzelnen noch nicht genauer untersuchte Entstehungsgeschichte des Weichbildrechts lehrt, dass das Rechtsbuch als solches zwar vermutlich erst Ende des 13. oder Anfang des 14. Jahrhunderts entstanden ist, dass es

---

222) Gl LdR 17 (18 § 2) *Dar to behelden ze al ere alde recht*: *„dat is ere olde wonheit, vnd de Sassen en hadden nen recht, de wile se vmbekeret weren vnd deme rike nicht vnderdanich weren"* (S. 233 Z. 1–3); und dazu KANNOWSKI, Umgestaltung S. 476–478.

223) Diesen Aspekt betont TRUSEN, Rechtsspiegel und Kaiserrecht S. 28 f. Anderer Ansicht noch SIEGEL, Kaiser Karls-Sage S. 3.

224) WbR 7 § 5 (nach DANIELS / GRUBEN, Gl WbR Sp. 75 Z. 13–17).

225) TRUSEN, Rechtsspiegel und Kaiserrecht S. 28 f.

aber letztlich eine erweiternde Kompilation älterer Arbeiten darstellt[226]. Die „Weichbild-Vulgata“ nimmt in ihre 136 Artikel insbesondere zwei wohl schon Mitte des 13. Jahrhunderts entstandene Rechtstexte auf, das „Rechtsbuch von der Gerichtsverfassung“ und das „Magdeburger Schöffenrecht“. Ersterem entstammt der in WbR 7 geflossene Verweis auf Konstantin und Karl als Setzer des Sächsischen Rechts[227]. In vielen Überlieferungsträgern wurde dem Weichbild außerdem eine wohl ebenfalls schon im 13. Jahrhundert entstandene „Weichbildchronik“ beigegeben[228]. Alle Teile finden sich, bunt zusammengewürfelt, in der älteren, sehr problematischen Edition des Alexander von Daniels[229].

---

226) Eine gute Übersicht zum Forschungsstand bietet JOHANEK, Art. Magdeburger Rechtsbücher, in: ^{2}VL XI Sp. 945–953.

227) JOHANEK, Art. Magdeburger Rechtsbücher, in: ^{2}VL XI Sp. 947.

228) JOHANEK, Art. Magdeburger Rechtsbücher, in: ^{2}VL XI Sp. 948; OPPITZ, Rechtsbücher I S. 46 f.

229) Die Edition von DANIELS / GRUBEN, Gl WbR, gibt die *Praefatio* in zwei Varianten (Sp. 5–8), die Weichbildchronik in fünf Ausgaben (Sp. 9–20 und 21–52), das Ottonische Privileg in vier (Sp. 57–62 und Sp. 175 f.), den Text des Weichbildes in zwei (Sp. 63–176) und die Weichbildglosse schließlich in einer Variante (Sp. 177–438) wieder. Jegliche Information über die zugrunde liegenden Handschriften vermisst der Leser, sie wurde vom Editor erst später an versteckter Stelle nachgereicht. Zudem ist in nicht unerheblichem Ausmaß mit Lesefehlern zu rechnen. Die Anordnung der verschiedenen Textteile stammt vom Herausgeber. Kritik an von Daniels’ Vorgehensweise äußerten schon HOMEYER, Einleitung LdR, ^{3}Sachsenspiegel I S. 85 Anm. *, und JECHT, Görlitz S. 240 Anm. 2. – Die handschriftlichen Vorlagen der Weichbildausgabe DANIELS / GRUBEN, Gl WbR, erläuterte von Daniels nachträglich in der Vorrede seiner Landrechtsausgabe DANIELS, Vorrede, Landrechtbuch Sp. IX–XIV. Demnach entstammt die erste *Praefatio* (Sp. 5 f.) der Handschrift OPPITZ, Rechtsbücher II Nr. 735 und die zweite *Praefatio* (Sp. 7 f.) der Handschrift OPPITZ, Rechtsbücher II Nr. 861 („Große Görlitzer Handschrift“). Von den drei kürzeren Varianten der Weichbildchronik (Sp. 13–20) folgt die niederdeutsche der Handschrift OPPITZ, Rechtsbücher II Nr. 120, die oberdeutsche der Handschrift OPPITZ, Rechtsbücher II Nr. 267, und die gemischte lateinisch-deutsche der Handschrift OPPITZ, Rechtsbücher II Nr. 268. Im Anschluss finden sich zwei längere Varianten der Weichbildchronik, und zwar in der jeweils linken Spalte (ab Sp. 25) diejenige der Handschrift OPPITZ, Rechtsbücher II Nr. 896, und in der jeweils rechten Spalte (ab Sp. 26) diejenige der Handschrift OPPITZ, Rechtsbücher II Nr. 861 („Große Görlitzer Handschrift“). – Die Entnahmen der *Praefatio* und der Weichbildchronik aus der „Großen Görlitzer Handschrift“ sind von JECHT, Görlitz S. 240 f., verifiziert worden (entspricht fol. 324rb und 324va–327ra). Welchen Handschriften die ottonischen Privilegien entnommen wurden, bleibt hingegen weiter unklar. Von Daniels selbst gibt darüber keine Auskunft. Das in der „Großen Görlitzer Handschrift“ zwischen WbR 1 und Glosse WbR 1 eingeschobene deutsche Privileg (OPPITZ, Rechtsbücher II Nr. 861 fol. 327rb–328vb) ist von mir geprüft worden. Es stimmt mit der in DANIELS / GRUBEN, Gl WbR

Die übrigen Textbestandteile, die dem Weichbild in vielen Handschriften und später auch in den frühen Drucken beigegeben worden sind, weiten das Konzept der kaiserlichen Rechtsbestätigung auf das Weichbildrecht aus. Nicht allzu großes Gewicht wird man der *Praefatio* beimessen müssen[230]. In plumper Anlehnung an die Sachsenspiegelvorrede spricht sie ein überschwängliches Lob auf Eike von Repgow aus, der *„diz buch getichtet hat“*[231]. Dass ein unbekannter Verfasser hier offenbar auch das Weichbildrecht auf Eike von Repgow zurückführen wollte, mag man als Beleg für Eikes Omnipräsenz als Rechtsbuchverfasser im Bewusstsein der Zeit zur Kenntnis nehmen. Der Vorstellung des Weichbildglossators vom Verfasser des Weichbilds entsprach diese Zuschreibung jedoch nicht.

Weitaus interessanter als die *Praefatio* ist die handschriftliche Verbindung des Weichbildrechts mit der Weichbildchronik und dem vermeintlichen Privileg Kaiser Ottos I. für Magdeburg. In der Beigabe dieser Texte zeigt sich, dass die Einbettung des Sächsischen Rechts in historische Kontexte im Fall des Weichbildrechts regelrecht Programm geworden ist.

Die Weichbildchronik (*„Von der werlde beginn“* bzw. *„Cronica de tempore creationis mundi“*[232]) entstand vermutlich in der ersten Hälfte des 13. Jahrhunderts in Magdeburg[233]. Beginnend bei der Arche Noah wird darin die Geschichte der Welt erzählt. Bald geht die Darstellung in eine chronologische Auflistung von Königen, Kaisern, Päpsten und Bischöfen über, wobei jeweils auch einige wenige, wichtige Ereignisse der jeweiligen

---

Sp. 57–60, gedruckten Fassung nur grundsätzlich überein (etwa in der Datierung auf 999), zeigt aber in den Formulierungen im Detail so zahlreiche und erhebliche Abweichungen, dass es als Vorlage der Edition wohl nicht in Betracht kommt. – Der deutsche Text des Weichbildes (linke Spalte ab Sp. 63) stammt ebenso wie die Weichbildglosse (Sp. 181 ff.) aus einer Berliner Handschrift (OPPITZ, Rechtsbücher II Nr. 118). Die Handschrift kennt weder Vorrede noch Chronik oder Privileg, sondern enthält ausschließlich das glossierte Weichbild in 136 Artikeln. Anders als in der Edition von DANIELS / GRUBEN, Gl WbR, wo Text und Glosse auseinander gezogen wurden, folgt in der Berliner Handschrift die Glosse dem Text artikelweise. Bei der lateinischen Fassung des Weichbildtextes (rechte Spalte ab Sp. 64) handelt es sich schließlich offenbar um eine Übersetzung des 16. Jahrhunderts, vgl. DANIELS, Vorrede, Landrechtbuch Sp. XI–XIV.

230) Gl WbR, Vorrede (Sp. 5 f. und Sp. 7 f.). Auf wen die Vorrede des Weichbilds zurückgeht, ist ungewiss. Gegen eine Rückführung auf den Glossator des Weichbilds sprechen schon ihr vergleichsweise primitiver Inhalt und der frömmelnde Tenor. Vor allem aber führt Gl WbR 10 das Weichbildrecht anders als die *Praefatio* nicht auf Eike von Repgow, sondern auf Burchard von Mangelfeld zurück (Sp. 228 Z. 46).

231) Gl WbR, Vorrede (Sp. 7/8 Z. 2). Auch Hoyer von Falkenstein findet Erwähnung.

232) Vgl. DANIELS / GRUBEN, Gl WbR, (Sp. 9–52).

233) OPPITZ, Rechtsbücher I S. 47; vgl. auch JOHANEK, Art. Magdeburger Rechtsbücher, in: ^{2}VL XI Sp. 948.

Regierungszeit hervorgehoben werden. Schon aufgrund ihres äußeren, überlieferungsgeschichtlichen Zusammenhangs mit der Weichbild-Vulgata handelt es sich um eine sehr interessante Quelle, bringt uns dieser Überblick doch die Vorstellung des Weichbildglossators und seiner Zeitgenossen von den kaiserlichen Gesetzgebern für Sachsen näher.

Den Beginn der Regierungszeit Kaiser Konstantins (römischer Kaiser 306–337) setzt die Weichbildchronik in das Jahr 311 n. Chr. Sie hebt Konstantins Übertritt zum Christentum hervor, schildert die Bekehrung der Sachsen und schreibt Konstantin auch schon den Erlass des Sachsenspiegels zu:

> „*Er bekart auch die Sachsen, und gabe in ir privilegium, daz wir den sachsenspigel heisen, den sint Ecke von Repchow diuz machte, alz er in in latino vant.*“[234]

Von Karl dem Großen (Kaiser 800–814) heißt es, er sei 801 als erster fränkischer König in Rom zum Kaiser gekrönt worden. Über seine gesetzgeberische Tätigkeit berichtet die Chronik: „*Er machte ouch do frenkisch recht und swebischs, und bestetigte auch den Sachsin ir recht und ir privilegium* [...]“[235]. Otto der Große (römisch-deutscher Kaiser 962–973), habe, 940 zum Kaiser gekrönt, im zweiten Jahr seiner Herrschaft die Stadt Magdeburg erbaut und „*Karls recht*“ bestätigt[236]. Noch größere Bedeutung für das Recht der Stadt Magdeburg schreibt die Chronik aber seinem Sohn und Nachfolger Otto II. (römisch-deutscher Kaiser 973–983) zu, den sie „Otto den Roten“ nennt:

> „*Er* [Otto der Rote, Anm. der Verf.] *gab auch den stetin wecbilderecht, und gab in doruf sein urkunde mit der wizigsten rate noch ir selbis wilkur.*“[237]

Die Schilderung der Regierungszeit Friedrichs I. (römisch-deutscher Kaiser 1155–1190), dem früheren Herzog von Schwaben, wird mit „*keiser Friderich von Swobin*“[238] überschrieben und als sein Todesdatum das Jahr 1190

234) *Cronica de tempore creationis mundi* (*von keiser Constantino*) (DANIELS / GRUBEN, Gl WbR Sp. 32).

235) *Cronica de tempore creationis mundi* (*von keiser Karolo*) (DANIELS / GRUBEN, Gl WbR Sp. 34).

236) *Cronica de tempore creationis mundi* (*von koning Ottin*) (DANIELS / GRUBEN, Gl WbR Sp. 34, 36). Dazu WAITZ, Privilegien Otto's S. 189.

237) *Cronica de tempore creationis mundi* (*von dem roten konning Ottin*) (DANIELS / GRUBEN, Gl WbR Sp. 38).

238) *Cronica de tempore creationis mundi* (*von keiser Friderich von Swobin*) (DANIELS / GRUBEN, Gl WbR Sp. 46).

benannt[239]. Eine gesetzgeberische Leistung oder gar eine besondere Beziehung Friedrichs I. zum Lehnrecht hebt die Chronik nicht hervor. Auch Friedrich II. (römisch-deutscher Kaiser 1220–1245/1250), genannt *„Friderich von Stoufe“*[240], tritt in der Chronik als Gesetzgeber nicht in Erscheinung. Die Auflistung schließt mit Wilhelm von Holland, dessen Krönung zum Gegenkönig Friedrichs II. die Chronik historisch korrekt in das Jahr 1248 setzt[241].

Alles in allem zeichnet die Chronik, was die Abfolge kaiserlicher Herrscher und ihre grobe zeitliche Einordnung betrifft, ein relativ stimmiges und historisch zutreffendes Bild. Bemerkenswert ist, dass unter den spärlichen Informationen, die der Chronist den einzelnen Herrschern beigibt, neben „Eroberungen“, „frommen Werken“ oder „Bauten“ auch die eigene Kategorie der „legislatorischen Leistungen“ existiert. Offenbar begriff der Chronist bestimmte Gesetzgebungsakte als Grundfesten der Welt, deren historische Wahrheit er auch in einer noch so kurzen Weltgeschichte festgehalten wissen wollte. Die Chronik vervollständigt damit die im Weichbild nur punktuell gegebenen historischen Angaben zu einem schlüssigen Gesamtbild. Die juristische Perspektive des Chronisten legt nahe, dass sein Werk von vornherein in Verbindung zu den Magdeburger Rechtstexten gestellt werden sollte. Peter Johanek sieht hier eine Parallele zur Papst-Kaiser-Chronik des Martin von Troppau (um 1270), die ebenfalls als Ergänzung kanonischer Rechtstexte konzipiert war[242]. Inhaltlich teilt die knappe, ganz offenkundig den Anspruch auf Historizität erhebende Weichbildchronik mit: Kaiser Konstantin bekehrte die Sachsen und gab ihnen ihr Recht, seine Nachfolger Karl der Große und Otto der Große bestätigten das sächsische Privileg noch einmal. Das Weichbildrecht, obwohl auf Willkür beruhend, gab Otto der Rote. Dieselbe um Historizität bemühte Haltung findet sich später bei Johann von Buch, der seinen Angaben zu kaiserlichen Gesetzgebungsakten durch möglichst konkrete Raum- und Zeitangaben Glaubwürdigkeit zu verleihen suchte. Auch in der Sache stimmen der Chronist und Johann weitgehend überein. Deutlicher als Johann wird die Chronik in ih-

239) Das ergibt sich jedenfalls indirekt aus der auf dasselbe Jahr datierten Königskrönung Heinrichs VI., vgl. *Cronica de tempore creationis mundi* (*von keiser Heinrich, keiser Friderich sone*) (DANIELS / GRUBEN, Gl WbR Sp. 48).

240) *Cronica de tempore creationis mundi* (*von keiser Friderich von Stoufe*) (DANIELS / GRUBEN, Gl WbR Sp. 46).

241) *Cronica de tempore creationis mundi* (*von greve Wilhelm von Hollant*) (DANIELS / GRUBEN, Gl WbR Sp. 46).

242) JOHANEK, Art. Magdeburger Rechtsbücher, in: ²VL XI Sp. 948.

rem konkreteren Bezug Kaiser Konstantins zur Bekehrung der Sachsen[243] und in der besonderen Erwähnung des Stadtrechts.

Handschriften des Weichbilds ist regelmäßig noch eine gefälschte Stiftungsurkunde Ottos I. beigefügt worden, wonach Kaiser Otto der Große der Stadt Magdeburg die Privilegien einer freien Reichsstadt verliehen und das Weichbildrecht übergeben haben soll[244]. Mit der tatsächlichen Geschichte der Stadt hat diese Legende wenig zu tun. Otto I. hatte aber Zeit seines Lebens besondere persönliche und herrschaftliche Beziehungen zu Magdeburg gepflegt. Die Stadt war nicht nur eine bedeutende ottonische Königspfalz, Otto I. lag dort sogar begraben. Es lag nahe, „alles Bedeutende und Eigenthümliche, was sich hier fand und ausbildete, an seinen Namen zu knüpfen."[245] Die Person Ottos I. bot sich als sagenhafter Stadtgründer und Rechtssetzer also durchaus an. Erstaunen muss aber die neue Stufe, die die Idee vom Rechtsbuch als Kaiserrecht hier erreicht hat. Nichts Geringeres als eine (gefälschte) Kaiserurkunde belegt diesmal die Authentizität des kaiserlichen Rechtssetzungsakts. Dieselbe Urkunde, die Magdeburg die Rechtssetzungsbefugnis in eigenen Angelegenheiten zusichert[246], soll das Weichbildrecht mit kaiserlicher Autorität ausstatten. Offenbar schreckte man nicht davor zurück, eine allzu abwegig erscheinende Datierung durch eine glaubwürdigere zu ersetzen – in den Handschriften finden sich jedenfalls stark schwankende Angaben, die von 900 über 940, 947 und 948 bis hin zu

243) Bei Johann von Buch bleibt dieser Vorgang stärker im Diffusen, vgl. KANNOWSKI, Umgestaltung S. 476–478. Welchen Anteil die Kaiser Konstantin und Karl jeweils an der Bekehrung der Sachsen haben sollen, bleibt hier offen.

244) Das zu Beginn des Weichbildrechts stehende Privileg schließt: „[...] *Zu eynem ewigin gedechteniz zo haben wir mit volbort des hymmelischen reiches, daz ist bebistlicher gewalt, unde mit des riches vursten, unde mit des landes wille, noch ire selbes wilkor, alle gnade, vrieheit, recht, articulos, sazunge unde wilkoren bestetiget, befestent, verbunden, unde vorsigilt mit unser keiserlicher majestat, die angehangen ist mit einem gulden zeichen* [...]." (DANIELS / GRUBEN, Gl WbR Sp. 59 f. Z. 15–19). Im Schlussteil des Privilegs, das dem Weichbildrecht angehängt wurde, heißt es dann: „*Diss haben wir keyser Otte unseren ynwanerin und borgeren zu Meydeborg gegebin mit der fursten rate, und mit des landes selbist willekore, und habin bestetiget zu wichbilderechte den selbien unseren burgeren alle ire alde recht, dy sy von Constantino und Karolo habin, und alle ire gute gewonheit, wo sy nicht syn wider den heiligen cristen glouben. Zu eyner ganzin bestetigunge und zu eynem ewigen bekenntnisse haben wir dis gheinwertige privilegium mit unser gulden majestat, mit unserem secret doran gehangen.* [...]" (DANIELS / GRUBEN, Gl WbR Sp. 175 f. Z. 33–39). Zu den gefälschten Privilegien WAITZ, Privilegien Otto's.

245) WAITZ, Privilegien Otto's S. 189. Zur Bedeutung Magdeburgs für Kaiser Otto I. vgl. auch LÜCK, Sachsenspiegel als Kaiserrecht S. 265 f.

246) Privileg Otto I., Absatz 4 (DANIELS / GRUBEN, Gl WbR Sp. 57 f. Z. 30–37).

999 reichen[247]. Bemerkenswert ist, dass sich das angebliche ottonische Privileg in Widerspruch zur Weichbildchronik setzt. Dort wird Otto I. nur als Erbauer der Stadt und Bestätiger des karolingischen Rechts genannt und erst Otto II. tritt als Ausgeber des Weichbildrechts in Erscheinung. Demgegenüber schreibt das Privileg das Weichbildrecht schon Otto I. zu.

3. Kaiserliche Rechtssetzer in der Weichbildglosse

Wie positionierte sich nun der Glossator des Weichbilds im 14. Jahrhundert zu diesen widersprüchlichen Textvorgaben in Weichbildrecht und Weichbildchronik? Im Wesentlichen folgt er dem Modell der Weichbildchronik, flüchtet sich aber bisweilen in Uneindeutigkeiten. Die prägnanteste Stellungnahme zur Entwicklung des Sächsischen Rechts findet sich in der Glosse zu WbR 10. Eingangs erläutert der Glossator darin den Begriff des Magdeburger Rechts als ein solches, welches *„der stat gegebin wart unde bestetiget von keiser Otten dem roten“*[248]. Dann aber verstrickt er den Gesetzgebungsakt in eine sagenhafte Erzählung der Stadtgeschichte. Eine von Jungfrauen bewohnte Burg, eine *„Meide“*-*„burg“*, sei Magdeburg einst gewesen, bevor Otto I. das Land eroberte. Ihm übergaben die Jungfrauen die Burg. Daraufhin *„stifte der keiser Meideborg die stat mit wilkor des landes, unde bestetigte do den steten, dy zu Meideborg gestiftet wurden, wichbilderecht* [...]“[249]. Otto I. tritt hier also bereits als Rechtssetzer in Erscheinung, der Glossator möchte ihm genau genommen aber nur die Rechte der Magdeburger Tochterstädte zurechnen. Das Magdeburger Weichbildrecht selbst präsentiert die Glosse dann als ein Gesetz Ottos II. Der Glossator nimmt an dieser Stelle eine bemerkenswerte Einordnung des Weichbildrechts in einen größeren rechtlichen Zusammenhang vor, die wegen ihrer Bedeutung in voller Länge zu Wort kommen soll:

> *„Dornach dissim keiser Otten wart zu koninge gekoren der rote koning Otte; der bestetigte do zu Meideborg daz wichbilderecht mit der wizigsten rate nach*

---

247) *„nach Cristi gebort nunhundert jar unde XCIX jar“* im deutschen vorangehenden Privileg der Edition DANIELS / GRUBEN, Gl WbR Sp. 59 f. Z. 19 f.); im lateinischen hingegen *„a navitate Christi anno noningentesimo quadragesimo septimo“* (DANIELS / GRUBEN, Gl WbR Sp. 61 f. Z. 25 f.). Wiederum *„noch cristi gebort nun hundert jar“* im deutschen Schlussprivileg der Edition DANIELS / GRUBEN, Gl WbR Sp. 175 f. Z. 39); im lateinischen dagegen *„in anno domini noningentesimo quadragesimo octavo“* (DANIELS / GRUBEN, Gl WbR Sp. 175 f. Z. 50). WAITZ, Privilegien Otto's S. 189, berichtet von einer weiteren Datierung auf 940. Die Weichbildchronik verortet Ottos I. Kaiserkrönung in das Jahr 937 oder 940 (DANIELS / GRUBEN, Gl WbR Sp. 15 f. Z. 49–52 und Sp. 33 f. Z. 51–56).

248) Gl WbR 10 (Sp. 227 Z. 29–31).

249) Gl WbR 10 (Sp. 228 Z. 27–30).

> *ires selbist wilkor, unde lies iz uz dem Sachzinspiegele nemen unde uzzihn, unde sazte dorzu daz in dem Sachzinspigele zo luterlich nicht gesazt waz, unde beful unde gebot sinem sequestratore sines heiligen pallatii, daz er daz tete; der waz genant Burgardus Mangefelt, unde waz professor theologiae und doctor decretorum unde legum; unde der muste von des keisers geheisse wegen den Sachzenspigil commentisiren, unde bewisen mit legibus unde mit canonibus; unde daz muste er thun in eynem gefencknis; unde so wart dises keinwortige privilegium ouch von em gesazt mit dem commento; und ouch sazte er den richtstig; Gercke aber von Gertaw der vollbrachte den richtstig. Eycke aber von Repchaw machte den Sachzinspigele zu latin, unde brochte in dornach zu duzsche von bete wegen des gresen Hoyirs von Falkenstene. Alzo ist das Corpus zusampne komen, daz do bestetiget ist von dem genanten keiser Otten unde von sinen nachkomelingen, die an dem keiserlichen riche gewest sien, und hivor in unserer Cronica benant unde gesazt sien, unde diz buch, unde die vorgenanten buchere bestetiget, unde bevest haben mit yren keiserlichen majestaten* […].«[250]

Mehrere Aspekte dieser sehr aufschlussreichen Glossenstelle verdienen Hervorhebung. Ein erster ist die Erhebung des Weichbildrechts zum Kaisergesetz und die Verknüpfung desselben mit der Person Kaiser Ottos II. Wie gesehen griff der Glossator darin eine ältere, bereits in der Weichbildchronik vorhandene Vorstellung auf. Durch Aufnahme und Erläuterung in der Glosse konkretisiert und festigt der Glossator die Idee vom Weichbild als ottonisches Kaisergesetz nun weiter. Wie wichtig dem Weichbildglossator eine zweifelsfreie Legitimation seines Rechtsbuchs war, beweist er durch Inkorporation eines zur „*bessern unde grosern sicherheit*“[251] beigegebenen angeblichen Privilegs Ottos II. direkt in Glosse WbR 10. Dieses tritt also in Konkurrenz zum gefälschten Privileg Ottos I., das dem Weichbildrecht in vielen Handschriften voran- und nachgestellt wurde. Wie Johann von Buch das Landrecht und wie der Lehnrechtsglossator das Lehnrecht, beschreibt nun also auch der Weichbildglossator seinen Rechtstext als Kaiserrecht. Ob er die Lehnrechtsglosse kannte und ob sie ihr vorausging, ist ungewiss. Sicher stand er aber unter dem Einfluss der Buch'schen Rechtslehre. Ganz deutlich wird dies in der bereits von der Landrechtsglosse bekannten Eigenart, bestimmte Artikel von abweichender Provenienz genau zu kennzeichnen. WbR 28 etwa, der Fragen gerichtlicher Zuständigkeit behandelt, bezeichnet der Weichbildglossator in deutlicher Anlehnung an Glosse LdR III 79 (87)

---

250) Gl WbR 10 (Sp. 228 Z. 36 – Sp. 229 Z. 12).

251) Gl WbR 10 (Sp. 229 Z. 18). Das vermeintliche Privileg Ottos II., es datiert auf 978, findet sich mitten in Gl WbR 10 (Sp. 229 Z. 26 – Sp. 230 Z. 34).

als eine Novelle Friedrichs I.[252]. WbR 29 und 30 seien hingegen – hier folgt der Weichbildglossator fast wörtlich der Buch'schen Glosse LdR III 75 (82 § 2) bzw. III 76 (83 § 3) – bereits ältere Entscheidungen rechtlicher Zweifelsfragen durch Otto I.[253]. WbR 31 wird aus Klarstellungsgründen wieder in das Privileg Ottos II. für Magdeburg eingeordnet[254]. Mehrmals stellt der Glossator Otto II. zugeschriebene Artikel als kaiserliche Einzelentscheidungen über ungeklärte Streitfragen heraus[255]. Dieses Erklärungsmuster findet sich ebenfalls schon bei Johann von Buch. Eine weitere auffällige Parallele zeigt sich in den Bezeichnungen des Weichbildrechts als *„privilegium"*[256], *„buch"*[257] und *„sazunge"*[258].

Ein zweiter bemerkenswerter Aspekt der angeführten Quellenstelle Glosse WbR 10 betrifft die gewachsene Rolle der Rechtswissenschaft. In der Weichbildglosse erscheint sie als zunehmend bedeutsamer Akteur, als Triebfeder für die Ausbildung des Sächsischen Rechts. Mit Burchard von Mangelfeld, Gerke von Kerkow und Eike von Repgow führt der Glossator gleich drei Juristen ins Feld, die er maßgeblich an der Aufzeichnung des Sächsischen Rechts beteiligt sah. Wenig erstaunlich ist die Zuschreibung des Sachsenspiegels an Eike von Repgow. Auch der Hinweis auf eine deutsche Übersetzung erklärt sich zwanglos aus der Reimvorrede des Sachsenspiegels. Bemerkenswert ist aber, dass Eike diesmal auch als Verfasser des lateinischen Privilegs gilt (*„machte den Sachzinspigele zu latin"*[259]), während ihn

---

252) Gl WbR 28: *„darumme wil er nu eyne andere sazunge anheben nach der begriffunge wichbilderechtis; unde disse sazunge sazte keiser Otto der grosse zu eyner bestetigunge des kegenwertigen privilegii, unde ist komen an von keiser Friederiche von Stouffen, der dissis artikils eyn vynder, unde eyn bestetiger ist aller Sachzinrecht."* (Sp. 319 Z. 23–30). WbR 28 wird als ein Gesetz Ottos des Großen dargestellt, welches Friedrich I. aufgefunden und neu erlassen habe. Es handele sich um die kaiserliche Entscheidung einer rechtlichen Streitfrage. Die Darstellung (Sp. 30–49) folgt, in neue Zusammenhänge transponiert, der Gl LdR III 79 (87 § 1) *Welck leye* (S. 1510 Z. 1–10). Die Behandlung geistlicher und weltlicher Zuständigkeiten in der Buch'schen Glosse war dem Weichbildglossator offenbar Anlass genug, auch in WbR 10 zur Zuständigkeit städtischer Gerichtsbarkeit eine Grundsatzentscheidung Friedrichs I. zu sehen.

253) Vgl. Gl WbR 29 (Sp. 322 Z. 29 – Sp. 323 Z. 10) und Gl LdR III 75 (82 § 2) *We ein gut deme anderen gift* (S. 1492 Z. 22 – S. 1493 Z. 22). Ebenso Gl WbR 30 (Sp. 324 Z. 37 – Sp. 325 Z. 13) und Gl LdR III 76 (83 § 3) *We eigen* (S. 1497 Z. 1–26). Die Glossierungen von WbR 29 und 30 sind fast vollständig aus der Buch'schen Glosse entnommen.

254) Gl WbR 31 (Sp. 326 Z. 50 – Sp. 327 Z. 2).

255) Gl WbR 31 (Sp. 327 Z. 3–26); Gl WbR 82 (Sp. 400 Z. 27–48).

256) Etwa Gl WbR 1 (Sp. 182 Z. 16 f.); Gl WbR 6 (Sp. 204 Z. 1).

257) Etwa Gl WbR 1 (Sp. 181 Z. 44); Gl WbR 10 (Sp. 229 Z. 9).

258) Etwa Gl WbR 31 (Sp. 337 Z. 1).

259) Gl WbR 10 (Sp. 229 Z. 1 f.).

die Weichbildchronik ja nur als Übersetzer angibt („*den sint Ecke von Repchow diuz machte, alz er in in latino vant*“[260]). Der Weichbildglosse zufolge wäre Eike hingegen als Zeitgenosse Kaiser Karls des Großen einzustufen.

Als omnipotenter Rechtsgelehrter tritt ein in anderen Quellen nur einmal bezeugter Burchard von Mangelfeld auf[261]. Die Weichbildglosse beschreibt ihn als Professor der Theologie und Doktor beider Rechte, legt also großen Wert auf den Nachweis seiner wissenschaftlichen Qualifikation. Burchard sei der Verfasser des Weichbilds, außerdem der Autor einer Weichbildglosse, einer Sachsenspiegelglosse sowie eines Richtsteigs (vermutlich ist der Richtsteig Landrechts gemeint). Letzteren habe Gerke von Kerkow, der übrigens als Freund Johanns von Buch bezeugt ist[262], fertiggestellt. Das Weichbild habe Burchard auf Befehl Kaiser Ottos II. geschrieben und dabei eine Kompilation aus Sachsenspiegel und ergänzenden ottonischen Kaiserkonstitutionen erstellt. Der Weichbildglosse zufolge lebte Burchard also zu Zeiten Kaiser Ottos II. Dass ihm außerdem noch Glossen zu Weichbild und Sachsenspiegel zugeschrieben werden (zu deren Abfassung Burchard gar in einem Gefängnis gezwungen worden sein soll), verwundert. Es ist eher unwahrscheinlich, dass damit die gewöhnlichen Glossen zu Weichbild und Landrecht gemeint sind. Der Weichbildglossator hätte sich in seinem eigenen Werk wohl nicht in einer solch versteckten Nebenbemerkung als Autor zu erkennen gegeben. Vielleicht spielt der Glossator hier lediglich auf kürzere Randglossen an, die ihm einmal zu Gesicht gekommen sind. Die Gefängnisgeschichte driftet jedenfalls in ähnlicher Weise ins Legendenhafte wie schon die in Glosse WbR 10 vorausgegangene Erzählung von der Jungfrauen-Burg.

In der Aufzählung bedeutender sächsischer Juristen des Mittelalters in Glosse WbR 10 vermisst der heutige Leser ihre eigentliche Zentralfigur Johann von Buch. Ganz offenbar hatte Johanns Frageverbot („*Du salt lan de vrage din, we si der glose dichter*“[263]) Wirkung gezeigt: Obwohl der Weichbildglossator die Buch'sche Landrechtsglosse kannte, intensiv verarbeitete und teilweise sogar auszugsweise inkorporierte, war ihr Verfasser offenbar bereits in Vergessenheit geraten. Gleichzeitig belegt die Weichbildglosse aber den von der Autorfrage ganz unabhängigen Siegeszug, den die

260) Weichbildchronik (DANIELS / GRUBEN, Gl WbR Sp. 32 Z. 28–30).

261) Burchard von Mangelfeld wird noch einmal im Prolog der „Wurm'schen“ Richtsteigbearbeitung als Autor des Richtsteig Landrechts erwähnt (Krakau BJ Przyb. 42/60 fol. 1va; OPPITZ, Rechtsbücher II Nr. 861). Zur Person JOHANEK, Art. Burchard von Mangelfelt, in: ^{2}VL I Sp. 1117; BRESSLER, Schuldknechtschaft S. 160 f.

262) Zur Person BUCHHOLZ-JOHANEK, Art. Gerke von Kerkow, in: ^{2}VL II Sp. 1259 f.; KANNOWSKI, Umgestaltung S. 75, 81.

263) Gl LdR, Glossenprolog (S. 107 V. 271).

Buch'sche Glosse im 14. Jahrhundert angetreten hatte. Einmal mehr sehen wir, dass die Buch'sche Glosse als Initialzündung für die Begründung einer eigenen Wissenschaft vom Sächsischen Recht wirkte. Lehn- und Weichbildglosse eifern ihr nach und rezipieren ihre Inhalte in großem Umfang. Dabei schimmert das Anschwellen der wissenschaftlichen Diskussion in der Weichbildglosse deutlich durch. Glosse WbR 35 zum gerichtlichen Zweikampf etwa leitet eine sehr ausführliche *quaestio* mit einem akribisch zusammengetragenen, auch die Landrechtsglosse berücksichtigenden Meinungsstand ein[264]. Glosse WbR 7 behandelte das Problem der Zweischwerterlehre im Ergebnis sehr viel zurückhaltender, insgesamt aber auch sehr viel akribischer und akademischer als es Johann von Buch noch in Glosse LdR I 1 tat[265].

Unter formalen Gesichtspunkten hat in der Weichbildglosse die Perspektive des Wissenschaftlers an Schärfe gewonnen. Stärker als in der Buch'schen Glosse beginnen nun aber auch die Grenzen zwischen Recht und Wissenschaft, zwischen Gesetzestext und Gelehrtenmeinung zu verschwimmen. Diese Überlegung führt zu einem dritten bemerkenswerten Aspekt der Glossenstelle zu WbR 10, nämlich dem Versuch des Weichbildglossators, seinen Rechtstext auch in das Gesamtgefüge des Sächsischen Rechts einzuordnen. Nach seiner Vorstellung handelt es sich bei Sachsenspiegel und Weichbildrecht – das Lehnrecht übergeht die Glosse in ihren Überlegungen völlig – nicht um konkurrierende Texte, sondern um Teile eines großen Ganzen. Auffälligerweise schreibt der Weichbildglossator Burchard von Mangelfeld sowohl das Weichbildrecht als auch dessen Glossierung zu. Auch der Richtsteig Landrechts hat neben Sachsenspiegel und Weichbildrecht einen Platz in der Reihe der Rechtsbücher gefunden. Dabei stellt das Weichbildrecht, wie es dem Glossator in Rechtsbuchform zur Glossierung vorlag, aus seiner Sicht letztlich nur eine Art Fortentwicklung des Sachsenspiegels dar. Nach Glosse WbR 10 ließ es Otto II. *„uz dem Sachzinspiegele nemen unde uzzihn"*[266] und ergänzte es selbst nur hier und da durch eigene Konstitutionen. Die Niederschrift der Kompilation befahl er einem Rechtsgelehrten. Wie schon Eike in der Landrechtsglosse[267] wird auch der Nieder-

264) Gl WbR 35 (Sp. 332 Z. 15 – Sp. 333 Z. 10, insbesondere Sp. 332 Z. 1 f.: *„ut art. 49* Spricht eyn gewunt man*; unde ouch in der glosen"*).

265) Gl WbR 7 (Sp. 205 Sp. 32 – Sp. 208 Z. 18, insbesondere Sp. 207 Z. 45–48: *„Is were zu vil, daz wir mit unser vornunft uns solliches undirwunden, unde sy zu krige brechten, und wir daruff keine solutio vinden kunden."*); vgl. dazu Gl LdR I 1 (S. 134 Z. 4 – S. 139 Z. 10).

266) Gl WbR 10 (Sp. 228 Z. 41 f.).

267) Etwa Gl LdR II 34 (36 § 1) *Swe ouer den anderen dach*: *„mester desses privilegij"* (S. 739 Z. 11 f.).

schreiber des Weichbildrechts in der Weichbildglosse als „*meister*“[268] des Privilegs geehrt. Andernorts stellt die Glosse aber doch auch klar, dass Burchard das Weichbild nur „*uz dem anderen rechte gezogen hat, und nicht also er is selbst getichtet hot.*“[269] Nichts anderes als eine an städtische Verhältnisse angepasste Neuauflage des Sachsenspiegels sei das Weichbildrecht. In dieser Weise als „*commentar dez sachzenspigils*“[270] verstanden, so das Ergebnis einer *quaestio* der Glosse WbR 1, verdränge das Weichbildrecht den Sachsenspiegel auch nicht etwa als das jüngere Gesetz, sondern fungiere vielmehr als eine „*anwisunge des sechzigischen rechtis*“[271]. Und so wird verständlich, weshalb die Weichbildglosse nun von einem zusammenhängenden „*Corpus*“[272] des Sächsischen Rechts spricht, in dem sich Sachsenspiegel, Weichbild und Richtsteig zusammenfänden. Diese Rechtstexte in ihrer Gesamtheit seien von Kaiser Otto II. und seinen Nachfolgern bestätigt worden. Der Glossator des Weichbildes verstand sein Rechtsbuch also primär als ein Privileg Ottos II., begriff es gleichzeitig aber als Kompilation vorwiegend älterer Artikel verschiedener Provenienz. Für ihn war das Weichbildrecht deshalb notwendig im Zusammenhang mit den übrigen sächsischen Rechtsbüchern zu sehen. Auf einen zentralen Punkt kam es ihm dabei nach wie vor an: dass Kaiser das Sächsische Recht verschiedentlich „*bestetiget, unde bevest haben mit yren keiserlichen majestaten.*“[273]

In der Gesamtschau wird man festhalten können, dass sich die Idee vom Rechtsbuch als Kaiserrecht in der Weichbildglosse weiter festigte. Einflüsse sind einerseits in den Vorgaben von Weichbildrecht und Weichbildchronik selbst und andererseits im Werk Johanns von Buch zu sehen. Ersteren ist die Zuschreibung des Weichbildrechts an Kaiser Otto II. geschuldet, letzteres stand Pate für die juristischen Schlussfolgerungen, die aus der Einordnung eines Rechtsbuchs als Kaisergesetz zu ziehen waren. Geschichte spielt in Weichbild, Weichbildchronik und Weichbildglosse eine noch viel größere Rolle als in der Landrechtsglosse. Die historischen Bezüge dienen dazu, die Legitimation des Weichbildrechts als Kaiserrecht zu belegen. Überhaupt lässt sich die kaiserliche Rechtssetzungsgewalt als ein Leitmotiv der Weichbildglosse bezeichnen. Gefälschte ottonische Privilegien – hier schwankt die Zuschreibung zwischen Otto I. und Otto II. – treiben das Streben nach Le-

268) Gl WbR 2 (Sp. 187 Z. 42 f., vgl. auch Sp. 187 Z. 3 – Sp. 188 Z. 1: „*Wen man so horit unsere vonunftige wederrede ghein siner vornunftigen bewisunge, do by mag man irkennen des rechtes und des meisters behendikeit*“).

269) Gl WbR 2 (Sp. 187 Z. 47 f.).

270) Gl WbR 1 (Sp. 183 Z. 11).

271) Gl WbR 1 (Sp. 183 Z. 3 f.).

272) Gl WbR 10 (Sp. 229 Z. 5).

273) Gl WbR 10 (Sp. 229 Z. 10–12).

gitimation des Rechts durch Kaisergewalt auf die Spitze. Die Jurisprudenz hatte an Boden gewonnen und verwischte die Grenze zwischen Rechtsbuch und Rechtskommentar. Gelehrte Juristen verfassten „meisterhafte Privilegien" und waren doch nur Hilfsarbeiter im Auftrag des Kaisers. Insgesamt sah der Weichbildglossator sein Rechtsbuch stark in der Tradition des Sachsenspiegels und rückte es damit in einen größeren Kontext des Sächsischen Rechts. Bei der Bezeichnung der Ursprünge einzelner Sätze verlor sich der Glossator zuweilen im Sagenhaften, Uneindeutigen. Die Weichbildglosse betont nun aber stärker die schlussendliche Zusammenstellung aller Sätze in einem sächsischen Gesamtrechtscorpus, das immer wieder aufs Neue durch kaiserliche Gewalt erweitert und bestätigt wurde.

4. Kaiserliche Rechtssetzer bei späteren Autoren

Wie verbreitet die Lehre vom Rechtsbuch als Kaiserrecht unter sächsischen Juristen des 14. Jahrhunderts war, zeigt eine Durchsicht späterer, meist anonym überlieferter Arbeiten. Exemplarisch seien hier einige Positionen aus Werken herausgegriffen, die in der schlesischen, mit Nikolaus Wurm in Verbindung gebrachten Handschriftengruppe enthalten sind[274].

Die „Wurm'schen" Schlussglossen zum Landrecht. Ein erster Blick gilt der eigenständigen, von der Buch'schen Glosse ganz unabhängigen Schlussglossierung des Landrechts in der „Großen Görlitzer Handschrift" von 1387[275]. Sie ist Teil der sogenannten „Wurm'schen" Landrechtsglossenredaktion, einer erweiterten Überarbeitung der Buch'schen Glosse. Ob sie tatsächlich auf Nikolaus Wurm zurückgeht, ist wie gesehen allerdings ungewiss. Vorläufig sollte besser von einem von Johann verschiedenen Anonymus ausgegangen werden[276]. Weil Glosse LdR III 81 (88) in dieser Handschrift einen fiktiven Beispielsfall in das Jahr 1387 setzt[277], liegt die Vermutung nahe, dass die „Wurm'schen" Glossen zu den Schlussartikeln des Landrechts tatsächlich erst im ausgehenden 14. Jahrhundert verfasst worden sind.

Diese späteren Schlussglossen zum Landrecht stehen unter dem Eindruck der Buch'schen Glosse. Sie übernehmen Johanns Modell von der Rückfüh-

---

274) Vgl. dazu oben S. 205 ff.

275) Es handelt sich um die Glossen zu LdR III 81 (88), III 82 (89), III 83 (90), III 84 (91 § 1), III 85 (91 §§ 2 f.) und III 86 (51) in der Handschrift Krakau BJ Przyb. 42/60 fol. 321ra–324ra (OPPITZ, Rechtsbücher II Nr. 861). Vgl. dazu bereits oben S. 228 ff. Die „Wurm'sche" Landrechtsglosse findet sich auch in OPPITZ, Rechtsbücher II Nr. 1348; hingegen sind Nr. 282 und 938 verschollen.

276) Vgl. oben S. 228 ff.

277) „Wurm'sche" Glosse LdR III 81 (88): *„Diz ist geschen nach gotis geburt Tausint iar dryhundirt iar in dem lxxx vij iare indem tage"* (Krakau BJ Przyb. 42/60 fol. 321va).

rung einzelner Landrechtsartikel auf bestimmte kaiserliche Rechtssetzungsakte. Insbesondere die in Frage stehenden Schlussartikel werden mehrfach als Novellen Kaiser Friedrichs I. herausgestellt[278]. Der Sachsenspiegel als solcher erscheint in der letzten Glosse LdR III 86 (51) dann aber nicht als Privileg Karls des Großen, sondern als Gesetz Kaiser Konstantins. Als Beleg für diese „historische Tatsache“ datiert der unbekannte Glossator den Vorgang gar in das Jahr 311 n. Chr. Er spricht vom „*p*[ri]*vilegio, daz den werdin sachsin gebin wart uon dem hochgelobten und wolgebornen und werdin Constantino Constantins sone und daz sich di sachsin bekarten czu dem heiligen cristen gloubin. Vnd diz ist geschen nach gotis geburt dry hundirt iar. vn*[d] *eylif iar.*“[279]

Die „Wurm'sche“ Richtsteigbearbeitung. In derselben „Großen Görlitzer Handschrift“ von 1387 ist vor dem glossierten Landrecht auch die „Wurm'sche“ Bearbeitung des Richtsteig Landrechts überliefert[280]. Möglicherweise ist sie auf denselben Redaktor zurückzuführen, der die nachfolgende „Wurm'sche“ Fassung der Landrechtsglosse erstellte. Wieder ist aber nicht gesichert, dass diese Person tatsächlich Nikolaus Wurm hieß[281].

Die Richtsteigredaktion dieser Handschrift enthält an Stelle des Buch'schen Richtsteigprologs einen eigenen, drei Spalten füllenden Prolog des unbekannten Redaktors[282]. Im Übrigen handelt es sich um eine erweiternde Überarbeitung des Richtsteig Landrechts. Ausgehend vom Eingangszitat „*Deus iudex iustus fortis & paciens*“ (Ps. 7, 19, 12) erörtert die Vorrede die von einem Richter zu fordernden Verhaltensweisen und Charaktereigenschaften. Sodann geht der Redaktor auf Entstehungsgeschichte und Intention des Richtsteig Landrechts ein:

> „*worum di begerunge dez buchis czu seczin wa*[z] *dez keiser otto dez grosin keisers ottin son noch der geschicht, alz er uornomen hatte, wi daz die armen und slechte lute sich nicht vorsten kunden an dem rechtin und sich nicht alle uf r*[echt] *uornemen konde*[n] *und auch nicht mochten iuristen noch legisten sein und auch daz recht indem sachsin spigel gestrouwet waz, do iz alle lute nicht in*

278) „Wurm'sche“ Glosse LdR III 81 (88): „*Dise seczunge saczt uns der selbe keiser friderich*“ (Krakau BJ Przyb. 42/60 fol. 321rb); Glosse LdR III 82 (89): „*und dorum so seczet der werde herre ecke einen articulum und ist auch der seczunge eine, di keiser fridrich saczte und gehorte czu dem anvange*“ (ebenda fol. 322ra); Glosse LdR III 83 (90): „*und ist abir keiser fridrichis und wart dorum gesaczt*“ (ebenda fol. 322va).

279) „Wurm'sche“ Glosse LdR III 86 (51) (Krakau BJ Przyb. 42/60 fol. 324ra).

280) Krakau BJ Przyb. 42/60 fol. 1^{r}–23^{v} (OPPITZ, Rechtsbücher II Nr. 861). Die „Wurm'sche“ Richtsteigbearbeitung ist auch in OPPITZ, Rechtsbücher II Nr. 882, überliefert; Nr. 938 ist hingegen verschollen.

281) Vgl. erneut oben S. 205 ff.

282) Krakau BJ Przyb. 42/60 fol. 1^{ra-vb} (OPPITZ, Rechtsbücher II Nr. 861).

uornemen konden. Dez machte dominus burghardus uon mangilvelt dise sechse constitucien in burgerlicher clage uf daz man sich destu slechtlicher und richtsamer indez rechtis weise hîlde.«[283]

Die hier beschriebene Vorstellung von der Rechtsnatur des Richtsteig Landrechts ist neu: Auch er ist zum Kaisergesetz mutiert! Der Bearbeiter des Richtsteigs schreibt ihn nun Kaiser Otto II. zu, der den einfachen Leuten eine Handreichung zum besseren Verständnis des Sachsenspiegelrechts habe geben wollen. Weiter ausgeführt habe ihn Burchard von Mangelfeld.

In der Anspielung auf das gar zu sehr verstreute, nur noch studierten Juristen verständliche Recht des Sachsenspiegels rezipiert der Redaktor unverkennbar Inhalte des Buch'schen Richtsteigprologs[284]. Noch deutlicher wird dies in der Bezeichnung des Richtsteigs als *„sechse constitucien"*, obwohl darin ein Missverständnis des Buch'schen Prologs steckt[285]: Wo Johann in seinem Richtsteigprolog die Schlussartikel des Landrechts ansprach, die er sämtlich als Novellen späterer Kaiser begriff, bezeichnete er LdR III 87 § 3 als *„sosten settinge"*[286], nämlich als „sechste Satzung" nach den dreien Ottos I. (LdR III 82 § 2, III 83, III 84) und den beiden Ottos II. (LdR III 85, III 86). Diese „sechste" und vier weitere Konstitutionen (LdR III 88, III 89, III 90, III 91) schrieb Johann in seinem Richtsteigprolog Kaiser Friedrich I. zu. Unser späterer Redaktor des Richtsteigs missverstand die Buch'sche Zählung jedoch und bezeichnete nicht mehr LdR III 87 § 3, sondern den Richtsteig selbst als *„sechse constitucien"*. Ihm zufolge schloss sich der Richtsteig als „sechste" an die fünf Schlussnovellen Kaiser Friedrichs I. (LdR III 87–91) des Sachsenspiegels an.

Wie in der Weichbildglosse ist auch in dieser „Wurm'schen" Richtsteigredaktion der wahre Verfasser des Richtsteigs nur wenige Jahrzehnte nach dessen Abfassung bereits wieder in Vergessenheit geraten. Die Verbindungslinien, die der Redaktor stattdessen nun zwischen Richtsteig Landrechts, Otto II. und Burchard von Mangelfeld zieht, erklären sich nicht aus dem Buch'schen Prolog. Übrigens stellen sie unter den übrigen Überlieferungsträgern des Richtsteigs auch eine Ausnahmeerscheinung dar. Mit einiger Wahrscheinlichkeit sind sie als Rezeption der Weichbildglosse zu verstehen.

---

283) Krakau BJ Przyb. 42/60 fol. 1vb (OPPITZ, Rechtsbücher II Nr. 861).

284) Richtsteig LdR, Prolog, insbesondere: *„de sake, dat de richter* […], *wo se de wise des gerichtes holden scholden, ute deme Sassenspeigele nicht geleren konden, dorch dat to deme richte vele horet, dat in deme rechte to strouwet is"* (HOMEYER, Richtsteig LdR S. 82 f.).

285) Zu anderen Missverständnissen, zu denen Johanns Zählung geführt hat, HOMEYER, Einleitung Richtsteig LdR S. 31–33.

286) Richtsteig LdR, Prolog (HOMEYER, Richtsteig LdR S. 82).

Die durchaus zweideutig formulierte Glosse WbR 10 („*ouch sazte er den richtstig*“[287]) lässt sich nämlich sowohl im Sinne von „Otto II. erließ den Richtsteig“ als auch im Sinne von „Burchard von Mangelfeld schrieb den Richtsteig“ verstehen. Der Richtsteigredaktor hat der Bemerkung des Weichbildglossators offenbar beide Bedeutungen entnommen.

Der Redaktor erhob den Richtsteig Landrechts nun eindeutig zu einem Kaisergesetz mit gleichem Geltungsanspruch wie Land-, Lehn- und Weichbildrecht. Einen ähnlichen Schritt haben auch andere Juristen vollzogen, nur dass sie den Richtsteig aus einem mehr oder weniger bewussten Missverständnis des Buch'schen Richtsteigprologs heraus als ein Gesetz Kaiser Friedrichs I. einstuften. Die meisten Handschriften des Richtsteig Landrechts enthalten deshalb zu Beginn des c. 28 die Bemerkung, auch die auf die vorangehenden „sechs“ Konstitutionen Friedrichs I. nun folgenden Kapitel seien Satzungen desselben Kaisers[288]. Mitunter ist die Rückführung auf Kaiser Friedrich I. gar noch auf ein weiteres Rechtsgangbuch des 14. Jahrhunderts ausgeweitet worden. So schickte ein Schreiber, offenbar inspiriert durch die Zuschreibungen des Lehnrechts und des Richtsteig Landrechts an Friedrich I., kurzum auch dem Richtsteig Lehnrechts voraus: „*Hir na hevet an de richtstich des sulven lenrechtes, den ok de vorscreven keiser frederik gegheven hefft.*“[289]

Dass literarische Texte des 14. Jahrhunderts, die von gelehrten Juristen als Prozessleitfäden für die Praxis geschrieben worden waren, von der rechtswissenschaftlichen Literatur binnen weniger Jahrzehnte zum Kaisergesetz stilisiert wurden, ist bemerkenswert. Der Vorgang zeigt einerseits, wie stark die Idee vom Kaiserrecht um sich griff. Andererseits lassen die Zuschreibungen neuerer Rechtstexte an wechselnde Herrscherpersönlichkeiten auch einen steigenden Grad an Beliebigkeit erkennen. Anders als die älteren, wirkungsmächtigen Rechtsbücher waren jüngere, literarische Texte wie die Rechtsgangbücher kaum geeignet, aus sich heraus eine Aura zu entwickeln. Die Grenze zwischen Rechtsquelle und Rechtsliteratur verschwimmt auch hier. Indem Juristen von der Möglichkeit, Rechtstexte bestimmten Kaisern

---

287) Gl WbR 10 (Sp. 228 Z. 54). „*Satzen*“ zielt von seiner Wortbedeutung her zwar primär auf den Vorgang der „Rechtssetzung“ ab, andererseits wird es in Gl WbR 10 kurz zuvor auch im Sinne von „Niederschrift“ gebraucht („*unde so wart dises keinwortige privilegium ouch von em gesazt mit dem commento*“, Sp. 228 Z. 52–54).

288) Richtsteig LdR c. 7: „*Sint dat in den ses settingen hir vor untrichtet sin de wisen der borgerliken saken, don sette keiser vrederik desse seven settinge, na den he wil dat me des rechtes wise halden scal in pinliken saken.*“ (HOMEYER, Richtsteig LdR S. 190); und dazu HOMEYER, Einleitung, Richtsteig LdR S. 32 f.; STOBBE, Rechtsquellen I S. 393.

289) Richtsteig LnR (HOMEYER, Sachsenspiegel II 1 S. 409); dazu HOMEYER, Einleitung Richtsteig LnR, Sachsenspiegel II 1 S. 383.

zuzuschreiben, inflationär Gebrauch machten, weichten sie die Idee vom Rechtsbuch als Kaiserrecht letztlich auf.

Die „Wurm'sche" Landfriedensglosse. In der „Großen Görlitzer Handschrift" (fol. 394^r–403^r) sowie im örtlich und zeitlich mit dieser Handschrift eng verbundenen Codex „Liegnitz II" (Be_3) von 1386/87 (fol. 129^r–145^r) ist auch eine Glosse zum Mainzer Reichslandfrieden (vor 1386/87) enthalten[290]. Der Text des Landfriedens gibt sich als Reichslandfrieden Albrechts I. von 1298 aus (Incipit „*Wir her Albrecht Romischir keisir* [...]"[291]), bietet die albertinischen Zusätze aber nicht[292]. Tatsächlich handelt es sich um den Mainzer Reichslandfrieden Friedrichs II. von 1235, dem durch einige Zusatzerläuterungen und die Einteilung in 14 Einzelkonstitutionen die Form eines Rechtsbuchs gegeben wurde[293]. Die „Aktualisierung" durch den Redaktor erstreckte sich also einzig und allein auf den Namen des Gesetzgebers. Friedrichs Kaisertitel blieb, obwohl Albrecht I. von Habsburg (deutscher König 1298–1308) nie zum Kaiser gekrönt wurde, in Text und Glosse stehen[294]. Und obwohl Albrechts Vater Rudolf von Habsburg war, führen ihn Text und Glosse als Sohn des Stauferkaisers Heinrichs VI.[295]. Auf wen die Rechtsbuchform und die Landfriedensglosse zurückgehen, ist ungewiss. Hugo Böhlaus Zuschreibung an Nikolaus Wurm ist zweifelhaft, weshalb man auch hier erneut besser von einem anonymen Autor ausgeht[296].

290) Krakau BJ Przyb. 42/60 fol. 321ra–324ra (OPPITZ, Rechtsbücher II Nr. 861, sogenannte „Große Görlitzer Handschrift") und Berlin SBB-PK Hs. 392 (OPPITZ, Rechtsbücher II Nr. 1295d, sogenannter „Codex Liegnitz II"). Hier wird die ehemals Liegnitzer Handschrift benutzt. Die Glosse zum Mainzer RLF ist außerdem noch in Berlin SBB-PK Ms. germ. fol. 120 (OPPITZ, Rechtsbücher II Nr. 114) enthalten. Einen Teil der Landfriedensglosse druckte BÖHLAU, Nove constitutiones. Vgl. im Überblick bereits oben S. 60 Anm. 209.

291) Mainzer RLF c. 1 (Berlin SBB-PK Hs. 392 fol. 129ra).

292) Den Reichslandfrieden Albrechts I. von 1298 druckt MGH Const. 4, 1 Nr. 33. Der Frieden wiederholt und bestätigt die Regelungen des Mainzer Reichslandfriedens von 1235, ergänzt sie aber durch einige eigene Bestimmungen. Im Vergleich fehlen der glossierten Rechtsbuchfassung insbesondere §§ 13–15, §§ 25–28 und §§ 39–50.

293) BÖHLAU, Einleitung, Nove constitutiones S. XIV–XVIII. Der Mainzer Reichslandfrieden Friedrichs II. von 1235 ist in MGH Const. 2 Nr. 196 und 196a, enthalten.

294) Mainzer RLF c. 1: „*Wir her Albrecht Romischir keisir* [...]" (Berlin SBB-PK Hs. 392 fol. 129ra); Glosse Mainzer RLF c. 1: „*sy wart gesatzt von dem edelin keisir Albrechte*" (ebenda fol. 129vb).

295) Mainzer RLF c. 8: „*vnsirs vaters tode keisir hennrichis*" (Berlin SBB-PK Hs. 392 fol. 138ra); genauso Mainzer RLF c. 10 (ebenda fol. 139vb); Glosse Mainzer RLF c. 1: „*vn*[d] *wart czu keisir gekorn nach keysir Hennriche*" (ebenda fol. 129vb).

296) BÖHLAU, Einleitung, Nove constitutiones S. XVIII–XLI. Zum „Wurm'schen" Frühwerk vgl. bereits oben S. 103 ff. Zweifel an der Verfasserschaft Wurms äußern auch

Unter dem Blickwinkel der um sich greifenden Idee vom Rechtsbuch als Kaiserrecht ist die Landfriedensglosse von großem Erkenntniswert, denn sie belegt endgültig das Bestreben der sächsischen Juristen des 14. Jahrhunderts, einen verbindlichen Kanon gleichberechtigter autoritativer Texte des einheimischen Rechts neben dem gelehrten Recht zu schaffen. Im Landfriedensrecht trat ihnen Kaiserrecht par excellence entgegen[297]. Für die stets aufs Neue bestätigten und erweiterten Landfrieden musste ein kaiserlicher Gesetzgeber nicht erst erfunden werden. Die gewollte Parallele zu den römischen Gesetzessammlungen in *Codex* und Novellen trat hier am deutlichsten zu Tage. Der Glossator des Mainzer Reichslandfriedens problematisiert die Ursprünge seines Textes denn auch nicht weiter. Einleitend hält er lediglich einmal klarstellend fest „*Dys buchelin ist dy nuwe seczunge genant* […] *vnd* […] *sy wart gesatzt von dem edelin keisir Albrechte.*“[298]

Der Reichslandfrieden fügte sich ganz zwanglos in das Modell vom Kaiserrecht ein. Umgekehrt stellte sich allerdings in besonderer Weise die Aufgabe, den Reichslandfrieden an die übrigen Rechtsbücher des Sächsischen Rechts anzupassen und ihr gegenseitiges Verhältnis zu bestimmen. Zweifellos stand der unbekannte Glossator des Reichslandfriedens dabei unter dem Eindruck der Buch'schen Glosse. Zahlreiche Passagen sind ihr entnommen, einmal wird sie sogar ausdrücklich allegiert[299]. Ob der Landfriedensglossator darüber hinaus auch Lehnrechtsglosse oder Weichbildglosse kannte, ja mit dem einen oder anderen Glossator möglicherweise sogar identisch ist, ist völlig offen. Bemerkenswert ist aber, dass der Landfriedensglossator in der ersten *quaestio* zu Mainzer RLF c. 1 dieselbe grundlegende Konkurrenzfrage diskutiert, die sich auch zu Beginn der Glosse WbR 1 findet[300]. Beide Glossen stellen eingangs die Frage, ob ihr Rechtstext – hier der

SCHIEWER / LEUCHTE, Art. Wurm, Nikolaus, in: ²VL X Sp. 1444.

297) Zur Frage nach der Rechtsnatur der Landfrieden HATTENHAUER, Bedeutung, insbesondere S. 166–252; EBEL, Geschichte S. 46–50. Einen Überblick über die Landfrieden als Quellengattung gibt BUSCHMANN, Landfriede.

298) Glosse Mainzer RLF c. 1 (Berlin SBB-PK Hs. 392 fol. 129vb).

299) Die Edition von BÖHLAU, Nove constitutiones, etwa S. 10 f., weist bereits auf zahlreiche inhaltliche Parallelen hin. Ein besonders offenkundiges Beispiel für Übernahmen aus der Buch'schen Glosse bietet Glosse Mainzer RLF c. 1 (Berlin SBB-PK Hs. 392 fol. 133^{v}), die fast wörtlich aus Gl LdR I 9 (10) (S. 194 Z. 5 – S. 195 Z. 21) abschreibt. Das ausdrückliche Zitat der Buch'schen Glosse findet sich in Glosse Mainzer RLF c. 1: „*s. s. l. ij. ar. xvij jn glosa*“ (Berlin SBB-PK Hs. 392 fol. 131rb); gemeint ist Gl LdR II 17 („*s. s.*“ für „Sachsenspiegel[-Landrecht]“).

300) Glosse Mainzer RLF c. 1: „*Nach dem daz ein nuwe recht gesaczt wirt von dem paweste adir von dem keisir ubir einander recht sol denne daz alde recht nicht vorleyt sey*[n]“ (Berlin SBB-PK Hs. 392 fol. 129vb–130ra) und ganz ähnlich Gl WbR 1 (Sp. 182 Z. 4 – Sp. 183 Z. 14).

Reichslandfrieden Albrechts I., dort das Weichbildrecht Ottos II. – das ältere Recht des Sachsenspiegels als *lex posterior* nun möglicherweise aufhebe. Ähnlich der Weichbildglosse verneint der Landfriedensglossator das Greifen eines solchen Prinzips. Ratio: „*wen dyze seczunge ist gesaczt czu eyner bewisunge dez lantrechtis vnd wichbilde rechtis vnd auch lenrechtis*“[301]. Aus Sicht der Landfriedensglosse stellen die *Constitutiones Alberti* also nur eine „*bewisunge*“ – eine Art Konkretisierung, Erklärung, Auslegungshilfe und Ergänzung – des älteren Sächsischen Rechts dar. Ein Überlagerungs- und Konkurrenzverhältnis ergebe sich daraus nicht. Eine ganz ähnliche Argumentation brachte schon der Glossator des Weichbilds[302]. Beide sehen das Sächsische Recht als organisches Ganzes an, das zwar auf ganz verschiedenen im Laufe der Geschichte erlassenen Kaisergesetzen ruht. Einzelne Satzungen treten aber nicht miteinander in Konkurrenz, vielmehr perpetuieren sie das Recht.

Zwischen älteren Rechtsbüchern, die man kurzerhand großen Kaisern vergangener Zeiten zuschrieb, und „echten“ jüngeren Reichsgesetzen wurde dogmatisch nicht unterschieden. Aus juristischer Sicht handelte es sich hier wie da um fortdauernd gültiges Kaiserrecht, das sich immer weiter vervollständigte. Der Mainzer Reichslandfrieden selbst war erstmals als zeitlich unbefristeter Frieden erlassen worden. Indem ein Jurist diesen Rechtstext nun zum Rechtsbuch ausgestaltete und ihn wie Land-, Lehn- und Weichbildrecht mit einer eigenen Glosse versah, wies er ihm seinen gleichberechtigten Platz im Kreis der von Juristen maßgeblich zu berücksichtigenden Rechtsquellen zu. Dieser Schritt ging mit der Nivellierung von Unterschieden einher. Indem sie alle gleich behandelte, „entzeitlichte“ wissenschaftliche Bearbeitung die sächsischen Rechtsquellen.

Die Blume des Sachsenspiegels. Eine letzte in der schlesischen Handschriftengruppe rund um die Person Nikolaus Wurm überlieferte Arbeit soll noch Erwähnung finden: die Blume des Sachsenspiegels (1397 fertiggestellt)[303]. Neben dem Liegnitzer Stadtrechtsbuch[304] ist sie die einzige Schrift, die sich mit Sicherheit Nikolaus Wurm zuordnen lässt. Vermutlich schrieb Wurm außerdem noch die als Vorarbeit zur Blume des Sachsenspie-

---

301) Glosse Mainzer RLF c. 1 (Berlin SBB-PK Hs. 392 fol. 130ra).

302) Nach Gl WbR 1 ist das Weichbildrecht lediglich eine „*anwisunge des sechzigischen rechtis*“ (Sp. 183 Z. 3 f.) und verdränge den Sachsenspiegel als solche nicht.

303) Die Blume des Sachsenspiegels ist in den acht Handschriften OPPITZ, Rechtsbücher II Nr. 114, 123, 153, 189, 251, 265, 299, 864, überliefert. Obwohl sie die am weitesten verbreitete Arbeit des Nikolaus Wurm ist, wurde sie bislang nicht ediert. Hier wird die Handschrift Krakau BJ Przyb. 125/75 fol. 13^{v} ff. (OPPITZ, Rechtsbücher II Nr. 864) herangezogen.

304) Edition von LEUCHTE, Liegnitzer Stadtrechtsbuch.

gels konzipierte Blume von Magdeburg[305]. Wurms Autorschaft an den übrigen hier erwähnten Arbeiten – angeblich „Wurm'sche" Schlussglossierung des Landrechts, Richtsteigbearbeitung und Landfriedensglosse – ist hingegen nicht gesichert. Weder das Liegnitzer Stadtrechtsbuch noch die Blume von Magdeburg beschäftigen sich näher mit den legislatorischen Ursprüngen einzelner Rechtstexte. Anhaltspunkte dafür, dass auch Nikolaus Wurm die allgemeine Lehre vom Rechtsbuch als Kaiserrecht rezipiert hat, finden sich aber in der Blume des Sachsenspiegels.

Die Blume des Sachsenspiegels, die Nikolaus Wurm eigentlich *„blume in meydeburgischin rechte"*[306] genannt hat, zielt auf eine umfassende Darstellung des Magdeburger Rechts zum praktischen Gebrauch. Das sehr umfangreiche Kompendium ähnelt strukturell der kürzeren Blume von Magdeburg und schreibt sie in Teilen fort. Es gliedert sich in vier Teile, deren letzter eine umfangreiche, alphabetisch geordnete Sammlung von Rechtsregeln enthält (*Ad decus et decorum*)[307]. Daneben behauptet Wurm eine 27-blättrige, den Buchstaben des Alphabets entsprechende Aufteilung seines Werkes[308]. Überwiegend enthält das Werk Klagen und Antworten. Die Blume des Sachsenspiegels beginnt mit einer längeren, mit *„De origine iuris"* überschriebenen Einleitung, in der eine Chronik und einführende, an Glosse WbR 1 angelehnte Bemerkungen zu Ursprüngen und Arten des Rechts enthalten sind (fol. 13^{v}–17^{v}). Wie üblich erscheint dort *„der Sachsen privileg*[iu]*m"*[309] als ein Gesetz des Sachsenbekehrers Kaiser Konstantin (*„Constantinus bekarte dy Sachsen, vnd gap den ir recht vnde bestetigete en daz mit der keisirlichin maiestat"*[310]). Karl der Große tritt als Erneuerer des Sachsenrechts auf (*„keiser Karolo der daz privilegium auch bestetigete, vt s. s. l. j. ar. xviij. § Dryerhande recht"*[311]). Und weil Menschen betrogen worden seien, die den lateinischen Sachsenspiegel nicht verstanden, *„dorum*[m]*e brocht en, Ecke von repchow in deutzsche"*[312]. Dies ist die klassische Version der Entstehungsgeschichte des Sachsenspiegels, wie sie schon

305) Edition von BÖHLAU, Blume. Vgl. zum Werk des Nikolaus Wurm im Übrigen oben S. 196 ff.

306) Blume des Ssp, Prolog (Krakau BJ Przyb. 125/75 fol. 18vb).

307) Zum Aufbau vgl. auch SCHIEWER / LEUCHTE, Art. Wurm, Nikolaus, in: ²VL X Sp. 1446 f. Die Sammlung *Ad decus et decorum* ist Grundlage der Bücher S und T der späteren Breslauer Rechtssammlung „Der Rechte Weg" des Kaspar Popplau (EBEL, Der Rechte Weg II S. 1033–1098).

308) Blume des Ssp, Prolog (Krakau BJ Przyb. 125/75 fol. 19vb).

309) Blume des Ssp, *De origine iuris* (Krakau BJ Przyb. 125/75 fol. 15va).

310) Blume des Ssp, *De origine iuris* (Krakau BJ Przyb. 125/75 fol. 15va).

311) Blume des Ssp, *De origine iuris* (Krakau BJ Przyb. 125/75 fol. 15^{va-vb}).

312) Blume des Ssp, *De origine iuris* (Krakau BJ Przyb. 125/75 fol. 15vb).

in der Weichbildchronik überliefert ist und sich durch die Buch'sche Glosse weiter verfestigt hatte. In der Blume des Sachsenspiegels folgt ihr kurz darauf, in augenfälliger Parallele, die Beschreibung Kaiser Justinians als Gesetzgeber des römischen *Corpus iuris*[313]. Dass Nikolaus Wurm seine Schrift mit einer Chronik einleitet, erinnert an die regelmäßige Beigabe der Weichbildchronik zum Magdeburger Weichbildrecht. Ausdrücklich bezeichnet Wurm die Kenntnis um die historischen Ursprünge des Rechts als eine grundlegende Voraussetzung zu seinem Verständnis[314].

Im nachfolgenden Prolog der Blume des Sachsenspiegels ergänzt Wurm zu Konstantin und Karl noch Kaiser Otto I., dem er Rechtsverleihungen an Magdeburger Tochterstädte zuschreibt[315], sowie Kaiser Otto II., der durch seinen Bestätigungsakt wie andere Kaiser vor und nach ihm für die fortdauernde Geltung des Sächsischen Rechts gesorgt habe[316]. Wurm folgt darin dem Modell von Weichbildchronik und Weichbildglosse, stellt Otto II. aber weniger deutlich als Ausgeber des Magdeburger Weichbildrechts heraus. Überhaupt unterscheidet Wurm häufig nicht genauer zwischen Sächsischem Land-, Lehn- und Weichbildrecht. Stattdessen hebt er das Sächsische Recht in einen noch allgemeineren Kontext und findet für sein Verhältnis zum römischen und kanonischen Recht das bereits in der früheren Blume von Magdeburg begegnende Bild der Blume:

> „*Nu sult ir wissin, dyssir blume*[n] *wurczele sint leges, daz ist keisir recht vnd geistlich recht, alz sy vz dem rechtin komen sein. der stam ist der sachsinspigel, wen alz der stam der worczelen nicht entperen mag, noch wachsin noch bluhen, blett*[er] *vnd fruchte brenge*[n]. *alzo en mag auch dyze kegenw*[e]*rtige blume ane leges vnd Canones vnd der sachsen spigel nicht gewachsen blettere noch bluhen noch fruchte brengen*“[317]

---

313) Blume des Sachsenspiegels, *De origine iuris*: „*Derre Iustinianus irluchte alle recht vnd irlengete dy recht, wo dy czu kortz ware vnd ir kortzte sy wo sy czu lang waren, vt Inst. In p*[ro]*hemio §. Cumq*[ue]. *vnd machte ein buch vnd heist digestum vetus vnd einz digestum novum vnd auctentica, vnd Codices, vnde Instituta.*“ (Krakau BJ Przyb. 125/75 fol. 15vb).

314) Vgl. auch Blume des Ssp, *De origine iuris:* „*Nu were diz um sust, wen man nicht wuste czu sagen, von des rychis ursprung, daz ein stam ist dez rechtin, dorum so secze ich hir eyn wenig von der Cronicam.*“ (Krakau BJ Przyb. 125/75 fol. 13^{v}).

315) Blume des Ssp, Prolog (Krakau BJ Przyb. 125/75 fol. 18rb).

316) Blume des Ssp, Prolog (Krakau BJ Przyb. 125/75 fol. 18vb).

317) Blume des Ssp, Prolog (Krakau BJ Przyb. 125/75 fol. 19va). Eine ganz ähnliche Erläuterung findet sich auch in der Vorrede der Blume von Magdeburg (BÖHLAU, Blume S. 27 f.). Zum Blumenbild JESSEN, Nikolaus Wurm S. 118 f.

Vermutlich inspirierte Johanns von Buch Landrechtsglosse Nikolaus Wurm zu seinem Blumenbild. In Buch'scher Glosse LdR I 18 (19 § 1) *De Swaue nimpt wol* wird das Recht als eine wachsende, pflegebedürftige Pflanze dargestellt[318]. Johann von Buch nennt Eike *„des rechtes planter"*[319] und sich selbst einen *„begheter"*[320]. In Glosse LdR II 34 (36 § 1) *Swe ouer den anderen dach* erscheint Eike noch einmal als ein heilsamer, blühender Stamm (*„bloyende stam"*[321]), in dessen Blüten man die Gesundheit des Rechts gegen alle Krankheit des Unrechts finden könne. Wurm modifiziert und ergänzt dieses Bild zu einer Blume, deren Stamm der Sachsenspiegel sei (in der Blume von Magdeburg: Eike von Repgow[322]), deren Wurzeln aber römisches und kanonisches Recht bilden. Plastischer kann die Vorstellung vom Recht als einem organischen Ganzen nicht ausfallen. Während sich die älteren Glossenarbeiten an pointierter Stelle eher mit dem Verhältnis zwischen einzelnen Sächsischen Rechten auseinandersetzen und sich um den Nachweis ihrer harmonischen Verbindung bemühen, geht Nikolaus Wurm in seinen beiden Blumen einen Schritt weiter. Programmatisch formuliert er nun die Idee vom Sächsischen Recht als einer auf den gelehrten Rechten ruhenden und aus ihr erwachsenden Rechtsmaterie. Darin manifestiert und erweitert sich die Idee von der Einheitlichkeit des Rechts. Nach wie vor interpretiert Wurm die sächsischen Rechtsbücher, um ihnen einen entsprechenden Platz im Gesamtgefüge des Rechts zuweisen zu können, als Kaisergesetze. In der Blume des Sachsenspiegels verlagert sich der Interessensschwerpunkt aber stärker auf das gelehrte Recht. Die Idee vom Rechtsbuch als Kaiserrecht ist präsent, gerät aber in den Hintergrund.

5. Vergleichende Würdigung

Der Streifzug durch ausgewählte frühe rechtswissenschaftliche Arbeiten des 14. Jahrhunderts hat gezeigt, dass sie alle in irgendeiner Form die Lehre vom Rechtsbuch als Kaiserrecht rezipieren – und weiter ausbauen. Zwar offenbaren sich im Einzelnen durchaus verschiedene Ausprägungen und Gewichtungen, insgesamt lässt sich in den Zuschreibungen der sächsischen Rechtsbücher an bestimmte kaiserliche Gesetzgeber aber die Herausbildung einer feststehenden Tradition beobachten.

---

318) Gl LdR I 18 (19 § 1) *Swaue nimpt wol* (S. 235 Z. 3–5); dazu KANNOWSKI, Umgestaltung S. 532, 541 f., 569.

319) Gl LdR I 18 (19 § 1) *Swaue nimpt wol* (S. 235 Z. 4).

320) Gl LdR I 18 (19 § 1) *Swaue nimpt wol* (S. 235 Z. 4).

321) Gl LdR II 34 (36 § 1) *Swe ouer den anderen dach* (S. 739 Z. 16); dazu KANNOWSKI, Umgestaltung S. 532 f.

322) Blume von Magdeburg, Vorrede (BÖHLAU, Blume S. 28).

Zum Grundkonsens aller Autoren gehört die Idee, der Sachsenspiegel (worunter nur das Landrecht verstanden wird) sei ein sächsisches Privileg der Kaiser Konstantin und Karl. Die in Eikes *Textus Prologi* mythisch angedeutete Verbindung wandelt sich bereits im 13. Jahrhundert zur Vorstellung, das Sächsische Recht beruhe tatsächlich auf einem historisch nachweisbaren Gesetzgebungsakt. Schon Weichbild und Weichbildchronik formulieren dies explizit[323]. Johann von Buch verhalf diesem Erklärungsmodell dann endgültig zum Durchbruch. Seine Landrechtsglosse nimmt die Rechtsnatur des Sachsenspiegels als karolingisches Kaisergesetz für Sachsen ernst und grenzt dessen Bestimmungen sorgfältig von angeblich erst später hinzugenommenen Novellen späterer Kaiser ab. Andere Arbeiten zum Sächsischen Recht übernehmen Johanns Rückführung des Sachsenspiegels auf die Kaiser Konstantin und Karl. Mitunter werden allerdings die relativen Anteile, die den beiden Kaisern am Erlass des Landrechts jeweils zugeschrieben werden, unterschiedlich gewichtet. Während für Johann von Buch ganz konkret der Erlass eines Privilegs Karls des Großen aus dem Jahr 810 im Vordergrund steht[324], betonen spätere Autoren in „Wurm'scher" Landrechts-Schlussglossierung und Blume des Sachsenspiegels – wohl in Anlehnung an die Weichbildchronik – primär den Rechtssetzungsakt Kaiser Konstantins. Karl der Große ist dort nur noch „Bestätiger" des Sachsenspiegels[325].

Auch das Weichbildrecht hat eine allgemein akzeptierte Interpretation als Kaisergesetz erfahren. Den Juristen des 14. Jahrhunderts galt es als ottonisches Privileg für Magdeburg und seine Tochterstädte. Indes schwanken die Quellen auch hier in der konkreten Aufteilung der relativen Rechtssetzungsanteile zwischen Otto I. („der Große") und Otto II. („der Rote"). Eine dem Weichbild beigegebene gefälschte Urkunde möchte das Weichbildrecht als Privileg Ottos I. ausweisen. Die Weichbildglosse folgte hingegen der Weichbildchronik aus dem 13. Jahrhundert, die den Zeit seines Lebens mit Magdeburg eng verbundene Kaiser Otto I. bloß als Stadtgründer präsentiert, während als eigentlicher Rechtsgeber erst dessen Sohn Otto II.

---

323) Vgl. WbR 7 § 5 (Daniels / Gruben, Gl WbR Sp. 75 Z. 13–17); und *Cronica de tempore creationis mundi* (*von keiser Constantino*) (Daniels / Gruben, Gl WbR Sp. 32).

324) Gl LdR III 74 (82 § 1) [Zwischenstück] (S. 1491 Z. 14–17). Konstantin wird bei Johann von Buch nur diffus als Anbeginn allen Rechts geschildert, vgl. Gl LdR III 42 (44 § 1) *To Babilonia* (S. 1213 Z. 14–16).

325) „Wurm'sche" Glosse LdR III 86 (51) (Krakau BJ Przyb. 42/60 fol. 324ra); Blume des Ssp, *De origine iuris* (Krakau BJ Przyb. 125/75 fol. 15[v]); und dazu *Cronica de tempore creationis mundi* (*von keiser Constantino*) (Daniels / Gruben, Gl WbR Sp. 32).

erscheint[326]. Trotz mancher Unsicherheit im Detail steigen Otto I. und Otto II. in der *communis opinio* des Spätmittelalters zu den kaiserlichen Gesetzgebern des sächsischen Stadtrechts auf[327]. Diese Entwicklung vollzog sich abseits des Buch'schen Werkes, der die Ottonen in seiner Landrechtsglosse zwar als Novellengeber erwähnt, dabei aber keinen spezifisch stadtrechtlichen Kontext eröffnet.

Die Idee vom Rechtsbuch als Kaiserrecht ist in den rechtswissenschaftlichen Schriften des 14. Jahrhunderts omnipräsent. Mehrere Werke bemühen sich, die Historizität der kaiserlichen Gesetzgebungsakte durch genaue Ort- und Zeitangaben oder durch die Beigabe von Chroniken und (gefälschten) Privilegien unter Beweis zu stellen[328]. Nach und nach, so scheint es, hat die Genauigkeit bei den Zuschreibungen aber abgenommen. Johanns von Buch Sorgfalt bei der Abschichtung verschiedener Novellen und Eike'scher Zusätze wird so nur noch in der Weichbildglosse nachgeahmt, dort letztlich aber nicht erreicht. An die Stelle einer differenzierten Recherche nach den möglichen Ursprüngen einzelner Bestimmungen tritt ein freierer, sorgloserer Umgang mit den Texten. Manche Juristen machen von der Kaiserrechtsidee geradezu inflationär Gebrauch, indem sie gar die jungen Richtsteige Land- und Lehnrechts zu Kaisergesetzen Friedrichs I. erklären[329].

Dieses letzte Phänomen belegt ein merkwürdiges Verschwimmen zwischen den Kategorien der Rechtsquelle und der juristischen Begleitliteratur. Rechtswissenschaftliche Arbeiten gelehrter Juristen werden binnen weniger Jahrzehnte zu vermeintlichen Kaisergesetzen stilisiert. So seltsam dieser Vorgang auch anmutet, er erklärt sich teilweise aus der gewachsenen Bedeutung der sächsischen Rechtswissenschaft: Die Juristen des 14. Jahrhunderts sahen ihre Rechtsbücher zwar als Kaisergesetze an – verfasst, gegebenenfalls

326) Gl WbR 10 (Sp. 227 Z. 29–31 und Sp. 228 Z. 36–40); und dazu *Cronica de tempore creationis mundi* (*von dem roten konning Ottin*) (DANIELS / GRUBEN, Gl WbR Sp. 38 Z. 56–58).

327) Auch die Blume des Ssp, Prolog (Krakau BJ Przyb. 125/75 fol. 18rb und 18vb), nennt Otto I. und II. als Gesetzgeber des Weichbildrechts.

328) Etwa Gl LdR III 74 (82 § 1) [Zwischenstück] (S. 1491 Z. 14–17), Richtsteig LdR, Prolog (HOMEYER, Richtsteig LdR S. 82), oder „Wurm'sche" Glosse LdR III 86 (51) (Krakau BJ Przyb. 42/60 fol. 324ra). Dem Weichbild und der Blume des Sachsenspiegels werden jeweils Chroniken vorangestellt. Gefälschte Privilegien finden sich dem Weichbild voran- und nachgestellt, ein weiteres beinhaltet Gl WbR 10 (Sp. 229 Z. 26 – Sp. 230 Z. 34).

329) Richtsteig LdR c. 7 (HOMEYER, Richtsteig LdR S. 190); dazu HOMEYER, Einleitung Richtsteig LdR S. 32 f., sowie Richtsteig LnR (HOMEYER, Sachsenspiegel II 1 S. 409); dazu HOMEYER, Einleitung Richtsteig LnR, Sachsenspiegel II 1 S. 383. Hingegen schreibt die „Wurm'sche" Richtsteigbearbeitung den Richtsteig Landrechts ausnahmsweise Kaiser Otto II. zu (Krakau BJ Przyb. 42/60 fol. 1vb).

übersetzt und kommentiert wurden sie aus zeitgenössischer Sicht aber jeweils durch im kaiserlichen Auftrag tätige, gelehrte Juristen. Die Weichbildglosse nennt in diesem Zusammenhang Eike von Repgow, Burchard von Mangelfeld und Gerke von Kerkow[330]. Hingegen ist Johanns von Buch Name offenbar bald in Vergessenheit geraten. Die Rechtstexte sind nach der Vorstellung des Spätmittelalters also von Rechtsgelehrten erarbeitet worden und erlangten dann Rechtskraft durch ihren kaiserlichen Erlass („Bestätigung"). Tatsächlich schwindet bei Werken dieser Art die Bedeutung einer Unterscheidung zwischen dem Recht selbst als Objekt von Wissenschaft einerseits und dem belehrenden, erläuternden Text andererseits.

Auf die kaiserliche Anerkennung der Texte kam es den Juristen stets an. Offenbar war sie entscheidende Legitimationsquelle, die dem Rechtsbuch Geltung verschaffen sollte. Die angebliche, stets aufs Neue wiederholte Bestätigung sächsischer Privilegien[331] verfolgte den Zweck, diese Geltung kraft hoheitlicher Anordnung zusätzlich abzusichern. Daneben bewirkte die Interpretation der sächsischen Rechtsbücher als Kaisergesetze deren Egalisierung. Alte und neue Rechte, vom „konstantinischen" oder „karolingischen" Sachsenspiegel bis hin zum „albertinischen" Reichslandfrieden – formal glichen sich alle Texte in ihrer Rechtsnatur. Juristisches Problembewusstsein bewiesen dabei wie gesehen die Glossatoren von Weichbild und Mainzer Reichslandfrieden, denn sie erörtern die Frage, ob denn das spätere Gesetz das frühere derogiere[332]. Bemerkenswert ist aber, dass beide diese Frage im Ergebnis verneinen und überhaupt jedes Konkurrenzverhältnis ablehnen. Die zeitgenössische Idee war die eines einheitlichen und harmonischen Sächsischen Rechts, das auf verschiedenen Satzungen ruhte und sich durch neue Gesetze nur perpetuierte. Insofern wurde das Magdeburger Weichbildrecht nur *„uz dem Sachzenspigele gezogen"*[333] und der Mainzer Reichs-

---

330) Gl WbR 10 (Sp. 228 Z. 46, 55 und Sp. 229 Z. 1).

331) Man denke etwa an die doppelte „Absicherung" des Sachsenspiegels durch Bestätigungen Kaiser Konstantins und Karls. Auch Nikolaus Wurm formuliert die Tradition wiederholter Bestätigungen des Sächsischen Rechts ganz deutlich: *„Diz buchely*[n] *sache ist nicht meine eigene vornu*[n]*ft, sunderen von der gabe gotes, alz ichs in den rechtbuchnen beyde geistliche vnde keisirrechte vnd in der sachsinspigil gefunden hab, vnd mans ymmir vor recht urteilt. Alzo ist iz auch in dysim buchelv*[n] *beschrebin, als iz dy von Magdeburg halden von der gewalt do mit sy bestetigit sein an dem rechtin, von Constantino vnd Karolo, vnd keisir Otten den roten vnd dor nach von manchin keisere"*, Blume des Ssp, Prolog (Krakau BJ Przyb. 125/75 fol. $18^{\text{va und b}}$).

332) Gl WbR 1 (Sp. 182 Z. 4 – Sp. 183 Z. 14), sowie Glosse Mainzer RLF c. 1 (Berlin SBB-PK Hs. 392 fol. 129vb–130ra).

333) Gl WbR 1 (Sp. 182 Z. 23 f.).

landfrieden bloß zu einer „*bewisunge*“[334] des Sächsischen Rechts erlassen. In der wissenschaftlichen Bearbeitung kristallisierte sich sodann der Kanon der für das Sächsische Recht maßgeblichen Rechtstexte heraus. Bezeichnend spricht die Weichbildglosse in diesem Zusammenhang vom „*Corpus*“[335] des Sächsischen Rechts. Die Parallele zum römischen *Corpus iuris* ist offensichtlich. Diesen ganzheitlichen, „organischen“ Rechtsbegriff weitet Nikolaus Wurm schließlich auch auf das gelehrte Recht aus[336]. Denn folgt man der Vorstellung vom Rechtsbuch als Kaiserrecht, ist selbst das römische Recht, welches als Kaisergesetz Justinians verstanden wird, nichts anderes als altes, gemeines Reichsrecht. Darin ließ sich das sächsische „Kaiserrecht“, jedenfalls im Ausgangspunkt, zwanglos integrieren.

Bisher war vom Landrecht Karls des Großen, vom Weichbildrecht Ottos II., von den Richtsteigen Kaiser Friedrichs I. und vom Reichslandfrieden Albrechts I. die Rede. Unberücksichtigt blieb das Sächsische Lehnrecht. Tatsächlich finden sich in den hier behandelten Vergleichsquellen kaum Hinweise auf die Ursprünge des Lehnrechts. Hier und da taucht Kaiser Friedrich I. zwar auf, in Verbindung mit dem Lehnrecht findet er aber nur ein einziges, zweifelhaftes Mal in der Buch'schen Glosse Erwähnung[337]. Es wird zu zeigen sein, dass eine wirkungsträchtige und traditionsbegründende Zuschreibung des Lehnrechts an Kaiser Friedrich tatsächlich erst in der Lehnrechtsglosse selbst erfolgte. Erst ihre jeweiligen Glossen machten die sächsischen Rechtsbücher zu den personalisierten Kaisergesetzen, als die sie lange Zeit galten. Mögen die Ideen auch schon vorher kursiert haben, die Zuschreibungen einzelner Rechtstexte an bestimmte Kaiser verfestigten sich erst in deren Glossen. Erst hier bekamen sie ihr verbindliches juristisches Gewand. Wie die Landrechtsglosse dem Landrecht und die Weichbildglosse dem Weichbild vermittelte erst die Lehnrechtsglosse dem Sächsischen Lehnrecht seinen eigenen kaiserlichen Patron.

c) Hintergründe der Zuschreibung an „Friedrich von Staufen“

Im Folgenden wird die Vorstellung des Lehnrechtsglossators vom Sächsischen Lehnrecht als staufischem Kaisergesetz erarbeitet. Nachdem die verschiedenen Ausprägungen der spätmittelalterlichen Lehre vom Rechtsbuch als Kaiserrecht in Vergleichsquellen sichtbar wurden, gilt es nun, die Positionen der Lehnrechtsglosse darin zu verorten. Es fragt sich, in welchen As-

334) Glosse Mainzer RLF c. 1 (Berlin SBB-PK Hs. 392 fol. 130ra).

335) Gl WbR 10 (Sp. 229 Z. 5).

336) Blume von Magdeburg, Vorrede (BÖHLAU, Blume S. 27 f.), und Blume des Ssp, Prolog (Krakau BJ Przyb. 125/75 fol. 19va).

337) Gl LdR 13 (14 § 1) *Al sy yd lenrecht* (S. 204 Z. 24–26); dazu sogleich unten S. 573 ff.

pekten die Lehnrechtsglosse allgemeine Meinungen kolportiert und in welchen Punkten sie Neuerungen einführt. Insbesondere interessiert die Frage, ob der Glossator in seiner konkreten Zuschreibung des Lehnrechts an Kaiser Friedrich einer bereits verbreiteten Auffassung folgt oder ob er dieses Erklärungsmodell selbst erstmals formuliert. Klärungsbedürftig sind überdies die noch unbestimmte Personalie „Friedrich“ und der tiefere Grund, weshalb bei der „Suche“ nach einem geeigneten Lehnsgesetzgeber die Wahl ausgerechnet auf diesen Kaiser fiel. Schließlich ist die Vorstellung des Glossators von den konkreten Umständen der Abfassung des Lehnrechts zu würdigen. Sie entscheidet mit über die Interpretation der prachtvollen Prologinitiale in der Handschrift Be_3 der Lehnrechtsglosse der Klasse W.

1. Impulse der Buch'schen Glosse

Die Lehnrechtsglosse versteht das Sächsische Lehnrecht als ein Gesetz Kaiser Friedrichs[338]. Dabei könnte sich der Autor einer bereits früher formulierten Ansicht angeschlossen oder eine Neuschöpfung dieses Gedankens vorgenommen haben. Weder die Sachsenspiegel-Vorreden noch Land- oder Lehnrecht selbst erwähnen Kaiser Friedrich. Der Impulsgeber ist demnach außerhalb des Lehnrechts, außerhalb des Sachsenspiegeltextes zu suchen. Von der Weichbildglosse, von der Landfriedensglosse und von den Richtsteigen Land- und Lehnrechts wissen wir weder, ob sie zeitlich vor der Lehnrechtsglosse geschrieben worden sind, noch ob der Lehnrechtsglossator sie gegebenenfalls kannte. Sie erwähnen Kaiser Friedrich auch in keinerlei lehnrechtlichem Zusammenhang. Anders verhält es sich mit der Buch'schen Glosse. Ohne Zweifel hat sie größten formalen und inhaltlichen Einfluss auf die Lehnrechtsglosse ausgeübt. Und in der Tat finden sich in der Buch'schen Landrechtsglosse mehrere Anspielungen, die dem Lehnrechtsglossator Anlass für seine Zuschreibung des Lehnrechts an Kaiser Friedrich gewesen sein könnten.

Glosse LdR I 32 (26) *Wert en monik.* Dass Johann von Buch die Schlussartikel LdR III 79 (87), III 80 (88), III 81 (89), III 82 (90) und III 83/84 (91) als Novellen Friedrichs I. ansah, ist bereits zur Sprache gekommen[339]. Interessant ist, dass Johann von Buch überdies noch LdR I 32 (26), der von der Lehnsfähigkeit von Bischöfen und Äbtissinnen handelt, zu den nachträglich inkorporierten Gesetzen Kaiser Friedrichs zählt: *„Dit is nicht en stucke vthe deme privilegio, men id is en artikel, den settede keysere Ffrederike* […], *ut in libro feudorum l. 1 et § 1.“*[340] Die Allegation ist nicht zweifelsfrei auflös-

338) Vgl. bereits oben S. 536 ff.

339) Vgl. oben S. 539 f. Besonders deutlich wird dies in Gl LdR III 79 (87 § 1) *Welcke leye* (S 1510 Z. 2 f.) sowie in Richtsteig LdR, Prolog (HOMEYER, Richtsteig LdR S. 82).

340) Gl LdR I 32 (26) *Wert en monik* (S. 303 Z. 9–12).

bar. Vermutlich verweist Johann in Glosse LdR I 32 (26) *Wert en monik* aber nicht auf das Sächsische Lehnrecht, sondern auf die *Libri feudorum*[341]. Johann bringt Kaiser Friedrich an dieser Stelle also nicht explizit mit dem Sächsischen Lehnrecht in Verbindung, erwähnt ihn aber immerhin als Gesetzgeber einer spezifisch lehnrechtlichen Bestimmung. Zwar lässt sich daraus noch keine Zuweisung des gesamten Sächsischen Lehnrechts an Kaiser Friedrich ablesen. Die Glossenstelle passt aber ins Bild und könnte den Lehnrechtsglossator in seiner Zuschreibung des Lehnrechts an Kaiser Friedrich wenigstens bestärkt haben.

Glosse LdR I 62 (63 § 1) *Kempliken groten*. An anderer Stelle in der Buch'schen Glosse erscheint Kaiser Friedrich noch einmal, diesmal allerdings als Gesetzgeber auf Reichsebene. Glosse LdR I 62 (63 § 1) *Kempliken groten* führt aus, die Kampfklage sei ursprünglich ein Sonderrecht der Sachsen gewesen und sei später durch Kaiser Friedrich per Gesetz zu gemeinem Reichsrecht erhoben worden[342]. Ein entsprechendes Gesetz gibt es tatsächlich. Es handelt sich um c. 10 des Reichsfriedens Friedrich Barbarossas von 1152, der als eigener Titel *De pace tenenda* in die *Libri feudorum* geflossen

341) KAUFMANN, Gl LdR S. 303 Anm. 2, schlägt als Auflösung der Allegation *„ut libro feudorum l. I et § I"* Ssp LnR 2 vor (Gl LdR I 32 (26) *Wert en monik S.* 303 Z. 11 f.). In der Tat handelt dieser Lehnrechtsartikel von der Heerschildfähigkeit der Geistlichen, ist in der Sache also einschlägig. Indes halte ich es für wahrscheinlicher, dass Johann von Buch mit der Allegation *„ut libro feudorum l. I et § I"* auf L.F. I 1, 1 verweisen wollte. Erstens nämlich zitiert Johann sowohl das Sächsische Lehnrecht als auch die *Libri feudorum* unter der Bezeichnung *„in libro feudorum"*. Klarstellende Zusätze wie *„collacio x"* oder *„libro Latino feudorum"* werden den Zitaten der *Libri feudorum* häufig, aber keineswegs immer beigegeben. Die genaue Stelle wird dann bei Allegationen des Sächsischen Lehnrechts regelmäßig mit römischen Artikelziffern bezeichnet (*„ar."* für *„articulo"*). Hingegen spezifiziert Johann die Allegationen der *Libri feudorum* regelmäßig durch ausgeschriebene Angaben von Titel und Initium (*„l."* für *„lex"* bzw. *„lege"*). Ein Zitat der *Libri feudorum* erscheint durch Johanns Angabe *„in libro feudorum"* also möglich und durch die Spezifizierung *„l. I et § I"* (statt *„ar. I"*) sogar wahrscheinlich. Interpretiert man die Allegation als Verweis auf die *Libri feudorum* ist man auch zu keiner Modifizierung der Zählung gezwungen. Darüber hinaus passt der Inhalt von L.F. I 1, 1 auffallend gut zu LdR I 32 (26). In L.F. I 1, 1 werden mit *„archiepiscopus, episcopus, abbas, abbatissa"* (LEHMANN, Consuetudines feudorum S. 161 Z. 13 f.) eben jene Personengruppen aufgezählt, die auch in LdR I 32 (26) zur Sprache kommen: *„Wert en monik edder en klostervrowe to bisschoppe edder to ebbedischen gekoren* […]" (nach KAUFMANN, Gl LdR S. 303 Z. 4 f.).

342) Gl LdR I 62 (63 § 1) *Kempliken groten* (S. 455 Z. 9–20); dazu KANNOWSKI, Umgestaltung S. 201.

ist[343]. Eben diese einschlägige Stelle L.F. II 27, 10 allegiert denn auch Johann von Buch in diesem Zusammenhang[344]. Aus heutiger Sicht ist das vom Glossator behauptete Abhängigkeitsverhältnis – c. 10 des Reichsfriedens beruhe auf Ssp LdR 63 – zwar gerade umgekehrt wahrscheinlich[345]. Doch wie dem auch sei: In Glosse LdR I 62 (63 § 1) *Kempliken groten* finden wir bereits eine zweite Bezugnahme der Buch'schen Glosse auf Kaiser Friedrich, in der Friedrich als Lehnsgesetzgeber und in Verbindung mit den *Libri feudorum* genannt wird. Den Lehnrechtsglossator könnte auch diese zweite Stelle der Landrechtsglosse in seiner Zuschreibung des Lehnrechts an Kaiser Friedrich ermutigt und bestätigt haben.

Glosse LdR III 67 (75 § 1) *An eghene*. Noch eine dritte Buch'sche Glossenstelle erwähnt Kaiser Friedrich in lehnrechtlichem Kontext. Glosse LdR III 67 (75 § 1) *An eghene* befasst sich mit der Frage, ob Frauen ein Leibgedinge an Lehen bestellt werden kann[346]. LdR 75 § 1 verneint ein solches Recht („*An eghene is recht lifftucht der vrouwen* […] *vnde an lene nicht.*“[347]). Hingegen setzt LnR 2 § 3 die Wirksamkeit eines solchen Rechts ohne weiteres voraus („*Kommet abir eyn weip yn dy gewere eynes gutis mit rechte adir mit ires hern hulden, noch des todes, der is ir gedinget hatte czu orem libe* […]“[348]). Johann von Buch interpretiert LdR 75 § 1 nun dahingehend, dass ein Leibgedinge am Lehen zwar möglich sei, Eike aber zum Leibgedinge am Eigen rate, weil dieses das insgesamt beständigere Recht sei. Im Folgenden erörtert Johann Argumente, die man gegen Eikes Position einwenden könnte. Insbesondere gewähre doch LnR 2 § 3 – die Bestimmung wird wörtlich zitiert – den Frauen ein uneingeschränktes, lebenslanges Lehnrecht[349]. Johann erklärt den offenbaren Widerspruch zwischen LdR 75 § 1 und LnR 2 § 3 schließlich mit einer zwischenzeitlich eingetretenen

343) Reichsfrieden Friedrich Barbarossas von 1152, sogenannte *Constitutio de pace tenenda* (MGH Dipl. 10, 1 Nr. 25), vgl. dazu L.F. II 27, 10 (LEHMANN, Consuetudines feudorum S. 232–236). Zu den politischen Hintergründen des Friedens KÜCH, Landfriedensbestrebungen S. 12–33.

344) Gl LdR I 62 (63 § 1) *Kempliken groten*: „*ut in li. feudorum de pace tenenda l. rusticus*“ (S. 455 Z. 18 f., vgl. auch Z. 11 f.).

345) Eine Beeinflussung des Sachsenspiegels durch den Reichsfrieden Barbarossas ist jedenfalls bei anderen Landrechtsartikeln sehr wahrscheinlich, NEHLSEN-VON STRYK, Sachsenspiegel und Reichsfrieden (speziell zu Kampfklage und c. 10 des Reichsfriedens: S. 22).

346) Gl LdR III 67 (75 § 1) *An eghene* (S. 1418 Z. 1 – S. 1422 Z. 4); dazu bereits KANNOWSKI, Umgestaltung S. 552, 573.

347) Ssp LdR III 67 (75 § 1) (nach KAUFMANN, Gl LdR S. 1417 Z. 4 f.).

348) LnR 2 § 3 (nach KAUFMANN, LGl LnR S. 36 Z. 3–5).

349) Gl LdR III 67 (75 § 1) *An eghene* (S. 1418 Z. 11–17, insbesondere Z. 16 f.).

Rechtsänderung. Zu Eikes Zeiten hätten Frauen noch ein sehr viel stärker eingeschränktes Recht am Lehen gehabt. Johann belegt die Nachteile und Fallstricke, durch die Frauen ihrer Lehen seinerzeit verlustig hätten gehen können, mit vier konkreten Bestimmungen des Sachsenspiegel-Lehnrechts[350]. Nirgends sonst in der Buch'schen Glosse findet sich eine solche Häufung lehnrechtlicher Zitate[351]. Mittlerweile aber, fährt Johann fort, habe Kaiser Friedrich den Frauen die Gunst erwiesen, ihnen ein lebenslanges Lehnrecht zuzuerkennen. Er habe *„dat recht, dat we hir vore wedder hern Eyken gheallegeret hebben"*[352] erlassen – damit kann nur der in Rede stehende LnR 2 § 3 gemeint sein. Heutzutage, so das Ergebnis dieser Buch'schen Glossenstelle, könne man Frauen ein Leibgedinge also an Lehen und an Eigen gleichermaßen bestellen. Seinerzeit habe sich Eike das Recht bei Abfassung des Sachsenspiegels eben aber noch anders dargestellt.

Ein weiteres Mal verweist Johann hier auf Kaiser Friedrich als Gesetzgeber einer lehnrechtlichen Bestimmung. Nur einer einzelnen, wohlgemerkt! Schon Carl Gustav Homeyer unterstrich zu Recht den wichtigen Umstand, dass der Landrechtsglossator, indem er zum Beweis des ehemals schlechteren Lehnrechts der Frauen verschiedene Artikel des Lehnrechts heranzieht, diesem älteren Lehnrecht die Bestimmung des LnR 2 § 3 als eindeutig spätere Einzelnovelle Friedrichs I. gegenüberstellt[353]. Glosse LdR III 67 (75 § 1) *An eghene* erlaubt mithin nur die eine Interpretation, dass in der Vorstellung Johanns von Buch das Sächsische Lehnrecht zu Eikes Lebzeiten als solches bereits existierte und Kaiser Friedrich einem solchen Lehnrechtsbuch erst

---

350) Gl LdR III 67 (75 § 1) *An eghene* (S. 1420 Z. 7 – S. 1421 Z. 3). An dieser Stelle tritt eine Besonderheit der Buch'schen Glosse deutlich zu Tage: Fast keine der Buch'schen Lehnrechtsallegationen findet nämlich in der vulgaten Artikelzählung des Lehnrechts eine Entsprechung. Dieser Umstand erschwert die Identifizierung der Buch'schen Lehnrechtsallegationen ungemein. Welchen Lehnrechtstext Johann von Buch benutzt hat, ist ein bislang ungelöstes Rätsel. Dem Glossator muss eine Fassung des Lehnrechts vorgelegen haben, die weder die vulgate Zählung noch die gewöhnliche Textanordnung aufwies. Solche Lehnrechtstexte mit gänzlich eigenwilliger Kapiteleinteilung und -anordnung sind mehrfach überliefert (z. B. in 67, 80, 117, 133, 138, 208, 231 oder 255 Kapitel), vgl. HOMEYER, Einleitung LnR, Sachsenspiegel II 1 S. 57–59.

351) Vergleichbar allenfalls noch Gl LdR III 57 (64 § 1) *Bedet de koningh* (S. 1354 Z. 1 – S. 1356 Z. 2). Die Glossenstelle zitiert das Sächsische Lehnrecht dort ausnahmsweise mit dem Zusatz *„jnfra"*, woraus zu schließen sein könnte, dass Johann von Buch ein Lehnrechtstext vorlag, der seiner Landrechtsausgabe angehängt war. Insgesamt greift Johann bei der Diskussion lehnrechtlicher Fragestellungen allerdings bevorzugt auf die *Libri feudorum* zurück.

352) Gl LdR III 67 (75 § 1) *An eghene* (S. 1421 Z. 6 f.).

353) HOMEYER, Einleitung LnR, Sachsenspiegel II 1 S. 49 f.

später, und zwar nach Abfassung des Sachsenspiegels, einzelne Novellen hinzugefügt hat.

Johann von Buch sieht demnach nur die Einzelregelung LnR 2 § 3 als ein Gesetz Kaiser Friedrichs an. Glosse LdR III 67 (75 § 1) *An eghene* verlangt den zwingenden Umkehrschluss, dass Johann Kaiser Friedrich das Lehnrecht im Übrigen gerade nicht zuschrieb. Gleichwohl wollte Carl Gustav Homeyer der Stelle den entscheidenden Impuls entnehmen, der den Lehnrechtsglossator zur Zuschreibung des gesamten Lehnrechts an Kaiser Friedrich bewogen habe: Ob nun infolge eines Missverständnisses der Landrechtsglosse oder mit allgemeinerer Motivation, meinte Homeyer, letztlich hätten Johanns Ausführungen zu LnR 2 § 3 Kaiser Friedrich zum Lehnsgesetzgeber gemacht[354]. Diese Erklärung überzeugt nach dem bisher Gesagten nicht vollends. Dass der Lehnrechtsglossator den antithetischen Aufbau von Glosse LdR III 67 (75 § 1) *An eghene* nicht grundsätzlich missverstand, beweist nämlich die Rezeption dieser Glossenstelle in Glosse LnR 57 § 1. Dort heißt es einleitend, c. 57 handele vom *gedinge* der Frauen, von einer „*grosse gnade vnde sunderliche sorgfeldickeit der edele vnde hochgeborne keiser Friderich hatte zcu den frawen vnde czu dem leipgedinge, das on gegebin wart mit volbort des landis, vnd bestetiget wart mit keiserlicher maiestat* [...].“[355] Die gesonderte Erwähnung Kaiser Friedrichs in diesem so speziellen Kontext des Leibgedinges am Lehen ist auffällig genug, um einen konkreten Einfluss der Glosse LdR III 67 (75 § 1) *An eghene* auf Glosse LnR 57 wahrscheinlich zu machen. Vermutlich bediente sich der Lehnrechtsglossator dabei gar aus dem von Johann vorgeschlagenen Arsenal einschlägiger Allegationen[356]. Der Glossator des Lehnrechts hat die Buch'sche Glosse LdR III 67 (75 § 1) *An eghene* also bewusst zur Kenntnis genommen und in der direkten Rezeption in Glosse LnR 57 § 1 auch nur im engen Buch'schen Zusammenhang des Leibgedinges reproduziert. Ein Missverständnis der Buch'schen Glosse liegt demnach nicht vor. Zwar hat die Buch'sche Glossenstelle den Lehnrechtsglossator nicht daran gehindert, durch Zuschreibung des gesamten Lehnrechts an Kaiser Friedrich über sie hinauszugehen. Unmittelbarer Auslöser kann sie dazu aber nicht gewesen sein.

---

354) HOMEYER, Einleitung LnR, Sachsenspiegel II 1 S. 52; DERS., Einleitung Richtsteig LdR S. 33.

355) LGl LnR 57 § 1 (S. 777 Z. 3–6).

356) Gl LdR III 67 (75 § 1) *An eghene* schlägt am Schluss der Diskussion um LdR 75 § 1 zehn passende Allegationen vor: „*Bedarfstu der, so ze dat hire, Instit. quibus modis alienare licet vel non § I* [etc.]“ (S. 1421 Z. 11 f.). LGl LnR 57 § 1 übernimmt daraus „*ut in auten. de equalitate dotis § I colla. vii* [Nov. 97, 1 – in der Buch'schen Glosse Nov. 97, 3]“ und ergänzt „*in auten. de consti. imperia. § hac edictali colla. X* [L.F. II 53 pr.]“ (S. 777 Z. 6–8).

Glosse LdR I 13 (14 § 1) *Al sy yd lenrecht.* Erst vor dem Hintergrund dieser Glossenstelle zu LdR III 67 (75 § 1) *An eghene* lässt sich eine vierte Passage der Landrechtsglose angemessen würdigen. Glosse LdR I 13 (14 § 1) *Al sy yd lenrecht* lautet:

> „*Wen dy edelle koning Karl dy grote gaff dat landtrecht, vnde keyser Ffrederick gaff dat lenrecht, ut in auten. nuper in prin. coll. x.*"[357]

Eindeutig wird hier das Landrecht als ein Gesetz Karls des Großen und das Lehnrecht als eines Kaiser Friedrichs benannt. Der Landrechtsglossator nutzt die Aussage, um in der Rolle eines *advocatus diaboli* den in LdR I 14 zugespitzt formulierten Widerspruch zwischen land- und lehnrechtlicher Erbfolge versuchshalber dahingehend aufzulösen, dass das jüngere Lehnrecht das ältere Landrecht derogiere. Für sich genommen scheint die Stelle den Nachweis dafür zu liefern, dass die Vorstellung vom Lehnrecht als Kaisergesetz Friedrichs I. bereits bei Johann von Buch vorhanden ist. Sollte Glosse LdR I 13 (14 § 1) *Al sy yd lenrecht* in jener Landrechtsglossenfassung enthalten gewesen sein, die der Lehnrechtsglossator benutzte, wäre es sehr wahrscheinlich, dass er die Vorstellung vom Lehnrecht als Gesetz Kaiser Friedrichs tatsächlich bereits aus der Landrechtsglosse rezipierte. Mehrere Gründe sprechen aber gegen diese Annahme.

Vor allem anderen steht Glosse LdR I 13 (14 1) *Al sy yd lenrecht* dem Inhalt der soeben besprochenen Glosse LdR III 67 (75 § 1) *An eghene* diametral entgegen. Die Auslegung jener weniger pointierten Glossenstelle im dritten Buch hat zweifelsfrei ergeben, dass Johann von Buch dort ausschließlich LnR 2 § 3 und gerade nicht auch die übrigen Lehnrechtsartikel Kaiser Friedrich zuschreiben wollte. Dass sich Johann durch zwei divergierende, für die Argumentation jeweils so entscheidende Aussagen in solch drastischer Weise in Selbstwidersprüche verwickelt hätte, scheint ausgeschlossen. Zwar unterliegt er einem für das Mittelalter charakteristischen Geschichtsverständnis, wonach die Vergangenheit in starker Kontinuität zur Gegenwart gesehen wird und deshalb einer kaum wirklich andersartigen, „entzeitlichten" Vorzeit angehört[358]. Die Vorstellung von einem grundsätzlich logisch-chronologischen Ablauf historischer Ereignisse schließt dies aber nicht aus. Das Sächsische Lehnrecht einmal als ein „friderizianisches" Kaisergesetz anzusehen, das dem „karolingischen" Landrecht zeitlich nachfolgt, es an anderer Stelle der Glosse hingegen als ein zu Zeiten Eikes von Repgow (also irgendwann nach 810, aber vor etwa 1150) bereits bestehendes

357) Gl LdR I 13 (14 § 1) *Al sy yd lenrecht* (S. 204 Z. 24–26).

358) KANNOWSKI, Umgestaltung S. 557–560; und allgemein GOETZ, Geschichtsschreibung S. 216–227.

Rechtsbuch darzustellen, das von Friedrich im Nachhinein nur punktuell ergänzt worden ist, stellt auch in der Vorstellungswelt Johanns von Buch ein Paradoxon dar. Ein solcher Selbstwiderspruch ist dem insgesamt sehr gewissenhaft argumentierenden Juristen Johann von Buch nicht recht zuzutrauen.

Wie dann erklären sich die beiden unvereinbaren Positionen in der Landrechtsglosse? Die plausibelste Begründung findet sich schon bei Homeyer. Ihm galt Glosse LdR I 13 (14 § 1) *Al sy yd lenrecht* schlicht als eine neuere, nicht mehr von Johann von Buch stammende Ergänzung der Landrechtsglosse[359]. In der Tat spricht auch aus heutiger Sicht einiges für diese These. Zwar ist das „Rätsel vom Artikelbestand der Buch'schen Urglosse"[360] angesichts der äußerst komplizierten Überlieferungslage der Landrechtsglosse alles andere als gelöst. Ins Auge fällt aber, dass just Glosse LdR I 13 (14 § 1) *Al sy yd lenrecht* in den beiden ältesten Handschriften der Landrechtsglosse (1365/67 bzw. 1368) und sogar noch in der Leithandschrift der Kaufmann'schen Edition, dem Codex Hecht (zwischen 1405 und 1415), komplett fehlt[361]. Glosse LdR III 67 (75 § 1) *An eghene* ist hingegen auch schon in den ältesten Überlieferungsträgern vorhanden[362]. Möglicherweise ist Glosse LdR I 13 (14 § 1) *Al sy yd lenrecht* also erst später, und zwar vielleicht erst unter dem Eindruck der zwischenzeitlich verfassten Lehnrechtsglosse entstanden. Die „Wurm'sche" Landrechtsglossenredaktion in der „Großen Görlitzer Handschrift" (1386), die auf denselben Redaktor zurückgehen dürfte, der auch die „Wurm'sche" Lehnrechtsglossenredaktion erstellte, enthält den Verweis auf Kaiser Friedrich bereits[363].

Nach derzeitigem Forschungsstand lässt sich das Alter von Glosse LdR I 13 (14 § 1) *Al sy yd lenrecht* also nicht zweifelsfrei bestimmen. Ihr krasser

---

359) HOMEYER, Einleitung LnR, Sachsenspiegel II 1 S. 50; sowie schon Christian Ulrich Grupen in SPANGENBERG, Beyträge S. 63.

360) KANNOWSKI, Umgestaltung S. 65.

361) Vgl. Gl LdR I 13 (14 § 1) *Al sy yd lenrecht* (S. 204 Z. 15 – S. 205 Z. 25 mit Var. w). Beschreibungen der Leithandschrift (Berlin SBB-PK Ms. germ. fol. 942, sogenannter „Codex Hecht"), der Parallelhandschrift von 1365/67 (Wolfenbüttel HAB Cod. Guelf. A. d. Extravagantes) sowie der Variantenhandschrift im Petitdruck von 1368 (Heidelberg UB Cod. Pal. Germ. 165) bei KAUFMANN, Einleitung, Gl LdR S. LXII–LXX. Die Kaufmann'sche Edition druckt den Glossentext des Augsburger Drucks von 1516. Die mikrotextuale Analyse von BINDEWALD, Studien zur Entstehung, erstreckt sich auf Glosse LdRI 13 (14), doch vermag die Untersuchung über die Frage der Überlieferung der hier interessierenden Passage keine weitere Auskunft zu geben.

362) Vgl. Gl LdR III 67 (75 § 1) *An eghene* (S. 1421 Z. 4–10 mit Petitdruck und Fußnotenapparat).

363) „Wurm'sche" Glosse LdR 14: „*und ist den daz, waz so sol daz lanthrechte uon dem lenrechte, dorum daz lenrecht nuwelichir uon keiser friderich uon staufe gesaczt ist, Vt In aut. deconstituc*[i]*onib*[us] *§. nup. Coll. x*" (Krakau BJ Przyb. 42/60 fol. 43vb).

Widerspruch zu Glosse LdR III 67 (75 § 1) *An eghene* sowie ihr Fehlen in den ältesten Überlieferungszeugen sprechen aber für eine erst nachträgliche Ergänzung der Stelle. Damit wäre die Vorstellung vom Lehnrecht als einem insgesamt Kaiser Friedrich zuzuschreibenden Kaisergesetz in der Landrechtsglosse noch nicht enthalten. Der Stauferkaiser bekommt im Buch'schen Werk vielmehr die Rolle eines späteren, Land- und Lehnrecht jeweils nur punktuell ergänzenden Novellengebers zugewiesen. Neben den Schlussartikeln LdR III 79 (87) – III 83/84 (91) soll Friedrich für zwei Einzelbestimmungen lehnrechtlichen Inhalts, LdR I 32 (26) und LnR 2 § 3, verantwortlich sein. Außerdem soll er die Kampfklage des Sachsenspiegels zu Reichsrecht erhoben haben – Glosse LdR I 62 (63 § 1) *Kempliken groten* allegiert an dieser Stelle L.F. II 27, 10, in welchen c. 10 des Reichsfriedens Friedrich Barbarossas von 1152 geflossen ist. Die Ursprünge des Sächsischen Lehnrechts als solchem bleiben in der Landrechtsglosse, sieht man von der vermutlich erst später ergänzten Glosse LdR I 13 (14 § 1) *Al sy yd lenrecht* einmal ab, ungeklärt. Überhaupt interessiert sich Johann von Buch für das Sächsische Lehnrecht verhältnismäßig wenig. Insgesamt zitiert er es gerade 35 Mal – Allegationen der *Libri feudorum* sind fast doppelt so häufig[364].

Der Glossator des Lehnrechts, der sich an der Landrechtsglosse zweifelsfrei stark orientierte, fand in der Buch'schen Glosse somit vermutlich noch kein Vorbild für seine Zuschreibung des Lehnrechts an Kaiser Friedrich. Johann hatte das Landrecht Karl dem Großen zugeschrieben und seiner Rechtsnatur als Kaisergesetz viel Gewicht beigemessen. Insofern drängte es sich dem nacheifernden Glossator des Lehnrechts auf, auch seinem Text eine große Kaiserpersönlichkeit zur Seite zu stellen. Hier bot sich Kaiser Friedrich an. Die Buch'sche Glosse hatte den Staufer bis dato aber lediglich generell als Novellengeber eingeführt, wobei er ihn dreimal auch speziell im Zusammenhang mit dem Erlass lehnrechtlicher Bestimmungen erwähnte (LdR I 32 (26), LnR 2 § 3 und L.F. II 27, 10). Solche Stellen könnten den Lehnrechtsglossator dazu inspiriert haben, Friedrich das Lehnrecht schlechthin zuzuschreiben. Die Buch'sche Glosse gab diese Zuweisung aber nicht etwa vor, sondern bereitete ihr lediglich den Boden. In aller Deutlichkeit und an pointierter Stelle findet sich die Zuweisung an Friedrich erstmals in der Lehnrechtsglosse. Über die Frage, ob der Glossator die Verbindung des Lehnrechts zu Kaiser Friedrich auch gedanklich erstmals selbst vollzog oder dabei vielleicht schon eine jüngere Ansicht rezipierte, lässt sich nur spekulieren. Eine schriftlich überlieferte, ältere Vorlage, auf die der Glossa-

364) Vgl. das Quellenverzeichnis bei KAUFMANN, Gl LdR S. 1678 f. und 1695, welches allerdings auch ungenannte Parallelstellen berücksichtigt.

tor zurückgegriffen haben könnte, ist jedenfalls nicht überliefert. Letztlich waren es wohl sachliche Gründe, die bei der „Suche“ nach einem geeigneten Lehnsgesetzgeber schließlich die Wahl auf den Stauferkaiser Friedrich fallen ließen. Diese inneren Gründe werden deutlich, wenn man der bislang unbeantworteten Frage nachgeht, wer genau sich eigentlich hinter dem unspezifisch gebrauchten Namen „Friedrich“ verbirgt.

2. Identifizierung Kaiser Friedrichs I. als Lehnsgesetzgeber

Ob der Lehnrechtsglossator in seiner Zuschreibung an „*keyser Friderich von Stawffe*“[365] an Friedrich I. Barbarossa (römisch-deutscher Kaiser 1155–1190) oder an Friedrich II. (römisch-deutscher Kaiser 1220–1245/1250) dachte, ergibt sich aus der Lehnrechtsglosse nicht unmittelbar. In älterer Zeit herrschte die wohl durch Christoph Zobel begründete Ansicht vor, der Glossator habe Friedrich II. gemeint[366]. Die besseren Gründe sprechen aber dafür, mit Carl Gustav Homeyer von Friedrich I. auszugehen[367].

In seiner Funktion als Lehnsgesetzgeber spezifiziert die Lehnrechtsglosse die Person Kaiser Friedrichs nicht weiter. Bloß einmal liest man in der Glosse in ganz anderem Zusammenhang von einem historisch eindeutig zuzuordnenden Ereignis: Glosse LnR 4 zählt die Gründe auf, aus denen der Papst den Kaiser bannen dürfe. Bannen und sogar absetzen müsse man ihn unter anderem, wenn er vom Glauben abfalle oder sich der Ketzerei schuldig mache. Aus eben diesem Grund sei „*keyser Friderich*“[368] abgesetzt worden, fügt der Glossator dann exemplifizierend hinzu. Die Stelle lässt sich nur als Anspielung auf Kaiser Friedrich II. verstehen, der nach erster und zweiter Exkommunikation durch Papst Gregor IX. in den Jahren 1227 und 1239 am 17. Juli 1245 auf dem Ersten Konzil von Lyon ein drittes Mal von Papst Innozenz IV. exkommuniziert und abgesetzt worden ist. Der Glossator nimmt auf dieses Ereignis nämlich explizit Bezug, indem er VI. 2, 14, 2 (§ *Nos itaque*) allegiert. Eben jene Passage des *Liber Sextus* hat die *Bulla depositionis*, die päpstliche Absetzungsurkunde Innozenz IV. von 1245, aufge-

---

365) LGl LnR, Vorrede (S. 48 Z. 3).

366) In der lateinischen Glosse LnR 1 (a) heißt es: „*De vera origine iuris Feudalis Saxonici, praeter illa, quae in prooemio posita sunt, quod pro certo affirmari liceat, non reperitur. Constat tamen ex historijs, anno a nato Christo seruatore nostro 1213. Fridericum II. ad Imperium Romanum ex Sicilia vocatum* […]“ (ZOBEL / ROMANUS, Sächsisch Lehenrecht unndt Weichbilt, Leipzig 1589 fol. II[va]). Auch LUDOVICI, Das Sächsische Lehn-Recht S. 8 f. m. w. N., und Christian Ulrich Grupen in SPANGENBERG, Beyträge S. 63 f., sprachen von Friedrich II.

367) HOMEYER, Einleitung LnR, Sachsenspiegel II 1 S. 51; ähnlich nun auch LÜCK, Woher kommt das Lehnrecht S. 254 Anm. 109.

368) LGl LnR 4 § 2 (S. 115 Z. 2).

nommen[369]. Eindeutig spricht die Lehnrechtsglosse hier also von Friedrich II.

Sollte man aus dieser Passage nun aber darauf schließen, dass die Lehnrechtsglosse mit „Kaiser Friedrich“ stets Friedrich II. meint, ihm also auch das Lehnrecht zuschreiben will? Dagegen spricht schon, dass Friedrich II. durch die Anspielung auf dessen Exkommunikation und Absetzung in sehr schlechtem Licht erscheint. Demgegenüber drücken sich im Akt kaiserlicher Lehnsgesetzgebung überaus positive Herrscherkonnotationen aus. Noch wichtiger aber ist, dass zur Interpretation der Lehnrechtsglosse stets auch die Buch'sche Glosse mit herangezogen werden muss. Dort ist derselbe Fall Friedrichs II. als Beispiel einer berechtigten Kaiserexkommunikation bereits enthalten (Glosse LdR III 50 (57 § 1) *Dre sake*[370]). Wie so oft hat sich der Lehnrechtsglossator also aus dem Fundus der Buch'schen Glosse bedient und fast wörtlich eine längere Passage inkorporiert[371]. Beim Abschreiben der Beispiele – auch Kaiser Lothar und Kaiser Theodosius finden im Folgenden noch Erwähnung[372] – hat sich der Lehnrechtsglossator über die genaue Identität „Kaiser Friedrichs“ wahrscheinlich keine allzu großen Gedanken gemacht. Eher zufällig ist dieses Detail in die Lehnrechtsglosse geraten. Man wird die Stelle daher nicht überbewerten dürfen. Zur Identifizierung des kaiserlichen Lehnsgesetzgebers taugt Glosse LnR 4 sicher nicht.

Der Glossator des Lehnrechts macht keinen Versuch, seine Rückführung des Lehnrechts auf Kaiser Friedrich durch glaubwürdigkeitssteigernde Zusätze zu untermauern. Johann von Buch hatte zu diesem Zweck auf historisierende Zugaben in Form von Orts- und Zeitangaben zurückgegriffen[373]. Der Weichbildglossator entschied sich gar zur vollständigen Wiedergabe eines vermeintlichen Privilegs Ottos II.[374]. Auch der Lehnrechtsglossator hätte sich solcher Mittel bedienen können. Vergleichbare konkrete Datierungen

---

369) *Bulla depositionis* vom 17. Juli 1245 (MGH Const. 2 Nr. 400 S. 512 (10)).

370) Gl LdR III 50 (57 § 1) *Dre sake*: „*Hir vmme wart keyser Ffrederik vntsat, ut extra de re iudicata c. II v(erbis) nos itaque li. VI.*“ (S. 1296 Z. 12–14).

371) Übrigens hat dies auch der Glossator des Weichbildes getan. In Gl WbR 9 a. E. findet sich in leicht umgestellter Form dieselbe aus Gl LdR III 50 (57 § 1) *Dre sake* übernommene Zusammenstellung von Gründen, aus denen der Papst den Kaiser bannen dürfe (Sp. 219 Z. 54 – Sp. 220 Z. 24).

372) LGl LnR 4 § 2 (S. 115 Z. 6; S. 116 Z. 8); entspricht Gl LdR III 50 (57 § 1) *Dre sake* (S. 1297 Z. 2 und S. 1298 Z. 3).

373) Gl LdR III 74 (82 § 1) (S. 1491 Z. 14–17); Gl LdR III 75 (82 § 2) *We ein gut deme anderen gift* (S. 1492 Z. 22 – S. 1493 Z. 4); Gl LdR III 77 (85 § 1) *War mer lüde* (S. 1504 Z. 1–3) und Richtsteig LdR, Prolog (HOMEYER, Richtsteig LdR S. 82). Vgl. bereits oben S. 537 ff.

374) Gl WbR 10 (Sp. 229 Z. 26 – Sp. 230 Z. 34). Vgl. auch oben S. 542 ff.

oder Verortungen eines angeblichen Akts der Lehnsgesetzgebung hält die Lehnrechtsglosse jedoch für ebenso entbehrlich wie Berichte oder Auszüge aus vermeintlichen Privilegurkunden. Der Glossator versucht auch nicht, für die Zuweisung des Lehnrechts an Kaiser Friedrich Anknüpfungspunkte im gelehrten Recht zu finden. In Verbindung mit dem Lehnsgesetzgeber Friedrich auftretende gelehrte Allegationen betreffen stets nur ganz allgemeine Motive zu kaiserlicher Gesetzgebung[375].

Auf die Identität des Lehnsgesetzgebers aus Sicht des Glossators kann deshalb nur indirekt geschlossen werden. Insgesamt muss man von einer starken Orientierung des Lehnrechtsglossators am Buch'schen Werk ausgehen. Die Person, die Johann von Buch jeweils unter „Kaiser Friedrich" versteht, ist im Zweifel auch in der Lehnrechtsglosse gemeint. Nun lässt sich eindeutig belegen, dass Johann von Buch, vom Exkommunikationsbeispiel der Glosse LdR III 50 (57 § 1) *Dre sake* abgesehen, unter „Kaiser Friedrich" an anderer Stelle eindeutig Friedrich I. verstand. Das ergibt sich zweifelsfrei spätestens bei Hinzuziehung seines Prologs zum Richtsteig Landrechts[376]. Dort heißt es, *„keyser Frederik von Stouff"* habe die Schlussartikel LdR III 87–91 *„na godes bort dusent jar und anderhalf hundert jar in deme achteden* [andere Handschriften: *„achtentwintegesten"*, Anm. der Verf.] *jar und in deme drudden jare sines rikes in deme pingst dage to Meylan in deme palaze"*[377] erlassen. Dass Johanns Datierung in der Überlieferung schwankt (1168? 1178?) und historisch so genau nicht verifizierbar ist, fällt nicht weiter ins Gewicht. Die Geschichte kennt zwei Stauferkaiser namens Friedrich: einen des 12. und einen des 13. Jahrhunderts. Johann von Buch macht hier hinreichend klar, dass er vom ersten spricht. Dem Glossator des Landrechts war Friedrich I. also jedenfalls Gesetzgeber der Schlussartikel LdR III 87–91. In diesem Sinn gebraucht er den Namen *„keyser Frederick van Stouffe"*[378] in der Glosse LdR III 79 (87 § 1) *Welck leye*. Weniger eindeutig sind die übrigen Bezugnahmen der Buch'schen Glosse auf „Kaiser Friedrich". Auch ist völlig unklar, ob der Lehnrechtsglossator den Richtsteig

375) Zur Idee der Notwendigkeit von Schriftrecht aus Gründen von Rechtssicherheit und Übersichtlichkeit allegiert die LGl LnR, Vorrede etwa Nov. 7, 2 und Nov. 49 pr. (S. 48 Z, 6–8). LGl LnR 81 (80 § 1) gibt zudem eine deutsche Übersetzung der allegierten Stelle Inst. Const. Imp. in pr.: *„Wenne dy keiserliche maiestat nicht alleyne gecziret will sin mit dem swerte, sunder ouch mit der vornunfft des rechten."* (S. 1082 Z. 10–12).

376) So schon HOMEYER, Einleitung, Richtsteig LdR S. 31 f.; und KANNOWSKI, Umgestaltung S. 526.

377) Richtsteig LdR, Prolog (HOMEYER, Richtsteig LdR S. 82 mit Anm. 3).

378) Gl LdR III 79 (87 § 1) *Welck leye* (S. 1510 Z. 3). Zur wahrscheinlichen Autorschaft Johanns auch noch an dieser Gl LdR III 79 (87) KANNOWSKI, Umgestaltung S. 485–487.

Landrechts gekannt und im Sinne einer Lektürehilfe zur Buch'schen Glosse gebrauchen konnte. Indizien sprechen aber dafür, dass Johann von Buch in seiner Glosse auch sonst Friedrich I. anspricht und dies auch in einer für den Lehnrechtsglossator nachvollziehbaren Art und Weise tut. Mehrfach allegiert die Buch'sche Glosse nämlich, wenn sie Kaiser Friedrich in lehnrechtlichem Zusammenhang erwähnt, die *Libri feudorum*[379]. Mit ihnen ist der Name Friedrich I. aufs engste verbunden. Sie sind der eigentliche Schlüssel zur Identifizierung des in der Lehnrechtsglosse zum Gesetzgeber des Sächsischen Lehnrechts erhobenen Kaisers.

Fragt man ganz allgemein nach Merkmalen, die einen Kaiser im kollektiven Bewusstsein des 14. Jahrhunderts zum Lehnsgesetzgeber qualifizieren könnten, lassen sich mehrere gewichtige Aspekte zusammentragen, die Kaiser Friedrich I. in einem solchen Licht erscheinen lassen[380].

Der wichtigste von allen ist die besondere Verbindung Friedrichs I. zu den *Libri feudorum*. Als Bestandteil des mittelalterlichen *Corpus iuris* waren die *Libri feudorum* zur maßgeblichen Quelle des „gelehrten Lehnrechts" avanciert. Für den Herrscher Kaiser Friedrich I. sollten sie ganz besondere Bedeutung erlangen, denn die *Libri feudorum* fungierten als Multiplikator seiner Lehnsgesetzgebung. Zwar hatten sie, teils in verarbeiteter, kommentierender oder paraphrasierender Form[381], teils im Wege wortwörtlicher, ausdrücklich in Titel oder Incipit gekennzeichneter Inkorporationen, noch eine ganze Reihe weiterer kaiserlicher Lehnsgesetze in sich aufgenommen. Die Gesetze Friedrichs I. nahmen dabei aber den ersten Platz ein. So überliefert L.F. II 27 *De pace tenenda* den vollständigen Reichsfrieden Friedrichs I. von 1152 (Incipit „*Fredericus, Dei gratia Romanorum imperator*"[382]),

379) Gl LdR I 32 (26) *Wert en monik* (S. 303 Z. 11 f., S. 304 Z. 1 f. und 4 f.) mit Verweisen auf L.F. I 1 (LnR 2? Vgl. zur Auflösung der Allegation bereits oben S. 569 Anm. 341), L.F. II 21 und L.F. II 15; Gl LdR I 62 (63 § 1) *Kempliken groten* (S. 455 Z. 11–14) mit Zitat der L.F. II 27, 1 und L.F. II 27, 10. Auch Gl LdR I 13 (14 § 1) *Al sy yd lenrecht* (S. 204 Z. 26) allegiert wohl L.F. II 54 pr. (?). Hingegen befasst sich Gl LdR III 67 (75 § 1) *An eghene* (S. 1418 Z. 1 – S. 1422 Z. 4) mit Bestimmungen des Sächsischen Lehnrechts.

380) Denselben Weg verfolgt in einer kurzen Bemerkung schon HOMEYER, Einleitung LnR, Sachsenspiegel II 1 S. 51.

381) LASPEYRES, Über die Entstehung S. 177–184, und WEIMAR, Handschriften S. 32 f., schildern etwa die älteren Teile L.F. I 19–24 als eine gelehrte Abhandlung, die sich an lotharische Gesetze bzw. an das Lehnsgesetz Kaiser Konrads II. *de beneficiis* von 1037 (MGH Dipl. 4 Nr. 244) anlehnt. Auch L.F. II 34 liegt das konradische Lehnsgesetz von 1037 zugrunde. Allgemein zur kaiserlichen Lehnsgesetzgebung und ihrem Fortleben in den *Libri feudorum* KARG, Kaiserliche ‚Lehnsgesetzgebung'; KRIEGER, Lehnshoheit S. 486–491; LASPEYRES, Über die Entstehung S. 137–226; MITTEIS, Lehnrecht und Staatsgewalt S. 398–404.

382) L.F. II 27 pr. (LEHMANN, Consuetudines feudorum S. 232 Z. 4).

der sich über weite Strecken mit lehnrechtlichen Fragen befasst[383]. Eine größere zusammenhängende Gruppe kaiserlicher Lehnsgesetze befindet sich am Schluss der Kompilation (L.F. II 52 – II 56 (57)). L.F. II 52 enthält drei Kaiser Lothar III. zugeschriebene Texte, darunter dessen knappes Lehnsgesetz *Imperialis benevolentiae* von 1136[384]. Es folgen drei der berühmten roncalischen Gesetze Kaiser Friedrichs I. von 1158: Das Landfriedensgesetz *Hac edictali* in L.F. II 53[385], das Lehnsgesetz *Imperialem decet* in L.F. II 54 (55)[386] und das Regaliengesetz *Regalia sunt* in L.F. II 55 (56)[387]. Zuletzt bietet L.F. II 56 (57) noch das kurze Lehnsgesetz *Si vasallus* eines Kaisers Heinrich[388]. Den Schluss bildet das Krönungsgesetz *Ad decus* Friedrichs II. von 1220, welches der Sammlung aber nicht mehr als Untertitel einverleibt worden ist[389]. Insgesamt nehmen Gesetze Kaiser Friedrichs I. unter den inkor-

---

383) Reichsfrieden Friedrich Barbarossas von 1152, sogenannte *Constitutio de pace tenenda* (MGH Dipl. 10, 1 Nr. 25) bzw. L.F. II 27 *De pace tenenda et ejus violatoribus* (LEHMANN, Consuetudines feudorum S. 232–236). Zu den politischen Hintergründen KÜCH, Landfriedensbestrebungen S. 12–33; zur lehnrechtlichen Dimension des Friedens MITTEIS, Lehnrecht und Staatsgewalt S. 428 f.; zur wahrscheinlichen Verarbeitung des Friedens im Sachsenspiegel schließlich NEHLSEN-VON STRYK, Sachsenspiegel und Reichsfrieden.

384) L.F. II 52 *De prohibita feudi alienatione per Lotharium* (LEHMANN, Consuetudines feudorum S. 253–255). § 1 des Titels enthält das Lehnsgesetz *Imperialis benevolentiae* Lothars III. von 1136 (MGH Dipl. 8 Nr. 105). Dazu MITTEIS, Lehnrecht und Staatsgewalt S. 402 f.; KARG, Kaiserliche ‚Lehnsgesetzgebung' S. 209–214; KRIEGER, Lehnshoheit S. 487. Zu den übrigen Bestandteilen von L.F. II 52 WEIMAR, Handschriften S. 38.

385) Landfriedensgesetz Friedrich Barbarossas *Hac edictali* von 1158 (MGH Dipl. 10, 2 Nr. 241) bzw. L.F. II 53 *De pace juramento firmanda, servanda, tuenda et vindicanda et de poena juidicibus apposita, qui eam vindicare et justitiam facere neglexerint* (LEHMANN, Consuetudines feudorum S. 255–257); wobei §§ 12 f. nur in den *Libri feudorum* überliefert sind.

386) Zweites Lehnsgesetz Friedrich Barbarossas *Imperialem decet* von 1158 (MGH Dipl. 10, 2 Nr. 242) bzw. L.F. II 54 (55) *De prohibita feudi alienatione per Fredericum* (LEHMANN, Consuetudines feudorum S. 258–260). Dazu KARG, Kaiserliche ‚Lehnsgesetzgebung' S. 220–226.

387) Regaliengesetz Friedrich Barbarossas *Regalia sunt* von 1158 (MGH Dipl. 10, 2 Nr. 237) bzw. L.F. II 55 (56) *Quae sunt regalia* (LEHMANN, Consuetudines feudorum S. 255–257). Dazu KANNOWSKI, Regalienbegriff.

388) Die Zuweisung des Lehnsgesetzes Kaiser Heinrichs *Si vasallus* (MGH Const. 1 Nr. 55) bzw. L.F. II 56 (57) *Quot testes sint necessarii ad probandam feudi ingratitudinem* (LEHMANN, Consuetudines feudorum S. 261) ist umstritten. Für Heinrich VI. LASPEYRES, Über die Entstehung S. 224 f.; für Heinrich III. WEIMAR, Handschriften S. 38. Vgl. auch MITTEIS, Lehnrecht und Staatsgewalt S. 402 Anm. 476.

389) Krönungsgesetz Friedrichs II. *Ad decus* von 1220 (MGH Const. 2 Nr. 85). Es wurde den vulgaten Handschriften des *Corpus iuris* offenbar nach den *Libri feudorum*

porierten lehnrechtlichen Kaisergesetzen der *Libri feudorum* den größten Raum ein. Schon ihrer äußeren Gestalt nach präsentiert das gelehrte Lehnrecht Friedrich I. also als bedeutenden Lehnsgesetzgeber. Ein entsprechendes Bild von ihm prägten die *Libri feudorum* in der Nachwelt. Gerade Juristen, die sich bei ihrer Arbeit mit den *Libri feudorum* auseinandersetzten, bekamen die spezifisch lehnrechtliche Facette staufischer Gesetzgebung immer wieder vor Augen geführt.

Tatsächlich war Friedrich I. während seiner Regierungszeit mehrfach im Bereich des Lehnrechts legislatorisch tätig geworden. Das 1158 auf dem Reichstag zu Roncaglia erlassene Lehnsgesetz *Imperialem decet* war bereits Bestätigung und Ausbau eines früheren friderizianischen Lehnsgesetzes aus dem Jahr 1154, welches vornehmlich auf den Schutz des Lehnsherrn und den Ausbau der Reichslehnverfassung zielte[390]. Dessen Neuauflage auf dem Reichstag von 1158 führte, vielleicht auch unter dem Einfluss der *quattuor doctores* Bulgarus, Martinus, Jacobus und Hugo, zu einer weiteren juristischen Präzisierung und Ausdifferenzierung lehnrechtlicher Belange[391]. Unter anderem regelt es bei Androhung des Lehnsverlustes das Verbot, Lehen ohne Zustimmung des Herrn zu verkaufen, zu verpfänden oder zu stiften. Es formuliert darüber hinaus eine Ablösemöglichkeit der Heerfahrtspflicht, verfügt ein Teilungsverbot für größere Reichslehen und verpflichtet dazu, Lehnsstreitigkeiten ausschließlich vor dem Lehngericht auszutragen[392]. Beide Gesetze zielen aus rechtspolitischer Sicht primär auf die Regelung oberitalienischer Verhältnisse, weshalb ihre unmittelbare Geltung im übrigen Reich zweifelhaft ist[393]. Formal richtet sich das ronkalische Lehnsgesetz von 1158 aber bereits an alle Untertanen des Reiches („*universis nostro subiectis imperio*“[394]) und spätestens ab dem 14. Jahrhundert wurden die Lehnsgesetze Friedrichs I. über die *Libri feudorum* auch nördlich der Alpen rezipiert.

---

angehängt, WEIMAR, Handschriften S. 46. In der Edition von LEHMANN, Consuetudines feudorum, ist es nicht enthalten.

390) Erstes Lehnsgesetz Friedrich Barbarossas von 1154 (MGH Dipl. 10, 1 Nr. 91); dazu KARG, Kaiserliche ‚Lehnsgesetzgebung‘ S. 214–220; KRIEGER, Lehnshoheit S. 487 f.; MITTEIS, Lehnrecht und Staatsgewalt S. 403 f.

391) KARG, Kaiserliche ‚Lehnsgesetzgebung‘ S. 221 f., 227.

392) Zweites Lehnsgesetz Friedrich Barbarossas *Imperialem decet* von 1158 (MGH Dipl. 10, 2 Nr. 242 S. 35 Z. 16–20; S. 35 Z. 341 – S. 36 Z. 4; S. 36 Z. 5; S. 36 Z. 10–24); dazu KARG, Kaiserliche ‚Lehnsgesetzgebung‘ S. 220–226.

393) KRIEGER, Lehnshoheit S. 489 f.

394) Zweites Lehnsgesetz Friedrich Barbarossas *Imperialem decet* von 1158 (MGH Dipl. 10, 2 Nr. 242 S. 35 Z. 8 f., vgl. auch Z. 34 zur Heerfahrtspflicht: „*Firmiter etiam statuimus tam in Italia quam in Alamania* [...]“).

Friedrichs Gesetzgebungen von Roncaglia waren Höhepunkte staufischer Herrschaft von großer Symbolkraft und von nachhaltiger Bedeutung für das Reich. Friedrich I. war auch der erste Kaiser, der in besonderer Weise die Anbindung an das römische Recht und die gelehrte Rechtswissenschaft suchte[395]. All das muss in den Köpfen der Bologneser Rechtsgelehrten das Bild eines besonders rechtsaffinen Herrschers geprägt haben. Und so lag es auch für die Glossatoren des Sächsischen Rechts nicht fern, Legenden vom kaiserlichen Erlass sächsischer Privilegien an die Ereignisse rund um Friedrichs Reichstage zu Roncaglia zu knüpfen. Bernd Kannowski erklärt mit diesen historischen Hintergründen Johanns von Buch Entscheidung, Friedrich I. einzelne Novellen zuzuschreiben[396]. Derselbe historische Hintergrund verleitete aber wohl auch den Lehnrechtsglossator dazu, Friedrich I. darüber hinaus als Gesetzgeber eines ganzen Sächsischen Lehnrechts anzusehen.

Dass Friedrich I. dabei gerade für den Erlass lehnrechtlicher Gesetze prädestiniert schien, erklärt sich nicht allein aus seinen in und hauptsächlich für Italien erlassenen Lehnsgesetzen und ihrem Fortleben in den *Libri feudorum*. Überhaupt zielte Friedrichs politisches Programm auf die Integration des Lehnrechts in die Reichsverfassung. Die rechtshistorische Forschung sieht Friedrich I. deshalb heute als eine maßgebliche Kraft bei der Entwicklung des Lehnrechts. Heinrich Mitteis, der das Lehnrecht als ein ganz bewusst eingesetztes Herrschaftsinstrument beschrieb, kam zu dem Schluss: „In der Verfassungspolitik Friedrichs I. bildet die Ausnutzung der Machtmittel des Lehnrechts den Grund- und Eckstein.“[397] Zu den im Bannkreis des Lehnrechts stehenden Ereignissen, in denen sich Friedrichs Feudalisierungspolitik manifestierte, zählen der bereits erwähnte Landfrieden von 1152 mit seinen vielen lehnrechtlichen Bestimmungen[398] sowie die Erhebung der Mark Österreich zum Herzogtum (1156) und dessen Wiederaus-

395) APPELT, Friedrich Barbarossa; DILCHER, Der mittelalterliche Kaisergedanke S. 158–163; PENNINGTON, The Prince and the Law S. 8–37, insbesondere S. 12–14.

396) KANNOWSKI, Umgestaltung S. 527 f.

397) MITTEIS, Lehnrecht und Staatsgewalt S. 428. Ähnlich auch DILCHER, Entwicklung S. 288–299, insbesondere S. 290: „Eine Tendenz und auch ein politischer Wille Friedrich Barbarossas, das Lehnrecht stärker in das Zentrum der Reichsverfassung zu stellen und also das Reich zu feudalisieren, ist unbezweifelbar.“; vgl. außerdem HAUSER, Staufische Lehnspolitik, insbesondere S. 395–408, 472–490.

398) Reichsfrieden Friedrich Barbarossas von 1152, sogenannte *Constitutio de pace tenenda* (MGH Dipl. 10, 1 Nr. 25) bzw. L.F. II 27 *De pace tenenda et ejus violatoribus* (LEHMANN, Consuetudines feudorum S. 232–236); dazu MITTEIS, Lehnrecht und Staatsgewalt S. 428 f.

gabe als Lehen mit genau definierten Rechten[399]. Die größte Bedeutung für die Entwicklung des Lehnswesen kommt aber zweifelsohne Friedrichs Auseinandersetzung mit dem welfischen Herzog Bayerns und Sachsens, seinem Vetter Heinrich dem Löwen, zu. Bekanntermaßen gipfelte der Streit im Doppelprozess gegen Heinrich, in dessen Folge ihm 1180 alle Reichslehen aberkannt, seine Territorien zerschlagen und als Fahnlehen wieder neu ausgegeben wurden[400]. Erstmals begegnet hier ein konsequent durchgeführtes doppeltes Verfahren nach Land- und Lehnrecht, indem sich der Kaiser, weil das landrechtliche Druckmittel der Acht nicht mehr ausreichte, mit allen ihm als Lehnsherrn zur Verfügung stehenden Machtmitteln gegen seinen Gegenspieler durchsetzte[401]. Der Untergang der großen Stammesherzogtümer, ihre Ersetzung durch Lehnsfürstentümer neuen Typs, die Herausbildung eines abgeschlossenen Reichsfürstenstandes und Heerschildordnung – Friedrich Barbarossa schlug in der Geschichte des Lehnrechts ein neues Kapitel auf. Seinen Zeitgenossen wird das nicht verborgen geblieben sein.

Die politischen Ereignisse rund um Heinrich den Löwen waren zusammen mit der italienischen Lehnsgesetzgebung auf dem glorreichen Reichstag von Roncaglia geeignet, eine die Zeiten überdauernde Verbindung des Staufers Friedrich I. zum Lehnrecht zu schaffen. Sie prägten wohl auch die Erinnerungskultur des 14. Jahrhunderts, zumal die friderizianischen Lehnsgesetze nun über die *Libri feudorum* rezipiert wurden und Friedrich I. somit dauerhauft als Lehnsgesetzgeber präsent war. Und so ist in einer Stilisierung Friedrichs I. im kollektiven Gedächtnis des Spätmittelalters zum Lehnsgesetzgeber schlechthin der eigentliche Grund dafür zu sehen, dass der Lehnrechtsglossator ihm kurzerhand auch das Sächsische Lehnrecht zuschrieb.

Kehrt man nun noch einmal zur Ausgangsfrage nach der Identität des sächsischen Lehnsgesetzgebers „*keyser Friderich von Stawffe*“[402] zurück, so wird man die Frage nicht mit letzter, aber doch mit großer Wahrscheinlich-

---

399) *Privilegium minus* Friedrichs I. von 1156 (MGH Dipl. 10, 1 Nr. 151); dazu DILCHER, Entwicklung S. 291 f.; MITTEIS, Lehnrecht und Staatsgewalt S. 429 f.

400) Sogenannte „Gelnhäuser Urkunde“ Friedrichs I. von 1180 (MGH Dipl. 10, 3 Nr. 795); deutsche Übersetzung bei KROESCHELL, Deutsche Rechtsgeschichte I S. 177 f. Aus der umfangreichen Literatur zu diesem berühmten Prozess vgl. nur HEINEMEYER, Prozeß Heinrichs des Löwen; MITTEIS, Lehnrecht und Staatsgewalt S. 431–444; DERS., Politische Prozesse S. 48–74; aus jüngerer Zeit DENDORFER, Politische Prozesse S. 203–220; KANNOWSKI, Prozess gegen Heinrich den Löwen; sowie KROESCHELL, Lehnrecht und Verfassung, Rn. 28–31; DERS., recht unde unrecht S. 74–78; im hier interessierenden Kontext zudem DILCHER, Entwicklung S. 292–294; sowie KRIEGER, Lehnshoheit S. 156–173.

401) MITTEIS, Lehnrecht und Staatsgewalt S. 432.

402) LGl LnR, Vorrede (S. 48 Z. 3).

keit zugunsten Friedrichs I. entscheiden können. Hinter seinen wirkungskräftigen, gut dokumentierten Taten als Lehnsgesetzgeber und oberster Lehnsherr muss die Regierung Friedrichs II. verblassen. So glanzvoll die Herrschaft des Enkels auch gewesen sein mag – spezifisch lehnrechtliche Momente trugen sie nicht.

Gleichwohl sei zuletzt noch eine Miszelle hinzugefügt, die das gefundene Ergebnis relativiert. Auch die Personalie Friedrichs II. war mit den *Libri feudorum* verbunden. Immerhin bildete Friedrichs Krönungsgesetz *Ad decus* deren Schlussstein[403]. Noch bedeutsamer aber ist, dass sich im 14. Jahrhundert die Meinung bildete, die *Libri feudorum* seien von Friedrich II. approbiert worden und bezögen aus dieser offiziellen Autorisierung ihre allgemeine Geltungskraft[404]. Hintergrund war die unter Juristen sehr umstrittene Frage nach der *auctoritas*, der Allgemeinverbindlichkeit, der *Libri feudorum*[405]. Ihr stand, wie man sehr wohl erkannte, der Charakter der *Libri feudorum* als extrem heterogener Kompilation entgegen, die neben Kaisergesetzen auch Abhandlungen von privater Hand und bloß lokale Bestimmungen aufgenommen hatte. Um die Gesetzeskraft der *decima collatio* zu bekräftigen, schrieb Baldus sie im Proömium seiner *Lectura super usibus feudorum* (1393) daher Friedrich II. zu[406]. Dazu hatte ihn eine Bemerkung des Odofredus veranlasst, der in seiner *Lectura super Codice* das Vorhandensein einer *Authentica* Friedrichs II. nach Cod. 1, 2, 12 im *Corpus iuris* damit erklärte, dass der Kaiser seine Novellen zusammen mit dem Auftrag nach Bologna geschickt habe, sie in das *Corpus iuris* einzufügen. Ebenso habe später Hugolinus die *Libri feudorum* mitsamt der Gesetze Friedrichs I. und Friedrichs II. eingefügt[407]. Baldus zitiert die Stelle, entnimmt ihr fälschlicherweise aber den Schluss, Friedrich II. habe die gesamten *Libri feudorum* übersandt und einen Auftrag zu ihrer Inkorporation erteilt[408]. Indem Bal-

---

403) Vgl. oben S. 580.

404) DANUSSO, Ricerche S. 162–167; zusammenfassend auch LANGE / KRIECHBAUM, Kommentatoren S. 190 f.

405) Die Diskussion wurde von DANUSSO, Ricerche S. 151–176, detailliert aufgearbeitet.

406) Zum Werk LANGE / KRIECHBAUM, Kommentatoren S. 789 f.

407) DANUSSO, Ricerche S. 163 Anm. 44, und V. SAVIGNY, Geschichte des römischen Rechts III S. 521 Var. b, geben die Stelle bei Odofredus im Wortlaut wieder.

408) Baldus beginnt wenig zimperlich: „*Que aute*[m] *potest esse maior approbatio q' summorum pontificum. certe nulla. vt C. de leg. l. fin. Porro aduertant ignorantes & mordeant sibi labia reprehensores veritatis.*" (BALDUS, Super feudis, Proömium fol. I[va]). Es folgt das Zitat aus der *Lectura* des Odofredus: „*Nam doctor egregius Odofre. C. de sacrosanc. eccle. auten. cassa & irrita. sic ait. Unum sciatis q*[uod] *autenticum quod fuit compositum a Justiniano habet nouem collationes. Poestea qua*[n]*do venit imperator Fe-*

dus auf diese Weise eine Bestätigung der Texte der *Libri feudorum* durch Friedrich II. konstruiert, rechnet er dem Kaiser in gewisser Weise die *Libri feudorum* als solche zu. Schon Jahrzehnte zuvor hatte erstmals auch Jacobus de Belvisio eine solche Interpretation der *Libri feudorum* als Kaiserrecht Friedrichs II. vertreten[409]. Cristina Danusso konnte zeigen, dass sich Baldus' Auffassung von der kaiserlichen Approbation der *Libri feudorum* in der feudistischen Literatur bald durchsetzte und zur allgemeinen Meinung aufstieg[410].

War damit nun doch Friedrich II. zum „Lehnsgesetzgeber par excellence" geworden? Dagegen spricht, dass die Rechtswissenschaft die kaiserliche Approbation nur als Mittel zum Zweck, nämlich zum Zweck des Nachweises der Allgemeingültigkeit der *Libri feudorum*, gebrauchte. In der Diskussion um den Geltungsgrund der *Libri feudorum* war sie eines von vielen und nicht einmal das vorrangige Argument[411]. Außerdem verbreitete sich die Ansicht von einer Bestätigung durch Friedrich II. wohl erst im Laufe des 15. Jahrhunderts. Es scheint, als habe tatsächlich erst Baldus sie 1393 in seiner *Lectura super feudis* begründet. Als Impulsgeber für den Glossator des Lehnrechts kam Baldus' Ansicht also zu spät. Selbst wenn die Auffassung schon zuvor an Universitäten kursiert haben sollte, hätte sie das vielschichtige Bild von Friedrich I. als Lehnsgesetzgeber doch wohl allenfalls schwächen können.

---

dericus iunior misit has constitutiones ad ciuitatem istam doctoribus legum vt aptarent eas singulis legibus sub congruentibus titulis: & ita fecerunt doctores cum conuenerunt in sancto petro: quia istam adaptauerunt ad legem istam. Postea quid feceru[n]*t. Dominus Hugolinus post nouam collationem posuit libr*[or]*u*[m] *feudorum*[m]*: & omnes constitutiones Federici antiqui & iunioris & aliquas leges Conradi imperatoris & vocatur. x. collatio. Sed pauci sunt qui habeant ita ordinate in libris suis sicut Odofre.*" (DERS., ebenda). Daran schließt sich die nicht weniger scharf formulierte Schlussbemerkung an: „*Apparet igitur quomodo iussu impatoris fuit processum & approbatu*[m]. *Et ideo pertinaces definant latrare deinceps.*" (DERS., ebenda). Dazu DANUSSO, Ricerche S. 162–166.

409) RYAN, Ius Commune Feudorum S. 64.

410) DANUSSO, Ricerche S. 166, insbesondere Anm. 53.

411) Auch Baldus' Hauptargument für die Allgemeingültigkeit der *Libri feudorum* ist nicht die kaiserliche Approbation, sondern ihre langjährige Anerkennung und wissenschaftliche Bearbeitung durch gelehrte Rechtsautoritäten: „*In contrarium q*[uod] *iste liber sit auctenticus solennis & seruandus probatur: quia multi glosatorum vertices istum librum glosauerunt & super eo fecerunt vtilissimas sum*[m]*as Inter quos fuerunt magni viri. s. Pyleus Jac. colu*[m]*bi. Ja. de ardizone veronensis. Jo. fasolus archiepiscopus ebrudunensis Jacob*[us] *de rauano vltra mo*[n]*tan. Odof. postremo. Jac. de beluisio. Andrea de isernea. Pet de cer. & multi alij quorum auctoritate arguere non est absonum.*" (BALDUS, Super feudis, Proömium fol. I[rb–va]); dazu LANGE / KRIECHBAUM, Kommentatoren S. 190.

Bemerkenswert bleibt, dass Baldus mit Odofredus sehr genau zwischen „*Federicus iunior*“[412] und dem früheren Friedrich *antiquus* unterscheidet. Eine solche zur eindeutigen Bezeichnung der Kaiser eigentlich notwendige Differenzierung nahm der Glossator des Lehnrechts gerade nicht vor. Vielleicht, so wird man folgern müssen, stand dem Glossator gar nicht so klar vor Augen, dass es zwei verschiedene Stauferkaiser gegeben hat. In seiner Zuschreibung des Lehnrechts an einen Kaiser kam es ihm darauf an, eine prominente und mit Belangen des Lehnrechts glaubwürdig assoziierbare Herrscherpersönlichkeit zu finden. Daher mag ihn zu seiner Entscheidung für „Friedrich“ schlichtweg alles inspiriert haben, was ihm in lehnrechtlichen Zusammenhängen zu Ohren kam. Vorwiegend sind das sicher Gesetze und historische Ereignisse rund um die Person Friedrichs I. gewesen. Weil dieser Kaiser tatsächlich die Entwicklung des Lehnrechts forciert hatte, konnte er mehr Impulse zu seiner Anerkennung als Lehnsgesetzgeber setzen. Die eine oder andere Information in Verbindung mit Friedrich II. könnte den Lehnrechtsglossator in seiner Überzeugung vom Lehnrecht als „friderizianischem“ Kaisergesetz aber eher bestärkt denn verunsichert haben. Möglicherweise verschwammen die beiden historischen Personen Friedrich I. und II. in der Vorstellung des Lehnrechtsglossators zum Bild vom einen legendären Lehnrechtsgeber „Friedrich“.

3. Vorstellung von Abfassung und Erlass des Lehnrechts

Der vergleichende Überblick über zeitgenössische Quellen des 14. Jahrhunderts hat gezeigt, dass die Juristen dieser Zeit die sächsischen Rechtsbücher zwar als zu ganz bestimmten Zeitpunkten von ganz bestimmten Kaisern erlassene Gesetzgebungswerke ansahen, dass sie sie gleichzeitig aber auch als Produkte rechtswissenschaftlicher Arbeit auffassten. Letztlich, so die Idee, waren auch Gesetzeskompendien vor ihrem Erlass im kaiserlichen Auftrag von einem Rechtsgelehrten verfasst worden. Ähnlich trug es sich ja tatsächlich zu. Friedrich I. etwa hatte sich 1158 auf dem Reichstag zu Roncaglia bei der Ausformulierung seiner berühmten Regalienrechte des juristischen Sachverstandes der *quattuor doctores* bedient[413]. Entsprechend gestaltete sich die Sicht der sächsischen Glossatoren auf die Entstehungsgeschichte ihrer Rechtsbücher. Jedem Rechtsbuch wurde ein kaiserlicher Ausgeber zugeschrieben, jedes hatte aber auch seinen rechtsgelehrten „Meister des Privilegs“. Für Johann von Buch spielte dabei der ursprüngliche Verfasser des vermeintlich lateinischen Privilegs Karls des Großen keine große Rolle. Im Vordergrund stand für ihn Eike von Repgow als ein irgendwann zwischen

412) BALDUS, Super feudis, Proömium fol. I^{va}.
413) APPELT, Friedrich Barbarossa S. 63–75; KANNOWSKI, Regalienbegriff S. 159f.

810 und um 1150 arbeitender Übersetzer, Kompilator und Kommentator des Sachsenspiegels. In diesem Sinn galt er Johann als gelehrter „Verfasser" des Sachsenspiegels[414]. Die Weichbildglosse schreibt die Abfassung des Magdeburger Weichbildrechts Burchard von Mangelfeld zu. Er habe das Stadtrecht auf Befehl Ottos II. erstellt, darüber hinaus habe man ihn gar in einem Gefängnis zur Abfassung eines Kommentars desselben gezwungen[415]. Landrechtsglosse und Weichbildglosse halten den Verfasser ihres Rechtsbuchs jeweils in hohen Ehren. Zu einem gewissen Teil verstehen sie das Rechtsbuch auch als Ausdruck von dessen persönlichen Ansichten und respektieren ihn als gelehrte Autorität.

Wie verhält es sich nun mit der Lehnrechtsglosse? Eindeutige Erklärungen über seine Vorstellung von der Entstehungsgeschichte des Lehnrechts gibt der Glossator nicht. Vielmehr bleibt er weitgehend dem Denken der Buch'schen Glosse verhaftet, ohne die daraus resultierenden Widersprüche zu lösen. Die konkreteste Stellungnahme findet sich in der abschließenden Glosse LnR 81 (80 § 1):

> „*Czu eyner beslisunge disser keginwertigen constitucion, dy wir usus feodorum heiszin, dy in Dutczsch vsz dem Latino gebracht ist, dy czu eyner bestetigunge des Sachszinspigels vnde des Sechsisszen rechtis von dem hochgelobeten vnde hochgebornen keiser Fridериche gesaczt vnde bestetiget sien noch keiserlichem willen, ut Institu. in prohemio § imperatoriam. Wenne dy keiserliche maiestat nicht alleyne gecziret wil sin mit dem swerte, sunder ouch mit der vornunfft des rechten. Dorvmbe hot der selbe vorgnante keiser disz keginwertige buch gegeben der ritterschafft* […]."[416]

Ein letztes Mal bezeichnet der Glossator hier an pointierter Stelle das Lehnrecht als eine „*constitucion*" („*saczungen*"[417]) Kaiser Friedrichs. Dass er sich damit in Widerspruch zu Johanns Ansicht über Friedrichs Rolle als bloßer Novellengeber setzt, kümmert ihn nicht. Darüber hinaus erfährt der Leser nun noch, dass diese Satzung „*usus feodorum*" heiße und dass es sich beim Sächsischen Lehnrecht um die deutsche Übersetzung einer ursprünglich lateinischen Fassung handele. Erlassen worden sei sie zu einer „*bestetigunge*" („*vestigunge*"[418]) des Sachsenspiegels und des Sächsischen Rechts.

Im Detail der deutschen Übersetzung lehnt sich der Lehnrechtsglossator an den Schluss der Sachsenspiegel-Reimvorrede an, in welcher Eike die Er-

414) Etwa Gl LdR, Textus prologi *Got de dar is behin vnd ende* (S. 110 Z. 12 f.); vgl. oben S. 537 ff.

415) Gl WbR 10 (Sp. 228 Z. 36–54); vgl. auch oben S. 548 f.

416) LGl LnR 81 (80 § 1) (S. 1082 Z. 5 – S. 1083 Z. 2).

417) LGl LnR 81 (80 § 1) nach der Handschrift L_3 von 1436 (S. 1082 im Petitdruck).

418) KGl LnR 81 (80 § 1) (S. 606 Z. 9).

stellung einer deutschen Zweitfassung schildert[419]. Die Buch'sche Glosse deutet Eikes Bericht so, dass der Spiegler ein altes, in lateinischer Sprache vorgefundenes Gesetz übersetzt habe[420]. Indem der Lehnrechtsglossator diese Vorstellung von einer lateinischen Urfassung nun auch auf das Lehnrecht überträgt, bezieht er allerdings nicht einfach die Sachsenspiegel-Reimvorrede auf das Lehnrecht, zählt zum Sachsenspiegel mithin neben dem Landrecht nicht auch das Lehnrecht. Vielmehr versteht er unter „Sachsenspiegel" wohl ausschließlich das Landrecht. Er verwendet den Begriff nur dieses eine Mal in Glosse LnR 81 (80 § 1). Wenn er dort meint, das Lehnsgesetz sei *„czu eyner bestetigunge des Sachszinspigels"* erlassen worden, gibt er damit zu erkennen, dass er den Sachsenspiegel als ein dem Lehnrecht zeitlich vorangegangenes Aliud begreift. Seine Bemerkung zielt darauf ab, das Lehnrecht in den Gesamtkomplex des Sächsischen Rechts einzubinden. Er will betonen, dass das „friderizianische" Lehnrecht nicht in Konkurrenz, sondern in Kontinuität zu den vorangegangenen Kaisersatzungen für Sachsen zu sehen sei. Denselben Kontinuitätsgedanken formuliert er in allgemeinerer Form auch in Glosse LnR 19. Dort spricht er vom *„recht* [...], *das do bestetiget ist den Sachszen vnde dem lande von Constantino vnde von Karolo vnde von iren nochvolgirn, das gestanden hot bisz an dissen hutigen tag vnuorwandilt."*[421] Aus demselben Grund, aus dem die Lehnrechtsglosse das Lehnrecht als eine Fortschreibung des Sachsenspiegel(-Landrecht)s darstellt, meint auch die Weichbilglosse, das „ottonische" Weichbildrecht sei *„uz dem Sachzinspiegele"*[422] gezogen und überlagere ihn trotz seines jüngeren Alters nicht[423]. Genauso verneint auch die Landfriedensglosse eine *lex-posterior*-Wirkung der *Nove constitutiones Alberti* gegenüber Landrecht, Lehnrecht und Weichbildrecht[424]. Der Gedanke eines zusammenhängenden *„Corpus"*[425] des Sächsischen Rechts kommt in der Lehnrechtsglosse viel weniger deutlich zur Sprache. Die Anspielung auf eine *„vestigunge des Sachsenspigels vnde des Sechsischen rechtis"*[426] ist aber sicher in diesem Kontext zu sehen.

---

419) Ssp, Reimvorrede V. 261–280 (ECKHARDT, Ssp LdR S. 49 f.); vgl. bereits oben S. 513 ff.

420) Vgl. oben S. 537 ff.

421) LGl LnR 19 § 2 (S. 347 Z. 4–7).

422) Gl WbR 10 (Sp. 228 Z. 41).

423) Gl WbR 1 (Sp. 182 Z. 4 – Sp. 183 Z. 14). Vgl. zur Frage der *lex posterior* bereits oben S. 560.

424) Glosse Mainzer RLF c. 1 (Berlin SBB-PK Hs. 392 fol. 129vb–130ra); vgl. bereits oben S. 560.

425) Gl WbR 10 (Sp. 229 Z. 5).

426) KGl LnR 81 (80 § 1) (S. 606 Z. 9).

Ihrem Wortlaut nach und für sich genommen könnte man die aneinandergereihten Relativsätze der zitierten Schlussglosse LnR 81 (80 § 1) dahingehend verstehen, dass erst Kaiser Friedrich die Übersetzung eines älteren, lateinischen, *usus feudorum* genannten Lehnrechtstextes befohlen und dann diese deutsche Fassung als eigentliches Lehnsgesetz erlassen haben soll. Tatsächlich dürfte der Glossator aber gemeint haben, dass Friedrich bereits die lateinischen *usus feudorum* erlassen habe und dieses Lehnsgesetz im Nachhinein aus nicht näher erörterten Gründen ins Deutsche übersetzt worden sei. Für eine solche Deutung spricht vor allem anderen die Parallelität zur Buch'schen Glosse, von deren Einfluss sich der Lehnrechtsglossator kaum jemals befreit. Johann präsentiert Eike als Verfasser des Sachsenspiegels im Sinne eines späteren Übersetzers und Kommentators des lateinischen Privilegs Karls des Großen[427]. Analog konstruiert der Lehnrechtsglossator nun eine ganz ähnliche Entstehungsgeschichte für das Sächsische Lehnrecht. Letztlich hatte dies wohl inhaltliche Gründe. Lange Zeit war Latein die traditionelle Gesetzessprache auf Reichsebene gewesen[428]. Das gilt insbesondere für die Zeit Friedrichs I. – obwohl dieser Umstand dem Lehnrechtsglossator allenfalls über die Rezeption der friderizianischen Konstitutionen als Bestandteil der *Libri feudorum* bewusst gewesen sein dürfte. Zwar waren im 14. Jahrhundert die Kanzleien Ludwigs des Bayern, Friedrichs des Schönen und Karls IV., nachdem schon 1235 der Mainzer Reichslandfrieden erstmals sowohl in lateinischer als auch in deutscher Fassung veröffentlicht worden war[429], zunehmend zur Publikation in deutscher Sprache übergegangen[430]. Latein aber war und blieb die universelle Sprache des Abendlandes. Sie hatte das Reich nach seiner *translatio imperii* überdauert[431]. Latein war die Sprache des gelehrten Rechts und insbesondere die traditionelle Sprache des Kaiserrechts. Schließlich war auch das *Corpus iuris*, welches die Juristen des 14. Jahrhunderts als Sammlung römischer Kaiserkonstitutionen begriffen und dessen Parallele sie bei der Glossierung ihrer sächsischen

427) Vgl. oben S. 537 ff. m. w. N.

428) Nach HATTENHAUER, Zur Geschichte S. 5–7, waren die Sprachen des Reichs Deutsch und Latein. Neben der lateinischen Rechts- und Gesetzessprache sei es zwar schon von Anfang an auch zu deutschsprachiger Gesetzgebung gekommen. Lange Zeit aber lebte die Gesetzgebung vom römischen Recht und vollzog sich daher auch in lateinischer Sprache.

429) Lateinische und deutsche Fassungen des Mainzer Reichslandfriedens Friedrichs II. von 1235 bei MGH Const. 2 Nr. 196 und 196a.

430) Das zeigt der Blick in die Editionen, vgl. etwa MGH Const. 5, und MGH Const. 8. Zum hier im weitesten Sinne gebrauchten Begriff der „Reichsgesetze" BUSCHMANN, Art. Reichsgesetzgebung, in: HRG IV Sp. 583–586.

431) HATTENHAUER, Zur Geschichte S. 7.

Rechtsbücher stets suchten, in lateinischer Sprache überliefert. Da dem Glossator des Sächsischen Lehnrechts sein Rechtsbuch nun aber in deutscher Sprache vorlag, erschien dieser Umstand durchaus erklärungsbedürftig. Nichts lag näher, als die bereits bei Eike indizierte und in der Buch'schen Glosse konkretisierte Erzählung vom Sächsischen Landrecht als einer deutschen Übersetzung auch auf die Entstehungsgeschichte des Lehnrechts zu übertragen.

Aus Sicht des Lehnrechtsglossators, nur so ist Glosse LnR 81 (80 § 1) unter Berücksichtigung des Verständnishorizonts ihres Verfassers zu verstehen, entstand das Sächsische Lehnrecht also durch Übersetzung eines ursprünglich auf Latein verfassten und auch in lateinischer Sprache erlassenen Gesetzes Kaiser Friedrichs. Fragt man nach den am Entstehungsprozess des Sächsischen Lehnrechts beteiligten Personen, ist deshalb grundsätzlich noch einmal zwischen dem Schöpfer des lateinischen Lehnsgesetzes und dem späteren Übersetzer in der deutschen Fassung zu unterscheiden. Als letztlicher Verfasser des Sächsischen Lehnrechts, wie es dem Glossator in Rechtsbuchform zur Bearbeitung vorlag, muss primär der zweite gelten. Indessen verfolgt der Glossator einen solchen Ansatz in seiner Arbeit nicht weiter. Weil er offenbar keinen Verfasser des Lehnrechts zu nennen weiß, legt er sich in Verfasserfragen schlicht nicht weiter fest.

Ein einziges Mal in der gesamten Lehnrechtsglosse erwähnt der Glossator en passant den Namen Eikes von Repgow, bezieht sich dabei aber genau genommen nur auf das Sachsenspiegel-Landrecht. Glosse LnR 7 § 1, die von der Leihe zur Fluchtsal handelt, gibt für „Fluchtsal" folgende Worterklärung: *„Fluchtsal heiset ouch also vil, also eyne ergeczunge eyner flucht; wenne noch dem alden Sechsisschen so heist ‚sal' also vil also ‚irgeczen'. Dorvmbe spricht her Eyke von Repko: Vrsal. Vnde das heiset ouch also vil also irgeczunge, dy flůchtlichen geschůt eyner frawen vor ir leipgedinge, ut C. de compensacionibus ad Velleyanum l. iubemus, et in auten. de nubilia antenupc. dona. § 1 colla. 1.*"[432] Der Glossator greift darin Glosse LdR I 43 (44) *Vrsale* auf, wo Johann von Buch sich um eben jene etymologische Erklärung der „Ursal" aus dem Altsächsischen bemüht und in dem Zusammenhang dezidiert auf das lehnrechtliche Institut der Leihe zur Fluchtsal verweist[433]. Nun kommt der Begriff der „Ursal" ausschließlich im Landrecht (LdR I 44) und der Begriff der „Fluchtsal" ausschließlich im Lehnrecht vor (LnR 7 § 1, 58

432) LGl LnR 7 § 1 (S. 181 Z. 12 – S. 182 Z. 4); vgl. auch LnR 58 § 2.

433) Gl LdR 43 (44) *Vrsale*: „Vrsale *het alzo uele alze irstadet. Wente in oldem Sasseschem rechte hetet ursale alze uele alze stadet. Dar vmme hefstu in deme lenrechte* vluchtsale, *dat is alze uele alze en irstadinge siner ulucht;* […]" (S. 342 Z. 8–11).

§ 2)[434]. Genau genommen erkennt der Lehnrechtsglossator Eike, indem er ihn nur im spezifischen Zusammenhang mit der „Ursal“ erwähnt, also ausschließlich als Verfasser des Sachsenspiegel-Landrechts an[435]. Glosse LnR 7 § 1 erlaubt zwar nicht den zwingenden Umkehrschluss, der Glossator habe Eike das Lehnrecht demnach nicht zuschreiben wollen. Sollte der Glossator der Auffassung gewesen sein, Eike habe auch das Lehnrecht verfasst, wäre aber eigentlich eine entsprechend deutliche Klarstellung zu erwarten gewesen. Offenbar war der Verfasser des Lehnrechts dem Glossator selbst ein Rätsel.

Insgesamt weiß der Lehnrechtsglossator die genauen Hintergründe von Verfasser und Erlass des Sächsischen Lehnrechts nicht zu erklären. Er flüchtet sich deshalb ins Diffuse. In gewisser Weise sucht er die Nähe zur Entstehungsgeschichte des Sachsenspiegels, wenn er in Anlehnung an Sachsenspiegel-Reimvorrede und Buch'sche Glosse die Übersetzung ursprünglich lateinisch erlassener *„usus feudorum“* zur jetzigen deutschen Fassung des Sächsischen Lehnrechts behauptet. Hingegen schreckt er davor zurück, Eike auch als Verfasser des Lehnrechts zu bezeichnen. Weil er unter dem Sachsenspiegel ausschließlich das Landrecht versteht, hat er keinen Anlass, Eikes Selbstanzeige als Spiegler auch auf das Lehnrecht zu beziehen. Ebenso wenig hat ihn die Buch'sche Glosse zu einem solchen Schritt verleiten können, denn diese behandelt Eike als einen lange vor Kaiser Friedrichs Zeiten lebenden Rechtsgelehrten[436]. Überhaupt sind Quellen des 13. oder 14. Jahrhunderts, die die Identität des sächsischen Feudisten anzugeben können glauben, nicht bekannt. Das Mittelalter schreibt das Sächsische Lehnrecht weder Eike noch sonst einer konkreten Person zu[437]. Weil schließlich auch der Lehnrechtstext keinerlei Informationen über seinen Verfasser preisgibt, bleibt dem Glossator nichts weiter übrig, als vom Verfasser des Lehnrechts stets nur in einer nicht spezifizierten dritten Person zu sprechen.

Gleichzeitig wird der unbenannte Verfasser des Lehnrechts in der Lehnrechtsglosse als schreibende, wägende und lehrende Person durchaus greifbar. Der Feudist ist in der Glosse als behutsam formulierender, um Erhaltung von Prägnanz und Kürze des Lehnsgesetzes bemühter Autor überall präsent. Den didaktischen Anspruch, mit dem der Feudist seiner Leserschaft

434) Zur Leihe zur Fluchtsal HOMEYER, System, Sachsenspiegel II 2 S. 341–343; LÜCK, Art. Flucht, in: ²HRG I Sp. 1597 f.

435) Anders aber die unzutreffende Interpretation bei LUDOVICI, Das sächsische Lehn-Recht S. 7, der aus Glosse LnR 7 schließen mochte, der Glossator halte Eike für den Verfasser des Lehnrechts.

436) Gl LdR III 67 (75 § 1) *An eghene* (S. 1418 Z. 1 – S. 1422 Z. 4); vgl. oben S. 570 ff.

437) Ebenso KÜMPER, Sachsenrecht S. 200; LÜCK, Woher kommt das Lehnrecht S. 254.

gegenübertritt, führt der Glossator in charakteristischen, wiederkehrenden Kapitelanfängen vor Augen („*Nv wil her sagen*“[438], „*Nv antwort her hyr eyner vragen*“[439]). Dieselbe belehrende Grundhaltung nimmt übrigens auch der Glossator selbst ein. Regelmäßig wendet er sich mit Formulierungen wie „*Jr sollet wissen*“[440], „*Nota*“[441], „*Ouch wisse*“[442] oder „*Nv sehit czu*“[443] an seinen Leser. Bei der Erläuterung des Lehnrechtstextes begreift der Glossator diesen zu einem guten Teil als das Werk eines Rechtsgelehrten. Wie die Glossatoren von Land- und Weichbildrecht sieht der Lehnrechtsglossator im Verfasser seines Rechtsbuchs einen das Recht interpretierenden und kommentierenden Juristen. In diesem Sinn reflektiert der Lehnrechtsglossator zum Beispiel den Aufbau des Lehnrechts[444], sucht nach dem zugrunde liegenden Sinn der Worte („*Do meynet her*“[445]) und macht bisweilen erklärende Alternativvorschläge, wie ein Sachverhalt auch anders hätte formuliert werden können („*Recht ap her sprechen solde:* […]“[446]).

Insgesamt zollt der Glossator dem Feudisten als gelehrter Autorität seinen Respekt. Besonders gut kommt diese Ehrerbietung in Glosse LnR 65 zum Ausdruck, wo der Glossator dem Feudisten in einer *continuatio* bescheinigt, seine Paragraphen einzusetzen gleich einem „Meister seine Instrumente“:

> „Vor mittage vnd buszin gebunden tagen *et cetera. Also hir vor entscheiden ist, vmbe wilche sache man eynen beteidingen moge zu lehnrechte. Nv nymmit her hir vor sich den keginwertigen § recht also eyn materiale instrumentum, mit deme her bewieszin wil vnd volfůrn disz keginwertige c(apittel) mit den worten, dy hir nach geschriben stehn. Wenne her růrt hie die czitt, dy stunde vnd die stat des lehnrechtis. Recht also eyn meister syne instrumenta hath, also hot her ouch vor sich genommen dissen §, vnde spricht:* Vor mittage. […]“[447]

438) Etwa LGl LnR 20 § 1 (S. 351 Z. 11).

439) Etwa LGl LnR 29 § 1 (S. 491 Z. 12 f.).

440) Etwa LGl LnR 1 (S. 55 Z. 4).

441) Etwa LGl LnR 2 § 1 (S. 74 Z. 7).

442) Etwa LGl LnR 4 § 4 (S. 141 Z. 1).

443) Etwa LGl LnR 5 § 1 (S. 154 Z. 8).

444) Etwa LGl LnR 4 § 1: „*Recht, als ap her sprechen solde: Wy eyn man synem hern dynen sal, so ist is billich, das man von deme czum ersten schribe, der der erste ist yn deme herschilde, vnde von dem dinste, das man pflichtig ist.*“ (S. 104 Z. 11–14).

445) Etwa LGl LnR 65 § 2 (S. 868 Z. 9).

446) Etwa LGl LnR 70 (69 § 2) (S. 988 Z. 2 f.).

447) LGl LnR 65 § 2 (S. 865 Z. 16 – S. 866 Z. 7).

Der Ausdruck „Meister" erinnert stark an den Ehrentitel, den schon Johann von Buch für den Verfasser des Sachsenspiegels findet: Er nennt Eike den *„mester desses privilegij"*[448]. Ebenso spricht der Weichbildglossator im Zusammenhang mit dem Verfasser seines Rechtsbuchs von *„des meisters behendikeit"*[449]. Nun taucht derselbe Begriff in der Lehnrechtsglosse und in Verbindung mit dem Verfasser des Lehnrechts auf. Der Feudist benutze seine Paragraphen, um die Inhalte der jeweiligen Lehnrechtskapitel darzustellen, gleich wie ein Meister seine „Instrumente" einsetze. Mit dem aus dem Lateinischen entlehnten *„instrumentum"* dürfte die Gerätschaft, das Werkzeug gemeint sein[450]. Die Glosse begreift die Aufgabe des Feudisten – konkret ist wohl an die Übersetzung zur deutschen Fassung gedacht – gewissermaßen also als juristisches Handwerk. Der Feudist wolle seine Leserschaft im Lehnrecht Friedrichs I. unterweisen, es *„bewieszin"* und *„volfůrn"*. Dazu setze der Feudist die Paragraphen meisterlich. Im Bild der Glosse war der Feudist ein Jurist, der sein Handwerk versteht.

4. Die Prologinitiale der Handschrift Be_3

Eine Quelle ganz anderer Art, die eine Aussage über die Entstehungs- und Wirkungsgeschichte des Sächsischen Lehnrechts trifft, ist die figural ausgestaltete Prologinitiale zum Lehnrecht der Handschrift Be_3 von 1386/87 (Codex „Liegnitz II")[451]. Sie vermittelt uns primär die Sicht des Illustrators. Zugleich bricht sich darin aber auch die in Vorrede und Text der Lehnrechtsglosse geflossene Ansicht des Glossators. Die Prologinitiale ist in der Literatur schon mehrfach gedruckt worden[452], weshalb von einem weiteren Abdruck hier abgesehen wird.

Die Initiale findet sich im ältesten Überlieferungsträger der Lehnrechtsglosse überhaupt und dort zu Beginn der Vorrede zum Lehnrecht mit Glosse in ihrer längsten, „Wurm'schen" Fassung. Das im selben Codex enthaltene Weichbildrecht mit Glosse (fol. 1^r–128^r) schmücken unkolorierte, ur-

448) Etwa Gl LdR II 34 (36 § 1) *Swe ouer den anderen dach* (S. 739 Z. 11 f.).

449) Gl WbR 2 (Sp. 188 Z. 1, vgl. auch Sp. 187 Z. 42 f.).

450) Vgl. auch LEXER, Mhd. Handwörterbuch, Stichwort ‚instrument'. Vorrangig wird das Wort allerdings in der Bedeutung „Urkunde", „Beweisschrift" gebraucht.

451) Berlin SBB-PK Hs. 392 fol. 150va (OPPITZ, Rechtsbücher II Nr. 1295d).

452) Farbabbildung bei BECKER / OVERGAAUW, Aderlass und Seelentrost S. 326 (Kat. 158); darin auch eine Beschreibung von MICHAEL, [Handschriftenbeschreibung], ebenda Nr. 158 S. 325–328.; sowie bei GÜNTHER, Mittelalterliche Handschriften S. 203, mit Handschriftenbeschreibung, DERS., ebenda S. 204 f. Schwarzweißdruck bei KLOSS, Buchmalerei, Abb. 107, mit Besprechung S. 87 f. Die Miniatur bespricht außerdem noch KÜMPER, Miniaturen und Bilder S. 113 f.

sprünglich aber wohl zur Bemalung vorgesehene Federzeichnungen[453]. Der zwischen Weichbild und Lehnrecht eingebundene, glossierte Mainzer Reichslandfrieden (fol. 129r–145r) wird von einer Federzeichnung des vermeintlich gesetzgebenden Kaisers Albrecht I. eingeleitet[454]. Das Lehnrecht blieb bis auf die kunstvoll gestaltete Q-Initiale zu Beginn der Vorrede (Incipit „*Quoniam, ut ait Seneca*“[455]) unbebildert. Nur sie und eine weitere, reich verzierte S-Initiale zu LnR 1 (Incipit „*Swer lenrecht kunnen wolle*“[456]) wurden außerdem in Farbe ausgemalt.

Die in den fortlaufenden Text der linken Textspalte eingegliederte, sechs Zeilen einnehmende Q-Initiale des Lehnrechtsprologs ergießt sich in einem langen Schweif am linken unteren Textrand in ausladendes, buntfarbiges Fleuronée. Rote Zierlinien ergänzen das Schmuckwerk zu den linken und oberen Blatträndern hin. Den blau ausgemalten Initialbuchstaben selbst zieren weitere Zeichnungen von feinem weißen Blätterwerk. Sein rotviolettes Inneres füllt die Ganzfigur eines auf einem Thron sitzenden, in einen blauen Mantel mit grünem Futter gekleideten, bärtigen Mannes. Die Krone auf dem Kopf, der Reichsapfel in der auf dem Knie ruhenden linken Hand und das langgestreckte, über den Buchstabenrahmen weit hinausreichende Banner mit Reichsadler auf rotem Grund in der Rechten weisen die Figur als König oder Kaiser aus. Außerhalb des Buchstabens kniet zu Füßen des Herrschers am linken Blattrand eine zweite Männergestalt in edlem, grünen, rotgefütterten Gewand. „Die Figuren haben die sahnig dichte Farbe wie einen Pelz angezogen, der jede einzelne Form in ein malerisches Quellen auflöst [...]“[457], beschreibt Ernst Kloss die Farbgebung und den kunstvollen Faltenwurf der Kleidung der Miniatur. Die kniende Figur ist im Profil dargestellt und hebt ihre geschlossenen Hände dem Herrscher entgegen. Obwohl sich das Gesicht mit spitzem Bart in Dreiviertelansicht dem Betrachter zuwendet, halten die Figuren Blickkontakt zueinander. Weitere Attribute, die eine sichere Identifizierung der knienden Person erlauben würden, gibt es nicht.

453) Beschreibungen bei KLOSS, Buchmalerei S. 230 (Gemoll Nr. 2). Von den ursprünglich 26 Federzeichnungen sind nur noch 14 erhalten, KÜMPER, Miniaturen und Bilder S. 113.

454) Berlin SBB-PK Hs. 392 fol. 129ra. Den thronenden Kaiser schmücken Kaiserkrone und Reichsapfel. Links und rechts flankieren ihn zwei Schildknappen. Mit der rechten Hand weist der Kaiser auf sein aufgeschlagenes Rechtsbuch.

455) Berlin SBB-PK Hs. 392 fol. 150va.

456) Berlin SBB-PK Hs. 392 fol. 152vb.

457) KLOSS, Buchmalerei S. 88.

Zur Interpretation des Bildes ist sein enger Textbezug zu berücksichtigen[458]. Die Initiale schließt an ein Register zum Lehnrecht an (fol. 148ra–150va), welches fünf Seiten zuvor anhebt: *„incipiunt constitutiones frederici imperatoris“*[459]. Ihm folgt die Glossenvorrede zum Lehnrecht, an deren Anfang sich unsere Q-Initiale befindet und die sich in der ausführlichen Fassung der Klasse W über fünf Seiten erstreckt (fol. 150va–152vb)[460]. Auf fol. 151ra, im aufgeschlagenen Codex also noch auf einen Blick zusammen mit der Prologinitiale zu lesen, erläutert die Vorrede die Rückführung des Lehnrechts auf Kaiser Friedrich (*„darume so saczte der hochgelobte vnd wolgeborne, dez got ewiclichin geden*<cke>*de, dizis keginwertigin buchis auzgebir keisir frederich. vnd dyze constitucio ist lenrecht genant.“*[461]). Erst an die Vorrede schließt sich einige Seiten später das Lehnrecht an, dessen erstes Kapitel mit der reich verzierten S-Initiale beginnt und dem die unbebilderte Glosse dann kapitelweise folgt (fol. 152vb ff.).

Bisherige Deutung als Dedikationsbild. Der konkrete Textzusammenhang erlaubt es, die sitzende Herrscherfigur eindeutig dem in Register und Prolog zweimal ausdrücklich genannten Gesetzgeber des Lehnrechts zuzuordnen. Es handelt sich um Kaiser Friedrich, und zwar nach dem bisher Gesagten vermutlich um Friedrich I.[462]. Auch alle bisherigen Stimmen der Literatur kommen darin überein[463]. Schwieriger ist die Identifizierung der zweiten, knienden Figur. Ernst Kloss dachte an einen Höfling und ergänzte vorsichtig den Klammerzusatz „(Eike?)“[464]. Bernd Michael glaubt ebenfalls an eine Darstellung Eikes von Repgow und versucht, die Initiale mit dem Typus des Dedikationsbildes zu erklären[465]. Auch Hiram Kümper sieht in den geschlossenen Händen der knienden Figur einen Dedikationsgestus, lässt ihre Identität aber offen[466].

---

458) Instruktiv zum Text-Bild-Verhältnis bei der Interpretation von Illustrationen bebilderter Handschriften des Mittelalters BRAUN-NIEHR / OTT, Bilder lesen S. 13–18.

459) Register zum Lehnrecht (Berlin SBB-PK Hs. 392 fol. 148ra).

460) Vgl. Anhang, unten S. 789 ff. (rechte Spalte).

461) „Wurm'sche“ Glosse LnR, Vorrede (Berlin SBB-PK Hs. 392 fol. 151ra).

462) Vgl. oben S. 576 ff.

463) GÜNTHER, Mittelalterliche Handschriften S. 205; KLOSS, Buchmalerei S. 230; KÜMPER, Miniaturen und Bilder S. 114; MICHAEL, [Handschriftenbeschreibung], Aderlass und Seelentrost Nr. 158 S. 327.

464) KLOSS, Buchmalerei S. 231.

465) MICHAEL, [Handschriftenbeschreibung], Aderlass und Seelentrost Nr. 158 S. 327. Zum Dedikationsbild LACHNER, Art. Dedikationsbild, in: RDK III Sp. 1189–1196; MEIER, Ecce auctor S. 372–378; PETERS, Werkauftrag und Buchübergabe S. 47–50 m. w. N.

466) KÜMPER, Miniaturen und Bilder S. 114.

In der Tat lassen die gestufte Anordnung der Figuren, insbesondere die Haltung des Knienden mit den zum Kaiser erhobenen Händen sowie die Position des Bildes am Beginn des Lehnrechts an ein Dedikationsbild denken. Die bisher von der Forschung erwogene Interpretation des Bilds als einen Akt der Widmung des Lehnrechts durch seinen Verfasser Eike an den Gesetzgeber Kaiser Friedrich I. ist aber in mehrerer Hinsicht angreifbar. Erstens nämlich nennt weder die Lehnrechtsglosse noch überhaupt sonst eine bekannte Quelle des 14. Jahrhunderts Eike von Repgow ausdrücklich als Verfasser des Lehnrechts[467]. Der Maler hatte also keine erkennbare Veranlassung, an eine Autorschaft Eikes zu glauben. Schon deshalb sollte im Folgenden ein personifizierter Spiegler Eike besser ausgeblendet und bloß allgemein vom gedachten Verfasser des Lehnrechts als einem Anonymus gesprochen werden. Zweitens bietet der Inhalt von Vorrede, Lehnrecht und Lehnrechtsglosse dem Illustrator überhaupt keinen Anlass oder inhaltlichen Anhaltspunkt für die Erstellung eines Autorbilds. Der Glossator begnügt sich im Rahmen seiner knappen Schilderung der Genese seines Rechtsbuchs mit der Rückführung auf Kaiser Friedrich und thematisiert Verfasser und Niederschrift des Lehnrechts dabei nicht. Drittens fehlt es für eine Interpretation als Dedikationsbild an einem maßgeblichen, zentralen Bildattribut: dem zu überreichenden Werk selbst. Ikonographisch wäre ein Buch oder eine Pergamentrolle zu erwarten, die der Verfasser dem rechtsstiftenden Kaiser überreicht. Die erhobenen Hände der knienden Figur sind jedoch leer. Michaels Erklärungsversuch, wonach der Verfasser kein zu dedizierendes Werk habe überreichen können, weil der Aufzeichner einer kaiserlichen Satzung nicht als ihr eigentlicher Autor angesehen wurde[468], vermag nicht zu überzeugen. Der Illustrator des verloren gegangenen, dieser Handschrift einst jedoch zugehörigen Codex „Liegnitz I“ (offenbar ein anderer als der Maler von „Liegnitz II“), hatte dem *Textus prologi* des Sachsenspiegel-Landrechts, welches ja ebenfalls als Kaisergesetz verstanden wurde, jedenfalls bedenkenlos ein Autorbild des schreibenden Eike beigegeben[469]. Ergänzend sei überdies ein Vergleich mit den Autorbildern in den vier Bilderhandschriften des Sachsenspiegels herangezogen: Sowohl dem Eingangsbild

467) Vgl. oben S. 586 ff.

468) MICHAEL, [Handschriftenbeschreibung], Aderlass und Seelentrost Nr. 158 S. 327.

469) KLOSS, Buchmalerei S. 87 und S. 229 zu fol. 5^v. Der im zweiten Weltkrieg verloren gegangene Codex „Liegnitz I“ (OPPITZ, Rechtsbücher II Nr. 938) hatte Kloss noch vorgelegen. DERS., ebenda S. 229 zu fol. 5^v erläutert das Bild zum *Textus prologi* des Sachsenspiegels wie folgt: „Schreibender Mann (Eike von Repgow?)“. Schon aufgrund des Textbezugs ist darin ein Autorenbild zu vermuten.

Eikes als inspirierter Autor in der Oldenburger Bilderhandschrift[470] als auch den entsprechenden, kombinierten Autor- und Kaiserbildern in der Dresdner[471] und in der Wolfenbütteler Bilderhandschrift[472] sind eindeutige Autorattribute in Form eines Buches bzw. einer Schriftrolle beigegeben worden[473]. Die Aufzeichnung eines Rechtsbuchs im Auftrag eines Kaisers ist ein im 14. Jahrhundert gängiges Konzept von Autorschaft, das einer Zuschreibung des Werkes an den betreffenden Rechtsgelehrten nicht entgegensteht. In der Q-Initiale der Handschrift Be_3 wäre, sollte der Widmungsakt eines fertigen Werkes dargestellt werden, die bildliche Manifestation des zu dedizierenden Werks also sehr wohl zu erwarten. Viertens könnte gegen eine Interpretation der Initiale als Dedikationsbild noch die irritierend prachtvolle Kleidung der knienden Figur angeführt werden. Ihr fehlen jegliche Insignien, die sie als Rechtsgelehrten oder Mann der Schrift ausweisen könnten. Eher rückt die Kleidung sie in den Bereich des Repräsentativen.

Alternative Deutungsmöglichkeiten. Ein Verständnis der Prologinitiale als Dedikationsbild steht nach alledem auf keinem sicheren Boden. Tatsächlich eröffnet die Prologinitiale der Handschrift Be_3 wohl ein sehr viel breiteres Spektrum an möglichen Interprationen. Doch um es vorweg zu nehmen: Für mehrere Alternativdeutungen lassen sich gute Gründe, genauso aber weitere Gegenargumente finden. Eine sichere Entscheidung über die Bedeutung der Prologinitiale ist deshalb nicht möglich.

Interpretationshilfen lassen sich in Vergleichsbildern anderer Rechtshandschriften suchen. In erster Linie ist dazu die im engen Umkreis der Handschrift Be_3 entstandene Buchmalerei zu berücksichtigen. Der „Liegnitz II" genannte, heute in Berlin verwahrte Codex ist nämlich Teil der bereits ausführlich besprochenen größeren Gruppe schlesischer Rechtshandschriften, von denen mehrere bebildert worden sind[474]. Der Kunsthistoriker Ernst Kloss hat sie untersucht und bescheinigt den schlesischen Malern die Ausbildung eines eigenen, auf der Höhe der Zeit befindlichen „magischen

---

470) Oldenburger BHS fol. 6^{r1} (Codices Selecti CI). Der nur fragmentarisch überlieferten Heidelberger Bilderhandschrift (Faksimileausgabe Codices Selecti CXV) fehlt die bildliche Entsprechung zu diesem Autorenbild.

471) Dresdner BHS fol. 3^{v1} (Codices Selecti CVII).

472) Wolfenbütteler BHS fol. 9^{v1} (Codices Selecti CXI).

473) Zur Verschmelzung des Oldenburger Autorbildes (Codices Selecti CI fol. 6^{r1}) und Doppelkaiserbildes (Codices Selecti CI fol. 6^{v2}) zum kombinierten Autoren- und Doppelkaiserbild der Dresdner (Codices Selecti CVII fol. 3^{v1}) und Wolfenbütteler Bilderhandschrift (Codices Selecti CXI fol. 9^{v1}) vgl. DRESCHER, Geistliche Denkformen S. 88–98, und SCHMIDT-WIEGAND, Autor und Illustrator S. 1049–1053. Zur Autordarstellung der Prologbilder außerdem noch PETERS, Ich im Bild S. 60 f.

474) Vgl. oben S. 207 ff.

Stils“[475]. Inhaltliche Parallelen und der enge räumliche und zeitliche Zusammenhang der Arbeiten machen eine gegenseitige Beeinflussung sehr wahrscheinlich. In jedem Fall handelt es sich um Zeugnisse einer gemeinsamen Tradition von Buchillustration. Nur mit Vorsicht lassen sich darüber hinaus die vier berühmten, durchgehend bebilderten *Codices picturati* des Sachsenspiegels heranziehen[476]. Sie stehen mit den schlesischen Illustrationsarbeiten wohl in keinerlei tatsächlichem Zusammenhang[477]. Der ergänzende, kontrastierende Vergleich mit ihren Bildern liefert gleichwohl wertvolle Hinweise zur Interpretation der schlesischen Prologinitiale.

Einem Illustrator, der die Entstehungsgeschichte oder den Wirkungshorizont eines Textes darstellen möchte, bietet sich grundsätzlich die Verbildlichung ganz unterschiedlicher Teilschritte der Textgenese und der Textrezeption an. Inszenieren lässt sich die Vorgeschichte der Textentstehung, etwa die Imagination des Autors, die Inspiration oder die Auftragserteilung, ebenso der eigentliche Akt der Textverfertigung durch Diktat, eigenhändige Niederschrift, Übersetzung, Kommentierung oder Ähnlichem und schließlich die Einordnung des fertigen Textes in einen Publikums- und Funktionsbezug, etwa durch Unterweisung, Vortrag oder Buchübergabe an einen irdischen Auftraggeber und Gönner (Dedikation) oder an Gott, Christus oder Maria (Devotion)[478]. Eine weitere Unterkategorie der letzten Veröffentlichungsetappe bildet im Fall der Rechtsaufzeichnungen noch die Übergabe des fertigen Rechtsbuchs durch den Rechtsstifter an seine(n) Adressaten. Der Autor des Werks ist dort nur noch als Zuschauer oder gar nicht mehr zugegen. Für die verschiedenen Teilaspekte der Textentstehung haben sich bestimmte Bildtypen mit eigener Ikonographie herausgebildet[479]. Sie ließen sich wiederum beliebig abwandeln und kombinieren.

---

475) KLOSS, Buchmalerei S. 79–94. Auch KÜMPER, Miniaturen und Bilder S. 106–118, hat die schlesischen Arbeiten in seine Untersuchung zur Bebilderung von Sachsenspiegelhandschriften abseits der vier *Codices picturati* mit einbezogen.

476) Heidelberger Bilderhandschrift (Faksimileausgabe Codices Selecti CXV); Oldenburger Bilderhandschrift (Faksimileausgabe Codices Selecti CI); Dresdner Bilderhandschrift (Faksimileausgabe Codices Selecti CVII); Wolfenbütteler Bilderhandschrift (Faksimileausgabe Codices Selecti CXI).

477) JECHT, Görlitz S. 239; KLOSS, Buchmalerei S. 84 f.; KÜMPER, Miniaturen und Bilder S. 107.

478) PETERS, Werkauftrag und Buchübergabe, insbesondere S. 26.

479) Eine Typologie der Autorbilder bieten MEIER, Ecce auctor, und PETERS, Werkauftrag und Buchübergabe.

Die Prologinitiale der Handschrift Be_3 trägt Züge verschiedener dieser Bildtypen. Zunächst ließe sie sich als Auftragsbild verstehen[480]: Kaiser Friedrich gibt dem (wohl unbekannten) Verfasser des Lehnrechts den Auftrag zur Aufzeichnung des Lehnrechts. Die Darstellung einer solchen Szene im Vorfeld der eigentlichen Textanfertigung würde erklären, weshalb im Bild kein Buch, keine Schriftrolle oder sonst ein das Werk repräsentierender Gegenstand enthalten ist. Andererseits fehlt es an einer Auftragsgebärde des Kaisers. Auftragsbilder anderer Handschriften sind in diesem Punkt wesentlich eindeutiger. Dort weisen die Gönner oder Rechtsstifter mit auffordernder Geste auf leere Schriftstücke[481] oder erteilen ihren Schreibauftrag im Redegestus[482].

Für sich genommen erinnert die kniende Figur stark an den Bildtypus des inspirierten Autors[483]. Ikonographisch eindeutiger sind ähnliche Darstellungen, in denen die göttliche Inspiration des Autors durch die Beigabe einer den heiligen Geist symbolisierenden Taube fassbar wird. Die Illustratoren der Sachsenspiegel-Bilderhandschriften[484] und des alten „Harffer Sachsenspiegels“[485], aber auch der Maler des Prologbilds zum Sachsenspiegel-Landrecht im verschollenen Codex „Liegnitz I“[486] bedienten sich dieses Symbols. Andernorts kommt der inspirierte Autor ohne Taube oder vergleichbare Bildattribute vor. Ganz bemerkenswert ist, dass die mit der Handschrift Be_3 eng verwandte „Große Görlitzer Handschrift“ in der Initiale zum lateinischen Sachsenspiegel-Prolog eben solch eine schlichte Eike-Darstellung enthält[487]. Betend hebt die Halbfigur dort die Hände und bittet

480) Zum Werkauftrag als Bildtyp MEIER, Ecce auctor S. 369–372; PETERS, Werkauftrag und Buchübergabe S. 30–35.

481) Beispiele bei PETERS, Werkauftrag und Buchübergabe S. 31–35.

482) So die Prologbilder der Dresdner (Codices Selecti CVII fol. 3^{v1}) und Wolfenbütteler Bilderhandschriften (Codices Selecti CXI fol. 9^{v1}). Zum Redegestus AMIRA, Handgebärden S. 170–203 und Abb. 2e.

483) Zum Bildtyp des inspirierten Autors MEIER, Ecce auctor S. 365–369; PETERS, Werkauftrag und Buchübergabe S. 27–29.

484) Oldenburger BHS fol. 6^{r1} (Codices Selecti CI); Dresdner BHS fol. 3^{v1} (Codices Selecti CVII); Wolfenbütteler BHS fol. 9^{v1} (Codices Selecti CXI).

485) „Harffer Sachsenspiegel“ von 1295, Privatbesitz Antonius Graf von Mirbach-Harff (OPPITZ, Rechtsbücher II Nr. 1036), hier fol. 3ra (Farbabbildung bei DRESCHER, Geistliche Denkformen, Abb. 4a).

486) Leider ist das Bild von KLOSS, Buchmalerei, nicht gedruckt worden, sodass es heute nicht mehr einsehbar ist. DERS., ebenda S. 229 zu fol. 3^{v}, gibt an, dem Sachsenspiegel-Prolog „*Des hilgen geistes mynne*“ sei eine Darstellung des knienden, von einer Taube inspirierten Eike beigegeben worden.

487) Krakau BJ Przyb. 42/60 (OPPITZ, Rechtsbücher II Nr. 861), hier fol. 24ra (Abbildung bei JECHT, Görlitz, Tafel VI, mittleres Bild).

für die Abfassung des Sachsenspiegels um göttlichen Beistand und göttliche Inspiration. Nicht nur Haltung und Perspektive, auch Frisur, Bart und Gewand ähneln der knienden Figur der Prologinitiale der Handschrift Be_3. Sollten das Autorbild der „Görlitzer Handschrift" (1387) und die Prologinitiale in „Liegnitz II" (1386/87) einander beeinflusst haben? Die Parallelität der Darstellung ist zumindest auffällig. Sie ist ein Indiz für die Annahme, dass auch in der knienden Figur von „Liegnitz II" ein Autorenbild zu sehen sein könnte. Allerdings verändert sich die Bedeutung der Figur in der Liegnitzer Handschrift enorm durch ihre Positionierung zu Füßen des thronenden Herrschers. Die geschlossenen Hände hebt die kniende Figur nicht etwa betend zu Gott, sondern streckt sie dem Kaiser entgegen. Möglicherweise sollte diese demütige Haltung die Bereitschaft des Autors ausdrücken, intellektuelle Stimulanz vom Kaiser zu empfangen und das Lehnrecht ganz nach seinen Vorstellungen und Vorgaben niederzuschreiben.

Mit einer empfangenden Haltung der knienden Figur wäre auch noch eine ganz andere Interpretation des Bildes vereinbar. Möglicherweise handelt es sich bei der Prologinitiale gar nicht um ein kombiniertes Autor- und Kaiserbild, sondern um die Inszenierung der Inkraftsetzung des fertigen Rechtsbuchs: Kaiser Friedrich übergibt den Sachsen ihr Lehnrecht, stellvertretend nimmt es der Sachsenherzog entgegen. Eine frappierende Parallele bietet die Übergabeszene zu Beginn des Landrechts im zugehörigen Codex „Liegnitz I". Der Band ist zwar verschollen, die in Rede stehende Miniatur zu Beginn der Vorrede „von der Herren Geburt" auf fol. 1va findet sich heute aber noch bei Kloss abgedruckt[488]. Passend zu den Worten *„incipiunt statuta saxonica edita per constantinum et karolu*[m]" malt der Illustrator dort einen der gesetzgebenden Kaiser, wie er vier zu seinen Füßen knienden Rittern den Sachsenspiegel überreicht. Der Bildaufbau ist ein anderer, dennoch könnte sein Inhalt den Illustrator von „Liegnitz II" inspiriert haben. *Translatio-legis*-Darstellungen, in denen der Kaiser sein Rechtsbuch an den Landesherrn übergibt, sind Rechtshandschriften auch andernorts vielfach beigegeben worden[489]. Die Deutung der Prologinitiale der Handschrift Be_3 als

488) KLOSS, Buchmalerei, Abb. 121.

489) SCHMIDT-WIEGAND, Legitimation S. 131 f., und ausführlich REINECKE, Lüneburger Buchmalereien, berichten von zwei Lüneburger Ratshandschriften des Schwabenspiegels und des Sachsenspiegels (um 1405) mit entsprechenden Darstellungen der Buchübergabe. Die Titelminiatur des „Lüneburger Sachsenspiegels", Lüneburg StA Dep. Ratsbücherei Ms. jurid 2 fol. 20^{v} (OPPITZ, Rechtsbücher II Nr. 976) drucken DRESCHER, Geistliche Denkformen, Abb. 6, und KROESCHELL, recht unde unrecht S. 93 (Sachsenspiegel-Übergabe durch Karl den Großen an den Sachsenherzog Widukind im Kreise seines Hofstaates, im Hintergrund lugt Eike hervor). Charakteristisch für die Übergabeszenen ist die Beigabe eines Publikums, welches Öffentlichkeit herstellt und den

Übergabeszene an einen sächsischen Landesherrn würde die prachtvolle Kleidung der knienden Figur erklären. Für sie und gegen ein Autorbild spricht außerdem, dass auch Vorrede und Lehnrechtsglosse die Abfassung des Lehnrechts überhaupt nicht thematisieren und stattdessen den Akt der kaiserlichen Rechtssetzung akzentuieren. Genau genommen bietet der Text dem Maler also keinen Anlass zu einer Darstellung des Autors, sehr wohl aber zur Unterstreichung der Legitimität des Lehnrechts als eines von Friedrich erlassenen Kaisergesetzes. Entschieden gegen die Deutung als Übergabeszene spricht wiederum, wie auch schon gegen die Interpretation als Dedikationsbild, dass der Darstellung das zu überreichende Buch und damit das zentrale Objekt der Übergabe fehlt. Entsprechend vermisst man eine darreichende Geste des Kaisers. Sollte die Initiale den „Erlass" des Lehnrechts darstellen wollen, würde sie den Akt also mehr als einen ideellen Vorgang zeigen.

Dass eher ein metaphysischer Prozess denn eine konkrete Handlung dargestellt wird, führt noch zu einer weiteren, nur kurz zu streifenden Möglichkeit der Deutung. Bedenkt man, dass hier der Beginn des Lehnrechts bebildert wird, dass dieser mit den bekannten Worten *„Swer lenrecht kunnen wolle, der uolge dez buchiz lere"*[490] anhebt und dass dieser Auftakt in den Sachsenspiegel-Bilderhandschriften in Lehrszenen umgesetzt worden ist, läge auch für die Handschrift Be_3 die Entscheidung für eine Lehrer-Schüler-Darstellung nicht fern. Der lehrende Autor ist ein Bildtypus mit fester Tradition[491], zu dessen Einsatz der Lehnrechtstext konkreten Anlass gibt. Ruth Schmidt-Wiegand hat zudem beschrieben, wie die klassische *magister cum discipulo*-Darstellung der älteren Heidelberger Bilderhandschrift mit ihrem Rute schwingenden, lehrenden Autor in den späteren Dresdner und Wolfenbütteler Bilderhandschriften zur Darstellung des lehrenden kaiserlichen Gesetzgebers mutiert[492]. Auch die Prologinitiale der Handschrift Be_3 könnte in dieser modifizierten Weise Kaiser Friedrich als Gesetzgeber und Lehrer des Lehnrechts in einer Person darstellen wollen. Allzu wahrscheinlich ist diese Deutung allerdings nicht, findet sich der dafür ausschlaggebende An-

---

Übergabeakt bezeugt. Eine weitere Sachsenspiegel-Übergabeszene durch Kaiser Karl an Herzog Widukind findet sich in der Leipziger Sachsenspiegel-Handschrift von 1461, UB Leipzig Ms. Rep. II, 15 fol. 2ra (OPPITZ, Rechtsbücher II Nr. 905), vgl. dazu PETERS, Ich im Bild S. 60 und Abb. 34.

490) „Wurm'sche" Glosse LnR 1 (Berlin SBB-PK Hs. 392 fol. 152vb).

491) Zum lehrenden Autor als Bildtyp MEIER, Ecce auctor S. 383–385; PETERS, Werkauftrag und Buchübergabe S. 42–45.

492) SCHMIDT-WIEGAND, Autor und Illustration S. 1061 f., mit Bezug auf Heidelberger BHS fol. $1^{r1(rechts)}$ (Codices Selecti CXV); Dresdner BHS fol. $57^{r1(rechts)}$ (Codices Selecti CVII) und Wolfenbütteler BHS fol. $59^{r1(rechts)}$ (Codices Selecti CXI).

fangssatz des Lehnrechts doch erst vier Seiten später in LnR 1 auf fol. 152^{v}. Zudem fehlt es an einer dozierenden Geste Kaiser Friedrichs und auch die Haltung der knienden Figur möchte zu einem Schüler nicht recht passen.

Noch ein letzter Ansatzpunkt bietet sich zur Erklärung der Prologinitiale an. Zweifellos möchte ein Abbild Kaiser Friedrichs dem Leser einleitend die Rechtsqualität des Lehnrechts als ein kaiserliches Gesetz vor Augen führen. Ihrer programmatischen Funktion am Anfang des Rechtsbuchs wird die Initiale mit einem solchen Anliegen gerecht. Vielleicht dient die am Rand ergänzte Figur des Knienden dazu, den Leser darüber hinaus auch in die Themenwelt des folgenden Textes einzuführen. In gewisser Hinsicht thematisiert und symbolisiert sie das Lehnrecht. Zur Begründung eines Lehnsverhältnisses musste der Mann dem Herrn „Hulde tun“. Diese Mannschaftsleistung erfolgte durch Handgang[493]. Konkretisierend heißt es in LnR 22 § 1, der Mann möge *„czu seynem hern“* kommen und ihm die Mannschaft *„mit gevalden henden“*[494] anbieten. Sitze der Herr, *„so sal her vor ŏn knyen.“*[495] Die Darreichung der Hände, wie sie die Figur des Knienden zeigt, ist eine symbolische Handlung zur Kommendation. Im nächsten Moment wird der Lehnsherr die gefalteten Hände des Mannes ergreifen, sie mit seinen umschließen und damit die Mannschaft annehmen. Ein Niederknien des Mannes verlangt das Lehnrecht nur vor dem sitzenden Herrn – Glosse LnR 22 bringt damit explizit den thronenden Kaiser in Verbindung. Durch sein Sitzen verleihe er seiner Herrschaftsgewalt Ausdruck[496]. Auch die Sachsenspiegel-Bilderhandschriften kommentieren LnR 22 § 1 mit der Abbildung eines Knienden, der seine Hände einem sitzenden König oder Kaiser darreicht[497]. Vielleicht hat auch der Illustrator der Handschrift Be_3 in der vorbereitenden Darreichung der Hände ein Sinnbild des Lehnsverhältnisses gesehen und es deshalb in der Figur des Knienden festgehalten. Indem er diese Figur mit dem Kaiserbild kombiniert, könnte er den Leser auf die folgende lehnrechtliche Thematik einstimmen wollen. Gleichzeitig ist die kniende Figur dazu geeignet, die Position des Kaisers als obersten Lehnsherrn zu unterstreichen. Die lehnrechtlichen Implikationen könnten eine gewollte Konnotation oder gar die zentrale Botschaft des Bildes sein.

---

493) Zur Mannschaftsleistung („Hulde tun“) HOMEYER, System, Sachsenspiegel II 2 S. 319–322.

494) LnR 22 § 1 (nach KAUFMANN, LGl LnR S. 365 Z. 6 f.).

495) LnR 22 § 1 (nach KAUFMANN, LGl LnR S. 365 Z. 8 f.).

496) LGl LnR 22 § 1 (S. 375 Z. 1–7).

497) Heidelberger BHS fol. 5^{v3} (Codices Selecti CXV); Dresdner BHS fol. 63^{v3} (Codices Selecti CVII) und Wolfenbütteler BHS fol. 65^{v3} (Codices Selecti CXI). In der Oldenburger BHS (Codices Selecti CI) bleibt das Lehnrecht unbebildert.

Inszenierung kaiserlicher Herrschaft. Die Mehrdeutigkeit der Darstellung liegt nicht zuletzt in der fehlenden Interaktion des Kaisers begründet. Für sich genommen ist die Darstellung des Herrschenden umso eindeutiger. Auf seinem Thron sitzend, die Reichsinsignien in der Hand und die Krone auf dem Kopf entspricht seine Darstellung einem klassischen Kaiserbild. Gegenüber der knienden Figur wirkt er, von der Blickrichtung einmal abgesehen, gänzlich unbeteiligt. Herrscherdarstellungen wie diese stellen eine feste Bildtradition dar, wie sie auch in der schlesischen Handschriftengruppe mehrmals vorkommt. Meist stehen die Herrscherbilder dort für sich. So leitet die „Große Görlitzer Handschrift" den Mainzer Reichslandfrieden mit dem Bild des Insignien haltenden, thronenden Kaisers Albrecht ein[498]. Auch die Federzeichnung zu Beginn des Mainzer Reichslandfriedens im Codex „Liegnitz I" stellt den thronenden Kaiser Albrecht dar. Mit der Linken weist er auf ein sein Gesetz repräsentierendes Buch[499]. Übrigens gehört der Mainzer Reichslandfrieden gleichfalls zur Mitüberlieferung der Dresdner und der Wolfenbütteler Bilderhandschrift des Sachsenspiegels. Dort leiten ihrerseits Titelbilder des thronenden, gesetzgebenden Kaisers Friedrich II. die beiden Codices ein[500]. Ein weiteres Herrscherbild, diesmal des thronenden Kaisers Iulius, findet sich in der schlesischen Handschrift der Blume des Sachsenspiegels zu Beginn der chronikähnlichen Einleitung „*De origine iuris*"[501]. Der Maler der Prologinitiale der Handschrift Be_3 kombiniert sein Kaiserbild nun aber mit einem zweiten Bild, dem der knienden Figur. Er geht darin über die Informationen des Prologtextes hinaus, denn dort ist nur vom Rechtserlass durch Kaiser Friedrich die Rede. Ob in der knienden Figur ein Autorbild zu sehen ist – sei es der inspirierte, den Werkauftrag empfangende Autor, sei es der das fertige Werk dedizierende Autor – oder ob bereits die „Veröffentlichung" des Rechtsbuchs durch Übergabe an den Sachsenherzog oder Unterweisung im Lehnrecht gemeint war, ob vielleicht gar der Handgang als Sinnbild des Lehnsverhältnisses dargestellt werden sollte, lässt sich nicht endgültig entscheiden. Mehrere dieser Bildtypen finden in den übrigen Illustrationen der schlesischen Handschriftengruppe eine

498) Krakau BJ Przyb. 42/60 fol. 394^r (OPPITZ, Rechtsbücher II Nr. 861). Der Mainzer Reichslandfrieden gibt sich hier als erneuerter Frieden Albrechts I. aus.

499) Berlin SBB-PK Hs. 392 fol. 129ra (OPPITZ, Rechtsbücher II Nr. 1295d). Ein weiteres Kaiserbild ist dem Weichbildrecht derselben Handschrift fol. 32va beigegeben worden (Abbildung bei KLOSS, Buchmalerei, Abb. 106).

500) Dresdner BHS fol. 1^r (Codices Selecti CVII) und Wolfenbütteler BHS fol. 1^r (Codices Selecti CXI); dazu auch SCHMIDT-WIEGAND, Autor und Illustrator S. 1046 f. mit Abb. 1, S. 1053, S. 1063 f.

501) Krakau BJ Przyb. 125/75 fol. 14^r (OPPITZ, Rechtsbücher II Nr. 864), Abbildung bei KLOSS, Buchmalerei, Abb. 126.

Entsprechung. Ihre Ikonographie war dem Illustrator sicher geläufig. Da seine Darstellung die Züge mehrerer Typen trägt und ein klarer Textbezug fehlt, könnte der Maler gar bewusst auf eine zwischen mehreren Konnotationen changierende Wirkung seines Bildes abgezielt haben. Vielleicht spiegelt sich darin auch die Unsicherheit seiner Zeit über den Verfasser und die genaue Entstehungsgeschichte des Lehnrechts.

So oder so thematisiert die Prologinitiale die Abfassung des Lehnrechts allenfalls am Rande. Zentrale Botschaft des Bildes ist die Verbindung des Rechtsbuchs mit seinem Gesetzgeber Kaiser Friedrich. Sein Bild zu Beginn des Lehnrechts weist das Rechtsbuch als Kaiserrecht aus. Dabei wird seine Herrschaftsgewalt durch Thron, Reichsinsignien und das prächtige Gewand eindrucksvoll in Szene gesetzt. Die Ehrerbietung der knienden Figur unterstreicht seine Macht nur umso mehr. Die Funktion des Bildes ist daher in allererster Linie in der Legitimation des Textes als verbindlichem Recht zu sehen. Wenn ein Titelbild eine Art Merkzeichen, einen Schlüssel zum Verständnis des Textes liefern kann, so soll dieses dem Leser die Eigenschaft des Lehnrechts als Kaiserrecht vor Augen führen. Der Maler befindet sich damit ganz auf der Höhe seiner Zeit, die auf den Nachweis der Rechtsqualität der sächsischen Rechtsbücher als Kaiserrecht größten Wert legte. Eine allgemein in der Bebilderung von Rechtshandschriften des 14. Jahrhunderts zu beobachtende Akzentverschiebung, durch die das Autorenbild an den Rand gedrängt wurde und das Kaiserbild in den Mittelpunkt rückte[502], findet in der Q-Initiale der Handschrift Be_3 ihren Widerhall. Nicht die Textgenese und ein hinter dem Lehnrecht stehender gelehrter Autor, sondern die Qualität des Lehnrechts als Kaiserrrecht wird dem Leser in Erinnerung gerufen. Gerade weil ein Bild den Betrachter auf einer gefühlsmäßigen Ebene anspricht, ist die figural ausgestaltete Prologinitiale in besonderer Weise dazu prädestiniert, die Grundidee des Lesers von der Natur des vor ihm liegenden Textes zu prägen. Eine These Ruth Schmidt-Wiegands über die Bedeutung und Funktion von Kaiserbildern aufgreifend lässt sich festhalten: Das kombinierte Kaiserbild der Prologinitiale zu Beginn des Lehnrechts der Handschrift Be_3 ist dazu geeignet, die Verbindlichkeit des Textes zu sichern, seine Glaubwürdigkeit, Authentizität und Legalität zu bekräftigen und insofern als „Rechtsausweis“, als „Siegel“ zu fungieren[503].

502) SCHMIDT-WIEGAND, Legitimation.
503) Vgl. SCHMIDT-WIEGAND, Legitimation, insbesondere S. 121.

d) Zusammenfassende Würdigung

Der Lehnrechtsglossator sieht im Sächsischen Lehnrecht eine Satzung Kaiser Friedrichs I. Mit der Zuschreibung seines Rechtstextes an einen römisch-deutschen Kaiser entspricht er der im 14. Jahrhundert allgemein um sich greifenden Lehre vom Rechtsbuch als Kaiserrecht. Die Idee, das Sachsenrecht mit großen Herrscherpersönlichkeiten in Verbindung zu bringen, hatte schon Eike von Repgow aufgegriffen. In der zweiten Hälfte des 13. Jahrhunderts konkretisierte sie sich zu der Auffassung, der Sachsenspiegel gehe tatsächlich auf Privilegien der Kaiser Konstantin und Karl zurück[504]. Welche Meinung man sich in jener Periode von den Ursprüngen des Sächsischen Lehnrechts machte, ist ungewiss. Doch zur selben Zeit begann man auch schon das Weichbildrecht als ottonisches Kaiserprivileg anzusehen. Vor diesem geistigen Hintergrund setzen im 14. Jahrhundert die Glossierungen der sächsischen Rechtsbücher ein. Die Glossen heben die bereits existente Vorstellung vom Rechtsbuch als Kaiserrecht auf eine qualitativ neue Stufe, indem sie nun konkrete Rechtssetzungsakte unterscheiden und endgültig die Zuschreibungen an ganz bestimmte Kaiser vornehmen[505]. Ihre Weichenstellungen sollten das Bild der Rechtswissenschaft von Wesen und Ursprung der sächsischen Rechtsbücher nachhaltig prägen.

Allen voran erklärt Johann von Buch das Sächsische Landrecht in seiner Landrechtsglosse zu einem Privileg Karls des Großen für Sachsen und untermauert seine Aussage mit einer Datierung der vermeintlichen Gesetzgebung auf den 10. Februar 810[506]. Bestimmte Artikel des Sachsenspiegels begreift er als Novellen der Kaiser Otto I., II. und Friedrich I. Mit seinen detaillierten Zuschreibungen hat Johann von Buch eine klare Direktive für die kommende juristische Durchdringung des Sächsischen Rechts vorgegeben. Spätere Bearbeiter führen Johanns Standpunkt fort, indem sie auch die übrigen sächsischen Rechtsquellen als Satzungen bestimmter Kaiser identifizieren. Mitunter wird von der Idee des Kaiserrechts geradezu inflationär Gebrauch gemacht. Selbst die Richtsteige Land- und Lehnrechts erhalten zeitweise das Etikett von Kaisergesetzen Friedrichs I. Nicht immer stimmen die Zuweisungen einzelner Arbeiten überein. Im Großen und Ganzen aber errichten die sächsischen Juristen des 14. Jahrhunderts ein stimmiges und allgemein akzeptiertes rechtliches Koordinatensystem, das jedem Rechtsbuch seinen eigenen kaiserlichen Gesetzgeber zuweist. Es ist das Verdienst der jeweiligen Glosse, dass Land-, Lehn- und Weichbildrecht nun ihre eigenen kaiserlichen Schirmherren erhalten und diese auch langfristig anerkannt

---

504) TRUSEN, Rechtsspiegel als Kaiserrecht S. 28 f.

505) LÜCK, Sachsenspiegel als Kaiserrecht S. 270 f.

506) Gl. LdR III 74 (82 § 1) [Zwischenstück] (S. 1491 Z. 14–17).

bleiben. Für etwa zwei Jahrhunderte sollte das Landrecht als ein Gesetz der Kaiser Konstantin und Karl, das Lehnrecht als eines Kaiser Friedrichs I. und das Weichbild als Privileg der Kaiser Otto I. und Otto II. gelten.

Dabei hat wohl erst die Lehnrechtsglosse erstmals die Verbindung zwischen dem Sächsischen Lehnrecht und einem Kaiser Friedrich gesehen. Ältere Quellen, die eine solche Zuschreibung vornehmen, sind nicht bekannt. Die Buch'sche Glosse hat dem Lehnrechtsglossator zu seiner Zuschreibung des Lehnrechts zwar Impulse liefern können, Johann selbst hat in Friedrich I. aber nur einen späteren punktuellen Novellator eines bereits zuvor bestehenden Lehnrechtsbuches gesehen[507]. Die Lehnrechtsglosse bezeichnet den Ausgeber ihres Rechtsbuchs nur unspezifisch als „Kaiser Friedrich". Damit dürfte Friedrich I. gemeint sein, denn jener hatte sich durch seine in die *Libri feudorum* geflossene Lehnsgesetzgebung für Reichsitalien und seine insgesamt auf eine Feudalisierung des Reiches ausgerichtete Politik im kollektiven Gedächtnis zu einer Art „Lehnsgesetzgeber schlechthin" qualifiziert. Erinnerungsmomente, die den Glossator in lehnrechtlichen Zusammenhängen an Kaiser Friedrich II. denken ließen, könnten die Entscheidung zur Zuschreibung des Lehnrechts an Kaiser Friedrich aber ebenfalls beeinflusst haben. Wie gesehen hat der Glossator die eigentlich erforderliche Differenzierung zwischen Friedrich I. und II. möglicherweise schlicht aus Unkenntnis oder Unsicherheit über die historischen Fakten unterlassen.

Auch wenn er der Erste ist, der die Rückführung des Lehnrechts auf Kaiser Friedrich schriftlich fixiert, so lässt sich doch nicht sagen, dass der Lehnrechtsglossator sie „frei erfunden" hätte. Er selbst wird von der historischen Wahrheit eines solchen legislatorischen Ursprungs seines Rechtsbuchs überzeugt gewesen sein. Wahrscheinlich hat er mit seiner Zuschreibung an Kaiser Friedrich eine wenigstens vermeintlich vorhandene Tradition aufgegriffen. Er könnte auf eine schon zuvor herausgebildete und bisher nur mündlich tradierte Auffassung Bezug genommen haben. Der Lehnrechtsglossator könnte aber auch irrtümlich geglaubt haben, eine solche Information über den Lehnsgesetzgeber aus der Buch'schen Glosse herauslesen zu dürfen. An die historische Richtigkeit seiner Angabe wird er im Grundsatz jedenfalls geglaubt haben. Die Ursprünge des Lehnrechts bewusst zu fälschen oder zu fingieren, hätte seinem Geschichtsdenken nicht entsprochen[508]. Dass es zur Verknüpfung des Lehnrechts mit Kaiser Friedrich kam, erklärt sich primär

507) Vgl. oben S. 568 ff.

508) Vgl. allgemein zum Geschichtsdenken der Zeit GOETZ, Geschichtsschreibung S. 134–159, 287–292. Einer bewussten Fälschung käme nur die Angabe wider besseres Wissen gleich. Aufgrund der Parallele zum Sächsischen Landrecht wird der Lehnrechtsglossator aber von der Kaiserrechtsqualität auch seines Rechtsbuchs überzeugt gewesen sein. Vgl. zum Geschichtsbild Johanns von Buch KANNOWSKI, Umgestaltung S. 558.

inhaltlich. So wie das Weichbildrecht der Stadt Magdeburg, einst einer bedeutenden Königspfalz des ottonischen Reichs, ganz natürlich Assoziationen an Kaiser Otto I. und II. weckte[509], so war die lehnrechtliche Thematik geeignet, die Erinnerung an Kaiser Friedrich I. heraufzubeschwören. Die Lehnrechtsglosse hält diese Verbindung das erste Mal schriftlich fest und begründet damit in wirkungsträchtiger Weise die künftige Zuschreibung des Lehnrechts an Kaiser Friedrich I. Dass sich die Auffassung vom Lehnrecht als Kaiserrecht Friedrichs I. durchsetzt, zeigt sich etwa in der kunstvollen Prologinitiale des glossierten Lehnrechts der schlesischen Handschrift Be_3[510]. Ein Kaiserbild des thronenden Friedrich I. weist das Lehnrecht dort als kaiserliche Satzung aus.

Ein bemerkenswerter Wesenszug, der den Zuschreibungen der sächsischen Rechtsbücher an die verschiedenen römisch-deutschen Kaiser beiwohnt, ist die gleichzeitige Anerkennung ihrer Abfassung durch gelehrte Juristen. In der Vorstellung der Rechtswissenschaftler des 14. Jahrhunderts waren die Rechtsbücher auch Produkte gelehrter Autoren, mit deren Meinung es sich bei der Abfassung einer Glosse auseinanderzusetzen galt. Dieser Aspekt kommt in den sächsischen Glossen unterschiedlich stark zum Tragen. Prinzipiell wird vom gesetzgebenden Kaiser aber stets der Autor des Textes unterschieden. Bisweilen kommt noch eine dritte Person, nämlich die des übersetzenden und kommentierenden Neuschöpfers einer deutschen Zweitfassung hinzu. Johann von Buch begreift den Sachsenspiegel in dieser Weise als eine kommentierte und ergänzte deutsche Übersetzung des lateinischen Originals aus der Feder Eikes von Repgow[511]. Die Weichbildglosse gibt als Verfasser des Weichbilds einen Burchard von Mangelfeld an[512]. Die jeweiligen Glossatoren ehren die Verfasser ihres Rechtsbuchs als „Meister des Privilegs“[513]. Auch der Glossator des Lehnrechts bringt dem Verfasser seines Rechtsbuchs grundsätzlich Hochachtung entgegen. Bei der Schilderung der konkreten Entstehungsgeschichte des Lehnrechts hält er sich jedoch auffallend zurück. In Anlehnung an Sachsenspiegel-Reimvorrede und Buch'sche Glosse behauptet die Lehnrechtsglosse für das Sächsische Lehnrecht zwar gleichfalls eine deutsche Übersetzung aus einem ursprünglich lateinischen Original. Doch weiß sie einen Verfasser oder Übersetzer des Lehnrechts nicht namentlich zu nennen. Die singuläre, beiläufige Erwähnung Eikes in Zusammenhang mit einem Landrechtsartikel in Glosse

509) LÜCK, Sachsenspiegel als Kaiserrecht S. 263 f.

510) Berlin SBB-PK Hs. 392 fol. 150va (OPPITZ, Rechtsbücher II Nr. 1295d); vgl. oben S. 593 ff.

511) KANNOWSKI, Umgestaltung S. 543–546; vgl. auch bereits oben S. 537 ff.

512) Gl WbR 10 (Sp. 228 Z. 46).

513) Vgl. oben S. 553.

LnR 7[514] macht es unwahrscheinlich, dass der Lehnrechtsglossator in ihm auch den Verfasser des Lehnrechts gesehen hat. Wäre er der Auffassung gewesen, Eike von Repgow habe im Wege der kommentierenden Übersetzung auch das Lehnrecht „verfasst", hätte er dies in seiner Glosse wohl klargestellt. Offenbar ist dem Glossator der Feudist aber selbst ein Rätsel, weshalb er die Verfasserfrage ausspart.

Insgesamt verschafft die Lehnrechtsglosse dem Sächsischen Lehnrecht seinen festen Platz unter den Rechtsquellen des Kaiserrechts. Da die Lehnrechtsglosse wie die Glossen zu Land- und Weichbildrecht nach dem Prinzip gelehrter *Glossae ordinariae* zu einer maßgeblichen Autorität für die Interpretation des Sächsischen Rechts aufstieg, war sie besonders dazu geeignet, die Zuschreibung des Lehnrechts an Kaiser Friedrich zu beglaubigen und zu kolportieren. Über Jahrhunderte hatten die Festschreibungen der Rechtsbücher zum Kaiserrecht Bestand. Erst 1648 schreibt ein gewisser Benjamin Leuber gegen den Mythos der sächsischen Kaisersatzungen an[515]. Fünf Jahre zuvor widerlegt Hermann Conring die Anfang des 16. Jahrhunderts aufgekommene Legende von der Einführung des römischen Rechts durch ein Gesetz Kaiser Lothars III. von 1135[516]. Nun unternimmt es Leuber, auch das dichte Geflecht der überkommenen Entstehungsgeschichten von Land-, Lehn- und Weichbildrecht zu entwirren, einen Faden nach dem anderen aufzugreifen, auf seine Historizität zu prüfen und die Zuschreibungen der Rechtsbücher an bestimmte Kaiser und Verfasser in den Glossen als ahistorisch zu verwerfen. Wie könne denn, heißt es beispielsweise, ein um 973 lebender Buchard von Mangelfeld das Weichbild mit Allegationen von *leges* und *canones* versehen haben und Professor gewesen sein, wenn doch das *Decretum Gratiani* erst viel später verfasst worden sei und es zu Zeiten Ottos II. noch gar keine Universitäten gegeben habe[517]. Zum Sächsischen Lehnrecht meint Leuber, es weise so gar nicht die Züge eines Kaisergesetzes Friedrichs I. auf, dafür widerspreche es umso mehr dem gemeinen Lehnrecht der *Libri feudorum*, weshalb es „ausser allem Zweifel eines privati,

514) LGl LnR 7 § 1 (S. 181 Z. 14). Vgl. dazu oben S. 590 f.

515) LEUBER, Discurs. Der Titel ist Programm: „Gründlicher und Historienmässiger Discurs Über etzlichen Der Stadt Magdeburg in Sachsen gerühmten Alten Privilegiis, So wol Was von den dreyen befandten Büchern / dem SachsenSpiegel oder LandRechten / dem Weichbild und dessen Chronica sampt dessen LehenRechten / zu halten / und wie weit in solchen die Alten und waaren Sächsischen Gesetze / Ordnungen und Rechte / zu befinden".

516) CONRING, Ursprung, Kap. 21 f. S. 131–152. Zur Lotharischen Legende vgl. nur KROESCHELL, recht unde unrecht S. 173–177; WIEACKER, Privatrechtsgeschichte S. 145, 206.

517) LEUBER, Discurs, Pars II Rn. 46–52.

Rechtsverständigen und Feudisten Arbeit“[518] darstelle. Hatte man lange Zeit nicht nur die Geltung des römischen, sondern letztlich auch des Sächsischen Rechts *ratione imperii* begriffen, plädiert Leuber nun für eine Neuorientierung. Nicht am Wortlaut der sächsischen Rechtsbücher als den unverbindlichen Arbeiten älterer Doktoren sei zu haften, sondern das Sächsische Recht seinem tatsächlichen Gerichtsgebrauch zu entnehmen[519].

Warum nun hatte sich die Lehre vom Rechtsbuch als Kaiserrecht im 14. Jahrhundert dermaßen verfestigt und in der Folgezeit so lange gehalten? Der Zusammenhang zwischen Sächsischem Recht und Kaisergedanken ist in der rechtshistorischen Forschung bereits eingehend behandelt und auch in jüngerer Zeit wieder thematisiert worden[520]. Allgemein ist darüber Einigkeit erzielt worden, dass die Identifikation der Rechtsbücher als Kaiserrecht ein „für die Geltungskraft des Sachsenspiegels kaum zu überschätzender Prozess“[521] ist. Hermann Krause, dessen Untersuchung „Kaiserrecht und Rezeption“ von 1952 die ganze Bandbreite des Phänomens vor Augen führt und in vielen Punkten bis heute maßgeblich ist, sah in den Rückbeziehungen von Land- und Lehnrecht auf die Kaiser Karl und Friedrich in den Glossen des 14. Jahrhunderts primär den Zweck, „das Alter, die Ehrwürdigkeit, die Verbindlichkeit und die Güte der Rechtsaufzeichnung“[522] zum Ausdruck zu bringen. Demgegenüber habe man an angeblich technische

---

518) LEUBER, Discurs, Pars II Rn. 34, und speziell zum Lehnrecht Pars V. Leuber hält Land- und Lehnrecht für zwei eigenständige Rechtsbücher verschiedener Autoren, DERS., ebenda, Pars II Rn. 27–32.

519) LEUBER, Discurs, Pars II Rn. 74: „Mag derohalden pro Lege publica, diese drey Bücher / den SachsenSpiegel / Weichbild und LehenRecht / sampt ihren Glossen uffnehmen wer da will; Ich will mich an das jenige Sächsische Recht halten / welches in üblichen Brauch jederzeit bestanden / es mag in solchen Büchern gleich beschrieben seyn oder nicht. Der übliche Gebrauch / observanz und Herkommen / in der Keysere / Könige und höchster Regenten Sächsischer Lande / Gerichten / ist die rechte und wahre Forma Sächsischer Rechte / nicht dieses oder jenes Doctoris, er sey so groß er immer wolle / geschriebenes und zusammen geflicktes Buch / und wenn es auch gleich durch einen Römischen Keyser sonderbar privilegirt wird: Ursach daß der Römische Keyser zwar de jure Romano facultatem respondendi concedirt, Aber das jus Saxonicum will etwas mehreres erfordern / doch hiervon anderswo.“

520) DILCHER, Der mittelalterliche Kaisergedanke; DERS., Kaiserrecht; DERS., Mythischer Ursprung; GUNDLACH, Karl der Große; KANNOWSKI, Sachsenspiegel und die Buch'sche Glosse; DERS., Verhältnis; KRAUSE, Kaiserrecht und Rezeption; KROESCHELL, Rechtsaufzeichnung und Rechtswirklichkeit S. 349–351, 376–380; LÜCK, Sachsenspiegel als Kaiserrecht; SIEGEL, Kaiser Karls-Sage; THEUERKAUF, Lex, passim; TRUSEN, Rechtsspiegel und Kaiserrecht.

521) LÜCK, Sachsenspiegel als Kaiserrecht S. 263.

522) KRAUSE, Kaiserrecht und Rezeption S. 87.

Gesetzgebungsvorgänge noch nicht gedacht. Diese Einschätzung kann so nur bedingt bestehen. Zweifellos ist Krause darin Recht zu geben, dass die Verknüpfung der sächsischen Rechtsbücher mit großen historischen Autoritäten noch auf eine historische, mythische Form der Legitimation von Recht abzielt. In gewisser Weise setzt sich darin die Auffassung Eikes von Repgow fort, der als tragenden Geltungsgrund von Recht seine Geltung von alters her angesehen hat[523]. Gleichzeitig hat in den Glossen aber ein zweiter Legitimationsstrang doch unverkennbar an Kraft gewonnen. Es ist die kaiserliche Herrschaftsgewalt, die dem Recht nun Autorität verleihen soll. Die Rückführung des Rechts auf verschiedene Kaiser hat den Bereich des Sagenhaften daher verlassen[524]. Durchaus versucht man nun auf konkrete Rechtssetzungsakte Bezug zu nehmen und diese als historische Begebenheiten glaubhaft zu machen. Wie sonst ließen sich die Beschreibung einzelner Gesetzgebungsakte mittels genauer Zeit- und Ortsangaben sowie die Beigabe gefälschter Privilegienurkunden in Buch'scher Glosse, Richtsteig Landrechts und Weichbildglosse erklären? Ein neues Legitimationsmodell hat das alte abgelöst: „Nicht mehr der soziale Untergrund des partikularen Rechtskreises, also Gewohnheit und Herkommen", so Gerhard Dilcher, „sondern die oberste Autorität legitimiert das Recht."[525] Nachdem Friedrich Barbarossa und Friedrich II. in bewusster Anknüpfung an justinianische Topoi und an die Tradition des römischen Rechts der Idee eines umfassenden Gesetzgebungsrechts des Kaisers zum Durchbruch verholfen hatten, etablierte sich der Kaisergedanke als Quelle rechtlicher Legitimation[526]. Insofern verschaffte die Rückführung der Rechtsbücher auf römisch-deutsche Kaiser dem Sächsischen Recht Verbindlichkeit und Akzeptanz. Tatsächlich war seine Interpretation als angebliches Kaiserrecht wohl eine wesentliche Voraussetzung für den Siegeszug des Sachsenspiegelrechts[527].

Neben dieser wichtigen rechtlichen Legitimationsfunktion hatte die Zuschreibung der Rechtsbücher an einzelne Kaiser noch eine weitere, wichtige Funktion. Sie erst öffnete nämlich die Tore für eine gelehrte, rechtswissenschaftliche Bearbeitung des Sächsischen Rechts. Aus der Perspektive gelehrter Juristen waren die Zuschreibungen der Texte an Kaiser von nicht zu unterschätzender Bedeutung. Sie bestimmten die Rechtsnatur der einheimi-

523) DILCHER, Mythischer Ursprung S. 150; eingehend IGNOR, Rechtsdenken, insbesondere S. 112–195, vgl. zudem THEUERKAUF, Geschichte in Rechtsaufzeichnungen S. 210–213.

524) KANNOWSKI, Umgestaltung S. 528 f.

525) DILCHER, Der mittelalterliche Kaisergedanke S. 166 f.; vgl. auch KANNOWSKI, Sachsenspiegel und die Buch'sche Glosse S. 520 f.

526) DILCHER, Der mittelalterliche Kaisergedanke, insbesondere S. 155, 158, 166 f.

527) TRUSEN, Rechtsspiegel und Kaiserrecht S. 36.

schen Rechtstexte. Erklärte man sie zu Kaisersatzungen, ließen sie sich mit dem römischen konstantinischen Kaiserrecht auf eine Stufe stellen. Durch ihre Identifizierung als Kaiserrecht glich man die sächsischen Rechtstexte denen des römischen Rechts an. Damit wurde das Sächsische Recht einer gelehrten Bearbeitung zugänglich. Nunmehr ließ es sich in vorhandene Denkmodelle einordnen und mit bekannten juristischen Begriffen beschreiben. Die Bestimmung ihrer Rechtsnatur war die notwendige Voraussetzung, um die mittelalterlichen sächsischen „Kaisergesetze" in das System des *ius commune* zu integrieren. Gerhard Dilcher betont deshalb, dass hinter der Interpretation des Sächsischen Rechts als Kaiserrecht auch das Streben nach seiner Generalisierung, nach seiner Universalisierung steht[528]. Das Sächsische Recht von seinem engen, partikularrechtlichen Korsett zu befreien und es mittels einer allgemeingültigen Rechtsanwendungslehre in den Gesamtzusammenhang des mittelalterlichen Rechts zu inkorporieren, war den sächsischen Glossatoren ein wichtiges Anliegen. Dabei hat schon Karl Kroeschell darauf hingewiesen, dass ein als kaiserliches Privileg verstandener Sachsenspiegel nach der klassischen Statutenlehre vor Gericht auf dieselben Beweisschwierigkeiten stoßen musste, die ihm auch bei einer Geltendmachung als sächsischer Gewohnheit begegnet wären[529]. Welchem juristischen Hierarchiemodell sich die sächsischen Glossatoren in solchen Fragen verpflichtet fühlten, wird noch zu vertiefen sein[530]. Doch sei bereits jetzt bemerkt, dass die Glossenarbeiten des 14. Jahrhunderts noch ganz am Anfang einer sich ausbildenden Rechtswissenschaft vom Sächsischen Recht stehen und zu einem ausdifferenzierten Rechtsanwendungsmodell noch nicht vordringen. Eine wichtige Basis aber haben sie geschaffen: Indem sie die sächsischen Rechtsbücher zu Kaisersatzungen erklären, gleichen sie sie dem *Corpus iuris* an. Die sächsischen Glossatoren suchen ganz bewusst die Parallele zum Gesetzeskompendium Justinians, um die eigenen Rechtstexte aufzuwerten, ihre in Analogie zu den gelehrten *Glossae ordinariae* angelegten Arbeiten zu rechtfertigen und ihnen methodisch den Weg zu ebnen. Auch unter einem solch spezifisch rechtswissenschaftlichen methodischen Blickwinkel sind die Zuschreibungen der sächsischen Rechtsbücher an römisch-deutsche Kaiser in den sächsischen Glossen des 14. Jahrhunderts zu sehen.

---

528) DILCHER, Der mittelalterliche Kaisergedanke S. 165, 168–170; DERS., Kaiserrecht, insbesondere S. 221–245. Insofern lassen sich im Werk Johanns von Buch auch Anzeichen eines „europäischen" Rechtsdenkens feststellen, KANNOWSKI, Europäisches Rechtsdenken, insbesondere S. 91.

529) KROESCHELL, Rechtsaufzeichnung und Rechtswirklichkeit S. 377.

530) Vgl. unten S. 653 ff.

2. Das Lehnrecht als Ritterrecht

In formeller Hinsicht deklariert der Lehnrechtsglossator das Sächsische Lehnrecht als Kaisersatzung Friedrichs I. Materiell beschreibt er es als das Sonderrecht der Ritterschaft. Die Abgrenzung des Lehnrechts zu anderen Rechtsgebieten des Mittelalters ist primär eine ständische[531]. Während das Landrecht im Grundsatz das gesamte Recht aller freien Leute darstellt und damit einen sehr weiten Gesichtskreis abdeckt, beschränkt sich der personale Geltungsbereich des Lehnrechts von vornherein auf die Angehörigen des Ritterstandes. Und für diesen begrenzten Personenkreis regelt das Lehnrecht wiederum nur einen ganz bestimmten Lebensbereich: die Beziehungen zwischen Lehnsmann und Lehnsherrn in Bezug auf das Lehen. Somit gelten – modern gesprochen – landrechtliche Normen des Staats- und Verfassungsrechts, der Gerichtsverfassung, des Prozessrechts, des Strafrechts, des Familien- und Erbrechts sowie des Dorf- und Nachbarrechts grundsätzlich auch für Angehörige des Ritteradels. Umgekehrt betrifft das Lehnrecht aber nur einen engen, personal und gegenständlich abgeschlossenen Bereich. Dass das Recht der Lehnsverhältnisse gleichwohl in einem umfangreichen Rechtsbuch aufgezeichnet und als wichtige Teilmaterie des Sächsischen Rechts rezipiert wurde, spiegelt die große Bedeutung des Lehnrechts für die mittelalterliche Gesellschaft wider. Darüber hinaus ist das Lehnrecht mit anderen Rechtsbereichen verzahnt und weist vielfältige Berührungspunkte zu anderen Personengruppen und weiteren Leiheformen auf.

a) Definition als ritterliches Sonderrecht der Lehnsgüter

Im Ausgangspunkt ist der Regelungsbereich des Lehnrechts also personal auf das Recht der Lehnsfähigen und darüber hinaus noch gegenständlich auf das Recht der Lehnsverhältnisse beschränkt. Dieser zweiten, wichtigeren Eingrenzung trägt die Lehnrechtsglosse Rechnung, indem sie an Stelle der Frage „Was ist Lehnrecht?" von vornherein nur sein Regelungsobjekt thematisiert: Was ist Lehngut? Mehrfach und erstmals in der Vorrede gibt die Lehnrechtsglosse dafür folgende Definition:

> „*Wenne worvmbe lehngut ist andirsz nicht wenne dy gůlde, dy von des riches adir von der hern eigen gefellit, das der ritterschafft gelegen wert durch ǒre manschafft wille adder warhafftigkeit wille, da von her dynen musz, her wur-*

531) Vgl. nur KROESCHELL, recht unde unrecht S. 84–86; LÜCK, Über den Sachsenspiegel S. 39, 48 f.

de is denne von gnaden vortragen, ut in auten. de man. prin. § oportet colla. II, *et in auten. in consti. imperia. § hac edictali colla.* X.«[532]

Auch die kürzere Glosse, der die Vorrede ganz fehlt und die diese deshalb offenbar paraphrasiert, enthält einleitend dieselbe Definition des Lehnguts. Zu LnR 1 beginnt sie: „*Wisse, was lehenrecht sie vnde lehengut. Lehengut ist anders nicht wenne dy gulde* [etc.].“[533] Lehnrecht sei demnach „*gůlde*“, Einkommen, welches sich entweder von Reichsgut oder von Eigengut ableite und welches der Ritterschaft um ihrer „*manschafft*“, um ihrer Mannschaft und Treue willen geliehen werde. Im Gegenzug müssten die Männer, wenn es ihnen nicht ausnahmsweise erlassen worden ist, Lehnsdienste leisten. Die Beschränkung des Lehnrechts auf den Ritterstand, die Unterscheidung zwischen „rechten“ Lehen und Lehen von Eigen und das gegenseitige Pflichtenprogramm zwischen Lehnsmann und Lehnsherrn klingen darin an.

Diese Definition des Lehnguts stammt bereits von Johann von Buch[534]. Er hat sie nicht etwa dem gelehrten Recht entnommen, sondern selbst erdacht. Wie die Lehnrechtsglosse stützt auch Johann seine Lehngutsdefinition auf Nov. 17, 1[535] und L.F. II 53 pr. Darin ist von der Aufgabe der römischen Provinzvorsteher zur Steuereintreibung einerseits und von der bußgeldbewehrten Pflicht zur Einhaltung des Reichslandfriedens Friedrichs I. andererseits die Rede. Die allegierten Stellen des *Corpus iuris* weisen also ge-

532) LGl LnR, Vorrede (S. 49 Z. 3–8); vgl. auch LGl LnR 2 § 1 (S. 66 Z. 7–9); abgewandelt in LGl LnR 37 § 1 (S. 568 Z. 15 – S. 569 Z. 3); vgl. außerdem LGl LnR 54 § 1 (S. 699 Z. 4–7); LGl LnR 60 § 1 (S. 806 Z. 1–4).

533) KGl LnR 1: „*Wisse, was lehenrecht sie vnde lehengut. Lehengut ist anders nicht wenne dy gulde, dy von des riches adir von der herren eigen gefellet, das denne gelegin wirt der ritterschaft durch ir manschaft willen, da von sie dinen mussen, ut jn autentica de mandatis principum § oportet.*“ (S. 33 Z. 9 – S. 34 Z. 2); vgl. auch KGl LnR 2 § 1 (S. 38 Z. 5–8); KGl LnR 37 § 1 (S. 300 Z. 4–8); KGl LnR 54 § 1 (S. 379 Z. 15 – S. 380 Z. 4); KGl LnR 60 § 1 (S. 429 Z. 3–6).

534) Gl LdR II 57 (59 § 1) *Wel en here* in Abgrenzung des Lehnguts zu Eigengut und gemietetem Gut: „*Len is de gulde, de van des rikes edder der heren egene velt, de ghelenet wert der ridderschop dorch erer werdicheit willen. Hir van mot men to rechte denen, wente id is tzolt, me en werde des van gnaden vordragen, ut in autent. de mandatis principum § oportet coll.* III, *et in autent. in consticucione nuper § hac edictali coll.* X.“ (S. 857 Z. 5–10).

535) Neben Nov. 17, 1 könnte auch Nov. 17, 12 gemeint sein, wo abschließend noch einmal generell das Amt des römischen Provinzvorstehers und speziell dessen Pflicht zur Mitwirkung an einer Strafverfolgung zur Sprache kommen. Beide Fragmente beginnen mit „*oportet*“. Letztlich unentschieden die wechselnde Auflösung der Allegation bei KAUFMANN, LGl LnR S. 49 Anm. 9; S. 66 Anm. 1; S. 568 Anm. 6; S. 699 Anm. 2; S. 806 Anm. 11.

rade einmal einen entfernt passenden Bezug zu Fragen der Reichsorganisation und einem allgemeinen Abgabensystem auf. Konkrete Hinweise auf lehnrechtliche Zusammenhänge oder gar eine Bestimmung des Begriffs „Lehngut" bieten sie nicht. Definitorische Ansätze zeigt das gelehrte Recht am ehesten noch in L.F. I 7 *De natura feudi* und in den obertinischen Erläuterungen in L.F. II 1 und 2. Sie aber lässt Johann von Buch links liegen und formuliert selbst eine eigene Lehngutsdefinition. Indem der Lehnrechtsglossator diese Definition dann aus der Buch'schen Glosse übernimmt und an zentrale Stellen seines Werkes setzt, wertet er sie auf. Ihre Anerkennung durch Dritte und ihre Reproduktion in neuen Kontexten lässt die Buch'sche Lehngutsdefinition zu einem eigenständigen, neuen Topos erwachsen[536].

Das gemeine, rechte Lehen an Reichsgut. Um den Regelungsgehalt seines Rechtsbuchs zu beschreiben, geht der Lehnrechtsglossator vom Begriff des Lehnguts aus. Beim Gegenstand eines Lehens könne es sich, so die Unterscheidung, entweder um Reichsgut oder um Eigengut handeln. Dahinter steht die Vorstellung vom „gemeinen", „rechten" Lehen als einem bis zu sechs Mal von Zwischenherrn zu Zwischenherrn weiterverliehenen Gut, wobei als Vorderster in der Belehnungskette immer der König als oberster Lehnsherr steht[537]. Von diesem Grundfall des gemeinen Lehens grenzt LnR 71 bestimmte Sonderformen ab, darunter auch das Lehen von Eigengut[538]. Solches besteht immer dann, wenn es sich beim empfangenen Lehen um Eigengut des Lehnsherrn und nicht um ein zuletzt vom König abgeleitetes Lehen handelt. Das Sonderlehen an Eigen unterliegt bestimmten Beschränkungen, etwa dem Verbot der Folge an einen neuen Herrn (LnR 71 § 6). Die Frage, ob das Lehen in den Reichslehnverband eingegliedert ist oder ob es als Eigengutlehen nur einer lokalen Herrschaftsstruktur angehört, ist von durchaus grundlegender Bedeutung und verdient Hervorhebung. Die Unterstreichung dieser einen Sonderlehnsform in der Definition des Lehnguts unter Verschweigung vieler weiterer (Gerichtslehen, Burglehen, Zinslehen, Pfandlehen, Erblehen, Fahnlehen) erklärt sich aber auch aus dem Kontext der Glosse LdR II 57 (59 § 1) *Wel en here*. Johann von Buch leitet dort einen längeren Traktat zur Miete mit einer Abgrenzung von Ei-

536) Die Weichbildglosse gebraucht sie offenbar allerdings nicht.

537) Zum Bedeutungswandel des Begriffs „rechtes Lehen" KRIEGER, Lehnshoheit S. 34–36.

538) Zum Lehen an Eigengut HOMEYER, System, Sachsenspiegel II 2 S. 277, 287, 526–528; ISHIKAWA, Lehnrecht und Verfassung S. XX f.; K.-F. FRIEDRICH, Lehnshoheit im Spätmittelalter S. 31; LÜCK, Woher kommt das Lehnrecht S. 264; MITTEIS, Lehnrecht und Staatsgewalt S. 236 f.; SCHRÖDER / V. KÜNSSBERG, Lehrbuch S. 430. Zur Zusammensetzung des Reichslehnguts K.-F. FRIEDRICH, Lehnshoheit im Spätmittelalter S. 67–116.

gen, Lehen und Miete ein[539]. In diesem Zusammenhang liegt es nahe, die besondere Möglichkeit des Lehens am Eigen herauszustellen. Der Lehnrechtsglossator kopiert die gesamte Buch'sche Abhandlung zu Eigen, Lehen und Miete mitsamt des mietrechtlichen Regelkatalogs in Glosse LnR 60[540]. Bei Eigen, findet man dort ergänzt, bestünden keinerlei Dienstpflichten und *„dorvmbe so heist is ein frie gut."*[541]

Dienstpflichten des Lehnsmannes. Maßgebliches Kriterium für das Bestehen von Rechten an einem Lehngut sind die damit verbundenen Dienstpflichten. Die Lehngutsdefinition der Lehnrechtsglosse bringt das charakteristische gegenseitige Pflichtenprogramm zwischen Lehnsmann und Lehnsherrn zum Ausdruck. Das Lehen sei die *„gůlde"*, das Einkommen des Lehnsmannes. Der Lehnsherr ist zur Überlassung des Lehens verpflichtet und sichert damit die wirtschaftliche Versorgung des Mannes. Im Gegenzug müsse der Lehnsmann dem Lehnsherrn *„dynen"*. Eine Konkretisierung dieser Lehnsdienstpflichten ergibt sich aus verstreuten Bestimmungen des Sächsischen Lehnrechts[542]. Grob gesagt zerfallen sie in die Pflichten zu Heer- und Hoffahrt. Dabei kennt das Sächsische Lehnrecht die Heerfahrt, den Waffendienst, nur in Form des Reichsdienstes (LnR 4 § 1) und nicht auch als Pflicht zur Unterstützug in Privatfehden des unmittelbaren Lehnsherrn[543]. Zur Hoffahrt gehören Beratungspflichten und vor allem die Pflicht zur Mitwirkung im Lehngericht (LnR 4 § 4). Die Lehnrechtsglosse misst der Gerichtspflicht des Lehnsmannes große Bedeutung bei. Lehnsmann und Lehnsherr können eine Modifizierung oder eine Befreiung von den Lehnspflichten vereinbaren, wie es etwa in der typisierten Sonderlehnsform des Burglehens der Fall war (LnR 71 § 18)[544].

539) Gl LdR II 57 (59 § 1) *Wel en here* (S. 856 Z. 15 – S. 857 Z. 15); es folgt der eigentliche mietrechtliche Traktat, dazu KANNOWSKI, Umgestaltung S. 440–443.

540) LGl LnR 60 § 1 (S. 805 Z. 2 – S. 806 Z. 10); vgl. dazu Gl LdR II 57 (59 § 1) *Wel en here* (S. 856 Z. 15 – S. 861 Z. 11).

541) LGl LnR 60 § 1 (S. 805 Z. 10 f.). Eine Abgrenzung zwischen Eigen und Lehen findet sich auch in LGl LnR 54 § 1 (S. 699 Z. 3–14).

542) Vgl. die Analyse von HOMEYER, System, Sachsenspiegel II 2 S. 375–383, mit Quellennachweisen.

543) HOMEYER, System, Sachsenspiegel II 2 S. 377. Auch Treueid und Lehnsurkunden legen den Inhalt der Lehnspflichten nicht konkret fest, SPIESS, Lehnswesen in Deutschland S. 30–32. Eine pauschale Dienstverpflichtung lässt großen Auslegungsspielraum zu. Insbesondere die Einforderung von Lehnskriegsdiensten ist aufgrund dünner Quellenlage schwer zu beurteilen, DERS., ebenda.

544) Zum Burglehen DIESTELKAMP, Lehnrecht S. 129 f.; HOMEYER, System, Sachsenspiegel II 2 S. 552–562; SPIESS, Lehnswesen in Deutschland S. 40 f.

Gegenseitiges Treueverhältnis. Unerwähnt lässt die Buch'sche, in die Lehnrechtsglosse inkorporierte Lehngutsdefinition das jenseits konkreter Dienstpflichten bestehende, zugrunde liegende Treueverhältnis zwischen Lehnsmann und Lehnsherrn. In der Bemerkung, Lehen werde den Rittern um ihrer „*manschafft*" und „*warhafftigkeit*" willen verliehen, klingt es allenfalls an. Tatsächlich räumt die Lehnrechtsglosse dem vasallitischen Treueid des Mannes („Huldigung") und dem daraus folgenden besonderen persönlichen Band zwischen Lehnsmann und Lehnsherrn aber großen Raum ein.

In seinen Ausführungen zum Treueid in Glosse LnR 3 stützt sich der Glossator stillschweigend auf eine Buch'sche Abhandlung über die Huldigung in Glosse LdR III 18 (19) *En islik na sineme rechte*[545]. Diese wiederum stellt im Wesentlichen eine Übersetzung des C. 22 q. 5 c. 18 dar. Der Lehnrechtsglossator ergänzt den Text von Landrechtsglosse bzw. *Decretum Gratiani* in Glosse LnR 3 allerdings beträchtlich. Mit Johann von Buch fächert er die Treuepflicht des Mannes gegenüber seinem Herrn in die sechs Aspekte Gesundheit, Sicherheit, Ehrlichkeit, Nützlichkeit, Fähigkeit und Annehmlichkeit auf[546] und fordert den Mann neben der Unterlassung von Schädigungen auch zur aktiven Unterstützung des Herrn durch Rat und Tat auf[547]. Darüber hinaus formuliert der Glossator die zu sprechende Eidesformel[548], weist auf die Verknüpfung des Treueids mit der zeitgleich zu erfolgenden Mannschaftsleistung hin[549] und erläutert die Möglichkeit des Mannes, sich durch Aufsagung des Lehens wieder von seiner Treuepflicht zu lösen[550].

545) LGl LnR 3 (S. 93 Z. 13 – S. 100 Z. 10); KGl LnR 3 (S. 51 Z. 11 – S. 54 Z. 2) enthält nur eine stark gekürzte Fassung. Vgl. dazu Gl LdR III 18 (19) *En islik na sineme rechte* (S. 1037 Z. 6 – S. 1039 Z. 5).

546) LGl LnR 3: „*gesuntheit, feligheit adir sicherheit, erlicheit, nuczsamkeit, mögelicheit, heymlichkeit*" (S. 94 Z. 12 f.) bzw. Gl LdR III 18 (19) *En islik na sineme rechte*: „*Ghesuntheit, velicheit, erlicheit, ghemetlicheit, nutsamicheit, mogelicheit*" (S. 1037 Z. 10 f.). Vgl. dazu C. 22 q. 5 c. 18: „*incolume, tutum, honestum, utile, facile, possible*" (Corpus iuris canonici I Sp. 887).

547) LGl LnR 3: „*Wenne wormvbe es ist daran nicht genugk, das eyn man nicht öbel thu an synem hern, sundern her sal mit dissen vorgnanten stucken vnde dor obir raten vnde helffen mit leibe vnde mit gute*" (S. 96 Z. 14–17) bzw. Gl LdR III 18 (19) *En islik na sineme rechte* (S. 1038 Z. 6–10). Vgl. dazu C. 22 q. 5 c. 18 § 1: „*consilium et auxilium*" (Corpus iuris canonici I Sp. 888).

548) LGl LnR 3 (S. 99 Z. 15 f.; vgl. aber auch S. 94 Z. 6–9; S. 97 Z. 16 – S. 98 Z. 4).

549) LGl LnR 3 (S. 99 Z. 8–14).

550) LGl LnR 3: „*wil sich eyn man daran bewaren, so sal her synem hern so getan gut vff sagen, als her von öm hath, so nymmet dy truwe vnde der eid eyn ende*" (S. 98 Z. 7–9).

Außerdem geht der Glossator auf die Folgen des Treuebruchs ein, zu denen er auch die allgemeinen Folgen jedes Eidbruchs rechnet. Neben der eigentlichen und einzig lehnrechtlichen Rechtsfolge des Lehnsverlusts, für die sich der Glossator auf die militärstrafrechtliche Stelle Dig. 49, 16, 6 pr. stützt (andernorts auf L.F. I 5, 1 *Quibus modis feudum amittatur*)[551], führt er daher auch den Bann ins Feld[552]. Überdies, heißt es, drohten bei Schädigung des Herrn Strafen des Meineids, also des Ehrverlusts bis hin zum Verlust von Leib und Leben[553]. Dies sind keine lehnrechtlichen Rechtsfolgen, sondern Strafen des kanonischen Rechts und des Landrechts (vgl. etwa LdR I 40). Der Glossator will mit ihrer Erwähnung wohl keine regelmäßige Verknüpfung des Treuebruchtatbestands mit den Folgen der Exkommunikation und peinlichen Meineidsstrafen behaupten, sondern lediglich auf zusätzlich denkbare Folgen besonders schwerwiegender Verbrechen hinweisen[554].

Bemerkenswert ist, dass das Treueverhältnis zwischen Lehnsmann und Lehnsherrn ein gegenseitiges Rechtsverhältnis ist und die Lehnrechtsglosse diese Gegenseitigkeit zu einem wiederkehrenden Leitsatz ausbaut. Obwohl nur der Lehnsmann den Treueid leistet, entfaltet der aus dem Gefolgschaftswesen entlehnte Treuegedanke eine Reflexwirkung, die auch den Lehnsherrn zur Treue verpflichtet[555]. Diese Ambivalenz drückt der Lehnrechts-

---

551) LGl LnR 3: „*Her wurde truwelosz, vnde wurde erlosz, dorvmbe vorteilt man o̊m syn recht vnde lehn, ut ff. de re mili l. omne.*" (S. 95 Z. 5–7). An anderer Stelle zu LnR 23 § 1 allegiert der Glossator zur Folge des Lehnsverlustes L.F. I 5, 1 *Quibus modis feudum amittatur* (S. 387 Z. 1 f.)

552) LGl LnR 3 (S. 97 Z. 3 f.). Zur Meineidsstrafe HOLZHAUER, Art. Meineid, in: HRG III Sp. 447–458.

553) LGl LnR 3 (S. 95 Z. 9–14).

554) Der Treuebruch, die Felonie, führte in minder schweren Fällen zu Bußzahlungen und konnte im äußersten Fall den Verlust des Lehens nach sich ziehen, vgl. HOMEYER, System, Sachsenspiegel II 2 S. 505–512, 569 f.; MITTEIS, Lehnrecht und Staatsgewalt S. 679–681; SPIESS / THEUERKAUF, Art. Felonie, in: ²HRG I Sp. 1534 f.; THEUERKAUF, Land und Lehnswesen S. 10 f. Abseits dieser lehnrechtlichen Rechtsfolge behauptet der Glossator in LGl LnR 3 (S. 95 Z. 9–14; S. 97 Z. 3 f.) nun weitere Rechtsfolgen. Die behauptete kirchliche Verfolgung des Eidbruchs in Gestalt der Felonie durch Bann ist theoretisch denkbar, so aber aus den Quellen nicht bekannt. Ein entsprechendes Verfolgungsinteresse hätte wohl allenfalls bei einem geistlichen Lehnsherrn bestanden. Wahrscheinlicher ist demgegenüber die parallele strafrechtliche Ahndung von Verbrechen, die neben dem Lehnsverlust im Lehngericht auch peinliche Strafen im Landgericht nach sich zogen. Ein Katalog konkreter Handlungen, die den Treuebruchtatbestand erfüllen und zum Lehnsverlust führen, bietet LGl LnR 23 § 1 (S. 385 Z. 12 – S. 389 Z. 3). Zur Bestrafung des Eidbruchs KOLMER, Promissorische Eide S. 314–335.

555) KAUFMANN, Art. Treue, in: HRG V Sp. 334 f.; MITTEIS, Lehnrecht und Staatsgewalt S. 79 f.; 533–546; MUNZEL-EVERLING, Art. Eid, in: ²HRG I Sp. 1251; SPIESS,

glossator mit den Worten aus: *„Sotaner truwe, also der man dem hern pflichtig ist, der selbigen truwe ist der herre dem manne widder pflichtig."*[556] Es handelt sich um eine Ausformung des allgemeinen Gleichheitsgedankens, der in dieser speziellen, auf die Lehnsparteien zugeschnittenen Form auch schon bei Johann von Buch vorkommt[557] und letztlich auf C. 22 q. 5 c. 18 zurückgeht (*„Dominus quoque fideli suo in his omnibus uicem reddere debet."*[558]). Der Lehnrechtsglossator übernimmt den Satz aus der Buch'schen Vorlage, stellt ihm regelmäßig die passende Allegation C. 22 q. 5 c. 18 anbei und wertet ihn durch seinen mehrfachen Gebrauch als Grundsatz und Argument zum eigenständigen Topos des Lehnrechts auf[559]. Demnach verpflichtet ein lehnrechtliches „Synallagma"[560] Mann und Herrn gleichermaßen zu gegenseitigem Schutz und Rücksichtnahme. Die Betonung des Gegenseitigkeitsprinzips im Lehnsverhältnis in der Glosse erhöht das Treueverhältnis zwischen Mann und Herrn. Gleichzeitig relativiert es sein vertikal-hierarchisches Gepräge. Zwar konstitutiert sich die ständische Ordnung zu einem guten Teil durch das Geflecht lehnrechtlicher Treueide[561], doch nehmen die jeweils untergeordneten Lehnsmannen darin durchaus ehrenvolle Plätze ein. Das Bild der Lehnrechtsglosse ist das eines starken, freien, mit vielerlei Rechten ausgestatteten Lehnsmannes, der dem Lehnsherrn in mancher Hinsicht auf Augenhöhe gegenübertritt[562].

Die lehnsfähige Ritterschaft. Die verhältnismäßig starke Stellung des Lehnsmannes erklärt sich aus seiner Angehörigkeit zum privilegierten Stand der Ritterschaft. Dies ist zugleich das letzte wichtige Stichwort der Lehngutsdefinition, welche über die Grundsäulen des Lehnrechts Auskunft gibt: Nur der *„ritterschafft"* werde Lehngut verliehen. Dieser Aspekt wird im Folgenden noch weiter zu vertiefen sein. Im Ausgangspunkt handelt es sich

---

Lehnswesen in Deutschland S. 30.

556) LGl LnR 3 (S. 98 Z. 13 – S. 99 Z. 1).

557) Gl LdR III 77 (84 § 2): *Dit sulue verwracht dy here*: *„Wan dy here is der suluen truwe syme manne plichtich, der dy man syme heren plichtich is, ut in libro feud. quemadmod. feud. amitt., et XXII q. ulti. § de forma, et XXV dist. c. esto subiectus, extra de iureiuran. c. pervenit, et XXXII q. V c. nihil."* (S. 1502 Z. 18–22); dazu KANNOWSKI, Umgestaltung S. 480. Vgl. auch Gl LdR III 18 (19) *En islik na sineme rechte* (S. 1038 Z. 11 f.) und Gl LdR III 70 (78 § 1) *De koningh vnde* (S. 1447 Z. 11 – S. 1448 Z. 7).

558) C. 22 q. 5. c. 18 § 2 (Corpus iuris canonici I Sp. 888).

559) LGl LnR 3 (S. 98 Z. 13 – S. 99 Z. 1, vgl. auch Z. 7); LGl LnR 23 § 1 (S. 392 Z. 10–12); LGl LnR 55 § 2 (S. 732 Z. 11–14); LGl LnR 68 (67 § 3) (S. 915 Z. 11–14); LGl LnR 77 (76 § 1) (S. 1056 Z. 11 – S. 1057 Z. 1).

560) MITTEIS, Lehnrecht und Staatsgewalt S. 81.

561) KOLMER, Promissorische Eide S. 355.

562) Vgl. auch HOMEYER, System, Sachsenspiegel II 2 S. 631.

beim Lehnrecht um ein exklusives Recht für die allein lehnrechtsfähige Ritterschaft. Nur wer den Heerschild, das Symbol der waffenfähigen Ritterschaft, trägt, ist lehnsfähig (LnR 1 und 2). Trotz zahlreicher Einschränkungen dieses Prinzips für Geistliche, Frauen, Kinder usw. beharren Lehnrecht wie Lehnrechtsglosse auf diesem Regel-Ausnahme-Verhältnis. So bleibt der Charakter des Lehnrechts als Sonderrecht eines höheren Standes für einen bestimmten, nur sie betreffenden Lebensbereich erhalten. Die Abgeschlossenheit des Lehnrechts gegenüber anderen Rechtskreisen drückt sich auch im Bestehen einer speziellen Lehngerichtsbarkeit aus (LnR 65–69)[563]. Die Zuständigkeit des Lehngerichts erstreckt sich auf Streitigkeiten zwischen Mann und Herrn um Rechte und Pflichten aus dem Lehnsverhältnis sowie auf Streitigkeiten von Lehnsmännern untereinander um solche Lehen, an denen die Parteien in Frage stehende Rechte von ein und demselben Lehnsherrn herleiten. Behaupten Lehnsmänner im Streit um ein Lehen dagegen Rechte von verschiedenen Herren, ist, ebenso wie bei bestimmten Verbrechen, das Landgericht zuständig[564]. Die Landgerichtsbarkeit übt somit eine gewisse Reservefunktion aus. Gleichwohl sichert die eigene Lehngerichtsbarkeit die grundsätzliche Autonomie des Lehnswesens als einer „Privatangelegenheit“ der betroffenen Lehnsmannschaft.

Zusammengefasst schließt der Regelungsbereich des Lehnrechts nach der Lehnrechtsglosse das Recht an Lehngütern und die daraus abgeleiteten Dienst- und Treuepflichten ein. Nur die Ritterschaft hat daran Teil. Das Lehnrecht ist deshalb ein Sonderrecht einer bestimmten privilegierten Klasse. Maßgebliches Charakteristikum ist seine – jedenfalls theoretische – Abschottung nach außen. Die Hintergründe für diese Darstellung des Lehnrechts als ritterlichen Sonderrechts erschließen sich bei einem genaueren Blick auf die Vorstellung des Glossators von Ursprung, Wesen und Aufgabe der Ritterschaft.

b) Idee und Legitimation von Ritterschaft

Um zu verstehen, welches Bild sich die Lehnrechtsglosse vom Ritterstand macht, ist wie so häufig von der Buch'schen Glosse auszugehen. Ihren

563) Zur Lehngerichtsbarkeit DIESTELKAMP, Lehnrecht S. 263–269; GANSHOF, Was ist das Lehnswesen? S. 172–175; HOMEYER, System, Sachsenspiegel II 2 S. 562–626; PLANCK, Gerichtsverfahren I S. 15–21, 61–63, 96; SPIESS, Art. Lehnsgericht, in: HRG II Sp. 1714–1717; DERS., Lehnsrecht, Lehnspolitik und Lehnsverwaltung S. 125–134; THEUERKAUF, Land und Lehnswesen S. 82 f.; WEITZEL, Dinggenossenschaft und Recht S. 989–1085; speziell zum königlichen Lehnsgericht KRIEGER, Königliche Lehngerichtsbarkeit.

564) HOMEYER, System, Sachsenspiegel II 2 S. 565–567.

Standpunkt rezipiert die Lehnrechtsglosse und entwickelt ihn in Teilen fort. An zwei für die Lehnrechtsglosse relevant gewordenen Stellen beschäftigt sich Johann von Buch eingehend mit dem Thema Ritterschaft[565]. Ein erster Anlass zur Reflexion über den Ritterstand bietet ihm LdR I 3, dessen § 2 in Anknüpfung an die Lehre von den sieben Weltaltern auch die Heerschildordnung erörtert. Glosse LdR I 3 § 2 *Van den herschilden* erklärt den Heerschild eingangs zu einem „*vnderscheed*“[566], zu einem Merkmal oder Symbol der Ritterschaft. Sodann entwickelt Johann eine Theorie zweier Arten von Ritterschaft, „*stridlik ridderschop*“ und des „*rechtes krichlike ridderschop*“[567]. Zu den zweiten, den „Rittern der Gerichte“, zählt Johann Vorsprecher und Fronboten. Bernd Kannowski handelt ausführlich von ihnen[568]. Hier interessiert aber vor allem die erste Gruppe, die Johann die „kämpfenden“, „kriegerischen“ Ritter nennt. Dieser eigentliche Stand der Ritter zerfällt nach Johann noch einmal in die erworbene und die angeborene Ritterschaft („*Stridliker ridderschop achtbaricheit entwer se is gemaket edder geboren.*“[569]). Die edlere sei die von der Natur vorgegebene Ritterschaft qua Geburt. An ihrer Spitze stehe der König und von ihm leitet Johann die übrigen Heerschildstufen ab, wobei er auch eine siebte Stufe anerkennt[570]. Was demgegenüber unter der minderen, erst durch Rechtssatzung ermöglichten, „gemachten“ Ritterschaft zu verstehen sei, bleibt merkwürdig offen. Johann bringt auch mit ihr den König in Verbindung. Dieser sei erwählt worden, auf dass von ihm die Würde der geborenen Ritterschaft ihren Anfang nehme[571].

Geborene und gekorene Ritterschaft in der Lehnrechtsglosse. Wie das Landrecht handelt auch das Lehnrecht zu Beginn des Rechtsbuchs vom bedeutenden Motiv der Heerschildordnung (LnR 1). Der Glossator des Lehn-

565) Gl LdR I 3 § 2 *Van den herschilden* (S. 147 Z. 10 – S. 150 Z. 9); Gl LdR I 20 § 1 *Nu uornemet* und *Ridders art* (S. 236 Z. 21 – S. 240 Z. 13); vgl. aber auch Gl LdR III 72 (79 § 1) *Swar ghebur* (S. 1474 Z. 6 – S. 1475 Z. 3).

566) Gl LdR I 3 § 2 *Van den herschilden* (S. 147 Z. 10 f.); dazu wird Dist. 1 c. 10 allegiert.

567) Gl LdR I 3 § 2 *Van den herschilden* (S. 147 Z. 12 f., 14).

568) KANNOWSKI, Umgestaltung S. 151–164; insbesondere S. 160–162.

569) Gl LdR I 3 § 2 *Van den herschilden* (S. 148 Z. 10 f.).

570) Gl LdR I 3 § 2 *Van den herschilden* (S. 149 Z. 7 – S. 150 Z. 9). Instruktiv zur Heerschildordnung im Sachsenspiegel und zur irreführenden Vorstellung einer Lehnspyramide ECKHARDT, Heerschildordnung.

571) Gl LdR I 3 § 2 *Van den herschilden*: „*Gemaket is de koningh vnde de vrig sin vnd echte geboren, ut jnfra ar. XLVII li. III, et ar. XLV, vmme dat an eme beghinnet de geborene achtbaricheit in der ridderschopp. He schal ok sin gekoren, dor dat ok an eme de kore beghinnet, ut in auttentica de heredibus et Falcidia in prin. coll. I.*“ (S. 148 Z. 12 – S. 149 Z. 1).

rechts lehnt sich in seiner einleitenden Kommentierung zu LnR 1 an LdR I 3an und übernimmt auch große Passagen der zugehörigen Landrechtsglosse. Dabei fügt er die Inhalte jedoch neu zusammen, ergänzt und modifiziert sie[572]. Mit Johanns Worten schildert der Lehnrechtsglossator zunächst die Besetzung der Heerschildstufen beginnend beim König als dem Ersten der *„gebornen ritterschafft“*[573]. Während aber Johann die Zweifel am Bestehen des siebten Heerschildes beiseite schiebt, hält der Lehnrechtsglossator sie weiter für begründet[574]. Sie sind ihm Anlass, auch die Johann'sche Erläuterung der sieben Weltalter anzufügen. Erst im Anschluss daran kommt der Lehnrechtsglossator auf die verschiedenen Arten von Ritterschaft zu sprechen. Er kopiert auch hier Johanns Ausführungen, spricht von den Rittern, die mit dem Schwert kämpfen und denen, die im Gericht mit der Vernunft des Rechts kämpfen, und teilt die ersten in gemachte und geborene Ritter[575]. Zur Spezifizierung der „gemachten“ Ritterschaft ergänzt er nun aber: *„Dy gemachte ritterschafft haben dy bischoffe vnde alle gekorne fursten, epte vnde eptischynne. Wenne dy werden czu orer herschafft vnde czu dem herschilde gekoren, ut extra de eleccione <c.> ne pro defectu* [X. 1, 6, 41].“[576] Seine Vorstellung von „gemachter“ Ritterschaft ist also nicht etwa die eines niederen, erst durch Verleihung der Ritterwürde zum Adel aufgestiegenen Ritterstandes[577], sondern die einer anderen, hochgestellten, aber nur ausnahmsweise aufgrund besonderer Ermächtigung am Ritterwesen partizipierenden Gruppe des Klerus. Dieselbe Begriffsfüllung findet sich übrigens auch in Glosse WbR 8, die Johanns Lehre von der „gekorenen und geborenen Ritterschaft“ ihrerseits rezipiert[578].

---

572) LGl LnR 1 (S. 55 Z. 2 – S. 62 Z. 2) bzw. Gl LdR I 3 § 1 *Origines wissagede* und § 2 *Van den herschilden* (in der Reihenfolge der in die Lehnrechtsglosse inkorporierten Passagen: S. 147 Z. 10–12; S. 149 Z. 7 – S. 150 Z. 9; S. 146 Z. 11 – S. 147 Z. 9; S. 147 Z. 12 – S. 149 Z. 6).

573) LGl LnR 1 (S. 55 Z. 12 – S. 57 Z. 12); vgl. dazu Gl LdR I 3 § 2 *Van den herschilden* (S. 149 Z. 7 – S. 150 Z. 8).

574) LGl LnR 1 (S. 57 Z. 7–12). Kürzere und längere Lehnrechtsglosse gehen in diesem Punkt auch inhaltlich auseinander. Die sehr viel knappere KGl LnR 1 (S. 33 Z. 9 – S. 35 Z. 2) enthält neben der Lehngutsdefinition nur die Besetzung der Heerschilde, wobei zugunsten der Buch'schen Glosse und entgegen der längeren Lehnrechtsglosse die Zweifel am Bestehen eines siebten Heerschilds nicht geteilt werden.

575) LGl LnR 1 (S. 59 Z. 12 – S. 62 Z. 2; insbesondere S. 60 Z. 14); vgl. zu den Arten der Ritterschaft auch LGl LnR 19 § 1 (S. 335 Z. 8 – S. 339 Z. 3).

576) LGl LnR 1 (S. 60 Z. 15 – S. 61 Z. 2); die Passage geht über Gl LdR I 3 § 2 *Van den herschilden* (S. 148 Z. 10 f.) hinaus.

577) Vgl. dazu PARAVICINI, Ritterlich-höfische Kultur S. 4.

578) Gl WbR 8 (Sp. 215 Z. 49 – Sp. 217 Z. 3) bzw. Gl LdR I 3 § 2 *Van den herschilden* (S. 148 Z. 10 – S. 150 Z. 9).

Die sehr umfangreiche Glosse LnR 2 handelt in weitgehend eigenständigen Erläuterungen von der Lehnrechtsfähigkeit. In einer einleitenden *quaestio* zur Lehnrechtsfähigkeit von Geistlichen kommt dabei auch die in Glosse LnR 1 bereits kurz angesprochene, besonders begründungsbedürftige lehnrechtliche Stellung geistlicher Fürsten zur Sprache[579]. Weil diese nicht kämpfen dürfen, Lehen aber Rittersold für den Dienst mit dem Schwert sei, und auch weil sie keine Lehnserben hinterlassen können, hätten Geistliche keinen Heerschild und kein Lehnrecht. Zwischen Ritterstand und geistlichem Stand trennt die Glosse entschieden. Daher verlöre etwa auch derjenige sein Lehen, der den Heerschild zunächst innehatte, dann aber die Weihen empfängt und damit den Heerschild ablegt[580]. Eine Ausnahme gelte einzig für geistliche Fürsten. Bischöfe, Äbte und Äbtissinnen könnten direkt vom Reich ein Zepterlehen empfangen. „*Jr sollet wissen:*", stellt der Glossator klar, „*Das man oͤn lehn lyet, das kompt zcu von koͤre, da von entpfaen sy den herschilt von deme riche mit deme ceptro* […]."[581] Dass geistliche Fürsten entgegen LnR 2 § 1 Reichslehen empfangen konnten und dann nach LdR I 3 § 2 gar den zweiten Heerschild einnahmen, erklärt die Lehnrechtsglosse also unter Zuhilfenahme von Johanns Figur der „gekorenen Ritterschaft". Damit rezipiert der Lehnrechtsglossator einen in der Buch'schen Glosse nur grob skizzierten Gedanken und spinnt ihn weiter aus. Ein Fall wissenschaftlichen Fortschritts auf dem Weg hin zu einer dogmatischen Durchdringung des Sächsischen Rechts wird hier sichtbar.

Dabei verwahrt sich die Lehnrechtsglosse gegen eine ausufernde Anerkennung des Prinzips „gekorener Ritterschaft". Die theoretische Begründung der im Folgenden in Glosse LnR 2 erörterten Frauenlehen ist zum Beispiel eine ganz andere. Ihnen spricht der Glossator den Heerschild (mit Ausnahme von Reichsäbtissinnen) ab. Lehen könnten Frauen nur im Wege der Lehnsträgerschaft empfangen, wenn sie nämlich gemeinsam mit einem heerschildfähigen Mann belehnt werden[582]. Noch bezeichnender ist die Auseinandersetzung von Glosse LnR 2 mit der Frage, ob ein Bauer durch kaiserlichen Akt Ritterwürde empfangen könne. Der Glossator verneint diese Möglichkeit unter Hinweis auf LnR 2 § 1 („*Wenne noch vnserm rechte ist keyn man ritters art, syn vater vnde syn eldervater wern denne rittere gewest ader ritters genosz* […]"[583]). Nur die geborenen Ritter seien Angehörige des Ritterstandes. Daran könne nicht einmal kaiserlicher Wille etwas än-

579) LGl LnR 2 §§ 1 f. (S. 66 Z. 5 – S. 68 Z. 13; hier S. 68 Z. 1–3).
580) LGl LnR 2 § 1 (S. 70 Z. 6–8).
581) LGl LnR 2 § 2 (S. 68 Z. 1–3).
582) LGl LnR 2 § 1 (S. 73 Z. 11–74 Z. 2).
583) LGl LnR 2 § 1 (S. 78 Z. 10 – S. 80 Z. 5; hier S. 80 Z. 2–4).

dern, denn dies wäre „*widder das ewangelium*“[584]. Der Glossator stemmt sich demnach mit aller Kraft gegen die Anerkennung einer rangerhöhenden Verleihung des Rittertitels an Nichtadlige. Tatsächlich hatte sich der Stand der Ritterbürtigen bereits im 13. Jahrhundert vollständig konstituiert und nach unten abgeschlossen. War zuvor durch Verleihung der Ritterwürde der soziale Aufstieg in den niederen Adel möglich gewesen, hatte sich nun endgültig das ständische Prinzip durchgesetzt[585]. Ritterschaft, Heerschild und Teilnahme am Lehenswesen bestimmten sich ausschließlich nach Geburt.

Ritter in der Dreiständegesellschaft. Was hier zwar nicht klar ausgesprochen wird, im Ringen der Glosse LnR 2 um den Ausschluss der Geistlichen und Bauern vom Heerschild aber doch zum Ausdruck kommt, ist die mittelalterliche Vorstellung von einer funktionalen Dreiteilung der Gesellschaft[586]. Johann von Buch erörtert sie in Glosse LdR III 72 (79 § 1) *Swar ghebur*[587]. Danach setzt sich die christliche Gesellschaft aus drei nützlichen Ständen zusammen, dem Stand der Geistlichen, der Ritter und der Bauern. Die Geistlichen sollen für die Ritter und Bauern beten, die Ritter sollen die Geistlichen und Bauern beschützen und den Frieden bewahren und die Bauern sollen die Geistlichen und Ritter ernähren. Jeder Stand hat so den ihm zugewiesenen Dienst an der Gemeinschaft zu verrichten. Für die Ritterschaft bedeutet die Lehre von den drei Ständen in erster Linie die Legitimation ihrer Vorrangstellung gegenüber dem Bauernstand, die Rechtfertigung für das Bestehen einer Aristokratie gegenüber der breiten Masse der Bevölkerung. Sie „konstruierte das gute Gewissen des Ritterstandes und definierte seine Aufgaben.“[588]

Die Aufgaben des Ritterstandes erörtert Johann von Buch noch detaillierter in einem zusammenhängenden Traktat über die Ritterschaft in Glosse LdR I 19 (20 § 1) *Nu uornemet* und *Ridders art*[589]. Die Bedeutung dieser

---

584) LGl LnR 2 § 1 (S. 79 Z. 12 f.) unter Hinweis auf C. 25 q. 1 c. 6.

585) BLOCH, Feudalgesellschaft S. 423–429; FLECKENSTEIN, Art. Ritterstand, in: HRG IV Sp. 1088–1092; DERS., Problem der Abschließung; PARAVICINI, Ritterlich-höfische Kultur S. 4, 39. Abschließung des Ritterstandes und Ausbildung des ständischen Prinzips setzten in der ersten Hälfte des 13. Jahrhunderts ein und setzten sich um 1300 endgültig durch.

586) KANNOWSKI, Umgestaltung S. 309–316; MITSCH, Art. Stand, Stände, –lehre, in: LexMA VIII Sp. 46 f.; OEXLE, Funktionale Dreiteilung; PARAVICINI, Ritterlich-höfische Kultur S. 27.

587) Gl LdR III 72 (79 § 1) *Swar ghebur* (S. 1474 Z. 6 – S. 1475 Z. 3); dazu KANNOWSKI, Umgestaltung S. 309–316.

588) PARAVICINI, Ritterlich-höfische Kultur S. 27.

589) Gl LdR I 19 (20 § 1) *Nu uornemet* und *Ridders art* (S. 236 Z. 21 – S. 240 Z. 13); dazu KANNOWSKI, Umgestaltung S. 311.

„Nun vernehmt“-Abhandlung über Erwerb, Aufgabe und Aufhören von Ritterschaft unterstreicht er später in der Landrechtsglosse noch einmal[590]. Auch dem Lehnrechtsglossator blieb sie nicht verborgen. Neben Glosse LdR I 3§ 2 *Van den herschilden* ist Glosse LdR I 19 (20 § 1) *Nu uornemet* und *Ridders art* die zweite wichtige Quelle der Lehnrechtsglosse für die Beschreibung der Ritterschaft. Der Lehnrechtsglossator integriert den Buch'schen Traktat über die Ritterschaft fast vollständig in seine Glosse LnR 2 und macht sich damit Johanns Weltbild zu eigen[591]. Die Ausführungen in Land- und Lehnrechtsglosse zeigen: Beide Autoren werden von der Idee geleitet, die Ritterschaft sei ein in der religiösen Gesellschaft fest verankerter Stand und diene dem Schutz der Christenheit. Übereinstimmend führen sie aus, Ritterschaft setze Achtbarkeit und Ritterlichkeit voraus (die Darstellung stützt sich hier wiederum stillschweigend auf die Accursische *Glossa ordinaria* zu Nov. 17, 7[592]). Es dürfe kein Unfreier oder Ungläubiger Ritter werden. Das Erfordernis der Ritterbürtigkeit erwähnt an dieser Stelle nur Johann[593]. Das Ritterwesen sei, meint die Lehnrechtsglosse, *„durch des gemeynen gutis willen“*[594] aufgekommen. Daher schwörten Ritter einen Eid und es sei ihnen das Schwert befohlen *„czu beschirmene witwen vnde weiszen, vnde czu beschirmene das gemeyne gut zcu recht, vnde recht czu sterckene vnde vnrecht czu krenckene.“*[595] Als erkennbares Zeichen ihrer Ritterschaft trügen sie einen Schild. Und hätten sie noch kein Lehen, so solle man ihnen eines geben. Ritterschaft beschreiben die Glossen hier also nicht als bequeme, mit Vorteilen verbundene Stellung eines privilegierten Standes, sondern als ehrenvollen, aber mit großen Gefahren verbundenen Dienst an der Gemeinschaft. Lehen erscheinen dadurch als das wohlverdiente Einkommen, von dem Ritter ihren Lebensunterhalt bestreiten.

Sondertestierrecht der Ritter. Von Rittern wird verlangt, die Christenheit zu schützen und sie notfalls unter Einsatz ihres Lebens zu verteidigen. Dass die Glossen den Ritterstand als Kriegerkaste auffassen, zeigt sich auch in den zahlreichen Allegationen kanonischen und vor allem römischen Mili-

590) Gl LdR III 43 (45 § 1) *Nu vornemet* (S. 1226 Z. 9–11). Zur Bedeutung der *Nu vernemet*-Anfänge bei Johann von Buch KANNOWSKI, Umgestaltung S. 497–513.

591) LGl LnR 2 § 1 (S. 80 Z. 6 – S. 83 Z. 9).

592) Vgl. KAUFMANN, Gl LdR S. 237 Anm. 1. Die Buch'sche Abhandlung stützt sich zunächst auf Accursius, *Glossa ordinaria* zu Nov. 17, 17 ad. v. *siquidem* (e) (Corpvs ivris V/1, Lyon 1627, Auth. Sp. 139).

593) Gl LdR I 19 (20 § 1) *Nu uornemet* (S. 237 Z. 9 f.; S. 238 Z. 4 f.). LGl LnR 2 lässt diese Sätze aus.

594) LGl LnR 2 § 1 (S. 80 Z. 9).

595) LGl LnR 2 § 1 (S. 81 Z. 3–5).

tärrechts[596]. Ritter kämpfen, im Gegenzug verdienen sie ihr Lehen. Darüber hinaus werden ihnen weitere Sonderrechte zuerkannt. So kennen sowohl Land- als auch Lehnrechtsglosse ein ausnahmsweise bestehendes Recht der Ritterschaft zur Verfügung von Todes wegen über im Kampf erbeutetes Vermögen[597].

Die im römischen Recht verankerte gewillkürte Erbfolge ist dem Sächsischen Recht eigentlich vollkommen fremd[598]. Ritter müssen im Kampf für die Gemeinschaft aber in besonderer Weise ihr Leben aufs Spiel setzen und – noch wichtiger – um ihr Seelenheil fürchten. Angesichts dieser spezifischen Gefahren der Ritterschaft wollte Johann von Buch sie durch eine erbrechtliche Privilegierung schützen: Er erlaubt ihnen, im Kampf erbeutete Reichtümer der Kirche zu stiften („*ze mogen zeelgerede don*“[599]).

Die Lehnrechtsglosse übernimmt diese Sonderregel, modifiziert sie aber kurzerhand zu einem allgemeinen Testierrecht („*do mogen sy testament von thun*“[600]). Damit entfällt Johanns ursprünglich christliches Motiv der Seelenrettung. Gleichzeitig nähert sich die Lehnrechtsglosse wieder dem erbrechtlichen Sonderinstitut des *Corpus iuris* an, das als Impulsgeber für das ritterliche Testierrecht der sächsischen Glossen diente. Johann hatte sich dezidiert auf Inst. 2, 11, 1 gestützt, der vom *testamentum militis*, dem Soldatentestament, handelt. Das römische Recht gewährt Soldaten in großem Umfang Befreiung von Form- und Wirksamkeitserfordernissen[601]. Weil

596) LGl LnR 2 § 1 (S. 80 Z. 6 – S. 83 Z. 9) allegiert unter anderem Cod. 12, 33 *Qui militare possunt* […] (S. 80 Z. 7); C. 23 q. 5 c. 13 (S. 81 Z. 7 f.); Nov. 116 *Ut neque miles neque foederatus observet domui privatae aut possessione alicuius* (S. 81 Z. 11 f.); Inst. 2, 11 *De militari testamento* (S. 82 Z. 4); Cod. 6, 21 *De testamento militis* (S. 82 Z. 4 f.); Dig. 29, 1 *De testamento militis* (S. 82 Z. 5); Cod. 2, 50 *De restitutione militum* […] (S. 83 Z. 3 f.); Dig. 49, 16 *De re militari* (S. 83 Z. 7–9); Zu den meist übereinstimmenden Allegationen der Buch'schen Glosse vgl. Gl LdR I 19 (20 § 1) *Nu uornemet* und *Ridders art* (S. 237 Z. 9 f.; S. 238 Z. 4 f.).

597) Dazu KANNOWSKI, Umgestaltung S. 462–464.

598) Zum römischen Recht mit regelmäßig testamentarischer Erbfolge HONSELL / MAYER-MALY / SELB, Römisches Recht S. 434–440; KASER, Römisches Privatrecht I S. 668–672. Zum Erbrecht des Sachsenspigels V. SYDOW, Darstellung des Erbrechts, insbesondere S. 303 f.; und speziell zur Verfügung von Todes wegen nun SCHMIDT-RECLA, Kalte oder warme Hand? S. 372–401.

599) Gl LdR I 19 (20 § 1) *Ridders art* (S. 238 Z. 7).

600) Im Ganzen lautet LGl LnR 2 § 1: „*Wen was sy in irer ritterschafft erkrigen, also Troianus geschriben hath, do mogen sy testament von thun, ut Insti. de mili. testa. § plane* [Inst. 2, 11, 1, Anm. der Verf.], *C. de mili. testa.* [Cod. 6, 21, Anm. der Verf.], *divus Adrianus ff. e. ti. l. divus* [Dig. 29, 1, 24, Anm. der Verf]. “ (S. 82 Z. 2–5).

601) Zum römischen Soldatentestament HONSELL / MAYER-MALY / SELB, Römisches Recht S. 453; KASER, Römisches Privatrecht I S. 680–682.

diese Vergünstigungen auch in Friedenszeiten galten, erklärt sich das Soldatentestament der klassischen Zeit primär aus Rücksicht auf die nichtrömischen Soldaten im Heer. Ihnen waren die notwendigen Formerfordernisse nicht geläufig[602]. Erst Kaiser Justinian beschränkte die Anwendung des Soldatentestaments dann auf die Zeit des Feldzugs (Dig. 27, 1, 17, 1), womit die rechtlichen Vergünstigungen stärker als Zugeständnis an die besonderen Schwierigkeiten im Feld erscheinen.

Diese römischrechtliche Sonderform des Testaments für Soldaten entkleidete Johann ihres Kontextes. Sie war ihm Anlass, dem mittelalterlichen Ritterstand die Seelgerätsstiftung an erbeutetem Kriegsgut zu ermöglichen. Auf diese Weise sollten sie ihr Seelenheil retten können. Gleichzeitig sichert die Beschränkung auf Beutegut den Nachkommen des Ritters ihr rechtmäßiges Erbe am übrigen Vermögen. Damit erzielte die Buch'sche Glosse einen angemessenen Interessensausgleich.

Wie gesehen deutet der Lehnrechtsglossator das Buch'sche Recht zur Seelgerätsstiftung in ein allgemeines Testierrecht über Beutegut um. Mit diesem Schritt beraubt er die Buch'sche erbrechtliche Sonderregelung ihres eigentlichen Sinns. Ob der Glossator die Hintergründe für eine erbrechtliche Privilegierung der Ritterschaft reflektiert und die Buch'sche Ausnahmeregelung dann bewusst zu einer allgemeinen Testierfreiheit zugunsten Dritter ausgeweitet hat, lässt sich nicht mit Sicherheit sagen. Die zusätzliche Allegation von Dig. 29, 1, 24[603] und der Bezug auf Kaiser Trajan, der das Soldatentestament abschließend gestattet hatte (Dig. 29, 1 pr.), belegen jedenfalls, dass sich der Lehnrechtsglossator noch einmal eigenständig mit dem römischen Soldatentestament befasst hat. Ob aus Flüchtigkeit oder bewusst, verkehrt er die Buch'sche Ausnahme in ein Aliud. In der Lehnrechtsglosse erscheint das Testierrecht über erbeutetes Vermögen als ein vom ursprünglichen Sinn und Zweck abgekoppeltes, eher willkürlich zugegebenes Privileg der Ritterschaft.

Ob Ritterschaft Sünde ist. Dass die kämpfende Ritterschaft in besonderer Weise um ihr Seelenheil fürchten muss, erkennen beide Glossen als das grundsätzliche Problem des gerechten Krieges. Die von Johann von Buch frei erörterte Frage „*Leue veddere, mach ridderschop ane sunde wesen?*“[604] formt Glosse LnR 2 zu einer streng in *pro*, *contra* und *solutio* aufgebauten

602) KASER, Römisches Privatrecht I S. 681.

603) LGl LnR 2 § 1: neben Inst. 2, 11 (S. 82 Z. 4) und Cod. 6, 21 (S. 82 Z. 4 f.) kommt noch „*ff. e. ti. l. divus*“ (S. 82 Z. 5) hinzu, also Dig. 29, 1, 24.

604) Gl LdR I 19 (20 § 1) *Ridders art* (S. 239 Z. 9 f.); dazu KANNOWSKI, Umgestaltung S. 163 f.

quaestio um[605]. Der schematische Aufbau führt eher zur Konfusion denn zu einer weiteren Präzision der stringenten Buch'schen Argumentation. Letztlich aber kommen beide Autoren zum selben distinktiven Schluss: Man müsse zwischen Ritterschaft um des Ruhmes willen und Ritterschaft aus Notwendigkeit unterscheiden. Erstere äußere sich etwa in der Teilnahme an Ritterturnieren und sei Sünde[606]. Letztere aber, der vom Reich gebotene Krieg, sei ohne Sünde. Diese Gewalt diene der Wahrung des Friedens und des Rechts. Die Tötung ungläubiger Feinde sei deshalb kein Unrecht. Dass das ritterliche Geschäft wohlverstanden also mit Gottes Geboten in Einklang steht, belegen die Glossen mit Allegationen des kanonischen Rechts[607]. Grundsätzlich ist der Dienst der Ritterschaft an der Gemeinschaft ein gottgewollter. Ritter dienen dem Schutz der Christenheit. Die sächsischen Glossatoren erkennen dies an und sehen sich in der Pflicht, die Rechtmäßigkeit der Aufgabe des Ritterstandes auch juristisch zu begründen.

Figur des Ritters in der Handschrift Be_3. Bemerkenswert ist ein weitergehender Exkurs über das Ritterwesen in der längsten, in der Handschrift Be_3 überlieferten Klasse W der Lehnrechtsglosse[608]. Diese Passage der „Wurm'schen" Glosse LnR 2 geht über die längere Glosse hinaus und wurde vermutlich erst durch einen späteren Redaktor ergänzt[609]. An die Lehre zweier Arten von Ritterschaft anknüpfend versucht sich der Verfasser an einer Definition des Ritters. Dazu weiß er den spätantiken Autor Vegetius mit seiner in Mittelalter und Früher Neuzeit weit verbreiteten Schrift *„De re militari"* anzuführen[610]. Demnach gelte: *„Ey*[n] *ritter ist, der gote vnd dem reiche czu der gemeinen nucz gesworin hot in seiner ritterschaft, daz er nicht*

605) LGl LnR 2 § 1 (S. 83 Z. 10 – S. 85 Z. 10). Die bei Johann von Buch diskutierte Frage des „Befehlsnotstandes" übergeht die Lehnrechtsglosse.

606) Vom spätmittelalterlichen Turnierwesen handelt PARAVICINI, Rittertum im Norden.

607) Gl LdR I 19 (20 § 1) *Ridders art* (S. 240 Z. 4, 5 und 11) bzw. LGl LnR 2 § 1 (S. 85 Z. 1–10) mit Verweis u. a. auf C. 23 q. 2 c. 1, C. 23 q. 8 c. 15 und C. 23 q. 5 c. 8.

608) „Wurm'sche" Glosse LnR 2 (Berlin SBB-PK Hs. 392 fol. 153vb – fol. 154rb).

609) Vgl. zur Frage der Textentwicklung oben S. 223 ff.

610) „Wurm'sche" Glosse LnR 2: *„waz ein ritter sy. vf den selbin tit*[u]*lin spricht vegetius de re militari"* (Berlin SBB-PK Hs. 392 fol. 153vb). Bereits HOMEYER, Einleitung LnR, Sachsenspiegel II 1 S. 76 bemerkte das Zitat des Vegetius. Zu ihm BRANDT, Art. Vegetius, in: DNP XII, 1 Sp. 1155–1157; FÖGEN, Wissen S. 57–65, und SPRINGER, Vegetius im Mittelalter. Vegetius schrieb um 400 eine militär-technische Schrift (*Epitoma rei militaris* oder *De re militari*), in der er Fragen der Rekrutierung und militärischen Ausbildung, der Organisation römischer Legionen, strategische und taktische Probleme sowie die Belagerung von Städten und den Seekrieg behandelt. Die Schrift wurde im Mittelalter in großem Umfang rezipiert. Eine Edition mit deutscher Übersetzung bietet

myden wolle czu sterbin uor daz gemeine gut und uor dy ghemeine nucz“[611]. Deutlicher lässt sich die Verankerung des Ritterstandes im Gemeinwesen kaum ausdrücken. Das Stichwort vom „gemeinen Nutzen“ ist ein in der gesamten Lehnrechtsglosse allgegenwärtig mit der Ritterschaft verbundenes Schlagwort. Sodann geht der Redaktor der Klasse W zu einer ethymologischen Erklärung des Begriffs „Ritter“ über. Er leite sich vom lateinischen „*miles*“ ab. „*Militia*“ aber bedeute soviel wie „*hertikeit in seime ritterlichin wesin in rechter werhaftikeit wyder dez rychis vinden, dy wider daz gemeine gut der heiligin cristinheit sein*“[612]. Wie schon Johann von Buch setzt der Redaktor die mittelalterliche Ritterschaft mit dem römischen Soldatenwesen gleich[613]. Die Widersprüchlichkeit einer solchen Gleichsetzung gerade in religiöser Hinsicht blendet er aus. Vielmehr bekräftigt er im selben Atemzug die Aufgabe des Ritterstandes, die Christenheit mit größter Standhaftigkeit gegen Angriffe ihrer Feinde zu schützen. Ritter nenne man, geht es weiter, auch „*miles amaritudine aut amalo*“[614], denn sie kämpften erbittert gegen alles Böse in der Welt. Schließlich nenne man sie auch „*miles quasi millesimus*“[615], denn die Römer hätten einst unter je Hundert den Vornehmsten und Bestgerüsteten zum Anführer der übrigen erwählt. Dieser habe den anderen im Krieg vorgestanden und so seien einst die Ritter den Fürsten anbefohlen worden[616]. Hier eröffnet sich ein weiterer Aspekt zur Legitimation von Ritterschaft: Zur heiligen Berufung der Ritter zum Schutz der Christenheit tritt nun auch ihre historische Begründung. Dabei ergründet der Redaktor der Klasse W die Ursprünge des Ritterwesens in der Geschichte der Römer.

Historische Wurzeln von Ritterschaft und Lehnswesen. Die Idee der Anknüpfung von Ritterschaft an das römische Militärwesen war nicht neu. Diese in der Klasse W in Wortspielen gekleidete Anbindung findet sich ähn-

---

MÜLLER, Publii Flavii. Offenbar entstammt die Ritter-Definition der „Wurm'schen“ Glosse LnR 2 allerdings nicht tatsächlich der Schrift des Vegetius.

611) „Wurm'sche“ Glosse LnR 2 (Berlin SBB-PK Hs. 392 fol. 153vb).

612) „Wurm'sche“ Glosse LnR 2 (Berlin SBB-PK Hs. 392 fol. 154ra).

613) Vgl. KANNOWSKI, Umgestaltung S. 154, 464.

614) „Wurm'sche“ Glosse LnR 2 (Berlin SBB-PK Hs. 392 fol. 154rb); in Anspielung auf lat. *amaritudine*, Bitterkeit.

615) „Wurm'sche“ Glosse LnR 2 (Berlin SBB-PK Hs. 392 fol. 154[rb]).

616) „Wurm'sche“ Glosse LnR 2: „*vnd auch heist ein ritter miles quasi millesimus. wen dy romer wo sy irkantin vndir hundertin einen, der uornemisch waz vnde rustig, den kore*[n] *sy durch seiner gestrengekeit vnde manheit wille, daz er dy hundert uorwesin vnd furen sol in heruarten, vnd darum so wor*[de] *dy ritter den furste*[n] *beuolin, vt. In aut. demandatis p*[ri]*ncipum. §. Oportet autem Coll. iij* [Nov. 17, 1]“ (Berlin SBB-PK Hs. 392 fol. 154rb).

lich schon in der Buch'schen Glosse[617]. Auch von der Lehnrechtsglosse[618] und der Weichbildglosse[619] wird sie getragen. Ihnen allen gilt das mittelalterliche Lehnswesen als ein Phänomen, dessen Wurzeln in der römischen Geschichte zu suchen sind. Dass die Gesellschaftsordnung und die Reichsorganisation des 14. Jahrhunderts in unmittelbarer Kontinuität zum antiken römischen Reich gesehen wird, ist letztlich Ausdruck der Lehre von der *translatio imperii*[620]. Hinter ihr steht die Vorstellung, die gegenwärtige Ordnung sei nur die Fortführung des römischen Reichs im römisch-deutschen Reich. Bernd Kannowski hat weitere Beispiele beschrieben, in denen Johann von Buch Rechtsinstitute in ähnlicher Weise auf antike Ursprünge zurückführt[621]. So begründet der Glossator des Landrechts etwa auch das Königswahlrecht als eine römische, von Karl dem Großen wieder aufgegriffene Tradition; auch darin folgen ihm Lehn- und Weichbildglosse[622].

Das mittelalterliche Lehnswesen, so steht es in Glosse LnR 60 in stillschweigender Anlehnung an Glosse LdR I 53 (54 § 1) *Jd ne schal nen tinsman* und Glosse LdR II 56 (58 § 1) *Offt de man*, sei im Zuge römischer Eroberungen entstanden[623]. Genauso habe auch die Zinsleihe, um die es in LnR 60 eigentlich geht, ihren Ursprung im römischen Recht. Denn *„do dy Rỏmer alle werlt betwungen hatten"*, da hätten die Römer zur Verwaltung der okkupierten Gebiete Hauptleute oder Fürsten auf jede Festung gesetzt[624]. Die Fürsten hätten die Einkünfte aus den Ländereien eingenommen, davon *„manschafft vnde rittere"* unterhalten und den Überschuss an die Römer weitergeleitet[625]. Als aber das Land endgültig befriedet war und eine Ordnung sich herauszubilden begann, da sei es zu mühsam gewesen, fortwährend für die Beköstigung der Ritter zu sorgen. Daher sei man dazu übergegangen, die Güter und Einkünfte, die die Römer den Fürsten liehen, an die Ritter weiterzuverleihen, auf dass sie davon selbst ihren Lebensunter-

---

617) Gl LdR I 53 (54 § 1) *Jd ne schal nen tinsman* (S. 387 Z. 8 – S. 388 Z. 3); Gl LdR II 56 (58 § 1) *Offt de man* (S. 852 Z. 23 – S. 853 Z. 9); dazu KANNOWSKI, Umgestaltung S. 558.

618) LGl LnR 60 § 1 (S. 802 Z. 8 – S. 804 Z. 5).

619) Gl WbR 7 (Sp. 211 Z. 52 – Sp. 212 Z. 38).

620) KANNOWSKI, Umgestaltung S. 557.

621) KANNOWSKI, Umgestaltung S. 558 f.

622) Gl LdR III 46 (52 § 1) *De Dudeschen* (S. 1251 Z. 14 – S. 1252 Z. 7); vgl. dazu LGl LnR 4 § 2 (S. 109 Z. 4 – S. 110 Z. 3) und Gl WbR 8 (Sp. 215 Z. 20–49).

623) LGl LnR 60 § 1 (S. 802 Z. 8 – S. 804 Z. 5); vgl. dazu Gl LdR I 53 (54 § 1) *Jd ne schal nen tinsman* (S. 387 Z. 8 – S. 388 Z. 3) und Gl LdR II 56 (58 § 1) *Offt de man* (S. 852 Z. 23 – S. 853 Z. 9).

624) LGl LnR 60 § 1 (S. 802 Z. 9–13).

625) LGl LnR 60 § 1 (S. 802 Z. 13 – S. 803 Z. 3).

halt bestreiten könnten[626]. Diese Güter hießen „Lehen", weil man sie den Rittern nicht vollständig überlassen, sondern nur im Gegenzug für die Erfüllung ihrer Dienstpflicht geliehen habe. Schließlich hätten die Ritter diese Güter wiederum gegen Zins an die Bauern weitervermietet. So hätten sich schon in alter Zeit Lehnswesen und Zinsleihe herausgebildet.

Dieselbe Sichtweise teilt in anderen Worten Glosse WbR 7[627]. Die sächsischen Glossen führen die Ursprünge des Lehnswesens also übereinstimmend auf Strukturen zurück, die sich infolge römischer Eroberungszüge in den besetzten Gebieten entwickelt hätten. Darin kommt das Bemühen zum Ausdruck, die Gegenwart im Sinne einer *translatio imperii* als Fortbestand des römischen Reichs zu erklären. Die historische Begründung dient auch als Garant für die Güte, Stabilität und „Richtigkeit" einer auf dem Lehnswesen fußenden Reichsorganisation. Dabei wird als zentraler Kern des Lehnswesens das militärische, kriegerische Moment besonders hervorgekehrt. Die Ausführungen des Redaktors der Klasse W zum *„miles quasi millesimus"*[628], dem Ritter als Anführer von Hundertschaften im Feldzug, fügen sich zwanglos in dieses Bild ein. Die Betonung des kriegerischen Aspekts lässt das Lehnswesen als ein aus militärischen Notwendigkeiten erwachsenes Phänomen erscheinen. Die Vergabe von Lehnsgütern rechtfertigt sich damit als eine notwendige Versorgung des Militärs. In den sächsischen Glossen verkürzt sich diese Vorstellung auf die auf Dist. 1 c. 10 gestützte Formel „Lehen ist Rittersold."[629] Innerhalb der vermeintlichen Geschichte von der Entstehung des Lehnswesens fällt noch ein weiteres Detail auf: Das Lehnswesen wird nicht etwa als klassischer Bestandteil des antiken römischen Reichs dargestellt, sondern als eine in der Peripherie entwickelte Organisationsform für eroberte Gebiete fernab von Rom. Tatsächlich konnten die Juristen des 14. Jahrhunderts, von den späteren *Libri feudorum* einmal abgesehen, im antiken römischen Recht des *Corpus iuris* ja keinerlei Regelungen des Lehnrechts vorfinden. Vielleicht drückt sich in der Verortung der Lehnrechtsursprünge in Gebieten jenseits der Alpen auch ein unbestimmtes

---

626) LGl LnR 60 § 1 (S. 803 Z. 3–6; S. 803 Z. 13 – S. 804 Z. 3).

627) Gl WbR 7 (Sp. 211 Z. 52 – Sp. 212 Z. 38). Dort wird die Zinsleihe, ebenso wie in LGl LnR 5 § 1 (S. 153 Z. 2–4), mit dem römischrechtlichen *ius emphytheuticum* in Verbindung gebracht.

628) „Wurm'sche" Glosse LnR 2 (Berlin SBB-PK Hs. 392 fol. 154rb).

629) So schon die Buch'sche Glosse, vgl. Gl LdR I 24 (25 § 4) *Vnde nen leen* (S. 279 Z. 13); Gl LdR II 39 (41 § 1) *Swar de richter* (S. 783 Z. 9); Gl LdR II 54 (56 § 1) *Kumpt auer de vlut* (S. 846 Z. 10 f.) und Gl LdR II 56 (58 § 1) *Offt de man nene leneruen* (S. 854 Z. 14 f.). Die Formel wird von der Lehnrechtsglosse rezipiert, vgl. LGl LnR, Vorrede (S. 49 Z 1–8); LGl LnR 2 § 1 (S. 66 Z. 6–9); LGl LnR 5 § 1 (S. 155 Z. 15 – S. 156 Z. 2). Auch die Weichbildglosse kennt das Stichwort, vgl. Gl WbR 7 (Sp. 212 Z. 51 f.).

Bewusstsein um die Unvereinbarkeit von römischer und sächsischer Geschichte aus. Landrechts-, Lehnrechts- und Weichbildglosse schaffen mit ihrer Erzählung wenn auch keine temporäre, so doch eine gewisse territoriale Distanz zwischen der Lebenswelt der Römer und dem mittelalterlichen Lehnswesen. Die Überlegung führt zu einem letzten wichtigen Punkt, zum räumlichen und personalen Geltungsgebiet des Sächsischen Lehnrechts.

c) Adressatenkreis: Ein Reichslehnrechtsbuch für Sachsen

Nachdem die Lehnrechtsglosse das Lehnrecht als ein Sonderrecht eines qua Geburt definierten Ritterstandes darstellt, resultiert daraus die Frage, inwiefern die Glosse den Adressatenkreis ihres Lehnrechtsbuchs auch auf die Ritterschaft eines bestimmten Gebiets eingeschränkt sieht. Anders gewendet: Begriff der Glossator sein Rechtsbuch als „Lehnrechtsbuch des Reiches" oder als „Lehnrechtsbuch für Sachsen"?

Es ist unmittelbar ersichtlich, dass das Sächsische Lehnrecht mit seinen Bezügen zur Heerschildordnung, zu Reichslehen und Reichsdienst, zur Königswahl und vor allem zur vom König ausgehenden land- und lehnrechtlichen Gerichtsbarkeit[630] zahlreiche Regelungen enthält, die die Reichsebene betreffen. Auch gibt das Lehnrecht des Sachsenspiegels selbst – anders als das Landrecht – keine örtlichen Begrenzungen vor[631]. Seinem Selbstverständnis nach ist das Sächsische Lehnrecht überregional angelegt. Das erklärt sich nicht zuletzt aus der Tatsache, dass das Sächsische Lehnrecht vom Grundsatz des gemeinen Lehens, also eines vom Reichslehngut des Königs abgeleiteten Lehen, ausgeht. Aus streng dogmatischer Sicht ist Lehnrecht daher zunächst einmal Reichslehnrecht[632]. Andererseits lässt sich im 12. und 13. Jahrhundert eine deutliche Differenzierung und Regionalisierung des Lehnrechts feststellen[633]. Grundsätzlich hatte jeder Lehnsherr die Lehngerichtsbarkeit über seine Lehnsmannschaft inne, woraus sich eine weitgehende Autonomie lokaler Herrschaft ergab. Das gilt besonders für Eigengutlehen, deren oberster Lehnsherr ein anderer als der König war. Zwar blieb

---

630) Zur vom König abwärts als Gerichtslehen fortverliehenen landrechtlichen Gerichtsbarkeit und ihrer Funktion als Bindeglied zwischen Land- und Lehnrecht ISHIKAWA, Lehnrecht und Verfassung.

631) KANNOWSKI, Landrecht und Lehnrecht S. 361; LÜCK, Woher kommt das Lehnrecht S. 256; WEINERT, Eike S. 87. Zu Eikes Begriff vom Raum „Sachsen" vgl. KÜMPER, Sachsenrecht S. 498–500 m. w. N.

632) SCHRÖDER / V. KÜNSSBERG, Lehrbuch S. 430.

633) KRIEGER, Königliche Lehngerichtsbarkeit S. 427; MITTEIS, Lehnrecht und Staatsgewalt S. 236–239; DIESTELKAMP, Lehnrecht S. 6 f., 128–133; zum nordwestdeutschen Lehnrecht THEUERKAUF, Land- und Lehnswesen S. 21–43.

selbst hier der König oberster Richter in Lehnssachen (LnR 69 § 8), womit eine gewisse Einflussmöglichkeit gesichert blieb[634]. Trotz der Anbindung an das Reich bestand auf den unteren Stufen der Heerschildordnung aber genug Raum für die Ausbildung lokaler Besonderheiten. Insofern enthält das Sächsische Lehnrecht durchaus „territoriales“ Lehnrecht, dessen Eigenheiten im Vergleich mit anderen Lehnrechtsbüchern, etwa dem Schwabenspiegel-Lehnrecht, hervortreten. Letztlich wird man das Sächsische Lehnrecht daher als ein Rechtsbuch begreifen müssen, das sowohl Reichslehnrecht als auch die nur im Raum Sachsen zu Beginn des 13. Jahrhunderts in Geltung befindlichen, territorialen Lehnrechtsgewohnheiten aufgenommen hat[635].

Das Sächsische Lehnrecht war demnach Reichs-Lehnrechtsbuch und Sächsisches Lehnrechtsbuch in einem. Die Haltung der Lehnrechtsglosse spiegelt diese Ambivalenz. Sie bezieht das Lehnrecht auf Sachsen ohne dieser Tatsache viel Bedeutung beizumessen. Sein Rechtsbuch nennt der Glossator stets nur schlicht das „*lehnrecht*“[636] – nicht etwa „sächsisches“ Lehnrecht. Andererseits beginnt Glosse LnR 2 in einigen Handschriften: „*Nv hebit sich an das lehenrecht* [...], *jn de(m) her lernen wil vnde anwisen die Sachsen, die uff lehenrecht geen.*“[637] Und in Glosse LnR 81 (80) meint der Glossator, das Lehnrecht sei zu einer Bestätigung von Sachsenspiegel und Sächsischem Recht erlassen worden[638]. Aus Sicht des Glossators richtet sich das Lehnrechtsbuch demnach nur an den beschränkten Adressatenkreis der sächsischen Ritter. Für sie habe Kaiser Friedrich das Lehnrecht erlassen.

---

634) Zum Einfluss des Reichslehnrechts auf die territoriale Lehnrechtsentwicklung über die Ausübung königlicher Lehngerichtsbarkeit KRIEGER, Königliche Lehngerichtsbarkeit S. 426–433. Zur höheren Lehngerichtsbarkeit über Eigen HOMEYER, System, Sachsenspiegel II 2 S. 567.

635) Zum Verhältnis von Reichslehnrecht und Sächsischem Lehnrecht auch LÜCK, Woher kommt das Lehnrecht S. 257.

636) Etwa LGl LnR, Vorrede: „*das do lehnrecht gnant ist*“ (S. 48 Z. 3); vgl. auch LGl LnR 1: „*Vnde dorvmbe ist disz buch lehnrecht genant*“ (S. 61 Z. 16 – S. 62 Z. 1); LGl LnR 2 § 1: „*Nv hebit sich an das lehnrecht*“ (S. 65 Z. 14). In LGl LnR 81 (80 S. 1) auch einmal: „*dy wir usus feodorum heiszin*“ (S. 1082 Z. 6).

637) LGl LnR 2 § 1 nach der Handschrift L_3 von 1436 (S. 65 im Petitdruck); vgl. etwa auch KGl LnR 2 § 1 nach der Handschrift J von 1410 (S. 37 im Petitdruck); Glosse LnR 2 im frühen Druck ([Sächsisches Weichbild...], Augsburg 1482 fol. III$^{\text{ra und b}}$). Andere Handschriften sprechen demgegenüber lediglich von „*sachen*“, Angelegenheiten, die das Lehnrecht betreffen; vgl. etwa LGl LnR 2 § 1 nach der Handschrift Wo von 1464: „*yn deme er lernen wil vnde anwieszen dy sachen, dy uff lehnrecht gehn.*“ (S. 65 Z. 14 f.); vgl. auch KGl LnR 2 § 1 nach der Handschrift L_1 von 1431/32 (S. 37 Z. 15 f.); „Wurm'sche“ Glosse LnR 2 (Berlin SBB-PK Hs. 392 fol. 155va).

638) LGl LnR 81 (80 § 1) (S. 1082 Z. 5–8).

Daraus schließt der Glossator nun aber nicht auf ein ausschließlich in Sachsen geltendes Lehnrecht mit speziellen territorialen Sonderregelungen. Johann von Buch hat in Bezug auf das Sachsenspiegel-Landrecht die Lehre von einem „sächsischen Privileg“ entwickelt und ihr konkrete Konsequenzen für die Auslegung des sächsischen Sonderrechts entnommen[639]. Ihm galt der Sachsenspiegel als Partikularrecht für Sachsen bzw. für die dort lebenden Menschen. Dieses partikulare Sächsische Landrecht sei neben dem überregional gültigen römischen und kanonischen Reichsrecht in Geltung. Prinzipiell gehe es jenem als territoriales Sonderrecht vor. Es liege im Wesen eines Privilegs, abweichende, nur lokal gültige Besonderheiten zu enthalten[640]. Demgegenüber überträgt der Lehnrechtsglossator die Buch'sche Lehre vom Landrecht als sächsischem Sonderrecht nicht auch auf das Lehnrecht. Offenbar verhinderte die notwendige, stets verbleibende Rückanbindung des Lehnrechts an König und Reich einen solchen Schritt. Der Lehnrechtsglossator rezipiert Johanns Theorie vom sächsischen Privileg zwar insofern, dass er punktuelle Ausformungen dieser Lehre für bestimmte Institute des Landrechts wiederholt. Wie Johann beschreibt er etwa den Unschuldseid[641] und die festgelegten Buß- und Wergeldbeträge[642] als besondere Gnaden, die Karl der Große den Sachsen habe zuteil werden lassen. Nirgends aber findet sich in der Lehnrechtsglosse eine eigene Ausdeutung eines spezifisch lehnrechtlichen Instituts als eine nur für Sachsen gültige Sonderregelung. Auch bezeichnet der Glossator das Lehnrecht niemals als „Privileg“. Ihm gilt das Lehnrecht Kaiser Friedrichs zwar als ein an die Sachsen gerichtetes und in Sachsen in Geltung befindliches Rechtsbuch. Seinem Inhalt nach begreift es der Glossator deshalb aber nicht automatisch als partikulares Sonderrecht.

Ein Bewusstsein des Glossators um mögliche Unterschiede zwischen Reichslehnrecht und territorialem Sächsischem Lehnrecht wird in der Glos-

---

639) KANNOWSKI, Umgestaltung S. 86, 134 f.; 555 f.; DERS., Verhältnis.

640) Gl LdR, Textus prologi: „*Eyn privilegium hefft ein sunderlik recht, dor dat me id sunderliken luden edder landen gifft*“ (S. 115 Z. 7 f.).

641) LGl LnR 19 §2: „*Nota. Disz ist den Sachsen sunderlichen czu gegebin czu eynem vorteil, vnde deme lande czu eyner ewigen bestetigunge, uff das sie sich czu dem cristen gloubin bekerten. Vnde dorvmbe ist das recht deme lande czu eyner ewigen bestetigunge gegebin, dorvmbe so mag mans on nicht genhemen, ut XVI q. I <c.> hinc est, et XXIII di. <c.> communis filius.*“ (S. 346 Z. 1–6); vgl. dazu Gl LdR I 17 (18 § 2) (S. 229 Z. 13 – S. 231 Z. 13). Zum Unschuldseid KANNOWSKI, Umgestaltung S. 214 f.

642) LGl LnR 69 (68 § 9): „*Den Sachsin ist abir durch gnaden willen gegeben, das sie habin gesaczt wergeldt vnde busze.*“ (S. 963 Z. 5 f.) und ähnlich schon LGl LnR 52 (S. 685 Z. 1–5); vgl. dazu Gl LdR III 43 (45 § 1) *Nu vornemet* (S. 1227 Z. 7 – S. 1228 Z. 5). Zu den festgelegten Buß- und Wergeldern KANNOWSKI, Umgestaltung S. 499.

se nicht greifbar. An keiner Stelle behauptet er, es handele sich bei einer bestimmten lehnrechtlichen Vorschrift um eine nur in Sachsen gültige Besonderheit. Dieses Fehlen einer zunächst zu erwartenden Charakterisierung des Lehnrechts als sächsisches Partikularrecht erklärt sich nicht etwa mit mangelnder Reflexion des Glossators oder nur oberflächlicher juristischer Durchdringung des Stoffes. Sie erklärt sich aus der engen Verknüpfung des Lehnrechts mit dem Reich. Da sich das Lehnswesen vom König als obersten Lehnsherrn und obersten Richter ableitet, blieb es mit ihm besonders eng verbunden. Offenbar ging der Glossator deshalb davon aus, dass es sich beim Lehnrecht – anders als beim Sachsenspiegel-Landrecht – prinzipiell um allgemeingültiges Reichsrecht handelt. Er beschreibt das Lehnrecht als spezifisches Sonderrecht der Ritterschaft, aber nicht als partikulares Sonderrecht sächsischer Ritter. Im Bild der Glosse wurde das Lehnrecht für die Sachsen aufgezeichnet und erlassen, ohne deshalb den Charakter eines besonderen sächsischen Privilegs anzunehmen.

d) Zusammenfassende Würdigung

Im Gewand seiner Glosse zeigt sich das Lehnrecht also als Ritterrecht, als Sonderrecht eines privilegierten Standes. Seinen materiellen Inhalt definiert der Glossator ausgehend vom Begriff des Lehnguts und aus der regelmäßig eingenommenen Perspektive des Lehnsmannes. Lehnrecht betreffe das Einkommen der Ritter, welches sie um ihrer Mannheit willen und im Gegenzug für ihre Dienste erhielten. Das Verhältnis zwischen Mann und Herrn werde von einem gegenseitigen Treueverhältnis getragen, welches den hierarchischen Charakter des Lehnsverhältnisses relativiert und dem Mann eine verhältnismäßig starke Stellung verschafft. Ihm sein wohlverdientes Lehen zu sichern, ihm seine Rechte gegenüber dem Herrn zu erläutern, ist Aufgabe des glossierten Lehnrechtsbuches.

Die Existenz eines Ritterstandes, seine Abgeschlossenheit nach unten und seine Organisation im System des Lehnswesens werden in der Glosse reflektiert und begründet. In Rezeption und teilweiser Fortentwicklung der Buch'schen Glosse beschreibt die Lehnrechtsglosse den Platz der Ritter in der Gesellschaft. Nicht die individuellen Pflichten des Lehnsmannes gegenüber seinem Herrn, sondern die Verpflichtungen der Ritter gegenüber dem Kollektiv stehen dabei im Vordergrund. Aufgabe der Ritterschaft, darin stimmen Landrechts-, Lehnrechts- und Weichbildglosse überein, ist der Schutz der Christenheit. Ritter verteidigen das Reich gegen seine Feinde, ziehen in Kreuzzüge und sichern Frieden und Recht im Innern. Sie schützen Witwen und Waisen und das „gemeine Gut“. Wie der Stand der Geistlichen durch Gebet und der Stand der Bauern durch Arbeit, so dienen Ritter, indem sie kämpfen, dem „gemeinen Nutzen". Um ihre Aufgabe zu erfüllen, müssen sie ihren Lebensunterhalt bestreiten. Dazu erhalten sie ihr Lehen: „Lehen ist Rittersold", eine notwendige Voraussetzung für das Funktionieren der Gesellschaft.

Die Einbindung des Ritterstandes in einen religiösen, heilsgeschichtlichen Gesamtzusammenhang legitimiert das Lehnswesen. Als zweiten Legitimationsstrang führt die Glosse sein Bestehen von alters her an. Historisch führt der Glossator die Ausbildung des Ritterwesens auf die Organisationsformen römisch eroberter Gebiete zurück. Die Anbindung an die römische Geschichte fungiert als Gütesiegel für die Existenz lehnrechtlicher Strukturen. Sie bringt außerdem die Betonung militärischer Ursprünge des Lehnswesens zum Ausdruck.

Überhaupt beharrt der Glossator auf dem kriegerischen Aspekt als einem wesentlichen Merkmal des Lehnrechts. Lehnrechtsfähig sind ihm, wie es ja auch LnR 1 und LnR 2 § 1 voraussetzen, ausschließlich die Träger des Heerschildes, die kampffähigen Ritter. Man könnte seine Haltung konservativ nennen, denn längst hatte sich der Kreis der am Lehnswesen Partizipierenden etwa auf Geistliche und Frauen erweitert. Nach Auffassung des Glossators konstituiert sich die lehnrechtsfähige Ritterschaft nach rein ständischem Prinzip. Wie Johann von Buch stellt er den „Rittern der Gerichte" die eigentliche, kämpfende Ritterschaft gegenüber. Von diesen zweiten *„spricht daz keginwertige buch gancz vnde gar"*[643]. Sie lasse sich noch einmal in „gekorene und geborene" Ritter unterteilen. Die Vergabe von Zepterlehen an geistliche Fürsten begründet der Glossator in Fortentwicklung der Buch'schen Figur der „gekorenen Ritterschaft": Dass sie vom Kaiser Lehen empfangen könnten und dann den Heerschild innehätten, dazu komme es *„von kůre"*[644]. Gegen weitere Anwendungsfälle „gekorener" Ritterschaft, gegen eine zusätzliche Erweiterung des Kreises der Lehnrechtsfähigen über den qua Geburt definierten Ritterstand hinaus also, verwahrt sich der Glossator.

Lehnrecht war das exklusive Recht einer privilegierten, abgeschlossenen Personengruppe. Ihr spricht der Lehnrechtsglossator neben der generellen Teilnahme am Lehnswesen noch einige weitere, spezielle Sonderrechte zu. Auffälligstes Beispiel ist das vom ursprünglichen Buch'schen Zweck entfremdete Testierrecht über erbeutetes Vermögen[645]. Als spezifisch sächsische Privilegien erscheinen aber weder solche Einzelsonderregeln für Ritter noch das Lehnrecht insgesamt. Der Glossator stellt sein Rechtsbuch als

643) LGl LnR 19 § 1 (S. 337 Z. 1 f.).
644) LGl LnR 2 § 1 (S. 68 Z. 1 f.).
645) Vgl. oben S. 624 f.

Lehnsgesetz für Sachsen, aber nicht als eigentlich partikulares Lehnrecht dar.

Der Gesamtcharakter des Lehnrechts als Sonderrecht zugunsten der Ritter kommt schließlich in Gesetzgebungsmotiven zum Ausdruck, wie sie der Lehnrechtsglossator dem vermeintlichen Lehnsgesetzgeber Kaiser Friedrich zuschreibt. An dieser Stelle dürfen sie als Fazit stehen. So heißt es in der Vorrede der Lehnrechtsglosse in Ausführung des Seneca-Zitats, Kaiser Friedrich habe die Grenzen des menschlichen Erinnerungsvermögens wohl erkannt[646]. Damit impliziert der Glossator die Notwendigkeit von Schriftrecht. Zudem hätten geistliche und weltliche Lehnsherren ihren Männern allerorts ihre eigenen Vorschriften machen wollen, woraus sich eine große Rechtsunsicherheit ergeben habe. Weiter heißt es:

> „*Vnde darvmbe wart er czu rate, das er durch des gemeynen nuczes willen, der zcu der ritterschafft gehöret, disz keinwertige buch czu eynem ewigen gedechtenisze der ritterschafft gelasen hath, was recht sy antreffende ist, ut C. qui mili. possunt l. 1.*“[647]

Eingedenk der besonderen Berufung der Ritterschaft zum Schutz der Christenheit präsentiert der Glossator die Lehnsgesetzgebung Kaiser Friedrichs als eine verdiente Wohltat zugunsten der Ritter. Verschriftlichung, Rechtsvereinheitlichung und kaiserliche Autorität soll ihnen ihr Recht garantieren. Ähnlich wird es am Ende der Glosse noch einmal formuliert[648]. Lehnrecht soll Ritter in ihren Lehen schützen. Dieses aber geschehe „*durch des gemeynen nuczes willen*“[649], zum Wohle der Allgemeinheit. Denn weil Ritter die Christenheit beschützten, schützten der Kaiser und das Recht auch sie.

3. Ausblick: Gesetzbuch, Rechtsbuch oder Lehrbuch?

Die vorausgegangenen Untersuchungen haben aus verschiedenen Perspektiven das Bild des Glossators von seinem Bearbeitungsgegenstand, dem Sächsischen Lehnrecht, beleuchtet. Die zusammengetragenen Erkenntnisse lassen sich abschließend in eine von Hiram Kümper neu entfachte Diskussion um den wissenschaftlich gewachsenen Begriff des „Rechtsbuchs“ einord-

646) LGl LnR, Vorrede (S. 48 Z. 1–8).

647) LGl LnR, Vorrede (S. 48 Z. 13–16).

648) LGl LnR 81 (80 § 1): „*Dorvmbe hot der selbe vorgnante keiser disz keginwertige buch gegeben der ritterschafft, vnde allen den, dy czu dem herschilde geborn sien, vff das, das sie ire lehn beschirmen mogin.*“ (S. 1083 Z. 1–3).

649) LGl LnR, Vorrede (S. 48 Z. 13 f.).

nen[650]. Es geht um die Frage, welchen gattungsmäßigen Begriff sich der Glossator von seinem Lehnrechtstext machte. Er selbst sprach in aller Einfachheit vom „*buch*“[651]. Welche wesentlichen Charakteristika maß er diesem Buch als Rechtstext bei? Welche Übereinstimmungen und Abweichungen ergeben sich im Vergleich mit der rechtsgeschichtswissenschaftlich gewachsenen Kategorie des Rechtsbuchs?

Der hergebrachte Rechtsbuchbegriff der Forschung. Nach einer klassischen Definition von Karl August Eckhardt lassen sich Rechtsbücher als „Darstellungen deutscher Rechtssätze“ bezeichnen, die ihr Dasein „nicht der rechtssetzenden Tätigkeit von Reich, Ländern oder Gemeinden, sondern schriftstellerischer Arbeit rechtskundiger Männer“[652] verdanken und in ihrer Wirkung „gleich Gesetzen anerkannt“[653] wurden. Diese drei Merkmale des traditionellen Rechtsbuchbegriffs – deutschrechtlicher Inhalt, Privatarbeit, gesetzesgleiche Wirkung – müssen weiter konkretisiert werden. Sehr heterogene Quellen sind von der rechtshistorischen Forschung unter den Begriff des Rechtsbuchs gefasst und in dieser Zuordnung kritisiert worden[654]. Einigkeit herrscht jedoch über das Paradebeispiel für ein mittelalterliches Rechtsbuch schlechthin: den Sachsenspiegel. Erst an diesem alten und bedeutendsten Rechtsbuch hat die Forschung zu den genannten Begriffsmerkmalen gefunden und erst in Gegenüberstellung zu ihm wurden später weitere Rechtsquellen charakterisiert.

Als erster gattungsbildender Aspekt des Rechtsbuchs gilt demnach sein Inhalt: Der Sachsenspiegel ist die Quelle mittelalterlichen deutschen Rechts überhaupt. Er entstand im Zuge einer allgemeinen Verschriftlichungsbewegung von europäischer Dimension[655]. Dem Inhalt nach bietet er die Aufzeichnung sächsischer Rechtsgewohnheiten, wodurch er sich von zeitgenössischen Arbeiten gelehrtrechtlichen Inhalts unterscheidet. Ein Novum ist außerdem die deutsche Sprache[656]. Als typisch für die Gattung der Rechtsbücher wird schließlich der Anspruch des Sachsenspiegels gesehen, das

---

650) KÜMPER, Sachsenrecht S. 16–48 m. w. N.; dazu WEJWODA, Hiram Kümper S. 562 f., 567 f.

651) Etwa LGl LnR, Vorrede (S. 48 Z. 2, Z. 15; S. 53 Z. 11 f.; S. 54 Z. 1 f.); LGl LnR 81 (80 § 1) (S. 1083 Z. 1).

652) Karl August Eckhardt, Einleitung, in HOMEYER, Die deutschen Rechtsbücher S. *1.

653) Karl August Eckhardt, Einleitung, in HOMEYER, Die deutschen Rechtsbücher S. *2.

654) Beispiele bei KÜMPER, Sachsenrecht S. 16.

655) GAGNÉR, Ideengeschichte S. 288, 302.

656) SCHMIDT-WIEGAND, Textsorte und Rechtsquellentyp S. 28.

Recht eines bestimmten, festgelegten Anwendungsraums vollständig zu erfassen[657].

Neben dem deutschrechtlichen Inhalt gilt als zweites, wichtiges Kriterium für das Vorliegen eines Rechtsbuchs seine Entstehungsgeschichte. So handelt es sich beim Sachsenspiegel um die „Privatarbeit" eines Rechtskundigen[658]. Damit ist in erster Linie eine Abgrenzung zu hoheitlich initiierten, ausgestalteten und mit herrschaftlicher Autorität erlassenen Gesetzen gemeint.

Erst ein dritter Aspekt, die spätere Wirkungsgeschichte, lässt die Privatarbeit zum Rechtsbuch werden. Im Wege der Rezeption gewann der Sachsenspiegel an Verbindlichkeit, wurde im Laufe der Zeit als unmittelbare Rechtsquelle anerkannt und erlangte, so liest man in der vorwiegend älteren Literatur, Gesetzescharakter[659].

Diese überkommene Definition des Rechtsbuchs ist vielfach kritisiert worden. Zuletzt und ausführlich schrieb Kümper gegen die Gefahr der „kontrafaktischen Idealisierung wissenschaftlicher Ordnungsbegriffe"[660] an. Problematisch ist insbesondere, dass sich die behaupteten Rechtsbücher-Charakteristika hinsichtlich ihrer Entstehungs- und Wirkungsgeschichte kaum jemals hinreichend belegen lassen[661]. Das gilt auch für den Sachsenspiegel. Obwohl sein Verfasser namentlich bekannt und historisch bezeugt ist, liegen die Umstände seiner Abfassung gerade im Hinblick auf das unklare Verhältnis zwischen Land- und Lehnrecht weitgehend im Dunkeln[662]. Auch mag man für diese Zeit grundsätzlich an der Tauglichkeit der Operanden „Privatheit" und „Öffentlichkeit" zweifeln[663]. Erst recht wissen wir wenig über die Gebrauchsfunktion, über die rechtspraktische Wirkungsgeschichte des Sachsenspiegels. „Die Frage, wie man sich die Anwendung des Sachsenspiegels als Gesetz konkret vorzustellen habe, und worauf die Autorität beruhte, die das Werk Eikes von Repchow erlangte", schreibt Karl Kroeschell, „ist [...] kaum gestellt und noch weniger beantwortet wor-

---

657) JOHANEK, Art. Rechtsbücher, in: LexMA VII Sp. 519; DERS., Rechtsschrifttum S. 397; MUNZEL, Art. Rechtsbücher, in: HRG IV Sp. 278.

658) MUNZEL, Art. Rechtsbücher, in: HRG IV Sp. 278; SCHRÖDER / V. KÜNSSBERG, Lehrbuch S. 718; STOBBE, Rechtsquellen I S. 286 f.

659) BRUNNER, Grundzüge S. 111; EBEL, Geschichte S. 56; JOHANEK, Art. Rechtsbücher, in: LexMA VII Sp. 520; SCHRÖDER / V. KÜNSSBERG, Lehrbuch S. 723 f.

660) KÜMPER, Sachsenrecht S. 16.

661) KÜMPER, Sachsenrecht S. 22, 35, 38 f.

662) Vgl. nur oben S. 513 ff.

663) KÜMPER, Sachsenrecht S. 35–38 m. w. N.

den."[664] Ein weiterer, ernst zu nehmender Kritikpunkt ist die Qualifizierung der Rechtsbücherinhalte ex negativo als „nicht kanonisch oder römischrechtlich"[665]. Beim Schwabenspiegel etwa sind große Einflüsse der gelehrten Rechte evident. Aber auch für den Sachsenspiegel verlangen die neueren Forschungen von Peter Landau und Heiner Lück nach einer Revision des überkommenen Bildes eines am Vorabend der Rezeption entstandenen, von kanonischem und römischem Recht noch gänzlich unberührten Rechtsbuchs[666].

Somit bleibt die Diskussion um eine angemessene, gattungsmäßige Definition des Sachsenspiegels im Fluss. Aus heutiger Sicht stellt sich der Sachsenspiegel als ein nicht von einem Herrscher erlassener, gleichwohl normativer Text dar, der in der Absicht verfasst wurde, das bestehende Recht Sachsens aufzuzeichnen. Trotz intensiver Erforschung des Sachsenspiegels bleiben allerdings weite Teile seiner Wirkungsgeschichte terra incognita.

Fragt man, welchen gattungsmäßigen Begriff sich der Lehnrechtsglossator vom Wesen seines Bearbeitungsgegenstands macht, so muss eine erste wichtige Feststellung seinem Umfang gelten. Wie sein Vorgänger Johann von Buch geht der Lehnrechtsglossator davon aus, dass es sich beim Sächsischen Lehnrecht um einen selbständigen, neben Sachsenspiegel-Landrecht und Magdeburger Weichbildrecht bestehenden Basistext des Sächsischen Rechts handelt. Unabhängig von der schwierigen, ungeklärten Frage nach einer genuinen oder späteren Verknüpfung von Land- und Lehnrecht in einem zweigeteilten Sachsenspiegel hat sich jedenfalls in den Glossenarbeiten des 14. Jahrhunderts die Ansicht von zwei eigenständigen Texten durchgesetzt. Diese Auffassung sollte über Jahrhunderte Bestand haben. Wie gesehen verstand man unter dem „Sachsenspiegel" in Spätmittelalter und Früher Neuzeit ausschließlich das Landrecht[667]. Zu diesem Landrechtsbuch traten weitere Texte, insbesondere Aufzeichnungen des Lehnrechts und des Stadtrechts. Möchte man es für ein typisches Merkmal eines Rechtsbuchs halten, dass es die umfassende Darstellung des Rechts eines bestimmten Anwendungsraums bezweckt[668], so entspricht dies durchaus auch der Vorstellung der sächsischen Glossatoren. Wie schon Eike sich etwa unter Aussparung

---

664) KROESCHELL, Rechtsaufzeichnung und Rechtswirklichkeit S. 350 f.; dazu KÜMPER, Sachsenrecht S. 41 f.

665) KÜMPER, Sachsenrecht S. 28 f.

666) LANDAU, Entstehungsort; LÜCK, Dresdner Bilderhandschrift; DERS., Sachsenspiegel als Kaiserrecht; DERS., Sonderweg; vgl. außerdem noch MEYER, Langobardisches Recht.

667) Vgl. oben S. 533 ff.

668) JOHANEK, Art. Rechtsbücher, in: LexMA VII Sp. 519; DERS., Rechtsschrifttum S. 397; MUNZEL, Art. Rechtsbücher, in: HRG IV Sp. 278.

des Dienst- und Stadtrechts von vornherein auf die Schilderung ausgewählter Rechtsbereiche beschränkt, gehen auch die Glossen davon aus, dass ihre sächsischen Rechtstexte jeweils nur einen ganz bestimmten Ausschnitt der gesamten rechtlich geregelten Lebensordnung abdecken wollen. In Land-, Lehn- und Weichbildrecht sollte jeweils nur ein Teilbereich, dieser aber möglichst vollständig dargestellt werden. Im Folgenden kann es nur um die Frage gehen, wie der Glossator das Sächsische Lehnrecht charakterisiert – und nicht etwa, welches Bild er sich von einem Land- und Lehnrecht umfassenden Sachsenspiegel macht.

Das Lehnrecht als deutschrechtliches Rechtsbuch? Richten wir den Blick zunächst auf den materiellrechtlichen Inhalt des Lehnrechts und damit auf die Frage, inwiefern sich das erste Begriffsmerkmal „deutschrechtlicher Inhalt" des traditionellen Rechtsbuchbegriffs im Bild der Glosse widerspiegelt. Wie gesehen begreift der Glossator das Lehnrecht als Sonderrecht der ritterlichen Lehnsgüter[669]. In seiner Vorstellung ist es für die Sachsen aufgezeichnet und erlassen worden. Wie der Lehnrechtstext selbst geht der Glossator dabei allerdings von keiner grundsätzlichen regionalen Beschränkung des Lehnrechts aus[670]. Vielmehr erfolgt hier wie dort immer wieder eine Anbindung an die Reichsebene. Darüber hinaus führt der Glossator, wie schon die Buch'sche Glosse, die Entstehung des Lehnswesens auf die Organisation römisch eroberter Gebiete zurück. Das Lehnrecht erscheint in der Glosse somit als historisch gewachsenes, in römischer Tradition stehendes und reichsweit gültiges Organisationsprinzip des römisch-deutschen Reichs.

Der Glossator beschreibt Lehnrecht und Ritterwesen als Institute, die in Kontinuität mit der römischen Geschichte stehen und deshalb auch im römischen und kanonischen Recht Berücksichtigung finden. Ihm zufolge existieren zwischen dem Lehnrecht und den Rechtssphären der *leges* und *canones* Berührungspunkte. Zwar gibt es in der Lehnrechtsglosse durchaus Stellen, in denen der Glossator *„vnszerm rechte"*[671] die Kategorien des römischen und kanonischen Rechts gegenüberstellt. Darin tritt die Idee vom Bestehen eines geschlossenen, einheimischen Partikularrechts deutlich zu Tage. Beispielsweise kontrastiert der Glossator in Anlehnung an die Buch'sche Glosse die land- und lehnrechtliche Urteilsschelte zur gelehrtrechtlichen Appellation[672]. Die Anspielungen des Lehnrechtsglossators auf spezifisch „sächsisches" Recht beziehen sich jedoch auf zumindest auch landrechtliche

669) Vgl. oben S. 612 ff.

670) Vgl. oben S. 631 ff.

671) Etwa LGl LnR 70 (69) (S. 983 Z. 11).

672) LGl LnR 70 (69) (S. 981 Z. 10 – S. 984 Z. 5); LGl LnR 70 (69 § 3) (S. 988 Z. 12 – S. 989 Z. 14); LGl LnR 70 (69 § 6) (S. 990 Z. 11–16); vgl. dazu Gl LdR II 6 *Edder welk*

Institute und sind der Buch'schen Glosse entnommen. Über die Vorgaben der Landrechtsglosse hinaus beschreibt der Lehnrechtsglossator keine weiteren spezifisch lehnrechtlichen Institute als speziell „sächsische" oder „deutsche" Regelungen. Während ihm die Buch'sche Glosse ein Verständnis des Sachsenspiegel-Landrechts als sächsisches Privileg vorgibt, begreift der Glossator das Lehnrecht weniger als Partikularrecht denn als traditionsreiches Reichs(lehn)recht. Im Bild der Glosse ist das Lehnrecht gegenständlich auf das Recht der Lehnsgüter begrenzt, fügt sich im Übrigen aber in den Gleichklang der gelehrten Rechte. Diesem Modell eines organischen Ganzen die Trias germanisches – römisches – kanonisches Recht aufstülpen zu wollen, wäre anachronistisch. In Anlehnung an die Buch'sche Glosse kennt der Glossator eine Unterscheidung zwischen partikularem Landrecht und überregional gültigem Reichsrecht. Auch unterscheidet er nach dem Regelungsgegenstand zwischen Land-, Lehn- und Stadtrecht. Eine Differenzierung zwischen „gelehrtem römisch-kanonischem Recht" in Gegenüberstellung zum „einheimischen (Lehn-)Recht" ist ihm hingegen fremd. Eine solche Dichotomie ist das Werk späterer Zeit und trifft die Vorstellung des Lehnrechtsglossators nicht.

Allerdings zeigt die Anbindung des Lehnswesens an die römische Geschichte, dass es sich beim Lehnrecht in der Vorstellung des Glossators um Recht aus sehr alter Zeit handelt. Obwohl der konkrete Lehnrechtstext erst von Kaiser Friedrich (I.) erlassen worden sein soll und damit erst dem 12. Jahrhundert entstammen konnte, beruht der Inhalt des Lehnrechts aus Sicht des Glossators doch auf Strukturen, die sich in sehr viel längeren Zeiträumen herausgebildet haben. Im rechten Licht besehen spiegelt die Lehnrechtsglosse also durchaus das erste, inhaltsbezogene Begriffsmerkmal des überkommenen Rechtsbuchbegriffs wider: Auch der Glossator geht von einer Aufzeichnung bestehender Rechtsgewohnheiten aus. Er meint, dass im Lehnrechtsbuch Friedrichs I. Recht Niederschlag gefunden hat, das bereits zuvor existierte. Erst Kaiser Friedrich habe das Lehnrecht aus Gründen der Rechtssicherheit und der Rechtsvereinheitlichung schriftlich fixiert, vielleicht hier und da geändert oder präzisiert und abschließend mit kaiserlicher Autorität erlassen. Dabei sei prinzipiell aber nur Recht „bestätigt" worden. Dieses Recht sei schon zuvor in Geltung gewesen, nur habe es bis dato niemand in Gesetzesform aufgeschrieben.

Das Bild des Glossators vom Inhalt des Lehnrechtsbuchs lässt sich demnach wie folgt festhalten: An sich wird das Lehnrecht als überregional gültiges, teilweise auch in römischen und kanonischen Rechtsquellen behandel-

---

ordel (S. 545 Z. 5–12); Gl LdR I 61 (62 § 7) *Vnde schal ordele vragen* (S. 448 Z. 8–13); Gl LdR II 12 § 4 *Dar schal de richter* (S. 586 Z. 3–7).

tes Sonderrecht der ritterlichen Lehnsgüter aufgefasst. Mit den Begriffen „deutschrechtlich" oder „nicht gelehrtrechtlich" lässt sich dieses System kaum sinnvoll beschreiben. Wohl aber findet sich in der Glosse insofern ein wichtiges Begriffsmerkmal des traditionellen wissenschaftlichen Rechtsbuchbegriffs wieder, als der Glossator annimmt, es handele sich beim Sächsischen Lehnrecht um die Aufzeichnung bereits zuvor gültiger, älterer Lehnrechtsgewohnheiten. Die Idee der „Spiegelung" von etwas bereits Bestehendem klingt darin an.

Das Lehnrecht als private Rechtsaufzeichnung? Ähnlich ambivalent zeigt sich der Glossator bezüglich des zweiten Merkmals des klassischen Rechtsbuchbegriffs, der Entstehung des Sachsenspiegels bzw. des Sächsischen Lehnrechts als „Privatarbeit"[673]. An sich ist hier der auffälligste Unterschied zwischen der tatsächlichen – allerdings kaum hinreichend bekannten – Entstehungsgeschichte des Lehnrechts und der Auffassung des gut hundert bis hundertfünfzig Jahre später schreibenden Glossators zu konstatieren. Der Lehnrechtsglossator sieht das Lehnrecht gerade nicht als bloß „private" Aufzeichnung eines Rechtskundigen an. Ganz im Gegenteil konstruiert er die Legende seines legislatorischen Ursprungs. Ohne sich im Detail über die Entstehungsgeschichte äußern zu können, erklärt er sein Rechtsbuch zu einem von Kaiser Friedrich initiierten und erlassenen Gesetzbuch. Die Entstehung abseits herrschaftlicher Rechtssetzung, die wir heute für rechtsbuchcharakteristisch erachten, hatte sich im Bild der Glossen also bereits erheblich gewandelt.

Und doch hat sich in den Arbeiten des 14. Jahrhunderts eine wichtige Facette des Begriffsmerkmals der „Privatarbeit" erhalten. Nach wie vor spielt die rechtsgelehrte Verfasserpersönlichkeit nämlich eine herausragende Rolle[674]. Eike ist in der Buch'schen Glosse als Übersetzer, Kompilator und Kommentator des „karolingischen" Landrechts omnipräsent. Johann von Buch ehrt den Verfasser seines Rechtsbuchs als „Meister des Privilegs" und tritt mehrfach mit ihm in fiktiven Dialog und gelehrten Disput. Im selben Duktus schreibt auch der Lehnrechtsglossator. Er glaubt, in Parallele zum Landrecht sei auch das Lehnrecht im kaiserlichen Auftrag von einem kundigen Juristen verfasst und später (vielleicht von einem anderen) ins Deutsche übersetzt worden. Zwar weiß er den Feudisten nicht namentlich zu nennen. Das hält ihn aber nicht davon ab, seinen Lesern den Lehnrechtstext stets auch als Äußerung eines rechtsgelehrten Verfassers vor Augen zu führen

673) MUNZEL, Art. Rechtsbücher, in: HRG IV Sp. 278; SCHRÖDER / V. KÜNSSBERG, Lehrbuch S. 718; STOBBE, Rechtsquellen I S. 286 f.

674) Dazu allgemein KROESCHELL, Deutsche Rechtsgeschichte I S. 263.

(„*Nv wil her sagen*“[675]). Der Lehnrechtsglossator begreift seinen Rechtstext mithin nicht bloß als kaiserliches Gesetzbuch, sondern zu einem guten Teil auch als das rechtswissenschaftliche Werk eines gelehrten Juristen.

Es ist bezeichnend, dass der Glossator des Lehnrechts dabei denselben charakteristischen, unspezifischen Gebrauch des Personalpronomens („*er*“) zeigt, der auch schon für die Buch'sche Glosse festgestellt worden ist[676]. In beiden Glossen oszilliert seine Bedeutung. Einmal ist der gesetzgebende Kaiser gemeint (etwa: „*Sint das er denne lernen wil vnde anweiszen von lehnrechte, dorvmbe so seczit her von erstin, wer lehnrechtis darben solle, vnde spricht:* [...]“[677]), das andere Mal der Verfasser des Rechtsbuchs (etwa: „*Ouch so gibt her hir bie czu vornhemen, das her spricht:* Gebunden tagin. *Do meynet her,* [...]“[678]). Oft genug lässt sich die Identität des nicht spezifizierten Akteurs auch überhaupt nicht zweifelsfrei feststellen. Typischerweise bleibt der Leser darüber im Unklaren, ob der Glossator nun gerade den gesetzgebenden Kaiser oder den niederschreibenden und übersetzenden Juristen als Urheber des Werkes anspricht. Dieses „Verschmelzen rechtlicher Autoritäten“[679] ist ein Symptom für die ganz charakteristische Zwitterstellung, in der die sächsischen Glossatoren ihre Rechtstexte sehen. Sie begreifen sie als eine Mischung aus Rechtsquelle und Rechtsliteratur. Dasselbe Verschwimmen der Grenzen zwischen Recht und Wissenschaft, zwischen Norm und Kommentar hat sich auch an der Interpretation des Weichbildes als einem „Kommentar des Sachsenspiegels“[680] sowie an der inflationären Interpretation der jüngeren Rechtsgangbücher als Kaisergesetze[681] gezeigt. Auf die häufig schwierige Abgrenzbarkeit der Rechtsbücher von der Rechtsliteratur wurde in der Forschung bereits hingewiesen[682]. Letztlich klingt darin die Frage an, inwieweit sich bereits die Rechtsbücher selbst als rechtswissenschaftliche Arbeiten begreifen lassen[683]. Dass die Rechtsbücher eine besondere Mischung aus Rechtsquelle und persönlicher Anschauung ihrer Verfasser darstellen, ist ein Wesensmerkmal, das bereits in den Glossen

675) Etwa LGl LnR 20 § 1 (S. 351 Z. 11).

676) KANNOWSKI, Umgestaltung S. 546 f.; SCHILLING, Das objektive Recht S. 75 f.

677) LGl LnR 2 § 1 (S. 66 Z. 1–3). Beispiele für die Landrechtsglosse bei KANNOWSKI, Umgestaltung S. 546 Anm. 447.

678) LGl LnR 65 § 2 (S. 868 Z. 8 f.). Beispiele für die Landrechtsglosse bei KANNOWSKI, Umgestaltung S. 546 Anm. 449.

679) KANNOWSKI, Umgestaltung S. 546 sowie 548 f.

680) Gl WbR 1 (Sp. 183 Z. 11).

681) Vgl. oben S. 557.

682) JOHANEK, Art. Rechtsbücher, in: LexMA VII Sp. 519 f.; KROESCHELL, Deutsche Rechtsgeschichte S. 263.

683) STOBBE, Rechtsquellen I S. 287.

stark in den Vordergrund gerückt wird. Aus ihrer Perspektive stellen sich die Rechtsbücher in gewisser Hinsicht durchaus als wissenschaftliche Werke dar.

Insgesamt sehen der Lehnrechtsglossator und die übrigen sächsischen Glossatoren ihre Rechtstexte also nicht als Privatarbeiten an. Ihren Inhalt qualifizieren sie nicht als Recht, das völlig unabhängig von seiner Niederschrift und etwaiger kaiserlicher Legitimation bloß kraft Gewohnheit in Geltung ist. Stattdessen prägen sie die Vorstellung von großen Gesetzgebern, die das Recht erlassen hätten. Gleichzeitig erhält sich dabei aber die Vorstellung von Rechtsbüchern als teilweise wissenschaftlichen Arbeiten, deren Verfasserpersönlichkeit stark im Vordergrund steht.

Gesetzesgleiche Geltung des Lehnrechts? Die vermeintliche Entstehungsgeschichte des Lehnrechts als Gesetzgebungsakt Friedrichs I. führt zu der Frage, inwiefern sich im Bild der Glosse das dritte traditionelle Begriffsmerkmal der „gesetzesähnlichen Geltung“ eines Rechtsbuchs bewahrheitet. Wie gesehen wenden die Glossen, um die Geltung der im Text festgehaltenen Rechtsgewohnheiten zu begründen, das Erklärungsmuster eines legendären kaiserlichen Gesetzgebers an. Ihnen gelten die sächsischen Rechtstexte nicht bloß wie Gesetze, sondern als Gesetze. Die von der Forschung als so problematisch empfundene und schwer zu beschreibende „seltsame Wirkkraft“[684] des Sachsenspiegels konzentriert sich genau genommen also auf die vorausgehenden ersten gut hundert Jahre seines Bestehens. Das Bedürfnis jener Anfangszeit nach einer verbindlichen, schriftlichen Rechtsquelle muss so stark gewesen sein, dass es den Sachsenspiegel einen Siegeszug antreten ließ, der schon bald die Legende von den kaiserlichen Gesetzgebern hervorbringen konnte. Welche Etappen dieser Vorgang konkret durchlaufen hat, ist weitgehend ungewiss. „Die nachträgliche Verklärung der ‚Privat‘-Arbeit als kaiserliches Privileg“, meint Hiram Kümper, „schiebt dem Text die normative Grundlage, die er de facto längst erhalten hat, auch de iure unter.“[685] Wann der Sachsenspiegel zur normativen Rechtsquelle avancierte, ist allerdings schwer zu beurteilen. Könnte es sich um ein Phänomen der Gleichzeitigkeit gehandelt haben? Könnten die Ideen der Textverbindlichkeit und der kaiserlichen Legitimation nicht einander bedingt haben? Wir wissen, dass die Idee vom Rechtsbuch als Kaiserrecht bereits im 13. Jahrhundert geboren wurde. Die Glossen des 14. Jahrhunderts schreiben sie nur endgültig fest. Ihnen ging eine Entwicklung voraus, in der Recht seine Legitimation nach und nach nicht mehr aus seiner Geltung von alters her, sondern aus herrschaftlicher Autorität bezog. In dieser Zeit begann man of-

684) KÜMPER, Sachsenrecht S. 39.
685) KÜMPER, Sachsenrecht S. 41.

fenbar, neben der Rechtsfindung im mündlichen Verfahren einen Text als Rechtsquelle zu akzeptieren. Möglicherweise kam es zur Ausbildung der Kaiserrechtsidee, sobald man diesen Text als verbindliche Rechtsauskunft zu begreifen anfing. Dieser Zusammenhang sagt noch nichts über die praktische Bedeutung des Sachsenspiegels aus. Er verdeutlicht aber, dass das ungelöste Problem seiner Geltungskraft in eine verhältnismäßig kurze Periode des 13. Jahrhunderts fällt. Als Juristen im 14. Jahrhunderts erstmals aus wissenschaftlicher Perspektive Stellung zu den Texten von Land-, Lehn- und Weichbildrecht beziehen, steht eine konsensfähige Erklärung für ihre Verbindlichkeit schon bereit. Spätestens jetzt muss die formale Geltungsgrundlage der sächsischen Rechtstexte als geklärt gelten. Es handelte sich fortan um Gesetzbücher, um Kaiserrecht.

Mit ihrer Zuschreibung des Lehnrechts an Kaiser Friedrich hat die Lehnrechtsglosse im wörtlichsten Sinn jene „Gesetzeswirkung" aufgegriffen und festgeschrieben, die in der Forschung als Charakteristikum eines Rechtsbuchs formuliert worden ist. Zweifellos begriff der Lehnrechtsglossator seinen Rechtstext als verbindliche Rechtsquelle. Zweifellos trug er außerdem selbst dazu bei, diese Idee zu prägen und für nachfolgende Zeiten zu festigen. Der Einfluss der einsetzenden deutschen Rechtswissenschaft auf die Geltungskraft der sächsischen Rechtstexte ist kaum zu unterschätzen. Die sächsischen Glossen erklären die Rechtsbücher nicht bloß präzise und nachhaltig zu kaiserlichen Gesetzen und sichern ihnen damit unanfechtbare Geltungskraft. Indem sie sie bearbeiten, werten sie die Texte noch einmal zusätzlich auf. Ihre Glossen stellen die sächsischen Rechtstexte in eine deutliche Parallele zu den glossierten Texten des geistlichen Rechts und des *Corpus iuris*. Damit erheben die sächsischen Juristen ihre Rechtstexte zu prinzipiell gleichwertigen Rechtsquellen. Indem sie ihnen das Privileg einer Exegese zukommen ließen, sorgen sie für eine zusätzliche Autorisierung und Kanonisierung der Texte[686]. Damit haben Land-, Lehn- und Weichbildglosse in einem doppelten Sinn zur Geltungkraft ihrer Texte beigetragen. Sie verschaffen ihnen eine formale Legitimationsgrundlage als Kaisergesetze und legitimieren sie zusätzlich durch ihre eigene Existenz als erklärender Kommentar.

Die Merkmale des herkömmlichen Rechtsbuchbegriffs im Bild der Glosse. Eine erste Zusammenfassung ergibt das folgende vorläufige Bild: Mit seiner Interpretation als Gesetzbuch Kaiser Friedrichs hatte das Sächsische Lehnrecht in formaler Hinsicht einen radikalen Bedeutungswandel erfahren. In der Glosse war es von der Rechtsaufzeichnung zur verbindlichen,

686) Ähnlich ASSMANN, Was sind kulturelle Texte? S. 242; HÜPPER, Wort und Begriff Text S. 48 f.; KÜMPER, Sachsenrecht S. 25.

hoheitlich legitimierten Rechtsquelle avanciert. Gleichzeitig maß der Lehnrechtsglossator seinem „Gesetzbuch" aber spezifische Eigenheiten zu, in denen sich in veränderter Form noch immer charakteristische Merkmale des klassischen „Rechtsbuchs" widerspiegeln. Dabei orientierte er sich, ebenso wie die Weichbildglosse, am Bild der Buch'schen Glosse. Land-, Lehn- und Weichbildrecht nahmen in den sächsischen Glossen die Gestalt einer Rechtsquellengattung eigener Art an. Als historische Zeitzeugen prägten die Glossatoren ihre ganz eigene Vorstellung von Ursprung, Anlage und Zweck ihrer Rechtstexte.

Zu den bestimmenden Elementen dieser Rechtsquellengattung neuen Typs gehört allen voran ihre formale Qualifikation als kaiserliche Gesetzbücher. Dabei ist der Begriff des „Gesetzes" nicht mit seiner modernen Definition als bewusster Neuschöpfung abstrakt-genereller Rechtsnormen durch einseitiges Gebot eines hierzu legitimierten Hoheitsträgers gleichzusetzen[687]. Vielmehr kann darunter in einem weiten, historisch verwendbaren Sinn jegliches Ergebnis autoritativer Setzung oder Darstellung von Recht verstanden werden[688]. Entscheidender Aspekt ist die obrigkeitliche Sanktionierung. Sie kann der Entstehung und Aufzeichnung von Recht auch zeitlich nachfolgen. Insofern sehen die sächsischen Glossatoren in ihren Rechtstexten, auch wenn sie von einer kaiserlichen Bestätigung größtenteils bereits bestehenden Rechts ausgehen, durchaus „Gesetze".

In der inhaltlichen Anknüpfung an älteres, gewachsenes Recht liegt bereits das zweite wichtige Wesensmerkmal der Rechtstexte in den Glossenbearbeitungen. Es kommt in der Zuschreibung der Texte an besonders berühmte, alte Kaiser zum Ausdruck. Sie untermauern nämlich zusätzlich das Alter des Rechts. Obwohl kaiserliche Rechtssetzungsgewalt im Bild der Glossen auch die Neuschöpfung und Änderung von Recht umfasst, war die Vorstellung insgesamt doch die, dass die sächsischen Rechtsbücher in erster Linie präzisierende, klärende Zusammenfassung, Formgebung und Bestätigung bereits bestehenden Rechts darstellen. Die historische Begründung mancher Rechtsinstitute in den Glossen belegt dies ebenfalls. Land-, Lehn- und Stadtrecht wurden durchaus als gewachsene Rechtsmaterien begriffen, die erst irgendwann aus Gründen der Rechtssicherheit die Form von Gesetzbüchern erhalten hatten.

Ein letztes wichtiges Charakteristikum der Rechtstexte im Bild der sächsischen Glossen ist ihre Nähe zur Rechtswissenschaft. Landrechts-, Lehnrechts- und Weichbildglosse gehen gewissermaßen von einer doppelten Urheberschaft an ihren Texten aus. Sie verstehen sie einerseits als kaiserlich au-

687) MERTENS, Art. Gesetzgebung, in: ²HRG II Sp. 302.

688) DIESTELKAMP, Beobachtungen S. 390; SCHULZE, Geschichte S. 165.

torisiertes Gesetzesrecht, andererseits sehen sie den konkreten Wortlaut auch als Äußerung des jeweils aufzeichnenden oder übersetzenden Rechtsgelehrten an. Daher begreifen sie ihre Rechtstexte nicht bloß als Rechtsquelle, sondern zugleich auch als rechtsliterarische Werke.

In der Frage, welchen gattungsmäßigen Begriff sich die sächsischen Glossen von ihrem Bearbeitungsgegenstand machten, treten demnach drei Aspekte in den Vordergrund: Unter Sachsenspiegel-Landrecht, Sächsischem Lehnrecht und Sächsischem Weichbildrecht verstand man im 14. Jahrhundert vollständige Darstellungen einer jeweils geschlossenen, historisch gewachsenen Rechtsmaterie, die ihre Verbindlichkeit aus einer kaiserlichen Bestätigung bezieht und deren konkret überkommene Form das Werk eines kundigen Juristen widerspiegelt.

Das Lehnrecht als autorisiertes Lehrbuch. Die charakteristische Synthese von Gesetzbuch und rechtslitarischem Werk lässt sich mit Erkenntnisgewinn noch aus einem zusätzlichen Blickwinkel beleuchten. Fruchtbar ist an dieser Stelle Hiram Kümpers Vorschlag einer Neudefinition des Rechtsbuchbegriffs als „autoritative Lehrbücher“[689]. In Abkehr vom traditionellen Begriff der „deutschrechtlichen Privatarbeit gesetzesgleicher Wirkung“ möchte sich Kümper mit seiner neuen Formel gegen die Idee einer gesetzesgleichen normativen Ordnung der Rechtsbücher aussprechen und stattdessen die Zwischenstellung der Rechtsbücher zwischen Rechtsquelle und -literatur betonen. Zwar lässt sich dem entgegenhalten, dass die bisherige Charakterisierung des Rechtsbuchs als „Privatarbeit“ eine durchaus sinnvolle und notwendige Abgrenzung zu autoritativen Rechtssetzungen (Privileg, Weistum, Satzung, Rechtsgebot) schafft[690]. Auch bedingt die Akzeptanz vom Rechtsbücherinhalt als geltendem Recht eine mögliche Lehrbuchfunktion eher als dass diese beiden Aspekte einander ausschlössen[691]. Die tradierten Begriffsmerkmale des Rechtsbuchs sollten daher eher entsprechend konkretisiert als vollständig aufgegeben werden. Weniger als „alternativer Deutungsvorschlag“[692] zum überkommenen Rechtsbuchbegriff denn als zusätzlicher Aspekt zur Aufschließung einer weiteren Bedeutungsebene der Rechtsbüchergattung verstanden, scheint Kümpers Vorschlag allerdings von beachtlichem Potential. Zwar ist das Schlagwort vom Rechtsbuch als Lehrbuch nach dem gegenwärtigen Diskussionsstand kaum mehr als ein ausfüllungsbedürftiges Blankett. Seinen möglichen Bedeutungsinhalt gilt es erst auszuloten. Dabei wird etwa die Frage nach dem Adressaten der Rechtsbü-

689) KÜMPER, Sachsenrecht S. 46.
690) WEJWODA, Hiram Kümper S. 568.
691) WEJWODA, Hiram Kümper S. 567.
692) KÜMPER, Sachsenrecht S. 44.

cher neu zu stellen sein. Und dabei muss auch jene Problematik einer weitgehend unbekannten praktischen Anwendungsgeschichte der Rechtsbücher erneut zum Tragen kommen. Als Denkanstoß ist Kümpers Definitionsangebot jedoch schon jetzt bestechend. Es fällt kaum schwer, erste Anhaltspunkte für die Stichhaltigkeit seiner These zu finden. Auf die Bedeutung der prägnanten Spiegelmetapher des Sachsenspiegels hat Kümper in diesem Zusammenhang bereits selbst hingewiesen[693]. Eike hatte das Recht nach eigener Aussage *„selve nicht irdacht"*[694]. Im Grundsatz zielte der Spiegler auf eine zusammenfassende Abbildung des Rechts, wie es eben war. Der Sachsenspiegel gab Auskunft über etwas bereits Bestehendes. Dass es Eike darauf ankam, seiner Leserschaft etwas mitzuteilen, sie über das vorgefundene Recht zu belehren, kommt in den *„Nu-vernemet"*-Anfängen deutlich zum Ausdruck[695]. Geradezu ins Auge springen muss nun aber der Beginn des Lehnrechts:

> *„Swe lenrecht kunnen wille, de volge disses bukes lere."*[696]

Deutlicher als in diesem Einleitungssatz hätte das Selbstverständnis des Lehnrechts als Lehrbuch nicht formuliert werden können. Offenbar ist der didaktische Anspruch des Sachsenspiegel-Landrechts wie auch des Lehnrechts ein der Gattung Rechtsbuch innewohnendes Moment, das von der Forschung in der Vergangenheit noch zu wenig gewürdigt worden ist[697].

Im vorliegenden Zusammenhang wird nach dem Rechtsbuchbegriff der sächsischen Glossen und insbesondere nach dem der Lehnrechtsglosse gefragt. Hat die Idee vom Rechtsbuch als Lehrbuch dort Früchte getragen? Im Unterschied zur Perspektive des Lehnrechtsverfassers ist gut hundert Jahre später zur Idee vom Lehnrecht als einer zusammenfassenden Darstellung älteren Rechts die Vorstellung vom Lehnrecht als Gesetzbuch Friedrichs I. hinzugetreten. Es zeigt sich, dass die Synthese von Gesetzbuch und Lehrbuch aber nicht etwa denklogisch ausgeschlossen ist, sondern geradezu ein charakteristisches Merkmal des Rechtsbuchbegriffs des Lehnrechtsglossators darstellt.

Zunächst ist festzustellen, dass der Lehnrechtsglossator den programmatischen Einleitungssatz von LnR 1 ernst nimmt und ihn am Ende seiner

693) KÜMPER, Sachsenrecht S. 46.

694) Ssp, Reimvorrede V. 150 (ECKHARDT, Ssp LdR S. 41).

695) Ssp LdR I 20, I 33, II 13, II 66, III 45.

696) Ssp LnR 1 (ECKHARDT, Ssp LnR S. 19 Z. 3).

697) KÜMPER, Sachsenrecht S. 46, gibt noch einige weitere Quellenbeispiele. Auf den Lehrbuchcharakter des Lehnrechts verweist nun aber auch LÜCK, Woher kommt das Lehnrecht S. 252 f.

Vorrede selbst zu einer redaktionellen Leseanweisung ausbaut. „*Des wisse: Her spricht ‚Wer konnen wolle', recht als er sprechen sulde, der nheme mit vornunfft des keginwertigen buches vszwisunge*"[698], schickt er seiner Leserschaft voraus. Die Unterweisungen des Rechtsbuchs möge der Leser mit Aufmerksamkeit, Einsicht, Klugheit studieren, auf dass „*mit syner vornunfft das buch irfullet werde mit synen synnen, das got darvon gelobet werde*"[699]. In Glosse LnR 2 benennt der Glossator als lehrende Person Kaiser Friedrich und als zu belehrenden Adressatenkreis des Rechtsbuchs (vielleicht) die vom Lehnrecht betroffenen Sachsen („*Nv hebit sich an das lehenrecht, das keiser Frederich gesaczt hat* [...], *jn de(m) her lernen wil vnde anwisen die Sachsen, die uff lehenrechte geen.*"[700]). Die Begriffe der „*lere*" und der „*vszwisunge*" gehören in der gesamten Lehnrechtsglosse zum standardmäßig verwendeten Vokabular. „*Nv abir yn dissem keginwertigen ca(pittu)lo wil vns daz recht lernen,* [...]"[701], „*Nv wil her vns lernen,* [...]"[702], „*Nv vndirwiset vns das recht,* [...]"[703], lauten die typischen, wiederkehrenden Formulierungen. Dass das Lehnrechtsbuch Mitteilung über das Recht macht, dass es von seinem Anspruch her ein Rechtsauskunftsbuch ist, gehört zu den Grundannahmen des Lehnrechtsglossators. Eine ganz ähnliche Sichtweise auf ihre Rechtsbücher zeigen auch Johann von Buch und der Weichbildglossator[704]. In allen drei Glossen changiert die Identität des „Lehrers" zwischen dem gesetzgebenden Kaiser, dem niederschreibenden rechtsgelehrten Verfasser und dem „*recht*" schlechthin.

Die typische Auswechselbarkeit des belehrenden Akteurs lässt sich auch in der bildlichen Umsetzung von LnR 1 in den Bilderhandschriften des Sachsenspiegels beobachten. In der älteren, um 1300 entstandenen Heidelberger Bilderhandschrift wurde dem Lehnrecht noch eine klassische Lehr-

---

698) LGl LnR, Vorrede (S. 53 Z. 13 – S. 54 Z. 1).

699) LGl LnR, Vorrede (S. 54 Z. 2 f.).

700) LGl LnR 2 § 1 nach der Handschrift L_3 von 1436 (S. 65 im Petitdruck); vgl. aber etwa auch LGl LnR 2 § 1 nach der Handschrift Wo von 1464 (S. 65 Z. 14 f.). Die Überlieferung geht auseinander.
LGl LnR 81 (80 § 1) (S. 1082 Z. 5–8).

701) LGl LnR 15 § 1 (S. 307 Z. 13 – S. 308 Z. 1).

702) LGl LnR 15 § 3 (S. 310 Z. 16 f.).

703) LGl LnR 15 § 3 (S. 311 Z. 7 f.).

704) Hier seien nur einige wahllos herausgegriffene Beispiele genannt, deren Auflistung sich beliebig verlängern ließe: Gl LdR I 62 (63 § 1) *De mod bydden den richter*: „*Hir leret he* [...]" (S. 456 Z. 1); Gl LdR II 25 § 1 *Wert auver en man*: „[...] *vnde leret hire vifleye lere.*" (S. 682 Z. 5); Gl WbR 4: „*nu wil uns daz recht underwisen von* [...]" (Sp. 195 Z. 3); Gl WbR 20: „*Nu wil uns der meister disses gheinwertigen privilegium underwisen* [...]" (Sp. 267 Z. 29 f.).

szene beigegeben, in der ein Rute schwingender, auf den Text neben sich weisender Autor und Lehrer einen lauschenden Schüler instruiert[705]. Im Zusammenwirken von Text und Bild wird der Charakter des Lehnrechts als Lehrbuch somit deutlich betont. Mehr denn je wird der didaktische Impetus des Werkes hier Programm. Auch die späteren Dresdner und Wolfenbütteler Bilderhandschriften erklären den Lehrcharakter des Lehnrechtsbuchs durch die einleitende Beigabe einer Lehrszene zur Chiffre für ein rechtes Textverständnis[706]. Nun aber ist die Darstellung des lehrenden Autors dem Bild eines gesetzgebenden Kaisers im Redegestus gewichen. Ihm steht mit gekreuzten Armen ein lauschender Schüler gegenüber. Nur am Rande sei erwähnt, dass der bildliche Hinweis auf einen lehnrechtsgebenden Kaiser an dieser Stelle eine über den Text des Lehnrechts hinausgehende Information darstellt. Woher die Illustratoren sie bezogen, ist unklar. Insbesondere ist die Frage noch völlig offen, ob zwischen den Sachsenspiegel-Glossen und den auf ihre Weise ebenfalls „kommentierenden" Sachsenspiegel-Bilderhandschriften eine grundsätzlich denkbare Beeinflussung in die eine oder andere Richtung stattgefunden hat. Die Illustratoren der Dresdner und Wolfenbütteler Bilderhandschriften sahen das Lehnrecht jedenfalls, ganz im Einklang mit der Lehnrechtsglosse, als kaiserliches Gesetzbuch an. Anders als beim Landrecht entschieden sie sich beim Lehnrecht für die Darstellung eines einzelnen Gesetzgebers, womit sie vom Doppelbild der Gesetzgeber Konstantin und Karl[707] des Landrechtsteils abwichen. Vermutlich gingen auch sie daher von einem anderen Gesetzgeber für das Lehnrecht aus, möglicherweise dachten sie sogar schon an Kaiser Friedrich. Im vorliegenden Zusammenhang interessiert vor allem, dass der lehnrechtsgebende Kaiser ausgerechnet in die Lehrszene zu Beginn des Lehnrechts integriert wurde. In der Vorstellung der Illustratoren ließ sich der herrschaftliche Erlass eines Rechtsbuchs mit dem Element der Belehrung über das Recht offenbar zwangslos verbinden. Der dargestellte Kaiser ist Ausgeber des Rechtsbuchs und Lehrer über das Recht in einem.

Wie gesehen gibt sich das Lehnrecht selbst ausdrücklich als Lehrbuch aus (LnR 1). Darin kommt zunächst einmal ein bewahrender, konservativer Zug zum Ausdruck. Dem Feudisten ging es um die Darstellung des vorgefunde-

---

705) Heidelberger BHS fol. $1^{r1(rechts)}$ (Codices Selecti CXV). Zum Bildtyp des lehrenden Autors MEIER, Ecce auctor S. 383–385; PETERS, Werkauftrag und Buchübergabe S. 42–45, sowie oben S. 601.

706) Dresdner BHS fol. $57^{r1(rechts)}$ (Codices Selecti CVII) und Wolfenbütteler BHS fol. $59^{r1(rechts)}$ (Codices Selecti CXI); dazu SCHMIDT-WIEGAND, Autor und Illustration S. 1061 f.

707) Dresdner BHS fol. 3^{v1} (Codices Selecti CVII) und Wolfenbütteler BHS fol. 9^{v1} (Codices Selecti CXI).

nen Rechts. Die schriftliche Zusammenfassung bezweckte die Belehrung über das in mündlicher Form nur schwer greifbare, gleichwohl aber bereits vorhandene Recht. Die Lehnrechtsglosse und die späteren Bilderhandschriften greifen das Lehrbuchmotiv auf, fügen dem Lehnrecht aber zusätzlich die Bedeutung eines Gesetzbuchs hinzu. Diese Doppelrolle verändert den Lehrbuchcharakter. Die juristische und die herrschaftliche Autorität des Textes verschmelzen miteinander. In der Urheberrolle überlagern sich jetzt Verfasser und Gesetzgeber. Aus Sicht der Lehnrechtsglosse hat Kaiser Friedrich das Lehnrecht aus Gründen der Rechtseinheit und Rechtssicherheit in einem Gesetzbuch festschreiben lassen. Auch dahinter steht der Gedanke, das Recht sei etwas nur schwer Fassbares. Die Verschriftlichung und kaiserliche Bestätigung des Rechts schuf eine Konsultationsgrundlage, die sich fortan als nachprüfbarer gemeinsamer Nenner heranziehen ließ.

Zur Verdeutlichung des Effekts lässt sich eine Parallele zu einer ganz anderen, späteren Quellengruppe ziehen. Friedrich Ebel hat in seiner Dissertation „Über Legaldefinitionen“ Rezeptionsgesetze des 15. bis 17. Jahrhunderts als „Lehrbuch mit Gesetzeskraft“[708] beschrieben. Das Stichwort lässt aufhorchen. In den frühneuzeitlichen Landrechten deutscher Territorialstaaten sah Ebel systematische Abhandlungen mit primär belehrendem Darstellungszweck über das ohnehin als in Gültigkeit begriffene *ius commune*. Dass sich die in Gesetzesform gegossenen gelehrten Abrisse in ihrem didaktischen Anspruch in erster Linie an den Kreis der Rechtsunterworfenen richteten, ist bezweifelt worden[709]. Zudem betreffen die gelehrtrechtlichen Rezeptionsgesetze natürlich ganz andere Inhalte und eine ganz andere Zeit als die sächsischen Rechtsbücher. Doch auch hier scheint es um die Darstellung von Vorgefundenem zu gehen, um die Suche nach einer verbindlichen Form für das nur schwer greifbare Recht. Unter diesem Aspekt ist die Quellengruppe also mit dem Bild, welches sich die sächsischen Glossen von ihren mittelalterlichen Rechtsbüchern machten, durchaus vergleichbar. Hier wie dort geht es um die Herstellung von Rechtsgewissheit. Ein rechtskundiger Jurist schafft eine verständliche, an didaktischen Anforderungen orientierte Darstellung des Rechts. Sodann verleiht ein Herrscher der gefundenen Gestalt hoheitliche Autorität. Fortan existiert ein autorisiertes „Lehrbuch“, in dem sich das gültige Recht nachlesen lässt.

Auch die Lehnrechtsglosse charakterisiert den Lehnrechtstext häufig und nachdrücklich als ein aus didaktischer Perspektive geschriebenes Lehrbuch. Der konkrete Adressatenkreis des Buchs ist schwer zu bestimmen. Interessant ist aber, dass sich der Glossator in seiner Kommentierung des Textes

---

708) EBEL, Über Legaldefinitionen S. 126.
709) DIESTELKAMP, Beobachtungen S. 409–413.

just an denselben Leserkreis wendet. Wer auf der Suche nach einer verbindlichen Rechtsauskunft das Lehnrecht aufschlug, sollte in der Kommentierung eine ergänzende Erläuterung finden. Die Glosse erklärt, wie das Lehnrecht zu verstehen sei. In dieser Haltung war sie selbst ein Lehrbuch, man könnte auch sagen: ein Meta-Lehrbuch. Als Mittler zwischen Text und Leser wendet sich der Glossator immer wieder direkt in belehrendem Ton an sein fiktives Gegenüber („*Jr sollet wissen*“[710]). Die Betonung des Lehrbuchcharakters des Lehnrechts und die Auseinandersetzung des Glossators mit dem Lehnrechtstext als Werk eines gelehrten Juristen lassen Text und Glosse gleichermaßen in einen gelehrten, wissenschaftlichen Rahmen rücken. Die Aspekte der Erklärung und Lehre sind im Bild der Glosse zentral. In einer Beschreibung des Rechtsbuchbegriffs der sächsischen Glossen darf er nicht fehlen.

Ich fasse zusammen. Die Lehnrechtsglosse hat zu ihrer eigenen Version von Ursprung und Wesen des Sächsischen Lehnrechts gefunden. Erste Vergleiche mit der Landrechtsglosse und der Weichbildglosse bestätigen ähnliche Sichtweisen auf die jeweiligen Bearbeitungsgegenstände. Viele der erörterten Teilaspekte scheinen verallgemeinerungsfähig. Es lässt sich daher von einem gemeinsamen Rechtsbuchbegriff der sächsischen Glossen sprechen. Gemeinsam ist allen Glossen die Vorstellung, ihre jeweiligen Rechtstexte enthielten die umfassende Darstellung eines bestimmten Rechtsgebiets in seiner historisch gewachsenen Gestalt. Darin spiegelt sich durchaus ein wichtiges Begriffsmerkmal des „Rechtsbuchs“. Gleichzeitig gehen die Glossen mit ihrer jeweiligen Rückführung des Textes auf einen kaiserlichen Rechtssetzungsakt von einer völlig neuen formalen Geltungsgrundlage aus. Ihnen gelten die Texte nicht mehr, wie man es heute für die Entstehung von Rechtsbüchern für charakteristisch hält, als Privatarbeiten, sondern vielmehr als „Gesetzbücher“. Neben diese Legitimation kraft herrschaftlicher Autorität tritt noch eine zweite wichtige Bedeutungsebene. In den Glossen sind die Verfasserpersönlichkeiten als gelehrte Juristen stets präsent. Mit der herrschaftlichen vermischt sich die juristische Autorität der Texte. Den Glossatoren sind die sächsischen Rechtsbücher Rechtsquelle und Rechtsliteratur zugleich. Gerade im Fall des Lehnrechts lässt sich daher mit einiger Berechtigung von einem „Lehrbuch“ sprechen. Die spezifische Verbindung von hoheitlicher Rechtssetzung und wissenschaftlicher Rechtsdarstellung ist vielleicht das charakteristischste Merkmal in der Sicht der sächsischen Glossen auf ihre Texte. Wollte man den spätmittelalterlichen Rechtsbuchbegriff auf eine kurze Formel bringen, so müsste man am ehesten von „autorisierten Lehrbüchern“ sprechen.

710) Etwa LGl LnR 2 § 1 (S. 68 Z. 1).

III. Zur Rechtsquellenlehre des Glossators

Aus der Perspektive junger deutscher Rechtswissenschaft war die Klärung der Rechtsnatur der sächsischen Rechtsbücher ein erster notwendiger Schritt für die Ausbildung eines umfassenden Rechtsanwendungsmodells. Es ist ausführlich dargestellt worden, dass der Glossator des Lehnrechts seine Rechtsquelle in der Glosse als eine Satzung Kaiser Friedrichs für Sachsen beschreibt. In vergleichbarer Art und Weise charakterisiert Johann von Buch das Sachsenspiegel-Landrecht in seinen wesentlichen Bestandteilen als ein sächsisches Privileg Kaiser Karls des Großen. Schließlich wird um die Mitte des 14. Jahrhunderts etwa im selben Entstehungszeitraum der Lehnrechtsglosse auch das Weichbildrecht vom Weichbildglossator endgültig zum ottonischen Privileg festgeschrieben. Die drei sächsischen Glossen schaffen mit diesen Bestimmungen der konkreten Rechtsnatur ihrer Quellen die Voraussetzungen, um die sächsischen Rechtsbücher in einem zweiten Schritt auch in einen größeren rechtlichen Kontext einbetten zu können. Wie weit der Lehnrechtsglossator auch diesen Weg noch geht, ist Gegenstand der folgenden Überlegungen. Wo verortet der Glossator das Sächsische Lehnrecht im Gesamtgefüge spätmittelalterlichen Rechts? Welchen Platz weist er ihm insbesondere im Verhältnis zu den großen Ordnungen des gelehrten römischen und geistlichen Rechts zu?

Um es vorwegzunehmen: Ein geschlossenes, ausdifferenziertes und dogmatisch durchgestaltetes Konzept der Rechtsquellen entwickelt die Lehnrechtsglosse nicht. Erst recht gelangt sie zu keiner stringenten Rechtsanwendungslehre. Immerhin finden sich zu diesem Thema neben wenigen zusammenhängenden Abhandlungen[711] eine Vielzahl passim eingestreuter Äußerungen. Ihre Zusammenschau erlaubt Aussagen über den Rechtsbegriff des Glossators. Bei den zu besprechenden Stellen handelt es sich aber größtenteils um knappe, punktuelle Bemerkungen in unterschiedlichen Kontexten. Ihnen im Einzelfall übermäßiges Gewicht beizumessen, würde den Aussagegehalt der Quelle überstrapazieren. Im Stadium der Abfassung der Lehnrechtsglosse steckt das Unternehmen einer wissenschaftlichen Durchdringung des Sächsischen Rechts noch in seinen Kinderschuhen. Eine Rechtsanwendungslehre, die das einheimische Recht in die Welt des gelehrten Universalrechts einbezieht, gelangt noch nicht zur Reife. Der Lehnrechtsglossator erhebt auch gar nicht den Anspruch, eine solche zu entwickeln. In seiner Glosse beantwortet er konkrete Einzelfragen und bedient sich dabei einzelner Topoi des gelehrten Rechts. Häufig werden Argumente der Buch'schen

711) Zu nennen sind insbesondere LGl LnR, Vorrede (S. 50 Z. 2 – S. 53 Z. 10) sowie eine Passage aus LGl LnR 11 § 2 (S. 246 Z. 3 – S. 248 Z. 6).

Glosse entnommen. Johann stützt sich häufig wiederum auf Primärtexte und *Glossae ordinariae* des gelehrten Rechts. Wir haben es bei den Äußerungen des Lehnrechtsglossators also mit einem Konglomerat von Einzelaussagen unterschiedlichster Provenienz zu tun. Eine Analyse der einzelnen Mosaiksteine der Lehnrechtsglosse muss daher auch etwaige Referenzquellen berücksichtigen. Dazu gehören die Buch'sche Glosse sowie die allegierten Quellen und Autoren des gelehrten Rechts.

Ausgehend von ausgewählten Stellungnahmen des Glossators soll im Folgenden analysiert werden, welche rechtstheoretischen und rechtsanwendungstechnischen Probleme der Glossator überhaupt thematisiert, zu welchen Lösungen er findet und inwiefern er dabei von einem kohärenten Rechtsmodell ausgeht. Die Rekonstruktion eines in sich stimmigen Rechtsanwendungssystems der Lehnrechtsglosse kann damit nicht bezweckt werden, wohl aber die Suche nach ersten sich herausbildenden Grundsätzen für das Verhältnis verschiedener Rechtskreise zueinander. Lassen sich in den rezipierten oder selbst formulierten Äußerungen des Lehnrechtsglossators Vorstufen einer eigenen Rechtsquellen- und Rechtsanwendungslehre nachweisen? Gesucht wird nach wiederkehrenden Motiven, nach Grundprinzipien, die sich in ihrer Wiederholung festigen.

Welche ersten Leitlinien sich in den Anfängen der Bearbeitung Sächsischen Rechts möglicherweise schon herauskristallisieren, zeigt sich erst im Vergleich mit den übrigen zeitgenössischen Arbeiten. Nur ein Vergleich lässt gegenseitige Beeinflussungen und Abhängigkeiten sichtbar werden und erlaubt eine Einschätzung der Bedeutung bestimmter vereinzelter oder wiederkehrender Sätze. Erschwert wird ein solcher Blick in die Breite allerdings durch den Umfang der sächsischen Arbeiten. Hier werden im Folgenden nur ausgewählte Auszüge berücksichtigt. Als Vergleichsquellen bieten sich die Buch'sche Glosse (1325– ca. 1352), die Weichbildglosse (vor 1386) und das Liegnitzer Stadtrechtsbuch (begonnen 1399) des Nikolaus Wurm an. Alle drei Arbeiten enthalten nämlich zusammenhängende Passagen, denen sich an pointierter Stelle maßgebliche Positionen des Autors zu Fragen des Rechtsquellensystems entnehmen lassen: die Buch'sche Glosse zum *Textus prologi*[712], daneben Glosse LdR I 54 (55 § 1) *Alle wertlik gerichte*[713], Glosse WbR 1[714] und Liegnitzer StadtRB Art. 1[715]. Ergänzend und vergleichend

712) Gl LdR, Textus prologi *Got de dar is beghin vnd ende* (S. 110 Z. 12 – S. 121 Z. 11).

713) Gl LdR I 54 (55 § 1) *Alle wertlik gerichte* (S. 396 Z. 2 – S. 400 Z. 14).

714) Gl WbR 1 (Sp. 181 Z. 5 – Sp. 187 Z. 18).

715) Liegnitzer StadtRB I (LEUCHTE, Liegnitzer Stadtrechtsbuch S. 17 Z. 1 – S. 22 Z. 38).

werden diese Stellen, wo es sich anbietet, in die folgende Untersuchung mit einbezogen.

Das Auffinden weiterer einschlägiger, aber doch weit verstreuter Einzelbemerkungen in den Weiten der sächsischen Glossentexte erleichtert im Übrigen das Remissorium des Dietrich von Bocksdorf[716]. Sein nach Stichworten alphabetisch geordnetes Verzeichnis entstand um die Mitte des 15. Jahrhunderts und stellt mit seinen zahlreichen Verweisen auf Land-, Lehn- und Weichbildrecht mitsamt ihrer Glossen eine wichtige Erschließungshilfe für die sächsische Rechtsliteratur dar. Das Remissorium ist aber nicht bloß Hilfsmittel. Mit seinen aus dem Sächsischen Recht exzerpierten und systematisch zusammengestellten Rechtssätzen stellt es auch für sich genommen eine Quelle von besonderem Wert dar. In den gedruckten zweibändigen Standardausgaben zum Sächsischen Recht findet sich das Remissorium regelmäßig am Ende des zweiten Bandes hinter Weichbild und Lehnrecht. Im Folgenden wird es ebenfalls Berücksichtigung finden. Für die vorliegenden Zwecke wird die Ausgabe im Leipziger Druck des Christoph Zobel von 1537 benutzt, da sie bereits eine von späteren Bearbeitern erweiterte Fassung enthält und mit ihren Verbesserungen leichter aufzufindende Verweise bietet[717].

Eine dem Remissorium in mancher Hinsicht vergleichbare und doch eine ganz andere Arbeitshilfe stellt das gegenwärtig in der Entstehung befindliche, moderne, wissenschaftliche Glossar zur Buch'schen Glosse von Peter Neumeister und Frank-Michael Kaufmann dar[718]. In Ergänzung zur Kaufmann'schen Edition der Buch'schen Glosse[719] listet dieses Verzeichnis zu ausgewählten Stichworten vollständig alle Nachweise in der Buch'schen Glosse auf. Gegebenenfalls werden die Fundstellen um verschiedene Bedeutungsvarianten des Begriffs gruppiert. Das Glossar erleichtert somit nicht nur das Nachschlagen konkreter Sachfragen in der Buch'schen Glosse, es erschließt außerdem Johanns Rechtssprache und befördert besonders wichtige, wiederkehrende Rechtssätze der Glosse ans Licht.

Von großem Gewinn für die hier vorgenommene Untersuchung ist schließlich eine in der Literatur bisher nur wenig beachtete und deshalb besonders erwähnenswerte Arbeit Karl Schillings aus dem Jahr 1931[720]. „Das

716) Vgl. zu Person und Werk oben S. 79 m. w. N., zum Remissorium oben S. 457.

717) Remissorium des Dietrich von Bocksdorf (ZOBEL, Sechsisch Weychbild und Lehenrecht, Leipzig 1537, ohne fol. [am Ende des Bandes]). Vermutlich stammen wesentliche Ergänzungen des Remissoriums von Zobel selbst, vgl. oben S. 125 ff.

718) Für die Zurverfügungstellung erster Exzerpte bin ich den Verfassern zu großem Dank verpflichtet.

719) KAUFMANN, Gl LdR.

720) SCHILLING, Das objektive Recht.

objektive Recht in der Sachsenspiegel-Glosse" spürt dem allgemeinen Rechtsdenken Johanns von Buch nach und trägt dabei mit detaillierter Quellenkenntnis eine Vielzahl einschlägiger Stellen aus der Landrechtsglosse zusammen. Die Schlussfolgerungen des Autors sind nur bedingt verwertbar, da sie gar zu sehr einem subjektiven Grundtenor des Bedauerns über einen „Rückschlag" verpflichtet sind, den „das deutsche Rechtsdenken bei der Aufnahme des fremden Rechts erlitten hat."[721] In anachronistischer Erwartung eines kohärenten Systems deckte Schilling im Buch'schen Werk einen Widerspruch nach dem anderen auf, nur um diese dann stereotyp mit einer der beiden für Schilling einzig denkbaren Erklärungen der Interpolation oder purer Gedankenlosigkeit des Glossators zu begründen. Ein solcher Interpretationsansatz führt kaum weiter. Dem Wert der Schilling'schen Arbeit als einer sorgfältigen, die gelehrten Rechtsquellen berücksichtigenden und differenzierten Materialsammlung zum Buch'schen Rechtsbegriff tut er aber keinen Abbruch.

Im Folgenden werden nun diejenigen Äußerungen des Lehnrechtsglossators zusammengetragen, die Rückschlüsse auf seine Idee vom Gesamtgefüge des Rechts und einer Verortung des Sächsischen Lehnrechts darin erlauben. Seine Bemerkungen werden mit bisherigen Erkenntnissen zum Buch'schen Rechtsbegriff, aber auch mit Aussagen der Weichbildglosse, des Liegnitzer Stadtrechtsbuchs und des Bocksdorf'schen Remissoriums kontrastiert. Welche Leitprinzipien sich hier herauskristallisieren, wird erste Anworten auf die Frage liefern, in welchem Verhältnis das einheimische Sächsische Recht in der Frühphase seiner wissenschaftlichen Bearbeitung zum gelehrten Recht gesehen wurde.

1. Zweierlei und dreierlei Ursprünge des Rechts

Die Lehnrechsglosse handelt an zwei Stellen in allgemeiner, zusammenhängender Form von den Ursprüngen des Rechts. In der Vorrede führt der Glossator alles Recht zunächst auf den Zweiklang Natur und Gewohnheit zurück:

> *„Des sollet ir wissen: Des rechtin orsprung ist enczwer von naturen adder von gewonheit.«*[722]

721) SCHILLING, Das objektive Recht S. 1. Vgl. bereits die Kritik von KANNOWSKI, Umgestaltung S. 97–100 und passim; KISCH, Rezension Karl Schilling.

722) LGl LnR, Vorrede (S. 50 Z. 10 f.).

Neben dem natürlichen Recht und dem Gewohnheitsrecht erkennt der Glossator aber noch eine dritte Rechtsquelle an, die des gesetzten Rechts. In Glosse LnR 11 definiert er die möglichen Entstehungsarten von Recht daher als die Trias Natur, Gewohnheit und Gebot:

> *„Jr solt wissen, das drierley wise recht vff kommen ist. Enczwer es ist vff kommen von naturen, adir von gewonheit, ader von gebote.“*[723]

Diese beiden Stellen geben Aufschluss über erste Grundvorstellungen des Glossators von den Ursprüngen des Rechts. Sie durchziehen die gesamte Lehnrechtsglosse und spiegeln sich auch in den übrigen Vergleichsquellen des 14. Jahrhunderts zum Sächsischen Recht wider. Sie lassen sich daher zum Kanon erster anerkannter Leitprinzipien der sächsischen Rechtsliteratur zählen. Die Hintergründe der Zwei- und Dreiheit des Rechts erhellen sich bei einem Blick in die Landrechtsglosse. Beide Stellen der Lehnrechtsglosse finden dort ihr Vorbild.

In der Glosse zum *Textus prologi* des Sachsenspiegels schreibt Johann von Buch bereits: *„Nu hefft alle recht beghin entwer van nature edder von wonheit.“*[724] Die Lehnrechtsglosse hat Auszüge der zugehörigen Passage der Buch'schen Glosse in ihre eigene Vorrede inkorporiert. Hier wie dort ist die Unterscheidung zweierlei Ursprünge des Rechts nicht durch den kommentierten Text des Sachsenspiegel-Landrechts oder des Lehnrechts veranlasst. Eigentliche Grundlage des Satzes ist der Beginn des *Decretum Gratiani*, wo es einleitend heißt: *„Humanum genus duobus regitur, naturali uidelicet iure et moribus.“*[725] Sowohl Johann von Buch als auch der Lehnrechtsglossator nehmen in ihren folgenden Ausführungen noch explizit auf Dist. 1 vor c. 1 Bezug[726]. Der Fortgang des Dekrets zeigt, dass Gratian unter dem Obegriff der *consuetudo* sowohl das geschriebene Recht, die *constitutio*, als auch das ungeschriebene Recht verstanden hat[727]. Anders als der Einleitungssatz vermuten lässt, hat schon Gratians Entwurf des Rechtssystems das gesetzte Recht also ebenfalls mit aufgenommen.

---

723) LGl LnR 11 § 2 (S. 246 Z. 3–5).

724) Gl LdR, Textus prologi *Got de dar is beghin vnd ende* (S. 111 Z. 4).

725) Dist. 1 vor c. 1 Satz 1 (Corpus iuris canonici I Sp. 1); vgl. auch SCHILLING, Das objektive Recht S. 4.

726) Gl LdR, Textus prologi *Got de dar is beghin vnd ende* (S. 112 Z. 4 f.) und LGl LnR, Vorrede (S. 51 Z. 7; S. 52 Z. 1 f.).

727) Vgl. Dist. 1 c. 5: *„consuetudo partim est redacta in scriptis, partim moribus tantum utentium est reservata“* (Corpus iuris canonici I Sp. 2). Vgl. dazu etwa DILCHER, Zwangsgewalt S. 156 F.; WOLTER, Die ‚consuetudo‘ S. 101 f.

Anderen Ursprungs ist die Rückführung des Rechts auf die drei Entstehungsarten Natur, Gewohnheit und Satzung. Wieder liegt nicht der kommentierte sächsische Rechtstext selbst zugrunde. Den entscheidenden Impuls setzt diesmal auch nicht kanonisches, sondern römisches Recht. Bereits Johann von Buch kommentiert den Artikel LdR I 54 (55) mit den vom Lehnrechtsglossator später übernommenen Worten: „*We hebben, dat recht sy dryerleye wijs vpghekomen, dat is van naturen, vnde van gewonheit, vnde van gebode, ut Instit. de iusticia et iure § privatum.*“[728] Johann allegiert hier Inst. 1, 1, 4, dessen Satz 3 lautet: „*dicendum est igitur de iure privato, quod est tripertitum; collectum est enim ex naturalibus praeceptis aut gentium aut civilibus.*“[729]

Karl Schilling hat detailliert aufgeschlüsselt, dass sich hinter den darauf folgenden Buch'schen Ausführungen zu diesen beiden Sätzen im Wesentlichen Übersetzungen von verschiedenen Passagen aus Dist. 1, Inst. 1, 1 und 2 sowie aus der Accursischen *Glossa ordinaria* zu den Institutionen verbergen[730]. Über die Vermittlung der Buch'schen Glosse haben sie wiederum Eingang in die Lehnrechtsglosse gefunden. Weichbildglosse und Liegnitzer Stadtrechtsbuch rezipieren sie ebenfalls. Dabei führen die Zusammenstellung der unterschiedlichen Quellen des gelehrten Rechts, ihre Übertragung ins Deutsche und der Versuch einer Adaption an einheimische Verhältnisse in den einzelnen sächsischen Schriften jedoch zu ganz verschiedenen Varianten der Darstellung. Bevor die Vorstellungen des Lehnrechtsglossators vom Wesen des natürlichen Rechts, der Gewohnheit und der Satzung jeweils im Einzelnen in den Blick genommen werden, soll daher ein kurzer Vergleich mit Buch'scher Glosse, Weichbildglosse und Liegnitzer Stadtrechtsbuch aufzeigen, welche Bestandteile des Buch'schen Erläuterungskomplexes sich festigen konnten und wo es zu größerem Variantenreichtum kam.

Ineinandergreifen von natürlichem Recht, Gewohnheit und Satzung. In allen vier Werken findet sich übereinstimmend die von Johann von Buch begründete Vorstellung, dass natürliches Recht, Gewohnheitsrecht und obrigkeitlich gesetztes Recht in spezifischer Weise eng miteinander verbunden sind. In groben Zügen lässt sich diese Verknüpfung wie folgt beschreiben: Nach Glosse LdR I 54 (55) *Alle wertlik gerichte* ist „*naturlike recht*“ solches Recht, das die Natur alle Menschen lehrt[731]. Von „*naturliken*“, das heißt von „*guden*“ Leuten, werde das natürliche Recht befolgt, wodurch diese

728) Gl LdR I 54 (55 § 1) *Alle wertlik gerichte* (S. 396 Z. 2–4).

729) Inst. 1, 1, 4 Satz 3 (Corpus iuris civilis I S. 1), ähnlich Dig. 1, 1, 1, 2 a. E. Die Dreiteilung des Privatrechts geht auf Ulpian zurück.

730) SCHILLING, Das objektive Recht S. 2–8 mit Quellennachweisen.

731) Gl LdR I 54 (55 § 1) *Alle wertlik gerichte* (S. 396 Z. 6–8).

Menschen dann eine „*wonheit*" prägten[732]. Weil es aber auch Menschen gebe, die die Gebote des natürlichen Rechts nicht befolgten, gebe es auch zwei verschiedene Arten von Gewohnheit: gute und schlechte[733]. Um nun den schlechten Gewohnheiten, die zu dem natürlichen Recht in Widerspruch stehen, Einhalt zu gebieten, sei es notwendig geworden, dass Kaiser und Papst durch den Erlass von Satzungen einschritten: „*Dor desser twyer wonheit wart des not, dat dat drudde stucke des rechtes quam, dat weren settinge der keysere vnde des paueses. De quemen to sturinge der bosen dorhaffticheit vnde boser wonheit, ut III di. c. facte sunt leges.*"[734] Gesetztes Recht, worunter Johann von Buch sowohl weltliches als auch geistliches Recht versteht, fungiert also als Korrektiv für schlechte Gewohnheiten. Letztlich kommt gesetztem Recht damit eine dienende Funktion zu, es soll nämlich dem natürlichen Recht zur Anwendung verhelfen. Weder die dazu allegierte Dist. 4 c. 1 noch die zugehörige *Glossa ordinaria* formulieren den Gedanken dieses Ineinandergreifens so explizit[735]. Vielleicht stammt er in der konkreten Ausgestaltung von Johann selbst.

Sicher ist, dass Johanns Darstellung des Ineinandergreifens dreier Rechtsquellen die spätere sächsische Literatur beeinflusst hat. Just dieser Normenkomplex ist in Glosse LnR 11 gekürzt, aber fast wörtlich übernommen worden[736]. Die kompaktere Version der Lehnrechtsglosse schildert die Verzahnung von natürlichem Recht, Gewohnheit und Satzung nur umso eindringlicher. Unter der Bezeichnung „*beschrebin recht*" begründet auch die Weichbildglosse die Notwendigkeit positiven, gesetzten Rechts mit dem Erfordernis, dem natürlichen Recht und der guten Gewohnheit zu Hilfe zu kommen[737]. Nikolaus Wurm schließlich greift in Liegnitzer StadtRB I 10 *Was eyne gewonheit ist* ebenfalls die Unterscheidung zwischen guter und

732) Gl LdR I 54 (55 § 1) *Alle wertlik gerichte*: „*Wente denne itlike lude leueden na deme rechte, dat de nature lerede, vnde brochten dat in ene wonheit, de wontheit wart en recht vnder en.*" (S. 397 Z. 11–14, vgl. außerdem Z. 5 f.).

733) Gl LdR I 54 (55 § 1) *Alle wertlik gerichte*: „*Alze denne hire vore gesecht is, dat itlike lude volghen deme naturliken rechte vnde itlike nicht, dar van irhoff sik twyerleye wonheit. En wonheit was redelik, dat was de wonheit der guden, vnde de beghan van der naturen der nature, ut XI di. c. in hijs rebus. De andere wonheit was der bosen, vnde de was wedder de naturen, de god is, de het billiker en olt erringe wen en wonheit, ut VIII di. c. consuetudo.*" (S. 398 Z. 2–9).

734) Gl LdR I 54 (55 § 1) *Alle wertlik gerichte* (S. 398 Z. 10–13).

735) Vgl. Dist. 4 c. 1 mit *Glossa ordinaria* (Corpus juris canonici I, Rom 1582 Sp. 12).

736) LGl LnR 11 § 2 (S. 246 Z. 3 – S. 247 Z. 7); vgl. dazu in fast wörtlicher Übereinstimmung Gl LdR I 54 (55 § 1) *Alle wertlik gerichte* (S. 396 Z. 2–8 und S. 398 Z. 1–13).

737) Gl WbR 1 (Sp. 186 Z. 14–34, vgl. auch Sp. 186 Z. 53 – Sp. 187 Z. 1); vgl. dazu bereits ähnlich Gl LdR I 54 (55 § 1) *Alle wertlik gerichte* (S. 398 Z. 1–13).

schlechter Gewohnheiten auf. In der werktypischen Dialogform belehrt ein Lehrer Gaius dort seinen Schüler Menius über die Notwendigkeit von „*beschreben recht*“ und „*keyser satczunge*“, denn sie kämen den guten Gewohnheiten zugute und zerstörten das Böse[738]. Ob Nikolaus Wurm bei Abfassung seines Werks eine oder mehrere der sächsischen Glossen benutzte, ist nicht ganz sicher. Es ist aber sehr wahrscheinlich, dass er sich bei seiner Erörterung des Gewohnheitsrechts auf eines seiner Vorgängerwerke stützte.

Wir sehen: Die Buch'sche Glosse entwickelt das Grundmuster einer dreigeteilten Rechtsquellenlehre, wonach alles Recht entweder aus Natur, Gewohnheit oder Satzung entsteht und bei der die eine Rechtsform die andere bedingen bzw. ineinander übergehen kann. In dieser Grundform ist das Modell von wichtigen Arbeiten zum Sächsischen Recht rezipiert worden und damit zu einem anerkannten Topos aufgestiegen.

Dreierlei Arten von Recht in ihren Variationen. Ausgangspunkt der Lehre dreier Rechtsquellen in Form von natürlichem Recht, Gewohnheitsrecht und gesetztem Recht ist nicht etwa der Wortlaut des Sachsenspiegels. Ihren Ankerpunkt finden wir vielmehr im gelehrten Recht, genauer in Inst. 1, 1, 4 Satz 3. Danach war das (Privat-)Recht *tripertitum*, dreigeteilt. Die in den Institutionen aufgezählten *ius naturale, ius gentium* und *ius civile* setzen die sächsischen Juristen mit „natürlichem Recht“, „Gewohnheit“ und „Gebot“ (auch „Satzung“ oder „geschriebenes Recht“) gleich. Dass Ursprünge und Arten von Recht stets irgendwie von einer Trias beherrscht werden, ist aber von den sächsischen Autoren noch sehr viel häufiger und variantenreicher aufgegriffen worden, als es die bisherigen Schilderungen vermuten lassen. In vielfältigster Weise regiert die Dreizahl die allgemeinen rechtstheoretischen Erörterungen sächsischer Juristen. Geradezu als Garant für Wahrheit wird das stilistische Mittel der Zahl Drei eingesetzt. Weitergehende Erläuterungen in den sächsischen Glossen und im Liegnitzer Stadtrechtsbuch, die sich aus der Dreizahl der Institutionen ableiten, divergieren allerdings sehr stark. Sie lassen das im Ausgangspunkt klare Bild einer dreigeteilten Rechtsquellenlehre wieder verschwimmen. Hier sei nur ein kurzer Überblick über das breite Spektrum gegeben.

Johann von Buch unterscheidet in seiner Glosse zum *Textus prologi*, nachdem er den Ursprung des Rechts zunächst (in Anlehnung an Dist. 1 vor c. 1) in den beiden Polen von Natur und Gewohnheit verankert, im Folgen-

---

738) Liegnitzer StadtRB I 10: „*Durch der czweierley gewonheit wille was not, das dorubir komen seyn die beschreben recht und der keyser satczunge, domete sie zuhulffe komen seyn der guten gewonheit, boze torstekeit domete zustoren ut iiij d. ffacte sunt leges.*“ (LEUCHTE, Liegnitzer Stadtrechtsbuch S. 22 Z. 29–32).

den dreierlei Arten von Recht: *„van naturen edder* [...] *stadrechte edder* [...] *gewonheitrechte“*[739]. Obwohl Inst. 1, 1, 4 an dieser Stelle nicht allegiert wird, klingt darin der römischrechtliche Dreiklang *ius naturale, ius civile* und *ius gentium* an. Das *ius civile* – üblicherweise von den sächsischen Glossatoren ganz allgemein im Sinne von gesetztem, positiven Recht interpretiert – erscheint hier also in der Form des Stadtrechts. Sodann erörtert Johann noch drei weitere Arten von Recht, wobei er im Wesentlichen Dist. 1 c. 10–12 übersetzt: *„ridder recht“* (*ius militare*, Dist. 1 c. 10), *„oplik recht“* (*ius publicum*, Dist. 1 c. 11) und *„des Romischen rikes recht“* (*ius Quiritum*, Dist. 1 c. 12)[740].

Der Lehnrechtsglossator hat diese in der Buch’schen Glosse mehr oder weniger folgenlos gebliebene doppelte Aufzählung von dreierlei Arten von Recht in seine eigene Vorrede übernommen, sie aber modifiziert und verkürzend miteinander verquickt. Gegen Ende der Lehnrechtsglossenvorrede zählt er zunächst dreierlei Arten von Recht auf: *„Des wisset des rechtin vnderscheit: Gotis recht, stadtrecht vnde lehnrecht.“*[741] Das *ius naturale* wird jetzt „Gottesrecht“ genannt, das *ius civile* erscheint als „Stadtrecht“ und das *ius gentium* ist zum „Lehnrecht“[742] geworden. Aus der zweiten Buch’schen Trias (Ritterrecht, öffentliches Recht und römisches Reichsrecht) bleibt hingegen einzig und allein das Recht der Ritterschaft stehen, welches dem Verfasser der Vorrede für eine Einleitung zum Lehnrechtsbuch wohl besonders passend erschien[743].

Der Weichbildglossator folgt in seiner Erörterung zu den Ursprüngen des Rechts besonderen festgelegten Bahnen. In seinem Fall gibt der kommentierte Text selbst in WbR 1 nämlich vor: *„Das recht ist drierhande; gotisrecht ist das erste, marktrecht ist das andere, lantrecht ist das dritte.“*[744] Dieser Einteilung folgt der Glossator des Weichbildrechts in seiner Kommentierung, bemühte sich aber um eine Harmonisierung derselben mit dem Material der Buch’schen Glosse. Deshalb parallelisiert er die Trias von

739) Gl LdR, Textus prologi *Got de dar is beghin vnd ende* (S. 112 Z. 9–11). Zur Stelle vgl. auch SCHILLING, Das objektive Recht S. 4–6.

740) Gl LdR, Textus prologi *Got de dar is beghin vnd ende* (S. 114 Z. 1, 3, 5), vgl. dazu Dist. 1 c. 10–12. Zum Ganzen auch SCHILLING, Das objektive Recht S. 6 f.

741) LGl LnR, Vorrede S. 53 Z. 1 f.

742) Bezeichnenderweise heißt es in der „Wurm’schen“ Glosse LnR, Vorrede, an der entsprechenden Stelle statt *„lehnrecht“* auch – und insofern vielleicht die authentischere Fassung überliefernd – noch *„lantrecht“* (Berlin SBB-PK Hs. 392 fol. 152vb).

743) LGl LnR, Vorrede: *„Ouch so ist ein recht ritterschafft recht genant. Vsz disem rechte kommet adel, solt vnd bewtunge, ut I di. § jus miliatre. Von dem rechte spricht her hye jm lenhrechte.“* (S. 53 Z. 8–10).

744) WbR 1 § 2 (zitiert nach DANIELS / GRUBEN, Gl WbR Sp. 63 Z. 4–6).

WbR 1 mit den bei Johann von Buch gebrauchten Begriffen: „*Recht aber zu sprechen,*“ schreibt er zur Erklärung der Trias in WbR 1, „*so ist enzwer daz recht uffkommen von naturen, ader von eynem gemeinem statrechte, ader von der luthe gewonheit; unde daz rurt hir der meister des privilegii.*“[745] Vom Stadtrecht heißt es noch einmal ausdrücklich „*dis recht heist jus civile*“[746] und vom Landrecht „*daz heist in dem latin jus gentium*“[747]. Wie ernsthaft der Glossator des Weichbildes hier um eine Anknüpfung an die Lehren der Buch'schen Glosse bemüht ist, zeigt sich in der folgenden Übernahme auch noch der zweiten Buch'schen Trias von Rechtsarten („*Ir sollit wissen: daz das recht noch drierley unterscheid hat*“[748]). Auch die Weichbildglosse handelt im Folgenden nun noch vom „*ritterrecht*“, vom „*offenbarlich recht*“ und von „*des romischen riches recht*“[749].

Auf die Spitze getrieben wird das juristische Glasperlenspiel mit der Zahl Drei bei Nikolaus Wurm. Die mehrfache Verflechtung verschiedener Trias, die der Autor im Rahmen einer Sezierung des Rechtsbegriffs zu Beginn des Liegnitzer Stadtrechtsbuch anstellt, ist der Übersichtlichkeit der Darstellung kaum dienlich gewesen. Obwohl er Inst. 1, 1, 4 mit der Auflistung von *ius naturale, ius gentium* und *ius civile* allegiert, nennt Wurm als dreierlei Arten von Recht zunächst „*naturlich recht und heist ius naturale*“, „*gesaczt recht, das heist ius positivum*“ und „*ius scriptum, das ist geschrebin recht*“[750]. Sodann behandelt er in Anlehnung an Inst. 1, 1, 3 die drei Gebote des natürlichen Rechts. Man müsse ehrlich leben, dürfe niemandem schaden und solle jedem das Seine zugestehen[751]. In Übereinstimmung mit der zugehörigen *Glossa ordinaria* folgt eine Verknüpfung dieser drei Rechtsgebote mit den drei möglichen Arten von Recht[752]. In diesem Zusammenhang werden die Reihen „*Gotis recht* […] *gesaczt recht* […] *wilkor*“ und „*naturlich recht* […]

745) Gl WbR 1 (Sp. 183 Z. 19–23).

746) Gl WbR 1 (Sp. 184 Z. 47).

747) Gl WbR 1 (Sp. 185 Z. 10 f.).

748) Gl WbR 1 (Sp. 185 Z. 49 f.).

749) Gl WbR 1 (Sp. 185 Z. 49 – Sp. 186 Z. 13, insbesondere Sp. 185 Z. 51 und 55 sowie Sp. 186 Z. 1 und 5); vgl. dazu Gl LdR, Textus prologi *Got de dar is beghin vnd ende* (S. 114 Z. 1–10).

750) Liegnitzer StadtRB I 3 *Von des rechten undirscheit* (LEUCHTE, Liegnitzer Stadtrechtsbuch S. 19 Z. 35–38).

751) Liegnitzer StadtRB I 4 *Von des rechtes gebot* (LEUCHTE, Liegnitzer Stadtrechtsbuch S. 20 Z. 2–7); vgl. dazu das allegierte Institutionenfragment Inst. 1, 1, 3: „*Iuris praecepta sunt haec: honeste vivere, alterum non laedere, suum cuique tribuere.*“ (Corpus iuris civilis I S. 1).

752) Liegnitzer StadtRB I 4 *Von des rechtes gebot* (LEUCHTE, Liegnitzer Stadtrechtsbuch S. 20 Z. 8–18); vgl. dazu *Glossa ordinaria* zu Inst. 1, 1, 3 ad v. *Suum* (m) am Ende: „*Et sciendum est, quod ius priuatum est collectum ex praeceptis trium iurium: scilic. ex*

volkes recht, das man lant recht heist [...] *stad recht*" sowie „*iure naturali, gencium et civilij*" zu gleichbedeutenden Synonymen erklärt[753]. In den drei folgenden Abschnitten folgen dann Erörterungen dieser so definierten Trias von natürlichem Recht, Volksrecht und Stadtrecht[754]. Ihr schließen sich aber drei weitere Abschnitte zu „*lex*", „*sactzunge*" und „*gewonheit*" an, ohne dass ihr Verhältnis zu den vorangegangenen Rechtsschichten deutlich würde[755].

In der Zusammenschau zeigt sich ein Bemühen sämtlicher Autoren um Klärung der Ursprünge des Rechts. Dabei findet eine Orientierung an der vom gelehrten Recht in Inst. 1, 1, 4 vorgegebenen und von Johann von Buch ins rechte Licht gerückten Trias von natürlichem Recht, Gewohnheitsrecht und positivem, gesetztem Recht statt. In der Adaption an die einheimischen Rechtsverhältnisse gelangen die Autoren jedoch zu teilweise sehr unterschiedlichen Ausprägungen. Bemerkenswert ist das stete Festhalten an einer Dreiheit des Rechtssystems. Bei der Übersetzung und Ausfüllung der gelehrten lateinischen „Worthülsen" kommt es inhaltlich jedoch zu recht verschiedenen Gliederungsvorschlägen. Unter *ius naturale* versteht man übereinstimmend das natürliche Recht und setzt es mit Gottesrecht gleich. Der Terminus *ius gentium* hingegen wird mit Gewohnheit, aber auch mit gesetztem Recht, Volksrecht, Landrecht und sogar Lehnrecht in Verbindung gebracht. Das *ius civile* wird ebenfalls mit Gebot und Satzung konnotiert. Außerdem erscheint es als geschriebenes Recht, als Willkür und als Stadtrecht. Jeder Autor versucht also auf seine Weise, die gelehrten Rechtsbegriffe für sächsischrechtliche Kontexte fruchtbar zu machen. Als denkbare Unterscheidungsmerkmale vermischen sich Entstehungsgründe, Geltungsgründe, Erscheinungsformen, Regelungsgegenstände und Adressatenkreise von Recht. Lehnrechtsglosse, Weichbildglosse und Liegnitzer Stadtrechtsbuch rezipieren zwar übereinstimmend das Buch'sche Modell vom gesetzten Recht als einem Korrektiv für schlechte Gewohnheiten, welches damit den guten Gewohnheiten und dem natürlichen Recht zu Hilfe komme. Darüber hinaus ist es jedoch noch zu keiner eindeutigen und einheitlichen Begriffsausfüllung gekommen.

---

praeceptis iuris naturalis. Item ex praeceptis, vel praecepto iuris gentium. Item ex praeceptis iuris ciuilis." (Corpvs ivris V/2, Lyon 1627, Inst. Sp. 14).

753) Liegnitzer StadtRB I 4 *Von des rechtes gebot* (LEUCHTE, Liegnitzer Stadtrechtsbuch S. 20 Z. 10 f., 15 f., 17 f.).

754) Liegnitzer StadtRB I 5 *Von naturlichem rechte,* 6 *Von des volkes recht* und 7 *Von stadt rechte* (LEUCHTE, Liegnitzer Stadtrechtsbuch S. 20 Z. 19 – S. 21 Z. 8).

755) Liegnitzer StadtRB I 8 *Was eyn lex ist,* I 9 *Was eyne satzunge ist* und I 10 *Was eyne gewonheit ist* (LEUCHTE, Liegnitzer Stadtrechtsbuch S. 21 Z. 9 – S. 22 Z. 38).

Der göttliche Ursprung des Rechts. Ein weiterer wesentlicher Unterschied zwischen den Quellen, der noch Erwähnung finden soll, besteht in der unterschiedlichen Erläuterung des letztverbindlichen Ursprungs allen Rechts in einem metaphysischen Sinn. Es geht um das eigentliche Fundament des Rechts, um die Charakterisierung seines Wesens jenseits seiner drei Entstehungsmodi Natur, Gewohnheit und Satzung.

Für Johann von Buch war Gott die Quelle allen Rechts. Im *Textus prologi* des Sachsenspiegels hatte Eike den Schöpfer als Beginn und Ende aller Dinge beschrieben. Die ersten Worte des *Textus prologi* lauten: *„Got, de dar is beghin vnde ende aller guden dinge, de makede aller erst hemmel vnd erden vnd makede den mynschen in ertrike vnde satte ene in den paradis.“*[756] Erst am Ende dieses Abschnitts ist auch vom kaiserlich gesetzten Recht der Kaiser Konstantin und Karl die Rede. Johann von Buch greift Eikes Initium in seiner Kommentierung auf, um Gott ganz konkret auch als Beginn allen Rechts zu bennenen. Unter Berufung auf das *„keiserlike recht“*, also das rezipierte römische Recht, schreibt er, *„dat de rechticheit sy en stede vnd en ewich wille vnd gifft islikem dinge sin recht. Desse wille de is got* [...]“[757]. Am Ende der Glosse zum *Textus prologi* wiederholt Johann den Gedanken noch einmal[758]. Es besteht keinerlei Anlass, in diesen programmatischen Sätzen mit Schilling eine bloß äußere, formale, lose Anknüpfung an Eikes Text ohne weitergehende Bedeutung sehen zu wollen[759]. Der Glossenprolog beginnt und endet mit einer Anrufung Gottes[760]. Johann von Buch ist ganz und gar einem christlichen Weltbild verhaftet, weshalb es ihm mit der Rückführung allen Rechts auf Gott sehr ernst ist[761]. Daher muss auch Schilling später zum Schluss kommen: „Alles Recht hat für die Glosse einen göttlichen Zweck.“[762]

Noch vor allem anderen beruft sich auch die Weichbildglosse auf Gott als Ursprung allen Rechts. Unter Bezugnahme auf eben jenes Eike'sche Initium *„Got ist eyn begyn und eyn ende aller dinge“*[763] schreibt auch der Glossator des Weichbildes zu Beginn von Glosse WbR 1: *„Ir sollit wissin: des rechten orsprong ist anders nicht, denn anwisunge des ewigen gotis* [...]“[764].

756) Ssp, *Textus prologi* (zitiert nach KAUFMANN, Gl LdR S. 110 Z. 2–4).

757) Gl LdR, Textus prologi *Got de dar is beghin vnd ende* (S. 110 Z. 16 – S. 111 Z. 1).

758) Gl LdR, Textus prologi *Got de dar is beghin vnd ende* (S. 121 Z. 5–11). Hier erscheint nun aber als zweite Rechtsquelle auch noch das gesetzte Recht der Kaiser.

759) SCHILLING, Das objektive Recht S. 1 f.

760) Gl LdR, Glossenprolog (S. 91 V. 1 f. S. 108 V. 277); dazu HOMEYER, Prolog S. 12.

761) Vgl. auch KANNOWSKI, Umgestaltung S. 542, 594 f.

762) SCHILLING, Das objektive Recht S. 57.

763) Gl WbR 1 (Sp. 181 Z. 20 f.); zitiert wird der Anfang von Ssp, *Textus prologi.*

764) Gl WbR 1 (Sp. 181 Z. 22–24).

Landrechts- und Weichbildglossator setzen ihre Hinweise auf den göttlichen Ursprung des Rechts zwar an den Beginn ihrer Werke, halten sich dann aber nicht lange mit seiner Erörterung auf. Ganz anders gestaltet sich der Fall des Liegnitzer Stadtrechtsbuchs. Von vornherein weist Nikolaus Wurm allen irdischen Belangen einen nachrangigen Platz zu, indem er profanen juristischen Erörterungen eine längere allgemeine Einführung zu den Grundlagen des christlichen Glaubens voranstellt (Liegnitzer StadtRB I pr. und 1 *Von den xij stucken des glouben*[765]). Erst nach einem Überblick über die Dreifaltigkeit, das Neue Testament, die Taufe, das Vaterunser und die sieben Sakramente kommt Wurm auf den Ursprung des Rechts zu sprechen: „*Menius: Was ist eyn orspring des rechten? Gayus: Der ewige Gotis wille ut ff. de iusticia et iure l. i.*“[766] Wieder sind es Gott und die göttliche Gerechtigkeit, die zu Beginn der Schrift als Quell allen Rechts hervorgehoben werden.

Erst im Vergleich mit diesen programmatischen Voranstellungen des göttlichen Ursprungs allen Rechts in Landrechtsglosse, Weichbildglosse und Liegnitzer Stadtrechtsbuch wird ihr Fehlen in der Lehnrechtsglosse fühlbar. Ihr Verfasser verzichtet in der Vorrede wie auch in der gesamten übrigen Glosse auf eine Benennung Gottes als der höchsten rechtlichen Instanz. Zwar lebt auch der Lehnrechtsglossator in einer vom christlichen Glauben geprägten Welt und bringt dies auch immer wieder in seinen juristischen Ausführungen zum Ausdruck. Dass alles Recht letztlich auf Gott zurückgeht, ist eine Prämisse, die auch seinem Denken zugrunde liegt. Und doch handelt es sich dabei um eine bloß stillschweigende Annahme. Die Ausgestaltung der Vorrede zeigt, dass der Lehnrechtsglossator an theologischen Fragestellungen vergleichsweise wenig interessiert ist. Zwar beschreibt auch er das natürliche Recht als gleichbedeutend mit „Gottesrecht“[767]. Zwar beschließt auch er die Vorrede mit dem Wunsch, der Leser möge das Lehnrechtsbuch in einer Weise studieren, auf dass „*got darvon gelobet werde.*“[768] Doch der Verzicht auf die übliche pointierte Herausstellung Gottes als Beginn allen Rechts bleibt spürbar. Eine besondere religiöse Verankerung des Lehnrechts im christlichen Glauben hätte sich nicht etwa aus inhaltlichen Gründen verboten. Durchaus hätte der Glossator zum Beispiel die heilige Aufgabe der Ritterschaft zum Schutz der Christenheit in den Mittelpunkt rücken können. Stattdessen beginnt die Vorrede mit dem Zitat eines antiken

765) Liegnitzer StadtRB I pr. und 1 *Von den xij stucken des glouben* (LEUCHTE, Liegnitzer Stadtrechtsbuch S. 17 Z. 1 – S. 18 Z. 45).

766) Liegnitzer StadtRB I 2 *Von des rechten orsprung* (LEUCHTE, Liegnitzer Stadtrechtsbuch S. 19 Z. 20 f.).

767) LGl LnR, Vorrede (S. 53 Z. 3).

768) LGl LnR, Vorrede (S. 54 Z. 3).

Philosophen. Nicht Gott, sondern die Notwendigkeit von Schriftrecht ist das Thema der Vorrede. Dieses Recht wird vom Kaiser erlassen. Von vornherein rückt die Lehnrechtsglosse daher obrigkeitliche Rechtssetzung in den Fokus: An Stelle einer Rückführung allen Rechts auf Gott, wie sie die übrigen sächsischen Glossen und das Liegnitzer Stadtrechtsbuch vornehmen, findet sich in der Vorrede der Lehnrechtsglosse deshalb der programmatische Satz „*der keyser ist eyn vater des heiligen rechtes* […].“[769]

a) Natürliches Recht

In Rezeption der Buch'schen Glosse erkennt die Lehnrechtsglosse, wie auch die Weichbildglosse und das Liegnitzer Stadtrechtsbuch, eine höchste, über dem übrigen Recht bestehende Ordnung des „natürlichen Rechts“ an. Nicht sehr viele Stellen der Lehnrechtsglosse setzen sich mit ihr auseinander. Gleichwohl kommt die Vorstellung des Glossators vom prinzipiellen Bestehen einer höheren, göttlichen Ordnung, zu deren Verwirklichung positives Recht gesetzt wird, deutlich zum Ausdruck.

1. *Ius naturale* im gelehrten Recht und bei Johann von Buch

Um den Naturrechtsbegriff des Lehnrechtsglossators verstehen zu können, muss wie stets von der Buch'schen Glosse ausgegangen werden. In seiner Untersuchung zur Landrechtsglosse kam Schilling zu dem Schluss, dass „das natürliche Recht der Glosse kein einheitlicher und klar durchgebildeter Begriff ist“[770]. Dieses „Manko“ führt er auf eine unglückliche Vermengung legistischer und kanonistischer Naturrechtslehren in der Landrechtsglosse zurück. Doch mitnichten lässt sich der Naturrechtsbegriff der sächsischen Glossen derart als widersprüchlicher Definitionsversuch zweifelhafter Qualität abtun. Vielmehr spiegeln die sächsischen Glossen in bezeichnender Weise den Stand der gelehrten Diskussion wider. Tatsächlich verarbeitet Johann in seinen Ausführungen zum *ius naturale* legistische und kanonistische Lehren. Diese hatten selbst bereits eine Vielzahl verschiedener Interpretationsansätze in sich aufgenommen. Die darauf aufbauenden theoretischen Ausführungen Johanns von Buch konnten Schillings anachronistische Systemvorstellung von einem uniformen Naturrechtsbegriff also von vornherein nicht bedienen[771]. Dagegen haben Bernd Kannowskis Analysen der Buch'schen Interpretationen der Freiheitsstelle (LdR III 42) und des Widerstandsrechts (LdR III 78) gezeigt, dass sich Johann in der Frage nach der

---

769) LGl LnR, Vorrede S. 50 Z. 8.

770) SCHILLING, Das objektive Recht S. 12.

771) So auch die Kritik von KANNOWSKI, Umgestaltung S. 565.

Anwendbarkeit natürlichen Rechts auf konkrete Rechtsfragen relativ klar zugunsten des positiven Rechts positioniert hat[772].

Für eine vertiefte Darstellung der gelehrtrechtlichen Grundlagen des mittelalterlichen Naturrechtsbegriffs ist hier kein Raum[773]. Die Andeutung weniger Eckpunkte muss genügen.

Bemerkenswert ist zunächst, dass bereits das iustinianische *Corpus iuris* verschiedene Naturrechtsdefinitionen in sich vereinigt. Neben dem klassischen Naturrechtsbegriff Ulpians („*Ius naturale est, quod natura omnia animalia docuit*"[774], Inst. 1, 2 pr.) findet sich dort bereits auch eine christliche Konzeption des Naturrechts („*Sed naturalia quidem iura* [...] *divina quadam providentia constituta semper firma atque immutabilia permanent* [...]"[775], Inst. 1, 2, 11). Schon in den Basistexten des römischen Rechts, auf die die Glossatoren seinerzeit stießen, wurde das Naturrecht also nicht mehr nur mit menschlicher Natur oder menschlicher Vernunft in Verbindung gebracht, sondern bereits auch auf Gott zurückgeführt. Insgesamt stand die Legistik Ulpian jedoch noch recht nah. Natürliches Recht galt ihr als „instinktive Anlage"[776] von Mensch und Tier. Als charakteristisch für den Naturrechtsbegriff, den die Legistik aus den römischrechtlichen Vorgaben entwickelte, lässt sich die Grundauffassung bezeichnen, dass das *ius naturale* kein wirklich verbindliches, über der übrigen Rechtsordnung stehendes Rechtssystem darstellt. Es bezeichnete lediglich dasjenige geltende Recht, welches seinen Ursprung in den natürlichen Verhältnissen des Menschen hat[777]. Die Unveränderlichkeit des *ius naturale* und sein Vorrang vor anderen Rechten wurden als bloß theoretische Prinzipien aufrechterhalten, in der Praxis aber auf vielfältige Weise konterkariert[778]. Faktisch konnte das

---

772) KANNOWSKI, Umgestaltung S. 290–321, insbesondere S. 309, 327–331, vgl. außerdem S. 482 und 552 f.

773) Ausführlich WEIGAND, Naturrechtslehre der Legisten und Dekretisten; zudem ENGELMANN, Wiedergeburt S. 77 f.; LANGE / KRIECHBAUM, Kommentatoren S. 237 f. Die Grundlagen im römischen *Corpus iuris* behandelt VOGGENSPERGER, ‚Ius naturale'. Den Naturrechtsbegriff Gratians untersucht PORTER, Custom, insbesondere S. 87–91.

774) Inst. 1, 2 pr. (Corpus iuris civilis I S. 1); vgl. auch Dig. 1, 1, 1, 3. Zu Ulpians Naturrechtsbegriff VOGGENSPERGER, ‚Ius naturale' S. 63–85, 118 f.; WEIGAND, Naturrechtslehre S. 12–14. Ein weiteres wichtiges Element des Naturrechtsbegriffs des *Corpus iuris* ist der Ansatz des Paulus (Dig. 1, 1, 11: „[...] *cum id quod semper aequum ac bonum est ius dicitur, ut est ius naturale.*", Corpus iuris civilis I S. 1), dazu VOGGENSPERGER, ‚Ius naturale' S. 85–100.

775) Inst. 1, 2, 11 (Corpus iuris civilis I S. 2); dazu VOGGENSPERGER, ‚Ius naturale' S. 119–122; WEIGAND, Naturrechtslehre S. 14–17.

776) WEIGAND, Naturrechtslehre S. 443.

777) ENGELMANN, Wiedergeburt S. 78.

778) WEIGAND, Naturrechtslehre S. 109–121.

Naturrecht nach Meinung der Glossatoren sehr wohl vom positiven gesetzten Recht außer Kraft gesetzt werden.

In etwas anderer Gewichtung stellt sich der Naturrechtsbegriff der Kanonistik dar. Hier war die materielle Gleichsetzung des Naturrechts mit dem *ius divinum* Programm. Es ist bereits erwähnt worden, dass Gratian zu Beginn seines Dekrets in Rezeption des Isidor von Sevilla dem natürlichen, nämlich göttlichen Recht alles menschliche Schrift- oder Gewohnheitsrecht gegenüberstellte („*Humanum genus duobus regitur, naturali uidelicet iure et moribus*“[779], Dist. 1 vor c. 1 Satz 1). Im Wesentlichen definierte Gratian das natürliche Recht als die Sätze des Alten und des Neuen Testaments („*Ius naturae est, quod in lege et euangelio continetur* [...]“[780], Dist. 1 vor c. 1 Satz 2). In der Bearbeitung dieser Texte gelangte die Kanonistik daher im Vergleich mit der Legistik zu einer stärkeren Betonung der Unveränderlichkeit des natürlichen Rechts[781]. Zwar mussten sich auch die Dekretisten argumentativ um die Begründung von Ausnahmen zu den Prinzipien der Vorrangigkeit, Allgemeingültigkeit und Unveränderlichkeit des Naturrechts bemühen[782]. Ohne in der Sache einen wirklich anderen Weg einzuschlagen, maß die Kanonistik dem natürlichen Recht jedoch, indem sie es dezidiert als göttliches Recht identifizierte, größeres Gewicht bei.

Johann von Buch definiert natürliches Recht im ulpianischen Sinn, wobei er Inst. 1, 2 pr. bzw. Dig. 1, 1, 1, 3 übersetzt: „*Naturlik recht is, dat alle creaturen van naturen halden, alze ir recht is.*“[783] Die Vorstellung, natürliches Recht gelte auch unter Tieren, war dem kanonischen Recht fremd[784]. In den rechtswissenschaftlichen Arbeiten zum Sächsischen Recht ist die ulpianische Erklärung aber so häufig repetiert worden, dass sie im späteren Remissorium gar zur einleitenden Standarddefinition des natürlichen Rechts avancier-

779) Dist. 1 vor c. 1 Satz 1 (Corpus iuris canonici I Sp. 1); vgl. dazu bereits oben S. 656 f. Zum gratianischen Naturrechtsbegriff WEIGAND, Naturrechtslehre S. 132–137.

780) Dist. 1 vor c. 1 Satz 2 (Corpus iuris canonici I Sp. 1). Gratian hält das Naturrecht allerdings nicht für vollkommen identisch mit dem kanonischen und positiven göttlichen Recht. Zwar nähert er das natürliche Recht stark an die Heilige Schrift an. Gleichzeitig befürwortet er aber etwa auch seine Geltung unter Nichtchristen, WEIGAND, Naturrechtslehre S. 136, 369.

781) PORTER, Custom S. 90 f.; WEIGAND, Naturrechtslehre S. 374.

782) WEIGAND, Naturrechtslehre S. 374–394; im abschließenden Vergleich auch S. 443–446.

783) Gl LdR, Textus prologi *Got de dar is beghin vnd ende* (S. 112 Z. 12 f.; ähnlich bereits S. 111 Z. 5 f.).

784) SCHILLING, Das objektive Rechte S. 13; vgl. auch KANNOWSKI, Umgestaltung S. 303.

te[785]. Gleichzeitig setzt Johann das natürliche Recht – ganz im Sinne Gratians (Dist. 1 vor c. 1) – mit dem Begriff „Gottesrecht“ gleich („*Dat is also vele alze godes recht, wente god is de nature*“[786]) und betont das Prinzip seiner Universalität und Unabänderlichkeit („*von desseme secht dat recht, dat id ewichliken ghestediget sy vnde blifft vnvorwandelet*“[787]). Insbesondere könne natürliches Recht, so wird mehrfach ausdrücklich gesagt, durch gesetztes Recht nicht verdrängt werden („*wente en settinge en mach en naturlik recht nicht affleggen*“[788]). Dieser Grundsatz ist später ebenfalls als Gemeingut sächsischer Rechtswissenschaft in das Remissorium geflossen[789].

Die Buch'sche Glosse zeigt konkrete Inhalte auf, die sie zu den Geboten des natürlichen Rechts zählt. Nach natürlichem Recht, heißt es, seien alle Leute frei und alles Gut stehe in Gemeineigentum[790]. Nach Inst. 1, 1, 3 gebiete das natürliche Recht, ehrlich zu leben, niemandem zu schaden und recht zu handeln[791]. Natürlich sei auch die „*ee*“ – ein Begriff, den Johann doppeldeutig sowohl im Sinne des Bundes zwischen Gott und den Menschen als auch im Sinne der Lebensgemeinschaft zwischen Mann und Frau

785) Bocksdorf'sches Remissorium, ad v. *Natürlich recht*: „*Natürlich recht heist das Gott allen creaturen von natur einem jden nach seiner eygenschafft eingebildet hat land. in prohemio wey. art. 1.*“ (ZOBEL, Sechsisch Weychbild und Lehenrecht, Leipzig 1537, ohne fol.). Zur Rezeption der Definition Ulpians in Landrechtsglosse, Lehnrechtsglosse, Weichbildglosse und Liegnitzer Stadtrechtsbuch vgl. auch die Synopsis im Anhang II, unten S. 799 ff., und dazu sogleich unten S. 671 ff.

786) Gl LdR I 54 (55 § 1) *Alle wertlik gerichte* (S. 397 Z. 1); dazu SCHILLING, Das objektive Recht S. 14.

787) Gl LdR I 54 (55 § 1) *Alle wertlik gerichte* (S. 397 Z. 2 f.). Johann von Buch beruft sich auf Inst. 1, 2, 11 und Dist. 1 c. 7.

788) Gl LdR I 3 § 2 *Van den herschilden. To der suluen wijs* (S. 149 Z. 4). Johann von Buch beruft sich auf Dist. 1 c.1, Inst. 1, 15, 3 a. E. und Dig. 50, 17, 8. Weitere Quellennachweise bei SCHILLING, Das objektive Recht S. 17.

789) Bocksdorf'sches Remissorium, ad v. *Natürlich recht*: „*Was von Natürlichem recht ist das mag durch kein beschriben oder gesatzt recht vorwandelt odder geendert werden land. lib. 2. art. 29 in gloss. land. lib. 3 arti. 78 in gloss. et lib. i. art. 51. in gloss.*“ (ZOBEL, Sechsisch Weychbild und Lehenrecht, Leipzig 1537, ohne fol.).

790) Gl LdR, Textus prologi *Got de dar is beghin vnd ende*: „*Na naturlikem rechte so sint alle lude vrig vnd alle ding gemeyne, ut Institut. de jure naturali gencium et civili § jure enim naturali.*“ (S. 111 Z. 11–13).

791) Gl LdR, Textus prologi *Got de dar is beghin vnd ende*: „*Des naturliken rechtes gebot is, dat men erliken leue, dat men nemande schade vnde dat men rechte do, ut Institut. de iusticia et jure § juris precepta.*“ (S. 115 Z. 10–12).

gebraucht[792]. In der Schilling'schen Arbeit finden sich weitere Anwendungsbeispiele aufgelistet[793]. Sie reichen von der Zulässigkeit der Notwehr über die Unterhaltspflichten gegenüber Leibeigenen und Kindern bis hin zum allgemeinen Treueprinzip.

Wie bei seinen legistischen und kanonistischen Vorgängern zeigt sich Johanns wahre Idee vom Wesen des natürlichen Rechts erst in der Anwendung seiner Rechtslehre auf konkrete Rechtsinstitute. Hier wird deutlich, dass der Landrechtsglossator sehr wohl Ausnahmen vom zuvor postulierten Grundsatz der Unabänderlichkeit natürlichen Rechts für möglich hält. Tatsächlich sieht er das Naturrecht also nicht als letztverbindliche Rechtsquelle an[794]. Das zeigt sich besonders an Johanns Rechtfertigung der Leibeigenschaft. Anders als Eike, der in seiner berühmten Freiheitsstelle die Unfreiheit des Menschen für unvereinbar mit dem Prinzip der Gleichheit aller Menschen vor Gott erklärte hatte (LdR III 42)[795], erkennt Johann die Leibeigenschaft als ein zwar dem natürlichen Recht widersprechendes, gleichwohl aber unbeschränkt gültiges irdisches Recht an[796]. Allein im Jenseits seien alle Menschen frei und gleich, lautet Johanns Distinktion[797]. Immerhin hätten die Kaiser, um die Distanz zum Ideal des natürlichen Rechts wieder etwas zu verkürzen, Möglichkeiten zur Wiedererlangung der Freiheit geschaffen[798]. In Glosse LdR I 51 (52 § 1) *Ane eruen geloff* berichtet Johann noch von weiteren Fällen, in denen Kaiser *„gesatteme rechte, de wedder naturlik recht sint"*[799] abgemildert hätten. Da Johann die Geltung menschlich geschaffenen Rechts faktisch nicht von seiner Übereinstimmung mit dem natürlichen Recht abhängig macht, verwundert es kaum, dass er sich in der Sache auch gegen Eikes naturrechtlich begründetes Widerstandsrecht gegen den König (LdR III 78) wendet[800].

---

792) Etwa Gl LdR, Textus prologi *Got de dar is beghin vnd ende* (S. 111 Z. 6 und 8 f., S. 116 Z. 13) und Gl LdR III 26 (27) *Swe en wiff* (S. 1089, Z. 1 f.); dazu SCHILLING, Das objektive Recht S. 10 und 16 f.

793) SCHILLING, Das objektive Recht S. 8–11 und passim.

794) KANNOWSKI, Umgestaltung S. 482.

795) Dazu KANNOWSKI, Umgestaltung S. 286–289 m. w. N.

796) Gl LdR III 40 (42) (S. 1183 Z. 9 – S. 1205 Z. 2). Zu dieser bemerkenswerten und sehr ausführlichen Buch'schen Kommentierung KANNOWSKI, Umgestaltung S. 286–321.

797) Gl LdR III 40 (42 § 5) *Ok gaff vns god* (S. 1201 Z. 1–13).

798) Gl LdR I 51 (52 § 1) *Ane eruen geloff* (S. 372 Z. 10 – S. 373 Z. 6); dazu KANNOWSKI, Umgestaltung S. 552 f.

799) Gl LdR I 51 (52 § 1) *Ane eruen geloff* (S. 372 Z. 1 – S. 374 Z. 9, hier S. 372 Z. 5).

800) Gl LdR III 70 (78 § 2) *Vnde sineme koninge* (S. 1459 Z. 3 – S. 1460 Z. 4); dazu KANNOWSKI, Umgestaltung S. 251–258 und 327–331.

Festhalten lässt sich somit, dass Johann von Buch zwar im Einklang mit dem kanonischen Recht die Verbindlichkeit und Unabänderlichkeit des natürlichen Rechts propagiert. Tatsächlich hält er aber das Auseinanderfallen der ursprünglichen göttlichen Ordnung einerseits und der irdischen Ordnung des Rechts andererseits für möglich und gibt dann letzterer den Vorzug[801]. Rechtlich verbindlich war für ihn nicht der Idealzustand der göttlichen Schöpfung, sondern das von Menschen geschaffene Recht[802].

2. Übersetzung eines Accursischen Begriffskatalogs

Welche Bedeutung misst nun der Lehnrechtsglossator dem natürlichen Recht bei? Wie gesehen handelt er einleitend, nachdem er das Sächsische Lehnrecht als eine Satzung Kaiser Friedrichs eingeführt hat, von den zwei Ursprüngen des Rechts in Natur und Gewohnheit[803]. Etwa ein Viertel der Vorrede widmet er in diesem Zusammenhang dem natürlichen Recht[804]. Dort beschreibt er die bereits aus Inst. 1, 1, 3 und Buch'scher Glosse bekannten drei Gebote des natürlichen Rechts: ehrlich leben, niemandem schaden und jedem das Seine belassen[805]. Zuvor aber erläutert er, aus welchen vier Gründen das natürliche Recht seinen Namen habe[806]. Diese in der Vorrede der Lehnrechtsglosse zusammengestellte Gruppe von Erklärungen für Namen und Wesen des natürlichen Rechts ist eine Passage, die sich in Variationen noch in anderen Arbeiten zum Sächsischen Recht findet und in beispielhafter Weise den Arbeitsmodus der sächsischen Glossatoren zu illustrieren vermag. Sie wird hier deshalb eingehender beleuchtet. Eine Synopsis der zu besprechenden Quellenauszüge findet sich in Anhang II der Arbeit[807].

Die Gruppe der vier Begriffserklärungen geht auf eine Glosse des Accursius zu Inst. 1, 2 pr. zurück[808]. In modifizierter Form hat sie sowohl in die

---

801) Ähnlich auch KANNOWSKI, Umgestaltung S. 329–331.

802) KANNOWSKI, Umgestaltung S. 482.

803) Vgl. oben S. 656 ff.

804) LGl LnR, Vorrede (S. 50 Z. 11 – S. 52 Z. 8); die Vorrede ist auch abgedruckt im Anhang I, unten S. 789 ff.

805) LGl LnR, Vorrede (S. 51 Z. 9–13); vgl. dazu Inst. 1, 1, 3 und bereits Gl LdR, Textus prologi *Got de dar is beghin vnd ende* (S. 111 Z. 5 f.; S. 112 Z. 12 f.).

806) LGl LnR, Vorrede (S. 50 Z. 11 – S. 51 Z. 7).

807) Vgl. unten S. 799 ff.

808) *Glossa ordinaria* zu Inst. 1, 2 pr. ad v. *Ius naturale est, quod natura* (a) (Corpvs ivris V/2, Lyon 1627, Inst. Sp. 15). SCHILLING, Das objektive Recht S. 4, vermag zwischen der Accursischen Glosse und der entsprechenden Passage der Buch'schen Glosse im Augsburger Druck von 1516 (ECKHARDT, Sassenspegel S. 9) kaum Deckungen festzustellen. Ich halte die Übereinstimmungen demgegenüber für offensichtlich gegeben.

Weichbildglosse[809] als auch in das Liegnitzer Stadtrechtsbuch[810] Eingang gefunden. Auch in der Landrechtsglosse zum *Textus prologi* ist sie überliefert, wenngleich sie sich dort nur in der Landrechtsglossenfassung des Augsburger Drucks von 1516 findet[811]. In den älteren Handschriften, die der Kaufmann'schen Glossenedition zugrunde liegen, ist sie hingegen nicht enthalten[812]. Ob die in Rede stehende Passage schon auf Johann von Buch zurückgeht, ist daher sehr zweifelhaft. Gut möglich wäre, dass erst der Glossator des Lehnrechts oder des Weichbilds sie verfasste und sie dann nachträglich von einem Redaktor in die Landrechtsglosse zum *Textus prologi* integriert wurde. Inhaltliche und formale Parallelen der verglichenen Werke machen jedenfalls eine gegenseitige Beeinflussung sehr wahrscheinlich. Nur am Rande sei bemerkt, dass die Vorrede der Blume des Sachsenspiegels (1397), welche Wurm noch vor dem Liegnitzer Stadtrechtsbuch verfasst hat, den Katalog der Naturrechtsdefinitionen ebenfalls bereits aufgenommen hat[813]. Man darf sagen, dass die untersuchten Arbeiten zum Sächsischen Recht bei der Erläuterung des Naturrechtsbegriffs in Rezeption des gelehrten Rechts eine gemeinsame eigene Lehrmeinung ausgebildet haben.

Ausgangspunkt der sächsischen Begriffserläuterungen ist der bereits mehrfach angesprochene Inst. 1, 2 pr. Satz 1. Dort enthalten ist Ulpians De-

---

Es handelt sich bei der Landrechtsglossenstelle des Augsburger Drucks um keine Übertragung eins zu eins, sondern um eine modifizierende Übersetzung. Gerade die nahezu übereinstimmende Folge der Allegationen legt eine Orientierung an der *Glossa ordinaria* aber dringend nahe.

809) Gl WbR 1 (Sp. 183 Z. 26 – Sp. 184 Z. 12).

810) Liegnitzer StadtRB I 5 *Von naturlichem rechte* (LEUCHTE, Liegnitzer Stadtrechtsbuch S. 20 Z. 20–30).

811) Glosse LdR, Textus prologi, nach dem Augsburger Druck von 1516 (ECKHARDT, Sassenspegel S. 9).

812) Vgl. Gl LdR, Textus prologi *Got de dar is beghin vnd ende* (S. 111 Z. 5).

813) Blume des Ssp, Vorrede 7: „*Dez sult ir eigintlichin merken, daz dez rechtin redelich ursprung ist entzw*[edir] *von naturen ad*[ir] *uon gew*[o]*nheit. vnd alz ich spreche uon nature*[n], *wen worum naturlich recht hod sey*[n] *begyn mit der naturen. vnd ist dorvmme naturlich recht genant, daz ez dy natura lernit allin luten, vt. ff. de iure naturali l. Jtem. vnd heist auch, Secunda ratio: dorum naturlich recht, daz iz gemeine ist allin naturlichin dingen, vt. Inst. dererum diuisione. §. Singulorum. Tertia r*[aci]*o: Auch so heist iz naturlich recht durch seynir redelikeit wille, vt. ff. depacti*[s] *l. huius edicti equitas naturalis est. Quarta racio: vnd heist auch naturlich recht dorum durch sinir redelichin anewisunge. wen worum iz iz redelich vnd naturlich daz man toren vnd vnmundige lute nicht betrige, vt. ff. de minorib*[u]*s. xxv. annis. l. hoc edictu*[m] *p*[rae]*tor naturalem equitate*[m] *secutus p*[ro]*posuit. Quinta racio: Auch ist naturlich recht gotis recht genant. wen worum der schepfer der naturen hot dem naturlichin rechte geben Erlycheit gemeinheit vnd redelicheit.*" (Krakau BJ Przyb. 125/75 fol. 16[ra und b]).

finition des *ius naturale* als das Recht, das die Natur alle Kreaturen lehrt („*Ius naturale est, quod natura omnia animalia docuit*“[814]). Accursius hatte diesem Satz in seiner Glosse vier verschiedene Bedeutungen des Naturrechts beigegeben („*Et nota quia quatuor modis ius naturale ponitur* [...]“[815]), denen er als fünfte, ungezählte Definition noch die gratianische Gleichsetzung des Naturrechts mit den Gesetzen Moses' und des Evangeliums hinzugab[816]. In Rezeption des Azo[817] liefert Accursius zunächst eine recht schematische Aufzählung der möglichen Bedeutungsinhalte des Naturrechts: Einmal könne es das „Völkerrecht“ meinen („*Quandoque pro iure gentium*“[818]), ein anderes Mal das Billigkeitsrecht, welches Verträge schützt („*Quandoque pro iure pactorum. & sic pro iu. praetorio*“[819]) oder auflöst („*Quandoque pro eius contrario, scilic. pro eo, quod rescindit pacta*“[820]) und schließlich könne es, wie im glossierten Fragment Inst. 1, 2 pr. S. 1 beschrieben, das allen Lebewesen gemeinsame Recht bedeuten („*Quandoque pro instinctu naturae: vt hic*“[821]). Die im Laufe der Zeit von den Legisten zusammengetragenen verschiedenen Naturrechtsarten fasst die *Glossa ordinaria* hier nun enumerativ zusammen. Ihre ursprünglichen Bedeutungen sind jedoch, gerade was die Korrelationen zum Vertragsrecht betrifft, in der kryptischen, verknappten Gestalt der Accursischen Glosse aus sich heraus kaum noch verständlich[822].

Auf diesen stark aufgefächerten Naturrechtsbegriff der *Glossa ordinaria* stießen im 14. Jahrhundert die sächsischen Glossatoren. Ihren Ausführungen zum *ius naturale* legten sie (möglicherweise mit Ausnahme Johanns von

---

814) Inst. 1, 2 pr. (Corpus iuris civilis I S. 1); vgl. auch Dig. 1, 1, 1, 3. Zu Ulpians Naturrechtsbegriff VOGGENSPERGER, ‚Ius naturale‘ S. 63–85, 118 f.; WEIGAND, Naturrechtslehre S. 12–14.

815) *Glossa ordinaria* zu Inst. 1, 2 pr. ad v. *Ius naturale est, quod natura* (a) (Corpvs ivris V/2, Lyon 1627, Inst. Sp. 15).

816) *Glossa ordinaria* zu Inst. 1, 2 pr. ad v. *Ius naturale est, quod natura* (a): „*Sed secundum cano. ius naturale dicitur, quod in lege Mosaica, vel in Eua*[n]*gelio continetur: vt in princ. Decret.*“ (Corpvs ivris V/2, Lyon 1627, Inst. Sp. 15).

817) Die Hintergründe der Accursischen Glosse zu Inst. 1, 2 pr. sowie zur zugehörigen Arbeit seines Lehrers Azo analysiert WEIGAND, Naturrechtslehre S. 51–62.

818) *Glossa ordinaria* zu Inst. 1, 2 pr. ad v. *Ius naturale est, quod natura* (a) (Corpvs ivris V/2, Lyon 1627, Inst. Sp. 15).

819) *Glossa ordinaria* zu Inst. 1, 2 pr. ad v. *Ius naturale est, quod natura* (a) (Corpvs ivris V/2, Lyon 1627, Inst. Sp. 15).

820) *Glossa ordinaria* zu Inst. 1, 2 pr. ad v. *Ius naturale est, quod natura* (a) (Corpvs ivris V/2, Lyon 1627, Inst. Sp. 15).

821) *Glossa ordinaria* zu Inst. 1, 2 pr. ad v. *Ius naturale est, quod natura* (a) (Corpvs ivris V/2, Lyon 1627, Inst. Sp. 15).

822) WEIGAND, Naturrechtslehre S. 54 f., 59.

Buch) eine Übersetzung dieses Accursischen Katalogs der Naturrechtsarten zugrunde. Im Wesentlichen behielten sie auch seinen Grundaufbau bei. Weil die deutschen Glossen den Katalog aber in verschiedener Weise ergänzen, modifizieren und im Zuge der Übersetzung teilweise zu ganz neuen Assoziationen gelangen, lässt sich sagen, dass die sächsischen Arbeiten in der Frage nach den verschiedenen Bedeutungsnuancen des natürlichen Rechts ihren eigenen, neuen Kanon herausbilden. Allen hier behandelten Vergleichsquellen – Landrechtsglosse, Lehnrechtsglosse, Weichbildglosse und Liegnitzer Stadtrechtsbuch – ist gemeinsam, dass sie den Accursischen Katalog verschiedener Entstehungs- bzw. Erscheinungsformen von *ius naturale* in eine Erklärung des Namens „natürliches Recht" ummünzen („*vnde ist naturlich recht gnant, darvmbe* […]"[823]).

Zur Begründung der Bezeichnung „natürliches Recht" zählen die sächsischen Juristen zunächst je vier Aspekte auf. In Verkehrung der Reihenfolge des Accursischen Katalogs geben sie dabei an erster Stelle die ulpianische Definition wieder (bei Accursius nimmt sie den vierten Platz ein). Dazu allegiert die Landrechtsglosse Inst. 1, 2 pr., der Weichbildglossator weiß sogar noch den gleichlautenden Dig. 1, 1, 1, 3 zu ergänzen[824]. In Lehnrechtsglosse und Liegnitzer Stadtrechtsbuch ist die Allegation verderbt[825]. Es fällt auf, dass Land- und Lehnrechtsglosse „*animalia*" lediglich im Sinne von „Mensch" übersetzen: „*vnde ist naturlich recht gnant, darvmbe das es dy nature alle lewte leret* […]."[826] Demgegenüber betonen Weichbildglosse und Liegnitzer Stadtrechtsbuch, das Wesen des natürlichen Rechts liege darin, dass die Natur es „*allen luthen und allen creaturen*"[827] lehre. Die Ausklammerung des Tierreichs aus dem Wirkbereich des natürlichen Rechts in der Lehnrechtsglosse könnte als eine bewusste Distanzierung des Lehnrechtsglossators vom legistischen und als Annährung an den kanonistischen Standpunkt zu verstehen sein. Dem steht allerdings entgegen, dass auch die Lehnrechtsglosse die ulpianische Definition durch Voranstellung priorisiert

---

823) LGl LnR, Vorrede (S. 50 Z. 12 f.); vgl. für die übrigen Arbeiten die Synopsis, unten S. 799 ff.

824) Glosse LdR, Textus prologi (ECKHARDT, Sassenspegel S. 9) bzw. Gl WbR 1 (Sp. 183 Z. 36 f.).

825) Der von LGl LnR, Vorrede (S. 50 Z. 14) angeführte Digestentitel „*de iure naturali*" existiert nicht. Auch kennt Inst. 1, 2 kein vom Liegnitzer Stadtrechtsbuch behauptetes Initium „*ius autem naturale*" (LEUCHTE, Liegnitzer Stadtrechtsbuch S. 20 Z. 23). In beiden Fällen dürfte Inst. 1, 2 pr. bzw. Dig. 1, 1, 1, 3 gemeint gewesen sein.

826) LGl LnR, Vorrede (S. 50 Z. 12–14); ähnlich Glosse LdR, Textus prologi (ECKHARDT, Sassenspegel S. 9).

827) Gl WbR 1 (Sp. 183 Z. 32 f.); ähnlich Liegnitzer StadtRB I 5 *Von naturlichem rechte* (LEUCHTE, Liegnitzer Stadtrechtsbuch S. 20 Z. 21 f.).

und die gratianische Gleichsetzung mit göttlichem Recht auf den letzten Platz verbannt. Außerdem spricht der Lehnrechtsglossator wenige Sätze später unter Berufung auf Inst. 1 2 pr. selbst von den Ursprüngen natürlichen Rechts bei „*naturlichen creaturen*“[828].

Weil die sächsischen Arbeiten die ulpianische Erklärung des Naturrechts nach vorne ziehen, zählen sie die erste, zweite und dritte Accursische Naturrechtsart als Nr. 2–4[829]. Dabei ist es zu zwar eigenwilligen, auf ihre Art aber durchaus treffenden Übersetzungen gekommen. Für die Konnexität des Naturrechts mit dem *ius gentium* prägen die sächsischen Arbeiten übereinstimmend die Formulierung, natürliches Recht habe seinen Namen auch deshalb, weil es „gemein“ sei („*Vnde ouch dorvmbe, das es gemeyne ist, jst is natůrlich genant* [...]“[830]). Darin klingt der universale Charakter des Naturrechts an. Sämtliche verglichenen sächsischen Arbeiten übernehmen dazu aus der *Glossa ordinaria* die Allegation Inst. 2, 1, 11. Aus der Accursischen Verknüpfung des Naturrechts mit dem Vertragsrecht, dem *ius pactorum*, folgern die sächsischen Glossatoren und Nikolaus Wurm, Naturrecht weise die Eigenschaft der „Redlichkeit“ auf („*Tercio. Durch syner redelicheit wille* [...]“[831]). Der Vokabel dürfte eine recht wörtliche Assoziation des *pactum* als „Verab-Redung“ zugrunde liegen. Auch hier übernimmt man die zugehörige Allegation der *Glossa ordinaria* (Dig. 2, 14, 1)[832]. Die bei Accursius im folgenden Schritt angedeutete Schrankenfunktion natürlichen Rechts schließlich wird in den sächsischen Glossen übereinstimmend zur Aufforderung, niemanden zu betrügen („*Quarto.* [...] *als nymant den andern betrige* [...]“[833]). Offenbar inspirierte die in der *Glossa ordinaria* in Bezug genommene Stelle Dig. 4, 4, 1 zu dieser Formulierung, denn Landrechts- und Weichbildglosse konkretisieren das Charakteristikum noch zum Verbot, Kinder und Tore zu betrügen[834]. Insgesamt zeigt dieser Abschnitt dasselbe

828) LGl LnR, Vorrede (S. 52 Z. 5).

829) Einzige Ausnahme bildet das Liegnitzer StadtRB I 5 *Von naturlichem rechte*, in dem der gratianische Naturrechtsbegriff der Kanonistik, der von den sächsischen Glossatoren als ungezählte fünfte Erklärung angefügt wurde, als Nr. 4 gezählt wird (LEUCHTE, Liegnitzer Stadtrechtsbuch S. 20 Z. 28 f.).

830) LGl LnR, Vorrede (S. 51 Z. 1 f.); vgl. für die übrigen Arbeiten unten S. 799 ff.

831) LGl LnR, Vorrede (S. 51 Z. 3); vgl. für die übrigen Arbeiten unten S. 799 ff.

832) Allein Gl WbR 1 (Sp. 184 Z. 1) allegiert Dig. 2, 14, 2.

833) LGl LnR, Vorrede (S. 51 Z. 5 f.); vgl. für die übrigen Arbeiten unten S. 799 ff. Nikolaus Wurm hat diese vierte Bedeutungsebene ausgelassen (LEUCHTE, Liegnitzer Stadtrechtsbuch S. 20 Z. 28).

834) Glosse LdR, Textus prologi (ECKHARDT, Sassenspegel S. 9) bzw. Gl WbR 1 (Gl WbR Sp. 184 Z. 4–7). Die *Glossa ordinaria* zu Dig. 4, 4 pr. erklärt zu diesem Fragment die Hintergründe des Minderjährigenschutzes und setzt ihn ad v. *Naturalem* (n) auch in

Bemühen der sächsischen Juristen, die verschiedenen Bedeutungsnuancen des Naturrechts möglichst griffig auf den Punkt zu bringen, das auch schon Accursius in seiner Glosse zu Inst. 1, 2 pr. zur Abfassung seines resümierenden Katalogs motiviert hatte. Hierbei finden die sächsischen Juristen zu neuen, durchaus treffenden Formeln: Natürliches Recht sei „gemein", fordere „Redlichkeit" und „niemanden zu betrügen". Der universale Geltungsanspruch des Naturrechts ist darin ebenso angesprochen wie eine von zwei Seiten beleuchtete Funktion des Naturrechts als Billigkeitsrecht.

Dem Aufbau der *Glossa ordinaria* folgend fügen die sächsischen Glossen der Aufzählung der vier Namenserklärungen noch einen fünften, nicht mehr eigens mit eigener Ordnungsnummer versehenen Aspekt hinzu. Unter Hinweis auf den Beginn des *Decretum Gratiani* findet sich in allen sächsischen Arbeiten die abschließende Bemerkung, man nenne das natürliche Recht auch Gottesrecht („*Ouch ist isz gotis recht gnant, I di. <c.> humanum genus*"[835]). Dies ist die kanonistische Definition des natürlichen Rechts. In der Weichbildglosse erhält das Element besonderes Gewicht, indem der Glossator das natürliche Recht von vornherein als „Gottesrecht" bezeichnet. Zum Schluss seiner Ausführungen setzt er es dann dezidiert mit „*geistlich recht*" gleich, welches von der „*romischen gewalt*" erlassen werde[836]. Der Weichbildglossator versteht unter „Gottesrecht" demnach nicht lediglich den Inhalt der Heiligen Schrift, sondern auch das gesamte kanonische Recht. Land- und Lehnrechtsglosse stellen diese Verbindung so nicht ausdrücklich her.

Mit der letzten wichtigen Bedeutungsnuance als „Gottesrecht" schließt sich ein Kreis. Wie die Accursische *Glossa ordinaria* listen die sächsischen Glossatoren zu Beginn ihrer Werke einen Katalog der verschiedenen möglichen Bedeutungen natürlichen Rechts auf. Wissenschaftlich befanden sie sich damit auf der Höhe ihrer Zeit. Die Überführung der Accursischen Glosse ins Deutsche kommt allerdings mehr einer Transposition denn einer wörtlichen Übersetzung gleich: Vor allem anderen wird das natürliche Recht im Einklang mit dem klassischen römischen Recht als Recht definiert, wel-

---

Bezug zum Naturrecht (Corpvs ivris I, Lyon 1627, Dig. Sp. 490). Sowohl Landrechts- als auch Weichbildglosse allegieren außerdem noch Inst. 4, 5, 2.

835) LGl LnR, Vorrede (S. 51 Z. 7); vgl. für die übrigen Arbeiten unten S. 799 ff. Im Liegnitzer StadtRB I 5 *Von naturlichem rechte* (LEUCHTE, Liegnitzer Stadtrechtsbuch S. 20 Z. 28) entspricht der gratianische Naturrechtsbegriff der Nr. 4. Eine Allegation des *Decretum Gratiani* fehlt dort.

836) Gl WbR 1 (Sp. 184 Z. 10 und 9). Liegnitzer StadtRB I 5 *Von naturlichem rechte* spricht in diesem Zusammenhang, möglicherweise unter Einfluss der Weichbildglosse stehend, ebenfalls von der „*Romisschen gewalt*" (LEUCHTE, Liegnitzer Stadtrechtsbuch S. 20 Z. 29).

ches die Natur alle Kreaturen (teilweise auch nur: alle Menschen) lehrt. Zweitens schreibt man ihm zu, „gemein“ zu sein, drittens um der „Redlichkeit“ willen zu bestehen und viertens „Unterlassung von Betrug“ zu fordern. Abschließend setzt man das natürliche Recht im gratianischen Sinn mit dem göttlichen Recht gleich. Durch die Übersetzung der *Glossa ordinaria* ist ein neuer, individueller Katalog von Naturrechtsbegriffen geschaffen worden. In Variationen begegnet er in sämtlichen hier untersuchten sächsischen Arbeiten des 14. Jahrhunderts. Dass er in seiner deutschen Fassung bereits auf Johann von Buch zurückgeht, muss, weil er in den ältesten Handschriften der Landrechtsglosse fehlt, bezweifelt werden[837]. Für die Arbeitsweise der sächsischen Juristen ist dieser Umstand aber umso aufschlussreicher. Ein erster sächsischer Jurist, wahrscheinlich entweder der Lehnrechtsglossator oder der Weichbildglossator, hat in Orientierung an der *Glossa ordinaria* erstmals eigene, deutsche Worte zur Beschreibung des natürlichen Rechts gefunden. Damit begründet er eine neue Terminologie, die von den übrigen Autoren rezipiert wird. Es finden sich in den sächsischen Glossen derart spezifische Übereinstimmungen bis in einzelne Formulierungen und Allegationen hinein, dass von einer gegenseitigen Befruchtung dieser Werke ausgegangen werden muss. Gleichzeitig fühlt sich allerdings keiner der Autoren zur unveränderten Kopie der Vorlage verpflichtet. Vielmehr nutzt man die Vorgängerarbeit als Arbeitsgrundlage und baut sie nach seinen eigenen Vorstellungen aus. Während der Lehnrechtsglossator sich kurz hält, handelt der Weichbildglossator besonders ausführlich. Nikolaus Wurm nutzt den Passus, um ein eigenes Unterkapitel seines Lehrer-Schüler-Dialogs zu füllen. Sie alle aber halten sich terminologisch an eine neue, spezifisch sächsische Variante des Kanons gelehrter Naturrechtsbegriffe.

Die angestellten synoptischen Überlegungen verfolgten ein doppeltes Erkenntnisinteresse. Gefragt wurde einerseits nach der Arbeitsweise der sächsischen Juristen und andererseits nach dem Naturrechtsbegriff des Lehnrechtsglossators. Zu der ersten Frage hat der Vergleich der sächsischen Erklärungen natürlichen Rechts gezeigt: Sächsische Rechtswissenschaft gründet auf den Arbeiten zum gelehrten Recht, bildet dann aber ihre eigene Terminologie und Darstellungsweise heraus. Spätere Autoren des Sächsischen Rechts rekurrieren nicht bloß auf das gelehrte Recht. Sie bauen auf den neu komponierten Lehren ihrer unmittelbaren Vorgänger auf und bilden sie weiter fort. Zu der zweiten Frage ist zusammenfassend festzustellen, dass der im gelehrten Recht geschulte Glossator des Lehnrechts das natürliche Recht als ein facettenreiches Phänomen begreift. Sein Katalog verschiedener Bedeutungsnuancen des Naturrechts umfasst sowohl römischrechtliche als

837) Vgl. oben S. 672.

auch kanonistische Ansätze. Er entstammt der Accursischen *Glossa ordinaria*, wird durch die Übersetzung aber modifiziert und auch von den übrigen Arbeiten zum Sächsischen Recht rezipiert. Damit spiegelt die Lehnrechtsglosse durchaus so etwas wie eine sächsische, auf der gelehrten Rechtswissenschaft aufbauende *communis opinio*.

3. Die übrigen Mosaiksteine der Lehnrechtsglosse

Öffnet man den Blick in die Breite der Quelle, erhellt sich, welche konkreten Auswirkungen das natürliche Recht auf die Argumentation des Lehnrechtsglossators zeitigt. Zum materiellrechtlichen Inhalt natürlichen Rechts zählt der Glossator, wie zuvor auch schon Johann von Buch, die drei Gebote ehrlich zu leben, niemandem zu schaden und jedem das Seine zu belassen (Inst. 1, 1, 3). In der Vorrede nennt er das erste ein Gebot Gottes, das zweite ein Gebot der Menschen und das dritte ein Gebot der Vernunft[838]. Erneut klingt darin die Kumulation verschiedener Naturrechtsbegriffe an. Zu Beginn der Glosse LnR 69 (68) behandelt der Glossator die Trias der natürlichen Rechtsgebote noch einmal ausführlich[839]. Der Glossator versucht dort, das aktuell kommentierte Kapitel LnR 68 aus den drei Geboten des natürlichen Rechts heraus zu erklären („*In des naturlichen rechtis wiesze sint vns gesaczt drie geboth, die disz keginwertige capittil alle drie begriffende ist*“[840]). Das Gebot *honeste vivere* sah er in der strafbewehrten Verpflichtung des Lehnsmannes verwirklicht, seinem Herrn weder mit Worten noch mit Taten Schmach zuzufügen. *Alterum non laedere* verlange in der Konkretisierung des lehnrechtlichen Treueverhältnisses vom Lehnsmann, gewaltsame Schädigungen des Herrn zu unterlassen. Und *suum cuique tribuere* bewahrheite sich in lehnrechtlichen Belangen dadurch, so deutet eine Verknüpfung mit LnR 68 § 6 an, dass Lehnsmänner ihre Rechte am Gut stets im ordentlichen Lehngerichtsverfahren geltend zu machen hätten. Letztlich geht es dem Glossator darum, LnR 68 als eine das Naturrecht umsetzende, konkretisierende Satzung zu beschreiben. Das passt sehr gut ins eingangs skizzierte Bild eines organischen, dreigliedrigen Rechtssystems[841]: Das gesetzte Recht verhilft dem natürlichen Recht zur Anwendung. Insbesondere sorgt es für eine obrigkeitliche, zwangsweise Durchsetzung des Rechts, indem es nämlich konkrete Bußgelder androht. In diesem Sinn ist es auch zu verstehen, dass der Glossator die *gewette*-Regelungen in LnR 68 als Sanktion für Verstöße gegen die Gebote des natürlichen Rechts begreift: „*Lebit*

838) LGl LnR, Vorrede: „*Das erste ist kegin gote. Das ander kegin ôm selbir. Das dritte kegin synem ebinmenschen.*“ (S. 51 Z. 14 f.).

839) LGl LnR 69 (68 § 1) (S. 942 Z. 4 – S. 943 Z. 16).

840) LGl LnR 69 (68 § 1) (S. 942 Z. 4 f.).

841) Vgl. oben S. 658 ff.

her denne nicht erlich kegin dissen drien, da vor ist ôm gesaczt, das her sulle liden das gesaczte recht [...].«[842]

Im weiteren Verlauf von Glosse LnR 69 (68) kommt der Glossator noch einmal auf das natürliche Recht zu sprechen. LnR 68 § 9 besagt, dass sich das Bußgeld eines jeden Mannes nach seiner Geburt bestimme, und verweist für dessen genaue Höhe auf das Landrecht. Dass der Verweis eine sinnvolle Entsprechung im Bußgeldkatalog des LdR III 45 findet, erkennt auch der Lehnrechtsglossator. In seine Kommentierung von LnR 69 (68 § 9) bezieht er daher Ausschnitte der zugehörigen Buch'schen Glosse LdR III 43 (45 § 1) *Nu vornemet* mit ein[843]. Nachdem er in Übereinstimmung mit Johann von Buch das Institut festgelegter Bußgelder als eine besondere Gnade des sächsischen (Landrechts-)Privilegs bezeichnet hat[844], wirft er die Frage nach der Rechtmäßigkeit von LdR III 45 § 1 auf. Der Lehnrechtsglossator verarbeitet hier die Buch'sche Glosse LdR III 43 (45 § 1) *Doch eret me de vorsten vnde vrye heren* zu einer *quaestio*[845]. Wie könne es seine Richtigkeit haben, so sein Ausgangspunkt, dass Schöffenbaren ein Bußgeld von 30 Schillingen gezahlt werde, Fürsten aber eines von 12 Pfennigen Gold zustehe, wenn nach Landrecht doch eigentlich der Grundsatz gelte: „*Fursten vnde frien hern vnde scheppinbare vrie lute sin glich an busze*“[846]? Die Antwort liefert Eike in LdR III 45 § 1 selbst. Land- und Lehnrechtsglossator brauchen sie nur zu wiederholen. Tatsächlich handelt es sich nämlich um ein Bußgeld gleicher Höhe, das nur in unterschiedlicher Währung zu bezahlen ist. In Übereinstimmung mit der Buch'schen Glosse führt der Lehnrechtsglossator aus, Fürsten, Freie und Schöffenbare seien „*noch naturlichem rechte*“ gleich, Amt und Würde, wegen derer sie durch die Währung Gold geehrt würden, bezögen die Fürsten allein „*von dem gesaczten rechte*“[847]. Über die Buch'-

842) LGl LnR 69 (68 § 1) (S. 942 Z. 8–10).

843) LGl LnR 69 (68 § 9) (S. 960 Z. 12 – S. 963 Z. 9); vgl. dazu Gl LdR III 43 (45 § 1) *Nu vornemet* (S. 1227 Z. 10–1228 Z. 6) und *Doch eret me de vorsten vnde vrye heren* (S. 1232 Z. 1–12).

844) LGl LnR 69 (68 § 9) (S. 963 Z. 5 f.); vgl. dazu Gl LdR III 43 (45 § 1) *Nu vornemet* (S. 1228 Z. 6). Dem liegt der Gedanke zugrunde, dass gesetzlich festgelegte Bußtaxen eine Einschränkung des richterlichen Ermessens bedeuten und insofern wiederum den Prozessparteien zugute kommen. Zur Bedeutung von Wergeld und Buße KANNOWSKI, Umgestaltung S. 336 f., speziell zum Privilegcharakter festgelegter Bußtaxen S. 348 und 498 f.

845) LGl LnR 69 (68 § 9) (S. 963 Z. 6 – S. 965 Z. 3); vgl. dazu Gl LdR III 43 (45 § 1) *Doch eret me de vorsten vnde vrye heren* (S. 1232 Z. 1–12).

846) LdR III 45 § 1, zitiert nach LGl LnR 69 (68 § 9) (S. 963 Z. 7 f.).

847) LGl LnR 69 (68 § 9 (S. 964 Z. 8; Z. 4); vgl. dazu Gl LdR III 43 (45 § 1) *Doch eret me de vorsten vnde vrye heren* (S. 1232 Z. 5 und 8).

sche Glosse hinaus ergänzt der Lehnrechtsglossator noch, dass der vom natürlichen Recht vorgegebene Wert von 30 Schillingen durch gesetztes Recht auch gar nicht hätte abgeändert werden können. Denn: „*ein gesaczt recht mag ein naturlich recht nicht vordrůken* […].“[848] Dazu allegiert er durchaus passend Inst. 1, 15, 3[849]. Wir sehen, dass der Lehnrechtsglossator die Buch'schen Vorgaben nicht etwa nur gedankenlos kopiert, sondern sie reflektiert und unter Bezugnahme auf gelehrte Rechtslehren weiter ausbaut. Programmatisch verweist er hier auf die Unabänderlichkeit natürlichen Rechts und seinen Vorrang vor dem gesetzten Recht. Im Anwendungsbeispiel der Bußgeldtaxen für Fürsten und Freie, die sich der Währung nach, jedoch nicht der Höhe nach unterscheiden, sieht der Glossator das Vorrangprinzip des natürlichen Rechts verwirklicht.

Denselben Grundsatz, wonach natürliches Recht durch gesetztes Recht nicht verdrängt werden könne, formuliert der Lehnrechtsglossator schon einmal in Glosse LnR 1[850]. Dort allerdings kopiert er ihn aus der Buch'schen Glosse. Es geht um die beiden Arten von Ritterschaft, „geborene und gekorene“. Beide Autoren geben übereinstimmend an, die edlere sei die geborene Ritterschaft, denn sie sei „*von naturen*“[851]. Beide erkennen aber auch eine Form gemachter Ritterschaft an, die „*von gesacztem rechte*“[852] komme. Der Lehnrechtsglossator versteht darunter die geistlichen Fürsten, die vom Reich ein Zepterlehen empfangen können[853]. Indem er diese in der „friderizianischen Lehnrechtssatzung“ vorgesehene Form von Ritterschaft anerkennt, konterkariert er just jenes formal behauptete Prinzip, wonach gesetztes Recht natürliches Recht eigentlich nicht verändern kann[854]. Im Ergebnis bewahrheitet sich ein Vorrang des Naturrechts hier nicht. Wie die Buch'sche Glosse erkennt die Lehnrechtsglosse einen faktischen Vorrang des gesetzten Rechts an, das vom natürlichen Recht abweichen kann.

---

848) LGl LnR 69 (68 § 9) (S. 965 Z. 1 f.).

849) Inst. 1, 15, 3 a. E.: „*quia civilis ratio civilia quidem iura corrumpere potest, naturalia vero non utique*“ (Corpus iuris civilis I S. 7).

850) LGl LnR 1 (S. 61 Z. 9–11); vgl. dazu Gl LdR I 3 § 2 *Van den herschilden* (S. 148 Z. 10 – S. 149 Z. 6).

851) LGl LnR 1 (S. 61 Z. 9); vgl. dazu Gl LdR I 3 § 2 *Van den herschilden* (S. 149 Z. 2 f.).

852) LGl LnR 1 (S. 61 Z. 9); vgl. dazu Gl LdR I 3 § 2 *Van den herschilden* (S. 149 Z. 2 f.).

853) Vgl. bereits oben S. 620 ff.

854) LGl LnR 1: „*Wenne worvmbe eyn gesaczt recht mag eyn naturlich recht nicht vordrůcken,* […].“ S. 61 Z. 9–11); vgl. dazu Gl LdR I 3 § 2 *Van den herschilden* (S. 149 Z. 4). Wie Johann von Buch allegiert der Lehnrechtsglossator dazu Dist. 1 c. 1, Inst.1, 15, 3 a. E. und Dig. 50, 17, 8.

Bei Johann von Buch geht die Akzeptanz eines möglichen Auseinanderfallens von natürlichem und gesetztem Recht mit der Idee einher, dass es eines Korrektivs zur Abmilderung solcher Diskrepanzen bedürfe. An diesem Punkt sah Johann die Kaiser in der Pflicht[855]. Auch der Lehnrechtsglossator behandelt das kaiserliche Recht als ein Instrument, das dem natürlichen Recht zur Anwendung verhelfen soll. Anders als Johann gibt er die Möglichkeit eines Auseinanderfallens von natürlichem und gesetztem Recht allerdings nicht offen und unumwunden zu. Dass zeigt sich besonders an seiner Behandlung der Leibeigenschaft. Konform mit den Lehren des gelehrten Rechts zählt der Lehnrechtsglossator die Freiheit zu einem klassischen Gebot „*naturlicher saczunge*“[856]. Demgegenüber sei die Leibeigenschaft aufgrund von „*vnrechter gewalt*“[857] aufgekommen. In Glosse LnR 30 führt er nun in Rezeption der Glosse LdR I 51 (52 § 1) *Ane eruen geloff* aus, dass die Kaiser verschiedene Möglichkeiten der Freilassung geschaffen hätten, damit Leibeigene ihre natürliche Freiheit wiedererlangen könnten[858]. Dieses Beispiel dient ihm zur Veranschaulichung des Satzes „*so ist des rechtin vornunfft als eyne ercztige, das do begeynet der vnuornunfft* […].“[859] Recht als Arznei gegen die Unvernunft, gegen die „*tǒrstickeit*“[860] der Leute. Der Lehnrechtsglossator scheut sich offenbar, Abweichungen vom natürlichen Recht (hier: die Leibeigenschaft) explizit als gültige Satzungen zu bezeichnen. Während Johann gesetztes Recht, welches in Widerspruch zum natürlichen Recht steht, mancherorts ausdrücklich anerkennt[861], lässt der Lehnrechtsglossator die Frage nach der Wirksamkeit solchen widernatürlichen Rechts gänzlich außen vor. In Glosse LnR 30 lässt sich ein größeres formales Beharren des Lehnrechtsglossators auf dem Grundsatz der Unabänderlichkeit natürlichen Rechts feststellen. Gleichwohl zeigt die Anerkennung „gemachter Ritterschaft“, dass die Lehnrechtsglosse Abweichungen des gesetzten vom natürlichen Recht faktisch für möglich hält.

---

855) Gl LdR I 51 (52 § 1) *Ane eruen geloff* (S. 372 Z. 1 – S. 374 Z. 9); dazu KANNOWSKI, Umgestaltung S. 552 f., und oben S. 658 ff.

856) LGl LnR 58 § 1 (S. 789 Z. 7).

857) LGl LnR 58 § 1 (S. 789 Z. 5 f.).

858) LGl LnR 30 § 1 (S. 499 Z. 4 – S. 500 Z. 4); vgl. dazu Gl LdR I 51 (52 § 1) *Ane eruen geloff* (S. 372 Z. 10 – S. 373 Z. 6).

859) LGl LnR 30 § 1 (S. 498 Z. 11 f.). Dazu allegiert der Lehnrechtsglossator Nov. 74, 1. In Gl LdR I 33 *Nu vornemet vmme en wif,* die den Satz ebenfalls aufgreift, findet sich die passendere Allegation Nov. 111 pr. (S. 306 Z. 7–9).

860) LGl LnR 30 § 1 (S. 499 Z. 8).

861) Vgl. insbesondere Gl LdR I 51 (52 § 1) *Ane eruen geloff*: „*Nu schaltu wetten, dar dre stucke sin van gesatteme rechte, de wedder naturlik recht sint.*“ (S. 372 Z. 4 f.), dazu bereits oben S. 670.

Zusammenfassend hat die Lehnrechtsglosse aus der *Glossa ordinaria* zu Inst. 1, 2 pr. einen bunten Strauß verschiedener legistischer und kanonistischer Naturrechtsbegriffe aufgenommen. Darin ist auch eine Gleichsetzung natürlichen Rechts mit „Gottesrecht“ enthalten, doch steht die Heilige Schrift als Quelle natürlichen Rechts in der Lehnrechtsglosse nicht im Vordergrund[862]. Zu den Inhalten natürlichen Rechts zählen etwa die Freiheit und die drei Gebote ehrlich zu leben, niemandem zu schaden und jedem das Seine zu belassen. Zweimal wird der Grundsatz proklamiert, gesetztes Recht könne natürliches Recht nicht außer Kraft setzen[863]. Tatsächlich erkennt der Glossator gleichwohl die Verbindlichkeit auch solchen gesetzten Rechts an, das zum natürlichen Recht in Widerspruch steht[864]. Bernd Kannowski charakterisiert diese auch in der Buch'schen Glosse zu beobachtende Haltung als Auseinanderfallen von „Fiktion und Wirklichkeit“[865]. Bereits die Legisten und Kanonisten haben sich in verschiedener Weise um die Begründung vorgefundener positivrechtlicher Abweichungen vom natürlichen Recht bemüht. Die sächsischen Glossatoren schließen sich dieser Linie an, ohne das Legitimationsproblem naturrechtswidriger Rechtssatzungen dezidiert zu behandeln. In der Lehnrechtsglosse erscheint das natürliche Recht als höchste, zu vervollkommnende Ordnung, die von ihrem theoretischen Anspruch her auch verbindlich ist. Faktisch bleibt es jedoch auf die unterstützende Rechtssetzung der Kaiser angewiesen. Deren Gesetzgebung ist eine „Arznei gegen die Unvernunft“[866]. Erst die mit Zwangsmitteln ausgestattete Herrschaft vermag dem natürlichen Recht zur Durchsetzung zu verhelfen. Weil damit erst dem menschlichen Recht verbindliche Rechtskraft zugesprochen wird, ist das Konzept vom Wesen des natürlichen Rechts in der Lehnrechtsglosse letztlich ein metaphysisches.

b) Gewohnheit

Das verbindende Element zwischen Natur und Gewohnheit sehen Buch'sche Glosse und Lehnrechtsglosse in der „guten“ Gewohnheit. Zwei Arten natürlichen Rechts gebe es: Jenes, das die Natur selbst begründet, und jenes, das die Natur die Menschen lehrt[867]. Indem die Menschen die Lehren der

862) Vgl. aber immerhin LGl LnR, Vorrede: „*Wenne was naturlichen ist, ist begriffen yn dem ewangelio* [...]“ (S. 52 Z. 3).

863) LGl LnR 1 (S. 61 Z. 9–11); LGl LnR 69 (68 § 9) (S. 965 Z. 1 f.).

864) LGl LnR 1 (S. 60 Z. 15 – S. 61 Z. 2; Z. 8 f.)

865) KANNOWSKI, Umgestaltung S. 329.

866) LGl LnR 30 § 1 (S. 498 Z. 12).

867) LGl LnR 11 § 2 (S. 246 Z. 6–10); vgl. dazu bereits Gl LdR I 54 (55 § 1) *Alle wertlik gerichte* (S. 396 Z. 5–8) sowie SCHILLING, Das objektive Recht S. 20.

Natur befolgten, entstünde eine Gewohnheit. Über das Wesen der Gewohnheit äußert sich der Lehnrechtsglossator jedoch nur sporadisch. Von den Buch'schen rechtstheoretischen Bemerkungen hat er nur wenig übernommen. Johanns Ausführungen sind wiederum erst vor dem Hintergrund der dort rezipierten gelehrten Lehren verständlich.

1. Die Grundlagen der gelehrten *consuetudo*-Lehren

Die *consuetudo*-Lehre der Legisten und Kanonisten lässt sich hier nur in groben Zügen umreißen[868]. Wichtigste Anknüpfungspunkte im *Corpus iuris* waren einerseits die Julian-Stelle Dig. 1, 3, 32, 1, wonach althergebrachte Gewohnheiten Gesetzen grundsätzlich gleichzustellen seien („*Inveterata consuetudo pro lege non immerito custoditur* [...]“[869]) und andererseits die widerspechende Konstantinische Satzung Cod. 8, 52 (53), 2, wonach Gewohnheiten zwar große Autorität zukomme („*Consuetudinis ususque longaevi non vilis auctoritas est*“[870]), sie aber nicht über Vernunft und Gesetz stehen könnten („*verum non usque adeo sui valitura momento, ut aut rationem vincat aut legem*“[871]). Die Legisten kamen trotz der widersprechenden *Codex*-Stelle darin überein, dass *consuetudines* grundsätzlich Gesetzeswirkung hätten[872]. Zum gemeinen Gewohnheitsrecht rechneten sie etwa die *consuetudines feudorum*, die in Gestalt der *Libri feudorum* zu einem der Basistexte des *Corpus iuris* avancierten[873]. Lokales Gewohnheitsrecht begegnete ihnen vor allem in Gestalt städtischer Statuten, die man als Aufzeichnung speziellen, örtlichen Gewohnheitsrechts begriff[874].

Im Ausgangspunkt verstand man Gewohnheitsrecht als *ius non scriptum* im Gegensatz zum gesetzten, positiven Recht[875]. Es war durch keinen

868) Vgl. zur *consuetudo*-Lehre der Legistik BRIE, Lehre vom Gewohnheitsrecht S. 96–164; ENGELMANN, Wiedergeburt S. 81–97; LANGE / KRIECHBAUM, Kommentatoren S. 257–263; GARRÉ, Consuetudo S. 53–86; ULLMANN, Bartolus. Einen Überblick über die wechselseitige Beeinflussung kanonistischer und legistischer Theorie geben KRAUSE / KÖBLER, Art. Gewohnheitsrecht, in: ^{2}HRG II Sp. 369 f.

869) Dig. 1, 3, 32, 1 (Corpus iuris civilis I S. 34).

870) Cod. 8, 52 (53), 2 (Corpus iuris civilis II S. 62).

871) Cod. 8, 52 (53), 2 (Corpus iuris civilis II S. 62).

872) BRIE, Lehre vom Gewohnheitsrecht S. 118. Die Auffassung, Cod. 8, 52 (53), 2 habe die ältere Julian-Stelle derogiert, vertraten nur die ältesten Glossatoren, LANGE / KRIECHBAUM, Kommentatoren S. 259 f.

873) Im 14. Jahrhundert konstruierte man jedoch eine kaiserliche Approbation der *Libri feudorum*, vgl. dazu bereits oben S. 584 f.

874) ENGELMANN, Wiedergeburt S. 82; GARRÉ, Consuetudo S. 81; LANGE / KRIECHBAUM, Kommentatoren S. 258–260.

875) COING, Europäisches Privatrecht I S. 108 f.; ENGELMANN, Wiedergeburt S. 82; GILISSEN, La coutume S. 25–27; GARRÉ, Consuetudo S. 66 f.; vgl. zur Geschichte dieser

schriftlichen Rechtsakt entstanden und galt unabhängig von einer etwaigen späteren Niederschrift. Seine Entstehungsvoraussetzungen im Einzelnen waren umstritten. Prinzipiell verlangte man einen durch entsprechende Übung zum Ausdruck kommenden Konsens der Betroffenen („*tacito consensu omnium*“[876]). In der Frage, wie lange eine Übung Bestand gehabt haben musste, um zur rechtsverbindlichen Gewohnheit zu erstarken, reichten die Meinungen von einer Mehrzahl nachweisbarer Fälle tatsächlicher Übung über eine Zehnjahresfrist bis hin zur Unvordenklichkeit ihrer Ursprünge[877].

Inhaltlich forderte man, die Gewohnheit müsse „*rationabilis*“ sein, dürfe allgemeinen Geboten der Sittlichkeit nicht widersprechen und müsse mit dem *ius divinum* und dem natürlichen Recht in Einklang stehen[878]. Der „*mala consuetudo*“, die diese Voraussetzungen nicht erfüllte und die man deshalb auch als „*usurpatio*“ oder „*corruptela*“ bezeichnete, sprach man eine Rechtsgeltung ab[879]. In diesem Punkt ist ein starker Einfluss kanonistischer Lehren auf die Glossatoren und Kommentatoren bemerkbar.

Ein heikles Thema war das Verhältnis der *consuetudo* zur *lex*. In seiner *Summa aurea* hatte Azo die Wirkungen der Gewohnheit dreigeteilt: „*conditrix*“, „*interpretatrix*“ und „*abrogatrix*“[880]. Spätere Glossatoren und Kommentatoren behielten diese Trias bei. Überall dort, wo es an geschriebenem Recht fehle, wirke die Gewohnheit als „Stifterin“ neuen Rechts. Wo das geschriebene Recht zweifelhaft sei und nach einer verbindlichen Auslegung verlange, fungiere die Gewohnheit als „Deuterin“ des Rechts. Schließlich könne eine Gewohnheit aber auch „Aufheberin“ gesetzten Rechts sein, indem sie nämlich bestehende, widersprechende Gesetze außer Kraft setze. An diesem letzten Punkt entsponnen sich unter den legistischen Autoren

---

Dichotomie auch MEDER, Ius non scriptum S. 8–10.

876) Dig. 1, 3, 32, 1 a. E. (Corpus iuris civilis I S. 34); vgl. dazu BRIE, Lehre vom Gewohnheitsrecht S. 146; GARRÉ, Consuetudo S. 68–71; ULLMANN, Bartolus S. 272–283. Einige Stimmen verlangten außerdem noch eine Zustimmung der zuständigen Obrigkeit, die regelmäßig in einer stillschweigenden Duldung zum Ausdruck kommen konnte BRIE, Lehre vom Gewohnheitsrecht S. 151 f.; ENGELMANN, Wiedergeburt S. 83–85; ULLMANN, Bartolus S. 271 f.

877) Vgl. etwa *Glossa ordinaria* zu Inst. 1, 2, 9 ad v. *diuturni* (l) (Corpvs ivris V/2, Lyon 1627, Inst. Sp. 23 f.), sowie *Glossa ordinaria* zu Dig. 1, 3, 32, 1 ad. v. *inueterata* (e) (Corpvs ivris IV, Lyon 1627, Dig. Sp. 41 f.). Dazu auch BRIE, Lehre vom Gewohnheit S. 108, 142–145; ENGELMANN, Wiedergeburt S. 84 f.; GARRÉ, Consuetudo S. 71–74; LANGE / KRIECHBAUM, Kommentatoren S. 260.

878) ENGELMANN, Wiedergeburt S. 89.

879) ENGELMANN, Wiedergeburt S. 89.

880) Azo, Summa aurea, C. 8, 52 Nr. 6 (zitiert nach GARRÉ, Consuetudo S. 82); dazu DERS., ebenda S. 82 f.; ENGELMANN, Wiedergeburt S. 88 f. Vgl. auch BRIE, Lehre vom Gewohnheitsrecht S. 118 f.; sowie ULLMANN, Bartolus S. 280.

die größten Streitfragen[881]. Im Grundsatz war die Gleichwertigkeit von Gewohnheit und Gesetz jedoch anerkannt[882].

Die Kanonisten konnten in ihrer Behandlung des Gewohnheitsrechts auf der *consuetudo*-Lehre aufbauen, die Gratian in Rezeption des Isidor von Sevilla entwickelt hatte[883]. An Quellenmaterial boten sich ihnen außerdem die ausführlichen Titel *De consuetudo* jeweils in X 1, 2 und VI 1, 4 an. Gratian hatte die *consuetudo* zum Oberbegriff allen weltlichen Rechts erhoben, welches sowohl das geschriebene Recht („*consuetudo partim est redacta in scriptis*“[884]) als auch des ungeschriebene Recht („*partim moribus tantum utentium est reservata*“[885]) umfasste. Letzteres ließe sich demnach als gratianische *consuetudo* im engeren Sinn bezeichnen.

Zu den Kernaussagen der kanonischen Gewohnheitslehre gehört, dass eine *consuetudo* dem Maßstab von *ratio* und *veritas* entsprechen müsse[886]. Gott sei die Wahrheit, nicht die Gewohnheit, hieß es zur Begründung[887]. In den Schriften der Kanonisten wurde diese Rationalität der *consuetudo* dann zu einer positiven Geltungsvoraussetzung konkretisiert[888]. Eine der *ratio* widersprechende Gewohnheit bezeichnete man als „*corruptela*“ oder „*mala consuetudo*“[889].

Problematischer war die im *Decretum Gratiani* widersprüchlich beantwortete Frage nach der Geltungskraft der Gewohnheit[890]. Obwohl Dist. 4

---

881) GARRÉ, Consuetudo S. 82–86; ENGELMANN, Wiedergeburt S. 89 f., 93–97.

882) BRIE, Lehre vom Gewohnheitsrecht S. 118; ENGELMANN, Wiedergeburt S. 95.

883) Zur klassischen *consuetudo*-Lehre der Kanonistik vgl. BRIE, Lehre vom Gewohnheitsrecht S. 59–95, 165–201; FÜRST, Rechtslehre Gratians; GAUDEMET, La coutume S. 47–56; LEISCHING, Prolegomena; PORTER, Custom; WOLTER, Die ‚consuetudo‘ S. 100–116.

884) Dist. 1 c. 5 (Corpus iuris canonici I Sp. 2). Gratian versteht unter der aufgezeichneten *consuetudo,* wie sich aus Dist. 2 c. 1 ergibt, die „*lex*“ oder „*constitutio*“ (Corpus iuris canonici I Sp. 3).

885) Dist. 1 c. 5 (Corpus iuris canonici I Sp. 2); zum *consuetudo*-Begriff bei Gratian vgl. DILCHER, Zwangsgewalt S. 156 F.; FÜRST, Rechtslehre Gratians S. 280 f.; PORTER, Custom S. 91–100; WOLTER, Die ‚consuetudo‘ S. 101 f. m. w. N.

886) BRIE,Lehre vom Gewohnheitsrecht S. 67–78, 177–187; GAUDEMET, La Coutume S. 51; GILISSEN, La coutume S. 30 f.; LEISCHING, Prolegomena S. 335 f.; WOLTER, Die ‚consuetudo’ S. 103, 106.

887) Dist. 8 c. 5: „*‚Ego sum ueritas.' Non dixit: ego sum consuetudo, sed ueritas.*“ (Corpus iuris canonici I Sp. 14). Der Satz geht schon auf Tertullian zurück, vgl. GARRÉ, Consuetudo S. 84 f.

888) WOLTER, Die ‚consuetudo‘ S. 106 f. mit Quellennachweisen.

889) BRIE, Lehre vom Gewohnheitsrecht S. 72 f.; GAUDEMET, La Coutume S. 53.

890) BRIE, Lehre vom Gewohnheitsrecht S. 63 f., 188–201; FÜRST, Rechtslehre Gratians S. 282–284; LEISCHING, Prolegomena S. 335–337. Zusammenfassend WOLTER, Die

c. 3 ff. die prinzipielle Gleichstufigkeit von Gesetzes- und Gewohnheitsrecht propagierten, sprach das Dekret andernorts Gewohnheiten eine gesetzesabrogierende Kraft ab. Insbesondere hatte Dist. 11 c. 4 eben jene auch für die Legistik bedeutsame Stelle Cod. 8, 52 (53), 2 aufgenommen, wonach Gewohnheiten nicht über Vernunft und Gesetzen stehen könnten[891]. Die widersprüchlichen Quellen des Dekrets stellten die Kanonisten also vor ganz ähnliche Herausforderungen wie die Legisten. Prinzipiell erkannten auch sie die gesetzesgleiche Wirkung von *consuetudines* an[892]. Akzeptiert wurde insbesondere die Ergänzungs- und Hilfsfunktion der Gewohnheit als Lückenfüllerin und Deuterin geschriebenen Rechts[893]. Mit Blick auf die allumfassende Rechtssetzungskompetenz des Papstes konstruierte man jedoch eine Theorie des *tacitus consensus,* dem Erfordernis der stillschweigenden Legitimation der Gewohnheiten durch den kirchlichen Gesetzgeber[894]. Anders als die in diesem Punkt zerstrittenen Legisten einigte man sich als weitere Entstehungsvoraussetzung rechtswirksamer Gewohnheiten auf eine Präskriptionsfrist von 40 Jahren[895].

X 1, 4, 11 formulierte schließlich gewissermaßen ein Konzentrat der kanonistischen *consuetudo*-Lehre. Diese Dekretale Gregors IX. ergänzt Cod. 8, 52 (53), 2 um einen entscheidenden, modifizierenden Nebensatz: Gewohnheiten stünden nicht über Gesetz und Wahrheit – es sei denn, sie genügten den Maßstäben der *ratio* und hätten sich über die erforderlichen Zeiträume hinweg herausgebildet (*„nisi fuerit rationabilis et legitime sit praescripta“*[896]).

2. Gute und schlechte Gewohnheiten

Im Großen und Ganzen folgt Johann von Buch in seinen theoretischen Stellungnahmen zum Wesen der Gewohnheit dem Standpunkt der gelehrten Rechtswissenschaft. Eine allgemeine Einordnung der Gewohnheit in das

---

‚consuetudo‘ S. 102.

891) Dist. 11 c. 4: *„Consuetudinis ususque longeui non uilis auctoritas est: uerum non usque adeo sui ualitura momento, ut aut rationem uincat, aut legem scriptam.“* (Corpus iuris canonici I Sp. 23 f.).

892) BRIE, Lehre vom Gewohnheitsrecht S. 80.

893) GAUDEMET, La Coutume S. 52.

894) WOLTER, Die ‚consuetudo‘ S. 105.

895) BRIE, Lehre vom Gewohnheitsrecht S. 82–92, insbesondere S. 87; WOLTER, Die ‚consuetudo‘ S. 108 f.

896) X 1, 4, 11 (Corpus iuris civilis II Sp. 41). Im Ganzen lautet der Satz: *„Licet etiam longaevae consuetudinis non sit vilis auctoritas, non tamen est usque adeo valitura, ut vel iuri positivo debeat praeiudicium generare, nisi fuerit rationabilis et legitime sit praescripta.“*; vgl. dazu Cod. 8, 52, (53), 2, und GAUDEMET, La Coutume S. 53 f.

Gesamtsystem des Rechts erfolgt zu Beginn der Glosse zum *Textus prologi* sowie in der Abhandlung „Von dreierlei Ursprung des Rechts" in Glosse LdR I 54 (55 § 1) *Alle wertlik gerichte*[897]. „*Eyn wonheit is, dat en islik volk vnder sik sunderliken holt*"[898], definiert er die Gewohnheit in Gegenüberstellung zum natürlichen Recht. Zu den typischen Instituten des Gewohnheitsrechts zählt er Krieg, Burgenbau, Gefangenschaft, Leibeigenschaft und die Einhaltung eines Friedens[899]. Johann unterscheidet zwischen der „*wonheit der guden*", die mit dem natürlichen Recht in Einklang stehe, und der Gewohnheit „*der bosen*"[900]. Jene zweite müsse man eher eine Verirrung denn eine Gewohnheit nennen („*de het billiker en olt erringe wen en wonheit*"[901]). Dazu stützt sich der Landrechtsglossator auf kanonisches Recht (Dist. 8 c. 8). Die Kaiser, heißt es weiter, würden ihr Recht setzen, um die Abweichungen der Gewohnheit vom natürlichen Recht zu beschränken und den natürlichen Sollzustand wiederherzustellen.

Die Unterscheidung zwischen guter und schlechter Gewohnheit verbunden mit einem Hinweis auf die Korrektivfunktion kaiserlicher Satzungen findet sich ganz ähnlich auch in der Lehnrechtsglosse, in der Weichbildglosse und im Liegnitzer Stadtrechtsbuch[902]. In enger Anlehnung an die Buch'sche Glosse spricht etwa auch Glosse LnR 11 von einer redlichen Gewohnheit, die sei „*von den guten*", und einer zweiten, die sei „*der boͤszen*"[903]. Diese Unterscheidung impliziert, dass bestimmte inhaltliche Voraussetzungen erfüllt sein müssen, damit eine Gewohnheit Rechtskraft erlangen kann. Die Kanonisten und Legisten hatten an dieser Stelle die „Rationalität" der Gewohnheit zur konstituierenden Geltungsvoraussetzung gemacht. In der Idee von der „guten Gewohnheit" schwingen jedoch ältere Vorstellungen mit. Unter dem Einfluss der Kirche hatte sich die Unterscheidung zwischen guten und schlechten Gewohnheiten schon sehr früh durchgesetzt[904]. Tatsächlich findet sich derselbe Grundgedanke bereits im Sachsenspiegel-Landrecht angelegt: Nach LdR I 63 § 4 sollen die Gegner eines Zweikampfes „*na*

---

897) Gl LdR, Textus prologi *Got de dar is beghin vnd ende* (S. 111 Z. 4 – S. 113 Z. 14); Gl LdR I 54 (55 § 1) *Alle wertlik gerichte* (S. 398 Z. 1–13).

898) Gl LdR, Textus prologi *Got de dar is beghin vnd ende* (S. 111 Z. 10 f.).

899) Gl LdR, Textus prologi *Got de dar is beghin vnd ende* (S. 113 Z. 8 f.).

900) Gl LdR I 54 (55 § 1) *Alle wertlik gerichte* (S. 398 Z. 5, 7).

901) Gl LdR I 54 (55 § 1) *Alle wertlik gerichte* (S. 398 Z. 7 f.).

902) LGl LnR 11 § 2 (S. 246 Z. 11 – S. 247 Z. 2); Gl WbR 1 (Sp. 186 Z. 14–34); Liegnitzer StadtRB I 10 *Was eyne gewonheit ist* (LEUCHTE, Liegnitzer Stadtrechtsbuch S. 22 Z. 23–31).

903) LGl LnR 11 § 1 (S. 246 Z. 12; S. 247 Z. 1); vgl. dazu Gl LdR I 54 (55 § 1) *Alle wertlik gerichte* (S. 398 Z. 11–13).

904) TRUSEN, Gutes altes Recht und consuetudo S. 196.

rechter wonheit“[905] gerüstet sein. Auch der Zehnte ist nach LdR II 48 § 10 „*na rechter wonheit*“[906] zu zahlen. Hingegen werde die Leibeigenschaft für ein Recht gehalten, obwohl sie „*van vnrechter wonheit*“[907] aufgekommen sei (LdR III 42 § 6). Bekanntlich sprach sich Eike unter Berufung auf ein höheres, christliches Naturrecht gegen die Anerkennung der Leibeigenschaft aus. Eine schlechte Gewohnheit wollte er nicht als gültiges Recht anerkennen.

Jürgen Weitzel betont, dass das Konzept der gelehrten *consuetudo* vom Gegenpol des autoritativen Schriftrechts lebt. Die gelehrte *consuetudo* weist damit einen ganz anderen Charakter auf als die Gewohnheit des deutschen Hochmittelalters, der das Gegenüber des Gesetzes fehlte und die daher am treffendsten mit dem Begriff der Rechtsgewohnheit bezeichnet wird[908]. Im oralen System des von Urteilern „gefundenen“, schriftlosen Rechts stellte sich nicht die Frage nach dem Verhältnis zwischen Gewohnheit und Gesetz, sondern nach ihrem Verhältnis zum Recht schlechthin. Schon die hochmittelalterlichen sächsischen Quellen unterscheiden daher zwischen den Kategorien Gewohnheit und Recht, mit anderen Worten also zwischen Gewohnheiten ohne und mit Rechtsqualität[909]. Rechtliche Bindungswirkung erzeugt die Gewohnheit auch nach altem deutschen Recht erst aus einem inneren Moment heraus. Siegfried Brie hat diesen rechtsbegründenden Faktor in der Überzeugung der Betroffenen von der Rechtsqualität einer bestimmten Übung gesehen[910]. Unter dem Einfluss der Kirche bildete sich dann die Vorstellung heraus, Gewohnheiten seien an den Maßstäben der Gerechtigkeit und der göttlichen Ordnung zu messen[911]. So dürfte auch schon die Freiheitsstelle LdR III 42 zu erklären sein[912].

---

905) Ssp LdR I 62 (63 § 4) (zitiert nach KAUFMANN, Gl LdR S. 452 Z. 2 f.). Zum Begriff der Gewohnheit im Sachsenspiegel vgl. WEITZEL, Gewohnheiten S. 336 f.

906) Ssp LdR II 46 (48 § 10) (zitiert nach KAUFMANN, Gl LdR S. 815 Z. 12).

907) Ssp LdR III 40 (42 § 6) (zitiert nach KAUFMANN, Gl LdR S. 1183 Z. 6); dazu WEITZEL, Gewohnheiten S. 336, 341.

908) WEITZEL, Gewohnheiten, insbesondere S. 328 f., 337, 347. Zur Diskussion um den Begriff der Rechtsgewohnheit vgl. DILCHER, Mittelalterliche Rechtsgewohnheit; KANNOWSKI, Rechtsbegriffe, insbesondere S. 6–8; KROESCHELL / CORDES / NEHLSEN-VON STRYK, Deutsche Rechtsgeschichte II S. 86–88; SCHULZE, ‚Gewohnheitsrecht‘ und ‚Rechtsgewohnheit‘.

909) BRIE, Lehre vom Gewohnheitsrecht S. 221–223, 235–247; WEITZEL, Gewohnheiten S. 340–342.

910) BRIE, Lehre vom Gewohnheitsrecht S. 244–247.

911) WEITZEL, Gewohnheiten S. 341 f.

912) Dass Eike hier unter dem Einfluss der anglo-normannischen Kanonistik stand, macht LANDAU, Entstehungsort, insbesondere S. 97 f., plausibel.

Sicher rezipieren die sächsischen Glossatoren in ihrer Differenzierung zwischen guter und schlechter Gewohnheit, für die sie sich übereinstimmend auf Dist. 8 c. 8 berufen[913], das gelehrte Modell der (irrationalen) *mala consuetudo*. Gleichzeitig wird man darin aber auch das Fortwirken älterer Vorstellungen einer oralen Rechtskultur vom Erwachsen des Rechts aus konsensualer Übung sehen müssen. Die sächsischen Juristen des 14. Jahrhunderts sind in ihrem Denken nicht ausschließlich von den universitären gelehrten Studieninhalten beeinflusst. Zwangsläufig stehen sie auch unter dem Eindruck des einheimischen Rechts, das ihnen noch immer primär im Konzept schriftloser Rechtsgewohnheiten entgegentrat. Schon terminologisch knüpfen die sächsischen Glossen an die ältere Vorstellung von „rechter“ und „unrechter“ Gewohnheit an. Die kanonistische Idee der *mala consuetudo* war schon früh in Deutschland verbreitet[914]. Die Unterscheidung zwischen guter und schlechter Gewohnheit ist somit keine Idee, die erst unter gelehrtrechtlichem Einfluss von den sächsischen Glossatoren in das Sächsische Recht hineingetragen worden wäre. In den Glossen treffen nun aber zwei unterschiedliche Rechtskonzepte aufeinander, die die sächsischen Autoren auf verschiedene Weise synchronisieren.

3. Johanns Traktat über die Gewohnheit

In einem längeren, zusammenhängenden Abschnitt über die Gewohnheit am Ende der Glosse zum *Textus prologi* hält Johann von Buch wesentliche Eckpunkte der gelehrten *consuetudo*-Lehre fest[915]. Er lässt darin legistische und kanonistische Standpunkte zusammenfließen. Ein erster Teilabschnitt formuliert einen Katalog inhaltlich an eine Gewohnheit zu stellender Anforderungen: Sie müsse ehrlich, gerecht und möglich sein, dem natürlichen Recht sowie den Gegebenheiten von Ort und Zeit entsprechen, offenbar und allgemein sein. Gewohnheiten, die diese Kriterien nicht erfüllten, solle man verwerfen („*Wor desser stucke de wonheit nicht en heft, dar schal men ze vorwerpen.*“[916]). Offenbar beruht die Passage auf einer Übersetzung der *Glossa ordinaria* zu Dist. 4 c. 2 ad v. *honesta – necessaria*[917]. Es folgt ein

913) Gl LdR I 54 (55 § 1) *Alle wertlik gerichte* (S. 398 Z. 8 f.); LGl LnR 11 § 2 (S. 247 Z. 2); Gl WbR 1 (Sp. 186 Z. 28 f.); Liegnitzer StadtRB I 10 *Was eyne gewonheit ist* (LEUCHTE, Liegnitzer Stadtrechtsbuch S. 22 Z. 28).

914) TRUSEN, Gutes altes Recht und consuetudo S. 200–204, insbesondere S. 202.

915) Gl LdR, Textus prologi *Got de dar is beghin vnd ende* (S. 116 Z. 13 – S. 121 Z. 4).

916) Gl LdR, Textus prologi *Got de dar is beghin vnd ende* (S. 118 Z. 3 f.).

917) Johann von Buch selbst allegiert in Gl LdR, Textus prologi *Got de dar is beghin vnd ende* (S. 117 Z. 10) den Dist. 4 c. 2, der eben jenen Buch'schen Kriterienkatalog enthält: „*Erit autem lex honesta, iusta, possibilis, secundum naturam, secundum consuetudinem patriae, loco temporique conueniens, necessaria, utilis, manifesta quoque, ne aliquid*

weiterer Abschnitt zu den Entstehungsvoraussetzungen der Gewohnheit. Johann referiert darin die verschiedenen, von gelehrten Autoren vertretenen Ansichten über die umstrittene Frage, wie lange eine Übung Bestand haben müsse, um Rechtsgeltung zu erlangen[918]. Das Meinungsspektrum reicht dabei von zehn Jahren über eine unvordenkliche Zeitspanne bis hin zum Erfordernis einer zweifachen Anwendung. Johann selbst bleibt unentschieden. Die Passage ist eine recht detailtreue Übersetzung der *Glossa ordinaria* zu Inst. 1, 2, 9 ad v. *diuiturni*[919].

Sodann beschäftigt sich Johann in Anlehnung an *Glossa ordinaria* zu Inst. 1, 2, 9 ad v. *imitantur* mit den möglichen Wirkungen einer Gewohnheit, sofern sie alle erforderlichen inhaltlichen Kriterien erfülle[920]. Er spricht darin die drei klassischen, von der Legistik entwickelten und von Accursius auch in der *Glossa ordinaria* festgehaltenen Wirkungsweisen der *consuetudo* an: Sie könne erstens, wo es an Gesetzen fehle, die Kraft geschriebenen Rechts entfalten[921]. Dass hier von der Ergänzungsfunktion der Gewohnheit zum geschriebenen Recht die Rede ist („*conditrix*"), kommt an dieser Stelle der Buch'schen Glosse nicht mehr deutlich zum Ausdruck. Bereits zuvor

---

per obscuritatem inconueniens contineat, nullo priuato commodo, sed pro communi utilitate ciuium conscripta." (Corpus iuris canonici I Sp. 5). KAUFMANN, Gl LdR S. 117 Anm. 54, 57, 60, 62, 65 und S. 118 Anm. 70, weist auf frappierende Parallelen der Buch'schen Stelle mit der zugehörigen *Glossa ordinaria* zu Dist. 4 c. 2 ad v. *honesta* (a) – *necessaria* (h) hin (Corpus juris canonici I, Rom 1582 Sp. 12). Dafür, dass der Buch'schen Passage eine Übersetzung des Johannes Teutonicus zugrunde liegt, sprechen auch die größtenteils mit der *Glossa ordinaria* übereinstimmenden Allegationen. Dist. 4 c. 2 handelt von „*lex*", was Johann mit Satzung, „*sattinge*" übersetzt (S. 117 Z. 4). Dass er dabei gleichwohl an die Geltungsvoraussetzungen von Gewohnheiten denkt, beweisen jedoch Kontext und Schlusssatz (S. 118 Z. 3 f.).

918) Gl LdR, Textus prologi *Got de dar is beghin vnd ende* (S. 118 Z. 7 – S. 119 Z. 5).

919) *Glossa ordinaria* zu Inst. 1, 2, 9 ad v. *diuiturni* (l) (Corpvs ivris V/2, Lyon 1627, Inst. Sp. 23). Die Übereinstimmung hat schon SCHILLING, Das objektive Recht S. 30, gesehen, vgl. außerdem KAUFMANN, Gl LdR S. 118 Anm. 78.

920) Gl LdR, Textus prologi *Got de dar is beghin vnd ende* (S. 119 Z. 6–12, S. 120 Z. 11 – S. 121 Z. 4); vgl. dazu *Glossa ordinaria* zu Inst. 1, 2, 9 ad v. *imitantur* (n) (Corpvs ivris V/2, Lyon 1627, Inst. Sp. 24).

921) Gl LdR, Textus prologi *Got de dar is beghin vnd ende*: „*Welk wonheit aldus drierhande is, de heft gescreuenes rechtes macht. To deme ersten, dat se ys alze en recht*" (S. 119 Z. 6 f.); vgl. dazu *Glossa ordinaria* zu Inst. 1, 2, 9 ad v. *imitantur* (n): „*id est, tantum valet consuetudo, vbi lex scripta no*[n] *est, quantum lex vbi scripta est. Et nota tres virtutes consuetudinis: imitandi legem: vt hic* […]." (Corpvs ivris V/2, Lyon 1627, Inst. Sp. 24).

hat sie Johann aber einmal explizit formuliert[922]. Zweitens fungiere die Gewohnheit bei Rechtszweifeln als eine Deuterin des Rechts[923]. Dieser Aspekt ist Johann so wichtig, dass er das zugehörige Digestenfragment im Orginalwortlaut zitiert („*Optima est enim legum interpres consuetudo*“[924]) und einen Exkurs zu Eikes Vorrede anfügt. Erst dann geht Johann noch auf die letzte und vielleicht wichtigste Bedeutung der Gewohnheit ein. Drittens könne sie nämlich geschriebenes Recht, wo es ihr entgegensteht, auch verdrängen („*en wonheit vordrucket en recht*“[925]). Die Anerkennung der gesetzesgleichen und nötigenfalls auch abrogierenden Kraft der Gewohnheit wird in der Buch'schen Glosse, wie ein Blick in das Glossar zur Buch'schen Glosse beweist, noch mehrfach bestätigt[926]. Dahinter verblasst das in der Landrechtsglosse ebenfalls noch überlebende Argument aus Cod. 8, 52 (53), 2, wonach eine Gewohnheit geschriebenes Recht gerade nicht verdrängen könne[927]. Wir sehen, dass Johanns einführender Traktat über die Gewohn-

922) Gl LdR, Textus prologi *Got de dar is beghin vnd ende*: „*Eyn wonheit is vnd mach sin an den dingen, dar nen recht affgescreuen en is*“ (S. 116 Z. 15 – S. 117 Z. 2). SCHILLING, Das objektive Recht S. 27–29, missversteht diesen Satz, indem er ihm den Umkehrschluss entnehmen möchte, dass Gewohnheiten bei widersprechenden Gesetzen keine Geltung haben sollten. Tatsächlich greift Johann von Buch darin lediglich die erste der drei anerkannten Funktionen der *consuetudo* als *conditrix*, *interpretatrix* und *abrogatrix* auf (vgl. dazu bereits oben S. 684). Schillings Argumentation zu einer möglichen Interpolation dieser Stelle wird damit hinfällig.

923) Gl LdR, Textus prologi *Got de dar is beghin vnd ende*: „*To deme anderen male, wor men dat recht nicht vornympt, dar dudet men na der wonheit*“ (S. 119 Z. 9f.); vgl. dazu *Glossa ordinaria* zu Inst. 1, 2, 9 ad v. *imitantur* (n): „*Item interpretandi legem, vbi lex est dubia* […].“ (Corpvs ivris V/2, Lyon 1627, Inst. Sp. 24).

924) Gl LdR, Textus prologi *Got de dar is beghin vnd ende* (S. 119 Z. 11 f.); vgl. dazu Dig. 1, 3, 37 bzw. X 1, 4, 8.

925) Gl LdR, Textus prologi *Got de dar is beghin vnd ende* (S. 120 Z. 11 – S. 121 Z. 4); vgl. dazu *Glossa ordinaria* zu Inst. 1, 2, 9 ad v. *imitantur* (n): „*Item est corrigendi* […]“ (Corpvs ivris V/2, Lyon 1627, Inst. Sp. 24). Die Buch'sche Glosse folgt der *Glossa ordinaria* auch im weiteren Verlauf: Wie eine Gewohnheit ein Gesetz könne auch umgekehrt ein Gesetz eine ältere Gewohnheit verdrängen. Zu beachten sei ferner, ob es sich bei der Gewohnheit jeweils um ein gemeines oder nur um ein lokal gültiges Recht handelt.

926) Gl LdR I 63 (64) *Sus schall me* (S. 459 Z. 15 f.); Gl LdR III 48 (54 § 1) *Len an gherichte* (S. 1270 Z. 2 f.); Gl LdR III 58 (65 § 1) *Dar vint yewelik* (S. 1367 Z. 9–12); Gl LdR III 63 (70 § 2) *Wert auer* (S. 1398 Z. 5); Gl LdR III 79 (87 § 1) *Wert yenne dar umme beklaget thu lantrechte* (S. 1512 Z. 3). Vgl. dazu die Nachweise im noch ungedruckten Glossar zu den Glossen zum Sachsenspiegel-Landrecht (Buch'sche Glosse) von Frank-Michael Kaufmann und Peter Neumeister, ad v. „*wonheit (gewonheit, wonheid, wonheyd, wonheyt, wontheit)*“.

927) Gl LdR II 61 (62 § 3) *Swe wilde deer*: „*C. e. ti. l. II* [Cod. 8, 52 (53), 2]. *Dar secht de lex: En lang wonheid is nen snode bewisinge, yodoch is ze so vele nicht, dat ze moghe*

heit eine Kompilation aus legistischen und kanonistischen Glossen darstellt, welche den wesentlichen Stand der Diskussion zusammenfassen. Johann verfasst ihn ganz und gar aus der Perspektive des gelehrten Juristen. Alle drei klassischen Funktionen der Gewohnheit – von der Stifterin (*conditrix*) über die Deuterin (*interpretatrix*) bis hin zur Aufheberin gesetzten Rechts (*abrogatrix*) finden Erwähnung und Anerkennung[928].

Verschiedene Elemente dieser gelehrten *consuetudo*-Lehre bzw. des Buch'schen Traktats über die Gewohnheit haben sich auch in einigen der übrigen sächsischen Arbeiten erhalten. Glosse WbR 43 etwa erläutert das Wesen der Gewohnheit im Zusammenhang mit der Willkür, die sie als „*der gewonheit orsprungk*"[929] bezeichnet. Einleitend nennt der Weichbildglossator dort von den nach legistischer Lehre grundsätzlich denkbaren drei Wirkungsweisen der Gewohnheit nur die erste: Eine Willkür könne dort begründet werden, wo es an geschriebenem Recht fehle[930]. Ob die Auslassung der übrigen beiden Wirkungsweisen, also die Funktionen der Gewohnheit als Deuterin und als Erneuerin des Rechts, den Umkehrschluss zulässt, dass der Weichbildglossator die gesetzesabrogierende Kraft von Willkür und Gewohnheit nicht anerkennen will, muss hier dahinstehen. Wie die Buch'sche Glosse liefert auch die Weichbildglosse im Folgenden einen an *Glossa ordinaria* zu Dist. 4 c. 2 ad v. *honesta – necessaria* angelehnten Katalog von Anforderungskriterien, die eine gültige Gewohnheit inhaltlich erfüllen müsse: Sie möge ehrlich sein, rechtmäßig, möglich, etc.[931]. Da der Glossator des Weichbilds hier im Wesentlichen die Buch'schen Formulierungen gebraucht, ist es wahrscheinlich, dass er sich konkret an der Buch'schen Glosse zum *Textus prologi* orientierte und nicht eigens eine neue Übersetzung aus der *Glossa ordinaria* anfertigte. Auch auf die Frage nach den zeitlichen Entstehungsvoraussetzungen geht der Weichbildglossator ein. Er meint, die Gewohnheit müsse entweder so alt sein, dass sich niemand mehr an ihre Ursprünge erinnern kann oder sie müsse bereits zweimal vor Gericht Anwen-

---

vordrucken en recht." (S. 878 Z. 5–7).

928) Vgl. dazu bereits oben S. 684.

929) Gl WbR 43 (Sp. 356 Z. 7). Zum Zusammenhang zwischen Gewohnheit und Willkür WEITZEL, Gewohnheiten S. 343 f.

930) Gl WbR 43: „*Unde eyne willekor mag sien, unde sal werden ader geschen an sollichen dingen, dovon kein recht geschriben ist, ut J. 1, 2 de jure naturali, gentium et civili §. 9 Sine scripto.*" (Sp. 356 Z. 8–12).

931) Gl WbR 43 (Sp. 356 Z. 13–32); vgl. dazu Gl LdR, Textus prologi *Got de dar is beghin vnd ende* (S. 117 Z. 3 – S. 118 Z. 5) und *Glossa ordinaria* zu Dist. 4 c. 2 ad v. *honesta* (a) – *necessaria* (h) (Corpus juris canonici I, Rom 1582 Sp. 12).

dung gefunden haben[932]. Dann aber habe sie *„beschrebin rechtis craft“*[933]. Insgesamt lehnt sich die Weichbildglosse recht nah an die gelehrte *consuetudo*-Lehre an, lässt aber wesentliche Aspekte wie die Frage nach ihrem Verhältnis zum gesetzten Recht außen vor.

Nikolaus Wurm handelt in Liegnitzer StadtRB I 10 *Was eyne gewonheit ist* nur relativ knapp über die Gewohnheit. Nach der bereits erwähnten Unterscheidung zwischen guter und schlechter Gewohnheit und dem Hinweis auf das Korrektiv der Kaisersatzung erwähnt Wurm unter Hinweis auf Dig. 1, 3, 37 die Rolle der Gewohnheit als verbindliche Deuterin des Rechts (*„eyyn erbar bedewtunge“*[934]). Sodann stellt auch er die bereits aus Glosse WbR 43 bekannte Verbindung zwischen Willkür und Gewohnheit her: Wo man sich so lange unverändert an eine Willkür halte, dass sich niemand mehr an ihre Ursprünge erinnern könne, da halte man sie berechtigt für eine rechtskräftige Gewohnheit[935]. Über eine etwaige gesetzesabrogierende Kraft der Gewohnheit schweigt auch Wurm.

4. Das fragmentarische Bild der Lehnrechtsglosse

Wenden wir uns nach diesem Überblick über die Rezeption der gelehrten *consuetudo*-Lehre in Buch'scher Glosse, Weichbildglosse und Liegnitzer Stadtrechtsbuch schließlich der Lehnrechtsglosse zu. Man ist erstaunt festzustellen, dass der Lehnrechtsglossator, obwohl ihm jedenfalls der Buch'sche Traktat über die Gewohnheit in der Glosse zum *Textus prologi* bekannt gewesen sein muss, auf eine ausführliche rechtstheoretische Behandlung der Gewohnheit verzichtet hat. Es finden sich nur ganz vereinzelte Hinweise, die ein höchst fragmentarisches Bild des Glossators vom Wesen der Gewohnheit zeichnen.

In der Vorrede gibt der Glossator lediglich diese einzelne Definition:

> *„Eyne gewonheit ist sotan recht, das eyn volk vnder o̊m selber gewilkort hath czu halden, das vor nicht geschriben was, ut Institu. de iure gencium § ex non scripto.“*[936]

---

932) Gl WbR 43 (Sp. 356 Z. 33–42); vgl. dazu Gl LdR, Textus prologi *Got de dar is beghin vnd ende* (S. 118 Z. 9 – S. 119 Z. 3) und *Glossa ordinaria* zu Inst. 1, 2, 9 ad v. *diuiturni* (l) (Corpvs ivris V/2, Lyon 1627, Inst. Sp. 23).

933) Gl WbR 43 (Sp. 356 Z. 34).

934) Liegnitzer StadtRB I 10 *Was eyne gewonheit ist* (LEUCHTE, Liegnitzer Stadtrechtsbuch S. 22 Z. 32 f.).

935) Liegnitzer StadtRB I 10 *Was eyne gewonheit ist* (LEUCHTE, Liegnitzer Stadtrechtsbuch S. 22 Z. 34–36).

936) LGl LnR, Vorrede (S. 52 Z. 9–11).

Die Begriffsbestimmung ähnelt einer Buch'schen Definition in der Glosse zum *Textus prologi* („*Eyn wonheit is, dat en islik volk vnder sik sunderliken holt*“[937]). Beide Autoren betonen, dass eine Gewohnheit nur einen begrenzten Adressatenkreis betreffen könne. Zentral ist für beide außerdem das Element des Konsenses, der gemeinsamen Rechtsüberzeugung der Betroffenen. Über die Landrechtsglosse hinaus führt der Lehnrechtsglossator die Gewohnheit außerdem auf einen konkreten Akt bewusster Willensbildung zurück („*gewilkort*“). Soeben konnten wir diese Verknüpfung von Gewohnheit und Willkür schon in Weichbildglosse und Liegnitzer Stadtrechtsbuch beobachten[938]. Ihr liegt die Idee zugrunde, Gewohnheiten entstünden nicht etwa durch unbewusstes Verhalten, sondern könnten bewusst „gemacht“ und eingeführt werden. Ebenfalls in Erweiterung der Buch'schen Glosse betont der Lehnrechtsglossator als eine charakteristische Eigenschaft der Gewohnheit ihre jedenfalls ursprüngliche Schriftlosigkeit („*das vor nicht geschriben was*“). Das entspricht der klassischen, gelehrten Unterscheidung zwischen *ius scriptum* und *ius non scriptum*[939]. Sie verdeutlicht, weshalb der Glossator im Nachsatz ergänzen kann: „*Also ist is ouch gewest vmbe das recht.*“[940] Gemeint ist „dieses“ Recht, nämlich das von ihm kommentierte Lehnrechtsbuch[941]. Es sei durch Gewohnheit entstanden und habe ursprünglich nicht als *ius scriptum* existiert. Bereits einige Abschnitte zuvor hat der Glossator ausgeführt, dass Kaiser Friedrich das Lehnrecht erlassen habe, um unredlichen Satzungen und Gewohnheiten zu begegnen und redlichen zur Anwendung zu verhelfen[942]. Der Lehnrechtsglossator geht also davon aus, dass es sich beim Sächsischen Lehnrecht zwar um eine Kaisersatzung handelt, diese aber über weite Strecken Gewohnheiten aufgenommen hat. Dort, wo die Gewohnheiten „gut“ waren, seien sie durch kaiserliche Autorität bekräftigt worden. Insofern gilt ihm das Lehnrecht als kaiserlich

937) Gl LdR, Textus prologi *Got de dar is beghin vnd ende* (S. 111 Z. 10 f.).

938) Gl WbR 43 (Sp. 356 Z. 5–12); Liegnitzer StadtRB I 10 *Was eyne gewonheit ist* (LEUCHTE, Liegnitzer Stadtrechtsbuch S. 22 Z. 34–38); vgl. dazu oben S. 692 sowie WEITZEL, Gewohnheiten S. 343 f.

939) Vgl. oben S. 683 f.

940) LGl LnR, Vorrede (S. 52 Z. 11 f.).

941) Die entsprechende Stelle in der „Wurm'schen“ Glosse LnR, Vorrede ist an dieser Stelle klarer: „*Alzo ist iz auch gewest vm diz recht*“ (Berlin SBB-PK Hs. 392 fol. 152va). Dass vom gegenwärtigen Lehnrechtsbuch die Rede ist, beweist sich aber auch im Nachsatz, in welchem sich der Glossator noch einmal auf das Seneca-Zitat bezieht. Das Zitat dient der Vorrede als Begründung für den Erlass des Lehnrechts.

942) LGl LnR, Vorrede: „*Wann dy saczunge vnde gewonheit alle, dy sy gesaczt hatten, warn nicht redelichen. Vnde darvmbe wart das gesaczt vnde gefunden noch des keysers wille.*“ (S. 50 Z. 4–6).

bestätigte Gewohnheit. In diesem Licht dürfte auch die Bemerkung in Glosse LnR 18 zu verstehen sein, wo die Regelung des LnR 18 S. 2 als eine Bestätigung einer „*alden gewonheit*“ durch „*das recht*“[943] charakterisiert wird. Die Rechtsqualität des Sächsischen Lehnrechts änderte sich dabei nicht allein durch seine Niederschrift, denn auch aufgezeichnete Gewohnheiten bleiben *ius non scriptum*. In der Theorie des Lehnrechtsglossators überführt erst der Akt seines kaiserlichen Erlasses das Lehnrecht in den Normenbereich der Satzungen.

Weder in die Vorrede noch in einen späteren Teil der Lehnrechtsglosse übernimmt der Lehnrechtsglossator Auszüge aus Johanns Traktat über die Gewohnheit. Nirgends erörtert er materielle Kriterien, an denen sich eine Gewohnheit messen lassen müsse, um Rechtskraft zu entfalten. Nirgends geht er auf die Frage ein, wie alt eine Übung sein müsse, um zu einer rechtskräftigen Gewohnheit zu erstarken. Schließlich spricht er nirgends explizit die gesetzesgleiche Wirkung von Gewohnheiten an. Erst recht nicht problematisiert er das Verhältnis zwischen Gewohnheit und Gesetz. Einzig „Wurm'sche“ Glosse LnR 7 ergänzt einmal die Bemerkung, wo kein geschriebenes Recht den Sachverhalt regele und sich der Kreis der Betroffenen vor Gericht nach einer bestimmten Gewohnheit richte, da erstarke diese Gewohnheit zu einem Recht („*wirt ein recht* [...] *und behelt rechtis kraft*“[944]). Die längere Lehnrechtsglosse enthält eine solche klarstellende Notiz nicht. Welches Bild sich der Glossator vom Wesen der Gewohnheit macht, lässt sich daher nur unzureichend über vereinzelte Mosaiksteine rekonstruieren[945].

---

943) LGl LnR 18 (S. 328 Z. 16 – S. 329 Z. 1) Gemeint ist die Regel, dass sich ein Lehnsherr bei vertagter Klage gegen den Lehnsmann nicht auf die Anhängigkeit dieser Sache berufen könne, um die Einlassung in eine zweite Klage des Lehnsmannes gegen den Lehnsherrn wegen eines Guts zu verweigern (LnR 18 S. 2). Der Lehnrechtsglossator allegiert dazu Cod. 7, 45 2 und 14; vgl. dazu auch Gl LdR I 60 § 3 *Swar en man* (S. 436 Z. 10 f.).

944) „Wurm'sche“ Glosse LnR 7: „*wen eine alde gewonheit vndir den leutin mit den dy gewonheit auzgesatzt ist und sich dar nach helt in gerichtis weise wirt ein recht, wo dy gewonheit mit beschrebin rechte nicht uorlehit w*[ir]*t und behelt rechtis kraft, ut Inst. de iure gencium. §. Ex non scripto ius venit q*[uod] *usus ap*[ro]*bauit Nam diuturni mores utentium consensu comp*[ro]*bati legem imitatur.*“ (Berlin SBB-PK Hs. 392 fol. 179vb–180ra). Der Satz schließt an die Bemerkung des Glossators zum Afterlehen in LGl LnR 7 § 2 an: „*Vnde sotan lehn kommet von gewonheit vnde nicht von rechte* [...].“ (S. 184 Z. 14 f.).

945) Nur am Rande sei zusätzlich auf die bemerkenswerte *additio* zu LGl LnR 19 § 2 (S. 343 Var. m) hingewiesen. Sie benennt eine Gewohnheit, wonach das einstige, in der Glosse angeführte Erfordernis des Selbsiebtbeweises durch einen Selbdrittbeweis abgelöst worden sei. Dazu verweist die Passage auf eine *additio* zu Glosse LnR 75.

An mehreren Stellen bejaht der Glossator die Geltung bestimmter Gewohnheiten. Deutlich spricht er ihre Rechtsverbindlichkeit in Glosse LnR 34 an, wo der Glossator darauf hinweist, es könnten für einzelne Klöster besondere Lehnspflichten zur Ablöse der Heerfahrt festgeschrieben worden sein. An solche solle man sich halten *„noch irer gewonheit“*[946], auch wenn das Recht diese nicht vorsehe. Gewohnheiten erscheinen hier in Gestalt spezieller, nur vor Ort gültiger, aufgezeichneter Normen. Sie stehen dem allgemeinen *„recht“* gegenüber und gehen ihm innerhalb ihres begrenzten Wirkungskreises ohne weiteres vor. Glosse LnR 7 bezeichnet das Afterlehen, welches im letzten Glied der Belehnungskette der Schultheiß innehabe, als ein Institut *„von gewonheit vnde nicht von rechte“*[947]. Der Glossator erkennt auch dieses Lehen an, obwohl der Schultheiß offenbar nicht zu den regelmäßigen, nach Sächsischem Lehnrecht lehnsfähigen Heerschildträgern gezählt wurde[948]. Hier tritt die Gewohnheit wieder in Gegenüberstellung zum *„recht“* auf. Wieder billigt die Glosse ihr Rechtsgeltung zu. Glosse LnR 69 (68) schließlich zählt in stillschweigender Anlehnung an LdR III 45 die verschiedenen Bußgelder auf, die an Frauen, Biergelden etc. zu zahlen seien. Obwohl die Passage nichts anderes als eine Nacherzählung eines Landrechtsartikels ist, stellt der Glossator den Bußgeldkatalog als ein Gebot der Gewohnheit dar (*„von busze vnde von wergelde sollit ir vornemen noch der gewonheit“*[949]). Wie das Lehnrecht, so darf man schlussfolgern, begreift er auch das Sachsenspiegel-Landrecht als eine Kaisersatzung, die über weite Strecken lediglich die kaiserliche Bestätigung älteren Gewohnheitsrechts darstellt.

Während die soeben genannten Stellen bestimmte Gewohnheiten als tatsächlich zu befolgende Rechtsgebote anführen, kennt der Glossator andere Gewohnheiten, deren Geltung er verneint. In Glosse LnR 32 diskutiert er im Rahmen einer *quaestio* den Fall, dass mehrere Söhne eines verstorbenen Lehnsmannes ein Lehen zunächst zu gesamter Hand empfangen hätten und über geraume Zeit stets nur den einen, einst auch von ihrem Vater geschuldeten Lehnsdienst verrichtet hätten[950]. Dieses Lehen hätten die Söhne später untereinander aufgeteilt und es in solcher Weise ohne Widerspruch des Herrn zweifach über Jahr und Tag und länger besessen. Hieraus ergebe sich die Frage, ob der Lehnsherr wegen der Teilung des Gutes nunmehr von jedem einzelnen Sohn die Verrichtung des vollen Lehnsdienstes verlangen

946) LGl LnR 34 (S. 558 Z. 7).

947) LGl LnR 7 § 2 (S. 184 Z. 14 f.).

948) Vgl. dazu auch Ssp LdR III 61 § 2: Der Schultheiß muss frei geboren, aber nicht ritterbürtig sein.

949) LGl LnR 69 (68 § 9) (S. 968 Z. 3 f.).

950) LGl LnR 32 § 1 (S. 539 Z. 13 – S. 544 Z. 5).

dürfe oder ob er sich weiterhin mit der Leistung eines einzigen Lehnsdienstes zufrieden geben müsse. Der Glossator geriert sich in der Erörterung dieser Streitfrage zunächst als *advocatus diaboli*, indem er eine etwaige, in der Zwischenzeit bereits geschehene mehrfache Dienstverrichtung als eine unbegründete, bloß versehentlich geübte Gewohnheit bezeichnet („*Nota* [...], *daz sotan gewonheit ist mehir vff kommen von irrunge wen von sachen wegin*"[951]). Nach wie vor seien die Söhne nur zu dem einen, „*von alder gewonheit*"[952] auf dem Gut lastenden Lehnsdienst verpflichtet. Im Ergebnis schließt sich der Glossator dann aber der Gegenmeinung an und befürwortet eine gesonderte Lehnspflicht eines jeden einzelnen Lehnserben nach Teilung des Gutes: „*Czu disser questio antworten wir also* [...], *das disse gewonheit nicht alzo czu halden sie*"[953]. Bei diesen Gewohnheiten, von denen in Glosse LnR 32 die Rede ist, handelt es sich gar nicht um Normen im Sinne allgemeiner, an einen größeren Adressatenkreis gerichteter Regeln. Es geht lediglich um die strittige gewohnheitsrechtliche Ausfüllung einer ganz konkreten Dienstpflicht in Bezug auf ein einzelnes Gut. Der Glossator verwahrt sich gegen eine gewohnheitsrechtliche „Verdinglichung" einer auf dem Lehnsgut lastenden Dienstpflicht. Stattdessen mahnt er nach Teilung des Gutes die persönliche Lehnsdienstpflicht eines jeden einzelnen Lehnsmannes an.

Auch Glosse LnR 40 handelt von einer Gewohnheit, die nicht zu befolgen sei. Der Lehnrechtsglossator verwirft darin die Durchführung von Wasserurteilen[954]. Es handele sich um eine Gewohnheit, welche die Sachsen zwar einst gehabt hätten, die aber dem Evangelium widerspreche und daher abgelegt worden sei, als sich die Sachsen zum christlichen Glauben bekehrten („*Sint sy abir glo͗ubigk wurden synt, so ist sotan sache vorlegit* [...]"[955]).

951) LGl LnR 32 § 1 (S. 541 Z. 7 f.).

952) LGl LnR 32 § 1 (S. 542 Z. 10).

953) LGl LnR 32 § 1 (S. 543 Z. 4 f.).

954) LGl LnR 40 § 2 (S. 602 Z. 3 – S. 604 Z. 3). Die Handschriften der Klasse L (vgl. S. 402 Z. 6 und im Petitdruck) sprechen, wie Gl LdR III 20 (21 § 2) *Mit eneme water ordele* ab (S. 1054 Z. 13 f.), vom „Segnen" des Wassers. Demgegenüber verstehen Handschriften der Klasse K das Wasserurteil als Heißwasserprobe, vgl. KGl LnR 40 § 2 (S. 319 Z. 10: „*sere wermen*"). Auch im Augsburger Druck von 1482 ist statt vom „Segnen" vom „Sieden" des Wassers die Rede: „*Wasser vrteil ist dz, wo ein sach vnd*[er] *zweifel ist, do ma*[n] *mit nicht die warheit ku*[n]*d erfaren. do solt man ein wasser sieden vnnd das den vodern zetrincke*[n] *geben vnnd wen es kränckete oder brannte, der wäre schuldig.*" ([Sächsisches Weichbild...], Augsburg 1482 fol. LXI^{vb}–LVII^{ra}). Die „Wurm'sche" Glosse LnR 40 hat an entscheidender Stelle einen Blattausfall (Berlin SBB-PK Hs. 392 fol. 275–280 fehlen).

955) LGl LnR 40 § 2 (S. 603 Z. 9 f.).

In LnR 40 § 2 sei das Wasserurteil daher lediglich noch in seiner metaphorischen Bedeutung angesprochen: Das Wasser stehe für den Eid, den die Schwörenden trinken. Dem Unschuldigen segne es Gott, dem Meineidigen aber verbrenne es die Seele. Das echte Wasserurteil gilt dem Lehnrechtsglossator hingegen als eine alte, seit langem abgelegte Gewohnheit der Sachsen. Die Stelle lehnt sich eng an die ausführlichere Buch'sche Glosse LdR III 20 (21 § 2) *Mit eneme water ordele* an[956].

Noch eine weitere Quellenstelle, die sich im weitesten Sinn mit der Zulässigkeit von Gottesurteilen beschäftigt, ist aufschlussreich für die Idee des Lehnrechtsglossators vom Wesen der Gewohnheit. Glosse LnR 55 handelt vom gerichtlichen Zweikampf[957]. Um die Bedeutung dieser Stelle zu klären, ist ein kleiner Exkurs notwendig. Anlass für die Erörterung des im Lehnrechtstext überhaupt nicht angesprochenen Instituts des gerichtlichen Zweikampfs ist dem Glossator der von LnR 55 § 2 a. E. geforderte Selbsiebtbeweis. Der Selbsiebtbeweis gilt für alle Fälle qualifizierten Treuebruchs, die im Lehngerichtsprozess die Aberkennung des Lehens nach sich ziehen. Johann von Buch hatte in anderem Zusammenhang in seiner ambivalenten Haltung zum gerichtlichen Zweikampf geäußert, das Institut des Kampfes sei weitestgehend aus der Übung geraten und durch den Selbsiebtbeweis ersetzt worden („*id is vorgan vte der wonheit, vnde he is gekomen vppe zeven manne tughe*“[958]). Vermutlich hat eben dieser Satz den Lehnrechtsglossator dazu inspiriert, in Glosse LnR 55 in Anknüpfung an den Selbsiebtbeweis auch selbst „*eyn wenigk czu sprechin nu von kampfe.*“[959] Im folgenden zu-

956) Gl LdR III 20 (21 § 2) *Mit eneme water ordele* (S. 1054 Z. 13 – S. 1056 Z. 9). Zur Behandlung des Wasserurteils in Land- und Lehnrecht sowie in Buch'scher Glosse und Lehnrechtsglosse ausführlich KANNOWSKI, Umgestaltung S. 181–192.

957) LGl LnR 55 § 2 (S. 728 Z. 12 – S. 733 Z. 12). Zur Einordnung des gerichtlichen Zweikampfes als Gottesurteil KANNOWSKI, Umgestaltung S. 208 f. m. w. N. Allgemein zum gerichtlichen Zweikampf PLANCK, Gerichtsverfahren I S. 787–791; SCHILD, Art. Zweikampf, in: HRG V Sp. 1835–1842, 1844–1847; im Überblick auch über seine Ursprünge HOLZHAUER, Zweikampf.

958) Gl LdR I 62 (63 § 1) *De mod bydden den richter* (S. 456 Z. 11 f.). Zur Behandlung des gerichtlichen Zweikampfs in der Landrechtsglosse KANNOWSKI, Umgestaltung S. 193–209. Johann von Buch handelt an verschiedenen Stellen vom Zweikampf. Zusammenfassend lässt sich sagen, dass der Landrechtsglossator das Institut des gerichtlichen Zweikampfes zwar anerkennt, seinen Anwendungsbereich aber stark einschränkt. Er begrenzt seine Zulässigkeit auf vier Fälle – Klage gegen einen Toten (LdR I 64), Befreiung aus der Reichsacht (LdR I 18 § 3), Verteidigung gegen die Klage mit dem Zweikampf (LdR I 63) und Überführung eines Räubers (LdR I 39) – und hält den Kampf auch dort nur als *ultima ratio* des Beweises für zulässig.

959) LGl LnR 55 § 2 (S. 728 Z. 12; vgl. zuvor bereits die Anknüpfung an den Selbsiebtbeweis S. 728 Z. 1–11).

sammenhängenden Exkurs der Lehnrechtsglosse über den gerichtlichen Zweikampf verarbeitet der Glossator verschiedene Elemente der Buch'schen Glossen LdR I 62 (63) *Kempliken groten* und *De mod bydden den richter*[960]. Insgesamt handelt es sich jedoch um eine relativ eigenständig verfasste Passage des Lehnrechtsglossators, die auf die Besonderheiten eines spezifisch lehngerichtlichen Kontextes eingeht[961].

Das Erfordernis des strengeren Selbsiebtbeweises in LnR 55 für bestimmte Fälle qualifizierten Treuebruchs erklärt der Glossator mit der Tatsache, dass sich der Lehnsmann gegen diese Vorwürfe einst mit dem gerichtlichen Zweikampf habe wehren dürfen („*Vmbe alle disse sachen mus man kempfin*"[962]). Nun sei dies heute eigentlich „*allis abegelegit*"[963]. Nur in ganz bestimmten Fällen und als *ultima ratio* dürfe ein Mann noch immer den Zweikampf gegen einen Standesgenossen fordern[964]. Niemals aber, so das auf die lehnrechtliche Treuepflicht gestützte Ergebnis einer ausführlichen *quaestio* des Glossators, dürfe ein Lehnsmann auch seinen Lehnsherrn zum gerichtlichen Zweikampf herausfordern[965]. Dass im Übrigen die prinzipielle Zulässigkeit des Instituts des gerichtlichen Zweikampfes aus „*Rômi-*

960) Gl LdR I 62 (63 § 1) *Kempliken groten* und *De mod bydden den richter* (S. 453 Z. 16 – S. 458 Z. 7).

961) Unberücksichtigt bleiben im Folgenden die ebenfalls eigenständigen, sehr ausführlichen Erläuterungen zum Zweikampf in Gl WbR 35 (Sp. 332 Z. 15 – Sp. 339 Z. 35).

962) LGl LnR 55 § 2 (S. 728 Z. 5).

963) LGl LnR 55 § 2 (S. 728 Z. 9).

964) Die von LGl LnR 55 § 2 (S. 729 Z. 11 – S. 730 Z. 1) genannten Fälle, in denen der Zweikampf noch zulässig sein soll – Hochverrat, sonstiger Verrat, Diebstahl und Raub, Notzucht und Frauenraub sowie Treulosigkeit – stimmen nicht mit den Katalogen der Buch'schen Glosse überein, vgl. KANNOWSKI, Umgestaltung S. 194. Vermutlich orientiert sich der Lehnrechtsglossator in seiner Reihung an Ssp LdR I 63 § 1, der im Zusammenhang mit dem gerichtlichen Zweikampf von Friedensbrüchen, Notzucht und Räuberei spricht. Da der Lehnrechtsglossator den Zweikampf zwischen Lehnsmann und Lehnsherrn für unzulässig hält und sein Katalog der rechtmäßigen Anwendungsfälle des Zweikampfes unter standesgleichen Männern keine speziell lehnrechtliche Relevanz entfaltet, geht der Glossator offenbar davon aus, dass es zum Zweikampf nur noch im Verfahren nach Landrecht kommen könne.

965) LGl LnR 55 § 2: „*Nota. Wilch man sich alzo kegin synem hern mitt kampffe seczt, adir mit andirley gewalt, der tut widder syne truwe, vnde vorluszt dorvmbe syn lehn, vnde wirt truweloz. Vnde dorvmbe sult ir wissen: Wilch man synen hern kempfflichen grůszin wil, der sal ôm vff laszin sotan gut, als her von om hot. So mag her on ansprechin, wie her wil, vnde tuth widder syne truwe nicht, ut supra c. III § die wile das her sin man* et cetera." (S. 733 Z. 4–10).

schem rechte"[966] hergeleitet wird, findet sich so schon bei Johann von Buch. Insgesamt, meint der Lehnrechtsglossator, richte sich der Zweikampf jedoch „*mehir noch der gewonheit wenne noch rechte*"[967].

Der Lehnrechtsglossator beschreibt den Zweikampf als in einer Art rechtlichen Grauzone befindlich: Einerseits nennt er den Zweikampf eine alte Gewohnheit, die das Recht bis auf die geschilderten Ausnahmefälle abgelegt habe („*von rechtis wegin vorlegit*"[968]). Darin entspricht der Glossator der Buch'schen Glosse, die in ganz ähnlicher Weise eine teilweise Änderung der Gewohnheit geltend macht[969]. Andererseits hält der Glossator den Zweikampf für ein noch immer rudimentär vorhandenes, in erster Linie durch Gewohnheiten rechtlich ausgestaltetes Phänomen. Skeptisch ergänzt er: „*Was yn sotan sachen der fursten wille ist, das halden sie vor eyne gewonheit vnd vor ir recht, als vns Accursius spricht yn syner glosen vff den titulum de iure gencium § ex non scripto.*"[970] Ganz eindeutig hält der Glossator Gewohnheiten für abänderbar. Als abrogierenden Faktor stellt er ihnen im Fall des aus der Übung geratenen Zweikampfes das „*recht*" gegenüber. In der zugespitzt formulierten Polarität von Gewohnheit und Recht schimmern bereits Zweifel des Glossators an der fortdauernden Gültigkeit des gewohnheitsrechtlichen Zweikampfes überhaupt hindurch. Unter Berufung auf „*der fursten wille*", ergänzt er dann, halte man manche Ausgestaltung des Zweikampfes für eine rechtskräftige Gewohnheit – ob sich der Glossator dieser Ansicht auch selbst anschließt, lässt er offen. Der etwas kryptische

---

966) LGl LnR 55 § 2 (S. 729 Z. 4 f.); vgl. dazu Gl LdR I 17 (18 § 3) *Dat drudde: Dat nen ordel* (S. 232 Z. 4–10) und Gl LdR I 62 (63 §1) *Kempliken groten* (S. 453 Z. 19 – S. 454 Z. 7). Vgl. außerdem KANNOWSKI, Umgestaltung S. 197–199. In Übereinstimmung mit der Buch'schen Glosse allegiert der Lehnrechtsglossator in diesem Zusammenhang Inst. 3, 1, 5 (S. 729 Z. 5 f.) und Dig. 9, 2, 7, 4 (S. 729 Z. 10), die allerdings von professionellen Schaukämpfen handeln. Dass beide sächsische Glossatoren den Zweikampf explizit im römischen Recht begründet sehen, ist bemerkenswert, denn Legisten und Kanonisten entnahmen dem römischen Recht zunächst ein grundsätzliches Verbot des Zweikampfes, vgl. SCHMOECKEL, ‚Wunderwerck Gottes' S. 138. Die Kommentatoren gestalteten den Zweikampf dann allerdings als ein irreguläres Beweismittel aus.

967) LGl LnR 55 § 2 (S. 729 Z. 7 f.).

968) Im Ganzen lautet der Satz in LGl LnR 55 § 2: „*Vnde sint denne das kempfin mehir ist von gewonheit, vnd von rechtis wegin vorlegit ist, an vmbe sotan sachin, also vor berurt sint, do helt man is mehir noch gewonheit.*" (S. 731 Z. 4–7).

969) Vgl. etwa Gl LdR I 47 (48 § 3) *Alsus mot me enen doden man wol weren*: „*Dit is almestich vte der wonheit gekomen. Doch sint noch stucke, dar men vmme vechten mot;* [...]. *Wen auer en recht vte der wonheit kumpt, so is dat affgelecht* [...]."(S. 355 Z. 9–13) oder Gl LdR I 62 (63 § 1) *De mod bydden den richter*: „*Also hefstu, dat in itliken saken de kempe syn affghelecht vnde in itliken nicht.*" (S. 457 Z. 13 f.).

970) LGl LnR 55 § 2 (S. 731 Z. 7–10).

Hinweis auf einen übereinstimmenden Fürstenwillen hängt dabei merkwürdig in der Luft. Vielleicht spielt der Glossator auf eine konkrete Begebenheit aus seinem persönlichen Umfeld an. Vielleicht greift der Glossator darin auch die Meinung einiger Legisten auf, wonach die wenigstens stillschweigende Zustimmung der betroffenen Obrigkeit zu den Geltungsvoraussetzungen einer Gewohnheit zählte. In der allegierten Stelle der *Glossa ordinaria* findet diese Ansicht allerdings keinen Anknüpfungspunkt[971]. Der Verweis auf *Glossa ordinaria* zu Inst. 1, 2, 9 ad v. *Ex non scripto* belegt jedoch noch etwas anderes: Er beweist, dass dem Glossator die gelehrte *consuetudo*-Lehre geläufig war. Es handelt sich um eben jene Stelle, in der Accursius die wesentlichen Entstehungs- und Geltungsvoraussetzungen des Gewohnheitsrechts zusammengetragen hat und die auch Johann von Buch in seinen Traktat über die Gewohnheit[972] einfließen lässt. Auch der Lehnrechtsglossator will die Frage, ob eine bestimmte Gewohnheit tatsächlich Rechtskraft entfaltet, hier offenbar von den allgemeinen, legistischen Erfordernissen der rechtskräftigen *consuetudo* abhängig machen. Der Glossator nimmt in seinen Allegationen nur sehr selten statt der Primärquellentexte konkrete Passagen der zugehörigen *Glossa ordinaria* in Bezug. Dass er sie hier explizit anführt und Accursius sogar namentlich erwähnt, darf deshalb als klares Bekenntnis des Glossators zur gelehrten *consuetudo*-Lehre gewertet werden.

Land- und Lehnrechtsglossator schreiben in ihren Stellungnahmen zum gerichtlichen Zweikampf gegen die Anwendung eines zu ihren Lebzeiten unter dem Einfluss des kanonischen Rechts allmählich aus der weltlichen Gerichtspraxis verdrängten Instituts an[973]. Dass gerichtliche Zweikämpfe auch in der zweiten Hälfte des 14. Jahrhunderts noch andauern, dass ihre Durchführung als Missstand empfunden wurde und dass dieser von den sächsischen Juristen aktiv bekämpft worden ist, zeigt ein Zusatz der „Wurm'schen" Glosse LnR 55. Der Redaktor beklagt darin, dass der sogenannte Kampfesgruß noch oft vorkomme, dass er jedoch nur selten rechtmäßig sei und meist auf der „*snode*[n] *bosin vrechheit*"[974] der Leute beruhe.

---

971) LGl LnR 55 § 2 (S. 731 Z. 9 f.) verweist auf *Glossa ordinaria* zu Inst. 1, 2, 9 ad v. *Ex non scripto* (k) ff. (Corpvs ivris V/2, Lyon 1627, Inst. Sp. 23 f.).

972) Gl LdR, Textus prologi (S. 116 Z. 14 – S. 121 Z. 4).

973) KANNOWSKI, Umgestaltung S. 194; SCHMOECKEL, ‚Wunderwerck Gottes' S. 132–146. Formal verbietet das kanonische Recht Zweikämpfe nur im geistlichen Gericht (vlg. etwa C. 2 q. 5 c. 22 und X. 5, 35, 1). Das *Summarium* vor X 5, 35 enthält aber auch schon den allgemeinen Satz: „*Duella & aliae purgationes vulgares prohibitae sunt.*" (Corpus juris canonici II, Rom 1582 Sp. 1849 f.), dazu SCHMOECKEL, ‚Wunderwerck Gottes' S. 135. Gleichwohl hielt sich der Zweikampf noch über Jahrhunderte.

974) „Wurm'sche" Glosse LnR 55: „*sint daz doch viel leute mit be kust kurzt werde*[n], *daz man sy czu kampfe grust adir daz sy einen grusin, durch ir snode*[n] *bosin vrechheit*

Indem die sächsischen Juristen das Institut des Zweikampfes anerkennen, es gleichzeitig aber strengen Restriktionen unterwerfen, tragen sie selbst zur Abschaffung dieser alten Gewohnheit bei.

Zwei letzte Stellen der Lehnrechtsglosse beweisen, dass der Lehnrechtsglossator unter dem Eindruck der gelehrten *consuetudo*-Lehre argumentiert. LnR 71 § 2 besagt, dass mit Ausnahme des Schultheißentums kein vom König abgeleitetes peinliches Gericht in die vierte Hand gelangen dürfe[975]. In der konkretisierenden Erläuterung dieses Satzes in Glosse LnR 72 (71) beruft sich der Glossator für andere Fälle, in denen gleichwohl eine Weiterverleihung von Gerichtslehen über die vierte Hand hinaus möglich sei, auf eine dahingehende Gewohnheit: *„Vnde czihe mich des an dy gewonheit, dy die beste důterynne ist des rechtin* [...].“[976] Er rezipiert darin Glosse LdR III 46 (52 § 3) *Jn de verden hant*, wo bereits Johann von Buch eine entsprechende gewohnheitsrechtliche Interpretation des Rechts geltend gemacht hat[977]. Die Gewohnheit erscheint in ihrer klassischen Funktionen als *interpretatrix* noch einmal in Glosse LnR 77 (76)[978]. LnR 76 § 7 regelt den Fall, dass der Lehnsherr seinem Lehnsmann das freie Geleit verweigert und der Lehnsmann die Aufkündigung des Lehens deshalb nicht gefahrlos von Angesicht zu Angesicht gegenüber dem Herrn vornehmen kann. Dazu meint der Lehnrechtsglossator, grundsätzlich lasse sich die Art und Weise, wie in solchen Fällen eine wirksame Lehnsaufkündigung vorgenommen werden könne, dem genannten Lehnrechtskapitel entnehmen. Doch weil der Text etwas kurz geraten sei, müsse man ergänzend die Gewohnheit des Landes hinzuziehen. Diese sei die beste Deuterin des Rechts, denn *„wo das recht czu korcz ist, do sal is dy gewonheit irfullen* [...].“[979] Abermals finden wir die Gewohnheit in ihrer Ergänzungs- und Hilfsfunktion genannt. Diesmal handelt es sich offenbar um eine originär vom Lehnrechtsglossator verfasste, nicht an der Buch'schen Glosse orientierte Passage. Glosse LnR 72 (71) und Glosse LnR 77 (76) allegieren dazu jeweils das zugehörige Paulusfragment Dig. 1, 3, 37 (*„optima enim est legum interpres consuetudo“*[980]). Dass hier

---

vnd seldin mit rechte. sint man einenyder ma[n] *wolczu rechte brengin mag.“* (Berlin SBB-PK Hs. 392 fol. 307va).

975) Dazu näher HOMEYER, System, Sachsenspiegel II 2 S. 534–536.

976) LGl LnR 72 (71 § 3) (S. 1017 Z. 3 f.). Dazu allegiert der Glossator Dig. 1, 3, 37 (verderbt) sowie Inst. 1, 2, 9.

977) Gl LdR III 46 (52 § 3) *Jn de verden hant* (S. 1254 Z. 4 – S. 1256 Z. 8, insbesondere S. 1256 Z. 3 f.).

978) LGl LnR 77 (76 § 7) (S. 1064 Z. 4 f.).

979) LGl LnR 77 (76 § 7) (S. 1064 Z. 6 f.).

980) Dig. 1, 3, 37 (Corpus iuris civilis I S. 34), vgl. auch X 1, 4, 8. Zur Funktion der Gewohnheit als Deuterin des Rechts BRIE, Lehre vom Gewohnheitsrecht S. 37, 60;

auf eine der drei klassischen gelehrten Funktionen der Gewohnheit angespielt wird, ist unübersehbar. Umso auffälliger ist, dass die Lehnrechtsglosse die übrigen beiden Wirkungsweisen der *consuetudo*, also die Gewohnheit als Stifterin neuen und als Aufheberin alten Rechts, nicht erwähnt.

In der Zusammenschau der einzelnen Quellenstellen der Lehnrechtsglosse ergibt sich das folgende Bild: In Glosse LnR 11 schließt sich der Lehnrechtsglossator der Buch'schen Grundunterscheidung in gute und schlechte Gewohnheiten an[981]. Solchen Gewohnheiten, die dem natürlichen Recht widersprechen, schiebe das kaiserliche, gesetzte Recht einen Riegel vor. Die Idee, dass es auch „unrechte" Gewohnheiten gibt, ist eine schon in den älteren deutschen Rechtsquellen vorhandene Vorstellung. Über die Frage der Gültigkeit „unrechter" Gewohnheiten sagt das zunächst einmal nichts aus. Die Legisten und Kanonisten hatten die *ratio* zur materiellen Geltungsvoraussetzung von Gewohnheiten ausgestaltet. Deren Lehren macht sich Johann von Buch in seinem zusammenhängenden Traktat über die Gewohnheit zu Beginn der Buch'schen Glosse zu eigen[982]. Fragt man nun nach dem Gewohnheitsbegriff des Lehnrechtsglossators, so ist bemerkenswert, dass er den Buch'schen Traktat nicht übernommen hat. Eine zusammenhängende, differenzierte Klärung des Gewohnheitsrechts findet in der Lehnrechtsglosse nicht statt. Die Analyse verstreuter Einzelbemerkungen des Glossators zeigt jedoch, dass auch er unter dem Eindruck der gelehrten *consuetudo*-Lehre stand.

In der Vorrede definiert der Glossator Gewohnheitsrecht als *ius non scriptum*, dessen Geltungsgrund im Willen der Betroffenen zu sehen sei[983]. In seiner ursprünglichen Gestalt sei insbesondere auch das Sächsische Lehnrecht einmal aus Gewohnheit entstanden. Zweimal erwähnt der Glossator die Gewohnheit in ihrer Funktion als Deuterin des Rechts[984]. Dass sie im Übrigen „*gescreuenes rechtes macht*"[985] habe, wie es die Buch'sche Glosse ausdrücklich klarstellt, wird dagegen nirgends ausgesprochen. Faktisch erkennt der Glossator die gesetzesgleiche Wirkung von Gewohnheiten wohl an. Die Geltung konkreter, teilweise auch nur vor Ort bestehender Gewohnheiten bestätigt er in Glosse LnR 34 (besondere Lehnspflichten von

---

GAUDEMET, La coutume S. 52; GARRÉ, Consuetudo S. 82; ULLMANN, Bartolus S. 280.

981) LGl LnR 11 § 2 (S. 246 Z. 11 – S. 247 Z. 7); vgl. dazu Gl LdR I 54 (55 § 1) *Alle wertlik gerichte* (S. 398 Z. 1–13).

982) Gl LdR, Textus prologi *Got de dar is beghin vnd ende* (S. 116 Z. 13 – S. 121 Z. 4).

983) LGl LnR, Vorrede (S. 52 Z. 9–11).

984) LGl LnR 72 (71 § 3) (S. 1017 Z. 3 f.); LGl LnR 77 (76 § 7) (S. 1064 Z. 4 f.).

985) Gl LdR, Textus prologi *Got de dar is beghin vnd ende* (S. 119 Z. 6 f.).

Klöstern)[986], Glosse LnR 7 (Afterlehen eines Schultheißen)[987] und Glosse LnR 69 (68) (Bußgeldkatalog)[988]. Der problematischen Frage nach dem Verhältnis der Gewohnheit zum geschriebenen Recht geht der Glossator allerdings vollständig aus dem Weg.

In jedem Fall hält der Glossator Gewohnheiten für abänderbar. So verwahrt er sich gegen die gewohnheitsrechtliche Verdinglichung einer Dienstpflicht bei geteiltem Lehnsgut (Glosse LnR 32)[989], nennt das Wasserurteil eine alte, zwischenzeitlich abgelegte Gewohnheit der Sachsen (Glosse LnR 40)[990] und begründet auch den Rückgang des gerichtlichen Zweikampfs mit dem aus der Übung Geraten älterer Gewohnheiten (Glosse LnR 55)[991]. Die Behandlung des gerichtlichen Zweikampfs ist die aufschlussreichste Stelle der Lehnrechtsglosse in Bezug auf den Gewohnheitsbegriffs ihres Verfassers. Die in der Lehnrechtsglosse mehrfach genannte Dichotomie von „Gewohnheit“ und „Recht“ kommt hier besonders deutlich zum Ausdruck. Der Verweis auf die Accursische *Glossa ordinaria* zu Inst. 1, 2, 9 ad v. *Ex non scripto* beweist, dass der Glossator die gelehrte *consuetudo*-Lehre verinnerlicht hatte[992]. Gleichzeitig beschreibt er die Gewohnheit des Zweikampfs als potentielle Quelle für unbotmäßiges Verhalten.

Alles in allem erkennt der Glossator die prinzipielle Rechtskraft von Gewohnheiten an, beschäftigt sich aber nicht dezidiert mit deren Entstehungs- und Geltungsvoraussetzungen. Im Lichte der Lehnrechtsglosse erscheinen Gewohnheiten als eher vage, unsichere Quelle des Rechts.

c) Satzung

Die bei weitem größte Bedeutung im Rechtssystem des Lehnrechtsglossators kommt dem gesetzten oder geschriebenen Recht zu. In der Schilderung der drei Ursprünge des Rechts in Natur, Gewohnheit und Satzung bildet es den Schlussstein und den eigentlichen Garanten für die Verwirklichung des Rechts. Weil nicht alle Menschen nach den Geboten des natürlichen Rechts lebten und es deshalb zweierlei Gewohnheiten gebe, heißt es in den sächsischen Arbeiten des 14. Jahrhunderts übereinstimmend, sei es notwendig ge-

986) LGl LnR 34 (S. 558 Z. 4–12).
987) LGl LnR 7 § 2 (S. 184 Z. 11–16).
988) LGl LnR 69 (68 § 9) (S. 968 Z. 3–14).
989) LGl LnR 32 § 1 (S. 539 Z. 13 – S. 544 Z. 5).
990) LGl LnR 40 § 2 (S. 602 Z. 3 – S. 604 Z. 3).
991) LGl LnR 55 § 2 (S. 728 Z. 12 – S. 733 Z. 12).
992) LGl LnR 55 § 2 (S. 731 Z. 9 f.) verweist auf *Glossa ordinaria* zu Inst. 1, 2, 9 ad v. *Ex non scripto* (k) ff. (Corpvs ivris V/2, Lyon 1627, Inst. Sp. 23 f.).

worden, dass die Kaiser zu einer Stärkung der guten und Bekämpfung der schlechten Gewohnheiten ihr Recht setzten („*Nv was not, durch der czwierley gewonheit wille, daz das dritte stůcke ouch vff qweme, das was der keiser saczunge*“[993]). Dass obrigkeitliche Rechtssetzung im Denken der sächsischen Juristen die eigentliche und bei weitem wichtigste Rechtsquelle darstellt, zeigt sich nirgendwo deutlicher als in den Legenden rund um die kaiserliche Gesetzgebung für Sachsen. Zwar erkennt der Lehnrechtsglossator eine ursprüngliche Entstehung des Lehnrechts aus der Gewohnheit ausdrücklich an[994]. Als hinreichende Legitimationsquelle hatte das Herkommen des Rechts von alters her jedoch ausgedient. In Parallele zu Land- und Weichbildrecht konstruiert der Lehnrechtsglossator nun zusätzlich den Akt seiner kaiserlichen Bestätigung[995]. Seiner Rechtsqualität nach gilt das Sächsische Lehnrecht demnach als (ins Deutsche übersetzte) Kaisersatzung. In einer Welt des Schriftrechts, wie sie sich den im römischen und kanonischen Recht geschulten Rechtsgelehrten darstellte, nahmen sich die sächsischen Juristen in dieser Weise ihre eigenen *Codices* zur Bearbeitung vor. Im Folgenden werden ausgewählte, auffällige Bedeutungselemente dieses in den Glossen so bewusst und bemüht um die sächsischen Rechtsbücher erweiterten Rechtsbereichs des gesetzten Rechts erörtert.

1. Erscheinungsformen gesetzten Rechts

Die Satzung steht in den sächsischen Arbeiten des 14. Jahrhunderts als Sammelbegriff für recht verschiedene Erscheinungsformen von Recht. Häufig

993) LGl LnR 11 § 2 (S. 247 Z. 3 f.); vgl. dazu bereits Gl LdR I 54 (55 § 1) *Alle wertlik gerichte* (S. 398 Z. 10–13) sowie Gl WbR 1 (Sp. 186 Z. 14–34) und Liegnitzer StadtRB I 10 *Was eyne gewonheit ist* (LEUCHTE, Liegnitzer Stadtrechtsbuch S. 22 Z. 29–31).

994) LGl LnR, Vorrede: „*Eyne gewonheit ist sotan recht, das eyn volk vnder ǒm selber gewilkort hath czu halden, das vor nicht geschriben was, ut Institu. de iure gencium § ex non scripto. Also ist is ouch gewest vmbe das recht.*“ (S. 52 Z. 9–12). „Wurm'sche“ Glosse LnR, Vorrede, enhält darüber hinaus noch den klarstellenden Hinweis, es handele sich beim Lehnrecht um eine dem natürlichen Recht nicht angehörende Materie („*sint den mal, daz denne lenr*[ech]*t eine sunderliche wyse ist, dy naturlich recht nicht antreffinde ist, sunde*[r]*n der rittirschaft gebin ist. wen naturlich recht hot sein vrsprung uon der naturen*“, Berlin SBB-PK Hs. 392 fol. 151va), vielmehr sei es „*auz dem gemeinen keisir rechte*“ (Berlin SBB-PK Hs. 392 fol. 151rb) gezogen worden.

995) LGl LnR 81 (80 § 1): „*Czu eyner beslisunge disser keginwertigen constitucion, dy wir usus feodorum heiszin, dy in Dutczsch vsz dem Latino gebracht ist, dy czu eyner bestetigunge des Sachszinspigels vnde des Sechsisszen rechtis von dem hochgelobeten vnde hochgebornen keiser Frideriche gesaczt vnde bestetiget sien noch keiserlichem willen* […].“ (S. 1082 Z. 5–10). Vgl. zum gesamten Komplex bereits ausführlich oben S. 536 ff.

werden *„sazunge"* und *„beschrebin recht"* synonym gebraucht[996]. Einen markanten Beleg für die Bedeutung und die Diversität der von diesem Begriff umfassten Rechtsquellen liefert das spätere Bocksdorf'sche Remissorium, welches das Stichwort *„Recht / das beschriben ist etce."*[997] bildet und darunter eine Vielzahl von Sätzen aus Landrechts-, Lehnrechts- und Weichbildglosse zusammengetragen hat. Danach zählen zum gesetzten oder geschriebenen Recht das Sächsische Landrecht ebenso wie das Stadtrecht, das Reichsrecht, das römische Recht und das geistliche Recht. Auch das Lehnrecht war aufgrund seiner vermeintlichen Bestätigung durch Kaiser Friedrich „Schriftrecht" und „Satzung".

Kaiserlich gesetztes Recht. Zentraler Akteur des gesetzten Rechts ist der Kaiser. Ein in allen sächsischen Glossen vorkommender Topos lautet:

> *„Wenne des keysers wille wart ein recht, ut Institu. de iure gencium et civili § sed et quod principi."*[998]

---

996) Besonders eindeutig in Gl WbR 1 (Sp. 186 Z. 16 f., 31 f., 35 f.). Etwas anders verhält es sich mit Liegnitzer StadtRB I 3 *Von des rechten undirscheit*, wo Nikolaus Wurm dem natürlichen und dem gesetzten Recht zunächst das geschriebene Recht gegenüberstellt (LEUCHTE, Liegnitzer Stadtrechtsbuch S. 19 Z. 35–39). Später gebraucht er den Begriff *„beschreben recht"* aber selbst als Bezeichnung für das kaiserlich gesetzte Reichsrecht (LEUCHTE, Liegnitzer Stadtrechtsbuch S. 21 Z. 22). Der Lehnrechtsglossator scheint zwischen gesetztem und geschriebenem Recht keinen wesentlichen Unterschied gesehen zu haben. In seiner Terminologie herrscht die „Satzung" vor, doch charakterisiert er gesetztes Recht zuweilen auch als *„beschriben recht"* (etwa LGl LnR 10 § 1 (S. 208 Z. 13; vgl. auch LGl LnR 63 § 2 (S. 842 Z. 6).

997) Bocksdorf'sches Remissorium, ad v. *Recht / das beschriben ist etce.* (ZOBEL, Sechsisch Weychbild und Lehenrecht, Leipzig 1537, ohne fol.).

998) So schon LGl LnR, Vorrede (S. 50 Z. 6–8). Regelmäßig allegieren die sächsischen Juristen dazu Inst. 1, 2, 6. In der „Wurm'schen" Glosse LnR, Vorrede, folgt darauf noch eine Übersetzung des allegierten Inst. 1, 2, 6 Satz 2: *„Nota. Dez sult ir wissin: allis, waz der keysir mit schrift adir mit vrteil adir selbir seczt, daz wirt ein recht, vnd daz gebot, daz der keisir tut, ut Inst. de iur. gen. § Quodcu*[m]*q*[ue] *igitur imp*[e]*r*[ator] *p*[er] *ep*[istu]*la*[m] *constituit v*[e]*l congnoscens* decrev<i>t *v*[e]*l edicto p*[re]*cepit, legem esse constat"* (Berlin SBB-PK Hs. 392 fol. 151rb). Vgl. ähnlich LGl LnR 11 § 2 (S. 248 Z. 3–6) und LGl LnR 73 (72 § 1) (S. 1035 Z. 6). Vgl. außerdem etwa Gl LdR I 54 (55 § 1) *Alle wertlik gerichte* (S. 399 Z. 6–8); Gl LdR II 27 § 1 *Swe ok bruggetoln* (S. 696 Z. 13 – S. 697 Z. 4); Gl LdR III 25 (26 § 1) *De konningh* (S. 1080 Z. 11–14); Gl LdR III 56 (63 § 1) *Constantin* (S. 1336 Z. 6 f.) sowie Gl WbR 8 (Sp. 218 Z. 4–6) und Gl WbR 43 (Sp. 217 Z. 4–6). Bereits in abgewandelter Form findet sich der Satz in Gl WbR 1 (Sp. 186 Z. 48–52) und in Liegnitzer StadtRB I 9 *Was eyne satczunge ist* (LEUCHTE, Liegnitzer Stadtrechtsbuch S. 21 Z. 35 f., vgl. aber auch Z. 28 f.).

Die sächsischen Juristen gehen von einer umfassenden Rechtssetzungsbefugnis des Kaisers bzw. des Reiches aus. Abstrakt unterscheiden sie zwischen drei und vier verschiedenen Formen kaiserlicher Rechtssetzung. Glosse LdR I 54 (55 § 1) *Alle wertlik gerichte*, Glosse LnR 11 und Glosse WbR 1 enthalten übereinstimmend eine Aufzählung dreier verschiedener Arten, wie Reichsrecht entstehen könne: Erstens entstehe es durch kaiserliche Auswahl der besseren von zwei Gewohnheiten („*van kore*"), zweitens durch die vom Volk erbetene kaiserliche Bestätigung eines vom Volk selbst erwählten Rechts („*dat dat volk recht kos vnde bat sik dat zetten*") und drittens durch die Schaffung neuen kaiserlichen Rechts aus eigenen, freien Stücken („*dat de keysere recht satten* [...] *dor dat se koren, dat id nutte was*")[999]. In partieller Deckung mit dieser Trias unterscheiden Land- und Weichbildglosse an anderer Stelle noch einmal zwischen vier verschiedenen Erscheinungsformen kaiserlichen Rechts: Es begegne in der Gestalt erbetener Rechtsauskünfte des Kaisers („*wenne de keysere ghevraget worden vmme recht, de antworde dat wart en recht*"), in Form gerichtlicher Urteile des Kaisers („*wenne de keysere zulues richteden,* [...] *dat wart ok en recht*"), in Form eigener, aus freien Stücken erlassener Rechtsakte („*wat se van ereme motwillen zetten, dat wart ok en recht*") und schließlich in Gestalt gnadenhalber erlassener Privilegien („*wat he van gnaden gaff, dat wart ok en recht*")[1000]. Der Lehnrechtsglosse fehlt eine Entsprechung zu dieser Passage.

Wichtig scheint vor allem die Feststellung, dass kaiserliche Rechtssetzung aus Sicht sächsischer Glossatoren sowohl Einzelfallentscheidungen als auch den Erlass abstrakter Normen und ganzer Codices umfassen kann, dass es sich an einen beschränkten Adressatenkreis ebenso richten kann wie an die Gesamtheit der Untertanen des Reichs. Überdies herrscht die Vorstellung, dass kaiserliches Recht teilweise aufgrund kaiserlicher Initiative in der Gestalt von Neuschöpfungen jeden erdenklichen Alters existiert, dass es seinen Ursprung teilweise aber auch in Gewohnheit und Willkür hat und erst später durch Akte kaiserlicher Bestätigung mit hoheitlicher Autorität „aufgeladen" wird.

Die sächsischen Rechtsbücher als gesetztes Recht. In der Ideologie der sächsischen Glossatoren zählen ihre Rechtsbücher zu diesem von Kaisern gesetzten Recht. Johann von Buch nennt das Sachsenspiegel-Landrecht ein

---

999) Gl LdR I 54 (55 § 1) *Alle wertlik gerichte* (S. 398 Z. 14, S. 399 Z. 1 f. und Z. 4–6); ganz ähnlich LGl LnR 11 § 2 (S. 247 Z. 8 – S. 248 Z. 6) und Gl WbR 1 (Sp. 186 Z. 35–52).

1000) Gl LdR III 42 (44 § 1) *To Babilonia* (S. 1215 Z. 4 – S. 1216 Z. 3, insbesondere S. 1215 Z. 7 f., 9 f., 11 f., 13 f.); ganz ähnlich Gl WbR 1 (Sp. 181 Z. 29 – Sp. 182 Z. 3).

„privilegium“[1001] der Kaiser Karl und Konstantin. Auch der Lehnrechtsglossator qualifiziert sein Rechtsbuch eindeutig als *„constitucion“* (*„saczungen“*)[1002]. Der Glossator des Weichbildrechts subsumiert Sachsenspiegel und Magdeburger Weichbildrecht ebenfalls ausdrücklich unter die Fallgruppe der gnadenhalber erlassenen kaiserlichen Privilegien[1003]. Sie alle sehen Land-, Lehn- und Weichbildrecht als Kaisersatzungen mit beschränktem Geltungsbereich an[1004]. Das Landrecht gelte als sächsisches Privileg im territorial begrenzten Gebiet der Sachsen, das Lehnrecht sei ein Sonderrecht der Ritter und das Weichbildrecht betreffe alle Städte mit Magdeburger Stadtrecht.

Prinzipiell handelt es sich bei den sächsischen Rechtsbüchern aus Sicht der sächsischen Glossatoren um Satzungen in der Form kaiserlich bestätigten Gewohnheitsrechts. Darüber hinaus kennzeichnen die Glossen zahlreiche Rechtssätze aber auch speziell als kaiserliche Einzelentscheidungen konkret strittiger Rechtsfragen. Typischerweise geschieht dies zu Beginn einer Glossierung oder in der *solutio* einer zuvor diskutierten Streitfrage, wo zur Entscheidung des Problems auf die in Gesetzesform festgehaltene Meinung des Kaisers verwiesen wird. So ist es etwa in Glosse LnR 22 zu beobachten: Der Glossator bejaht die Frage, ob ein Lehnserbe seinem künftigen Herrn die Treue schwören muss, unter Hinweis auf den entsprechenden Wortlaut des LnR 22 (*„Solucio. Disser rechte czwytracht czu vornhemen hat vns disz keginwertige buch gesaczt eyne solucio, vnde spricht*: [..., es folgt der Inhalt der Entscheidung, Anm. der Verf.] *Vnde das ist hy keyser Frideriches meynunge, dy her hye spricht.“*[1005]). Landrechts- und Weichbildglosse markieren bestimmte Artikel ihrer Rechtsbücher ebenfalls gesondert als punktuelle Entscheidungen rechtlicher Zweifelsfragen durch bestimmte Kaiser[1006]. Die

1001) Gl LdR, Textus prologi *Got de dar is beghin vnd ende* (S. 110 Z. 13); vgl. etwa auch Gl LdR I 18 (19 § 1) *De Swaue nimpt wol* (S. 234 Z. 11); Gl LdR II 59 (61 § 1) *Do god den mynschen schop* (S. 868 Z. 3).

1002) LGl LnR 81 (80 § 1) (S. 1082 Z. 5 f. und im Petitdruck). Den Privilegcharakter des Sachsenspiegel-Landrechts betont der Glossator des Lehnrechts in LGl LnR 19 § 2 (S. 346 Z. 1–3).

1003) Gl WbR 1 (Sp. 181 Z. 43 f.). Als *„sazunge“* erscheint das Weichbildrecht außerdem in Gl WbR 31 (Sp. 337 Z. 1).

1004) Die Einordnung des Sachsenspiegels in die Kategorie des „gesetzten Rechts“ bestätigt für das 15. Jahrhundert auch LÜCK, Nach Herkommen und Gewohnheit S. 158 f.

1005) LGl LnR 22 § 1 (S. 373 Z. 3 f.; Z. 10 f.). Ähnliche Entscheidungen unter Verweis auf den Lehnrechtstext finden sich in LGl LnR 29 § 2 (S. 493 Z. 1 f.) und LGl LnR 31 § 1 (S. 521 Z. 10–12).

1006) Etwa Gl WbR 29 (Sp. 322 Z. 29 – Sp. 323 Z. 10) und dazu Gl LdR III 75 (82 § 2) *We ein gut deme anderen gift* (S. 1492 Z. 22 – S. 1493 Z. 22); Gl WbR 30 (Sp. 324 Z. 37 – Sp. 325 Z. 13) und dazu Gl LdR III 76 (83 § 3) *We eigen* (S. 1497 Z. 1–26); Gl WbR 31

sächsischen „Codices“ weisen insofern durchaus Kompilationscharakter auf. Im Bild der Glossen erscheinen sie als heterogene Gesetzeskompendien, die neben einem mehr oder weniger „aus einem Guß“ verfassten Grundstock an älterem, kaiserlich bestätigten Gewohnheitsrecht auch verschiedentlich kaiserliche Einzelentscheidungen und spätere Novellen aufgenommen haben. Die gewollte Parallele zum römischen *Corpus iuris* ist unübersehbar.

Das gemeine römische Recht des *Corpus iuris* als gesetztes Recht. Neben den einheimischen „Gesetzesbüchern“ für Sachsen zählt zum kaiserlich gesetzten Recht vor allem der große Komplex des römischen Rechts. In seiner rezipierten, im 14. Jahrhundert in Anwendung befindlichen Form bezeichnen die sächsischen Glossen es als „Kaiserrecht“[1007]. Hin und wieder findet sich aber auch die Bezeichnung *„des riches saczunge“*[1008]. Seine fortwährende Geltung gründet auf der Idee der *translatio imperii*. Es handelt sich um diejenige Rechtsmasse, die im *Corpus iuris* die Jahrhunderte überdauert hatte und neben dem kanonischen Recht zum zentralen Bearbeitungsobjekt der Rechtswissenschaft geworden war. Indem die sächsischen Glossatoren die Legenden von den kaiserlichen Bestätigungen ihrer sächsischen Rechtsbücher konstruieren, gleichen sie die einheimischen Rechtstexte dem römischen Recht, wie es ihnen aus dem Studium vertraut war, an. Aus ihrer Sicht beruhen Sächsisches Recht und römisches Kaiserrecht auf ein und demselben Geltungsgrund. Hier wie dort bezieht das Recht seine Autorität vom Kaiser, vom Reich.

Der entscheidende Unterschied zwischen Sächsischem und römischem Recht besteht im Adressatenkreis: Während es sich beim Sächsischen Recht um grundsätzlich nur in Sachsen gültiges Partikularrecht handelt, stellt das römische Recht gemeines, überterritorial gültiges Reichsrecht dar[1009]. Die Verschiedenheit im Geltungsbereich ist von Johann von Buch für das Sachsenspiegel-Landrecht, welches in der Glosse durchweg als sächsisches Privileg bezeichnet wird, besonders klar herausgearbeitet worden. Dem Recht bestimmter Gruppen wie der Sachsen, die durch ein kaiserliches Privileg

(Sp. 327 Z. 3–26); Gl WbR 82 (Sp. 400 Z. 27–48). Weitere Beispiele bei KANNOWSKI, Umgestaltung S. 551–553.

1007) KANNOWSKI, Umgestaltung S. 199–201; DERS., Verhältnis S. 131; KRAUSE, Kaiserrecht und Rezeption S. 94. Vgl. auch die Nachweise im noch ungedruckten Glossar zu den Glossen zum Sachsenspiegel-Landrecht (Buch'sche Glosse) von Frank-Michael Kaufmann und Peter Neumeister, ad v. *„keyserrecht“*. In seiner Bedeutung als antikes, nicht mehr in Geltung befindliches Recht erscheint das römische Recht hingegen unter der Bezeichnung „römisches Recht“.

1008) LGl LnR 20 § 3 (S. 357 Z. 6).

1009) KANNOWSKI, Verhältnis S. 128 f.

eine *„sunderlike gnade“* erfahren hätten, stellt Johann das *„ghemene recht“* gegenüber, *„dat de koninge hebben ghegheuen* […] *alle der werlde, dat hetet keyserrecht.“*[1010] Dass Johann unter „Kaiserrecht“ stets allein das römische Recht und nicht etwa auch das kaiserlich bestätigte Sachsenspiegel-Landrecht versteht, zeigt ebenfalls sein klares Bewusstsein von der Verschiedenheit von sächsischem Partikular- und römischem Gemeinrecht. Weniger deutlich positioniert sich der Lehnrechtsglossator. Er qualifiziert den Lehnrechtstext zwar als Rechtsbuch für Sachsen, behandelt seinen Inhalt aber keineswegs als bloß in Sachsen gültiges, territoriales Lehnrecht[1011]. Den personalen Geltungsbereich des Lehnrechts beschränkt er auf die Ritterschaft, sieht es dabei aber prinzipiell als Reichslehnrecht an. Eine eindeutige Klärung der Fronten von Partikularität und Universalität gelingt dem Lehnrechtsglossator nicht. Immerhin führt er die Buch'sche, für das römische Recht reservierte Terminologie des „Kaiserrechts“ fort.

Bernd Kannowskis Beobachtung, dass Johann von Buch als „römisches Recht“ im Gegensatz zum „Kaiserrecht“ stets nur das antike, aus historischer Perspektive verstandene und nicht mehr notwendig in Geltung befindliche römische Recht bezeichnet, bestätigt sich für die Lehnrechtsglosse nicht[1012]. Dafür festigt sich auch in den übrigen deutschsprachigen Arbeiten zum Sächsischen Recht eine uniforme Verwendung des Begriffs *„lex“*. Unter *leges* verstehen die sächsischen Juristen stets römische Rechtssätze in ihrem konkreten, im *Corpus iuris* überlieferten Wortlaut. Für die Buch'sche Glosse erhellt sich ein solcher Zusammenhang ohne weiteres durch einen Blick in das Glossar zu dieser Glosse[1013]. Aber auch Lehnrecht- und Weichbildglosse zeigen einen ähnlichen Begriffsgebrauch[1014]. Eindeutig definiert schließlich Nikolaus Wurm in Liegnitzer StadtRB I 8 *Was eyn lex ist* die *lex*

1010) Gl LdR III 32 (33 § 1) *Yewelk man hefft sin recht* (S. 1136 Z. 7, 3 und 2–4).

1011) Vgl. oben S. 631 ff.

1012) LGl LnR 25 (S. 429 Z. 1) bezeichnet mit *„Romischem Rechte“* die Ersitzung nach Inst. 2, 6 pr., an welche sich die Belehnungsfrist von LnR 25 habe anpassen wollen. Allerdings hat der Lehnrechtsglossator den Begriff des römischen Rechts im antiken, historisierten Sinn auch einige Male aus der Buch'schen Glosse übernommen, so zum Ursprung des Zweikampfs in den römischen Arenen, vgl. LGl LnR 55 § 2 (S. 729 Z. 5) und dazu Gl LdR I 62 (63 § 1) *Kempliken groten* (S. 454 Z. 1) sowie zu den Ursprüngen von Zins- und Lehnswesen in den römischen Eroberungsfeldzügen, vgl. LGl LnR 60 § 1 (S. 802 Z. 9) und dazu Gl LdR II 56 (58 § 1) *Offt de man* (S. 852 Z. 24).

1013) Vgl. die Nachweise im noch ungedruckten Glossar zu den Glossen zum Sachsenspiegel-Landrecht (Buch'sche Glosse) von Frank-Michael Kaufmann und Peter Neumeister, ad v. *„lex“*. Regelmäßig bezieht sich Johann auf aktuell allegierte Stellen des *Corpus iuris.*

1014) Etwa LGl LnR 10 § 1 (S. 206 Z. 1, Z. 3) und Gl WbR 7 (Sp. 205 Z. 44 und Sp. 209 Z. 18).

der Römer als einen Unterfall der kaiserlichen Satzung[1015]. Den Gegenpart zu den römischen *leges* bilden die *canones* als Bezeichnung für die kanonischen Sätze des gelehrten Rechts.

Päpstlich gesetztes Recht. An sich postuliert Johann von Buch eine ausschließliche Rechtssetzungskompetenz des Reiches („*recht to merende edder to mynnerende en boret nemende men deme rike*"[1016]). Gleichwohl ist der Kaiser nicht die einzige anerkannte Quelle gesetzten Rechts. Positives *ius scriptum* ist auch das geistliche, vom Papst erlassene Recht.

Das Verhältnis zwischen der geistlichen und der weltlichen Gewalt war seit jeher ein brisantes, hochpolitisches und auch aus juristischer Perspektive sehr umstrittenes Problem. Eindrücklich zeigt dies die ausführliche *quaestio* zum richtigen Verständnis der Zweischwerterlehre in Glosse WbR 7, in welcher der Weichbildglossator die Argumente der Dekretistik und der Legistik einander sorgfältig gegenüberstellt, um sich schließlich unter Verweis auf das Bild der zwei Lichter (X 1, 33, 6 § 4) einer kurialen Sichtweise anzuschließen. Da der Mond sein Licht von der Sonne empfange, stelle sich auch die weltliche Gewalt in einem untergeordneten Verhältnis zur geistlichen Gewalt dar[1017]. Sehr viel ambivalenter ist die Position seines Vorgängers Jo-

---

1015) Liegnitzer StadtRB I 8 *Was eyn lex ist*: „*Menius: Was ist denne lex? Gayus: Lex ist eyne satczunge, die die Romer mit der elderste und erwarsten der stat Rome satczten und geboten zuhalden ut Institut. de iure naturali, gencium et civili* §. *lex; di. ij lex est constitucio.*" (LEUCHTE, Liegnitzer Stadtrechtsbuch S. 21 Z. 10–13), vgl. dazu auch die kurz darauf folgende Definition der Satzung in Liegnitzer StadtRB I 9 *Was eyne satczunge ist*: „*Menius: Was heist denne eyne satczunge? Gayus: Eyne constitucio heist eyne satczunge adir eyn gebot, das eyn keyser adir eyn konig seczt zuhalden bey eynir peyn ut ij. di constitucio.*" (DERS., ebenda S. 21 Z. 17–19). Im Bocksdorf'schen Remissorium, ad v. *Lex* ist die Wurm'sche Definition als Gesetz der Römer einer allgemeinen Gleichstellung mit dem Gesetz schlechthin gewichen: „*Lex heisset souiel als ein gesatz*" (ZOBEL, Sechsisch Weychbild und Lehenrecht, Leipzig 1537, ohne fol.).

1016) Gl LdR II 34 (36 § 3) *Spreke auer iene dar wedder* (S. 746 Z. 10 f.); dazu KANNOWSKI, Umgestaltung S. 279, 550; SCHILLING, Das objektive Recht S. 31 f.

1017) Gl WbR 7 (Sp. 205 Z. 32 – Sp. 208 Z. 18; insbesondere Sp. 208 Z. 12). Zu Beginn der *quaestio* scheint sich die Weichbildglossator in großer Bescheidenheit selbst Mut zusprechen zu wollen, wenn er meint, es handele sich beim Verhältnis der geistlichen zur weltlichen Gewalt um ein schwieriges, kaum zufriedenstellend zu lösendes Problem: „*Dissir vragin genug zu thune syn wir zu unvornunftig. Doch wollen wir vor uns nemen die heiligen recht, der wir doch eyn kint sien, unde wollen uns dorane vorsuchen, ab wir der vragin icht getuhn kunnen, da ouch behegelich were; wenn die leges beschermen ire fursten, daz thun ouch die decreta.*" (Sp. 205 Z. 39–45). Speziell zum Bild der zwei Lichter WEBER, Sonne-Mond-Gleichnis; zur Breite der Diskussion um das Verhältnis von weltlicher und geistlicher Gewalt vgl. nur MANTEY, Zwei Schwerter S. 13–155; PENNINGTON, The Prince and the Law S. 171–201.

hann von Buch gewesen. Im Wesentlichen folgt dieser in Glosse LdR I 1 *Twey swert let ghot* der Eike'schen Auffassung, wonach geistliche und weltliche Gewalt in einem auf brüderlicher Hilfe basierenden Nebeneinander existieren[1018]. Im Übrigen betont Johann die prinzipielle Trennung von weltlicher und geistlicher Sphäre[1019] und bleibt in der Frage nach einer möglichen Begrenzung kaiserlicher Rechtssetzung durch den Papst unentschieden[1020]. Der Lehnrechtsglossator behandelt die Zweischwerterlehre überhaupt nicht. Lediglich in Glosse LnR 61 gebraucht er einmal das Bild des *„wertliche swert"*[1021], welches Gott dem Kaiser anbefohlen habe, um auf Erden über irdische Dinge zu richten. Weil Geistliche nicht peinlich richten dürften, dürfe man ihnen nach LnR 61 auch kein Gerichtslehen geben. Mehr als die grundsätzliche Trennung von weltlicher und geistlicher Gerichtsbarkeit kommt darin nicht zum Ausdruck. In Anlehnung an LdR III 57 und unter Übernahme der zugehörigen Glosse LdR III 50 (57 § 1) *Dre sake* erörtert der Lehnrechtsglossator außerdem drei Fälle, in denen der Papst den Kaiser bannen dürfe[1022]. Schließlich kopiert er in Glosse LnR 4 auch Johanns Beschreibung eines eng begrenzten päpstlichen Noteinsetzungsrechts des Kaisers für den Fall, dass die Fürsten die Königswahl verweigern[1023]. Im Übrigen problematisiert er das Verhältnis von geistlicher und weltlicher Gewalt nicht.

Unabhängig von der schwierigen und in den sächsischen Glossen uneinheitlich, widersprüchlich oder gar nicht beantworteten Frage nach einem etwaigen Vorrang päpstlicher Macht steht eines jedenfalls fest: Neben dem kaiserlich gesetzten, weltlichen Recht existiert auch das positive Recht der

---

1018) Gl LdR I 1 *Twey swert let ghot* (S. 133 Z. 15 – S. 139 Z. 10); dazu KANNOWSKI, Umgestaltung S. 278–281; SCHILLING, Das objektive Recht S. 36–46.

1019) Vgl. etwa Gl LdR III 50 (57 § 1) *Den keyer ne mot*: *„Vnde zegge dat: Wat drepe eghentliken to der zele wert vnde to goddes denste, in den saken is de paues hogher; auer wat eghentliken to deme lyue vnde to der ridderschopp hore, dar is de keyser de hogeste, ut XCVI di. c. cum ad verum."* (S. 1295 Z. 10–14); dazu KANNOWSKI, Umgestaltung S. 279.

1020) KANNOWSKI, Umgestaltung S. 564–566. Entgegen der Interpretation von SCHILLING, Das objektive Recht S. 43–45, bezweckt Gl LdR I 3 *De paues en mach doch* (S. 156 Z. 5 – S. 163 Z. 4) in der Frage der päpstlichen Gesetzgebungsbefugnis keine endgültige Entscheidung, sondern die umfassende Zusammenstellung aller möglichen Argumente.

1021) LGl LnR 61 § 1 (S. 820 Z. 3).

1022) LGl LnR 4 § 1 (S. 114 Z. 10 – S. 116 Z. 11) und dazu Gl LdR III 50 (57 § 1) *Dre sake* (S. 1296 Z. 2 – S. 1298 Z. 4); vgl. dazu KANNOWSKI, Umgestaltung S. 278 f.

1023) LGl LnR 4 § 2 (S. 133 Z. 1–13) und dazu Gl LdR III 50 (57 § 2) *Sint kesen de vorsten alle* (S. 1302 Z. 4–9).

Kirche. Päpstliche Gesetzgebungsgewalt ist für die sächsischen Juristen ebenso selbstverständlich wie die des Kaisers. Im Bewusstsein des um 1305 in Bologna studierenden Johann von Buch etwa muss die Dekretalensammlung des *Liber Sextus,* welche 1298 von Papst Bonifaz VIII. promulgiert wurde, als besonders junges, bedeutsames Gesetzeskompendium fest verankert gewesen sein[1024]. So verwundert es nicht, dass sich der bereits erwähnte Satz, des Kaisers Wille sei Gesetz, in den sächsischen Glossen auch noch in bezeichnend modifizierter Form wiederfindet:

> „*Wenne des babistis vnde des keisers redelicher wille macht eyn recht, ut* VIII *di. <c.> consuetudo, et Institu. de iure gencium § sed et quod, C. de legi. et consti. et edictis l. leges sacratissime.*“[1025]

Grundsätzlich ziehen die sächsischen Juristen das geistliche Recht, die *canones*, in ihren Allegationen in gleicher Weise heran wie die römischen *leges*. Ein Unterschied besteht aber in der Häufigkeit der Verweise. So stehen sich im Fall der längeren Lehnrechtsglosse etwa 370 Zitate des kanonischen Rechts und rund 1720 des *Corpus iuris* gegenüber[1026]. Der Lehnrechtsglossator hat also viermal häufiger auf das römische als auf das kanonische Recht zurückgegriffen. Auch Landrechts- und Weichbildglosse allegieren weitaus seltener das kanonische Recht. Insgesamt spielt es in den sächsischen Glossen eine dem römischen Recht deutlich untergeordnete Rolle. Anders als im Liegnitzer Stadtrechtsbuch, in dem Nikolaus Wurm einleitend einen Grundriss über wichtige rechtliche Grundfesten des christlichen Glaubens gibt, gehen die sächsischen Glossatoren in ihren Ausführungen über die Grundlagen des Rechts nicht explizit auf geistliches Recht ein. Päpstliche Gesetzgebungsgewalt nehmen sie als selbstverständlich hin, ohne sie näher zu thematisieren.

Delegation von Rechtssetzungsbefugnissen. Ein letzter, die verschiedenen Erscheinungsformen gesetzten Rechts betreffender Aspekt ist die Frage, inwiefern die sächsischen Juristen von der Delegierbarkeit kaiserlicher und päpstlicher Rechtssetzungsbefugnis ausgehen. Johann von Buch ist der Auf-

---

1024) KANNOWSKI, Umgestaltung S. 565.

1025) LGl LnR 11 § 2 (S. 248 Z. 3–6); dazu allegiert der Glossator Dist. 8 c. 8 (richtig wohl Dist. 1 c. 1), Inst. 1, 2, 6 und Cod. 1, 14, 9. Der Satz findet sich auch in Gl LdR I 54 (55 § 1) *Alle wertlik gerichte* (S. 399 Z. 6–8) und Gl WbR 1 (Sp. 186 Z. 48–52). In das Bocksdorf'sche Remissorium, ad v. *Recht / das beschriben ist etce.* (ZOBEL, Sechsisch Weychbild und Lehenrecht, Leipzig 1537, ohne fol.) ist er ebenfalls geflossen.

1026) KAUFMANN, Einleitung, LGl LnR S. XXIX. Für die kürzere Lehnrechtsglosse gibt DERS., Einleitung, KGl LnR S. XXI etwa 110 Zitate des kanonischen und 750 des römischen Rechts an.

fassung, Bauern könnten ihre Belange untereinander durch Willkür regeln, sondert diese aber gleichzeitig aus dem Bereich des Rechts aus[1027]. Abseits von solcher Rechtsentstehung „aus der Mitte des Volkes“ scheint die Delegation obrigkeitlicher Rechtssetzungsbefugnis aber für möglich gehalten worden zu sein. Dahingehend ist etwa eine Buch'sche Äußerung zu verstehen, die von der Rechtssetzung durch einen Bischof spricht („*Dit recht brochte vpp bisschop Wichman.*“[1028]). Sogar dem örtlichen Landrichter billigt die Buch'sche Glosse eng begrenzte Rechtssetzungskompetenzen wie die Festsetzung von Brückenzöllen zu („*dat schal zetten des landes richter mit des rikes orleue*“[1029]). Zwei Prinzipien werden dabei sichtbar: Zum einen lassen sich Rechtsanordnungsbefugnisse einer niederen Obrigkeit stets nur für ihren jeweiligen materiell und räumlich beschränkten Herrschaftsbereich ableiten. Zum anderen darf sich dieses Recht nicht in Widerspruch zu Kaiser und Reichsrecht setzen („*id ne mach nemand nen recht setten wedder des rikes willen*“[1030]).

Noch greifbarer, da zu regelhaften Sätzen ausgeformt, wird die Rechtssetzungsbefugnis niederer Obrigkeiten in Lehnrechtsglosse und Liegnitzer Stadtrechtsbuch. Ein wichtiges Beispiel ist die Rechtssetzungsbefugnis der Lehnsherren gegenüber ihren Lehnsmannschaften in lehnrechtlichen Angelegenheiten. In seiner Vorrede berichtet der Lehnrechtsglossator, zum Erlass des Sächsischen Lehnrechts habe Notwendigkeit bestanden, weil zuvor „*eyn iczlich herre vnde furste, geistlich vnde wertlich,*“ seinen Lehnsmännern seine eigene „*sunderliche saczunge*“[1031] gegeben habe. Weil in dieser unübersichtlichen Rechtslage niemand mehr so recht das ihn betreffende Recht habe erfahren können, habe Kaiser Friedrich ein einheitliches Lehnrechtsbuch erlassen. Ohne weiteres und ganz selbstverständlich wird hier eine grundsätzliche Rechtssetzungskompetenz der Herren und Fürsten in Lehnssachen gegenüber ihren Lehnsmannschaften vorausgesetzt. Glosse LnR 65 konkretisiert diese Befugnis zum Recht der Lehnsherren, ihren Lehnsmännern das Erscheinen im Lehngericht verbindlich anzuordnen. Die Verpflichtung zur Mitwirkung im Lehngericht sei Ausfluss des lehnrechtli-

---

1027) KANNOWSKI, Umgestaltung S. 176 f., 550; vgl. außerdem SCHILLING, Das objektive Recht S. 33 f.

1028) Gl LdR I 16 §2 *Js auer de vader edder moder denstman* (S. 220 Z. 8 f.); dazu KANNOWSKI, Umgestaltung S. 550.

1029) Gl LdR II 27 § 1 *Vor voetghenger* (S. 698 Z. 8 f.); dazu KANNOWSKI, Umgestaltung S. 132, 550.

1030) Gl LdR I 17 (18 § 1) *Drierhande recht* (S. 226 Z. 18 f.). Der Satz ist auch in den Regelkatalog des Bocksdorf'schen Remissorium, ad v. *Recht / das beschriben ist etce.* (ZOBEL, Sechsisch Weychbild und Lehenrecht, Leipzig 1537, ohne fol.) geflossen.

1031) LGl LnR, Vorrede (S. 48 Z. 10–12).

chen Treueids. Die Ladung des Lehnsherrn habe daher *„orteils crafft“*[1032]. In Abwandlung des Satzes, des Kaisers Wille sei Gesetz, heißt es nun:

> *„Wenne der hern redelicher wille ist eyn recht.* [...] *ut Institu. de iure gencium § sed et quod principi.“*[1033]

Das Gebot des Lehnsherrn entfalte gegenüber den Lehnsmännern die *„crafft* [...] *eynes beschribenen rechtis“*[1034]. Im Regelkatalog des Bocksdorf'schen Remissoriums hat sich dieser Satz später zur abstrakten Regel verselbständigt[1035]. Inwiefern die Rechtssetzungskompetenz der Lehnsherren über ihre eigenen Lehnsmannschaften durch das kaiserlich erlassene Reichslehnrecht begrenzt wird, beschäftigt den Lehnrechtsglossator nicht. Da das Lehnrechtsbuch Friedrichs I. einen früheren Zustand der Rechtszersplitterung beseitigt haben soll, geht er offensichtlich von seinem Vorrang aus. Dem steht die allgemeine Erwägung gegenüber, dass sich von einer Delegation lehnsherrlicher Rechtssetzungsgewalt eigentlich nur im Fall der gemeinen, vom Reichslehngut des Königs abgeleiteten Lehen sprechen lässt. Hingegen handelt es sich bei Eigengutlehen, deren oberster Lehnsherr ein anderer als der König ist, genau genommen um keine vom Kaiser abgeleitete, sondern um autonome Rechtssetzungsgewalt der jeweiligen obersten Lehnsherren. Findet auch diese noch ihre Schranken im Recht des Kaisers, so stellt dies keinen Teilaspekt mehr eines hierarchischen Lehnsverhältnisses, sondern bloß noch Ausfluss abstrakt hoheitlicher Gewalt des Kaisers dar. Dass die Glosse eine eigene lehnsherrliche Rechtssetzungsbefugnis in Lehnssachen jedenfalls prinzipiell anerkennt, ist bemerkenswert. Verbunden mit der eigenen Lehngerichtsbarkeit der Lehnshöfe dürfte dieser Faktor den Ausbau der Autonomie von Landesherrschaft gefördert haben.

Im Zusammenhang mit dem gerichtlichen Zweikampf, den der Lehnrechtsglossator primär gewohnheitsrechtlich ausgestaltet sah, kommt fürstliche Rechtssetzungsgewalt auch jenseits des Lehnrechts zur Sprache. *„Was yn sotan sachen der fursten wille ist“*, lautet die etwas distanzierte Formulierung in Glosse LnR 55, *„das halden sie vor eyne gewonheit vnd vor ir recht*

1032) LGl LnR 65 § 5 (S. 877 Z. 15).

1033) LGl LnR 65 § 5 (S. 877 Z. 17 – S. 878 Z. 1), auch hierzu wird wieder Inst. 1, 2, 6 allegiert (S. 878 Z. 2 f.).

1034) LGl LnR 65 § 5 (S. 878 Z. 1 f.).

1035) Bocksdorf'sches Remissorium, ad v. *Recht / das beschriben ist etce.*: *„Was ein lehenherr / vnder seinen lehenma*[n]*nen aus rechter vornunfftiger vrsach / schaffet / das hat souiel crafft / als ein beschriben recht / lehen. ca. 65. in gloss.“* (ZOBEL, Sechsisch Weychbild und Lehenrecht, Leipzig 1537, ohne fol.).

[...].“[1036] Fürstliche Rechtssetzung ist hier als eine Art subsidiäre Rechtsquelle für Fälle angesprochen, die im kaiserlichen Recht nicht geregelt sind. Gleichzeitig kommt darin allerdings eine gewisse Skepsis des Glossators zum Ausdruck, denn er missbilligt das Festhalten an der aus dem Recht eigentlich zunehmend verdrängten Form der Beweisführung durch Zweikampf. Klarer erkennt der Lehnrechtsglossator die Rechtssetzungskompetenz von Herren über ihre Dienstmannschaften an. LnR 63 § 2 selbst weist auf die Diversität der Hofrechte hin, die *„vnder iczlichem bischoffe vnde epten vnde eptischynne“*[1037] verschieden seien. Daran könne man ersehen, kommentiert der Glossator, dass ein jeder Herr, *„her sie furste adir man“*, um des Gutes willen über seine Untertanen und Mannen *„recht seczin“*[1038] dürfe. In erneuter Modifikation des bereits bekannten Satzes, des Kaisers Wille sei Gesetz, weiß der Glossator zu ergänzen:

> *„denne eins fursten wille wirt ein recht* [...], *ut Institu. de iure gencium § sed et quod.“*[1039]

Während der Lehnrechtsglossator obrigkeitliche Rechtssetzung nur punktuell über Lehns- und Dienstmannschaften bejaht, setzt sich Nikolaus Wurm in Liegnitzer StadtRB I 9 *Was eyne satczunge ist* ausführlicher mit den Grundsätzen und Grenzen landesherrlicher Gesetzgebung auseinander. Ganz allgemein erkennt er die Rechtssetzungskompetenz von Landesherren an, sieht sie aber personell auf die Untertanen, räumlich auf das jeweilige Territorium und inhaltlich durch die Vorgaben des geschriebenen Rechts beschränkt[1040]. Zu berücksichtigen sei außerdem der Rat der Ältesten und Weisen sowie des Landes Willkür[1041]. Nach eigenem Gutdünken Recht setzen und Recht sprechen dürfe der Landesherr nur über die Seinen. „*Wenne worumme: Seyn gebote gehen nicht weyter, wenne als seyn lant ist* [...].“[1042]

1036) LGl LnR 55 § 2 (S. 731 Z. 7 f.). Vgl. zu dieser Stelle bereits oben S. 700.

1037) LnR 63 § 2 (zitiert nach KAUFMANN, LGl LnR S. 835 Z. 11 f.).

1038) LGl LnR 63 § 2 (S. 841 Z. 14 – S. 842 Z. 1).

1039) LGl LnR 63 § 2 (S. 842 Z. 3–5). Auch hier wird wieder Inst. 1, 2, 6 allegiert. Vgl. ähnlich Gl WbR 43 (Sp. 356 Z. 41–54).

1040) Liegnitzer StadtRB I 9 *Was eyne satczunge ist*: *„Menius: Mochte nicht eyn furste yn seynem lande eyn gebot machen? Gayus: Her mag wol den seynen bynnen seynem gebiete und nicht vorder so bescheidenlich, ab do keyn beschreben recht an irret ut ff. de legibus senatusque consultis et que sit longa consuetudo l. que contra rationem.“* (LEUCHTE, Liegnitzer Stadtrechtsbuch S. 21 Z. 20–23).

1041) Liegnitzer StadtRB I 9 *Was eyne satczunge ist* (LEUCHTE, Liegnitzer Stadtrechtsbuch S. 21 Z. 38–41 S. 22 Z. 1–5).

1042) Liegnitzer StadtRB I 9 *Was eyne satczunge ist* (LEUCHTE, Liegnitzer Stadtrechtsbuch S. 21 Z. 34 f.). Auch hier folgt der Nachsatz: *„und was der herre spricht, das*

Ersuchen ihn hingegen Auswärtige um Recht, so solle sich der Landesherr vorrangig nach dem *„beschreben rechte"* und subsidiär *„nach der vornumfft und noch guter gewonheit"*[1043] richten. Was in den sächsischen Glossen nur vereinzelt angedeutet und wenig durchgestaltet wird, fasst Wurm nun zu klar formulierten Prinzipien zusammen: Erstens findet obrigkeitliche Rechtssetzung ihre Grenzen in den allgemeinen Herrschaftsbefugnissen der jeweiligen Obrigkeit. Zweitens bleibt sie stets durch die Vorgaben des geschriebenen, von Papst und Kaiser erlassenen Reichsrechts beschränkt.

Resümee. Der Streifzug durch die frühen Arbeiten zum Sächsischen Recht hat gezeigt, dass die sächsischen Juristen das gesetzte *ius scriptum* in erster Linie mit dem kaiserlichen Recht gleichsetzen. Dieses begegnet ihnen in ganz unterschiedlichen Formen von der gerichtlichen Einzelentscheidung über das territorial begrenzte Privileg bis hin zum gemeinen Reichsgesetz. Kaiserliche Gesetzbücher für Sachsen, Reichsgesetze wie die *Constitutiones Alberti* und das römische „Kaiserrecht" unterscheiden sich aus Sicht des Spätmittelalters in Adressatenkreis und Alter, nicht jedoch in ihrem Geltungsgrund. Positives Recht ist ganz selbstverständlich auch das geistliche Recht, doch spielt es in den sächsischen Arbeiten nur eine untergeordnete Rolle. Alle Autoren erkennen außerdem begrenzte Rechtssetzungsbefugnisse lokaler Obrigkeiten unterhalb von Kaiser und Papst an. Besonders eindrücklich zeigt sich diese Tatsache an den zahlreichen Variationen, in denen der stets auf Inst. 1, 2, 6 gestützte Satz *„des keysers wille wart ein recht"*[1044] begegnet: Nicht nur des Kaisers Wille – nein auch des Papstes, des Fürsten und des Herren Wille sei Gesetz. Dem lässt sich ein zweiter Satz gegenüberstellen, der in den sächsischen Arbeiten ein gewisses Eigenleben entfaltet:

> *„Wenn vnser eigen wille mag nicht eyn gemeyn recht machen, ut ff. de re. iuris l. privatorum."*[1045]

---

wirt eyn recht ut Instit. de iure naturali, gencium et civili §. sed et quod."

1043) Liegnitzer StadtRB I 9 *Was eyne satczunge ist* (LEUCHTE, Liegnitzer Stadtrechtsbuch S. 22 Z. 8 und 9 f.).

1044) Hier LGl LnR, Vorrede (S. 50 Z. 6 f.). Vgl. dazu Inst. 1, 2, 6: *„Sed et quod principi placuit, legis habet vigorem, cum lege regia, quae de imperio eius lata est, populus ei et in eum omne suum imperium et potestatem concessit."* (Corpus iuris civilis I S. 1).

1045) LGl LnR 24 § 7 (S. 416 Z. 4 f.); vgl. dazu Gl LdR II 7 *Veer zake zint* (S. 549 Z. 3 f.), aber auch Bocksdorf'sches Remissorium, ad v. *Recht / das beschriben ist etce.*: *„Sonderlicher leut wille / mag kein offentlich recht werden / land. li. 2. ar. 47. prope. fin. gloss."* (ZOBEL, Sechsisch Weychbild und Lehenrecht, Leipzig 1537, ohne fol.) sowie das allegierte Fragment Dig. 50, 17, 45, 1: *„Privatorum conventio iuri publico non derogat."* (Corpus iuris civilis I S. 951).

Im Kontext von Glosse LnR 24 bzw. Glosse LdR II 7 *Veer zake zint* dient er als Argument, welches einer Ausweitung der vier gesetzlich festgeschriebenen Fälle echter Not entgegenstehe. Die private Meinung des Juristen dürfe das geschriebene Recht nicht ändern. Abstrakt und in Gegenüberstellung zum rechtssetzenden Willen der Obrigkeit verdeutlicht der Satz, dass Rechtssetzung nicht etwa als Sache des Volkes, der Rechtswissenschaft oder privater Einzelner angesehen wird. So unterschiedlich die verschiedenen Erscheinungsformen gesetzten Rechts auch sein mögen, beruhen sie doch allesamt auf hoheitlicher Autorität. Herrschaftliche Gewalt scheint der entscheidende Geltungsgrund von Recht geworden zu sein.

2. Kaiserliche Autorität als Geltungsgrund

Des Kaisers Wille wird Gesetz, „*des keysers wille wart ein recht*“[1046] – das ist ein Gedanke, der sich im deutschen Mittelalter erst hatte Bahn brechen müssen. Obwohl Eike im Sachsenspiegel durchaus auch rechtsschöpferisch tätig geworden war, hatte er sein Rechtsbuch prinzipiell noch mit dem Anspruch verfasst, das Recht seiner Vorfahren aufzuzeichnen, wie es eben war. Geltungsgrundlagen des Rechts waren aus seiner Perspektive die Verankerung des Rechts in der göttlichen Schöpfung („*Got is selve recht, dar umme is em recht lef.*“[1047]) und sein Bestehen von alters her („*Dit recht hebbe ek selve nicht irdacht, it hebbet van aldere an unsik gebracht Unse guden vorevaren.*“[1048])[1049]. Im 14. Jahrhundert tritt ein neues Legitimationsmodell an die Stelle von Gewohnheit und Herkommen. Die oberste Autorität des Herrschers ist zur maßgeblichen Quelle rechtlicher Legitimation geworden[1050]. Nicht zuletzt unter dem wachsenden Einfluss des römischen Rechts mit seinem absolutistischen Kaiserbild habe sich die Idee von einem umfassenden Gesetzgebungsrecht des Kaisers durchgesetzt[1051]. In den sächsischen Glossen ist der Gedanke voll entwickelt. „Päpstliche und vor allen Dingen kaiserliche Gesetzgebung sind Johann eine Selbstverständlichkeit.“[1052] Der Überblick über die verschiedenen Erscheinungsformen gesetzten Rechts hat gezeigt, welche zentrale Rolle hierbei dem Kaiser zugewiesen wurde. Auch die Miniatur Kaiser Friedrichs in der Prologinitiale der

---

1046) Hier LGl LnR, Vorrede (S. 50 Z. 6 f.).

1047) Ssp, Prologus (ECKHARDT, Ssp LdR S. 51 Z. 9 – S. 52 Z. 1).

1048) Ssp, Reimvorrede V. 151–153 (ECKHARDT, Ssp LdR S. 41).

1049) DILCHER, Mythischer Ursprung S. 150–155; IGNOR, Rechtsdenken, insbesondere S. 125–129, 165–191; KROESCHELL, Rechtsaufzeichnung S. 365 f.; LIEBERWIRTH, Entstehung S. 53–54; THEUERKAUF, Lex S. 265–293, passim.

1050) DILCHER, Der mittelalterliche Kaisergedanke S. 166 f.

1051) PENNINGTON, The Prince and the Law S. 8–37, und vor allem 76–118.

1052) KANNOWSKI, Umgestaltung S. 550.

Handschrift Be_3 führt das Leitmotiv kaiserlicher Herrschaftsmacht, welches sie zur Chiffre für ein rechtes Textverständnis erklärt, deutlich vor Augen[1053].

Princeps legibus solutus. Bernd Kannowski hat ausführlich beschrieben, wie sich das Königtum der Buch'schen Glosse vom Bild des Spieglers entfernt und dem Ideal des römischen *princeps legibus solutus* angenähert hat[1054]. Johanns Grundannahmen sind wiederum auch für die Glossatoren von Lehn- und Weichbildrecht richtungsweisend gewesen. In den sächsischen Glossen erscheint der Kaiser als Garant für Recht und Gerechtigkeit. Mit seinen Satzungen begegne er den schlechten Gewohnheiten und verhelfe dem natürlichen Recht zur Anwendung. Dabei lassen sich die sächsischen Juristen von der Grundidee leiten, der Kaiser erlasse per se „richtiges" Recht. Deshalb stellt sich ihnen die Frage, ob kaiserliche Rechtssetzungskompetenz im natürlichen oder göttlichen Recht ihre Schranken findet, überhaupt nicht. Es liege im Wesen der Kaisersatzungen, an das natürliche Recht angepasst zu sein[1055]. Aus Sicht sächsischer Glossatoren stimmen kaiserliche Rechtsakte im Sinne einer natürlichen Entsprechung mit dem natürlichen Recht überein, sie sind nicht Ausfluss eines Unterordnungsverhältnisses.

Dem König bzw. Kaiser kommt eine absolute Stellung zu, er steht über allem Recht. Johann von Buch schreibt, der König sei *„bouen alle recht, wente he is suluen dat leuendige recht. Went in deme schryne sines herten is besloten alle recht"*[1056]. Andernorts heißt es, der König sei der *„vader des rechtes"*[1057]. Steht der König aber über allem Recht, so ist er auch an seine eigenen Gesetze nicht gebunden. Indem Johann von Buch Inst. 2, 17, 8 allegiert (*„legibus soluti sumus, attamen legibus vivimus"*[1058]), macht er sich

---

1053) Vgl. oben S. 593 ff.

1054) KANNOWSKI, Umgestaltung S. 247–285, insbesondere S. 247–259.

1055) Gl LdR III I 50 (51 § 2) *Echte kindere*: *„Doch bezee alle leges vnd canones, zo vindestu, dat, swar dat gesatte recht is iegen de naturliken rechte, dar habben de keysere alle de list gevunden, de se mochten, vnd hebben de settinge yo entelen vtghedrucket."* (S. 368 Z. 11 – S. 369 Z. 3); dazu SCHILLING, Das objektive Recht S. 49.

1056) Gl LdR III 70 (78 § 2) *Vnde sineme koninge* (S. 1459 Z. 13–15); dazu KANNOWSKI, Umgestaltung S. 252 f. mit weiteren Quellennachweisen.

1057) Gl LdR I 17 (18 § 1) *Drierhande recht* (S. 226 Z. 19).

1058) Inst. 2, 17, 8 (Corpus iuris civilis I S. 22). In solcher Bedeutung allegiert in Gl LdR I 1 *Twey swert let ghot* (S. 136 Z. 10); Gl LdR III 46 (52 § 2) *Also is de palansgreue ouer den keyser* (S. 1257 Z. 1 f.); Gl LdR III 48 (54 § 4) *De koningh schole hebben Vrankes recht* (S. 1278 Z. 10); Gl LdR III 57 (64 § 5) *Dy koningk mach met rechte* (S. 1357 Z. 13 f.) und Gl LdR III 70 (78 § 2) *Vnde sineme koninge* (S. 1459 Z. 15). Zur gelehrten Diskussion um die Gesetzesbindung des Kaisers PENNINGTON, The Prince and the Law S. 77–90.

jene Lehre vom Herrscher zu eigen, der frei von jeder Gesetzesbindung ist, dabei aber aus freien Stücken die Gesetze befolgt, weil er aus angeborener Gerechtigkeitsliebe richtig handelt und automatisch gute Gesetze hervorbringt[1059]. Insofern sei er die *lex animata,* das „lebendige Recht“[1060]. Das Recht bewahre der König – hier greift Johann auf ein häufig für den Papst verwendetes Bild zurück – *in scrinio pectoris,* im „Schrein seines Herzens“[1061]. Und weil es sich mit dem Königtum nach der Glosse so gar nicht mehr vertrug, nimmt Johann von Buch nun auch, jedenfalls gegen den römisch-deutschen König, vom berühmten Widerstandsrecht des Sachsenspiegels nach LdR III 78 § 2 Abstand[1062].

Johanns Verständnis vom König bzw. Kaiser als höchster Instanz allen Rechts hat die sächsische Rechtsliteratur nachhaltig geprägt. Während Nikolaus Wurm in seiner Einleitung in Liegnitzer StadtRB I über die Ursprünge des Rechts dem Kaiser nur verhältnismäßig wenig Platz einräumt, haben Lehn- und Weichbildglossator die gelehrten Topoi der Buch'schen Glosse zur kaiserlichen Rechtssetzungmacht in großem Umfang adaptiert. Gewissermaßen eine Zusammenfassung der sich herauskristallisierenden *loci communes* bietet später das Bocksdorf'sche Remissorium ad v. *Keiser*[1063]. In Glosse LnR 4 etwa findet sich in Anlehnung an Glosse LdR III 48 (54 § 4) die Diskussion, inwiefern der König nach fränkischem Recht zu leben habe[1064]. Dagegen könne man einwenden, der König stehe außerhalb des Rechts, denn *„yn des keisers hercze synt vorslossen alle recht“*[1065]. Tatsächlich sei der König deshalb an das Recht nicht gebunden (*„Der koning ist mit syner erbarckeit obir alle recht. Das bekenne ich.“*[1066]). Gleichwohl lebe er nach fränkischem Recht, doch tue er dies aus freien Stücken (*„das her deme*

1059) KANNOWSKI, Umgestaltung S. 253 f., in Widerlegung von SCHILLING, Das objektive Recht S. 45–50.

1060) KANNOWSKI, Umgestaltung S. 254; PENNINGTON, The Prince and the Law S. 11 mit S. 12 Anm. 18.

1061) KANNOWSKI, Umgestaltung S. 254 f.

1062) Insbesondere Gl LdR III 70 (78 § 2) *De man mot ok wol helpen wedderstan* (S. 1457 Z. 14 – S. 1460 Z. 4). Dazu ausführlich KANNOWSKI, Umgestaltung S. 251–258; DERS., Verhältnis S. 129–132. Die Volte einer besonderen Wortlautauslegung erlaubt es Johann von Buch, ein Widerstandsrecht nur gegen *„sineme“* König, nämlich gegen Provinzialkönige, nicht aber auch gegen den römisch-deutschen König schlechthin anzuerkennen (S. 1459 Z. 4). Die Lehnrechtsglosse behandelt das Widerstandsrecht nicht.

1063) Bocksdorf'sches Remissorium, ad v. *Keiser* (ZOBEL, Sechsisch Weychbild und Lehenrecht, Leipzig 1537, ohne fol.).

1064) LGl LnR 4 § 2 (S. 123 Z. 12 – S. 125 Z. 2); vgl. dazu Gl LdR III 48 (54 § 4) *De koningh schole hebben Vrankes recht* (S. 1278 Z. 7 – S. 1280 Z. 5).

1065) LGl LnR 4 § 2 (S. 124 Z. 5 f.).

1066) LGl LnR 4 § 2 (S. 124 Z. 8 f.).

rechte vnderthenig ist, das ist mit synem willen"[1067]). Das Prinzip freiwilliger Unterwerfung des Kaisers unter das Recht fließt im Remissorium in den Merksatz: „*Wiewoll der Keiser ist vber alle recht / jedoch so lebt er nach dem rechten*"[1068]. Wiederholt finden sich in Lehnrechts- und Weichbildglosse die Bemerkungen, der Kaiser sei „*obir alle recht*"[1069], ein „*vater des heiligen rechtes*"[1070] oder der „*begyn*"[1071] allen Land- und Lehnrechts (LnR 69 § 8). Auch die Prämisse, der Kaiser erlasse von selbst gutes, mit dem natürlichen Recht in Einklang stehendes Recht, begegnet in mannigfaltiger Form. Der Lehnrechtsglossator sieht es als eine Kernaufgabe kaiserlicher Herrschaft an, durch angemessene Rechtssetzung für gute Lebensverhältnisse im Reich zu sorgen. In Übersetzung von Inst. Const. Imp. in pr. nennt er als Gesetzgebungsmotiv Kaiser Friedrichs für den Erlass des Lehnrechts, dass sich kaiserliche Majestät nicht allein mit dem Schwert, sondern auch mit der Vernunft des Rechts schmücken wolle[1072]. Die in Land- und Lehnrechtsglosse schon zuvor begegnende Theorie zweier Arten von Ritterschaft – der kämpfenden Ritter und der Ritter der Gerichte – klingt darin an[1073]. Die Vernunft des Rechts sei eine „*ercztige*"[1074], eine Arznei, gegen die Unvernunft der Menschen.

Das kaiserliche Interpretationsmonopol. In den sächsischen Glossen erscheint der Kaiser als per se guter Herrscher, als Quell von Wahrheit und Gerechtigeit. Die Möglichkeit, der Kaiser könne sich in seinen rechtlichen Bewertungen irren, wird nicht in Betracht gezogen[1075]. Eine weitere Ausprägung erfährt die Idee kaiserlicher Unfehlbarkeit im Rechtsinterpretationsmonopol des Kaisers. Der Lehnrechtsglossator beschäftigt sich in Glosse LnR 10 ausgiebig mit der richtigen Behandlung von Rechtszweifeln. Äußerer Anlass ist ihm die in LnR 10 § 1 vom Feudisten als irrig bezeichnete Auffassung einiger Leute, es bedürfe für die Verleihung des *gedinge* (einer

1067) LGl LnR 4 § 2 (S. 124 Z. 9 f.).

1068) Bocksdorf'sches Remissorium, ad v. *Keiser* (ZOBEL, Sechsisch Weychbild und Lehenrecht, Leipzig 1537, ohne fol.).

1069) Hier Gl WbR 8 (Sp. 217 Z. 7).

1070) LGl LnR, Vorrede (S. 50 Z. 8).

1071) LGl LnR 70 (69 § 8) (S. 993 Z. 4).

1072) LGl LnR 81 (80 § 1) (S. 1082 Z. 10–12); ähnlich bereits LGl LnR 19 § 1 (S. 335 Z. 8 – S. 336 Z. 9); vgl. dazu Inst. Const. Imp. in pr.: „*Imperatoriam maiestatem non solum armis decoratam, sed etiam legibus oportet esse armatam* [...]." (Corpus iuris civilis, vor S. 1).

1073) Gl LdR I 3 § 2 *Van den herschilden* (S. 147 Z. 10 – S. 149 Z. 6); LGl LnR 1 (S. 59 Z. 12 – S. 61 Z. 5); LGl LnR 19 § 1 (S. 335 Z. 8 – S. 339 Z. 3). Vgl. außerdem oben S. 620.

1074) LGl LnR 30 § 1 (S. 498 Z. 12).

1075) So für Johann von Buch schon KANNOWSKI, Umgestaltung S. 255.

Anwartschaft am Lehen) der Einwilligung des aktuellen Inhabers von Lehen und *gewere*. Weil Streitfragen wie diese die rechtliche Beurteilung erschwerten, wolle der Glossator den Fall zum Anlass nehmen, ganz allgemein vom „*wone des rechten*“ zu handeln[1076]. Eingangs erörtert er den Grundsatz: Wann immer eine Sache zweifelhaft sei oder man das Recht nicht ermitteln könne, da gebühre die Auslegung allein dem König („*Wenne wo eyne sache vndir czwifel ist, dy man richten sal, adir wo eyn recht so gar vorborgen ist, das man das nicht vornhemen kan, do behőret dy bedůtunge nymande wenne dem konige.*“[1077]). Dazu allegiert er Cod. 1, 17, 1, vor allem aber Cod. 1, 14, 1 („*Inter aequitatem iusque interpositam interpretationem nobis solis et oportet et licet inspicere.*“[1078]). An dieser zweiten konstantinischen Konstitution hatte sich die legistische Lehre vom Interpretationsmonopol des Kaisers mitsamt ihrer verschiedenen Ausnahmen und Entschärfungen entsponnen[1079].

Im Folgenden erörtert auch der Lehnrechtsglossator verschiedene Fälle, in denen der Richter Zweifelsfragen selbst entscheiden könne. Dabei beweist er gute Kenntnis der Landrechtsglosse, denn stillschweigend verarbeitet er mit Glosse LdR III 7 (8) *Men secht, dat borghe* und Glosse LdR III 25 (26 § 1) *De konningh* just jene beiden Stellen des Buch'schen Vorbilds, die sich abstrakt mit der Behandlung von Rechtszweifeln auseinandersetzen[1080]. Im Bemühen, beide Stellen in Übereinstimmung zu bringen und sie außerdem noch an den kommentierten Artikel LnR 10 anzupassen, bringt der Lehnrechtsglossator die Buch'sche Kasuistik dann allerdings durcheinander. Johann von Buch hatte zwischen Zweifeln am Recht, am Beweis und an Tatsachen unterschieden[1081]. Nur die erste Zweifelsart sieht er vom kaiserlichen Interpretationsmonopol umfasst. Dass Johann darüber hinaus noch zwei Unterfälle des Rechtszweifels bildet, übersieht der Lehnrechtsglossa-

1076) LGl LnR 10 § 1 (S. 205 Z. 8 – S. 213 Z. 14; hier S. 205 Z. 8); zum „Wähnen“ in der Buch'schen Glosse bereits KANNOWSKI, Umgestaltung S. 229–233.

1077) LGl LnR 10 § 1 (S. 205 Z. 9–12).

1078) Cod. 1, 14, 1 (Corpus iuris civilis II S. 67).

1079) Dazu LANGE / KRIECHBAUM, Kommentatoren S. 339–341 m. w. N.; MACLEAN, Interpretation S. 50–59; VOGENAUER, Auslegung I S. 582 f.; allgemein zur Interpretationslehre des Baldus KRIECHBAUM, Interpretationslehre S. 82–97. Offenbar spielt das kaiserlicher Entscheidungsrecht von Zweifelslehren für Baldus keine große Rolle.

1080) Gl LdR III 7 (8) *Men secht, dat borghe* (S. 973 Z. 5 – S. 975 Z. 2), verarbeitet in LGl LnR 10 § 1 (S. 211 Z. 1–13), sowie Gl LdR III 25 (26 § 1) *De konningh* (S. 1081 Z. 3 – S. 1084 Z. 6), verarbeitet in LGl LnR 10 § 1 (S. 205 Z. 9 – S. 209 Z. 14). Vgl. dazu auch KANNOWSKI, Umgestaltung S. 255.

1081) Gl LdR III 25 (26 § 1) *De konningh*: „*Jtlike twiuelen an deme rechte, jtlike an bewisinge, jtlike an schicht.*“ (S. 1082 Z. 6 f.); dazu KANNOWSKI, Umgestaltung S. 231 f.

tor. Rechtszweifel entstünden etwa, wenn ein Richter für einen in handhafter Tat ergriffenen Täter ein königliches Begnadigungsschreiben erhalte. Land- und Lehnrechtsglossator bezeichnen dieses Schreiben beide als Unrecht und erachten es für nicht bindend[1082]. Eine omnipotente Befugnis zur Abweichung vom geschriebenen Recht wird dem Kaiser hier also faktisch abgesprochen. Den gewöhnlichen Fall des Rechtszweifels, dass nämlich ein Richter in einer Sache kein geschriebenes Recht finden kann oder an dessen Deutung zweifelt, zählt der Lehnrechtsglossator anders als die Buch'sche Glosse als „dritte“ Zweifelsart. Immerhin inhaltlich übereinstimmend verweisen die Glossatoren die Entscheidung solcher Zweifel an das Reich („*wo eyne sache geschiet vor eynem gerichte, do sy kein beschriben orteil obir vinden mǒgen, ader ap sy eyn beschriben recht funden vnde sy daran czwifelten, sotan czwiuel behǒrt dem riche czu entscheiden.*“[1083]). Den Rechtszweifeln hat Johann Beweis- und Tatsachenzweifel gegenübergestellt. Bei diesen handele es sich um Alia, die dem kaiserlichen Interpretationsmonopol nicht unterlägen und für die Johann eine Entscheidung jeweils zugunsten des Beklagten propagiert. Er gibt hier also einer Auslegung im „milderen“ Sinne den Vorzug[1084]. Der Lehnrechtsglossator übernimmt Johanns Beispielbildung für den Beweiszweifel, schildert dann aber wenig überzeugend die in LnR 10 § 1 genannte Rechtsmeinung vom Einwilligungserfordernis bei der *gedinge*-Verleihung als Fall des Tatsachenzweifels[1085]. Offenbar hat er Johanns Ausführungen über den Rechtszweifel nicht vollständig verstanden. Wie sich die kaiserliche Interpretation von Gesetzen zur Gewohnheit in ihrer Rolle als *interpretatrix*, als „Deuterin des Rechts“ verhalte, problematisieren weder Johann von Buch noch der Lehnrechtsglossator[1086].

Wie dem auch sei – jenseits möglicher Ausnahmen und abschichtender Differenzierungen formulieren beide Glossen das Grundprinzip eines Interpretationsmonopols des Kaisers[1087]. Es greift immer dort, wo das geschrie-

---

1082) Gl LdR III 25 (26 § 1) *De konningh*: „*desses twyueles schal me ghan vppe en recht vnde nicht vppe de breue, wente me schal se hebben vor vnrechte*“ (S. 1082 Z. 11–13); gleichlautend LGl LnR 10 § 1 (S. 207 Z. 13 – S. 208 Z. 3).

1083) LGl LnR 10 § 1 (S. 208 Z. 13 – S. 209 Z. 3); vgl. Gl LdR III 25 (26 § 1) *De konningh* (S. 1083 Z. 1–4).

1084) Vgl. zu dieser Auslegungsregel ENGELMANN, Wiedergeburt S. 138 f.

1085) LGl LnR 10 § 1: „*So kommet ouch eyn czwifel von geschichte. Als disser czwifel, von deme der text spricht* […]“ (S. 209 Z. 5 f.).

1086) Vgl. oben S. 684; zur Gleichstellung der *interpretatio per consuetudinem* mit der *interpretatio* durch den *princeps* bei Bartolus vgl. LANGE / KRIECHBAUM, Kommentatoren S. 340 f.

1087) Auch im Bocksdorf'schen Remissorium, ad v. *Keiser* findet sich allen voran der Satz: „*Die beschriben recht vn*[d] *satzung soll niemants zu deuten macht haben / denn*

bene Recht dem Richter keine befriedigende und zweifelsfreie Lösung an die Hand gibt. Das kaiserliche Interpretationsmonopol in Rechtsfragen stellt eine notwendige Ergänzung zur kaiserlichen Rechtssetzungsbefugnis dar. Seine grundsätzliche Aufrechterhaltung in den sächsischen Glossen unterstreicht somit die Autorität des Kaisers.

Die Zwangsgewalt des Kaisers. Ein weiterer konstitutiver Faktor kaiserlicher Autorität als Geltungsgrund für Recht, der in den sächsischen Arbeiten auch deutlich zur Sprache kommt, ist die besondere Macht des Kaisers, im Ernstfall für eine zwangsweise Durchsetzung des Rechts zu sorgen[1088]. Seine Herrschaftsmacht war nicht bloß geeignet, die inhaltliche Wahrheit des Rechts zu verbürgen; sie garantierte auch dessen Einhaltung. So heißt es in Glosse LdR I 54 (55 § 1) *Alle wertlik gerichte* im Anschluss an die Erörterung dreierlei Arten von Recht, es bedürfe außerdem der Auswahl von Richtern, die dem Recht zur Anwendung verhelfen[1089]. Johann begründet dies mit der Notwendigkeit, der Selbstjustiz vorzubeugen. Noch deutlicher wird der Lehnrechtsglossator, der in Übernahme der Buch'schen Glosse in Glosse LnR 11 an dieser Stelle noch den Satz ergänzt: *„wenne des rechtis vindunge were vmbesust, wenne keyne richtere wern, dy daz recht fordirten, ut extra de elec. <c.> ubi maius periculum § preterea li. VI.*“[1090] Alle Rechtssetzung sei umsonst, wenn es niemanden gebe, der die Durchsetzung desselben bewirke, übersetzt er den allegierten *canon* VI. 1, 6, 3, 3[1091]. Herrschaft, Rechtssetzungsgewalt und richterliche Rechtsprechungsbefugnisse sind untrennbar miteinander verbunden.

Im Bild des Sachsenspiegels wie auch in der Vorstellung der sächsischen Autoren des Spätmittelalters ist der König oberster Richter über Hals, Gut und Lehen aller Menschen (LdR III 52 § 2, LdR III 26 § 1, LnR 69 § 8)[1092].

---

der Keiser allein […].“ (ZOBEL, Sechsisch Weychbild und Lehenrecht, Leipzig 1537, ohne fol.).

1088) Instruktiv für die folgenden Erwägungen sind die Ausführungen von DILCHER, Zwangsgewalt S. 134–138, zur Zwangsgewalt bei Friedrich Barbarossa.

1089) Gl LdR I 54 (55 § 1) *Alle wertlik gerichte*: *„Alze denne de rechte van kore to gekomen sin, dar vmme is nod, dat de richtere ok ghekoren werden, vppe dat en islik nicht suluen richter en were, ut C. ne quis sibi ius dicat l. I.*“ (S. 399 Z. 9–11).

1090) LGl LnR 11 § 2 (S. 248 Z. 8–11). Der Satz findet sich überdies in der im Augsburger Druck überlieferten Fassung der Buch'schen Glosse I 54 (55) (ECKHARDT, Sassenspegel S. 95). In das Bocksdorf'sche Remissorium, ad v. *Recht / das beschrieben ist etce.* ist er ebenfalls geflossen (ZOBEL, Sechsisch Weychbild und Lehenrecht, Leipzig 1537, ohne fol.).

1091) VI. 1, 6, 3, 3: *„Praeterea, qui parum est iura condere, nisi sit, qui eadem tueatur* […].“ (Corpus iuris canonici II Sp. 948).

1092) ISHIKAWA, Lehnrecht und Verfassung S. XXII f.; KANNOWSKI, Umgestaltung S. 247; DILCHER, Mythischer Ursprung S. 150.

Von ihm geht alle Gerichtsbarkeit aus. Weil aber der König nicht stets überall im Reich anwesend sein könne, habe er seine Gerichtsbarkeit delegiert und niedere Richter zur Wahrnehmung seiner judikativen Aufgaben vor Ort erkoren[1093]. In dieser Weise erachtet Glosse LnR 65 auch den Lehnrichter als einen Stellvertreter des Königs („*Wenne alle gerichte vnd lehn iren orsprung habin von dem ko̊nige. Dorvmbe so sitczit der richter an des konigis stadt, sint daz der koning do nicht sin mag* [...]“[1094]). Richter richten an Stelle des Königs und sie alle richten an Stelle Gottes[1095]. Indem Verbrechen mithilfe irdischer Strafen im Diesseits gesühnt werden, beugt man der sehr viel schlimmeren Bestrafung der Seele im Jenseits vor. Mit dieser Begründung ist es den Richtern verboten, barmherzig zu sein und Delinquenten zu begnadigen. Die entsprechende Passage aus Glosse LdR II 13 § 1 *Nu vornemet* baut der Lehnrechtsglossator in Glosse LnR 51 zu einer ausufernden *quaestio* aus[1096]. Die sächsischen Glossen beherrscht das Richterbild eines gerechten, aber „griesgrämigen Löwen“[1097], dem die Aufgabe obliegt, durch gestrenge Urteile auf Erden die Aufschiebung der Sache bis zum Jüngsten Gericht zu verhindern.

Die Durchsetzbarkeit des Rechts mit obrigkeitlichem Zwang als maßgeblicher Wesenszug herrschaftlich gesetzten Rechts wird im Liegnitzer Stadtrechtsbuch des Nikolaus Wurm noch einmal besonders deutlich unterstri-

---

1093) Gl LdR III 46 (52 § 2) *Den koningh*: *„Dit is de erste richter, vnde dar vmme is he en ghemene richter“* (S. 1253 Z. 4 f.), und Gl LdR III 46 (52 § 2) *De keyser ne mach*: *„Nu he ghesecht heft, wo de koningh de hogeste richter wert. Nu secht her, wu de mynneren richtere werden vnde wur vmme, vnde secht, se werden dor dat to richteren gheset, dat de keyser in allen steden nicht richten en mach noch sin en mach. Hir hefstu, dat alle richtere van des koninges weghene richten* [...].“ (S. 1253 Z. 9–13). Vgl. ähnlich die Ausführungen in Gl WbR 8: *„Dorumme, daz er der hogiste werltlicher richter ist, unde darumme, daz er denn an allen enden nicht gesyn mag, darumme sien von em alle richtere gesazt* [...].“ (Sp. 217 Z. 32–35) und LGl LnR 65 § 1: *„Ouch sollit ir mehir wissen: Der koning ist ein gemeyne richter obir eigen vnd obir lehn vnd obir lip vnd obir hant eins iczlichen mannes* [...].“ (S. 860 Z. 3–5).

1094) , LGl LnR 65 § 1 (S. 859 Z. 12–14).

1095) Gl LdR I 52 (53 § 1) *Edder to vtgelechtem dinge*: *„wente de richter zijd dare in godes stede“* (S. 379 Z. 12); dazu SCHILLING, Das objektive Recht S. 59. Vgl. ähnlich LGl LnR 51 (S. 664 Z. 1–10). Vgl. außerdem Gl WbR 8: *„In gotis stat sizin alle richtere“* (Sp. 217 Z. 39 f.). Entsprechende Nachweise aus dem Richtsteig Landrechts fasst KANNOWSKI, Umgestaltung S. 128 Anm. 113, zusammen.

1096) LGl LnR 51 (S. 666 Z. 8 – S. 678 Z. 11); dazu Gl LdR II 13 § 1 *Nu vornemet* (S. 599 Z. 21 – S. 603 Z. 8), sowie KANNOWSKI, Umgestaltung S. 397–399; DERS., Verhältnis S. 134–136. Vgl. zu dieser Stelle bereits oben S. 364.

1097) KANNOWSKI, Umgestaltung S. 126 f., in Anlehnung an eine Formulierung aus dem „Kleinen Kaiserrecht“ (Frankenspiegel).

chen. Die „*constitucio*" definiert Wurm als eine Satzung oder ein Gebot, „*das eyn keyser adir eyn konig seczt zuhalden bey eynir peyn*"[1098]. Ein Rechtsgebot sei eine „*gobe Gotis*"[1099], an welche sich zu halten ein jeder verpflichtet sei. Dem Vernünftigen sei das Recht eine Anweisung, dem Missetäter aber drohe es Strafen an. Und bestrafe es jemanden, so geschehe dies immer begründet („*Und wisse, das das recht nymande richtet noch ane sache peyniget v. lex neminem sine re punit nec iudicat ullum.*"[1100]). Als Helfer der Gerichte kennen die sächsischen Glossen in Anschluss an Johann von Buch ja die „Ritter der Gerichte", die sich noch einmal in Vorsprecher und Fronboten unterteilen[1101]. Glosse LnR 19 nennt sie diejenigen, „*die das recht fordirn*" und die, „*dy das gefordirte recht volfůren.*"[1102] Das Reich verfügt also über ein hierarchisch strukturiertes Gerichtswesen mit Gerichten, Richtern und Gerichtshelfern. Auch dieser vom Kaiser abgeleitete, zur Durchsetzung und Verteidigung des Rechts berufene Zwangsapparat ist ein konstituierendes Element kaiserlicher Rechtslegitimation.

Insgesamt zeigt sich kaiserliche Autorität in den sächsischen Arbeiten als der tragende Geltungsgrund von Recht. Die Idee einer umfassenden Gesetzgebungsbefugnis des Kaisers hat sich durchgesetzt. Quelle rechtlicher Legitimation ist der Kaiser zunächst aufgrund seiner persönlichen Integrität, die als Garant für die inhaltliche Richtigkeit des Rechts fungiert. Flankiert wird die Rechtskraft gesetzten Rechts außerdem von einem kaiserlichen Interpretationsmonopol in rechtlichen Zweifelsfragen sowie von einem hoheitlichen Gewaltmonopol, in dem sich Gerichtshoheit und Zwangsgewalt miteinander verbinden und welches die notfalls zwangsweise Durchsetzung des Rechts sichert.

3. Zur Bedeutung der Schriftlichkeit

Das positive, von Kaisern, Päpsten oder anderen niederen Obrigkeiten erlassene Recht ist nicht einfach nur aufgeschriebenes, es ist geschriebenes Recht. *Ius scriptum* ist ein Phänomen der gelehrten, auf Schriftrecht basie-

---

1098) Liegnitzer StadtRB I 9 *Was eyne satczunge ist* (LEUCHTE, Liegnitzer Stadtrechtsbuch S. 21 Z. 18 f.).

1099) Liegnitzer StadtRB I 9 *Was eyne satczunge ist* (LEUCHTE, Liegnitzer Stadtrechtsbuch S. 22 Z. 17).

1100) Liegnitzer StadtRB I 9 *Was eyne satczunge ist* (LEUCHTE, Liegnitzer Stadtrechtsbuch S. 22 Z. 19 f.).

1101) Gl LdR I 3 § 2 *Van den herschilden* (S. 147 Z. 10 – S. 148 Z. 10); dazu KANNOWSKI, Umgestaltung S. 151–164, insbesondere S. 153 f.; vgl. außerdem DERS., Anwaltstaktik S. 714–716; DERS., Ritter der Gerichte S. 13–18; DERS., Urteilsvollstrecker. Vgl. auch bereits oben S. 620.

1102) LGl LnR 19 § 1 (S. 338 Z. 7 f.).

renden Rechtskultur des römisch-kanonischen Rechts. Auf ihm fußt die universitäre Rechtswissenschaft und so nimmt es nicht wunder, dass die Idee des Schriftrechts auch in den sächsischen Glossen im Vordringen ist[1103].

Richter, Urteiler und „volksbefragendes Recht“. Die sächsischen Juristen zeigen ein klares Bewusstsein von der prinzipiellen Andersartigkeit des autochthonen, einer oralen Rechtskultur entstammenden Sächsischen Rechts. Das gilt besonders für das dinggenossenschaftliche Verfahren unter Beteiligung von Urteilern. Im Anschluss an die Buch'sche Glosse nennt der Lehnrechtsglossator das Sächsische Recht das *„volkis vragende recht“*[1104]. Anders als nach römischem oder kanonischem Recht, wonach der Richter das Urteil selbst spreche, müsse der Richter nach *„vnszerm rechte“*[1105] nämlich jemand anderen um das Recht fragen. In freier Assoziation allegieren die sächsischen Glossatoren dazu Inst. 1, 2, 4 S. 2 und Dist. 2 c. 1 bzw. c. 2, die von antiken Plebisziten handeln. Kurzerhand übersetzen sie die gesetzgebende *plebs* in das rechtsprechende *„volk“*[1106]. Dass im Sächsischen Recht nicht die umstehende Gerichtsgemeinde, sondern nur einzelne Schöffen das Recht finden, bleibt in dieser Formel unberücksichtigt. Der Lehnrechtsglossator greift das Bild des volksbefragenden Rechts in Glosse LnR 70 (69) noch ein zweites Mal auf. Diesmal konkretisiert er den bei Johann von Buch nicht näher bezeichneten Personenkreis der rechtsprechenden Urteiler: *„der richter sal is vragin die scheppin, adir der herre syne man* […].“[1107] Als charakteristisch sowohl für den Prozess nach Landrecht als auch für den Prozess nach Lehnrecht bezeichnet der Lehnrechtsglossator das Erfragen des Rechts bei den Urteilern – hier die Schöffen, dort die Lehnsmänner.

Die sächsischen Glossatoren erkennen die Besonderheiten des mündlichen Prozesses nach Sächsischem Recht an und sind gewillt, sie aufrechtzu-

---

1103) Vgl. dazu KANNOWSKI, Umgestaltung S. 211.

1104) LGl LnR 68 (67 § 7): *„Jr sollit wissen: Noch keiserrechte vnde noch geistlichem rechte so spricht der richter das orteil selbir. Nach vnszerm rechte aber so vragit is der richter eynen andern. Vnde dorvmbe ist vnszir recht genant des volkis vragende recht, dorvmbe daz der richter das volk vmbe das recht vragit, ut Institu. de iure gencium § plebiscitum, et II dis. c. plebiscita.“* (S. 931 Z. 1–6); vgl. dazu bereits Gl LdR I 61 (62 § 7) *Vnde schal ordele vragen* (S. 448 Z. 8–13).

1105) LGl LnR 68 (67 § 7) (S. 931 Z. 2 f.).

1106) Inst. 1, 2, 4 S. 21: *„plebiscitum est, quod plebs plebeio magistratu interrogante, veluti tribuno, constituebat.“* (Corpus iuris civilis I S. 1); Dist. 2 c. 2: *„Plebisscita sunt, quae plebes tantum constituunt: et uocantur plebisscita, quod ea plebs sciat, uel quod sciscitatur et rogat, ut fiat.“* (Corpus iuris canonici I Sp. 3). Anders als LGl LnR 68 (67 § 7) (S. 931 Z. 5 f.), die hier neben Inst. 1, 2, 4 S. 2 noch Dist. 2 c. 2 allegiert, führt die Buch'sche Gl LdR I 61 (62 § 7) *Vnde schal ordele vragen* neben Inst. 1, 2, 4 S. 2 die Dist. 2 c. 1 an (S. 448 Z. 12 f.). Vgl. dazu auch KANNOWSKI, Umgestaltung S. 135 f.

1107) LGl LnR 70 (69 § 3) (S. 988 Z. 15 – S. 989 Z. 1).

halten. Das zeigt sich etwa am Festhalten der Glossen am Verfahren der Botenversendung nach LdR II 12 § 4 bzw. LnR 69 § 6. Danach sind im Fall der Urteilsschelte Boten zu schicken, um das Recht beim nächst höheren Richter zu erfragen. Land- und Lehnrechtsglossator kommentieren, die einheimische Form der Appellation – beide übersetzen den gelehrtrechtlichen Begriff mit „*beruffung*"[1108] und sprechen im Folgenden von „*ordel scheldent*"[1109] oder „*orteil straffunge*"[1110] – kenne einige Besonderheiten, in denen sie vom gelehrten Recht abweiche. Eine sei das Institut der Botenversendung. Es erkläre sich aus Eigenheiten der Sachsen und aus dem hohen Alter ihrer Rechte. Zu der Zeit, als man Land- bzw. Lehnrecht erlassen habe, hätten sich die Sachsen nämlich noch nicht auf Briefe verstanden („*do vorstunden sich dy Sachszen nicht vff brieffe.*"[1111]). Anstelle der aus Kaiserrecht und geistlichem Recht bekannten, *apostoli* genannten Briefe versende man nach Sächsischem Recht daher Boten, um die Rechtsweisung des höheren Gerichts einzuholen[1112]. Keiner der beiden Glossatoren macht Anstalten, dieses Verfahren zu ändern. Vielmehr erkennen sie die Botenversendung als das Kuriosum eines Volkes an, dessen Kultur in einer archaischen, schriftlosen Lebensweise verwurzelt ist und dessen Recht daher in manchen Bereichen weiterhin vom Prinzip der Mündlichkeit regiert werde.

Das Bewusstsein um die Andersartigkeit des mittelalterlichen Sächsischen Rechts hindert die sächsischen Juristen nicht daran, das im Studium verinnerlichte Primat des geschriebenen Rechts auch in die sächsischen Rechtsbücher hineinzutragen. Im Prozess geschieht dies gewissermaßen durch die Hintertür. Bernd Kannowskis Untersuchung zum Buch'schen Richterbild

---

1108) Gl LdR II 12 § 1 (S. 580 Z. 1) bzw. LGl LnR 70 (69) (S. 982 Z. 2); vgl. zu dieser Wortschöpfung KANNOWSKI, Umgestaltung S. 116 f.; DERS., Zwischen Appellation und Urteilsschelte S. 114 f. Ähnlich Gl WbR 73 (Sp. 394 Z. 1–4). In welchem gegenseitigen Verhältnis sächsische Juristen die Institute der Urteilsschelte und der Appellation in Spätmittelalter und Früher Neuzeit beschrieben haben, verfolgte schon BUCHDA, Rechtsmittel, insbesondere S. 304–311; vgl. nun KANNOWSKI, Zwischen Appellation und Urteilsschelte.

1109) Gl LdR II 12 § 1 (S. 580 Z. 1 f.).

1110) LGl LnR 70 (69) (S. 982 Z. 3).

1111) LGl LnR 70 (69 § 6) (S. 990 Z. 15 f.); vgl. ähnlich bereits Gl LdR II 12 § 4 *Dar schal de richter* (S. 586 Z. 6).

1112) Gl LdR II 12 § 4 *Dar schal de richter* (S. 586 Z. 3–7) kontrastiert lediglich zum Kaiserrecht. LGl LnR 70 (69 § 6) (S. 990 Z. 11–13) stellt dem sächsischen Verfahren darüber hinaus auch das geistliche Recht gegenüber. Zur Behandlung der Urteilsschelte in der Buch'schen Glosse KANNOWSKI, Umgestaltung S. 112–118; DERS., Zwischen Appellation und Urteilsschelte.

verdeutlicht diesen Vorgang für die Landrechtsglosse[1113]. Johann von Buch wertet die Rolle des Richters, der nach Sächsischem Recht ja bloßer Verfahrensleiter und Urteilsfrager war, zum eigentlichen Entscheidungsträger auf. Damit nähert er ihn dem Einzelrichter des gelehrten Prozesses an. Gleichzeitig spielt Johann die Bedeutung der Schöffen herunter, indem er sie zu automatisierten Rechtsauskunftgebern ohne nennenswerten Einfluss auf das Urteil deklassiert[1114]. Eigentliche Quelle des Rechts ist ihm das geschriebene Recht, unter anderem der Sachsenspiegel. Mehrfach betont Johann, der Richter solle *„richten na bescreuenem rechte“*[1115]. Auch in der Lehnrechtsglosse findet sich diese Aussage: *„Wenne ein iczlich richtere sal sich richten noch beschribenem rechte, vnd nicht noch geduncke* [...].“[1116] Der Lehnrechtsglossator begründet damit einen Appell an die Fürsten, ihr Dienstrecht schriftlich zu erlassen. Andernorts dient ihm derselbe Satz als Argument, weshalb der Richter im Prozess keine Barmherzigkeit üben dürfe[1117]. Land- und Lehnrechtsglosse leitet ein strenges Schriftrechtpostulat. Johann gibt ihm sogar ausdrücklich dann den Vorzug, wenn das positive Recht in Widerspruch zur Gerechtigkeit gerät[1118].

„Gesetzesanwendende Urteilsfragen“. Der von den sächsischen Juristen vorangetriebene Einzug des Schriftrechts in das dinggenossenschaftliche Verfahren des Sachsenspiegels lässt sich auch an stilistischen Nuancen der kommentierenden Arbeiten ablesen. Zeigt der häufige Rückgriff auf die Stilfigur der Urteilsfrage[1119] zunächst einmal das Festhalten am alten, durch Rechtsfindung im Kreis der Urteiler geprägten sächsischen Prozess, so lassen die stereotypen Antworten auf diese Urteilsfragen bereits einen fließenden Übergang zur Methode der Gesetzesanwendung erkennen. Beispiele aus der Lehnrechtsglosse mögen dieses Phänomen verdeutlichen[1120].

1113) KANNOWSKI, Umgestaltung S. 107–151, insbesondere S. 131–134, S. 136–147. Vgl. außerdem DERS., Verhältnis S. 141.

1114) KANNOWSKI, Umgestaltung S. 144–146.

1115) Gl LdR III 28 (30 § 2) *De richtere* (S. 1112 Z. 11 f.), zahlreiche weitere Quellennachweise bei KANNOWSKI, Umgestaltung S. 145 Anm. 218.

1116) LGl LnR 63 § 2 (S. 842 Z. 7 f.) mit Allegation von Inst. 4, 17 pr.

1117) LGl LnR 51: *„Wenne keyn richter sal richten noch synem gewissen, sunder noch eynem beschriben rechte.“* (S. 670 Z. 8–10). Vgl. dazu schon oben S. 364.

1118) Gl LdR II 30 (41 § 1) *Swar de richter* (S. 780 Z. 6–9); dazu KANNOWSKI, Umgestaltung S. 139–141; DERS., Verhältnis S. 141.

1119) Vgl. zur Figur der Urteilsfragen oben S. 437 ff.

1120) Par excellence zeigt sich das Prinzip „gesetzesanwendender Urteilsantworten“ wohl an den Richtsteigen Land- und Lehnrechts. HOMEYER, Einleitung, Richtsteig LdR S. 45 f., erläutert die ursprüngliche Gestalt vieler Handschriften des Richtsteig Landrechts und verweist dabei auf die charakteristischen, in den fortlaufenden Text integrierten Remissionen auf das Sachsenspiegel-Landrecht. Es fänden sich „fortwährende Alle-

Als ursprüngliche „Reinform" der Urteilsantwort ließe sich die schlichte, alle relevanten Inhalte mitteilende Entscheidung ansehen. Ein typisches, willkürlich herausgegriffenes Beispiel aus der Lehnrechtsglosse lautet:

> *„So vint man ŏm czu rechte, her sy synem hern den tag nicht pflichtig czu dynen noch lehnrechtis czu pflegen von rechtis wegen."*[1121]

Der Satz liefert die nach Meinung des Glossators rechtmäßige Entscheidung, wie sie der Lehnrichter bei den Urteilern zu erfragen und anschließend der anfragenden Partei in Urteilsform mitzuteilen habe. Es handelt sich mit anderen Worten um die einzig richtige, dem Recht entsprechende und den Urteilern damit an sich auch zwingend vorgegebene Antwort auf die gestellte Urteilsfrage. Die Glosse legt ihnen die Antwort in den Mund.

Sehr häufig ergänzt der Glossator zur Bekräftigung solcher Urteilsantworten noch ein oder mehrere rechtliche Zitate. Diese zweite, erweiterte Form der Urteilsantwort kann Remissionen auf Lehn- oder Landrecht (z. B. *„So vint man em: Her solle deme hern wettin, ut jnfra c.* LXIX § der man wettit synem hern."[1122]) ebenso wie Allegationen des gelehrten Rechts enthalten:

> *„So vint man em czu rechte, her sy des dinstis ledig vnde allis lehnrechtis, ut C. de fruct. et litis expensis l.* II."[1123]

Mehr oder weniger naheliegende Nachweise im geschriebenen Recht untermauern nun die Rechtmäßigkeit der Urteilsantwort. „*Ut*"-Belege beweisen die Konformität der Entscheidung mit dem geschriebenen Recht. Die Inten-

---

gate des Sachsenspiegels zur Belegung der ausgesprochenen Urtheile" (DERS., ebenda S. 45). Regelmäßig würden Entscheidungen mit einem „*Dat vintme*"-Zitat belegt. Eine erneute Prüfung der Quellen ist erst durch Rückgriff auf die Handschriften möglich. Die Edition von HOMEYER, Richtsteig LdR, und das Faksimile des Augsburger Drucks von 1516 (ECKHARDT, Sassenspegel S. 401–447) lassen die ursprünglich enthaltenen Buch'schen Remissionen sämtlich fort. Die Ausgaben nehmen die Zitate allenfalls in Randnoten auf und bieten somit nicht die ursprüngliche Textgestalt. – Ähnliches gilt für den Richtsteig Lehnrechts: HOMEYER, Einleitung Richtsteig LnR, Sachsenspiegel II 1 S. 381, beobachtet in einigen Handschriften dieser Quelle, dass die Remissionen auf das Lehnrecht regelmäßig einem „*dat vint men ut*" angehängt werden. Auch diese Quellen lassen sich aber weder anhand der Edition von HOMEYER, Richtsteig LnR, Sachsenspiegel II 1 S. 409–540, noch des Faksimiledrucks bei ECKHARDT, Sassenspegel S. 590–625, prüfen, da beide die Remissionen nicht mehr im Text enthalten.

1121) LGl LnR 4 § 5 (S. 144 Z. 12–14).

1122) LGl LnR 24 § 4 (S. 408 Z. 3–5), mit Verweis auf LnR 68 § 1.

1123) LGl LnR 15 § 1 (S. 310 Z. 4–6); allegiert wird Cod. 7, 51, 2.

tion des Glossators bei der Beigabe solcher Allegationen ist klar: Die Zitate fungieren als Autoritätsargumente, welche die Richtigkeit der gefunden Antwort bezeugen. Letztlich ist die Arbeitsweise des Glossators auch die einzig folgerichtige. Denn wenn man Sächsisches Land- und Lehnrecht zu *ius scriptum* erklärt und dem Richter das Urteilen nach geschriebenem Recht auferlegt, so ist man auch dazu gezwungen, die Entscheidungsfindung auf der Grundlage geschriebenen Rechts zu gestalten. Als Medium der Rechtsfindung hatte der Kreis der Urteiler letztlich ausgedient. In den sächsischen Glossen erscheint ihre Aufgabe merkwürdig sinnentleert. Da sich ihre Rolle aus Sicht der spätmittelalterlichen sächsischen Juristen in der Wiedergabe einer eigentlich im *ius scriptum* vorgegebenen Antwort erschöpft, sind sie in der sächsischen Rechtsliteratur tatsächlich zu so etwas wie „Subsumtionsautomaten“[1124] geworden.

Die Gestaltenwandlung der Urteilsantworten gipfelt in einer dritten Formulierungsvariante, in der der Vorgang der Gesetzesanwendung vollends zum Ausdruck kam. Ergänzt man nämlich das überall vorkommende, lapidar bestätigende *„Das vint man“*[1125] um ein Rechtsquellenzitat und lässt man darüber hinaus dann auch noch das allegationenanzeigende *ut* fort, so ergeben sich Wendungen wie diese:

> *„Daz vint man, supra c. LXV* § vor mittage vnde us gebundenen tagin.“[1126]

Die inhaltlich ohnehin gegebene Doppelbedeutung der Urteilsantworten wird nun sprachlich auf die Spitze getrieben. Ob mit der Formulierung noch der ursprüngliche, von einem Rechtszitat lediglich untermauerte Urteilsvorschlag („Darauf befindet man für Recht…“) oder schon der reine Verweis auf die entsprechende Gesetzesstelle gemeint ist („Die Antwort auf diese Frage findet man in…“), ist grammatikalisch nicht mehr zu entscheiden. Erst der Kontext beweist, dass im konkreten Fall tatsächlich bloß noch ein Legalverweis intendiert war. Die abstrakt gestellte Frage *„ap is ding(is) czijt sie“*[1127], lässt sich nämlich nicht einfach bejahend beantworten, sondern verlangt nach einer differenzierenden, die Tageszeiten berücksichtigenden Antwort. Statt dieser verweist der Glossator direkt auf LnR 65 § 2, wo das ge-

---

1124) So bereits die Assoziation bei KANNOWSKI, Umgestaltung S. 144 f.

1125) So eine knappe Urteilsantwort in LGl LnR 81 (80 § 3) (S. 1089 Z. 1 f.).

1126) So einige Handschriften der LGl LnR 68 (67 § 4) mit Verweis auf LnR 65 § 2, hier zitiert nach der Handschrift L_3 von 1436 (S. 916 im Petitdruck). Andere Handschriften setzen *„ut“* wiederum hinzu (vgl. KAUFMANN, LGl LnR S. 916 Var. a). Im Augsburger Druck von 1482 fehlt längerer Glosse LnR 68 (67) das *„ut“* ([Sächsisches Weichbild…], Augsburg 1482 fol. XCVI^{rb}).

1127) LGl LnR 68 (67 § 4) nach der Handschrift L_3 von 1436 (S. 916 im Petitdruck).

schriebene Recht als taugliche Gerichtszeiten die Vormittage mit Ausnahme der gebundenen Tage festlegt. Die Verkürzung der Urteilsfragen zu einem schlichten „das findet man“ in Verbindung mit einem bestimmten Rechtszitat stellt somit den Höhepunkt der formalen Annäherung der Lehnrechtsglosse an eine positivistische, dem geschriebenen Recht verpflichtete Rechtsfindung dar.

Der Stilfigur der Urteilsfrage bedienen sich auch andere sächsische Autoren[1128]. In der Landrechtsglosse macht Johann von Buch hingegen nur geringfügig von ihr Gebrauch. Die variantenreichen Formulierungen der Entscheidungssätze etwa in den Richtsteigen Land- und Lehnrechts, in der Weichbildglosse und in den Schriften des Nikolaus Wurm sind ein guter Indikator für die allmähliche Infiltrierung des Sächsischen Rechts durch die gelehrte, aus französischen und italienischen Universitäten importierte Schriftrechtskultur.

Durch Schriftrecht gewonnene Rechtssicherheit. Äußerer Anlass für die sächsischen Juristen, das Primat geschriebenen Rechts in die einheimische Rechtskultur hineinzutragen, war ihr Studium der gelehrten Rechte an der Universität. Da sie ihre Ausbildung in der Welt des Schriftrechts genossen hatten, ergab sich ein Festhalten an deren Grundfesten bei der wissenschaftlichen Bearbeitung der einheimischen Rechtstexte gewissermaßen von selbst. Die sächsischen Rechtsbücher wurden kurzerhand zu Kaisersatzungen erklärt und damit der Sphäre des geschriebenen Rechts einverleibt. Neben abstrakten Weichenstellungen vermochten die sächsischen Juristen dem Diktat des geschriebenen Rechts aber auch ganz konkrete Vorteile in Bezug auf das Sächsische Recht abzugewinnen.

Ein erstes Beispiel bilden die Bußgeldkataloge nach LdR III 45. Diese werden von Land- und Lehnrechtsglossator übereinstimmend als eine besondere Gnade des sächsischen Privilegs bezeichnet[1129]. Hintergrund für die Unterstreichung des Privilegiencharakters dieser Vorschrift ist die Überlegung, dass legislativ festgelegte Bußtaxen zugleich auch eine Einschränkung richterlichen Ermessens bedeuten und damit den betroffenen Parteien zugute kommen[1130]. Schriftrecht wird in diesem Fall zum Schutzschild gegen richterliche Willkür.

Ein zweites Quellenbeispiel, welches die Vorzüge des Sächsischen Rechts in seiner Eigenschaft als *ius scriptum* hervorkehrt, ist die Vorrede zur Lehn-

1128) Unter anderem in den Richtsteigen Land- und Lehnrechts, in der Weichbildglosse, in den Schriften des Nikolaus Wurm, in der *Cautela* des Hermann von Oesfeld und in der „Weise des Lehnrechts“, vgl. oben S. 437 ff.

1129) Gl LdR III 43 (45 § 1) *Nu vornemet* (S. 1228 Z. 6): LGl LnR 69 (68 § 9) (S. 963 Z. 5–9).

1130) KANNOWSKI, Umgestaltung S. 348 und 498 f.

rechtsglosse. Der Glossator des Lehnrechts stellt seiner Arbeit das Seneca-Zitat über die Vergesslichkeit des Menschen voran[1131]. Sodann passt er es seinem spezifisch juristischen Blickwinkel an und folgert: Da das menschliche Erinnerungsvermögen begrenzt ist, könne der menschliche Geist auch das Recht in seiner Gänze weder erfassen noch bewahren („*Wen das heilige recht nicht also genczlich(e)n yn der menschen syn begrifflich ist noch czu behalden.*“[1132]). Zusätzlich erschwert sei dies einst noch durch die Vielfalt der verschiedenen, von jedem einzelnen Fürsten gesondert erlassenen Rechte gewesen. Eine Ergänzung in der „Wurm'schen“ Vorrede unterstreicht diesen Aspekt nochmal und erklärt selbst die daraus resultierende Vielzahl der Bücher für verwirrend („*wen dy recht so gar weite czu strowet vnd vmbegreiflich were darum, daz so gar viel buchir*“[1133]). In Erkennung dieses Missstandes habe Kaiser Friedrich zum Schutz der Ritterschaft das Lehnrecht erlassen. Nunmehr könne sich ein jeder Lehnsmann ohne weiteres über das ihn betreffende Recht unterrichten. Auch wenn es nicht deutlich ausgesprochen wird, verbinden sich in dieser Einführung des Glossators zwei verschiedene gesetzgeberische Motive: Einerseits geht es um die Herstellung von Rechtseinheit, andererseits unterstreicht der Glossator aber auch die besondere Bedeutung der Schaffung von Schriftrecht. Das Seneca-Zitat ist im Mittelalter als Chiffre für die Notwendigkeit schriftlicher Fixierung verwendet worden[1134]. Die Auswahl gerade dieses Eingangszitats erhebt die Eigenschaft des Lehnrechts als *ius scriptum* zum Programm. Schriftrecht erlaubt es den Betroffenen, da sie sich das umfängliche Recht unmöglich vollständig merken können, die einschlägigen Bestimmungen im Einzelfall genau nachzulesen oder nachlesen zu lassen. In der Lehnrechtsglossenvorrede kommt dieser Gedanke der Rechtssicherheit durch Schriftrecht deutlich zum Ausdruck.

Schriftrecht als Objekt textgebundener Rechtswissenschaft. Die genannten Beispiele, die festgelegten Bußtaxen mit Privilegiencharakter und die unterstellte Motivation Kaiser Friedrichs zum Erlass des Lehnrechts, lassen sich unter dem gemeinsamen Aspekt der Rechtseinheit und Rechtssicherheit durch Schriftrecht begreifen. Die sächsischen Juristen des Spätmit-

1131) LGl LnR, Vorrede: „*Der menschen gedancken gebrechlich sint, vnde dy schar der dinge ist ouch nicht genugk. Wenne was dy menschliche vornunfft begreiffen mag, das ist sunderwilen not von nature wegen, das sy vor also viel vorluszet. Disse rede schreibet Seneca.*“ (S. 47 Z. 2–5); vgl. dazu bereits oben S. 226 und oben S. 357 ff. Das Zitat findet seine Entsprechung in Seneca, *De beneficiis*, VII, XXVIII, 2 (in: ROSENBACH, L. Anneus Seneca S. 584).

1132) LGl LnR, Vorrede (S. 47 Z. 8 f.).

1133) „Wurm'sche“ Glosse LnR, Vorrede (Berlin SBB-PK Hs. 392 fol. 150vb).

1134) Vgl. oben S. 357 ff. m. w. N.

telalters hatten aber noch einen ganz anderen Grund, um in ihren Arbeiten das Primat des geschriebenen Rechts hervorzukehren. Erst die Existenz von Schriftrecht legitimierte nämlich ihr Verständnis von Rechtswissenschaft. Die Werke der Glossatoren und Kommentatoren sind sämtlich in der Gestalt gelehrten Rankenwerks um die verbindlichen Basistexte des römischen und kanonischen Rechts herum erwachsen. Ohne *ius scriptum* gibt es keine verbindlichen Texte und ohne verbindliche Rechtstexte fehlt es am juristisch zu bearbeitenden Objekt[1135]. In Sachsen machte erst ihre Klassifizierung zu Kaisersatzungen das Sächsische Land-, Lehn- und Weichbildrecht zu sakrosankten Texten. Erst sie schuf für das einheimische Recht eigene, im klassischen Sinn rechtswissenschaftlich zu bearbeitende Objekte. Erst sie erlaubte es den sächsischen Juristen, den Wortlaut ihrer Rechtsbücher ernst zu nehmen, ihn auszulegen und zu kommentieren. Insofern ist das besondere Gewicht geschriebenen Rechts in den sächsischen Glossen auch schlicht ein Dienst in eigener Sache.

Insgesamt erscheint das Primat des geschriebenen Rechts als eine von den studierten Juristen in das Sächsische Recht hineingetragene Vorstellung des gelehrten Rechts, die in den Glossen mannigfaltige Ausprägungen erfahren hat. Deutlich lässt sich ein Bewusstsein der Autoren um die Andersartigkeit der autochthonen, auf Mündlichkeit basierenden Rechtskultur des Sachsenspiegels feststellen. Bei gleichzeitiger Anerkennung sächsischer Besonderheiten etwa im Prozessrecht höhlt man diese aber doch aus, indem man dem Richter das Richten nach geschriebenem Recht vorgibt und die Urteiler zu Statisten des Prozesses abwertet. Als ein mit *ius scriptum* verbundener Vorzug wird die größere Rechtssicherheit für die Rechtsunterworfenenen beschrieben. Darüber hinaus handelt es sich bei der Unterstreichung der besonderen Bedeutung geschriebenen Rechts aber auch schlicht um eine wesensimmanennte Prämisse spätmittelalterlicher Rechtswissenschaft, die ja verbindliche Rechtstexte kommentiert.

d) Zusammenfassung

Eine Zusammenfassung der gefundenen Ergebnisse zeichnet das folgende Gesamtbild von der Rechtsquellenlehre des Lehnrechtsglossators: In Übereinstimmung mit der Buch'schen Landrechtsglosse entwickelt die Lehnrechtsglosse ein abstraktes Modell dreier Rechtsquellen. Beide Glossatoren sehen die Ursprünge des Rechts in Natur, Gewohnheit oder Satzung begründet. Es handelt sich dabei um eine ungefähre Übersetzung der in Inst. 1, 1, 4 S. 3 genannten Trias *ius naturale, ius gentium* und *ius civile*. Die in

1135) Zum Wissenschaftsbegriff des Glossators vgl. oben S. 484 ff.

Land- und Lehnrechtsglosse ebenfalls behauptete, auf Dist. 1 c. 1 gestützte Zweiteilung des Rechts in Natur und Gewohnheit stellt keine wirkliche Abweichung von dieser Trias dar, denn der gratianische Begriff der *consuetudo* umfasst sowohl das ungeschriebene Gewohnheitsrecht als auch das von Menschen gesetzte, positive Recht. Allerdings erhält der Gottesbezug, der in Landrechtsglosse, Weichbildglosse und Liegnitzer Stadtrechtsbuch als höchste Quelle und Autorität des Rechts erscheint, in der Lehnrechtsglosse nur vergleichsweise wenig Gewicht.

In Weichbildglosse und Liegnitzer Stadtrechtsbuch sind die Ursprünge des Rechts bereits in verfremdeten Formen enthalten. Mit einer auffälligen Vorliebe für Dreiteilungen versucht man sich an einer Aufschlüsselung und Erklärung vorgefundener Erscheinungsformen des autochthonen Rechts. Glosse WbR 1 etwa beschreibt die Gesamtordnung des Rechts in den drei Kategorien Gottesrecht, Stadtrecht und Landrecht[1136]. Die Verfasser von Land- und Lehnrechtsglosse bemühen sich ebenfalls um eine Adaption der gelehrtrechtlichen Vorgaben an die sächsischen Rechtsverhältnisse[1137]. Eine einheitliche Linie kann sich in den Arbeiten zum Sächsischen Recht insofern aber nicht herausbilden. Auch innerhalb der Werke bleiben Kategorisierungen für die weiteren Ausführungen weitgehend folgenlos. Nur im Ansatz, nämlich in Form einer Übernahme der abstrakten, gelehrtrechtlichen Dreiteilung des Rechts in Natur, Gewohnheit und Satzung, nicht aber auch in Gestalt eines eigenen, die spezifischen sächsischen Rechtsverhältnisse berücksichtigenden Modells lässt sich daher überhaupt von einer in sich geschlossenen „Rechtsquellenlehre" in Land- und Lehnrechtsglosse sprechen.

Im Anschluss an Johann von Buch beschreibt der Lehnrechtsglossator die drei Rechtsquellen Natur, Gewohnheit und Satzung als eng zusammengehörige, einander bedingende Rechtsformen, die erst in ihrer gegenseitigen Verflechtung ein ausbalanciertes Rechtssystem ergeben. Vereinfacht gesagt stellt das natürliche Recht aus Sicht der sächsischen Juristen so etwas wie einen anzustrebenden Idealzustand der göttlichen Ordnung dar. Durch die Befolgung der an sich in der menschlichen Natur ohnehin verankerten Gebote des natürlichen Rechts bilden sich Gewohnheiten heraus. Weil es aber auch böse Menschen und schlechte, widernatürliche Gewohnheiten gebe, bestehe außerdem noch Notwendigkeit zu einer dritten Entstehungsart von Recht. Um Abweichungen schlechter Gewohnheiten vom Sollzustand des natürlichen Rechts zu beseitigen oder wenigstens zu verringern, müssen

1136) Gl WbR 1 (Sp. 183 Z. 15 – Sp. 185 Z. 48); vgl. dazu Gl LdR, Textus prologi *Got de dar is beghin vnd ende* (S. 112 Z. 9 – S. 113 Z. 14).

1137) Gl LdR, Textus prologi *Got de dar is beghin vnd ende* (S. 112 Z. 9 – S. 114 Z. 10); LGl LnR, Vorrede (S. 53 Z. 1–10).

Kaiser oder andere Obrigkeiten zusätzlich positives Recht erlassen. Auf diese Weise sichert das Ineinandergreifen der ganz wesensverschiedenen Phänomene natürliches Recht, Gewohnheit und Satzung die Ausbildung und Durchsetzung einer gerechten, funktionierenden Gesamtrechtsordnung.

Im Detail zeigt sich eine enge und wenigstens teilweise durch die Buch'sche Glosse vermittelte Orientierung des Lehnrechtsglossators an klassischen gelehrten Lehren der Glossatoren und Kommentatoren. Natürliches Recht setzt der Glossator des Lehnrechts mit „Gottesrecht“ gleich und nimmt damit den Standpunkt der Kanonistik ein. Die übrigen hier vergleichend herangezogenen Arbeiten zum Sächsischen Recht stimmen darin überein[1138]. Mit Ausnahme der älteren Handschriften der Landrechtsglosse, möglicherweise also nicht schon aus der Feder Johanns von Buch stammend, enthalten die Glossen zum Sächsischen Recht sowie das Liegnitzer Stadtrechtsbuch außerdem einen Katalog verschiedener Naturrechtsbegriffe, der sich als modifizierte Übersetzung aus der Accursischen Glosse zu Inst. 1, 2 pr. ad v. *Ius naturale est, quod natura* entpuppt[1139]. Für die Arbeitsweise der sächsischen Juristen ist die Passage sehr aufschlussreich, beweist sie in ihrer übereinstimmenden Terminologie doch die Rezeption gelehrter Lehren sowie eine Abhängigkeit der sächsischen Schriften untereinander. Ein jeder Verfasser hat stillschweigend die Vorlage des anderen benutzt, dessen Ausführungen nach eigenen Vorstellungen modifiziert und ergänzt und sie so für die eigenen Zwecke fruchtbar gemacht. In der Lehnrechtsglossenvorrede ist der Accursische Begriffskatalog besonders knapp gehalten[1140]. Überhaupt zeigt sich in der Charakterisierung des natürlichen Rechts gegenüber der Buch'schen Glosse eine größere Zurückhaltung, vielleicht auch eine größere juristische Unsicherheit des Lehnrechtsglossators. Anders als Johann von Buch, der dem natürlichen Recht zwar einen grundsätzlichen Vorrang vor dem gesetzten Recht gibt, dabei im Konfliktfall aber unumwunden die Letzverbindlichkeit des gesetzten Rechts einräumt[1141], betont der Lehnrechtsglossator den Vorrang natürlichen Rechts, ohne seine faktische Konterkarierung durch anerkanntes positives Recht offen einzugestehen[1142].

1138) LGl LnR, Vorrede (S. 51 Z. 7; S. 53 Z. 3); vgl. ähnlich Gl LdR I 54 (55 § 1) *Alle wertlik gerichte* (S. 397 Z. 1); Gl WbR 1 (Sp. 183 Z. 26); Liegnitzer StadtRB I 5 *Von naturlichem rechte* (LEUCHTE, Liegnitzer Stadtrechtsbuch S. 20 Z. 23).

1139) Vgl. die Synopsis im Anhang, unten S. 799 ff.

1140) LGl LnR, Vorrede (S. 50 Z. 10 – S. 51 Z. 7).

1141) Gl LdR I 51 (52 § 1) *Ane eruen geloff* (S. 372 Z. 4 f.).

1142) LGl LnR 69 (68 § 9): *„ein gesaczt recht mag ein naturlich recht nicht vordrücken“* (S. 965 Z. 1 f.); vgl. dazu oben S. 681.

Noch diffuser ist das Bild, welches der Lehnrechtsglossator von Wesen und Bedeutung der Gewohnheiten zeichnet. Aus Sicht rechtshistorischer Forschung ist ihre Behandlung in den sächsischen Glossen besonders interessant, denn es prallen darin zwei völlig unterschiedliche Konzepte aufeinander. Der traditionelle, aus Rechtsgewohnheiten gebildete Komplex des Sächsischen Rechts beruhte auf ganz anderen Voraussetzungen als die gelehrte, notwendig auf den Gegenpart des Schriftrechts angewiesene *consuetudo*. So dürften sich in der Unterscheidung der Lehnrechtsglosse zwischen guten und schlechten Gewohnheiten ältere, schon im Sachsenspiegel enthaltene Vorstellungen von rechter und unrechter Gewohnheit erhalten haben. Einen geschlossenen, die wesentlichen Kernpunkte der gelehrten mittelalterlichen *consuetudo*-Lehre paraphrasierenden Traktat der Buch'schen Glosse über die Gewohnheit[1143] hat die Lehnrechtsglosse hingegen nicht übernommen. Dass der Lehnrechtsglossator mit den gelehrten Lehren aber grundsätzlich vertraut war, zeigt etwa die Anerkennung der Gewohnheit in einer ihrer klassischen Funktionen als *„beste důterynne* [...] *des rechtin.“*[1144] An keiner Stelle spricht der Lehnrechtsglossator jedoch ausdrücklich von der gesetzesgleichen Rechtskraft von Gewohnheiten. In Gegenüberstellung zum *ius scriptum* charakterisiert er Gewohnheiten als dem ungeschriebenen Rechtskreis zugehörig[1145]. Aus seiner Sicht kann Gewohnheit an der Entstehung von Recht beteiligt sein – auch das Lehnrecht selbst begreift der Glossator insofern als kaiserlich bestätigte Gewohnheiten. Mitunter stellt der Glossator Gewohnheiten dem Recht aber auch diametral gegenüber[1146]. Faktisch erkennt er die Geltung mancher Gewohnheiten an, die anderer nicht. Eine endgültige Positionierung in der Frage nach der Bedeutung des Gewohnheitsrechts bleibt der Glossator in seinen sporadischen Äußerungen schuldig.

Von einem solchen Unbehagen ist in der Behandlung der dritten Art des Rechts, der Satzung, nichts mehr zu spüren. Das gesetzte, geschriebene Recht bildet für sächsische Juristen den eigentlichen Kernbestand des Rechts und steht klar im Zentrum des wissenschaftlichen Interesses. Erst aus ihm konstituiert sich die konkrete, letztverbindliche, notfalls auch zwangsweise durchsetzbare Ordnung des Rechts. Auch die zu Kaisersatzungen erklärten

---

1143) Gl LdR, Textus prologi *Got de dar is beghin vnd ende* (S. 116 Z. 13 – S. 121 Z. 4).

1144) LGl LnR 72 (71 § 3) (S. 1017 Z. 3 f.); vgl. auch LGl LnR 77 (76 § 7) (S. 1064 Z. 4 f.).

1145) LGl LnR, Vorrede: *„Eyne gewonheit ist sotan recht, das eyn volk vnder ŏm selber gewilkort hath czu halden, das vor nicht geschriben was, ut Institu. de iure gencium § ex non scripto.“* (S. 52 Z. 9–11).

1146) LGl LnR 55 § 2: *„mehir noch der gewonheit wenne noch rechte“* (S. 729 Z. 7 f.).

sächsischen Rechtsbücher rechnet man dem gesetzten Recht zu. Bei der Bearbeitung der sächsischen Rechtstexte sind die am Schriftrecht ausgebildeten sächsischen Juristen ganz und gar in ihrem Element.

Die Zusammenschau verschiedenster, über die Lehnrechtsglosse verstreuter Einzelbemerkungen hat eine Reihe bemerkenswerter Charakteristika dieses gesetzten Rechts hervortreten lassen. Entsprechend seiner großen Bedeutung umfasst der Begriff sehr heterogene Erscheinungsformen von Recht. Allen voran sind die Kaisersatzungen zu nennen. Ihnen rechnen die spätmittelalterlichen sächsischen Juristen das antike römische Recht ebenso zu wie jüngere Reichsgesetze und die sächsischen Rechtsbücher. Rechtskräftig sind neben allgemeinen und abstrakten Gesetzen auch kaiserliche Entscheidungen rechtlicher Zweifelsfragen, gnadenhalber bestätigte, territorial begrenzte Privilegien und Richtersprüche des Kaisers. Ohne weiteres wird neben der kaiserlichen Rechtssetzungsbefugnis auch die Rechtssetzungsbefugnis des Papstes anerkannt. Eine Delegation der Rechtssetzungsbefugnis an niedere Obrigkeiten sowie die teilweise autonome Rechtssetzungsbefugnis aus eigener Herrschaftsgewalt heraus scheint ebenfalls akzeptiert gewesen zu sein. Die Lehnrechtsglosse spricht in diesem Sinn von Fürsten und von Lehnsherren überhaupt, die für ihre Mannschaften Dienst- und Lehnrechte erlassen dürften[1147].

Obrigkeitliche Rechtssetzungsbefugnis ist für den Lehnrechtsglossator und die übrigen Bearbeiter des sächsisch-magdeburgischen Rechts selbstverständlich. In letzter Instanz bezieht weltliches, gesetztes Recht seine Geltungskraft stets aus kaiserlicher Autorität („*des keysers wille wart ein recht*“[1148]). Als Legitimationsmodell hat imperiale Herrschaftsgewalt Herkommen, Gewohnheit und Güte des Rechts abgelöst. Die sächsischen Glossen regiert dabei die „absolutistische“ Idee, der Kaiser erlasse per se stets das „richtige“ Recht. Daher stellt sich ihnen die Frage nach der Rechtmäßigkeit kaiserlicher Erlasse auch nicht. An die eigenen Gesetze sei der Kaiser nicht gebunden, er befolge sie freiwillig. Seine Gesetzgebungsbefugnis wird ergänzt durch ein kaiserliches Interpretationsmonopol. Als oberster Richter und Kopf eines straff organisierten Gerichtswesens kann der Kaiser außerdem die tatsächliche Einhaltung des Rechts garantieren.

Gesetztes Recht bezieht seine Autorität aus herrschaftlicher Gewalt. Es ist zugleich aber auch geschriebenes Recht, woraus sich weitere, wesensimmanente Vorzüge ergeben. Deutlich kehrt der Lehnrechtsglossator in seiner Vorrede den Aspekt größerer Rechtssicherheit durch Schriftrecht hervor. Vielerorts zeigt sich in den sächsischen Glossen ein allmähliches Vordringen

1147) LGl LnR 63 § 2 (S. 842 Z. 3–5); LGl LnR 65 § 5 (S. 877 Z. 17 – S. 878 Z. 1).
1148) LGl LnR, Vorrede (S. 50 Z. 6 f.).

der an den Rechtsfakultäten herausgebildeten Schriftrechtskultur. Trotz eigentlich klarem Bewusstsein ihrer Verfasser um die Andersartigkeit des Sächsischen von Urteilern im mündlichen Prozess gefundenen Rechts höhlen die Glossen etwa die Aufgabe der Schöffen nach und nach aus. Land- und Lehnrechtsglossator postulieren beide eine strikte Bindung des Richters an geschriebenes Recht[1149]. Dieses ist mit dem traditionellen Richterbild als bloßem Verfahrensleiter aber nicht vereinbar. Die auf Urteilsfragen folgenden, mit Allegationen gespickten Entscheidungssätze der Lehnrechtsglosse oszillieren daher in charakteristischer Weise zwischen mündlicher Rechtsfindung im Urteilerkreis und technischer, richterlicher Gesetzesanwendung[1150]. Gerade in solchen unbewussten, stilistischen Nuancen offenbart sich eine Rechtskultur im Umbruch. Das Schriftrecht hält Einzug in die Welt des Sächsischen Rechts. Indem sich der Lehnrechtsglossator einerseits bemüht, die Eigenheiten des Sächsischen Lehnrechts anzuerkennen, es andererseits aber doch zu gesetztem Recht erklärt und als verbindliche Textfassung einer Kaisersatzung behandelt, verquickt er zwei grundverschiedene Ideologien.

Letztlich behält der Glossator bei Abfassung der Lehnrechtsglosse die Perspektive des gelehrten Schriftrechts bei. Das Lehnrecht selbst erklärt er zu solchem. Nicht zuletzt ist dieser Schritt die Konsequenz einer textorientierten Rechtswissenschaft. Die Lehnrechtsglosse beherrscht somit das Primat des geschriebenen Rechts. Kaiserliche Autorität ist zum maßgeblichen Geltungsgrund für Recht und zum Leitmotiv der Lehnrechtsglosse geworden. Gesetztes Recht steht für die sächsischen Juristen klar im Vordergrund. Natürliches Recht und Gewohnheit sind daneben nur Statisten.

2. Konkurrenz versus Kumulation: Das Sächsische und das gelehrte Recht

Nach einer Annäherung an das Rechtsquellensystem des Lehnrechtsglossators kann in einem weiteren Schritt nach den Vorstellungen des Glossators vom Verhältnis verschiedener Rechtsquellen zueinander gefragt werden.

1149) Etwa Gl LdR III 28 (30 § 2) *De richtere* (S. 1112 Z. 11 f.); LGl LnR 63 § 2 (S. 842 Z. 7 f.). Ein interessantes Gleichnis zur Veranschaulichung der Bindung des Richters an geschriebenes Recht bildet übrigens auch Nikolaus Wurm im Prolog seiner Blume des Sachsenspiegels: Wie ein Apotheker sich bei der Zusammenmischung einer Arznei an das Rezept des Arztes halten solle, so solle sich auch der Richter bei der Urteilsfindung an das geschriebene Recht halten, heißt es unter Berufung auf Inst. 4, 17 pr. (Blume des Ssp, Prologus, Krakau BJ Przyb. 125/75 fol. 19ra). Der Richter sei daher *„dez rechtes apoteker"* (ebenda).

1150) Vgl. oben S. 729 ff.

Nennt oder befolgt er bestimmte Rechtsanwendungslehren? Das Erkenntnisinteresse verdichtet sich, bedenkt man den rezeptionsgeschichtlichen Hintergrund der Lehnrechtsglosse, vor allem auf das Verhältnis zwischen Sächsischem und gelehrtem Recht. Wie stark unterscheidet der Glossator des Lehnrechts überhaupt zwischen diesen beiden Sphären? Sieht er sie in einem Konkurrenzverhältnis oder versucht er sie zu konkordieren?

Mit aller Wahrscheinlichkeit haben wir von einem klassischen Studium der Rechte des Lehnrechtsglossators an einer der französischen oder italienischen Rechtsfakultäten auszugehen[1151]. Dort hatte sich an der wissenschaftlichen Bearbeitung der Texte des *Corpus iuris,* des *Decretum Gratiani* und der päpstlichen Dekretalen eine gelehrte, rationale, am Schriftrecht orientierte Rechtskultur herausgebildet. Nur wenig hatte diese mit den Rechtsverhältnissen gemein, die die studierten Juristen bei ihrer Rückkehr in die sächsische Heimat vorfanden[1152]. Derselbe Effekt ergab sich schon unabhängig von jeder räumlichen Distanz, sobald sich gelehrte Juristen vertieft rechtspraktischen Fragen zuwandten. Dann nämlich waren sie gezwungen, von den akademischen Inhalten abzurücken und sich mit den örtlichen autochthonen Rechten zu beschäftigen. Roy Garré beschreibt insofern das Aufeinanderprallen zweier Welten: „hier die gelehrte Welt mit ihren feinen, dogmatischen Diskursen, dort die lokalen und ständischen Rechtsgewohnheiten, die meist Ausdruck einer laienhaften Rechtskultur sind."[1153] Sinn der gelehrten mittelalterlichen *consuetudo*-Lehre war es, dem Phänomen dieses diffusen, schriftlosen Rechts Herr zu werden. Man wollte ihm eine mit bekannten juristischen Werkzeugen handhabbare Gestalt geben. Garré spricht vom Versuch einer Rationalisierung des Rechts, vom Erfordernis einer methodologischen Überbrückung: „Die Juristen müssen normative Lösungen, die in ungelehrten Kreisen entstanden sind, in ihre wissenschaftliche Sprache übertragen."[1154]

Auch die sächsischen Juristen hätten diesen Weg gehen und eine solche Übersetzung des Sächsischen Rechts in lokale, gültige *consuetudines* nach gelehrtrechtlichem Verständnis vornehmen können. Obwohl wir sehen konnten, dass die gelehrte *consuetudo*-Lehre bei den sächsischen Glossatoren bekannt war, spielt sie in der Bearbeitung des Sächsischen Rechts allerdings keine maßgebliche Rolle. Anders als etwa bei der wissenschaftlichen

1151) Vgl. oben S. 283 ff.

1152) Vgl. oben S. 312 ff.

1153) GARRÉ, Consuetudo S. 29.

1154) GARRÉ, Consuetudo S. 29 und 56; vgl. bereits DERS., ebenda S. 54 f., sowie DILCHER, Mittelalterliche Rechtsgewohnheit S. 56 f.

Durchdringung der oberitalienischen Stadtrechte[1155] ist die *consuetudo*-Lehre in den sächsischen Arbeiten des Spätmittelalters nicht zur entscheidenden Mittlerin zwischen einheimischer und gelehrter Rechtskultur geworden. Das Sächsische Recht klassifizierte man erst gar nicht als Gewohnheitsrecht. Mit der Erklärung der sächsischen Rechtsbücher zu Kaisersatzungen ebneten die sächsischen Juristen vielmehr den Weg zu einer klassischen, textorientierten Bearbeitung des einheimischen Rechts. Komplizierte Umwege über die *consuetudo*-Lehre, mit deren Hilfe das autochthone Recht in wissenschaftlich handhabbare Normen hätte übersetzt werden können, waren so überflüssig.

Das Sächsische Recht sah man seinem Geltungsgrund nach auf einer Stufe mit dem gelehrten Recht. Mit dem geistlichen Recht hatte es die Zugehörigkeit zum gesetzten Schriftrecht gemein, mit dem römischen Recht gar den kaiserlichen Erlass. Da es sich aus Sicht der sächsischen Juristen somit um verschiedene Erscheinungsformen ein und derselben Rechtsordnung handelte, war das Verhältnis zwischen Sächsischem und gelehrtem Recht von vornherein nicht konfrontativ angelegt. Gleichwohl war ein Bewusstsein um die Andersartigkeit von römischem Kaiserrecht, geistlichen Dekretalen und einheimischen Satzungen natürlich vorhanden. Offensichtlich gegebene Unterschiede verlangten nach Stellungnahmen. Zu welchen Lösungen der Lehnrechtsglossator hier fand, ist Gegenstand der folgenden, abschließenden Überlegungen. Wenn das Sächsische Recht in seiner methodischen Durchdringung zu keinen *consuetudines* im gelehrtrechtlichen Sinn mutierte, wie dann gestaltet sich das Verhältnis zwischen Sächsischem und gelehrtem Recht nach der Lehnrechtsglosse? Inwiefern wird hier womöglich, um ein Stichwort Heiner Lücks aufzugreifen, ein „Sonderweg der ‚Rezeption der fremden Rechte‘“[1156] greifbar?

a) Keine Vorwegnahme der Statutenlehre

Während über die Anfänge des wissenschaftlichen Rechtsdenkens bei den ersten Bearbeitern des Sächsischen Rechts noch relativ wenig bekannt ist[1157], steht uns die spätere Entwicklung sehr viel klarer vor Augen. Jeden-

1155) ENGELMANN, Wiedergeburt S. 82; GARRÉ, Consuetudo S. 81; LANGE / KRIECHBAUM, Kommentatoren S. 258–260.

1156) LÜCK, Sonderweg. Für das Zurverfügungstellen des noch unveröffentlichten Aufsatzes danke ich Herrn Professor Dr. Heiner Lück vielmals.

1157) Vgl. aber die Forschungen von KANNOWSKI, Sachsenspiegel und die Buch’sche Glosse; DERS., Umgestaltung, insbesondere S. 541–569; DERS., Verhältnis, DERS., Zwischen Apppellation und Urteilsschelte; sowie schon KRAUSE, Kaiserrecht und Rezeption, insbesondere S. 86–126, und SCHILLING, Das objektive Recht.

falls zu Zeiten sogenannter Vollrezeption im 15. und 16. Jahrhundert wandte man im Gebiet des Sächsischen Rechts die Rechtsquellen- und Rechtsanwendungstheorie des gelehrten Rechts an[1158]. Die sogenannte Statutenlehre ist von italienischen Juristen der Kommentatorenzeit entwickelt worden. Im Zuge einer vermehrten Zuwendung zu rechtspraktischen Fragen bemühten sich die Kommentatoren um eine grundlegende Klärung des Verhältnisses zwischen der Vielfalt der zeitgenössischen Partikularrechtsquellen, die sich ihnen primär in Gestalt der verschiedenen italienischen Stadtrechte darstellten („*statuta*"), und dem allgemeinen, überregional gültigen *ius commune*. Grundsätzlich, so die allgemeine Auffassung, sollten lokale Gesetze und Gewohnheiten als die spezielleren Rechte dem gemeinen römisch-kanonischen Recht vorgehen. Der Vorrang des Partikularrechts und die subsidiäre Geltung des gemeinen Rechts wurden aber durch zwei weitere wichtige Prinzipien eingeschränkt: Zum einen galt der Grundsatz der engen Auslegung des Partikularrechts („*statuta sunt stricte interpretanda*"[1159]). Zum anderen musste eine Partei, die sich auf lokales Recht berufen wollte, dessen Geltung im Prozess beweisen. Hingegen wurde die Anwendbarkeit des gemeinen Rechts stets vermutet („*fundatam pro se intentionem habeat*"[1160]). Im Ergebnis verhalf die Statutenlehre daher meist nicht dem partikularen, sondern dem gelehrten Recht zur Anwendung.

Die Statutenlehre wurde in deutschen Landen jedenfalls seit dem 15. Jahrhundert rezipiert und ausgebaut[1161]. Speziell im beträchtlich angewachsenen Geltungsgebiet des sächsisch-magdeburgischen Rechts bildete sich auf der Basis der sächsischen Rechtsquellen, fortentwickelt durch die Rechtsprechung des Magdeburger Schöffenstuhls und unter Verarbeitung des ge-

1158) Zur Statutenlehre und ihrer Rezeption in Deutschland BRIE, Stellung der deutschen Rechtsgelehrten; COING, Europäisches Privatrecht I S. 106 f., 137–146; DILCHER, Kaiserrecht S. 216 f.; LANGE / KRIECHBAUM, Kommentatoren S. 235–249, 341–343; NEHLSEN-VON STRYK, ‚Der Ältere teilt' S. 473, 476; SCHULZE, Art. Statutarrecht, in: HRG IV Sp. 1923–1925; TRUSEN, Römisches und partikuläres Recht; OESTMANN, Rechtsvielfalt vor Gericht; WIEACKER, Privatrechtsgeschichte S. 138 f.; WIEGAND, Studien.

1159) Dazu ENGELMANN, Wiedergeburt S. 139–157, insbesondere S. 141 f., und LANGE / KRIECHBAUM, Kommentatoren S. 243 f.

1160) So die spätere Formulierung von Samuel Stryk, vgl. WIEGAND, Studien S. 1 f. Zur Geltendmachung des Partikularrechts in den Schriften der Glossatoren und Kommentatoren ENGELMANN, Wiedergeburt S. 90–93. Zum Streit um die Beweisbedürftigkeit des Sachsenspiegels im 18. Jahrhundert Johann Adam Gottlieb Kind, De speculi saxonici (VOGEL, Adami Theoph. Kindii Opuscula Academica S. 268–306); dazu wiederum KROESCHELL, Rechtsaufzeichnung und Rechtswirklichkeit S. 349–351.

1161) Vgl. insbesondere die luzide Darstellung von BRIE, Stellung der deutschen Rechtsgelehrten.

lehrten Rechts, der relativ eigenständige Rechtskomplex des „gemeinen Sachsenrechts" heraus[1162]. Dort führte die Befolgung der Statutenlehre zu einer dreistufigen Ausgestaltung des gelehrten Rechtsanwendungsmodells: Gegenüber dem römisch-kanonischen *ius commune* beanspruchte das gemeine Sachsenrecht als Sonderrecht eines begrenzten Geltungsbereichs den Vorrang. Dem gemeinen Sachsenrecht gingen aber wiederum besondere, nur lokal oder regional gültige Satzungen und Gewohnheiten vor[1163].

Wie die italienischen Kommentatoren standen auch die sächsischen „Glossatoren" bei Abfassung ihrer Arbeiten vor der Aufgabe, das Verhältnis zwischen den vorgefundenen einheimischen Rechtsquellen und dem an der Universität gelehrten römischen und kanonischen Recht zu bestimmen. Zu welchem Rechtsanwendungsmodell die wissenschaftliche Durchdringung des Sächsischen Rechts die deutsche Rechtswissenschaft in späterer Zeit sogenannter „Vollrezeption" geführt hat, wurde gerade angedeutet. Die Vermutung liegt nahe, dass die sächsischen Glossen des 14. Jahrhunderts in irgendeiner Form den Grundstein für diese Entwicklung gelegt haben. Doch gerade dieser Gedanke findet in den Quellen nur wenig Rückhalt. Mit der Definition ihrer Rechtsbücher als Kaisergesetze für Sachsen haben die Glossatoren zweifellos den Weg für die Anwendung der gelehrten Statutenlehre frei gemacht. „Für die Rechtswissenschaft", schreibt Gerhard Dilcher, „gibt die Ableitung des Rechts aus einer obersten Autorität die Möglichkeit zu einem hierarchischen Modell von Rechtsschichten, die durch die Kunst der dialektischen Methode harmonisiert, vermittelt und für den Einzelfall geklärt werden können (Statutentheorie)."[1164] Jedoch enthalten die sächsischen Glossen noch keine genaue, den Grundsätzen der Statutenlehre entsprechende Bestimmung des Verhältnisses zwischen partikularem und uni-

1162) LÜCK, Art. Gemeines Sachsenrecht, in: ^{2}HRG II Sp. 77–84.

1163) DILCHER, Kaiserrecht S. 217; KROESCHELL, recht unde unrecht S. 174; LÜCK, Sonderweg Manuskriptseite 8; NEHLSEN-VON STRYK, ‚Der Ältere teilt' S. 476. Bereits ein berühmter Lüneburger Ratsbeschluss von 1401 bezeugt beginnend beim Lüneburger Statutenbuch über den Sachsenspiegel bis hin zum römischen und kanonischen Recht den Anwendungsvorrang des jeweils spezielleren Rechts im Geltungsgebiet des Sächsischen Rechts: *„Dat me tovorn sik holden scal an dit ieghenwardighe buk und an de Stad pruilegia. Dar de to schedinge welker sake wes drepet wol, dat der utscrifte hir nicht in geschreuen weren, und wes me in dessem boke edder in den priuilegien nicht en vind, dar willet de Rad vnd borghere in allen saken vnd schelingen na desser tyd sik mer richten an mene sassech lantrecht. Vnde wes me dar nicht ane vind, dar schal me sik denne in den stucken richten vnd holden an dat keyserrecht. Vnd wes me dar uort nicht ane vind, dar scal me sik holden an dat gheistlike recht."* (KRAUT, Stadtrecht von Lüneburg S. 2), dazu KROESCHELL, ebenda. Der Lüneburger Rat setzt über die dritte Stufe des römischen noch eine vierte Stufe des geistlichen Rechts.

1164) DILCHER, Der mittelalterliche Kaisergedanke S. 170.

versalem Recht. Um die Jahrhundertwende und in der ersten Hälfte des 14. Jahrhunderts kann die Statutenlehre in Italien noch keine sehr deutliche Konturierung erfahren haben. Tatsächlich schreibt man entscheidenden Anteil an ihrer Ausbildung den Schriften des Bartolus (* 1313/14, † 1357) zu, der aber erst um die Mitte des 14. Jahrhunderts schriftstellerisch tätig geworden ist[1165]. Johann von Buch kann sie bei Abfassung der Landrechtsglosse (1325 – ca. 1352) vermutlich schon aus zeitlichen Gründen nicht berücksichtigt haben. Auch für die später entstandenen Glossen zu Lehnrecht und Weichbildrecht (jeweils vor 1386) haben wir keinerlei Anlass, von einer Rezeption der Lehren des Bartolus auszugehen.

Bernd Kannowski hat gezeigt, dass sich Johann von Buch bei der Kommentierung des Sachsenspiegel-Landrechts noch nicht von den Prinzipien der Statutenlehre leiten lässt[1166]. Zwar geht Johann vom Grundsatz aus, dass das Landrecht als Privileg Karls des Großen ein für Sachsen erlassenes Sonderrecht sei und als solches Vorrang vor dem römischen Kaiserrecht genieße. Von den wichtigen Einschränkungen der Statutenlehre, also dem Prinzip enger Auslegung und der Beweisbedürftigkeit des partikularen Rechts, ist in der Buch'schen Glosse jedoch noch keine Rede. Das Kaiserrecht gilt ihm als das gemeine, im gesamten Reich gültige Universalrecht („*dat de koninge hebben ghegheuen en ghemene recht alle der werlde*“[1167]). Aus diesem Recht ausgenommen seien Völker, denen der Kaiser ein besonderes Privileg wie zum Beispiel den Sachsenspiegel eingeräumt habe („*Vthe deme rechte sind itlike lude van deme koninge ghenomen*“[1168]). Nicht immer faktisch, aber wenigstens formal räumt Johann dem sächsischen Partikularrecht den Vorrang vor dem universalen Kaiserrecht ein[1169]. Im Umkehrschluss bedeutet diese Sichtweise die subsidiäre Geltung des Kaiserrechts in allen Fällen, die im Sachsenspiegel keine Regelung gefunden hatten. Einen solchen Perspektivwechsel hin zum gemeinen Recht vollzieht jedoch erst das spätere Bocksdorf'sche Remissorium („*Wo eine sache in Sachsenrecht nicht vorsehen ist / die soll man scheiden / nach geistlichem vnd Kaiserlichen rechten*“[1170]).

1165) LANGE / KRIECHBAUM, Kommentatoren S. 246–249, 713–717, und allgemein zu Bartolus und seinem Werk S. 682–733.

1166) KANNOWSKI, Verhältnis, insbesondere S. 132; vgl. auch DERS., Umgestaltung S. 555.

1167) Gl LdR III 32 (33 § 1) *Yewelk man hefft sin recht* (S. 1136 Z. 2 f.).

1168) Gl LdR III 32 (33 § 1) *Yewelk man hefft sin recht* (S. 1136 Z. 4 f.).

1169) KANNOWSKI, Verhältnis, insbesondere S. 132, 142; auch BÖHLAU, Einleitung, Nove constitutiones S. XXVII.

1170) Bocksdorf'sches Remissorium, ad v. *Recht / das beschriben ist etce.* (ZOBEL, Sechsisch Weychbild und Lehenrecht, Leipzig 1537, ohne fol.), vgl. außerdem: „*Das be-*

Noch weniger als bei Johann von Buch finden sich Anklänge an die Statutenlehre in der Lehnrechtsglosse. Zwar bleibt der Lehnrechtsglossator dem Buch'schen Denken insofern verhaftet, als er manche Ausführung der Landrechtsglosse über den Charakter des Sachsenspiegel-Landrechts in seiner Gestalt als sächsisches Sonderrecht übernimmt. Eine Übertragung dieses Gedankens auf das Lehnrecht erfolgt jedoch nicht. Nirgendwo in der Glosse wird das Lehnrecht als Privileg bezeichnet. Vielmehr verweigert sich der Glossator einer dezidierten Erläuterung des Lehnrechts als einer partikularen, nur in Sachsen gültigen Satzung. Ohne die Thematik explizit zu erörtern, gilt ihm das Lehnrecht, trotz seines Erlasses für Sachsen, eher als überregional gültiges Reichsrecht[1171]. Folgerichtig hat der Glossator das Lehnrecht auch niemals als ein aufgrund territorialer Gültigkeitsbegrenzung dem gelehrten Recht vorrangiges Recht beschrieben.

Diese Überlegungen veranschaulichen, dass sich in den sächsischen Glossen allenfalls erste Ansätze für die tradierte, später in Deutschland rezipierte Statutenlehre des gelehrten Rechts finden. Johann von Buch schuf mit seiner Charakterisierung des Sachsenspiegel-Landrechts als kaiserlichem Privileg für Sachsen immerhin eine erste wichtige Grundlage. Er propagierte die grundsätzliche Geltung des gemeinen *ius commune* und den Vorrang des partikularen Sachsenrechts. Für das Lehnrecht verschloss sich der Lehnrechtsglossator einer solchen Betrachtungsweise.

b) Romanisierung, Harmonisierung oder Dualismus?

Äußert sich der Lehnrechtsglossator über sein Rechtsquellenbild wenigstens sporadisch, fehlen abstrakte, rechtstheoretische Stellungnahmen über das Verhältnis zwischen Sächsischem und gelehrtem Recht ganz und gar. Die Vorstellungen des Glossators von der Beziehung des einheimischen Rechts zum römischen und kanonischen Recht lassen sich deshalb nur aus dessen faktischer Behandlung ersehen. Im Folgenden werden ausgewählte, charakteristische Argumentationsmuster der Lehnrechtsglosse erörtert, die Aussagen über die Ausgestaltung dieser Beziehung in der Glosse erlauben. Dahinter steht die Frage, inwiefern es gerechtfertigt ist, von einer „Romanisierung"[1172] des Sächsischen Rechts durch die Glosse zu sprechen, inwiefern

---

schriben Keiserrecht / ist der gantzen welde gegeben / Aber die Sachssen / sind mit jrem sonderlichen rechten / daraus geschlossen / in fellen so darinnen begriffen / vnd nicht weiter" (ebenda).

1171) Vgl. oben S. 631 ff.

1172) So die bei BÖHLAU, Einleitung, Nove constitutiones S. XXIII, XL, passim, vorherrschende Charakterisierung besonders der Wurm'schen Schriften, zu denen Böhlau insbesondere auch die Glosse zum Mainzer Reichslandfrieden zählen möchte. Auch

der Glossator vielleicht mehr nach einer „Harmonisierung“[1173] beider Rechtskreise strebte oder ob Momente, in denen Sächsisches und gelehrtes Recht einander unvereinbar gegenübergestellt werden, überwiegen.

Konzept einer natürlichen Einheit von „unserem“ und „fremdem“ Recht. Bereits die Ausgangslage stellt sich ambivalent dar. Einerseits begreift der Glossator Sächsisches Lehnrecht und Sachsenspiegel-Landrecht – hier ein Gesetz Kaiser Friedrichs, dort im Anschluss an die Buch'sche Glosse ein Privileg der Kaiser Konstantin und Karl – als Kaisersatzungen. Damit stehen Land- und Lehnrecht mit dem römischen Kaiserrecht auf einer Stufe. Weil das Lehnrecht, anders als das Sachsenspiegel-Landrecht, vom Glossator darüber hinaus nicht speziell als territorial begrenztes Privileg der Sachsen beschrieben wird, lässt sich auch kein prinzipieller Vorrang des Lehnrechts gegenüber dem gemeinen *ius commune* konstruieren. Formal unterscheidet es sich in Geltungsgrund und Geltungsanspruch also nicht vom römischen Recht. Andererseits trennt der Lehnrechtsglossator aber doch deutlich zwischen den drei Rechtskreisen des Sächsischen, römischen und kanonischen Rechts. Die Lehnrechtsglosse zeigt ein klares Bewusstsein um die grundsätzliche Verschiedenheit dieser Rechte. Das belegt schon die Terminologie der Glosse. Wie Johann von Buch spricht der Glossator von „*keiserrechte*“[1174] nur in Verbindung mit dem römischen Recht[1175]. Da er ja aber eindeutig auch Sächsisches Land- und Lehnrecht zu den Kaisersatzungen zählt, besteht für eine derartige Differenzierung eigentlich kein inhaltli-

---

KRAUSE, Kaiserrecht und Rezeption S. 117, spricht von einer „romanisierenden Rechtsbücher-Literatur“ des 14. Jahrhunderts.

1173) So etwa die Charakterisierung der Vorgehensweise in der Buch'schen Glosse bei BUCHHOLZ-JOHANEK, Art. Johannes von Buch, in: ²VL IV Sp. 555.

1174) Hier LGl LnR 4 § 2 (S. 121 Z. 16); vgl. etwa auch LGl LnR 65 § 3 (S. 872 Z. 10); LGl LnR 65 § 7 (S. 884 Z. 2); LGl LnR 68 (67 § 7) (S. 931 Z. 1); LGl LnR 70 (69) (S. 984 Z. 4); LGl LnR 70 (69 § 6) (S. 990 Z. 12); LGl LnR 22 § 1 (S. 376 Z. 3). In LGl LnR 22 § 1 spricht der Glossator vom „*keiserrechte*“ (S. 376 Z. 3) zwar unter Bezugnahme auf Dist. 8 c. 1, doch handelt eben dieser *canon* dezidiert vom weltlichen Recht der Kaiser („*Iura autem humana iura imperatorum sunt*“, Corpus iuris canonici I Sp. 13). Insgesamt verwendet der Lehnrechtsglossator den Begriff des Kaiserrechts seltener als Johann von Buch.

1175) Zur Wortbedeutung von „Kaiserrecht“ in der Buch'schen Glosse KAUFMANN, Glossen zum Sachsenspiegel – Brücken S. 70 f. sowie die Nachweise im noch ungedruckten Glossar zu den Glossen zum Sachsenspiegel-Landrecht (Buch'sche Glosse) von Frank-Michael Kaufmann und Peter Neumeister, ad v. „*keyserrecht*“. Interessant ist, dass Johann im Zusammenhang mit der über siebzig mal auftauchenden Bezeichnung Kaiserrecht nicht lediglich *Codex* und Novellen, also „Kaisersatzungen im engeren Sinn“, sondern alle Teile des *Corpus iuris* einschließlich der Institutionen und Digesten allegiert. Vgl. außerdem KANNOWSKI, Umgestaltung S. 87, 134 f., 197 f.

cher Grund. Nicht alle Juristen und Schreiber behalten die Bezeichnung „Kaiserrecht“ ausschließlich dem römischen Recht vor. Vielmehr sind Schwabenspiegel und Frankenspiegel im 14. und 15. Jahrhundert unter dem regelmäßigen Namen „(Kleines) Kaiserrecht“ bekannt geworden[1176]. Die Lehnrechtsglosse stellt dem gelehrten Recht, welches unter den Bezeichnungen *„geistlichem rechte“* und *„keiserrechte“*[1177] und ebenso unter Beibehaltung der lateinischen Begriffe als *„leges“* und *„canones“*[1178] Erwähnung findet, dem Sächsischen Recht hingegen als *„vnszerm rechte“*[1179] gegenüber. Darin ist durchaus die Vorstellung einer Dichotomie des eigenen Rechts und fremder Rechte enthalten.

In der gesamten Lehnrechtsglosse verarbeitet der Glossator gelehrte *topoi*, die er als abstrakte, allgemeingültige Sätze begreift und ohne Bedenken auch auf das Sächsische Lehnrecht anwendet[1180]. Regelmäßig erscheinen sie in deutscher Übersetzung[1181]. Einer dieser Sätze vermag seinen eigenen Geltungsgrund plastisch zu erklären. Gemeint ist der auch aus der Buch'schen Glosse bekannte Gleichheitssatz:

> *„Wo dy selbige sache ist, do sal ouch das selbige recht syn, ut ff. ad le. Acqui. l. 1 § illud.“*[1182]

1176) KRAUSE, Kaiserrecht und Rezeption S. 91–94; TRUSEN, Rechtsspiegel und Kaiserrecht S. 38 f.; 56 f.

1177) Hier LGl LnR 70 (69) (S. 984 Z. 1, Z. 4); vgl. auch LGl LnR 68 (67 § 7) (S. 931 Z. 1 f.); LGl LnR 70 (69 § 6) (S. 990 Z. 12).

1178) LGl LnR 14 § 4 (S. 304 Z. 12 f.); LGl LnR 70 (69 § 6) (S. 991 Z. 14). Von *leges* handeln außerdem noch LGl LnR 10 § 1 (S. 206 Z. 1); LGl LnR 26 § 1 (S. 445 Z. 11); von *canones* LGl LnR 12 § 2 (S. 262 Z. 13); LGl LnR 18 (S. 324 Z. 8); LGl LnR 51 (S. 677 Z. 14).

1179) Hier LGl LnR 70 (69) (S. 982 Z. 2); vgl. außerdem bereits LGl LnR 68 (67 § 7) (S. 931 Z. 2 f.) und LGl LnR 70 (69) (S. 983 Z. 11); LGl LnR 70 (69 § 3 (S. 988 Z. 14 f.). LGl LnR 65 § 3 (S. 872 Z. 12) spricht in Gegenüberstellung zum römischen Kaiserrecht von *„dissem rechte“*.

1180) Vgl. oben S. 433 ff.

1181) Mitunter findet sich in Zusätzen auch die lateinische Fassung eines Merksatzes, vgl. etwa *additio* zu LGl LnR 17: *„Utrum qui tacet consentire videtur* […]“ (S. 320 Var. w) und dazu die deutsche Entsprechung: *„Wenne wer do swiget, der volbort* […]“ (S. 320 Z. 1).

1182) LGl LnR 5 § 1 (S. 157 Z. 3–5); ähnlich Gl LnR 23 § 1 (S. 393 Z. 3 f.) und LGl LnR 45 § 1 (S. 631 Z. 1 f.). Vgl. dazu KAUFMANN, LGl LnR S. 157 Anm. 18; KANNOWSKI, Umgestaltung S. 479–483, insbesondere Anm. 55 f.; STEFFENHAGEN, Entwicklung XI S. 614 f., 624–626 und passim. Der Buch'sche Satz *„Wente an geliken saken dar is ok gelijk recht“* (S. 191 Z. 3) stellt eine Übersetzung einer etwa auch in der Accursi-

Das Prinzip der Gleichbehandlung durch das Recht hat in den sächsischen Glossen verschiedene spezielle Ausprägungen erfahren[1183]. Es ist aber auch geeignet, eine Grundvorstellung des Lehnrechtsglossators vom Verhältnis der verschiedenen Rechte zueinander schlechthin zu erklären[1184]. Der Gleichheitssatz war ein christliches Ideal und unbedingtes Gebot der Gerechtigkeit. Ein und derselbe Fall konnte unmöglich nach einem Recht so und nach einem anderen Recht anders zu beurteilen sein. Vielmehr bedurfte es für eine unterschiedliche Behandlung eines Falls im Recht stets einer begründeten, sachgerechten Differenzierung. Die innere Widerspruchsfreiheit des Rechts nachzuweisen war stets ein wichtiges Anliegen der scholastisch geprägten Rechtswissenschaft gewesen[1185]. Im selben Sinn bemüht sich nun der Lehnrechtsglossator um die Einbindung auch des Sächsischen Rechts in die Gesamtrechtsordnung. Gleichbehandlung durch das Recht und Widerspruchsfreiheit des Rechts bedeuten, dass sich Vorschriften des gelehrten Rechts ohne weiteres auch in lehnrechtlichen Zusammenhängen heranziehen lassen. Betreffen sie exakt den besprochenen Fall, können sie prinzipiell auch volle Gültigkeit beanspruchen. Enthalten sie hingegen ähnliche, sinngemäße Gedanken, lassen sie sich als Argumentationsstützen heranziehen. Widersprechen sie einer Regelung des Sächsischen Lehnrechts, so ist der bearbeitende Jurist gefordert. Er hat jene maßgeblichen Unterscheidungsgründe herauszuarbeiten, die den Widerspruch als bloß scheinbaren offenbaren und somit die innere Widerspruchsfreiheit des Rechts wiederherstellt.

Vor diesem Hintergrund verwundert es nicht, dass der Lehnrechtsglossator zum Beleg seiner Aussagen sowohl Sätze des Land- und Lehnrechts als auch solche des *Corpus iuris* und des kanonischen Rechts heranzieht. Nicht selten kombiniert er sächsische, römische und kanonistische Zitate in einem

---

schen *Glossa ordinaria* zu Inst. 1, 12, 1 ad v. *Pari* (e) enthaltenen Wendung dar (Corpvs ivris V/2, Lyon 1627, Inst. Sp. 65). Vgl. zum Gleichheitssatz bereits oben S. 428.

1183) KANNOWSKI, Umgestaltung S. 480–483 m. w. N. Eine spezielle Ausformung des Gleichheitssatzes in der Lehnrechtsglosse bietet etwa LGl LnR 3 (S. 98 Z. 13 – S. 99 Z. 1), wonach der Herr seinem Lehnsmann dieselbe Treue schuldet, die dieser ihm schuldet.

1184) Explizit zieht Nikolaus Wurm den Gleichheitssatz zur Erklärung des Verhältnisses zwischen Sächsischem, römischem und geistlichem Recht in seiner Blume des Sachsenspiegels heran: *„Synt demmole daz denne unsir recht mit keyser noch myt geystlickym rechte nicht ubir eyn tryt, so mus enczwer unsir recht adir geystlich adir keysirrecht unrecht seyn, wen worvmme, sal eyne sache gerecht seyn, se mus in allin rechten recht seyn"* (zitiert nach HOMEYER, Beigabe 3, Richtsteig LdR S. 369), vgl. bereits den Hinweis bei KRAUSE, Kaiserrecht und Rezeption S. 96, 119 f.

1185) LANGE, Glossatoren S. 111–117; WIEACKER, Privatrechtsgeschichte S. 54–56; vgl. allerdings auch OTTE, Dialektik und Jurisprudenz S. 228 f.

Allegationenblock. In der Beliebigkeit, in der der Glossator zwischen den Rechtskreisen wechselt und einen jeden auf universale Topoi und einschlägige Argumentationshilfen abklopft, zeigt sich deutlich, dass er Sächsisches, römisches und kanonisches Recht als gleichrangige juristische Erkenntnisquellen betrachtet. Der Glossator ist bestrebt, seinen Bemerkungen Autorität zu verleihen, sie als fundierte, glaubwürdige Äußerungen darzustellen und sie in den wissenschaftlichen Kontext einzubinden. Beständig sucht er daher nach Parallelen zwischen dem Sächsischen Recht und dem bekannten, gelehrten Rechtsstoff. Letztlich betreibt er eine Art Rechtsvergleichung. Er vergleicht Institute beider Rechte und spürt gemeinsam zugrunde liegenden und damit universal gültigen Rechtsgedanken nach[1186]. Die eigenen und die von Johann von Buch übernommenen Verknüpfungen sächsischer Rechtsinstitute mit solchen des gelehrten Rechts erschließen sich einmal leichtfüßiger, einmal schwerfälliger. Dem römischen Recht zum *plebiscitum* weiterführende Gedanken zur sächsischen Erfragung des Urteils beim Schöffen entnehmen zu wollen, scheint aus heutiger Sicht etwa besonders fernliegend[1187]. Stellen wie diese haben die sächsischen Glossatoren in der älteren Forschung in Verruf gebracht. Die sächsischen Juristen galten dort als bedenkenlose Gleichmacher ohne Sinn für die Eigenheiten des einheimischen Rechts[1188]. Johann von Buch lässt sich Sensibilität und Problembewusstsein in diesem Punkt jedoch keineswegs absprechen. In seinem Glossenprolog warnt er den Leser davor, unpassend erscheinende Allegationen allzu vorei-

1186) Die von ZWEIGERT / KÖTZ, Rechtsvergleichung S. 12–47, beschriebenen Funktionen, Ziele und Methoden funktionell verstandener Rechtsvergleichung lassen sich bei aller Verschiedenheit der heutigen und der spätmittelalterlichen Situation doch vielfach auf die Arbeitsweise des Lehnrechtsglossators übertragen: Auf der Suche nach Erkenntnis schöpft der rechtsvergleichende Jurist aus einem möglichst großen Pool an Lösungsvorschlägen. Ähnlich benutzt auch der Lehnrechtsglossator sämtliches ihm zur Verfügung stehende Textmaterial einschließlich des gelehrten Rechts und seiner Glossenapparate. Mit Rücksicht auf die spezifischen Besonderheiten der jeweiligen Fallkonstellation bricht er das Recht auf zugrunde liegende Gedanken herunter, die in ihrer abstrakten Form wiederum universale Geltung beanspruchen können. Nichts anderes sind die Topoi, die allgemeingültigen Sätze, die der Glossator dem gelehrten Recht entnimmt und für die eigenen Fragestellungen nutzbar macht. Nutzbringend vergleichen lässt sich dabei grundsätzlich alles, was innerhalb eines Rechtssystems dieselbe Funktion erfüllt.

1187) LGl LnR 68 (67 § 7) (S. 931 Z. 3–6) mit Allegationen von Inst. 1, 2, 4 S. 2 und Dist. 2 c. 2; vgl. bereits Gl LdR I 61 (62 § 7) *Vnde schal ordele vragen* (S. 448 Z. 11–13). Ein weiteres Beispiel, in dem Johann von Buch methodisch vergleichbar die Bestimmung des LdR II 30, wonach Vererbung nur auf Grund von Verwandtschaft, nicht aber infolge einer Zusage möglich ist, mit dem gelehrten Institut der Adoption in Verbindung bringt, schildert SCHOTT, Sachsenspiegel und Adoption.

1188) Symptomatisch BÖHLAU, Einleitung, Nove constitutiones S. XVIII–XLI.

lig zu verwerfen. Vielmehr müsse der Leser seinen eigenen Verstand bemühen, um die Ähnlichkeiten zwischen den verknüpften Zitaten in rechter Weise begreifen zu können:

„Articulum cum legeris	*Worde des spegils artik*
per legem approbatum,	*di wist in't keiserrecht,*
Et cum ius inveneris	*Doge't dar nicht gar gelik,*
non bene similatum,	*duchte't di wol nicht endrecht,*
Tu cito nos ne increpas	*Nicht tu vru uns strafe du,*
Nec vaniloqua putabis,	*denke nicht idel sproke hi,*
Verba bene respicias	*Ker dar dinen sin bat tu,*
et hoc tibi imputabis.	*sus werstu schuldiger, wen wi.*"[1189]

Johann von Buch thematisiert in diesen Versen ausdrücklich mögliche Vorbehalte gegen die Vereinbarkeit von Sachsenspiegelartikeln und *leges* des Kaiserrechts, ja gegen die Sinnhaftigkeit seines Glossenvorhabens schlechthin. Vehement verteidigt er sein methodisches Vorgehen. Ihm ist bewusst, dass manche seiner Allegationen auf den ersten Blick abwegig und wenig zielführend erscheinen müssen. Gleichwohl hält er an ihnen fest. Er ist davon überzeugt, dass sich dem gelehrten Recht durch Fantasie, durch Loslösung vom dogmatischen Korsett und durch einen Blick aufs Wesentliche oftmals fruchtbare Argumente für die Erklärung des Sächsischen Rechts entnehmen lassen. Unter Hinzuziehung der für wahr anzuerkennenden *leges*, heißt es im Glossenprolog, lasse sich der Sinn des Sachsenspiegeltextes verstehen (*„wert des spegils recht irkant*"[1190]). Die Souveränität und grundsätzliche Plausibilität einer solchen Herangehensweise lässt sich schwer bestreiten. Tatsächlich führt die Interpretation des Sächsischen Rechts aus der Perspektive des gelehrten Rechts zu einer beachtlichen wissenschaftlichen Durchdringung desselben und zu einem neuen zeitgemäßen Verständnis des Sachsenspiegelrechts. In der Lehnrechtsglosse fehlen methodische Erläuterungen zum Stellenwert der Allegationen und des gelehrten Rechts. Doch auch der Glossator des Lehnrechts wendet die Buch'sche Methode an. Auch er weist auf Konkordanzen von Lehnrecht und gelehrtem Recht hin und setzt sich mit scheinbar widersprechenden Stellen auseinander.

Suche nach Parallelen als Strategie der Harmonisierung. Das Bemühen des Lehnrechtsglossators um den Nachweis von Entsprechungen zwischen Lehnrecht und gelehrtem Recht zeigt sich in erster Linie in der Zusammen-

1189) Gl LdR, Glossenprolog (S. 102 V. 187–190). Kurz darauf ergänzt Johann von Buch noch, eindeutig fehlerhafte Zahlenangaben der Allegationen gingen nicht auf Kosten des Werkes, sondern seien den Fehlern des Schreibers zuzurechnen (S. 102 V. 193 f.).

1190) Gl LdR, Glossenprolog (S. 101 V. 173 f., hier 174).

stellung der Allegationenblöcke. Deutlich wird es aber auch in der Übersetzung deutscher Rechtsbegriffe ins Lateinische. Vielfach sucht und findet der Lehnrechtsglossator für sächsische Rechtsinstitute Entsprechungen im gelehrten Recht und kennzeichnet diese anhand terminologischer Gegenüberstellungen. So beschließt er eine Erklärung des *gedinge,* der Anwartschaft auf ein Lehen, mit der Bemerkung *„Das heiset eyn gedinge, vnde heyszet depaccio in dem Latino, ut C. de pactis l. I.“*[1191] Die Verbindung des spezifisch lehnrechtlichen Instituts des *gedinge* mit dem sehr viel abstrakteren, für das römische Vertragsrecht zentralen Begriff des *pactum* ist weit weniger plump, als sie auf den ersten Blick scheinen mag. Die Verknüpfung mit Cod. 2, 3, 1 – übrigens bei Johann von Buch noch nicht enthalten – findet nämlich eine durchaus sinnvolle Entsprechung in einer Konstitution des Septimius Severus, die von einer Verfügung von Todes wegen unter der Bedingung der Kinderlosigkeit handelt. Dieses *„pactum“* ähnelt dem *„gedinge“* durchaus.

Einen weiteren Bogen muss der Leser spannen, um eine Bemerkung in Glosse LnR 9 über den sächsischen Fürsprecher nachzuvollziehen: *„vnde heyszen referendarij yn deme Latyn, ut in auten. de referendarijs pallacij § I colla. II.“*[1192] Bereits Glosse LdR I 59 (60 § 1) *Ane vorspreken* hat den Fürsprecher mit Nov. 10, 1 in Verbindung gebracht[1193]. Die Gleichsetzung des sächsischen Fürsprechers mit den Verwaltungsbeamten am spätantiken Kaiserhof in der Lehnrechtsglosse irritiert zunächst. Doch schon die gelehrte *Glossa ordinaria* zu Nov. 10 pr. ad v. *Referendariis* (g) nennt die *referendarii* die *„aduocati in curia“*[1194]. Ein fortwirkender gemeinsamer Gedanke, der sich sowohl in der Lehnrechtsglosse als auch in Nov. 10 pr. findet, liegt in der Aufgabe sowohl der Fürsprecher als auch der *referendarii,* Rechtssuchenden unterstützend zur Seite zu stehen. Diese Parallele rechtfertigt zwar kaum eine terminologische Gleichsetzung von Fürsprechern und *referendarii.* Sehr wohl stellt die in der allegierten Konstitution Nov. 10 angesproche-

1191) LGl LnR 5 § 1 (S. 153 Z. 16 f.); allegiert wird Cod. 2, 3, 1.

1192) LGl LnR 9 (S. 195 Z. 11 f.).

1193) Gl LdR I 50 (60 § 1) *Ane vorspreken* (S. 422 Z. 6). Abweichend schlägt Frank-Michael Kaufmann (S. 195 Anm. 1) zur Auflösung der Allegation statt Nov. 10, 1 Nov. 10 pr. vor. Vgl. zur Bezeichnung der *praefatio* von Novellen mit *„§ I“* bei Johann von Buch schon STEFFENHAGEN, Entwicklung 11 S. 586 Anm. 1.

1194) *Glossa ordinaria* zu Nov. 10 pr. ad. v. *Referendariis* (g) (Corpvs ivris V/1, Lyon 1627, Auth. Sp. 103). *Referendarii* gab es seit der Mitte des 5. Jh. und auch noch unter Justinian. Sie waren Mitglieder der Kaiserkanzlei und dort für die Annahme und Weiterleitung von Bittschriften zuständig, vgl. DÖLGE / KARAYANNOPULOS, Kaiserurkunden S. 57, 59 m. w. N.

ne Funktion des Rechtsbeistandes aber einen auch in der Beschreibung der Fürsprecheraufgabe hervorhebenswerten Aspekt dar.

Glosse LnR 31 handelt vom Ehegüterrecht und setzt im Anschluss an die Buch'sche Glosse LdR I 20 § 6 *Morgengaue* und unter Bezugnahme auf Cod. 5, 1, 5, Inst. 4, 6, 11 und Inst. 2, 7, 3 die drei Gaben des Mahlschatzes[1195], der Morgengabe und des Ehegeldes[1196] ohne weiteres nachvollziehbar mit den römischen Instituten der *arra*, der *sponsalitia largitas* und der *donatio propter nuptias* gleich[1197].

In Glosse LnR 26 findet sich unter Zuhilfenahme der lateinischen Begriffe *tutor* und *curator* eine Differenzierung zwischen der Vormundschaft zugunsten einer Person, insbesondere der Vormundschaft für Minderjährige, und der Vormundschaft bezüglich einer Sache, worunter der Glossator insbesondere auch die eheliche Vormundschaft in Bezug auf Güter der Frau fassen will[1198]. Das gelehrte Recht liefert dem Glossator hier Begriffsmaterial, um den pauschalen sächsischen Begriff des „Vormunds“ auf eigenwilli-

1195) Gl LdR I 20 § 6 *Morgengaue* spricht stattdessen vom „Treuschatz“ (S. 242 Z. 22).

1196) Gl LdR I 20 § 6 *Morgengaue* spricht in diesem Zusammenhang vom „Leibgedinge“ (S. 243 Z. 11).

1197) LGl LnR 31 § 1: *„Jr sollit wissen eigentlich, das drierley gabe geschůet czwischen eelichen lůten. Dy erste dy heiszet arra, vnde ist ein malschacz yn Deuczsch genant* [...], *ut C. de sponsalibus et arris l. mulier. Dy ander gabe dy heist sponsalicia largitas, vnde heist eyne morgengabe czu Duczsche, ut Institu. de accionibus § jtem si quis. Die dritte gabe heist donacio propter nupcias. Das ist, das wir ein eegelt heissen* [...], *ut Institu. de donacionibus § sed nos.“* (S. 505 Z. 12 – S. 506 Z. 14[b]); vgl. dazu bereits Gl LdR I 20 § 6 *Morgengaue* (S. 242 Z. 20 – S. 244 Z. 7); vgl. außerdem Gl WbR 22 (Sp. 273 Z. 15–45). Für weitere Quellennachweise im deutschen Recht vgl. Art. Ehegeld, in: DRW II Sp. 1217 f.; Art. Mahlschatz, in: DRW IX Sp. 7 f. und Art. Morgengabe, in: DRW IX Sp. 892–900; dagegen zur Ausgestaltung der Gaben zwischen Eheleuten im *Corpus iuris* vgl. KASER, Römisches Privatrecht II S. 160–162, 193–201.

1198) LGl LnR 26 § 1: *„Jr sollet wissen das vndirscheit, daz do ist czwischen den czwen worten ‚tutor‘ vnde ‚curator‘. Tutor heist also vil also eyn vormunde adir eyn beschirmer, wenne worvmbe her sal die vnmundigen kinder beschirmen, dy sich selbir vor vnmacht irer vornunfft vnde libes nicht vorstehn mǒgen, ut Institu. de tutelis § tutores. Dy andern, dy do heiszen curatores, dy heiszen dorvmbe so, das sy eins dingis achtunge haben sollen, vnde sint ouch vormunden gnant; vnde sint sotan vormunde, dy man elichen frawen gibt zcu elicher vormundeschafft, ut Institu. de excusa. tuto. et cura. § qui tutelam.“* (S. 447 Z. 4 – S. 448 Z. 2); vgl. dazu Gl LdR I 10 (11) *Holt ok de vader* (S. 197 Z. 1–5). Die Lehnrechtsglosse allegiert Inst. 1, 13, 2 und Inst. 1, 25, 18. Zu *tutela* und *cura* im römischen Recht KASER, Römisches Privatrecht I S. 352–372; DERS., Römisches Privatrecht II S. 222–237.

ge Art und Weise zu präzisieren und das Rechtsinstitut in unterschiedliche Erscheinungsformen aufzuschlüsseln.

Auch im Prozessrecht sucht der Lehnrechtsglossator nach Entsprechungen der sächsischen Institute mit dem römischen und kanonischen Recht. Glosse LnR 44 beantwortet die Frage, ob sich ein Lehnserbe im Lehngericht für einen Treuebruch seines verstorbenen Vaters verantworten muss, mit einer Differenzierung zwischen *actiones temporales* und *actiones perpetuae*[1199]. In Glosse LnR 67 (66) unterscheidet er in Anschluss an Buch'sche Glosse LdR III 28 (30 § 1) *De wile* zwischen zwei Arten der sächsischen „*antwort*" des Beklagten. Entweder handele es sich um eine echte, prozessbegründende Einlassung des Beklagten zur Sache, dann handele es sich um eine *litis contestatio*, oder der Beklagte bringe lediglich prozessuale Gründe vor, aus denen er die Antwort verweigere[1200]. Solche in der Person des Klägers oder des Richters begründete Verweigerungsrechte listet er an späterer Stelle in Glosse LnR 68 (67) auf und nennt sie dort *exceptiones*[1201]. Dem Glossator gelingt es, gelehrte Institute aufzugreifen und sie mit Inhalten des sächsischen Prozesses neu zu füllen.

In Glosse LnR 70 (69) schließlich setzt der Glossator die sächsische Urteilsschelte mit der gelehrten Appellation gleich und übersetzt sie mit dem deutschen Wort „Berufung" („*Das wist, das disz gnant ist in deme Latyn appellacio, vnde ist czum Duczschen eine berufunge genant. Noch vnserm*

1199) LGl LnR 44 § 1: „*Solucio. Disz ist czu vornhemene eigentlichen, das disse clagen czwierley sin. Dy eyne heist temporalis accio, vnde heist eyne vorgengliche clage.* [...] *Do von steht Institu. de temporalibus accionibus § hoc loco. Dy andere clage heist perpetua accio, das heist eyne ewige clage; dy erbit der vater vff den son* [...], *ut Institu. de perpe. et tempora. acci. § penales, et ff. de re iuris l. tociens.*" (S. 622 Z. 1–10); vgl. als mögliche Vorlage dazu Gl LdR III 10 § 2 *Js he auer vmme schult beklaget* (S. 996 Z. 1 – S. 997 Z. 4) sowie Gl LdR II 17 § 1 (S. 632 Z. 17 – S. 633 Z. 2). Zur Befristung der Klage nach römischem Recht KASER, Römisches Zivilprozessrecht S. 333 f. Anm. 45; DERS., Römisches Privatrecht I S. 613.

1200) LGl LnR 67 (66 § 4) „*des sullit ir wissen, das man antwort czwierleye wiesz: Enczwer dy antwort ist czu der clage, alzo wen eyner loukent adir bekennet, vnde daz heist litis contestacio. Enczwer dy antwort ist widder dy clage, das der antworter nicht darff antwortin czu des clegirs clage. Eyn glichenisz:* [...]." (S. 901 Z. 12 – S. 902 Z. 2); vgl. dazu bereits Gl LdR III 28 (30 § 1) *De wile* (S. 1109 Z. 3 – S. 1110 Z. 14). Zur Einlassung des Beklagten nach Sächsischem Recht und ihrer Verbindung mit der römischen *litis contestatio* bereits SCHLINKER, Litis Contestatio S. 291–300, insbesondere S. 297 und S. 349. Zur *litis contestatio* im römisch-kanonischen Zivilprozess des Mittelalters NÖRR, Romanisch-kanonisches Prozessrecht S. 109–112; DERS., Verzögert S. 98.

1201) LGl LnR 68 (67 § 4) „*Disz heiszen ym rechten excepciones.*" (S. 918 Z. 8). Genauer handele es sich bei einigen um dauerhafte Einreden: „*Nota. Disse excepciones heiszen dilatorie, ut Institu. de excep.*" (S. 919 Z. 9).

rechte abir ist is ein orteil straffunge genant."[1202]). Die Stelle legt einen synonymen Begriffsgebrauch von Appellation und Urteilstrafen nahe. Doch die im Folgenden erörterten Unterschiede zwischen der sächsischen Urteilsschelte und der gelehrten Appellation verdeutlichen, dass dem Lehnrechtsglossator neben den Gemeinsamkeiten sehr wohl auch die Unterschiede beider Institute bewusst sind. Keineswegs geht es ihm um das Aufzeigen einer genauen Übereinstimmung des einen Verfahrensschritts mit dem anderen. Der Vergleich mit der *appellatio* bezweckt vielmehr einen klarstellenden Hinweis auf jene Titel der gelehrten Rechtsquellen, denen am ehesten Argumente für ein besseres Verständnis der sächsischen Urteilsschelte entnommen werden können.

Die genannten Beispiele offenbaren das Bestreben des Lehnrechtsglossators, im gelehrten Recht plausible Anknüpfungspunkte für die Erklärung des Sächsischen Rechts zu finden. Daher sucht er im *Corpus iuris* und im kanonischen Recht nach Instituten, die adäquate Funktionen zu den sächsischen Instituten erfüllen. Findet er sinnvolle Vergleichspaare, hebt er diese durch terminologische Gegenüberstellungen hervor. Den Formulierungen nach handelt es sich um begriffliche Gleichsetzungen („*vnde heyszen referendarij yn deme Latyn*"[1203]). Keineswegs leitet den Lehnrechtsglossator aber die Vorstellung, im gelehrten Recht exakte Ebenbilder für die sächsischen Institute vorzufinden. Sicher führt die Zusammenführung gelehrter und sächsischer Institute in der Lehnrechtsglosse zur Nivellierung von Unterschieden. Dem Glossator geht es aber nicht um eine holzschnittartige Identifikation des einen mit dem anderen Recht. Behauptet wird keine vollständige inhaltliche Entsprechung des gelehrten und des Sächsischen Rechts. Vielmehr sollen markante Ähnlichkeiten zwischen den Rechten herausgestellt werden, die zusätzliches Argumentationsmaterial aufzeigen und nach einer gemeinsamen Betrachtungsweise verlangen. Die Wiederholung der lateinischen *termini technici* dient dabei in erster Linie einer möglichst präzisen Ausdrucksweise. Die lateinischen Schlagworte sind geeignet, dem juristisch gebildeten Leser sofort ein ganz spezifisches Assoziationsfeld zu eröffnen. Auffallend konsequent und sorgfältig übersetzt der Glossator die lateinischen Begriffe dann stets sogleich ins Deutsche. Möglicherweise ist dieser Schritt ein Zugeständnis an einen Teil des Adressatenkreises der Lehnrechtsglosse zu verstehen, der des Lateins nicht mächtig war. Eine Unterrichtung von Laien aus der Lehnrechtsglosse durch einen in Wort und Schrift (und

---

1202) LGl LnR 70 (69) (S. 982 Z. 1–3); vgl. bereits Gl LdR II 12 § 1 (S. 580 Z. 1 f.); dazu KANNOWSKI, Umgestaltung S. 116 f.; DERS., Zwischen Appellation und Urteilsschelte S. 114 f.

1203) LGl LnR 9 (S. 195 Z. 11).

damit auch regelmäßig des Latein) kundigen Lesers war damit ohne weitere Übersetzungsleistung möglich[1204]. Offenbar will der Glossator für den in deutscher Sprache abgehaltenen Prozess auch an einer präzisen deutschen Gerichtssprache festhalten. Seine Übersetzungsarbeit erschöpft sich dabei nicht auf der sprachlichen Ebene. Die Bildung von Vergleichsinstituten verlangt nach Abstraktion, nach der Bestimmung der gemeinsam tragenden Grundgedanken. In einem zweiten Schritt lassen sich die dogmatisch durchgestalteten Institute des gelehrten Rechts dann in sächsische Kontexte transponieren und für die Fragen des Lehnrechts fruchtbar machen. Das Beispiel der unter bestimmten Voraussetzungen einer *litis contestatio* gleichkommenden *antwort* führt diese Methode deutlich vor Augen.

Das Konzept gegenseitiger Vervollständigung der Rechte. Besonders bemerkenswert sind Passagen der Lehnrechtsglosse, in denen der Glossator ein natürliches Ineinandergreifen des Sächsischen und des gelehrten Rechts beschreibt. Das Erbzinsgut etwa nennt der Glossator in Glosse LnR 5 ein *ius emphyteuticum* („*vnde heyszet yn dem Latyn empfiteoticum*“[1205]). Zahle der Zinsmann den geschuldeten Zins nicht, heißt es später in Glosse LnR 65, müsse er seinem Herrn zur Strafe für jeden säumigen Tag das Zweifache zahlen. Dieses an das römische *duplum* erinnernde Zwangsgeld „*gibt czu das keiserrecht*“[1206]. Allegationen des römischen, aber auch des kanonischen Rechts untermauern in der Glosse einen entsprechenden Anspruch des Zinsherrn[1207]. Das gelehrte Recht dient dem Glossator hier als ergänzender

1204) Einen Hinweis auf einen solchen zweigeteilten Adressatenkreis der sächsischen Rechtsbücherliteratur, der sich sowohl aus Lesern zusammensetzte als auch aus Hörern, die des Lesens, Schreibens und der lateinischen Sprache nicht unbedingt mächtig waren, findet sich am Ende des Prologs der Blume des Sachsenspiegels (1397). Nikolaus Wurm bittet darin um Gottes Beistand bei der Abfassung seiner Blume, auf dass sein Werk „*dem leser vnde deme czuhorcher*“ (Krakau BJ Przyb. 125/75 fol. 19vb) nicht missfalle.

1205) LGl LnR 5 § 1 (S. 153 Z. 3); vgl. dazu Gl LdR III 72 (79 § 1) *Swar ghebur* (S. 1477 Z. 10–16), wo bereits Johann von Buch durch die Allegation von Cod. 4, 66, 3 das Erbzinsgut mit dem *ius emphyteuticum* assoziiert. Johann spricht von einer „*beteringe*“ (S. 1477 Z. 14), einer Besserung, die das Gut durch die Bewirtschaftung erfahre. Auch LGl LnR 5 § 1 greift diesen Aspekt auf: „*Wenne dy gutere wurden von rucher worczeln vs gesaczt, dy sich sint gebessirt haben*“ (S. 153 Z. 4 f.). Gl WbR 7 erläutert das Erbzinsrecht ebenfalls als *ius emphyteuticum*: „*daz taten die ritere vorbaz uz umme zins den gebuern zu erbzinsrechte, und heizit jus emphyteoticum*“ (Sp. 212 Z. 26–28 mit weiteren Erläuterungen zur Emphyteuse im Folgenden). Zur dogmatischen Ausgestaltung des *ius emphyteuticum* in der Spätantike und seiner Weiterentwicklung durch die Glossatoren ausführlich THEISEN, Studien zur Emphyteuse.

1206) LGl LnR 65 § 7 (S. 884 Z. 2).

1207) Die Allegationen in LGl LnR 65 § 7 (S. 884 Z. 3–7) sind teilweise verderbt. Gemeint könnten Cod. 6, 47, 1 und Nov. 120, 6, 1, außerdem X. 3, 22, 2 und C. 12 q. 2 c. 44

Normenvorrat, der zur Ausfüllung eines sächsischen Instituts herangezogen wird.

Das Zusammenspiel der Rechte unterstreicht der Glossator auch in Glosse LnR 39 (38 § 4). Dort droht er jenen, die das Selbsthilfeverbot missachten und einen Lehnsmann ohne vorherige ordentliche gerichtliche Absprache des Gutes eigenmächtig aus der *gewere* des Gutes vertreiben wollen, verschiedene Sanktionen an. Nach Landrecht gehe es diesem rechtsbrüchigen „*waldenberger*"[1208] an den Hals, nach *leges* und nach Lehnrecht verliere er außerdem sein Lehngut und dazu noch einmal soviel von seinem Hab und Gut. Dazu passend allegiert längere Glosse LnR 39 (38 § 4) Cod. 8, 4, 7, Dig. 43, 4, 1 sowie Dig. 43, 17 pr.[1209]. Der Glossator des Lehnrechts stellt hier für eine einzige Tat unterschiedliche Sanktionsmöglichkeiten zusammen, die in den verschiedenen Rechten vorgesehen sind. Für die lehnrechtliche Folge des Lehnsverlusts weiß er zusätzlich römische *leges* zu allegieren. Dabei schließt eine Verfolgung des Rechtsbruchs nach Lehnrecht die zusätzliche Verfolgung nach Landrecht nicht aus. Vielmehr dürfte der Glossator an die Möglichkeit einer kumulativen Ahndung gedacht haben. So ergänzen *leges*, Land- und Lehnrecht mit ihren unterschiedlichen Antworten auf die Verletzung des Selbsthilfeverbots einander zu einem sinnvollen Ganzen.

---

sein (vgl. teilweise abweichend KAUFMANN, LGl LnR S. 884 Anm. 121–125).

1208) LGl LnR 39 (38 § 4) (S. 591 Z. 1).

1209) LGl LnR 39 (38 § 4): „*Nota. Hy mit so warnet daz recht den clegir, wenne her das nicht mit rechte tete, das ist mit rechtir clage vnd forderunge, so were her eyn waldenberger, so můste her dorvor antwortin, vnde ginge ǒm noch lantrechte an den hals; noch leges abir vnde noch dissem keginwertigen rechte so vorlǒre her das gut vnde alle das recht, das her daran hette, vnde des synen also vil darczu, ut C. unde vi. l. si quis in tantam, et ff. ne vis fiat ei qui in pos. mis. est l. I.*" (S. 590 Z. 12 – S. 591 Z. 6). Die Passage ist in den verschiedenen Textklassen der Lehnrechtsglosse unterschiedlich überliefert. KGl LnR 39 (38 § 4) (S. 311 Z. 18 – S. 312 Z. 5) weiß für die Ahndung der Selbsthilfe nach Landrecht noch LdR II 25 § 1 zu allegieren, bezieht aber auch die *leges* in diesen Zusammenhang mit ein. Die Allegationen zur lehnrechtlichen Folge des Gutverlustes sind in dieser Fassung verderbt. „Wurm'sche" Glosse LnR 39 enthält dieselben Allegationen wie die längere Lehnrechtsglosse, ergänzt aber noch den klarstellenden Hinweis auf die prinzipielle Unterscheidung zwischen peinlicher Klage nach Landrecht und nicht peinlicher Klage nach Lehnrecht: „*und ginge im nach lantrechte an den halz, ab er peinlich darum beclagit wurde. nach leges abir und nach dysim keginwirtigin rechte so uorlure er daz gut und al sein recht, daz er dar an hatte und dez seinen alzo viel darczu. und diz ist darum, daz man nicht peinlichin anspricht, vt C. vnde vi l. siquis intantam, ff. ne uis fiat ei qui in possessionem missus est l. j.* […]" (Berlin SBB-PK Hs. 392 fol. 272vb–273ra). Ein Alternativitätsverhältnis zwischen den Klagen nach Landrecht und nach Lehnrecht dürfte damit allerdings nicht angesprochen sein.

Noch deutlicher bringt der Glossator ein Zusammenspiel der Gerichtsbarkeiten in Glosse LnR 70 (69) zur Sprache. Unter Verarbeitung der Glosse LdR I 2 § 1 *Iewelik cristen man* und in Verkehrung des dort formulierten Regel-Ausnahme-Prinzips, wonach die Ahndung eines Vergehens im weltlichen Gericht die Verfolgung im geistlichen Gericht eigentlich ausschließt, nennt er drei Fälle qualifizierten Friedbruchs, in denen nach Vollstreckung der Todesstrafe eine zweite Anklage vor dem geistlichen Gericht erlaubt sei[1210]. Wieder macht der Lehnrechtsglossator hier eine wechselseitige Ergänzung der Gerichtsbarkeiten geltend. Darin zeige sich, wie ein Recht dem anderen zur Hilfe komme („*Hy bewiszet nv das recht, wy das ein gerichte dem andern czu hulffe kommen solle* [...].“[1211]).

Eine bewusste Orientierung am römischen Recht bei der Ausgestaltung des Lehnrechts macht der Glossator im Fall der römischen *usucapio* geltend. LnR 13 § 1 gewährt dem Lehnsmann, der ein Gut Jahr und Tag widerspruchlos in rechter *gewere* gehabt hat und der diesen Besitz selbsiebt bezeugen kann, das Beweisrecht der Verteidigung seines Guts gegen den Herrn durch den Eid auf die Reliquien. In diesem Beweisvorteil des Lehnsmanns sieht der Lehnrechtsglossator das römische Institut der Ersitzung verwirklicht. Eigen, Lehen und fahrende Habe könne man mit dreierlei Arten der „*vorwerunge*“[1212] verteidigen, dieses Recht sei „*vff kommen von den Rŏmern, ut Institu. de usucapi. et lon. temp. prescrip. poss. § iure civili.*“[1213] Die Passage lehnt sich an Glosse LdR I 28 (29) *An egene* an, passt die dort genannten Ersitzungsvoraussetzungen der Gutgläubigkeit und des redlichen Besitzerwerbs jedoch an den speziellen Fall der „Ersitzung“ von Lehen an[1214]. An späterer Stelle kommt der Glossator noch einmal auf die

1210) LGl LnR 70 (69 § 12): „Wer den vreden bricht. *Alleyne ginge wol wertlich gerichte dor ŏbir, doch sal man ŏn rugen, ut extra de offi. iudi. or. c. cum quidam. Das ist czu vornhemen in drien sachen: Als ap her vmbe vnglouben getŏtit wurde, adir in ketczerie were gewest, adir were ein offinbar sŭnder gewest vnde were yn sunden gestorben, ut XXIII q. IIII c. placuit. Were her aber sust getŏtit von gerichtis halben vmbe vngerichte, so sal man on noch dem tode nicht rŭgen, ut Institu, de perpe. et tempora. accio. § non autem omnes.*“ (S. 993 Z. 13 – S. 994 Z. 9); vgl. dazu bereits Gl LdR I 2 § 1 *Iewelik cristen man* (S. 141 Z. 1–16); vgl. auch LdR I 53 § 4.

1211) LGl LnR 70 (69 § 12) (S. 993 Z. 11–13).

1212) LGl LnR 13 § 1 (S. 276 Z. 7).

1213) LGl LnR 13 § 1 (S. 276 Z. 7 f.) mit Allegation von Inst. 2, 6 pr.

1214) LGl LnR 13 § 1 (S. 276 Z. 7 – S. 277 Z. 10); vgl. dazu bereits Gl LdR I 28 (29) *An egene* (S. 290 Z. 2–12, S. 291 Z. 1–9). Nach Johann setzt der gutgläubige Besitz die redliche Erlangung des Gutes voraus: „*To deme anderen male schal he yo siner were hebben ene redelike sake, dat is, he schal id gekofft hebben edder id schal eme gegeuen syn edder geeruet* [...]“ (S. 291 Z. 4–6). Der Lehnrechtsglossator wandelt die Stelle zu einem Erwerb durch Verleihung des Lehnguts ab: „*Czum andern mole sal her haben syner we-*

Ersitzung zu sprechen. Nach Sächsischem Lehnrecht muss ein Lehnsmann bei Wechsel des Mannes oder des Herrn binnen Jahr und Tag beim (neuen) Herrn um das Gut „sinnen“ oder „muthen“[1215], das heißt seine Mannschaft anerbieten und um Belehnung oder Weisung an einen anderen Herrn bitten[1216]. Andernfalls verschweigt sich der Mann und verliert seinen Anspruch auf das Gut. Glosse LnR 25 begründet nun die Notwendigkeit einer solchen Muthfrist, die der Glossator *temporis prescriptio* oder auch *annualis prescriptio* nennt, mit der sonst eintretenden Ersitzung *„noch Romischem rechte“*[1217]. Würde das Lehnrecht vom Lehnsmann kein fristgerechtes Sinnen um das Gut einfordern, so die Argumentation des Glossators, dann könnte der Mann dem Lehnsherrn das Gut im Wege der römischen Ersitzung durch rechte *gewere* über Jahr und Tag entfremden[1218]. Erneut allegiert der Glossator dazu Inst. 2, 6 pr., der von der *usucapio* spricht. In der Vorstellung des Glossators kommt das Lehnrecht hier einer allgemeinen, subsidiär eintretenden Rechtsfolge des römischen Rechts zuvor. Gelehrtes und Sächsisches Recht scheinen in der Glosse auch hier aufs engste miteinander verzahnt.

Auflösung vermeintlicher Widersprüche durch Distinktionen. Neben Beschreibungen solcher komplexeren Wechselwirkungen zwischen römischem, kanonischem und einheimischem Recht bietet die Lehnrechtsglosse Passagen, in denen sich der Glossator in traditioneller Manier um den Nachweis der prinzipiellen Widerspruchsfreiheit des Rechts bemüht. An mehreren Stellen der Lehnrechtsglosse betreibt der Glossator Argumentationsaufwand, um sowohl die innere Kohärenz des Sächsischen Rechts und des gelehrten Rechts jeweils für sich als auch das gegenseitige, ausgewogene Verhältnis zwischen Sächsischem und gelehrtem Recht aufzuzeigen. Prägnante Beispiele finden sich in den klassischen, widerspruchsauflösenden Distinktionen.

---

runge eyne redeliche besiczunge vnde eyne redeliche sache, das ist, das is em der herre redelichen gelegin solde habin.“ (S. 277 Z. 4–6).

1215) Vgl. etwa die Formulierung in LGl LnR 24 § 1: „[...] *ap ymant manschafft kegin om můte adir synne*“ (S. 403 Z. 8 f.).

1216) HOMEYER, System, Sachsenspiegel II 2 S. 469–478, zur „Muthfrist“ insbesondere S. 470–473.

1217) LGl LnR 25 § 1 (S. 427 Z. 3 – S. 428 Z. 2, hier S. 428 Z. 1).

1218) LGl LnR 25 § 1: *„Disser saczunge was not yn dem rechtin durch dryerley sunderliche sache wille. Dy erste waz dorvmbe, als eyn man gut hette gehat yn synen gehabinden gewern sechs wochen vnde eyn iar, das her recht vnde redelichen besessen hette ane widersprache; das hot sich noch Romischem rechte gesaczt vff eyne gute gewere, ut Institu. de usuca. et longi temporis § iure civilie.“* (S. 427 Z. 12 – S. 428 Z. 2).

Eine *quaestio* in Glosse LnR 13 etwa greift die schon in der Glosse zum Schlussartikel LdR III 76 (83 § 3) *We eigen* behandelte Frage auf, binnen welcher Frist bewegliche Sachen ersessen werden können[1219]. Die *leges* sähen an verschiedenen Stellen drei, zehn, zwanzig und dreißig Jahre vor. In der *solutio* kommt der Lehnrechtsglossator zu dem Schluss, dass die Ersitzungsfristen von der Art des früheren Guterwerbs abhängig seien und es sich bei den verschiedenen Fristen folglich um keinen Rechtswiderspruch, sondern um eine sachgerechte Differenzierung handelt.

Eine ähnliche Distinktion findet sich in Glosse LnR 14. Dort stellt der Glossator die Sechswochenfrist des LnR 14 § 4 zur Diskussion, binnen derer ein Lehnsmann bei drohendem Gutsverlust seinen Lehnsherrn zur Verteidigung des Gutes gegenüber dem Oberlehnsherrn aufzufordern hat[1220]. Dagegen sprächen C. 3 q. 3 c. 4 § 5 und Nov. 53, 3, 1, die dem Beklagten für eine Erwiderung der Klage lediglich eine Frist von zwanzig Tagen lassen. Doch auch damit habe es, im rechten Licht betrachtet, seine Richtigkeit: Die *leges* und *canones* hätten nämlich schriftliche Klagen in Briefform vor Augen, während das Lehnrecht Fälle betreffe, die man *„von munde czu munde sait“*[1221]. Die unterschiedlichen Prozessformen sieht der Glossator als sachlichen Differenzierungsgrund für die im Recht vorgefundenen Fristdivergenzen. In der Sache wird man hier freilich von vornherein an einer Vergleichbarkeit der Fälle zweifeln wollen. Die Bedenkzeit von zwanzig Tagen zur Klageerwiderung nach C. 3 q. 3 c. 4 § 5 findet in Glosse LnR 65 noch einmal Erwähnung[1222]. Der Glossator sieht die Frist dort in einem bloß scheinbaren Widerspruch zu LnR 65 § 3 stehen, der als allgemeine Ladungsfrist zum Lehngericht einen Zeitraum von 14 oder 14 und sechs Tagen vorsieht. Weil 14 plus 6 insgesamt 20 Tage ergebe, rechnet der Glossator vor, handele es sich im Lehnrecht und im kanonischen Recht bei rechter Betrachtung um exakt dieselbe Frist (*„Dorvmbe ist is widder eynander nicht.“*[1223]). Darüber hinaus weist er auf eine Pflicht zur sofortigen Erwiderung nach Cod. 7, 44, 3 hin, die aber ausschließlich bewegliche Sachen be-

---

1219) LGl LnR 13 § 1 (S. 278 Z. 1 – S. 279 Z. 10); vgl. dazu bereits Gl LdR III 76 (83 § 3) *We eigen* (S. 1497 Z. 12–19).

1220) LGl LnR 14 § 4 (S. 304 Z. 4 – S. 305 Z. 6); vgl. dazu Gl LdR II 2 (3 § 1) *Beklaget* (S. 522 Z. 4–10); Gl LdR II 3 § 3 *Vmme alle andere zake* (S. 528 Z. 1–10); Gl LdR II 9 (10 § 3) *Bynnen gebundenen daghen* (S. 561 Z. 10 – S. 562 Z. 5).

1221) LGl LnR 14 § 4 (S. 305 Z. 2). Allgemein zur Klagschrift im mittelalterlichen römisch-kanonischen Zivilprozess NÖRR, Romanisch-kanonisches Prozessrecht S. 85–96.

1222) LGl LnR 65 § 3 (S. 872 Z. 1 – S. 873 Z. 1).

1223) LGl LnR 65 § 3 (S. 872 Z. 9).

treffe und schon deshalb nicht in Widerspruch zur ausschließlich Lehen betreffenden Frist des LnR 65 § 3 gerate[1224].

Distinguierend entschlüsselt der Glossator außerdem die verschiedenen Altersgrenzen nach LnR 26 und nach gelehrtem Recht. In Anlehnung an Glosse LdR I 22 (23 § 1) *Swar de zone* berichtet er in Glosse LnR 26 von dreierlei Arten der Mündigkeit[1225]. Dabei übernimmt er auch eine kleine Buch'sche Distinktion zu Inst. 1, 6, 5 in Verbindung mit Inst. 2, 12, 1 und Nov. 119, 1 (2)[1226]. Entgegen Inst. 1, 6, 5 gewähre Nov. 119, 2 zwar nicht erst dem Achtzehnjährigen, sondern auch schon dem Vierzehnjährigen das Recht, seine Leibeigenen freizulassen. Die Novelle beziehe sich aber lediglich auf Seelgerätstiftungen auf dem Totenbett und stelle daher eine sachgerechte Ausnahme von den in den Institutionen aufgestellten Grundsätzen dar. Ein weiteres Mal wird so die innere Widerspruchsfreiheit der *leges* nachgewiesen.

Eine letzte *distinctio* verdeutlicht das Bemühen des Glossators um die Aufdeckung der Widerspruchsfreiheit des Rechts. Als fünfter von neun Fällen, in denen die Frau ihr Leibgedinge verliere, nennt Glosse LnR 31 im Einklang mit der Buch'schen Glosse den Ehebruch[1227]. Johann von Buch hat diesem Fall den Landrechtsartikel LdR I 5 § 2 S. 3 gegenübergestellt, wonach unkeusche Frauen zwar ihre Ehre, nicht aber auch ihr Erbe einschließlich ihres Leibgedinges verlören[1228]. Weil sich jener Artikel LdR I 5 aber bloß auf unverheiratete Mädchen beziehe, in LdR I 21 § 2 hingegen von verheirateten Frauen die Rede sei, liege kein Widerspruch vor. Der Lehnrechtsglossator übernimmt die typische Johann'sche Beweisführung, nennt als möglicherweise widersprechende Vorschrift an Stelle von LdR I 5 S. 2 jedoch Nov. 115[1229]. Bei gleichbleibender Argumentation modifiziert er

1224) LGl LnR 65 § 3 (S. 872 Z. 5).

1225) LGl LnR 26 § 1 (S. 444 Z. 2 – S. 446 Z. 4).

1226) LGl LnR 26 § 1 (S. 445 Z. 8 – S. 446 Z. 4); vgl. dazu Gl LdR II 22 (23 § 1) *Swar de zone* (S. 259 Z. 1–10). Die in Frage stehende *lex* findet sich nicht in der allegierten Stelle Nov. 119, 1 (S. 445 Z. 12 f.), sondern erst in Nov. 119, 2. Das Mindestalter von 14 Jahren zur Stiftung von Seelgeräten ergibt sich nicht schon aus der allegierten Stelle Inst. 2, 12, 1 (S. 444 Z. 8), sondern erst aus der zugehörigen *Glossa ordinaria* zu Inst. 2, 12, 1 ad. v. *Impuberes* (a) (Corpvs ivris V/2, Lyon 1627, Inst. Sp. 205), vgl. bereits KAUFMANN, LGl LnR S. 444 Anm. 6. Zu den verschiedenen Altersgrenzen nach Land- und Lehnrecht vgl. bereits oben S. 524 Anm. 159.

1227) LGl LnR 31 § 1 (S. 509 Z. 13 – S. 510 Z. 12); vgl. dazu ganz ähnlich bereits Gl LdR I 20 (21 § 2) *Liftucht ut eren weren* (S. 245 Z. 3–7).

1228) Gl LdR I 20 (21 § 2) *Liftucht ut eren weren*: „*Nu wenstu by wane, dat hir yegen sy, dat hire vore steit:* Wif mach mit vnkusheit *et cetera.*" (S. 245 Z. 4 f.).

1229) LGl LnR 31 § 1: „*Contra. Dis ist vnrecht, daz eyn wip ir lipgedinge mit vnkuscheit vorlieszen möge. Sy vorlůst io ire ere, vnde nicht ire erbe. Wenne vorlôre sy mit vn-*

die *distinctio* der Landrechtsglosse, die in der Buch'schen Fassung einen scheinbaren Widerspruch innerhalb des Sächsischen Rechts behandelt, zu einem möglichen Widerstreit zwischen Sächsischem und römischem Recht. Hier wie dort wird er als bloß scheinbar bestehender Widerspruch entlarvt.

Die Sammlung von *contraria,* die Formulierung von Distinktionen und die Auflösung scheinbarer Widersprüche im Recht sind wesentliche Elemente klassischer juristischer Textauslegung[1230]. Wie sein Vorbild Johann von Buch wendet der Lehnrechtsglossator diese gelehrten Methoden auf seinen eigenen Rechtstext an. Dabei verknüpft er das Sächsische Recht so gut wie möglich mit dem gelehrten Recht. Der Lehnrechtsglossator sucht bei Divergenzen deshalb nicht nur jeweils innerhalb des gelehrten oder Sächsischen Rechts nach sachlichen Differenzierungsgründen, er bemüht sich auch um den Nachweis eines umfassenden, inneren Zusammenhangs zwischen Sächsischem und gelehrtem Recht. Eine methodische Reflexion dieser Vorgehensweise bietet Johann von Buch in seinem Glossenprolog. Er gibt an, in seiner Glosse *contraria* des Kaiserrechts herausarbeiten und diese jeweils einer angemessenen Lösung zuführen zu wollen. Auf diese Weise wolle er verhindern, dass der Sachsenspiegel unter Hinweis auf widersprechende *leges* bekämpft werde[1231].

Anerkennung bestehender Unterschiede. Der Nachweis einer inneren Widerspruchsfreiheit von Sächsischem und gelehrtem Recht gelingt den Glossatoren von Land- und Lehnrecht nicht ausnahmslos. Neben den geschilderten Distinktionen finden sich in der Lehnrechtsglosse auch einige Passagen, in denen allzu offensichtlich bestehende Unterschiede der Rechte offen zugegeben werden und als solche stehen bleiben. In Übernahme der Buch'schen Glosse LdR III 28 (30 § 1) *Vorspraken schal he daruen* stellt Glosse LnR 68 (67) etwa den Grundsatz auf, dass Frauen vor Gericht weder *„czu lehnrechte noch czu lantrechte“*[1232] auf die Vertretung durch einen Vormund verzichten dürften. Darin unterscheide sich das Sächsische aber vom geistlichen Recht, wonach Frauen im Prozess selbst für ihr Recht eintreten dürften. Paradoxerweise untermauern Johann und der Lehnrechtsglossator sowohl den Sächsischen als auch den kanonistischen Grundsatz

---

kuscheit ire erbe, so vorlôre sy our ir lipgedinge billich. Vnd daz ist nicht, ut in auten. ut cum de appellacione cognosci. § sicut colla. VIII.*“* (S. 510 Z. 1–5). Nov. 115 ist in der Sache einschlägig, kennt aber kein Fragment *„sicut“*.

1230) Vgl. oben S. 464 ff.

1231) Gl LdR, Glossenprolog (S. 102 V. 175–178).

1232) LGl LnR 68 (67 § 4) (S. 927 Z. 14 – S. 928 Z. 7; hier S. 927 Z. 15 – S. 928 Z. 1); vgl. dazu ähnlich bereits Gl LdR III 28 (30 § 1) *Vorspraken schal he daruen* (S. 1107 Z. 11 – S. 1108 Z. 2).

mit Allegationen des römischen Rechts[1233]. Der Widerspruch der Rechte wird nicht weiter kommentiert oder aufgelöst. Andernorts formulieren beide Glossatoren dann Ausnahmen vom Grundsatz, dass eine Frau nach Sächsischem Recht weder Vorsprecher sein noch ohne Vormund klagen dürfe[1234]. Durch die Behauptung eines Regel-Ausnahme-Verhältnisses bleibt dabei der Kontrast zum kanonischen Recht gewahrt.

Ebenfalls in Glosse LnR 68 (67) enthalten ist die bereits erwähnte Charakterisierung des Sächsischen Rechts als *„des volkis vragende recht"*[1235]. In deutlicher Gegenüberstellung zum römischen und zum kanonischen Recht kehrt der Glossator die Mündlichkeit des sächsischen Prozesses hervor und unterstreicht die damit einhergehenden Besonderheiten des sächsischen Urteils und die Andersartigkeit der Richterrolle im Lehngerichtsprozess.

Auch die konkreten Umstände der Urteilsschelte schildert der Glossator in Gegenüberstellung zur gelehrten *appellatio*. Ein vom Richter endgültig verkündetes Urteil, schreibt er in Glosse LnR 70 (69), dürfe im Lehngericht nicht mehr gescholten werden[1236]. Dies erkläre sich aus der Besonderheit

---

1233) Gl LdR III 28 (30 § 1) *Vorspraken schal he daruen* (S. 1107 Z. 11 f., S. 1108 Z. 1 f.) allegiert zur sächsischen Pflicht der Frauen zur Vertretung durch einen Vormund LdR I 46, I 42 § 2 und II 63 § 1 sowie Dig. 50, 17, 2; den kanonistischen Grundsatz der Vormundschaftsfreiheit stützt Johann hingegen auf Cod. 9, 1, 10 und Cod. 2, 12, 18. LGl LnR 68 (67 § 4) allegiert zum sächsischen Grundsatz Dig. 50, 17, 2 sowie Dig. 3, 1, 1, 5 S. 2 (S. 928 Z. 1 f.) und zum kanonistischen Grundsatz Cod. 2, 12, 18 und Cod. 9, 1, 10 (S. 928 Z. 3 f.). Die allegierten Fragmente und Konstitutionen des römischen Rechts beschäftigen sich indes weniger mit der Frage, ob sich Frauen vor Gericht durch einen Vormund vertreten lassen müssen, als vielmehr, ob sie selbst als Vormund für Dritte auftreten dürfen. Vielleicht hat LdR II 63 S. 1 (*„Jd ne mod nen wiff vorespreke sin noch ane voremundere klaghen"*, zitiert nach KAUFMANN, Gl LdR S. 877 Z. 6 f.) Johann zu einer solchen Ausweitung der Fragestellung inspiriert.

1234) Gl LdR II 61 (63 § 1) *Jd ne mod* (S. 879 Z. 7 – S. 880 Z. 6); vgl. ganz ähnlich zum Lehngericht LGl LnR 2 § 1 (S. 72 Z. 9 – S. 73 Z. 6).

1235) LGl LnR 68 (67 § 7): *„Jr sollit wissen: Noch keiserrechte vnde noch geistlichem rechte so spricht der richter das orteil selbir. Nach vnszerm rechte aber so vragit is der richter eynen andern. Vnde dorvmbe ist vnszir recht genant des volkis vragende recht, dorvmbe daz der richter das volk vmbe das recht vragit, ut Institu. de iure gencium § plebiscitum, et II dis. c. plebiscita."* (S. 931 Z. 1–6); vgl. dazu Gl LdR I 61 (62 § 7) *Vnde schal ordele vragen* (S. 448 Z. 8–13) sowie oben S. 727.

1236) LGl LnR 70 (69): *„Das sollit ir wissen: Volborte ich abir das orteil, als mich der richter vragit, vnde widdersprebe ichs nicht, sint mag ichs nicht widdersprechin, ut ff. de re. iuris l. nemo., Wenne yn vnserzm rechte sal ymmer der richter eynen vragin, ap her widder das orteil icht sprechin wolde, ut C. sentenciam rescindi non posse l. impetrata. Jn geistlichem rechte aber so hat man frist, das man is widerspricht bynnen czehn tagen. Das ist dorvmbe, das der richter nicht vragit, ap her wider das orteil icht wolle sprechen. Das*

des sächsischen Prozesses, wonach der Richter vor der Verkündung des Urteils frage, ob jemand dem Urteil widersprechen wolle. Anders sei dies nach kanonischem und nach römischem Recht. Weil der Richter dort nicht gesondert die Zustimmung zum Urteil erfrage, gebe das Recht zur Appellation eine zehntägige Bedenkfrist. Auch das Verfahren der Urteilseinholung beim höheren Gericht gestalte sich unterschiedlich. Während LnR 69 § 6 die Botenversendung vorsehe, schicke man nach römischem und nach geistlichem Recht *„apostoli“*[1237] genannte Briefe. Wie gesehen stellt der Lehnrechtsglossator das sächsische und das gelehrte Rechtsmittelverfahren in ihrer Verschiedenheit einander gegenüber und erklärt die bestehenden Unterschiede aus den Besonderheiten des jeweiligen Verfahrens.

Überblickt man die genannten Beispiele, bei denen der Lehnrechtsglossator in regelmäßiger Anlehnung an die Buch'sche Glosse Institute des Sächsischen Rechts andersartigen Abläufen des gelehrten Rechts als unvereinbare Gegensätze gegenüberstellt, fällt ihr gemeinsamer Bezug zum Prozess auf[1238]. Offenbar fällt es weder Johann noch dem Lehnrechtsglossator schwer, neben dem gelehrten Zivil- und Strafprozess das sächsische Verfahren nach Land- oder Lehnrecht als eigenständiges, seinen eigenen Regeln folgendes Verfahren anzuerkennen. An Abweichungen des sächsischen vom gelehrten Prozessrecht scheinen sich die sächsischen Glossatoren nicht zu stören. Im Gegenteil arbeiten sie sie bisweilen sogar explizit heraus. Johanns Theorie vom Sachsenspiegel als einem sächsischen Privileg zufolge beanspruchen offensichtliche Abweichungen des Prozesses nach Sächsischem Landrecht zwanglos Vorrang vor dem gelehrten Recht. Im Bild der Lehnrechtsglosse stellen sich die Besonderheiten des Lehngerichtsprozesses zwar nicht als territoriales Sonderrecht, wohl aber als personales Sonderrecht der lehnsfähigen Ritterschaft dar. Der Streit um Lehnsgüter wird eben nach Sächsischem Lehnrecht ausgefochten. Vom gelehrten Recht abweichende Ausgestaltungen dieses Verfahrens nimmt der Glossator ohne weiteres hin, ohne ein Konkurrenzverhältnis zum gelehrten Recht dabei näher zu ergründen.

Fazit. In der Gesamtschau der Argumentationsmuster treten die Grundlinien des Verhältnisses zwischen Sächsischem und gelehrtem Recht hervor.

---

selbe ist ouch czu vornhemen yn keiserrechte, ut in auten. de appel. et intra que tempora debet appellari § I colla. IIII.“ (S. 983 Z. 8 – S. 984 Z. 5); vgl. dazu bereits Gl LdR II 6 § 4 *Edder welk ordel* (S. 545 Z. 5–12).

1237) LGl LnR 70 (69 § 6) (S. 990 Z. 14); vgl. ähnlich bereits Gl LdR II 12 § 4 *Dar schal de richter* (S. 586 Z. 3–7).

1238) Diese Beobachtung zur Lehnrechtsglosse kann allerdings keine Allgemeingültigkeit für die übrigen Arbeiten zum Sächsischen Recht beanspruchen, vgl. KRAUSE, Kaiserrecht und Rezeption S. 118.

An sich leitet den Lehnrechtsglossator die Vorstellung von einer einheitlichen, in sich stimmigen Gesamtrechtsordnung. Zwar unterscheidet er erkennbar zwischen den Rechtskreisen des römischen, kanonischen und Sächsischen Rechts. Der für das römische Recht reservierte Gebrauch des Begriffs „Kaiserrecht" in Gegenüberstellung zum „geistlichen" und zu „unserem" Sächsischen Recht zeigt dies ganz deutlich. Gleichzeitig ist der Glossator bestrebt, seinem Leser die Gemeinsamkeiten oder jedenfalls die Ähnlichkeiten zwischen diesen Rechtskreisen aufzuzeigen. So knüpft er durch beständige Suche nach dem Sächsischen Recht ähnelnden Instituten im gelehrten Recht und durch die Wiedergabe und Übersetzung der zugehörigen lateinischen *termini technici* ein engmaschiges Netz von Entsprechungen zwischen gelehrtem und einheimischem Recht. Die Ausforschung der Gemeinsamkeiten zwischen einheimischem und gelehrtem Recht führt zu teils leicht nachvollziehbaren, teils aber auch recht fernliegenden Vergleichen. Notwendig geht damit eine Nivellierung von Unterschieden einher. An ein deckungsgleiches Abbild des einen Rechtskreises im anderen glaubt der Glossator jedoch nicht. Vielmehr eröffnen ihm Parallelen zwischen einheimischen und gelehrten Rechtsinstituten die Möglichkeit, auf das spezifische Argumentationsmaterial der gelehrten Jurisprudenz zurückzugreifen. Am ehesten lässt sich diese Methode als ein rechtsvergleichender Ansatz beschreiben. Er gestattet es dem Glossator, zur Erklärung des Sächsischen Rechts auf die Texte des *Corpus iuris* und des kanonischen Rechts zurückzugreifen. Entsprechend gestaltet der Lehnrechtsglossator seine Allegationen. Beliebig wechselnd greift er auf Zitate des römischen, kanonischen und Sächsischen Rechts zurück.

In der Tendenz strebt der Lehnrechtsglossator nach einem Nachweis der Schlüssigkeit und inneren Widerspruchsfreiheit des Rechts. Häufig gibt er sich die Mühe, Widersprüche innerhalb des Sächsischen, römischen oder kanonischen Rechts, aber auch zwischen einheimischem und gelehrtem Recht in klassischer, scholastischer Manier als nur scheinbar bestehende Widersprüche aufzudecken. Abweichungen der Rechte untereinander erklärt die Glosse als berechtigte, sachlich begründete Differenzierungen. Mitunter finden sich Passagen, in denen der Glossator regelrecht ein Ineinandergreifen von einheimischem und gelehrtem Recht geltend macht[1239]. Das Zusammenwirken der Rechte auf einen einheitlichen Lebenssachverhalt wird als durchkomponiert funktionierendes Gesamtsystem beschrieben. Ein Rechtskreis ergänzt den anderen – insofern lässt sich von einer gewissen Subsidiarität des gelehrten Rechts sprechen. Hier und da gibt der Glossator des

1239) Ein solches Phänomen bemerkt schon KRAUSE, Kaiserrecht und Rezeption S. 118 f.

Lehnrechts Abweichungen des Sächsischen vom römischen Recht allerdings auch unumwunden zu. Solche dualistischen Gegenüberstellungen der Rechte sind in der Lehnrechtsglosse selten. Der Glossator scheint sich an ihnen aber nicht zu stören. Ohne weiteres erkennt er Besonderheiten des lehngerichtlichen Prozesses an, ohne sein Verhältnis zum abweichenden gelehrten Recht zu thematisieren.

Die Zusammenführung der Rechtsordnungen, die Suche nach Gemeinsamkeiten und die seltenere Offenbarung von Abweichungen zwischen einheimischem und gelehrtem Recht sind Wesenszüge, die sich bereits in der Buch'schen Glosse feststellen lassen. Bernd Kannowski fasst die Herangehensweise Johanns von Buch wie folgt zusammen:

> „Der Gedanke von verschiedenen Rechtssphären mit unterschiedlichen Rechtsquellen ist zwar präsent, doch liegt der Fokus der Betrachtung fast immer auf ihren Gemeinsamkeiten. Unterschiede zwischen geistlichem Recht, Kaiserrecht und Sachsenspiegel werden nur beiläufig vermerkt, ohne ihnen viel Gewicht beizumessen. [...] Die Einheit scheint zumindest aus der Sicht des Glossators so vollkommen, dass er nicht immer zu wissen scheint, in welcher Rechtswelt er sich gerade befindet. Diese Frage stellte sich für ihn offenbar gar nicht, weil es aus seiner Perspektive nur eine gab.“[1240]

Der Lehnrechtsglossator orientiert sich in der Bearbeitung des Sächsischen Lehnrechts stark am Buch'schen Vorbild. Die zahlreichen Übereinstimmungen der genannten Quellenbeispiele aus der Lehnrechtsglosse mit entsprechenden Stellen der Landrechtsglosse geben vom Einfluss der Buch'schen Glosse beredtes Zeugnis. Es verwundert daher nicht, dass der nähere Blick auf die Lehnrechtsglosse eine ganz ähnliche Arbeitsweise aufgezeigt hat. Kannowskis Beschreibung von der Vorstellung einer einheitlichen Rechtsordnung, wie sie der Buch'schen Glosse zugrunde liegt, darf auch für die Lehnrechtsglosse gelten.

In der Lehnrechtsglosse bewahrheitet sich in Teilen auch schon eine ältere Charakterisierung der spätmittelalterlichen Rechtsbücherliteratur insgesamt. Hermann Krause schreibt mit Blick auf die sächsischen Glossen, die Richtsteige, die Arbeiten des Nikolaus Wurm und die Gutachten des Dietrich von Bocksdorf:

> „Das römisch verstandene Kaiserrecht und das einheimische Recht werden nicht als Gegensatz empfunden, sondern nur als verschiedene Erscheinungsformen der einheitlichen Rechtsordnung. Man stellt beide Arten ohne Beden-

1240) KANNOWSKI, Europäisches Rechtsdenken S. 91.

> ken nebeneinander. [...] Bisweilen wird aber auch der Gegensatz zugegeben.«[1241]

Tatsächlich hat sich im Fall der Lehnrechtsglosse die Idee von der Einheitlichkeit des Rechts bei gleichzeitiger Anerkennung möglicher punktueller Abweichungen im Detail als eine grundlegende Sichtweise des Autors herausgestellt. Kritischer zu bewerten sind hingegen Krauses Schlussfolgerungen aus dieser Grundannahme sächsischer Jurisprudenz. Dass die sächsischen Glossen ein Konkurrenzverhältnis zwischen einheimischem und gelehrtem Recht weitgehend negierten, nennt Krause eine naive Kumulation:

> „Ausdruck der ursprünglichen, man möchte sagen harmlosen Auffassung sind alle Zeugnisse, in denen man ganz naiv kumuliert, einfach den Sachsenspiegel, das römische Recht, die Glosse gleichwertig nebeneinanderstellt [...].«[1242]

Mitnichten rechtfertigt die Lehnrechtsglosse eine solch abwertende Darstellung. Der Glossator bemüht sich um die Erklärung des Sächsischen Lehnrechts mit Begriffen und Methoden des gelehrten Rechts, weil diese nun einmal Gegenstand und Handwerkszeug spätmittelalterlicher Rechtswissenschaft sind. Dabei geht er von einem harmonischen inneren Verhältnis der Rechte zueinander aus. Durchaus versteht die Lehnrechtsglosse römisches, kanonisches und Sächsisches Recht als verschiedene Erscheinungsformen einer einheitlichen Rechtsordnung. Ohne ein differenziertes Rechtsanwendungsmodell zu entwickeln, ja ohne Konkurrenzprobleme zwischen gelehrtem und Sächsischem Recht überhaupt zu thematisieren, zieht der Glossator jenes Recht zur Erklärung dieses Rechts heran. Abstrahierend und rechtsvergleichend sucht der Glossator im autochthonen und im gelehrten Recht nach gemeinsamen Grundgedanken. Diese Methode ist aber stets Mittel zum Zweck. Sie dient dem besseren Verständnis des eigenen Rechts, dem Nachweis seiner inneren Kohärenz und Richtigkeit und seiner Verteidigung gerade auch gegen Angriffe mit gelehrtrechtlichen Argumenten. Zweifellos führt die Kommentierung des Lehnrechts zu einer verändernden, aber auch präzisierenden Durchdringung lehnrechtlicher Institute. Weil dabei stets das Sächsische Lehnrecht im Zentrum der Betrachtung bleibt, lässt sich auch nur bedingt von einer „romanisierenden“ Bearbeitung durch die Glosse sprechen. Durch die Aufdeckung der (selten festgestellten) Gegensätze und der (viel häufiger betonten) Parallelen mit dem gelehrten Recht soll das einheimische Recht eine Stütze erfahren. Das Sächsische Lehnrecht soll dem gelehrten Recht nicht angeglichen, sondern in den allgemeinen rechtswis-

---

1241) KRAUSE, Kaiserrecht und Rezeption S. 95.
1242) KRAUSE, Kaiserrecht und Rezeption S. 119.

senschaftlichen Diskurs eingebunden werden. Diese Verortung des Lehnrechts im Gesamtgefüge des Rechts lässt sich treffend als „Harmonisierung" bezeichnen. Die Aufwertung des Sächsischen Lehnrechts durch seine Verwissenschaftlichung ist jedoch nicht naiv, sie ist innovativ.

IV. Ergebnis: Vorstellung von einer einheitlichen Gesamtrechtsordnung

Den vorangehenden Untersuchungen lag die Frage zugrunde, welchen Platz der Glossator des Sächsischen Lehnrechts seinem Rechtsbuch im Gesamtgefüge des Rechts zuweist. Eine kritische Reflexion des Forschungsstandes zur Entstehungsgeschichte des Sachsenspiegels und eine erste Durchsicht der Überlieferungsgeschichte des Lehnrechts haben gezeigt, dass das Sächsische Lehnrecht wohl nicht mit der bisher angenommenen Selbstverständlichkeit als genuiner Bestandteil des Sachsenspiegels und als ein Werk Eikes von Repgow gelten darf. Nicht auszuschließen ist, dass Land- und Lehnrecht oder wenigstens ihre lateinischen Vorlagen einst als eigenständige Rechtsbücher verfasst worden sind und vielleicht sogar aus den Federn verschiedener Autoren stammen. Auffällig ist jedenfalls eine in verschiedener Hinsicht zu beobachtende Existenz des Sächsischen Lehnrechts als autonomes Rechtsbuch. Die allermeiste Zeit seines Bestehens ist es als eigenständige, vom Landrecht getrennte Rechtsquelle angesehen worden. Spätestens die sächsischen Glossatoren, allen voran Johann von Buch, verstehen unter dem „Sachsenspiegel" ausschließlich das Landrecht und stellen ihm als zweiten und dritten Basistext des Sächsischen Rechts das „Lehnrecht" und das „(Magdeburger) Weichbildrecht" gegenüber. Entsprechend erhalten Land-, Lehn- und Weichbildrecht im 14. Jahrhundert jeweils auch selbständige Glossen. Und entsprechend bildet sich in der Frühen Neuzeit eine zweibändige Standardausgabe zum Sächsischen Recht heraus – hier eine Ausgabe des Sachsenspiegel-Landrechts, dort eine kombinierte Ausgabe mit Weichbildrecht, Lehnrecht und Remissorium.

Der Glossator des Lehnrechts versteht sein Rechtsbuch nicht als Bestandteil des Sachsenspiegels und sieht in seinem Werk auch keinen bloßen Annex zur Buch'schen Landrechtsglosse. Zwar sind ihm die Parallelen und engen Verbindungen von Land- und Lehnrecht bewusst. Das Ausmaß, in welchem der Lehnrechtsglossator Auszüge der Landrechtsglosse verarbeitet und inkorporiert, gibt davon ein eindrucksvolles Zeugnis ab. Gleichwohl begreift der Glossator das Lehnrecht als ein eigenständiges Rechtsbuch über eine eigenständige Rechtsmaterie. In der Buch'schen Glosse verankerte Grundannahmen über den Charakter des Sachsenspiegel-Landrechts als konstantinisch-karolingisches Privileg für Sachsen lassen sich deshalb nicht auf das Lehnrecht übertragen. Vielmehr prägt der Lehnrechtsglossator für das Lehnrecht in Fortentwicklung von Johanns Ansätzen seine eigene Version einer Entstehungsgeschichte. Das Sächsische Lehnrecht gilt ihm als eine Satzung Kaiser Friedrichs. Vermutlich ist dabei an Kaiser Friedrich I. gedacht, der durch seine Lehnsgesetzgebung und Feudalisierungspolitik bekannt geworden war. Ein konkretes Vorbild für die Zuschreibung an den Stauferkaiser Friedrich ist aus den älteren Quellen, insbesondere aus der Buch'schen Glosse, nicht ersichtlich. Vielleicht nimmt der Lehnrechtsglossator sie erstmals vor, jedenfalls prägt und festigt erst er nachhaltig die Vorstellung vom friderizianischen Lehnsgesetz für Sachsen. Ein Streifzug durch zeitgenössische Vergleichsquellen zum Sächsischen Recht hat gezeigt, dass der Lehnrechtsglossator in der Rezeption der Lehre vom Rechtsbuch als Kaiserrecht einer seinerzeit auf breiter Ebene um sich greifenden Tradition folgt. Nach und nach erhält im 14. Jahrhundert ein jeder maßgebliche Text des Sächsischen Rechts in der Rechtsbücherliteratur seinen eigenen kaiserlichen Gesetzgeber zugewiesen. Das Landrecht gilt als Privileg der Kaiser Karl und Konstantin, das Lehnrecht als ein Gesetz Kaiser Friedrichs und das Weichbildrecht führt man auf die Kaiser Otto I. und II. zurück. Hinzu tritt die jüngere Reichsgesetzgebung, insbesondere der als eigenes Rechtsbuch unter dem Namen *Constitutiones Alberti* im Umlauf befindliche Mainzer Reichslandfrieden. Dabei setzt sich unter sächsischen Juristen die Vorstellung durch, dass die einzelnen Gesetzeskompendien nicht etwa in Konkurrenz zueinander treten, sondern regelmäßig Ergänzung und Fortentwicklung des jeweils älteren Rechts darstellen. Die Glossatoren von Lehn- und Weichbildrecht kennzeichnen ihre Rechtsbücher entsprechend als „Bestätigungen" des Sachsenspiegels. Zusammen bilden Land-, Lehn- und Weichbildrecht eine Art sächsisches „*Corpus iuris*", eine Kontinuität und Wandelbarkeit zugleich suggerierende Gesamtquelle des Sächsischen Rechts.

Materiell begreift der Lehnrechtsglossator das Lehnrecht als Sonderrecht der lehnsfähigen Ritterschaft, welches sich nach streng ständischem Prinzip konstituiert. Indem er die gemeinnützige Aufgabe des Ritterstandes betont, legitimiert der Glossator die aus der Teilnahme am Lehnswesen resultierenden Privilegien. Ritter sind zum Schutz der Christenheit aufgerufen und setzen für die Gemeinschaft ihr Leben aufs Spiel. Im Gegenzug erhalten sie ein Einkommen aus Lehen. Als maßgebliches Motiv der Lehnsgesetzgebung arbeitet der Glossator somit den Schutz der Ritterschaft in ihren wohlverdienten Rechten heraus. Das Lehnrecht regelt alle die Lehnsgüter betreffenden Angelegenheiten. Insofern handelt es sich um ein sachlich und persönlich beschränktes Sonderrecht. Als solch spezieller Rechtskreis existiert das Lehnrecht neben dem Landrecht. Eine der Buch'schen Charakterisierung des Landrechts ähnelnde lokale Beschränkung des Lehnrechts macht der Lehnrechtsglossator hingegen nicht geltend. Ohne die Verhältnisse endgültig zu klären, geht er von einem für Sachsen erlassenen, gleichwohl aber Reichslehnrecht enthaltenden Rechtsbuch aus. Weder kehrt er einen Privilegscharakter des friderizianischen Lehnrechts hervor, noch behauptet er eine vorrangige Geltung seines Rechtsbuchs gegenüber dem gemeinen gelehrten Recht.

Die formelle Erklärung der sächsischen Rechtsbücher zu Kaisergesetzen definiert ihren Normcharakter und beeinflusst damit die Rechtsquellenlehre der sächsischen Glossatoren. Eine Analyse der rechtstheoretischen Aussagen der Lehnrechtsglosse im Vergleich zu ausgewählten Passagen der Landrechtsglosse, der Weichbildglosse und des Liegnitzer Stadtrechtsbuchs hat gezeigt, dass die gelehrte sächsische Jurisprudenz des Spätmittelalters in Verarbeitung legistischer und kanonistischer Lehren eine dreigeteilte Rechtsquellentheorie zugrunde legt. Natürliches Recht, Gewohnheit und Satzung garantieren nach ihrer Vorstellung ein ausbalanciertes Rechtssystem, in welchem der göttliche Wille, die menschliche Natur und herrschaftliche Autorität in einem ausgewogenen Verhältnis zur Durchsetzung gelangen. Dabei rückt das hoheitlich gesetzte, positive Recht in den Vordergrund. Diesem *ius scriptum* rechnet man das römische Kaiserrecht ebenso zu wie das geistliche Recht und die „Kaisersatzungen“ für Sachsen. Land-, Lehn- und Weichbildrecht heben die sächsischen Glossatoren auf eine Stufe mit den Texten des *Corpus iuris*, des *Decretum Gratiani* und der Dekretalensammlungen. Ihre Erklärung zu Kaiserrecht spiegelt die Ablösung eines alten, auf Herkommen und Gewohnheit gründenden rechtlichen Legitimationsmodells durch ein neues Verständnis, wonach Recht seine Geltungskraft in erster Linie aus der herrschaftlichen Autorität seines kaiserlichen Gesetzgebers bezieht. Die sächsischen Glossen zeichnen das Bild eines fürsorgenden Kaisers, der als oberster Richter, wichtigste Quelle des Rechts und Garant für Gerechtigkeit ein funktionierendes Gemeinleben im Einklag mit den Geboten Gottes sichert. Ausfluss dieses gewandelten Rechtsverständnisses ist auch ein Primat des geschriebenen Rechts, welches sich in der Lehnrechtsglosse etwa in der Behauptung größerer Rechtssicherheit durch Schriftrecht, in der postulierten Bindung des Richters an Schriftrecht und in der Herleitung der Urteilsantworten aus allegierten Gesetzesstellen zeigt.

Das Verhältnis des einheimischen zum römischen und kanonischen Recht erfährt in der Lehnrechtsglosse keine theoretische Klärung. Da der Lehnrechtsglossator das Lehnrecht nicht als sächsisches Privileg auffasst, entwikkelt er auch das Buch'sche Prinzip eines Vorrangs des Sachsenrechts vor dem gemeinen Kaiserrecht nicht fort. Stattdessen greift er bei der Suche nach Argumentationsmaterial zur Erklärung des Lehnrechts ganz zwanglos wechselnd auf sächsische und gelehrte Rechtsquellen zurück. Hier wie dort bieten sich dem geschulten, abstrahierenden, rechtsvergleichenden Auge des Juristen Parallelen und geeignete *topoi*, die sich zur Begründung konkreter Rechtssätze des Lehnrechts wie auch zum Nachweis der inneren Widerspruchsfreiheit des Rechts heranziehen lassen. Wo etwa im Prozessrecht allzu offensichtliche Widersprüche zwischen den Rechten hervortraten, werden sie hingenommen. Meist erklärt der Glossator Abweichungen jedoch als sachgerechte Differenzierungen. Eine nach betroffenen Lebenssachverhalten (Lehen, Kirche, Reich etc.) gegliederte, einander aber zu einem sinnvollen Ganzen ergänzende Gesamtrechtsordnung kennzeichnet das Bild, das der Lehnrechtsglossators entwirft, am besten. Konkurrenzfragen interessieren ihn nicht. Zur späteren Statutenlehre bietet die Lehnrechtsglosse noch keine echten Ansätze.

Die Metaphern zweier ungefährer Zeitgenossen des Lehnrechtsglossators vermögen den Rechtsbegriff auch der Lehnrechtsglosse, wie er aus den gewonnenen Erkenntnissen hervortritt, treffend zu charakterisieren. Der Lehnrechtsglossator selbst findet in seiner Glosse zu keinem eigenen Bild, das seine Vorstellung vom Wesen des Rechts in vergleichbarer Weise auf den Punkt brächte[1243]. Wohl aber kennt er die Buch'sche Glosse und adaptiert in weiten Teilen deren Sichtweise. In derselben Tradition wie die sächsischen Glossen stehen auch die etwas jüngeren Schriften des Nikolaus Wurm. Beide Juristen, Johann von Buch und Nikolaus Wurm, vergleichen das Recht in ihren Arbeiten mit einer Pflanze. Ihre Bilder mögen der Anlass sein, abschließend einen auch der Lehnrechtsglosse zugrunde liegenden „organischen" Rechtsbegriff zu skizzieren[1244].

In Glosse LdR I 18 (19 § 1) *De Swaue nimpt wol* beklagt Johann von Buch, das Sächsische Recht sei gleich einem Kraut, das in der Hitze verdörrt, durch falsche Deutung böser Leute entstellt worden. Darum wolle

1243) Allenfalls anführen ließe sich in diesem Zusammenhang der auf Nov. 74, 1 gestützte (tatsächlich aber in Nov. 111 pr. enthaltene) Satz in LGl LnR 30 § 1: „*so ist des rechtin vornunfft als eyne ercztige, das do begeynet der vnuornunfft* […]" (S. 498 Z. 11 f.); vgl. dazu bereits oben S. 681.

1244) Vgl. für Johann von Buch Gl LdR I 18 (19 § 1) *Swaue nimpt wol* (S. 235 Z. 1–5); dazu auch KANNOWSKI, Zwischen Appellation und Urteilsschelte S. 122 f.; DERS., Umgestaltung S. 541 f., 569 und speziell zu Johanns Pflanzenmetaphorik S. 532 f. Vgl. für Nikolaus Wurm Blume von Magdeburg, Vorrede (BÖHLAU, Blume S. 27 f.) sowie Blume des Ssp, Prolog (Krakau BJ Przyb. 125/75 fol. 18vb–19vb); dazu BÖHLAU, Einleitung, Nove constitutiones S. XXXVI; JESSEN, Nikolaus Wurm S. 118 f. Schon TRUSEN, Anfänge S. 33, findet für die Ansicht spätmittelalterlicher gelehrter Juristen die Formulierung, es gebe aus ihrer Sicht nur ein richtiges Recht, das zwar aus mehreren Teilen bestehe, aber dennoch „organisch zusammengehört".

Johann ihm mit seiner Glosse zu neuem Leben verhelfen. Eike habe das Recht gepflanzt, nun wolle er es gießen. Sein Wachstum aber spende Gott:

> *„Jk do id ok dor dat, <dath> bose lude mit valscher dudinge hebben gheselwit dat recht, alze de hitte dat krut. Des wil ik mit godes helpe id mit desseme watere begheten. Zu blifft Eyke des rechtes planter vnd ik en begheter. Got auer is de wasdomes gheuer.“*[1245]

Das Wasser, mit welchem Johann von Buch die Pflanze des Sächsischen Rechts gießt, identifiziert Bernd Kannowski als das gelehrte Recht[1246]. Um die Einheit des Sächsischen Rechts nachzuweisen und seinen Platz in der Gesamtrechtsordnung zu bestimmen, bietet sich Johann von Buch im römischen und kanonischen Recht ein schier unerschöpflicher Fundus an Argumenten.

Johanns Pflanzenbild ist von großer Strahlkraft und hat als Merkhilfe zur Rolle Eikes von Repgow auch Eingang in das Bocksdorf'sche Remissorium gefunden[1247]. An späterer Stelle bezeichnet Johann Eike noch einmal als einen heilsamen, blühenden Stamm, in dessen Blüten man die Gesundheit des Rechts gegen alle Krankheit des Unrechts erkennen könne[1248]. Sehr wahrscheinlich inspiriert diese Stelle Nikolaus Wurm zu den Titeln seiner beiden Blumen, der Blume von Magdeburg und der Blume des Sachsenspiegels[1249]. In seinen beiden Prologen vergleicht Wurm in einem kompliziert angeleg-

1245) Gl LdR I 18 (19 § 1) *Swaue nimpt wol* (S. 235 Z. 1–5).

1246) KANNOWSKI, Umgestaltung S. 569, vgl. auch S. 541 f.

1247) Bocksdorf'sches Remissorium, ad v. *Ecke von Repgaw*: *„Eck von Repgaw / ist des Sachssenrechtens ein pflantzer / vnd hat viel wort darin gesetzt / nicht vor ein Recht / sondern zu guter anweisung / vnd bisweilen vmb disputirns willen“* (ZOBEL, Sechsisch Weychbild und Lehenrecht, Leipzig 1537, ohne fol.).

1248) Gl LdR II 34 (36 § 1) *Swe ouer den anderen dach*: *„See, wo heylsam is de bloyende stam, hern Eyken, in des blomen wy vinden bote vnde suntheit rechtes yegen alle vnrechte zuke.“* (S. 739, Z. 16–18); dazu KANNOWSKI, Umgestaltung S. 532 f.

1249) Blume von Magdeburg, Vorrede (BÖHLAU, Blume S. 27 f.) und Blume des Ssp, Prolog (Krakau BJ Przyb. 125/75 fol. 18vb–19vb). Genau genommen betitelt Wurm das unter der Bezeichnung „Blume des Sachsenspiegels“ bekannte Werk als *„blume in meydeburgischin rechte“* (Krakau BJ Przyb. 125/75 fol. 18vb). Neben Gl LdR II 34 (36 § 1) *Swe ouer den anderen dach* (S. 739 Z. 16–18) verarbeitet Wurm in seinem Blumenbild wohl auch Gl LdR II 13 § 1 *Nu vornemet* (S. 601 Z. 5 f.), denn wie Johann von Buch spricht er von der Gefahr, das Recht könne durch böse Leute entstellt werden, ganz gleich wie Bienen aus derselben Blume Süße zögen, aus der Wespen oder Bremsen Bitterkeit gewönnen (Blume von Magdeburg, Vorrede, BÖHLAU, Blume S. 28; Blume des Ssp, Prolog, Krakau BJ Przyb. 125/75 fol. 19vb), vgl. dazu bereits KANNOWSKI, Umgestaltung S. 533.

ten, vielfach changierenden Gleichnis sowohl das jeweils eigene Werk als auch das Sächsische Recht als solches mit einer Blume. Deren Stamm bilde Eikes Sachsenspiegel, ihre Wurzeln aber seien *leges* und *canones*. Er, Wurm, wolle bei der Bestimmung und Pflege dieser Blume helfen. Gott möge sie gießen. In der etwas einfacher gehaltenen Version der Blume von Magdeburg lautet das Gleichnis:

> „*Wen worum? der blumen stam ist her Ecke von repchow, dy wurczil abir sint leges, daz sint keiserrecht, und canones, daz sint geistliche recht. Wen worum? sy sint vnsirs rechtis wucrzil. Vnd sint denne keine blume wachsin mag, sy in werde begossin, dez wol wir ansehin dy blume vnd sy irkennen nach ir varwe vnd greifin nach irem roche, so smecke wir vnd gebin gesundykeit. Got der sy ein begisir dysir blumen* [...]." [1250]

Wurm schreibt einer Blume die vier Eigenschaften Farbe, Geruch, Geschmack und Gesundheit zu, welche zu erkennen ebenso den Einsatz verschiedener Sinne erfordere wie es das richtige Verständnis des Rechts tue[1251]. Während das gelehrte Recht in Johanns Pflanzensymbol aber noch als Gießwasser auftritt, bildet es im Wurm'schen Blumenbild nun das Wurzelwerk. *Leges* und *canones* sind dem Organismus des Sächsischen Rechts regelrecht einverleibt worden. Spinnt man das Blumenbild weiter, sieht Wurm die Funktion des gelehrten Rechts darin, das Sächsische Recht zu stützen und zu nähren.

In der späteren Blume des Sachsenspiegels (fertiggestellt 1397) erweitert Wurm sein Blumengleichnis noch einmal umständlich um weitere Bedeutungsebenen. Zusätzlich ist dort nun von den vier Elementen Feuer, Luft, Wasser und Erde die Rede, ohne welche die Blume des Sächsischen Rechts keine Blätter treiben, blühen und Früchte tragen könne[1252]. Feuer und Luft

---

1250) Blume von Magdeburg, Vorrede (BÖHLAU, Blume S. 28). Zur Parallelstelle in der Blume des Ssp vgl. den Quellenauszug oben S. 562.

1251) Blume von Magdeburg, Vorrede: „*In einr blumen sint virley eygeinkeit: man vint an einr nuczamir blume varwe, roch vnd smag vnd gesundikeit. Daz gesichte gybt irkentniss einr varwen, roch gibit vns daz bekenntniss vnsir uornunft, smag irkentniss suzes vnd sowers, gesundikeit dez leibes. Alzo ist auch vm diz blumelin; daz gibt uns varwe, do by wir irkennen muge einr sach gelegeinkeit an gewinne vnd an uorlust; iz gybt vns auch roch, daz ist daz wir mit redelichir uornunft rychin vnd uornemen sullin der vragind meinunge, vnd gibit vns smag, by dem wir suze vnd suer, daz ist recht vnd vnrecht, irkennin mugin, vnd sullin dy gesundikeit gebin den, dy do sichin in dez rechtes czwiuel.*" (BÖHLAU, Blume S. 27). Ähnlich auch Blume des Ssp, Prolog (Krakau BJ Przyb. 125/75 fol. 18vb–19ra).

1252) Blume des Ssp, Prolog (Krakau BJ Przyb. 125/75 fol. 19va). Möglicherweise wurde Wurm auch in diesem Zusatz durch Johann von Buch inspiriert, da Johann im

stünden für *„geistlich vnd keisir recht“*[1253]. Das Sächsische Recht aber gleiche dem Wasser:

> *„vnsir recht abir ist glichit deme wassere. vnd wirt endelich warm vnde kalt vnd ist flizende.“*[1254]

Wieder bedient sich Wurm zu einer bildhaften Darstellung des Sächsischen Rechts der Pflanzenmetaphorik. Wieder findet sich in diesem Zusammenhang das Symbol des Wassers. Anders als bei Johann von Buch, der im Wasser das lebensspendende Elixier des gelehrten Rechts gesehen hat, vergleicht es Wurm nun aber mit dem Sächsischen Recht. Ein zweiter, neben die Blume tretender Vergleich soll dem Leser die charakteristischen Eigenschaften des einheimischen Rechts vor Augen führen. So wie Wasser warm und kalt sein könne und fließend, lässt sich folgern, so kennzeichne das Sächsische Recht seine unterschiedlichen Erscheinungsformen und seine Veränderlichkeit.

Im Vergleich stellt sich Johanns Gleichnis von der Pflanze des Sachsenrechts schlüssig und schlicht, das Wurm'sche Blumenbild dagegen redundant, vielschichtig und in Teilen auch unklar dar. Beiden lassen sich aber verallgemeinerungsfähige Aspekte entnehmen, die zur Beschreibung des Rechtsbegriffs der sächsischen Jurisprudenz des 14. Jahrhunderts geeignet sind und die auch mit den zur Lehnrechtsglosse gefundenen Ergebnissen im Einklang stehen. Bemerkenswert ist zunächst, dass das Sächsische Recht als Pflanze, mithin als ein lebender Organismus dargestellt wird. Recht ist in der Vorstellung der sächsischen Juristen nichts statisches, sondern unterliegt dem Wandel[1255]. Darüber hinaus sprechen Johann von Buch und Nikolaus Wurm von einer einzigen Pflanze des Sächsischen Rechts. Zwar kommt dem Sachsenspiegel darin eine besondere Bedeutung zu – Johann nennt Eike den *„planter“*[1256] des Sachsenrechts, bei Wurm ist er der *„stam“*[1257] der Blume – in seiner Gesamtheit ist das Sächsische Recht jedoch mehr als das. Der Glossator des Weichbildrechts bezeichnet das Magdeburger Weichbildrecht als eine aus dem Sachsenspiegel erwachsene *„anwisunge des sechzigischen*

Zusammenhang mit der Lilienkrone von denselben vier Elementen spricht, vgl. Gl LdR III 53 (60 § 1) *De keyser lenet* (S. 1320 Z. 16); dazu KANNOWSKI, Umgestaltung S. 269.

1253) Blume des Ssp, Prolog (Krakau BJ Przyb. 125/75 fol. 19va).

1254) Blume des Ssp, Prolog (Krakau BJ Przyb. 125/75 fol. 19va).

1255) Diesen Aspekt betont bereits KANNOWSKI, Umgestaltung S. 542, 549–556.

1256) Gl LdR I 18 (19 § 1) *Swaue nimpt wol* (S. 235 Z. 4).

1257) Blume von Magdeburg, Vorrede (BÖHLAU, Blume S. 28).

rechtis“[1258]. Auch der Lehnrechtsglossator spricht vom Lehnrecht als einer Kaisersatzung, die zu einer „*bestetigunge des Sachszinspigels vnde des Sechsisszen rechtis*“[1259] erlassen worden ist. Gleichfalls begreift der Glossator des Mainzer Reichslandfriedens die *Constitutiones Alberti* als eine „*bewisunge*“[1260] von Landrecht, Weichbildrecht und Lehnrecht. Sie alle leitet die Vorstellung, dass sich das Sachsenrecht aus mehreren, einander berücksichtigenden und kontinuierlich fortentwickelnden Quellen zusammensetzt. Das Sächsische Recht in seiner Gesamtheit konstitutiert sich erst im Zusammenwirken der einzelnen Rechtsbücher. Am deutlichsten bringt der Weichbildglossator diese Idee zum Ausdruck, wenn er von einem kaiserlich stets aufs Neue bestätigten „*Corpus*“[1261] des Sächsischen Rechts spricht. Recht lässt sich im Bild der sächsischen Juristen des Spätmittelalters also als etwas Lebendiges charakterisieren, das erst in einem ganzheitlichen Blick greifbar wird. Zwar ruht das Recht, auch das sächsische, auf einzelnen Texten. Diese Schriftzeugnisse verlangen aber nach einer Gesamtschau. Sächsisches Recht ist die aus den Wechselwirkungen seiner Rechtsbücher erwachsende Einheit.

Als „Wachstumsfaktoren“ für eine gedeihliche Fortentwicklung des Rechts nennen Johann von Buch und Nikolaus Wurm an erster Stelle Gott, sodann in unterschiedlicher Ausgestaltung das gelehrte Recht. Hingegen berücksichtigt keines der beiden Bilder den Kaiser, obwohl sich dessen Erwähnung als Rechtserneuerer durch Novellengesetzgebung angeboten hätte[1262]. Stattdessen rückt das gelehrte Recht in den Vordergrund. Für Johann ist es das lebensspendende Wasser, mit welchem der kommentierende Jurist („*begheter*“[1263]) dem Sächsischen Recht zu rechtem Verständnis und korrekter Anwendung verhilft. Wurm bezeichnet *leges* und *canones* gar als die Wurzeln, ohne welche die Blume des Sächsischen Rechts nicht gedeihen könne („*alzo en mag auch dyze kegenw*[e]*rtige blume ane leges vnd Canones* [...] *nicht gewachsen*“[1264]). Das gelehrte Recht ist, wenn auch als andersartiges unterirdisches Beiwerk, mit dem Sächsischen Recht zu einem einheitlichen Organismus verschmolzen. Indem Wurm das gelehrte Recht zum „anatomischen“ Bestandteil des Sächsischen Rechts erklärt, es als seine Grundlage, Stütze und Versorgungsapparat präsentiert, behauptete er eine

1258) Gl WbR 1 (Sp. 183 Z. 3 f.).

1259) LGl LnR 81 (80 § 1) (S. 1082 Z. 7 f.).

1260) Glosse Mainzer RLF c. 1 (Berlin SBB-PK Hs. 392 fol. 130ra).

1261) Gl WbR 10 (Sp. 229 Z. 5).

1262) Die Beobachtung von KANNOWSKI, Umgestaltung S. 542, weist in eine ähnliche Richtung.

1263) Gl LdR I 18 (19 § 1) *Swaue nimpt wol* (S. 235 Z. 4).

1264) Blume des Ssp, Prolog (Krakau BJ Przyb. 125/75 fol. 19va).

im Vergleich mit Johann von Buch bereits wesentlich engere Verflechtung von einheimischem und gelehrtem Recht. Auf seine Art sieht aber auch Johann das gelehrte Recht als ein wesensverschiedenes, gleichwohl zur Erhaltung und Entwicklung des Sächsischen Rechts notwendiges Element an.

Hier wie dort erscheint das gelehrte Recht also als der maßgebliche Impulsgeber, ohne den das Sächsische Recht aufgrund von Missverständnissen und Fehldeutungen verkomme. Dieses Verständnis verlangt nach einer erneuten Reflexion der Kategorie „gelehrtes Recht". Hinter dem gelehrten Recht, welches der pflegebedürftigen Pflanze des Sächsischen Rechts hier zu Hilfe kommen soll, verbirgt sich nichts anderes als die (gelehrte) Rechtswissenschaft. Aus Sicht sächsischer Juristen ist sie die maßgebliche Kraft, die das autochthone Recht aufleben lassen soll. Kryptische, unvollständige Rechtssätze verlangen, um mit den Worten des Lehnrechtsglossators zu sprechen, nach qualifizierten Interpretationen, die *„den syn volbrengin."*[1265] Fachkundige Juristen sollen das Sächsische Recht erläutern, um ihm eine verbesserte, verständlichere und konsensfähige Form zu geben. Zur juristischen Durchdringung von Rechtstexten greift man im 14. Jahrhundert aber notwendig auf die Methoden, Argumente und Sätze des gelehrten Rechts zurück. Insofern weitet sich die Vorstellung von der Einheitlichkeit des Rechts über den Komplex des Sachsenrechts hinaus von ganz allein auf eine auch das römische und kanonische Recht umschließende Gesamtrechtsordnung aus. Die sächsischen Juristen vertrauen in ihren gelehrten Bearbeitungen des einheimischen Rechts auf ein universales, harmonisches Miteinander aller denkbaren Erscheinungsformen des Rechts. Damit legen sie den Grundstein für die Ausbildung des gemeinen Sachsenrechts. Letztlich nehmen die sächsischen Glossatoren eine Einheitlichkeit des Rechts vorweg, die zu begründen sie gerade erst im Begriff sind.

1265) LGl LnR 69 (68 § 9) (S. 960 Z. 15).

Schlussbetrachtung

Die Arbeit hatte sich zum Ziel gesetzt, die Glosse zum Sächsischen Lehnrecht als einen rechtswissenschaftlichen Text zu würdigen. Die Lehnrechtsglosse wurde dabei als Vertreterin einer jungen *iurisprudentia romano-saxonica* begriffen, als Repräsentantin einer frühen gelehrten Wissenschaft vom Sächsischen Recht. Notwendig war erste Grundlagenarbeit zur Erschließung der Quelle. Sodann ließ sich die Lehnrechtsglosse durch eine Analyse der angewandten juristischen Methode und durch die Untersuchung der Verortung des Lehnrechts im Gesamtgefüge des Rechts nach den zugrunde liegenden Vorstellungen ihres Verfassers von Recht und Rechtswissenschaft befragen.

Die Lehnrechtsglosse ist ein sperriger Text – und bleibt es auch bei eingehender Beschäftigung. Infolge ihrer Konzeption als Nachschlagewerk ist sie zur durchgängigen Lektüre weder gedacht noch geeignet. Die topische Arbeitsweise des Glossators entzieht sich jedem Wunsch eines heutigen, im systematischen Denken geschulten Kopfs nach System und Übersicht. Die nivellierende Vermengung gelehrten und einheimischen Rechts passt sich dem klassischen Rechtsanwendungsmodell der Rezeptionszeit noch nicht an. Auch hinsichtlich ihrer konkreten Entstehungshintergründe lässt uns die Lehnrechtsglosse im Dunklen.

Doch obwohl sie vieles nur in Nuancen und Schattierungen preisgibt, zeichnet sich die Lehnrechtsglosse in ihrer Textfülle und ihrer Themenvielfalt als ein eindrucksvolles, außerordentlich aussagekräftiges Zeugnis für die Anfänge gelehrter deutscher Rechtswissenschaft aus. Gemeinsam mit den übrigen sächsischen Glossen bezeugt die Lehnrechtsglosse eine überaus produktive und wirkungsmächtige Epoche erster Durchdringung des Sächsischen Rechts aus gelehrt-wissenschaftlicher Perspektive. Überdies spiegelt sie die für das 14. Jahrhundert in der Forschung bisher kaum hinreichend anerkannte Bedeutung des gelehrten Rechts bis in die thematisch entferntesten Winkel des tradierten mittelalterlichen weltlichen Rechts.

Aus den im Laufe der Untersuchung gewonnenen Erkenntnissen lassen sich abschließend die wichtigsten Befunde und Eigenschaften der Lehnrechtsglosse rekapitulieren und in ihrer Zusammenschau die bedeutendsten Charakteristika früher deutscher Rechtswissenschaft reflektieren. Der folgende Thesenkatalog versteht sich primär als eine Art Leseanleitung zu einem rechten Verständnis der Lehnrechtsglosse. Über weite Strecken dürfen die Aussagen darüber hinaus aber Gültigkeit auch für die übrigen sächsischen Glossen beanspruchen.

I. Konzept einer *iurisprudentia romano-saxonica*

Erstmals erheben die sächsischen Glossen das einheimische Recht zum Gegenstand gelehrter Bearbeitung. Im Spätmittelalter haben sich sächsische Juristen an ausländischen Fakultäten im römisch-kanonischen Recht ausbilden lassen. Nach ihrer Rückkehr in die Heimat befassten sie sich wieder mit der Anwendung des einheimischen Rechts. Nun standen sie vor der Herausforderung, ihre speziellen gelehrt-juristischen Kenntnisse auch in der Behandlung des traditionellen Sächsischen Rechts nutzbringend anzuwenden. Es entstand das Bedürfnis nach einer theoretischen Klärung und Fundierung dieses neuen gelehrten *habitus* im Umgang mit dem Sächsischen Recht. In dieser Situation wurden fernab akademischer Institutionen die ersten Glossen zu den sächsischen Rechtsbüchern verfasst. Erstmals erhoben diese Werke das einheimische Recht zum Objekt rechtswissenschaftlicher Bearbeitung. Die Glossierungen im Stil gelehrter Jurisprudenz adelten die sächsischen Rechtsquellen, indem sie sie als gleichwertige Rechtsquellen neben dem *Corpus iuris* und dem kanonischen Recht behandeln. Das Besondere und Neue an den sächsischen Glossen ist die erstmalige Übertragung gelehrter, am römisch-kanonischen Recht entwickelter juristischer Methode auf den völlig andersartigen Bearbeitungsgegenstand des deutschen Rechts. Dieser Prozess der Verwissenschaftlichung des deutschen Rechts vollzog sich zuerst an den sächsischen Rechtsbüchern. Aus der Synthese gelehrter und einheimischer Rechtskultur erwuchs eine eigene gelehrte sächsische Rechtsliteratur, die ganz selbstverständlich das Konzept einer *iurisprudentia romano-saxonica* verfolgt. Die Glossen schlossen das Sächsische Recht dem rechtswissenschaftlichen Diskurs auf. Außerdem ebneten sie den sächsischen Juristen den Weg zu einer „modernen" fachspezifischen Anwendung des Sächsischen Rechts in der Praxis.

Landrechts-, Lehnrechts- und Weichbildglosse bilden eine Trias selbständiger Glossen. Johann von Buch war der Pionier und Protagonist der jungen gelehrten Partikularrechtswissenschaft. Seine Glosse zum Sachsenspiegel-Landrecht stellt intellektuell, überlieferungsgeschichtlich und wirkungsgeschichtlich eine Quelle von exzeptionellem Wert dar. Doch sein Beispiel machte Schule. Mit den Glossen zum Sächsischen Lehnrecht und zum Magdeburger Weichbildrecht folgten der Landrechtsglosse bald zwei weitere eigenständige Arbeiten zu zwei weiteren sächsischen Rechtsbüchern. Überstrahlt vom Glanz der Buch'schen Glosse sind Lehnrechts- und Weichbildglosse in der Forschung zu Unrecht bisher kaum zur Kenntnis genommen worden. Dabei bilden gerade diese Nachfolgearbeiten wichtige Meilensteine, die die Fortentwicklung und die Breite der wissenschaftlichen Durchdringung des Sächsischen Rechts aufzeigen. Die drei sächsischen

Glossen stehen in engem Zusammenhang zueinander. Eine Schrift wie die Buch'sche Landrechtsglosse fiel im 14. Jahrhundert auf fruchtbaren Boden. Lehnrechts- und Weichbildglossator bauen konzeptionell und inhaltlich auf ihr auf und führen den Ansatz Johanns von Buch fort. Die vorliegende Untersuchung hat eine starke Orientierung des unbekannten Lehnrechtsglossators an der Buch'schen Glosse aufgezeigt. Gleichzeitig ließen sich stilistische Eigenheiten und inhaltliche Abweichungen feststellen. Noch völlig unbekannt ist die Weichbildglosse. Ihre wissenschaftliche Edition sowie die Untersuchung ihrer genaueren Entstehungshintergründe und Charakteristika stellt eine der dringlichsten Aufgaben künftiger Glossenforschung dar. Schon jetzt lässt sich sagen, dass auch ihr Verfasser von Johann von Buch verschieden sein dürfte, dass sich ähnlich dem Lehnrechtsglossator aber auch der Glossator des Weichbilds eng an Konzept und Inhalt der Buch'schen Glosse anlehnte. Künftige inhaltliche Analysen der Lehnrechts- und Weichbildglosse müssen daher stets auch die Vorlage der Buch'schen Landrechtsglosse in den Blick nehmen. Das Verhältnis von Lehnrechts- und Weichbildglosse untereinander ist noch nicht geklärt. Möglicherweise entstanden die Schriften gänzlich unabhängig voneinander.

Die sächsischen Glossen greifen die Tradition gelehrter *Glossae ordinariae* auf, ohne selbst an Vorarbeiten zum Sächsischen Recht anknüpfen zu können. Accursius verfasste in der ersten Hälfte des 13. Jahrhunderts seine berühmte Glosse zum *Corpus iuris*. Schon bald avancierte sie zur maßgeblichen Standardglosse des römischen Rechts. Nach und nach erhielten auch das *Decretum Gratiani* und die Dekretalensammlungen des kanonischen Rechts eine jede ihre eigene *Glossa ordinaria*. Diesem Konzept der *Glossa ordinaria* fühlten sich die sächsischen Juristen verpflichtet, als sie im 14. Jahrhundert begannen, ihren einheimischen Rechtsbüchern eigene gelehrte Glossen angedeihen zu lassen. Dabei stellt sich die Ausgangssituation im spätmittelalterlichen Sachsen aber grundlegend verschieden von den Arbeitsbedingungen an den italienischen und französischen Universitäten dar. Noch nie zuvor war das Sächsische Recht Gegenstand rechtswissenschaftlicher Betrachtung gewesen. Überhaupt hat es zunächst verschriftlicht werden müssen, um als Objekt gelehrter textexegetischer Rechtswissenschaft in Betracht zu kommen. Doch auch nach der Niederschrift von Sachsenspiegel-Landrecht, Lehnrecht und Weichbildrecht bleibt das Sächsische Recht fernab der Universitäten das Resultat einer nicht-gelehrten, oralen, traditionalen Rechtskultur. Während Accursius in seiner Glosse die Quintessenz aus jahrhundertelanger Jurisprudenz zog und auf diese Weise den krönenden Abschluss einer ganzen Epoche der Glossatoren herbeiführen konnte, stand ein Johann von Buch am Beginn einer neuen Epoche sächsischer Rechtswissenschaft. Speziell zu sächsischen Rechtsfragen konnte er noch auf keinerlei Vorarbeiten zurückgreifen. Im Prinzip musste er seine Landrechtsglosse komplett originär selbst verfassen. Lehnrechts- und Weichbildglossator fanden als Autoren der zweiten Generation in der Landrechtsglosse immerhin ein großes Referenzwerk vor. Von der Möglichkeit, diese zu verarbeiten, machten sie denn auch rege Gebrauch. Zwar berücksichtigten die sächsischen Glossatoren, so gut es ging, die gelehrte Literatur. Im Grunde waren sie jedoch gezwungen, die noch nie zuvor kommentierten sächsischen Rechtstexte erstmals selbst einer sachgerechten Erläuterung zuzuführen. Insofern stellen sie Arbeiten „von wilder Wurzel" dar. Dabei traten die sächsischen Glossatoren mit dem verwegenen Anspruch auf, mit einem Schlag die künftig maßgeblichen Standardglossen zu verfassen und auf diese Weise eine sächsische Rechtswissenschaft von europäischem Niveau zu begründen. In den sächsischen Glossen verbinden sich traditionelle und innovative Elemente zu einem Novum. Weil die Parameter ihrer Entstehung völlig andere waren als jene der Legistik und der Kanonistik, entsprechen die sächsischen Glossen dabei aber weniger dem Typus der gelehrten Glosse oder des gelehrten Kommentars. Vielmehr müssen sie als Gattung eigener Art begriffen werden.

Im späten 15. und im 16. Jahrhundert bilden die glossierten sächsischen Rechtsbücher in zweibändigen Standardausgaben eine Art sächsisches „*Corpus iuris*". Die spätmittelalterlichen sächsischen Juristen haben Erläuterungswerke zu ihren Rechtsbüchern verfassen wollen, die sich nach Art gelehrter *Glossae ordinariae* als umfassend konzipierte Nachschlagewerke heranziehen ließen. Ein Blick in die Überlieferungsgeschichte der frühen Drucke zeigt, dass dieses ehrgeizige Unterfangen von Erfolg gekrönt wurde. Tatsächlich kristallisierte sich nun eine zweibändige Standardausgabe des Sächsischen Rechts heraus, die ganz regelmäßig in einem ersten Teil Landrecht mit Buch'scher Glosse und in einem zweiten Teil Weichbildrecht mit Glosse, Lehnrecht mit Glosse sowie ein Remissorium zu allen drei Rechtsbüchern vereint. Die Basistexte des Sächsischen Rechts wurden überhaupt nur noch gemeinsam mit ihren Glossen gedruckt. Die spätere Wirkungsgeschichte der sächsischen Glossen bedarf noch eingehender Erforschung. Einen vielversprechenden Ausgangspunkt dürfte künftige Glossenforschung dabei in der Rolle der sächsischen Glossen für die gutachterliche Praxis des 14. und 15. Jahrhunderts finden. Die spätere, geschlossene Überlieferung der sächsischen Glossen in den zweibändigen Druckausgaben beweist aber schon heute ihre anhaltende Bedeutung für Wissenschaft und Praxis. Auch an der Ausbildung des gemeinen Sachsenrechts müssen diese ersten grundlegenden Erläuterungswerke der sächsischen Rechtsbücher entscheidenden Anteil gehabt haben. Mit ihren Glossen legten die sächsischen

Glossatoren die Grundsteine für die Ausbildung einer eigenen sächsischen Rechtswissenschaft.

II. Eigenständigkeit und Abhängigkeit der Lehnrechtsglosse

Sächsisches Lehnrecht und Lehnrechtsglosse stehen für sich. Zwar ist das Lehnrecht in manchen Handschriften des 13. und 14. Jahrhunderts mit dem Landrecht zusammengefasst worden. Zwar bieten Land- und Lehnrecht überdies inhaltliche Überschneidungen. Die bestehende Verwandtschaft beider Texte beweist allerdings nicht die in der Forschung bis heute so unbestritten akzeptierte genuine Verbindung von Land- und Lehnrecht in einem Rechtsbuch des Sachsenspiegels. Der gemeinsamen Abfassung aus einem Guss steht die Konzeption des Sächsischen Lehnrechts als ein für sich stehender, geschlossener Text eher entgegen. Spätestens seit dem 14. Jahrhundert ist denn auch eine Existenz des Sächsischen Lehnrechts als eigenständiges Rechtsbuch neben dem Sachsenspiegel-Landrecht zu beobachten. Sie manifestiert sich in der überwiegend getrennten Überlieferung von Land- und Lehnrecht sowohl in den Handschriften als auch in den frühen Drucken. Sie zeigt sich überdies in der Beschränkung der Buch'schen Glosse auf den Text des Landrechts und der späteren Abfassung einer gesonderten Lehnrechtsglosse. Dem Landrecht gesellten sich Lehnrecht und Weichbildrecht als zwei weitere, eigenständige Rechtsbücher des Sächsischen Rechts hinzu. Unter dem „Sachsenspiegel" verstanden Spätmittelalter und Frühe Neuzeit ausschließlich das Landrecht. Man zitierte es nach „Artikeln", während das Lehnrecht in „Kapitel" eingeteilt wurde. Außerdem wurden Land-, Lehn- und Weichbildrecht im 14. und 15. Jahrhundert auf verschiedene Kaiser zurückgeführt – hier das sächsische Privileg Kaiser Konstantins und Karls des Großen, dort die Lehnrechtssatzung Kaiser Friedrichs und schließlich die ottonischen Privilegien für Magdeburg. Jedenfalls im Bild der sächsischen Glossen handelt es sich beim Lehnrecht also nicht um einen zweiten Teil des Sachsenspiegels, sondern um ein ganz und gar eigenständiges Rechtsbuch. Entsprechend ist auch die Glosse zum Sächsischen Lehnrecht kein bloßer Annex einer irgendwie unvollständig gebliebenen Buch'schen Glosse und muss deshalb als ganz und gar selbständiges Werk neben der Landrechtsglosse verstanden werden.

Der gelehrte Verfasser der Lehnrechtsglosse ist unbekannt, aber von Johann von Buch verschieden. Gegen eine Verfasserschaft Johanns sprechen neben der Eigenständigkeit der bearbeiteten Rechtsbücher vor allem Unterschiede im Stil von Land- und Lehnrechtsglosse. Auffällig ist die bei Johann von Buch ungebräuchliche Kausalkonjunktion „*wenne worumme*" in der Lehnrechtsglosse. Abgrenzungsmerkmale finden sich überdies in der komplizierten Architektur schematisch aufgebauter, aufwendiger *quaestiones* der Lehnrechtsglosse sowie in ihrer Eigenart, Beispielsfälle in Katalogen von Urteilsfragen durchzuexerzieren. Weil die Lehnrechtsglosse keinen Hinweis auf persönliche Lebensumstände ihres Verfassers preisgibt, lässt sich über die Identität des Lehnrechtsglossators im Übrigen nur spekulieren. Der unbekannte Glossator muss über einen gelehrten Bildungshintergrund verfügt haben. Sehr wahrscheinlich hat ihn erst ein klassisches Rechtsstudium an einer der juristischen Fakultäten in Italien oder Frankreich zur Abfassung seiner Glosse befähigt. Als spätmittelalterlicher Jurist, der wie Johann von Buch gelehrtes Gedankengut aus dem Auslandsstudium importierte und es bei der Abfassung gelehrter Partikularrechtsliteratur umsetzte, ist uns der schlesische Rechtsgelehrte Nikolaus Wurm bekannt. Als Verfasser der Lehnrechtsglosse kommt er grundsätzlich in Betracht. Person und Gesamtwerk Wurms sind jedoch erst in Ansätzen erforscht, weshalb sich eine weitergehende Spekulation verbietet. Die bisherige Zuschreibung einer Sonderfassung W der Lehnrechtsglosse an Nikolaus Wurm ist jedenfalls zweifelhaft. Eine gründliche Analyse der autorisierten und der nur indirekt zugeschriebenen Arbeiten dieses interessanten Protagonisten früher sächsischer Rechtswissenschaft ist in jedem Fall eine lohnende Aufgabe künftiger Forschung.

Sehr wahrscheinlich ist die längere Lehnrechtsglosse (Klasse L) der kürzeren Lehnrechtsglosse (Klasse K) vorausgegangen. Entgegen der von Carl Gustav Homeyer begründeten und von Frank-Michael Kaufmann erstmals in Zweifel gezogenen Auffassung von der Klasse K als der früheren Textklasse der Lehnrechtsglosse hat ein eingehender Textvergleich die umgekehrte Textentwicklung wahrscheinlich gemacht. Tatsächlich dürfte die vulgate, in Handschriften häufigere und in den Drucken fast ausschließlich überlieferte Klasse L der originären Textfassung der Lehnrechtsglosse am nächsten kommen. Die längere Lehnrechtsglosse muss bereits um die Wende zum 15. Jahrhundert als zu redundant empfunden worden sein, denn man kürzte sie zu verschiedenen Ordnungen der Klasse K zusammen. Insgesamt bietet L die vollständigere und schlüssigere Version einer Erstfassung. Für künftige Forschung wird die wissenschaftliche Edition der längeren Lehnrechtsglosse[1] gegenüber der Edition der kürzeren Lehnrechtsglosse daher die primär maßgebliche sein. Rätsel gibt nach wie vor die nur zweimal überlieferte, noch ausführlichere Klasse W der Lehnrechtsglosse auf. Ein endgültiges Textentwicklungsmodell ist gegenwärtig nicht festzulegen. Jedenfalls in ihrer Besonderheit der ausgeschriebenen lateinischen Allegatio-

1) KAUFMANN, LGl LnR; vgl. demgegenüber DERS., KGl LnR.

nen dürfte W aber eine spätere, aus L oder einer Urfassung X hervorgegangene Redaktion darstellen. Von der gewöhnlichen deutschen Lehnrechtsglosse sind die Stendaler Lehnrechtsglosse als das eigenständige Werk eines Stendaler Anonymus aus der ersten Hälfte des 15. Jahrhunderts und die *Glossa latina* des Christoph Zobel aus der Mitte des 16. Jahrhunderts zu unterscheiden.

Die Lehnrechtsglosse ist eine Arbeit zweiter Generation und als solche in höchstem Maße abhängig von der Buch'schen Glosse. Die Buch'sche Landrechtsglosse liegt der Lehnrechtsglosse – wie auch der Weichbildglosse – als wichtigste Quelle ungenannt zugrunde. Der bestimmende Einfluss der Buch'schen Glosse erstreckt sich auf die Grundanlage des Werks, auf die Bearbeitungsmethoden des Glossators, auf seine Sprache, vor allem aber auch ganz konkret auf den Inhalt der Lehnrechtsglosse. Grob zwei Drittel der Lehnrechtsglosse gehen auf Passagen der Buch'schen Glosse zurück – Wort für Wort abgeschrieben, in Fragmenten neu zusammengefügt oder inhaltlich kürzend oder erweiternd modifiziert. Der Lehnrechtsglossator beweist in seiner Arbeit eine hervorragende Textkenntnis der Buch'schen Glosse. Oftmals führt er zu einem bestimmten Thema weit entfernte, einschlägige Stellungnahmen aus der Buch'schen Vorlage zusammen. Andernorts unterliegt er Missverständnissen und verfälscht den ursprünglichen Aussagegehalt der Landrechtsglosse. Für die Erforschung der Lehnrechtsglosse ist daher die Heranziehung der jeweils verarbeiteten Landrechtsglossenstelle eine unumgängliche Interpretationshilfe. Verfehlt wäre es, die intensive stillschweigende Verarbeitung der Landrechtsglosse in Lehnrechts- und Weichbildglosse mit der Idee des Plagiats in Verbindung zu bringen. In der Übernahme Buch'scher Glossenstellen kommt vielmehr deren Anerkennung und Aufwertung zum Ausdruck. Die sächsischen Glossatoren zweiter Generation machten sich Johanns Lehren zu eigen, sorgten für ihre Verbreitung und bauten sie weiter aus. Letztlich beweist sich in der Fortführung des Buch'schen Ansatzes in Lehnrechts- und Weichbildglosse die Wirkkraft des Buch'schen Erfolgsrezepts[2]. In der Anknüpfung an Johanns von Buch Lehren und Methoden zeigen die sächsischen Glossen die Entwicklung einer auf bisherigen Errungenschaften aufbauenden sächsischen Rechtswissenschaft.

Die Lehnrechtsglosse ist als umfassendes Nachschlagewerk konzipiert, bei dem das Element der Kompilation eine wichtige Rolle spielt. Verfolgt man die genannten und ungenannten Quellen des Glossators, entblättert sich bei Lektüre der Lehnrechtsglosse Schicht um Schicht um Schicht: Vieles entstammt der Landrechtsglosse. Doch auch Buch'sche Inhalte entpuppen

2) Vgl. KANNOWSKI, Umgestaltung S. 591 f.

sich häufig als deutsche Übersetzungen von *leges*, *canones* oder gelehrten Glossenstellen, die ihrerseits das Gedankengut älterer Glossatoren kolportieren. Die herausragende Bedeutung des kompilatorischen Elements ist im Konzept des Kommentars angelegt. Es geht um das Zusammentragen sämtlicher relevanter Information, darum, das anerkannte und akzeptierte gemeine Wissen zu erhalten. So gut es ging, bauten die sächsischen Glossatoren deshalb auf den Arbeiten der Legistik und der Kanonistik auf. So intensiv wie möglich verarbeiteten Lehnrechts- und Weichbildglossator deshalb die Buch'sche Glosse. Die Eigenleistung des Kommentators bestand primär in einer treffenden Auswahl und Zusammenstellung einschlägiger Information und erst an zweiter Stelle in der ergänzenden, das Verständnis fördernden Erläuterung dieses collagierten Materials. Eigens verfasste Passagen wurden wiederum nicht voraussetzungsfrei geschrieben, sondern berücksichtigten den bislang erreichten Wissensstand. Der besondere Wert des Kommentars liegt somit in einer umfassenden Zusammenführung und Erörterung sämtlicher bedenkenswerter Aspekte. Auf diese Weise gab er Wissenschaft und Praxis ein möglichst vollständiges Nachschlagewerk zur Hand.

III. Universalisierung durch Rezeption gelehrter Methode

In den sächsischen Glossen vollzieht sich Rezeption primär als Methodenrezeption. In Reaktion auf ein gestiegenes Bedürfnis nach Professionalisierung suchen die sächsischen Glossatoren in ihren Arbeiten nach einem wissenschaftlichen Zugriff auf das Sächsische Recht. Dabei geht es ihnen nicht um eine Angleichung an das gelehrte Recht, sondern um eine Aufwertung des einheimischen Rechts. Dieses rücken die sächsischen Glossen in den Fokus. Bei der Kommentierung der sächsischen Rechtsbücher lassen die sächsischen Juristen ihre eigenen rechtspraktischen Erfahrungen einfließen. In erster Linie wenden sie jedoch das am gelehrten Recht entwickelte, an der Universität erlernte Instrumentarium gelehrter Jurisprudenz an. Keine andere Stilfigur führt die Rezeption gelehrter Methode so plastisch vor Augen wie die in der Lehnrechtsglosse allerorts enthaltene Figur der *quaestio*. Diese klassische Denk- und Stilform der Scholastik ist von den Legisten und Kanonisten zu einem diffizilen juristischen Problemlösungsverfahren ausgeformt worden. Die Methode der *quaestio* ist zentrales Element juristischer Glossen- und Kommentarliteratur, fester Bestandteil des Rechtsunterrichts und wurde von Studenten im Rahmen von *disputationes* eingeübt. Der Lehnrechtsglossator bildet *quaestiones* zu allen denkbaren Fragen des Sächsischen Land- und Lehnrechts und führt sie unter Rückgriff auf eine Vielfalt gelehrter Rechtsquellen in großem Variantenreichtum sorgsam aus. Mitunter vermischt er seine *quaestiones* mit einer zweiten, ganz anderen Darstellungsform: Der Exemplifikation in Urteilsfragen. In Entsprechung zum überkommenen Erbe des traditionellen mündlichen sächsischen Schöffenprozesses, der von Urteilsfrage zu Urteilsfrage voranschritt, führt auch der Glossator zweifelhafte Rechtsfragen in Form ritualisierter Frage-Antwort-Spiele aus. Auf diese Weise spiegeln sich prozessuale Eigenheiten des Sächsischen Rechts in einer spezifischen Darstellungsform der sächsischen Rechtsliteratur wider. In der Lehnrechtsglosse gehen *quaestiones* und Urteilsfragen bisweilen ineinander über. So unterschiedlich die kulturellen Wurzeln beider Stilfiguren sind, so bezeichnend ist ihre Verquickung in der Glosse. Hier wie dort handelt es sich letztlich um ein diskursives Verfahren juristischer Problemlösung, das allmählich tastend sämtliche relevanten Gesichtspunkte eines rechtlichen Sachverhalts auslotet und miteinander in Einklang bringt. In der Lehnrechtsglosse werden *quaestio* und Urteilsfragen zu unterschiedlichen Ausprägungen ein und derselben Argumentationsform.

Die Arbeitsweise des Lehnrechtsglossators ist topisch. Das gelehrte Recht dient ihm als Fundus allgemeingültiger Argumente. Wie in der gelehrten Jurisprudenz gang und gäbe, stützt sich der Glossator bei der Erörterung von Für- und Gegenargumenten zur Lösung juristischer Probleme auf die Autorität anerkannter Regeln und Rechtssätze. In einer Vielzahl von Allegationen beruft sich der Glossator auf einheimische Rechtstexte, etwa auf das Landrecht und die *Constitutiones Alberti*. Noch häufiger aber rekurriert er auf Quellen des gelehrten Rechts. Zu den meistzitierten Texten gehören sämtliche Bücher des mittelalterlichen *Corpus iuris* sowie *Decretum Gratiani*, *Liber Extra* und *Liber Sextus*. Der Glossator nimmt vor allem die Primärtexte des römischen, kanonischen und Sächsischen Rechts in Bezug. Interessant ist, dass auch die *Libri feudorum* dem Quellenhorizont der Lehnrechtsglosse angehören, dass sie aber eine weit geringere Rolle spielen, als es die bearbeitete Materie des Lehnrechts vermuten lässt. Am ehesten erklärt sich das überraschende Ungleichgewicht aus der untergeordneten Bedeutung der *Libri feudorum* im akademischen Rechtsunterricht. Mit den spezifischen Lehren gelehrter Feudistik war der Glossator des Sächsischen Lehnrechts offenbar nicht vertraut. Im Übrigen gelingt es dem Lehnrechtsglossator ohne weiteres, das gelehrte Recht zur Beantwortung auch sehr spezieller sächsischer Rechtsfragen heranzuziehen. Die Texte des römischen und kanonischen Rechts benutzt er als unerschöpfliches Reservoir universalgültiger *topoi*, Regeln und Argumente. Mit genügend Kreativität ließen sich zu allen Fragen des Sächsischen Lehnrechts Parallelen im gelehrten Recht aufzeigen. Aus den dort enthaltenen Sätzen exzerpiert der Lehnrechtsglossator nach Art gelehrter Jurisprudenz abstrahierte, allgemeingültige *regulae* und konkretisiert diese wiederum zu Argumenten, die sich auf den konkret besprochenen Sachverhalt anwenden lassen. Auf diese Weise kann der Lehnrechtsglossator dem Steinbruch des römisch-kanonischen Rechts autoritative Argumente zur Beantwortung noch so andersartiger, lehnrechtlicher Fragen entnehmen. Vielleicht strapazieren die sächsischen Glossatoren das Prinzip topischer Argumentation bisweilen sehr. Letztlich vollziehen sie dabei aber *lege artis* die klassischen Vorgehensweisen gelehrter Jurisprudenz. In der Übertragung gelehrter Methode auf das einheimische Recht führen sie die Universalisierung juristischer Methode herbei – nicht bloß äußerlich, stilistisch, sondern auch in den zugrunde liegenden Denk- und Argumentationsformen.

Der Lehnrechtsglosse liegt eine dreigliedrige Funktionsweise zugrunde: Sie erklärt den Text, führt Rechtsprobleme aus und stellt Material zusammen. Rechtswissenschaft betreibt der Glossator vom Ausgangspunkt klassischer Textexegese. Darüber hinaus wendet er sich aber bereits verstärkt zusammenhängenden juristischen Problemerörterungen zu. Ein dritter wichtiger Aspekt seiner wissenschaftlichen Intention ist die Definition, Sammlung und Anordnung des einschlägigen Rechtsstoffs. Im Konzept einer primär texterläuternden Glosse mit prinzipieller Anwendung des tradierten *lectura*-Schemas verfolgt der Lehnrechtsglossator noch das Programm einer Textexegese, wie sie dem klassischen Anliegen mittelalterlicher Jurisprudenz entsprach. Gleichzeitig spiegelt die Lehnrechtsglosse aber bereits die Weiterentwicklung der gelehrten Kommentarliteratur des Spätmittelalters wider, die sich vom punktuell erläuternden Glossenwerk hin zum weniger textabhängigen, zusammenhängenden Erläuterungswerk fortentwickelt hat. Ein formal beibehaltenes Verweissystem, mit dem die Glosse an Textstichworte anknüpft, hält der Glossator deshalb auch nicht mehr konsequent durch. Stattdessen bestimmen längere, assoziativ aneinandergereihte Problemerörterungen das Bild. Die Lehnrechtsglosse verselbständigt sich zu einem eigenen Text hinter dem Text, zu dessen Inhalten der Wortlaut des Lehnrechts häufig bloß noch ein entferntes Stichwort geliefert hat. Der Glossator nimmt sich die Freiheit heraus, in Exkursen und assoziativen Reihungen selbst die potentiell beachtenswerten Aspekte zum Sächsischen Lehnrecht zu definieren. Dem Element der Materialsammlung muss vor diesem Hintergrund besondere Bedeutung zukommen: Da das Sächsische Lehnrecht noch nie zuvor wissenschaftlich bearbeitet worden ist, geht es auch darum, überhaupt einmal die verschiedenen im Lehnrecht angesprochenen Rechtsfragen zu ermitteln, ihre Bedeutungsebenen auszuloten und das einschlägige Argumentationsmaterial möglichst vollständig zusammenzutragen. Mit seiner Glosse schuf der Lehnrechtsglossator ein beachtliches, umfassendes Nachschlagewerk. Weil er dabei zu keiner systematischen Anordnung der Stoffmasse gelangte, versuchten spätere Juristen, die Benutzung der Lehnrechtsglosse durch Register und Remissorien zu erleichtern.

IV. Verortung des Lehnrechts in Gesellschaft und Recht

Der Glossator beschreibt das Sächsische Lehnrecht als Sonderrecht der kämpfenden Ritterschaft. Den Regelungsbereich des Lehnrechtsbuchs erörtert der Glossator dabei ausgehend vom Begriff des Lehnguts. Dieses definiert er als verdientes Einkommen der Ritter, als „Rittersold“. Ritterschaft und Lehnswesen erscheinen im Bild der Glosse als lebendige, fest in der spätmittelalterlichen Gesellschaft verankerte Phänomene. Neben dem betenden Klerus und dem arbeitenden Bauernstand gebe es die Ritter, die zum Schutz der Christenheit aufgerufen sind. Dabei konstituiert sich Ritterschaft der Glosse zufolge nach rein ständischem Prinzip. Im Gegenzug für ihren Dienst an der Gemeinschaft erhalten Ritter ihr Lehen. Die Glosse schildert Lehnrecht somit als verdientes Sonderrecht einer Ritterschaft, die zum Wohle aller ihr Leben riskiert. Der Glossator nimmt eine vasallenfreundliche Perspektive ein: Rechtsbuch und Glosse sieht er vor der Aufgabe, Rittern ihre wohlverdienten Rechte zu sichern. Zur heilsgeschichtlichen Legitimation ritterlicher Privilegien tritt in der Glosse noch eine historische Begründung. Die Ursprünge von Ritterschaft und Lehnswesen führt der Glossator auf eine Epoche römischer Eroberungszüge zurück. Die ungebrochene Tradition seit dem römischen Reich ist schon bei Johann von Buch ein bestimmendes Motiv[3].

Formell wird Sächsisches Lehnrecht als Gesetz Kaiser Friedrichs für Sachsen definiert. In dieser historisch nicht zutreffenden Zuschreibung des Lehnrechts an einen kaiserlichen Gesetzgeber folgt der Glossator einer im 14. Jahrhundert um sich greifenden Lehre vom Rechtsbuch als Kaiserrecht. Nach und nach dichtete das Spätmittelalter einer jeden Aufzeichnung mittelalterlicher Rechtsgewohnheiten den Glanz eines imperialen Legislators an. Ansätze für solche Legendenbildungen finden sich bereits in älterer Zeit. Endgültig und wirkungskräftig schreiben aber erst die sächsischen Glossatoren des 14. Jahrhunderts die verschiedenen Kaiser als Gesetzgeber ihrer jeweiligen Rechtsbücher fest. Fortan gilt das Sachsenspiegel-Landrecht als Privileg der Kaiser Konstantin und Karl des Großen, das Magdeburger Weichbildrecht als Privileg der Kaiser Otto I. und II. und das Sächsische Lehnrecht als eine friderizianische Satzung. Die Zuschreibung des Sächsischen Lehnrechts an Kaiser Friedrich ist dabei nicht schon in der Buch'schen

3) Vgl. KANNOWSKI, Umgestaltung S. 593 f.

Glosse vorgegeben. Zum ersten Mal wird sie vielmehr in der Lehnrechtsglosse greifbar. Vermutlich stilisierten seine Feudalisierungspolitik und seine Lehnsgesetzgebung für Italien Kaiser Friedrich I. im kollektiven Gedächtnis zu einem „Lehnsgesetzgeber schlechthin". Die Qualifikation des Lehnrechts als friderizianisches Gesetz bedeutet seine Anerkennung als „Kaiserrecht". Die Autorität kaiserlicher Herrschaftsmacht löst die Geltung des Rechts von alters her als Legitimationsgrundlage ab. Darüber hinaus hebt ihre Qualifikation als Kaisergesetze das Sächsische Land-, Lehn- und Weichbildrecht auf eine Stufe mit den antiken römischen Texten des *Corpus iuris*. Die *translatio imperii* im Sinn, pochen die sächsischen Glossatoren auf die historische Kontinuität auch ihres eigenen Sächsischen Rechts. Land-, Lehn- und Weichbildrecht erscheinen im Bild der Glossen als kaiserliche Gesetzgebungskompendien aus verschiedenen Zeiten, die einander fortentwickeln und „bestätigen", die sogar wie das *Corpus iuris* vereinzelt Novellen aufgenommen haben, die insgesamt aber in der ungebrochenen Tradition des einen, sich fortwährend erneuernden römischen Reiches stehen. Wie sich das Lehnswesen harmonisch in die spätmittelalterliche Gesellschaft einfügt, integriert sich auch das Lehnrechtsbuch, als Kaisergesetz verstanden, zwanglos in das Gesamtgefüge des positiven gelehrten Rechts.

Der Rechtsbegriff der Lehnrechtsglosse ist der einer universalen harmonischen Einheit. In Rezeption legistischer und kanonistischer Lehren entwickelt der Lehnrechtsglossator in sporadischen rechtstheoretischen Äußerungen eine dreigeteilte Rechtsquellenlehre, wonach sich Recht aus Natur, Gewohnheit oder Satzung ergeben könne. Aus der gegenseitigen Verflechtung dieser drei Rechtsarten konstituiere sich ein natürlich ausbalanciertes Gesamtsystem des Rechts. Trotz der prinzipiellen Gleichwertigkeit aller drei Rechtsquellen steht faktisch das gesetzte *ius scriptum* im Zentrum des Interesses. Dieses bildet die eigentliche, letztverbindliche und notfalls mit obrigkeitlicher Autorität zwangsweise durchsetzbare Ordnung des Rechts. Zugleich ist es das gegenständlich greifbare Objekt einer textbezogenen Rechtswissenschaft. Zum *ius scriptum* gehört das päpstliche Recht ebenso wie das römische Kaiserrecht und die als Satzungen römisch-deutscher Kaiser gedeuteten sächsischen Rechtsbücher. In der Beziehung dieser verschiedenen Arten gesetzten Rechts zueinander gelangt der Lehnrechtsglossator noch zu keiner konsistenten Rechtsanwendungslehre. Insbesondere finden sich keine echten Ansätze zur späteren Statutenlehre, die dem Partikularrecht den Vorrang vor dem subsidiären, gemeinen Recht einräumte. Das grundsätzliche Verhältnis zwischen Sächsischem, römischem und kanonischem Recht thematisiert der Lehnrechtsglossator an keiner Stelle explizit. Faktisch ergibt sich eine sinnvolle gegenseitige Ergänzung der verschiedenen Rechte aber schon aus den unterschiedlichen sachlichen und personellen

Anwendungsbereichen. Im Übrigen leitet den Lehnrechtsglossator die Vorstellung von einer einheitlichen Gesamtrechtsordnung: Allzu offensichtliche Widersprüche räumt er zwar ein, versucht aber prinzipiell ein harmonisches Ineinandergreifen der Rechte aufzuzeigen. Dabei bleibt der Fokus der Lehnrechtsglosse stets auf dem eigenen Sächsischen Lehnrecht. Der Glossator betrachtet es als seine Aufgabe, dieses Lehnrecht mit abstrahierten, dem gelehrten Recht entnommenen Prinzipien, Argumenten und Rechtsgedanken zu erläutern. Die Frage, ob das Sächsische Recht in Anwendungskonkurrenz zum gelehrten Recht steht, stellt er sich schlicht nicht.

Die Lehnrechtsglosse antwortet auf neue Bedürfnisse eines im Zuge von Rezeption, Verwissenschaftlichung und Professionalisierung komplexer werdenden Rechtslebens. Zusammen mit den sächsischen Juristen, die vom Studium der Rechte an einer der ausländischen Fakultäten zurückkehrten, hielten gelehrtes Recht und gelehrte Jurisprudenz im Spätmittelalter allmählich Einzug in die traditionelle sächsische Rechtskultur. Mit neuen Perspektiven versuchten sich die sächsischen Rechtsgelehrten nun an einer professionellen, juristischen Behandlung des autochthonen Rechts. Zwangsläufig führte ihr Wirken auch zu einer Professionalisierung der Gerichtsverfahren nach Sächsischem Land- und Lehnrecht. Die orale Rechtskultur des früheren Mittelalters wurde vom Primat des Schriftrechts abgelöst. Wer vor Gericht stand, zog Juristen zu Rate. Juristen zogen wiederum die sächsischen und die gelehrten Rechtstexte zu Rate. Das Recht wurde nicht mehr im Kreis der Urteiler gefunden, nunmehr versicherte man sich des Rechts in Gesetzesbüchern. In der Begegnung gelehrter und sächsischer Rechtskultur wurde die Rechtswelt komplexer. Ein Bedarf an Nachschlagewerken entstand, an Nachschlagewerken, die speziell das Sächsische Recht aufarbeiteten und dem sächsischen Juristen so Handlungssicherheit und Argumentationsmaterial an die Hand gaben. Dieses Bedürfnis des Juristen nach möglichst umfassend angelegten Nachschlagewerken ist ein überzeitliches. Noch heute gehören Kommentare zu den wichtigsten Arbeitsmitteln juristischer Wissenschaft und Praxis. Den tieferen Grund für das Erfordernis juristischer Kommentare nannte schon der Lehnrechtsglossator. In seiner Vorrede stellte er ihn der Lehnrechtsglosse als Motiv voran: Es ist die Unfähigkeit menschlichen Erinnerungsvermögens, sämtliches Detailwissen aufzunehmen, welches gute Nachschlagewerke für die juristische Arbeit so unentbehrlich macht.

> *„Der menschen gedancken gebrechlich sint, vnde dy schar der dinge ist ouch nicht genugk. Wenne was dy menschliche vornunfft begreiffen mag, das ist sunderwilen not von nature wegen, das sy vor also vil vorluszet.“* [4]

4) LGl LnR, Vorrede (S. 47 Z. 2–5).

Anhang

I. Die Vorrede zur Lehnrechtsglosse

Vorrede der Klasse L
(nach der Handschrift Wo)[1]:

„*Vorrede*

Der menschen gedancken gebrechlich sint, vnde dy schar der dinge ist ouch nicht genugk. Wenne was dy menschliche vornunfft begreiffen mag, das ist sunderwilen not von nature wegen, das sy vor also vil vorluszet.

Disse rede schreibet Seneca. Alleyne das dy wort syn seyn, doch wil ich sy mit vorhengnisz des scheppirs der naturen brengen czu myner suchunge mynes geginwertigen synnes. Wen das heilige recht nicht also genzclich(e)n yn der menschen syn begrifflich ist noch czu behalden. Wenne vorgessenheit ist menschlich, vnde der nicht irrete, das ist moͤgelicher gotlich, ut C. de veteri iure enu. lege II § si quid autem, et l. contracta.

Vorrede der Klasse W
(nach der Handschrift Be_3)[2]:

„*Hic incipit prologus:*

***Quoniam, ut ait Seneca, fragilis est memoria hominum, et rerum turbe non sufficie*[n]*s, quantum quod recipit tantum necesse est ut amittat* [et cetera].**

Der menschin gedanke gebrechelich ist, vnd dy schar der dingir ist nicht gnug, wen waz dy menscheliche uornunft begreifin mag, daz ist sunderweilin not uon nature[n] *wegin, daz dy gedankin alzo vil uorleust.*

Dize rede schreibit vns Seneca. Alleine daz wol dy wort sein sein, ydoch wil ich mit vorhengniss dez schepfers der naturen sij brengin czu meiner bruchunge meinz keginwertigin sinnes. wen daz heilige recht nicht so gentzlichin in der menschin sinne czu behalde[n] *ist noch czu begrifinde. wen uorgeszinkeit ist menschlichin, vnd wer denne nicht irrete durch seyner uorgesznykeit wille, daz w*[er]*e mogelichir got-*

1) LGl LnR, Vorrede (Wolfenbüttel, Herzog August Bibliothek, Cod. Guelf. 1.6.6 Aug. fol. (1464) fol. 6ʳ–7ʳ; zitiert nach KAUFMANN, LGl LnR S. 47 Z. 1 – S. 54 Z. 5). Der Übersichtlichkeit wegen wurden Absätze eingefügt.

2) „Wurm'sche“ Glosse LnR, Vorrede (Berlin SBB-PK Hs. 392 (1386/87)) fol. 150ᵛ–152ᵛ; OPPITZ, Rechtsbücher II Nr. 1295d). Der Übersichtlichkeit wegen wurden Absätze eingefügt.

Vorrede der Klasse L

Vnde darvmbe so hot der so hochgelobter vnde hochgeborner, des got ewiglich gedencke, disses keginwertigen buches vszgeber, keyser Friderich von Stawffe, das do lehnrecht gnant ist, wol irkant, das der menschen vornunfft nicht alleyne also crangk were, sundern vorgenglich

Vorrede der Klasse W

lichin, ut C. de veteri iure enucliando. l. ij § Si q[ui]dem autem in tanta Nota. Jn dysir p[ro]posicien sult ir uorneme[n] Dry sunderliche stucke. Primo. Czu dem irstin krancheit der menschin in ir gedechtniss, und daz ist nicht wonder, daz dy gedanckin under den menschin vorgenclich sein, sint doch dy menscheit nicht ewig ist. Jst denne der mensch nicht ewig, so ist sein gedanke billichin uorgeszlich. sint hir anders nicht ist wen uor gerichthis alleine wol der menschin kunne werende ist, ut jn aut. de non alienandis aut p[e]rmutandis rebus ecclesiasticis. §. cum autem lex.

Nota secundo. Auch so hot seneca wol irkant der menschin natura, daz von alle recht daz merteil irn ursprung habin, wen dy recht so gar weite czu strowet vnd vmbegreiflich were darum, daz so gar viel buchir. vn[d] dy schar der dinge, der menschlichir uornunft nicht begriflichin ist, alleyne wol dy schar der menschin werende ist, doch so ist dy uornunft in allin leutin nicht gleich, darum so ist dy menscheit gebrechlich, vt jn aut. de hijs qui ad appellacionem ingrediu[n]tur. jn pr[in]cipio. constitucionis.

Nota tercio. So er denne dy gebrechin irkant sein, darume so saczte der hochgelobte vnd wolgeborne, dez got ewiclichin geden<cke>de, dizis keginwertigin buchis auzgebir keisir frederich. vnd dyze constitucio ist lenrecht genant. wen er wol irkant hatte, daz der mensche[n] uor-

Vorrede der Klasse L

vnde ouch vorgeslich, alleyne wol der menschliche sam werende ist, ut in auten. de non permu. eccle. re. § ut autem lex colla. II, et in auten. de hijs qui ingre. ad ap. in prin. constitucionis.

Wanne worvmbe disses recht so manchirhande was, das keyn man zcu ende erkyszin konde, darvmbe das eyn iczlich herre vnde furste, geistlich vnde wertlich, synen mannen wolde sunderliche saczunge machen, ut C. de nego. geren. lege prima.

Vnde darvmbe wart er czu rate, das er durch des gemeynen nucczes willen, der zcu der ritterschaft gehòret, disz keinwertige buch czu eynem ewigen gedechtenisze der ritterschafft gelasen hath, was recht sy antreffende ist, ut C. qui mili. possunt. l. I.

Wenne das recht ist gesaczt vff sotan gut, das der ritterschafft von den Ròmern czu solde gegebin ist, ut I di. <c.> ius militare.

Vorrede der Klasse W

nunft alzo krang were, sundir auch uorgenclich, vnd vorgeslich. vnd dorum so waz auch dure seczu[n]ge not, ut jn aut. de non alienandis aut p[er]mutandis rebus eccle. § Cum autem lex Coll. j, jn aut. de hijs qui ad appellacio[n]em ingrediantur jn pr[incipio]

wen worum diz recht waz so manchirhande, daz kein man czu ende irkysin konte, darum, daz ein iclich herre vnd furste geistlich und werltlich seinen mannen wolde sunderliche saczunge machin, ut C. de negocijs gerendis l. j

vnd darum wart er czu rate, wy daz er durch dez gemeinen gutis willin, daz czu der rittirschaft gehort, diz keginwertige buch vnd dyze seczczunge czu eime ewigin gedechtniss der rittirschaft gelazin hat, wen diz recht sij antreffinde ist, ut C. Qui militari possunt. l. j.

wen diz recht ist gesatzt uff sotan gut, daz der ritterschaft uon den romern czu solde gebin ist, vt d. j. jus militare est belli inferendi sollempnitates, federis faciendi nexus. Signo dato egressio in hostem uel pungne co[m]missio. jtem signo dato recepcio, jtem flagicii militaris disciplina, si locus deseratur. jtem stipendior[um] modus, dignitatum gradus, premiorum honor, ueluti cum corona v[e]l torque<s> donantur. jtem prede decision p[ro] personarum qualitatibus et laboribus iusta diuisio, ac principis porcio

Vorrede der Klasse L

Wenne worvmbe lehngut ist andirsz nicht wenne dy guͤlde, dy von des riches adir von der hern eigen gefellit, das der ritterschafft gelegen wert durch oͤre manschafft wille adder warhafftigkeit wille, da von her dynen musz, her wurde is denne von gnaden vortragen, ut in auten. de man. prin. § oportet colla. II, *et in auten. in consti. imperia. § hac edictali colla.* X. *Vnde darvmbe so nheme ich dy selbige proposicio vor mich.*

Ut autem lex ad humane nature varietatem, et quod semper venit moderata, per omnia <immota> permaneat (quid enim erit stabile inter homines et ita inmobile, ut nullam paciatur mutacionem, cum omnis noster status sub perpetuo motu consistat?), necessarium <aestimavimus> quasdam <exceptiones> dare legi cum multis vigilijs et subtilitate adinventas, <ut> eas habens in <auxilio> lex <nequaquam> moveatur.

Ich habe gesprochen: ‚Die menschlichen gedancken gebrechlich syn.' Wann dy saczunge vnde gewonheit alle, dy sy gesaczt hatten, warn nicht redelichen. Vnde darvmbe wart das gesaczt vnde gefunden noch des keysers wille.

Vorrede der Klasse W

Nota. Dez sult ir wissy[n]: *lengut ist anders nicht wen dy gulde, dy uon dez reichis adir uon der herre*[n] *eigin geuelt daz glygin wirt der ritt*[er] *schaft durch ir menliche werhaftykeit wille, dar uon und darume sij dinen muszin, iz in werde in denne uon gnaden uortragin, vt jn aut. de mandatis pr*[in]*cipum. § Oportet aut*[em] *om*[n]*ibus. Coll. iij. jn aut. de Const. imp. § hac edi<c>tali. Coll.* X. *vnd darum so neme ich dy uorgerurte p*[ro]*posicio uor mich.*

dar ich auch gesprochin habe: Der menschin gedanke gebrechlich sein, wen dy seczungin vnd dy gewonheitin, dy gesatzt waren vor langir czeit, waren nicht redelich czu uornemen, vnd darum wart diz buch gefunden nach dez keisers redeliche wille czu eime sunderliche[n] *irkentnisse, dar by man irkysin sol, daz sotane leute, den dys recht antreffinde ist vnd ir len genomen ist auz dem gemeinen keisir rechte, vt Inst. de iure gentium § Plane ex hijs quedam sunt p*[er]*sonales, que nec ad exem-*

Vorrede der Klasse L	Vorrede der Klasse W
	plum trahuntur, q[uonia]*m non hoc princeps vult, nam q*[uod] *alicui ob meritum indulsit.*
Wenne des keysers wille wart ein recht, ut Institu. de iure gencium et civili § sed et quod principi.	*Wen dez keisirs redeliche wille wirt ein recht, vt ff. de origine iuris l. ij., Inst. de iurie gencium § Sed et q*[uod] *principi placuit, legis vigorem habet, cum lege regia, que de imperio eius lata e*[st], *p*[o]*p*[u]*l*[u]*s ei et in eum omne suum imperium et potestatem concessit.*
	Nota. Dez sult ir wissin: allis, waz der keysir mit schrift adir mit vrteil adir selbir seczt, daz wirt ein recht, vnd daz gebot, daz der keisir tut, ut Inst. de iur. gen. § Quodcu[m]*q*[ue] *igitur imp*[e]*r*[ator] *p*[er] *ep*[istu]*la*[m] *constituit v*[e]*l congnoscens* decrev<i>t *v*[e]*l edicto p*[re]*cepit, legem esse constat: hec sunt, que constituciones appellantur. vnd daz sint saczungen genant ut C. de le. & const. l. digna vox.*
Wen der keyser ist eyn vater des heiligen rechtes, ut C. de veteri iure enucli. l. deo auctore.	*Wen worum der keisir ist ein uater dez heiligin rechtin, ut C. de ve. iu. enu. l. Deo auctore nostro,*
	vnd sint denne dez keisirs redeliche wille ist eine sache dez rechtin, vnd darum spricht hire dez buchis begin: Swer lenrecht kunnen wolle, recht alz er sprechy[n] *solde: sint den mal daz denne lenr*[ech]*t eine sunderliche wyse ist, dy naturlich recht nicht antreffinde ist, sunde*[r]*n der rittirschaft gebin ist. wen naturlich recht hot sein vrsprung uon der naturen.*
Des sollet ir wissen: Des rechtin orsprung ist enczwer von naturen adder von gewonheit.	*Primo. jr sult wissin dez rechtin vnd alliz rechtin ursprung ist entzwer von naturen adir von gewonheit.*

Vorrede der Klasse L

Vnde spreche ‚von naturen', wen natůrlich recht hath syn begyn von naturen czum ersten, vnde ist naturlich recht gnant, darvmbe das es dy nature alle lewte leret, ut ff. de iure naturali l. cum autem.

Vnde ouch dorvmbe, das es gemeyne ist, jst is natůrlich genant, ut Institu. de re divi. § singulorum.

Tercio. Durch syner redelicheit wille heist isz ouch naturlich, ff. de pactis l. I.

Quarto. Ouch ist is naturlich recht gnant, als nymant den andern betrige, ut ff. de mino. l. I.

Ouch ist isz gotis recht gnant, I di. <c>. humanum genus.

Wenne der schepper der naturen hat o̊r gegebin erlichkeit, gemeynheit vnde redelicheit. Vff disse so stehn des naturlichen rechtis gebot: Das man solle erlichen leben, das ist got-

Vorrede der Klasse W

Vn[d] *spreche sunderlichin von naturen, wen naturlich recht hot sein begin uon naturen czum irstin, unde ist genant naturlich darum, daz iz dy natura allin leutin lernt, ut ff. de iure naturali. l. Autem* [c]*i*[v]*ile ius.*

Nota vnde auch darum daz iz gemeine, so ist iz auch naturlich recht genant, ut Inst. de re divi. § Singulorum autem hominum multis modis res fiu[n]*t quaru*[n]*dam enim rerum d*[omi]*nium nanciscimur iure naturali, q*[uod], *sicut diximus, appellatur ius gencium. Quar*[un]*dem iure civili, co*[m]*modius est itaq*[ue] *a vetustiore iu*[r]*e incip*[er]*e, palam est autem vetusti*[us] *esse naturale* <ius>, *q*[uod] *cum ip*[s]*o g*[e]*n*[er]*e humano rerum natura p*[ro]*dedit.*

No[ta] *t*[er]*tio. Durch seiner redelicheit wille so heist iz auch naturlich recht, ut ff. de pactis l. j.*

No[ta] *q*[ua]*rto. Auch ist naturlich recht genant, alz daz nymant den ande*[re]*n betrige, ut ff. de minoribus. l. j.*

Quinto. Auch so ist naturlich recht gotis recht genant, ut j. di. Humanum genus duobus mo[d]*is regitur. naturali v*[idelicet] *iure et moribus. Jus naturale est, q*[uod] *in lege et in ewangelio co*[n]*tinetur quo quisq*[ue] *iubetur alij fac*[er]*e, q*[uod] *sibi vult fieri, et p*[ro]*hibetur alij inferre, q*[uod] *sibi nolit fieri et cetera.*

wen der schepfir der naturen hot ir gebin erlicheit, gemeinheit, redelicheit. uff daz so stehin dez naturlichin rechtis gebot, daz man sulle erlichin lebin, daz ist gotlichin, einen an-

Vorrede der Klasse L

lichen; eynem andern nicht schaden, das ist yo menschlichen; eynem iczlichen das syne czu laszen, das ist vornunfftiglich, ut Institu. de iusticia et iure § iuris precepta sunt hec: honeste.

Das erste ist kegin gote. Das ander kegin oͤm selbir. Das dritte kegin synem ebinmenschen. Wenne was er oͤbirhaben wil seyn, das sal er ouch eynen andern oͤbirheben, ut I. *di.* <c.> *humanum genus.*

Wenne was naturlichen ist, ist begriffen yn dem ewangelio vnde yn deme rechte. Wenne das naturliche recht hat syn begyn von der naturlichen creaturen, ut Institu. de iure naturali § jus naturale est.

Vorrede der Klasse W

de[re]*n nicht schaden, daz ist menschlich, eime ydem manne daz seine czu lasin, daz ist uornunfticlich, ut Inst. de iusticia et iu. § iuris precepta sunt hec: Honeste vivere, alterum non ledere, suum unicuiq*[ue] *tribuere. wen dyze gebot sint dez naturlichin rechtis ursprung ut ff. de origine iuris l. ij § post originem.*

Nota. Dez sult ir wissin, dyze gebot czu uornemen. Daz irste gebot, daz ist kegin gote. Daz andir ist ein yderman kegin im selbir. Daz dritte kegin seime ebinmenschin. wen waz man wil ubirhobin sein, daz sol man auch eime ande[re]*n v*[bir]*hebin adir uorlasin. wen diz ist dez naturlichin rechtis gebot und dez heyligin ewangelij, ut j. d. humanum genus et cetera. Un*[de] [Christus] *in ewangelio: Omnia quecu*[n]*q*[ue] <vultis> *ut faciant vobis homines, et vos eadem facite illis. h*[ec] *est enim lex et p*[ro]*ph*[eth]*e. hinc ysidorus qui*[n]*to ethymolo*<g>*iarum ait.*

wen waz in deme naturlichin rechte begriffin ist, daz ist gotlich. wen dy natura hot ir begin uon gote, vnd daz naturlich recht hot sein begin von der naturlichin und uornunfticlichin creature, dy uon gote gheschaffin ist, ut Inst. de iure n[atural]*i. § jus naturale est, quod natura om*[n]*ia animalia docuit. Nam ius istud non solum humani g*[e]*n*[er]*is p*[ro]*pr*[iu]*m est, sed onmium animalium, que in cello, que in terra, que in mari nascuntur.*

Vorrede der Klasse L

Vnde dorvmbe so halden sich dy lewte enczwer noch natuͤrlichem rechte adder noch eyner gewonheit, Institu. de iure naturali § omnes vero populi.

Eyne gewonheit ist sotan recht, das eyn volk vnder oͤm selber gewilkort hath czu halden, das vor nicht geschriben was, ut Institu. de iure gencium § ex non scripto.

Vorrede der Klasse W

wen diz recht ist gebin allin creaturen durch redelichir und naturlichir sache wille, dy wir eine ehe heisin, wen auz sotanen naturlichi[n] *sachin sint komen allir tire scheppfenunge vnd dy heilige ehe vnd der menschin czelunge vnd ire irneru*[n]*ge, ut j. d. jus naturale commune est omnium nationum, eo q*[uod] *ubiq*[ue] *instinctu nature, non constitucio*[n]*e aliqua habetur, ut viri & femine co*[n]*iunccio liberorum successio & pue*[r]*or*[um] *educ*[a]*cio, co*[m]*munis omniu*[m] *possessio et om*[nium] *una libertas, acquisicio eor*[um], *que celo et terra mariq*[ue] *capiuntur.*

wen sotanis rechtin auzwisunge ist naturlichin. wen uon sotanim rechte kumt dy heilige ehe, ut Inst. de iure n[atura]*li § Hinc descendit maris atq*[ue] *femine coniugacio, qua*[m] *no*[s] *matrimonium appellamus, hinc liberorum p*[ro]*creacio & educacio. videmus etenim cuncta quoq*[ue] *animalia iustius iuris pericia censeri.*

Vnde darum so haldin sich noch dy leute enczwer nach dem naturlichin rechte adir nach enir gewonheit, ut Inst. de iure naturali gencium et civili § Omnes vero p[o]*p*[u]*li, qui legibus & moribus reguntur, j. d. humanum genus duob*[us] *mod*[is]. *v. s*[upra].

waz eine gewonheit sij. Eine ghewonheit ist sotan recht, daz ein uolk undir im selbir gewilkurt hot czu haldin in sotan sachin, dar kein recht uon geschrebin waz, vt Inst. de iure gencium § Ex non scripto ius wenit,

Vorrede der Klasse L	Vorrede der Klasse W
	quod usus ap<darüber Korrektur: „*com*“, Anm. der Verf.>*p*[ro]*bavit. nam diuturni mo*[res] <con>*sensu utentium comp*[ro]*bati legem imitantur et cetera, in aut. ut nulli iudicium li*[ceat] *h*[abe]*re loci conservatorem, circa p*[ri]*ncipiu*[m], *j. d. v*[ersu] *Consuetudo autem est ius q*[uod]*d*[am] *moribus institutum, q*[uod] *p*[ro] *lege suscipitur, cum lex deficit.*
Also ist is ouch gewest vmbe das recht. Vnde dorvmbe so spreche ich in themate proposicionis, ‚vnde dy schar der dinge‘, ut ff. de iure naturali l. I. § jus autem humanum.	*Alzo ist iz auch gewest vm diz recht, und darum so spreche ich mit dysir keginwertigin p*[ro]*posicien: und dy schar der dinge, ff. de iure nat. l. j. § jus autem.*
Des wisset des rechtin vnderscheit: Gotis recht, stadtrecht vnde lehnrecht.	*von dez rechtis undirsch*[eit]. *Dez wiszit dez rechtis undirscheit ist dryerhande. Gotisrecht statrecht, vn*[d] *lantrecht.*
Gotis recht ist naturlich recht, ut supra.	*Gotisrecht ist naturlich recht genant. v*[ide] *s*[upra].
Stadtrecht ist, das das statvolk vnder ŏn selbir wilkorten, do sy begunsten zcu sampne zcu buwen. Vsz dem rechte ist kommen: Was ich ererbeite, das lasz mir, was du irerbeitest, das habe dyr, ut Institut. de iure gencium § III.	*waz stat recht sij. Statrecht ist, daz daz statuolk undir einander sacztin, do sy czu sammen begunstin wonen. auz dem rechte ist komen: waz ich beerbeite, daz laz mir, waz tu beerbeist, daz hab dir. vnd diz recht ist genant nach der stat, da ma*[n] *daz recht inbruchinde, alz athenichz recht adir meydeburgisch recht, vnde auch romisch recht, ut Inst de iure gencium § Sed ius quid*[em] *civile ex unaquaq*[ue] *civitate appellatur, veluti athenensium.*
Ouch so ist ein recht ritterschafft recht genant. Vsz disem rechte kommet adel, solt vnd bewtunge, ut I di. § jus militare. Von dem rechte spricht her hye jm lenhrechte.	*vaz ritter recht sij: Auch so ist ein recht ritterrecht. auz dysim rechte kumt adyl und solt und butunge, ut j. d. jus militare, v*[ide] *s*[upra]. *und uon dem rechte spricht er auch hir.*

Vorrede der Klasse L

Nota. Der text spricht: ‚Der volge disses buches lere‘. Wenne disses buches lere ist lehnrecht, ut jn auten. de pace tenenda § hac edictali colla. x.

Des wisse: Her spricht: ‚Wer konnen wolle‘, recht als er sprechen sulde, der nheme mit vornunfft des keginwertigen buches vszwisunge vnd vornheme das eben, so das mit syner vornunfft das buch irfullet werde mit synen synnen, das got darvon gelobet werde vnde dy gemeyne davon getrostet werde. Vnde dorvmbe spricht Justinianus in prohemio § summo itaque studio.“

Vorrede der Klasse W

wer lenrecht kunnen wolle, Nota, Der uolge dez buchis lere. wen dyzis buchis lere ist lenrecht, ut jn aut. de constitucione imp. § ac edi<c>*tali. Coll. x.*

Dez wist: alz er spricht kunnen wolle, recht alz er sprechin solde, der neme mit uornunft dysis keginw[e]*rtigin buchis auzwisunge und uorneme daz ebin so, daz mit seiner uornunft diz buch irfullit werde mit seime sinne, daz got dar uon g*<e>*lobit werde und dy gemeine daruon getrostit werde. und darum so spricht Justinianus Inst. jn p*[ro]*hemio § Summa itaq*[ue] *ope & alacri studio has leges nostras accipite et vosmet ip*[s]*os sic eruditos ostendite, ut spes vos pulcherrima foueat toto legittimo op*[er]*e p*[er]*fecto posse eciam n*[ost]*ram rem publicam in p*[ibus eius vobis credendis gubernari].“

II. Synopsis: Naturrechtsbegriffe im Vergleich

Glossa ordinaria zu Inst. 1, 2 pr. ad. v. *Ius naturale est, quod natura* (a)[3]:	Gl LdR, Textus prologi (Augsburg 1516)[4]:	LGl LnR, Vorrede (Hs. Wo 1464)[5]:	Gl WbR 1[6]:	Liegnitzer StadtRB I 5 *Von naturlichem rechte*[7]:
„[…] *Et nota quia quatuor modis ius naturale ponitur.*	„*Vierleye wys heitet natürlick recht vm*[m]*e vierley sake.*		„*Gotisrecht heisset naturlich recht durch vierley sache willen; wenn sin beghin ist von naturen, und die nature hat ir beghin von gote; dorumme zo heist naturlich recht gotisrecht.*	„*Menius: Was ist naturlich recht, und worumme heist es naturlich recht?*
	To de[m] *ersten hettet natürlick / dat de nature leret allen luden also hir: & insti. d*[e] *iure naturali. in prin.*	„*vnde ist naturlich recht gnant, darvmbe das es dy nature alle lewte leret, ut ff. de iure naturali l. cum autem.*	*Primo: zum ersten male, zo heist gotisrecht naturlich recht darumme, daz is dy nature anwist allen luthen und allen creaturen; daz is die vorheizen Ee; dovon ist komen aller*	*Gaius: Dorumme das es Got der naturlichen vornumfft gegebin hat, nicht alleyne dem menschen, sunder eynir iglichen creaturen noch seynir nature zugebruchen. Und dis*

---

3) *Glossa ordinaria* zu Inst. 1, 2 pr. ad v. *Ius naturale est, quod natura* (a) (Corpvs ivris V/2, Lyon 1627, Inst. Sp. 15).

4) Gl LdR, Textus prologi, nach dem Augsburger Druck von 1516 (ECKHARDT, Sassenspegel S. 9). Den Handschriften der Buch'schen Glosse, die der Kaufmann'schen Edition zugrunde liegen (vgl. KAUFMANN, Gl LdR S. 111 Z. 5), fehlt die entsprechende Passage.

5) LGl LnR, Vorrede (KAUFMANN, LGl LnR S. 50 Z. 12 – S. 51 Z. 9).

6) Gl WbR 1 (DANIELS / GRUBEN, Gl WbR Sp. 183 Z. 26 – Sp. 184 Z. 12).

7) Liegnitzer StadtRB I 5 *Von naturlichem rechte* (LEUCHTE, Liegnitzer Stadtrechtsbuch S. 20 Z. 20–30).

Glossa ordinaria	Gl LdR	LGl LnR	Gl WbR	Liegnitzer StadtRB
			tyre merunge nach redelicher ordenunge ut ff. 1, 1 de justitia et jure, L. 1. §. 3. Jus naturale, unde dovon spricht auch J. 1, 2 de jure naturali § 1. Jus naturale. Und dis ist eine naturliche Ee, unde das ist alleine nicht den menschen, sunderen allen creaturen gegebin, ut J. eod. nam jus istud, alz an Adam unde an Evam mit der rechten Ee bestetiget hot die cristenheit zu behaldene; daz ist eyne gotliche vortruwunge ut D. I. c. 7 Jus naturale, unde dis vindt man ouch J. 1, 2 de jure naturali §. 1. v. hinc descendit. Unde dis ist effectus juris genannt, und in dissem rechte ist alle vriheit und alle gemeinschaft.	*heist man auch Gotis recht ut Inst. de iure naturali §. ius autem naturale. Dezis rechtis orsprung qwam von Gote an Adam und an Evam.*

Glossa ordinaria	Gl LdR	LGl LnR	Gl WbR	Liegnitzer StadtRB
1. Quandoque pro iure gentium: vt j[nfra]. dere. diui. §. singulorum.	Tho de[m] andern male hettet natürlick dat yd gemeine is: vt insti. de reru[m] di. §. sing[u]lo[rum].	Vnde ouch dorvmbe, das es gemeyne ist, jst is natůrlich genant, ut Institu. de re divi. § singulorum.	Secundo: dorumme heist ouch naturlich recht gotisrecht durch siner gemeinheit willen; wenn noch dissem rechte zo sein alle luthe vry unde alle ding gemeine, ut J. 1, 1 de rerum divisione §. 11 Singulorum.	Czu dem andern mole heist naturlich recht Gotis recht, dorumme das dis gemeyne ist, zo das sich vil lewte dornoch halden ut Instit. de rerum divisione §. singulorum.
2. Quandoque pro iure pactorum. & sic pro iu. praetorio: vt ff. de pact. l. j.	Tho de[m] drudden male dorch syner redelicheit wille[n]: also / wy wat lauede / dat were natürlick vnde redelick dat he dat helde: vt ff. d[e] pact. l. j.	Tercio. Durch syner redelicheit wille heist isz ouch naturlich, ff. de pactis l. I.	Tertio zo heist ouch gotisrecht naturlich recht darumme, das is redelichkeit an eme hat; alz wer icht gelabt, daz ist naturlich unde redelich, daz er is leiste ut ff. 2, 14 de pactis. L. 2.	Czu dem dritten mole so heist es auch Gotis recht durch seynir redelichkeit wille ut ff. de pactis l. primo.
3. Quandoque pro eius contrario, scilic. pro eo, quod rescindit pacta: vt in restitutione minorum: vt ff. de minoribus. l. j. Quandoque pro instinctu naturae: vt hic, & ff. eod. l. j. §. ius autem naturale.	Tho de[m] vierden male dat er erlick is / also. Dat me kindere nicht bedore / edder dat men nicht vnrechte do in gerichte: vt. ff. de mino. l. j. & Insti. d[e] obli. que ex delic. nas. § ij.	Quarto. Ouch ist is naturlich recht gnant, als nymant den andern betrige, ut ff. de mino. l. I.	Quarto. Ouch zo heist naturlich recht alzo vil, alz redelich unde erlich; daz ist ouch gotlich, daz man nymande schade, unde ouch thoren nicht betrige ut ff. 4, 4 de minoribus L. 1.; J. 4, 5 de obligationibus, quae ex quasi	

Glossa ordinaria	Gl LdR	LGl LnR	Gl WbR	Liegnitzer StadtRB
			delicto nascuntur § 2.	
Sed secundum cano. ius naturale dicitur, quod in lege Mosaica, vel in Eua[n]*gelio continetur: vt in princ. Decret.* […]“	*So hettet ock na geistlike*[n] *rechte natürlick recht / dat in der olden ee vn*[d] *in de*[m] *ewa*[n]*gelio stat: vt di. j. in prin. Des het natürlick recht godes recht dorch dat / dat dit recht got alle*[n] *creature*[n] *gegeue*[n] *heft.*“	*Ouch ist isz gotis recht gnant, I di.* <c>. *humanum genus. Wenne der schepper der naturen hat o̊r gegebin erlichkeit, gemeynheit vnde redelicheit.*“	*Alzo ist naturlich recht Gotisrecht genant. Gotisrecht ist ouch daz Got selber gegeben hot der romischen gewalt, und dis heist geistlich recht; daz ist, daz uns got selber gelart hot und gepredigt hot in dem evangelio ut D. 1. Humanum genus.*“	*Czu dem vierden mole so ist auch naturlich recht Gotis recht, dorumme das es Got der Romisschen gewalt gegebin hat. Alzo ich hie vor gesprachen habe etc.*“

Register

Namen

Abkürzungen: Gf. = Graf, Hz. = Herzog, Kg. = König, Ks. = Kaiser, Mgf. = Markgraf, röm. = römischer

Sachen